國家出版基金項目

国家出版基金项目
NATIONAL PUBLICATION FOUNDATION

教育部哲學社會科學研究重大課題攻關項目

「十一五」國家重點圖書出版規劃項目·重大工程出版規劃

國家社會科學基金重大項目

北京大學「九八五工程」重點項目

儒藏

精華編一一册

經部易類

儒藏

精華編

北京大學《儒藏》編纂與研究中心

#《儒藏》精華編第一一册

首席總編纂 季羡林

項目首席專家 湯一介

總　編　纂 湯一介 龐　樸 孫欽善 安平秋（按年齡排序）

本册主編 劉大鈞 林忠軍

《儒藏》精華編凡例

一、中國傳統文化以儒家思想爲中心。《儒藏》爲儒家經典和反映儒家思想、體現儒家經世做人原則的典籍的叢編。收書時限自先秦至清代結束。

二、《儒藏》精華編爲《儒藏》的一部分，選收《儒藏》中的精要書籍。

三、《儒藏》精華編所收書籍，包括傳世文獻和出土文獻。傳世文獻按《四庫全書總目》經史子集四部分類法分類，大類、小類基本參照《中國叢書綜録》和《中國古籍善本書目》，於個别處略作調整。凡單書已收入入選的個人叢書或全集者，僅存目録，並注明互見。出土文獻單列爲一個部類，原件以古文字書寫者一律收其釋文文本。韓國、日本、越南儒學者用漢文寫作的儒學著作，編爲海外文獻部類。

四、所收書籍的篇目卷次，一仍底本原貌，不選編，不改編，保持原書的完整性和獨立性。

五、對入選書籍進行簡要校勘。以對校爲主，確定内容完足、精確率高的版本爲底本，精選有校勘價值的版本爲校本。出校堅持少而精，以校正誤爲主，酌校異同。校記力求規範、精煉。

六、根據現行標點符號用法，結合古籍標點通例，進行規範化標點。專名號除書名號用角號（《》）外，其他一律省略。

七、對較長的篇章，根據文字内容，適當劃分段落。正文原已分段者，不作改動。千字以内的短文一般不分段。

八、各書卷端由整理者撰寫《校點説明》，簡要介紹作者生平、該書成書背景、主要内容及影響，以及整理時所確定的底本、校本（舉全稱後括注簡稱）及其他有關情況。重複出現的作者，其生平事蹟按出現順序前詳後略。

九、本書用繁體漢字豎排，小注一律排爲單行。

《儒藏》精華編第一一册

經部　易類

周易集解纂疏

〔清〕李道平　撰
韓慧英　校點

目録

校點説明

《周易集解纂疏》(以下簡稱《纂疏》),清代李道平撰。李道平(一七八八——一八四四),字遵王,一字遠山,號蒲眠居士,湖北安陸人。李氏少時秉承家訓,刻苦讀書,嘉慶十三年(一八〇八)考中秀才,十八年拔貢,候選直隸州判,二十三年中舉,揀選知縣,道光十二年(一八三二)登恩科明通榜,挑充國史館謄録官,以教諭銜回鄉,候實授。居家期間,一面專心講學,一面從事著述,並參與《安陸縣志》的編纂。道光二十三年選授嘉魚縣教諭。翌年八月,病死任上。

李道平精通漢《易》,道光四年撰成《易筮遺占》而重其象,爲疏解《周易集解》奠定了基礎;道光二十二年完成《纂疏》。此書「注」、「例」精詳,公認爲《易經》良疏。

《纂疏》是對唐李鼎祚所輯《周易集解》(以下簡稱《集解》)的疏解。《集解》輯録了由漢至唐的《易》説,《中興書目》實考察出三十二家,朱睦㮮考增焦贛、伏曼容二家,朱彝尊又考增姚規、朱仰之、蔡景君三家,加上先儒未計的孔安國、延叔堅兩家,以及李鼎祚之案語,凡四十家。雖然涉及王弼、韓康伯的魏晉《易》和孔穎達、李鼎祚的唐《易》,然而多數還是漢《易》之説,尤以東漢之虞翻、荀爽爲多。今存較早的《集解》版本是明嘉靖時朱睦㮮本,次爲毛晉汲古閣本,又次爲盧見曾雅雨堂本、周孝垓枕經樓本。李道平《纂疏》於《集解》取周氏本。

《集解》雖存有漢《易》資料,但能讀此書的人並不多。清代研究《周易集解》而有成者,初創於惠士奇與惠棟,繼有張惠言、焦循等,李氏《纂疏》在惠棟和張惠言的基礎上,對《集解》所輯《易》注逐條疏通,基本闡明了原注者之義。凡研習《集解》者，循《纂疏》以進，便利殊多。

《纂疏》清代的版本主要有三種：道光二十二年李氏有獲齋刻三十六卷卷首一卷本、光緒十七年長沙陳寶彝詳爲考校而成的思賢書局三十六卷卷首一卷本以及同年三餘草堂刻《湖北叢書》十卷本。

《纂疏》民國以後的版本都是以上三種版本的影印本或排印本，如《無求備齋易經集成》乃據思賢書局本影印，《叢書集成初編》則是根據《湖北叢書》本排印；需要特别説明，《續修四庫全書》聲稱是據有獲齋刻本影印，但卷數却爲十卷。查北京大學圖書館所藏四套《湖北叢書》本，版片均與《續修四庫全書》本同，説明《續修四庫全書》的底本實際是《湖北叢書》本。

《纂疏》的今人整理本，目前比較流行的是由中華書局出版、潘雨廷點校的十三經清人注疏本，潘雨廷《前言》説以三餘草堂刻本爲底本，參校《湖北叢書》本與陳寶彝思賢書局本，實際上三餘草堂刻本就是《湖北叢書》本（《湖北叢書》全爲三餘草堂刻）。因爲其所據《湖北叢書》本是《叢書集成初編》根據《湖北叢書》排印的本子（以下簡稱「初編本」），初編本與底本《湖北叢書》本偶有出入，致使誤將三餘草堂本與《湖北叢書》本當做不同的版本。其所謂《湖北叢書》本的異文，實均不同於《湖北叢書》本，而合於初編本。事實上，三餘草堂所刻《湖北叢書》本，也就是潘雨廷校點所用的底本，與《續修四庫全書》本以及上海古籍出版社單行影印本、《孔子文化大全》影印本均爲一個版本。

本次校點，取年代最早的中科院圖書館藏道光二十二年有獲齋刻本爲底本，校本則選擇具有代表性和校勘價值的三餘草堂《湖北叢書》本（簡稱「草堂本」）與陳寶彝思賢書局本（簡稱「思賢本」）。部分參考了潘雨廷整理本（簡稱「中華本」）。

本次校點編製了目録，並將思賢本之王先謙序和陳寶彝《重校纂疏識略》收爲附録。思賢本對

《纂疏》所涉内容進行了詳細考校，因而與底本差異較大：凡引文與原書不同處皆據原書改正，敘述不確處則根據上下文意，參考相關文獻，重新疏解。凡兩個校本異於底本處，皆出校。若底本誤且校本改動不大，則改正底本；若底本雖誤但校本改動很多，或不能確定正誤，則不改動底本。標點方面，凡「上下繫」皆點爲「上、下《繫》」，「繫上」或「繫下」則點爲「《繫上》」或「《繫下》」。

校點者　韓慧英

周易集解序❶

敘曰：元氣絪縕，三才成象。**疏**謂「在天成象」也。神功浹洽，八索成形。**疏**謂「在地成形」也。在天則日月運行，潤之以風雨。在地則山澤通氣，鼓之以雷霆。**疏**《漢書・五行志》：❷雷於天地爲長子，二月出地，八月入地。故此以雷霆屬之地也。至若近取諸身，四支百體合其度。**疏**若「乾爲首」之類是也。遠取諸物，森羅萬象備其工。**疏**如《説卦》所載是也。陰陽不測之謂神，一陰一陽之謂道。範圍天地而不過，曲成萬物而不遺。仁者見之以爲仁，知者見之以爲知，百姓日用而不知，君子之道鮮矣。斯乃顯諸仁而藏諸用，神无方而易无體。**疏**皆《繫上》文。巍巍蕩蕩，難可名焉。**疏**以上言未有八卦之前，故云巍蕩難名也。逮乎天尊地卑，君臣位列。**疏**謂乾、坤也。五運相繼，父子道彰。**疏**謂六子也。震、巽索而男女分，咸、恒設而夫婦睦。人倫之義既闡，家國之教鬱興。**疏**此即《序卦》所云「有男女，然後有夫婦。有夫婦，然後有父子。有父子，然後有君臣。有君臣，然後有上下。有上下，然後禮義有所錯」是也。故《繫辭》云：古者庖犧氏王天下也，始畫八卦，以通神明之德，以類萬物之情。作結繩而爲網罟，以佃以漁，蓋取諸离。庖犧氏没，神農氏作。斲木爲耜，揉木爲耒。耒耨之利，以教天下，蓋取諸益。日中爲市，致天下之

❶ 此序草堂本在《周易集解纂疏自序》後，思賢本在《周易集解纂疏自序》、《重刊纂疏王序》及《重校纂疏識略》後。

❷ 「漢書五行志」，思賢本作「後漢郎顗上書云」。

人，聚天下之貨，交易而退，蓋取諸噬嗑。神農氏没，黄帝、堯、舜氏作。通其變，使人不倦。神其化，使人宜之。刳木爲舟，剡木爲檝。舟檝之利，以濟不通，蓋取諸渙。服牛乘馬，引重致遠，蓋取諸隨。古者穴居而野處，後代聖人易之以宫室，蓋取諸大壯。弦木爲弧，剡木爲矢。弧矢之利，以威天下，蓋取諸睽。上古結繩爲政，後代易之書契。百官以理，萬人以察，蓋取諸夬。故聖人見天下之賾，而擬諸形容，象其物宜，而觀其會通，以行其典禮。觸類而長之，六十四卦，三百八十四爻，天下之能事畢矣。其旨遠，其辭文，其言曲而中，其事肆而隱。若夫雜物撰德，辯是與非。**疏**皆上、下《繫》文。終日乾乾，夕惕若厲。**疏**本乾九三。無有師保，如臨父母。**疏**《繫下》文。自天祐之，吉无不利者也。**疏**大有上九爻辭。至於損以遠害，**疏**《繫下》文。說以先之。**疏**謂說以先民。定其交而後求，安其身而後動。履和而至，謙尊而光。能說諸心，能研諸慮。是故君子居則觀其象而玩其辭，動則觀其變而玩其占。蓍之德圓而神，卦之德方以智。探賾索隱，鉤深致遠，定天下之吉凶，成天下之亹亹，莫善乎蓍龜。神以知來，智以藏往。將有爲也，問之以言。其受命也，應之如響。無有遠邇幽深，遂知來物。故能窮理盡性，利用安身。聖人以此洗心，退藏於密。**疏**上、下《繫》文。自然虚室生白，吉祥至止。**疏**《莊子·人間世》：「虚室生白，吉祥至止。」❶坐忘遺照，**疏**《莊子·大宗師》：「顔回曰：『回坐忘矣！』仲尼蹵然曰：『何謂坐忘？』顔回曰：『墮肢體，黜聰明，离形去智，同於大通，此謂坐忘。』」按：「坐忘遺照」，見韓康伯「陰陽

❶「至」，思賢本、《莊子·人間世》作「止」。

不測之謂神」注。孔疏謂「事出《莊子·大宗師》篇」。然《莊子》述顔回坐忘，實無「遺照」字也。精義入神。疏《繫下》文。口僻焉不能言，心困焉不能知。微妙玄通，深不可識。疏以上皆言《易》之微妙。《易》有聖人之道四焉，疏《繫上》文。斯之謂矣。疏謂「以言者尚其辭，以動者尚其變，以制器者尚其象，以卜筮者尚其占」也。

原夫權輿三教，疏陶宏景《茅山長沙館碑》：「百法紛湊，無越三教之境。」「三教」謂儒、釋、道。鈐鍵九流，疏范甯《穀梁序》「九流分而微言隱」。《漢書·藝文志》：儒家流出於司徒，道家流出於史家，陰陽家流出於義和，法家流出於理官，墨家流出於清廟官，縱橫家流出於行人官，雜家流出於議官，農家流出於農稷之官，小説家流出於稗官。❶實開國、承家、脩身之正術也。疏謂《易》足以始三教而管九流，故爲「開國、承家、脩身之正術也」。自卜商入室，親授微言，疏《家語》：「孔子讀《易》，至於損、益，喟然而歎。子夏避席而問曰：『夫子何歎？』子曰：『夫自損者，必有益之。自益者，必有缺之。❷吾是歎也。』❸子夏曰：『然則學者不可以益乎？』子曰：『非道益之謂也，道彌益而身彌損。夫學者損其自多，以虛受人，故能成其滿。博哉天道，大而必變。凡持滿而能久者，未嘗有也。』子夏曰：『商請志之，而終身奉之。』」按：《隋書·經籍志》有《子夏易傳》二卷，《唐志》同。《中經簿》四卷，阮氏《七録》六卷，陸氏《釋文序録》三卷。《國史志》、《中興書目》皆作十卷。然其書實後人僞託，非出子夏手也。傳注百家，緜歷千古，雖競有穿鑿，猶未測淵深。疏謂漢魏以來説《易》之家。其詳具於《漢書·藝文志》、《隋書·經籍志》。唯王、鄭相沿，頗行于代。疏《隋志》：鄭玄《周易注》九卷。❹王弼《周易注》六卷。鄭則多參天象，

---

❶ 此處所引「九流」，與《漢書·藝文志》原文有異，思賢本所引與《漢書·藝文志》同，草堂本所引除「道家流出於史官」一句與「道家流出於史家」不同外，其餘均與底本同。

❷ 「缺」，思賢本作「決」。

❸ 「是」下，思賢本有「以」字。

❹ 「玄」，原作「元」，避清聖祖諱，今回改。下同。

王乃全釋人事，疏 鄭氏多尚象數，王氏專言名理。且易之爲道，豈偏滯於天人者哉。致使後學之徒，紛然淆亂，各脩局見，莫辨源流。天象遠而難尋，人事近而易習，疏 王應麟《鄭氏周易注序》：「康成注《易》九卷，多論互體。以互體求《易》，左氏以來有之。王弼尚名理，譏互體。江左鄭學與王學並立。荀崧謂：『康成書根源。顔延之爲祭酒，黜鄭置王。』齊陸澄《詒王儉書》云：『《易》自商瞿之後，雖有異家之學，同以象數爲宗。數年後，乃有王弼之説。』王濟云：『弼所誤者多，何必能頓廢先儒。今若宏儒，鄭注不可廢。河北諸儒，專主鄭氏。隋興學者，慕弼之學，遂爲中原之師。』」又王儉曰：「《易》體微遠，實貫羣籍。施、孟異聞，周、韓殊旨。豈可專據小王，便爲該備？依舊存鄭，意謂可安。」則《折楊》、《黃華》，嗑然而笑。疏《莊子·天地篇》：「大聲不入於里耳，《折柳》、❶《皇荂》，則嗑然而笑。」「皇荂」亦作「黃華」。方以類聚，疏《繫上》文。其在兹乎。疏《隋書》：鄭康成、王弼二注，梁、陳列於國學。齊代惟傳鄭義。至隋，王注盛行，鄭學寖微，今殆絶矣。以上言鄭廢王興，以起下文作《集解》之意也。

臣少慕玄風，遊心墳籍。歷觀炎漢，迄今巨唐。采羣賢之遺言，議三聖之幽賾，集虞翻、荀爽三十餘家。疏 凡三十五家。一子夏。已見。一孟喜。《漢書》：「孟喜，字長卿，東海蘭陵人。」《藝文志》有孟喜《周易章句》二篇，又《周易災異》十一篇。一焦延壽。《漢書》：「延壽，字贛，梁人。」《隋書·經籍志》有《焦氏易林》十六卷，《易林變占》十六卷。《易林》存，《變占》佚。今隨卦所采一條，不見《易林》，當屬《變占》中語也。一京房。《漢書》：「京房，字君明，東郡頓丘人。」《漢志》有《京房易傳》十一篇。《七録》有《章句》十卷。《隋志》又有《錯卦》、《妖占》、《占事》、《守林》、《飛候》及《飛候六日七分》、《四時候》、《混沌》、《委化》、《逆刺占災異》。馬氏《通攷》又有《易傳積算法》、《雜占條例》等書。今所采者，大抵皆《章句》中語也。一馬融。《後漢書》：「馬融，字季長，扶風茂陵人」，「注《孝經》、《論語》、《詩》、

❶「柳」，思賢本、《莊子·天地篇》作「楊」。

《易》、三《禮》、《尚書》。」❶《七録》有馬融《周易注》一卷。《釋文序録》，新、舊《唐書》作《章句》十卷。一鄭玄。《後漢書》：「鄭玄，字康成，北海高密人」，「註《周易》。」《七録》有鄭玄《周易注》十二卷，《舊唐書》同《隋志》作九卷，《釋文序録》、《新唐書》作十卷。一荀爽。《後漢書》：「爽，字慈明，一名諝」，「潁川潁陰人」，「著《禮》、《易傳》、《詩傳》、《尚書正經》、《春秋條例》。」《隋志》有荀爽《周易注》十一卷。❷新、舊《唐書》作十卷。一九家易。隋志有《九家易解》。❸陸德明曰：「荀爽《九家集注》十卷，不知何人集。所稱荀爽者，❹以爲主故也。其《序》有荀爽、京房、馬融、鄭玄、宋衷、虞翻、陸績、姚信、翟子元。注内又有張氏、朱子，❺並不詳何人。」一劉表。《後漢書》：「劉表，字景升，山陽高平人，魯恭王之後也。」《隋志》有劉表《周易章句》五卷，新、舊《唐書》同。《中經簿録》作《易注》十卷，❻《七録》作九卷、《目録》一卷。一宋衷。陸德明曰：「衷，字仲子，南陽章陵人。」《隋志》：「梁有漢荆州五業從事宋衷注《周易》十卷，亡。」《七録》，新、舊《唐書》同。《釋文序録》作九卷。一王肅。《魏志》：「肅，字子雍。」陸德明曰：「東海蘭陵人。」《隋志》有王肅《周易注》十卷，《崇文總目》作十一卷。一王弼。陸德明曰：「弼，字輔嗣，山陽高平人。注《易》上、下經六卷，作《易略例》一卷。」《隋志》亦作六卷。《七録》作十卷。一何晏。《册府元龜》：「何晏撰《周易私記》二十卷，《周易講疏》十三卷。」❼一虞翻。《吴志》：「虞翻，字仲翔，會稽餘姚人。」《隋志》有虞翻《周易注》九卷，《易律曆》一卷，❽《周易集林》一卷。《七録》有《周易日月變例》六卷。一陸績。《吴志》：「績，字公紀，吴郡吴人。注《周易》。」《隋志》有陸績《周易注》十五卷，注《京氏易》一卷。❾一姚信。阮孝緒曰：「姚信，字元直，吴

---

❶「書」，原作「禮」，今據草堂本、思賢本及《後漢書》改。

❷「十一」，原作「十」，今據思賢本、《隋志》改。

❸「九家易解」，思賢本作「《九家注》十卷」。

❹「所」，思賢本無此字。

❺「子」，思賢本作「氏」。

❻「作易注十卷」，思賢本作「云『注《易》十卷』」。

❼「周易講疏」，原作「周易講説」，今據思賢本、宋本《册府元龜》改。

❽「易律曆一卷」至下文「周易日月變例六卷」，思賢本作「又有《周易集林律曆》一卷，又云『梁有《周易日月變例》六卷』」。

❾「注京氏易一卷」，思賢本作「《釋文序録》作《陸績述》十三卷，新、舊《唐志》卷數同」。

興人。」陸德明曰：「信，字德祐。」《隋志》有姚信《周易注》十卷。一翟玄。《九家易》作翟子玄。陸德明曰：「子玄，不詳何人，爲《易義》。」一韓康伯。《晉書》：「韓伯，字康伯，穎川長社人。」《隋志》有康伯《繫辭注》三卷。一向秀。《晉書》：「向秀，字子期，河内懷人。」《釋文序録》云：「秀爲《易義》。」一王廙。《晉書》：「王廙，字世將，丞相導從弟。」《隋志》有王廙《周易注》三卷，《七録》作十卷，《釋文序録》作十二卷。作三卷者，蓋殘闕本也。一張璠。陸德明曰：「璠，安定人。東晉秘書郎參著作，《集解》十二卷。」《七志》有張璠《周易集解》十卷。❶《隋志》八卷，殘缺。新、舊《唐書》仍云十卷，又《略論》一卷。一干寶。《晉書》：「干寶，字令升，新蔡人。注《周易》。」《隋志》有干寶《周易注》十卷，《周易爻義》一卷，《周易問難》二卷，❷《周易玄品》二卷。《七録》有《周易宗塗》四卷。一蜀才。顔之推曰：「姓范氏，名長生，自稱蜀才。」《隋志》「蜀才《周易注》十卷」。一劉瓛。《南史》：「劉瓛，字子珪，沛郡人。」❸《隋志》有劉瓛《周易乾坤義》一卷。《七録》有《周易四德例》一卷，❹又有《周易繫辭義疏》。一沈驎士。《南齊書》：「驎士，字雲禎，❺吴興武康人。著《周易兩繫》。」又云「注《易經》」。一伏曼容。《南史》：「伏曼容，字公儀，平昌安丘人。爲《周易集解》。」《七録》有伏曼容《周易注》八卷，❻《唐志》有《周易集林》十二卷。一姚規。《隋志》有姚規《周易注》七卷。一崔覲。《隋志》有崔覲《周易注》十三卷。一盧氏。《隋志》有盧氏《周易注》十卷。一何妥。《北史》：「何妥，字棲鳳，西城人。」撰《周易講疏》三卷，《隋志》作十三卷。一王凱冲。《唐志》有王凱冲《周易注》十卷。一侯果。有《集説》。❼惟朱仰之及彭城蔡景君無攷。一孔穎達。《新唐書》：「孔穎達，字仲達，冀州衡水人。」《舊唐書·志》有孔穎達等《周易正義》十四卷，《新唐

❶「七志有張璠周易集解十卷」，思賢本作「《七録》云『集二十八家』，《七志》云『十卷』」。

❷「周易問難二卷」至下文「周易宗塗四卷」，思賢本作「《周易宗塗》四卷。《册府元龜》又云『干寶撰《周易問難》二卷、《周易元品》二卷』」。

❸「郡」下，思賢本有「相」字。

❹「七録有周易四德例一卷」，思賢本作「又云『梁有《周易四德例》一卷』」。

❺「雲」，原作「靈」，今據思賢本及《南齊書》改。

❻「七録」，思賢本作「隋志」。

❼「集説」，思賢本作「易注」。

志》作十六卷。一崔憬。據「大衍」章注云「崔氏《探玄》，病諸先達」，是崔氏著有《周易探玄》也。刊輔嗣之野文，補康成之逸象。**疏**王氏專言名理，流於老、莊，故「刊輔嗣之野文」。鄭氏多尚象數，猶存古義，故「補康成之逸象」。各列名義，共契玄宗。先儒有所未詳，然後輒加添削。每至章句，僉例發揮。俾童蒙之流，一覽而悟；達觀之士，得意忘言。當仁既不讓於師，論道豈慚於前哲。至於卦爻彖象，理涉重玄，經注文言，書之不盡，别撰《索隱》。**疏**其書不傳，諸家亦未著録。錯綜根萌，音義兩存，詳之明矣。其王氏《略例》，**疏**《隋書》：《周易略例》一卷。此書卷末，今亦未刊。得失相參，采葑采菲，無以下體，仍附經末，式廣未聞。凡成一十八卷，**疏**或作一十卷，《新唐書》作《集注周易》十七卷，《中興書目》、《通攷》作十卷。以貽同好。冀將來君子，無所疑焉。祕書省著作郎，**疏**朱睦㮮曰：「鼎祚，資州人。仕唐爲祕閣學士，以經術稱於時。及閲《唐列傳》及《蜀志》俱不見其人。」又袁桷《清容居士集》有資州李鼎祚讀書臺。臣李鼎祚序。**疏**《中興書目》：「《集解》十卷，唐著作郎李鼎祚集三十餘家，凡十七篇，其所取荀、虞之説爲多。」《中興藝文志》：「李鼎祚《易》宗鄭康成，排王弼。」晁公武《郡齋讀書志》：「鼎祚《集解》取《序卦》各冠雜卦之首。其序云『刊輔嗣之野文，補康成之逸象』，蓋宗鄭學者也。」陳振孫《直齋書録解題》：「隋唐以前《易》諸家書逸不傳者，賴此書猶見其一二，而所取於荀、虞者尤多。」

周易集解纂疏自序

古人之説《易》也慎，後人之説《易》也僭。古人之説《易》也，言象數而義理在其中，後人之説《易》也，言義理而象數因之以隱。説卦曰「聖人設卦觀象」，又曰「聖人立象以盡言」，又曰「極數知來之謂占」，又曰「極其數，遂定天下之象」。使象數可廢，則聖人之言爲無稽，而義、文之假象數以垂訓者，反等於駢拇附贅。夫規所以爲圓，矩所以爲方，必規矩具，然後方圓成。斷無方圓成，而規矩遂爲可棄。故作《易》者，不能离象數以設爻象；説《易》者，即不能外象數而空談乎性命矣。説《易》莫先於《左氏》。内傳紀事雖不免或失之誣，然解釋筮辭皆準象數，猶可考見古人説經之遺。漢儒踵周、秦而興，《易》師授受，一脈相承，恪守典型，毋敢失墜。凡互卦、卦變以及卦氣、爻辰、消息、納甲、飛伏、升降之説，皆所不廢。蓋去聖未遠，古義猶存，故其説往往與義、文之旨相契合。

自時厥後，一變爲晉易，而老、莊虚無之談熾。再變爲宋易，而陳、李圖學之説興。夫老、莊之虚無，陳、李之圖學，斷不能遠出漢儒象數之上。且王氏之注，論象數既不及漢儒之確，論義理又不及宋儒之醇。進退無所據，有識之士多擯斥不肯道。迺唐祭酒孔君沖遠奉勑疏解諸經傳注，獨於《易》黜鄭、虞而宗王、韓。取輔嗣野文，疏而行之，其書遂藉以獨尊於世，而漢學寖微。於是梓州李君鼎祚恐逸象就湮，❶乘其時古訓未散，取子夏以下三十餘家，成《集解》一書，表章漢學。俾古人象數之説，得以緜延，至今弗絶，則此編之力居多。

予少時嘗取其書讀之，隱辭奥義，深邃難闚。予不自揆，輒欲有所闡發，以通窔宣幽，卒以多所滯礙而止。久之，得東吴惠氏書，而向之滯者，十釋四五矣。又久之，得毗陵張氏書，而向之滯者，十釋二三矣。又久之，廣覽載籍，旁及諸家之説，而向之滯者，即有未釋，蓋亦無幾矣。復不自揣，萃會衆説，句梳而字櫛之。義必徵諸古，例必溯其源。務使疏通證明，關節開解，讀者可一覽而得其指趣。舊注間有未應經義者，或别引一説，以申其義；或旁參愚慮，以備一解。亦不敢墨守疏家狐正首丘、葉歸根本之習。是編也，其有當於絜静精微之教與否，則不敢知。其於漢、魏諸儒之學，則未嘗無一日之功焉。抑又思之，自唐迄今千餘載，無人起而爲之疏，而予獨毅然爲之而不辭。予方懼其弗慎且近僭，而又安敢自以爲功也。書既成，謹述其原委，弁諸卷端，亦聊以備講漢學者採擇焉爾。

道光二十有二年歲次壬寅冬十月，安陸李道平遠山氏書於有獲齋。

❶「梓」，思賢本作「資」。

周易集解纂疏凡例

一、是編舊有毛氏汲古閣本，胡氏祕册彙函本，盧氏雅雨堂本，魯魚亥豕，互有異同。孫氏岱南閣本，兼采諸家，字畫踳駁尤甚。唯木瀆周氏枕經樓本，據儒先論定，多所改正，較諸本爲完善。今所據以纂疏者，周氏本也。間有未盡善者，悉改訂於各條之下。

一、自宋以來，漢易幾成絶學。即間有留心象數者，皆自抒己見，❶不必根據儒先。我朝經學昌明，名賢輩出。如惠徵君棟，承其家學，説《易》尤精。張編修惠言，接踵而興，如驂之靳。大抵皆謹遵漢學，於荀、虞諸儒之旨，多所發明。其所徵引，總不外《集解》一書。故兹編所采，雖廣録諸家，而於惠、張兩先生之説尤多。但參合成文，不能詳著姓氏。非敢掠美，致郭竊向注之譏，閲者諒之。❷

一、疏家之體，墨守注義，不敢有所出入，重師承也。然義取其當，不尚苟同。兹編於注義未協《經》旨者，必詳加辨正。亦有舊義不詳不確者，或另申一説，以備參考；兼引諸家者，但加「案」字；自抒管見者，則加「愚案」以別之。

一、孔穎達《正義》，專釋王、韓注也。兹編所引王、韓注，有全用《正義》者，則書孔疏以別之，間引數語者不書。

一、古人説《易》，各有宗派。《易》含萬

❶「抒」，草堂本作「攄」。下同。

❷「致郭竊向注之譏閲者諒之」，思賢本無此句。

象，不可一例拘也。故李氏兼收並蓄，多兩存其説。兹編亦兩釋之，以備學者採擇。至詮解諸家，亦各遵其例，不相混淆，重家法也。

一、諸家體例，淵源各别。如鄭言爻辰，荀主升降，虞明消息之類。若不詳其端委，讀之每多扞格而難通。兹於諸家説《易》體例，撮其尤要者，列於簡端，俾讀者開卷瞭然，庶於各家宗旨，得其梗概。由此以讀全書，勢如破竹矣。惟卷中徵引事實之處，一時未及檢出原書，難免舛誤。尚冀博雅君子，匡所未逮。

周易集解纂疏諸家説易凡例

卦氣

卦氣之説，出於《易緯·稽覽圖》。其書首言：「甲子卦氣起中孚，六日八十分之七而從，四時卦其一辰餘而從，坎常以冬至日始效，復生坎七日。消息及雜卦相去，各如中孚。」考其法，以坎、离、震、兑四正卦爲四時方伯之卦。餘六十卦，分布十二月，主六日七分。又以自復至坤十二卦爲消息。餘雜卦主公、卿、侯。❶風、雨、寒、温以爲徵應。蓋即孟喜、京房之學所自出也。漢世大儒言《易》者，多宗之。今列圖於左，俾讀者有所考焉。

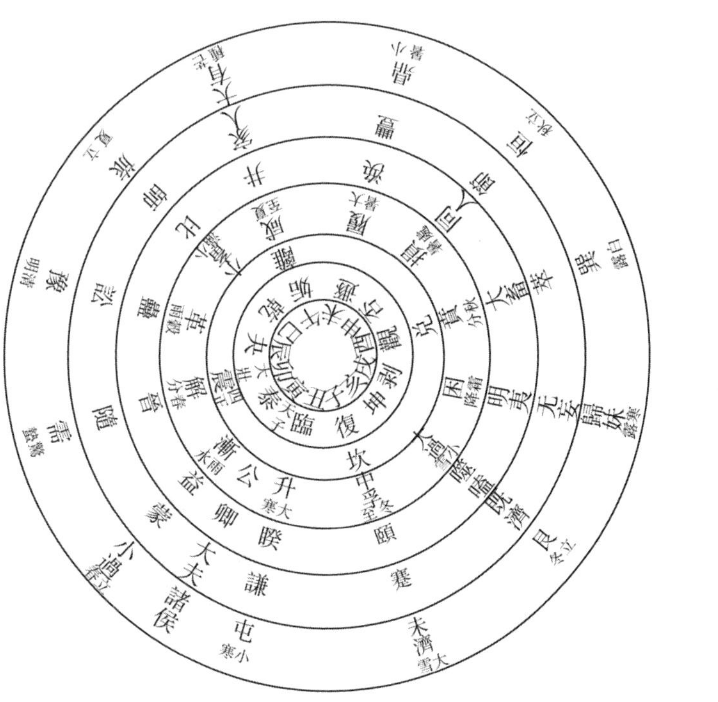

❶「卿」下，據《卦氣圖》，疑脱「大夫」二字。

消　息

《剥・彖傳》曰「君子尚消息盈虛」，《豐・彖傳》曰「天地盈虛，與時消息」，故古人稱「伏羲作十言之教」，謂乾、坤、震、巽、坎、离、艮、兑、消、息。《易緯》稱「聖人因陰陽起消息，❶立乾坤以統天地」。《稽覽圖》云「唯消息及四時卦當盡其日」，又云「消息及雜卦相去，各如中孚」。太史公亦曰「黄帝考定星曆，建立五行，起消息」，皇侃注云「乾者陽生，爲息；坤者陰死，爲消」。消息之義，蓋已古矣。孟氏傳其學，荀氏言之，不能具，惟虞氏所注，猶存其概。大抵乾、坤十二辟卦爲消息卦之正。其自臨、遯、否、泰、大壯、觀生者，謂之爻例；自乾、坤生者，不從爻例。每二卦旁通，則皆消息卦也。消息卦皆在乾、坤相合之時，則剥、復、夬、姤、泰、否之交也。近惟武進張氏言之最精，其詳具所著《周易虞氏消息》。

爻　辰

爻辰者，以乾、坤十二爻，左右相錯，當十二辰也。《乾鑿度》曰：「乾，陽也。坤，陰也。並如而交錯行。❷乾貞於十一月子，左行陽時六。坤貞於六月未，右行陰時六。以順成其歲。歲終，從於屯、蒙。」❸又云：「陰卦與陽爻同位者，退一辰以未爲貞，其爻右行，間時而治六辰。」愚案：《乾鑿度》

❶「起」，思賢本作「定」。
❷「如」，思賢本作「治」。
❸「終」下，思賢本有「次」字。

之言，與十二律相生之説合。《周禮・春官・太師》鄭玄注云：「黄鍾，初九也，下生林鍾之初六。林鍾又上生泰蔟之九二。泰蔟又下生南吕之六二。南吕又上生姑洗之九三。姑洗又下生應鍾之六三。應鍾又上生蕤賓之九四。蕤賓又上生大吕之六四。❶大吕又下生夷則之九五。❷夷則又上生夾鍾之六五。❸夾鍾又下生無射之上九。❹無射又上生中吕之上六。」❺《周語》韋昭注云：「十一月黄鍾，乾初九也。十二月大吕，坤六四也。❻正月泰蔟，乾九二也。二月夾鍾，坤六五也。三月姑洗，乾九三也。四月中吕，坤上六也。五月蕤賓，乾九四也。六月林鍾，坤初六也。七月夷則，乾九五也。八月南吕，坤六二也。九月無射，乾上九也。十月應鍾，坤六三也。」又京房亦言爻辰，與鄭不同。乾左行陽時六，始於子而終於戌，二家所同。坤右行陰時六，始未而終巳者，鄭氏説也。始未而終酉者，京氏説也。二家同出於律辰。鄭氏本乎月律，即《月令》十二月所中之律，隔八相生之次也。月律之行順，故爻辰亦順。京氏本乎合聲，《周禮・太師》：「掌以六律六同，以合陰陽之聲。陽聲：黄鍾、泰蔟、姑洗、蕤賓、夷則、無射。陰聲：大吕、應鍾、南吕、函鍾、❼小吕、夾鍾。」合聲始終之序，不同於月律也。合聲之行逆，故爻辰亦逆。因鄭氏以爻辰言《易》，而並録京氏之説，以備參

❶「上」，思賢本作「下」，是。
❷「下」，思賢本作「上」，是。
❸「上」，思賢本作「下」，是。
❹「下」，思賢本作「上」，是。
❺「上」，思賢本作「下」，是。
❻「四」，原作「二」，今據草堂本、思賢本改。
❼「函鍾、小吕」，草堂本作「林鍾、中吕」。

考。後所圖者，鄭氏爻辰也。

升　降

乾升坤降，其義出於《易緯乾鑿度》。陰麗陽而生，陽由七上九，陰由八降六，故陽性欲升，陰性欲承也。《繫辭》所謂「上下无常，剛柔相易」，即此義也。荀氏說《易》，多主此義。有以陰陽爻爲升降者，不拘内外。如离與小過四升五是也。有以上下卦爲升降者，不拘乾、坤。如升初與巽一體相隨，升居坤上是也。此陽升陰降之大凡也。

納　甲

納甲者，乾納甲壬，坤納乙癸，震納庚，巽納辛，艮納丙，兑納丁，坎納戊，离納己。其說莫詳所自始。魏伯陽《參同契》：「三日出爲爽，震庚受西方。❶八日兑受丁，上弦平如繩。十五乾體就，盛滿甲東方。七八道已訖，屈折低下降。十六轉就統，巽辛

❶「震庚受西方」，思賢本作「震受庚西方」。

見平明。艮直於丙南，下弦二十三。坤乙三十日，東北喪其朋。節盡相禪與，繼體復生龍。壬癸配甲乙，乾坤括始終。」載籍言納甲者，惟見於此。要之《説卦》言「天地定位，山澤通氣，雷風相薄」，以三陽三陰至一陽一陰爲序，其後乃言「水火不相射」。蓋以六卦寓消息，而以水火爲用，即此義也。虞氏本此以説《易》，與《經》旨適合。其法以震、巽、艮、兑、乾、坤六卦應月候。而坎、离爲日月之本體，居中不用。震直生明者，一陽始生。又生明之時，以初昏候之，月見庚方也。兑直上弦者，二陽浸盛。又上弦之時，以初昏候之，月見丁方也。乾直望者，三陽盛滿。又望時以初昏候之，月見甲方也。巽直生魄，則一陰始生。又生魄之時，以平明候之，月見辛方也。艮直下弦，則二陰浸盛。又下弦之時，以平明候之，月見丙方也。坤直晦，則三陰盛滿。又晦時以平明候之，月見乙方也。此納甲之大凡，並列圖於左焉。

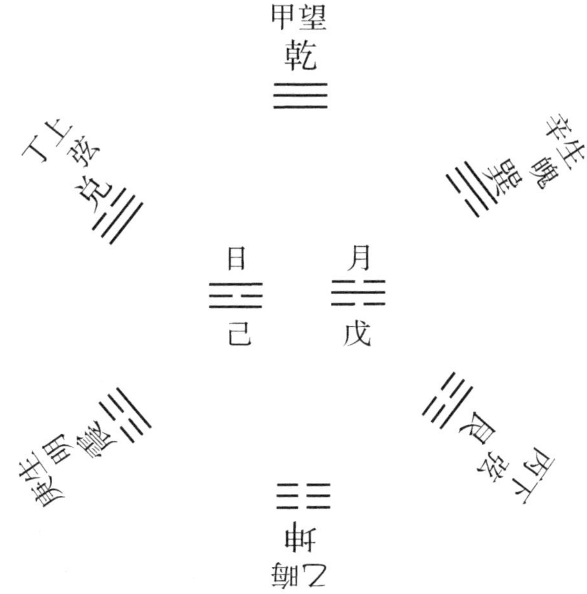

納十二支

納支者，以八卦之六畫，分納陰陽六辰。凡乾在內則爲甲，❶而納子、寅、辰。如初九爲甲子，九二爲甲寅，九三爲甲辰也。在外卦則爲壬，而納午、申、戌。如九四爲壬午，九五爲壬申，上九爲壬戌也。凡坤在內卦則爲乙，而納未、巳、卯。如初六爲乙未，六二爲乙巳，六三爲乙卯也。在外卦則爲癸，而納丑、亥、酉。如六四爲癸丑，六五爲癸亥，上六爲癸酉也。因乾、坤各納兩干，故別爲內外二卦。若震止納庚，則初九爲庚子，六二爲庚寅，六三爲庚辰，九四爲庚午，六五爲庚申，上六爲庚戌。巽止納辛，則初六爲辛丑，九二爲辛亥，九三爲辛酉，六四爲辛未，九五爲辛巳，上九爲辛卯。坎、离、艮、兑四卦，依震、巽例推之。今《火珠林》即其法也。

六親

六親爻例起於京君明。《京氏積算法》云「孔子曰『八卦鬼爲繫爻，財爲制爻，天地爲義爻』」，陸績注云「天地即父母也」。「福德爲寶爻」，注云「福德即子孫也」。「同氣

❶「內」下，依下文「在外卦」、「在內卦」、「在外卦」例，當有「卦」字。

爲専爻」，注云「兄弟爻也」。《法》以八卦六位，乾屬金，主甲子壬午。坤屬土，主乙未癸丑。震屬木，主庚子庚午。巽屬木，主辛丑辛未。坎屬水，主戊寅戊申。离屬火，主己卯己酉。艮屬土，主丙辰丙戌。兑屬金，主丁巳丁亥。各以陰陽順逆而治六辰。從世卦五行，論其生剋，命其六親。如乾初甲子，子爲水，金生水爲義爻。乾外壬午，午爲火，火剋金爲制爻是也。其餘可以例推。

八宮卦

八宮卦本《京氏易》。蓋乾、坤生六子，八純卦生五十六卦，爲六十四卦也。《易傳積算法》云：「孔子《易》云有四易：一世二世爲地易，三世四世爲人易，五世八純爲天易，❶游魂歸魂爲鬼易。」其法六十四卦分八宮，乾、震、坎、艮、坤、巽、离、兑爲次。八卦本象爲八純，世在上。變初爲一世，以次而至五，則上爻不變。四反而爲游魂，下體皆復而爲歸魂。游歸之卦，乾、坤用离、坎，离、坎用乾、坤，震、巽用兑、艮，兑、艮用震、巽。❷

乾 ䷀	姤 ䷫ 一變	遯 ䷠ 二變	否 ䷋ 三變
觀 ䷓ 四變	剥 ䷖ 五變	晉 ䷢ 四不變	大有 ䷍ 歸本卦
巽 ䷸	小畜 ䷈ 一變	家人 ䷤ 二變	益 ䷩ 三變
无妄 ䷘ 四變	噬嗑 ䷔ 五變	頤 ䷚ 四不變	蠱 ䷑ 歸本卦
离 ䷝	旅 ䷷ 一變	鼎 ䷱ 二變	未濟 ䷿ 三變

❶「八純」，《京氏易傳》作「六世」。
❷「用」，草堂本作「爲」。

蒙䷃四變	渙䷺五變	訟䷅四不變	同人䷌歸本卦
兌䷹	困䷮一變	萃䷬二變	咸䷞三變
蹇䷦四變	謙䷎五變	小過䷽四不變	歸妹䷵歸本卦
坤䷁	復䷗一變	臨䷒二變	泰䷊三變
大壯䷡四變	夬䷪五變	需䷄四不變	比䷇歸本卦
震䷲	豫䷏一變	解䷧二變	恒䷟三變
升䷭四變	井䷯五變	大過䷛四不變	隨䷐歸本卦
坎䷜	節䷻一變	屯䷂二變	既濟䷾三變
革䷰四變	豐䷶五變	明夷䷣四不變	師䷆歸本卦
艮䷳	賁䷕一變	大畜䷙二變	損䷨一變
睽䷥四變	履䷉五變	中孚䷼四不變	漸䷴歸本卦

納甲應情

納甲應情之說，始於翼奉，無關易義。惟干氏釋經，間用此例，故詳著焉。《漢書·翼奉傳》曰：「北方之情，好也。好行貪狼，申子主之。」孟康注云：「水性觸地而行，觸物而潤，多所好故，多好則貪而無厭，故爲貪狼也。」又曰：「東方之情，怒也。怒行陰賊，亥卯主之。」注云：「木性受水氣而生，貫地而出，故爲怒。以陰氣賊害土，故爲陰賊也。」又曰：「南方之情，惡也。惡行廉貞，寅午主之。」注云：「火性炎猛，無所容受，❶故爲惡。其氣精專嚴整，故爲廉貞。」又曰：「西方之情，喜也。喜行寬大，

❶「容」，思賢本作「加」。

巳酉主之。」注云：「金之爲物，喜以利刃加于萬物，故爲喜。利刃所加，無不寬大，故曰寬大也。」又曰：「上方之情，樂也。樂行姦邪，辰未主之。」注云：「上方謂北與東也，陽氣所萌生，故爲上。辰，窮水也。未，窮木也。翼氏《風角》云『木落歸本，❶水流歸末』，故木利在亥，水利在辰。盛衰各得其所，故樂也。水窮則無隙不入，木上出，窮則旁行，故爲姦邪。」又曰：「下方之情，哀也。哀行公正，戌丑主之。」注云：「下方謂南與西也，陰氣所萌生，❷故爲下。戌，窮火也。丑，窮金也。翼氏《風角》云『金剛火强，❸各歸其鄉』，故火刑于午，金刑于酉。酉午，金火之盛也。盛時而受刑，至窮無所歸，故曰哀也。火性無所私，金性方剛，故曰公正。」

世月

胡一桂：「京房起月例云：一世卦，陰主五月，一陰在午也；陽主十一月，一陽在子也。二世卦，陰主六月，二陰在未也；陽主十二月，二陽在丑也。三世卦，陰主七月，三陰在申也；陽主正月，三陽在寅也。四世卦，陰主八月，四陰在酉也；陽主二月，四陽在卯也。五世卦，陰主九月，五陰在戌也；陽主三月，五陽在辰也。八純上世，陰主十月，六陰在亥也；陽主四月，六陽在巳也。游魂四世，所主與四世卦同。

❶「云」，《漢書》注作「曰」。

❷「陰氣所萌生」，原作「陰氣所萌」，「生」據思賢本、《漢書》注補。

❸「云」，《漢書》注作「曰」。

歸魂三世，所主與三世卦同。」案：自納支以下，干氏《易》多用之。蓋干氏說《易》多附人事，而取例亦比諸家較雜也。

二十四方位

二十四方位，即陰陽家二十四山也。其實漢人言《易》多用此法。其義最古，故録之以備參攷。八卦惟用四隅而不用四正者，以四正卦正當地支子午卯酉之位，故不用卦而用支。用支即用卦也。八卦既定，四正則以八干輔之：甲乙夾震，丙丁夾离，庚辛夾兑，壬癸夾坎。四隅則以八支輔之：戌亥夾乾，丑寅夾艮，辰巳夾巽，未申夾坤。合四維八干十二支，共二十四。天干不用戊己者，戊己爲中央土，無定位也。今列圖於左。

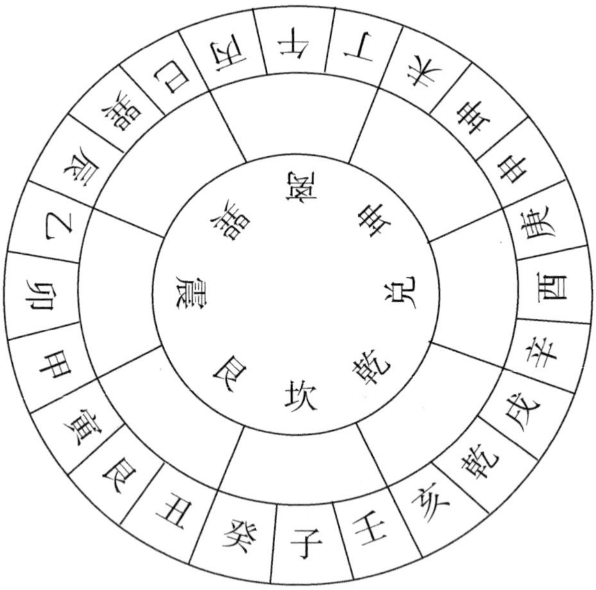

周易集解纂疏卷一❶

唐李鼎祚集解❷　安陸李道平遵王纂疏❸

周易上經❹

☰乾下乾上

乾，元亨利貞。案：《説卦》：「乾，健也。」言天之體，以健爲用，運行不息，應化无窮，故聖人則之。欲使人法天之用，不法天之體，故名「乾」，不名「天」也。《子夏傳》曰：「元，始也。亨，通也。利，和也。貞，正也」。言乾稟純陽之性，故能「首出庶物」，各得元始、開通、和諧、貞固，不失其宜。是以君子法乾而行四德，故曰「元亨利貞」矣。**疏**案　凡加「案」者，李氏説也。《説卦》曰：「乾，健也。」虞翻彼注云：「精剛自勝，動行不休，故『健也』。」又《易緯乾坤鑿度》曰「乾訓健，壯健不息」，是其義也。體，形也。穹窿者，天之形。剛健者，天之用。王蕃《渾天説》曰：「周天三百六十五度五百八十九分。」❺惟其運行不息，是以變化无窮，成四時而育萬物，皆天之至健者爲之也。則天之聖，至誠无息。不與天同其形，而與天同其用。故「法天之用」，法其健也。「不法天之體」，穹窿之形不可法也。法其用，故「名乾」。不法其體，故「不名天」。李氏云云，蓋本孔穎達《正義》文也。《子夏傳》「元，始也」，《爾雅・釋詁》文。《春秋》隱元年《公羊傳》曰：「元年者何？君之始年也。」《易緯乾鑿度》曰：「太初者，氣之始也。」易出復初，「萬物資始」，故云：「元，始也」。陽息至三成泰，《序卦傳》曰：❻「泰，通也。」以乾通坤，陰陽相交，故云：「亨，通也。」許慎《説文》曰「利从

❶「周易集解纂疏卷一」下，思賢本有「思賢講舍」四字。

❷「唐李鼎祚集解」六字，草堂本、思賢本均無。

❸「安陸李道平遵王纂疏」，草堂本作「安陸李道平箸」，思賢本作「安陸李道平遵王著」。

❹「周易上經」，草堂本作「上經乾傳第一」。

❺「分」下，思賢本有「度之百四十五」六字。

❻「序卦傳」，原作「雜卦傳」，今據所引文改。

刀，和然後利，从和省」，是「利」與「和」同文。坤來入乾，以成百物，「美利利天下」，故云：「利，和也。」「貞，正也」，《師・彖傳》文。爻當位曰「正」。二四上皆失位，變而之正，成既濟定，則「雲行雨施，天下平也」。故云：「貞，正也。」「天稟純陽之性」者，《禮・禮運》曰「天稟陽」是也。❶惟其性稟純陽，故能「首出庶物」，而備四者之德。文王欲人法乾而行四德，故特繫於《易》首曰「乾，元亨利貞」。

初九，潛龍勿用。崔憬曰：九者，老陽之數。動之所占，故稱陽焉。潛，隱也。龍下隱地，潛德不彰。是以君子韜光待時，未成其行，故曰「勿用」。《子夏傳》曰：龍所以象陽也。馬融曰：物莫大於龍，故借龍以喻天之陽氣也。初九建子之月，陽氣始動於黃泉。既未萌牙，猶是潛伏，故曰「潛龍」也。沈驎士曰：稱龍者，假象也。天地之氣有升降，君子之道有行藏。龍之爲物，能飛能潛，故借龍比君子之德也。初九既尚潛伏，故言「勿用」。干寶曰：位始，故稱「初」。陽重，故稱「九」。陽在初九，十一月之時，自復來也。初九甲子，天正之位，而乾元所始也。陽處三泉之下，聖德在愚俗之中。此文王在羑里之爻也。雖有聖明之德，未被時用，故曰「勿用」。

疏崔注　《易緯乾鑿度》曰：「一變而爲七，七變而爲九。九者，氣變之究也。」《説文》曰：「陽，九之變也」，❷故云：「九者，老陽之數。」鄭玄注云「《周易》以變者爲占，故稱九、稱六」，是「動之所占，故稱陽焉」。「潛，隱也」，即《文言》「隱而未見」之義也。初陽爲復，復主伏蟄，故云「龍下隱地，潛德不彰」也。云「韜光待時，未成其行，故曰勿用」者，即《文言》「行而未成」之義也。《子夏傳》　《九家易・説卦傳》曰「乾爲龍」。又《説卦傳》曰「震爲龍」。蓋震得乾之一陽，故「爲龍」。《埤雅》曰「龍八十一鱗，具九九之數。九，陽也」，故云「龍所以象陽也」。馬注　《春秋元命包》「龍之爲言萌也。龍爲陽中之陽」，❸故「借龍以喻天之陽氣也」。馬君治《費易》者也。費氏無六爻上息之例。「初九建子之月」，謂乾、坤十二爻周十二月，即十二月消息卦。非鄭氏爻辰乾起子、坤起未，閒時而行六辰之法也。《月令》「仲冬之月，水泉動」，故云「陽氣始動於黃泉」也。蓋謂初爻值建子之月，陽氣始動，而猶潛伏，

❶「禮運」，原作「樂記」，今據思賢本及所引文改。
❷「陽九之變也」，思賢本作「九陽之變也」，是。
❸上「陽」字，思賢本作「陰」。

故曰「潛龍也」。　沈注　假，借也。借龍象以明爻義也。《説文》「龍，鱗蟲之長。能幽能明，能大能小，❶能短能長。春分而登天，秋分而入淵」，❷故云「龍之爲物，能飛能潛」。而「天地之氣有升降，君子之道有行藏」，故「借龍以比君子之德也」。惟其「潛伏」，是以「勿用」也。　干注　鄭注《乾鑿度》云：「易氣從下生，故位始於下。」❸《乾鑿度》曰「陽變七之九」，故重陽爲老稱「九」。「陽在初九，十一月之時，自復來」者，以卦氣消息言也。卦氣之説，始於《易緯稽覽圖》，以自復至坤十二卦爲十二月消息。復一陽初生，子月卦也。歷臨、泰、大壯、夬，而成四月之乾。姤一陰初生，午月卦也。歷遯、否、觀、剥，而成十月之坤。故干氏於乾、坤十二爻皆歷言之。此孟喜、京房之學也。「初九甲子」者，以納甲言也。乾納甲壬，乾之初納甲子也。《京房易傳》「甲壬配内外二象」，陸績彼注云：「乾爲天地之首，分甲壬，入乾位。」「甲子」者，支干之首，故云：「天正之位，而乾元所始也。」《史記》「葬始皇酈山，天下徒送詣七十餘萬人，穿三泉」，師古曰：「三重之泉，言其深也。」❹「陽處三泉之下」，以況「聖德在愚俗之中」。唯文王足以當之。《史記·殷本紀》：「紂醢九侯，脯鄂侯。西伯昌聞之，竊嘆。崇侯虎知之，以告紂，囚西伯羑里。西伯之臣閎夭之徒，求美女、奇物、善馬以獻紂，紂乃赦西伯。」《周本紀》文略同。言文王有聖明之德，未被時用，當困於羑里，與此爻相合，故取以明「潛龍勿用」之義也。

九二，見龍在田，利見大人。 王弼曰：出潛离隱，故曰「見龍」。處於地上，故曰「在田」。德施周普，居中不偏，雖非君位，君之德也。初則不彰，三則乾乾，四則或躍，上則過亢。「利見大人」，唯二、五焉。　鄭玄曰：二於三才爲地道。地上即田，故稱「田」也。　干寶曰：陽在九二，十二月之時，自臨來也。二爲地上，田在地之表而有人功者也。陽氣將施，聖人將顯。此文王免於羑里之日也，故曰「利見大人」。**疏**王注　初爲潛龍，二則出潛矣。初龍德而隱，二則离隱矣。出潛离隱，故曰「見龍」。初潛在淵，二見在田，是「處地之上」，故曰「在田」。《文言》曰「德博而化」，故云「德施周普」。二居下中，故云

❶「能大能小」，思賢本作「能細能巨」。

❷「入」，思賢本作「潛」。

❸「易氣從下生故位始於下」，思賢本作「易本无形，自微及著，故氣從下生，以下爻爲始也」。

❹「言其深也」，思賢本作「言至水也」。

「居中不偏」。居下，故「非君位」。得中，故有「君人之德也」。初隱三厲，四疑上亢。二五得中，故皆「利見大人」。《乾鑿度》曰：「大人者，聖明德備也。」孟喜曰：「大人者，聖人德備也。」二爲在下之聖人。先儒云「若夫子教於洙泗，利益天下，有人君之德，故稱大人」是也。二有君德，當升坤五，時舍於田，變正體离。《說卦》曰「离爲目」，又「相見乎离」，故曰「利見大人」也。　鄭注　孔疏引先儒云：「一二爲地道，三四爲人道，五上爲天道。二在一上，是九二處其地上。所由食之處，唯在地上，所以稱田。」即鄭義也。　干注　「九二自臨來」者，以消息言也。「二爲地上」，與鄭義同。「田在地之表而有人功」者，孔疏云「言田之耕稼，利益及於萬物，盈滿有益於人，猶若聖人益於萬物，故稱田」是也。臨爲二陽之卦，二陽自臨來，三陽則成泰矣，故云：「陽氣將施，聖人將顯。」而以文王免於羑里之日當之，故曰「利見大人」也。

九三，君子終日乾乾，夕惕若厲，无咎。

鄭玄曰：三於三才爲人道。有乾德而在人道，君子之象。

虞翻曰：謂陽息至三，二變成离。离爲日，坤爲夕。

荀爽曰：「日」以喻君，謂三居下體之終而爲之君。承乾行乾，故曰「乾乾」。「夕惕」以喻臣，謂三臣於五。則疾脩柔順，危去陽行，故曰「无咎」。　干寶曰：爻以氣表，繇以龍興，嫌其不關人事，故著「君子」焉。陽在九三，正月之時，自泰來也。陽氣始出地上而接動物，人爲靈，故以人事成天地之功者，在於此爻焉。故君子以之憂深思遠，朝夕匪懈。仰憂嘉會之不序，俯懼羲和之不逮，反復天道，謀始反終，故曰「終日乾乾」。此蓋文王反國，大釐其政之日也。凡无咎者，憂中之喜，善補過者也。文恨早耀文明之德，❶以蒙大難，增脩柔順，以懷多福，故曰「无咎」矣。

疏　鄭注　六爻位象三才。三爲内卦之終，人道之始，而有參天地之功，故五爻皆以龍興，而九三獨稱「君子」。《春秋元命包》曰「陽成於三」，是三爲乾主，故云：「有乾德而在人道，君子之象。」《經》言「君子」，多謂九三，以此也。

虞注　昔伏羲作十言之教，謂「乾、坤、震、巽、坎、离、艮、兑、消、息」是也。《剥·彖傳》曰：「君子尚消息盈虛。」《易緯》曰：「聖人因陰陽起消息，立乾坤以統天地。」是「消息」者，固聖人所以立卦推爻，繫《彖》、《象》之旨也。漢人說《易》，多主消息。孟喜、荀爽、鄭玄而外，虞氏尤詳。

❶「恨」，思賢本作「憾」。

息，長也。陽長至三爲泰。二失位，變正成离。「离爲日」，《説卦》文。泰上卦坤冥爲夕。案：下體終三，故曰「終日」。息三成泰，否道將反，以乾接乾，故曰「乾乾」。虞注震六二云「厲，❶危也」。詳見彼注。二變三互坎爲惕。泰否之際，陽道危，故「夕惕若厲」。正位，故「无咎」也。　荀注　一爻之義而君臣異喻者，以侯國之君言也。在一國則爲君，在天下則爲臣。蓋卦有内外，故一爻而君臣並見焉。《博雅》曰：「日，君象也。」日主陽，君，陽也，故「日以喻君」。三居下體之上，爲内卦之君。上承天子之乾，以行諸侯之乾，故曰「乾乾」。夕主陰，臣，陰也，故「夕以喻臣」。《繫下》曰「三與五同功」，三承乎五則爲臣。臣不可以過剛，故必疾脩柔順之道，以危去陽剛之行，則「无咎」也。　干注　「爻以氣表」者，謂九六也。「繇以龍興」者，謂五爻皆取象於龍也。三有人道，著乎「君子」，關人事也。「三自泰來」者，陽息至三成泰也。正月之時，陽氣始出地上，而接乎動物。人爲萬物之靈，而居一卦之主。《泰·象傳》曰「裁成天地之道，輔相天地之宜」，在乎此爻。故云：「陽在九三，正月之時，自泰來也。」君子知其任重責大，是以「憂深思遠，朝夕匪懈」。「仰憂嘉會之不序」，謂亨也。「俯懼義和之不逮」，謂利也。「反復天道，謀始反終」，「始」謂元，「終」謂貞也。君子脩此四德，故曰「終日乾乾」。而唯文王返國釐政之日，足以當之。三不得中，上應乎亢，宜有咎矣。然得正而能朝乾夕惕，是以「无咎」。《繫上》曰「无咎者，善補過者也」，故云：「凡无咎者，憂中之喜，善補過者也。」文爲西伯，文明之德耀乎天下，爲飛廉所讒，故紂忌之，遂蒙羑里之難。及返其國，增脩柔順之德，以懷多福，是以「无咎」。《大學》曰「爲人君止於仁，爲人臣止於敬」，實得此爻之義，而與荀説亦合也。

九四，或躍在淵，无咎。崔憬曰：言君子進德脩業，欲及於時。猶龍自試躍天，疑而處淵。上下進退，非邪离羣，故「无咎」。　干寶曰：陽氣在四，二月之時，自大壯來也。四，虚中也。躍者，暫起之言，既不安於地，而未能飛於天也。四以初爲應，淵謂初九甲子，龍之所由升也。「或之者，疑之也」。此武王舉兵孟津，觀釁而退之爻也。守柔順，則逆天人之應。通權道，則違經常之教。故聖人不得已而爲之，故其辭疑矣。**疏**崔注　此皆

❶「二」，原作「五」，今據思賢本及虞翻注改。

以《文言》釋爻辭也。九三乾惕，「進德脩業」也。九四或躍，則「欲及時」自試矣。四變正成巽，《説卦》曰「巽爲進退，爲不果」，故「或」之。亦猶龍欲自試，上躍於五，又疑而退處於初。然上下非爲邪，進退非离羣，故得「无咎」也。　干注　陽息至四，時當二月，體大壯，故「自大壯來」。三四於三才居六爻之中。三去地近，有人道焉。四則上不在天，下不在地，中不在人，故「虛中也」。大壯四在震。《説卦》曰「震爲足」，又曰「震，動也」。「躍者，暫起之言」，言足有動象也。下不在地，上不在天，故云：「既不安於地，而未能飛於天也。」四與初應。「淵謂初九甲子」者，子水在淵也。子，十一月冬至之卦。❶於時羣動皆蟄，蟄極後啟，而淵又爲水，故云「龍之所由升也」。「或之者，疑之也」，《文言》文。「武王舉兵孟津，觀釁而退」，足當此爻之義。「守柔順，則逆天人之應」，故欲退不能。「通權道，則違經常之教」，故欲進不可。進退兩難，不得已而爲奉天伐暴之舉，故疑而不果。其所望於紂之改過自新者，志固可量也。

九五，飛龍在天，利見大人。鄭玄曰：五於三才爲天道。天者清明无形，而龍在焉，飛之象也。虞翻曰：謂四已變，則五體离。离爲飛，五在天，故「飛龍在天，利見大人」也。謂若庖犧觀象於天，造作八卦，備物致用，以利天下。故曰「飛龍在天」，天下之所利見也。干寶曰：陽在九五，三月之時，自夬來也。五在天位，故曰「飛龍」。此武王克紂，正位之爻也。聖功既就，萬物既覩，故曰「利見大人」矣。**疏**鄭注　六爻五上爲天。上浮者爲氣，其氣清明而無形。《説文》曰：「龍，春分而登天。」四於消息爲二月，春分之時，已有躍躍自試之勢。五則飛而在天矣，故云「飛之象也」。　虞注　四失位變得正，則五互离也。「离爲飛」者，《説卦》曰「离爲雉」，郭璞《洞林》云「离爲朱雀」，是离有飛鳥之象也，故「爲飛」。五在天位，即鄭氏所謂「五於三才爲天道」也。《文言》虞注云「日出照物，物皆相見」，故「飛龍在天，利見大人」也。又《繫》注云：「文王書經，繫庖犧於乾五。」庖犧即太皞也。《家語・五帝德》「太皞配木」。昭十七年《左傳》：「太皞氏以龍紀，故爲龍師而龍名。」庖犧蓋以木德王，而以龍紀官者也。《月令》「季春之月，其帝太皞」，於時爲夬，於位爲君，於五帝爲居首，於八卦爲開始，故以庖犧當之。王逸《天

❶「一」，原作「二」，今據思賢本改。

問》注云「言伏犧始作八卦，脩行道德，萬民登以爲帝」是也。《象》曰「大人造也」，故云：「觀象於天，造作八卦。」《繫下》曰「作結繩而爲罟，❶以田以魚，蓋取諸离」，四變體离，故云「備物致用，以利天下」。《文言》曰「聖人作而萬物覩」，故云「飛龍在天，天下之所利見也」。　干注　陽息至五，於卦爲夬，於月爲辰。辰於象屬龍，五於六爻爲天位，故有「飛龍在天」之象。唯武王克紂，正位足以當之。聖功既就於上，萬物自覩於下。所謂「聖人作而萬物覩」者，即「利見大人」之義也。揚雄云：「龍之潛亢，❷不獲中矣。過中則惕，不及中則躍。二五其中乎，故有『利見』之占。」

上九，亢龍有悔。王肅曰：窮高曰亢。知進忘退，故「悔」也。　干寶曰：陽在上九，四月之時也。亢，過也。乾體既備，上位既終。天之鼓物，寒暑相報。聖人治世，威德相濟。武功既成，義在止戈。盈而不反，必陷於悔。　案：以人事明之，若桀放於南巢，湯有慚德，斯類是也。**疏**王注　以陽剛之爻，處極上之位，高亢極矣，故曰「窮高」。九四處上之下，猶知進退。上九居上之上，故「知進忘退」。知進退，故无咎。知進而不知退，故「有悔」。《繫上》曰「震无咎者存乎悔」，明當變之正也。　干注　陽息至上，則爲純乾，四月之卦也。「亢，過也」者，謂陽過而亢也。乾體既備，上位既終。《繫下》曰：「易窮則變，變則通，通則久。」若窮而不知變，則盈不久也。天之生物，寒往則暑來，暑往則寒來，寒暑不相報，則物不成。聖人之治世，寬則濟以猛，猛則濟以寬，德威不相濟，則世不治。宣十二年《左傳》曰：❸「夫文，止戈爲武。」若武功既成，而不知止戈之義，盈而不久，未有不貽夸志多窮之悔者也。愚案：《書》曰：「滿招損。」《家語》：「孔子觀於周廟，❹有攲器焉。使子路取水試之，滿則覆，中則正，虚則攲。」虞氏《繫注》云「乾盈動傾，故有悔」，即此義也。案　《商書·仲虺之誥》曰：「成湯放桀于南巢，惟有慚德，曰：『予恐來世以台爲口實。』」以臣伐君，亢而有悔。獨舉

❶「罟」上，思賢本有「網」字。
❷「云」，思賢本作「曰」。
❸「二」，原作「三」，今據所引文改。
❹「孔子觀於周廟」至下文「取水試之」，思賢本作「孔子觀於魯桓公之廟，有攲器焉，顧謂弟子曰『試注之水』」。

湯者，以放伐之事始於湯也。

用九，見羣龍无首，吉。劉瓛曰：總六爻純陽之義，故曰「用九」也。　王弼曰：九，天之德也。能用天德，乃「見羣龍」之義焉。夫以剛健而居人之首，則物之所不與也。以柔順而爲不正，則佞邪之道也。故乾吉在「无首」，坤利在「永貞」矣。**疏**劉注《乾鑿度》曰「陽動而進，變七之九。陰動而退，變八之六」，故九爲陽爻之變，六爲陰爻之變。凡卦皆有九、六，獨乾、坤二卦言「用九」「用六」者，以乾純陽、坤純陰也。蓋乾惟用九故能變，坤惟用六故能化。陽變陰化，以成六十四卦、三百八十四爻，皆此用九、用六者爲之也。故於二卦特明其用。又六陽皆變，故曰「用九」，其例起於後儒。然《春秋傳》蔡墨曰「乾之坤曰『見羣龍无首，吉』」，是六爻變則爲坤，亦古義也。　王注　九，陽也。陽爲天德，故云「天之德也」。聖人體乎乾元，能用天德，則見羣龍之義焉。以剛健而居人首，則物所必忌。以柔順而爲不正，則邪所由生。「乾之吉在无首」者，不以剛健居人首也。「坤之利在永貞」者，不以柔順爲不正也。且乾爲首，變坤則「无首」。直正爲貞，坤變成乾，健則能永，故「永貞」。乾剛變坤，則濟以柔。坤柔變乾，則濟以剛。故「乾吉在无首，坤利在永貞」。餘詳坤卦用六。

《彖》曰：劉瓛曰：彖者，斷也，斷一卦之才也。**疏**《正義》引褚氏、莊氏並云：「彖者，斷也，斷定一卦之義。」其云「斷一卦之才」者，《繫下》曰「彖者，材也」，韓注云：❶「材者，才德也。《彖》言成卦之材，以統卦義也。」

「大哉乾元，《九家易》曰：陽稱大，六爻純陽故曰「大」。乾者純陽，衆卦所生，天之象也。觀乾之始，以知天德。惟天爲大，惟乾則之，故曰「大哉」。元者，氣之始也。**疏**泰、否二卦，皆言大小往來，大謂陽，小謂陰，故知「陽稱大」。六爻純陽，所以「稱大」。乾爲純陽之卦，而元又陽卦之始，《乾鑿度》曰：「易始於一。」蓋乾始一畫，六十四卦、三百八十四爻，皆受始於乾之一陽，故云「衆卦所生」。「在天成象」，故云「天之象也」。乾之始，即天之始，故「觀乾之始，以知天德」。乾之大，即天之大，故「惟天爲大，惟乾則之」。於文一大爲天，一即乾元，故贊以「大哉」也。《乾鑿度》曰「大初者，氣之始也」，「大初」即乾元也，

❶「韓」，原作「王」，今據所引注文改。

故云：「元者，氣之始也。」何休《公羊》注云「元者，氣也，天地之始」，故《傳》曰「大哉乾元，❶萬物資始」，是其義也。**萬物資始，**荀爽曰：謂分爲六十四卦，萬一千五百二十冊，皆受始於乾也。冊取始於乾，猶萬物之生本於天。**疏**鄭注云：「資，取也。」《繫上》曰「乾之冊二百一十有六，坤之冊百四十有四。二篇之冊萬有一千五百二十，當萬物之數」，而皆受始於乾之一陽，故云：「冊取始於乾，猶萬物之生本於天。」《説文》曰「惟初大始，道立於一，造分天地，化成萬物」，《吕覽・論人》曰「凡彼萬形，得一後成」，董子曰「元爲萬物之本」，何休《公羊》注曰「元者，天地之始」，皆此義也。**乃統天。**《九家易》曰：乾之爲德，乃統繼天道，與天合化也。**疏**《繫上》曰「繼之者善也」，虞彼注云「繼，統也」，《孟子》曰「君子創業垂統，爲可繼也」，是「統」有「繼」義。故言「乾德統繼天道，與天合化」。即九家注所云「惟天爲大，惟乾則之」是也。鄭氏訓「統」爲「本」，謂乾能繼天則可，謂乾爲天本則非也。**雲行雨施，品物流形。**虞翻曰：已成既濟，上坎爲雲，下坎爲雨，故「雲行雨施」。乾以雲雨流坤之形，萬物化成，故曰「品物流形」也。**疏**二四六皆失正，之坤成兩坎，爲既濟。上成坎爲雲，如需之坎，在上則象雲。下互坎爲雨，如解之坎，在下則象雨是也。凡物稟氣於天，受形於地。「雲行雨施」，則坤受乾氣而成形。坤形下爲形。《繫上》曰「坤化成物」，故云「萬物化成」。《説文》「品，衆庶也」，《説卦》「坤爲衆」。「品物」即「衆物」，故曰「品物流形」也。**大明終始，**荀爽曰：乾起坎而終於离，坤起於离而終於坎。离坎者，乾坤之家而陰陽之府，故曰「大明終始」也。**疏**坤二五之乾成离，乾二五之坤成坎。坎离爲天地之交，而得乾坤之中者也。坎本乾之氣，故乾起於坎之一陽，而終於离之二陽。离本坤之氣，故坤起於离之一陰，而終於坎之二陰。乾寓坎中，坤寓离中，故坎离爲「乾坤之家而陰陽之府」也。且坎也者，坤受乾體而爲月。离也者，乾含坤象而爲日。日月合而爲明，故曰「大明終始也」。《乾鑿度》曰「离爲日，坎爲月」。日月之道，陰陽之經，所以終始萬物」，即此義也。**六位時成，**荀爽曰：六爻隨時而成乾。**疏**六位，六爻也。以十二月消息言之。乾始於十

❶「哉」，原作「者」，今據草堂本、思賢本及所引文改。

一月之一陽，而成於四月之六陽。坤始於五月之一陰，而成於十月之六陰。故云「六爻隨時而成乾」也。以十二月爻辰言之，乾始於子而成於戌，坤始於未而成於巳，亦「六爻隨時而成乾」也。言「成乾」，而六爻隨時成，坤在其中矣。**時乘六龍以御天。**侯果曰：大明，日也。六位，天地四時也。六爻效彼而作也。大明以晝夜爲「終始」，六位以相揭爲「時成」。言乾乘六氣而陶冶變化，運四時而統御天地，故曰「時乘六龍以御天」也。故《乾鑿度》曰「日月終始萬物」，是其義也。疏《禮・禮器》「大明生於東」，鄭注「大明，日也」，故以「大明」爲「日」。不言月，舉日以該月也。《繫下》曰「周流六虚」，虞彼注云：「六虚，即六位也。」以「六位」爲「天地四時」者，上天下地，四時運行其中。而六爻之卦，即效彼六位而作，所謂「周流六虚」是也。大明流行而不已，故曰「以晝夜爲終始」。六位對待而成功，故云「以相揭爲時成」。揭，舉也，舉對待而言也。《説卦》曰「乾以君之」，又曰「乾爲君」。人君乘六爻之陽氣，以陶冶變化，運行四時，統御天地，故曰「時乘六龍以御天也」。終引《乾鑿度》「日月終始萬物」，以明其義，故知舉日以該月也。愚案　乾始統天，言其體也。乘龍御天，言其用也。體始於一畫，故曰「乾元」。用周於六爻，故曰「六龍」。不舉其體，无以見乾之大。不言其用，无以見乾之時。**乾道變化，各正性命，保合大和，乃利貞。**疏乾元爲道，故曰「乾道」。上《繫》始以「陰陽之謂道」，終以「陰陽不測之謂神」，韓康伯彼注云「神者，變化之極」，故曰「乾道變化」。《繫》又曰「知變化之道者，其知神之所爲乎」，虞彼注云：「在陽稱變，乾二之坤。在陰稱化，坤五之乾。」蓋以乾統坤，乾主變、坤主化也。《中庸》曰「天命之謂性」，乾爲天，是「性」謂乾也。坤伏乾初爲巽。《巽・象》曰「君子以申命行事」，是「命」謂巽也。以乾變坤，以坤化乾，成既濟定。六爻皆正，剛柔位當，故曰「各正性命」。六爻皆合，陰陽合德，故曰「保合大和」。「和」即利也。乾不言利，故稱「大和」。皆釋和貞之義，故曰「乃利貞」也。**首出庶物，萬國咸寧。」**劉瓛曰：陽氣爲萬物之所始，故曰「首出庶物」。立君而天下皆寧，故曰「萬國咸寧」也。疏《説卦》曰「乾爲首」，故曰「首」。乾初息震，《説卦》曰「帝出乎震」，故曰「出」。《繫下》曰：「乾，陽物也。坤，陰物也。」是「物」爲陰陽之總名。虞注《比・象》云：「坤爲萬國。」坤爲地，地有九州，故曰「萬國」。坤安貞，故曰「寧」。陽出震而陰静，故曰：「首出庶物，萬國咸寧也」。

《象》曰：案：象者，象也，取其法象卦爻之德。**疏**《繫辭》曰「象也者，象也」，又曰「象也者，象此者也」，故曰「象者，象也」。又曰「八卦成列，象在其中矣」，又曰「八卦以象告」，故云「取其法象卦爻之德」也。

「天行健，何妥曰：天體不健，能行之德健也。猶如地體不順，承弱之勢順也。所以乾卦獨變名爲「健」者，宋衷曰：「晝夜不懈，以健詳其名。餘卦各當名，不假於詳矣。」**疏**《剥·彖傳》曰：「君子尚消息盈虚，天行也。」《復·彖》曰：「反復其道，七日來復，天行也。」蓋乾之一陽，從艮入坤而剥盡，復從坤出震而復來，皆天之一陽行乎其間，故《乾·象》曰「天行」，《説卦》曰「乾，健也」，故曰「天行健」。天地之健順，以理不以形，故云：「天體不健，能行之德健也。猶如地體不順，承弱之勢順也。」「乾卦獨名健者」，天一晝一夜，過周一度，故宋氏云「晝夜不懈，以健詳其名」也。云「餘卦當名，不假於詳」者，孔氏謂「所以尊乾異於他卦」也。

君子以自强不息。虞翻曰：君子謂三。乾健故「强」。天一日一夜，過周一度，故「自强不息」。《老子》曰：「自勝者强。」干寶曰：言「君子」，通之於賢也。凡勉强以進德，不必須在位也。故堯、舜一日萬機，文王日昃不暇食，仲尼終夜不寢，顔子欲罷不能。自此以下，莫敢淫心捨力，故曰「自强不息」矣。

疏虞注「君子謂三」者，以三爲人道。體天而爻言「君子」，有「終日乾乾」之德也。虞注《説卦》云「精剛自勝，動行不休」，是「乾健故强」也。周天三百六十五度四分度之一，日行一晝一夜，不及天一度，故曰「天一日一夜，過周一度」也。天惟健故「强」，强故「不息」。「自勝者强」，《老子·道經》文。又《史記·商君傳》「自勝之謂强」，亦此義也。　干注「君子」通上下言之。凡勉强學問之事，在德不在位也。《臯陶謨》曰「兢兢業業，一日二日萬幾」，謂堯、舜也。《無逸》曰「自朝至于日中昃，不遑暇食」，謂文王也。《論語》曰「吾嘗終日不食，終夜不寢，以思」，謂仲尼也。又曰「欲罷不能，既竭吾才，如有所立卓爾」，謂顔子也。此皆大聖大賢，「自强不息」之事。「自此以下」，謂庶人農工之屬，皆「莫敢淫心捨力」，以期於「自强不息」，庶足以法天行而成君子也。《樂記》曰：「著不息者，天也。」《中庸》曰：「至誠無息。」君子法天之行，莊敬日强，故能「自强不息」，亦如天也。

潛龍勿用，陽在下也。荀爽曰：氣微位卑，雖有陽德，潛藏在下，故曰「勿用」也。**疏**一陽初動，故「氣微」。其爻在下，故「位卑」。《繫下》曰「龍蛇之蟄，以存身」，有復象焉。雖有陽氣，潛藏在下，隱而未見，故「勿用也」。**見龍在田，德施普也。**荀爽曰：見者，見居其位。田謂坤也。二當升坤五，故曰「見龍在田」。「大人」謂天子，見據尊位。臨長羣陰，德施於下，故曰「德施普也」。**疏**位，二也。謂陽見諸二位也。❶ 二在地上稱「田」。陽息至二，故「田謂坤也」。荀氏説《易》，多主乾升坤降之義。蓋乾主陽，陽動而進，故升。坤主陰，陰動而退，故降。二得中，有君德，當升居坤五。升自二田，故曰「見龍在田」也。五爲君位，故「大人謂天子，見據尊位」者也。以二陽升居五位，「臨長羣陰」，有比「親萬國」之象焉。《益·彖傳》曰「天施地生」，❷陽主施，又爲德，故有「德施於下」之象。下《傳》曰「善世而不伐，德博而化」，故曰「德施普也」。**終日乾乾，反復道也。**虞翻曰：至三體復，故「反復道」，謂「否泰反其類也」。**疏**乾陽息三，至上體復。❸ 其卦爲泰，泰反則爲否矣。惟以乾承乾，則復體在焉，故能反乎復道，常泰而不否也。「否泰反其類也」，《雜卦傳》文。**或躍在淵，進无咎也。**荀爽曰：乾者，君卦。四者，陰位。故上躍居五者，欲下居坤初，求陽之正。地下稱淵也。陽道樂進，故曰「進无咎也」。**疏**《説卦》曰「乾以君之」，故「乾爲君卦」。《繫上》曰「天三地四」，故「四爲陰位」。四承五，故將「上躍居五」。四應初，又「欲下居坤初」。蓋四陽不正，初五皆正，故云「求陽之正」也。《乾鑿度》曰「陽動而進」，故「陽道樂進」。進得位得中，故「无咎」也。**飛龍在天，大人造也。**荀爽曰：飛者，喻无所拘。天者，首事造制。大人造法，見居天位，「聖人作而萬物覩」，是其義也。**疏**初與三得位而不中，二中而不正，四上不中不正，皆有所拘也。五得位得中，故「无所拘」而稱「飛」也。萬事皆造始於天，故云「天者，首事造制」。聖人憲天以創法，故云「大人造

❶「諸」，思賢本作「居」。

❷「天施地生」，原作「陽施陰生」，今據思賢本及所引文改。

❸「乾陽息三至上體復」，思賢本作「乾陽息内，至三體復」。

法」，《繫上》曰「天垂象，聖人則之」是也。「天位」謂五。「見居天位」者，聖人也。《文言》曰：「聖人作而萬物覩。」《釋言》云「作、❶造，爲也」，是「作」「造」同義。「作」謂伏羲造作八卦。「聖人作」即「大人造」也。「萬物覩」即「利見大人」也，故云「是其義也」。**亢龍有悔，盈不可久也。**《九家易》曰：陽當居五，今乃居上，故曰「盈」也。亢極失位，當下之坤三，故曰「盈不可久」，若太上皇者也。下之坤三，屈爲諸侯，故曰「悔」者也。**疏**陽居五爲得中得位，進而居上則亢，故曰「盈也」。以九居上爲「亢極」，以陽居陰爲「失位」。上與三應，亢極故「當下之坤三」。以納甲言之，月至十五，乾盈於甲，十六退辛，故曰「盈不可久也」。失位在上，故云「若太上皇者也」。爻位三爲三公，公與侯等，且下降坤三，❷互震爲侯，故云「屈爲諸侯」。「盈不可久」，故「有悔」也。**用九，天德不可爲首也。」**宋衷曰：用九，六位皆九，故曰「見羣龍」。純陽，則「天德」也。萬物之始，莫能先之，「不可爲首」。先之者凶，隨之者吉，故曰「无首吉」。**疏**六爻皆九，故「用九」。六位皆取龍象，故曰「見羣龍」。乾純陽爲剛，《春秋傳》曰「剛爲天德」，❸故云「則天德也」。《文言》曰「乾元用九」，「天德」即「乾元」也。「大哉乾元，萬物資始」，故云「萬物之始，莫能先之」。陽唱而陰和，男行而女隨，此乾坤二用之大義，所以「不可爲首」也。先則過剛，故凶。隨則柔以濟剛，故吉。案：乾坤之妙，存乎二用。惟天道變化，莫測其端，故「不可爲首也」。

男南冠風
守侗同人校

周易集解纂疏卷一

❶「釋言」，原作「釋詁」，今據所引文改。

❷「下」，原作「上」，今據思賢本改。

❸「剛爲天德」，思賢本作「天爲剛德」。

周易集解纂疏卷二

唐李鼎祚集解　安陸李道平遵王纂疏

《文言》曰：劉瓛曰：依文而言其理，故曰「文言」。姚信曰：乾坤爲門户，文説乾坤，六十二卦皆放焉。疏劉注　依爻象而言其理。孔氏謂「釋二卦之經文，故稱文言」是也。　姚注　孔氏云「乾坤其《易》之門邪。其餘諸卦及爻，皆從乾坤而出。義理深奥，故特作《文言》以開釋之」，即姚義也。**元者，善之長也。**《九家易》曰：乾者，君卦也。六爻皆當爲君。始而大通，君德會合，故「元」爲「善之長也」。疏《説卦》曰「乾以君之」，故云「乾者，君卦也」。《大雅》曰「克長克君」，是君有長義也。《周語》「太子晉曰『古之長民者』」，韋昭彼注云「長猶君也」。下《傳》以「長人」言「體仁」，故以「君卦」釋乾元也。六爻皆陽，故「六爻皆當爲君」。「始而大通，君德會合」，蓋合嘉會以明元善也。《繫上》曰「繼之者善也」，虞彼注云「繼，統也。謂乾能統天生物，故『繼之者善』」，是乾統萬善而元爲乾始。人君上體乾元，足以繼天立極，故曰「元者，善之長也」。《書・召誥》曰「惟王位在德元」，❶是其義也。又自復至乾爲積善，始息於子。「首出庶物」，故曰「長也」。**亨者，嘉之會也。**《九家易》曰：通者，謂陽合而爲乾。衆善相繼，故曰「嘉之會也」。疏《子夏傳》云：「亨，通也。」《春官・大宗伯》「嘉禮」，注云「嘉，善也」。《禹貢》「灉沮會同」，鄭注「雍水沮水相觸而合」，是「會」訓「合」也。六爻皆陽，合而爲乾。乾陽爲善，是衆善相繼而成乾。陽主開通，故曰「嘉會」。其曰「衆善相繼」，蓋合元善以明嘉會也。又以乾通坤，嘉美所合，故曰「亨者，嘉之會也」。**利者，義之和也。**荀爽曰：陰陽相和，各得其宜，然後利矣。疏《中庸》曰：「義者，宜也。」《荀子・王制》曰：「義以分則和，和則一。」故序四時，裁萬物，兼利天下，無他故焉，得之分義也。」「陰陽

❶「召誥」，原作「洛誥」，今據所引文改。

相和，各得其宜」，是亦分義。義分則和，❶故曰「義之和也」。《説文》：「利，銛也。从刀。和然後利，从和省。《易》：『利者，義之和也。』」蓋「利」从刀，故主分，分故能裁制事物，使各宜也，各得其宜則和矣。「利」又从禾，《説文》「禾，二月始生，八月而熟，得時之中」，是「利」有中和之義。故云：「陰陽相和，各得其宜，然後利矣。」**貞者，事之幹也。**荀爽曰：陰陽正而位當，則可以幹舉萬事。疏《師・彖傳》曰：「貞，正也。」六爻正，則「陰陽正而位當」矣。《大戴禮・保傅篇》引《易》逸文曰「正其本，萬事理」，故「可以幹舉萬事」。薛君《韓詩章句》云「幹，正也」，《詩詁》云「木旁生者爲枝，❷正出者爲幹」，是「幹」有「正」義，故曰「貞者，事之幹也」。**君子體仁，足以長人。**何妥曰：此明聖人則天，合五常也。仁爲木，木主春，故配元爲四德之首。「君子體仁」，故有「長人」之義也。疏「聖人」謂「君子」也。五常，仁義禮知信也。五者，人之德也。元亨利貞，天之德也。此言聖人則天之元亨利貞，以合仁義禮知之德也。❸乾初出震，震屬東方木。《説文》「木，東方之行」，《禮・月令》「某日立春，盛德在木」，凡果核中實有生氣者曰「仁」，是「仁爲木，木主春」也。《六書正譌》「元从二从人，仁則从人从二。在天爲元，在人爲仁」，故「仁配元而爲四德之首」也。「體仁」謂以仁爲體也，「長人」猶君人也。襄九年《左傳》曰「元者，❹體之長也」，元爲首，故爲「體之長」。震爲仁，又爲諸侯，故「君子體仁，有長人之義」。又《禮運》曰「仁者，義之本也，順之體也，得之者尊」，故曰「體仁足以長人」也。**嘉會，足以合禮。**何妥曰：禮是交接會通之道，故以通配。五禮有吉凶賓軍嘉，故以嘉合於禮也。疏《繫上》曰「觀其會通，以行其典禮」，是「禮爲交接會通之道」，故取以配亨通也。五禮有吉凶賓軍嘉。《春官・大宗伯》「以嘉禮親萬民」，注云：❺「嘉禮通於上下，所以別於四禮。」愚謂：《春官》始於吉禮，終於嘉禮。《儀禮》則始於嘉禮之《冠》

❶ 「和」，思賢本作「合」。
❷ 「詩詁云」至下文「正出者爲幹」，思賢本作「又鄭『榦不庭方』箋謂『作楨榦而正之』」。
❸ 「知」下，思賢本有「信」字。
❹ 「左傳」，思賢本作「左氏傳」；「者」，思賢本無此字。
❺ 「注云」至下文「別於四禮」，思賢本作「疏謂『餘四禮舉邦國，嘉禮舉萬民，其實上下通也』」。

《婚》，而終於吉禮之《有司徹》。蓋成民而後致力於神。故五禮獨言「嘉合」者，即《儀禮》始冠婚之義也。又乾以嘉美，旁通合坤。陽稱嘉，坤爲禮，故曰「嘉會足以合禮」也。**利物，足以和義。**何妥曰：利者，裁成也。君子體此利以利物，足以合於五常之義。**疏**《說文》「利」从刀訓「銛」，故主「裁成」也。君子體此自然之利，以裁成萬物，故「足以合於五常之義」也。《周語》曰「言義必及利」，韋注云：「能利人，❶然後爲義。」《呂氏春秋》曰「義之大者，莫大於利人」，故「利」言「利物」也。又乾「精氣爲物」稱「物」，地靜而理曰「義」。坤來成乾，《說卦》曰「和順於道德而理於義」，故曰「利物足以和義」。**貞固，足以幹事。**何妥曰：貞，信也。君子貞正，可以委任於事。故《論語》曰「敬事而信」，故幹事而配信也。案：此釋非也。夫「在天成象」者，「乾，元亨利貞」也，言天運四時，以生成萬物。「在地成形」者，仁義禮智信也，言君法五常，以教化於人。元爲善長，故能體仁。仁主春生，東方木也。亨爲嘉會，足以合禮。禮主夏養，南方火也。利爲物宜，足以和義。義主秋成，西方金也。貞爲事幹，以配於智。智主冬藏，北方水也。故孔子曰「仁者樂山，智者樂水」，則智之明證矣。不言信者，信主土而統屬於君。故《中孚》云「信及豚魚」，是其義也。若「首出庶物」而「四時不忒」者，乾之象也。「厚德載物」而五行相生者，土之功也。土居中宮，分王四季，亦由人君无爲皇極，而奄有天下。水火金木，非土不載。仁義禮智，非君不弘。❷信既統屬於君，故先言乾而後不言信，明矣。**疏**何注　此以貞配信。言貞正可以任事，故引《論語》「敬事而信」之文，以證其義也。　案　李以貞配智，故云「此釋非也」。「在天成象謂乾元亨利貞」者，乾即天，元亨利貞即四時，故「言天運四時，以生成萬物」也。「在地成形」者，謂人生而成形，即有是仁義禮智信五常之性也。言人君當法五常之性，以教化天下之人。在天爲元，在人爲仁，在時爲春，在五行爲東方木。在天爲亨，在人爲禮，在時爲夏，在五行爲南方火。在天爲利，在人爲義，在時爲秋，在五行爲西方金。在天爲貞，在人爲智，在時爲冬，在五行爲北方水。「仁者樂山，智者樂水」，引之以明貞爲智而屬水也。《繫上》曰「卦之德方以智」。貞正而固，所以爲智也。

❶「人」下，思賢本有「物」字。

❷「弘」，思賢本作「宏」。

《説文》:「固,四塞也。从囗,古聲。」囗,古圍字。《繫上》曰「範圍天地之化而不過」,《九家》彼注云「圍,周也」。又曰:「智周乎萬物,而道濟天下。」「智周」即「貞固」,「道濟天下」即「足以幹事」也。「不言信者」,蓋以乾爲信也。《説卦》「乾爲天、爲君」,《繫上》曰「天五」,五爲土,故以「信主土而統屬於君」也。《中孚·彖傳》曰「信及豚魚」,又曰「中孚以利貞,乃應乎天也」,言人君信及豚魚而上應乎天,天即乾也。即乾言信之義也。天運於上,而春夏秋冬成序,天之信也,故云:「首出庶物,而四時不忒,乾之象也。」土載於下,❶而水火金木無違,土之信也,故云:「厚德載物而五行相生者,土之功也。」天數五,爲戊土,居中宫。《洪範》曰「五皇極,惟皇建極」,亦居中宫。故土居中而王四季,亦猶皇極居中而運四方。水火金木,皆生於土。仁義禮智,皆備於君。信既居中而屬君,故先言乾以統元亨利貞,不必復言信以終仁義禮智也。又貞者,正也。六爻正,既濟定。坤爲事,以乾舉坤,坤智藏往,故以貞配智,足以幹事也。

君子行此四德者,故曰:「乾,元亨利貞。」干寶曰:夫純陽,天之精氣。四行,君之懿德。是故乾冠卦首,辭表篇目,明道義之門,在於此矣。猶《春秋》之備五始也,故夫子留意焉。然則體仁正己,所以化物。觀運知時,所以順天。器用隨宜,所以利民。守正一業,所以定俗也。亂則敗禮,其教淫。逆則拂時,其功否。錯則妨用,其事廢。忘則失正,其官敗。四德者,文王所由興。四愆者,商紂所由亡。

疏 乾體純陽,故爲「天之精氣」。人稟之以成四德,故「四行」爲「君之美德」也。《繫上》曰:「成性存存,道義之門。」蓋仁義禮智之性,出於乾之「元亨利貞」,故「乾冠卦首」,而辭列四目,是乾之四德爲道義之門,而性從此出也。《漢書》王褒《聖主得賢臣頌》「《春秋》法五始之要」,注云:「元者,氣之始。春者,四時之始。王者,受命之始。正月,❷政教之始。公即位者,一國之始。」是《易》首之備四德,猶《春秋》篇首之備五始也,皆聖人所留意者也。《論語》「爲仁由己」,故「體仁正己,所以化物」,則「長人」也。「運」猶「會也。《禮器》「禮時爲大」。變通趨時,禮之亨也,故「觀運知時」。《皋陶謨》「天勅五禮」,所以順天,則「合禮」也。《繫下》十二「蓋取」,是「利」也,故「器用隨宜」。《中庸》

❶「土」,原作「上」,今據草堂本、思賢本改。

❷「月」下,思賢本有「者」字。

「義者，宜也」，所以利民，則「和義」也。《師・彖傳》曰：「貞，正也。」業，事業也，《坤》曰「發於事業」是也。「守正一業，所以定俗」，則「貞固，足以幹事也」。禮，體也。亂則敗仁之體，故其教必至於淫濫。逆則拂禮之時，故其功必至於否塞。錯則妨義之用，故其事必至於荒廢。忘則失貞之正，故其官必至於覆敗。有是四德則興，故云：「四德者，文王所由興。」反是而有四愆則亡，故云：「四愆者，商紂所由亡。」是以君子終日乾乾，行此四德也。

初九曰：「潛龍勿用。」何謂也？何妥曰：夫子假設疑問也。後五爻皆放此也。疏假設問答，以明《經》義，《傳》體也。下五爻皆言「何謂」，放此也。

子曰：「龍德而隱者也。何妥曰：此直答言聖人有隱顯之龍德，今居初九窮下之地，隱而不見，故云「勿用」矣。疏《說文》曰「龍，能明能幽」，是能隱以顯者，龍也。聖人，則有能隱能顯之龍德者也。今居初九，則時當隱矣，隱故「勿用」也。案：初變爲巽，《繫下》曰：「巽稱而隱。」言聖人有可稱之龍德，隱而不見，故曰「龍德而隱者也」。

不易世，崔憬曰：言據當潛之時，不易乎世而行者，龍之德也。疏趙岐《孟子注》云：「易，治也。」言當潛藏不治世，而行道於時也。又王弼注云：「不爲世俗所移易。」虞氏《屯・象傳》注云「初剛難拔」，故「不易」，即確乎不拔之意也。愚案　震長子繼世爲世。初九陽伏不動，未成乎震，故「不易乎世」。

不成名。鄭玄曰：當隱之時，以從世俗，不自殊異，无所成名也。疏時當隱而隱，俯仰從俗，不自立異，故「无所成名」。案　乾爲善，陽成於三。「善不積，不足以成名」。《繫下》曰「其初難知」，故「不成乎名」。

遯世无悶，崔憬曰：道雖不行，達理无悶也。疏震爲世，震陽隱初，故曰「遯世」。然道雖不行，而理達於心，故「无悶」。即《中庸》所謂「遯世而无悶」也。「遯世」承「不易世」而言也。

不見是而无悶。崔憬曰：世人雖不已是，而己知不違道，故「无悶」。疏復坤五陰同亂於上，一陽潛下，故「不見是」。然世人雖不已是，而自信不違乎道，故「无悶」，即《論語》所謂「人不知而不慍」也。「不見是」承「不成名」而言也。以初震爲樂，故皆言「无悶」。

樂則行之，憂則違之。虞翻曰：陽出初震爲樂、爲行，故「樂則行之」。坤死稱憂。隱在坤中，「遯世无悶」，故「憂則違之」也。疏陽出於初，爲震體復。「震爲樂」者，震，東方木，於時爲春。《春秋繁露》曰「春，蠢也。蠢蠢，喜樂之貌」，❶故「爲樂」也。❷「爲行」者，《説卦》「震，動也」，又「震爲足，爲作足」，韋昭《國語》注亦云「震爲足」，故「爲行」。是以「樂則行之」也。「坤死稱憂」者，月三十滅於坤，爲既死魄，故坤爲死。昭二十五年《左傳》曰「死，❸惡物也」，故「坤死稱憂」。陽隱坤中，「遯世无悶」，故「憂則違之也」。**確乎其不可拔，潛龍也。」**虞翻曰：確，剛貌也。乾剛潛初，坤亂於上，君子弗用。隱在下位，確乎難拔，潛龍之志也。疏《繫下》曰「夫乾，確然示人易矣」，以初剛言也。馬氏彼注，訓「確」爲「剛」，故云「確，剛貌也」。乾陽始動，剛伏坤初。坤反君道，亂見於上。君子隱而弗用之時也。《大過》「棟橈」，《象》曰「本末弱也」。初爲本，上爲末，兩爻皆柔，故橈，剛則難拔矣。「拔」，鄭云「移也」。潛龍有至剛之志，是以「確乎其不可拔」也。**九二曰：「見龍在田，利見大人。」何謂也？子曰：「龍德而正中者也。**虞翻曰：中，下之中。二非陽位，故明言能「正中」也。疏二居下之中，故曰「中」。二非陽位不正，當變之正。變而得正，故曰「正中」也。**庸言之信，**荀爽曰：處和應坤，故曰「信」。疏《九家·説卦》曰「乾爲言」。陽息至二，互震亦爲言也。二處中和之位，上應坤五，二五相孚，故曰「信」。二體坎，坎有孚，《象》曰「行險而不失其信」，故庸言必信。**庸行之謹，**《九家易》曰：以陽居陰位，故曰「謹」也。庸，常也。謂言常以信，行常以謹矣。疏陽息二，互震作足爲行。以陽居陰位，非其正。坎以一陽陷於二陰之間，舉動不可不謹。《坎·象》曰「常德行」，故曰「庸行之謹」。❹「庸，常也」，《釋詁》文。虞云「坎爲常」，言常信，行常謹，皆坎象也。以坎二即乾二也。**閑邪存其誠。**宋衷曰：閑，防也。防其邪而存其誠也。❺二在非其位，故以「閑邪」言之。能處中和，故以「存誠」言之。疏《説

---

❶「春蠢也蠢蠢喜樂之貌」，思賢本作「春之爲言，猶偆偆也。又偆偆者，喜樂之貌」。

❷「爲樂」上，思賢本有「震」字。

❸「五」，原作「六」，今據思賢本及所引文改。

❹「行」，原作「言」，今據思賢本及所引文改。

❺「存其誠也」，思賢本作「存誠焉」。

文》：「閑，闌也。从門中有木。」以木歫門，有防闌之意，故云「防也」。二陽居陰，其位不正，不正則邪，故必「閑邪」。然二位得中，能處中和者也。《中庸》首言「中和」，終歸「至誠」。二處中和，故以「存誠」。**善世而不伐，**《九家易》曰：陽升居五，處中居上，始以美德利天下。「不言所利」，即是「不伐」。故《老子》曰「上德不德，是以有德」，此之謂也。**疏**二有君德，❶上與五應，陽升則居坤五，五處上中，故能以美德利天下也。陽升始於二，故云「始以美德利天下」。「不言所利」，故「不伐」。「上德不德，是以有德」，《老子·德經》文。引之以明「善世不伐」之意。案：乾爲善，息二互震爲世。兑體毁折，乾象不見，故「不伐」。**德博而化。**荀爽曰：處五據坤，故「德博」。羣陰順從，故物「化」也。**疏**二升處五據坤，坤爲地，地道廣博，故曰「德博」。坤承乾施，化成萬物，羣陰順從一陽，故能「化」也。　愚案　乾爲德。二於三才爲地道，《中庸》之言地道曰「博也」，故曰「德博」。陽變陰化，二動得正，以乾交坤，故「化」。**《易》曰『見龍在田，利見大人』，君德也。」**虞翻曰：陽始觸陰，當升五爲君。時舍於二，宜利天下。直方而大，德无不利，明言「君德」。地數始二，故稱「《易》曰」。**疏**二爲陰位，陽息至二，是「陽始觸陰」也。二與五應，陽主升，故二「當升五爲君」也。然時舍居於二，已有利天下之德焉。乾二旁通坤二，《坤》六二曰「直方大，不習无不利」，田在地表，有直方大之象。故養人之德，天下見之无不利。是二之大人，雖在下位，實有君人之德也。《繫上》曰「天一地二」，是「地數始二」也。初陽得正不變，二陰失正當變，言變易自此爻始，故稱「《易》曰」也。**九三曰：「君子終日乾乾，夕惕若厲，无咎。」何謂也？子曰：「君子進德脩業。**虞翻曰：乾爲德，坤爲業。以乾通坤，謂爲「進德脩業」。　宋衷曰：業，事也。三爲三公。君子處公位，所以「進德脩業」也。**疏**虞注　陽息至三成泰，泰内乾外坤。上《繫》由「乾以易知」推之，「可久則賢人之德」；由「坤以簡能」推之，「可大則賢人之業」。又曰「夫《易》，聖人之所崇德而廣業也。知崇體卑，崇效天，卑法地」，謂乾坤也。故云「乾爲德，坤爲業」。「以乾通坤」，謂天地交而爲泰也。「崇

❶「二」，思賢本作「以」。

效天」爲「進德」，「卑法地」爲「脩業」。　宋注　坤「發於事業」，故「業」訓「事」。「三爲三公」，《乾鑿度》文。以君子而處三公之位，所以貴於「進德脩業也」。**忠信，所以進德也。**翟玄曰：忠於五，所以脩德也。　崔憬曰：推忠於人，以信待物，故其德日新也。**疏**翟注　《乾鑿度》曰：「三爲三公，五爲天子。」三臣於五，故云「忠於五，所以進德也」。　崔注　人能推忠於人，以信待物，則德日新。　愚案　忠信在內，三終乾事而在內，故「忠信，所以進德」。三處乾上，上故「崇」，崇故德言「進」。《論語》曰「主忠信」，所以崇德也，是其義也。又案：坤來乾二成离，离中爲忠。乾二之坤成坎，坎孚爲信。三與初二爲离坎，此終乾之事，故曰「所以進德也」。**脩辭立其誠，所以居業也。**荀爽曰：「脩辭」謂「終日乾乾」，「立誠」謂「夕惕若厲」，「居業」謂居三也。　翟玄曰：居三脩其教令，立其誠信，民敬而從之。**疏**荀注　乾乾故言「脩」，惕厲故言「誠」。鄭云「三爲艮爻」，虞云「艮爲居」，蓋艮上來自乾三，艮門闕爲居，故「居業謂居三」也。　翟注　以「居業」爲「居三」，即荀義也。外而脩其教令，內而立其誠信，則民莫不敬而從之。此「居業」之事也。　愚案　三動之坤，互震聲爲辭，坎孚爲誠，故曰「脩辭立其誠」。坤爲業，體艮止爲居。此通坤之事，故曰「所以居業也」。**知至至之，可與言幾也。**翟玄曰：知五可至而至之，故可與行幾微之事也。**疏**陽在五爲得位得中，初與三得位而不得中。三至五爲得中，故「知五可至而至之」。然三始於初，故「可與行幾微之事也」。　愚案　劉瓛云「至，極也」，莊氏云「極即至也」。三在下卦之上，是爲至極。❶《繫下》曰「知幾其神乎」，虞彼注云「幾謂陽也，陽在復初稱幾」。又曰「幾者，動之微」，虞彼注云「陽見初成震，故『動之微』」。內體乾，乾爲陽。知初陽已動，必至於三，故曰「知至至之，可與言幾也」。**知終終之，可與存義也。**姚信曰：知終者可以知始。終謂三也。義者，宜也。知存知亡，君子之宜矣。　崔憬曰：君子喻文王也。言文王進德脩業，所以貽厥武王，至於九五。至於九五，可與進脩意合，故言「知至至之，可與言微也」。知天下歸周，三分有二以服事殷，終於臣道。終於臣道，可

❶「爲」，思賢本無。

與進脩意合，故言「知終終之，可與存義」。疏姚注《繫上》「原始反終」，故「知終可以知始」。三處乾上，故「終謂三也」。「義者，宜也」，《中庸》文。三與上應，上知存而不知亡。三知乾終於三而終之，不至於亢，「知存知亡」，合乎「君子之宜」，故曰「知終終之，可與存義」。愚案 《繫上》「成性存存，道義之門」，虞彼注云「知終終之，可與存義也。乾爲道門，坤爲義門」，又云「陽在道門，陰在義門」，《乾鑿度》「地静而理曰義」，是坤爲義也。「幾」屬乾而爲陽在内，「義」屬坤而爲陰在外。乾三即泰三，出乾入坤，終應於上。以坤成乾性，乾元常存，故曰「可與存義」。即承上德業，以乾通坤之義也。 崔注此以文王明九三爻義也。武王，飛龍也，居九五之尊，而化家爲國之幾，實進德脩業之文王有以基之，故曰「知至至之，可與言幾也」。以三承五，即翟注義也。殷紂，亢龍也，處上九之位。是時天下歸周，三分有二而服事殷紂，終於臣道，不失事君之義，惟進德脩業之文王有以守之，故曰「知終終之，可與存義也」。以三應上，即姚注義也。 是故居上位而不驕，虞翻曰：天道三才，一乾而以至三乾成，故爲「上」。「夕惕若厲」，故「不驕」也。疏《繫下》曰「有天道焉，❶有人道焉，有地道焉」，是三爻而有三才也。一至三而乾成，有天道焉，故「爲上」。「夕惕若厲」，位愈高而心愈下，故「不驕」。 在下位而不憂。虞翻曰：下位謂初。隱於初，「憂則違之」，故「不憂」。疏「下位謂初」，言三息自下。隱而在下，「遯世无悶，不見是而无悶」。時雖困而心自亨，是以「憂則違之」，故「不憂」也。 故乾乾因其時而惕，雖危无咎矣。」王弼曰：惕，怵惕也。處事之極，失時則廢，懈怠則曠。「故乾乾因其時而惕，雖危无咎」。疏《書·冏命》曰「怵惕惟厲」，故云「惕，怵惕也」。「處事之極」，謂處上之極也。失時則德業廢，懈怠則進脩曠。「時」謂知至知終，在上在下之時。乾乾之心，各因其時而加惕，故「雖危无咎矣」。 九四曰：「或躍在淵，无咎。」何謂也？子曰：「上下无常，非爲邪也。荀爽曰：乾者，君卦。四者，臣位也。故欲上躍居五。下者，當下居坤初。得陽正位，故曰「上下无

❶「下」，原作「上」，今據所引文改。

常，非爲邪也」。疏乾爲君，故「乾者，君卦」也。四爲三公，故「四者，臣位也」。四近於五，故欲上躍居五，四與初應，故當下居坤初。四陽不中不正，故言「邪」。上居五得中，下居初得正，故曰「上下无常，非爲邪也」。**進退无恒，非离羣也。**荀爽曰：進謂居五，退謂居初，故「進退无恒，非离羣也」。疏四變巽爲進退。乾陽稱羣。《繫上》曰「物以羣分」，虞彼注云「乾物動行，故『以羣分』」。進居五，退居初，不离乎陽，故「不离羣也」。何氏云「所以進退无恒者，時使之然，非欲苟离羣也」，❶義亦可通。「无常」「无恒」，釋「或躍」也。**君子進德脩業，欲及時也，故无咎。」**崔憬曰：至公欲及時濟人，故「无咎」也。疏三已「進德脩業」矣，四言「欲及時」者，謂德業已具，至公之心，欲及時濟人，故「无咎」。「或躍在淵，自試也」，故知欲及時自試也。**九五曰：「飛龍在天，利見大人。」何謂也？子曰：「同聲相應，**虞翻曰：謂震巽也。庖犧觀變而放八卦。「雷風相薄」，故「相應」也。張璠曰：天者，陽也。君者，陽也。雷風者，天之聲。號令者，君之聲。明君與天地相應，合德同化，動静不違也。疏虞注《説卦》「天地定位」，虞注：「謂乾坤。五貴二賤，故『定位』。」《傳》因五與二應，故推廣其義而言相應之理也。又曰「觀變於陰陽而立卦」，虞彼注云：❷「《説卦》謂『立天之道，曰陰與陽』。❸陽變成震坎艮，陰變成巽离兑，故『立卦』。」震爲雷，巽爲風。「雷風相薄」，故「同聲相應」。謂震納庚，巽納辛，庚辛相得而合金，故「相應也」。張注　天與君皆陽，雷風與號令皆聲。《郊特牲》曰「凡聲，陽也」，故陽言聲也。天人一理，故「君與天地相應」。震陽屬動，巽陰屬静。故「合德同化，動静不違也」。**同氣相求。**虞翻曰：謂艮兑。「山澤通氣」，故「相求」也。崔憬曰：方諸與月，同有陰氣，相感則水生。陽燧與日，同有陽氣，相感則火生也。疏虞注　艮爲山，兑爲澤。「山澤通氣」，故「同氣相求」。謂艮納丙，兑納丁，丙丁相得而合火，故「相求也」。崔注《周

❶「欲苟」，思賢本作「苟欲」。
❷「虞」下，思賢本有「氏」字。
❸「説卦」，思賢本無此二字。

禮・秋官》：「司烜氏掌以夫遂取明火於日，以鑒取明水於月。」注云「夫遂即陽燧也」，❶疏云：「取火於木爲木遂。以其取火於日，故名『陽遂』。以銅爲之。」注云「鑒，方諸也」，疏云：「鑒，鏡也。可以取水。方以象地，故名『方諸』。」注又云：「日，太陽之精，故取明火焉。月，太陰之精，故取明水焉。」蓋方諸陽遂與日月同有陰陽之氣，陰陽相感則水火生，故引以明「同氣相求」之義也。**水流溼，**荀爽曰：陽動之坤而爲坎。坤者純陰，故曰「溼」也。**疏**「陽動之坤」，謂乾二升坤五也。「爲坎」者，謂「天一生水，地六成之」也。「坤純陰，故曰溼」者，《説文》「溼，从水。一，所覆也。覆而有土，故溼也」，坤爲土，土純陰，坎水流坤，所以濡土而爲溼也。**火就燥。**荀爽曰：陰動之乾而成离。乾者純陽，故曰「燥」也。虞翻曰：离上而坎下，「水火不相射」。崔憬曰：決水先流溼，然火先就燥。❷**疏**荀注「陰動之乾」，謂坤五降乾二也。爲「火」者，謂「地二生火，天七成之」也。「乾純陽，故曰燥」者，《説文》「燥，乾也」，《易緯・乾坤鑿度》曰「乾者，乾天也」，鄭彼注：❸「古乾字，乾燥亢陽之名。」乾燥之乾从乾者，以乾純陽，故主乾燥。离火就乾，所以炎上而爲燥也。虞注　坎爲水，离爲火。火動而炎上，水動而潤下。射，厭也。惟不相厭，故「水流溼，火就燥」也。坎納戊，离納己，戊己相得而合土是也。崔注「決水先流溼」者，流下溼則水易決也。「然火先就燥」者，就乾燥則火易然也。

雲從龍，荀爽曰：龍喻王者，謂乾二之坤五爲坎也。虞翻曰：乾爲龍，雲生天，故「從龍」也。**疏**荀注　蒼龍，東方之宿也。「帝出乎震」，震爲龍，故「喻王者」。陽主升，故「乾二上之坤五則爲坎」。上坎爲雲，《需・象傳》曰「雲上于天」，不稱水稱雲，故知坎爲雲也。昭二十九年《左傳》曰：「龍，水物也。」坎水上天爲雲，故曰「雲從龍」。

---

❶「注云」至下文「故取明水焉」，思賢本作「注『夫遂，陽遂也。鑒，鏡屬，取水者，世謂之方諸』，《攷工記》『金錫半，謂之鑒燧之齊』，是二器俱用金也。《淮南・天文訓》注『陽燧金也。方諸陰燧，大蛤也』，是以陽燧爲鏡，方諸爲蚪。符子曰：『鏡以曜明，故鑒人。蚪以含珠，故内照。曜明故能取火，含珠故能下水也。』又許慎曰『諸，珠也。方，石也』，方諸亦有用石者。《萬畢術》『方諸取水』，注云『形若杯，以五石合治』是也。」

❷「然」，原爲□，今據草堂本及下文改。

❸「鄭彼注」，思賢本作「鄭注云」。

虞注　《子夏傳》云「龍所以象陽」，故「乾爲龍」。乾爲天，《内經》曰「雲出天氣」，故「雲從龍」。**風從虎。**荀爽曰：虎喻國君，謂坤五之乾二，爲巽而從三也。三者，下體之君，故以喻國君。　虞翻曰：坤爲虎，風生地，故「從虎」也。

疏荀注　白虎，❶西方之宿也，《説文》：「虎，西方獸。」蓋虎感金氣而生，金星附日而行者也，故「喻國君」。陰主降，坤五下之乾二。互三四成巽，故云「從三」也。三居下體之上，故「喻國君」。　虞注　《京房易傳》曰「坤爲虎刑」。❷高誘注《淮南》曰「虎，土物也」，坤爲土，故「爲虎」。又《月令》「仲冬之月，虎始交」，《春秋考異郵》「虎七月而生」，是交於復而生於姤。姤之一陰自坤來，故「坤爲虎」。姤下體巽，巽爲木、爲風。《管輅别傳》曰：「虎陰精而居於陽，依木長嘯，動於巽，❸二氣相感，故能運風。」蓋虎依巽木而生風，猶龍居坎水而興雲也。坎雲，❹天氣也。巽風，地氣也。《洪範》曰「風」，鄭彼注云「風，土氣也」。《内經》曰「風生地氣」，故「風從虎」。「天地定位」，故雲龍風虎各以類相從也。此庖犧則象觀變，六位之列，所以摩剛柔也。初震二巽貞地位，故「同聲相應」。五艮上兑貞天位，故「同氣相求」。三貞下坎，「水流溼」也。四貞上离，「火就燥」也。「天尊」貞五，坎體成於乾，「雲從龍」也。「地卑」貞二，二巽位，「風從虎」也。此參天兩地之數，萬物之本也。**聖人作而萬物覩。**虞翻曰：覩，見也。聖人則庖犧。合德乾五，造作八卦，「以通神明之德，以類萬物之情」。五動成离，日出照物，皆相見，故曰「聖人作而萬物覩」也。　陸績曰：陽氣至五，萬物茂盛，故譬以聖人在天子之位。功成制作，萬物咸見之矣。

疏虞注　「覩」於文从見，故云「見也」。庖犧始畫八卦，故知「聖人爲庖犧」。太昊以木德王天下，故知「德合乾五」。作，造也。「聖人作」即《象傳》「大人造也」，即《繫下》「始作八卦，以通神明之德，以類萬物之情」是也。《九家易》

❶「白虎」至下文「西方獸」，思賢本作「白虎，西方宿。《參同契》『白虎在昴七兮，秋芒，兑西酉』」。

❷「京房易傳」至下文「故爲虎」，思賢本作「《京房易》『坤爲虎刑』，又《魏志・管輅傳》曰『申未爲虎』，坤位申未，故『爲虎』」。

❸「巽」，思賢本作「巽林」。

❹「坎雲」至下文「風生地氣」，思賢本作「《洪範》曰『風』，鄭注云『風，土氣也』，《淮南・天文訓》注曰『虎，土物也』，《内經》曰『風出地氣』」。

云「隱藏之謂神，著見之謂明」，又云「六十四卦，凡有萬一千五百二十册，册類一物」。八卦既作，則陰陽之德由是通，萬物之情由是類也。「五動成离」，离爲日，日出則萬物皆見，《説卦》曰「相見乎离」是也。聖人造作八卦，則萬物皆覩，即「飛龍在天，利見大人」之義也。　陸注　五爲陽氣正盛之時，猶聖人在天子之位。功成制禮，❶治定作樂，萬物皆見其明備之休，故曰「聖人作而萬物覩」。**本乎天者親上，**荀爽曰：謂乾九二。本出於乾，故曰「本乎天」。而居坤五，故曰「親上」。**疏**此以陽升陰降言也。乾九二失位當升，故出於乾，二本乾也。乾爲天，故曰「本天」。升居坤五，五在上，故曰「親上」。**本乎地者親下。**荀爽曰：謂坤六五。本出於坤，故曰「本乎地」。降居乾二，故曰「親下」也。　崔憬曰：謂動物親於天之動，植物親於地之静。**疏**荀注　坤六五失位當降，故出於坤，五本坤也。坤爲地，故曰「本地」。降居乾二，二在下，故曰「親下」。　崔注　莊氏云：「天地絪緼，和合二氣，共生萬物。然萬物之體，有感於天氣偏多者，有感於地氣偏多者。故《周禮·大宗伯》有『天産』『地産』，《大司徒》云『動物』『植物』。本受氣於天者，是動物含靈之屬，天體運動，含靈之物亦運動，是親附於上也。本受氣於地者，是植物无識之屬，地體凝滯，植物亦不移動，是親附於下也。」此即崔氏義也。　案　震坎艮皆出於乾，故曰「本乎天」，而與乾親，故曰「親上」。巽离兑皆出於坤，故曰「本乎地」，而與坤親，故曰「親下」。蓋「乾道成男」，而三男皆親乾父也。「坤道成女」，而三女皆親坤母也。「天尊」故曰「上」，「地卑」故曰「下」。《表記》曰「父尊而不親，母親而不尊」，故有上下之别也。此本虞氏義也。**則各從其類也。」**虞翻曰：「方以類聚，物以羣分」。「乾道變化，各正性命」。「觸類而長」，故「各從其類」。**疏**「方以類聚，物以羣分」，《繫上》文。虞彼注云：「坤方道静，故『以類聚』。乾物動行，故『以羣分』。」乾道變化於上，性命各正於下，各有其類矣。「觸類而長」，本《繫傳》文。虞彼注云：「觸，動也。」蓋本天者，陽爻也。本地者，陰爻也。上乾下坤，五正乾道。❷三百八十四爻資始消息，故「各從其類也」。**上九曰：「亢龍有悔。」何謂也？**

❶「功成制禮治定作樂」，思賢本作「功成作樂，治定制禮」。

❷「乾」，原作「坤」，今據草堂本、思賢本改。

子曰：「貴而无位，荀爽曰：在上故「貴」，失正故「无位」。**疏**處六爻之上故「貴」，虞氏《繫》注所謂「天尊故貴」是也。以陽居陰，失乎正矣。失正即失位，故「无位」。

高而无民，何妥曰：既不處九五帝王之位，故「无民」也。夫「率土之濱，莫非王臣」，既非王位，則民不隸屬也。**疏**窮高曰「亢」，亢故高也。「率土之濱，莫非王臣」，《詩·北山》文。人所歸往曰王。位非九五之尊，故「无民」。《九家易》所謂「若太上皇者也」。賢人在下位荀爽曰：謂上應三。三陽德正，故曰「賢人」。別體在下，故曰「在下位」。**疏**上與三敵應。三陽德居正而稱「君子」，故曰「賢人」。三與上別爲一體而在下，故「在下位」，上《傳》云「在下位而不憂」是也。而无輔，荀爽曰：兩陽无應，故「无輔」。**疏**陰陽相應則有輔。三上兩陽敵應，是應而无應也。无應故「无輔」。是以動而有悔也。」荀爽曰：升極當降，故「有悔」。**疏**「升極當降」，即虞《繫》注「乾盈動傾，故『有悔』」也。又《淮南·繆稱篇》「動於上，不應於下，故有悔」，謂「兩陽敵應」也。

潛龍勿用，下也。何妥曰：此第二章，以人事明之。當帝舜耕漁之日，卑賤處下，未爲時用，故云下。**疏**此章以人事明爻義也。《史記》：「舜耕歷山，歷山之人皆讓畔。漁雷澤，雷澤之人皆讓居。」身處卑下，正「潛龍勿用」之時也。見龍在田，時舍也。何妥曰：此夫子洙泗之日，開張業藝，教授門徒，自非通舍，孰能如此。虞翻曰：二非王位，時暫舍也。**疏**何注《孟子》曰：「孔子，聖之時者也。」道不行於天下，設教洙泗，以開來學，時當舍而舍也。「舍」音「捨」，訓「置」。「通舍」者，謂出初爲通，對五則舍，言雖通而仍舍。如《南史》何點，❶時人稱爲通隱是也。故云：「自非通舍，孰能如此。」虞注二雖得中而非正位，且不正，二陽當上升坤五。「在田」者，不過暫舍於二也。「舍」讀若《月令》「命田舍東郊」，及《孟子》「出舍於郊」之「舍」。終日乾乾，行事也。何妥曰：此當文王爲西伯之時，處人臣之極，必須事上接下，故言「行事也」。**疏**三處下卦之上，故《乾鑿度》曰「三爲三公」。《春官·大宗伯》曰「九命作伯」，注云：「上公有功德者，加命爲二伯，

❶「點」，原作「默」，今據思賢本及《南史》改。

得征五侯九伯者。」《史記》「紂賜文王弓矢斧鉞，使得專征伐，爲西伯」，可謂「處人臣之極」矣。而上應亢龍之主，下臨初二之陽，「事上接下」，所有事也，故言「行事」。泰三通坤，互震爲行，坤爲事，故曰「行事」。事上接下之事，無外乾惕，「進德脩業」是已。**或躍在淵，自試也。**何妥曰：欲進其道，猶復疑惑。此當武王觀兵之日，欲以試觀物情也。疏《史記》：「武王觀兵至孟津，諸侯不期而會者八百。諸侯皆曰：『紂可伐矣。』武王曰：『女未知天命，未可也。』乃還。」蓋四可進居於五，而猶有疑惑，故「觀兵」，「以試觀物情也」。**飛龍在天，上治也。**何妥曰：此當堯、舜冕旒之日，以聖德而居高位，在上而治民也。疏《繫下》曰「黃帝、堯、舜，垂衣裳而天下治」，以聖人之德而居九五之尊，在上位而治天下之象也。**亢龍有悔，窮之災也。**案：此當桀、紂失位之時，亢極驕盈，故致悔恨，窮斃之災禍也。疏《史記》：「夏桀虐政荒淫，❶湯乃興師伐桀。」《左傳》：「商紂暴虐，鼎遷於周。」桀、紂失位之事，載於《詩》《書》者尤詳。唯其亢極驕盈，故以窮災致悔，甚言「盈不可久也」。案：李氏於上九爻辭，以「湯有慚德」釋之，謂聖人而有陽剛之德，不可過剛招悔。於《文言傳》復以「桀、紂失位」釋之，謂非聖人而有陽剛之德，尤不可過剛致災。言各有當，非異義也。且乾剛之德，雖亢極致悔，豈同桀、紂，然窮必有災。欲占者以是爲戒，而當「知進退存亡不失其正」也。**乾元用九，天下治也。**案：此當三皇五帝禮讓之時，垂拱无爲，而「天下治」矣。王弼曰：此一章全以人事明之也。九，陽也。陽，剛直之物也。夫能全用剛直，放遠善柔，非天下之至治，未之能也，故「乾元用九」，則「天下治也」。夫識物之動，則其所以然之理，皆可知也。龍之爲德，不爲妄者也。潛而勿用，何乎必窮處於下也。見而在田，必以時之通舍也。以爻爲人，以位爲時。人不妄動，則時皆可知也。文王明夷，則主可知矣。仲尼旅人，則國可知矣。疏案《春官》「外史掌三皇五帝之書」，注云：❷「三皇之書，謂之三墳。五帝之

---

❶「虐政荒淫」，思賢本作「爲虐政淫荒」。

❷「注云」至下文「謂之五典」，思賢本作「楚靈王所謂『三墳五典』，疏云『彼三墳，三皇時書，五典，五帝之常典』」。

書，謂之五典。」三皇五帝，説者不一。孔安國《尚書序》以伏羲、神農、黄帝之書爲三墳，少昊、顓頊、高辛、唐虞之書爲五典。不必區分皇帝，而於三五之數自協也。乾，天也。元，始也。九者，陽變之數，有變化之義。三皇五帝，當天運始開之時，首出庶物，有禮讓而无征誅。蓋以无用爲用，而天下皆化，故「垂拱而天下治矣」。　王注《正義》云：「『此一章全以人事明之』者，下云『陽氣潛藏』，又云『乃位乎天德』，又云『乃見天則』，此一章但云『天下治』，是皆以人事説之也。『夫能全用剛直，放遠善柔，非天下至理，未之能也』者，以『乾元用九』，六爻皆陽，是『全用剛直』。『放遠善柔』，謂放棄善柔之人。善能柔諂，貌恭心狠，使人不知其惡，識之爲難。此用九純陽者，是『全用剛直』，更無餘陰。柔善之人，❶堯尚病之，故云『非天下之至理，未之能也』。『夫識物之動，則其所以然之理，皆可知』者，此欲明在下龍潛見之義。故張氏云：『識物之動，謂龍之動也。則其所以然之理，皆可知者，謂識龍之所以潛、所以見，然此之理，皆可知也。』『龍之爲德，不爲妄』者，言龍靈異於他獸，不妄舉動。可潛則潛，可見則見，是不虚妄也。『見而在田，必以時之通舍』者，《經》唯云『時舍也』。注云『必以時之通舍』者，則輔嗣以『通』解『舍』，『舍』是『通』義也。初九潛藏不見，九二既見而在田，是『時之通舍』之義也。『以爻爲人，以位爲時』者，爻居其位，猶若人遇其時。故『文王明夷，則主可知矣』。『主』則『時』也，謂當時无道，故明傷也。『仲尼旅人，則國可知矣』，『國』亦『時』也。若見仲尼羈旅於人，則知國君无道，令其羈旅出外。引文王、仲尼者，❷明龍潛、龍見之義。」愚案：《明夷·彖傳》「内文明而外柔順，以蒙大難，文王以之」，故云「文王明夷」。《易緯·乾坤鑿度》附載「仲尼，魯人。生不知《易》本，偶筮其命得旅」，故云「仲尼旅人」。

潛龍勿用，陽氣潛藏。何妥曰：此第三章，以天道明之。當十一月，陽氣雖動，猶在地中，故曰「潛龍」也。**疏**此章以天道明爻辭也。一陽初息，爲震體復。初陽貞子，十一月之卦也。震，動也，「雷在地中，復」，故云「陽氣雖動，猶在地中」。震爲龍，而潛於地下，故曰「潛

❶「柔善」，原作「善柔」，今據思賢本及所引《周易正義》文改。

❷「仲尼者」，原無，今據思賢本及所引《周易正義》文補。

藏」。**見龍在田，天下文明。**案：陽氣上達於地，故曰「見龍在田」。百草萌牙孚甲，故曰「文明」。　孔穎達曰：先儒以爲九二當太蔟之月，陽氣見地，則九三爲建辰之月，九四爲建午之月，九五爲建申之月，上九爲建戌之月。羣陰既盛，上九不得言「與時偕極」，先儒此説，於理稍乖。此乾之陽氣漸生，似聖人漸進，宜據十一月之後，建巳之月已來。此九二爻，當建丑、建寅之間，於時地之萌牙，物有生者，即是陽氣發見之義也。但陰陽二氣，共成歲功，故陰興之時，仍有陽在，陽生之月，尚有陰氣。所以六律六吕，陰陽相關。取象論義，與此不殊也。疏　案　九二貞寅，正月之卦也。《月令》曰「孟春之月，地氣上騰」，謂土中「陽氣上達於地」，故有「見龍在田」之象。又曰「草木萌動」，謂「百草皆萌牙孚甲」，故有「天下文明」之象。又二變正成离，离自坤來，坤爲文，离嚮明，故曰「文明」。　孔注　「先儒」云云，蓋指鄭氏爻辰也。孔氏不取其説，故據消息以駁之。云「建戌之月，羣陰既盛，上九不得與時偕極」者，言九月陰盛，不得言陽氣「與時偕極」。故云「先儒此説，於理稍乖」也。云「此乾之陽氣漸生，似聖人漸進」者，言陽息有漸，不得爻隔一辰也。云「宜據十一月之後，建巳之月已來」者，言十一月子，一陽初生於復。由臨而泰，而壯，而夬，至四月巳成乾也。據此則九二爻當丑寅之間，萬物萌牙，實合陽氣發見之義，故曰「見龍在田」也。但「立天之道，曰陰與陽」，二氣迭運，「共成歲功」。所以鄭氏爻辰以六陽爻配六律，以六陰爻配六吕，左右相錯，上下相生，而陰陽實相關也。蓋消息爻辰，雖出兩家，而陰陽盛衰，理實一貫，故「取象論義，與此不殊」。**終日乾乾，與時偕行。**何妥曰：此當三月，陽氣浸長，萬物將盛，與天之運，俱行不息也。疏　九三貞辰，三月之卦也。《月令》「季春之月，生氣方盛，陽氣方洩」，❶即「陽氣浸長，萬物將盛」之謂也。天時不息，實陽氣之盛，與天時俱行不息也。又外互震爲行，故曰「與時偕行」。**或躍在淵，乾道乃革。**何妥曰：此當五月，微陰初起，陽將改變，故云「乃革」也。疏　九四貞午，五月之卦也。五月爲姤，一陰初生，乾陽改變，故云「乃革」。此以消息言也。又爻辰乾四貞午，坤初即貞未，是陽方盛而陰即生，乾道將變，故曰「乃革」。　愚案　乾

❶「方洩」，思賢本作「發泄」。

唯二四上不得正，二上已變成革，四或躍，亦將變成既濟定也。《革・卦辭》曰「元亨利貞」，與乾同德，故發其義於九四爻。以四處内外變革之際，將變未變，則乾而兼革，故曰「乾道乃革」。

飛龍在天，乃位乎天德。 何妥曰：此當七月，萬物盛長，天功大成，故云「天德」也。 疏 九五貞申，七月之卦也。《淮南子》曰「春氣發而百草生，❶正得秋而萬實成」，❷是七月爲「萬物盛長，天功大成」之時，故曰「天德也」。陽至九五，乃得其位，故曰「位乎天德」。

亢龍有悔，與時偕極。 何妥曰：此當九月，陽氣大衰，向將極盡，故云「偕極」也。 疏 上九貞戌，九月之卦也。戌於消息爲剥，剥剩一陽在上，故云「陽氣大衰，向將極盡」也。《廣雅》：「亢，極也。」《爾雅・釋天》「月在癸曰極」，癸爲十幹之盡，故極有盡義。言是時陽氣將盡，當與時偕盡也。❸

乾元用九，乃見天則。 何妥曰：陽消，天氣之常。天象法則，自然可見。 王弼曰：此一章全説天氣以明之也。九，剛直之物，唯乾體能用之。用純剛以觀天，「天則」可見矣。 疏 何注 《爾雅・釋詁》：「則，常也。」陰長則陽消，乃天氣自然之常則也。然貞下有起元之義，故六爻盡變而乾元自在。乾惟體元，乃能用九。「用九」者，用其陽也。《禮運》曰「天秉陽」，❹故陽爲「天則」。用九，故「天象法則，自然可見」。 王注 此以天氣之消長明爻象也。九，陽數也，故爲「剛直之物」。乾體元，故「惟乾體能用之」。天，純剛也，故「用純剛」，則「天則可見」。

乾元者，始而亨者也。 虞翻曰：乾始開通，以陽通陰，故始通。 疏 「大哉乾元，萬物資始」，「始」即「元」也。陰陽不變，不能通氣。乾始交坤，以陽通陰，故曰「始通」也。

利貞者，性情也。 干寶曰：以施化利萬物之性，以純一正萬物之情。 王弼曰：不爲乾元，何能通物之始。不性其情，何能久行其正。是故「始而亨者」，必「乾元」也。「利而正者」，必「性情」也。 疏 干注 《孟子》「天下之言性也，則故而已矣。故者，以利爲本」，故云「以施化利萬物之性」。《大壯・彖辭》曰「正大而天

---

❶ 「淮南子」，思賢本作「《莊子・庚桑楚》」。

❷ 「實」，思賢本作「寶」。

❸ 「盡」，草堂本作「極」。

❹ 「禮運」，原作「樂記」，今據思賢本及所引文改。

地之情可見矣」，故云「以純一正萬物之情」。此以「利貞」分配「性情」也。要之性利情亦利，性正情斯正，故曰：「利貞者，性情也。」王注《正義》云：「乾之元氣，其德廣大，故能徧通諸物之始。若餘卦元德，雖能始生萬物，德不周普。❶故云『不爲乾元，何能通物之始』。性者，天生之質，正而不邪。❷情者，性之欲也。言若不能以性制情，使其情如性，則不能久行其正』。❸愚案《彖辭》曰「乾道變化，各正性命」，即「乾元者，始而亨者也」。「保合太和，乃利貞」，即「利貞者，性情也」。此不言「性命」者，以「始而亨者」，即「性命」也。彼不言「性情」者，以「保和太和」，即「性情」也。性原於命，故屬「元亨」。性動爲情，故屬「利貞」。辭若相錯，而義實相備。相提並論，而性之源流體用，一以貫之矣。**乾始而以美利利天下，**虞翻曰：美利，爲「雲行雨施，品物流形」，故「利天下」也。疏《繫上》曰「乾知大始」，故稱「乾始」，即「大哉乾元，萬物資始」是也。《釋詁》「嘉，美也」，「亨者，嘉之會」，故稱「美」也。「雲行雨施，品物流形」，莊氏謂「釋亨之德」。亨，通也。「變而通之以盡利」，故知「美利」謂「雲行雨施，品物流形」，所以「利天下也」。愚案經文「而」字，從鄭本也，當是「耐」字之譌。别本亦作「能」，蓋古「能」字皆作「耐」。《禮運》「故聖人耐以天下爲一家」，注云：「『耐』，古『能』字。」《樂記》「故聖人不耐無樂，❹樂不耐無形。形而不爲道，不耐無亂」，注云：「『耐』皆讀作『能』。」❺宋祁《漢書·高帝紀》注云：「古者『能』字皆作『耐』字。後世以三足之能爲『能』，故今人書『能』，無有作『耐』者。」據此則「而」字當是「耐」脱旁「寸」，從上文「始而亨」，遂作「而」也。作「能」者，今書。作「而」者，從古本誤也，當增「寸」作「耐」，始復古本之舊。《履卦》「眇而視，跛而履」，其誤亦然。**不言所利，大矣哉。**虞翻曰：「天何言哉，四時行焉，百物生焉」，故利者大也。疏引《論語》文。以釋「不言所利」之意。「不言所利」，則貞在其中矣。「大矣哉」贊利之大，實贊元之大也。以此章重

❶「德」，原作「物」，今據思賢本及《周易正義》文改。

❷「正」，原無此字，今據思賢本及《周易正義》文改。

❸「正」，原作「性」，今據思賢本及《周易正義》文改。

❹「樂記」至「無樂」，思賢本作「又《樂記》『故人不耐無樂』」。

❺「耐皆讀作能」，思賢本作「『耐』古書『能』字也」。

釋乾元也。**大哉乾乎，剛健中正，純粹精也。**崔覲曰：❶不雜曰純，不變曰粹。言乾是純粹之精，故有「剛健中正」之四德也。疏「不雜曰純」言其專，「不變曰粹」言其久。「純」即誠，「粹」即不息，「精」則至誠無息。乾惟至誠而自然無息，所以能有是「剛健中正」之德也。

愚案 「大哉乾乎」，承上文「大矣哉」而言也。《雜卦》曰「乾剛」，言其體也。《説卦》曰「乾，健也」，言其用也。四上不中不正，二中而不正，初三正而不中。中而且正，其惟五乎。蓋「剛健」統贊六爻，而「中正」則獨贊九五。「純不雜」者，即贊「剛」之體。「粹不變」者，即贊「健」之用。「精」則合「剛健」而歸於「中正」。然則「剛健中正，純粹精也」，非九五其孰當之。蓋九五爲乾卦之主，此節專釋九五，而「發揮旁通」，則統論六爻也。**六爻發揮，旁通情也。**陸績曰：乾六爻發揮變動，旁通於坤，坤來入乾，以成六十四卦，故曰「旁通情也」。疏《説卦》曰「發揮於剛柔而生爻」，虞彼注云「發動，揮變」，故此云「發揮變動」也。「旁通」即反對卦也。陰陽相通，如乾與坤爲旁通，屯與鼎、蒙與革爲旁通，推之六十四卦皆然。故曰：「乾旁通於坤，坤來入乾，以成六十四卦。」揚子《法言》「或問行曰旁通厥德」，李軌注云：「應萬變而不失其正者，唯旁通乎。」《繫下》曰「吉凶以情遷」，「遷」與「通」同義。唯陰陽之爻既變，而吉凶之情遂遷，故曰「旁通情也」。**時乘六龍，**《九家易》曰：謂時之元氣，以王而行。履涉衆爻，是「乘六龍」也。疏王，于況反，盛也。云「時之元氣，以王而行」者，如《月令》「盛德在木，則行春令，盛德在火，則行夏令，盛德在金，則行秋令，盛德在水，則行冬令」是也。乾以純陽之氣，乘時而履涉六爻，故云「是乘六龍也」。**以御天也。**荀爽曰：御者，行也。陽升陰降，天道行也。疏《説文》「御，使馬也」，兹訓「行」者，謂駕馬使行也。「立天之道，曰陰與陽」，陽主升，陰主降。「陽升陰降」，故「天道行也」。**雲行雨施，天下平也。**荀爽曰：乾升於坤曰雲行，坤降於乾曰雨施。乾坤二卦成兩既濟，陰陽和均而得其正，故曰「天下平」。疏既濟者，泰乾二升居於坤五則爲坎，上坎爲雲，故「乾升於坤曰雲行」，坤五降居於乾二則互坎，下坎爲雨，故「坤降於乾曰雨

❶「覲」，原作「憬」，今據《周易集解》改。

施」。乾坤二卦旁通，則成兩既濟。《既濟・彖傳》曰「剛柔正而位當」，故云「陰陽和均而得其正」也。《春秋元命包》曰：「陰陽聚爲雲，陰陽和爲雨。」《説文》曰：「雨，水從雲下也。」「雲從龍」，故乘龍。乘龍則雲行，雲行則雨施。「雲行雨施」，澤被天下矣，故曰「天下平」。君子以成德爲行，干寶曰：君子之行，動静可觀，進退可度。動以成德，无所苟行也。疏「動静可觀，進退可度」，語本《孝經》、《左傳》而小異其辭。言君子之行，所以如此者，唯以「成德爲行」，故能行「无所苟」如此也。蓋初息震爲行，又「震，動也」，故「動以成德，无所苟行也」。日可見之行也。虞翻曰：謂初。乾稱君子，陽出成爲上德。雲行雨施則成离，日新之謂上德，故「日可見之行」。疏「謂初」者，謂初九也。「乾稱君子」者，陽德，故「稱君子」也。初陽爲元，「元者，善之長也」，虞注《坤・文言》云「初乾爲積善」，《荀子・勸學篇》曰「積善成德」，是陽出坤初爲善，積而成之爲德，故云「陽出成爲上德」。「雲行雨施」，謂既濟也。「則成离」者，謂既濟互兩离也。离爲日，故「日新之謂上德」。「相見乎离」，故「日可見之行也」。

潛之爲言也，隱而未見，行而未成，是以君子弗用也。荀爽曰：「隱而未見」，謂居初也。「行而未成」，謂行之坤四，陽居陰位，未成爲君。乾者，君卦也。不成爲君，故不用也。疏專釋「潛」義，故曰「潛之爲言」。居初，故「隱而未見」。初與四應，初行之四，四陰位，初陽文，以陽居陰，故云「未成爲君」。「乾以君之」，故云「乾者，君卦也」。❶不成爲君，故君子弗用於世也。愚案初伏巽，「巽稱而隱」，故云「隱而未見」。初息震爲行。《春秋元命包》曰：「陽起於一，成於三。」今陽在初，故云「行而未成」。「潛龍」以象君子，故「弗用」也。君子學以聚之，問以辯之，虞翻曰：謂二。陽在二，兑爲口，震爲言，爲講論。坤爲文，故「學以聚之」。「問以辯之」，《兑・象》「君子以朋友講習」。疏謂九二也。陽息在二，成兑互震。「兑爲口」，《説卦》文。震善鳴，爲言。口而有言，故「爲講論」。外臨坤，「坤爲文」，《説卦》文。「學以聚之」者，「博學於文」也。「問以辯之」者，《兑・象》

❶「卦」，原無此字，今據思賢本及所引荀爽注補。

「君子以朋友講習」是也。《中庸》孔子告哀公曰「博學之，審問之，明辯之」，故知「學」「問」爲君德也。**寬以居之，仁以行之。**虞翻曰：震爲寬仁、爲行。謂居寬行仁，「德博而化」也。**疏**震，東方主春，爲元，故「爲寬仁」。震足，故「爲行」。「居寬」謂「博」，「行仁」謂「化」，故上云「德博而化也」。《商書》仲虺稱湯曰「克寬克仁」，故知「寬仁」爲君德也。**《易》曰「見龍在田，利見大人」，君德也。**虞翻曰：重言「君德」者，大人「善世不伐」，信有君德，「後天而奉天時」，故詳言之。**疏**言二有善世之德而不自矜伐，故重言「君德」以贊之。初息震，二息兑。爻始於乾初，故乾爲先天。「帝出乎震」，故震爲後天。二當震春兑秋，故云「後天而奉天時」。二後於初，故詳言之，以明承天時而順行也。**九三重剛而不中，**虞翻曰：以乾接乾，故「重剛」。位非二五，故「不中」也。**疏**乾剛坤柔，以内乾接外乾，故曰「重剛」。上不在乾五，下不在坤二，故「不中」。**上不在天，下不在田，**何妥曰：上不及五，故云「不在天」。下已過二，故云「不在田」。處此之時，實爲危厄也。**疏**九五曰「飛龍在天」，「上不及五」，故「不在天」。九二曰「見龍在田」，「下已過二」，故「不在田」。以重剛而處不中之時，安得不危厄也。**故乾乾因其時而惕，雖危无咎矣。**何妥曰：處危懼之地，而能乾乾懷厲，至夕猶惕，乃得无咎矣。**疏**處危懼之地，而能因時而惕，揚子所謂「過則惕也」，❶惕故无咎。《法言》曰「立政鼓衆，莫尚於中和」，又曰「甄陶天下，❷其在和乎」？龍之潛亢，不獲其中矣。是以過則惕，不及中則躍，其近於中乎。蓋三四有求中之心，故並言「无咎」也。**九四重剛而不中，**案：三居下卦之上，四處上卦之下，俱非得中，故曰「重剛而不中」也。**疏**四以外乾接内乾，故亦爲「重剛」。四不中，與三同也。**上不在天，下不在田，中不在人，**侯果曰：案下《繫》「易有天道，有地道，有人道。兼三才而兩之」，謂兩爻爲一才也。初兼二地也，三兼四人也，五兼六天也。四是兼才非正，故言「不在人」也。**疏**此據下《繫》「兼三才而兩之」，

❶「過」下，思賢本有「中」字。

❷「天下」下，思賢本有「者」字。

以釋「中不在人」之義。三四居中有人道，然三得正，四不得正，故曰「不在人」。孔疏云：「三之與四，俱爲人道。但人道之中，人下近於地，上遠於天，九三近二，是下近於地，正是人道，故九三不云『中不在人』。九四則上近於天，下遠於地，非人所處，故特云『中不在人』」。**故或之。或之者，疑之也。故无咎。**虞翻曰：非其位，故「疑之也」。疏 四不得正，故「非位」。欲進躍五，而仍下應初，猶豫不定，故「疑之」。**夫大人者，**《乾鑿度》曰：「聖明德備曰大人也。」疏《乾鑿度》曰：「《易》有君號五，大人者，聖德明備也。」《淮南・泰族》曰：「大人者，與天地合德，日月合明，鬼神合靈，四時合信。故聖人懷天氣，抱天心，執中含和，不下廟堂而衍四海，變習易俗，❶民化而遷善，若性諸己，能以神化。」所謂「執中含和」者，非九五之大人，既中且正，聖德明備，其孰能如此乎。**與天地合其德，**荀爽曰：與天合德，謂居五也。與地合德，謂居二也。案：謂撫育无私，同天地之覆載。❷疏 荀注 五爲天位，故「與天合德，謂居五」。二爲地位，故「與地合德，謂居二」。以二五俱言「大人」也。案即孔疏引莊氏云「謂覆載也」。《中庸》「辟如天地之無不覆幬，無不持載」是也。言大人撫育萬物，如天無私覆，地無私載，故「同天地之覆載」也。**與日月合其明，**荀爽曰：謂坤五之乾二成离，离爲日。乾二之坤五爲坎，坎爲月。案：威恩遠被，若日月之照臨也。疏 荀注 陰主降，坤五下居乾二成离，陽主升，乾二上之坤五成坎。「离爲日」，「坎爲月」，皆《説卦》文。《史記・曆書》「日月成故明」，即《繫傳》「日月相推而明生」是也，故「與日月合其明」。案 莊氏謂「照臨也」，《書・泰誓》「若日月之照臨」是也。言大人威恩廣被，無遠弗届，若日月照臨於四方也。**與四時合其序，**翟玄曰：乾坤有消息，從四時來也。案：賞罰嚴明，順四時之序也。疏 翟注 乾、坤、剥、復十二卦，陽息陰消，分值十二月，四時迭運，而十二卦以成，故云「乾坤有消息，從四時來也」。又四時，四正，坎、离、震、兑也。消息之序，剥窮於上，乾五歸三，成謙體坎，陽生仲冬也。謙息履，乾三之坤初，爲復出震，春

❶「易俗」，原作「萬物」，今據思賢本及所引文改。
❷「載」下，思賢本有「也」字。

也。上息成离兑，初三易位，离位先成，是离夏兑秋相次，故「與四時合其序」也。　案　莊氏云「若賞以春夏，刑以秋冬之類也」，此本《左傳》襄二十六年文。❶　言大人賞罰嚴明，不僭不濫，順乎四時之序也。　**與鬼神合其吉凶。**虞翻曰：謂乾神合吉，坤鬼合凶。以乾之坤，故「與鬼神合其吉凶」。　案：禍淫福善，叶鬼神之吉凶矣。**疏**虞注　乾陽故爲「神」，坤陰故爲「鬼」。陽爲善故「吉」，《說文》曰「吉，善也」。陰爲惡故「凶」，《釋言》曰「凶，咎也」。❷疏謂「咎，惡也」。乾動成坤，故「以乾之坤」。陽體伏陰，故「與鬼神合其吉凶」。　案　莊氏云「若福善禍淫也」，《商書·湯誥》曰「天道福善禍淫」是也。言大人禍淫福善，與鬼神害盈福謙，其理一也，故云「叶鬼神之吉凶」。**先天而天弗違，**虞翻曰：「乾爲天」，爲先。大人在乾五，乾五之坤五，天象在先，故「先天而天弗違」。　崔憬曰：行人事，合天心也。**疏**虞注　「乾爲天」，《說卦》文。又爲首，且居八卦之始，故「爲先」。「大人在乾五」者，五爲天位也。「乾五之坤五」，謂成坎也。就乾而言，四上之正成坎，就五而言，五之坤成坎。五本天位，故「天象在先」。動自乾五，故曰「先天」。應自坤五，故而「天弗違」。❸　崔注　大人行人事，上合天心，故「天弗違」。**後天而奉天時。**虞翻曰：奉，承行。乾三之坤初成震，震爲後也。震春兑秋，坎冬离夏，四時象具，故「後天而奉天時」，謂「承天時行」，順也。　崔憬曰：奉天時布政，聖政也。**疏**虞注　《說文》「承，奉也」，故云「承行」。震爲乾之長子，奉乾者，震也。消息之義，乾盡於剥上，反坤三，成艮體謙，謙三之坤初，爲震體復。虞《復·彖》注云「剛從艮入坤」，又云「陽不從上來反初」，又云「三復位時，离爲目，坎爲心」，故云「乾三之坤初爲震」。「帝出乎震」，一陽來自乾三，故云「震爲後」，《震·彖傳》曰「後有則」是也。初息震爲春，二息兑爲秋，成既濟定，坎爲冬，离爲夏，是四時之象皆具矣。今自初息至五，故曰「後天而奉天時」。乾坤合德，震爲行，坤爲順，故「謂承天時行，順也」。　崔注　奉時布政，如《夏小正》、《月令》所載諸政令是也。聖人之政，順乎天時，故稱「聖政」。　愚案　九五「飛龍在天」，「位乎天德」，故曰「天」。「先天」謂初九

---

❶「六」字，原脱，今據所引文補。

❷「釋言」，原作「釋詁」，今據思賢本及所引文改。

❸「而」，草堂本作「曰」。

也。初即乾元，資始萬物，故曰「先天」。統天故「天弗違」。「後天」謂用九也。陽變之陰，故曰「後天」。天德不爲首，故「奉天時」。蓋「先天」者，未動之陽也。元陽伏初，息五成乾，故「先天而天弗違」。「後天」者，已動之陽也。陽動用九，變成坎离震兑，故「後天而奉天時」。**天且弗違，況於人乎，**荀爽曰：人謂三。疏 三有人道，故「人謂三」。**況於鬼神乎。**荀爽曰：神謂天，鬼謂地也。案：大人「惟德動天，无遠不屆」，鬼神饗德，夷狄來賓。人神叶從，猶風偃草，豈有違忤哉。疏 荀注 神陽故「謂天」，鬼陰故「謂地」。案 「惟德動天，無遠弗屆」，《大禹謨》文。「鬼神饗德」，謂鬼神弗違也。「夷狄來賓」，謂人弗違也。「人神叶從」，合人與鬼神弗違，並言也。言大人有動天之德，故能無遠不屆如此，所謂「聖人作而萬物覩」也。 案 《中庸》曰：「建諸天地而不悖，質諸鬼神而無疑，百世以俟聖人而不惑。」「質諸鬼神而無疑」，知天也。「百世以俟聖人而不惑」，知人也。鄭彼注云：「鬼神從天地者也，《易》曰：『故知鬼神之情狀，與天地相似。』聖人則百世同道。」❶但不悖於天地，斯能質鬼神，俟後聖。由此觀之，君子之道即大人之德。❷君子惟能建諸天地而不悖，故能質鬼神而俟聖人。大人惟能先天弗違，故人與鬼神，幽明咸格而弗違。《易》與《中庸》，一以貫之矣。**亢之爲言也，知進而不知退，**荀爽曰：陽位在五，今乃居上，故曰「知進而不知退」也。疏 上爲「進」，下爲「退」。五爲陽位且得中，今乃進居於上，是「知進而不知退」也。**知存而不知亡，**荀爽曰：在上當陰，今反爲陽，故曰「知存而不知亡」也。疏 陽爲「存」，陰爲「亡」。上位陰，故「在上當陰」。以九居之，是「今反爲陽」。故曰「知存而不知亡也」。**知得而不知喪。**荀爽曰：得謂陽，喪謂陰。案：此論人君驕盈過亢，必有喪亡。若殷紂招牧野之災，太康遘洛水之怨，即其類矣。疏 荀注 陽爲「得」，陰爲「喪」。以陽居陰，是知陽之爲得，而不知陰之爲喪也。 案 考《周書》稱「商王受弗敬上天，降災下民」，諸敗德，卒至會于牧野，「前徒倒戈，血流漂杵」，故云「若殷紂招牧野之災」。《夏書》稱「太

❶「則」下，思賢本有「之」字。

❷「大人之德」下，思賢本有「《管子》所謂『道之與德無間』者是也」凡十三字。

康尸位，以逸豫，滅厥德」，諸荒行，卒致厥弟御母，徯于洛汭，怨而作歌，故云「太康遘洛水之怨」。惟其驕淫過亢，是以有喪亡之禍，舉二君，以例其餘也。**其唯聖人乎，知進退存亡而不失其正者，其唯聖人乎。**荀爽曰：進謂居五，退謂居二。存謂五爲陽位，亡謂上爲陰位也。再出「聖人」者，上「聖人」謂五，下「聖人」謂二也。　案：此則「乾元用九，天下治也」。言大寶聖君，若能用九天德者，垂拱无爲，芻狗萬物，「生而不有，功成不居」，「百姓日用而不知」，豈荷生成之德者也。此則三皇五帝，乃聖乃神，「保合太和」，而天下自治矣。今夫子《文言》再稱「聖人」者，歎美用九之君，能「知進退存亡而不失其正」，故得「大明終始」，「萬國咸寧」，「時乘六龍以御天也」。斯即「有始有卒者，其唯聖人乎」，是其義也。

崔憬曰：謂失其正者，若燕噲讓位於子之之類是也。案：三王五伯揖讓風頹，專恃干戈，遞相征伐。失正忘退，其徒實繁，略舉宏綱，斷可知矣。**疏**荀注　「進」謂二上居五，「退」謂五下居二。五爲陽位，故爲「存」。上爲陰位，故爲「亡」。「上聖人謂五」者，五得中得正，而不至於亢，故先舉九五之聖人，以贊之曰「其唯聖人乎」。「下聖人謂二」者，二中而不正，進居於五則正矣，故復舉九二之聖人，以贊之曰「知進退存亡而不失其正者，其唯聖人乎。」　案　《文言傳》四釋爻辭，前兩章皆釋用九，至末章復釋之以結全篇之旨，故云：「此則乾元用九，天下治也。」《老子·道經》曰「天地不仁，以萬物爲芻狗。聖人不仁，以百姓爲芻狗」，注云：「芻狗，縛草爲狗之形，禱雨所用也。既禱則棄之，無復有顧惜之意。天地無心於愛物，而任其自生自成；聖人無心於愛民，而任其自作自息。故以芻狗爲喻。」「生而不有，功成不居」，亦《道經》文。「百姓日用而不知」，上《繫》文。引之以明乾元用九，垂拱无爲，民若不荷生成之德也。復稱「三皇五帝，乃聖乃神，保合太和，不期治而天下自治」，以終前章「天下治」之義也。二五爲大人，用九則爲聖人，故再稱聖人以歎美之。蓋用九之君，合用六爻之陽，故能知進居五、退居二，陽位存、陰位亡，而不失其正，由是明終始以寧國，乘六龍以御天，非聖人其孰當之。「有始有卒者，其惟聖人乎」，《論語》文。元，始也。九，陽之終也。「有始有卒」，適合乾元用九之義，引之以明贊聖人者信而有徵也。　崔注　《史記·燕世家》：「易王卒，子噲立。蘇代與子之交。齊宣王用蘇代。燕噲三年，子之相燕，貴重。蘇代爲齊使於燕，燕王問曰：『齊王何如？』對曰：『必不霸，不信其臣。』蘇代欲以激燕王尊子之也。於是燕王大信子之。鹿毛壽謂燕王：『不如以國讓相子之。人謂堯賢者，以其讓天下於許由，許由不受，有讓天下之名，而實不失天下。今王以國讓子之，子之必不敢受，是王與堯同行也。』燕王因屬國於子之。子之南面行王事，而噲老不聽政。三年，大亂，百姓怨恫。」❶引此以明亢陽失正之義。　案　言堯舜既往揖讓，變爲干戈征伐失正，進而忘退，雖三王猶不免焉，況五伯乎。蓋以亢陽爲害，因舉聖人以爲宏綱，而進退存亡不失其正之道，從可識矣。

男　南冠風
守　侗同人　校

周易集解纂疏卷二

❶「怨恫」，思賢本作「恫恐」。

周易集解纂疏卷三

唐李鼎祚集解　安陸李道平遵王纂疏

䷁ 坤下坤上

坤，元亨，利牝馬之貞。干寶曰：陰氣之始，婦德之常，故稱「元」。與乾合德，故稱「亨」。行天者莫若龍，行地者莫若馬，故乾以龍繇，坤以馬象也。坤陰類，故稱「利牝馬之貞」矣。　虞翻曰：謂陰極陽生，乾流坤形，坤含光大，凝乾之元，終於坤亥，出乾初子，「品物咸亨」，故「元亨」也。坤爲牝，震爲馬。初動得正，故「利牝馬之貞」矣。**疏**干注　坤爲陰，凡陰氣皆由是始，故云「陰氣之始」。「始」即「元」也。「婦德之常，亦稱元」者，坤，「地道也，妻道也」。莊三年《穀梁傳》曰：「獨陰不生，獨陽不生，獨天不生，三合然後生。」《六書精藴》曰：❶「元，天地之大德，所以生生者也。」天無地不生，夫無妻不生，故「婦德之常，亦稱元」也。亨，通也。以乾通坤爲亨，故云「與乾合德，故稱亨」也。「行天莫若龍」者，《説文》「龍，春分而升天」，「本乎天者親上」也。「行地莫若馬」者，《春秋説題辭》「地精爲馬」，「本乎地者親下」也。龍上行天，故「乾以龍繇」。馬下行地，故「坤以馬象也」。《説文》「牝，畜母也」，坤爲母，陰類也，故「利牝馬之貞」。　虞注　《乾·象傳》曰「雲行雨施，品物流形」，虞彼注云「已成既濟，上坎爲雲，下坎爲雨。乾以雲雨，流坤之形」。蓋乾之坤成坎，故云「陰極陽生」。「在地成形」，故坤爲「形」。陽施則陰生，故云「乾流坤形」。「含宏光大」，坤之德也。初六《象傳》曰「陰始凝也」，坤消乾自初始，乾初爲元，故云「凝乾之元」。坤之一陰始於姤，姤消自午，而終亥成坤，至復一陽復生，出於乾初，而息子，故云「坤終於亥，出乾初子」。乾坤交通，故「品物咸亨」，是以「元亨」。「坤爲牝」，《九家易·説卦》文。震於馬爲善鳴，故「爲馬」。初動坤變爲震，陽居陽位，故「得正」，貞，正也。故「利牝馬之

❶「六書精藴」至下文「生生者也」，思賢本作「《漢書·律曆志》曰『元，始也』，又曰『陰陽合德，氣鍾於子，化生萬物者也』」。

貞」。蓋坤之「元亨」，皆乾爲之。易者乾陽，地道資生，與天合德，故義取凝乾出震。六爻皆息乾，「利貞」獨言初者，乾之元也。坤不成既濟，則六爻不正矣。**君子有攸往，先迷後得主利。**盧氏曰：坤，「臣道也，妻道也」，後而不先，先則迷失道矣，故曰「先迷」。陰以陽爲主，當後而順之則利，故曰「後得主利」。《九家易》曰：坤爲牝，爲迷。**疏** 盧注 「臣道也，妻道也」，《文言傳》文。臣後乎君，妻後乎夫，如當後而先之，則迷失臣道妻道矣。「陰以陽爲主」者，如臣以君爲主，妻以夫爲主。能後而順之，則得主而有利矣。 案 坤貞十月亥，先坤者，九月剥也，後坤者，十一月復也。《剥》上曰「小人剥廬」，虞彼注云：「上變滅艮，坤陰迷亂，故『小人剥廬』。」復初體震。《序卦》曰「主器者莫若長子，故受之以震」，是震爲主。震主一陽，即盧氏所謂「陰以陽爲主」也。剥曰「不利有攸往」，以迷亂也；復曰「利有攸往」，以得主也。坤由剥至復，故「君子有攸往」。先來自剥，則「迷」。後出爲震，則「得主利」也。 《九家》注 此《九家易·説卦》逸象也。坤爲母，故「爲牝」。坤晦冥，故「爲迷」。**西南得朋，東北喪朋，安貞吉。**崔憬曰：妻道也。西方坤兑，南方巽离，二方皆陰，與坤同類，故曰「西南得朋」。東方艮震，北方乾坎，二方皆陽，與坤非類，故曰「東北喪朋」。以喻在室得朋，猶迷於失道，出嫁喪朋，乃順而得常，安於承天之正，故言「安貞吉」也。**疏**「妻道也」者，謂坤爲母而有妻道。巽長女，离中女，兑少女。坤位西南，兑正西。巽東南，离正南。女從乎母，故云「二方皆陰，與坤同類」，而曰「西南得朋」也。乾爲父，震長男，坎中男，艮少男。艮位東北，震正東。乾西北，坎正北。男從乎父，故云「二方皆陽，與坤非類」，而曰「東北喪朋」也。❶以喻女子在室，得陰爲朋，雖迷失事夫之道，❷正也。既出嫁，雖喪陰朋而得陽主，乃柔順而得婦道之常，以「安於承天之正」，亦正也。故曰「安貞吉」。《論語》曰「君子羣而不黨」，「羣」即「得朋」，「不黨」即「喪朋」。得朋喪朋，以其能安於正，故「吉」也。或以爻辰釋之。言坤初六貞未，未位西南，故曰「得朋」。六四在丑，丑位東北，故「喪朋」。義亦可通。又虞以納甲言之，詳見後。

❶「北」，原作「南」，今據草堂本、思賢本及坤卦辭改。

❷「雖迷」至下文「正也」，思賢本作「猶迷失事夫之正道也」。

《彖》曰：「至哉坤元，《九家易》曰：謂乾氣至坤，萬物資受而以生也。坤者純陰，配乾生物，亦善之始，地之象也，故又歎言至美。**疏**《說文》曰「元氣初分，濁陰爲地，❶萬物所陳列也」，《白虎通》曰「地者，元氣所生，萬物之祖」，❷是地生於元氣，即坤所稟以爲元而生物者也。《繫下》曰「天地之大德曰生」，《六書精蘊》曰「元，天地之所以生生者也」，《穀梁傳》曰「獨陽不生，獨天不生」，故必乾氣至坤，然後萬物資受以生也。又曰「獨陰不生」，故坤必以純陰配乎乾之純陽，然後能化生萬物，所以亦爲善之始，而象乎地也。蓋坤之生，資乎乾之生，故乾之元，即爲坤之元。「歎言至美」，所以贊之也。《說文》曰「至，從高下至地。❸从一。一猶地也」，故贊坤元曰「至哉」。又曰「天，至高在上。❹从一大」也，故贊乾元曰「大哉」。❺**萬物資生，**荀爽曰：謂萬一千五百二十册，皆受始於乾，由坤而生也。册生於坤，猶萬物成形，出乎地也。**疏**《繫上》曰：「二篇之册，萬有一千五百二十，當萬物之數也。」《乾鑿度》曰：「乾坤相並俱生，故合於一元。」《三統曆》曰：「陰陽合德，氣鍾於子，化生萬物。」蓋子貞震初，震以一陽息坤，生由是始。故云「萬有一千五百二十册，皆受始於乾，由坤而生也」。《繫》又曰「大衍之數五十，其用四十有九」，干彼注云「衍，合也」，崔注云「舍一不用者，以象太極」，當合而爲一，册猶未兆。及分而爲二，而陰陽之册由是生，故云「册生於坤」。册不分則不生，猶萬物資始於天，不得地氣則形不成也。《老子·德經》曰「一生二，二生三，三生萬物」，高誘《淮南》注云：「一謂道也。三者，和氣也。或說一者，元氣也。生二者，乾坤也。二生三，三生萬物，天地設位，陰陽流通，萬物乃生。」故曰「至哉坤元，萬物資生」。**乃順承天。**劉瓛曰：萬物資生於地，故地承天而生也。**疏**《說卦》「坤，順也」，《說文》「承，奉也」。蓋「萬物資生於地」者也，然「獨陰不生」，故地唯以柔順，上承乎天，而後萬物生，明坤凝乾元也。**坤厚載**

❶「濁」上，思賢本有「重」字。

❷「白虎通曰地者元氣所生」，思賢本作「《禮統》曰『天地者，元氣之所生』」。

❸「說文曰至從高下至地」，思賢本作「《說文》『至，鳥飛从高下至地也』」。

❹「在」，思賢本作「無」。

❺「贊」上，思賢本有「象」字。

物，蜀才曰：坤以廣厚之德，載含萬物，無有窮竟也。疏《説卦》「坤爲大轝」，取能載物之義。《中庸》曰「博厚所以載物也」，故云「坤以廣厚之德，載含萬物」。下云「无疆」，故云「無有窮竟也」。**德合无疆。**蜀才曰：天有无疆之德，而坤合之，故云「德合无疆」也。疏《説文》「疆」本作「畺」，界也。「无疆」者，地以形言也。《中庸》曰「悠久無疆」，則合天地言之矣。蓋地之无疆者形，天之无疆者氣，而皆德爲之。天德无疆而坤能合之，故曰「德合无疆」，即《中庸》「悠久无疆」之義也。**含弘光大，**荀爽曰：乾二居坤五爲含，坤五居乾二爲弘。坤初居乾四爲光，乾四居坤初爲大也。疏乾二之坤五成坎，坎中實，❶二陰包一陽，故「爲含」。坤五居乾二成离，离中虚，二陽包一陰，故「爲弘」。坤初居乾四體觀，《觀》曰「觀國之光」，故曰「光」。乾四居坤初爲震，《説卦》曰「震爲大塗」，故曰「大」。或曰「其静也翕」，故曰「含弘」。「其動也闢」，故曰「光大」。**品物咸亨。**荀爽曰：天地交，萬物生，故「咸亨」。崔憬曰：含育萬物爲弘，光華萬物爲大。動植各遂其性，故言「品物咸亨」也。疏荀注　天地交爲泰，《泰・彖傳》曰「天地交而萬物通也」，何氏彼注云：「泰之爲道，本以通生萬物。」泰，通也，通即「亨」也。是以「天地交，萬物生，而咸亨」，明坤受乾亨也。崔注　「含育萬物爲弘」者，❷即《君陳》曰「有容，德乃大」是也。「光華萬物爲大」者，即《堯典》曰「光被四表，格于上下」是也。《地官・大司徒》：「以土會之灋，辨五地之物生。一曰山林，其動物宜毛物，其植物宜皂物。二曰川澤，其動物宜鱗物，其植物宜膏物。三曰丘陵，其動物宜羽物，其植物宜覈物。四曰墳衍，其動物宜介物，其植物宜莢物。五曰原隰，其動物宜羸物，其植物宜叢物。」動植各遂其生，故曰「品物咸亨」。**牝馬地類，行地无疆。**侯果曰：地之所以含弘物者，以其順而承天也。馬之所以行地遠者，以其柔而伏人也。而又牝馬，順之至也。誡臣子當至順，故作易者取象焉。疏言地所以生物者，以其順而承天。馬所以行遠者，以其柔而伏人。馬而牝馬，順之又順矣。柔順之道，於臣子宜。作易者欲臣子以柔順事其君

❶「坎」，原作「坤」，今據草堂本、思賢本及坎卦象改。
❷「育」，原作「宥」，今據草堂本、思賢本及所引文改。

父，故特取象於是焉。案《九家易》「坤爲牝」，是「牝馬」爲「地類」矣。《漢書・食貨志》「地用莫如馬」，故王氏注云「坤以馬行地」。坤初動爲震，震於馬爲馵足、爲作足，故爲「行」。又爲大塗，故爲「行地」。馬稟乾氣，牝爲坤類，是健而且順矣。德順而健，故曰「行地无疆」。**柔順利貞，君子攸行。**《九家易》曰：謂坤爻本在柔順陰位，則利貞之乾，則陽爻來據之，故曰「君子攸行」。疏虞《繫下》注云：「乾六爻，二四上非正。坤六爻，初三五非正。」言坤爻當在柔順陰位，其不得位者，當變居乾之二四上則正矣，故云「利貞之乾」。坤之乾，則乾來居坤之初三五，而六爻皆正矣。「君子」謂陽，乾來據坤，初動震爲行，故曰「君子攸行」。**先迷失道，後順得常。**何妥曰：陰道惡先，故先致迷失。後順於主，則保其常慶也。疏虞注「道義之門」，云「乾爲道門」。陽先陰後，故陰惡先，先則以迷而失乎乾之道。《九家・說卦》曰「坤爲裳」，《說文》「裳」作「常」。後之而得所主，則以順而得乎坤之常。「保其常慶」者，即「乃終有慶」也。**西南得朋，乃與類行。**虞翻曰：謂陽得其類，月朔至望，從震至乾，「與時偕行」，故「乃與類行」。疏此以納甲言也。乾納甲壬，坤納乙癸，即「天地定位」也。震納庚，巽納辛，即「雷風相薄」也。艮納丙，兑納丁，即「山澤通氣」也。坎納戊，离納己，即「水火不相射」也。坎离爲日月本體。《繫上》曰「縣象著明，莫大乎日月」，虞彼注云：「日月縣天，成八卦象。三日莫，震象出庚。八日，兑象見丁。十五日，乾象盈甲。十六日旦，巽象退辛。二十三日，艮象消丙。三十日，坤象滅乙。晦夕朔旦，坎象流戊。日中則离，离象就己。」此云「謂陽得其類」者，謂一陽出震爲生明，二陽見兑爲上弦，三陽盈乾爲望也。自朔至望，皆「與時偕行」。且三陽由漸而息，爲「得朋」。又始出震，震爲行，故曰「乃與類行」。**東北喪朋，乃終有慶。**虞翻曰：陽喪滅坤，坤終復生，謂月三日，震象出庚，故「乃終有慶」。此指說易道陰陽消息之大要也。謂陽月三日，變而成震出庚，至月八日，成兑見丁，庚西丁南，故「西南得朋」。謂二陽爲朋，故「兑，君子以朋友講習」。《文言》曰「敬義立而德不孤」，《彖》曰「乃與類行」。二十九日，消乙入坤，滅藏於癸，乙東癸北，故「東北喪朋」。謂之以坤滅乾，坤爲喪故也。馬君云：「孟秋之月，陰氣始著，而坤之位，同類相得，故『西南得朋』。孟春之月，陽氣始著，陰始從陽，失其黨類，故『東北喪朋』。」失之甚矣。而荀君以爲「陰起於午，至申三陰，得坤一體，故曰『西南得朋』。陽起於子，至寅三陽，喪坤一體，故『東北喪朋』」。就如荀說，從午至申，經當言南西得朋，子至寅，當言北東喪朋。以乾變坤而言「喪朋」，經以乾卦爲喪邪？此何異於馬也。疏「陽喪滅坤」者，即十六日一陰生，退巽至坤而盡滅也。「坤終復生」者，陰盡陽生，「終則有始」也。滅於坤，三日復出於震，故曰「乃終有慶」，即「餘慶」也。「此指說易道陰陽消息之大要也」者，蓋孟喜、焦、京以十二月辟卦，明一歲陰陽消長之要，此則以六純卦，言一月陰陽消長之要也。消息不言坎离者，坎离爲天地之合也。納甲不言坎离者，坎离爲日月之本也。《繫》曰：「縣象著明，莫大乎日月。」月受日光，陰陽消息之最著者，故以此爲候焉。「庖犧觀象而放八卦」，謂此也。《文言》曰「敬義立而德不孤」，虞彼注云「陽見兑丁，『西南得朋，乃與類行』」，本《彖辭》以釋「不孤」之義，故復援彼以證此也。《繫傳》注言「三十日」，此言「二十九日」，爲是月至二十九日，消乙方而入坤，滅藏於癸方，晦朔乃天地之合也。乙，東方。癸，北方。由東而北，故曰「東北喪朋」。乾甲三陽，漸消於坤，故云「以坤滅乾」。月喪於坤，故「坤爲喪」也。馬君謂融。馬以申爲西南，寅爲東北，又春夏爲陽，秋冬爲陰。坤，陰也。故七月陰始著於秋，爲「西南得朋」。正月陽始著於春，爲「東北喪朋」。然申貞於否，不可謂「得」，寅貞於泰，不可謂「喪」，故不取。荀君謂爽。荀以陰起於午月姤，歷遯至否，而成三陰，皆得坤一體，故曰「得朋」。陽起於子月復，歷臨至泰，而成三陽，皆喪坤一體，故曰「喪朋」。虞意謂從午至申，不可逆言「西南」，從子至寅，不可逆言「東北」。且以乾息消坤，謂爲「喪朋」，尤不合經旨，故兩說皆不取也。

安貞之吉，虞翻曰：坤道至靜故「安」，復初得正故「貞吉」。疏《文言》曰「至靜而德方」，惟靜故「安」。初動爲復，復陽得正，故「貞吉」。**應地无疆。」**虞翻曰：震爲應。陽正於初，以承坤陰，地道應，故「應地无疆」。疏震與巽「同聲相應」，故「爲應」。震陽正於復初，上承坤陰，是陽爻初交於地，而地道應之，故曰「應地无疆」。喪朋猶吉，以有應故也。

象曰：「地勢坤，王弼曰：地形不順，其勢順。宋衷曰：地有上下九等之差，故以形勢言其性也。疏王注　孔疏云：「地形方直，是不順也。其勢承天，是其順也。」愚案：《坎·彖辭》曰「山川丘陵，地險也」，不順甚矣。由西北而趨東南，其勢則順也。　宋注「地有上下九等之差」者，《漢書·敘贊》「坤作墜勢，高下九則」，劉德注「謂九州土田，上中下九等」是也。其詳具於《禹貢》。性不可見，故據「形勢以言其性也」。**君子以厚德載物。**」虞翻曰：勢，力也。君子謂乾。陽爲德，動在坤下。君子之德車，故「厚德載物」。《老子》曰「勝人者有力」也。

疏《鬼谷子》曰：「以陽求陰，苞以德也。以陰結陽，施以力也。」「勢」訓「力」者，言地以勢力凝乾也。與乾旁通，故「君子謂乾」。乾陽積善，故「爲德」。初變爲震，故云「動在坤下」。《禮運》曰「天子以德爲車」，故云「君子之德車」。《説卦》曰「坤爲大轝」，取其能載。言君子之德，法坤之厚，「君子之德車」，即法坤之厚以載物。《中庸》曰「博厚所以載物」，即其義也。「勝人者有力」，《老子·道經》文。引此以明地有勝人之勢，故「勢」訓「力」也。

初六，履霜堅冰至。干寶曰：重陰故稱「六」。剛柔相推故生變，占變故有爻。《繫》曰「爻者，言乎變者也」，故《易》繫辭皆稱九六也。陽數奇，陰數偶，是以乾用一也，坤用二也。陰氣在初，五月之時，自姤來也。陰氣始動乎三泉之下，言陰氣動矣，則必至於「履霜」，履霜則必至於「堅冰」，言有漸也。藏器於身，貴其俟時，故陽在「潛龍」，戒以「勿用」。防禍之原，欲其先幾，故陰在三泉，而顯以「履霜」也。

疏《乾鑿度》曰「陰變八之六」，鄭注「陰動而退，變八之六，象其氣消也」，《廣韻》「三兩爲六，老陰數也」，故云「重陰稱六」。剛動變柔，柔動變剛，故「剛柔相推則生變」也。動則觀變，玩占而爻生焉，故「占變則有爻」也。「爻者，言乎變者也」，《繫上》文。虞彼注云「謂九六變化」，故「繫爻辭皆稱九六也」。乾用一成於七，而重於九，皆奇數。坤用二成於八，而重於六，皆偶數也。陰之消陽，始於五月姤初，成於九月剥上，至十月，剥盡而成坤，故知坤初「自姤來也」。《釋水》「濫泉正出」、❶「沃泉縣出」、「氿泉穴出」，亦謂「三泉」。❷初動，震爲足，故曰「履」。又履一陰之卦自姤來，姤初即坤初，故稱「履」也。九月剥，《月令》「季秋之月，霜始降」。十月坤，《月令》「孟冬之月，水始冰」。言三泉之下，陰氣始動，其漸必至於「履霜」而成剥，履霜必至於「堅冰」而成坤。防微杜

❶「濫泉」至下文「穴出」，草堂本作「濫泉、沃泉、氿泉」。

❷「三泉」下，草堂本有「又見乾注。三泉」凡六字。

漸，故不可不慎於初也。末復引乾初以明之者，蓋以時之未至，貴於能待，故云「藏器于身，貴其俟時」。禍之未至，貴於豫防，故云「防禍之原，欲其先機」。能待則不至於「亢」而「有悔」，故「陽在潛龍，而戒以勿用」。豫防則不至於戰而道窮，故「陰在三泉，而顯以履霜也」。**《象》曰：「履霜堅冰，陰始凝也。馴致其道，至堅冰也。」**《九家易》曰：霜者，乾之命也。堅冰者，陰功成也。謂坤初六之乾四，履乾命令而成堅冰也。此卦本乾，陰始消陽，起于此爻，故「履霜」也。「馴」猶「順」也。言陽順陰之性，成「堅冰」矣。初六始姤，姤爲五月盛夏，而言「堅冰」，五月陰氣始生地中，言始于微霜，終至堅冰，以明漸順至也。**疏**《五經通義》曰：「寒氣凝以爲霜，從地升也。」❶《説卦》曰「乾爲寒」，蓋乾居西北，而主立冬已後，冬至已前，故爲寒。寒凝爲霜，是乾氣加坤，故云「霜者，乾之命也」。《韓詩外傳》「冰者，窮谷陰氣所聚，不洩則結爲伏陰」，❷故云「堅冰者，陰功成也」。乾坤旁通，初與四應，故「坤初六之乾四」。霜凝於寒，爲「乾之命令」，乾爲冰，馴至堅冰，而陰功始成，故云「履乾命令而成堅冰也」。陰消乾陽而成坤，故云「此卦本乾」。陰之消陽自初始，故云「陰始消陽，起於此爻」。以陰消陽，漸有陰勝之勢，故曰「履霜」。《説文》「馴，馬順也」，故云「馴猶順也」。陰消陽，陽遂順之而成陰，故云「陽順陰之性，成堅冰矣」。初陰爲姤。「姤當五月盛夏，而言堅冰」者，蓋五月一陰初生，至九月陰氣始凝而肅霜，十月陰道馴至而堅冰，以明漸不可長也。《繫下》曰「其初難知」，惟聖人能見微而知著，故取象如此，以示戒焉。

六二，直方大，荀爽曰：大者，陽也。二應五，五下動之，則應陽出直，布陽于四方。**疏**《泰》「大來」謂陽在内，《否》「大往」謂陽在外，故知「大者，陽也」。《九家易·説卦》「乾爲直」，《繫上》曰「夫乾，其動也直」，故乾爲「直」。《文言》曰「坤至静而德方」，故坤爲「方」。坤與乾旁通，坤二上應乾五。五動於乾，下應坤二，坤二即應陽而動，以之乾五。應陽，故「出直」。動直，故「陽氣布于四方」。陽動至二體臨，《序卦》曰「臨者，大也」，故曰「大」。

---

❶「從」上，思賢本有「霜」字。

❷「韓詩外傳」，思賢本作「《韓詩》故云」。「結」下，思賢本有「而」字。

不習无不利。荀爽曰：物唱乃和，不敢先有所習。陽之所唱，從而和之，「无不利」也。　干寶曰：陰氣在二，六月之時，自遯來也。陰出地上，佐陽成物，「臣道也，妻道也」。臣之事君，妻之事夫，義成者也。臣貴其直，義尚其方，地體其大，故曰「直方大」。士該九德，然後可以從王事，女躬四教，然後可以配君子。道成於我，而用之於彼，不妨以仕學爲政，不妨以嫁學爲婦，故曰「不習无不利」也。疏荀注　陰隨乎陽者也，陽唱於先，陰和於後，故「物唱乃和，不敢先有所習」也。陽動陰隨，所以「无不利也」。　干注　陰消至二，爲六月遯，故知坤二「自遯來也」。初二爲地道，二在地上，故云「陰出地上」。萬物皆始於天而成於地，故云「佐陽成功」。地道即「臣道」「妻道」。臣事君，妻事夫，皆義主於成人者也。臣事君以直，則不入於邪，妻事夫以方，則不蹈於淫，亦猶地以「廣生」成天之「大生」，而「德合无疆」也，故曰「直方大」。九德，《皋陶謨》「寬而栗、柔而立、愿而恭、亂而敬、擾而毅、直而溫、簡而廉、剛而塞、彊而義」是也。「九德」者，臣道之本，故「士該九德，然後可以從王事」。「四德」即《天官》九嬪掌婦學以教九御❶婦德、婦言、婦容、婦功」是也。「四教」者，妻道之常，故「女躬四教，然後可以配君子」。惟「道成於我」，故「不習」，所以「用之於彼」，「无不利」。「不妨以仕學爲政」者，「仕而優則學」也，故不必學爲政然後仕。「不妨以嫁學爲婦」者，「未有學養子而後嫁者也」，故不必學爲婦然後嫁。故「不習无不利」。　愚案　《繫下》曰「坤，天下之至順也」，又曰「德行恒簡以知阻」。六二得中得正，應陽而動，有「直方大」之德，故「順」，順故「簡」，簡故「不習」。「知阻」故「无不利」，所謂因其勢而利導之者也。

《象》曰：「六二之動，直以方也。《九家易》曰：謂陽，下動應之，則直而行，布陽氣於四方也。疏「謂陽」者，謂乾五陽直也。二動於下，應陽之直，故「直而行」。應五居中，以布陽氣於四方，故曰「六二之動，直以方也」。

不習无不利，地道光也。」干寶曰：女德光於夫，士德光於國也。疏女躬四教，故「女德光於夫」。士該九德，故「士德光於國也」。　愚案　坤秉乾直，以成坤方，故曰「六二之動，直以方也」。地育萬物，生長收成，

❶「德」，草堂本作「教」。「婦學」下，思賢本有「之灋」二字。

聽其自然，而无所造作，陽動至二，萬物化光，故曰「不習无不利，地道光也」。乾五坤二，得天地之中和，故乾九五曰「天德」，坤六二曰「地道」。坤二之乾成离，离爲日、爲火、爲光，故曰「地道光也」。

六三，含章可貞。虞翻曰：「貞，正也」。以陰包陽，故「含章」。三失位，發得正，故「可貞」也。疏「貞，正也」，《師·彖傳》文。坤本含乾，又三爲陽位，六爲陰爻，以六居三，故云「以陰包陽」。孔疏云「章，美也」，美即陽也，「以陰包陽」，故曰「含章」。陰在三爲失位，《象》曰「以時發也」，動陽得正，故曰「可貞」。 愚案 《攷工記》曰「赤與白謂之章」，注云：❶坤位西南，萬物成於致役之時，故「赤與白曰章」，「章」即坤也。《繫上》曰「夫坤，其静也翕」，又兑口自坤三往也，故曰「含章」。 **或從王事，无成有終。**虞翻曰：謂三已發成泰，乾爲王，坤爲事，震爲從，故「或從王事」。地道无成而有終，故「无成有終」。 干寶曰：陰氣在三，七月之時，自否來也。陽降在四，三公位也。陰升在三，三公事也。上失其權，位在諸侯。坤體既具，陰黨成羣，君弱臣强，戒在二國。唯文德之臣，然後可以遭之，運而不失其柔順之正。坤爲文，坤象既成，故曰「含章可貞」。此蓋平襄之王，垂拱以賴晉鄭之輔也。苟利社稷，專之則可，故曰「或從王事」。遷都誅親，疑於專命，故亦「或」之。失後順之節，故曰「无成」。終於濟國安民，故曰「有終」。疏虞注 初二已動，三發則成泰。《説卦》曰「乾爲君」，又曰「乾以君之」，故「乾爲王」。坤致役，故「爲事」。《荀子》曰「臣道知事」，坤臣道，故「坤爲事」。《説卦》曰「震爲馵足」，《釋畜》「左白，馵」，❷《説文》「馵，馬後左足白也」。虞注《説卦》云「震爲左、爲足」，《唐韻》「左步爲彳」，從从彳，故「震爲從」。泰内乾爲王，外坤爲事，互震爲從。三雖體乾，不敢當王，故别取震象，而曰「從王事」。乾九四故「或之」，虞注云「非其位，故疑之」，此亦非位，故曰「或從王事」也。《文言》曰「地道无成而代有終」，故引以明「无成有終」之義。

干注 陰消至三，爲七月否，故知坤三「自否來也」。陰當居二，否陰升三，出於地上。陽當居五，否四爲陽，是「陽降在四」矣。《乾鑿度》「三爲三公」，三本陽位，陽降在四，本由於三，故以「陽降在四」爲「三公位也」。六三居三之

❶ 「注云」，思賢本作「蓋」。

❷ 「釋畜」，原作「釋獸」，今據思賢本及所引文改。

位，是「陰升在三」而行「三公之事也」。陰升於三，象「諸侯」，入爲「三公」，否乾猶在上用事，❶故云「上失其權，位在諸侯」也。陰升至三，坤體既具，是「君弱臣强」之勢。臣與君並，是謂「二國」，故「戒在二國」也。唯有文德之臣，能遭其時，而不失柔順之正。「坤爲文」，《説卦》文。消至三，坤象成，故曰「含章可貞」。云「此蓋平襄之王，垂拱以賴晉鄭之輔也」者，隱六年《左傳》曰：「我周之東遷，晉、鄭焉依。」《周語》曰「襄王十三年，❷凡我周之東遷，晉鄭是依」，《晉語》曰「鄭先君武公，與晉文侯，戮力一心，股肱周室，夾輔平王」，杜預《左傳》注云：「幽王爲犬戎所殺，平王東徙，晉文侯、鄭武公左右王室，故曰晉、鄭焉依。」蓋平王東遷，傳及襄王，垂拱南面，皆賴二國之輔，故引之以明柔順守正之意也。莊十九年《公羊傳》曰「聘禮，大夫受命不受辭。出竟有可以安社稷、利國家者，則專之可也」，故云「苟利社稷，專之則可」。言三居强位，能以柔順而事弱君，故曰「或從王事」也。昭二十六年《左傳》曰「至於幽王，天不弔周，王昏不若，用愆厥位，攜王奸命，諸侯替之，而建王嗣，用遷郟鄏」，攜王，注「謂伯服」。《竹書紀年》「伯服殺死虢公翰，立王子余臣于攜」，是爲攜王，後爲晉文侯所殺。此「遷國誅親，疑於專命」之事也。「故亦或之」者，言六本柔順，能守臣節，而與乾四同辭者，乾四陽居陰，坤三陰居陽，皆不得正，故皆曰「或」。「或之者，疑之也」。但後順之節不可失，故戒以「无成」。而濟國安民，貴能終，故勉以「有終」。　愚案　三與上應，上卦未成，故「无成」。三居下卦之終，故「有終」。且三變正爲謙，《謙》九三曰「勞謙，君子有終吉」，即此義也。

《象》曰：「含章可貞，以時發也。」崔憬曰：陽命則發，非時則含也。**疏** 京房云：「静爲悔，發爲貞。」凡《象》辭言「發」者，皆謂發得正也。《説卦》曰「發揮于剛柔而生爻」，虞訓「發」爲「動」。三爲陽位，六陰含之，六稟陽命而動，則得其正。三動，艮爲時。變動有時，故「以時發」。苟非其時，則含而不發也。

或從王事，知光大也。」干寶曰：位彌高，德彌廣也。**疏** 三處下之上，上從王事，故云「位彌高」。「發於事業」故「光大」，光大故「德彌廣」也。又孔疏云「『或從王事，知光大』者，釋『无成有終』也。既隨從王事，不敢主成物始，但奉終而行，是知慮光大，不自

❶ 「用事」，思賢本作「不用事」。

❷ 「曰襄王十三年」，思賢本作「襄王十三年曰」。

擅其美，唯奉於王」，義亦通也。　愚案　三動互坎心爲知，伏离日爲光，坤「富有之謂大業」爲大，故曰「知光大也」。《孟子》曰「惟知者能以小事大。以小事大者，畏天者也。畏天者，保其國」，即「從王事，知光大」之義也。

六四，括囊，无咎无譽。虞翻曰：括，結也。謂泰反成否，「坤爲囊」，「艮爲手」，「巽爲繩」，故「括囊」。在外，多咎也。得位承五，「繫于包桑」，故「无咎」。陰在二多譽，而遠在四，故「无譽」。　干寶曰：陰氣在四，八月之時，自觀來也。天地將閉，賢人必隱，懷智苟容，以觀時釁。此蓋甯戚、蘧瑗與時卷舒之爻也。不艱其身則无咎，功業不建，故「无譽」也。**疏**虞注　《説文》「絜，括也」，❶《大學》「是以君子有絜矩之道也」，鄭注「絜，猶結也」，故「括」訓「結」也。乾息至三成泰，至四則泰反成否。《文言》曰「天地閉，賢人隱」，故知泰成否也。「坤爲囊」，《九家·説卦》文。坤中虛，故「爲囊」。「艮爲手」，「巽爲繩」，《説卦》文。否内坤爲囊。内互四爲艮手，外互四爲巽繩，故有括象。坤在内而括在外，外，四也。四近五多懼，故多咎。然四陰得位，上承五陽，《否》九五曰「休否，大人吉。其亡其亡，繫于包桑」，故「无咎」。《繫下》曰「二與四同功」。「二多譽」者，二陰得中，且應五也。「四多懼」者，四不得中，且近五，故「无譽」。　干注　陰消至四，爲八月觀，故知坤四「自觀來也」。方其末消爲否，❷有「天地閉，賢人隱」之象，故惟有「懷智苟容，以觀時釁」，如囊斯括可矣。云「此蓋甯戚、蘧瑗與時卷舒之爻也」者，《淮南子》「甯戚欲干齊桓公，困窮無以自達，於是爲商旅將任車，以商於齊，暮宿於郭門外。桓公迎郊客，夜開門，辟任車，爝火甚衆。❸越飯牛車下，❹擊牛角而疾商歌。桓公聞之曰：『異哉，非常人也。』命後車載之，因授以政。」襄十四年《左傳》：「衛獻公戒孫文子、甯惠子食，皆服而朝。日旰不召，而射鴻於囿。二子從之，不釋皮冠而與之言。二子怒。孫文子如戚，孫蒯入使。公飲之酒，使大師歌《巧言》之卒章。大師辭，師曹請爲之。蒯懼，告文子。文子曰：『君忌我矣。弗先，必死。』並帑於戚而入，見蘧伯玉曰：『君之暴虐，子所知也。大懼社稷之傾覆，將若之

❶「絜，括也」，思賢本及《説文》作「括，絜也」。
❷「末」，原作「未」，今據思賢本改。
❸「衆」，思賢本作「盛」。
❹「越」，草堂本作「戚」。

何？』對曰：『君制其國，誰敢奸之？奸之，庸知愈乎？』遂行，從近關出。」又二十六年《傳》：「初，獻公使與甯喜言，甯喜曰：『必子鮮在，不然必敗。』故公使子鮮。子鮮以公命與甯喜言曰：『苟反，政由甯氏，祭則寡人。』甯喜告蘧伯玉，伯玉曰：『瑗不得聞君之出，敢聞其入？』遂行，從近關出。」蓋時當否閉，二子委蛇隨俗，合「括囊」之義，故援以證之。不以身試艱難，故「无咎」。亦不能大建功業，故「无譽」。

《象》曰：「括囊无咎，慎不害也。」盧氏曰：慎言則无咎也。**疏** 虞注《謙・彖傳》云「坤爲鬼害」，是坤有「害」義也。四變，震善鳴爲言。又互艮以止之，艮陽小爲慎。《繫上》曰「亂之所生也，則言語以爲階。君不密則失臣，臣不密則失身。幾事不密則害成，是以君子慎密而不出也」，故云「慎言則无咎也」。

六五，黄裳元吉。干寶曰：陰氣在五，九月之時，自剥來也。剥者，反常道也。「黄，中之色。裳，下之飾。元，善之長也。中美能黄，上美爲元，下美則裳。」陰登於五，柔居尊位，若成昭之主，周霍之臣也。百官總己，專斷萬機，雖情體信順，而貌近僭疑，周公其猶病諸。「言必忠信，行必篤敬」，然後可以取信於神明，无尤於四海也。故曰「黄裳元吉」也。**疏** 陰消至五，爲九月剥，故知坤五「自剥來也」。以六陰居九五之位，故云「剥者，反常道也」。「黄，中之色。裳，下之飾。元，善之長也。中美能黄，上美爲元，下美則裳」，皆昭十二年《左傳》文。蓋南蒯枚筮，遇坤之比，子服惠伯釋其義如此也。《文言》曰「天玄而地黄」，《九家・説卦》曰「坤爲黄」。《説文》「坤从土从申」，坤位未申之維，《月令》曰「季夏之月，中央土」。《郊特牲》曰「黄者，中也」，故云「黄，中之色」。《九家・説卦》曰「坤爲裳」，《繫下》曰「黄帝、堯、舜，垂衣裳而天下治，蓋取諸乾、坤」，虞彼注云「乾在上爲衣，坤下爲裳」，故云「裳，下之飾」。《象》曰「至哉坤元」，《九家》注云「坤者純陰，配乾生物，亦善之始」，故云「元，善之長也」。「黄中通理」，故云「中美能黄」。「元首明哉」，故云「上美爲元」。「垂衣裳而天下治」，故云「下美則裳」。六陰登五，是以「柔居尊位」也。云「若成昭之主，周霍之臣也」者，《明堂位》：「武王崩，成王幼，❶周公踐天子之位，以治天下。六年，朝諸侯於明堂，制禮作樂，頒度量而天下服。❷七年，

❶「幼」下，思賢本及《禮記》有「弱」字。
❷「服」上，思賢本有「大」字。

致政於成王。」《漢書・昭帝紀》：「年八歲，武帝崩，即皇帝位。大將軍光秉政，上官桀詐使人爲燕王旦上書言光罪。時上年十四，覺其詐。後有譖光者，上輒怒曰：『大將軍，國家忠臣，先帝所屬，敢有譖毁者，坐之。』光由是得盡忠。」二公輔佐幼主，「百官總己」以聽，「專斷萬機」，中雖信順，而外貌略近僭疑。以周公之聖，猶有流言，況霍光乎。「言必忠信，行必篤敬」，本《論語》文。惟忠信篤敬，然後幽「可取信於神明」，明可「无尤於四海也」。《左傳》曰：「中不忠，不得其色，下不共，不得其飾。」今黄在中，則中自忠，裳飾下，則下自共，所以事无不善而得其吉也，故曰「黄裳元吉」。**《象》曰：「黄裳元吉，文在中也。」**王肅曰：「坤爲文」，五在中，故曰「文在中也」。干寶曰：當總己之任，處疑僭之間，而能終元吉之福者，由文德在中也。疏王注「坤爲文」，《説卦》文。《楚語》曰「地事文」，韋昭注云「地質柔順，故文」。五居上中，《文言》曰「美在其中」，故曰「文在中也」。干注言周公、霍光以臣攝君，跡疑於僭，而終能獲「元吉」之福者，由文德在中也。「文德」者，柔順之德也。

上六，龍戰于野，荀爽曰：消息之位，坤在於亥，下有伏乾，爲「其嗛于陽，故稱龍」也。疏陰之消陽，至上而極，乾盡則成坤，坤位在十月亥，亥居西北，乾方也。《乾鑿度》曰「陽始於亥」，又曰「乾制之於西北方，❶位在十月」是也。坤於消息在亥，乾於方位在亥，故云「坤在於亥，下有伏乾」。《文言》曰「爲其嗛于陽」者，以坤兼乾也。震得乾之一陽爲龍，「故稱龍焉」。乾居西北廣莫之方，故稱「野」。《説卦》曰「戰乎乾」，崔氏注謂「陰陽相薄」是也。坤陰至上，與乾陽戰于西北亥方，故曰「龍戰于野」。**其血玄黄。**《九家易》曰：實本坤體，「未离其類，故稱血焉」，血以喻陰也。「玄黄，天地之雜」，言乾坤合居也。侯果曰：坤，十月卦也。乾位西北，又當十月。陰窮於亥，窮陰薄陽，所以戰也，故《説卦》云「戰乎乾」是也。六「稱龍」者，陰盛似龍，故「稱龍」也。干寶曰：陰在上六，十月之時也。爻終於酉而卦成於乾，乾體純剛，不堪陰盛，故曰「龍戰」。戌亥，乾之都也，「故稱龍焉」。陰德過度，以逼乾戰。郭外曰郊，郊外曰「野」。坤位未申之維，而氣溢西戌之間，故曰「于野」。未离陰類，

❶「制」，思賢本作「剥」。

故曰「血」。陰陽色雜，故曰「玄黃」。言陰陽离則異氣，合則同功，君臣夫妻，其義一也。故文王之忠於殷，抑參二之强，以事獨夫之紂，蓋欲彌縫其闕，而匡救其惡，以祈殷命，以濟生民也。紂遂長惡不悛，天命殛之，是以至於武王，遂有牧野之事，是其義也。**疏**《九家》注　《文言》曰「猶未离其類」者，未离乎坤也。「故稱血焉」者，坤陰類，血亦陰類，故「血以喻陰也」。坤亥臨於乾亥，「天玄地黃」，故云「玄黃，天地之雜」。《乾鑿度》曰「乾坤氣合戌亥」，故云「乾坤合居也」。　愚案　上與三應，上爲陰位，三爲陽位，「陰疑于陽必戰」。戰則變，三失位變正，互坎爲血卦，互震爲玄黃，故曰「其血玄黃」。　侯注　坤於消息，十月亥卦也。乾居西北，又當十月亥方也。坤陰窮於亥位，乾陽即始於亥方，以窮陰薄乎陽方，陰陽相疑，故「戰」。《説卦》曰「戰乎乾」是也。「陰盛似龍」者，陰有伏陽，故「六亦稱龍也」。　干注　剥盡成坤，故「上六爲十月之時」。「爻終於酉」者，坤上六納癸酉也。「而卦成於乾」者，陰消乾至上，始成坤也。乾本純剛之體，不堪陰盛來消，陰陽相薄，故曰「龍戰」。乾，西北之卦。《乾鑿度》「乾位在十月而漸九月，居乎戌亥之間」，故云「戌亥，乾之都也」。《廣韻》「天子所居曰都」，乾爲君，故所居稱都。上六在亥，爲乾之都，「故稱龍焉」。乾象既盈，坤道至盛，陽功既訖，當返入坤中，出震牝乾，坤德乃備，是陰德過度，以逼乾而爲龍戰也。「郭外曰郊，郊外曰野」，本《魯頌》毛傳文。但「郭」稱「邑」耳。坤居西南，《乾鑿度》「坤位六月而漸七月」，故「位於未申之維」。云「溢於酉戌之間」者，溢於酉戌則亥也。言「酉戌」者，爻終於酉，以爲端也。自未申至酉戌遠，故曰「野」。龍雖屬乾，然上本坤卦，「未离陰類，故曰『其血』」。戰者，陰陽疑也，疑故雜。「玄黃者，天地之雜也」，乾坤氣合戌亥，故曰「玄黃」。陰陽之氣，离則相異，合之則相濟而有功。如君臣夫婦，與天地之義無殊。復引文王事紂、武王伐殷之事以明之者，文王抑三分有二之勢「以事獨夫」，凡所以「彌縫其闕」，匡救其失者，靡所不至。使紂柔順得中，則「以祈殷命，以濟生民」，未必不有「黃裳元吉」之占矣。乃「長惡不悛」，陰窮於上，而疑陽必戰，卒致天命不佑。武遂興師，牧野一戰，血流漂杵，非即「龍戰于野，其血玄黃」之象乎，故云「是其義也」。

《象》曰：「龍戰于野，其道窮也。」干寶曰：天道窮，至於陰陽相薄也。君德窮，至於攻戰受誅也。柔順窮，至於用權變矣。**疏**「天道窮，至於陰陽相薄」者，「戰乎乾」是也。「君德窮，至於攻戰受誅」者，會于牧野是也。「柔順窮，至於用權變」者，揖讓變爲征誅是也。　案《後漢書》朱穆奏記曰：「《易經》龍戰之會，其文曰『龍戰于野，其道窮也』，謂陽道將勝而陰道負也。」蓋「易窮則變」，陰盡陽生。陰窮於上，故云負，陽復於下，故云勝。此終亥出子之義也。

用六，利永貞。干寶曰：陰體其順，臣守其柔，所以秉義之和，履貞之幹，唯有推變，終歸於正。是周公始於「負扆南面」，以光王道，卒於「復子明辟」，以終臣節，故曰「利永貞」也。疏「陰體其順」者，六也。「臣守其柔」者，用六也。「秉義之和」者，利也。「履貞之幹」者，貞也。「唯」當作「雖」，「推」當作「權」。「雖有權變，終歸於正」者，變通盡利，則終歸於正，「利永貞」也。「負扆南面」，本《明堂位》文。「復子明辟」，本《洛誥》文。以陰升逼陽，象負扆權變。以陰陽合則同功，象復子明辟。「終歸於正」，言公守柔順之道，始光王道，卒終臣節。始終不失其正，故曰「利永貞也」。　案　六十四卦皆出於乾、坤，始於乾，成於坤，乾坤相須爲用者也。乾用九者，用其變陰以濟陽，坤用六者，用其變陽以濟陰。用九者，用其始於乾之元，然元自貞來，故用九之吉在「无首」。用六者，用其成於坤之貞，然貞下起元，故用六之利在「永貞」。餘詳乾卦「用九」。

《象》曰：「用六永貞，以大終也。」侯果曰：用六「妻道也，臣道也」，利在長正矣。不長正，則不能大終陽事也。疏「用六，妻道也，臣道也」者，用其永久也。柔不能久，故「利在長正」。陽爲大，六變爲陽，是用陽之大，以終陽之事。所謂「地道无成而代有終也」，故曰：「用六永貞，以大終也。」若不能用陽之剛，則不能長正，不能長正，則不能大終陽事矣。　愚案　乾「无首」者，循之不見其端。坤「大終」者，推之不見其委。循環迭運之道，於乾、坤二用見之矣。

《文言》曰：何妥曰：《坤·文言》唯一章者，以一心奉順於主也。疏陰以陽爲主，坤以一心奉順乎乾，故《文言》止一章也。　愚謂：乾坤易門，故特著《文言》，以闡陰陽剛柔之大旨。乾居首，坤次之，故言乾從詳，言坤從略也。**坤至柔**荀爽曰：純陰至順，故「柔」也。疏《雜卦》曰「乾剛坤柔」，虞彼注云「坤陰和順，故柔」，即荀義也。**而動也剛，**《九家易》曰：坤一變而成震，陰動生陽，故「動也剛」。疏《説卦》曰「立地之道曰柔與剛」，地之爲體柔，而其爲用也剛。蓋静則生陰，陰故柔；動則生陽，陽故剛。如初動則成震，二動則成坎，三動則成艮，並動則成乾，初三五動則成既濟，故曰「動也剛」。**至静而德方。**荀爽曰：坤性「至静」，得陽而動，布於四方也。疏《繫上》曰「夫坤，其静也翕」，故「性至静」。感陽氣而動則發生，布於四方。《繫》又曰「其動也闢」，虞注六二「直方大」云「方謂闢，陰開爲方」，❶故曰「德方」。**後得主而有常，**虞翻曰：坤陰「先迷，後順得常」。陽出初震，爲主、爲常也。疏坤性陰，故「先迷」。「後順得常」者，初陽變震，震「後有則」爲後，「主器」爲主，世守爲常，故「後得主而有常」。**含萬物而化光。**干寶曰：光，大也。謂坤含藏萬物，順承天施，然後化光也。疏《象傳》曰「含宏光大」，「光，大也」者，言「光」可以該「大」，即言「含」可以該「宏」也。《説卦》曰「坤以藏之」，故「謂坤含藏萬物」，以其「静翕」也。《益・彖傳》曰「天施地生」，故云「順承天施，然後化光」，以其「動闢」也。《繫上》曰「坤化成物」，故坤言「化」，即「含宏光大，品物咸亨」之義也。

坤道其順乎，承天而時行。荀爽曰：承天之施，因四時而行之也。疏《説卦》曰：「坤，順也。」《逸雅》曰：「上順乾也」。「承天之施」者，天施而地生也。「因四時而行之也」者，《乾鑿度》曰「坤貞於六月未，右行，陰時六，以奉順成其歲」，故曰「承天而時行」。**積善之家，必有餘慶，**虞翻曰：謂初。乾爲積善。以坤牝陽，滅出復，震爲餘慶，謂「東北喪朋，乃終有慶也」。疏「謂初」者，謂初六也。《乾・文言》曰「元者，善之長」，故乾爲「善」。初動爲震體復，陽息於初，故「善」。震爲專，專則積，故爲「積善」。坤雖滅陽，陽道不息，潛孕坤中，故云「以坤牝陽」，即滅坤出震是也。以納甲言之，乾陽滅於二十九日，坤乙三日復出於震庚，是爲「餘慶」。即「東北喪朋，乃終有慶」之義也。**積不善之家，必有餘殃。**虞翻曰：坤積不善，以臣弑君。以乾通坤，極姤生巽，爲「餘殃」也。案：聖人設教，理貴隨宜。故夫子先論人事，則不語怪力亂神，絶四毋必。今於《易》象，闡揚天道，故曰「積善之

❶「虞注六二」，思賢本作「虞氏下注」。

家，必有餘慶，積不善之家，必有餘殃」者，以明陽生陰殺，❶天道必然，理國脩身，積善爲本。故於坤爻初六陰始生時，著此微言，永爲深誡。❷欲使防萌杜漸，災害不生，「開國承家」，君臣同德者也。故《繫辭》云「善不積，不足以成名。惡不積，不足以滅身」，是其義也。疏虞注乾陽爲善，坤陰爲不善。坤初消陽，爲巽體姤，陰消於初爲不善。巽爲高，陽愈消則陰愈高，故爲「積不善」。「以臣弑君」者，以陰消陽也。「以乾通坤，極姤生巽」者，謂乾極於上爲夬，則坤通於下爲姤，姤下爲巽。是十六日生魄，以平旦没於巽辛，陽極陰生，是爲「餘殃」。　案聖人「不語神怪」者，幽冥之事，隱於《易》。復言「慶」「殃」者，禍福之跡著也。聖人「絶四毋必」者，聖人无成心於《易》。決言「必有」者，善惡有定理也。陽生陰殺，必然之理，但坤初陰始，禍所由基，自非哲人，罕覩未形。故勸善之心既切，而防惡之意更深，蓋「閑邪」所以「存誠」，「克己」即可「復禮」，將欲勸之，必先懲之。賈生所謂「絶惡於未萌，而起教於微渺，❸使民日遷善，遠罪而不自知」者，即此意也。「理國脩身」者，誠知「積善爲本」，則「防萌杜漸，災害不生」，將「開國承家，君臣同德」，庶幾「積善」以成名，而不至積惡以滅身也。「履霜堅冰」之戒，安可一日而忽諸？

臣弑其君，子弑其父，虞翻曰：坤消至二，艮子弑父，至三成否，坤臣弑君。「上下不交，天下無邦」，故「子弑父，臣弑君」也。疏坤陰消陽，其幾已萌，不至上消不已。《説卦》曰「乾爲君，爲父」，下乾爲父。故消至二成遯，遯艮爲少子，滅陽，故爲「弑父」。上乾爲君。故消至三成否，否坤臣道也，滅陽，故爲「弑君」。「上下不交，天下无邦」，《否·彖傳》文。虞否注云：❹「以臣弑其君，以子弑其父，❺故曰『匪人』。」其義互備，故交引以釋之。

非一朝一夕之故，其所由來者漸矣。虞翻曰：剛爻爲朝，柔爻爲夕。「乾爲寒」，坤爲暑，相推而成歲焉，故「非一朝一夕，所由來漸矣」。疏《繫上》曰「剛柔者，晝夜之象」，故「剛爻爲朝，柔爻爲夕」。「乾爲寒」，《説卦》文。尋乾貞於十一月子，故「爲寒」，坤貞於六月未，故「爲暑」。「一朝」謂乾初，息三成泰。「一夕」謂坤初，消三

❶「以」，思賢本作「欲」。
❷「誡」，草堂本作「戒」。
❸「渺」，思賢本作「眇」。
❹「否」，草堂本作「彼」。
❺「以」，思賢本無此字。

成否。一陽始子，歷六陽時而成乾。一陰始未，歷六陰時而成坤。積朝夕而成寒暑，積寒暑而成歲，故曰「非一朝一夕之故，其由來漸矣」。《史記・太史公自敘》曰「《春秋》弑君三十六，亡國五十二，察其所以，皆失其本已。故《易》曰『差以毫釐，繆以千里』，❶故曰『臣弑君，子弑父，非一朝一夕之故，❷其漸久矣』」，即此爻之遺文也。又否三之四爲漸，故坤消三成否，言漸也。**由辯之不早辯也。**孔穎達曰：臣子所以久包禍心，由君父不早辯明故也。此文誡君父防臣子之惡也。**疏**《正義》作「由君父欲辯明之，❸不早分辯故也」，文微不同。案《繫下》曰「復小而辯于物」，虞彼注云：「陽始見，故『小』。乾陽物，坤陰物。以乾居坤，故稱別物。」坤初動爲復，《復》初九曰「不遠復」，是辯之早辯者也。**《易》曰「履霜堅冰至」，蓋言順也。**荀爽曰：霜者，乾之命令，坤下有伏乾。「履霜堅冰，蓋言順也。」乾氣加之性而堅，象臣順君命而成之。**疏**「霜者，乾之命令」，釋已見前。坤成於亥，而乾位居之，故云「坤下有伏乾」。由履霜至於堅冰，其勢甚順，故曰「蓋言順也」。《逸雅》「順，❹循也」，《說文》「循，順也」，是「循」與「順」同義。「蓋言順」者，釋「循致其道」也。❺《孟子》曰「今之君子，過則順之」，言過不可順也。聖人懼人順陰之性，積惡以滅身，故結言「順」以示戒也。「乾氣加之性而堅」者，《說卦》曰「乾爲寒」，寒氣加之而冰堅，言陰順陽之性，而成堅冰也。臣順君命而成事，其象亦如之。但荀意以陰順陽，恐非經義爾。**直其正也，方其義也。**虞翻曰：謂二。陽稱直。「乾，其静也專，其動也直」，故「直其正」。「方」謂闢，陰開爲「方」。「坤，其静也翕，其動也闢」，故「方其義也」。**疏**「謂二」者，謂六二也。陽息至二稱「直」，以乾静專而動直也。故「直其正」者，賈誼《新書・道術篇》「方直不曲謂之正」是

❶「差以毫釐繆以千里」，思賢本作「失之毫釐，差以千里」。

❷「非一朝一夕之故」，思賢本作「非一旦一夕之故也」。

❸「之」下，思賢本有「事」字。

❹「逸雅」至下文「與順同義」，思賢本作「《說文》『馴，馬順也』，《周禮・天官》『太宰之職』，賈疏云『馴是順之義』，是則」。

❺「循」，思賢本作「馴」。

也。《説文》「正，从止，一以止」，注「守一以止也」，❶即敬止之義也。乾爲敬，是「正」者，乾之德也。「方謂闢」者，《書·舜典》「闢四門」，孔傳「開闢四方之門」是也。「陰開爲方」者，陰感陽而開爲「方」，以坤静翕而動闢也。故「方其義」者，隱三年《左傳》「教之以義方」是也。虞《繫注》云「坤爲義門」，是「義」者，坤之德也。**君子敬以直内，義以方外，敬義立而德不孤。**虞翻曰：陽息在二，故「敬以直内」，坤位在外，故「義以方外」。謂陽見兑丁，「西南得朋，乃與類行」，故「德不孤」，孔子曰「必有鄰」也。疏 陽息至二，乾惕爲敬，且動直，二爲内，故曰「敬以直内」。坤位在外，坤爲義，且爲方，五爲外，故曰「義以方外」。陽息二成兑，兑見丁，故謂「陽見兑丁」也。兑，西方。丁，南方。故即「西南得朋，乃與類行」，以明「德不孤」也。《論語》曰「德不孤，必有鄰」。復引孔子曰「必有鄰」者，以申「德不孤」之意也。且敬立於二，義立於五，五動二應，陰陽合德，故曰「德不孤」。**直方大不習无不利，則不疑其所行也。**荀爽曰：「直方大」，乾之唱也。「不習无不利」，坤之和也。陽唱陰和，而无所不利，故「不疑其所行也」。疏 陽動爲直，感開爲方，陽德爲大，三者「乾之唱也」。坤則不待習乎直方大，而自无不利，是「坤之和也」。陽未唱而陰和之，則陽疑陰也。陽既唱而陰不和之，是陰疑陽也。唯陽唱陰和，无所不利，故「不疑其所行也」。二動變坎爲疑，不變則「不疑」也。**陰雖有美，含之以從王事，弗敢成也。**荀爽曰：六三陽位，下有伏陽。坤，陰卦也，雖有伏陽，含藏不顯。以從王事，要待乾命，不敢自成也。疏「美」謂陽也。三數奇，爲陽位，故「六下有伏陽」也。六爲陰爻，雖有伏陽在下，含藏不顯，虞氏所謂「以陰包陽」是也。否内卦爲臣，三爲三公，外乾爲君，五爲天子。「三與五同功」，故三從王事，必待乾命而行，美則歸君，不敢以成功自居，即下「无成」之義也。**地道也，妻道也，臣道也。**翟玄曰：坤有此三者也。疏《説卦》曰「坤爲地」，故曰「地道也」。《繫上》曰「乾道成男，坤道成女」，以女配男，故曰「妻道也」。《説卦》曰「乾爲君」，則知坤爲臣，故曰「臣道也」。三者皆乾尊坤卑之道也。**地道无成而代有終**

❶「注」，思賢本作「徐鍇曰」。

也。宋衷曰：臣子雖有才美，含藏以從其上，不敢有所成名也。地得終天功，臣得終君事，婦得終夫業，❶故曰「而代有終也」。**疏**《論語》曰「如有周公之才之美，使驕且吝，其餘不足觀也已」，況臣子之於君父，而可以才美自居乎？故必含藏其美，以從王事，善則歸君，不敢有所專以成名也。《繫上》曰「乾知大始，坤化成物」，是凡物之生，皆始於乾而終於坤，「成物」即「終」也。《周語》單襄公曰「成德之終也」，即此義也。成者，坤之功，不敢曰成，而曰「无成」。有終者，坤之事，不敢曰有終，而「代有終」，非自抑也。蓋非乾資於始，則坤亦無爲。凡成者，皆成乾之功，故曰「无成」。凡終者，皆終乾之事，故曰「代有終也」。由地道得終天功，推之而臣道得終君事，婦道得終夫業，其理一也。**天地變化，草木蕃，**虞翻曰：謂陽息坤成泰，天地反。以乾變坤，坤化升乾，「萬物出震」，故「天地變化，草木蕃」矣。**疏**陽息坤三成泰，天下地上，故云「天地反」。「天地反」者，「天地交」也。陽主變，陰主化。「以乾變坤」者，陽息坤成乾也。「坤化升乾」者，坤本化乾始，升居乾上也。故曰「天地變化」。泰三互四五成震，「萬物出乎震」，震爲草木，「其究爲蕃鮮」，故曰「草木蕃」。此言「天地交而萬物通也」。**天地閉，賢人隱。**虞翻曰：謂四。泰反成否，乾稱賢人，隱藏坤中。「以儉德避難，不榮以禄」，故「賢人隱」矣。**疏**「謂四」者，謂六四也。坤變爲否自四始，故於四變爲陽，知爲「大往」，則否勢將成。四爲否泰之交，「否泰反其類」，四變，故「泰反成否」。漢樊毅脩《西嶽廟記》云「泰氣推否」是也。《乾·文言》曰「賢人在下位而无輔」，故知「乾稱賢人」。《説卦》曰「坤以藏之」，故知「賢人隱藏坤中」。「以儉德避難，不榮以禄」，《否·象傳》文，引之以明「天地閉，賢人隱」之象也。此言「天地不交而萬物不通也」。**《易》曰「括囊无咎无譽」，蓋言謹也。**荀爽曰：六四陰位，迫近於五，雖有成德，當括而囊之，謹慎畏敬也。孔穎達曰：括，結也。囊，所以貯物，以譬心藏智也。閉其智而不用，故曰「括囊」。不與物忤，故「无咎」。功名不顯，故「无譽」也。

疏荀注　六居四爲得位，故「有成德」。四近五則多懼，故當「謹慎」。括而囊之，則斂慧韜光，謹慎畏敬之至也。

孔注　「括，結也」，釋已見前。「囊，所以貯物」者，

---

❶「婦」，草堂本作「妻」。

《詩·大雅》「于橐于囊」，毛傳「小曰橐，大曰囊」是也。「以譬心藏智也」者，《明夷》六四曰「獲明夷之心，于出門庭」，是四爲心位，又四變互坎爲心，故曰「心藏智」。如秦以「智囊」稱樗里、子疾，漢以「智囊」稱鼂錯，晉以「智囊」稱桓範，以及叩囊底餘智之類，皆是也。「閉其智而不用，故曰括囊」者，《中庸》曰「國無道，其默足以容」是也。惟其閉智，所以「不與物忤，故无咎」。惟其不用，所以「功名不顯，故无譽」。**君子黄中通理，正位居體。**虞翻曰：謂五。坤息體觀，地色黄，坤爲理。以乾通坤，故稱「通理」。五正陽位，故曰「正位」。艮爲居，體謂四支也。艮爲兩肱，巽爲兩股。故曰「黄中通理，正位居體」。**疏**謂五，謂六五也。「坤息體觀」者，陽息陰消，坤亦言息者，息者，長也，謂陰長至四而體成觀也。「坤爲地」，《說卦》文。「天玄而地黄」，故云「地色黄」。《繫上》曰「俯以察于地理」，《乾鑿度》曰「地静而理曰義」，故「坤爲理」。觀陽自乾來，故云「以乾通坤稱通理」。❶位中色黄，故曰「黄中通理」。《孟子》曰「立天下之正位」，趙岐注云「正位謂男子，純乾正陽之位」，故以五陽爲「正位」。《說卦》曰：「艮以止之」，又爲門闕，故「爲居」。《中庸》曰「動乎四體」，故「體謂四支」。《說卦》曰「艮爲手」，故「爲兩肱」。又巽爲股，故「爲兩股」。股肱具，故「謂四支也」。觀五體巽互艮，故曰「正位居體」。「黄中通理」，言其内也。「正位居體」，言其外也。**美在其中而暢於四支，**虞翻曰：陽稱美，在五中。四支謂股肱。**疏**乾美利，故「陽稱美」。觀九五居陽位，❷故曰「美在其中」。「四支謂股肱」，釋已見上。「暢於四支」，即「居體」是也。**發於事業，**《九家易》曰：天地交而萬物生也。謂陽德潛藏，變則發見，若五動爲比，乃事業之盛。**疏**「天地交」謂泰也。《泰·彖傳》曰「天地交而萬物通」，通故生也。「陽德潛藏」，謂伏乾也。變則乾陽發見。五動變比，《比·象》曰「先王以建萬國，親諸侯」，故爲「事業之盛」，所謂「正位」也。《繫上》曰「崇德而廣業」，虞彼注云「業廣法坤」，❸故坤言「事業」。**美之至也。**侯果曰：六五以中和通理之德，居體於正位，故能美充於中，而旁暢於萬物，形於事

❶「云」，思賢本作「曰」。
❷「九五」，原作「五九」，今據思賢本改。
❸「業廣法坤」，草堂本作「廣業發坤」。

業，无不得宜，是「美之至也」。**疏** 六五内而中和以通理，外而居體於正位。「美在其中」，即「黄中通理」也。聖人萬物爲一體，故「旁暢萬物」，猶「暢四支」，即「居體」之謂也。「形於事業」，即「正位」，而成富有之大業也。内外「无不得宜」，故曰「美之至也」。《左傳》曰「中美能黄，上美爲元，下美則裳」，釋六二也。二五皆中，故五亦「中美能黄」。「至哉坤元」，正位於五，是「上美爲元」。五下應二，二居體於下，是「下美則裳」。三美備，故「美之至也」。美，乾陽也，坤承乾陽，故媲乾美也。

陰疑於陽必戰。孟喜曰：陰乃上薄，疑似于陽，必與陽戰也。**疏** 陰迫於上，變而爲陽，則「疑似於陽」，故「必與陽戰也」。案：《説卦》「戰乎乾」，言陰陽相薄也。坤上六兼有羣陽，與乾合體，戰而相薄，乃能牝震。陰不與陽同盛，不能受化也。

爲其兼于陽也，故稱龍焉。《九家易》曰：陰陽合居，故曰「兼陽」，謂上六，坤行至亥，下有伏乾。陽者變化，以喻龍焉。**疏** 坤在十月亥位，乾居西北亥方。《爾雅·釋天》「十月曰陽」，即此義也。《乾鑿度》「乾坤氣合戌亥」，故云「陰陽合居」。陰合於陽，故曰「兼陽」。剥上變六成坤，行至十月亥，乾位在亥，故云「下有伏乾」。❶《九家·説卦》曰「乾爲龍」，以陽氣變化象龍，故稱龍以象陽焉。

猶未离其類也，故稱血焉。荀爽曰：實本坤卦，故曰「未离其類也」。血以喻陰順陽也。　崔憬曰：乾坤交會，乾爲大赤，伏陰柔之，「故稱血焉」。**疏** 荀注　陰與陽戰於亥，戰極則下出於子，變而從陽，然上實坤卦，猶未离其陰類，故「稱血」，以喻陰焉，以陰能順陽也。　崔注　亥爲乾坤交會之地，「乾爲大赤」，《説卦》文，血之色也，伏陰柔之，血之形也，「故稱血焉」。蓋龍本陽氣，亥下伏兼乾陽，故「稱龍」。血本陰象，上位未离陰類，故「稱血」。

夫玄黄者，天地之雜也，荀爽曰：消息之卦，坤位在亥，下有伏乾，陰陽相和，故言「天地之雜也」。**疏** 坤於消息，其位在亥，乾位西北，亦在亥，故「下有伏乾」也。惟乾坤合居，故「陰陽相和」。《考工記》曰「天謂之玄，地謂之黄」，故曰「玄黄者，天地之雜也」。

天玄而地黄。王凱沖曰：❷陰陽交戰，故「血玄黄」。

荀爽曰：天者陽，始於東北，故色玄也。地者陰，始於

❶「云」，思賢本作「曰」。
❷「沖」，原作「仲」，今據思賢本改。

西南，故色黄也。**疏** 王注 乾陽坤陰，交戰於上，陰戰不勝，則退而生陽，陽生於下，即復初震也。《説卦》曰「震爲玄黄」，故「血玄黄」。 荀注 《鄉飲酒義》曰：「天地温厚之氣，始於東北。」正北坎得乾中，東北艮得乾上，正東震得乾初，乾三爻分布東北，故「天始東北」。其「色玄」者，《説文》「黑而有赤色曰玄」，❶《考工記》「南方謂之赤，北方謂之黑」，陽氣始東北，而盛東南，以北方黑兼南方赤，故「色玄」。又曰「天地嚴凝之氣，❷始於西南，而盛於西北」，故云「地者陰，始於西南」。其「色黄」者，西南坤位，坤土故「色黄」也。

受業胞姪守皤竹泉校

周易集解纂疏卷三

❶「黑而有赤色曰玄」，思賢本作「黑而有赤色者爲玄」。
❷「又曰」上，思賢本有「鄉飲酒義」四字。

周易集解纂疏卷四

唐李鼎祚集解　安陸李道平遵王纂疏

《序卦》曰：「有天地，然後萬物生焉。盈天地之間者，唯萬物，故受之以屯。屯者，盈也。屯者，萬物之始生也。」崔憬曰：此仲尼序文王次卦之意也。不序乾坤之次者，以「一生二，二生三，三生萬物」，則天地之次第可知，而萬物之先後宜序也。「萬物之始生」者，言「剛柔始交」，故萬物資始於乾，而資生於坤。**疏** 文王六十四卦，其次相依，各有意義。孔子序其所以相次之意，故曰「序卦」。《易》有《序卦》，猶《書》有《書序》、《詩》有《詩序》。本自爲一傳。李氏欲使次卦之意開卷瞭然，故取冠各卦之首。乾坤爲易之門，故不序乾坤之次。「一生二，二生三，三生萬物」，《老子·德經》文。一者，太一，天也。二謂陰陽也。太一分爲兩儀，故「一生二」。二與一爲三，故「二生三」。《穀梁傳》曰「獨陰不生，獨陽不生，獨天不生，三合然後生」，故「三生萬物」。《乾鑿度》曰「乾坤相並俱生」，其次第不可序。天地之生萬物，變化无窮，其先後不可不序也。屯爲「萬物之始生」者，乾坤之後，乾初交坤，爲坎爲震，而始交在初，《説卦》曰「萬物出乎震」。蓋萬物資始於乾剛，而資生於坤柔，是屯者，固剛柔之始交，而爲萬物之始生也。其云盈者，《説文》「盈，滿器也」，《彖傳》曰「雷雨之動滿形」，故曰「盈」。自雷雨之滿形言之，故曰「屯者，盈也」。自剛柔之始交言之，故曰「屯者，萬物之始生也」。　愚案　坤上六曰「其血玄黄」，坎爲血，震爲玄黄。屯上坎下震，是陰陽戰而後屯難生也，故屯次坤。

䷂ 震下坎上

屯，元亨利貞。虞翻曰：坎二之初，剛柔交震，故「元亨」。之初得正，故「利貞」矣。**疏** 以四陰二陽之例，則當自臨、觀來。兹自坎來者，乾由离入坎，合坤生震，所謂「其血玄黄」，故「坎二之初」成屯，而與鼎旁通也。二之初，「剛柔始交」而爲震，是「始而亨者也」，故「元亨」。陽之初得正，陰之二亦得正，故「利貞」。勿用有攸往，利建侯。虞翻曰：之外稱往。初震得正，起之欲應，動而失位，故「勿用有攸往」。震爲侯。初剛難拔，故利以建侯，《老子》曰：「善建者不拔」也。**疏**《說文》：「往，之也。」「之外稱往」，《易》例也。如泰坤在外爲「小往」，否乾在外爲「大往」是也。震初陽得正，初與四應，《雜卦》曰「震，起也」，❶起往之外，欲上應四，四不得正，是以「動而失位」，且初在震爲行，四在坎爲險，行則遇險，故「勿用有攸往」。《晉語》「司空季子曰『小事不濟，壅也，故曰『勿用有攸往』，一夫之行也』」，是其義也。《序卦》曰「主器者莫若長子，故受之以震」，故「震爲侯」。《逸禮·王度記》曰「諸侯封不過百里，象雷震百里」是也。初剛在下，即乾初潛龍，「確乎其不可拔」，故云「初剛難拔」。「善建者不拔」，《老子·德經》文，引之以明震初不拔，故「利建侯」也。

《彖》曰：「屯，剛柔始交而難生，虞翻曰：「乾剛坤柔」，坎二交初，故「始交」。確乎難拔，故「難生」也。　崔憬曰：十二月，陽始浸長而交於陰，故曰「剛柔始交」。萬物萌牙，生於地中，有寒冰之難，故言「難生」。於人事，則是運季業初之際也。**疏**虞注　「乾剛坤柔」，《雜卦傳》文。卦自坎來，坎二始交於初，故曰「始交」，所謂「元」也。屯之初剛，與乾之初剛同義，故云「確乎難拔」。《說文》「屯，難也。象屮木之初生，屯然而難。从屮貫一，一，地也，尾曲」，故曰「難生也」。　崔注　此以消息言也。四陰二陽之卦自臨來。屯，臨二上之五也。《易緯稽覽圖》臨屯皆十二月卦。陽生於復初，臨二浸長而交於坤陰，故曰「剛柔始交」也。「萬物萌牙，生於地中」者，互震爲初生，❷坤在外，❸故云「地中」也。《月令》「季冬之月，出土牛，以送寒氣」，❹又曰「冰方盛，水澤腹堅」，❺故「有寒冰之難」。屯正值小寒，寒故「難生」也。十二月天數幾終，歲且更始，是天時之屯也，故屯在丑。國家當元二之際，❻如干氏下注云「水運將終，木德將始」，新舊乘除，是「運季業初」，人事之屯也，故屯爲難。

❶「雜卦」，原作「説卦」，今據所引文改。
❷「互震爲初生」，思賢本作「震爲反生」。
❸「坤」上，思賢本有「互」字。
❹「送」，原作「逆」，今據思賢本及所引文改。
❺「腹堅」，原作「堅腹」，今據草堂本、思賢本及所引文改。
❻「元二」，思賢本作「貞元」。

引人事，所以明天時也。動乎險中，大亨貞。荀爽曰：物難在始生，此本坎卦也。　案：初六升二，九二降初，是「剛柔始交」也。交則成震，震爲動也，上有坎，是「動乎險中」也。動則物通而得正，故曰「動乎險中，大亨貞」也。疏荀注《説卦》曰「萬物出乎震」，故震爲「始生」。外遇坎以陷之，又曰「勞乎坎」，崔氏彼注云「陽氣伏於子，❶潛藏地中，未能浸長，勞局衆陰之中」，故云「物難在始生」。屯自坎來，故云「此本坎卦也」。　案❷初升二降，❸剛柔交而成震。震爲動也，本《説卦》。《坎·彖傳》曰：「習坎，重險也。」坎險在上，震動在下，是「動乎險中也」。人處險中，而能震動恪恭，則通而得正，故曰「大亨貞也」。　愚案：初陽爲大，動則通爲亨，得乎正爲貞，故曰「大亨貞」。雷雨之動滿形，荀爽曰：雷震雨潤，則萬物滿形而生也。　虞翻曰：震雷坎雨，坤爲形也。謂三已反正，成既濟，坎水流坤，故「滿形」。謂雷動雨施，品物流形也。疏荀注《説文》「雷雨，生物者也」，故雷以震之，則伏者起，雨以潤之，則勾者達，萬物所以滿形而生也。　虞注《説卦》「震爲雷」，又「雨以潤之」，謂坎也，故云「震雷坎雨」。《繫上》曰「在地成形」，故「坤爲形」。六爻惟三失位，動而成陽，六爻皆正，成既濟定。坎一陽入坤，爲「坎水流坤」。「滿形」者，謂滿坤形也。蓋屯與乾同義，乾坤交成既濟，故「雲行雨施，品物流形」，屯三動成既濟，故「雷動雨施，品物流形」。天造草昧，荀爽曰：謂陽動在下，造生萬物於冥昧之中也。疏「陽動在下」，謂震動於初，在互坤之下。坤夜屬陰，故云「冥昧」。王冰《玄珠密語》曰「陽爲造生，陰爲化源」，故云「造物於冥昧之中」。且屯象屮出一上，故曰「草昧」也。宜建侯而不寧。」荀爽曰：天地初開，世尚屯難，震位承乾，故「宜建侯」。動而遇險，故「不寧」也。　虞翻曰：造，造生也。草，草創物也。坤冥爲昧，故「天造草昧」。成既濟定，故曰「不寧」，言寧也。　干寶曰：水運將終，木德將始，殷周際也。百姓盈盈，匪君子不寧。天下既遭屯險之難，後王宜蕩之以雷雨之政，故封諸侯以寧之也。疏荀注「天地初開，世尚屯難」者，謂乾坤之後，繼

❶「陽氣」下，原衍「潛」字，今據思賢本及所引崔氏注刪。
❷「案」，思賢本無此字。
❸「初升二降」，思賢本作「初六升二，九二降初」。

之以屯也。屯初震爲長子，上承乾父，故曰「宜建侯」。內震動，而外遇坎險，坎爲勞卦，故「不寧」。《左傳》曰「外寧必有內憂」，惟「不寧」故寧也。　虞注　陽爲造生，故云「造，造生也」。「屯」象屮出地，「屮」，古草字。凡物之初創者，謂之「草創」。《論語》「裨諶草創之」，義與此同，故云「草，草創物也」。下體互坤。「坤冥爲昧」者，《繫上》曰「剛柔者，晝夜之象也」，荀彼注云「坤爲夜」，《説文》曰「冥，幽也。从日六，冖聲。冖亦夜也」，❶《書·堯典》「宅西曰昧谷」，傳云「昧，冥也」。日入於谷，而天下冥，故曰昧谷」，是坤夜爲「冥」，冥即爲「昧」也。震一陽自乾來，乾爲天，天生物於坤中，故曰「天造草昧」也。三正成既濟，六爻既定，「萬國咸寧」。言「不寧」者，猶《詩》以「不顯」爲顯也。　干注　《家語》「殷人以水德王，周人以木德王」，屯，坎宫二世卦也，坎水變之震木，故以「水運將終，木德將始」，象殷周之際也。「百姓盈盈」，「屯者，盈也」。「匪君子不寧」，匪六三伏陽之君子不寧也。「天下既遭屯險之難」，是殷運將季。「後王宜蕩之以雷雨之政」，是周業方初。故必建侯，以扶屯難，始足以寧之也。如周公弔二叔之不咸，建親戚以藩屏周是也。

《象》曰：「雲雷屯。《九家易》曰：雷雨者，興養萬物。今言屯者，十二月雷伏藏地中，未得動出，雖有雲雨，非時長育，故言「屯」也。**疏**「雨以潤之」者，坎也，惟雲行則雨施，故雲从雨，而坎亦爲雲，所謂「上坎爲雲」是也。《象》言「雷雨」者，以「滿形」言也。《象》言「雲雷」者，以屯時雲在上，而未成雨也。坎成雨，則爲雷雨解矣。震爲雷，「雷以動之」則興，「雨以潤之」則養，故云「雷雨者，興養萬物」也。屯消息十二月卦也，是時雷藏地中，雖有雷雨，尚无養育之功，萬物難生，故曰「雲雷屯」。**君子以經論。」**荀爽曰：屯難之代，萬事失正。經者，常也。論者，理也。「君子以經論」，不失常道也。　姚信曰：經，緯也。時在屯難，是天地經論之日，故君子法之，須經論艱難也。**疏**荀注　當屯難之代，三陰失正，則不能成既濟定，故「萬事失正」矣。《書·酒誥》「經德秉哲」，孔傳云「能常德持智」，故云「經者，常也」。《釋名》「論，倫也，有倫理也」，故云「論者，理也」。當萬物冥昧之時，君子宜法雲雷之動物，而經論之，則不失天地之常道也。　姚

❶「从日六冖聲冖亦夜也」，思賢本作「十六日而月始虧幽也」。

注《天官冢宰》「體國經野」，疏云「南北道謂之經，❶東西之道謂之緯」。經緯者，縱橫之名。《釋名》「緯，圍也，反覆圍繞，以爲經」，❷故云「經，緯也」。孔疏「經謂經緯，❸綸謂綱也。以織綜經緯」，皆以「經論」爲經緯也。屯難在十二月之時，三動在臨，則成泰，在屯則成既濟，「是天地經論之日」也，君子法之，須經論於艱難之中，以成既濟。泰，則屯解矣。史徵之《口訣義》引李氏云「雲，❹陰也，雷，陽也。陰陽二氣，相激薄而未通感，情不相得，故難生也。君子處屯難之時，不得安，然无事，經營綸理，以輔屯難」，義亦通也。

初九，盤桓，利居貞，利建侯。虞翻曰：震起艮止，動乎險中，故「盤桓」。得正得民，故「利居貞」。謂「君子居其室」，「慎密而不出也」。疏 內震爲起，互艮爲止，外坎爲險。震陽動乎險中，初剛難拔，觸艮而止，故有「盤桓」難進之象。《爾雅·釋水》「鉤盤」，孫炎彼注云「水曲如鉤流，盤桓不直前也」。《書·禹貢》「織皮、西傾，因桓是來」，鄭彼注云：「桓是隴阪名。其道盤旋，曲而上，❺故曰桓。」❻此《經》「盤桓」，其義同也。二往居初，故「得正」。互坤爲民，故「得民」。艮爲宮，坤爲闔户，初在艮坤下，「不出户庭」，故「利居貞」。閔元年《左傳》曰「初，畢萬筮仕於晉，遇屯之比。辛廖占之，曰：『吉。屯固比入，吉孰大焉，其必蕃昌。震爲土，車從馬，足居之，兄長之，母覆之，衆歸之。六體不易，合而能固，安而能殺，公侯之卦也』」，故「利建侯」。「君子慎密而不出」，《繫上》文，釋《節》初「不出户庭」也。虞彼注云「二動坤爲密。體屯，『盤桓，利居貞』，故『不出』」。二失位變正，節初即屯初，故彼此互相發也。

《象》曰：「雖盤桓，志行正也。荀爽曰：「盤桓」者，動而退也。謂陽從二動而退居初，雖盤桓，得其正也。疏「動而退」者，盤桓之象也。謂坎陽從二爻動，而退居於初，雖有盤桓難進之象，然所居實得其正。上應坎爲志，震爲行，故曰「志行正也」。**以**

---

❶「道」之上，思賢本有「之」字。

❷「爲」，思賢本作「成」。

❸「經緯」下，思賢本有「又姚信云」四字。

❹「史徵之」，原作「史證之」，今改。草堂本作「唐史徵」，思賢本作「史徵」。

❺「其道盤旋曲而上」，思賢本作「其道盤桓，旋曲而上」。

❻「曰」上，思賢本有「名」字。

貴下賤，大得民也。」荀爽曰：陽貴而陰賤，陽從二來，是「以貴下賤」，所以得民也。疏「陽貴而陰賤」，《漢書·董仲舒傳》文。❶陽貴爲君，陰賤爲民。陽從坎二來，居於初，是「以貴下賤」也。坤爲民，所以「得民也」。宣十二年《左傳》曰「其君能下人，必能信用其民矣」，是其義也。初陽爲大，故曰「大得民也」。

六二，屯如邅如，荀爽曰：陽動而止，故「屯如」也。陰乘於陽，故「邅如」也。疏陽動於下，二應艮以止之，故有屯如難進之象。二陰乘於初陽，以柔乘剛，故有「邅如」不行之象。**乘馬班如。**虞翻曰：屯邅，盤桓，謂初也。「震爲馬作足」，二乘初，故「乘馬」。班，躓也，馬不進，故「班如」矣。疏初剛難拔，故「屯邅，盤桓」，皆「謂初也」。「震爲馬作足」，《説卦》文。二乘初，故有「乘馬」之象。外遇坎險則躓，故「班」訓「躓」也。《子夏傳》曰「班如，相牽不進貌」，故以馬不進爲「班如矣」。案：鄭《箴膏肓》曰「天子以至大夫，皆有留車反馬之禮」。又《士昏禮》曰「主人爵弁，纁裳緇衣，乘車從車二乘。❷婦車亦如之」。此「婦車」出於夫家，則士妻始嫁，乘夫家之車也。今以「乘馬」爲「乘初」者，亦是乘初之車，但二與初非昏因之正，❸故云「屯如邅如，乘馬班如」也。**匪寇婚媾，女子貞不字，十年乃字。**虞翻曰：匪，非也。寇謂五，坎爲寇盜，應在坎，故「匪寇」。陰陽德正，故「婚媾」。字，妊娠也。三失位，變復體离，离爲女子爲大腹，故稱「字」，今失位爲坤，离象不見，故「女子貞不字」。坤數十，三動反正，离女大腹，故十年反常乃字，謂成既濟定也。疏「匪」「非」古今字。二與五應，故「寇謂五」。《説卦》「坎爲盜」，故云「坎爲寇盜」。「應在坎，故匪寇」者，下不得初，則將上求五，故止之，言所求者非此寇也。「陰陽德正，故婚媾」者，謂三變正，二承之，是陰陽德正而爲婚媾也。《説文》「字，乳也」，故云「字，妊娠也」，「三失位，變復體离」者，復，反也，三本失位，變正體反爲离也。《説卦》曰「离再索而得女，謂之中女」，故「离爲女子」，又离「爲大腹」，故「稱字」爲「妊娠也」。今三失位爲坤，是「离象不見」，故爲「女子貞不字」也。「坤數十」者，《繫上》「地十」，

❶「漢書董仲舒傳」，思賢本作「董仲舒《春秋繁露》」。

❷「纁裳緇衣乘車從車二乘」，思賢本作「纁裳緇袘，從者畢元端。乘墨車，從車二乘」。

❸「因」，草堂本作「姻」。

癸數也，故曰「十年」。三動反正，則爲「离女大腹」，故「十年反常則字乳也」。謂三正「成既濟定」者，三反正，則陰陽氣通，成既濟，六位定也。愚案：虞氏《易》例，不以陰陽爻爲男女，四「求婚媾」，亦以三變體离言也。但以「字」爲「妊娠」，是已嫁，非「貞不字」也。《曲禮》曰「女子許嫁，笄而字」，「字」爲「許嫁」之義，二不許初，故「不字」。

《象》曰：「六二之難，乘剛也。」崔憬曰：下乘初九，故爲「之難」也。疏 屯如、邅如、班如，皆難進之象，故曰「六二之難」。以「下乘初九」之剛，爲二「之難」，故曰「乘剛也」。

十年乃字，反常也。《九家易》曰：陰出於坤，今還爲坤，故曰「反常也」。陰出於坤，謂乾再索而得坎。今變成震，中有坤體，故言「陰出於坤，今還於坤」。謂二從初即逆，應五順也，去逆就順，陰陽道正，乃能長養，故曰「十年乃字」。疏 「陰出於坤」，謂震坎之陰，皆出於坤也。「乾再索而得坎」，坎二之初變震，中互體坤，是「陰出於坤，今還於坤」，故曰「反常也」。但從初爲逆，應五爲順，去初之逆，就五之順，則二陰五陽，得中得正，反歸常道，「乃能長養」，故曰「十年乃字，反常也」。愚案 震反生爲反，世守爲常。歷坤十年，乃字於五，陰陽正應，故反歸常道也。

六三，即鹿无虞，惟入于林中，虞翻曰：「即，就也」。虞謂虞人，掌禽獸者。艮爲山，山足稱鹿。鹿，林也。三變體坎，坎爲叢木，❶山下，故稱「林中」。坤爲兕虎，震爲麋鹿，又爲驚走，艮爲狐狼。三變，禽走入于林中，故曰「即鹿无虞，惟入林中」矣。疏 「即，就也」，《説文》文。❷「虞謂虞人，掌禽獸者」，《周禮·地官》「山虞掌山林之政令。若大田獵，則萊山田之野，及獘田，❸植虞旗於中，致禽而珥焉」是也。鹿，王肅本作「麓」，《詩·大雅》「瞻彼旱麓」，《周語》引作「旱鹿」，是「鹿」「麓」古字通也。《詩》毛傳云「麓，山足也」。三互艮，《説卦》「艮爲山」，三在艮下，故「山足稱鹿」也。「鹿，林也」者，《春秋》僖十四年「沙鹿崩」，《穀梁傳》「林屬於山爲鹿」，「鹿」與「麓」通也。三變，下體成坎，《九家·説卦》「坎爲叢棘」，故「坎爲叢木」也。木在山下，故「稱林中」。《説卦》「坤爲子母牛」，《釋獸》「兕似牛」，《説文》「兕狀如野牛」，坤爲

❶ 「爲」，原作「惟」，今據草堂本、思賢本改。
❷ 「説文」，思賢本作「《廣雅·釋詁》」。
❸ 「獘」，思賢本作「弊」。

虎，説見乾卦「風從虎」，故「坤爲虎兕」。《説文》「麋，鹿屬」，《字統》「鹿性驚」，❶《震》卦辭曰「震驚百里」，❷故「震爲麋鹿」。《京房易傳》曰「震遂泥，厥咎國多麋」，亦以震驚故致麋也。❸震驚且爲足，❹故「又爲驚走」。《九家·説卦》曰「艮爲狐」，《埤雅》「狼搏物」，❺搏爲手擊，艮爲手，故「爲狐狼」。皆三未變時象也。坎爲叢棘，故爲「林中」。三變爲坎，則坤兕虎，震麋鹿，艮狐狼，皆入坎林，故曰「即鹿无虞，惟入于林中」。**君子幾不如舍，往吝。**虞翻曰：君子謂陽已正位。「幾，近」。舍，置。吝，疵也。三應於上，之應歷險，不可以往，動如失位，故不如舍之，往必吝窮矣。疏 三變正，伏陽出，故稱「君子」也。「幾，近」，《釋詁》文。杜注《左傳》「使杜洩舍路」云「舍，置也」，即虞義也。《繫上》曰「悔吝者，言乎其小疵也」，故云「吝，疵也」。三應在上。之，往也。往應於上，則歷乎坎險矣，故不可往也。三動已正，成既濟，往則動而失位，故不如舍之，不必往取吝窮也。**《象》曰：「即鹿无虞，以從禽也。**案：《白虎通》云「禽者何？鳥獸之總名，爲人所禽制也」，即《比》卦九五爻辭「王用三驅，失前禽」，是其義也。疏《釋鳥》「二足而羽謂之禽，四足而毛謂之獸」，此以「禽」「獸」分言也。《白虎通》曰「禽，鳥獸總名，言爲人禽制也」，此言「禽」以該「獸」也。《比》九五曰「王用三驅，失前禽」，亦言「禽」，而「獸」在其中也。他如《大司馬》「大獸公之，小禽私之」，「禽」「獸」互言也。《大宗伯》「以禽作六摯，卿執羔，大夫執雁」，《曲禮》「猩猩能言，不離禽獸」，《月令》「戮禽」「祭禽」，皆「禽獸」通言也。以「无虞」而求上，是「從禽」也，非初之行正也。案：郭京《周易舉正》作「何以從禽也」，義亦通。**君子舍之，往吝窮也。」**崔憬曰：見動之微，❻逆知无虞，則不如舍勿往，往必吝窮也。疏《繫下》曰「幾者，動之微」，「君子見

❶「鹿性驚」，思賢本作「鹿性警防，分背而食，以備人物之害。」

❷「震卦辭曰震驚百里」，思賢本作「《詩·殷其雷》，《傳》『震驚百里』，《正義》曰『驚之言警戒也』」。

❸「亦以震驚故致麋也」，思賢本作「其徵也」。

❹「震驚且爲足」，思賢本作「震足」。

❺「埤雅」至下文「艮爲手」，思賢本作「《管子·兵法》篇『八曰舉狼章則行山』，艮爲山」。

❻「見動」上，思賢本有「君子」。

幾」，即「逆知无虞」。蓋三與上非正應，故舍而不往，以「往必吝窮也」。

六四，乘馬班如。虞翻曰：乘三也。謂三已變，坎爲馬，故曰「乘馬」。馬在險中，故「班如」也。或説乘初，初爲「建侯」，安得乘之也。疏 三已變成坎，《説卦》「坎，其於馬也爲美脊」，故「爲馬」。四在坎上，故曰「乘馬」。上坎下坎，是爲「險中」，故「班如也」。「或説乘初」者，「初爲建侯」，初不拔，則不應四，故「安得乘之」。然四與初應，初震於馬爲善鳴，則乘初義亦通。初剛難拔，故「班如」。**求婚媾，往吉无不利。**崔憬曰：屯難之時，勿用攸往，初雖作應，班如不進。既比於五，五來求婚，男求女，「往吉无不利」。疏 當屯難之代，勿有所往。初震作足，雖作而興起，上與四應，然初剛難拔，且四在坎險，故有「班如不進」之象。但四與五比，五陽來求婚於四陰，是「男求女」也，故「往吉无不利」。**《象》曰：「求而往，明也。」**虞翻曰：之外稱往。體离，故「明也」。疏 「之外稱往」，謂之五也。五來求四，是親迎也，而四往焉，是往之女家也。三已變正，體离故「明」，謂明於婚禮也。

九五，屯其膏，虞翻曰：坎雨稱膏，《詩》云「陰雨膏之」，是其義也。疏 坎爲雨，故「稱膏」。「陰雨膏之」，《詩·曹風》文。膏，去聲，與潤同義，《説卦》「雨以潤之」，故「稱膏」。愚案 坎雨，膏象也，互艮爲止，故「屯其膏」。**小貞吉，大貞凶。**崔憬曰：得屯難之宜，有膏澤之惠。謂與四爲婚媾，施雖未光，小貞之道也，故「吉」。至於遠求嘉偶，以行大正，赴二之應，冒難攸往，固宜且凶，故曰「大貞凶」也。「貞，正也」。疏 謂「得屯難之宜」者，惟「有膏澤之惠」也。五與四爲婚媾，是有膏澤於近矣，所施雖未光，亦「小貞之道」，故曰「吉」。二與五應，以屯膏之象，遠求嘉偶，以行大正之禮，膏澤既不廣被，而遠赴二應，是冒屯難攸往，雖宜且凶矣，故曰「大貞凶」。「貞，正也」，《師·彖傳》文。愚案 辛廖之占，以屯爲固。固者，貞也，即「貞固足以幹事」也。屯六爻，二五得中得正，故二五言「貞」，亦惟二五言「屯」。二，陰也，陰稱小。二乘初剛，守貞不字，女子之貞也，故「小貞吉」。五，陽也，陽稱大。五爲君位，陷於陰中，又互艮止，位雖得正，居上屯膏亦凶也，故「大貞凶」。孟康釋此爻云「大貞，君也。遭屯難饑荒，當開倉廩振百姓，而反吝則凶」，得其解矣。《象》曰：「屯其膏，施未光也。」虞翻曰：陽陷陰中，故「未光也」。疏 坎陽陷於陰中，陽爲陰弇，故「未光」。　愚案　天施地生，五陽主施，❶爲艮所止，故「屯其膏」。离明爲光，伏於坎下，坎成离毁，故「未光也」。

上六，乘馬班如，虞翻曰：乘五也。坎爲馬，震爲行，艮爲止，馬行而止，故「班如」也。疏「乘五」者，乘剛也。《説卦》「坎美脊」，故「爲馬」。震作足，故「爲行」。五互艮，故「爲止」。馬行而止，故有「班如」之象。泣血漣如。《九家易》曰：上六乘陽，故「班如」也。下二四爻，雖亦乘陽，皆更得承五，憂解難除。今上无所復承，憂難不解，故「泣血漣如」也。體坎爲血，伏离爲目，互艮爲手，掩目流血，泣之象也。疏 上乘五陽，是亦乘剛，故有「班如」之象。二比初，故乘初，四應初，亦乘初，二與五應，四上承五，皆得陽爲援，故「憂解難除」，雖「班如」，而无「泣血漣如」之象也。今上乘五陽，下无正應，又上无所承，獨陰无與，又坎爲加憂，是「憂難不解」，所以「泣血漣如也」。上體坎，坎爲血卦。伏离爲目，五互艮爲手。以手掩目而流血，是泣血之象也。桓寬《鹽鐵論》曰「小人先合而後忤，初雖乘馬，後必泣血」，❷是其義也。《詩·衛風》「泣涕漣漣」，即「漣如」之義。《説文》引作「㦁如」，訓泣下，蓋古今字。《象》曰：「泣血漣如，何可長也。」虞翻曰：謂三變時，离爲目，坎爲血，震爲出，血流出目，故「泣血漣如」。柔乘於剛，故「不可長也」。疏 上與三應，三變正時，离爲目也。坎血卦爲血，萬物出震爲出，血流出目，故曰「泣血漣如」。《坤》用六「利永貞」，柔乘剛故「永」。今柔乘剛，上无所承，故「不可長也」。

《序卦》曰：「物生必蒙，故受之以蒙。蒙者，蒙也，物之穉也。」崔憬曰：萬物始生之後，漸以長穉，故言「物生必蒙」。鄭玄曰：蒙，幼小之貌。齊人謂「萌」爲「蒙」也。疏 崔注　屯十二月卦，故爲物之始生，蒙正月卦，故爲物之長穉，此「物生必蒙」，❸而屯受

❶「陽」，原作「陰」，今據思賢本改。
❷「後」，思賢本作「卒」。
❸「物生」，思賢本作「生物」。

以蒙也。　鄭注　《書・伊訓》「具訓于蒙士」，故「蒙，幼小之貌」。「齊人謂萌爲蒙」者，方言也，言「蒙」與「萌」通也。《説文》「萌，草生芽也」，❶以明「蒙」有始生之義也。《説文》又云「稺，幼禾也」，是物生之蒙也。《詩・衛風》「衆稺且狂」，毛傳「稺，幼稺」，❷是人生之蒙也。愚案　乾坤之後，剛柔始交，初交成震，再交成坎，三交成艮，故震坎合而爲屯，即坎艮合而爲蒙，此屯所以次乾坤，蒙所以次屯也。

䷃ 坎下艮上

蒙，亨。 虞翻曰：艮三之二。亨謂二，震剛柔接，故「亨」。蒙亨，以通行時中也。　干寶曰：蒙者，离宫陰也。世在四，八月之時，降陽布德，薺麥並生，而息來在寅，故蒙於世爲八月，於消息爲正月卦也。正月之時，陽氣上達，故屯爲「物之始生」，蒙爲「物之稺也」。施之於人，則「童蒙」也。苟得其運，雖蒙必亨，故曰「蒙，亨」。此蓋以寄成王之遭周公也。**疏**　虞注　四陰二陽之卦，從臨、觀來，云「艮三之二」者，據消息也。坤入中宫，以剛接柔而爲蒙。革巽生姤成，故蒙、革旁通，猶屯、鼎也。內艮三陽之二得中，上應五陰，所以「亨行時中」，而「謂二」也。二取互震，接伏巽，震剛巽柔，乾坤交，故「亨」也。蒙之所以亨，以艮三當行，則通行於二，以合時中也。　干注　蒙爲离宫四世卦，四陽變陰，故云「蒙者，离宫陰也」。世月之例，四世卦陰主八月，陰在酉也。《禮・月令》「仲秋之月，乃勸種麥」，蔡邕《章句》「陽氣始胎於酉」，故八月薺麥應時而生。《廣雅》「太初之氣，❸生於酉仲」，宋均云「必知生八月仲者，據此時薺麥生，以爲驗也」。又《漢書》董仲舒《雨雹對》曰「薺麥始生，❹繇陽升也」，故云「降陽布德，薺麥並生」也。消息蒙爲正月，大夫值日卦，故云「息來在寅」，合八宫消息言之，故云「蒙於世爲八月，於消息爲正月卦也」。「正月之時，陽氣上達」者，三陽息而成泰，《史記・曆律書》所謂「引達於寅」是也。屯在十二月丑，故爲「物之始生」，蒙在正月寅，故爲「物之長稺」。「施之於人」，則幼稺爲「童蒙也」。「童蒙」在五，❺則得其運

❶「草生」，思賢本作「艸」。
❷「毛傳稺幼稺」，思賢本作「毛以稺爲幼稺」。
❸「太初之氣」，思賢本作「太初，氣之始也」。
❹「漢書」，思賢本作「西京雜記」。
❺「在」，草堂本作「謂」。

矣，故「雖蒙必亨」也。「此蓋以寄成王之遭周公也」者，成王以幼沖之年，居六五之位，周公以陽剛之德，居九二之中，以聖臣而輔賢主，卒致天下安寧，刑措不用，故曰「蒙，亨」。蒙二之能啟蒙，亦猶屯初之能扶屯也。

匪我求童蒙，童蒙求我。 虞翻曰：童蒙謂五，艮爲童蒙，我謂二也。震爲動起，嫌求之五，故曰「匪我求童蒙」。五陰求陽，故「童蒙求我，志應也」。艮爲求。二體師象，坎爲經，謂禮有來學，無往教。 **疏** 五言「童蒙」，故「童蒙謂五」。艮爲少男，故「爲童蒙」。「我謂二」者，二應五也。二互震爲動，爲起。震長男，坎中男，嫌二求五之少男，故曰「匪我求童蒙」。五陰下求於二陽，坎爲志，二應五，故《象》曰「童蒙求我，志應也」。艮兑「同氣相求」，故「爲求」。初至五有師象。《乾鑿度》曰「坎离爲經，震兑爲緯」，❶六經取義於經緯，故《周書・謚法》曰「經緯天地曰文」，故「坎爲經」。以經訓蒙，爲經師，是「童蒙求我」也。《曲禮》曰「禮聞來學，不聞往教」，故曰「匪我求童蒙，童蒙求我」。

初筮告。再三瀆，瀆則不告。 崔憬曰：「初筮」謂六五，求決於九二，二則告之。「再三瀆」謂三應於上，四隔於三，與二爲瀆，故二「不告」也。瀆，古黷字也。 **疏** 「初筮謂六五」者，五童蒙求我，且得中也。「求決於九二」者，二正應五也。二應五，故「告」之。三應上，四隔三，且應初，皆與二爲瀆，故曰「再三瀆」。二皆不應，故「不告」也。《説卦》「坎爲溝瀆」，故稱「瀆」。「瀆，古黷也」者，「瀆」「黷」古字通也。賈逵《國語》注云「黷，媟也」，是「瀆」亦訓「媟」也。

利貞。 虞翻曰：二五失位，利變之正，故「利貞」。「蒙以養正，聖功也」。 **疏** 二陽五陰皆失正位，利變而之正，故曰「利貞」，戒五不可過柔，二不可過剛也。如「變之正則爲觀，中正以觀天下」是也。孔疏云：「貞，正也。言蒙之爲義，利以養正，故《象》云『蒙以養正，聖功也』」。

《彖》曰：「蒙，山下有險，險而止，蒙。

侯果曰：艮爲山，坎爲險，是「山下有險」。險被山止，止則未通，蒙昧之象也。 **疏** 「艮爲山」，《説卦》文。《坎・彖傳》曰「習坎，重險也」，故「爲險」。山上險下，故曰「山下有險」。坎險在前而艮以止之，故云「險被山止」。止則窮而未通，故爲蒙昧之象。王氏云：「退則困險，進則閡山，

❶「乾鑿度」上，思賢本有「鄭注」二字。

不知所適，蒙之義也。」　愚案「山下有險」，先言山，後言險，卦象自上而下也。「險而止」，先言險，後言止，易氣皆自下生也。餘卦倣此。**蒙亨，以亨行時中也。**荀爽曰：此本艮卦也。　案　二進居三，三降居二，剛柔得中，故能通發蒙時，令得時中矣，故曰「蒙亨，以亨行時中也」。**疏**荀注　蒙自艮來，故云「此本艮卦也」。

案　艮二陰爻，❶進居三陽位，三陽爻降居二陰位，❷以爻濟位而二又得中，故云「剛柔得中」也。得中則能通發六五之蒙昧，使得時中之道，故曰「蒙亨，以亨行時中也」。艮三「時行則行」，二由艮三下，故「以亨行時中也」。**匪我求童蒙，**陸績曰：六五陰爻在蒙暗，蒙又體艮少男，故曰「童蒙」。**疏**六五陰爻，在蒙昧之中，上體艮，《說卦》曰「艮三索而得男，謂之少男」，故曰「童蒙」。**童蒙求我，志應也。**荀爽曰：二與五志相應也。**疏**二與五應，坎心爲志，志相通，故「應」也。**初筮告，以剛中也。**崔憬曰：以二剛中，能發於蒙也。**疏**二以剛居中，剛則誨人不倦，中則立教不偏，故能告以啓蒙也。**再三瀆，瀆則不告，瀆蒙也。**荀爽曰：再三謂三與四也。皆乘陽不敬，故曰「瀆」。瀆不能尊陽，蒙氣不除，故曰「瀆蒙也」。**疏**三與四比，下乘二陽，承陽則敬，乘陽則不敬，三四皆不敬二，故曰「再三瀆」。二與三四无應，故「瀆則不告」。黷媟則不尊陽，《中庸》曰「敬大臣則不眩」，不敬則「蒙氣不除」，故曰「瀆蒙也」。**蒙以養正，聖功也。」**虞翻曰：體頤故「養」。「五多功」，聖謂二，二志應五，變得正，而亡其蒙，故「聖功也」。　干寶曰：武王之崩，年九十三矣，而成王八歲。言天後成王之年，將以養公正之道，而成三聖之功。**疏**虞注　二至上體頤象，《序卦》曰「頤者，養也」，《頤·象》曰「養正則吉也」。「五多功」，《繫下》文。「聖謂二」者，二坎心爲思，《洪範》曰「思曰睿，睿作聖」，故「聖謂二」。二剛中，養蒙者也，二與五應，以二養五，五變得正，是「養正」也。養正則蒙亡矣，故爲「聖功」。《洪範》又曰「休徵曰聖，時風若」。咎徵曰蒙，恒風若」，是「蒙」與「聖」反，反「蒙」則爲「聖」矣，故曰「蒙

---

❶「艮」上，思賢本無「案」字；「艮二陰爻」，思賢本作「艮之內卦二陰爻」。

❷「二」下，原有「□」，今據草堂本、思賢本删。

以養正，聖功也」。　干注　《禮記・文王世子》「武王九十三而崩」。❶《家語》「武王崩，成王年十有三而嗣」，此云「八年」，又鄭康成以爲「十年」，皆不審所出。言「天所以後成王之年」者，將以養天下公正之道，而成周家三聖之功也。「三聖」謂文王、武王、周公也。

《象》曰：「山下出泉，蒙。虞翻曰：「艮爲山」，震爲出，坎泉流出，故「山下出泉」。疏「艮爲山」，《説卦》文。「帝出乎震」，故「震爲出」。坎爲水，故爲「泉」。坎泉流出於山下，故曰「山下出泉」。王氏云：「山下出泉，未知所適，蒙之象也。」　按《禮緯・斗威儀》曰「君乘土而王，其政太平，則蒙水出於山」，宋均彼注云「蒙，小水也。出可爲灌注，❷無不植也」。❸小水可以灌注，猶童蒙可以作聖，是其義也。**君子以果行育德。」**虞翻曰：君子謂二，艮爲果，震爲行。「育，養也」。二至上有頤養象，故「以果行育德」也。疏「君子謂二」，二剛中也。《説卦》曰「艮爲果蓏」，故「艮爲果」。又爲堅多節，《傳》曰「致果爲毅」，亦取其堅也。震作足爲行。「育，養也」，《釋詁》文。蒙似頤體，故象養。「果行育德」，所以養正也。

初六，發蒙，利用刑人，用説桎梏，以往吝。虞翻曰：發蒙之正。初爲蒙始，而失其位，發蒙之正以成兑，兑爲刑人，坤爲用，故曰「利用刑人」矣。坎爲穿木，震足艮手，互與坎連，故稱「桎梏」。初發成兑，兑爲説，坎象毁壞，故曰「用説桎梏」。之應歷險，故「以往吝」。吝，小疵也。疏虞《繫注》云：「發，動也。」初居蒙始，陰爲失位，動陽得正成兑。「兑，正秋也」，《周禮・天官・小宰》「五曰秋官，其屬六十掌邦刑」，故兑爲刑。又兑折震足，爲見刑斷足者，故「爲刑人」。「致役乎坤」，故「坤爲用」。「利用刑人」，義取此也。坎穴震木，故「坎爲穿木」，即《九家・説卦》「坎爲桎梏」之義也。震爲足，艮爲手。《説文》「桎，足械也」，「梏，手械也」，上四爻皆待發蒙，❹下繫於二，故「互與坎連，稱桎梏」也。初動成兑，《説卦》「兑，説也」，故「爲説」。此讀若「脱」，蓋「説」「脱」皆从兑，故「説」與「脱」通。變兑則坎象毁壞，故曰「用説桎梏」。

❶「崩」，思賢本作「終」。
❷「爲」，思賢本無此字。
❸「無」上，思賢本有「生」字。
❹「待」下，思賢本有「二」字。

蓋二用初，脫上四爻之桎梏也。四當求初，初不當往四，若歷坎險以往，必吝。《繫上》曰「悔吝者，言乎其小疵也」，故云「吝，小疵也」。《象》曰：「利用刑人，以正法也。」虞翻曰：坎爲法，初發之正，故「正法也」。

干寶曰：初六戊寅，平明之時，天光始照，故曰「發蒙」。此成王始覺周公至誠之象也。坎爲法律，寅爲貞廉，以貞用刑，故「利用刑人」矣。此成王將正四國之象也。說，解也。正四國之罪，宜釋周公之黨，故曰「用說桎梏」。既感《金縢》之文，追恨昭德之晚，故曰「以往吝」。初二失位，吝之由也。**疏** 虞注 《九家·說卦》曰「坎爲律」。《爾雅·釋言》曰「坎，律銓也」，樊光彼注云「坎卦水。❶水性平，律亦平，銓亦平也」。坎爲水，故古刑法議灋之字皆从水，法律同義，法平如水，故云「坎爲法」。初陰失位，發動得正，故曰「以正法也」。 干注 此《火珠林》法也。蒙內體坎，坎初納戊寅，故云「初六戊寅」也。《說文》注云「寅，❷東方之神」，《祭義》曰「日出於東」，是日出寅方，❸正「平明之時」。天光始照，萬物皆見，昧者悉明，故曰「發蒙」。《書·金縢》「王執書以泣曰『其勿穆卜。昔公勤勞於王家，❹惟予沖人弗及知，今天動威，以彰周公之德』」，與「發蒙」之義相符，故云「此成王始覺周公至誠之象也」。「坎爲法律」，釋已見上。「寅爲貞廉」者，《前漢書·翼奉傳》曰「南方之情惡也，惡行廉貞，寅午主之」，孟康彼注云：「南方火，火生於寅，盛於午。火性炎猛無所容受，❺故爲廉貞。」❻奉又曰「情得公正貞廉」，張宴彼注云「戌爲公正，寅午爲貞廉」，是其義也。傳與注並前作「廉貞」，後作「貞廉」，今術家作「廉貞」，此注作「貞廉」，文異義同也。貞，正也。以正用刑，故「利用刑人」。《金縢》曰「周公居東二年，則罪人斯得」，與「以貞用刑」之象相符，故云「此成王將正四國之象也」。《說文》「解，挩也」，❼「挩」亦作

❶「水」下，思賢本有「也」字。

❷「說文」至下文「日出於東」，思賢本作「《漢書·律曆志》曰『人統受之於寅初，日孽成而黑，至寅半，日生成而青』」。

❸「方」，思賢本無此字。

❹「於」，思賢本無此字。

❺「容」，思賢本作「加」。

❻「故爲廉貞」上，思賢本有「故爲惡，其氣精專嚴整」凡九字。

❼「解挩也」，思賢本作「挩，解挩也」。

「説」，通作「脱」，故云「説，解也」。「正四國之罪」者，正四國流言之罪。「釋周公之黨」者，釋周公辟東之黨，與「用説桎梏」之意相符，故云「用説桎梏」。「既感《金縢》之文」者，《書·金縢》「王與大夫盡弁，以啓金縢之書，乃得周公所自以爲功，代武王之説」是也。「追恨昭德之晚」者，即「昔公勤勞王家，惟予沖人，弗及知」是也。已往多咎，故曰「以往吝」。初陰二陽，皆失正位，致吝之由也。

九二，包蒙吉，納婦吉，子克家。《象》曰：「子克家，剛柔接也。」虞翻曰：坤爲包，應五據初，初與三四同體，包養四陰，故「包蒙吉」。震剛爲夫，伏巽爲婦，二以剛接柔，故「納婦吉」。二稱家，震長子，主器者，納婦成初，故有「子克家」也。**疏**「包」从勹从巳，《説文》：「包，象人懷妊。❶巳在其中，❷象子未成形也。」二變成坤，《説卦》曰「坤爲母，爲腹」。巳爲母腹包藏，故「坤爲包」。二上應五，下據初，初與三四同爲陰體。二本剛中，過剛則无包涵之量，變陰濟陽，故能「包養四陰」，是寬柔以教，而獲「包蒙」之「吉」也。震剛長男爲夫，伏巽長女爲婦，蓋蒙旁通革，革坤成乾，二巽姤下，由蒙二接之，故九二有伏巽爲震婦也。二以震剛接巽柔，故「納婦吉」也。「二稱家」者，《乾鑿度》曰「二爲大夫」，鄭注《禮記》云「大夫稱家」，又在内，《雜卦》曰「家人，内也」，故知「二稱家」。震爲長子，主器者也。「納婦成初」者，謂初已發，成陽之正，二伏巽出，成陰得正，使初成震爲子，故曰「子克家」。《象》曰「剛柔接也」者，明二納巽初，乃成震也。

六三，勿用娶女，見金夫，不有躬，无攸利。虞翻曰：謂三，誡上也。金夫謂二。初發成兑，故三稱「女」。兑爲見，陽稱金，震爲夫，三逆乘二陽，所行不順，爲二所淫，上來之三陟陰，故曰「勿用娶女，見金夫」矣。坤身稱躬，三爲二所乘，兑澤動下，不得之應，故「不有躬」。失位多凶，故「无攸利」也。**疏**「謂三」者，「女」謂三也。「誡上也」者，三與上應，三不正，故誡之也。「金夫謂二」者，二震爲夫也。初不正，發動已成兑，兑爲少女，故「三稱女」也。《雜卦》曰「兑見而巽伏」，故「兑爲見」也。兑之陽爻，本自乾來。《説卦》曰「乾爲金」，故云「陽爲金」。又兑西方正秋，亦「爲金」。震男爲夫，而又兼乾陽，

❶「懷妊」，思賢本作「裹妊」。
❷「其」，思賢本無此字。

故稱「金夫」。三兑逆説，乘於二陽，是「所行不順」。坎水爲淫，兑逆説之，故「爲二所淫」。上九謂二爲寇者，以此也。《釋詁》「陟，陞也」。三上皆不正，上來之三，將欲陞陰，乃陰不應上，而比二，故曰「勿用娶女，見金夫」矣。坤「在地成形」，故爲「身」，「稱躬」。「三爲二所乘」，震乘兑也。兑爲澤，澤性就下，震又動之，故云「兑澤動下」。就下則不得之應於上也，之上成坤，不之則失坤體，故曰「不有躬」。《繫下》曰「三多凶」，六居三爲「失位多凶」，故「无攸利」也。《象》曰：「勿用娶女，行不順也。」虞翻曰：失位乘剛，故「行不順也」。**疏** 六居三陽爲「失位」，三乘二陽爲「乘剛」。震爲行，坤爲順。三逆從二，行不應上，故曰「行不順也」。

六四，困蒙吝。《象》曰：「困蒙之吝，獨遠實也。」王弼曰：陽稱實也。獨遠於陽，處兩陰之中，闇莫之發，故曰「困蒙」也。困於蒙昧，不能比賢以發其志，亦鄙矣，故曰「吝」。**疏** 陽實陰虚，故「陽稱實也」。陽實謂二，有剛中之德。四獨遠之，處於三五兩陰之間，又初无正應，故「闇莫之發」，所以爲「困蒙」也。困於蒙昧之中，不能比於二賢，以發動其志，鄙吝之甚也。《論語》曰「困而不學，民斯爲下矣」，是其義也。又艮伏兑，兑上坎下，其體爲困，故曰「困蒙」。「柔之爲道，不利遠者」，四獨遠陽，故困也。

六五，童蒙吉。虞翻曰：艮爲童蒙，處貴承上，有應於二，動而成巽，故「吉」也。**疏** 艮少男，故「爲童蒙」。居五爲「處貴」，比陽爲「承上」。二五皆失正，❶二動包五，五下應之。動而成巽，得中得正，《巽·彖傳》曰「剛巽乎中正而志行」，故「吉」。《象》曰：「童蒙之吉，順以巽也。」荀爽曰：順於上，巽於二，有似成王任用周召也。**疏** 互坤爲順以承上，故曰「順於上」。變而爲巽以應二，故曰「巽於二」。五艮以童稺之年，居於尊位，委任於二，君師於臣，反蒙爲聖，故曰「有似成王任用周召也」。

上九，擊蒙，不利爲寇，利禦寇。虞翻曰：體「艮爲手」，故「擊」謂五已變。上動成坎，稱寇，而逆乘陽，故「不利爲寇」矣。禦，止也。此寇謂二，坎爲「寇」。

❶「正」，草堂本作「位」。

巽爲高，艮爲山，登山備下，順有師象，故「利禦寇」也。疏「艮爲手」，《説卦》文。「爲手故擊」，三行不順，與二坎同體，故擊之。五已變陽，上動爲陰，則成坎矣。坎爲盜，故稱「寇」。五變上動乘之，是「逆乘陽」也，故「不利爲寇」矣。《釋言》曰「禦，❶禁也」，「禁」有「止」義，故云「禦，止也」。「此寇謂二」者，二坎爲寇盜也。三應上，爲二所淫，故二爲「寇」。「巽爲高」，「艮爲山」，皆《説卦》文。「登山」謂上，「備下」謂二。互坤爲順，初至五體師，故云「順有師象」。師順在下，故「利禦寇」。《象》曰：「利用禦寇，上下順也。」虞翻曰：自上禦下，故「順也」。疏自上禦下，中歷坤順，故曰「上下順也」。

《序卦》曰：「物穉不可不養也，故受之以需。需者，飲食之道也。」干寶曰：需，坤之遊魂也。雲升在天，而雨未降，翱翔東西，須之象也。王事未至，飲宴之日也。夫坤者，地也，婦人之職也，百穀果蓏之所生，禽獸魚鼈之所託也。而在遊魂變化之家，即烹爨腥實，以爲和味者也，故曰「需者，飲食之道也」。疏需，坤宮第七卦，四不變，是「坤之遊魂也」。《京房易傳》曰「夬，剛決柔，陰道滅，五陽務下，一陰危上，將反游魂」，陸績彼注云「夬五世，六位周而復始爲游魂，至九四成陰，入坎爲需」，是其義也。《説卦》曰「坤也者，地也。萬物皆致養焉」，故「物穉不可不養」，而「受之以需」，以需自坤變也。上坎爲雲，升在天上，而雨猶未降，翱翔東西，回旋不定，其象爲須。須者，待也。乾爲君，故爲「王」，坤爲事。「王事未至」，即需在天，而雨未降之象也。王事未至，則從容俯仰，可以飲食宴樂之日也。坤，「地道也，妻道也」，故曰「婦人之職也」。地養萬物，故云「百穀果蓏之所生，禽獸魚鼈之所託也」。「在遊魂變化之家」者，謂需也。需初至五有鼎象，鼎主烹飪。「腥」謂「禽獸魚鼈」，「實」謂「百穀果蓏」。「烹爨腥實，以爲和味」，婦人之職也。養受以需，即坤變爲需之義。坤變爲需，即地生物而婦司中饋之義。「需者，飲食之道」，所以養物者也。

䷄ 乾下坎上

需，有孚，光亨，貞吉。虞翻曰：大壯四之五。孚謂五。离日爲光，四之五得位正中，故「光亨」。貞吉謂「壯于大轝之輻」也。疏二陰四陽之卦，自大壯來，

❶「釋言」，原作「釋詁」，今據思賢本及所引文改。

故云「大壯四之五」也。陽在二，五稱孚，坎爲孚，故云「孚謂五」也。五之四，互离日爲光。大壯四失位，之五得位，正而且中。坎通爲亨，四互离光，故「光亨」。五得正，故「貞吉」也。「謂壯于大轝之輹也」者，「輹」當爲「腹」。《大壯》九四「貞吉悔亡。壯于大轝之腹」，虞彼注云「失位，悔也。之正得中，故『貞吉』而『悔亡』矣。坤爲大轝、爲腹，四之五折坤，故『壯于大轝之腹』」，即此《需》五「貞吉」之義也。**利涉大川。**何妥曰：「大川」者，大難也。須之待時，本欲涉難，既能以信而待，故可以「利涉大川」矣。**疏**《説卦》曰「坎爲溝瀆」，《考工記》曰「匠人爲溝洫，專達於川」，宣十二年《左傳》曰「川壅爲澤」，杜彼注云「坎爲川」，是坎爲「大川」也。謂「大川」爲「大難」者，以坎險在前也。乾知險而不遽進，故云「須之待時」。所以然者，未嘗須臾忘涉難也，故云「本欲涉難」。需而有孚，故云「能以信而待」。惟正故吉，故「可利涉大川」也。所謂「仗忠信，以涉波濤」者，此也。

《彖》曰：需，須也，險在前也。何妥曰：此明得名由於坎也，坎爲險也。有險在前，不可妄涉，故須待時，然後動也。**疏**卦名爲需，由坎得名也。《釋詁》「頚，待也」，需之爲言待也，故曰「需，須也」。《雜卦》曰「需，不進也」，虞彼注云「『險在前也』，故『不進』」，即須義也。習坎重險，故「坎爲險也」。卦以外爲前，故曰「險在前也」。有險在前，故「不可妄涉」。需者，須也，故須待時而動。又《京房易傳》曰：「需，雲上於天，凝於陰，而待於陽，故曰需者待也。」三陽務上，而隔於六四，陸彼注云「外卦坎水爲險，亦陰稱血也」，義亦可從。**剛健而不陷，其義不困窮矣。**侯果曰：乾體剛健，遇險能通，險不能險，義不窮也。**疏**《乾·文言》曰「大哉乾乎，剛健中正」，故云「乾體剛健」也。《説卦》曰：「坎，陷也。」《繫下》曰：「乾，天下之至健也，德行恒易以知險。」需時而升，所以「遇險能通」。險不能陷，其義自不困窮也。「不能險」之「險」，當作「陷」。**需有孚光亨貞吉，位乎天位，以正中也。**蜀才曰：此本大壯卦也。案：六五降四，「有孚，光亨，貞吉」。九四升五，「位乎天位，以正中也」。**疏**需自大壯來，故云「此本大壯卦也」，大壯六五，降四體坎有孚，互离爲光，所以「有孚，光亨，貞吉」。九四升五，五爲天位，「位乎天位」，既正且中，宜其「光亨，貞吉」也。利涉大川，往有功也。」虞翻曰：謂二失位，變而涉坎，坎爲大川。得位應五，故「利涉大川」。「五多功」，故「往有功也」。疏 二以陽居陰，爲「失位」，變而之正，互坎應坎爲「涉坎」，坎爲大川，二變得位，上應乎五，故曰「利涉大川」。「五多功」，下《繫》文，❶之外稱「往」，二往應五，故曰「往有功也」。

《象》曰：「雲上于天，需。宋衷曰：雲上于天，須時而降也。疏 上坎爲雲，乾爲天，六四曰「出自穴」，❷是「雲上于天」之象也。上六「入于穴」，是待時而降爲雨也。君子以飲食宴樂。」虞翻曰：君子謂乾。坎水兑口，水流入口爲飲，二失位，變體噬嗑爲食，故以「飲食」。陽在内稱宴。大壯震爲樂，故「宴樂」也。疏「君子謂乾」者，乾陽爲君子也。外坎爲水，互兑爲口，水流入口，飲象也，故曰「飲」。二失位，變之正，初至五體象噬嗑，《雜卦》曰「噬嗑，食也」，故曰「食」。於文日在安内稱「宴」，故云「陽在内稱宴」，今乾陽在内，故曰「宴」也。卦自大壯來，大壯震陽和，陽象春，故知「震爲樂」。天須雲降爲雨以養物，人需飲食宴樂以養身，故曰「雲上于天，需。君子以飲食宴樂」。

初九，需于郊，利用恒，无咎。干寶曰：郊，乾坎之際也。既已受命進道，北郊未可以進，故曰「需于郊」。處不避汙，出不辭難，臣之常節也。得位有應，故曰「利用恒」。雖小稽留，終於必達，故曰「无咎」。疏 乾西北，坎正北，乾與坎接，故「乾坎之際」爲「郊」。乾陽主進，大壯震大塗爲道，初變巽爲命，故云「受命進道」。既已受命進道，即可由西北以進於北，然坎險在前，未可遽進。《雜卦》曰「需，不進也」，故必「需于郊」以待之。處所當處，非避汚也；出所當出，非辭難也；待時而進，人臣之常節。常者，恒也。初陽得位，四爲正應，久以待之，无不利也，故曰「利用恒」。雖遲迴不進，小有稽留，然終於必達，故「无咎」也。愚案：初與四應，初需四，「郊」謂四也。三與四接，亦乾坤之際爲「郊」也。《釋地》「邑外謂之郊」，乾爲内，乾之外即「郊」，故知「郊」謂四也。需于四者，以坎在前也。需爲坤之遊魂，坤致役爲用，自大壯來，初變爲恒，故曰「利用恒」。四應初，得位承五，需之得其地也，

❶「下繫」，思賢本作「繫下」。

❷「自」，原作「于」，今據思賢本改。

故曰「无咎」。《象》曰：「需于郊，不犯難行也。利用恒无咎，未失常也。」王弼曰：居需之時，最遠於險，能抑其進，「不犯難行」。雖不應，幾可以保常，故「无咎」。疏需初最遠於難，「需于郊」，是「能抑其進，不犯難而行也」。雖非應，幾亦可保常，故「无咎」。　愚案　坎之難在五，初需於四而不進，是「不犯難行也」。初變失位，是失常，宜有咎，然上居於四，爲得位，是未失常道，故「无咎」。《説文》「恒，常也」，故《經》言「恒」，《傳》言「常」也。

九二，需于沙，小有言，終吉。虞翻曰：沙謂五，水中之陽稱沙也。二變之陰稱小，大壯震爲言，兑爲口，四之五，震象半見，故「小有言」。二變應之，故「終吉」。疏二需五，故「沙謂五」也。五爲「水中之陽」，陽剛故「稱沙也」。二變爲陰，《泰》曰「小往大來」，《否》曰「大往小來」，故知「陰稱小」也。大壯震善鳴爲言，四體兑，故「兑爲口」。四雖之五，震象半見，又互兑口，兑少女，亦爲小，故「小有言」。五陽在外，二變陰以應之，得中得正，故「終吉」也。《象》曰：「需于沙，衍在中也。虞翻曰：衍，流也，中謂五也。　荀爽曰：二應於五，水中之剛，故曰「沙」。知前有沙漠而不進也。體乾處和，美德優衍在中而不進也。疏虞注　《説文》「衍，水朝宗于海也。从水从行」，故云「衍，流也」。二與五應，故「中謂五也」。謂五有中德，流澤於二也。　愚案　《穆天子傳》「天子乃遂東征，南絶沙衍」，水中有沙者曰「沙衍」。「需于沙」者，以沙衍在五中也。　荀注　二與五應，坎五在中，其剛象沙，故曰「沙」。「需于沙」者，「知前有沙漠而不進也」。內體爲乾，處中爲和，是「美德優衍在中」，不進之象也。「優衍」與「游衍」同。《詩・大雅》「昊天曰旦，及爾游衍」，游衍，自恣之意也。雖小有言，以吉終也。」疏荀爽曰：「二與四同功」，而三據之，故「小有言」。乾雖在下，終當升上，二當居五，故「終吉」也。疏「二與四同功」，《繫下》文，韓彼注云「同陰功也」。四兑爲口舌，而三據其間，四陰稱小，故「小有言」。「乾雖在下，終當升上」者，陽主升也。二雖得中，其位不正，升居於五，則中且正矣，故「終吉也」。

九三，需于泥，致寇至。荀爽曰：親與坎接，故稱「泥」。須止不進，不取於四，不致寇害。疏乾上接坎下，故云「親與坎接」。坎爲水，泥在水旁，故「稱泥」。

乾知險阻，故「須止不進」。三應在上，故「不取於四」。坎爲盜，故爲「寇」。三近四，雖有「寇至」，然需而不進，故不爲害也。**《象》曰：「需于泥，災在外也。」**崔憬曰：泥，近乎外者也。三逼於坎，坎爲險盜，故「致寇至」，是「災在外也」。疏「泥」在外卦，而近乎三者也。三與坎逼，坎爲險，又爲盜，故有「致寇至」之象。又虞義坎爲災，坎在外，故曰「災在外也」。**自我致寇，敬慎不敗也。」**虞翻曰：离爲戎，乾爲敬。陰消至五，遯臣將弑君，四上壯坤，故「敬慎不敗」。疏《釋文》「鄭本、王肅本『寇』作『戎』」，虞云「离爲戎」，知虞本亦作「戎」也。《説卦》「离爲甲胄，爲戈兵」，故「爲戎」。乾陽剛之德，且惕厲，故「爲敬」。「陰消至五，遯臣將弑君」者，消息之卦，遯反大壯，大壯乾四失位，爲陰所傷，遂進不需，則陰消至五，而反遯，故有臣弑君之象也。「四上壯坤」者，四上之五，折坤爲坎，「壯于大轝之腹」，則不反遯也。三居乾上，即《乾》三「君子終日乾乾，夕惕若厲，无咎」，故「敬慎不敗也」。

六四，需于血，出自穴。案：六四體坎，坎爲雲，又爲血卦，血以喻陰，陰體卑弱，宜順從陽，故曰「需于血」。《九家易》曰：雲從地出，上升于天，自地出者，莫不由穴，故曰「需于血，出自穴」也。疏案　四，坎體下也。上坎爲雲，坎爲血卦，故有血象。六陰爻，四陰位，故「血以喻陰」。陰以卑弱之體，故宜順從於五陽。「需于血」者，柔順而能待者也。《九家》注　坎爲坎窞，其象爲穴。乾二之坤五爲坎，故云「雲從地出，上升于天」。僖三十一年《公羊傳》曰「觸石而出，膚寸而合」，故云「自地出者，莫不由穴」也。　愚案　四欲進居於五，貴柔順以待，不可急也。「需于血」者，待以柔順也。坎下口開者爲穴，四未之五爲震，震爲出，故曰「出自穴」。既出自穴，已有進五之勢，然進不遽進，故曰「需于血，出自穴」。

《象》曰：「需于血，順以聽也。」王弼曰：穴者，陰之路也。四處坎始，居穴者也。九三剛進，四不能距，見侵則避，順以聽命也。　《九家易》曰：雲欲升天，須時當降，順以聽五，五爲天也。疏王注　孔疏：「凡孔穴穿道，皆是幽隱，故云『陰之路也』。」又云：「處坎之始，是居穴者也。❶三來逼己，四不能距，故出此所居之穴以避之，但順以聽命而得免咎也，故《象》曰『需于血，順以聽命

❶「居穴」，原作「穴居」，今據思賢本及所引文改。

也』。」《九家》注　雲「出自穴」，已有升天之勢，須時即降，當有爲雨之期。然「需于血」，則柔順而聽命於五，升不遽升也。「五爲天」者，五爲天位也。乾入坤成坎。順者，坤之陰也。聽者，坎爲耳也。

九五，需于酒食，貞吉。荀爽曰：五互离坎，水在火上，酒食之象，「需者，飲食之道」，故坎在需家爲酒食也。雲須時欲降，乾須時當升，五有剛德，處中居正，故能帥羣陰，舉坎以降，陽能正居其所則吉，故曰「需于酒食」也。疏五互离火坎水，坎水在离火之上，且鼎象半見，故有酒食之象。「需者，飲食之道」，《序卦》文。惟需有飲食之道，而坎又爲水，故知「坎在需家爲酒食也」。上坎爲雲，待時將降於下。下乾爲天，待時當升於上。五有陽剛之德，處中居正，爲坎之主，故能帥上四二陰，舉坎以降于二，二陽即隨乾以升居於五，正而得所，故「需于酒食，貞吉」。此以内外卦爲升降，與應爻爲升降者，又一例也。　案　五與二應，五需於二，二變正以應五，則體象噬嗑，故有酒食之象。需，須也，酒食享食之禮。禮速客之辭曰「主人須矣」。五爲卦主，需二變爲食，上需於下，下應於上，二升居五得正，故「吉」也。**《象》曰：「酒食貞吉，以中正也。」**《九家易》曰：謂乾二當升五，正位者也。　盧氏曰：沈湎則凶，中正則吉也。疏《九家》注　二應五，故升居於五。五惟中正，故二變應之也。　盧注　《書·泰誓》「沈湎冒色」，「沈湎」謂溺於酒也。溺於酒則凶，得乎中正則吉也。

上六，入于穴，荀爽曰：需道已終，雲當下入穴也。雲上升極，則降而爲雨，故《詩》云「朝隮于西，崇朝其雨」，則還入地，故曰「入于穴」。雲雨入地，則下三陽動而自至者也。疏爻終於上，故云「需道已終」。升極必降，故云「雲當入穴」。「朝隮于西，崇朝其雨」，《詩·鄘風》文。「隮」言升，「雨」言降也。升極則降而爲雨，如《詩》言是也。既雨則還入地，如「入于穴」是也。雲雨下入於地，則下三陽動而自至，故言「不速之客三人來」也。**有不速之客三人來，敬之終吉。**荀爽曰：三人謂下三陽也。須時當升，非有召者，故曰「不速之客」焉。乾升在上，君位以定，坎降在下，當循臣職，故「敬之終吉」也。疏馬融云：「速，召也。」乾稱人，故「三人謂下三陽也」。上與三應，初二同體，乾性本升，不待召而自來，故曰「不速之客」。乾三俱升，二居天位，故云「君位以定」。坎降居下，二變爲坤，坤，「臣道也」，故云「當循臣職」。乾爲敬，故「敬之終吉也」。　愚案　五爻皆需，終則无所需矣，故不言需。坎口在上，亦爲穴，上變巽爲入，故曰「入于穴」。上與三應，陰降則陽升，初二同稟乾陽爲人，❶內卦同升於外，故「有不速之客三人來」。變巽爲恭，故「敬之終吉也」。

《象》曰：「不速之客來，敬之終吉。雖不當位，未大失也。」荀爽曰：上降居三，「雖不當位」，承陽有實，故「終吉，无大失」矣。疏「上降居三」，是陰居陽也，故「不當位」。然上之三，則三亦之上矣，九之上，六承之，是能敬上者也。陽實陰虛，故云「承陽有實」。不當位，宜有失，承陽能敬，則无大失矣。《論語》曰「君子敬而無失」，是其義也。

受業從姪守勳謹之校

周易集解纂疏卷四

❶「人」，原作「入」，今據草堂本改。

周易集解纂疏卷五

唐李鼎祚集解　安陸李道平遵王纂疏

《序卦》曰：「飲食必有訟，故受之以訟也。」鄭玄曰：「訟」猶争也。言飲食之會，恒多争也。

疏《説文》「訟，争也」，故云「訟猶争也」。《禮運》曰「飲食男女，人之大欲存焉」，有欲則争，故「飲食之會，恒多争也」。《樂記》曰「夫豢豕爲酒，非以爲禍也，而獄訟益繁，則酒之流生禍也」，此「飲食必有訟，故受之以訟也」。

䷅ 坎下乾上

訟，有孚，干寶曰：訟，离之遊魂也。离爲戈兵。此天氣將刑殺，聖人將用師之卦也。「訟，不親也」，兆民未識天命不同之意。荀爽曰：陽來居二，而孚於初，故曰「訟，有孚」也。

疏干注　訟四不變，是离宫遊魂卦也。「离爲戈兵」，《説卦》文。四世陰卦，主八月，故云「此天氣將刑殺」。下《象》注云「武王觀兵」，故云「聖人將用師之卦也」。「訟，不親也」，《雜卦》文。二變正，坤爲民。外乾爲天，互巽爲命。《雜卦》又曰「同人，❶親也」。訟，下坎反离爲同人。同人，离宫歸魂卦也。同人親而訟不親，訟則不同，故「未識天命不同之意」也。荀注　四陽二陰之卦，自遯來，三陽來居於二，而孚於初陰，陰陽相感，故曰「訟，有孚」。坎爲孚，故曰「有孚也」。

窒惕，中吉，虞翻曰：遯三之二也。孚謂二。窒，塞止也。惕，懼二也。二失位，故不言貞。遯將成否，則「子弑父，臣弑君」，三來之二得中，弑不得行，故「中吉」也。

疏「遯三之二」者，訟自遯來也。「孚謂二」者，《坎》卦辭曰「坎有孚」，以二中實也。《説文》「窒，塞也」，「塞」有「止」義，故云「塞，止也」。艮土下塞坎水，止遯不成否也。坎爲加憂，故爲「惕」。「懼二也」者，懼坎險也。二失位不正，故「不言貞」。遯消二，及三則成否矣，有弑父弑君之象。今三之二，得中有孚，消不成否，弑不得行，故「中吉」也。

終

❶「雜卦」，原作「説卦」，今據所引文改。

凶。虞翻曰：二失位，終止不變，則「入於淵」，故「終凶」也。**疏**二陽失位，止而不變，初在坎水，故爲淵。不變自初始，陷于坎險，故「入于淵」，所以「終凶也」。利見大人，不利涉大川。侯果曰：大人謂五也，斷決必中，故「利見」也。訟是陰事，以險涉險，故「不利涉大川」。**疏**五位天子，❶故知「大人謂五也」。二四争三，故二與四訟。諸爻不正，惟五有剛健之德，居上正中，故「斷決必中」。下互离爲目，故利見九五大人。訟是陰險之事，坎爲險，又爲大川，以險涉險，故「不利涉大川」也。

《彖》曰：「訟上剛下險，險而健，訟。盧氏曰：「險而健」者，恒好争訟也。**疏**「上剛」，乾也。「下險」，坎也。内險而外健，好訟之象也。訟有孚窒惕中吉，剛來而得中也。蜀才曰：此本遯卦也。案二進居三，三降居二，是「剛來而得中也」。**疏**卦自遯三之二。在内曰「來」，二位得中，故曰「剛來而得中也」。終凶，訟不可成也。王肅曰：以訟成功者，終必凶也。王弼曰：凡不和而訟，无施而可，涉難特甚焉。唯有信而見塞懼者，乃可以得吉也。猶復不可以終中乃吉也。不閉其源，使訟不至，雖每不枉，而訟至終竟，此亦凶矣。故雖復有信，而見塞懼，猶不可以爲終。故曰「訟，有孚，窒惕，中吉，終凶」也。无善聽者，雖有其實，何由得明。而令有信塞懼者，乃得其中吉，必有善聽之主焉，其在二乎。以剛而來，正夫羣小，斷不失中，應其任矣。案：夫爲訟「善聽之主」者，其在五焉。何以明之？案爻辭九五「訟元吉」，王氏注云「處得尊位，爲訟之主，用其中正，以斷枉直」，即《象》云「利見大人，尚中正」，是其義也。九二《象》曰：「不克訟，歸逋竄也。自下訟上，患至掇也。」九二居訟之時，自救不暇，訟既不克，懷懼逃歸，僅得免其終凶禍，豈能爲善聽之主哉。年代緜流，師資道喪，恐傳寫字誤，以「五」爲「二」，後賢當審詳之也。**疏**王注　爻終於上，上九曰「或錫之鞶帶」，即「以訟成功」也。「終朝三拕之」，即「終必凶也」。　愚案　失位不變，故訟成也。卦唯九五得正，餘爻皆不正。初變正則「不永所事」，二變正則「无眚」，三變正則「食舊德」，四變正則「安貞吉」。以四承五，「三與五同功」，二應五，初應

❶「位」，思賢本作「爲」。

四以承五，五爲聽訟之主。訟不可成，故皆利變之正。上九乘陽，亢而不變，不變則訟成矣，受服終拖，❶故「終凶」也。　王注　孔疏：「『无施而可』者，言若性好不和，又與人鬬訟，即无處設施而可，❷言所往之處，皆不可也。『涉難特甚焉』者，言好訟之人，習常施爲，已且不可，若更以訟涉難，其不可特甚焉，故云『涉難特甚焉』。『中乃吉』者，謂此訟事，以中途而止，乃得吉也。『不閉其源，使訟不至』者，若能謙虚退讓，與物不競，即此是閉塞訟之根源，使訟不至也。今不能如此，是不閉塞訟源，使訟得至也。『雖每不枉，而訟至終竟』者，謂雖每訴訟，❸陳其道理，不有枉曲，而訟至終竟，此亦凶矣。」❹愚案：「无善聽者」以下，孔不釋者，以善聽之主非二，故不釋也。　善聽當主九五，故李氏詳辯之。　案　五得中得正，剛而能斷，故爲「善聽之主」。二雖得中，而不得正，僅能「无眚」而已，未足爲聽訟之主也。且以王注九五「訟元吉」證之，「二」爲「五」之誤无疑。　蓋餘爻皆失位不親，故争而成訟。唯五剛而得中，故云「以剛而來，正夫羣小」。斷不失中，應其任矣」。

利見大人，尚中正也。荀爽曰：二與四訟，利見於五。五以中正之道，解其訟也。疏「二與四同功」，不正故訟。體离，故「利見大人」。五中且正，善聽之主，比四應二，❺故能解二四之訟也。

不利涉大川，入于淵也。」荀爽曰：陽來居二，坎在下爲淵。疏遯三陽來居於二成坎，坎水在下爲淵，互巽爲入，故曰「入於淵也」。

《象》曰：「天與水違行，訟。荀爽曰：天自西轉，水自東流，上下違行，成訟之象也。疏王充《論衡》曰「天門在西北」，❻又「日月星辰，隨天而西移行遲天耳」，故云「天自西轉」。孫卿子曰「孔子見大水必觀焉，曰

❶「拖」，草堂本作「拕」。
❷「即无處設施而可」，思賢本作「即无處施設而可也」。
❸「雖每」，原作「每雖」，今據草堂本、思賢本所引《周易正義》孔疏文改。
❹「凶」，原作「終」，今據草堂本、思賢本所引《周易正義》孔疏文改。
❺「二」，原作「五」，今據草堂本及訟卦卦象改。
❻「王充」至下文「遲天耳」，思賢本作「《後漢書・律曆志》曰『天之動也，一晝一夜而運過周，星從天而西，日違天而東』」。

『發源必東似志』」,❶故云「水自東流」。上乾下坎,東西違行,猶人彼此乖違,故云「成訟之象也」。君子以作事謀始。」虞翻曰:君子謂乾三。來變坤爲作事,坎爲謀,「乾知大始」,故「以作事謀始」。干寶曰:省民之情,以制作也。武王故先觀兵孟津,蓋以卜天下之心,故曰「作事謀始」也。**疏**虞注　「君子謂乾三」者,遯不消否,而三陽之二成訟,蓋艮三自乾來也。「來變坤爲作事」者,變遯成坤,坤爲事,故「以作事」。「坎爲謀」者,《洪範》謀屬水,坎爲水,又爲心,故「爲謀」。「乾知大始」,《繫上》文。❷「故以作事謀始」者,始以乾健與坎險違行,所以有訟,若以坎之險變而爲「謀」,乾之健變而知「始」,則由西而北,乾坎順行,故「作事謀始」,則訟端自絶。次則止之於中,❸亦吉,若成之於終,則凶矣。干注　察民情之向背,以定制作,言慎始也。復引武王之事以明之者,即大刑用甲兵之意也。武王將伐商紂,先觀兵于孟津,以卜天下之心,諸侯不期而會者八百國,然後陳師牧野,是「作事謀始」之大者也。

初六,不永所事,小有言,終吉。虞翻曰:「永,長也」。坤爲事,初失位而爲訟始,故「不永所事」也。

「小有言」,謂初四易位成震言,三「食舊德」,震象半見,故「小有言」。初變得正,故「終吉」也。**疏**「永,長也」,《釋詁》文。「坤爲事」,謂遯變坤也。初失位,故「爲訟始」,變之正,故「不永所事也」。初與四應,易位成震,震聲爲言。三合二,震象半見,故曰「小有言」。初變得正,其卦爲履。履者,禮也,《曲禮》曰「分争辨訟,非禮不決」,故雖「小有言」,「終吉」也。又變兑爲口、爲小,故「小有言」。二動應五,三「食舊德」,兑象毁壞,故「終吉也」。《象》曰:「不永所事,訟不可長也。雖小有言,其辯明也。」盧氏曰:初欲應四,而二據之,蹔争,事不至永。雖有小訟,訟必辯明,故「終吉」。**疏**初與四爲正應,而二據之,與四蹔争,事不至永,故曰「訟不可長也」。《坤》初曰「由辯之不早辯也」,雖小有訟,初變兑口能辯,四互离爲明,故曰「其辯明也」。辯之早且明,故「終吉」矣。

九二,不克訟,歸而逋。虞翻曰:謂與四訟。

❶「孫卿子」,思賢本作「荀子」。
❷「上」,原作「下」,今據所引文改。
❸「次」,草堂本作「坎」。

坎爲隱伏，故「逋」。乾位剛在上，坎濡失正，故「不克也」。疏「謂與四訟」者，坎之險在二，乾之健自四始也。「坎爲隱伏」，《説卦》文，隱伏故「逋」。乾五剛而得位，坎陽居陰，濡溺失正，故「不克也」。　愚案　《書・牧誓》「多罪逋逃」，❶《漢書・匈奴傳贊》「逋逃竄伏」，是「逋」與「遯」同義。遯三之二成訟，二歸於三，則仍成遯矣，故曰「歸而逋」。

其邑人三百户，无眚。虞翻曰：眚，災也，坎爲眚。謂二變應五，乾爲百，坤爲户，三爻故「三百户」。坎化爲坤，故「无眚」。疏《書・舜典》「眚災肆赦」，故云「眚，災也」。《説卦》「坎爲多眚」，故云「坎爲眚」。二變正，上應五，外乾内坤。「乾爲百」者，三爻之册，皆三十六，略其奇八，以就盈數，故稱「百」也。「坤爲户」者，乾門坤户，陰陽大小，異名也。「三爻」謂内三爻坤，「三爻」故稱「三百户」。坎多眚，化坤之正，坤成坎毁，故「无眚」也。

案　《乾鑿度》「二爲大夫」。孔疏：「『三百户』者，鄭注《禮記》云『小國下大夫之制』。」又云：❷「小國之下大夫，采地一成，❸其定税三百家，故三百户也。」　又案

二剛變柔，不與五敵，故曰「不克訟」。二爲大夫，不敢據邑以叛，故曰「歸而逋」。二變化坎爲坤，二爲邑主，二无眚，則邑人亦无眚，故曰「其邑人三百户，无眚」。

《象》曰：「不克訟，歸逋竄也。」荀爽曰：三不克訟，故逋而歸。坤稱邑，二者，邑中之陽人。逋，逃也，謂逃失邑中之陽人。疏三失位，❹故「不克訟，逋而歸」也。坤爲地，故「稱邑」。乾陽爲人，二坎陽自乾來，故爲「邑中之陽人」。《泰誓》「多罪逋逃」，文六年《左傳》「董逋逃」，皆「逋」「逃」連文，故云「逋，逃也」。變坤成陰，則「逃失邑中之陽人」矣，故曰「歸逋竄也」。

自下訟上，患至掇也。」荀爽曰：下與上爭，即取患害，如拾掇小物而不失也。坤有三爻，故云「三百户，无眚」。二者，下體之君。君不争，則百姓无害也。疏以下訟上，尊卑失序，其取患害，如掇小物，言至易也。「坤有三爻，故云三百户」者，坤爲邑，且爲户也。二主下體，主不争於上，則邑民不災於

---

❶「牧誓」，原作「泰誓」，今據思賢本及所引文改。
❷「又云」，思賢本作「又《禮・坊記》疏引鄭《易》注云」。
❸「地」下，思賢本有「方」字。
❹「三」，思賢本作「二」。

下也。❶

六三，食舊德，貞厲，終吉。虞翻曰：乾爲舊德，食謂初四，二已變之正，三動得位，體噬嗑食，四變食乾，故「食舊德」。三變在坎，正危「貞厲」。得位，故「終吉也」。**疏**《繫上》曰「可久則賢人之德」，謂乾也，訟乾即遯乾，故「爲舊德」。「食謂初四」者，初與四易位，則食乾也。初四已易位，二變正爲陰，三動得位爲陽，是體象噬嗑食也。「四變食乾」者，四變則乾體壞，如「日有食之」，「月有食之」，故云「食乾」也。《乾鑿度》曰「三爲三公」，「食舊德」，食父故祿也。乾爲父，三失位，動而承乾，有食舊德之象。二四之正三體變坎，雖正而危，是「貞厲」也。變得位，故「終吉也」。**或從王事，无成。**虞翻曰：乾爲王，二變否時，坤爲事，故「或從王事」。「道无成而代有終」，故曰「无成」。坤三同義也。**疏**乾爲君，故「爲王」。二變成否體坤，坤發事業，故「爲事」。坤臣上承乾君，故言「或從王事」也。「道」上脱「地」字，當從《坤·文言》「地道无成而代有終也」，故曰「无成」。云「坤三同義也」者，坤三發成泰，乾爲王，坤爲事，震爲從，「地道无成而代有終」，故曰「或從王事，无成有終」。坤三以泰從王事，此以否從王事，皆爲地道，故義同。彼發而從王事，故「有終」。此未動，故但言「无成」，變而「終吉」，則亦「有終」也。四已易，二未正，三亦有震象，故亦言「從」也。　愚案三上皆不得位，雖爲不義之應，然陰陽相從，上不侵三，故三得食遯乾舊德。二无正應，幾不保其邑人。三有正應，故能食其舊德。若變而之正，不與上應，雖危亦吉，故曰「貞厲，終吉」也。但變正從乾，或有王事，亦當守柔順之道。與坤三同位，故與坤三同辭。不言有終，訟不可終也。**《象》曰：「食舊德，從上吉也。」**侯果曰：雖失其位，專心應上，故能保全舊恩，「食舊德」者也。處兩剛之間，而皆近不相得，乘二負四，正之危也。剛不能侵，故「終吉」也。**疏**以陰居陽，三雖失位，然與上爲正應，專心從上，故「能保全舊恩」，而「食舊德也」。處二四兩剛之間，位相逼而不相投，下乘上負，勢亦危矣，然正應於上，故云「正之危也」。上有正應，二四兩剛，自不能侵，故「終吉也」。

九四，不克訟，復即命渝，安貞吉。虞翻

❶「災」，草堂本作「爭」。

曰：失位，故「不克訟」。「渝，變也」。不克訟，故復位，變而成巽，巽爲命令，故「復即命渝」。動而得位，故「安貞吉」。謂二已變，坤安也。疏 二與四皆失位，故皆「不克訟」也。「渝，變也」，《釋言》文。惟不克訟，故復其本位，變陰成巽。《巽·彖傳》曰「重巽以申命」，故「巽爲命令」也。「復即命渝」者，即，就也，與初易位體復，故「復即命渝」也。「動而得位」者，動變爲陰，得正位也。「故安貞吉」者，貞，正也，安乎正，則吉也。二已變，四又變，則體坤，坤爲土，故爲「安」，《坤》卦辭曰「安貞吉」是也。

愚案　二「不克訟」者，二爲坎主，變其險，故上不逼五也。四爲乾始，變其健，故下不陵初也。復其陰位，則就乎巽之命，渝爲陰爻，則安乎坤之貞，是以吉也。《象》曰：「復即命渝安貞吉，不失也。」侯果曰：初既辯明，四訟妄也。訟既不克，當反就前理，變其詔命，則安靜貞吉，而不失初也。疏 四與初訟，初既辯明，則知四之訟爲妄也。既不克訟，即當反就未訟之理，變其已訟之命，所以安靜貞吉，而與初不相失也。且變而得位，亦不失乎正也。《說文》「詔，告也」，成二年《左傳》「欒伯曰『變之詔也，❶書何力之有焉』」，杜注云「告也」。蓋詔者，上下通用之辭，故訟亦稱「詔命」也。

九五，訟元吉。《象》曰：「訟元吉，以中正也。」王肅曰：以中正之德，齊乖爭之俗，「元吉」者也。　王弼曰：處得尊位，爲訟之主，用其中正，以斷枉直，中則不過，正則不邪，剛則无所溺，公則无所偏，故「訟元吉」。疏 王注　上下五爻皆不得位，惟九五既中且正，故以九五中正之德，齊上下乖争之俗，是以「元吉」也。

王注　以九處五，是得尊位，而爲聽訟之主者也。用其中正之德，以斷枉直之情，「中」則无過差，「正」則无邪曲。復言「剛」與「公」者，九爲陽剛，與六二言中正者殊也，故云「剛則不溺」也。《史記·吕后紀》「未敢訟言誅之」，注云「訟，公也」，❷蓋於文「公」言爲「訟」，知聽訟貴公也，故云「公則不偏」。有是四德，故「訟元吉」也。

上九，或錫之鞶帶，虞翻曰：錫謂王之錫命。鞶帶，大帶，男子鞶革。初四已易位，三二之正，巽爲腰帶，故「鞶帶」。疏 乾爲君，故爲「王」。巽爲命，故云

❶ 「變之詔也」下，思賢本有「士用命也」。
❷ 「注云訟公也」，思賢本作「韋昭注『訟猶公也』」。

「錫」。謂「王之錫命」也。《説文》「鞶，大帶也」，故云「鞶帶，大帶」。《内則》「男鞶革」，故云「男子鞶革」。訟本有巽，初四易位，則乾亦變巽，三二之正，則坎亦變巽。「巽爲腰帶」者，巽爲帛，爲交，坎屬腎水爲腰，巽覆坎腰，故「爲腰帶」。

終朝三拕之。 虞翻曰：位終乾上，二變時，坤爲終，离爲日，乾爲甲，日出甲上，故稱「朝」。應在三，三變時，艮爲手，故「終朝三拕之」。使變應己，則去其鞶帶，體坎乘陽，故《象》曰「不足敬也」。　侯果曰：褫，解也。乾爲衣、爲言，故「以訟受服」。　荀爽曰：二四争三，三本下體，取之有緣。或者，疑之辭也。以三錫二，於義疑矣，争競之世，分理未明，故或以錫二。「終朝」者，君道明，三者，陽成功也。君明道盛，則奪二與四，故曰「終朝三拕之」也。鞶帶，宗廟之服。三應於上，上爲宗廟，故曰「鞶帶」也。　翟玄曰：上以六三，錫下三陽，❶羣剛交争，得不以讓，故終一朝之間，各一奪之，爲「三拕」。

疏 虞注❷　上居乾終。二變作坤，月出震終坤，故「坤爲終」。互离日，故云「离爲日」。乾納甲，故云「乾爲甲」。离日出於乾甲之上，於文爲「⿱日甲」，《説文》「早」作「⿱日甲」，⿱日甲故「稱朝」也。下應三，三變還遯成艮，「艮爲手」，《説卦》文。「拕」从手，故取艮手，而曰「終朝三拕之」也。三使上變應己，而艮手即去其鞶帶，自三至上，隔三爻，故「三拕之」。三以坎體，上乘陽位，乾敬象壞，故《象》言「不足敬也」。　侯注　「拕」，本亦作「褫」，《荀子·非相篇》「極禮而褫」，「褫」亦訓「解」，義與此同。「乾爲衣、爲言」，《九家·説卦》文。「爲言」即「訟」，「爲衣」即「受服」也。　荀注　《乾鑿度》曰「初爲元士，二爲大夫，三爲三公，四爲諸侯，五爲天子，上爲宗廟」，二與四争三公之服，三本下體，與二相比，是取之有因也。《乾·文言》「或之者，疑之也」，故云「或者，疑之辭也」。以三公之服，錫二大夫，故「於義疑矣」。惟争競之世，分理未明，故「或以錫二」也。《尚書大傳》曰「歲之朝，月之朝，日之朝，則后王受之」。鄭彼注云「自正月盡四月，爲歲之朝，上旬爲月之朝，平旦至食時，爲日之朝」，故「終朝」爲「君道明」。《春秋元命包》曰「陽成於三」，故云「三者，陽功成也」。四爲諸侯，入爲三公，宜服三公之服，故「君明道盛，❸則奪

❶ 「三」，原作「二」，今據思賢本改。
❷ 「虞注」二字，原脱，今據思賢本補。
❸ 「明」字，原脱，今據思賢本及所引荀爽注補。

二與四」。陽道方長，故「三拕之」也。鞶帶，服之以祭者，故云「宗廟之服」。三應於上，上爲宗廟，故知鞶帶爲祭服而在上也。　翟注　上與三應，故「上以六三」，錫三陽爻。乃二與四五，羣剛交争，得者不讓，故一日之間，三陽各一奪之，爲「三拕」也。　愚案　上與三應，三互巽帛爲「鞶帶」，互离日爲「終朝」，自上至三，歷三爻，爲「三拕」。上以陽剛居極，健勝於險，克訟者也。即或訟而得勝，「錫之鞶帶」，然過剛失位，亦「終朝三拕之」矣。夫訟而獲勝，辱且隨之，況不勝者乎。初以「不永」獲吉，是「謀始」者也。三四在中，變而得正，是「中吉」者也。上處乎終，健訟爲事，雖榮亦辱，是「終凶」者也。《象》曰：

「以訟受服，亦不足敬也。」虞翻曰：服謂鞶帶。終朝見拕，乾象毁壞，故「不足敬」。　《九家易》曰：初二三四皆不正，以不正相訟，而得其服，故「不足敬也」。

疏 虞注　鞶帶，所以飾服者也，故「服謂鞶帶」。「以訟受服」，終朝見拕，以好訟不足敬也。上變爲兑，兑爲毁折，乾爲敬。乾象毁，故「不足敬」。　《九家》注　初二三四與上，皆不正也，以不正相訟，而上獨受服，何足敬乎？

《序卦》曰：「訟必有衆起，故受之以師。師者，衆也。」崔憬曰：因争必起，衆相攻，故「受之以師」也。**疏** 凡有血氣者，皆有争心，訟與師皆起於有所争，兩造相争，謂之訟，兩國相争，謂之師。師起於訟者，因微而至著也。唐虞之世，兵屬於刑，《魯語》曰：「大刑用甲兵，❶中刑用刀鋸，薄刑用鞭扑」。蓋以訟與師，有同情，故聽訟之後，即次以用師也。

䷆ 坎下坤上

師，貞丈人吉无咎。何晏曰：師者，軍旅之名，故《周禮》云「二千五百人爲師」也。　王弼曰：丈人，嚴莊之稱，有軍正者也。爲師之正，丈人乃吉。興役動衆，无功則罪，故「吉」乃「无咎」。　陸績曰：丈人者，聖人也。帥師未必聖人，若漢高祖、光武，應此義也。　崔憬曰：《子夏傳》作「大人」，並王者之師也。　案此《象》云「師，衆。貞，正也。能以衆正，可以王矣」，故《老子》曰「域中有四大，而王居其一焉」。由是觀之，則知夫爲王者，必大人也，豈以丈人而爲王哉。故《乾·文言》曰「夫大人，與天地合德，與日月合明，先天而天不違，後

❶「魯語」，原作「周語」，今據思賢本及所引文改。

天而奉天時，天且不違，而況於人乎」，況於行師乎。以斯而論，《子夏傳》作「大人」是也。今王氏曲解大人爲丈人，臆云「嚴莊之稱」，學不師古，匪説攸聞。既誤違於《經》旨，輒改正，作「大人」明矣。**疏** 何注 《周禮・地官・小司徒》「五旅爲師，五師爲軍」，故云「師者，軍旅之名」。《夏官・大司馬》「二千五百人爲師」，鄭氏云：「多以軍名，❶次以師名，❷少以旅名。❸師者，舉中之言。」服虔《左氏解誼》説此卦云：「坎爲水，坤爲衆，互體震，❹震爲雷。雷，鼓類，又爲長子，長子帥衆鳴鼓，巡水而行，師之象也。」❺ 王注 「丈人，嚴莊之稱」者，謂丈人爲嚴威莊重之人也。「有軍正」者，貞者，正也，鄭氏云「丈之言長，能御衆，有正人之德」者也。❻故必爲師之正，丈人乃吉也。凡「興役動衆」，必以嚴莊，乃有功勞，否則无功而有罪矣。惟貞故吉，吉則无咎也。 陸注 以「丈人」爲「聖人」者，言丈人有聖人之德者也。唯武王興師伐紂，末年受命，足以當之。後世帥師之長，未必皆聖。唯漢高祖，因陳涉之亂而興衆，光武因王莽之篡而用兵，皆師出有名，動而得正，與《經》義相應，故引以實之也。 崔注 此據《子夏傳》以「丈人」作「大人」，而謂爲「王者之師」。蓋必以「王者」當受命之「大人」，與《彖傳》「可以王矣」之言，乃相符也。 案 李氏據《彖傳》及《道德經》、《乾・文言》，以證《子夏傳》作「大人」爲是，並斥王注作「丈人」爲非，然《經》文顯白，據《傳》輒更有乖傳信傳疑之旨。 愚謂 卦辭之「丈人」，即爻辭之「長子」。《大戴禮・本命》曰「丈者，長也」，互震爲長子，故稱「丈人」，「長」「丈」同稱，又何疑焉。且《論語》「遇丈人」注云「丈人，❼老人也」，《詩・大雅》曰「維師尚父」，《小雅》曰「方叔元老」，蓋古之命帥，多擇老成，故曰「丈人吉」也。

《彖》曰：「師，衆也。貞，正也。能以衆正，可以王矣。 虞翻曰：「坤爲衆」。謂二失位，變之五爲比，故「能以衆正」，乃「可以王矣」。 荀爽曰：謂二有中和之德，而據羣陰，上居五位，「可以王」也。**疏**

❶「軍」下，思賢本有「爲」字。
❷「師」下，思賢本有「爲」字。
❸「旅」下，思賢本有「爲」字。
❹「互」上，思賢本有「又」字。
❺「師」上，思賢本有「行」字。
❻「正」上，思賢本有「幹」字。「者」，思賢本作「是」。
❼「注云」，思賢本作「包注」。

虞注「坤爲衆」，《説卦》文。卦辭曰「貞丈人」，二中而不正爲「失位」，變之五則體比，得中得正，《孟子》曰「征之爲言正也」，以師正天下，故曰「能以衆正，可以王矣」。

荀注 二陰位居中，故「有中和之德」也。「據羣陰」者，謂上下五陰也，陽主升，陰主降，二上居五，則中而且正，故曰「可以王」矣。**剛中而應，行險而順。**蜀才曰：此本剥卦也。案：上九降二，六二升上，是「剛中而應，行險而順」也。疏 一陽之卦自剥來，故云「此本剥卦也」。剥上九降二，六二升上爲師。陽居二爲「剛中」，上與五爲正應，故曰「剛中而應」，坎爲險，震爲行，坤爲順，故曰「行險而順也」。**以此毒天下而民從之，**干寶曰：坎爲險，坤爲順。兵革刑獄，所以險民也。毒民於險中，而得順道者，聖王之所難也。毒，荼苦也。五刑之用，斬刺肌體，六軍之鋒，殘破城邑，皆所荼毒姧凶之人，使服王法者也，故曰「以此毒天下而民從之」。毒以治民，明不獲已而用之，故於《彖》《象》六爻，皆著戒懼之辭也。疏 内坎爲險，外坤爲順。大而兵革，小而刑獄，皆險民之具。毒民於坎險之中，而得坤順之道，聖王猶難之，況其下焉者乎。《詩·邶風》「誰謂荼苦」，傳云「荼，苦菜也」。《大雅》「民之貪亂，❶寧爲荼毒」，注云「苦也」。❷ 故云「毒，荼苦也」。《秋官·司刑》「掌五刑之灋，以麗萬民之罪：墨罪五百，劓罪五百，宫罪五百，刖罪五百，殺罪五百」，此皆肉刑，故云「五刑之用，斬刺肌體」。《詩·大雅》「周王于邁，六師及之」，傳云「天子六軍」，疏云「春秋之時，雖累萬之衆，皆稱師」，《詩》之「六師」，謂六軍之師。《夏官·大司馬》「九伐之法，放弑其君則殘之」，《釋名》「殘，踐也，踐使殘壞也」，故云「六軍之鋒，殘破城邑」。《魯語》曰「大刑用甲兵，❸其次用斧鉞，中刑用刀鋸，其次用鑽笮」，故云「皆所以荼毒姧凶之人，使服王法者也」。馬氏云「毒，治也」，故云「毒以治民」。《老子·道經》曰「兵者，不祥之器，非君子之器，不得已而用之」，故云「明不獲已而用之」也。「故於《彖》《象》六爻，皆著戒懼之辭也」者，所以示止戈爲武，弗戢自焚之意也。 愚案 《天官·醫師》「聚毒藥以供醫事」，鄭彼注云「毒，❹五毒也。藥，五藥也」，《疾醫》「以五味五穀藥養其病」，《瘍醫》「以五毒攻之」。聖人之治天

❶「大雅」，思賢本作「《周語》引《詩》云」。
❷「注云苦也」，思賢本作「韋昭注云『荼，苦也』」。
❸「魯語」，原作「周語」，今據思賢本及所引文改。
❹「鄭彼注云」至下文「五藥也」，思賢本作「『毒』即《瘍醫》五毒也，『藥』即《疾醫》五藥也」。

下，不外禮樂兵刑，世治則以禮樂養之，世亂則以兵刑攻之。是禮樂即五味五穀之屬，兵刑即五毒之屬，皆所以治世者也。馬君訓「毒」爲「治」，義實基此。蓋除暴所以安良，故曰「以此毒天下而民從之」。《吕氏春秋・論兵》曰「若用藥，得良藥則活人，得惡藥則殺人。義兵之爲天下良藥也，亦大矣」，即此義也。吉又何咎矣。」崔憬曰：剛能進義，中能正衆，既順且應，行險戡暴。亭毒天下，人皆歸往，而以爲王，「吉又何咎矣」。疏二陽爻，故云「剛能進義」。得位，故云「中能正衆」。上應坤五，故云「既順且應」。内坎，故云「行險戡暴」。外坤，故云「亭毒天下」。老子《道德經》「亭之毒之」，注「亭以品其形，毒以成其質」。毒，徒篤反，今作「育」。亭毒者，化育之意也。蓋以坤有「萬物致養」之義，故以「亭毒」言之。莊三年《穀梁傳》曰「其曰王者，民之所歸往也」，故云「人皆歸往而爲王」，❶吉又何咎矣。」

《象》曰：「地中有水，師。陸績曰：坎在坤内，故曰「地中有水」。「師，衆也」。坤中衆者，莫過於水。疏坎爲水，坤爲地，坎之一陽，本在坤中，又居坤内，是「地中有水」之象也。「師，衆也」，《彖傳》文。《説卦》曰「坤爲衆」。《晉語》曰「坎，水也，衆也」，是坎亦爲衆也。《玄中記》曰「天下之多者水焉，浮天載地，高下無不至，萬物無不潤」，故云「坤中衆者，莫過於水。」　愚案　坤之衆，以散爲衆者也。水之衆，以聚爲衆者也。水聚於地中而爲衆，猶兵聚於民中而爲師，此「地中有水」，所以取象於「師」也。君子以容民畜衆。」虞翻曰：君子謂二。「容，寬也」。坤爲民衆，又畜養也。陽在二，「寬以居之」，五變「執言」時，有頤養象，故「以容民畜衆」矣。疏「君子謂二」者，以二陽爲卦主也。「容，寬也」，《洪範五行傳》文。「坤爲民衆」者，《説卦》曰「坤爲衆」，虞彼注云「物三稱羣，陰爲民，三陰相隨，故爲衆」，即「爲民衆」之義也。「又畜養也」者，《詩・日月》曰「畜我不卒」，鄭箋「畜，養也」。❷《説卦》曰「坤也者，地也，萬物皆致養焉」，故坤又爲「畜養也」。「陽在二，寬以居之」者，謂乾九二也，坎之二自乾來，故「容」訓爲「寬」，與乾二同物也。「五變執言時，有頤象」者，五已變，二至五，有頤象，《序卦》曰「頤者，養也」是也。❸「故以容民畜衆矣」者，坤雖有畜象，既爲

❶「而」下，思賢本有「以」字。
❷「鄭箋」，原作「毛傳」，今據思賢本改。
❸「序卦」，原作「説卦」，今據所引文改。

民衆，不得又取養，故「容畜」有取於五體頤，以「頤」有「養」義也。　愚案　全體爲坤，二變坎爲師。坤廣故「容」，養故「畜」。外坤陰爲民，内坎水爲衆，故爲「師」。民則寬以養之，衆則聚以畜之。《周禮・地官》「大司徒之職以保息六養萬民，以本俗六安萬民」，是「容民」也。「小司徒之職，乃會萬民之卒伍而用之，五人爲伍，五伍爲兩，四兩爲卒，❶五卒爲旅，五旅爲師，五師爲軍」，是「畜衆」也，而皆屬《地官》者，以坤爲地也。又《春官・大宗伯》「以軍禮同邦國，大師之禮用衆也，大均之禮恤衆也，大田之禮簡衆也，大役之禮任衆也，大封之禮合衆也」，故知「衆」即爲「師」，而「用衆」、「恤衆」、「簡衆」、「任衆」、「合衆」者，即「畜衆」之義也。

初六，師出以律，否臧凶。《象》曰：「師出以律，失律凶也。」案：初六以陰居陽，履失其位，位既匪正，雖令不從，以斯行師，失律者也。凡首率師，出必以律，若不以律，雖臧亦凶，故曰「師出以律，失律凶也」。　《九家易》曰：坎爲法律也。　疏案　陰居陽位非正，雖有號令，衆必不從，是「行師而失律者也」。初居師首，承二互震爲出，言「師出以律」，則慎終於始，何凶之有。今陰柔失位，不能以律則爲否，否則雖臧亦凶。《象》言「失律」，謂失位也。《釋詁》「臧，善也」。宣十二年《左傳》説此爻云「執事順成爲臧，逆爲否」。初失位，故「否臧凶」也。　《九家》注　《九家・説卦》曰「坎爲律」，故云「坎爲法律也」。古者律度量衡之法，皆起於黄鍾之九寸，黄鍾，坎位也，《釋言》曰「坎，律銓也」，然則以坎爲律者，樂律也，非法律也。《周禮・太師》「執同律，以聽軍聲，而詔吉凶」，又「若師有功，則左執律，右秉鉞，以先愷樂」，❷是古者出師，皆執律以從。《左傳》稱師曠知《南風》之不競，《吴越春秋》載大夫臯如之言曰「審聲則可以戰」，皆其遺法。逮後《史記・律書》，獨拳拳於兵械，而《索隱》即援《易》文「師出以律」釋之，得其旨矣。《律書》曰「六律爲萬事根本，❸其於兵械，尤所重焉」，❹故云「望敵知吉凶，聞聲効勝負，百王不易之道也」。武王伐紂，吹

❶「四」，原作「五」，今據思賢本及所引文改。
❷「又」下，思賢本有「大司馬」三字。「以先愷樂」下，思賢本有「獻于社」三字。
❸「本」下，思賢本有「焉」字。
❹「焉」，思賢本無此字。

律聽聲，推孟春以至於季冬，殺氣相并，而音尚宮，同聲相從，物之自然也」，又《兵書》云「太師吹律，合商則戰勝，❶軍士强。角則軍擾，多變失志。❷宮則軍和，士卒同心。徵則將急數怒，軍士勞。羽則兵弱少威」，此皆「師出以律」之明證也。❸

九二，在師中，吉无咎，王三錫命。

《象》曰：「在師中吉，承天寵也。」《九家易》曰：雖當爲王，尚在師中，爲天所寵，事克功成，故「吉无咎」。二非其位，蓋謂武王受命而未即位也。受命爲王，定天下以師，故曰「在師中，吉」。疏 陽主升，二升於五，雖當爲王，然居坎中，是「尚在師中」也。二有剛中之德，是以「爲天所寵」也。事克功成，故「吉无咎」也。陽當升五，處二非位，故以「武王受命而未即位」當之。及受命爲王，壹戎衣而天下大定，是「在師中，吉」之象也。 愚案 卦以羣陰統於二陽，剛有將才，故「吉」，中有將德，故「无咎」，將在師中之象也。師通同人，同人乾爲王，巽爲命，离爲三，故有「王三錫命」之象。 王三錫命，懷萬邦也。」荀爽曰：王謂二也。三者，陽德成也。德純道盛，故能上居王位，而行錫命，羣陰歸之，故曰「王三錫命，懷萬邦也」。 案：二互體震，震木數三，「王三錫命」之象。《周禮》云「一命受職，再命受服，三命受位」，是其義也。

疏 荀注 二當升五，故「王謂二也」。《春秋元命包》曰「陽成於三」，故云「三者，陽德成也」。「德純道盛」，謂有中和之德也。上居王位而行錫命，故曰「王三錫命」。坤土爲邦，坤衆爲萬，坎心爲懷，羣陰歸之，故曰「懷萬邦也」。《乾鑿度》説此爻云「師者，衆也。言有盛德，行中和順民心，天下歸往之，莫不美命爲王也。行師以除民害，賜命以長世，德之盛」，是其義也。 案 二陽互震，震，東方木也，「天三生木」，木數爲三，故曰「三錫」。《周禮·春官·大宗伯》「以九儀之命，正邦國之位：壹命受職，再命受服，三命受位」，鄭注「王之下士與公侯伯之士、子男之大夫，❹皆一命受職，謂始受職事。王之中士與公侯伯之大夫、子男之卿，皆再命受服，謂玄冕之服。王之上士與公侯伯之卿，皆三命受位，謂王朝之位」，此「王三錫命」之

❶「合」下，思賢本有「音」字。
❷「失志」，思賢本作「失士心」。
❸「此」上，思賢本有「明」字。
❹「鄭注」，思賢本作「後鄭之意以」。

義也。　愚案　旁通同人，同人乾爲天，承天命而在師中，故曰「承天寵也」。全體坤，坤爲萬邦，以衆正，而受錫命，故曰「懷萬邦也」。

六三，師或輿尸，凶。　虞翻曰：坤爲尸，坎爲車多眚，同人「离爲戈兵」，爲折首，失位乘剛无應，尸在車上，故「輿尸，凶」矣。疏 坤形爲身，滅乙爲喪，身喪故「爲尸」。「坎爲車多眚」，本《説卦》文。旁通同人，「离爲戈兵」，《説卦》文。又曰「离爲折上槁」，《离》上九曰「有嘉折首」，故「爲折首」。三陰爲「失位」，履陽爲「乘剛」，上陰爲「无應」。坤尸在坎車之上，故爲「輿尸，凶」也。《象》曰：「師或輿尸，大无功也。」盧氏曰：失位乘剛，内外无應，以此帥師必大敗，故有「輿尸」之凶，功業大喪也。疏 失位乘剛，又内外无應。三无上應，則爲小人。三喪五功，則爲弟子。以小人而用師，師必大敗。以弟子而從師，師必「輿尸」。「五多功」，「三多凶」，三失位乘剛无應，而五「使不當」，功業大喪，故「大无功也」。

六四，師左次，无咎。　荀爽曰：左謂二也，陽稱左。次，舍也。「二與四同功」，四承五，五无陽，故呼二舍於五，四得承之，故「无咎」。疏「左謂二也」者，二爲陽也。「陽稱左」者，震初陽爲春爲木，《管子》曰「春生於左，秋殺於右」，董子曰「木居左，金居右」，故「陽稱左」也。莊三年《左傳》「凡師一宿爲舍，再宿爲信，過信爲次」，「次」雖多日，亦是「舍」義，故云「次，舍也」。「二與四同功」，《繫下》文，四近承五，五虚无陽，四呼二陽上舍於五，故曰「師左次」。二既升五，四順承之，以陰承陽，故无咎。

案　行軍以右爲前，以左爲後，初在後，四與同志，故有「左次」之象。《象》曰：「左次无咎，未失常也。」崔憬曰：偏將軍居左，左次常備師也。師順用柔，與險无應，進取不可，次舍无咎，得位故也。疏《少儀》曰「軍尚左」，故古者「偏將軍居左」。「師左次」者，常備不虞也。「師順用柔」者，四居坤初也。「與險无應」者，與坎初无正應也。「進取不可」者，以己柔順，才難克敵，而又无正應，故不敢輕進也。「次舍无咎，得位故也」者，陰居四爲「得位」，次舍於左，觀變以爲進退，故「无咎」也。

案　震世守爲常，故曰「未失常也」。

六五，田有禽，利執言，无咎。　虞翻曰：田謂二，陽稱禽。震爲言，五失位，變之正，艮爲執，故「利執言，无咎」。　荀爽曰：田，獵也。謂二帥師禽五，五利度二之命，執行其言，故「无咎」也。　案：六五居尊失位，在師之時，蓋由殷紂而被武王禽於鹿臺之類是也。以臣伐君，假言田獵。六五离爻體坤，离爲戈兵，田獵行師之象也。疏虞注　二自乾來，《乾》九二「見龍在田」，故「田謂二」。「陽稱禽」者，「本乎天者親上」也。互震聲爲言，五陰失位，變而爲陽，互艮手爲執，故曰「利執言」。變得正，故「无咎」。「執言」者，即《詩》云「執訊」也。　荀注　坤爲田。「田獵」者，爲田除害，獵之言獲也。二與五應，二當升五，故二欲獲五，五當降二，故「利度二之命，執行其言」。所執之「言」，即王與大君之「命」。在上謂之「命」，在下謂之「言」，尊卑之義也。二執五言，故「无咎」。

案　五位尊，六失正，殷紂在上之象，二陽得中，武王在師之象，故「猶殷紂而被武王禽於鹿臺之類也」。「以臣伐君」，其辭不順，故「假言田獲」。六五离之中爻，全體則坤也。以离之兵戈，田於坤中，故云「田獵行師之象也」。

長子帥師，虞翻曰：長子謂二，震爲長子。在師中，故「帥師」也。疏「長子謂二」者，以二互震也。震長子主器，故「震爲長子」。二曰「在師中」，是「帥師」者，長子也。

弟子輿尸，貞凶。虞翻曰：弟子謂三，三體坎，坎，震之弟，而乾之子。失位乘陽，逆故「貞凶」。疏「弟子謂三」者，以三體本坎也。《説卦》曰「震一索而得男，謂之長男。坎再索而得男，謂之中男」，皆得乾之一陽，故「坎爲震之弟，而乾之子」也。三失陰位，又乘陽爻，爲逆，故「貞凶」。「輿尸」言「貞」，明三之同人折首也。　愚案　坤爲地，故稱「田」。田，田獵也。坎爲弓，故稱「禽」。禽，禽獲也。僖卅三年《左傳》「外僕髡屯禽之以獻」，「禽」與「擒」通，戰勝執獲之意。「田有禽」者，即《詩·小雅》「獲醜」也。變艮手爲執，互震聲爲言。「利執言」者，即《詩·小雅》「執訊」也。六雖失位，五則得中，下應於二，受命徂征，有執訊獲醜之功，所以无咎。然五與二爲正應，故震爲「長子帥師」則吉，「五多功」，「三多凶」，故坎爲「弟子輿尸」則凶也。蓋二剛而得中，有御衆之才，三柔而失位，无撫軍之德，言擇將不可不慎，而事權不可不一也。

《象》曰：「長子帥師，以中行也。荀爽曰：長子謂九二也。五處中應二，二受任帥師，當上升五，故曰「長子帥師，以中行也」。疏「長子」謂九二震也。五得中，而與二爲正應，二受五命帥師，陽當升五，震又爲行，故曰「長子帥師，以中行也」。

弟子輿尸，使不當也。」宋衷

曰：弟子謂六三也。失位乘陽，處非所據，衆不聽從，師人分北，或敗績死亡，輿尸而還，故曰「弟子輿尸」，謂使不當其職也。疏「弟子謂六三」者，三在坎也。三失正位，下乘二陽，處非所據，不能統領羣陰，故坤衆皆不聽命，以致師人分北敗績死亡，而有輿尸之凶。然弟子輿尸，咎在六三，而使不當職，則凶在六五也。

上六，大君有命，虞翻曰：同人乾爲大君，巽爲有命。　干寶曰：大君，聖人也。有命，天命也。五常爲王位，至師之家，而變其例者，上爲郊也，故易位，以見武王親征，與師人同處于野也。《离》上九曰「王用出征，有嘉折首」。上六爲宗廟，武王以文王行，故正開國之辭於宗廟之爻。明己之受命，文王之德也，故《書・泰誓》曰：「予克紂，非予武，惟朕文考无罪。紂克予，非朕文考有罪，惟予小子无良。」開國，封諸侯也。承家，立都邑也。小人勿用，非所能也。❶ 疏虞注　旁通同人。「乾以君之」，故「爲大君」。巽以「申命行事」，故「爲有命」。干注　《乾鑿度》曰「大君者，君人之盛者也」，孟喜曰「大君者，興盛行異者也」，故云「大君，聖人也」。上於三才爲天位，故云「有命，有天命也」。五爲天子，故云「五常爲王位」，今上稱「大君」，故云「至師之家，而變其例」也。《爾雅》「邑外謂之郊」，上在外卦之外，故云「上爲郊也」。「大君」在五，易稱上六，以上在郊外，故云「易位，以見武王親征，與師人同處於野外也」。復引离上九爻辭者，以稱「王」可以明「大君」，「出征」可以明王在郊野之象也。「上六爲宗廟」，《乾鑿度》義也。《史記・周本紀》「武王觀兵，至于盟津，❷爲文王木主，載以車中，❸言奉文王以伐，不敢自專」，故云「武王以文王行」。《書・泰誓》上篇曰「予小子夙夜祗懼，受命文考」，故云「正開國之辭於宗廟之爻」。又以「明己之受命」，皆「文王之德」，故復引《泰誓》下篇文，以證之也。《春官・大宗伯》「五命賜則，六命賜官，七命賜國」，皆封諸侯之事，故云「開國，封諸侯也」。《地官・載師》「以家邑之田任稍地，以小都之田任縣地，以大都之田任畺地」，注謂「家邑之田，❹謂大夫采邑。小

❶「也」，思賢本作「矣」。
❷「盟」，草堂本作「孟」。
❸「載以車中」，思賢本作「載以車中軍，武王自稱太子發」。
❹「家邑之田」至下文「弟之采邑」，思賢本作「家邑，大夫之采地。小都，卿之采地。大都，公之采地，王子弟所食邑也」。

都，卿之采邑。大都，公及王親子弟之采邑」，故云「承家，立都邑也」。「小人勿用」者，謂「開國承家」，非小人所能也。**開國承家，**虞翻曰：承，受也。坤爲國，二稱家。謂變乾爲坤，欲令二上居五爲比，故「開國承家」。荀爽曰：「大君」謂二。師旅已息，既上居五，當封賞有功，立國命家也。開國，封諸侯。承家，立大夫也。宋衷曰：陽當之五，處坤之中，故曰「開國」。陰下之二，在二承五，故曰「承家」。開國謂析土地以封諸侯，如武王封周公七百里地也。承家，立大夫爲差次，立大夫因采地名。正其功勳，行其賞禄。**疏**虞注《禮運》「是謂承天之祜」，疏云「受天之祜」，「承」訓「受」，義同此也。坤土，故「爲國」。二爲大夫，故「稱家」。同人通師，故「謂變乾爲坤」。二失位升五，得中得正，故云「欲令二上居五爲比」。《比·象》曰「建萬國，親諸侯」，故曰「開國承家」。荀注　二升五爲君，故「大君謂二」。上處師終，故「師旅已息」。二既上居於五，當封賞行師有功之人，大者開國，其次承家。「開國」則封諸侯，「承家」則立大夫。宋注　五坤爲國。二陽上之五，處坤之中，故曰「開國」。二位大夫稱「家」。五陰下之二，二上承五，故曰「承家」。《書·武成》「列爵惟五，分土惟三」，故「開國謂析土地以封諸侯」。《禮·明堂位》「成王封周公於曲阜，地方七百里」，故云「如武王封周公七百里地也」。《皋陶謨》「夙夜浚明有家」，注謂「以爲大夫」，❶《王制》「諸侯之上大夫、卿，下大夫五人」，故云「承家，立大夫爲差次」。《禮運》「大夫有采，以處其子孫」，故云「立大夫因采地名」。《夏官·司士》「以功詔禄」，故云「正其功勳，行其賞禄」。**小人勿用。**虞翻曰：陰稱小人。坤虚无君，體「迷復凶」，坤成乾滅，以弑君，故「小人勿用」。**疏**六陰，故「稱小人」。坤无陽，故「坤虚无君」。自二至上體復，《復》上六曰「迷復凶，有災眚。用行師，終有大敗，以其國君凶」，虞彼注云「三復位時，體師象。坤爲死喪，坎流血，故『終有大敗』。姤乾爲君，❷滅藏於坤，故『國君凶』矣」，《象》曰「反君道也」，故「小人勿用」。　愚案　五爲侯國之君，二爲其臣，上爲天王，故曰「大君」。如《詩·魯頌》言「明

❶「注謂以爲大夫」，思賢本作「孔傳『卿大夫稱家』」。

❷「姤」，原作「始」，今據草堂本、思賢本及虞翻復上六注改。

明魯侯」，是六五也。「矯矯虎臣」，是九二也。「王曰叔父，建爾元子」，是上六也。又《乾鑿度》曰「上爲宗廟」，師伏同人，乾君伏於坤陰，以陰居陰，是「大君」有先王之象，故云「宗廟」。伏巽爲命，故曰「大君有命」。「開國」謂五，陰得中，「執訊獲醜」也。「承家」謂二，陽得中，「長子帥師」也。「小人」謂三，以陰柔失位，「弟子輿尸」也。三與上應，上體「迷復」，易爲所引，坤爲用，變艮爲止，故曰「小人勿用」。且「開國承家」，是「用命賞于祖」。「小人勿用」，是「不用命戮于社」，而總示其義於宗廟爻云。《象》曰：「大君有命，以正功也。」虞翻曰：謂「五多功」。五動正位，故「正功也」。干寶曰：湯武之事。

疏 虞注　「五多功」，《繫下》文。五動成陽得正，故曰「正功」。　愚案　三陰失位，故无功。上陰得正，故「正功」。　干注　湯武皆以征誅，而有天下，故云「湯武之事」。如《詩·商頌》「帝命武湯，❶正域彼四方」，是湯之事也。《周頌》「嗣武受之，勝殷遏劉，耆定爾功」，是武之事也。

小人勿用，必亂邦也。」虞翻曰：坤反君道，故「亂邦也」。干寶曰：楚靈、齊閔，窮兵之禍也。

疏 虞注　《復》上六《象》曰「迷復之凶，反君道也」，故曰「亂邦」。　干注　昭十二年《左傳》「楚子使蕩侯、❷潘子、司馬督、囂尹午、陵尹喜帥師圍徐，以懼吳。次于乾谿，以爲之援」，十三年「楚公子比、公子黑肱、公子棄疾、蔓成然、蔡朝吳帥陳、❸蔡、不羹、許、葉之師，因四族之徒，以入楚。公子棄疾爲司馬，先除王宫。使觀從從師于乾谿，❹而遂告之。師及訾梁而潰。夏五月癸亥，王縊于芋尹申亥氏」，此楚靈王窮兵之禍也。《戰國策·齊策》「負郭之民有孤狐喧者，❺正議閔王，斮之檀衢，百姓不附。齊孫室子陳舉直言，殺之東閭，宗室离心。司馬穰苴，爲政者也，殺之，大臣不親。以故燕舉兵，使昌國君將而擊之，齊使向子將而應之。齊軍破，王奔呂，❻淖齒數之，於

❶「帝」上，思賢本有「古」字。
❷「二」，原作「三」，今據思賢本及所引文改。
❸「蔡」，原脱，今據草堂本、思賢本及所引文補。
❹「觀」下，原衍「起」字，今據草堂本、思賢本及所引昭十三年《左傳》文删。
❺「喧」，草堂本、思賢本皆作「咺」。
❻「呂」，思賢本作「莒」。

是殺閔王於鼓里」，此齊閔王窮兵之禍也。　愚案　五用二，故多功。「正功」者，正二五之功也。坤爲邦。亂坤邦者三，故勿用以防亂也。

壻毛秀松益軒校

周易集解纂疏卷五

周易集解纂疏卷六

唐李鼎祚集解　安陸李道平遵王纂疏

《序卦》曰：「衆必有所比，故受之以比。比者，比也。」崔憬曰「方以類聚，物以羣分」，人衆，則羣類必有所比矣。上比相阿黨，下比相和親也，相黨則相親，故言「比者，比也」。**疏**「方以類聚，物以羣分」，《繫上》文。《九家》彼注「方以類聚」，「謂姤卦，陽爻聚於午也」，「物以羣分」，「謂復卦，陰爻羣於子也」。坤爲衆，比以一陽居五，而羣陰有所比附，故云「人衆，則羣類必有所比矣」。「上比」云者，「比者」之「比」也。《論語》「君子周而不比」，孔注「忠信爲周，❶阿黨爲比」，故云「上比相阿黨」。「下比」云者，「比也」之「比」也。《春官・筮人》「六曰巫比」，鄭注「比謂筮與民和比也」，《夏官・形方氏》「大國比小國」，注云「比猶親也」，故云「下比相和親」。惟其相黨，是以相親，故曰「比者，比也」。

䷇坤下坎上

比，吉。虞翻曰：師二上之五，得位，衆陰順從，比而輔之，故「吉」。與大有旁通。《子夏傳》曰：地得水而柔，水得土而流，比之象也。夫凶者，生乎乖争，今既親比，故云「比，吉」也。**疏**虞注　師二失位，上居九五爲「得位」。坤陰爲衆、爲順，《彖傳》曰「下順從也」，故云「衆陰順從」也。又曰「比，輔也」，故云「比而輔之」。以五陰比一陽爲比，以五陰順一陽，故「吉」也。比伏大有，故「與大有旁通」。　《子夏傳》　地本柔也，得水而始柔，不得水則失之燥矣。水本流也，得地而始流，不得地則无所附矣。地本親下，「水曰潤下」，故云「比之象也」。乖争則凶，親比則吉，故曰「比，吉也」。原筮元永貞，无咎，不寧方來，後夫凶。干寶曰：比者，坤之歸魂也，亦世於七月，而息來在巳，去陰居陽，承乾之命，義與師同也。原，卜也，《周禮》三卜，一曰「原兆」。坤德變化，反歸

❶「孔注」，原作「鄭注」，今據思賢本改。

其所，四方既同，萬國既親，故曰「比，吉」。考之蓍龜，以謀王業，「大相東土，卜惟洛食」，遂乃「定鼎郟鄏，卜世三十，卜年七百」，德善長於兆民，戩禄永於被業，故曰「原筮元永貞」。逆取順守，居安如危，故曰「无咎」。天下歸德，不唯一方，故曰「不寧方來」。後服之夫，違天失人，必災其身，故曰「後夫凶」也。**疏** 坤變至五，遊魂於四，❶歸魂於三，成比，故云「坤之歸魂也」。坤宫泰世在三，比歸魂亦世在三，三世卦陰主七月，三陰在申也，故云「亦世於七月」。「而息來在巳」者，比於消息爲四月卦。申爲陰，巳爲陽，故云「去陰居陽，承乾之命」。乾用事四月，師亦四月，故云「義與師同也」。《周禮·太卜》「掌三兆之灋，一曰玉兆，二曰瓦兆，三曰原兆」，「原」訓爲「卜」，舉「原兆」以該「玉兆」、「瓦兆」也。由坤至比，八變而反歸其所，坤爲方，故云「四方既同」。又爲國，故云「萬國既親」。同而且親，故曰「比，吉」也。《書·洪範》曰「謀及卜筮，龜從筮從」，故云「考之蓍龜，以謀王業」。《洛誥》曰「大相東土。我乃卜澗水東，瀍水西，惟洛食。我又卜瀍水東，亦惟洛食」，故云「大相東土，卜惟洛食」。❷「定鼎郟鄏，卜世三十，卜年七百」，宣三年《左傳》文。引三書者，釋「原筮」也。「德善長於兆民」者，釋「元」也。「戩禄永於被業」，釋「永貞」也，故曰「原筮元永貞」。「逆取順守」者，周以征誅取天下，而以忠厚守之也。「居安如危」者，安不忘危，所以長守貴也，故曰「无咎」。《武成》曰「大賚于四海，而萬姓悦服」，是「天下歸德，不唯一方」也，故曰「不寧方來」。《史記·衛世家》「武王既已克殷，❸以殷餘民封紂子武庚禄父，乃令其弟管叔、蔡叔傅相武庚，以和其民。管叔、蔡叔乃與武庚作亂。周公以成王命，興師伐殷，殺武庚，管叔，放蔡叔」，是「後服之夫，違天失人，必災其身」也，故曰「後夫凶」。 愚案 《爾雅·釋言》「原，再也」。互艮爲手，師震爲草，以手持草，有「筮」象焉。《蒙》之「初筮」謂初，《比》之「再筮」謂二。謂二者，師二之五成比也。五陽乾元，故曰「元」。全體坤，《坤》「利永貞」，故曰「永」。五得正，故曰「正」。❹《萃》九五亦曰「元永貞」，以萃與比同體，而四未變也。虞彼注云「四變之正，則五體皆正，故『元永貞』」，與《比·象》同義」也。貞，故「无咎」。五，比之

❶ 「四」，原作「二」，今據京氏八宫「遊魂于四」改。
❷ 「卜」，原作「亦」，今據思賢本及所引干寶注改。
❸ 「衛世家」下，思賢本有「曰」字。
❹ 「正」，草堂本作「貞」。

主也，坎勞卦，故「不寧」。坤爲方，故「方來」，猶《詩》所謂「幹不庭方」也。以一陽動於上，而坤陰在下應之，故曰「不寧方來」，來則比矣。五陽爲夫，上在五後爲「後夫」。坤方咸來，而上處艮背，又无正應，是不比者也，故不吉而凶。

《象》曰：「比，吉也。比，輔也，下順從也。崔憬曰：下比於上，是下順也。**疏**「比，吉也」，人相親比則吉也。《釋詁》「比，俌也」，郭注「俌猶輔」，僖五年《左傳》「輔車相依」，故曰「比，輔也」。坤爲順，坤在下，而比於上，是下順從於上也。《詩·大雅》「王此大邦，克順克比」，是其義也。**原筮元永貞无咎，以剛中也。**蜀才曰：此本師卦也。　案　六五降二，九二升五，剛往得中，爲比之主，故能原究筮道，以求長正，而「无咎」矣。**疏**比五自師來，故云「此本師卦也」。師五降二，二升居五，是剛往於上，而得中且得正，爲比之主，所以「原筮元永貞而无咎」也。「原」作「原究」，又一義也。**不寧方來，上下應也。**虞翻曰：水性流動，故「不寧」。坤陰爲方，上下應之，故「方來」也。**疏**坎爲水，勞卦也，故「水性流動」。「不寧」者，陰初從陽，當惕厲以待其定也。「坤陰爲方」者，《九家·説卦》「坤爲方」是也。「上下應之」者，師二升五時，三四在上，初在下，四陰皆應，故「上下應也」。「故方來」者，四方來同是也。**後夫凶，**虞翻曰：後謂上，夫謂五也。坎爲後，艮爲背，上位在背後，无應乘陽，故「後夫凶」也。**疏**上居終，故「後謂上」。五體陽，故「夫謂五也」。《曲禮》「前朱雀而後玄武」，玄武者，北方七宿，即《渾天賦》所謂「北宮則靈龜潛匿」是也。坎位正北，故「爲後」。五互艮，故「爲背」。上居艮背之後，内无正應，下乘五陽，近不相比，故「後夫凶也」。**其道窮也。」**荀爽曰：後夫謂上六。逆禮乘陽，不比聖王，其義當誅，故其道窮凶也。**疏**「後夫謂上六」者，謂六在五後也。「逆禮乘陽」者，在上逆乘五剛也。「不比聖王」者，不與下四陰順從於五也。「其義當誅」者，《魯語》「仲尼曰『昔禹致羣神於會稽之山，防風氏後至，禹殺而戮之』」，《夏官·大司馬》「建太常，比軍衆，誅後至者」是也。「故其道窮凶也」者，三爲「匪人」，无正應也。

《象》曰：「地上有水，比。何晏曰：水性潤下，今在地上，更相浸潤，比之義也。疏《洪範》「水曰潤下」，水有順下之性，今行於地上，漸相浸潤，雨以潤之，即坤以藏之，比之象也。**先王以建萬國，親諸侯。**」虞翻曰：先王謂五。初陽已復，震爲建、爲諸侯，坤爲萬國、爲腹，坎爲心，腹心親比，故「以建萬國，親諸侯」。《詩》曰「公侯腹心」，是其義也。疏五爲天子，乾滅坤中，故曰「先王」。比之一陽自復來，故云「初陽已復」。初剛難拔，故云「震爲建」。震長子主器，故「爲諸侯」。地有九州，故「坤爲萬國」。《説卦》謂「坤爲腹」，「坎爲心」。心在上，腹在下，是「腹心親比」之象。故曰「先王以建萬國，親諸侯」。「公侯腹心」，《詩·周南》文，合坎心坤腹之義，故引以明諸侯親比之意。案 比於消息爲四月，九卿值月之卦，内爲卿，即外爲侯也。建國親侯在四月者，《明堂·月令》曰「立夏之日，天子親帥三公、九卿、大夫，以迎夏於南郊。還反，賞封諸侯」，❶《白虎通》曰「封諸侯以夏何？陽氣盛養，故封諸侯，盛養賢也」，襄二十六年《左傳》曰「賞以春夏」，是慶賞封建，皆在於夏。故建國親侯，有取於比也。

初六，有孚比之，无咎。虞翻曰：孚謂五。初失位，變來得正，故「无咎」也。荀爽曰：初在應外，以喻殊俗。聖王之信，光被四表，絶域殊俗，皆來親比，故「无咎」也。疏虞注「孚謂五」者，坎爲孚也。「初失位」者，陰居陽也。比與大有旁通，消息之卦，五下初息大有，故云「變來得正」。得正，故「无咎也」。荀注 二與五爲正應，故曰「比之自内」。初在二下，故云「初在應外」。初遠於五，故「以喻殊俗」也。「光被四表」，《書·堯典》文。《禮·聘義》曰「孚尹旁達，信也」，故云「聖王之信，光被四表」也。《中庸》曰「凡有血氣者，莫不尊親」，故云「絶域殊俗，皆來親比」也。在比之初，信以相與，故「无咎也」。**有孚盈缶，終來有它，吉。**虞翻曰：坤器爲缶，坎水流坤，初動成屯。「屯者，盈也」，故「盈缶」。終變得正，故「終來有它，吉」，在内稱「來」也。疏《繫上》曰「形乃謂之器」，又曰「形而下者謂之器」，皆謂坤在地成形也，故知坤爲器。《考工記》「範土以爲器」，❷坤爲土，缶，土器也，且坤腹有容，其象爲缶，故云「坤器爲缶」。坎水

❶「賞」上，思賢本有「行」字。
❷「範」，思賢本作「凝」。

在上，流於坤土，初動成陽，其體爲屯，《序卦》曰「屯者，盈也」，故曰「盈缶」。變陽得正，故「終來有它，吉」。自外來内，故云「在内稱來也」。比卦五陰，皆以比五爲吉凶，獨初則五來比之，變正爲「前禽」，故「有它吉」。《象》曰：

「比之初六，有它吉也。」荀爽曰：缶者應内，以喻中國。孚既盈滿中國，終來及初，非應，故曰「它」也。《象》云「有它吉」者，謂信及非應，然後吉也。**疏**「應内」謂二，「比之自内」也。坤土爲國，「缶」爲土器，故「以喻中國」也。九五之信，既已及二，盈滿中國，初六在二外，不與五應，而五之誠信，足以及乎殊俗，故云「終來及初」。莊廿七年《穀梁傳》「來者，接内也」，五來初，故稱「終來」。初正應四，而遠應五，❶故云「非應」。《子夏傳》「非應稱它」是也。《後漢書・魯恭傳》「和帝初立，議遣車騎將軍竇憲擊匈奴。恭上疏諫曰『人道乂於下，則陰陽和於上，祥風時雨，覆被遠方，夷狄重譯而至矣。《易》曰「有孚盈缶，終來有它，吉」，言甘雨滿我之缶，誠來有它而吉矣』」，故云「信及非應，然後吉也」。

六二，比之自内，貞吉。干寶曰：二在坤中，坤，國之象也，得位應五，而體寬大，君樂民人自得之象也，故曰「比之自内，貞吉」矣。**疏**二在坤中，「内」也。坤爲地，故云「國之象也」。陰得位，正應五。坤二納乙巳，巳主西方，《翼奉傳》曰「西方之情喜也，喜行寬大」，故云「而體寬大」。坤爲民，位在中，中和化應，故「民人自得」。《雜卦》曰「比樂」，是比有樂象，故「君樂民人自得之象也」。自二應五，故「比之自内」。得正，故「貞吉」也。

《象》曰：「比之自内，不自失也。」崔憬曰：自内而比，不失己親也。**疏**自内而比於五，不失己可親之人也。《論語》曰「因不失其親，亦可宗也」，是其義也。又二比自内，得中得正，内不失己者也。坤身爲自，故曰「不自失也」。

六三，比之匪人。虞翻曰：匪，非也。失位无應，三又多凶，體剥傷象，弑父弑君，故曰「匪人」。**疏**「匪」「非」古今字。三陰失位，上无正應。《繫下》曰「三多凶」，故云「三又多凶」。初至五體剥，「剥者，傷也」，故云「體剥傷象」也。此與否六三同義，故二卦皆曰「匪人」。虞彼注云「謂三，比坤滅乾，以臣弑其君，以子弑其父，故

❶「應」，思賢本作「於」。

云『匪人』」，與此同義也。《象》曰：「比之匪人，不亦傷乎。」干寶曰：六三乙卯，坤之鬼吏，在比之家，有土之君也。周爲木德，卯爲木辰，同姓之國也。爻失其位，辰體陰賊，管蔡之象也。《比》「建萬國」，唯去此人，故曰「比之匪人」，不亦傷王政也。疏 坤六三納乙卯，木干也。比者，坤宫歸魂卦，坤爲土，土以木爲官，木尅土，故云「坤之鬼吏」。此《火珠林》法也。鬼吏，故稱「匪人」。坤爲土，坤在比家，故爲「有土之君」。《家語》「周以木德王」，故云「周爲木德」。孟康云「木生於亥，盛於卯」，故云「卯爲木辰」。木德木辰，故云「同姓之國」。三陰失位，故云「爻失其位」。卯主東方，《翼奉傳》曰「東方之情怒也，怒行陰賊」，孟康云「木氣受水氣而生，❶貫地而生，❷以陰氣賊害土，故云「陰賊」。木辰之體，爲坤陰賊，故云「管蔡之象也」。《比》「建萬國」，而有同姓匪人，以傷王政，必去其人，然後无弑父弑君之憂矣，否則傷之者至矣，故曰「比之匪人，不亦傷乎」。

六四，外比之，貞吉。虞翻曰：在外體，故稱「外」。得位比賢，故「貞吉」也。疏 四在外體，故「稱外」。四應初而承乎五，舍初比五，故曰「外比」。陰得正位，外比五賢，故曰「貞吉」也。《象》曰：「外比于賢，以從上也。」干寶曰：四爲三公，在比之家，而得其位，上比聖主，下御列國，方伯之象也。能外親九服賢德之君，務宣上志，綏萬邦也，故曰「外比於賢，以從上也」。疏 四爲三公，四近五也。四在比家，而得三公之位。「上比聖主」，謂乾五也。「下御列國」，謂坤三爻也。以三公而得正位，故爲「方伯之象」。能外親九服賢德之君，故曰「外比於賢」。「宣上志」，謂五坎爲志也。「綏萬邦」，謂坤土爲邦也。從五而得外比于賢，五在四上，故曰「以從上也」。　愚案　干謂「外比」爲「親九服賢德之君」者，以「賢」不足以當五也。不知《繫上》曰「可大則賢人之德」，姚信彼注亦謂「乾五」，❸是乾五稱「賢」，正應《經》義。「外」即「上」也，上即五也，「外比于賢」，即「從上也」。

九五，顯比。虞翻曰：五貴多功，得位正中，初

❶「木氣」，思賢本作「木性」。
❷「生」，思賢本作「出」。
❸「亦謂乾五」，思賢本作「云『賢人，乾坤也』」。

三已變，❶體重明，故「顯比」。謂「顯諸仁」也。疏《繫上》曰「卑高以陳，貴賤位矣」，虞彼注云「乾高貴五」，《繫下》曰「五多功」，故云「五貴多功」。以陽居五，故云「得位正中」。初與三皆失位，當變而之正，成既濟定，有兩离象，故云「初三已變，❷體重明」。❸《説文》「㬎」字下云：「案微杪也。❹从日中視絲。古文以爲顯字。」卦自下升，微而之顯，「顯」从日，离爲日，日中視絲，案見微杪，故九五稱「顯比」。「顯諸仁」，《繫上》文，蓋震爲仁，五降初爲元善，三陰亦正其體爲离，故「謂顯諸仁也」。　愚案比通大有，五伏离明，故曰「顯比」。《大有》九五稱「威如」，謂伏乾也。《比》九五稱「顯比」，謂伏离也。　**王用三敺，失前禽。**虞翻曰：坎五稱王，三敺謂敺下三陰，不及於初，故「失前禽」。謂初已變成震，震爲鹿，爲驚走，「鹿之斯奔」，❺則「失前禽」也。疏乾五交坤成坎，故「坎五稱王」。五自師二來，故「三敺謂敺下三陰」。五降初爲復，故敺「不及初」。「前禽」謂初，故「失前禽」。初變成震，鹿性驚，震驚，故「爲鹿」。震爲作足，故「爲驚走」。「鹿之斯奔」，《詩・小弁》文。鹿奔，故「失前禽也」。

案　伏离爲罔罟，故以田獵爲喻。「三敺」者，中冬大閲之法。《周禮・大司馬》「中冬教大閲，虞人萊所田之野爲三表，又五十步爲一表。田之日，司馬建旗於後表之中，乃陳車徒，鼓行鳴鐲，車徒皆行，及表乃止」爲一敺，「鼓進鳴鐲，車驟徒趨，及表乃止」爲二敺，「乃鼓，車馳徒走，及表乃止」爲三敺，意主教戰，不在獲禽。故《師》五曰「田有禽」，《比》五曰「失前禽」，喻舍逆而取順也。蓋師主義，故利在「執」。比主仁，故吉在「失」。　**邑人不戒，吉。**虞翻曰：坤爲邑。師震爲人。師時坤虚无君，使師二上居五中，故「不戒，吉」也。疏坤土，故「爲邑」。比自師來，師震陽生稱「人」，故《象傳》虞注謂「邑人」爲「二」。二本師震，在坤中，故稱「邑人」。師時六五坤虚无君，今使師二上居五中，是衆陰所樂比者也。震爲言，震象不見，故不待告戒而自比之。不戒而孚者，是不言而信也，故「吉」。

《象》曰：「顯比之吉，位正中也。」虞翻曰：謂离

❶「已」，思賢本作「以」。

❷「已」，思賢本作「以」。

❸「體重明」下，思賢本有「以，已也」三字。

❹「㬎字下云案微杪也」，思賢本作「㬎，衆微杪也」。

❺「鹿之斯奔」，草堂本作「鹿斯之奔」。

象明，正上中也。**疏**初三已變體重明，故「謂离明」。五在上，得位居中，故「正上中也」。**舍逆取順，失前禽也。**虞翻曰：背上六，故「舍逆」。據三陰，故「取順」。不及初，故「失前禽」。**疏**上在五後，互艮爲背，故稱「背」。上六逆乘五陽，故稱「逆」。五舍上應二，故曰「舍逆」。四三二皆順，承陽而五據之，故曰「取順」。初在應外，五不及初，故曰「失前禽也」。**邑人不戒，上使中也。」**虞翻曰：謂二，使師二上居五中。**疏**師震爲邑人，故云「謂二」。不戒而孚於五，居中得正，故云「使師二上居五中」也。

上六，比之无首，凶。荀爽曰：陽欲无首，陰以大終，陰而无首，不以大終，故「凶」也。虞翻曰：首，始也。陰道无成而代有終，「无首，凶」。**疏**荀注 「陽欲无首」者，《乾》用九「見羣龍无首，吉」是也。「陰以大終」者，《坤》用六「永貞以大終」是也。今陰而无始，是「无首」也。「不以大終」，是不能大終陽事也。《象傳》曰「後夫凶」，謂上六也，故「凶」。虞注 「首，始也」者，乾陽爲首，上以陰居艮背之上，是「无首」也。轉言「始」者，上亦欲比五，失之於始，故「後夫」。以无始，故无終也。「陰道无成而代有終」者，陰從陽乃有終也，无首則无終，故「凶」。**《象》曰：「比之无首，无所終也。」**虞翻曰：迷失道，故「无所終也」。**疏**比自師來，師二至上體復，《復》上六曰「迷復」。上爲終，坤承乾而代終，以乾爲首故也。今迷失乾道，故「无首」。无首，則「无所終也」。

《序卦》曰：「比必有所畜，故受之以小畜。」崔憬曰：下順從，而上下應之，則有所畜矣。韓康伯曰：由比而畜，故曰「小畜」也。**疏**崔注 六四爲畜主，以一陰處外卦之下，其性順從，而上下五陽皆應之。四陰自坤來，《説卦》曰「坤以藏之」，五陽藏於一陰，故「有所畜矣」。韓注 《地官·大司徒》「乃施教灋於邦國都鄙，使之各以教其所治民」，即繼以「頒職事十有二於邦國都鄙，使以登萬民」。蓋必比閭族黨之法行，而後稼穡樹藝之事作，故曰「比必有所畜」。《論語》曰「既庶矣，又何加焉，曰富之」，是其義也。比與大有旁通，陰居五爲大有，五陽位，故稱「大」。陰退而居四爲小畜，四陰位，故稱「小」。是「由比而畜，故曰小畜也」。又陰居四爲小畜，息而至五爲大畜，亦以四陰而五陽也。

䷈乾下巽上

小畜，亨。侯果曰：四爲畜主，體又稱小。唯九三被畜，下剛皆通，是以「小畜，亨」也。【疏】陰主斂，故「四爲畜主」。陰爲小，互兑少，亦爲小，故「體又稱小」。五陽皆爲所畜，而親被其畜者，九三也。三爲四陰所畜，三乘二，四應初，故「下剛皆通」也。亨者，通也，「是以小畜亨也」。

密雲不雨，自我西郊。崔憬曰：雲如不雨，積我西邑之郊，施澤未通，以明小畜之義。案：雲雨者，陰之氣也。今小畜，五陽而一陰，既微少，纔作「密雲」，故未能爲雨。四互居兑「西郊」之象也。【疏】崔注小畜與豫旁通，四體坎，坎爲雲、爲雨，今陰雖得位，坎象不見，而互离爲日，在乾天之上，又巽爲不果，故有「密雲不雨」之象。互兑故稱「西邑」，西邑，西岐也。言密雲積我西邑之郊，雨澤鬱而未通，小畜之義也。至上變坎言「雨」，畜極而通也。　案《焦氏易林》曰「陰積不已，雲作淫雨」，故云「雲雨者，陰之氣也」。今小畜五陽一陰，陽多陰少，故「纔密雲，未能爲雨」也。四互兑，《説卦》曰「兑，正秋也」，是西方之卦也，故云「西郊之象」。

《彖》曰：「小畜，柔得位，而上下應之，曰小畜。王弼曰：謂六四也。成卦之義，在此一爻者也。體无二陰，以分其應。既得其位，而上下應之，三不能陵，小畜之義。【疏】四爲畜主，故「謂六四也」。以一陰畜五陽，故云「成卦之義，在此爻也」。大畜體有二陰，以分其應，故不言「上下應之」。小畜「體无二陰」，則其應專，故云「上下應之」也。陰既得位，而上下皆應，四雖乘剛，而剛亦得位，三自不至陵四，所以能畜也。

健而巽，剛中而志行，乃亨。虞翻曰：需上變爲巽，與豫旁通。豫四之坤初爲復，復小陽潛，所畜者少，故曰「小畜」。二失位，五剛中正，二變應之，故「志行，乃亨」也。【疏】虞无一陽一陰自剥、復、夬、姤之例，故謂「需上變爲巽」而成小畜也。「與豫旁通」，而息來仍在復，蓋豫初變體復，至二成臨，至三成泰，至五成需，由需上變成小畜而伏豫，故小畜取需。豫四陽之坤初，其體爲復，「復小而辯於物」，一陽又潛藏於下，所畜者少，故曰「小畜」。二陽居陰爲「失位」，五剛居陽爲「中正」。二變之正，上應於五，故「志行，乃亨也」。九五剛中，四與合志畜乾，至上九而畜道成，故陸績謂「外巽積陰，能固陽道，成在上九」。《傳》曰

「剛中而志行，乃亨」，謂柔道亨也。案：「健而巽」者，乾健而陰巽也，言乾健在内，而巽畜於外也。「剛中而志行，乃亨」者，五爲「剛中」，豫坎爲志，謂四也，又互震爲行，上與五孚，故爲「志行」。乃者，難辭也，言非剛中而志行，則不能亨也。**密雲不雨，尚往也。**虞翻曰：密，小也，兑爲密。需坎升天爲雲，墜地稱雨。上變爲陽，坎象半見，故「密雲不雨，尚往也」。疏小畜、小過皆稱「密雲」，故「密」稱「小也」。虞義艮爲慎，兑爲密，蓋「山澤通氣」，艮陽小稱慎，故兑陰小稱「密」也。需變小畜，需上爲坎，上坎爲雲，故「升天爲雲」，下坎爲雨，故「墜地稱雨」也。今上變巽爲陽，是「坎象半見」，故「密雲不雨」。「尚」與「上」通。需上往而變坎雨爲巽風，「風以散之」，且不果，故曰「密雲不雨，上往也」。《京房易傳》曰「小畜之義，在於六四，陰不能固，三連同進。《傳》曰『密雲不雨，尚往也』」，陸績彼注謂「一陰劣，不能固陽，是以往也」。**自我西郊，施未行也。」**虞翻曰：豫坤爲自我，兑爲西，乾爲郊，雨生於西，故「自我西郊」。九二未變，故「施未行」矣。

荀爽曰：體兑位秋，故曰「西郊」也。時當收斂，臣不專賞，故「施未行」，喻文王也。疏虞注　伏豫有坤，坤腹爲身，故「爲自我」。互兑爲西，内乾爲郊。二失正變坎，爲雨，故雨生於郊。五陽主施，二變應之，則施行。未變則陽不得應，故「施未行也」。　荀注　互體兑，位正秋，故曰「西郊」。《鄉飲酒義》「西方者，秋，秋之爲言愁也」，鄭注「愁讀爲揫，斂也」，故云「時當收斂」。《左傳》曰「賞以春夏」，秋非賞時，故「不賞」。且五君四臣，臣不僭君，故「不專賞」。文王化治西岐，而施未行於天下，故以是喻之。

《象》曰：「風行天上，小畜。《九家易》曰：風者，天之命令也，今行天上，則是令未下行。畜而未下，小畜之義也。疏《説卦》曰「巽爲風」，《巽·象傳》曰「重巽以申命」，故云「風者，天之命令也」。今「風行天上」，則是天之命令，未行於下。畜於上而不行於下，故云「小畜之義也」。　愚案　以外巽畜内乾，畜也。以一陰畜五陽，亦畜也。皆以小畜大，故曰「小畜」。**君子以懿文德。」**虞翻曰：君子謂乾。懿，美也。豫坤爲文，乾爲德，离爲明，初至四體夬爲書契，乾离照坤，故「懿文德」也。疏「君子謂乾」者，内乾也。《説文》「懿，專一而美也」，❶

❶ 「一」，思賢本作「久」。

故云「懿，美也」。「坤爲文」，《説卦》文，謂旁通豫坤也。「乾爲德」者，乾有四德也。「离爲明」者，互离日也。初至四體象夬，《繫下》曰「易之以書契，蓋取諸夬」，故「夬爲書契」也。乾互离日，照豫坤文，豫伏坤文，即出畜乾德，故「懿文德也」。　愚案　内乾爲德，伏坤爲文，故曰「文德」。《逸書·謚法》「温柔聖善曰懿」，巽陰爲柔，故曰「以懿文德」。《書·洪範》「六，三德。曰高明柔克」，高明象乾，柔克象巽，是其義也。

初九，復自道，何其咎，吉。《象》曰：「復自道，其義吉也。」虞翻曰：謂從豫四之初成復卦，故「復自道」。「出入无疾，朋來无咎」，「何其咎，吉」。乾稱道也。疏與豫旁通，豫四之初則成復矣，故曰「復自道」。《復·象傳》曰「出入无疾，朋來无咎」，故曰「何其咎，吉」。「乾道變化」，故「乾稱道」。豫四本復初，故言「復自道」。且《復》初九曰「不遠復，无祇悔，元吉」，故《象》曰「復自道，其義吉也」。

九二，牽復，吉。崔憬曰：四柔得位，羣剛所應。二以中和，牽復自守，不失於行也。疏四柔得位，爲畜之主，羣剛皆應。二不應五，而應四者，「二與四同功」。且有中和之德，故雖牽復於初以應四，然能自守其剛，不失於行，故「吉」也。二仍言「復」者，旁通於豫，豫四之初成復，陽息至二「朋來」，失位，五引之，則變正反復，故曰「牽復」。五體巽繩，二在豫艮手，故曰「牽」。《復》六二爻辭曰「休復吉」，故二「牽復」，亦曰「吉」也。　愚案　四五皆言「孚」，故初二皆言「復」，初正應四，是安於畜者也，故曰「自復」。二應五，而旁應四，是勉而畜者也，故曰「牽復」。《象》曰：「牽復在中，亦不自失也。」虞翻曰：變應五，故「不自失」，與比二同義也。疏二變應五，雖牽復於四，而其位得中，故「不自失」。初得正，二得中，故「亦不自失」，亦，亦初也。比二《象》曰「比之自内，不自失也」，今云「與比二同義」，是亦比也。

九三，車説輹，虞翻曰：豫坤爲車、爲輹，至三成乾，坤象不見，故「車説輹」。馬君及俗儒皆以乾爲車，非也。疏通豫伏坤，《説卦》曰「坤爲大轝」，故「爲車」。又「爲腹」，「腹」，古文「輹」，故「爲輹」，《説文》「輹，車軸縛也」。復息至三成乾，乾成坤毁，坤象不見，且互兑爲毁折，故「車説輹」也。「馬君」謂融。又《漢書·王莽傳》有「乾文車，坤六馬」之文，《易》无「乾爲車」之説，故云「非也」。**夫妻反目。**虞翻曰：豫震爲夫、爲反，巽爲妻，离爲目，今夫妻共在四，离火動上，目象不正，巽多白眼，「夫妻反目」。妻當在内，夫當在外，今妻乘夫，而出在外，《象》曰「不能正室」。三體离，需，飲食之道，飲食有訟，故争而反目也。疏 通豫體震，震爲長男，故「爲夫」。震於稼爲反生，故「爲反」。震長男，巽長女，故「巽爲震妻」。互离，故「爲目」。豫震爲夫，小畜巽爲妻，故「共在四」。离火動而上，動故「目象不正」。《説卦》曰「巽爲多白眼」。夫婦共爻，❶而离巽相互，故有「夫妻反目」之象。妻在内，夫在外，正也。今巽妻乘震夫，而出在外，「不能正室」之象也。三體互离，上變正應爲需，「需者，飲食之道也」，《序卦》文，又曰「飲食必有訟」，故「夫妻反目」而争也。

《象》曰：「夫妻反目，不能正室也。」《九家易》曰：四互體离，离爲目也。离既不正，五引而上，三引而下，故「反目」也。輿以輪成車，夫以妻成室，今以妻乘夫，其道逆，故「不能正室」。疏 四互三五爲离，离象爲目。离非居上居下，而互於上下之間，故云「不正」。互上則五引而上，互下則三引而下，故有「反目」之象。「輿以輪成車，夫以妻成室」者，《考工記》「輿人爲車」，注云「車以輿爲主也」，❷輿爲主，故象夫。「輹」與「輻」通，《説文》「有輻曰輪」，「輿人」鄭注「載物爲輿，❸行地爲輪」，輿非輪不行，故象妻。桓十八年《左傳》曰「女有家，男有室」，是「夫以妻爲室」也。《家人》曰「男正位乎外，女正位乎内，天地之大義也」，今豫震夫在内，小畜巽妻在外，反乎居室之道，是「以妻乘夫，其道逆」也，故曰「不能正室」。

六四，有孚血去惕出，无咎。虞翻曰：孚謂五。豫坎爲血、爲惕。惕，憂也。震爲出，變成小畜，坎象不見，故「血去惕出」。得位承五，故「无咎」也。疏 五中實稱「孚」，四承五，故「孚謂五」也。通豫體坎，《説卦》「坎爲血卦」，故「爲血」，又「爲加憂」，故「爲惕」，以「惕」有「憂」義也。「萬物出乎震」，故「震爲出」。豫變小畜，巽成坎毁，故「坎象不見」，而爲「血去惕出」也。四陰得位，上承九五，其志相合，故「无咎」。

《象》曰：「有孚惕出，上合志也。」荀爽曰：血以喻陰，四陰臣象，有信

❶「婦」，草堂本本「妻」。
❷「注云」，思賢本作「賈疏云」。
❸「輿人鄭注」，思賢本作「蓋車之成也」。

順五。惕，疾也。四當去初，疾出從五，故曰「上合志也」。**疏**血，陰類，故云「血以喻陰」。五陽爲君，故云「四陰爲臣象」。四「有孚」，五亦「有孚」。孚，信也，故云「有信順五」。《吴語》「一曰惕」，韋注云「疾也」，疾速之疾，故云「惕，疾也」。四與初爲正應，畜所當畜者也。四於五爲臣道，畜不易畜者也。故「四當去初，疾出從五」，則四五交孚，五剛畜，而羣剛皆畜，故曰「上合志也」。豫坎爲志，《象傳》曰「剛中而志行，乃亨」，「剛中」謂五，四五相孚，乃能畜乾，故曰「合志」。

九五，有孚攣如，富以其鄰。

虞翻曰：孚五謂二也。攣，引也。巽爲繩，豫艮爲手，二失位，五欲其變，故曰「攣如」。以，及也。五貴稱富。鄰謂三，兑西震東稱鄰，二變承三，故「富以其鄰」。《象》曰「不獨富」。二變爲既濟，與東西鄰同義。**疏**陽在二五稱「孚」，故「孚五者，謂二也」。「攣」訓「引」者，言牽連相引也。「巽爲繩」者，《説卦》「巽爲繩直」也。「豫艮爲手」者，二在艮末也。「二失位，五欲其變」者，變承三爲坎，「志行，乃亨」，故「欲其變」也。二「牽」五「攣」，皆取畜義，巽繩艮手，故曰「攣如」。「以」訓「及」者，由此及彼也。五位貴，且陽實，故「稱富」。五在豫爲震，三體兑，「鄰謂三」者，以「兑西震東」，故「稱鄰」也。五欲二變，二變承三，故「富以其鄰」，「不獨富」之象也。「二變既濟，與東西鄰同義」者，既濟九五「東鄰殺牛，不如西鄰之禴祭，實受其福」，既濟由泰來，虞彼注「泰震爲東，兑爲西」，取象於鄰，其義同也。

愚按　三變成中孚，❶故「有孚攣如」，與中孚九五同辭。又五與四孚，四五易位成大有，《繫上》曰「富有之謂大業」，謂坤陰也，然則五孚於四，其象「攣如」，五之「富」，「富以其鄰」也。此天子所以不言有無，而理財諸職，獨責天官，固以不畜爲畜，而藏富於不竭之淵者也。

《象》曰：「有孚攣如，不獨富也。」

《九家易》曰：有信，下三爻也。體巽，故「攣如」。如謂連接其鄰，鄰謂四也。五以四陰作財，與下三陽共之，故曰「不獨富也」。**疏**孚，信也。「有孚」者，謂孚下三陽爻也。體巽爲繩，故「攣如」。馬云「攣，連也」，連下三陽，故稱「攣」。《釋名》曰「鄰，連也，相接連也」，故云「如謂連接其鄰」也。四與五近，故「鄰謂四也」。「五以四陰作財」者，《火珠林》巽屬

❶ 「三」，原作「四」，今據思賢本改。

木，六四納辛未土，以木克土成財爻，故四爲巽之財也。四爲五財，與下三陽共之，財三陽皆接連而富矣，故曰「不獨富也」。

上九，既雨既處，尚得載，婦貞厲。虞翻曰：「既，已也」。應在三，坎水零爲雨，巽爲處，謂二已變，三體坎雨，故「既雨既處」。坎雲復天，坎爲車，積載在坎上，故「上得積載」。巽爲婦，坎成巽壞，故「婦貞厲」。**疏**《玉篇》「既，已也」，即虞義也。上應在三，坎爲雨以潤之，故「坎水零爲雨」。巽，伏也，故「爲處」。二失正，已變陰，互三四體坎，故爲「既雨既處」也。「坎雲復天」者，謂上亦變坎，復需時也。「坎爲車」者，坎於輿爲多眚也。「積載在坎上」者，重坎，故爲積也。「故上得積載」者，「上」通「尚」，上得積載於坎也。巽長女爲婦，上變爲坎，坎成巽壞，故婦雖貞亦厲，以陰盛將消陽也。 愚案 上變坎爲雨，畜極而通，是前之「不雨」者，今「既雨」矣。又爲陷，是前之「尚往」者，今「既處」矣。又爲車，是前之「説輹」者，今「得載」矣。體巽，故稱「婦」，應三「夫妻反目」，變陰得正，雖貞亦厲也。**月幾望，君子征凶。**虞翻曰：「幾，近也」。坎月离日，上已正，需時成坎，與离相望，兑西震東，日月象對，故「月幾望」。上變陽消，之坎爲疑，故「君子征，有所疑」矣。與《歸妹》、《中孚》「月幾望」義同也。**疏**「幾，近也」，《釋詁》文。《説卦》「坎爲月」，「离爲日」。「上已正，需時成坎」者，陰得正位，如需時也。「與离日相望，兑西震東」者，豫震爲坎月在震二，小畜兑爲离日在兑三也。《禮·禮器》「大明生於東，月生於西」，鄭注「大明，日也」，故「日月象對」。「月幾望」者，謂上與三對，非二五正，故近望也。上變則陽消之坎，坎爲疑，陰盛陽消，故「君子征凶，有所疑矣」。「與《歸妹》、《中孚》『月幾望』義同也」者，歸妹體震兑，五坎在震，三离在兑，中孚由訟坎离四之初體震兑，坎在兑二，离在震三，故《歸妹》六五、《中孚》六四皆言「月幾望」，其義同也。 愚案 上變坎爲月，互體兑爲初七日，下體乾爲十五日，月至兑丁爲上弦，將至乾甲爲「幾望」，幾望者，未望也，盈甲則望矣。既望則生魄，而爲巽辛，陽消之象，月滿則盈，既盈則消，自然之理，故戒君子以征凶也。**《象》曰：「既雨既處，得積載也。**虞翻曰：巽消承坎，故「得積載」，坎習爲積也。**疏**「承」當作「成」，言巽陽消而成坎也。坎爲輿，故「得積載也」。習坎，重坎也，故「習坎爲積也」。

「積」有畜義，是畜道已成之象也。**君子征凶，有所疑也。**虞翻曰：變坎爲盜，故「有所疑也」。**疏**「坎爲盜」，《説卦》文。變坎爲盜，是以疑而不敢征也。又坎心爲疑，故曰「有所疑也」。

《序卦》曰：「物畜然後有禮，故受之以履。」崔憬曰：「履，禮也」。物畜不通，則君子先懿文德，然後以禮導之，故言「物畜然後有禮」也。**疏**「履，禮也」，《釋言》文，即《序卦傳》「履者，禮也」是也。物當畜，而未通之時，惟内懿文德，以養其心，外設禮文，以制其宜，美在其中，暢於四支，此禮所以繼畜也。《洪範》曰「既富方穀」，《論語》曰「既富矣，又何加焉？曰教之」，《孟子》曰「飽食煖衣，逸居而無教，則近於禽獸」，故人民育，然後可教之以禮，皆「物畜然後有禮」之義也。

䷉ 兑下乾上

履虎尾，不咥人，亨利貞。虞翻曰：謂變訟初爲兑也，與謙旁通。以坤履乾，以柔履剛。謙坤爲虎，艮爲尾，乾爲人，乾兑乘謙震足蹈艮，故「履虎尾」。兑悦而應，虎口與上絶，故「不咥人」。剛當位，故通。俗儒皆以兑爲虎，乾履兑，非也。兑剛鹵，非柔也。❶**疏**謙三爲復，上息成履，非由訟來，以需上變巽成小畜，故訟初變兑則成履也。履由謙息，故「與謙旁通」。履，踐行也。謂坤踐行乾，又以震足行兑成乾，是爲「以坤履乾，以柔履剛」。《繫下》云「履以和行」，坤爲和，震爲行，是「履乾」之義也。「謙坤爲虎」，釋見「風從虎」。「艮爲尾」者，❷黔喙之屬，多長尾，且艮陰爻，象四足，而一陽在後，象尾也。人稟乾陽而生，故「乾爲人」。以履乾兑乘謙，震足蹈艮尾，故曰「履虎尾」。兑説而與上應，虎口在三，與上絶，故不咥乾人也。「剛當位」謂五，通，故「亨」也。「以兑爲虎，乾履兑爲非」者，此一説以爲乾履兑，乾非柔，又虎在人後，非履尾，故非也。「兑剛鹵，非柔也」者，此又一説，以爲兑履乾，以乾剛爲虎，故破之云「兑，非柔」，下又「兑不履乾」也。然兑實爲虎也，郭璞《洞林》曰「白虎東起」，❸注云「兑爲白虎」，白虎，西方宿，兑正西，故象虎。坤三之乾，以柔履剛，故名「履」。兑爲虎，初爲尾，四陰位，應初陰

❶「也」，原脱，今據思賢本及《周易集解》文補。
❷「尾」，原作「虎」，今據思賢本及所引虞翻注改。
❸「東起」，原作「西起」，今據所引郭璞《洞林》文改。

位，故曰「履虎尾」。馬、鄭皆云「咥，齕也」。❶乾爲人，兑爲和説而應乾剛，三爲虎口，與乾異體，三不當位，故「咥人凶」。兑説而應，故「不咥人，亨」。且履者，禮也，禮至則不争，故「不咥人」，「嘉會足以合禮」，故「亨」也。九五「貞厲」，是履危也，以剛中，故「不疚」。《彖傳》「剛中正」以下，釋「利貞」也。王弼本脱「利貞」，荀氏有之，李從荀本也。

《彖》曰：「履，柔履剛也。虞翻曰：坤柔乾剛，謙坤籍乾，故「柔履剛」。荀爽曰：謂三履二也。二五无應，故无元。以乾履兑，故有通。六三履二，非和正，故云「利貞」也。疏 虞注 「坤柔」謂旁通謙也，「乾剛」謂本卦履也。籍，蹈也。以坤之柔，蹈乾之剛，故曰「柔履剛也」。荀注 三柔二剛，《兑·彖傳》曰「剛中而柔外」，故「謂三履二也」。二剛與五非正應，故不言「元」。以乾履兑，兑説而應，故特言「通」。三柔二剛，皆不得正，不正則不和，故云「利貞也」。**説而應乎乾，**虞翻曰：説，兑也。明兑不履乾，故言「應」也。《九家易》曰：動來爲兑，而應上，故曰「説而應乎乾」也。以喻一國之君，應天子命以臨下。承上以巽，據下以説，其正應天，故虎爲之「不咥人」也。疏 虞注 《説卦》曰「説言乎兑」，故云「兑，説也」。「明兑不履乾，故言應也」者，若兑履乾，乾爲虎，兑不應虎也。若乾履兑，兑口承乾，正爲咥也。明由坤爲虎，故兑應乾爲「不咥人」也。《九家》注 此據兑三言也。乾體三爻，動來爲兑，而應乎上九，兑爲説，故曰「説而應乎乾」也。三爲三公，又居下卦之上，故「以喻一國之君」。五爲天子，互巽爲命，故「應天子命以臨下」。互上爲巽，故「承上以巽」。在下爲兑，故「據下以説」。三與上爲正應，故「其正應天」。體説而得正應，故「虎爲之不咥人也」。**是以履虎尾不咥人亨。**《九家易》曰：虎尾謂三也。三以説道履五之應，上順於天，故「不咥人亨」也。能巽説之道，順應於五，故雖踐虎，不見咥噬也。太平之代，虎不食人。亨謂於五也。疏 三在兑終，故「虎尾謂三也」。三以兑和説之道，下履二剛，二五之應，故云「履五之應」。三下履二，二上順五，五爲天位，順天，故「不咥人亨也」。互巽爲順，體兑爲説，能以巽説之道，順應於五，以柔克剛，故「雖踐虎，而不見咥噬

❶「馬鄭皆云」，思賢本作「釋文馬云」。

也」。《後漢書・法雄傳》「雄爲南郡太守，多虎狼。雄移書屬縣曰『古者至化之代，❶猛獸不擾，皆由仁及飛走』」，故云「太平之代，虎不食人」。三乘二應五，上不咥人，故「亨謂於五也」。

剛中正，履帝位而不疚，光明也。」虞翻曰：剛中正謂五，謙震爲帝，五帝位，坎爲疾病，乾爲大明，五履帝位，坎象不見，故「履帝位而不疚，光明也」。疏 二剛中而非正，故知「剛中正謂五」也。「謙震爲帝」者，「帝出乎震」也。「五帝位」者，五爲天子，故爲「帝位」也。《説卦》曰「坎爲心病」，故「坎爲疾病」。《乾・象》曰「大明終始」，故「乾爲大明」。震行之五爲「履帝位」。坎象不見，故「不疚」。體乾，故「光明也」。案 以陽居五，剛中且正，故爲「履帝位」。三體坎，❷坎爲心病，《詩・小雅》「憂心孔疚」，故言「疚」。三體离，离爲日，故言「光明」。坎毁，故「不疚」，离成，故「光明也」。

《象》曰：「上天下澤，履。君子以辯上下，定民志。」虞翻曰：君子謂乾。辯，别也。乾天爲上，兑澤爲下，謙坤爲民，坎爲志。謙時坤在乾上，變而爲履，故「辯上下，定民志」也。疏 禮有定分，故「上天下澤」爲「履」。「辯」，《説文》訓「判」，❸又「判」與「别」皆訓「分」，故云「辯，别也」，謂分别也。乾天在上，兑澤在下，故言「上下」。謙坤衆爲民，坎心爲志，故言「民志」。謙時坤在乾上，則上下未辯，變而爲履，故「辯上下，而定民志也」。案《樂記》曰：「天高地下，萬物散殊，而禮制行矣。」乾爲天，兑爲澤，禮以地制，澤又卑於地，故君子法之以制禮。天高地下，禮者，天地之别也，故以「辯上下」。萬物散殊，而未定，禮節民心，故以「定民志」。又伏坤，故言「民」。伏坎，故言「志」。互离爲明，明故「辯」。伏艮爲止，止故「定」。

初九，素履，往无咎。虞翻曰：應在巽爲白，故「素履」。四失位，變往得正，故「往无咎」。初已得正，使四獨變，在外稱往，《象》曰「獨行願也」。疏「應在巽」者，四互巽也。「爲白」，《説卦》文。《增韻》「白，素也」，故

❶「代」，思賢本作「世」。

❷「三」，草堂本作「四」。

❸「辯説文」至下文「謂分别也」，思賢本作「古字『辯』與『别』通，《周官・小宰》『聽稱責以傅别』，故書作『傅辯』，《士師》『荒辯之灋』，鄭司農讀『辯』爲『風别』之『别』，故云『辯，别也』」。

稱「素」。初爲四所履，故稱「素履」。九四失位，「愬愬終吉」，變而得正，初往應四，故「无咎」。初已得正，故不可變，必使四獨變，然後己往應之也。四在外，故「稱往」。引《象》「獨行」，以明使四獨變之意。《象》曰：「素履之往，獨行願也。」荀爽曰：初九者潛位，「隱而未見，行而未成」。「素履」者，謂布衣之士，未得居位。獨行禮義，不失其正，故「无咎」也。**疏**《乾》初九曰「潛龍勿用」，故謂「初九爲潛位」。「隱而未見，行而未成」，《乾》初《文言》文。「素履」者，謂布衣之士，未得居位，與乾初九同占，故潛藏不見，獨善其身。初震爲行，故「獨行義禮」。以陽居陽，故「不失其正」。「素位而行，不願乎外」，故「无咎也」。

九二，履道坦坦，幽人貞吉。虞翻曰：二失位，變成震爲道，爲大塗，故「履道坦坦」。訟時二在坎獄中，故稱「幽人」。之正得位，震出兑説，幽人喜笑，故「貞吉」也。**疏**二陽失位，變成震則爲「道」，以震爲大塗，故「爲道」也。大塗故「坦」，寬平象震，故「履道坦坦」。「幽人」者，幽繫之人也，尸子曰「文王幽於羑里」，《荀子》曰「公侯失禮則幽」。初未變時爲訟，訟二爲坎，坎陷爲獄，二在獄中，故「稱幽人」。變之正則得位，震爲出，又爲喜笑，體兑爲説，象幽人出獄而喜笑，故「貞吉也」。愚案：虞説可備一解。其實此爻之義，與《儒行》「幽居而不淫」，無異旨也。《象》曰：「幽人貞吉，中不自亂也。」虞翻曰：雖幽訟獄中，終辯得正，故「不自亂」。**疏**雖幽繫訟獄之中，變震爲言，故云「終辯得正」。得正，故「不自亂」。愚案　坎險爲亂，今變正獲吉，上應乎五，正而且中，故曰「中不自亂也」。

六三，眇而視，跛而履。虞翻曰：离目不正，兑爲小，故「眇而視」，視，上應也。訟坎爲曳，變震時爲足，足曳故「跛而履」。俗儒多以兑刑爲跛，兑折震足爲刑人，見刑斷足者，非爲跛也。**疏**互离爲目，故「不正」。兑少女，故「爲小」。《説文》「眇，一目小也」，故「眇而視」。三與上應，上言「視履」，故云「視，上應也」。在訟時爲坎，二變時爲震，「坎爲曳」，「震爲足」，《説卦》文。《儀禮·士相見禮》「舉前曳踵」，鄭注「備躓跲也」，故「足曳則跛而履」也。三陰將履，上陽失正，故有此象。不取俗儒之説者，以斷足非跛也。愚案　古「能」字作「耐」，此脱寸，誤作「而」，詳見「乾始而以美利」注。又案　巽爲股，兑爲毁折，巽股而兑折之，故「跛」。**履虎尾，咥人凶。**虞翻曰：艮爲尾，在兑下，故「履虎尾」。位在虎口中，故「咥人凶」。既跛又眇，視步不能，爲虎所齧，故「咥人凶」，《象》曰「位不當也」。**疏**謙艮爲尾，伏在兑下，故有「履虎尾」之象。兑三爲口，故云「位在虎口中」。在口，故「咥人凶」也。既跛且眇，視步不能，而自以爲能視能履，力不足以禦虎，而直履其尾，宜爲虎所齧，而有咥人之凶也。以「位不當」，故有是象。　愚案　卦辭「不咥人，亨」，以全體「説而應乎乾」也。三不中不正，且居兑口，故「咥人凶」。亦猶《小畜》「密雲不雨」，上九變坎則「既雨」矣。彖言乎象，爻言乎變，爻彖不嫌異辭也。**武人爲于大君。**虞翻曰：乾象在上爲武人，三失位，變而得正成乾，故曰「武人爲于大君，志剛也」。**疏**《楚語》曰「天事武」，韋注云「乾稱剛，❶故武」。乾爲人、爲武，乾象在上，故「爲武人」。三陰失位，變陽得正，成乾爲剛，故有「武人爲于大君」之象。　愚案　三互离爲甲冑，變乾爲「武人」。外卦乾，《説卦》曰「乾以君之」，故爲「大君」。《師》上六曰「大君有命」，是上爲大君之位也，三應在上，故曰「武人爲于大君」。三失位，故有「咥人之凶」。❷變得正，故「有武人爲于大君之象」。**《象》曰：「眇而視，不足以有明也。跛而履，不足以與行也。**侯果曰：六三，兑也，互有离巽，「离爲目」，「巽爲股」，體俱非正，雖能視，眇目者也，雖能履，跛足者也，故曰「眇能視，不足以有明。跛能履，不足以與行」，是其義也。**疏**六三體兑，内互离，外互巽。「离爲目」，「巽爲股」，《説卦》文。互體，故云「俱非正」。雖能視能履，而視爲眇目，履爲跛足也。兩离稱「明」，今互一离，故「不足以有明」，而爲「眇能視」者也。伏震爲行，今震象不見，故「不足以與行」，而爲「跛能履」者也。**咥人之凶，位不當也。**案：六三爲履卦之主，體説應乾，下柔上剛，尊卑合道，是以「履虎尾，不咥人，通」。今於當爻，以陰處陽，履非其位，互體离兑，水火相刑，故獨唯三被咥凶矣。**疏**一陰爲成卦之主，故「三爲履主」也。内兑，故「體説」。外乾，故「應乾」。六居三，故「下柔」。乾在上，故「上剛」。

❶「剛」下，思賢本作「健」字。

❷「故」，草堂本作「是」。

尊卑合道，則上下辯，而禮制行。有禮則安，則以「履虎尾，不咥人，亨」。此以全卦言也。「今於當爻」者，謂六三也。三以陰爻處陽位，履非其正，爻不當位者也。互體离爲火，内體兑爲澤，水火相刑，故有被咥之凶矣。**武人爲于大君，志剛也。**」案：以陰居陽，武人者也。三互离爻，离爲嚮明，「爲于大君」，南面之象。與乾上應，故曰「志剛」。疏《樂記》「始奏以文，復亂以武」，鄭注「文謂鼓，武謂金」，疏云「金屬西方，可爲兵刃，故爲武」。兑，西方金也，又屬陰。三位陽爲人，六爻陰爲武，以陰爻居陽位，且兑金爲武，故云「武人者也」。《説卦》「聖人南面而聽天下，嚮明而治，蓋取諸离」，三互离，爲嚮明，「爲于大君」，則「南面之象」也。伏坎爲志，乾上爲剛，三與上應，故曰「志剛」。

九四，履虎尾，愬愬終吉。虞翻曰：體與下絶，四多懼，故「愬愬」。變體坎，得位承五應初，故「終吉」。《象》曰「志行也」。疏乾與兑異體，故云「體與下絶」。「四多懼」，《繫下》文。《子夏傳》曰：「愬愬，恐懼之貌也。」馬本、《説文》皆作「虩虩」，與震同文。四變互震，震爲恐懼，故曰「愬愬」。「變體坎」者，伏坎也。變陰得正，上承九五，下應初九，其志既行，故「終吉」也。**《象》曰：「愬愬終吉，志行也。」**侯果曰：愬愬，恐懼也。履乎兑主，「履虎尾」也。逼近至尊，故恐懼。以其恐懼，故「終吉」也。執乎樞密，故「志行也」。疏「愬愬，恐懼」，本《子夏傳》。兑主，三也，❶下近乎三，❷故以「履乎兑主」爲「履虎尾也」。「至尊」謂五，上近於五，故「恐懼」也。《震·象》曰「震來虩虩，恐致福也」，故恐懼則「終吉」，即敬勝則吉之義也。伏坎爲志，變震爲行，志在樞密，下應乎初，故「志行也」。

九五，夬履，貞厲。虞翻曰：謂三上已變，體夬象，故「夬履」。四變五在坎中也，爲上所乘，故「貞厲」，《象》曰「位正當也」。疏上兑下乾爲夬，上乾下兑爲履，三上易位，故「謂三上已變」也。其體象夬，故曰「夬履」。「夬履」者，兩象易也。三易位，四又變，是「五在坎中也」。坎爲疾，爲災，又爲上所乘，故雖貞亦厲。以乾履兑，五在乾體，有中正之德，而又常存危厲，此所以「履帝位而不

❶「三」，原作「四」，今據思賢本及「咥人之凶，位不當也」李鼎祚案「六三爲履卦之主」改。

❷「下近乎三」，原作「上近乎四」，今據思賢本改。

疚」歟。**《象》曰：「夬履貞厲，位正當也。」**干寶曰：「夬，決也」。居中履正爲履。貴主萬方，所履一決於前，恐夬失正，恒懼危厲，故曰「夬履貞厲，位正當也」。**疏**「夬，決也」，《夬・彖傳》文。五居中，剛履正，故「爲履」。「履帝位」，故云「貴主萬方」。凡所踐履，一決於前，恐過夬而失其正，是以「恒懼危厲」。然則「夬履貞厲」者，以位雖正，而亦厲所當厲也。

上九，視履考詳，其旋元吉。虞翻曰：應在三，三先視上，故上亦視三，故曰「視履考詳」矣。「考，稽」。詳，善也。乾爲積善，故「考詳」。三上易位，故「其旋元吉」，《象》曰「大有慶也」。**疏**上應在三，三曰「眇能視」，是「三先視上」矣。上曰「視履」，故「上亦視三」。三互离目爲「視」，而上亦云「視」，「天視自我民視」也。上居天位，視人所履以降祥，故曰「視履考詳矣」。「考，稽」，《小爾雅》文。《大戴・四代》曰：「天道以視，地道以履，人道以稽，所謂人與天地相參也。」「詳」，他本作「祥」，《大壯》「不詳也」，《釋文》王肅本作「祥」，《書・君奭》「其終出于不祥」，《石經》殘碑作「詳」，《呂刑》「告爾祥刑」，《後漢書・劉愷傳》、鄭注《周禮》「祥刑」，皆作「詳」，昭十一年《春秋經》「盟于祲祥」，服虔引「祥」亦作「詳」，《史記自序》「陰陽之術大祥」，《漢書》作「詳」，是「詳」「祥」古字通也。「祥，善也」，《說文》文。❶《坤・文言》曰「積善之家」，謂復初至乾，故「乾爲積善」。乾有善，而人參之，故曰「考詳」。旋，反也。三位不當，故視履皆非，上亦失位，兩爻相易，各反於正，則皆吉矣，故曰「其旋元吉」。二四已正，三上易位，成既濟定，故《傳》曰「大有慶也」。思案三互离目視上，上陽爲君子，三陰爲小人，君子履於上，小人視於下，《詩・大東》曰「君子所履，小人所視」是也。三視上履，可以「考祥」，若三旋於上，則陰陽得正，而夬可成乾，故「元吉」也。

《象》曰：「元吉在上，大有慶也。」盧氏曰：王者履禮於上，則萬方有慶於下。**疏**《書・周官》「宗伯掌邦禮，治神人，和上下」，故「王者履禮於上，則萬方有慶於下」也。履繼以泰，其在上九乎。

受業姪壻陳學源仙槎校

周易集解纂疏卷六

❶「說文」，思賢本作「釋詁」。

周易集解纂疏卷七

安陸李道平遵王纂疏

《序卦》曰：「履而泰，然後安，故受之以泰。泰者，通也。」崔憬曰：以禮導之必通，通然後安。所謂「君子以辯上下，定民志」，通而安也。疏《乾·文言》曰「亨者，嘉之會也」，又曰「嘉會足以合禮」，亨者，通也，故「以禮導之必通」。《曲禮》曰「人有禮則安」，禮主亨通，故「泰然後安」。❶合上下而辯之，而民志以定，所謂「通而安也」。「天地交而萬物通」爲泰，故曰「泰者，通也」。

䷊ 乾下坤上

泰，小往大來，吉亨。虞翻曰：陽息坤，反否也。坤陰詘外爲小往，乾陽信內稱大來。天地交，萬物通，故「吉亨」。疏泰三陽息臨，云「息坤」者，乾坤消息，往來於否泰。自姤至否，坤成乾滅，則陽息而反泰，自復至泰，乾成坤滅，則陽消而反否，故否泰反其類，乃見消息之用，此云「反否」，在他卦則云「旁通」是也。坤陰稱「小」，陰本居下。自內而出爲「往」，《繫下》曰「往者，詘也」，故「坤陰詘外爲小往」。乾陽稱「大」，陽本居上，自外而反爲「來」，《繫》又曰「來者，信也」，故「乾陽信內爲大來」。二五失位，二升五，五降二，天地交，萬物通，成既濟定，故「吉亨」。「泰者，通也」，故四德獨言「亨」。

《彖》曰：「泰小往大來吉亨」，蜀才曰：此本坤卦。小謂陰也，大謂陽也。天氣下，地氣上，陰陽交，萬物通，故「吉亨」。疏泰息自坤，故云「此本坤卦」。陰詘故稱「小」，陽信故稱「大」。泰於消息爲天子，正月值日卦，《月令》曰「是月也，天氣下降，地氣上騰」，故云「天氣下，地氣上」。「天氣下」，即「大來」也。「地氣上」，即「小往」也。又曰「天地和同，草木萌動」，故云「陰陽交，萬物通」。惟交故通，通故吉且亨也。則是天地交而萬

❶「泰」，思賢本作「通」。

物通也，何妥曰：此明天道泰也。夫泰之爲道，本以通生萬物，若「天氣上騰，地氣下降」，各自閉塞，不能相交，則萬物無由得生，明萬物生由天地交也。疏自天地言之，則以通生萬物爲泰，如蜀才注是已。否則如《月令》所云「孟冬之月，天氣上騰，地氣下降，天地不通，閉塞而成冬」，萬物奚由而生，故云「明萬物生由天地交也」。案：乾下坤上，乾天坤地，乾二之坤五，坤五降乾二，成坎离，天地以坎离交陰陽，故曰「天地交」。乾升曰「雲行」，坤降曰「雨施」，雲雨澤物，品彙咸亨，又「乾，陽物。坤，陰物」，坎爲通，故曰「萬物通」，謂已成既濟定時也。**上下交而其志同也。**何妥曰：此明人事泰也。上之與下，猶君之與臣，君臣相交感，乃可以濟養民也。天地以氣通，君臣以志同也。疏以人事之泰言之，則君上臣下，交相感應，乃可濟養萬民。陰陽有氣，故天地之通以「氣」言。上下有志，故君臣之同以「志」言。愚案　二升五，五降二，二五相應，爲「上下交」，已交成既濟。坎爲志，兩坎爲上下志，又互震伏巽，「同聲相應」，故曰「上下交而其志同也」。**內陽而外陰，內健而外順，**何妥曰：此明天道也。陰陽之名，就爻爲語，健順之稱，指卦爲言。順而陰居外，故曰「小往」。健而陽在內，故曰「大來」。疏此又以天道言也。《稽覽圖》「六十四卦策術曰『陽爻九，陰爻六』，軌術『陽爻九七，陰爻八六』」，故云「陰陽之名，就爻爲語」。《繫下》曰「乾，天下之至健。坤，天下之至順」也，故云「健順之稱，指卦爲言」。坤順而陰詘居外，故曰「小往」。乾健而陽信在內，故曰「大來」。內外當位，天道所以常泰也。**內君子而外小人，**崔憬曰：此明人事也。陽爲君子，在內健於行事。陰爲小人，在外順以聽命。疏此又以人事言也。君子之性剛强，故「陽爲君子」。信在內，則「健於行事」。小人之性柔弱，故「陰爲小人」。詘在外，則「順以聽命」。內外得所，人事所以常泰也。**君子道長，小人道消也。」**《九家易》曰：謂陽息而升，陰消而降也。陽稱「息」者，長也，起復成巽，萬物盛長也。陰言「消」者，起姤終乾，萬物成熟，成熟則給用，給用則分散，故陰用特言「消」也。疏陽主息，息故升，陰主消，消故降。《月令》鄭注「陽生爲息」，❶故「息」即「長」

❶「月令鄭注」，思賢本作「《史記・曆書》『起消息』，皇侃云」。

也。起於復，終成巽，巽居東南，萬物盛長之時也。陰主消，陰之消陽，起於姤，終反成乾，乾居西北，萬物已成熟之後也。物已成熟，則給用於人，給用於人，則分散矣。陰消自有而無，故「陰用特言消也」。君子，陽也，內之陽日息，故曰「君子道長」。小人，陰也，外之陰日消，故曰「小人道消也」。《雜卦傳》曰「夬，決也，剛決柔也。君子道長，小人道消」，義並同也。

《象》曰：「天地交，泰。」荀爽曰：坤氣上升，以成天道。乾氣下降，以成地道。天地二氣，若時不交，則爲閉塞，今既相交，乃通泰。**疏** 地本在下，今坤氣上升，即「地氣上騰」是也。❶「以成天道」者，陰濟陽也。天本在上，今乾氣下降，即「天氣下降」是也。「以成地道」者，陽濟陰也。若二氣不交，則閉塞不通矣，惟交故通，通故曰「泰」。后以財成天地之道，虞翻曰：「后，君也。」陰升乾位，坤女主，故稱「后」。坤富稱財，守位以人，聚人以財，故曰「成天地之道」。**疏**「后，君也」，《釋詁》文。「陰升乾位，女主故稱后」者，❷《曲禮》「天子有后」，疏云「后，後也。言其後於天子，亦以廣後胤也」，《白虎通》❸「商以前皆曰妃，周始立后，正嫡曰王后」，蓋古者君稱「后」，後世君稱王，妃遂稱后，故以「坤爲女主稱后」也。地生萬物，故「坤富稱財」。五爲天位，乾爲人，坤爲財，坤居五位，尚二中行，是「守位以人，聚人以財，故曰成天地之道」也。　愚案　「后」本君稱，兹不稱天子，王者以坤爲后土，杜預《左傳》注云「土爲羣物主，故稱后」是也，非「女主稱后」也。財，《釋文》云「荀作裁」，《釋言》疏云「財、裁音義同」，❹《史記·封禪書》「民里社，各自財以祠」，《漢書·郊祀志》作「自裁」是也。《繫上》曰「坤化成物」，故曰「財成」。道有偏陰偏陽，則財而成之，如《周官》所云「燮理陰陽」是也。輔相天地之宜，以左右民。」虞翻曰：相，贊。左右，助之。震爲左，兑爲右，坤爲民，謂以陰輔陽，《詩》曰「宜民宜人，受禄于天」。鄭玄曰：財，節也。輔相，左右，助也。以者，取其順陰陽之節，爲出內之政。春崇寬仁，夏以長養，秋教收斂，冬敕

---

❶「地」，原作「天」，今據思賢本改。

❷「女主」上，據所引虞翻注，疑脱「坤」字。

❸「白虎通」下，思賢本有「天子之配謂之后。后者，君也。天子之配至尊，故謂后也。攷」等語。

❹「財裁」，思賢本作「裁財」。

蓋藏，皆可以成物助民也。**疏**虞注「相」訓「贊」者，《釋詁》曰「相，導也」，注謂「贊勉」是也。❶又曰「左右，助勵也」，故云「左右，助之」也。震春爲左，兑秋爲右，坤衆爲民，以六居五，故「謂以陰輔陽」也。「宜民宜人，受禄于天」，《詩·假樂》文，引此言坤承乾命，以地輔相於天，而宜民也。　愚案　「天地之宜」，如《考工記》「天有時，地有利」是也。❷「輔相」則因天時，順地利也。　鄭注《節·象》曰「節以制度，不傷財」，故云「財，節也」。《詩·小雅》「無棄爾輔」，❸注云「輔以佐助」，「左右」爲「助」，見《爾雅》，故云「輔相，左右，助也」。「以者」，釋「后以」也。「取其順陰陽之節」者，釋「財成天地之道」。「爲出内之政」者，釋「輔相天地之宜」也。體互震兑，震春兑秋，故「春崇寬仁，秋教收斂」。二五易位成既濟，离夏坎冬，故「夏以長養，冬敕蓋藏」。云「皆可以成物助民」者，釋「以左右民」也。　愚案　天道尚左，地道尚右，天左故稱「佐」，地右故稱「佑」，《皋陶謨》曰「予欲左右有民」，是其義也。

初九，拔茅茹，以其彙，征吉。王弼曰：茅之爲物，拔其根而相牽引也。茹，相牽引之貌也。三陽同志，俱志在外，初爲類首，已舉則從，若茅茹也。上順而應，不爲違距，進皆得志，故以其類「征吉」也。**疏**茅根相連，拔則牽引。茹，牽引之貌也。内三陽同志，與坤爲正應，故云「俱志在外」。鄭云「彙，類也」。初爲陽類之首，已舉則二陽相從，如茅之茹也。上坤爲順，下應於乾，不相違距，陽升爲進，進皆得志，故曰「以其彙，征吉」。

《象》曰：「拔茅征吉，志在外也。」虞翻曰：「否泰反其類」，否巽爲茅。茹，茅根。「艮爲手」。彙，類也。初應四，故「拔茅茹以彙」。震爲征，得位應四，「征吉」，「外」謂四也。**疏**「否泰反其類」，《雜卦》文，「反類」即旁通也。否三互巽，巽爲草木，剛爻爲木，柔爻爲草，又巽爲白，柔白，故「爲茅」也。否初應四，與四同體，在地中，故「茹爲茅根」也。「艮爲手」，《説卦》文。艮在否四，拔茅以手也。

❶「相導也注謂贊勉」，思賢本作「『相，勵也』，注『勵』謂『贊勉』」。

❷「利」，思賢本作「氣」。

❸「詩小雅」至下文「輔以佐助」，思賢本作「賈子《保傅》篇『輔善而相義者，謂之輔』，《廣雅·釋詁》『輔，助也』」。

乾初无正應，確乎不拔，言難拔也。泰初與四正應。「拔茅茹」，言易拔也。「彙，類也」，本鄭注，謂乾三陽爲類也。四拔初，初即應四，故曰「拔茅茹以彙」也。陽息初，震行爲征。初得位，與四正應，故「征吉」也。四應初，既濟定，四體坎爲志，故「外謂四也」。　案：初動成巽，亦爲茅。

九二，包巟，翟玄曰：巟，虚也。二五相應，五虚无陽，二上包之。疏「巟」「荒」古今字，鄭云「荒讀爲康，虚也」。翟從鄭，故訓「虚」，《詩·柔桑》「具贅卒荒」，毛傳「荒，虚也」。乾盈坤虚，故「五虚無陽」。二五相應，二當升五，故「上包之」。**用馮河，不遐遺，**荀爽曰：河出於乾，行於地中，陽性欲升，陰性欲承，馮河而上，不用舟航。自地升天，道雖遼遠，三體俱上，不能止之，故曰「不遐遺」。疏《釋水》「河出崑崙虚」，《漢書·溝洫志》「武帝時，齊人延年上書言『河出崑崙，經中國，注勃海，是其地勢西北高，而東南下也』」，《説卦》「乾，西北之卦也」，河源出於西北，故云「河出於乾」。《孟子》曰「水由地中行，江淮河漢是也」，今在坤下，故云「行於地中」。《乾鑿度》曰「陽氣升上，陰氣欲承」，故云「陽性欲升，❶陰性欲承」。《詩·小旻》「不敢馮河」，毛傳「馮，陵也」，故云「馮河而上，不用舟航」，馮河上五，將爲既濟也。二升五，是「自地升上」也。歷乾，是「天道遼遠」也。二獨上，非「三體俱上」也。五應二，是雖遠「不能止之」也，故曰「不遐遺」。

朋亡，得尚于中行。荀爽曰：中謂五，坤爲朋，朋亡而下，則二上居五，而行中和矣。疏五居上中，故「中謂五」。《坤》曰「西南得朋」，故「坤爲朋」。坤喪乙爲亡。五离朋類而下，故云「朋亡而下」。「尚」與「上」通。五下二，則二上居五，各得其正，「而行中和矣」。「中和」謂六二、九五，合言之，則二五爲中，相應爲和，分言之，則五爲中，二爲和。故《周禮·大宗伯》「以天産作陰德，以中禮防之。以地産作陽德，以和樂防之」。天地者，二五也，天交乎地，「以天産作陰德」也，五爲中，故「以中禮防之」。地交乎天，「以地産作陽德」也，二爲和，故「以和樂防之」。又曰「以禮樂合天地之化，百物之産」，《中庸》所謂「致中和，天地位焉，萬物育焉」是也。**《象》曰：「包巟，得尚于中行，以光大也。」**虞翻曰：在中稱包，巟，大川也。馮河，涉河。「遐，遠」。「遺，亡也」。失位，變得

❶「陽」，原作「乾」，今據思賢本及所引荀爽注改。

正，體坎，坎爲大川，爲河，震爲足，故「用馮河」。乾爲遠，故「不遐遺」。兑爲朋，坤虚无君，欲使二上，故「朋亡」。二與五易位，故「得上于中行」，震爲行，故「光大也」。**疏**二在中，爲上下所包，故「稱包」。「巟」从「巛」，「巛」，「川」本字也。《説文》「巟，水廣也」，故云「巟，大川」。《釋訓》「馮河，徒涉也」，故「馮河」云「涉河」。「遐，遠」，《釋詁》文。「遺，亡也」，《説文》文。二陽失位，變陰得正，其體爲坎，坎爲水，故「爲大川」而稱「巟」也。《九家·説卦》「坎爲河」，今作「可」者，磨滅之餘也。互震爲足，以震足涉坎水，故「用馮河」。昭十八年《左傳》曰「天道遠」，故「乾爲遠」。雖遠不亡，故曰「不遐遺」。《兑·象》曰「君子以朋友講習」，故「兑爲朋」。坤陰居五，故「坤虚无君」。二上居五則兑毁，故曰「朋亡」。「尚」與「上」通。二五易位，則二「得尚于中行」，震足爲行。五下二成离，离爲光，乾爲大，故「光大也」。

九三，无平不陂，无往不復，虞翻曰：陂，傾，謂否上也。平謂三，天地分，故「平」。「天成地平」，謂「危者使平，易者使傾」。往謂消外，復謂息内。從三至上體復，「終日乾乾，反復道」，故「无平不陂，无往不復」。**疏**鄭注《樂記》云「陂，傾也」。三應上，上者，泰之極，而否之始也，故「謂否上也」。「平謂三」者，泰三也，内天外地，自三爻分，故三稱「平」也。上互震爲大塗，故稱「平」，下互兑爲澤，故稱「陂」。「天成地平」，本《書·大禹謨》文。「危者使平，易者使傾」，《繫下》文，平易，泰三也。危傾，否上也。泰盈三，則消外而爲否傾，是爲「易者使傾」。否窮上，則復初而爲泰平，是爲「危者使平」也。「往謂消外」者，坤爲消也，「復謂息内」者，乾爲息也。從三至上，復體半見，「終日乾乾，反復道」，《乾》九三《象傳》文，謂否反成泰，至三而盈，當反復道，乃不陂，故曰「无平不陂，无往不復」也。

艱貞无咎，勿恤其孚，于食有福。虞翻曰：艱，險。貞，正。「恤，憂」。「孚，信也」。二之五得正，在坎中，故「艱貞」。坎爲憂，故「勿恤」。陽在五，孚險，坎爲孚，故有「孚」。體噬嗑食也，二上之五據四，則三乘二，故「于食有福」也。**疏**艱，難也。險，亦難也，故云「艱，險」。「貞，正」，見《師·象傳》。「恤，憂」，「孚，信」，《釋詁》文。二之五得正，三在坎中，故「艱貞」。《説卦》曰「坎爲加憂」，故「勿恤」。三得位，承上，故「无咎」。陽在五，五孚於坎險者，以三坎又爲孚也，故「有孚」。二五易位，體象噬嗑，《雜卦》曰「噬嗑，食也」。二之五，則五據四陰，即三乘二陰，乘陰和則有福，故「于食有福」也。　愚案　二之五成既濟，三體坎，坎險故「艱」。得正承上，故「无咎」。坎雖爲憂，得正則「勿恤」。坎爲孚，三坎與五坎相孚，故曰「其孚」。坎又互离爲水火，昭二十年《左傳》曰「水火醯醢鹽梅，❶以烹魚肉，燀之以薪」，故爲「食」。福，善也，乾積善，故爲「福」。五坎，既濟九五也，九五乾陽爲實，故曰「實受其福」，三坎孚之，故曰「于食有福」。言處極盛之時，而以艱貞之道，持盈保泰，則可長享其福也。

《象》曰：「无平不陂，天地際也。」宋衷曰：位在乾極，應在坤極，天地之際也。地平極則險陂，天行極則還復，故曰「无平不陂，无往不復」也。疏　三在乾上，故云「位在乾極」，三與上應，故云「應在坤極」。《小爾雅》曰「際，接也」，坤與乾接，故云「天地際也」。地以形言，故云「平極則險陂」，天以氣言，故云「行極則還復」。乾盡坤接，則平必陂，往必復，故曰「无平不陂，无往不復也」。

六四，翩翩，不富以其鄰，虞翻曰：二五變時，四體离飛，故「翩翩」。坤虛无陽，故「不富」。兑西震東，故稱「其鄰」。三陰乘陽，不得之應，《象》曰「皆失實也」。疏　二五變時成既濟，四體离，离爲雉，又南方朱雀，象鳥飛，故曰「翩翩」。坤凝乾元，故廣生爲「富」，坤虛无陽，則「不富」矣。互兑秋爲西，震春爲東，故曰「其鄰」。三陰皆下乘陽，之應則成否矣，故「不得之應」也。不之應，則无陽，无陽「失實」矣。　愚案　《詩・小雅》曰「緝緝翩翩」，毛傳云「往來貌」，四與三接，否泰往來之交，四曰「翩翩」，義取往來，即三「无往不復」之意。坤廣生爲富，三互震兑爲鄰，四爲坤始，四雖富，不以富耀其鄰也。

不戒以孚。虞翻曰：謂坤「邑人不戒」，故使二升五，信來孚邑，故「不戒以孚」。二上體坎中正，《象》曰「中心願也」。與《比》「邑人不戒」同義也。疏　「謂坤邑人不戒」者，坤爲邑，此卦无邑人象，因比言之也。二升五，乾二信實，來孚於坤邑也。戒，告也。四體震爲言，二來震滅成坎，故「不戒以孚」也。二上居五，體坎爲心，中而且正，故有「中心願」之象也。比五由師二升，比二爲邑人，故云「與比『邑人不戒』同義也」。　案　三承四曰「其孚」，四乘三，故曰「不戒以孚」。**《象》曰：「翩翩不富，皆**

❶「二十」，原作「十二」，今據思賢本及所引文改。

失實也。宋衷曰：四互體震，翩翩之象也。陰虚陽實，坤今居上，故言「失實也」。疏 四在震，震驚，故爲「翩翩之象」。陽實陰虚，坤三爻皆陰，故「皆失實也」。不戒以孚，中心願也。」《九家易》曰：乾升坤降，各得其正。陰得承陽，皆陰心之所願也。疏 乾二升居五，坤五降居二，故云「乾升坤降，各得其正」。《乾鑿度》曰「陰性欲承」，故云「陰得承陽」，承五也。五坎爲心，四陰承之，故云「皆陰心之所願也」。

六五，帝乙歸妹，以祉元吉。《九家易》曰：五者帝位，震象稱乙，是爲帝乙。六五以陰處尊位，帝者之姊妹，五在震後，明其爲妹也。五應於二，當下嫁二，「婦人謂嫁曰歸」，故言「帝乙歸妹」。謂下居二，以中和相承，故「元吉」也。　虞翻曰：震爲帝，坤爲乙，帝乙，紂父。歸，嫁也。震爲兄，兑妹，故嫁妹。「祉，福也」。謂五變體离，「离爲大腹」，則妹嫁而孕。得位正中，故「以祉元吉」也。疏《九家》注　五爲天子，故「五者帝位」。震東方，乙位東，故「震象稱乙」。互震居五，是爲「帝乙」。陰爻居於尊位，帝者姊妹之象也，三爲震初，五在其後，是以知其爲「妹」也。五與二爲陰陽正應，故「五當下嫁於二」也。「婦人謂嫁曰歸」，隱二年《公羊傳》文，故「歸妹」謂嫁也。五下居二，得中得正，故云「中和相承」。「元吉」者，與坤六五「黄裳元吉」同占也。　虞注　「帝出乎震」，故「震爲帝」。坤納乙，故「坤爲乙」。「帝乙，紂父」者，《書・多士》曰「自成湯至于帝乙」，哀九年《左傳》晉趙鞅筮得此爻，其言曰「微子，帝乙之元子也」，❶故知「帝乙」爲「紂父」也。又《子夏傳》曰「帝乙歸妹，湯之嫁妹也」。《世本》「湯名天乙」，故稱「帝乙」。《京房章句》載湯嫁妹之辭曰「無以天子之尊，而乘諸侯，無以天子之貴，❷而驕諸侯。陰之從陽，女之順夫，本天地之義也。往事爾夫，必以禮義」，其辭未必傳於上世，然亦以帝乙爲湯也。又荀爽《後漢書》本傳言「湯有娶禮，❸歸其妹於諸侯也」，是先儒皆以帝乙爲湯也。「歸，嫁也」，釋見上。自二至五，體互震兑。震長男，故「爲兄」。兑少女，故「爲妹」。坤爲妻道，五當降二，故爲「嫁妹」。「祉，福也」，《釋詁》文。五

❶「帝乙」上，思賢本有「啟」字。

❷「貴」，思賢本作「富」。

❸「有」，思賢本作「巨」。《後漢書・荀爽傳》作「以」。

變則體互离，「离爲大腹」，《説卦》文。是「嫁妹而孕」也。得位故正中，正中故「以祉元吉也」。 愚案 三四爲天地之交，易位則體歸妹。於五言之者，五爲卦主也。

《象》曰：「以祉元吉，中以行願也。」《九家易》曰：五下於二，而得中正，故言「中以行願也」。**疏**五陰下居於二，中而且正。互震足爲行，坎心爲願，是得中以行其願，故曰「中以行願也」。

上六，城復于隍。 虞翻曰：否艮爲城，故稱「城」。坤爲積土。隍，城下溝。無水稱隍，有水稱池。今泰反否，乾壞爲土，艮城不見，而體復象，故「城復于隍」也。**疏**泰之上，否之三也。泰之三，本否之四。故取「否艮爲城」。艮爲門闕，又陽在外以固内，故「稱城」。坤爲地，故「爲積土」。《釋言》曰「隍，壑也」，《説文》曰「隍，城池也」，故云「隍，城下溝」。又曰「有水曰池，無水曰隍」，故云「无水稱隍，有水稱池」也。今泰反爲否，則乾壞爲坤，艮象不見，而復體半形，故曰「城復于隍」。上宜體坎爲水。既濟未成，故溝无水而爲隍也。 勿用師，自邑告命。貞吝。 虞翻曰：謂二動時體師。陰皆乘陽，行不順，故「勿用師」。坤爲自邑，震爲言，兑爲口，否巽爲命。今逆陵陽，故「自邑告命」。命逆不順，陰道先迷，失實遠應，故「貞吝」。**疏**「二動時體師」者，二至上體師也。天地雖交，以坤三陰乘陽，是爲行逆不順，故「勿用師」。坤身爲自，衆爲邑，故「坤爲自邑」，謂上也。互震聲爲言，又互兑爲口，皆謂三也。《巽・象》曰「重巽以申命」，故否三互巽「爲命」。今逆行陵陽而告於坤，故爲「自邑告命」。否巽行於上，故爲「命逆不順」。《坤》卦辭曰「先迷」，故爲「陰道先迷」。上體无陽，而下應三命，故爲「失實遠應」。上六得位，雖正亦吝，故曰「貞吝」。 愚案 上極則泰反爲否，乾毁坤成，故「城復于隍」。坤衆爲師，乾成坤壞，故「勿用師」。自坤邑告命於否巽，三上雖爲正應，但否時震毁，告命不行，雖貞亦吝也。

《象》曰：「城復于隍，其命亂也。」《九家易》曰：乾當來上，不可用師而拒之也。「自邑」者，謂從坤性而降也。「告命」者，謂下爲巽，宣布君之命令也。三陰自相告語，俱下服順承乾也。「城復于隍」，國政崩也。坤爲亂，否巽爲命，交在泰上。故「其命亂也」。**疏**言否時「乾當來上」，非坤衆所能拒也。坤爲邑，陰性降，故「自邑」爲「從坤性而降也」。否巽爲命，故「告命」「謂下爲巽」。應在乾上，乾爲君，故「宣布君之命令也」。否三互巽爲命，坤身爲自，故云「三陰自相告語」。上陰降，則四五俱降，故云「俱下服順承乾也」。坤陰爲亂，而互否巽，三交於上，故曰「其命亂也」。《既濟・象》曰「初吉，終亂」，傳謂「終止則亂，其道窮也」，即「命亂」之義也。

《序卦》曰：「物不可以終通，故受之以否。」崔憬曰：物極則反，故不終通而否矣。所謂「城復于隍」者也。疏《雜卦傳》「否泰反其類也」，故「物極則反」。通不終通，而泰「受以否」矣。泰之反否，其機始於三，而其勢成於上。泰之否，泰之上爲之也。《泰》上《象》曰「城復于隍，其命亂也」，其即否之謂乎。

䷋坤下乾上

否之匪人，不利君子貞，大往小來。虞翻曰：陰消乾，又反泰也。謂三，比坤滅乾。以臣弑其君，子弑其父，故曰「匪人」。陰來滅陽，君子道消，故「不利君子貞」。陰信陽詘，故「大往小來」。「則是天地不交而萬物不通」，與比三同義也。疏否，消卦也。自乾來，故云「陰消乾」。與泰旁通，故云「反泰」。陰消至三成坤，故云「比坤滅乾」。「臣」謂坤，「子」謂遯艮也。遯消至二，雖艮子弑父，然乾猶未滅。故弑君弑父，並在否三。人道滅絶，故曰「匪人」。「君子」謂五。陰來滅陽，陽道有日消之勢。五雖得位，其勢將消，故「不利君子貞」也。陽詘在外，故曰「大往」。陰信在内，故曰「小來」。否象閉塞，故「天地不交而萬物不通也」。比三體剥，剥四曰「剥牀以膚」。弑父弑君，故曰「比之匪人」。否三亦體剥艮膚也，故云「與比三同義也」。

《彖》曰：「否之匪人，不利君子貞，崔憬曰：否，不通也。於不通之時，「小人道長」，故云「匪人」。「君子道消」，故「不利君子貞」也。疏泰，通也。否與泰反，故云「不通」。於否之時，陰道日長，故稱「匪人」。陽道日消，故「不利君子貞」。大往小來。蜀才曰：此本乾卦。大往，陽往而消。小來，陰來而息也。疏乾陽消而成否，故云「此本乾卦」。陽稱大，陽往而消，是「大往」也。陰稱小，陰來而息，是「小來」也。則是天地不交而萬物不通也，何妥曰：此明天道否也。疏此以天道言也。乾不降，坤不升，故「天地不交」。不成既濟，故

「萬物不通」。《乾鑿度》曰：「天地不變，不能通氣。」鄭彼注云「否卦是也」。**上下不交而天下无邦也。**何妥曰：此明人事否也。泰中言「志同」，否中云「无邦」者，言人志不同，必致离散而亂邦國。　崔憬曰：君臣乖阻，取亂之道，故言「无邦」。**疏**何注　此以人事言也。志爲氣帥，民爲邦本。泰交故民志同，而邦本以固。否則上下不交，而人志不同，必致民心离散，而邦國擾亂，故曰「无邦」。　崔注　乾爲君在上，坤爲臣在下。「上下不交」，則「君臣乖阻」。賢人在下，无輔於上，故爲「取亂之道」。乾爲人，坤爲邦。不交則坤虛无人，故曰「无邦」。**内陰而外陽，内柔而外剛，**崔憬曰：陰柔謂坤，陽剛謂乾也。**疏**「陰柔謂坤」在内，「陽剛謂乾」在外。《説卦》曰「立地之道，曰柔與剛」。《泰·象傳》曰「内健而外順」。順者，順乎乾。今坤消乾，坤成則乾毁。柔剛屬坤，故變健順言柔剛矣。**内小人而外君子。小人道長，君子道消也。」**崔憬曰：「君子在野，小人在位」之義也。**疏**「君子在野，小人在位」，《書·大禹謨》文。「小人」謂三，「君子」謂五。陰消至三，故「小人道長」。至五成剥，故「君子道消也」。

《象》曰：「天地不交，否。宋衷曰：「天地不交」，猶君臣不接。天氣上升，而不下降，地氣沈下，又不上升。二氣特隔，故云「否」也。**疏**乾爲天、爲君，坤爲地、爲臣，故「天地不交，猶君臣不接」。陽性本升，今又在上，故云「天氣上升，而不下降」。陰性本降，今又在下，故云「地氣沈下，又不上升」。二氣相隔，其象爲否。否者，閉塞不通也。即《月令》「天氣上騰，地氣下降，天地不通」之義也。但否於消息爲七月卦，《月令》舉於「孟冬」者，七月否之始，孟冬否之成也。**君子以儉德辟難，不可營以禄。」**虞翻曰：君子謂乾。坤爲營，乾爲禄。難謂坤，爲弑君，故「以儉德辟難」。巽爲入，伏乾爲遠，「艮爲山」。體遯象，謂辟難，遠遁入山，故「不可營以禄」。「營」或作「榮」，「儉」或作「險」。　孔穎達曰：言君子於此否時，❶以節儉爲德，辟其危難。不可榮華其身，以居禄位。若據諸侯公卿而言，是辟時羣小之難，不可重受官爵也。若據王者言之，謂節儉爲德，辟陰陽厄運之難，不可自重

❶「於」，原作「如」，今據草堂本、思賢本及所引文改。

榮貴而驕逸也。疏虞注　陽爲君子，故「君子謂乾」。營求，陰道也，故「坤爲營」。《曲禮》「士曰不禄」，謂其死也。生則禄，死則不禄。乾陽爲生，故「乾爲禄」。陰消至否，坤臣弑君，故「難謂坤，爲弑君」。儉，約也。艮爲慎，乾爲敬，故曰「儉德」。「危邦不入，亂邦不居」，故「以儉德辟難」。「巽，入也」，三互巽，故「爲入」。天道遠，故坤「伏乾爲遠」。互艮爲山，二至上象遯，故謂「辟難」，當「遠遯入山」。坤消乾禄，故「不營以禄」。「營或作榮」，今王弼本是也。「儉或作險」，《釋文》亦未詳。　孔注　士君子伏處草野，有道則見，無道則隱，進退可以自如。若身據王侯公卿之貴，不幸而遭否阸，亦必節儉爲德，遵養時晦，以俟休明。在公卿則「辟時羣小之難，不可重受官爵」。在王者則「辟陰陽阸運之難，不可自重榮貴而驕逸」。位既不同，義亦攸別。疏特推廣其説，以備占者之用。庶幾貴賤咸宜，而經无滞旨矣。

初六，拔茅茹以其彙，貞吉亨。荀爽曰：「拔茅茹」，取其相連。彙者，類也。合體同包，謂坤三爻，同類相連。欲在下也。貞者，正也。謂正居其所，則吉也。疏泰取「拔茅」，以否互巽也。釋見泰初。三互巽，柔爻爲「茅」。初二三陰相連，象茅根爲「茹」，故云「拔茅茹，取其相連」。「彙」訓「類」，本鄭注。「合體」謂合坤體。「同包」謂二三同包。坤三爻皆陰，故云「同類相連」。不言征，故云「欲在下也」。「貞者，正也」，本《師・彖傳》。初不正，變之正。不征則正居其所，故「吉也」。　愚案　泰否初爻，皆取象於茅。「其初難知」，聖人不肯遽疑其巽。但九爲陽剛，君子之象也，故稱其共進則吉；六爲陰柔，小人之象也，故戒以守正則吉。且否初言「亨」者，初動成剛，反泰之始。「泰者，通也」，故獨言「亨」。與《泰》卦「吉亨」同辭。

《象》曰：「拔茅貞吉，志在君也。」《九家易》曰：陰志在下，欲承君也。　案：初六巽爻。巽爲草木，陽爻爲木，陰爻爲草。初六陰爻，草茅之象也。疏《九家》注　初應四，四變應初，體坎，故爲「志」。「乾爲君卦」，五爲君位。坤性承乾，初應四，是承乾君也。二承五，初與三以其陰類在下，同承五君，故曰「志在君也」。　案　陰消陽，自巽始，姤初是也。故以「初六」爲「巽爻」。「巽爲木」，謂陽爻，其陰爻則草也。故以「初六陰爻」爲「草茅之象」。

六二，包承，小人吉。大人否亨。荀爽

曰：「二與四同功」，爲四所包，故曰「包承」也。小人，二也。謂一爻獨居，閒象相承，得繫於陽，故「吉」也。大人謂五。乾坤分體，天地否隔，故曰「大人否」也。二五相應，否義得通，故曰「否亨」矣。**疏**「二與四同功」，《繫下》文。四承五，二爲四所包，故曰「包承」。陰本小人，二居否時，位雖得正，亦象小人也。一爻獨居正位，閒隔三象，與四相承於五，是得繫於陽爲正應，故「吉也」。五位天子，又屬陽爻，故爲「大人」。乾陽坤陰，「分陰分陽」，故云「分體」。「天地不交」，故云「否隔」。五爲卦主，故云「大人否也」。二五得中，又爲陰陽正應，故「否義得通」。通故雖否亦亨也。　愚案　二正承五，爲五所包，故「包承」。「小人道長」，故「小人」則「吉」。「君子道消」，故「大人」則「否」。然得正應五，爲五所包，故「雖否亦亨也」。

《象》曰：「大人否亨，不亂羣也。」虞翻曰：「否，不也」。物三稱羣，謂坤三。陰亂弑君，大人不從，故「不亂羣也」。**疏**「否，不也」，《説文》文。《詩・小雅》「或羣或友」，毛傳「獸三稱羣」，❶故云「物三稱羣」。坤三爻，故「稱羣」。坤陰爲亂，有弑君之象。時雖否隔，大人居五，以中正感之，不爲羣陰所亂，故曰「不亂羣也」。

六三，包羞。《象》曰：「包羞，位不當也。」荀爽曰：卦性爲否，其義否隔。今以不正，與陽相承，爲四所包。違義失正，而可羞者，以「位不當」故也。**疏**卦性本有否隔之義，而否實成於三也。三以不正之陰，與四相承，爲四所包。既違泰義，又失陰，正可羞，❷孰甚焉。其可羞者，以位不中不正，不當故也。　案　虞云「坤爲恥」，《廣雅》「恥，羞也」，陰消至三，否象始成。位既不正，爲上所包。以陽包陰，是「包羞」也。《孟子》曰：「無羞惡之心，非人也。」故《象》以三爲「匪人」。三與上應，皆不得正，故曰「位不當也」。

九四，有命无咎。疇离祉。《九家易》曰：巽爲命。謂受五之命，以據三陰，故「无咎」。无命而據，則有咎也。疇者，類也。謂四應初據三，與二同功，故陰類皆「离祉」也。离，附，「祉，福也」。陰皆附之，故曰有福。謂下三陰离受五四之福也。**疏**巽爲申命，互巽，故「爲命」。四承五，故「謂受五之命」。受命以據三陰，故

❶「稱」，思賢本作「曰」。
❷「又失陰正可羞」，草堂本作「又失正，陰可羞」。

「无咎」。若无命而失位據陰，則有咎矣。《漢書・律曆志》曰「疇人子弟分散」，李奇注云「同類之人」，是「疇」爲「類」也。《坤・彖傳》曰「乃與類行」，《繫上》曰「方以類聚」，此卦曰「彙」，曰「疇」，皆以陰爲「類」也。《繫下》曰「二與四同功」。四遠應初，近據三，又與二同功，皆上與乾爲正應，故同類陰爻皆得上离乾祉也。《离・彖傳》曰「离，麗也」。訓「离」爲「附」，謂附著也。故「离」義與「麗」同也。「祉，福也」，《釋詁》文。陰附於陽，故皆「有福」。四承五命，故「謂下三陰离受五四之福也」。**《象》曰：「有命无咎，志行也。」**荀爽曰：謂志行於羣陰也。

疏 四承五命，下據三陰，而陰類皆离其福，是四之志得行於羣陰也。

九五，休否，大人吉。《九家易》曰：否者，消卦。陰欲消陽。故五處和居正，以否絶之。乾坤異體，升降殊隔，卑不犯尊，故「大人吉」也。疏 否爲消卦，坤陰欲消乾陽。以九居五，故「處和居正」。休者，止息。否者，閉隔。故「以否絶之」爲「休否」。「天地不交」，故「乾坤異體」。「上下不交」，故「升降殊隔」。否爲七月卦，是時萬物已成，乾坤位定，卑不犯尊，故「大人吉也」。又鄭注「休，美也」，義亦通。**其亡其亡，**荀爽曰：陰欲消陽，由四及五，故曰「其亡其亡」。謂坤性順從，不能消乾使亡。疏 陰欲消陽，由四漸有及五之勢。存不忘亡，故曰「其亡其亡」，猶曰「豈其亡乎！豈其亡乎！」言陰雖善消，而坤性順從，不能消乾使遽亡也。**繫于包桑。**荀爽曰：包者，「乾坤相包」也。桑者，上玄下黄，以象乾坤也。乾職在上，坤體在下。雖欲消乾，繫其本體，不能亡也。　京房曰：桑有衣食人之功，聖人亦有天覆地載之德，故以喻。　陸績曰：包，本也。言其堅固不亡，如以巽繩繫也。　案：「其亡其亡」，近死之嗟也。「其」與「幾」同，幾者，近也。九五居否之時，下包六二，二互坤艮，艮山坤地，地上即田也。五互巽木，田上有木，莫過於桑，故曰「其亡其亡，繫于包桑」。言五二包繫，根深蒂固，若山之堅，如地之厚者也，雖遭危亂，物莫能害矣。鄭玄曰：猶紂囚文王於羑里之獄，四臣獻珍異之物，而終免於難，「繫于包桑」之謂。疏 荀注「乾坤相包」，《參同契》文。言陰包陽，陽亦包陰，故引以釋「包」義也。《文言》曰「天玄而地黄」。《考工記》曰「天曰玄，地曰黄」。❶桑本上玄下黄，故取其色以象乾坤。《繫上》曰「天尊地卑，乾坤定矣」，故云「乾職在上，坤體在下」。坤陰雖欲消乾，然繫於玄黄之木。黄亦坤之本體，消亦安能遽亡也。

京注　《典術》：「桑木者，箕星之精，神木也。蟲食葉爲文章。人食之，老翁爲小童。」文章，即黼黻也。故云「桑有衣食人之功」。聖人於人「有天覆地載之德」。天覆象玄，地載象黄，故取桑之上玄下黄，而衣食於人者，以喻之也。　陸注　《説文》「包，象人懷妊，巳在中」。是「包」固生人之本，故云「包，本也」。言根本堅固，自不能亡。《説卦》曰「巽爲繩」，五互四三爲巽，故「如以巽繩繫也」。　案　《春官・大宗伯》「以喪禮哀死亡」，「亡」即「死」也。故云「其亡其亡，近死之嗟也」。《史記・酈生傳》注「『酈食其』讀『歷異幾』」，是「其」有「幾」音，亦有「幾」義，故云「其與幾同」。《釋詁》「幾，近也」，故云「幾者，近也」。九居否五，與二正應，故云「下包六二」。二體坤，又互艮。「艮爲山」，「坤爲地」。地上爲田，故云「地上即田也」。五互巽爲木，《詩・鄘風》「星言夙駕，❷于彼桑田」，❸故云「田上有木，莫過於桑」。「其亡其亡，繫于包桑」者，言五與二相包繫，得位正應，根深蒂固，若艮山之堅，坤地之厚也。「雖遭危亂，物莫能害」者，所謂「亡者，保其存者也」。　鄭注　文王囚於羑里之事，詳具乾初九注。引之以明處難終免，有合「繫于包桑」之義。

《象》曰：「大人之吉，位正當也。」崔憬曰：得位居中也。

疏　九爲得位，五爲居中。得位居中，則陰不能消，故「大人吉」也。

上九，傾否，先否後喜。侯果曰：傾爲覆也，否窮則傾矣。傾猶否，故「先否」也。傾畢則通，故「後喜」也。

疏　《中庸》曰「傾者覆之」，故云「傾爲覆也」。《月令》曰「五覆五反」，覆，反覆也。否極則泰來，「窮上反下」，故「否窮則傾矣」。方傾之時，其體猶否，故「先否」也。傾畢則反泰而通矣，故「後喜也」。

《象》曰：「否終則傾，何可長也。」虞翻曰：「否終必傾，盈不可久」，故「先否」。下反於初，成益體震。「民説无疆」，故「後喜」。

---

❶「考工記曰天曰玄地曰黄」，思賢本作「《考工記》『天謂之玄，地謂之黄』」。

❷「鄘風」，原作「衛風」，今據所引文改。

❸「于彼桑田」，思賢本作「説于桑田」。

以陰剥陽，故「不可久也」。疏高誘《淮南》注云「傾，猶下也」。上反初爲「傾否」，故曰「否終則傾」。《謙·彖傳》曰「地道變盈而流謙」，故云「盈不可久」。卦體下爲「先」，上爲「後」。上應在三，否成於三，故「先否」。益自否來，故云「下反於初」。成益，下體震，震陽爲「喜」。「民説无疆」，《益·彖傳》文。成益則説，説故「後喜」。上不益下，則消成剥，以陰剥陽，剥極必復，故「不可久也」。

《序卦》曰：「物不可以終否，故受之以同人。」崔憬曰「否終則傾」，故同於人，通而利涉矣。

疏上下不交，其志不同，所以成否。當否極之時，須同力相濟，乃能「傾否」。故否終於上，必同於人以傾之，則塞者易通。而辟難者，可以利涉矣。

䷌ 离下乾上

同人于野，亨。鄭玄曰：乾爲天，离爲火。卦體有巽，巽爲風。天在上，火炎上而從之，是其性同於天也。火得風，然後炎上益熾。是猶人君在上施政教，使天下之人和同而事之。以是爲人和同者，君之所爲也，故謂之「同人」。風行无所不徧，徧則會通之德大行，故曰「同人于野，亨」。疏上乾爲天，下离爲火。卦體互巽，巽爲風。《乾鑿度》曰「輕清上爲天」，❶故云「天在上」。《洪範》曰「火曰炎上」，故云「火炎上而從之」。《乾·文言》曰「本乎天者親上」，故云「是其性同於天也」。巽爲木，又爲風。木生火而風揚之，故「火得風，然後炎上益熾」。《畢命》曰「樹之風聲」，故云「是猶人君在上施政教」。《説卦》曰「聖人南面而聽天下，嚮明而治」，故云「使天下之人和同而事之」。坤爲民，乾爲君。坤之一陰，入乾成离，是火之就燥，無異民之就君。故云：「以是爲人和同者，君之所爲也。」「本天親上」，《雜卦》曰「同人，親也」，「故謂之同人」。「風行无所不徧」者，釋「于野」。「徧則會通之德大行」者，釋「亨」也。蓋同則通，通則亨，故曰「同人于野，亨」。　愚案　同人自乾九二變也。《乾》二曰「見龍在田」，「田」即「野」也。《象》曰「德施普也」。《文言》曰「天下文明」，天即乾，明即离，「同人于野」之象也。利涉大川，利君子貞。崔憬曰：以离文明而合乾健。九五中

❶「乾鑿度曰輕清上爲天」，思賢本作「《乾鑿度》『清輕者上爲天』」。

正，同人於二。爲能「通天下之志」，故能「利涉大川，利君子之貞」。疏此本《彖傳》「文明以健，中正而應，君子正也。唯君子爲能通天下之志」，❶以釋之也。 愚案乾郊爲野，伏坎爲川。野者夷塗，川者險道。「同于野」者，是謂大同之象也，故「亨」。「涉大川」者，同舟共濟之義也，故「利君子貞」。貞者，二五皆正也。《京氏易傳》「訟降爲同人」，❷蓋訟之乾在坎水之下，故「不利涉大川」。同人則乾居上體，而下互巽木，又伏坎水，故「利涉大川」。

《彖》曰：「同人，《九家易》曰：謂乾舍於离，同而爲日。天日同明，以照于下。君子則之，上下同心，故曰「同人」。疏坤二之乾爲离，是离舍於乾矣。今乾居离上爲同人，是乾舍於离矣。乾虚其中，則同而爲日。乾大明，离嚮明，皆萬物所瞻仰也。故云：「天日同明，以照于下。」君子則其同明之象，而上下同心，故曰「同人」。 柔得位得中，而應乎乾，曰同人。蜀才曰：此本夬卦。九二升上，上六降二，則「柔得位得中，而應乎乾」。下奉上之象，義同於人，故「曰同人」。疏以五陽一陰之例論其升降，故云「此本夬卦。九二升上，上六降二」。二爲成卦之主，以六居二，上應九五，故曰「柔得位得中，而應乎乾」。《中庸》曰「行同倫，車同軌，書同文」，❸是以「下奉上」之義，「同於人」之象，故「曰同人」也。 同人曰，同人于野，亨，利涉大川，乾行也。虞翻曰：旁通師卦。巽爲同。乾爲野，師震爲人。二得中應乾，故曰「同人于野，亨」。此孔子所以明嫌表微。師震爲夫，巽爲婦，所謂「二人同心」。故不稱君臣父子兄弟朋友，而故言「人」耳。乾四上失位，變而體坎，故曰「利涉大川，乾行也」。 侯果曰：九二升上，上爲郊野，是「同人于野」。而得通者，由乾爻上行耳，故特曰「乾行也」。疏虞注 虞无一陰五陽之例。蓋消息師二降初爲復，息成同人，故云「旁通師卦」。師互震，同人互巽，震巽「同聲相應」，故「巽爲同」。乾居戌亥之郊，故「爲野」。師震乾元，人秉以生，故「爲人」。二得中位，震巽同心，上應乾五，故曰「同人于野，亨」。師震長男爲夫，同人巽長女爲婦，震巽交乾坤於二，夫婦同心之象。《序卦》曰：「有天地，然後

❶「通」，原脱，今據草堂本、思賢本及所引文補。
❷「訟降爲同人」，思賢本作「訟次降天火同人卦」。
❸「行同倫車同軌書同文」，思賢本作「車同軌，書同文，行同倫」。

有萬物。有萬物，然後有男女。有男女，然後有夫婦。」君臣父子，特由此而錯之耳。故以「二人同心」爲夫婦。不稱君臣父子兄弟朋友而言「人」也。乾四上失位，變成既濟定，體坎爲水，故曰「利涉大川」。坎從乾來，故曰「乾行也」。其曰「明嫌表微」者，名卦止取六二一爻，卦辭乃取「于野」「涉川」，非夫婦相同之義。然同人者，夫婦也，其本義也。至「于野」「涉川」，則取乾通天下之志，體坎而行，而推廣之。　侯注　卦自夬來，九二升上爲同人。上在外卦之外，故「爲郊野」。言「同人于野」所以得「亨」者，由九二乾爻上升耳，故曰「乾行也」。**文明以健，中正而應，君子正也。**何妥曰：离爲文明，乾爲剛健。健非尚武，乃以文明。應不以邪，乃以中正。故曰「利君子貞」也。**疏** 坤爲文，离爲明。离之中畫自坤來，故「离爲文明」。《乾·文言》曰「剛健中正」，故「乾爲剛健」。「健非尚武，乃以文明」者，柔以濟剛也。「應不以邪，乃以中正」者，二五得中得正也。五陽得位爲君子，下有正應，故曰「利君子貞也」。**唯君子爲能通天下之志。」**虞翻曰：唯，獨也。四變成坎，「坎爲通」，爲志，故「能通天下之志」。謂五「以類族辯物」，「聖人作而萬物覩」。　崔憬曰：「君子」謂九五。能舍己同人，以「通天下之志」。若九三九四，以其人臣，則不當矣。故爻辭不言「同人」也。**疏** 虞注　「唯」訓「獨」者，專辭也。上四皆不得正，變則成坎。「坎爲通」，《説卦》文。坎心爲志。故曰「能通天下之志」，《象》言「類族辯物」，謂五即乾九五「聖人作而萬物覩」之義也。蓋通志取乎坎。而「能通天下之志」，則在五也。　崔注　五本乾陽，又爲卦主，故「君子謂五」。五「能舍己同人」，故「通天下之志」。三爲三公，四爲諸侯，❶皆人臣之位，不足當同人之任，故爻辭皆不言「同人」也。　愚案　明則私不能淆，健則欲不能屈，中正則足以有敬，應則天下皆通。《論語》曰「一日克己復體，天下歸仁焉」，是其義也。

《象》曰：「天與火，同人。荀爽曰：乾舍於离，相與同居，故曰「同人」也。**疏** 乾居离上，故云「乾舍於离」。乾親上，离炎上，故云「相與同居」。《繫下》曰「中心疑者其辭枝」，虞注云「离人之辭也」。又曰「誣善之人其辭游」，注云「乾爲善人」。乾离皆稱人而又同居，故曰

❶「四」，原作「五」，今據思賢本改。

「同人」。君子以類族辯物。」虞翻曰：君子謂乾。師坤爲類，乾爲族。辯，别也。乾陽物，坤陰物。體姤「天地相遇，品物咸章」。以乾照坤，故「以類族辯物」。謂「方以類聚，物以羣分」。孔子曰「君子和而不同」，故於同人象，❶見以「類族辯物」也。**疏**「君子謂乾」者，謂乾五也。伏師體坤，坤方類聚，故「爲類」。上體乾，人本乎天，又族有九，與圜則九重同義，故「乾爲族」。《説文》「辯，❷判也」，故「辯」訓「别」。「乾陽物，坤陰物」，本《繫下》文。❸陽物以族辯，三也。陰物以類辯，四也。自二至上體姤。「天地相遇，品物咸章」，《姤・彖傳》文。「天地遇而品物章」者，二應五也。上體乾，伏體坤，下离爲照，故云「以乾照坤」。照則物无不明，故以乾坤類族，辯其陰物陽物。「方以類聚，物以羣分」，《繫上》文。又《禮・樂記》曰：「方以類聚，物以羣分，則性命不同矣。」故引之以明「類族辯物」之意也。「君子和而不同」，《論語》文。和，中和也，謂二五。「不同」謂「類族辯物」也。於同人家言「類族辯物」，則統同而辨異在其中矣。

初九，同人于門，无咎。虞翻曰：乾爲門。謂同於四。四變應初，故「无咎」也。**疏**《繫下》曰「乾坤，其易之門耶」，故「乾爲門」。初應四，故「謂同於四」。正應辯類，故「四變應初」，所以「无咎」也。**《象》曰：「出門同人，又誰咎也。」**崔憬曰：剛而无應，比二以柔，近同於人，出門之象，又誰咎矣。案　初九震爻，「帝出乎震」，「震爲大塗」，又爲日門，「出門之象」也。**疏**崔注　初體剛，而四亦剛，是「无應」也。柔在二，而近初，初比二以剛，❹是「近同於人」，而爲「出門之象」。以陽承陰，剛柔相得，「又誰咎也」。案　初九，震之一陽也。「帝出乎震」，「震爲大塗」，皆《説卦》文。日出東方震，故「又爲日門」，所以取象於「出門」也。愚案　二三艮象半見，故爲「門」。初二震象半見，故爲「出」。所同者二，二陰爲偶象同人，故曰「出門同人」。三爻皆剛柔當位，故曰「又誰咎也」。

六二，同人于宗，吝。荀爽曰：宗者，衆也。

---

❶「象」，思賢本作「家」。
❷「説文」至下文「訓别」，思賢本作「《禮・坊記》『君子不敬，何以辯』，鄭注『辯，别也』，故云『辯，别也』」。
❸「本」，思賢本無此字。
❹「剛」，思賢本作「柔」，據崔憬注，思賢本更确。

三據二陰，「二與四同功」，五相應，初相近。上下衆陽皆欲與二爲同，故曰「同人于宗」也。陰道貞静，「從一而終」。今宗同之，故「吝」也。**疏**《書・禹貢》「江漢朝宗于海」，注云「言百川以海爲宗」。❶今「宗」訓「衆」者，言一陰爲衆陽所宗主，即「江漢朝宗」之義也。三據二陰，三同二也。「二與四同功」，四同二也。二五應，五同二也。初相近，初同二也。故謂「上下衆陽皆欲與二爲同」，而云「同人于宗也」。「從一而終」，《恒》六五《象傳》文。陰爲婦道，貴於貞静。「從一而終」，即《郊特牲》「壹與之齊，終身不改」之義也。今衆陽皆同於二，宜其「吝」也。　愚案　二自坤來，坤爲陰宗。二互巽，本體离，离巽皆陰。又二爲陰位。雖得中得正，然所同者，特「同人于宗」而已。以卦言，則「同人于野」，其象廣，廣故「亨」。以爻言，則「同人于宗」，其象狹，狹故「吝」。與履卦言「不咥人」，三爻言「咥人」，其義一也。又許慎《五經異義》曰：「《易》曰『同人于宗，吝』，言同姓相取吝道。」意謂二與五，爲陰陽正配，以在同人家爲同姓，義亦可通。

《象》曰：「同人于宗，吝道也。」侯果曰：宗謂五也。二爲同人之主，和同者之所仰也。有應在五，唯同於五。過五則否，不能大同於人，則爲主之德吝狹矣。所同雖吝，亦妻臣之道也。**疏**五爲卦主，故「宗謂五也」。二爲成卦之主，故云「二爲同人之主」。二爲和同者所共宗仰，乃五爲正應，而二唯同於五焉。非五則不同，是不能如「于野」者之大同于人矣。爲主之德，其吝狹可知也。然所同雖吝，得中得位，五爲正應，亦妻道臣道之常也。

九三，伏戎于莽，升其高陵，三歲不興。

虞翻曰：巽爲伏，震爲草莽。离爲戎。謂四變時，三在坎中，隱伏自藏，故「伏戎于莽」也。「巽爲高」，師震爲陵。以巽股「升其高陵」。爻在三，乾爲歲。「興，起也」。動不失位，故「三歲不興」也。**疏**《雜卦》曰「兑見而巽伏也」，故「巽爲伏」。通師互震。《説卦》曰「震爲萑葦」，故「爲草莽」。又曰「离爲甲胄，爲戈兵」，故「爲戎」。四不正，變成坎，三在坎中，乃入伏就震，隱而自藏，故有「伏戎于莽」之象也。「巽爲高」，《説卦》文。又「震爲反生」，虞作「阪生」。阪，陵也。故「師震爲陵」。又「巽爲股」，是「以巽股升其高陵」也。「乾爲天」，周天三百六十五度四分度之

❶「注云言」，思賢本作「孔傳云」。

一，故「爲歲」。爻在三，故爲「三歲」。「興，起也」，《釋言》文。❶「動不失位」，「不」字當作「而」。動而失其剛位，所以「三歲不興也」。　愚案　三與上應，「伏戎」敵上也，「升陵」望上也。自三至上，歷三爻，「三歲不興」，欲上變正應己，庶從同也。《象》曰：「伏戎于莽，敵剛也。三歲不興，安行也。」崔憬曰：與二相比，欲同人焉。盜憎其主，而忌於五，所以隱兵于野，將以襲之，故曰「伏戎于莽」。五既居上，故曰「升其高陵」。一爻爲一年。自三至五，頻遇剛敵。故「三歲不興」，安可行也。

案：三互离巽，巽爲草木，离爲戈兵，「伏戎于莽」之象也。**疏**以陽比陰，故云「與二相比」。陰陽和合，故云「欲同人焉」。成十五年《左傳》曰「盜憎主人」。「盜」謂三，「主」謂二也。「而忌於五」者，謂五與二應也。欲同二而忌五，所以隱兵於三，將以襲五，故曰「伏戎于莽」。五居上，故「升其高陵」以敵之。自三至五，一爻爲一歲。四五皆剛，故「頻遇剛敵」。歷三歲而不能興起，則「安可行也」。　案　三體离互巽。巽爲草木，故爲「莽」，离爲戈兵，故爲「戎」，所以有「伏戎于莽之象也」。　愚案　三與上應，以陽應陽，所以「伏戎于莽」者，隱以備之，防其亢也，故曰「敵剛」。以正應不正，所以「三歲不興」者，徐以俟之，冀其正也，故曰「安行」。

九四，乘其庸，弗克攻，吉。虞翻曰：巽爲庸。四在巽上，故「乘其庸」。變而承五，體訟。乾剛在上，故「弗克攻」則「吉」也。**疏**「庸」，王弼本作「墉」。今作「庸」者，從鄭本也。《詩·大雅》「以作爾庸」，注云「庸，❷城也」。《禮·王制》「附庸」，❸注云「小城也」。是「庸」與「墉」通。「巽爲庸」者，巽爲高，又爲伏。高而可伏，城庸之象。《釋名》「墉，容也，所以隱蔽形容也」，❹與「巽稱而隱」之義亦符，故知「巽爲庸」也。四在巽上，故「乘其庸」者，欲攻初也。四與初皆陽，故敵應。初得位，四无攻初之義。變而承五，其體爲訟，訟六四曰「不克訟」。且乾剛在上，義不可攻。「弗克攻則吉」者，喜其變正以同初也。《象》曰：「乘其庸，義弗克也。其吉，則困而反則也。」王弼曰：處上攻下，力能乘

❶「釋言文」，原作「釋文言」，今據思賢本及所引文改。

❷「注云」，思賢本作「毛傳」。

❸「禮」至下文「小城也」，思賢本作「《禮·王制》鄭注『小城曰附庸』」。

❹「隱蔽」，思賢本作「蔽隱」。

庸者也。履非其位，與三爭二。二自應五，三非犯己。攻三求二，尤而效之。違義傷禮，衆所不與。勢雖乘墉，義終弗克。而得吉者，以困而反正則也。疏以陽處四，力能顯亢，故「乘高庸」，欲攻於三。但所履非正，而妄與人爭。二與五爲正應。三得位，非犯己，三欲求二，其事已非，四又效之以求二，「違義傷禮」，故爲「衆人所不與」。雖欲乘庸攻三，必不克也。不克攻則反，反則吉。其所以吉者，以困不能攻，故反自思愆，以從法則也。　案　四乘庸，欲攻初也。初正四不正，故曰「義弗克也」。文十四年《穀梁傳》曰：「弗克納，弗克其義也。」范甯彼注云：「非力不足，義不可勝。」與《傳》義同也。《釋詁》「則，法也」。韋昭《晉語》注云「謀不中爲困」。四欲攻初，以初正己不正而止。困而自反，變正成坎，坎水平爲法則，故曰「反則」。四變陰承五，下應於初，是困而反歸於則。初四陰陽得應，始異終同，故「吉」也。

九五，同人先號咷而後笑，大師克相遇。虞翻曰：應在二，巽爲號咷，乾爲先，故「先號咷」。師震在下，故「後笑」，震爲後笑也。乾爲大，同人反師，故「大師」。二至五體姤，遇也，故「相遇」。疏五應在二，二體互巽，雷風同聲，震陽笑言，巽陰號咷，故「巽爲號咷」。乾陽主倡爲先，震後有則爲後。又陽聲爲笑，旁通師震在下，故「後笑」。「大哉乾元」，故「乾爲大」。與師旁通，故同人反師爲「大師」。二至五體姤，《姤・彖傳》曰「姤，遇也」，故「相遇」。　案　體互巽在先，故「先號咷」，通師震在後，故「後笑」，旁通則「大師相遇」矣。三與上敵，四欲攻初，是在同人家而異德者也。崔氏所云「九三九四不言同人」是已。故五用師克去三四，則五與二應，故「相遇」也。五遇二，則天下之志通矣。《象》曰：「同人之先，以中直也。大師相遇，言相克也。」侯果曰：乾德中直，不私於物，欲天下大同。方始同二矣，三四失義，而近據之，未獲同心，故「先號咷」也。時須同好，寇阻其途。以言相克，然後始相遇，故「笑」也。《九家易》曰：乾爲言。疏侯注　五位居中，《九家易》曰「乾爲直」，故云「乾德中直」。中直則「不私於物」，而「欲天下大同」也。五與二應，故「始同二」。三敵四攻，所處失義，而近據之。三四兩爻，不言同人，所以「未獲同心」，而「先號咷」也。二五爲正應，故云「時須同好」。三四異德，故云「寇阻其途」。《繫上》釋此爻云「同心之言，其臭如蘭」，是二五同心，其言相合，故云「以言相克」。三四既克，然後五與二相遇，故「笑也」。　《九家》注　《九家易・説卦》有「乾爲言」之文。初息震，再息兑。震聲兑口，故「爲言」。

上九，同人于郊，无悔。虞翻曰：乾爲郊。失位无應，與乾上九同義，當有悔。同心之家，故「无悔」。**疏**乾位西北之郊，故「爲郊」。以九居上，故「失位」。三敵剛，故「无應」。失位無應，故「與乾上九同義」。《乾》上曰「亢龍」，故宜「有悔」。變之正，與三應，故在「同心之家，无悔」也。《象》曰：「同人于郊，志未得也。」侯果曰：獨處於外，「同人於郊」也。不與内争，无悔吝也。同人之時，唯同於郊，「志未得也」。**疏**《釋地》「邑外謂之郊」。上處外卦之外，故曰「同人於郊」。三正上不正，故「不與内争」。不争故「无悔吝」。同人之時，初「无咎」四「吉」，二雖「吝」而五「相遇」。唯三「伏戎」，與上敵剛，而遠在外，故云「唯同於郊」。三伏坎爲志，與上不相得，故曰「志未得也」。

姪壻周化南雨亭校

周易集解纂疏卷七

周易集解纂疏卷八

唐李鼎祚集解　安陸李道平遵王纂疏

《序卦》曰：「與人同者，物必歸焉，故受之以大有。」崔憬曰：「以欲從人」，物必歸己，所以成大有。**疏**「以欲從人」，僖二十年《左傳》文。❶以己之欲從人之欲，則天下之物皆歸於己。蓋「君子以類族辯物」，推己及人，善與人同。由人及物，各遂其生，「品物咸章」，所以成大有也。

䷍乾下离上

大有，元亨。虞翻曰：與比旁通。「柔得尊位大中」，「應天而時行」，故「元亨」也。姚規曰：互體有兑，兑爲澤，位在秋也。乾則施生，澤則流潤，离則長茂，秋則成收，大富有也。大有則元亨矣。鄭玄曰：六五體离，處乾之上。猶大臣有聖明之德，代君爲政，處其位，有其事，而理之也。元亨者，又能長羣臣以善使，嘉會禮通。若周公攝政，朝諸侯於明堂是也。**疏**虞注　比初動陽爲屯，息成大有，故「與比旁通」。成卦之主在五，故引《彖傳》文以明之，義詳於後。姚注　三至五互兑。「兑爲澤」，《説卦》文。又曰「兑，正秋也」，故云「位在秋」。乾陽則主施生，兑澤則主流潤，离夏則主長茂，兑秋則主收成，大而富有之象也。唯其「大有」，是以「元亨」。鄭注　五爲君位，陰爲臣象。六陰，故云「猶大臣」。體离爲明，故云「有聖明之德」。离處乾上，故云「代君爲政」。六處五位，則當行五之事，故云「處其位，有其事，而理之也」。「元者，善之長」，故云「長羣臣以善使」。「亨者，嘉之會」，故云「嘉會禮通」。《禮·明堂位》曰「武王崩，成王幼弱，周公踐天子之位，以治天下。六年，朝諸侯於明堂」，是周公攝政之事也。

《彖》曰：「大有，柔得尊位大中，而上下應之，曰大有。」王弼曰：處尊以柔，居中以大，體

❶「二十」，原作「廿一」，今據思賢本及所引文改。

无二陰，以分其應。上下應之，靡所不納。大有之義也。疏「處尊以柔，居中以大」，謂六五也。五止一陰，而衆陽皆應，故云「无二陰，以分其應」。五正應二，上承上，下乘四，「三與五同功」，唯初在應外，亦比二以應五，故云「上下應之，靡所不納」。上應則天道助信，下應則人道助順，故「曰大有」。**其德剛健而文明，應乎天而時行，是以元亨。」**虞翻曰：謂五以日應乾，而行於天也。時謂四時也。大有亨比，初動成震爲春，至二兑爲秋，至三离爲夏，坎爲冬，故曰「時行」。以乾亨坤，是以「元亨」。疏乾德剛健，离德文明。五本乾陽天位，動而成离爲日，故云「五以日應乾，而行於天也」。應天而四時常行者，唯日，故「時謂四時也」。「大有亨比」者，「亨」當作「通」，言旁通於比也。下「亨坤」亦然。別本重「比」字者是也。言大有旁通於比。比初動成震。震，東方卦爲春。息至二成兑。「兑，正秋也」。至三互离，南方之卦爲夏。體坎，北方之卦爲冬。故曰「時行」。乾爲元，亨爲通，故云「以乾通坤，是以元亨」。

《象》曰：「火在天上，大有。荀爽曰：謂夏，火王在天。萬物并生，故曰「大有」也。疏离位南方，故「謂夏」。离爲火，在乾上，故云「火王在天」。夏正萬物并生之時，故曰「大有」。不曰「日」而曰「火」者，日中則离，陰陽相就，陽氣盛行，萬物畢納，故曰「大有」。日中則盛如火，故曰「火在天上」。**君子以遏惡揚善，順天休命。」**虞翻曰：遏，絶。揚，舉也。乾爲揚善。坤爲遏惡，爲順。以乾滅坤，體《夬》「揚于王庭」，故「遏惡揚善」。乾爲天休，二變時巽爲命，故「順天休命」。疏「遏，絶」。「揚，舉」，訓見《廣韻》。乾陽爲善，陽升爲揚善。旁通比坤。坤陰爲惡，❶陰凝爲「遏惡」。坤又爲順，初至五體夬，以乾滅坤，是「遏惡」也。《夬》曰「揚于王庭」，是「揚善」也。乾爲天。又美利爲美，「休」即美也。故爲「天休」。二變時體巽，巽申命，故「爲命」。伏坤順，故曰「順天休命」。

初九，无交害，匪咎，艱則无咎。虞翻曰：「害」謂四，四离火爲惡人，故「无交害」。初動震爲「交」，比坤爲「害」。匪，非也。艱，難，謂陽動比初成屯，屯，難也。變得位，「艱則无咎」。疏初與四爲敵應，故「害謂

❶「惡」，原作「遏」，今據草堂本改。

四」。离火在四，「焚如死如」，故「爲惡人」。敵應不可交，故「无交」四而受其害也。通比，「初動震」。震爲陽交陰，故「爲交」。比體坤，坤陰慝，故「爲害」。「匪」「非」古今字。无應宜咎，以惡宜遠，故非爲咎也。《説文》「艱，土難治也」，故「艱」訓「難」。陽動比初則成屯，據消息也。「屯，難也」，《説文》文。❶四變爲「得位」。下應初，屯爲難，故「難則无咎」也。**《象》曰：「大有初九，无交害也。」**虞翻曰：害謂四。疏釋見上。

九二，大轝以載。有攸往，无咎。虞翻曰：比坤爲大轝，乾來積上，故「大轝以載」。往謂之五。二失位，變得正應五，故「有攸往，无咎」矣。疏旁通比坤。「坤爲大轝」，《説卦》文。乾息二至五，故云「乾來積上」。乾積坤上，故爲「大轝以載」。自内稱「往」。二與五應，故「往謂之五」。二失位，宜有咎。變而得正，上應於五，故「有攸往，无咎」。**《象》曰：「大轝以載，積中不敗也。」**盧氏曰：乾爲大車，故曰「大車以載」。體剛履中，可以任重，有應於五，故所積皆中而不敗也。疏《漢書·王莽傳》有「乾文車」之文，故云「乾爲大車」，謂乾圜象輪也。九故「體剛」，二爲「履中」，任重之德也。二與五爲正應，位皆在中，故云「所積皆中而不敗也」。案伏坤爲轝，積乾爲載。息自二始，故曰「積中」。僖十五年《左傳》「涉河，侯車敗」，隱三年《傳》曰「鄭伯之車僨于濟」，是「車僨」爲「敗」也。五降二，坤厚載物，故「不敗也」。

九三，公用亨于天子，小人弗克。虞翻曰：天子謂五。三，公位也。小人謂四。二變得位，體鼎象，故「公用亨于天子」。四折鼎足，「覆公餗」，故「小人不克」也。疏爻例五爲天子，故「天子謂五」。三爲三公，故謂三爲「公位也」。四不得正，故「小人謂四」。二變得正，體有鼎象。《鼎·象傳》曰「大亨以養聖賢」。三，賢人。故曰「公用亨于天子」。僖二十五年《左傳》：「秦伯師於河上，將納王。狐偃言於晉侯曰：『求諸侯莫如勤王。』公曰：『筮之。』遇大有之睽。曰：『吉，遇公用亨於天子之卦。天爲澤，以當日，天子降心以逆公，不亦可乎。』」五「履信思順，又以尚賢」。「降心逆公」，謂五享三也。三應

❶「説文」，原作「説卦」，今據所引文改。

上，上爲宗廟，天子享諸侯，必於祖廟也。虞注鼎九四云「四變正爲足，❶二折入兑，❷故『鼎折足，覆公餗』」，是小人不克當天子之享也。**《象》曰：「公用亨于天子，小人害也。」**虞翻曰：「小人」謂四也。疏「小人」謂四」，四不正也。伏坤陰慝，故爲「害」。案通比三「匪人」，是伏有「小人」。《書·洛誥》曰「汝其敬。識百辟享，亦識其有不享」者，即所謂「小人弗克」者也，故曰「小人害也」。

九四，匪其尫，无咎。虞翻曰：匪，非也。其位尫，足尫，體行不正。四失位，折震足，故「尫」。變而得正，故「无咎」。「尫」或爲「彭」，作「旁」聲，字之誤。疏「匪」「非」古今字。鼎四折足，故云「其位尫」。《説文》云：「尫，跛曲脛也。從大。象偏曲之形。」足尫，故「體行不正」。四失位，體兑折震足，故「足尫」也。變而得正，故曰「匪其尫，无咎」。今本作「彭」，《子夏傳》作「旁」。干寶云「彭亨，驕盛貌」。❸姚信云「彭，旁也」。❹是皆讀「彭」爲「旁」。「旁」「尫」聲相近，故云「字之誤」。**《象》曰：「匪其尫无咎，明辯折也。」**虞翻曰：折之离，故「明辯折也」。四在乾則尫，在坤爲鼠，在震噬胏得金矢，在巽折鼎足，在坎爲鬼方，在离焚死，在艮旅于處，言无所容，在兑睽孤孚厲。三百八十四爻，獨無所容也。疏四體离，《説卦》「离爲折上槁」，故云「折之离」。离火明，震言辯，故「明辯折也」。「四在乾則尫」者，乾爲人，故象足尫。「在坤爲鼠」者，謂晉四也。三上易位，體小過，有「飛鳥」之象。艮爲穴，動出穴中，飛而不高，「碩鼠」之象，故曰「晉如碩鼠」。「在震噬胏得金矢」者，謂噬嗑四也。艮爲膚，陽爲骨，月有骨謂之「胏」，离火熯之，故爲「乾胏」。金矢，毒害之物。离爲兵，下震動之，矢象，故曰「噬乾胏，得金矢」。「在巽折鼎足」者，❺謂鼎四也。詳具上。「在坎爲鬼方」者，謂未濟四也。變之正體師，坤爲鬼方，爲三所伐，故曰「震用伐鬼方」。「在离焚死」者，离在四爲下火所焚，故曰「焚如」。二至五體大過死象，故曰「死如」。「在

❶「四變正爲足」，草堂本作「四變震爲足」，思賢本作「四變時震爲足」。
❷「二」，思賢本作「足」。
❸「盛」，思賢本作「滿」。
❹「也」，思賢本無此字。
❺「鼎」，原脱，今據思賢本及所引虞翻注補。

艮旅于處，言无所容」者，謂旅四也。虞彼注云：「巽爲處，四焚棄惡人，失位遠應，故『旅于處』，言无所容也。」「在兑睽孤孚厲」者，謂睽四也。「睽孤遇元夫，交孚厲无咎」，虞彼注云：「孤，顧也。在兩陰間，睽五顧三，故曰『睽孤』。震爲元夫，謂二已變，動而應震，故『遇元夫』也。震爲交，坎爲孚，動而得正，故『交孚厲无咎』矣。」「三百八十四爻，獨无所容也」者，《离》四《象》曰「无所容也」。此知惡人宜焚宜死，无所容矣。「折」俗本作「晢」。《釋文》「王廙作『晣』，❶又作『哲』，鄭本作『遰』，陸本作『逝』。虞作『折』」，是。❷

六五，厥孚交如，威如吉。虞翻曰：「孚，信也」。發而孚二，故「交如」。乾稱「威」。發得位，故「威如吉」。疏「孚，信也」，《釋詁》文。伏坎有孚，故爲「孚」。二五失位，二變應五，五發動而孚二，故「交如」也。《國語》曰「天事武」，乾陽剛爲武，故「稱威」。五變體乾，發而得位，故「威如吉」也。《吕刑》曰「德威惟畏」，《荀子》曰「有道之威，威本於德」，❸故「吉」也。《象》曰：「厥孚交如，信以發志也。威如之吉，易而无備也。」侯果曰：其體文明，其德中順。信發乎志，以覃於物。物懷其德，以信應君。君物交信，「厥孚交如」也。爲卦之主，有威不用。唯行簡易，无所防備。物感其德，翻更畏威，「威如之吉」也。疏體离，故「文明」。五爲中，陰爲順，故「德中順」。伏坎爲孚、爲志，故云「信發乎志」。覃，及也。五與二應，故云「以覃於物」。二懷五德，以正應之，故云「物懷其德，以信應君」。二五正應，相交以信，故云「君物交信，厥孚交如也」。五爲卦主，柔以濟剛，故「有威不用」。五寓於乾，則用乾之易。「易以知險」，故「无所防備」。不怒而威於鈇鉞，是「德威惟畏」也。故「物感其德，翻更畏威」。「威如之吉」，惟其孚也。无備者，无戰備也。昭廿三年《左傳》曰「去備薄威」。❹《尉繚子》曰「兵有去備徹威而勝者，以有法」。❺《鹽鐵論》曰「德威則

❶「王廙」上，思賢本有「哲」字。

❷「是」，思賢本無此字。

❸「荀子曰有道之威威本於德」，思賢本作「《荀子》『威有三，有道德之威者，威本於德』」。

❹「三」，原脱，今據思賢本及所引文補。

❺「以有法」，思賢本作「以其有法也」。

寡備」。❶董子曰「冠之在首，元武之象也。元武者，貌之最有威者也。❷其象在後，其服反居首，武之至而不用矣。夫執冑甲，❸而後能拒敵者，非聖人之所貴也。君子顯之於服，而勇武者，消其志於貌也矣」。是皆「威如之吉，易而无備」之義也。

上九，自天右之，吉无不利。虞翻曰：謂乾也。右，助也。大有通比，坤爲自。乾爲天，兑爲右，故「自天右之」。比坤爲順，乾爲信。「天之所助者順，人之所助者信。履信思順，又以尚賢。故『自天右之，吉无不利』。」　王弼曰：餘爻皆乘剛。己獨乘柔，順也。五爲信德，而己履焉，履信者也。居豐富之代，物不累心，高尚其志，尚賢者也，爻有三德，盡夫助道，故《繫辭》具焉也。

疏虞注　坤五之乾，故「謂乾也」。「右，助也」，本《繫上》文。大有通比，坤身爲自。體乾爲天。「兑爲右」者，虞《繫》注云「兑爲口，口助爲右」。❹《説文》「右，手口相助」，故「口助爲右」。又兑西方，亦爲右，故「自天右之」。「坤，順也。」故「比坤爲順」。乾行至信，故「乾爲信」。「天之所助」以下，《繫上》説此爻也。「賢」謂三。天道助信，人道助順。虞注云「比坎爲思」，「履信」謂坤履乾，❺「思順」謂乾比坤。又云：「乾爲賢人，坤在乾下，故『又以尚賢』。」居大有之上，而具是三德，宜爲天之所右，吉而且利也。　王注　自五以下皆乘剛，上獨乘柔，柔者，順也。五下孚二爲信，而上履焉，是「履信者也」。「居豐富之代」者，謂大有之世。「物不累心」者，謂居无位之地，不以富有累心。「高尚其志」者，「尚」與「上」通，謂上九也。《蠱》上九曰「高尚其事」，《象》曰「志可則也」，鄭彼注云「君猶高尚其所爲之事」。❻是高尚賢人之志，爲「尚賢」也。「爻有三德」者，「履信」一也，「思順」二也，「尚賢」三也。「盡夫助道」，則天无不右，故《繫辭》具言三德也。

《象》曰：「大有上吉，自天右也。」《九家易》曰：上九説五，以柔處尊，而自謙損。尚賢奉己，上下應之。爲乾所右，故吉且利也。**疏**五互兑爲説。「上九説五」者，以

❶「德威則寡備」，思賢本作「德威故備寡」。
❷「最」下，思賢本有「嚴」字。
❸「冑甲」，思賢本作「介冑」。
❹「爲」，思賢本作「稱」。
❺「謂」，草堂本作「爲」。
❻「鄭彼注云」，思賢本作「鄭《表記》注云」。

五柔處尊位，而能自謙損。下尚賢，上奉己，上下皆應於五。故爲乾天所右，吉而且利也。

《序卦》曰：「有大者不可以盈，故受之以謙。」崔憬曰：富貴而自遺其咎，故「有大者不可盈」。當須謙退，天之道也。**疏**《孝經》曰：「高而不危，所以長守貴也。滿而不溢，所以長守富也。」若高而忘危，滿而自溢，是「富貴而自遺其咎」矣。故曰「有大者不可以盈」。「天道惡盈」，故云「須當謙退，天之道也」。大有而繼之以謙，其即《虞書》「謙受益，滿招損」之旨乎。

䷎ 艮下坤上

謙，亨。虞翻曰：乾上九來之坤，與履旁通。天道下濟，故「亨」。彭城蔡景君説「剥上來之三」。**疏**「乾上九來之三」者，乾盡坤中，上來反三也。乾上亢極失位，天道盈而不溢，虧之謙三，致恭存位，故名爲「謙」。三之初爲復，息履，故「與履旁通」。「天道下濟」者，乾爲天道。上之三，故「下濟」。以乾通坤，故「亨」。「蔡景君説剥上來之三」，剥上即乾上，義亦同也。不見乾元之正，且虞无一陽五陰之例，故不用也。君子有終。虞翻曰：「君子」謂三，艮「終萬物」，故「君子有終」。鄭玄曰：「艮爲山」，「坤爲地」。山體高，今在地下。其於人道，高能下下，謙之象。亨者，嘉會之禮，以謙而爲主。謙者，自貶損以下人。唯艮之堅固，坤之厚順，乃能終之。故君子之人有終也。**疏**虞注　乾三稱「君子」，艮三自乾來，故「君子謂三」。《説卦》曰「終萬物始萬物者，莫盛乎艮」，三體艮，故「終萬物」。三秉「勞謙」，終當升五爲「有終」，故「君子有終」，三獨當之也。　鄭注　「艮爲山」，「坤爲地」，《説卦》文。山體本高，今在地下。其於人道，是能下下，而有謙退之象者也。《乾·文言》曰「亨者，嘉之會」，又曰「嘉會足以合禮」，故云「亨者，嘉會之禮」。《史記·樂書》「君子以謙退爲禮」，故禮以謙退爲主。「謙者，自貶損以下人」，合於「嘉會之禮」，故「亨」。「艮終萬物」，以其堅固。「坤无成而代有終」，以其厚順，君子之人，體艮坤之德，故「有終」也。

《彖》曰：「謙亨，《九家易》曰：艮山坤地。山至高，地至卑。以至高下至卑，故曰「謙」也。謙者，兑世。艮與兑合，故「亨」。**疏**山高地卑，以高居卑，其象爲謙，即鄭義也。謙者，兑宫五世卦也。艮爲山，兑爲澤，「艮與兑合」，是「山澤通氣」也，惟通故「亨」。**天道下濟而光明**，荀爽曰：乾來之坤，故「下濟」。陰去爲离，陽來成坎。日月之象，故「光明」也。疏「天道」謂乾。乾上來之坤三，故爲「下濟」。陰去陽中爲离，陽來陰中成坎。本體坎，亦伏离。离日坎月，故象「光明也」。**地道卑而上行**。侯果曰：此本剥卦。乾之上九來居坤三，是「天道下濟而光明」也。坤之六三上升乾位，是「地道卑而上行」者也。疏「此本剥卦」者，一陽五陰之例也。乾上來居坤三，以乾照坤，是「天道下濟而光明也」。坤三升居乾上，「天尊地卑」，互震爲行，是「地道卑而上行也」。**天道虧盈而益謙**，虞翻曰：謂乾盈履上，虧之坤三，故「虧盈」。貴處賤位，故「益謙」。崔憬曰：若「日中則昃，月滿則虧」。損有餘以補不足，天之道也。疏虞注　謙與履旁通，謙息履，非履變謙。此自「亢龍」「盈不可久」，虧之坤三。云「盈履上」者，不可云盈乾上，又不可云盈剥上。因通履，遂假「履上」見義，而云「乾盈履上」也。盈則必虧，虧而下之坤三，故曰「虧盈」。上貴三賤，以貴處賤，故曰「益謙」。崔注　「日中則昃，月滿則虧」，❶本《豐·彖傳》文。天道損有餘，故「虧盈」。補不足，故「益謙」。與「日中則昃，月滿則虧」同一消息盈虚之理也。**地道變盈而流謙**，虞翻曰：謙二，以坤變乾盈，坎動而潤下，「水流溼」，故「流謙」也。崔憬曰：「高岸爲谷，深谷爲陵」，是爲「變盈而流謙」，地之道也。疏虞注　「二」當作「三」。坤三變乾，而乾自上來，故云「以坤變乾盈」。變互坎水，又互震動。《洪範》曰「水曰潤下」。故云「坎動而潤下」。「水流溼」，《乾·文言》文。潤下，故「流」。流溼就下，故「流謙也」。崔注　「高岸爲谷，深谷爲陵」，《詩·十月之交》文。岸以高爲盈，谷以深爲盈。高岸崩陷而爲谷，深谷填塞而爲陵。此即「變盈而流謙，地之道也」。**鬼神害盈而福謙**，虞翻曰：鬼謂四，神謂三。坤爲鬼害，乾爲神福。故「鬼神害盈而福謙」也。崔憬曰：「朱門之家，鬼闞其室」，「黍稷非馨，明德惟馨」，是其義矣。❷疏虞注　謙，兑宮五世卦也。遊魂在四，歸魂在三。四詘三信，故「鬼謂四」，「神謂三」，皆乾精

❶「月滿則虧」，思賢本、《豐·彖傳》文作「月盈則食」。

❷「矣」，草堂本作「也」。

也。「坤爲鬼害，乾爲神福」者，盈則詘坤而爲鬼，謙則信乾而爲神，故「鬼神害盈而福謙也」。　崔注　「朱門之家，鬼闞其室」，本揚子，是「鬼害盈」也。「黍稷非馨，明德惟馨」，《書・君陳》文，是「神福謙」也。故曰「是其義矣」。❶

人道惡盈而好謙。 虞翻曰：乾爲好，爲人，坤爲惡也，故「人道惡盈」。從上之三，故「好謙」矣。崔憬曰：「滿招損，謙受益」，人之道也。**疏** 虞注　賈逵云「好生於陽」，故「乾爲好」。人得陽以生，故「爲人」。又云「惡生於陰」，故「坤爲惡也」。乾盈則就坤，故「人道惡盈」。❷ 從上之三，是乾來而成謙，故曰「好謙」。　崔注　「滿招損，謙受益」，《書・大禹謨》文。滿則溢，溢則損，故「人道惡盈」。謙則虛，虛則益，故「人道好謙」。

謙尊而光，卑而不可踰， 虞翻曰：「天道遠」，故「尊光」。三位賤，故「卑」。坎水就下，險弱難勝，故「不可踰」。**疏** 「天道遠」，昭十八年《左傳》文。三自上來，故「尊」。息履离，故「光」。三對上則位賤，故「卑」。坎爲水，水就下。坎爲險，尸子曰「夫水弱而難勝」，❸ 故云「險弱難勝」。難勝，故「不可踰」。

君子之終也。」 孔穎達曰：尊者有謙，而更光明盛大，卑者有謙，而不踰越，是「君子之終也」。言君子能終其謙之善，而又獲謙之福，故曰「君子有終」也。**疏** 尊者能謙，則人仰光明。卑者能謙，則物難踰越。艮始終萬物，艮三君子，始終不易，故曰「君子之終也」。使始能謙，而終不能謙，不可謂之有終。今「能終其謙之善，又獲謙之福」，故曰「君子有終」。

《象》曰：「地中有山，謙。 劉表曰：地中有山，以高下下，故曰「謙」。謙之爲道，降己升人。山本地上，今居地中，亦降體之義，故爲謙象也。**疏** 艮山居坤地之中，是「以高下下」，故名爲「謙」。「謙之爲道，降己升人」，即《曲禮》所謂「禮者，自卑而尊人」之意也。「山本地上，今居地中」，合乎貴而能降之義，故其象爲謙也。

愚案　禮有定分，分不可干，故「上天下澤」則爲履。禮有內心，心不可亢，故「地中有山」則爲「謙」。

君子以捊多益寡，稱物平施。」 虞翻曰：君子謂三。捊，取也。

---

❶ 「矣」，草堂本作「也」。

❷ 「道」，原脱，今據思賢本及《謙・彖傳》文補。

❸ 「尸子曰夫水弱而難勝」，思賢本作「尸子『水有四德，弱而難勝』」。

艮爲多，坤爲寡，乾爲物、爲施，坎爲平。謙乾盈益謙，故「以捊多益寡，稱物平施」。　侯果曰：裒，聚也。《彖》云「天道益謙」，則謙之大者，天益之以大福，謙之小者，天益之以小福。故君子則之，以大益施大德，以小益施小德，是「稱物平施」也。**疏**虞注　「君子謂三」，釋見前。「捊」，俗本作「裒」，或作「褎」。惟荀、鄭、董、蜀才及虞本皆作「捊」，皆云「取也」。《說文》「捊，引取也」，故「捊」訓「取」。《說卦》「艮爲堅多節」，故「艮爲多」。坤陰小，故「爲寡」。「精氣爲物」，故「乾爲物」，天主施，故「乾爲施」。坎爲水。《考工記・輪人》曰：「水之以眡其平，沈之均。」《尚書大傳》曰「非水無以準萬里之平」，故「坎爲平」。以乾之上九益謙，故云「乾盈益謙」。捊艮之多，以益坤寡。量乾之物，以平乾施，故曰「捊多益寡，稱物平施」。愚案　乾陽大，又主長，爲多。坤陰小，又主消，爲寡。艮爲手，爲捊。互震動，伏巽，是益動而巽。又損上益下爲益。故曰「捊多益寡」。《繫下》「巽稱而隱」，❶伏巽爲稱。巽稱乾物而坎平乾施，故曰「稱物平施」。　侯注「裒，聚也」，❷《釋詁》文。此從俗本也。《彖》曰「天道益謙」，謙有大小，福亦有大小。天蓋稱物以益謙。君子則天，以德之大小，而益之大小因之，是爲「稱物平施」。

初六，謙謙君子，用涉大川，吉。荀爽曰：初最在下，爲謙，二陰承陽，亦爲謙，故曰「謙謙」也。二陰陽相與成體，故曰「君子」也。九三體坎，故「用涉大川，吉」也。**疏**乾上之三爲謙，初爻最在下位，則益謙。以二陰承乎三陽之謙，是謙而又謙也，故曰「謙謙」。以二陰承乎一陽，其體爲艮，是君子之徒也，故曰「君子」。三體坎，坎爲水，故「用涉大川，吉」。　愚案　卦辭、《象辭》皆言「君子」，謂九三也。以三爲謙主也。初六稱「君子」者，三自上來，在上之君子，「尊而光」者也。初居艮下，在下之君子，「卑而不可踰」者也。四互震木爲舟，坎水爲川，又坤致役爲用。初變之四應正，故「用涉大川，吉也」。

《象》曰：「謙謙君子，卑以自牧也。」《九家易》曰：承陽卑謙，以陽自牧養也。**疏**初與二上承三陽，以盡乎卑謙之道。蓋法三之謙，以自牧養也。　案　《說文》「牧，養牛人也」。初體坤爲牛，故象「牧」。坤身爲自，

❶「繫下」，原作「說卦」，今據所引文改。

❷「聚」，原作「積」，今據思賢本及所引侯果注、《爾雅・釋詁》文改。

故「自牧」。「天尊地卑」，故曰「卑以自牧」。韓嬰曰：「夫《易》有一道焉，大足以治天下，中足以安國家，近足以守其身者，其唯謙德乎！」是「卑以自牧」之義也。

六二，鳴謙，貞吉。姚信曰：三體震爲善鳴，二親承之，故曰「鳴謙」。得正處中，故「貞吉」。疏《説卦》曰「震爲善鳴」。《夏小正》曰「雉震呴」，《傳》曰「震也者，鳴也。呴也者，鼓其翼也」。《洪範五行論》「正月雷微動而雉呴」，故「三體互震爲善鳴」也。二親承震，故曰「鳴謙」，上六「鳴謙」，亦以親乘震也。六爲「得正」，二爲「處中」。正故「貞」，中故「吉」也。《象》曰：「鳴謙貞吉，中心得也。」崔憬曰：言中正，心與謙相得。虞翻曰：中正謂二，坎爲心也。疏崔注　言二體中正，其「心與謙相得」，故曰「中心得也」。　虞注　二居中得正，故「中正謂二」。二體坎，《説卦》「坎爲亟心」，故「爲心」。

九三，勞謙，君子有終，吉。荀爽曰：體坎爲勞，終下二陰，「君子有終」，故「吉」也。疏三體在坎，《説卦》曰「勞乎坎」，故「坎爲勞」，而曰「勞謙」。艮爲終，以一陽終下二陰也。《彖辭》「君子有終」，謂九三也。故三曰「君子有終」。坎正北，艮東北，「勞乎坎」，即「成乎艮」。勞則有終，故「吉也」。《象》曰：「勞謙君子，萬民服也。」荀爽曰：陽當居五，自卑下衆，降居下體，君有下國之意也。衆陰皆欲撝陽，上居五位，羣陰順陽，故「萬民服也」。疏「人道惡盈而好謙」，陽當居五，今自卑抑，下於坤衆，降居下體之上。乾陽爲君，坤衆爲國，是「君有下國之意也」。「三與五同功」，衆陰皆欲舉陽，上居五位。坤爲民，又爲順，五陰順陽，故「萬民服也」。

六四，无不利，撝謙。荀爽曰：四得位處正，家性爲謙，故「无不利」。陰欲撝三，使上居五，故曰「撝謙」。「撝」猶「舉」也。疏《太玄》八十一家，❶各有剛柔之性，故稱「家性」。六十四卦亦然。以六居四，故「得位處正」。而在謙家，❷「家性爲謙」，故「无不利」也。衆陰皆

❶「太玄」至下文「亦然」，思賢本作「《禮·王制》『以節民性』，疏『性，稟性自然，剛柔輕重遲速之屬』，在謙之家，故稱『家性』」。

❷「而」，思賢本作「四」。

欲三居五而撝之者，四乘艮爲手，故曰「撝謙」。撝以手舉，亦从手，故云「撝，舉也」。《象》曰：「无不利撝謙，不違則也。」《九家易》曰：陰撝上陽，不違法則。**疏**三在坎中，坎水平，故爲「法則」。四隨衆陰，欲舉三陽，上居於五，是不違三之法則者也。

六五，不富以其鄰。荀爽曰：鄰謂四與上也。自四以上乘陽，乘陽失實，故皆「不富」。五居中有體，故總言之。**疏**四上皆近於五，故「鄰謂四與上也」。自四以上，皆乘三陽，故云「乘陽」，猶初言「二陰承陽」之意也。《泰》六四《象》曰「翩翩不富，皆失實也」，故知「不富」爲「失實」。三爻皆乘陽，而獨言於五，以五「居中有體」故也。　愚案　坤爲富有，互震伏兑爲鄰。五居坤中，雖云富有，不以富耀其鄰，富而能謙者也。與泰四同義。

利用侵伐，无不利。荀爽曰：謂陽利侵伐來上，无敢不利之者。**疏**二至上體師，故五言「侵伐」，上言「行師」。坤爲用，故曰「利用」。五虚无君，三來侵伐坤之邑國，衆陰同志承陽，故「无敢不利之者」。　愚案　五爲卦主，當謙之世，以柔居尊，慮過寬也，故六五獨不言謙。體《師》五「利執言」，故「利用侵伐」。然以謙行師，德威并用，故「无不利」。又《夏官·大司馬》：「賊害賢良，❶則伐之，負固不服，則侵之。」莊廿九年《左傳》：「凡師有鐘鼓曰伐，無曰侵。」互震鳴鐘鼓，又體艮止不鳴，故兼言「侵伐」。

《象》曰：「利用侵伐，征不服也。」荀爽曰：不服謂五也。　案：六五离爻，「离爲戈兵」，「侵伐」之象也。**疏**荀注「不服謂五」者，五不正。「征」之爲言正也。三陽以正侵不正，故曰「征不服也」。　案　坤之乾爲离，故六五爲离爻中畫。「离爲戈兵」，《説卦》文。戈兵，故爲「侵伐」。　愚案　艮坎險阻，有負固不服之象，故曰「征不服也」。

上六，鳴謙。利用行師，征邑國。虞翻曰：應在震，故曰「鳴謙」。體師象，震爲行，坤爲邑國。利五之正，已得從征，故「利用行師，征邑國」。**疏**上與三應，三互震爲善鳴，故曰「鳴謙」。體有師象，應震又爲行。坤爲土，又爲衆，故「爲邑國」。五變正「利用侵伐」，則己得從征，「利用行師，征邑國」也。**《象》曰：「鳴謙，志未得也。可用行師，征邑國也。」**《九家易》

❶「賊害賢良」，思賢本作「賊賢害民」。

曰：陰陽相應，故「鳴謙」也。雖應不承，故「志未得」。謂下九三，可行師來上，坤爲邑國也。三應上，上呼三。征來居五位，故曰「利用行師，征邑國也」。

疏《九家》注　案：上六兑爻，「兑爲口舌」，「鳴謙」之象也。上與三爲陰陽正應，又震伏巽，「同聲相應」，故曰「鳴謙」。三至上隔四五，故「雖應不承」。三坎爲志，不承，故「志未得也」。「九三可行師來上」者，以「坤爲邑國」，虚而无君也。三正應上，上即呼三。三征居五，得中得正，故曰「利用行師，征邑國也」。　案　兑上自坤來也，故上六爲兑爻。「兑爲口舌」，《説卦》文。口舌有聲，故爲「鳴謙」。　愚案　謙主禮，五上位尊，以軍禮同邦國者也。故以「侵伐」「行師」言謙。且於謙見謙，其謙小，於不謙見謙，其謙大。《論語》曰「君子无所争，必也射乎！揖讓而升，下而飲，其争也君子」，是其義也。

《序卦》曰：「有大而能謙必豫，故受之以豫。」鄭玄曰：言國既大，而能謙，則於政事恬豫。「雷出地奮，豫」，豫，行出而喜樂之意。疏此承上兩卦而言其序也。有大則有天下國家之象，能謙則有政事恬豫之休。王者禮明則樂備，所以有取於「雷出地奮」而繼之以豫也。帝出震爲出，震足爲行，又陽生爲喜樂，故云「豫，行出而喜樂之意」。

䷏坤下震上

豫，利建侯行師。鄭玄曰：「坤，順也」，「震，動也」，順其性而動者，莫不得其所，故謂之「豫」。豫，喜佚説樂之貌也。震又爲雷，諸侯之象。坤又爲衆，師役之象。故「利建侯行師」矣。　虞翻曰：復初之四，與小畜旁通。坤爲邦國，震爲諸侯。初至五體比象，四利復初，故「利建侯」。三至上體師象，故「行師」。疏鄭注「坤，順也」，「震，動也」，《説卦》文。凡物順其性而動者，莫不樂得其所，故「謂之豫」也。《晉語》司空季子解此經曰「豫，樂也」，故《太玄》準之以「樂」，故云「豫，喜佚悦樂之貌也」。「震爲雷」，《説卦》文。震長子主器，故有「諸侯之象」。「坤爲衆」，《説卦》文。「師者，衆也」，故有「師役之象」。震，故「利建侯」，與屯初體震同。坤，故「利行師」，與師外體坤同也。　虞注　復初，乾元也。坤盡夬上而入乾，乾元索坤之四爲豫，故云「復初之四」也。豫四之坤初爲復，息成小畜，故「與小畜旁通」。坤土，故「爲邦國」。震主器，故「爲諸侯」。「初至五體比象」，比「建萬國，親諸侯」。二利四復初，初剛善建不拔，故「利建侯」。三至上師體半見，故「體師象」。又震足爲行，故「利行師」。　案　卦之取義於豫者，有三焉。《漢書·五行志》曰：「雷以二月出，其卦曰豫。」言萬物隨雷出地，皆逸豫，一也。取象制樂。樂者，樂也。薦之神祇祖考，與天地同，二也。震上坤下，母老子彊，❶居樂出威，三也。

《彖》曰：「豫，剛應而志行。侯果曰：四爲卦主，五陰應之，剛志大行，故曰「剛應而志行」。**疏** 卦唯一陽爲剛，故知「四爲卦主」。上下皆樂，故云「五陰應之」。陽爲剛，爲大，坎爲志，震爲行，故云「剛志大行」。四《象傳》曰「由豫，大有得，志大行也」，故曰「剛應而志行」。**順以動，豫。**崔憬曰：坤下震上，順以動也。**疏** 坤順，震動。四本復初，動乎順而成豫，故曰「順以動，豫」。**豫順以動，故天地如之，**虞翻曰：小畜乾爲天，坤爲地。「如之」者，謂天地亦動，以成四時。「而況建侯行師」，言其皆應而豫也。**疏** 旁通小畜，乾爲天。豫坤爲地。《説文》曰「如，隨從也」。「如之者，謂天地亦動，以成四時」，如下文所云是也。「建侯行師」，羣陰皆應而説樂，故云「皆應而豫也」。**而況建侯行師乎。**《九家易》曰：震爲「建侯」，坤爲「行師」。建侯所以興利，行師所以除害。利興害除，民所豫樂也。天地有生殺，萬物有始終。王者盛衰，亦有迭更。猶武王承亂而應天地，「建侯行師」，奉辭除害。民得豫説，君得安樂也。**疏** 象震以「建侯」，作君作師，所以興民利也。象坤以「行師」，鋤奸誅暴，所以除民害也。利興害除，民所由豫樂者也。震東方爲生，伏兑西方爲死，故「天地有生殺」。艮「終萬物、始萬物」，故「萬物有始終」。體艮伏兑，艮兑爲損。體震伏巽，震巽爲益。「損益，盛衰之始」，故「王者盛衰，亦有更迭」。武王承殷紂之亂，順應天地，法震建侯，法坤行師，奉大之辭，以除民害，所以「民得豫説，君得安樂」。《大武》之樂，所由作也。《樂記》之稱《大武》曰：「周道四達，禮樂交通，則夫武之遲久，不亦宜乎。」遲之又久，即「豫順以動」也。《武成》曰「告于皇天后土」，即「天地如之」也。豫，樂也，而名以《大武》，「建侯行師」之意寓其中矣。**天地以順動，**虞翻曰：豫變通小畜。「坤爲地」，動初至三

❶「彊」，原作「疆」，今據草堂本改。

成乾，故「天地以順動」也。疏豫與小畜旁通。小畜體巽，豫體震，「震巽特變」，故豫變成小畜也。坤爲地，謂豫坤也。變從初始，初息至三，下體成乾，乾爲天，故「天地以順動也」。

故日月不過，而四時不忒。 虞翻曰：過謂失度。忒，差迭也。謂變初至需，离爲日，坎爲月，皆得其正，故「日月不過」。動初時，震爲春，至四兑爲秋，至五坎爲冬，离爲夏，四時位正，❶故「四時不忒」。「通變之謂事」，蓋此之類。疏《續漢書·律曆志》曰「兩儀既定，日月始离，初行生分，積分成度」，又曰「察日月俱發度端，日行十九周，月行二百五十四周，復會於端，無失度之事」，故「過謂失度」。《月令》「孟春，宿离不貸」，鄭注云「离讀如儷偶之儷，宿儷謂相與宿偶，當審候伺，不待過差」，❷故云「忒，差迭也」。變初至五成需，离爲日，豫坎爲月，四爻皆正，是日月皆得其正，故「日月不過」也。初動體震，震爲春。至二即兑，云「至四兑爲秋」者，二不正，四兑位定，對下「刑罰清」而言也。至五體坎，坎爲冬，离爲夏。體分四時，爻皆得正，故「四時不忒」也。「通變之謂事」，《繫上》文。虞彼注云「事謂變通趨時，以盡利天下之民，謂之事業也」。「不過」「不忒」，皆以時言，故云「蓋此之類」。

聖人以順動，則刑罰清而民服。 虞翻曰：「清」猶「明」也。動初至四，兑爲刑。至坎爲罰。坎兑體正，故「刑罰清」。坤爲民，乾爲清。以乾乘坤，故「民服」。　案　「帝出震」，聖人也。坎爲法律，❸刑罰也。坤爲衆順而民服也。疏虞注《説文》「清，朗也」。《釋言》「明，朗也」。「清」「明」同訓，故云「清猶明也」。兑正秋，秋殺於右，故「爲刑」。《晉語》以蓐收爲天之刑人，❹亦此義也。坎水平爲法，罰者，施法之罪名，故「爲罰」。初動至四，體兑爲刑。至五，體坎爲罰。坎兑剛柔得正，故「刑罰清」。《楚語》曰「命火正黎司地以屬民」，故「坤爲民」。《乾鑿度》「輕清者上爲天」，故「乾爲清」。豫下體坤，初息至三成乾，是「以乾乘坤」。坤爲民，故「民服」也。　案　「帝出震」，本《説卦》文。《乾鑿度》：「孔子曰：『坤變初六曰復，正陽在下爲聖人。』」復初，震也。故云「帝出震，聖人也」。乾動復初，故曰「聖人以順動」。體坎

❶「位」，思賢本作「爲」。
❷「待」，思賢本作「得」。
❸「坎」，原作「坤」，今據草堂本、思賢本改。
❹「人」，思賢本作「神」。

爲法律，故爲「刑罰」。「坤爲衆」，《説卦》文。又曰「坤，順也」，故「坤爲衆順而民服也」。**豫之時義大矣哉。」**虞翻曰：順動天地，使日月四時皆不過差，「刑罰清而民服」，故「義大」也。疏「法象莫大乎天地」，今「天地順動」矣。「縣象著明，莫大乎日月」，今「日月不過」矣。「變通莫大乎四時」，今「四時不忒」矣。「備物致用，莫大乎聖人」，今「聖人以順動，刑罰清而民服」矣。事之大者，皆備於豫之時，故曰「義大也」。

《象》曰：「雷出地，奮豫。崔憬曰：震在坤上，故言「雷出地」。雷陽氣，亦謂龍也。夏至後，陽氣極而一陰生。陰陽相擊，而成雷聲。雷聲之疾，有龍奮迅豫躍之象，故曰「奮豫」。疏震爲雷，坤爲地，又震爲出，震在坤上，故曰「雷出地」。震又爲龍，雷本震之一陽，龍亦震之一陽，故云「雷陽氣，亦謂龍也」。陽氣至四月成乾，❶至五月夏至後，❷陽氣極而一陰爻生，姤卦是也。《淮南子》「陰陽相薄，感而爲雷」，故云「陰陽相擊，而成雷聲」。《説卦》曰「動萬物者，莫疾乎雷」，故云「雷聲之疾」。《易緯通卦驗》曰「立夏清風至而龍昇天」，❸故云「有龍奮迅豫躍之象」。雷與龍皆象震，故曰「奮豫」。**先王以作樂崇德，殷薦之上帝，以配祖考。」**鄭玄曰：奮，動也。雷動於地上，而萬物乃豫也。以者，取其喜佚動摇，猶人至樂，則手欲鼓之，足欲舞之也。「崇，充也」。殷，盛也。薦，進也。上帝，天帝也。「王者功成作樂」，以文得之者作籥舞，以武得之者作萬舞，各充其德而爲制。祀天帝「以配祖考」者，使與天同饗其功也。故《孝經》云「郊祀后稷，以配天，宗祀文王於明堂，以配上帝」是也。疏《説卦》云「震，動也」，震有「奮」義，故云「奮，動也」。雷動於地上，養長華實，發揚隱伏，萬物莫不被盛陽之德，故云「萬物乃豫也」。《孟子》曰「樂之實，樂斯二者。樂則生矣，生則惡可已也，惡可已，則不知手之舞之，足之蹈之」，故云「以者，取其喜佚動摇，猶人至樂，則手欲鼓之，足欲舞之也」。互艮，故稱手，體震，故稱足。「崇，充也」，《釋詁》文。《説文》曰「殷，作樂之盛稱」，故云「殷，盛也」。《天官·庖人》曰「與其薦羞之物」，鄭彼注云「薦，亦進

❶「四」，原作「五」，今據草堂本、思賢本改。

❷「五」，原作「六」，今據草堂本、思賢本改。

❸「立夏清風至而龍昇天」，思賢本作「立夏清明風至而暑龍昇天」。

也」。此「殷薦」者，謂薦盛樂，非薦羞也。謂「上帝」爲「天帝」者，鄭注《孝經》云「上帝者，天之別名也」。又《禮運》曰「祭帝於郊，所以定天位也」，《禮器》云「祀帝於郊」，故知「上帝」爲「天帝」也。「王者功成作樂」，《樂記》文。《春官・籥師》「掌教國子舞羽龡籥」，注云「羽籥，❶文舞也，籥師掌之」。武舞則司干掌之。《詩・邶風》「方將萬舞」。《夏小正》「萬也者，干戚舞也」。《韻會》「湯武以萬人得天下，❷故干舞稱萬舞」。「以文得之者作籥舞」，即《左傳》所稱「南籥爲文王之舞」是也。「以武得之者作萬舞」，即《樂記》所稱「總干爲武王之舞」是也。蓋充其文武之德，而各爲之制也。《郊特牲》曰：「萬物本乎天，人本乎祖，此所以配上帝也。」故云「祀天帝以配祖考者，❸使與天同饗其功也」。「郊祀后稷，以配天，宗祀文王於明堂，以配上帝」，《孝經》文。禘郊祖宗，皆配天之祭。郊於南郊，禘祖宗皆於明堂。其禮始於虞，三代因之。《傳》謂「先王」，蓋夏商之王也。　案　復乾，故曰「先王」。震聲，故爲「樂」。震，起也。「作」亦訓「起」。故曰「作樂」。乾爲德，初息成乾，故曰「崇德」。震爲帝，在乾天上，故稱「上帝」。坤爲鬼，乾盈甲，復初故乾，小畜亦故乾。乾爲父，復乾爲祖。四下初亦爲震，體復，故「殷薦之上帝，以配祖考」也。又小畜离爲南，乾爲郊，南郊之象也。「离，嚮明而治」，明堂之象也。復初十一月，郊時也。小畜四月，禘時也。故知「配上帝」，而「配天」在其中。言「宗祀」，而「郊祀」在其中也。

初六，鳴豫，凶。虞翻曰：應震善鳴，失位，故「鳴豫，凶」也。**疏** 初應四。四體震爲「善鳴」，説見謙二。應震，故「鳴豫」。初陰失位，雖有正應，亦凶也。「鳴謙」則有自下之情，故「吉」。「鳴豫」則有自矜之意，故「凶」。

《象》曰：「初六鳴豫，志窮凶也。」虞翻曰：體剝「蔑貞」，故「志窮凶也」。**疏** 初至四體象剝。《剝》初六曰「剝牀以足，蔑貞凶」，故云「體剝『滅貞』」。四坎爲志，失位故「窮」。初在剝初，故「凶」也。《傳》凡言「窮」，皆指上。《豫》之「窮凶」，不在上而反在初者，以初在逸豫之家，獨與四應，志得而鳴，樂不可極。極豫盡樂，故「窮凶也」。

❶「注云」，思賢本作「蓋」。

❷「韻會」至「萬舞」，思賢本作「宣八年《公羊傳》『萬者，何干舞也』，何休注『武王以萬人服天下，故名之』」。

❸「帝」，原作「地」，今據思賢本及所引鄭玄注改。

六二，介于石，虞翻曰：介，纖也。與四爲艮，艮爲石，故「介于石」。疏《繫上》曰「憂悔吝者存乎介」，謂纖介也。故云「介，纖也」。與四互艮，《説卦》曰「艮爲小石」，故曰「介于石」。《繫下》以豫二「知幾」，❶虞彼注云「知四當復初」，❷則此「介」謂「幾」之纖微，如小石也。

不終日，貞吉。虞翻曰：與小畜通，應在五，終變成离，离爲日。得位，欲四急復初，己得休之，故「不終日，貞吉」。疏與小畜旁通，上應在五，息小畜至五，則四成离，故云「終變成离」。离爲日，故曰「日」。二陰爲「得位」。唯「知幾」，故欲四下於初，以成復象。《復》六二曰「休復吉」，故「己得休之」。离伏不見，故「不終日」。二得正，故「貞吉」也。「欲四復初」，是《繫下》所云「上交不諂」也。❸「己得休之」，是「下交不瀆」也。二五无應，四爲卦主，故發其義於此爻也。　愚案　初六應四，「鳴豫，凶」，不知幾而過於豫者也。「二與四同功」，又同互艮，艮爲小石，而二居艮初，「其初難知」，故纖介如小石。二得中得位，之乾成离，离明，故「知幾」。知幾，故知樂不可極，而望四復初，以免窮凶之悔也。二本离爻，故「爲日」。未成离，故「不終日」。言知幾之早，以正而得吉也。

《象》曰：「不終日貞吉，以中正也。」侯果曰：得位居中，柔順正一。明豫動之可否，辯趣舍之權宜。假如堅石，不可移變。應時則改，不待終日。故曰豫之正吉。疏六爲「得位」，二爲「居中」，坤爲「柔順」。得正，故爲「正一」。中正知幾，故「明豫動之可否」，❹「辯趣舍之權宜」也。靜則譬如堅石不可移變，動則應時而改，不待終日，所以爲「豫之正吉」也。

六三，盱豫悔，遲有悔。《象》曰：「盱豫有悔，位不當也。」王弼曰：履非其位，承動豫之主。若其睢盱而豫，悔亦至焉。遲而不從，豫之所疾。進退离悔，位不當也。　向秀曰：睢盱，小人喜説佞媚之貌也。疏王注　以柔居剛，故「履非其位」。上承震動，爲豫之主。若以睢盱而來豫，悔所由生也。若遲而不從於豫，亦豫之所疾也。位既不正，而又多猶豫，宜其進退

---

❶「下」，原作「上」，今據所引文改。
❷「知四當復初」，思賢本作「豫四知幾，而反復初」。
❸「下」，原作「上」，今據所引文改。
❹「動」，原作「順」，今據思賢本及所引侯果注改。

皆离悔也。　向注　《説文》「盱，張目也」。睢，仰目。❶應在上，三張目仰視。視上之顔色爲佞媚，故爲「小人喜悦佞媚之貌」。所謂「上交諂」也。三不正，故有是象。變之正，則无悔。下《經》所云「成有渝，无咎」是也。伏巽「爲進退，爲不果」，故爲「遲」。爻之失位，以速改爲善，故二「不終日，貞吉」，三「遲」則「有悔」也。

九四，由豫，大有得。勿疑，朋盍戠。侯果曰：爲豫之主，衆陰所宗。莫不由之，以得其豫。體剛心直，志不懷疑。故得羣物依歸，朋從大合，若以簪篸之固括也。　虞翻曰：由，自從也。據有五陰，坤以衆順，故「大有得」，得羣陰也。坎爲疑，故「勿疑」。小畜兑爲朋。「盍，合也」。坤爲盍。戠，聚會也。坎爲聚，坤爲衆。衆陰並應，故「朋盍戠」。「戠」舊讀作「撍」，作「宗」也。

疏侯注　豫之成卦，在乎一陽，故四「爲豫主」，而「衆陰所宗」，故「莫不由之，以得其逸」。❷陽體剛，坎爲心，剛在坎中，乾動直，故「心直」。坎爲心，故爲志，爲「疑」。剛直，故「志不懷疑」。四不疑衆，衆亦不疑四，故「得羣物依歸，朋從大合」也。簪，《説文》作「先，首笄也。象簪形」。《釋名》「簪，兟也，連冠於髮也」。《士喪禮》「簪裳於衣」，鄭注云「簪，連也」，即連髮之義也。篸，簪去聲，《海篇》云「以針篸物也」。❸言一陽篸五陰，❹若以簪篸髮，使之固也。　虞注　《釋詁》「由，自也」，故云「由，自從也」。卦以一陽居五陰之間，故云「據有五陰」。坤爲衆，爲順，故云「坤以衆順」。陽稱大，得羣陰，故「大有得」。且离乾合而爲大有。豫通小畜，四在小畜，亦离乾之合，兩象易也。故曰「由豫，大有得」。坎爲心，失位故「疑」。剛而得衆，故「勿疑」。小畜有兑，❺兑「以朋友講習」，故「爲朋」。「盍，合也」，《釋詁》文。「盍」與「闔」同。「闔户謂之坤」，故「坤爲盍」。坤盍，故云「戠，聚會也」。《釋文》作「蕺合」，是以坎爲蕀棘也。坤廣爲衆，衆陰並應於一陽，且坤曰「得朋」，故曰「朋盍戠」。「戠」同「埴」。《説文》「埴，❻

❶「目」下，思賢本有「也」字。
❷「逸」，思賢本作「豫」。
❸「海篇云以針篸物也」，思賢本作「《玉篇》云『鍼篸』」。
❹「言」下，思賢本有「九四以」三字。
❺「有」，思賢本作「互」。
❻「説文」至下文「赤埴」，思賢本作「《禹貢》『厥土赤埴墳』，孔傳云『土黏曰埴』，《釋文》鄭作『戠』，《正義》曰『戠埴音義同』」。

黏土也」。《集韻》亦訓「戠爲黏土」。鄭本《禹貢》曰「厥土赤戠墳」，今本作「赤埴」。《考工記》「用土爲瓦，謂摶埴之工」。摶埴，以水合土之義也。坤爲土，坎爲水。一陽倡而衆陰應，❶若水土之相黏著，故云「朋盍戠」。「戠」，京房作「撍」，荀爽作「宗」，又王肅作「貸」，❷馬融作「臧」，或作「宣」。❸今王弼本作「簪」，❹侯氏訓爲固冠之簪。但古有笄而无簪，至秦漢始有之，虞作「戠」是也。

《象》曰：「由豫大有得，志大行也。」 崔憬曰：以一陽而衆陰從己，合簪交歡，故其「志大行也」。**疏** 四以一陽統五陰，而衆陰皆從，合簪交歡之象也。坎心爲志，陽稱大，震足爲行，故曰「志大行」，《象傳》曰「剛應而志行」是也。

六五，貞疾，恒不死。 虞翻曰：「恒，常也」。坎爲疾。應在坤，坤爲死。「震爲反生」，位在震中，與坤體絶，故「貞疾，恒不死」也。**疏**「恒，常也」，《釋詁》文。坎爲心病，故「爲疾」。下應在坤，月滅於坤乙，爲既死魄，故「坤爲死」。「震爲反生」，《説卦》文。五體震位，在震而得中。與下坤二无正應，且隔四，不能互坤，故「與坤體絶」。月生於三日，震爲哉生明，又東方春生於左，故「貞疾，恒不死也」。且震巽合而爲恒。五體震，變正互巽，亦震巽之合，而體又象恒，故「貞疾，恒不死」。五位不正，是死於安樂者也。變之正，雖疾恒不死，是生於憂患者也。

《象》曰：「六五貞疾，乘剛也。恒不死，中未亡也。」 侯果曰：六五居尊而乘於四。四以剛動，非己所乘。乘剛爲政，終亦病若。「恒不死」者，以其中也。**疏** 五居尊位，而乘四剛。四剛而動，强臣也。非己所當乘者。若乘剛爲政，必致疾矣。「恒不死」者，以己居中，故未至於亡也。　案　坎爲疾，五乘坎剛，故「貞疾」。《乾·文言》曰「知存而不知亡」，荀彼注云「存謂五，爲陽位，亡謂上，爲陰位」。五陽位，又居中，故云「中未亡也」。

上六，冥豫。成有渝，无咎。 虞翻曰：應在

---

❶「陰」，原作「陽」，今據草堂本、思賢本改。

❷「王肅」，思賢本作「古文」。

❸「或作宣」，思賢本無此句。

❹「今王弼本作簪」，思賢本作「《子夏傳》、郑元、王肅及今王弼本均作『簪』」。

三，坤爲冥。「渝，變也」。三失位，无應多凶，變乃得正，體艮成，故「成有渝，无咎」。**疏** 應在三，三體坤。《釋言》「冥，晦也」。❶ 月滅於坤三十日，故爲晦也。《說文》：「冥，从日从六，冖聲。日數十，十六日而月始虧，幽也。」納甲之義，退辛消艮入坤，故坤晦爲「冥」。上應在三，冥豫極樂，是「下交瀆」也。「渝，變也」，《釋言》文。三失位，无正應，故「多凶」。《繫下》曰「三多凶」是也。變之正，下體成艮，艮物所成終而成始，故云「體艮成」也。艮體成以善變也，故曰「成有渝」。上得位，三變正有應，是「上交不諂，下交不瀆」也。故「无咎」。

愚案 初應震，震爲鳴，故「鳴豫」。上應坤，坤爲冥，故「冥豫」。豫未來，而先鳴其豫，是豫之始，而其志已滿矣。故「志窮」則致「凶」。豫已極而猶冥於豫，是豫之終，而一成不變矣。故「有渝」則「无咎」。

《象》曰：「冥豫在上，何可長也。」

荀爽曰：陰性冥昧，居尊在上，而猶豫說，故「不可長」。

疏 陰本冥昧之性，又居極上之位，而猶耽於逸豫，樂而忘返，是昏於豫，而非明於豫者也。冥之爲義，於月爲晦，於日爲夜。又處豫極，所謂舞斯愠，愠斯戚，將於「冥豫」見之矣。旁通小畜，巽爲長。震巽特變，震成巽毀，故曰「何可長也」。

周易集解纂疏卷八

甥劉熙文春臺校

---

❶ 「冥晦也」，思賢本作「晦，冥也」。

周易集解纂疏卷九

唐李鼎祚集解　安陸李道平遵王纂疏

《序卦》曰：「豫必有隨也，故受之以隨。」韓康伯曰：順以動者，衆之所隨。**疏** 豫內坤外震。坤，順也，震，動也，故云「順以動」。豫順以動，是動而説者也。「故受之以隨」。隨，震動而兑説也。隨自否來，否坤爲衆，故云「衆之所隨」。蓋豫爲喜樂，喜樂出入，人必喜悦。《孟子》曰「吾王不遊，吾何以休，吾王不豫，吾何以助」，此之謂也。

䷐ 震下兑上

隨，元亨利貞，无咎。虞翻曰：否上之初。「剛來下柔」，初上得正，故「元亨利貞，无咎」。鄭玄曰：「震，動也」。「兑，説也」。內動之以德，外説之以言，則天下之人，咸慕其行而隨從之，故謂之「隨」也。既見隨從，能長之以善，通其嘉禮，和之以義，幹之以正，則功成而有福。若无此四德，則有凶咎焉。焦贛曰：「漢高帝與項籍，其明徵也。」**疏** 虞注 從三陰三陽之例，隨自否來，故云「否上之初」也。「剛來下柔」，釋詳《彖傳》。否上之初，乾元復正，故「元亨」。初上既正，天行消息，三四易位，終成既濟，故「利貞」。陽降陰升，非益之道，嫌於有咎，以否成隨，故「无咎」也。　鄭注 「震，動也」，「兑，説也」，《説卦》文。德在內，震初龍德，又在內卦，故「內動之以德」。言在外，兑口舌爲言，又在外卦，故「外説之以言」。言而民莫不信，行而民莫不説，故「天下之民，咸慕其行而隨從，謂之隨也」。既見隨從，則長之以善而爲「元」，通其嘉禮而爲「亨」，和之以義而爲「利」，幹之以正而爲「貞」。功成有福，故「无咎」也。「若无此四德」，人即隨從，凶咎難免矣。襄九年《左傳》：「穆姜筮得艮之隨。姜曰：『《周易》曰「隨，元亨利貞，无咎」，有是四德者，❶隨而无咎。我皆无之，豈隨也哉。我則取惡，能无咎乎？』」鄭氏之義，蓋本此也。焦延壽字贛，漢人，即京房所從受

❶ 「是」，思賢本無此字。

學者也。著有《焦氏易林》十六卷，今存。又有《易林變占》十六卷，今佚。兹所引焦氏云云，當《變占》中語也。史稱漢高祖寬仁愛人，常有大度，❶順民而定天下，規模宏遠。又謂項羽自矜功伐，奮其私智，欲以力征，卒亡其國。一衆隨而有是四德則興，一衆隨而无是四德則亡，故云「漢高祖與項籍，其明徵也」。

《彖》曰：「隨，剛來而下柔，動而説，隨。虞翻曰：否乾上來之坤初，故「剛來而下柔」。動震説兑也。疏《雜卦》曰「乾剛坤柔」，隨自否來，乾上來之坤初，是「剛來而下於柔」。陰之隨陽，由剛下之，夫婦之義也。動之以震，説之以兑，故名「隨」也。**大亨貞无咎，**荀爽曰：隨者，震之歸魂。震歸從巽，故「大通」。動爻得正，故「利貞」。陽降陰升，嫌於有咎。動而得正，故「无咎」。疏隨，震宫歸魂卦也。震自三變恒，四變升，五變井，四不變大過爲遊魂，内卦皆巽。至隨歸魂始復震，故云「震歸從巽」。震巽旁通，故云「大通」。初上二爻，動皆得正，故曰「利貞」。陽主升，陰主降。今陽降陰升，宜有咎矣。初上易位，各得陰陽之正，故「无咎」也。**而天下隨時，**虞翻曰：乾爲天，坤爲下。震春兑秋。三四之正，坎冬离夏。四時位正，時行則行，故「天下隨時」矣。疏否乾爲天，坤爲下，故曰「天下」。隨震左爲春，兑右爲秋。三四變之正，成既濟定，則坎北爲冬，离南爲夏。四時各正，時行則行，故曰「天下隨時」。　愚案　王肅本「時」作「之」。古文「時」作「旹」，「之」作「㞢」，當脱「日」，誤作「之」也。以《象辭》「嚮晦入宴息」證之，則「隨時」之義爲長。**隨時之義大矣哉。」**蜀才曰：此本否卦。剛自上來居初，柔自初而升上。則内動而外説，是「動而説，隨」也。相隨而大亨无咎，得於時也。得時則天下隨之矣，故曰「隨時之義大矣哉」。疏卦自否來。乾剛來居於初，坤柔往居於上。内成震而動，外成兑而説，故云「動而説，隨」也。以乾通坤成隨，故相隨而亨。得時，故无咎也。《中庸》曰「君子而時中」。時中之義本大。事事得時，則天下皆隨，故曰「隨時之義大矣哉」。

《象》曰：「澤中有雷，隨。《九家易》曰：兑澤震雷，八月之時。雷藏於澤，則「天下隨時」之象也。

❶「常有」，思賢本作「豁達」。

疏《説卦》曰「兑爲澤」,「震爲雷」。「八月之時」,仲秋也。《月令》曰「雷始收聲」。今「澤中有雷」,是「雷藏於澤」而將收聲矣,故有合於「天下隨時之象也」。**君子以嚮晦入宴息。**」翟玄曰:晦者,冥也。雷者陽氣,春夏用事。今在澤中,秋冬時也。故君子象之,日出視事,其將晦冥,退入宴寢而休息也。　侯果曰:坤爲晦。乾之上九,來入坤初,「嚮晦」者也。坤初升兑,兑爲休息,「入宴」者也。欲君民者,晦德息物,動説黎庶,則萬方歸隨也。疏翟注

僖十五年《公羊傳》「晦者何?冥也」,故云「晦者,冥也」。《説文》「冥从冖,❶夜也」。「雷者陽氣,春夏用事」,故《月令》「仲春之月,雷乃發聲」。「今在澤中,秋冬時也」,故《月令》「仲秋之月,雷始收聲」。君子,乾上之初而成震者也。故象雷之在澤。《玉藻》曰:「君日出而視朝,退適路寢聽政,使人視大夫,大夫退,然後適小寢釋服。」鄭彼注云:「路寢所以治事,❷小寢以時燕息焉。」故云「日出視事,其將晦冥,退入宴寢而休息也」。　案　否坤爲晦,又安土爲安,故爲「宴」。巽爲入。艮爲止,故爲「息」。乾上來入於坤,故「以嚮晦入宴息」。　侯注「坤爲晦」,釋見「冥豫」。乾上來入坤初爲晦,是「嚮晦」者也。坤初已升於兑,上復於初爲復。復二「休復」爲休息,是「入宴」者也。「欲君民者」,謂「君子」也。初爲乾初,是「龍德而隱者也」。隱即晦也,故云「晦德」。二爲復二,是「休復」而「下仁」者也。「休」即「息」也,故云「息物」。震動兑説,否坤爲民、爲衆,故云「動説黎庶」。坤土爲方、衆爲萬,故云「萬方歸隨也」。　案「澤中有雷」,陰隨陽息也。否坤爲晦,又爲宴安。陽生爲息,震初是也。《乾》三「終日」,則「嚮晦」矣。由上入坤,是「向晦入安息」,「養夜氣」之義也。

初九,官有渝,貞吉,出門交有功。《九家易》曰:「渝,變也」。謂陽來居初,得正爲震,震爲子,得土之位,故曰「官」也。陰陽出門,相與交通。陰往之上,亦不失正。故曰「貞吉」而「交有功」。疏「渝,變也」,《釋言》文。否上剛來居初得正,其體爲震。官,官鬼也。《參同契》曰:「水以土爲鬼,土鎮水不起。」京房謂:「世應官

❶「説文」至下文「夜也」,思賢本作「《詩・斯干》鄭箋『冥,夜也』」。

❷「路寢」至下文「燕息焉」,思賢本作「路寢門外之正朝也,小寢燕寢也」。

鬼福德之説，皆始於文王。」《火珠林》亦云。故謂「震爲子得土之位，故曰官也」。卦自否來，震初納庚子水，得坤納乙未土之位。水以土爲官，以震變坤，故曰「官有渝」也。「帝出震」爲出。艮爲門闕，二互四成艮，故爲門。初震與四艮相應，爲「出門」。初上易位，是坤初出交於乾，故云「陰陽出門，相與交通」也。陰往之上，上來居初，皆不失正，故曰「貞吉」。《繫下》曰「五多功」，凡言「功」者，皆指五。初之上，上得位而係五，故「交有功」也。《象》曰：「官有渝，從正吉也。出門交有功，不失也。」鄭玄曰：「震爲大塗」，又爲日門，當春分陰陽之所交也。是臣出君門，與四方賢人交，有成功之象也。昔舜「慎徽五典，五典克從。納于百揆，百揆時序。賓于四門，四門穆穆」，是其義也。疏「震爲大塗」，《説卦》文。又震，東方之卦也。日出於東，故「爲日門」。震，方伯之卦，時值春分，居冬夏之中，故云正「陰陽之所交也」。坤爲臣，乾爲君，初出艮門，故云「臣出君門」。坤爲四方，乾初爲賢人，故云「與四方賢人交」。「百僚師師，撫五辰」，而「凝庶績」，是「有成功之象也」。「慎徽五典」以下，《虞書·舜典》文，引之以明「出門有功」之義。　案　震爲從，虞義也。上陽失位，之初得正，故曰「從正吉也」，初往居上，係五有功，故曰「不失也」。

六二，係小子，失丈夫。虞翻曰：應在巽，巽爲繩，故稱「係」。小子謂五。兑爲少，故曰「小子」。丈夫謂四。體大過「老夫」，故稱「丈夫」。承四隔三，故「失丈夫」。三至上有大過象，故與「老婦」「士夫」同義。體咸象，夫死大過，故每有欲嫁之義也。疏四互巽，初與四應，故「應在巽」。「巽爲繩直」，故「稱係」。「小子謂五」者，「兑爲少，故稱小子」。「丈夫謂四」者，三至上體大過。《大過》九二云「老夫得其女妻」，虞彼注云「乾老，故稱老夫」。「丈夫」猶「老夫」。隨四體大過九二，爲「老夫」。三體大過初六，爲「老婦」。五則大過之「士夫」，故爲「小子」。二欲承四，見隔於三，故「失丈夫」。隨與大過同體，「故與老婦士夫同義」也。二至上體咸象，咸「取女」，二三女也。「夫死大過」者，《繫下》「棺椁」之象，「取諸大過」，故爲「死」。「老夫」故「夫死」。咸女夫死，故「欲嫁」也。　案　虞注六三「失初小子」，是「小子」謂初也。釋見後。虞謂隨家陰隨陽，蓋二係初，三係四，上係五也。卦名爲隨，亦取陰隨陽也。《象》曰：「係小子，弗兼

與也。」虞翻曰：己係於五，不兼與四也。疏「係小子」，是係於五也。「失丈夫」，是不兼與四也。

六三，係丈夫，失小子。隨有求得，利居貞。虞翻曰：隨家陰隨陽。三之上无應，上係於四，失初小子，故「係丈夫，失小子」。艮爲居，爲求，謂求之正。得位遠應，利上承四，故「利居貞」矣。疏在隨之家，皆陰隨陽。三與上皆陰，故「无應」。三與四爲巽，故「上係於四」。初亦爲小子者，對四乾爲老夫，震長男，「復小而辯於物」，以一陽初生爲小，故稱「小子」也。承四故係四，與初无應，故「失小子」也。艮爲門闕，又爲止，故「爲居」。艮兑「同氣相求」，故「爲求」，謂求變之正。初得位而遠應於上，四亦變正成既濟，故「利上承四」，三四皆正，故「利居貞矣」。**《象》曰：「係丈夫，志舍下也。」**王弼曰：雖體下卦，二已據初，將何所附，故舍初係四，志在丈夫也。四俱无應，亦欲於己隨之，則得其求矣。故曰「隨有求得」也。應非其正，以係於人，何可以妄，故「利居貞」也。初處己下，四處己上，故曰「係丈夫，失小子」也。疏陰之爲物，必係於陽。三與二初，雖同在下體，二已據初，三无所附。下舍初，上係四，四陽爲丈夫，故「志在丈夫」。四與三俱无正應，四係三，三即隨四，得其所求，故「有求得也」。三與上應非其正，今係於四，是「係於人」。不可妄動，唯利在居處守正，故「利居貞也」。「初處己下」，己不得乘。「四處己上」，己得承之。故曰「係丈夫，失小子也」。三四變正，坎爲志。志在四，不在下，故曰「志舍下也」。

九四，隨有獲，貞凶。有孚在道，以明何咎。虞翻曰：謂獲三也。失位相據，在大過死象，故「貞凶」。《象》曰「其義凶也」。❶孚謂五，初震爲道。三已之正，四變應初，得位在离，故「有孚在道，以明何咎」。《象》曰「明功也」。疏獲，得也。四乘三，三係四，故「獲三也」。三四失位，彼此相據，體大過爲棺椁。三四在大過中，有死象焉。是「貞凶」之義也。五曰「孚于嘉」，故「孚謂五」。初震爲大塗，故「爲道」。三「利居貞」，是已變之正。四變正與初應，得位，故「有孚在道」。變离爲明，故「以明何咎」。五爲卦主，故歸功於五也。　愚案三四兩爻不正，故獨兩爻言「隨」，且言「貞」。三陰隨陽，

❶「也」，原作「矣」，今據草堂本及所引文改。

是得四也。四陽隨陰，是獲三也。三往四則居貞，「四多懼」故利。四來居三，亦居貞，「三多凶」故凶。然三四易位，六爻皆正，成既濟定。坎爲孚，离爲明。四得正孚初，故曰「有孚在道」。雖凶得正，故曰「以明何咎」。《象》曰「隨有獲，其義凶也。」虞翻曰：死在大過，故「凶」也。疏大過有棺槨之象，故「死在大過」。死，故「凶也」。有孚在道，明功也。」虞翻曰：功謂五也。三四之正，离爲明，故「明功也」。疏「五多功」，故「功謂五也」。三四已變之正成既濟。离爲明，明五之功，五爲卦主故也。

九五，孚于嘉，吉。虞翻曰：坎爲孚，陽稱嘉。位五正，故「吉」也。疏三四變正體坎，三至上亦體坎，坎有孚，故「爲孚」。《乾・文言》「亨者，嘉之會」，故「陽稱嘉」。嘉，嘉禮也。《春官・大宗伯》「以嘉禮親萬民，以昬冠之禮親成男女」，隨時，陰係於陽，合於嘉禮，故云「孚于嘉」。五位得正，故「吉也」。《象》曰：「孚于嘉吉，位正中也。」虞翻曰：凡五言中正，中正皆陽得其正，以此爲例矣。疏「凡五言中正」者，五爲中，陽爲正，「皆陽得其正」者也。舉此爲五例也。

上六，拘係之，乃從維之。虞翻曰：應在艮，艮手爲拘。巽爲繩，兩係稱「維」。故「拘係之，乃從維之」。在隨之上，而无所隨，故「維之」。《象》曰「上窮」，是其義也。疏下應在艮，艮爲手，故「爲拘」。又應巽，巽爲繩，故爲「係」。三未正，故「无所隨」。與三共係於五，故「兩係稱維」也。在隨之上，窮而无所隨矣，故從而維五也。《乾鑿度》說此爻曰：「上六用待九五，❶拘繫之，維持之，明被陽化，而陰欲持之也。」❷王用亨于西山。虞翻曰：否乾爲王，謂五也。有觀象，故「亨」。兑爲西，艮爲山，故「用亨于西山」也。疏否乾爲君，故「爲王」。五爲天子，故「謂五也」。否初至五體觀，隨二至上亦體觀。《觀》卦辭曰「觀，盥而不薦」，祭享之象。故言「用亨」。「亨」讀如「享」也。互兑爲西，❸互艮爲山，故爲「西山」。《乾鑿度》曰「崇至德顯中和之美」。當此之時，仁恩所加，

❶ 「用」，思賢本作「欲」。
❷ 「持」，思賢本作「隨」。
❸ 「互」，草堂本作「體」。

靡不隨從，咸説其德，得用王之道，❶故言「王用亨于西山也」。《象》曰：「拘係之，上窮也。」虞翻曰：乘剛无應，故「上窮也」。**疏**乘五剛，而无正應，故曰「上窮」。「窮則變，變則通，通則久」。係於五，則不窮也。

《序卦》曰：「以喜隨人者必有事，故受之以蠱。蠱者，事也。」《九家易》曰：子行父事，備物致用，而天下治也。「備物致用，立成器以爲天下利，莫大於聖人」。子脩聖道，行父之事，以臨天下，无爲而治也。**疏**蠱自泰來。泰乾，父也，往而成艮爲少男，故「子行父事」。乾爲物，坤爲用，故「備物致用」。乾爲天，坤爲下，乾往治坤，故「天下治也」。「備物致用，立成器以爲天下利，莫大乎聖人」，《繫上》文。「聖人」謂乾。艮子能脩聖道，以行乾父之事，由是君臨天下，所以「无爲而治也」。

愚案 《書·益稷》曰「股肱喜哉，元首起哉」，終之以「庶事康哉」，是「以喜隨人者必有事」也。然事不生於治，而生於亂。孔疏引褚氏云：「蠱者，惑也。物既惑亂，終致損壞，當須有事也。蠱者，事也，謂物蠱必有事，非謂訓蠱爲事。」得其義矣。

䷑ 巽下艮上

蠱，元亨。虞翻曰：泰初之上，與隨旁通。剛上柔下，乾坤交，故「元亨」也。 伏曼容曰：蠱，惑亂也。萬事從惑而起，故以蠱爲事也。 案 《尚書大傳》云「乃命五史，以書五帝之蠱事」。然爲訓者，正以太古之時，无爲无事也。今言蠱者，是卦之惑亂也。時既漸澆，物情惑亂，故事業因之而起惑矣。故《左傳》云「女惑男，風落山，謂之蠱」，是其義也。**疏**虞注 從三陽三陰之例，蠱自泰來，故云「泰初之上」。與隨反對，故云「旁通」。初之上是「剛上」，上之初是「柔下」。乾初爲始，交坤爲通，故「乾坤交」爲「元亨也」。 伏注 昭元年《左傳》：「趙孟曰：『何謂蠱？』對曰：『淫溺惑亂之所生也。』」故云「蠱，惑亂也」。蠱非事，「萬事從蠱惑而起，故以蠱爲事也」。《尚書大傳》，漢伏生作。「乃命五史，書五帝之蠱事」者，《雜卦傳》曰「蠱則飭也」，言書五帝之飭事。蓋太古之時，結繩而治，「无爲无事」，不可以惑亂訓蠱也。今卦言蠱者，義取惑亂。以時既澆薄，物情惑亂，將欲整飭

❶「王之道」，思賢本作「道之王」。

紀綱，則事業因之以起。《左傳》曰「於文，皿蟲爲蠱」。坤器爲皿，之初成巽，巽爲風。《説文》曰「蠱，風動蟲生」，❶故風爲蠱卦。二五不正，初上失位，以巽女而惑艮男，以巽風而落艮果，故《左傳》曰「女惑男，風落山，謂之蠱」，皆同物也。**利涉大川。**虞翻曰：謂二失位，動而之坎，故「利涉大川」也。疏 二失位，當之五，動則互坎，坎爲大川，得正，故「利涉大川」。不言五失位者，二上易五得正，故爻言「幹父用譽」。**先甲三日，後甲三日。**《子夏傳》云：「先甲三日」者，辛壬癸也。「後甲三日」者，乙丙丁也。馬融曰：甲在東方，艮在東北，故云「先甲」。巽在東南，故云「後甲」。所以十日之中，唯稱「甲」者，甲爲十日之首，蠱爲造事之端，故舉初而明事始也。言所以「三日」者，不令而誅謂之暴，故令先後各三日，欲使百姓徧習，行而不犯也。疏《子夏傳》此統甲之先後三日言也。以納甲言之，「甲」謂乾也。乾納甲，泰内卦本乾，故言「先甲」、「後甲」。「先甲三日」，辛也。巽納辛，坤上之初成巽，在乾之先，故「先甲三日」也。鄭氏謂「取改過自新，故用辛」是也。「後甲三日」，丁也。兑納丁，四體兑，在乾之後，故「後甲三日」也。鄭氏謂「取丁寧之義，故用丁」是也。馬注 艮巽合而互震，震，東方之卦也。震爲木，甲，東方木神。故云「甲在東方」。艮，東北之卦也，❷故云「先甲」。巽，東南之卦也，故云「後甲」。甲爲幹首，鄭氏所謂「造作新令之日」是也。事不生於無事，而生於有事，故「蠱爲造事之端」。事欲慎終於始，「故舉初以明事始」。《論語》曰「不戒視成謂之暴」，即「不令而誅」之謂也。惟於事之未行，先三日而告之。事之既行，後三日而戒之。庶「百姓徧習，行而不犯也」。

《彖》曰：「蠱，剛上而柔下。巽而止，蠱。虞翻曰：泰初之上，故「剛上」，坤上之初，故「柔下」。上艮下巽，故「巽而止，蠱」也。疏 泰乾初之上爲「剛上」，坤上之初爲「柔下」。❸巽爲風，爲入，艮爲止。下體巽風入，而上體艮止不動，蠱所由生也。故云「巽而止，蠱也」。**蠱元亨，而天下治也。**荀爽曰：蠱者，巽也。巽歸

❶「説文曰蠱風動蟲生」，思賢本作「《説文》『風從虫凡聲，風動蟲生』」。
❷「東」，原作「西」，今據思賢本改。
❸「上」，原作「下」，今據思賢本及虞翻注改。

合震，故「元亨」也。蠱者，事也。備物致用，故「天下治也」。疏 蠱，巽宮歸魂卦也。故云「蠱者，巽也」。巽宮三變益，四變无妄，五變噬嗑，四不變頤爲遊魂，內卦皆震。至蠱歸魂，震變爲巽，故云「巽歸合震」也。震之初陽爲元，乾始通坤爲亨，故曰「元亨也」。物壞而後有事，故云「蠱者，事也」。虞《繫》注云「取乾之坤謂之備物，以坤之乾謂之致用」。「立成器以爲天下利」，故曰「天下治也」。乾爲天，坤爲下。陽升陰降，以乾通坤，是「天下治也」。

利涉大川，往有事也。《九家易》曰：陽往據陰，陰來承陽，故「有事也」。此卦泰，乾天有河，坤地有水。二爻升降，出入乾坤，「利涉大川」也。陽往求五，陰來求二，未得正位，戎事不息，故「有事」。疏 初陽往據五陰，上陰來承二陽，陰陽往來，故「有事也」。卦自泰來，有乾有坤。《詩·雲漢》鄭箋「天河，水氣也，精光轉運於天」，《埤雅》「水象在天爲漢」，故云「乾天有河」。《孟子》曰「水由地中行」，故云「坤地有水」。初上二爻，一升一降，出入乾坤之間，故曰「利涉大川也」。「陽往據陰」，是「求五」也。「陰來承陽」，是「求二」也。初上皆不得剛柔正位，三至上體离爲甲冑戈兵，故爲「戎事」。互震動，故「不息」。世亂當治，故「有事也」。　愚案　二五失位，二動往五互坎，坎爲大川，故「利涉大川」。蠱者，事也。二往居五，得中得正，幹蠱用譽，故「往有事也」。

先甲三日，後甲三日，終則有始，天行也。」虞翻曰：謂初變成乾，乾爲甲。至二成离，「离爲日」。謂乾三爻在前，故「先甲三日」，賁時也。變三至四體离，至五成乾。乾三爻在後，故「後甲三日」，无妄時也。易出震，消息歷乾坤象，乾爲始，坤爲終，故「終則有始」。乾爲天，震爲行，故「天行也」。疏 消息之卦，與隨旁通，故謂「初變成乾」。乾納甲，故「爲甲」。變至二成离。「离爲日」，《說卦》文。山火成賁。內卦爲先。乾三爻在前，故云「先甲三日，賁時也」。變至四則體离，變至五則成乾，天雷成无妄，外卦爲後，乾三爻在後，故云「後甲三日，无妄時也」。飭事之道，盡飾而无妄，此因通隨見義也。陽初動爲復，故云「易出震」。息至乾，入巽爲姤，消至坤，故云「消息歷乾坤」。始於乾之一陽，又乾知始，故「爲始」。終於坤之上陰，又坤代終，故「爲終」。坤終則乾又始而爲復也，故曰「終則有始」。以納甲言之，乾納甲，始於震之初陽，是「先甲」而爲乾始也。「先甲三日」者，震兑乾爲三日也。終於坤之上陰，是「後甲」

而爲終也；「後甲三日」者，巽艮坤爲三日也。亦坤終則震生，納甲與消息，其義一也。泰乾爲天，互震爲行，故曰「天行」。明出震爲飭蠱之道也。

《象》曰：「山下有風，蠱。」何妥曰：山者高而静，風者宣而疾。有似君處上而安静，臣在下而行令也。**疏** 艮爲山，山高而静在上，似「君在上而安静」也。巽爲風，風宣而疾在下，似「臣在下而行令也」。當壞亂之時，正君臣有爲之日，故其象爲蠱。君子以振民育德。」虞翻曰：君子謂泰乾也。坤爲民，初上撫坤，故「振民」。乾稱德，體大畜須養，故以「育德」也。**疏** 泰「君子道長」，故「君子謂泰乾也」。坤衆爲民，亦泰坤也。乾初之上撫坤，故爲「振民」。《説文》「振，舉救也」。當蠱之時，民生已困，故宜振以舉救之。互震爲動，艮爲手，故稱「振」。乾龍德，故「稱德」。自二至上體象大畜，三至上亦象頤，「物畜然後可養」，故「以育德也」。《説文》「育，養子使作善也」。當蠱之時，民德已傷，當如養子作善以育之，艮爲少男，巽爲申命，兑爲講習，故取「養子作善」爲「育」。

初六，幹父之蠱，有子考，无咎，厲終吉。虞翻曰：幹，正，蠱，事也。泰「乾爲父」，坤爲事，故「幹父之蠱」。初上易位，艮爲子，父死大過稱「考」，故「有子考」。變而得正，故「无咎，厲終吉」也。　案位陽令首，父之事也。爻陰柔順，子之質也。**疏** 虞注　薛君《韓詩章句》曰「幹，❶正也」，《詩詁》云「木正出者爲幹」，《乾·文言》曰「貞者，事之幹」，故知「幹」爲「正」也。《序卦》曰「蠱者，❷事也」，故云「蠱，事也」。泰有乾坤，「乾爲父」，《説卦》文。坤「發於事業」，故「爲事」。正父之事，故曰「幹父之蠱」。泰初之上成艮，艮爲少男，故「爲子」。《曲禮》曰：「生曰父母，死曰考妣。」初至四體大過，有棺椁象，故云「父死大過稱考」也。陽伏於下爲考，艮子成於上，是「有子考」也。此從「有子考」斷句也。王弼注云：「任爲事首，能堪其事，考乃无咎，故曰『有子考，无咎』也。」此以「考」「无咎」斷句也。王注是也。失位故危，以柔濟剛則「吉」，艮爲終，故「終吉」也。　案　初爲陽位

❶ 「薛君」至下文「爲幹」，思賢本作「薛君《韓詩章句》曰『幹，正也』，《少牢饋食禮》『舉尸牢幹』，鄭注『幹，正脅也』」。

❷ 「序卦」，原作「説卦」，今據所引文改。

而居令首，故爲「父事」。六爲陰爻而體柔順，故爲「子質」。《象》曰：「幹父之蠱，意承考也。」王弼曰：幹事之首，時有損益，不可盡承，故意承而已也。疏幹事之首，時當損而損，時當益而益，不可盡承，在以意承之而已。　愚案　初承二。「承考」謂承二也。以陰承陽，剛柔相濟，所以「終吉」。初至四體坎爲意。「意承考」者，《中庸》所謂「善繼人之志，善述人之事」者也。

九二，幹母之蠱，不可貞。《象》曰：「幹母之蠱，得中道也。」虞翻曰：應在五，泰坤爲母，故「幹母之蠱」。失位，故「不可貞」。變而得正，故貞而「得中道也」。　案　位陰居內，母之象也。疏虞注　二應在五，五本泰坤也，故云「泰坤爲母」。以二幹正，故曰「幹母之蠱」。二五失位不正，故曰「不可貞」。當變之正也。變則貞而且中，故曰「得中道也」。　案　二爲陰位，又居於內，女司中饋，故爲母象。

九三，幹父之蠱，小有悔，无大咎。《象》曰：「幹父之蠱，終无咎也。」王弼曰：以剛幹事，而无其應，故「有悔」也。履得其位，以正幹父，雖「小有悔」，終「无大咎」矣。　案　爻位俱陽，父之事。疏王注　九爲剛爻，故云「以剛幹事」。上无正應，以剛濟剛，故「有悔」。兑爲小，故「小有悔」也。以陽居陽，故爲「履得其位」。得位之正，以「幹父之蠱」。重剛雖有小悔，然得正，終「无大咎」也。　案　以陽爻居陽位，故爲「父事」。

六四，裕父之蠱，往見吝。虞翻曰：裕，不能争也。孔子曰：「父有争子，則身不陷於不義。」四陰體《大過》「本末弱」，故「裕父之蠱」。兑爲見。變而失正，故「往見吝」。《象》曰「往未得」，是其義也。疏《中庸》曰「寬裕温柔」。以柔爻居柔位，故稱「裕」。柔裕，「故不能争」。孔子曰「父有争子，則身不陷於不義」，《孝經》文。四本陰柔，又體大過，初上皆陰，故「本末弱」。是不能争父之過，而僅能「裕父之蠱」也。《雜卦》曰「兑見」，故「兑爲見」。變陽失正，故「往見吝」。《象》謂「往未得」是也。　愚案　三以剛居剛，過猛故「悔」。四以柔居柔，過寬故「吝」。三變爲《蒙》「无攸利」，然亦「无大咎」也。四變爲《鼎》「鼎折足」，故爲「往見吝」也。唯初與五，以陰居陽，雖不得位，然剛柔相濟，故一則「終吉」，一則「用譽」也。

《象》曰：「裕父之蠱，往未得也。」虞翻曰：往失位，折鼎足，故「未得」。疏四變則體鼎，是「往失位」也。《鼎》九四曰「鼎折足，覆公餗」，故「未得也」。

六五，幹父之蠱，用譽。荀爽曰：體和應中，承陽有實。用斯幹事，榮譽之道也。疏六陰爲「體和」，五位爲「應中」。上承九陽，故「有實」。用斯幹事，剛柔相濟，「榮譽之道也」。《象》曰：「幹父用譽，承以德也。」虞翻曰：譽謂二也。二五失位，變而得正，故「用譽」。變二使承五，故「承以德」。二乾爻，故稱「德」矣。疏《繫下》云「二多譽」，故「譽謂二也」。二陽五陰，故皆失位。二升五降，變而得正，故「用譽」。既變則二上承五，乾龍德爲德，故曰「承以德也」。　愚案　荀謂「承陽有實」，謂五承上也。初承二，五承上，皆以柔濟剛，故初「吉」五「譽」。初難知，故承以「意」。五得中，故「承以德」。

上九，不事王侯，虞翻曰：泰乾爲王，坤爲事。應在於三，震爲侯。坤象不見，故「不事王侯」。疏泰有乾坤。乾爲君，故「爲王」。坤「發事業」，故「爲事」。下應在三，三互震爲侯。變蠱則坤象不見，故曰「不事王侯」。　案　震爲帝，故「爲王」。「長子主器」，故「爲侯」，「王侯」皆謂震也。上不與三應，故「不事王侯」。高尚其事。虞翻曰：謂五已變，「巽爲高」。艮陽升在坤上，故「高尚其事」。疏五已變體巽，「巽爲高」，《説卦》文。艮之一陽，自乾來，升在坤上，故曰「高尚其事」。　愚案　五爻皆言「蠱」，上獨言「事」，蓋用幹用裕，蠱已飭矣。至五「用譽」，則《彖傳》所云「蠱元亨，而天下治也」。天下已治，故上獨變「蠱」言「事」。陽剛有治事之德，處陰非得位之人，成功者退，故「不事王侯」之事。上處最高，「上」與「尚」通。鄭氏云「君猶高尚其所爲之事」，謂王侯皆高尚其撥亂反正之事也。《象》曰：「不事王侯，志可則也。」荀爽曰：年老事終，不當其位，體艮爲止，故「不事王侯」。據上臨下，重陰累實，故「志可則」。疏鄭氏云「上九艮爻，辰在戌，得乾氣，父老之象」，故云「年老」。艮「成終成始」，故云「事終」。以陽居上，故云「不當其位」。「艮，止也」，故云「體艮爲止」。位不當而艮止，故「不事王侯」。據上臨下，四五重陰，二三累實。合初則體象坎，坎爲志，又爲法則，故「志可則也」。

《序卦》曰：「有事而後可大，故受之以臨。臨者，大也。」崔憬曰：有蠱元亨，則可大之業成，故曰「有事然後可大」也。疏《蠱・彖傳》曰：「蠱元亨，而天下治也。」天下治，則可大之業成矣。《繫上》曰「可大則賢人之業」，謂坤也。臨有坤，故稱「業」。《坤・文言》「發於事業」是也。韓康伯曰「可大之業，由事而生」，故曰「有事而後可大」。蠱非事，以事飭蠱，故曰「蠱者，事也」。臨非大，以大相臨，故曰「臨者，大也」。又《靈樞經》「太陰之人，其狀臨臨然長大」，亦「臨」訓「大」也。

䷒ 兑下坤上

臨，元亨利貞。虞翻曰：陽息至二，與遯旁通，剛浸而長，乾來交坤。動則成乾，故「元亨利貞」。疏此十二月辟卦也。陽初息復，至二則成臨矣。與遯相反，故云「旁通」。二剛有漸長之勢，「乾來交坤」，謂乾息坤也。三動則成乾，故「元亨利貞」，與乾同占也。**至于八月有凶。**虞翻曰：與遯旁通。臨消於遯，六月卦也。於周爲八月。遯弒君父，故「至于八月有凶」。荀公以兑爲八月。兑於周爲十月，言八月，失之甚矣。　鄭玄曰：臨，大也。陽氣自此浸而長大。陽浸長矣，而有四德，齊功於乾，盛之極也。人之情盛則奢淫，奢淫則將亡，故戒以凶也。臨卦斗建丑而用事，殷之正月也。當文王之時，紂爲无道，故於是卦爲殷家著興衰之戒，以見周改殷正之數云。臨自周二月用事，訖其七月，至八月而遯卦受之。此終而復始，王命然矣。疏虞注　臨與遯通。臨長成乾，復消於遯爲六月卦，周之八月也。陰消至遯，艮子弒父。至三成否，坤臣弒君。故云「遯弒君父」。遯六月即周八月，故曰「至于八月有凶」。「荀公」謂爽也。兑爲正秋，故「以兑爲八月」。夏八月，周之十月也。以十月爲八月，故「失之甚矣」。且於「有凶」，義无取也。　鄭注　《序卦》曰「臨者，大也」故云「臨，大也」。陽氣自二浸而長大，終必成乾，故有「元亨利貞」之四德，齊功於乾，陽盛之極也。夫滿則必溢，人之恒情。溢則必覆，物之常理。惟聖人見微知著，所以戒之以凶也。臨十二月卦，故云「建丑而用事」。夏之十二月，殷之正月也。《繫下》曰：「《易》之興也，其當殷之末世，周之盛德邪？當文王與紂之事邪？」紂爲无道，文王作易，特於殷正用事之卦，「著興衰之戒」，以見周改殷正之有定數也。臨通遯。遯於消息爲六月，於殷爲七月，於周爲八月。臨於周爲二月。用事之卦，由息而消，訖其七月。至周八月，消至二而遯卦受之。然陰消不久，「終而復始」，自然之數也。周受命而建子，其法於此乎，故云「王命然矣」。

《彖》曰：「臨，剛浸而長。」虞翻曰：剛謂二也。兑爲水澤。自下浸上，故「浸而長」也。疏 陽息至二，故「剛謂二」。「兑爲澤」，坎水半見，故「爲水澤」。澤有浸象。剛自下而上，故曰「浸而長也」。說而順，剛中而應。大亨以正，天之道也。虞翻曰：說，兑也。順，坤。「剛中」謂二也。四陰皆應之，故曰「而應」。「大亨以正」，謂三動成乾天，得正爲泰，天地交通，故「亨以正，天之道也」。疏《說卦》曰「坤，順也」，「兑，說也」。故云兑說坤順。❶ 二以剛居中，故「剛中謂二」。二承四陰，五應則同類皆應，故曰「而應」。三動則成乾天，陽得正位，其體爲泰，「天地交而萬物通」。通故「亨」，得位故「正」，皆變乾，成天爲之也。❷ 故曰：「大亨以正，天之道也。」至于八月有凶，消不久也。」蜀才曰：此本坤卦。剛長而柔消，故大亨利正也。　案　臨，十二月卦也。自建丑之月，至建申之月，凡歷八月則成否也。否則「天地不交，萬物不通」，是「至于八月有凶」，斯之謂也。疏 陽息坤初，至二成臨，故云「此本坤卦」。乾陽長，而坤陰消，進則成泰，終則成乾，故「大亨利正也」。臨，丑月卦也。否，申月卦也。自十二月至七月，凡八閱月則成否也。「天地不交，萬物不通」，《否·彖傳》文。否塞之時，「君子以儉德避難」，故以「至于八月有凶」當之也。

愚案　至于八月遯時，陽剛漸消，其凶甚矣。然「天地盈虛，與時消息」，則消亦不久，遯漸成臨，故臨言「凶」，遯言「亨」也。

《象》曰：「澤上有地，臨。」荀爽曰：澤卑地高，高下相臨之象也。疏「兑爲澤」，「坤爲地」。地在澤上，澤卑於地。地高於澤，以高臨下，其象爲臨。君子以教思无窮，容保民无疆。」虞翻曰：君子謂二也。震爲言，兑口講習。「學以聚之，問以辯之」。坤爲

---

❶「兑説坤順」，思賢本作「説兑順坤」。

❷「皆變乾成天爲之也」，思賢本作「皆變成乾天爲之也」。

思。剛浸長，故「以教思无窮」。容，寬也。二「寬以居之，仁以行之」。坤爲容、爲民，故「保民无疆」矣。**疏** 陽息至二，剛而得中，故「君子謂二也」。互震聲爲言，體兑口講習，「教」之義也。「學以聚之，問以辯之」，《乾》九二《文言》文。《洪範》「思曰睿」，於五事配土，坤爲土，故「爲思」。剛浸長，息而不已，故「以教思无窮」。《中庸》「寬裕温柔，足以有容也」，故「容」訓「寬」。「寬以居之，仁以行之」，亦《乾》二《文言》文。坤廣爲容，衆爲民，又「行地无疆」，故「容保民无疆」。臨本坤卦，又上體坤，故即坤以釋其象。乾息至二爲臨，臨二即乾二，故復引《乾》二《文言》，以明其意。兩卦相須，義始備也。

初九，咸臨，貞吉。虞翻曰：「咸，感也」。得正應四，故「貞吉」也/**疏**「咸，感也」，《咸·彖傳》文。王弼又云「感，應也」。惟初與四、二與五爲正應。應故感，感故皆言「咸」。初得正應四，得正故「貞」，有應故「吉」也。

愚案 初至五伏咸象。初感四應，二感五應，故初二皆言「咸臨」。三動上不應，然後成咸，故三不言「咸」也。

《象》曰：「咸臨貞吉，志行正也。」荀爽曰：陽始咸升，以剛臨柔。得其正位而居，是吉，故曰「志行正」。**疏** 陽始感，而欲升於四，將以剛下臨三柔也。然巳得正位而居，故「吉」。初動坎爲志，互震爲行，故曰「志行正也」。

九二，咸臨，吉无不利。虞翻曰：得中多譽，兼有四陰，體復初「元吉」，故「无不利」。**疏** 在二爲「得中」，《繫下》曰「二多譽」。以得中，故「多譽」也。上兼四陰，其體象復，復初曰「元吉」。有應，故「吉」。得中，故「无不利」也。

《象》曰：「咸臨吉无不利，未順命也。」荀爽曰：陽感至二，當升居五，羣陰相承，故「无不利」也。陽當居五，陰當順從，今尚在二，故曰「未順命也」。**疏** 二與五爲正應，陽主升，陰主降，故「陽感至二，當升居五」。二升五位，羣陰相承，故「无不利」。

案 坤爲順，旁通遯巽爲命。二剛浸長，不順乎遯，故「未順命」。

六三，甘臨，无攸利。既憂之，无咎。

《象》曰：「甘臨，位不當也。既憂之，咎不長也。」虞翻曰：「兑爲口」，坤爲土，「土爰稼穡作甘」。兑口銜坤，故曰「甘臨」。失位乘陽，故「无攸利」。言三失位无應，故「憂之」。動而成泰，故「咎不長也」。**疏**「兑爲口」，《説卦》文。「坤爲地」，居申方从土，故「爲土」，「土爰稼穡作甘」，《洪範》文。「甘，从口从一」。❶ 土下从一，即坤地也。以兑口上銜坤土，故曰「甘臨」。六失位，下乘陽，故「无攸利」。三既失位，又无正應，故「憂之」。董子曰：「凡人有憂而不知憂者凶，有憂而深憂之者吉。」三知不正，息泰得正，故「无咎」。伏巽爲長，臨成巽毀，故「咎不長也」。

六四，至臨，无咎。虞翻曰：至，下也。謂下至初應，當位有實，故「无咎」。**疏**《説文》：「至，从一。一，地也。」❷ 初爲地在下，故云「至，下也」。四與初應，故謂「下至初應」。初陽爲實，而又當位，故云「當位有實」。得應，故「无咎」也。**《象》曰：「至臨无咎，位當也。」**荀爽曰：四與二同功，欲升二至五，已得承順之，故曰「至臨」也。陽雖未乘，處位居正，故得「无咎」，是「位當也」。**疏**「四與二同功」，本下《繫》文。❸ 四「欲二升至五，已得順而承之，曰至臨」者，謂二至五而臨己也。二陽尚未升，故云「陽雖未乘」，以六處四，是爲「居正」。所以「无咎」者，「位當」故也。　愚案　《經》文「位當也」，李氏本一作「當位實也」。《釋文》非之，此本是。

六五，知臨，大君之宜，吉。《象》曰：「大君之宜，行中之謂也。」荀爽曰：五者，帝位。大君謂二也。宜升上居五位吉，故曰「知臨，大君之宜」也。二者處中，行升居五，五亦處中，故曰「行中之謂也」。**疏**《中庸》曰：「唯天下至聖，爲能聰明睿知，足以有臨也。」故曰「知臨」。五爲天子，故云「帝位」。《乾鑿度》説此爻云：「臨者，大也，陽氣在内。中和之感，應於盛位。浸大之化，行於萬民。故言宜處王位，施大化，爲大君矣。臣民，欲被化之辭也。」又曰：「大君者，與上行異也。」鄭彼注云：「臨之九二，有中和美異之行。應於五位，故曰百姓欲其與上爲大君。」❹ 皆言二當升五，故知「大君謂二也」。《繫上》謂「知崇效天」，乾天爲知，故知乾二升五爲「知

---

❶ 「甘从口」至下文「坤土」，思賢本作《説文》『甘，美也。从口含一』。一，道也。《坤·文言》曰『地道也』，以兑口銜坤地道」。

❷ 「地」上，思賢本有「猶」字。

❸ 「下繫」，思賢本作「《繫下》」。

❹ 「曰」字，思賢本無。「君」下，思賢本有「也」字。

臨」。三已正成泰，二升五降，成既濟定，故曰「大君之宜，吉」也。二本處中，互震爲行，上升於五，亦處中，故曰「行中之謂也」。初四皆正，故曰「行正」。二五皆中，故曰「行中」。「知臨」而言「行中」者，《中庸》言「舜之大知，用中于民」，是其義也。

上六，敦臨，吉无咎。荀爽曰：上應於三，欲因三升二，過應於陽，敦厚之意，故曰「敦臨，吉无咎」。**疏**上與三應，兩陰无陽。二，陽也。上欲因三升二，故云「過應於陽」。望二升成既濟，故云「敦厚之意」。鄭注《樂記》云「敦，厚也」。坤爲厚，故曰「敦臨」。內望二，故「吉」。上得位，故「无咎」也。**《象》曰：「敦臨之吉，志在內也。」**《九家易》曰：志在升二也。陰以陽爲主，故「志在內也」。**疏**上欲應三升二，二升五，坎爲志，故云「志在升二也」。陽貴陰賤，故「陰以陽爲主」。二陽升五，上得所主，故曰「志在內也」。

《序卦》曰：「物大然後可觀也，故受之以觀。」崔憬曰：言德業大者，可以觀政於人，故「受之以觀」也。**疏**德業盛大，則可從政，故「可以觀政於人」也。「觀」，讀去聲。《考工記》「栗氏爲量，嘉量既成，以觀四國」，注云「以觀示四方」是也，故「受之以觀」。　愚案卦互艮，又全體象艮，上重陽而下再重陰，有門闕重疊之象，故名曰「觀」。《釋宫》「觀謂之闕」。《白虎通》❶：「上懸法象，其狀巍巍然高大，謂之象魏。使人觀之，謂之觀也。」此即「物大然後可觀」，臨繼以觀之義也。自上示下，讀去聲，義取觀示。自下仰上，讀平聲，義取觀瞻。卦象作觀示，爻象作觀瞻，義各有當。然使人觀之謂之觀，其實一也。又《春官・大宗伯》「以肆獻祼享先王」，注云「祼之言灌也」，是「觀」與「祼」「灌」亦通。《觀》卦辭「觀，盥而不薦」可見矣。

䷓ 坤下巽上

觀，盥而不薦，有孚顒若。❷鄭玄曰：「坤爲地，爲衆」，「巽爲木，爲風」。九五，天子之爻。互體有艮，艮爲鬼門，又爲宫闕。地上有木，而爲鬼門宫闕者，天

❶「白虎通」，思賢本作「莊廿一年《左傳》孔疏曰」。

❷「顒」，原作「**顒**」，避清仁宗名諱，今據《周易集解》回改，餘皆徑改，不再出校。

子宗廟之象也。　王弼曰：王道之可觀者，莫盛乎宗廟。宗廟之可觀者，莫盛乎盥也。至薦，簡略不足復觀。故「觀，盥而不薦」也。　馬融曰：盥者，進爵灌地以降神也。此是祭祀盛時。及神降薦牲，其禮簡略，不足觀也。「國之大事，唯祀與戎」。王道可觀，在於祭祀。祭祀之盛，莫過初盥降神。故孔子曰：「禘自既灌而往者，吾不欲觀之矣。」此言及薦簡略，則不足觀也。以下觀上，見其至盛之禮。萬民敬信，❶故云「有孚顒若」。孚，信。顒，敬也。　案　鬼神害盈，禍淫福善。若人君脩德，至誠感神，則「黍稷非馨，明德惟馨」。故觀盥而不觀薦，饗其誠信者也。斯即「東鄰殺牛，不如西鄰之禴祭，實受其福」，是其義也。**疏** 鄭注　「坤爲地、爲衆」，「巽爲木、爲風」，皆《説卦》文。五位天子，故九五爲「天子之爻」。五互三四爲艮。「艮爲鬼門」者，《乾坤鑿度》曰：「艮爲鬼冥門。上聖曰：『一陽二陰，物之生於宴昧，氣之起於幽蔽。』《地形經》曰：❷『山者，艮也。地土之餘，積陽成體，石亦通氣，萬靈所止。起於冥門，言鬼其歸也。』衆物歸於艮，艮者，止也。止宿諸物，大齊而出，出然後至於□，□申，艮靜如冥暗，不顯其路，故曰鬼門。」《説卦》曰「艮爲門闕」，故「又爲宮闕」。坤地之上而有巽木，又互艮爲鬼門宮闕，五爲天子，故云「天子宗廟之象也」。　王注　此與馬君融注意同，釋見於下。　馬注　《祭統》「獻之屬莫重於祼」，字亦作「灌」，義取於坤地之觀。《春官・鬱人》「掌祼器，凡祼事沃盥」，《書・洛誥》「王入太室祼」。崔靈恩《三禮義宗》云「祭之日，王衮冕入，❸尸亦衮冕入，祝在後侑三。❹王不迎尸，尸入室，作樂降神，乃灌」，故云「盥者，進爵灌地以降神也」。初灌禮備，詳具於下，故云「此是祭祀盛時」。《郊特牲》「既灌然後迎牲」，迎牲而後薦，是薦在盥後也。禘行於春夏，物未成熟，薦禮獨略，故云「及降神薦牲，其禮簡略，不足觀也」。「國之大事，唯祀與戎」，本成十三年《左傳》。蓋王者治定，制禮吉禮爲先，故云「王道可觀，在於祭祀」。配天之禘，灌禮最盛，古文作「祼」。周監二代而制禮，《大宗伯》「以肆獻祼享先王」。《典瑞》：「祼圭有瓚，以肆先王，以祼賓客。」則祼一

❶「敬信」，思賢本作「信敬」。
❷「形」，原作「氣」，今據思賢本及所引文改。
❸「祭之日王衮冕入」，思賢本作「祭日之旦，王服衮冕而入」。
❹「三」，思賢本作「之」。

事有三節。肆者，實而陳之。裸者，將而行之。獻者，奉而進之。實以彝裸之陳，將以瓚裸之行，獻以爵裸之成，故曰「肆裸獻」。祭天無灌，而禘有灌者，宣三年《公羊傳》說配天之義云「王者曷爲必以其祖配？自內出者，無匹不行。自外至者，無主不止」。「自內出者，無匹不行」，南郊配天也。「自外至者，無主不止」，明堂配天也。明堂之配天帝，異饌亦異其禮，故天無灌，而祖有灌。以灌禮降神，推人道以接天，所謂「自外至者，無主不止」，故云「祭祀之盛，莫過初盥降神」也。引《論語》孔子文者，以明「及薦簡略不足觀」之意。隱五年《穀梁傳》曰：「常視曰視，❶非常曰觀。」灌禮非常，薦爲常禮，故「觀盥而不觀薦，吾不欲觀也」。非不欲觀也，所以明灌禮之特盛也。「以下觀上，見其至盛之禮，萬民敬信」，即「下觀而化也」。故曰「有孚顒若」。《雜卦》曰「中孚，信也」，❷故「孚」訓「信」。《詩·大雅》鄭箋云「顒顒然敬順」，故「顒」亦訓「敬」也。

案《謙·彖傳》曰「鬼神害盈而福謙」，故云「禍淫福善」。「黍稷非馨，明德惟馨」，《書·君陳》文。言人君脩德至誠，足以感神，則馨明德，而不馨黍稷，即「觀盥而不觀薦，享其誠信」之意也。「東鄰殺牛，不如西鄰之禴祭，實受其福」，《既濟》九五爻辭。復引此，以明在物不在儀之意。

《彖》曰：「大觀在上，蜀才曰：此本乾卦。

案柔小浸長，剛大在上，其德可觀，故曰「大觀在上」也。**疏**乾消成觀，故云「此本乾卦」。陰柔爲小，浸長至四。陽剛爲大，尊而在上。乾爲德，故稱「德」。有德則可觀，故曰「大觀在上也」。**順而巽，中正以觀天下。**

虞翻曰：謂陽息臨二「直方大」，「臨者，大也」，在觀上，故稱「大觀」。順，坤也。「中正」謂五。五以天神道觀示天下，咸服其化，賓於王庭。**疏**由臨息泰，反否退觀，故謂「息臨二」。「直方大」，《坤》二爻辭。觀二，即坤二也。「臨者，大也」，《序卦》文。二陽在下爲臨，今「在觀上，故稱大觀」。《說卦》「坤，順也」。故知「順」爲「坤」。五爲中，九爲正，故知「中正稱五」。五乾爲天，陽爲神，故云「以天神道觀示天下」。《中庸》曰「不賞而民勸，不怒而民威於鈇鉞」，是天下「咸服其化」。六四「賓王」，是「賓於王庭」也。**觀，盥而不薦，有孚顒若，下觀而化**

❶ 上「視」，思賢本作「事」。

❷ 「雜卦」，原作「序卦」，今據所引文改。

也。虞翻曰：觀反臨也。以五陽觀示坤民，故稱「觀」。盥，沃盥。薦，羞牲也。孚，信，謂五。顒顒，君德有威容貌。「若，順也」。坎爲水，坤爲器。艮手臨坤，坎水沃之，盥之象也。故「觀，盥而不薦」。孔子曰：「禘自既灌，吾不欲觀之矣。」「巽爲進退」，容止可觀，進退可度，則下觀其德，而順其化。上之三，五在坎中，故「有孚顒若，下觀而化」。《詩》曰「顒顒卬卬，如珪如璋」，君德之義也。疏否泰反類爲反，即旁通也。此云「觀反臨」，自下反上，又一義也。五陽爲君，下坤爲民。「以五陽觀示坤民，故稱觀」。《鬱人》「掌裸事，凡裸事沃盥」，故云「盥，沃盥」。《郊特牲》「既灌然後迎牲」，迎而後獻薦，❶是薦在灌後，故云「薦，羞牲也」。陽實爲孚，故「孚」訓「信」，而「謂五」也。《釋訓》「顒顒卬卬，君之德也」，故云「君德有威容貌」。「若，順也」，《釋言》文。❷觀内坤道，五正位，上之三，成坎爲水。坤形而下，故「爲器」。以艮手臨坤器，又有坎水沃之，故爲「盥之象也」。坤牛爲牲，上之三，坤象不見，故曰「觀盥而不薦」。引《論語》文者，以明灌禮盛，薦禮簡，觀盥而不觀薦之意也。「巽爲進退」，《説卦》文。「容止可觀，進退可度」，《孝經》文。《説文》引《易》曰：「地可觀者，莫可觀於木。」《漢書·五行志》曰：「説曰：『木，東也。於《易》，地上之木爲觀。其於王事，威儀容貌，亦可觀者也。』」九五有人君之德，實貌相應，其下畏而愛之，則而象之，故「下觀其德，而順其化」也。上之三，則五在坎中，坎爲孚，故「有孚顒若，下觀而化也」。「顒顒卬卬，如珪如璋」，《詩·卷阿》文。璋，君裸玉。君裸以圭瓚，亞裸以璋瓚。顒顒，温貌，卬卬，盛貌，裸之儀也。鬱人詔之，故引之以明君德之義。**觀天之神道，而四時不忒。**虞翻曰：忒，差也。神道謂五。臨震兑爲春秋。三上易位，坎冬离夏。日月象正，故「四時不忒」。疏「忒，差也」，釋見《豫·彖傳》。乾爲道，陽之信者爲神，故「神道謂五」。春秋，陰陽之著。故臨震春兑秋見於先。冬夏者，陰陽之徵。觀五得正，三上易位，坎冬离夏見於後。三之上，坎月离日，爻皆得正，故「日月象正」。日月正則四時成，故曰「四時不忒」。**聖人神道設教，而天下服矣。」**虞翻曰：聖人謂乾。「退藏於密」，而「齊於巽」，

❶「獻」，思賢本無此字。
❷「釋言」，原作「釋詁」，今據思賢本及所引文改。

以神明其德教，故聖人設教，坤民順從，「而天下服矣」。

疏《乾鑿度》曰「乾九五爲聖人」，故「聖人謂乾」。「退藏於密」，《繫上》文。「齊於巽」，本《説卦》文。內卦坤，坤爲闔户。又互艮爲山，《釋山》曰「山如堂者密」。內坤户而互艮山，又「坤以藏之」，故云「退藏於密」。巽爲絜齊。齊者，齊戒之義。聖人以齊戒，以神明其德，故云「齊於巽」。臨「教思无窮」，反觀「神道」，故云「神明其德教」。坤爲民，爲順，故「聖人設教，則坤民順從」。五乾爲天，坤爲下，故「天下服矣」。　案「神道設教」承「盥」「薦」言之，謂祭祀也。《地官·大司徒》「以祀禮教敬，則民不苟」是也。《祭義》曰「氣也者，神之盛也。魄也者，鬼之盛也。合鬼與神，教之至也。因物之精，制爲之極。明命鬼神，以爲黔首，百衆以畏，❶萬民以服」，鄭注云「合鬼神而祭之，聖人之教致之」，是其義也。

《象》曰：「風行地上，觀先王以省方，觀民設教。」《九家易》曰：先王謂五。應天順民，受命之王也。風行地上，草木必偃。枯槁朽腐，獨不從風，謂應外之爻。天地氣絶，陰陽所去，象不化之民，五刑所加。故以省察四方，觀視民俗，而設其教也。言先王德化，光被四表。有不賓之民，不從法令，以五刑加之，以齊德教也。

疏乾爲先，又爲王，故「先王謂五」。五乾，故爲「應天」。下坤，故爲「順民」。上巽爲命，故云「受命之王也」。巽爲風，風者天之教，所以觀示萬物。臨震行坤，故「行地上」。震巽皆爲草木，故「草木必偃」，如二應五是也。❷惟枯槁朽腐之物，獨不從風，如初爻在應之外是也。上爻爲天，初爻爲地，上陽居陰，下陰居陽，是「天地氣絶，陰陽所去」也。象梗化之民，爲五刑所必加也。坤爲方，爲民，巽命爲教，故「以省察四方，觀視民俗，而設其教也」。乾五下應於二，則乾二之「德博而化」也，故「言先王德化」。乾爲大明，「四表」即「四方」，故云「光被四表」。四得位近王，故稱「用賓」。初不應四，故爲「不賓之民，不從法令」。刑以弼教，故「以五刑加之，以齊德教也」。　愚案　大司徒之職「掌建邦土地之圖」，❸即「省方」也。「與其人民之數」，即「觀民」也。「以佐王安擾邦國」，即「設教」也。

❶「百」上，思賢本有「則」字。

❷「如二」至下文「之外是也」，思賢本作「枯朽『獨不從風，謂應外之爻』者，上初二爻是也」。

❸「土」上，思賢本有「之」字。

然則《周禮》以地官掌邦教，其取法於觀之「坤爲地」，而「巽爲教」乎？設教有二，有反民之俗以爲教者，如「沉潛剛克，高明柔克」是也。有因民之俗以爲教者，如「脩其教，不易其俗，齊其政，不異其宜」是也。巽爲進退。《論語》曰：「求也退，故進之。由也兼人，故退之。」因其民而進退之，斯爲善教矣。

初六，童觀。小人无咎，君子吝。虞翻曰：艮爲童。陰小人，陽君子。初位賤，以小人乘君子，故「无咎」，陽伏陰下，故「君子吝」矣。**疏**應在四，四互艮爲少男，又全體象艮，而初爻成始，故「爲童」。陰爻象小人，陽位象君子。初在下，故「位賤」。以陰居陽，是「以小人乘君子」也，故「无咎」。以陰爻居陽位，是「陽伏陰下」也，故「君子吝」。　愚案　艮少男，又爲閽寺。童而陰，小人之象也。位應四近五，雖不能「觀國之光」，猶可近五，故「无咎」。初陽位，爲陰所據，位雖君子，爻不正，四不應，觀五无由，故「君子吝」。《象》曰：「初六童觀，小人道也。」王弼曰：失位處下，最遠朝美，无所鑒見，故曰「童觀」。處「大觀」之時而「童觀」，趣順而已。小人爲之，无可咎責。君子爲之，鄙吝之道。**疏**孔疏：「『童觀』者，處於觀時，而最遠朝廷之美觀。是柔弱不能自進，无所鑒見，唯如童稚之子而觀之。爲『小人无咎，君子吝』者，爲此觀看，趣在順從而已，无所能爲。於小人行之，纔得无咎。若君子行之，則鄙吝。」　愚案　「童觀」爲閽寺，雖不能如四「觀國之光」，猶不失小人近君之道，故曰「小人道也」。

六二，闚觀，利女貞。虞翻曰：臨兑爲女。竊觀稱闚。兑女反成巽，巽四五得正，故「利女貞」。艮爲宫室，坤爲闔户。小人而應五，故「闚觀，女貞」，利不淫視也。**疏**臨内卦兑爲女。《説文》「闚，閃也」，不正之象。竊觀非正視，故「稱闚」。兑少女，反居觀上，成巽長女。巽四五，陰陽得正，故「利女貞」。互艮門闕，故「爲宫室」。内坤，故「爲闔户」。爻陰，故爲「小人」。二應巽五得正，故「闚觀，利女貞」。《曲禮》曰「毋淫視」，邪視曰「淫視」。「利女貞」，「利不淫視也」。《象》曰：「闚觀女貞，亦可醜也。」侯果曰：得位居中，上應於五，闚觀朝美，不能大觀。處大觀之時，而爲「闚觀」，女正則利，君子則醜也。　案：六二离爻，「离爲目」，又爲中女。外互體艮，「艮爲門闕」。女目近門，闚觀之象也。**疏**侯注　六爲「得位」，二爲「居中」。上應於五，僅能闚視朝美，而不能大觀。夫處大觀之時，而僅爲「闚觀」，婦人之道也，故「女正則利」。在君子，「亦可醜也」。　案　六二，离之中爻也。「离爲目」，故爲「闚」。又再索得女，故「爲中女」。三至五互艮，爲「門闕」。二臨三門，女目近之，故有「闚觀」之象。　愚案　《太玄》曰：「晝以好之，夜以醜之。」坤柔爲夜，故言「醜」。初爲閽寺，觀不及遠，小人之道可醜也。二爲离女，婦人之道，觀不及天，「亦可醜也」。「亦」，亦初也。

六三，觀我生進退。 虞翻曰：坤爲我，臨震爲生，生謂坤生民也。「巽爲進退」。故「觀我生進退」。臨震進之五，得正居中，故《象》曰「未失道」。**疏** 坤身爲自，故「爲我」。反臨互震，震反生，故「爲生」。震變爲坤，故「生謂坤生民也」，與九五同義。五《象》虞注云「坤爲民，謂三也」。「巽爲進退」，《説卦》文。「觀我生進退」者，謂五。五觀示坤民進退，三欲五二正，上來易己也。臨震反觀，則進之五，九得正，五居中，震大塗爲道，故《象》曰「未失道」。　愚案　坤爲廣生，故曰「觀我生」。三處上下之交，位陽主進，爻陰主退，故可進可退。三進於上則成蹇，故欲進仍退，未失觀道也。**《象》曰：「觀我生進退，未失道也。」** 荀爽曰：我謂五也。生者，教化生也。三欲進觀於五，四既在前，而三退，故「未失道也」。**疏** 五爲卦主，爻辭與五同，故「我謂五」。五巽命爲教化，故「生者，教化生也」。陰當承陽，故「三欲進觀於五」。四近於五而在三前，故「三退」。進退皆得，故曰「未失道也」。

六四，觀國之光，利用賓于王。 虞翻曰：坤爲國，臨陽至二，「天下文明」，反上成觀，進顯天位，故「觀國之光」。王謂五陽。陽尊賓坤，坤爲用、爲臣。四在王庭，賓事於五，故「利用賓于王」矣。《詩》曰「莫敢不來享，❶莫敢不來王」，是其義也。**疏** 坤爲地，故「爲國」。「臨陽至二」即乾二。「天下文明」，《乾》九二《文言》文也。反居於上以成觀，體五則「進顯天位」，故「觀國之光」也。五乾爲君，故「王謂五陽」。二尊爲主，❷以坤爲賓，故云「陽尊賓坤」。坤致役爲用，臣道爲臣。艮爲門庭，四諸侯

---

❶「享」，原作「賓」，今據草堂本及所引《詩·殷武》文改。

❷「二」，據上下文意，似應爲「陽」。

位，故「在王庭」。四爲賓，而臣事於五，故「利用賓於王」。「莫敢不來享，莫敢不來王」，《詩・殷武》文。引之以明「用賓」之義。　愚案　九五下臨坤國，乾爲大明，故爲「光」。「大觀在上」，而四承之，故曰「觀國之光」。《聘禮》歸大禮之日，有請觀之禮。《春秋傳》「吴季札聘魯，請觀於周樂」，「晉韓起聘魯，觀書於太史氏」，皆「觀國之光」之事也。五位天子，四位三公。五陽爲王，爲主，四陰爲臣、爲賓。「觀」之言「灌」，大饗有祼賓之禮。故《典瑞》云：「祼圭有瓚，以肆先王，以祼賓客。」四爲三公，而稱王賓，則賓於王，惟祼禮爲盛，故「利用賓于王」也。莊廿二年《左傳》周史説此爻云：「坤，土也。巽，風也。乾，天也。風爲天於土上，山也。有山之材，而照之以天光，於是乎居土上，故曰『觀國之光』。庭實旅百，奉之以玉帛，天地之美具焉，故曰『利用賓于王』。」是其義也。《象》曰：「觀國之光，尚賓也。」崔憬曰：得位比尊，承於王者。職在搜揚國俊，賓薦王庭，故以進賢爲「尚賓」也。

疏 四陰爲「得位」，近五爲「比尊」。上承於王，故職在搜國俊，以薦王庭。四能進賢，故爲「尚賓」。　案　四觀五光，五尚四賓，故曰「尚賓」。《周語》「祭公謀父曰『甸服者祭，侯服者祀，賓服者享，要服者貢，荒服者王』」，韋注云「皆所以貢助祭於廟」，❶《孝經》所謂「四海之内，各以其職來祭」，是助祭尚賓之事也。

九五，觀我生，君子无咎。虞翻曰：我，身也，謂我生。生謂生民。震生象反。坤爲死喪。嫌非生民，故不言民。陽爲君子，在臨二失位，之五得道處中，故「君子无咎」矣。**疏** 我身，亦坤爲身也。我身有民，故「謂我生」。「生謂生民」者，三坤也。臨二與三爲震，故五亦我之也。「震生象反」者，震爲反生也。月滅於坤乙，爲既死魄，故「坤爲死喪」。言「生」則民見，「非生民，故不言民」。「陽爲君子」，在臨二爲失位。反而之五成觀，陽得正位爲「處中」，故「君子无咎矣」。　愚案　乾爲「大生」，故曰「觀我生」。三與五位不同而功同，故陰陽不同而其辭同。觀陰消陽，將成剥矣，宜有咎。然得中得位，君子之道也，故「无咎」。《象》曰：「觀我生，觀民也。」王弼曰：「觀我生」，自觀其道也。爲衆觀之主，當

❶「皆所以貢助祭於廟」，思賢本作「必以所貢，助祭於廟」。

宣文化光于四表。上之化下，猶風之靡草。「百姓有過，在予一人」。君子風著，己乃无咎。欲察己道，當「觀民也」。　虞翻曰：坤爲民，謂三也。坤體成，故「觀民也」。疏王注　「觀我生」者，自觀其在上之道也。五居尊位，爲衆觀之主。巽爲宣，坤爲文，乾大明爲光，坤四方爲四表，故云「當宣文化光于四表」。《君陳》曰「爾惟風，下民惟草」，故云「上之化下，猶風之靡草」。「百姓有過，在予一人」，《泰誓》文。言民之善惡，視乎上也。《論語》曰「君子之德風」，故云「君子風著，己乃无咎」。《咸有一德》曰「萬夫之長，可以觀政」，故「欲察己道，當觀民也」。

虞注　生，生民也。下坤爲民，三曰「觀我生」，故知「民謂三」也。三坤體已成，故「觀民也」。　愚案　自「觀其生」，五陽得乎君子之道。下與二應，二體坤，則可以觀示坤民也。「觀民」之「觀」，與「大觀在上」「中正以觀天下」同義。

上九，觀其生，君子无咎。　虞翻曰：應在三，三體臨震，故「觀其生」。君子謂三。之三得正，故「无咎」矣。疏上應在三，三體在臨互震，震爲生，故「觀其生」。上失位，之三得正，故「君子謂三」。得正故「无咎」。

愚案　觀惟三五上言「生」。上乘五，觀五也。下應三，觀三也。之三得正，故「无咎」。「三與五同功」，故亦曰「君子无咎」。**《象》曰：「觀其生，志未平也。」**　王弼曰：「觀其生」，爲人所觀也。最處上極，天下所觀者也。處天下所觀之地，其志未爲平易，不可不慎，故君子德見，乃得「无咎」。生猶動出也。　虞翻曰：坎爲志、爲平。上來之三，故「志未平」矣。疏王注　「觀其生」者，己在上而爲人所觀也。上處最極，尤天下所共觀者也。處天下所共觀之地，又不得位，「其志未爲平易」，可不慎乎。故必君子之德，脩於上而見於下，乃得「无咎」矣。孔疏云「生猶動出」者，或動或出，是生長之義也。　虞注　坎心爲志，坎水爲平。上來之三，五成坎，故志平。若當「觀其生」，而未之三時，則五志猶未平也。

受業漢陽吴長庚少白校

周易集解纂疏卷九

周易集解纂疏卷十

安陸李道平遵王纂疏

《序卦》曰：「可觀而有所合，故受之以噬嗑。嗑者，合也。」崔憬曰：言可觀政於人，則有所合於刑矣，故曰「可觀而有所合」。**疏**「中正以觀天下」，「下觀而化」者，宜无不合矣，故「可觀而有所合」也。觀政之道，不外勸懲。教所以勸，刑所以懲也。在觀之家，則教以勸之，而易合者合。在噬嗑之家，則刑以懲之，而不合者亦合。明于五刑，以弼五教，故「言可觀政於人，則有所合於刑矣」。是「可觀而有所合」之義也。人不合者，則刑以合之。物不合者，則噬以嗑之。故曰「嗑者，合也」。

䷔ 震下 离上

噬嗑，亨，利用獄。虞翻曰：否五之坤初，坤初之五，剛柔交，故「亨」也。坎爲獄，「艮爲手」，离爲明。四以不正，而係於獄，上當之三，蔽四成《豐》「折獄致刑」，故「利用獄」。坤爲用也。　案：「頤中有物曰噬嗑」，謂九四也。四互坎，體坎爲法律，又爲刑獄。四在頤中，齧而後亨，故「利用獄」也。**疏**虞注　卦自否來。否五剛之初，初柔之五，是剛柔交通，故「亨也」。互坎，陽陷陰中，又《九家易》曰「坎爲律」，又爲叢棘，爲桎梏，故「爲獄」。互「艮爲手」，折獄從手，故取艮手折獄。貴明，故取离明。四陽不正，陷於坎中，故云「係於獄」。蔽，斷也。三上易位，則三斷四獄，其體爲豐。《豐·象》曰「折獄致刑」，故「利用獄」也。坤「致役」，故「爲用」。　案　二陽四陰，外實中虛，「頤」象也。九四以不正間之，是「頤中有物」象也。《彖傳》曰「頤中有物曰噬嗑」。「物」謂九四也。四互坎，《九家易》「坎爲律」，故「爲法律，又爲刑獄」。四在頤中，閒而不合。噬，齧也。唯齧而合之，所以通也，故「亨」。刑克以通，所以「利用獄也」。

《彖》曰：「頤中有物曰噬嗑。虞翻曰：「物」謂四，則所噬乾胏也。頤中无物，則口不噬，故先舉

「頤中有物曰噬嗑」也。疏九四不正，閒於頤中，故「物謂四」。「所噬乾胏」者，取九四爻辭也。頤中无物，則口无所噬，故「先舉頤中有物」，齧而合之，以明噬嗑。《彖辭》未有以卦象者，故特釋其義也。噬嗑而亨，崔憬曰：物在頤中，隔其上下，因齧而合，乃得其「亨」焉。以喻人於上下之閒，有亂羣者，當用刑去之，故言「利用獄」。疏四在頤中，隔其上下，不通之象也。齧而合之，乃得其通，故「亨」也。人於上下之閒，有不正而亂羣者，則當用刑以去之。去之則「亨」，故「利用獄」也。剛柔分，動而明，雷電合而章。盧氏曰：此本否卦。乾之九五，分降坤初，坤之初六，分升乾五，是「剛柔分」也。分則雷動於下，電照於上，合成天威，故曰「雷電合而成章」也。疏卦自否來。否乾剛坤柔。九五下降，是分乾之剛，以降坤初。初六上升，是分坤之柔，以升乾五。故曰「剛柔分也」。分則下震爲「雷」，爲「動」，上离爲「電」，爲「明」，雷動電照，合成天威，且「嗑者，合也」，故曰「雷電合而章」也。柔得中而上行。雖不當位，利用獄也。」侯果曰：坤之初六，上升乾五，是「柔得中而上行」。雖則失位，文明以中，斷制枉直，不失情理，故「利用獄」。疏初六柔也，上升於五爲「中」，是「柔得中而上行」也。六雖失位，然在坤爲文，之离爲明，居五得中，以此斷制枉直，自不失情理之正，又有上之三以成《豐》「折獄」，故「利用獄也」。

《象》曰：「雷電噬嗑。宋衷曰：雷動而威，電動而明，二者合而其道章也。用刑之道，威明相兼。若威而不明，恐致淫濫。明而无威，不能伏物。故須雷電並合，而噬嗑備。疏《晉語》「司空季子曰『車有震武也』」，韋注云「震，威也」，又云「居樂出威」，故云「雷動而威」。《說卦》「爲電」，鄭注云「久明似日，暫明似電」，故云「電動而明」。《稽覽圖》曰「雷有聲名曰雷，有光名曰電」，是雷與電本合也。故云「二者合而其道章」，即《彖傳》意也。用刑之道，二者相兼。不明則刑必濫，不威則物不伏，故必二者合，而後噬嗑之道始備。《吕刑》曰「德威惟畏，德明惟明」，是其義也。先王以明罰勑法。」侯果曰：雷所以動物，電所以照物。雷電震照，則萬物不能懷邪。故先王則之，「明罰勑法」，以示萬物，欲萬方一心也。疏震動，故「雷所以動物」。离明，故「電所以照物」。有雷之震，有電之照，則萬物不能懷邪。故先王則雷電之明威，以明罰而勑法焉。《説文》：「罰，辠之小者。從刀從詈。未以刀有所賊，但持刀罵詈則應罰。」《春秋元命包》：「罔言爲詈，刀詈爲罰。」❶《吕刑》「五刑不簡，正于五罰」，孔傳「出金贖罪」。《地官・大司徒》「凡民之有衺惡者，❷三讓而罰之」，❸注云「罰謂撻擊之也」。❹ 愚案 「罰」從「刀」者，錢刀也。非「持刀罵詈」之謂，乃罵詈則以錢刀贖之也。故凡用薄刑者，通謂之罰。如《地官》所言是也。《吕刑》：「蚩尤惟始作亂，延及于平民，苗民弗用靈。制以刑，惟作五虐之刑，曰法。」《秋官・大司寇》：「縣刑象之法於象魏，使萬民觀刑象。」《月令》：「孟秋之月，有司脩法制法，❺皆謂刑也。」「明罰勑法，以示萬物」者，欲萬方一心，罔干憲典，即刑期無刑之意也。 又案 否乾爲「先」、爲「王」，故曰「先王」。刑貴平，坎水平，故爲「罰」、爲「法」，离爲「明」，故「明罰」。勑，戒也。震言爲誡，故「勑法」。上之三得正，而折四獄，故「明罰勑法」也。

初九，屨校滅趾，无咎。 虞翻曰：屨，貫。「趾，足也」。「震爲足」，坎爲校。震没坎下，故「屨校滅趾」。初位得正，故「无咎」。 干寳曰：趾，足也。屨校，貫械也。初居剛躁之家，體貪狼之性，以震掩巽，强暴之男也。行侵陵之罪，以陷「屨校」之刑，故曰「屨校滅趾」。得位於初，顧震知懼，「小懲大戒」，以免刑戮，故曰「无咎」矣。 **疏** 虞注 《釋名》：「屨，拘也。所以拘足也。」「屨」訓「貫」，即「拘」義也。「趾，足也」，《釋言》文。「震爲足」，《説卦》文。《九家・説卦》曰「坎爲桎梏」，故「爲校」。震足没於坎水之下，故「屨校滅趾」。震體以初爲主，故獨象「屨校」也。初陽位，陽爻得正，故「无咎」。伏羲始作八卦，近取諸身，故此卦初爲「趾」，上爲「耳」。 干注 以「械」爲「屨」，故曰「屨校」。漢謂之「貫械」。《後漢書・李固傳》云「渤海王調貫械上書」是也。《説卦》「巽其究爲躁卦」，虞謂躁則震是也。❻ 九本陽剛，又居震初，故云「初居剛躁之家」。《翼奉傳》曰：「北方之情，好也。好行

❶「刀」下，思賢本有「守」字。
❷「地官大司徒」，思賢本作「《周禮・地官・司救》」。
❸「之」，思賢本無此字。
❹「注云」上，思賢本有「鄭氏」二字。
❺「有」上，思賢本有「命」字。
❻「虞謂躁則震是也」，思賢本作「虞注『明震外體爲躁』是也。」

貪狼，申子主之。」震初庚子，子北方水位，故云「體貪狼之性」。巽宮三世卦，變巽爲震，故云「以震掩巽」。震長男，而性貪狼，故爲「强暴之男也」。震足爲行，又爲阪生，阪，陵也，故云「行侵陵之罪」。❶ 坎爲陷，又爲校，故云「以陷屨校之刑」。行陷於罪，故曰「屨校滅趾」。震陽得位於初，《震·象》曰「恐懼脩省」，故云「顧震知懼」。「小懲大戒」，《繫下》文。震知懼，懼故懲戒，懲戒「以免刑戮」，故「无咎」。

《象》曰：「屨校滅趾，不行也。」 虞翻曰：否坤小人，以陰消陽。「其亡其亡」，故五變滅初，否坤殺「不行也」。　干寶曰：不敢遂行强也。**疏** 虞注　《繫下》言「小懲大戒，小人之福」，謂此爻也。卦自否來，「小人道長」，謂坤初也。否以陰消陽，九五曰「其亡其亡」。消四及五，則五下滅初，坤臣弑君。「殺」讀爲「弑」，坤滅，故弑「不行也」。　干注　震爲行，爲剛躁，是「行强」也。互艮以止之，故「不敢遂行强也」。

六二，噬膚滅鼻，无咎。 虞翻曰：噬，食也。艮爲膚，爲鼻。鼻沒坎水中，隱藏不見，故「噬膚滅鼻」。乘剛，又得正「多譽」，故「无咎」。**疏**「噬，食也」，《方言》文。爻辭曰「膚」，曰「腊肉」，曰「乾胏」，曰「乾肉」。「膚」爲脇革肉也。《少牢饋食禮》曰「雍人倫膚九，實於一鼎」。又曰「膚九而俎，亦横載革順」是也。「艮爲膚，爲鼻」，《九家·説卦》文。艮體互於坎下，是鼻滅水中之象。「坎爲隱伏」，故「隱藏不見」。二噬艮膚，而艮滅坎中，故曰「噬膚滅鼻」。初陽，故「乘剛」。六居二得正，二又「多譽」，故「无咎」。　愚案　初上皆在頤外，故不言噬。初言「趾」，上言「耳」，近取諸身，皆遠於頤者也。至二則在頤中，故自二至五皆言「噬」。膚在皮外，柔而易噬，以喻六二柔中，治獄平易之象。但初九剛强，必須嚴厲，惟施以滅鼻之刑，乃「无咎」也。初體震爲足，故「滅趾」。「滅趾」者，刖刑也。二互艮爲鼻，故「滅鼻」。「滅鼻」者，劓刑也。

《象》曰：「噬膚滅鼻，乘剛也。」 侯果曰：居中履正，用刑者也。二互體艮，艮爲鼻，又爲黔喙，「噬膚滅鼻」之象也。乘剛噬必深。噬過其分，故「滅鼻」也。刑刻雖峻，得所疾也。雖則「滅鼻」，而「无咎」矣。**疏** 二居中，六履正，得用刑之道者也。二互艮鼻，本《九家·説卦》文。「爲黔喙」，本《説卦傳》文。互艮，故有「噬膚滅鼻」之象

❶「罪」，原作「事」，今據思賢本及所引干寶注改。

也。下乘初剛，所噬必深。噬過其分，故至「滅鼻」用刑雖峻，疾所當疾，故云「得所疾也」。雖至「滅鼻」，亦「无咎」矣。　愚案　二乘初剛，施以「滅鼻」之刑，是柔能制剛者也，故「无咎」。

六三，噬𦠺肉遇毒，小吝无咎。虞翻曰：三在膚裏，故稱「肉」。离日熯之爲𦠺。坎爲毒。故「噬𦠺肉遇毒」。毒謂矢毒也。失位承四，故「小吝」。與上易位，「利用獄」成豐，故「无咎」也。**疏** 四陽爲骨，二爲膚。「三在膚裏，故稱肉。」《説文》「腊，乾肉也。從殘肉，日以晞之」，馬融云「晞於陽而煬於火曰腊肉」，故云「离日熯之爲腊肉」。坎爲害，故「爲毒」。《周語》單子曰「厚味實腊毒」。「腊」，「𦠺」籀文，❶肉久稱「𦠺」，味厚者爲「毒」。又《鄭語》「毒之酋腊者，其殺也滋速」。故「噬腊肉遇毒」。四曰「得金矢」，三近四，故「毒謂矢毒也」。三不正爲失位，四不正，而三承之，故「小吝」。上來之三，是易位也。折四成豐，利用刑獄，故「无咎也」。《象》曰：「遇毒，位不當也。」荀爽曰：𦠺肉謂四也。三以不正，噬取異家，法當遇罪，故曰「遇毒」。爲艮所止，所欲不得，故「小吝」也。所欲不得，則免於罪，故「无咎」矣。**疏** 三近四故「腊肉謂四」。三位不正，「噬取異家」，謂噬四也。取非其有，法當遇罪，故曰「遇毒」，毒亦四毒也。互艮以止之，故「爲艮所止」。所欲之腊，終不可得，故「小吝」也。然所欲不得，則可免於罪，故「无咎」矣。

九四，噬乾胏，得金矢，利艱貞吉。《象》曰：「利艱貞吉，未光也。」陸績曰：肉有骨謂之胏。离爲乾肉，又爲兵矢。失位用刑，物亦不服，若噬有骨之乾胏也。金矢者，取其剛直也。噬胏雖復艱難，終得信其剛直。雖獲正吉，未爲光大也。**疏** 馬融云「有骨謂之胏」，故云「肉有骨謂之胏」。「离爲乾卦」，陽爲骨，而离乾之，故「爲乾肉」。「离爲戈兵」，故「爲兵矢」。四失位不正，以此用刑，物必不服，故云「若噬有骨之乾胏也」。《秋官·大司寇》「禁民訟入束矢，禁民獄入鈞金」。矢取其直，不直者入束矢。金能見情，無情者入鈞金。故云「金矢者，取其剛直」。王肅又云「金矢所以獲野禽，故食

❶ 「腊𦠺籀文」，原作「腊腊籀文𦠺」，草堂本作「腊昔籀文昔」，思賢本作「腊籀文𦠺」，三本似皆有不妥之處，今本《説文》作「𦠺，腊，籀文从肉」。

之得金矢」也，義亦可通。「噬乾胏」，艱難之象也。「得金矢」，剛直之象也。於艱難而得剛直，可謂「利艱」矣。然必變正，然後「吉」也。變正則离毁，故「未光也」。　愚案　四有剛直之才，能斷獄者也，故爻言「貞吉」。四爲上下之隔，能亂羣者也，故《象》言「未光」。

六五，噬乾肉，得黄金，貞厲无咎。虞翻曰：陰稱肉。位當离，日中烈，故「乾肉」也。乾金黄，故「得黄金」。貞，正。厲，危也。變而得正，故「无咎」。

王弼曰：乾肉，堅也。黄，中也。金，剛也。以陰處陽，以柔承剛，❶以噬於物，物亦不服，故曰「噬乾肉」也。然處得尊位而居於中，能行其戮者也。履不正，而能行其戮，剛勝者也。噬雖不服，得中而勝，故曰「噬乾肉，得黄金」也。己雖不正，而刑戮得當，故雖「厲」而「无咎」也。

疏　虞注　陽稱骨，故「陰稱肉」。五正离位，故云「位當离，日中烈」。「离爲乾卦」，故曰「乾肉」也。卦自否來，否乾「爲金」。位居中，其色黄，故曰「得黄金」。「貞，正」者，變而正也。厲，危也。雖變正亦危也。然變而得正，終「无咎」矣。　王注　离爲「乾肉」，兩陽在外，故「堅」也。黄爲中色，五爲中位，故云「黄，中也」。五爲陽位，陽爲剛，故云「金，剛也」。六五以陰處陽，以柔乘剛，以此治人之罪，人亦不服，故如「噬乾肉也」。以六處五，得乎尊位，柔乘剛，而居於中，既中而行剛，是「能行其戮者也」。履雖不正，而能行其戮，是以「剛勝者也」。以不正噬物，物雖不服，然位得中，而能以剛勝，是「噬乾肉，而得黄金也」。位雖不當，而用刑得當，故「雖貞厲而无咎也」。

《象》曰：「貞厲无咎，得當也。」荀爽曰：謂陰來正居是而厲陽也。以陰厲陽，正居其處，而无咎者，以從下升上，不失其中，所言「得當」。**疏**　謂初陰來五，正居於是，而危厲陽位也。「以陰厲陽，正居其處」，宜有咎矣，「而无咎者」，以從下初上升於五，雖不正，而不失中，故言「當也」。　案　五位不當，變之正，則當也。

上九，何校滅耳，凶。荀爽曰：爲五所何，故曰「何校」。據五應三，欲盡滅坎，三體「坎爲耳」，故曰「滅耳，凶」。上以不正，侵欲无已，奪取異家。「惡積而不可弇，罪大而不可解」。故宜「凶」矣。　鄭玄曰：离爲槁木，「坎爲耳」。木在耳上，「何校滅耳」之象也。**疏**　荀注

❶「承」，據卦象，似應爲「乘」。

「何」與「荷」同。上據五，爲五所荷，故曰「何校」。近據五，下應三，而己居其上，是「欲盡滅坎」也。三互坎，「坎爲耳」，故曰「滅耳，凶」。上位不正，侵下无已。「奪取異家」，謂應三據五也。「惡積而不可弇，罪大而不可解」，《繫下》説此爻文也。處罰之極，積惡不改，宜其凶也。

案《繫下》虞注此爻云：「陰息姤至遯，『子弑其父』，故『惡積而不可弇』。陰息遯成否，以臣弑君，故『罪大而不可解』。」尋此卦初爻，義取小懲大戒，上爻義取惡積罪大者。此本否上，「否終則傾」，宜下反於初成益，則「先否後喜」。今上不下反，坤弑遂行。五降於初以救之，故初「无咎」而上「凶」也。又案 滅耳，刵刑也。惡積罪大，當服大辟之刑。以三有正應，故從末減而予以滅耳之罰。初二罪薄罰重，以无正應也。 鄭注《説卦》曰「离其於木也，爲折上槀」，❶故「爲槁木」，又爲「校」。「坎爲耳」，《説卦》文。以木在耳上，故有「何校滅耳」之象。

《象》曰：「何校滅耳，聰不明也。」《九家易》曰：當據离坎以爲聰明。坎既不正，今欲滅之，故曰「聰不明也」。**疏**「离爲目」，主視爲「明」。「坎爲耳」，主聽爲「聰」。已居坎离之上，當據二象以爲聰明。坎既不正，上欲滅之。坎滅而离象亦毀。故「聰不明」。鄭氏云「目不明，耳不聰」是也。

《序卦》曰：「物不可以苟合而已，故受之以賁。賁者，飾也。」崔憬曰：言物不可苟合於刑，當須以文飾之，故「受之以賁」。**疏**以天合者貴乎質，父子兄弟是也。以人合者貴乎文，君臣夫婦是也。君之求臣，有三徵九聘之禮。夫之取婦，有納采納吉之儀。故「物不可以苟合」而「必受以賁」。賁者，文飾之謂也。四言「婚媾」，五言「邱園」，其即不可苟合之大者乎。至于用刑不可苟合，必當文飾之者，如《虞書》「五刑五用」，《吕刑》「五刑之屬三千」，《周禮·秋官》「五刑糾萬民」，以及「八辟、五禁、三刺、三宥、三赦之法」。其文最繁，不可苟合於刑。必輕重諸罰有權，然後不至淫刑以逞也。《賁·象》曰「君子以明庶政，无敢折獄」，故「受之以賁」。

䷕ 离下艮上 **賁，亨，**虞翻曰：泰上之乾二，乾二之坤上。柔來

❶「折上槀」，思賢本作「科上槁」。

文剛，陰陽交，故「亨」也。疏三陰三陽之卦自泰來。坤上來之乾二，乾二往之坤上。离爲「文」。自外曰「來」。是上柔來文二剛，而成賁也。陰陽相交故通，通故「亨也」。 愚案 鄭云「賁，變也，文飾之貌」也。夫物相雜謂之文。《考工記》「畫繪之事雜五色，青與赤謂之文」。离火赤，互震木青，艮山亦青之閒色，是「青與赤謂之文」，故曰「賁」也。小利有攸往。虞翻曰：小謂五。五失正，動得位體离，以剛文柔，故「小利有攸往」。 鄭玄曰：賁，文飾也。「离爲日」，天文也。艮爲石，地文也。天文在下，地文在上。天地二文，相飾成賁者也。猶人君以剛柔仁義之道，飾成其德也。剛柔雜，仁義合，然後嘉會禮通，故「亨」也。卦互體坎艮，艮止於上，坎險於下。夾震在中。故不利大行，小有所之則可矣。疏虞注 陰爲小，謂五。五陰失正，動而得位，互又成离，是伏剛出而文柔也。陰動剛出，故「小利有攸往」也。 鄭注 《序卦》曰「賁飾」，故云「文飾」。「离爲日」，「艮爲小石」，《說卦》文。日爲天文，石爲地文，泰乾在下，离亦在下，故云「天文在下」。坤在上，艮亦在上，故云「地文在上」。天地二文，交相飾而成賁，猶人君以剛柔交濟，仁義並行，然後能飾成其德也。剛柔雜則陰陽通。仁，元也。義，利也。合者，會也。仁義合，則嘉會之禮通於其閒，故「亨也」。三卦體艮，互有坎。艮止在上，坎險，又互艮以止於下。三互震以夾於其中，「震爲大塗」，爲行，艮以止之，故「不利大行」。艮爲小，故「小有所之則可矣」。

《彖》曰：「賁亨，柔來而文剛，故亨。分剛上而文柔，故小利有攸往。荀爽曰：此本泰卦。謂陰從上來，居乾之中。文飾剛道，交於中和，故「亨」也。分乾之二，居坤之上。上飾柔道，兼據二陰，故「小利有攸往」矣。疏卦自泰來，故云「此本泰卦」。「陰從上來，居乾之中」，是以上六之柔，來文九二之剛。文雖柔而質剛，又得中得正，「交於中和，故亨也」。「分乾之二，居坤之上」，是以九二之剛，上文上六之柔。文雖剛而質柔，又非中正，宜无利。然兼據五四二陰，陰爲小，故「小利有攸往矣」。天文也。虞翻曰：謂五利變之正，成巽體离，艮爲星，离日坎月，「巽爲高」，五天位，离爲文明，日月星辰高麗於上，故稱天之文也。疏五失位，故「利變之正」。兼有巽离，故「成巽體离」。艮成終始，主四時，斗建四時，故艮主斗，斗，星也，故「艮爲星」。又僖十六年《左傳》「隕石于宋五，隕星也」，艮爲石，故「爲星」。互离坎，故「离日坎月」。「巽爲高」，《説卦》文。五位天德，故爲「天位」。下《經》云「文明以止」，故「离爲文明」。《中庸》曰「日月星辰繫焉」，故云「日月星辰高麗於天」。「在天成象」，故稱「天之文也」。

文明以止，人文也。 **疏** 三五變據四，二五分則止文三，故以三爲「人文也」。

虞翻曰：人謂三，乾爲人。文明离，止，艮也。震動离明。於三才爲人道，爲人位，故「人謂三」。泰有乾人，得陽以生，故「乾爲人」。「坤爲文」，离日爲「明」。离之中爻，坤二也。故「文明」謂「离」也。「艮，止也」，故「止」謂「艮也」。互體震爲動，故「震動离明」。五既變陽，據四成离。上下兩离，交集於三。三應上艮止，二五分三之文，則皆止於三，故「以三爲人文也」。 愚案 《堯典》「欽明文思安安」，即「文明以止」之義也。

觀乎天文，以察時變。 虞翻曰：日月星辰爲「天文」也。泰震春兑秋，賁坎冬离夏。巽爲進退，日月星辰，進退盈縮，謂朓側朏也。曆象在天成變，故「以察時變」矣。 **疏** 离爲目，故爲「觀」。「日月星辰爲天文」，釋已見前。時，四時也。泰互震兑，震左爲春，兑右爲秋。賁离互坎，坎北爲冬，离南爲夏。五變巽，故「爲進退」。「日月星辰，進退盈縮」者，《漢書·天文志》「陽用事則進，❶陰用事則退，❷早出爲盈，❸晚出爲縮也」。「謂朓側朏也」者，《説文》曰「晦而月見西方，謂之朓。朔而月見東方，謂之縮肭」，《尚書大傳》「謂之側匿」，「側」即「肭」也。「朏」，《召誥傳》「月三日明生之名也」。日月星辰，有遲有疾，所謂「時變」也。曆，數也。象，法也。《考工記》曰「天時變」，故「曆象在天成變」，所以「察時變」也。

觀乎人文，以化成天下。 虞翻曰：泰乾爲人。五上動體既濟。賁离象「重明麗正」，故「以化成天下」也。 干寶曰：四時之變，縣乎日月。聖人之化，成乎文章。觀日月而要其會通，觀文明而化成天下。 **疏** 虞注 泰内乾，故「泰乾爲人」。五上皆不正，動則成既濟。賁三有兩离象。《离·彖傳》曰：「重明以麗乎正，乃化成天下。」三互兩离爲「重明」，體既濟爲「麗正」。坤上來化乾二，「坤化成物」。「乾爲天」，坤爲「下」，故「觀乎人文，以化成天下」。 干注 《繫下》曰「日月相推

❶ 「進」上，思賢本有「日」字。
❷ 「退」上，思賢本有「日」字。
❸ 「盈」，思賢本作「嬴」。

則明生，寒暑相推則歲成」，故云「四時之變，縣乎日月」。《論語》曰「巍巍乎其有成功也，煥乎其有文章」，故云「聖人之化，成乎文章」。「觀日月而要其會通」，即《堯典》所謂「朞三百有六旬有六日，以閏月定四時成歲」是也。「觀人文，而化成天下」，即《堯典》所謂「欽明文思，光被四表，格于上下」是也。

《象》曰：「山下有火，賁。王廙曰：「山下有火」，文相照也。夫山之爲體，層峯峻嶺，峭嶮參差，直置其形，已如彫飾。復加火照，彌見文章，賁之象也。疏 此以山之峭嶮爲彫飾，火之照耀爲文章，故取象於賁。愚謂山火象賁者，惡其文之著也。火在內，而无物以揜之，則的然日亡。火在中而有山以止之，則闇然日章。《賁·象》「山下有火」者，即「衣錦絅衣」之謂也。故《雜卦傳》曰「賁，无色也」。君子以明庶政，无敢折獄。」虞翻曰：君子謂乾，离爲明，坤爲庶政，故「明庶政」。坎爲獄，三在獄得正，故「无敢折獄」。噬嗑四不正，故「利用獄」也。疏「君子謂乾」者，泰乾也，即九三也。离日，故「爲明」。坤爲衆，故「爲庶」，又爲事業，故「爲政」。坤上來二成离，故「以明庶政」。「坎爲獄」，説見噬嗑。三體坎中，故「在獄」。九居三爲「得正」，故无敢來折三獄也。噬嗑四位不正，故上來居三，成豐折四，「利用獄也」。詳具噬嗑。　愚案　動无不明，雷電之象也，故《噬嗑》「利用獄」。明而忽止，山火之象也，故《賁》「无敢折獄」。

初九，賁其趾，虞翻曰：應在震，「震爲足」，故「賁其趾」也。疏 陽爲質，陰爲文。賁之義，以柔飾剛。賁初應四，四互「震爲足」。四柔來文初剛，故曰「賁其趾」。舍車而徒。虞翻曰：應在艮，艮爲「舍」，坎爲「車」。徒，步行也。位在下，故「舍車而徒」。疏 又應在艮。「艮爲舍」者，舍，置也，手止故「爲舍」。「坎於輿爲多眚」，故「爲車」。「徒，步行」，《説文》文。震與初同體，故初受震，賁自用其足。坎與上異體，故舍坎車，而徒行也。古者大夫乘車。初爲元士，故位在下，「舍車而徒」。是「素其位而行，不願乎其外」者也。《象》曰：「舍車而徒，義弗乘也。」崔憬曰：剛柔相交，以成飾義者也。今近四，棄於二比，故曰「舍車」。車士大夫所乘，謂二也。四乘於剛，艮止其應，初全其義，故曰「而徒」。徒，塵賤之事也。自飾其行，故曰「賁其趾」。趾謂初也。

王肅曰：在下，故稱「趾」。既舍其車，又飾其趾，是徒步也。**疏**崔注　剛柔相交，以成文飾之義。「今近四」，謂應四也。初比二應四，則「棄於二比」。二坎爲「車」，故曰「舍車」。「車士大夫所乘」，二坎是也。「四乘於剛」，❶謂三也。「艮止其應」，謂初也。乘剛，故不應初。初守其義，而不求四，故曰「而徒」。徒步而行者，「塵賤之事也」。既不與二比，又不與四應，是「自飾其行」，而「賁其趾」者也。「趾謂初」者，爻位初爲「趾」。如王注所云「在下稱趾」是也。

王注　「近取諸身」，故「在下稱趾」。既舍其車，又飾其趾，故有徒步之象。　案　禮唯大夫不徒行，初爲士，故「義弗乘」。《尚書大傳》：「古之命民，能敬長憐孤，取舍好讓，舉事力者，命於其君。得命，然後得乘飾車駢馬。士未有命，❷不得乘，乘有罰。」若然，則命士亦得乘之。今士未有命，故云「義弗乘也」。

六二，賁其須。《象》曰：「賁其須，與上興也。」侯果曰：自三至上，有頤之象也。二在頤下，「須」之象也。二无其應，❸三亦无應，若能上承於三，與之同德，雖俱无應，可相與而興起也。**疏**自三至上，體有頤象。頤下，其象爲「須」。須者，陰血所生而體柔。六爲柔爻，二爲陰位，又居頤下，故稱「須」。上附於剛，剛柔相賁，故「賁其須」。二三俱无正應，但能同德，則二與三並興。五上易位，皆得其應矣。須不動，必待頤而動，故曰「與上興也」。　案　坎乾合而爲需。二居互坎之下，變成乾，有需象焉。「需者，須也」。故曰「賁其須」。須，待也。初與四相應而賁。二與五无應。待五之正，二則賁之。《歸妹》六三「歸妹以須」，虞彼注云「須，需也」。彼待四，此待五也。「上」謂五，互震起爲「興」，故曰「與上興也」。

九三，賁如濡如，永貞吉。《象》曰：「永貞之吉，終莫之陵也。」盧氏曰：有离之文以自飾，故曰「賁如」也。有坎之水以自潤，故曰「濡如」也。體剛履正，故「永貞吉」。與二同德，故「終莫之陵也」。**疏**内體离，故「有离之文以自飾」，爲「賁如」。互體坎，故「有坎之水以自潤」，爲「濡如」。《詩·小雅》「六轡如濡」，亦言其光美而沃澤也。九陽爲「體剛」，三陽爲「履正」。

---

❶「剛」，原作「陽」，今據思賢本及所引崔憬注改。
❷「士未有命」，思賢本作「未有命者」。
❸「二」，思賢本作「上」。

體剛故「永」，履正故「貞」，永貞故「吉」。三與二皆得位，故云「同德」。而皆无正應。二乘初，四乘三，嫌有陵之者。但能長守其正，五上易位，終獲其應。上爲終，故云「終莫之陵也」。

六四，賁如皤如，白馬翰如，匪寇婚媾。

王弼曰：有應在初，三爲寇難。二志相感，不獲交通。欲静則失初之應，欲進則懼三之難。故或飾或素，内懷疑懼。鮮絜其馬，翰如以待。雖履正位，未果其志。匪緣寇隔，乃爲婚媾，則「終无尤也」。　陸績曰：震爲馬，爲白，故曰「白馬翰如」。　案：皤，亦白素之貌也。疏王注　四與初應，故「有應在初」。四乘三剛，故閡於三爲己寇。四與初，雖二志相感，以有所閡，而不獲通亨。體艮爲止，故欲静以待之，則疑初之應已，而不欲静也。互震爲動，故欲進以應之，則懼三之難已，而不欲進也。進退兩難，故「或飾」而「賁如」，「或素」而「皤如」，内懷疑懼，而无定也。但「鮮絜其馬，翰如以待」。所履雖正，未敢果志遽進也。以三剛難犯，故未與初應。惟不以初爲寇，而乃婚媾焉，「終无尤也」。　陸注　《説卦》「震於馬爲馵足，爲的顙」，故「爲馬」。《釋畜》「左白，❶馵」，又「膝上皆白惟馵」。❷虞注「的顙」云：「的，白。顙，額也。《詩》云『有馬白顛』是也。」是震「爲白」也。「白馬翰如」，蓋取諸震也。《檀弓》曰「殷人尚白，戎事乘翰」，鄭彼注云「翰，白色馬也」，是「翰如」亦言其白也。　案　《説文》「皤，老人白也」，故云「皤，亦白素之貌也」。巽變爲白，❸故爲「皤如」。　愚案　三爲离之極，四爲艮之始，离主明而艮主止者也。三曰「賁如濡如」，溺於文矣。四曰「賁如皤如」，反於質矣。六爻之中，唯初與四爲正應。四既反質，初不尚文，故亦「白馬翰如」而來也。何以知乘馬爲初也？鄭《箴膏肓》云「天子以至大夫，皆有留車反馬之禮」，是乘馬者，陽也。初「白馬翰如」，將以陽求陰，而爲婚媾也。乃四乘三陽，閡乎期閒，互「坎爲盜」，疑爲寇矣。然乘馬而來者，匪三之寇，實初婚媾也，故曰「匪寇婚媾」。

《象》曰：「六四當位疑也。」案：「坎爲盜」，故「疑」。當位乘三，悖禮難飾。應初遠陽，故曰「當位疑也」。疏「坎爲盜」，《説卦》文。又坎心爲疑，故「疑」。以

❶「釋畜」，原作「釋獸」，今據思賢本及所引文改。
❷「惟」，原作「爲」，今據思賢本及所引文改。
❸「巽變」，草堂本作「變巽」。

六居四，故曰「當位」。下乘三剛，悖禮之人，難於文飾。舍三不飾，而應初九之遠陽，故曰「當位疑也」。疑者，疑四爲寇，不可賁也。**匪寇婚媾，終无尤也。**」崔憬曰：以其守正待應，故「終无尤也」。**疏**四當位，而待應初陽，故「无尤」。尤，過也。四本坤，坤代終。故曰「終无尤也」。

六五，賁于丘園，❶束帛戔戔，吝終吉。

虞翻曰：「艮爲山，五半山，故稱「丘」。木果曰園。故「賁于丘園」也。六五失正，動之成巽。巽爲帛、爲繩，艮手持，故「束帛」。以艮斷巽，故「戔戔」。失位无應，故「吝」。變而得正，故「終吉」矣。**疏**「艮爲山」，《説卦》文。五在山半，故「稱丘」。揚子云「丘陵學山而不至於山」，故山半爲丘也。艮爲木果，《天官》「園圃毓草木」，故云「木果爲園」。「賁于丘園」者，言五陰賁於艮也。以六居五，其位失正，動而成陽，其體爲巽。「帛」從巾從白，巽爲白，故「爲帛」，「爲繩直」，故「爲繩」。艮爲手以持之，故爲「束帛」。「戔戔」，《子夏傳》作「殘殘」。《説文》「戔，賊也」。《廣韻》「傷也」。通作「殘」。以艮手斷巽帛，故稱「戔戔」，即翦裁分裂製爲衣服之意也。五失位，无正應，故「吝」。變正應二，故「終吉」矣。　愚案　五下應二，「賁于」者，賁二也。二互體坎，坎爲隱伏，隱士之象也。二自坤上來，坤爲土。《説文》「丘，土之高也」。《正韻》「四方高中央下曰丘」。❷二以一陰居兩陽之閒，亦外高中下之象。《九家·説卦》曰「坎爲叢棘」，園有樹木，「丘園」之象也。五本坤體，《九家·説卦》曰「坤爲帛」。《子夏傳》曰：「五匹爲束，三玄二纁，象陰陽。」位在五，故爲「五匹」。餘五爻，三陽以象「三玄」，二陰以象「二纁」。故曰「束帛」。吴薛綜解此爻云「古者招士，必以束帛，加璧於上」是也。「戔」以字義考之，從水爲「淺」，從貝爲「賤」，從金爲「錢」，皆狹小之意。賁外三爻皆尚質不尚文，故《雜卦傳》曰「賁，无色也」。王弼謂「戔戔爲過儉」是也。「坤爲吝嗇」，故「吝」。然求賢之意，重物不重儀，故「終吉」也。**《象》曰：「六五之吉，有喜也。」**荀爽曰：艮山震林。失其正位，在山林之閒，賁飾丘陵，以爲園圃，隱士之象也。五爲王位，體中履和，勤賢之主，尊道之君也。故曰「賁于

❶「丘」，原作「丠」，避孔子名諱，今回改，餘皆逕改。
❷「正韻四方高中央下曰丘」，草堂本作「一曰『四方高中央下爲丘』」，思賢本作「《風俗通》『丘，四方高中央下，象形也』」。

丘園，束帛戔戔」。君臣失正，故「吝」。能以中和，飾上成功，故「終吉」而「有喜也」。　虞翻曰：五變之陽，故「有喜」。凡言喜慶皆陽爻。「束帛戔戔」，委積之貌。　案　六五离爻，离爲中女。午爲蠶絲，束帛之象。**疏**荀注「艮爲山」。「震爲蒼筤竹、爲萑葦」，故爲「林」。失其正位，是无位之士也。士居山林之閒，賁飾丘陵，以爲園圃，隱士之象也。五爲天子，故「爲王位」。以六居五，故爲「體中履和」。惟能勤賢尊道，故「賁于丘園，束帛戔戔」。但君臣失正，所以「吝」也。卒能以中和之德，飾上位而成五功，所以「終吉而有喜也」。　虞注　陽主喜，陰主憂。五變之陽，所以「有喜」。「凡言喜慶皆陽爻」，否則變而成陽也。「束帛，委積之貌」，義本馬君。薛、虞云：「戔戔，禮之多也。委積，蓋言多也。」　案　六五离之中爻，故爲「离爻」。「再索而得女」，故「爲中女」。「爲蠶絲」者，离在午方也。《夏官》「馬質禁原蠶」者，蓋馬於辰屬午，蠶亦屬午，蠶與馬同氣。禁再蠶，爲傷馬也，故知「午爲蠶絲」也。以中女而治蠶絲，故有「束帛之象」。

上九，白賁无咎。虞翻曰：在巽上，故曰「白賁」。乘五陰，變而得位，故「无咎」矣。**疏**五變，故「在巽上」。巽爲白，故曰「白賁」。下乘五陰，交相變而得位，成既濟定，故「无咎矣」。　愚案　《考工記》曰「畫繪之事，後素功」，鄭彼注云「素者，❶白采也。功者，工也。後工者，謂後布之，恐其漬汙也」，賁終於白，即「後素功」之謂也。在賁家而能以素終，始終不溺於文者也，故「无咎」。不引《論語》「繪事後素」者，《論語》即《禮器》「白受采」之意，與《考工記》不同，據《考工》以釋《論語》者，誤也。　又案《禮記》曰「三年之喪，❷人道之至文者也」，又曰「伯母叔母疏衰，❸踊不絕地。姑姊妹之大功，踊絕於地。知此者，❹由文矣哉！由文矣哉」，此亦「白賁」之

---

❶「鄭彼注」至下文「誤也」，思賢本作「鄭彼注云『素，白采也。後布之，謂其易漬汙也』。又《論語》『繪事後素』，鄭注曰『繪畫文也。凡繪畫先布衆色，然后以素分布其間，以成其文』。卦至上九賁功始成，辭曰『白賁』，即『後素功』之謂也。在賁之家，而能以素終，是始終不溺於文者也，故得『无咎』」。

❷「記」，原脱，今據思賢本及所引《禮記・三年問》文補。

❸「叔」，原作「如」，今據思賢本及所引《禮記・雜記下》文改。

❹「知」上，思賢本有「如」字。

義也。《象》曰：「白賁无咎，上得志也。」干寶曰：白，素也。延山林之人，采素士之言，以飾其政，故「上得志也」。　虞翻曰：上之正得位，體成既濟，故曰「得志」，坎爲志也。**疏**干注　《説文》「素，白緻繒也」，故云「白，素也」。「延山林之人，采素士之言」，謂六五也。上乘五，五得賢以飾其政，故「上得志也」。　虞注　上五易位，則各得其正，成既濟定，其志得行，故曰「得志」。五上變體坎，故「坎爲志」。　愚案　《家語·好生》「孔子嘗自筮，其卦得賁焉，愀然有不平之狀。子張進曰：『師聞卜者，❶得賁卦吉也，而夫子之色有不平，何也？』子曰：『以其离邪。在《周易》山下有火謂之賁，非正色之卦也。夫質也，黑白宜焉。❷今得賁，非吾兆也。吾聞丹漆不文，白玉不琱，何也？質有餘，不受飾故也。』」又《吕氏春秋》：「孔子卜得賁，曰『不吉』。子貢曰：『夫賁亦好矣，何謂不吉乎？』孔子曰：『夫白而白，黑而黑。夫賁，又何好乎？』」蓋賁「觀人文以化成天下」，故子張、子貢以爲吉。「小利有攸往」，故孔子以爲不吉。然孔子雖不賁於當時，而删《詩》、《書》，訂《禮》、《樂》，則賁於萬世。嘗曰：「文王既没，文不在兹乎？」筮而得賁，其爲賁也大矣。

《序卦》曰：「致飾然後通則盡矣，故受之以剥。剥者，剥也。」崔憬曰：以文致飾，則上下情通，故曰「致飾然後通」也。文者，致理極而无救則盡矣。「盡」猶「剥」也。**疏**《序卦傳》「致飾而後亨」，此作「然後通」，當有誤。致其文飾，則嘉會合禮，上下情通，故云「致飾然後通」也。然儀文盛，而實意衰，則文滅其質，而有所不通，故云「文者，致理極而无救則盡矣」。物之文者，久而必剥，故賁受以剥。剥則陽盡，故云「盡猶剥也」。

䷖坤下艮上

剥，不利有攸往。虞翻曰：陰消乾也，與夬旁通。「以柔變剛」，小人道長。「子弑其父，臣弑其君」，故「不利有攸往」也。**疏**剥本乾也，陰消乾，至五成剥，故云「陰消乾也」。自夬剛長，即伏剥消。剥又伏夬，故「與夬旁通」。「以柔變剛」，本《彖傳》謂陰消陽也。「小人道長」，《否·彖傳》文，謂陰長至五也。「子弑其父，臣弑其

---

❶「進」，思賢本作「問」。
❷「宜」下，思賢本有「正」字。

君」，《坤・文言》文。陰消至遯，艮子弑乾父，陰消至否，坤臣弑乾君。「小人道長」，故「不利有攸往」。《剥》曰「不利有攸往」，懼陽盡也。《復・象》即曰「利有攸往」，喜陽生也。

《象》曰：「剥，剥也，盧氏曰：此本乾卦，羣陰剥陽，故「名爲剥」也。疏此本乾，消卦也。羣陰剥陽，自初至五，陰盛至極，一陽將盡，故「名爲剥」。**柔變剛也。**荀爽曰：謂陰外變五。五者至尊，爲陰所變，故曰「剥也」。疏陰消外卦，變五爲剥，故云「陰外變五」。五爲天子，故爲「至尊」。《喪服傳》曰「君至尊」是也。❶五爲陰所變。《乾鑿度》曰「剥之六五，言盛殺。萬物皆剥墮落」，故云「剥也」。《雜卦傳》曰「剥，爛也」，虞彼注云「陽得陰孰，故爛」，即「柔變剛」之義也。**不利有攸往，小人長也。**鄭玄曰：陰氣侵陽，上至於五，萬物霝落，故謂之「剥」也。五陰一陽，小人極盛，君子不可有所之，故「不利有攸往」也。疏陰氣消陽，至五成剥。九月之時，「萬物霝落，故謂之剥」。五陰一陽，是陰氣極盛之時。「君子不可有所之，故不利有攸往」。所以然者，以「小人長也」。陰消成剥，由否而極，故與否同辭。彼因君子，故類言「道」。此止小人，故僅言「長」也。**順而止之，觀象也。**虞翻曰：坤順艮止。謂五消觀成剥，故「觀象也」。疏坤，順也，艮，止也，故曰「順而止之」。陰消觀五成剥，剥雖消五，上陽猶存，猶有觀示羣陰之象，故曰「觀象也」。**君子尚消息盈虚，天行也。」**虞翻曰：乾爲君子，乾息爲盈，坤消爲虚，故「君子尚消息盈虚，天行也」。則「出入无疾，❷反復其道」。易虧巽消艮，出震息兑，盈乾虚坤，故於是見之耳。疏「乾爲君子」者，謂乾陽也。陽息陰消，消息者，乾坤也。先儒據《易》曰：「伏羲作十言之教，曰乾坤震巽坎离艮兑消息。」《易緯》曰：「聖人因消息起陰陽，❸立乾坤以統天地。」是消息與八卦並興。《史記・曆書》謂「黄帝起消息」，義或然也。消息十二卦，成於乾坤十二畫，復、臨、泰、大壯、夬、乾，皆自乾息而成也，故云「乾息爲盈」，姤、遯、否、觀、剥、坤，皆自坤消而成也，故云「坤消爲虚」。陰生於陽，消息皆乾道，而實始於

❶「君」，思賢本作「天子」。
❷「无」，原作「有」，今據思賢本及所引《復・象傳》文改。
❸「因消息起陰陽」，思賢本作「因陰陽定消息」。

震。乾爲天，震爲行，故曰「君子尚消息盈虚，天行也」。震初體復，出入乾坤，而十二卦以成，故引《復·彖傳》「出入无疾，反復其道」以明之。義詳虞氏彼注。「《易》虧巽」者，姤也。「消艮」者，剥也。「出震」者，復也。「息兑」者，夬也。乾盈於甲，故稱「乾盈」。陽實陰虚，故稱「坤虚」。「日月爲《易》。」剥復，《易》之大關，故於是言之耳。

《象》曰：「山附于地，剥。 陸績曰：艮爲山，坤爲地，「山附於地」，謂高附於卑，貴附於賤，君不能制臣也。**疏**「艮爲山」，「坤爲地」，《説卦》文。「山附於地，謂高附於卑」，猶「貴附於賤」，有「君不能制臣」之勢。君不能制臣，陰盛陽衰，則臣將剥君矣，故曰「剥」。　愚案地載山者也，然「山附于地」，有時而崩。如《春秋》僖十四年「沙鹿崩」，❶《穀梁傳》曰「高曰崩，厚曰崩」，山崩由地崩也。《京房易傳》云「小人剥廬，厥妖山崩」，謂上九也。崩者，剥象也。故「山附于地」曰「剥」。**上以厚下安宅。」** 盧氏曰：上，君也。「宅，居也」。❷山高絶於地，今附地者，明被剥矣，屬地時也。君當厚錫於下，賢當卑降於愚，然後得安其居。**疏**「上，君也」，謂上九也。以非君位，故曰「上」。「宅，居也」，《釋言》文。山高地卑，故「山高絶於地」。「今附地者」，明被陰氣所剥，故曰「屬地時也」。在上者觀其象，知安上必由於厚下。故人君「當厚錫於下」，賢者「當卑降於愚」，「然後得安其居」。　愚案「坤厚載物」，故爲「厚」。地道卑，故曰「下」。地道静，故曰「安」。「艮爲門闕」，故爲「宅」。上觀山崩由于地崩，則當法坤以厚下，然後得安其宅。「宅」言「安」者，以艮互坤也。

初六，剥牀以足，蔑貞凶。 虞翻曰：此坤卦變乾也。❸動初成巽，巽木爲牀，復震在下爲足，故「剥牀以足」。蔑，无。「貞，正也」。失位无應，故「蔑貞凶」。震在陰下，《象》曰「以滅下也」。**疏**卦本坤變乾也。乾初動成巽，《説文》「牀，从木，爿聲」，巽爲木，故「爲牀」。巽下伏震，震爲足，故曰「剥牀以足」。剥窮則復，故初巽則伏震，二則不言伏兑也。《詩·大雅》「喪亂蔑資」，毛傳「蔑，

---

❶ 「如春秋」至下文「地崩也」，思賢本作「如春秋隱三年《穀梁傳》曰『高曰崩』，范注『梁山崩』；『厚曰崩』，范注『沙鹿崩』，山崩由地崩也」。

❷ 「居也」下，草堂本有「山，高也」句。

❸ 「此坤卦」，思賢本作「此卦坤」。

無也」，故「蔑」訓「无」。「貞，正也」，《師·彖傳》文。初陰失位，又无正應。无貞，故「凶」也。震伏巽下，故《象》言「滅下」。❶《象》曰：「剥牀以足，以滅下也。」盧氏曰：蔑，滅也。坤所以載物，牀所以安人。在下，故稱「足」。先從下剥，漸及於上，則君政崩滅，故曰「以滅下也」。疏「蔑」「滅」同音，❷且同物。內卦坤，「坤厚載物」，故云「坤所以載物」。《説文》「牀，安身之坐也」，❸故云「牀所以安人也」。初在下，故「稱足」，「近取諸身」也。二爲「辨」，三爲「膚」，《參同契》曰「剥爛肢體，消滅其形」是也。《坤》初六《文言》曰「其所由來者漸矣」，故曰「先從下剥，漸及於上」。消至五，則君政崩剥，然其先實從下始，故曰「以滅下也」。《乾》初九《象》曰「陽在下也」，今爲坤陰所滅，故曰「滅下」。

六二，剥牀以辨，蔑貞凶。虞翻曰：指閒稱辨。剥，剥二成艮。艮爲指，二在指閒，故「剥牀以辨」。无應在剥，故「蔑貞凶」也。疏「辨」本作「采」。《説文》：「采，辨别也。象獸指爪分别也。讀若辨。」「辨」亦「别」也，故云「指閒稱辨」。剥消至乾二成艮，「艮爲指」，《説卦》文。二體艮在指閒，故曰「剥牀以辨」。二位得正，以陰消至五成剥，上无正應，故「滅貞凶也」。《象》曰：「剥牀以辨，未有與也。」鄭玄曰：足上稱辨，謂近膝之下。詘則相近，信則相遠，故謂之「辨」。辨，分也。崔憬曰：今以牀言之，則辨當在笫足之閒，是牀梐也。「未有與」者，言至三則應，故二「未有與也」。疏鄭注「足上稱辨」者，「近取諸身」也。二在足上，故爲「辨」。「近膝之下」，脛腓是也。前爲脛，後爲腓。詘則親，❹信則遠，是腓也。詘信有辨，故「謂之辨」，以「辨」訓「分」也。崔注　揚子《方言》「牀，陳、楚之閒謂之笫」，故云「笫足」。❺「牀梐」无攷，當亦方言。梐之爲物，殆如堂之有

❶「滅下」下，草堂本有「也」字。
❷「蔑滅」，思賢本作「滅蔑」。
❸「坐」下，思賢本有「者」字。
❹「親」，思賢本作「近」。
❺「故云」至下文「陛也」，思賢本作「云『笫足之閒是牀梐也』者，《天官·掌舍》『設梐枑再重』，杜子春曰『梐枑謂行馬，是梐枑謂以横木，交互爲周衞也』，《説文》『杠，牀前横木』，《方言》『其杠又謂之樹，謂之趙，謂之樺』，牀梐當亦牀前横木，如杠趙之類」。

陛也。與，應也。三與上雖不得位，猶爲不義之應。五蔑貞，二无正應，故曰「未有與也」。　案《爾雅》既曰「蓐謂之茲，❶笄謂之箍，簀謂之笫」，即繼之曰「革中絶謂之辨，革中辨謂之韏。」「辨」連「蓐」「簀」言之，則「辨」亦臥具明矣。然其制，不可攷也。

六三，剥无咎。《象》曰：「剥之无咎，失上下也。」荀爽曰：衆皆剥陽，三獨應上，无剥害意，是以「无咎」。《象》曰「失上下也」。**疏** 卦有五陰，消乾成剥，故云「衆皆剥陽」。三雖不正，獨與上應，陽陰相得，故无剥害上九之意，是以「无咎」也。「上」謂四，「下」謂初二。衆陰皆欲剥陽，己獨應上。剥之所以无咎者，以違上下故也。當剥之世，以扶陽爲貴。三舍衆陰，以應上九，故「无咎」。五率衆陰，以承上九，故「无不利」。初二四專以陰剥陽，故皆曰「剥牀凶」。「三與五同功」，皆有扶陽之意，故知「上謂四，下謂初二」也。

六四，剥牀以膚，凶。虞翻曰：辨上稱膚，艮爲膚。以陰變陽，至四乾毁，故「剥牀以膚」。臣弑君，子弑父，故「凶」矣。　王肅曰：在下而安人者，牀也。在上而處牀者，人也。坤以象牀，艮以象人。牀剥盡以及人身，爲敗滋深，害莫甚焉，故曰「剥牀以膚，凶」也。**疏** 虞注　四在上體，故云「辨上稱膚」。坤消乾至四，體巽爲「牀」。體「艮爲膚」者，陰在内稱肉，陽在外象膚。艮以一陽覆二陰，故「爲膚」也。以陰消陽，至四則上體之乾毁，故「剥牀以膚」。乾毁則「臣弑君，子弑父，故凶矣」。否至三弑父弑君，剥至四乃成弑者，否治未然，剥道已著。乾不毁，猶未爲切近，忠厚之至也。　王注　「在下」謂内卦，下承上，故安人之身者爲「牀」。「在上」爲外卦，上乘下，故處牀之上者爲「人」。内爲坤，坤方載物，故象牀。外爲艮，艮三索少男，故象人。剥足剥辨，牀盡則及人身。乾毁爲敗，及四則「爲敗滋深」。坤陰爲害，重坤，故「害莫甚焉」。剥牀不已，遂及人膚，故曰「剥牀以膚，凶也」。

《象》曰：「剥牀以膚，切近災也。」崔憬曰：牀之膚謂薦席，若獸之有皮毛也。牀以剥盡，次及其膚，剥於

❶「爾雅」至下文「不可攷也」，思賢本作「服虔《通俗文》曰『牀三尺五曰榻板，獨坐曰枰』，《釋名》『枰，平也，以板作其體，平正也』，《方言》『其上板，或曰牑』，《説文》『牑，牀版也，古从平从扁之字，多與辨通』，疑『辨』爲『枰』、『牑』之假借，即牀版」。

大臣之象，❶言近身與君也。疏《玉篇》：「席，牀席也。」《增韻》：「藁秸曰薦，莞蒲曰席。」薦席所以覆牀，故云「牀之膚謂薦席」。薦席在牀外，故云「若獸之有皮毛也」。牀盡及膚，災及於近，四爲三公，故云「剥於大臣之象」。身在席上，故言「近身」。五爲天子，故言「近君」。變坎爲「災」。《繫下》曰「四多懼，近也」，韓注云「四近於君，故多懼也」。近五，故曰「切近災也」。

六五，貫魚以宫人寵，无不利。虞翻曰：剥消觀五，巽爲魚、爲繩，艮手持繩貫巽，故「貫魚」也。艮爲宫室，人謂乾五，以陰代陽，五貫乾爲寵人，陰得麗之，故「以宫人寵」。動得正成觀，故「无不利」也。何妥曰：夫剥之爲卦，下比五陰，駢頭相次，似「貫魚」也。魚爲陰物，以喻衆陰也。夫「宫人」者，后夫人嬪妾，各有次序，不相瀆亂。此則貴賤有章，寵御有序。六五既爲衆陰之主，能有貫魚之次第，故得「无不利」矣。疏虞注　剥之爲卦，消觀五而成，觀五體巽。「巽爲魚」者，震陽爲龍，巽陰爲蛇、「爲魚」。郭璞《洞林》曰：「魚者，震之廢氣也。」蓋巽王則震廢也。又《説卦》「巽爲多白眼」，魚目不瞑，故「巽爲魚」。「巽爲繩直」，故「爲繩」。消巽成艮，故「艮手持繩貫巽」，爲「貫魚」也。「艮爲門闕」，故「爲宫室」。未消則五爲乾。乾陽生爲人，故「人謂乾五」。不稱后者，剥統於上。五不得正尊位，坤虚无君，以承上也。艮爲門闕，爲閽寺。羣陰在門闕之内，閽寺守之，故有「宫人」之象。以柔變剛，故云「以陰代陽」。陰至五位，故云「五貫乾爲寵人」。上承於陽，衆陰得而麗之，故「以宫人寵」。《乾鑿度》曰「陰貫魚而欲承君子」是也。五失位，動得正成觀，故「无不利」也。何注　剥以一陽，「下比五陰，駢頭相次」，「貫魚」之象。五爻皆陰，故云「魚爲陰物，以喻衆陰也」。五爲王后之位，宫人之長也。四爲夫人，三爲九嬪，二爲世婦，初爲御妾，❷故云「后夫人嬪妾，各有次序，不相瀆亂」也。五貴而下賤，故「貴賤有章」。由上而及下，故「寵御有序」。五統衆陰，上承一陽，已有中和之德，而又使羣陰貫魚以進，不至有逼上之嫌，故「无不利也」。《象》曰：「以宫人寵，終无尤也。」崔憬曰：魚與宫人皆陰類，

❶「於」，原作「以」，今據草堂本改。
❷「妾」，草堂本作「妻」。

以比小人焉。魚大小一貫，若后夫人嬪婦御女，小大雖殊，寵御則一。故「終无尤也」。疏 小人陰也。「魚與宮人皆陰類」，故取其象，以況小人焉。魚之大小，一貫而進，若「后與夫人嬪婦御女」，雖有小大之殊，進御則一，羣陰相次，五不專寵，故「終无尤也」。

上九，碩果不食，君子德車，小人剝廬。 虞翻曰：艮爲碩果。謂三已復位，有頤象，頤中无物，故「不食」也。夬乾爲君子、爲德，坤爲車、爲民，乾在坤，故以德爲車。小人謂坤，艮爲廬，上變滅艮，坤陰迷亂，故「小人剝廬」也。疏「碩」與「石」同，艮爲石、爲果蓏，故「爲碩果」。與三應，上不變，而三復正位，有頤象焉。頤中无物，故「不食」。且全體象頤，而下无震，故「不食也」。《白虎通》曰「陽道不絶，陰道有絶」，十月純坤，謂之陽月，陽道不絶之義也。「乾爲木果」，謂上九也。艮得乾體，艮之「碩果」，亦指上也。剝之上即復之初，「窮上反下」，上之「碩果」，即下之萌芽，艮爲「萬物所成終而成始」者，此也。《乾鑿度》曰：「剝當九月之時，陽氣衰消，而陰不能盡，❶小人不能決君子。」此碩果所以不食也。乾夬謂旁通也。❷上應在三，「乾爲君子」，謂乾三也。乾日新，故「爲德」。坤爲大轝，故「爲車」。《禮運》曰「天子以德爲車」，乾在坤上，乾德坤車，故云「德車」。坤消乾，「小人道長」，故「小人謂坤」。艮爲門闕，故「爲廬」。上變滅艮，則成純坤，坤暝爲「迷」，❸坤弑爲「亂」，是「小人剝廬」之象也。坤爲「車」，重坤，五陰上載一陽，陽爲「君子」，故有「君子德車」之象。艮爲「廬」，下乘重坤，一陽下覆五陰，陰爲「小人」，小人滅陽，不滅不止，故有「小人剝廬」之象。**《象》曰：「君子德車，民所載也。小人剝廬，終不可用也。」** 侯果曰：艮爲果、爲廬，坤爲輿。處剝之上，有剛直之德，羣小人不能傷害也，故果至碩大，不被剝食矣。君子居此，萬姓賴安，若得乘其車輿也。小人處之，則庶方无控，被剝其廬舍，故曰「剝廬，終不可用」矣。疏 艮果蓏「爲果」，門闕「爲廬」，坤大轝爲「車」。陽處剝上，有剛直之德，羣陰不能傷害，故「果至碩大，不被剝食」。君

❶「而陰不能盡」，思賢本作「而陰終不能盡陽」。
❷「乾夬」，思賢本作「夬乾」。
❸「暝」，思賢本作「冥」。

子居此，則下承覆蔭，若得車輿之安。「德車」亦作「得車」，故云「得」。坤爲「民」、爲「載」，故曰「民所載也」。小人處之，則災及庶方，无所控告，不剥其廬舍不已。艮爲「終」，坤爲「用」，故曰「終不可用也」。

周易集解纂疏卷十

同邑李光勳建侯校

周易集解纂疏卷十一

唐李鼎祚集解　安陸李道平遵王纂疏

《序卦》曰：「物不可以終盡，剥窮上反下，故受之以復也。」崔憬曰：夫易窮則有變，物極則反於初，故剥之爲道，不可終盡，而受之於復也。**疏**《繫下》曰「易窮則變，變則通，通則久」，故云「易窮則有變」。《秦策》曰「物至而反，冬夏是也」，故云「物極則反於初」。剥之「碩果」，仁在其中，核芽相生，微陽遞嬗，故云「剥之爲道，不可終盡」。剥窮於上，即復反於初，蓋剥之陽「不食」，則復之陽不遠，故剥受以復也。

䷗ 震下坤上

復亨何妥曰：復者，歸本之名。羣陰剥陽，至於幾盡，一陽來下，故稱「反復」。陽氣復反，而得交通，故云「復亨」也。**疏**上爲末，初爲本，陽盡於上，復歸於初，故云「復者，歸本之名」。「羣陰剥陽，至於幾盡」者，剥之上，「不食」者也。「一陽來下，故稱反復」者，復初之不遠者也。乾陽復反於坤初，陰陽交通，故曰「復亨也」。出入无疾，朋來无咎。虞翻曰：謂出震成乾，入巽成坤。坎爲疾，十二消息不見坎象，故「出入无疾」。兑爲朋，在内稱來，五陰從初，初陽正，息而成兑，故「朋來无咎」矣。**疏**陽出復歷臨，至泰反觀，成剥入坤，爲乾之消息六卦，故云「出震成乾」。陰入姤歷遯，至否反大壯，❶成夬盈乾，爲坤之消息六卦，故云「入巽成坤」。凡得乾坤之卦各八，震巽艮兑之卦各二。不見坎离，蓋日月成八卦之象。乾坤合東納甲乙，震巽合西納庚辛，艮兑合南納丙丁，坎离入中宫納戊己，其處空虚。离爲日光，震巽艮兑皆可見离象。坎爲月精，晦朔之交，滅於坤乙不可見，故云「十二消息不見坎象」。《説卦》「坎爲心病」，故「爲疾」。不見坎象，故曰「出入无疾」。《兑·象》曰「君子以朋友講習」，故「兑爲朋」。卦例凡在内者稱「來」。五陰皆從於初。初陽

❶「反」，原作「及」，今據草堂本、思賢本改。

得正，息二成兑爲臨，息三互兑爲泰，息四互兑爲大壯，息五互兑爲夬，皆體兑爲朋，故曰「朋來无咎矣」。

京房本「朋」作「崩」。《剥》上《易傳》曰「小人剥廬，厥妖山崩」。《復》曰「崩來无咎」。艮山爲「崩」，艮之一陽來於復初，故「无咎」。義亦可通。**反復其道，七日來復。**

案：易軌一歲十二月，三百六十五日，四分日之一。以坎、震、离、兑四方正卦，卦别六爻，爻主一氣。其餘六十卦，三百六十爻，爻主一日，當周天之數。餘五日四分日之一，以通閏餘者也。剥卦陽氣，盡於九月之終，至十月末，純坤用事，坤卦將盡，則復陽來，隔坤之一卦，六爻爲六日，復來成震，一陽爻生爲七日，故言「反復其道，七日來復」，是其義也。天道玄邈，理絶希慕，先儒已論，雖各指於日月，後學尋討，猶未測其端倪，今舉約文，略陳梗概，以候來悊，如積薪者也。**疏**此主鄭氏由剥至復六日七分，而小變其説也。《稽覽圖》曰「甲子卦氣起中孚」，鄭彼注云「卦氣，陽氣也」。又曰「六日八十分之七」，注云「六以候也，八十分爲一日，之七者，一卦六日七分也」。《稽覽圖》引《是類謀》曰：「冬至日在坎，春分日在震，夏至日在离，秋分日在兑。四正之卦，卦有六爻，爻主一氣。餘六十卦，卦主六日七分，八十分日之七。歲有十二月，三百六十五日四分日之一。六十而一周。」今《是類謀》無此文，蓋逸脱也。尋《易緯》之義，坎、离、震、兑各主一方。爻主一氣，二十四爻主二十四氣。其餘六十卦，卦有六爻，爻主一日，凡主三百六十日。餘有五日四分日之一者，以八十分爲日法，五日分爲四百。❶四分，❷四分日之一，又爲二十分，是四百二十分。六十卦分之，六七四十二，卦别各得七分，是每卦六日七分也。鄭注此《經》云：「建戌之月，以陽氣既盡。建亥之月，純陰用事。至建子之月，陽氣始生。」隔此純陰一卦，卦主六日七分。舉其成數言之，而云「七日來復」也。　愚案《稽覽圖》所稱，蓋言中孚至復六日七分。鄭注此《經》，則言由剥至復六日七分。李君之注，從鄭氏剥復之説也。「易軌」者，易策也。李君但言日主一爻，故以三百六十日當三百六十爻，而以「餘五日四分日之一，以通閏餘」。其言以爻值日之法，本於《稽覽》，而不言中孚。其言由剥至復之義，本於鄭注，而不言六日七分。詳陳古法，以著源流。而李注云

❶「百」下，思賢本有「分」字。
❷「四分」，思賢本無此二字。

云，大旨瞭如矣。「悊」，古文「哲」。《皋陶謨》「知人則哲」，《漢書》引作「悊」是也。《漢書・循吏傳》「武帝用人，❶辟如積薪，後來者居上」，茲云「以候來悊，如積薪者」，蓋謙辭也。**利有攸往。**虞翻曰：陽息臨成乾，「小人道消，君子道長」，故「利有攸往」矣。疏 陽息二爲臨，至三成乾爲泰。「小人道消，君子道長」，《泰・彖傳》文。陰消陽長，往則成乾，故「利有攸往矣」。

《彖》曰：「復亨，虞翻曰：陽息坤，與姤旁通。剛反交初，故「亨」。疏 復自坤來，坤牝陽，故云「陽息坤」。巽伏震下，故「與姤旁通」。剝上之剛，反交於坤初，乾坤氣通，故亨。**剛反動而以順行，**虞翻曰：剛從艮入坤，從反震，故曰「反動」也。❷坤順震行，故「而以順行」。陽不從上來反初，故不言剛自外來。是以明「不遠之復」，入坤出震義也。疏「剛」謂剝上九也。上九體艮，消艮入坤，滅出復震，故「從反震」。艮，震之反也。「震，動也」。故「曰反動」。坤爲「順」，震爲「行」，故曰「而以順行」。《彖傳》多言適變，如否泰往來，都在本卦，故言「來往」。此卦陽從剝來，出入純坤，然後成復。故云「陽不從上來反初，故不言剛自外來」。從外來，艮在上爻則遠。從坤出，震在初爻則不遠。故云「明不遠之復，入坤出震之義也」。此不從適變例，而以消息言也。**是以出入无疾，朋來无咎。**侯果曰：陽上出，君子道長也。陰下入，小人道消也。動而以行，故「出入无疾，朋來无咎」矣。疏 陽在初，有上出之勢，故「君子道長也」。陽上出，則陰下入，故「小人道消也」。震動而以順行，故「出入无疾，朋來无咎矣」。　愚案　此解未應《經》義。出入謂入坤出震也，非陽出陰入之謂。**反復其道，七日來復，天行也。**虞翻曰：謂乾成坤，反出於震而來復，陽爲道，故「復其道」。剛爲晝日，消乾六爻爲六日。剛來反初，故「七日來復，天行也」。　侯果曰：五月天行至午，陽復而陰升也。十一月天行至子，陰復而陽升也。天地運往，陰陽升復，凡歷七月，故曰「七日來復」，此天之運行也。《豳詩》曰「一之日觱發，二之日栗烈」。「一之日」，周

❶「漢書循吏傳」至下文「後來者居上」，思賢本作「《漢書・汲黯傳》曰『陛下用羣臣如積薪耳，後來者居上』」。

❷「也」，思賢本無此字。

之正月也，「二之日」，周之二月也，則古人呼月爲日，明矣。疏虞注　剥消乾成坤，故「謂乾成坤」。滅藏於坤，從下反出，體震成復，故云「反出於震而來復」。乾元爲道，故「陽爲道」。陽初出復，故「復其道」。《繫上》曰「剛柔者，晝夜之道也」，故「剛爲晝」。虞君《易》例，日數並以爻數解之。剥消乾成坤，故云「消乾六爻爲六日」。剛從剥來，反於坤初，故云「剛來反初」。以乾六爻至復初凡七爻，故曰「七日來復」。入坤出震，皆乾之一陽，乾爲「天」，震爲「行」，故曰「天行也」。　侯注　「五月天行至午」爲姤，姤五陽而一陰，故云「陽復而陰升也」。「十一月天行至子」爲復，復五陰而一陽，故云「陰復而陽升也」。「天地運往，陰陽升復」，循環不已，陽生於子，消於午，天之大數也，故「凡歷七月」，月亦稱日，故曰「七日來復」。消息十一卦，皆有陽爻，坤无陽，而乾伏其下，故云「此天之運行也」。　陰稱月，陽稱日。《詩·豳風·七月》曰「一之日觱發，二之日栗烈」，又曰「三之日于耜，四之日舉趾」，毛傳云「一之日，周正月也。二之日，殷正月也。三之日，夏正月也。四之日，周四月也」。此皆陽息之月，故謂之「日」，此「古人呼月爲日」之義也。**利有攸往，剛長也。**荀爽曰：利往居五，剛道浸長也。疏「利往居五」，謂陽息至五。得位得中，君子道長，故云「剛道浸長也」。**復其見天地之心乎？」**虞翻曰：坤爲復。謂三復位時，离爲見，坎爲心，陽息臨成泰，乾天坤地，故「見天地之心」也。　荀爽曰：復者，冬至之卦。陽起初九，爲「天地心」，萬物所始，吉凶之先，故曰「見天地之心」矣。疏虞注　乾坤易爲否泰，交爲坎离，成兩既、未濟，而實自剥復始，故二卦實乾坤之樞紐也。乾交坤始，復陽位爲復，故云「坤爲復」。將成既濟，則三復陽位，體离互坎。「相見乎离」，故「离爲見」。「坎爲亟心」，故「爲心」。陽息臨二，至三體泰，「乾爲天」，「坤爲地」，合以离見坎心，故「見天地之心也」。　荀注　復於消息，在十一月子。《稽覽圖》「冬至日在坎」，坎爲「心」。乾坤《彖傳》曰「大哉乾元」，「至哉坤元」，「乾元」即「坤元」，「天心」即「地心」也。冬至之時，陰氣已極，一陽復生，天心動於地中，故云「陽起初九，爲天地心」。「天地之心」即天地之元，「萬物資始」於乾元，故云「萬物所始」。震爲「動」，「幾者，動之微，吉之先見者也」，故云「吉凶之先」。蓋在乾坤則爲元，在天地則爲心。而其端倪，實於復之初陽見之，故曰「見天地之心」。

《象》曰：「雷在地中，復。先王以至日閉關，商旅不行。后不省方。」虞翻曰：先王謂乾初，至日，冬至之日，坤闔爲閉關。巽爲商旅、爲近利市三倍，姤巽伏初，故「商旅不行」。《姤·象》曰「后以施命誥四方」，今隱復下，故「后不省方」。復爲陽始，姤則陰始，天地之始，陰陽之首。已言「先王」，又更言「后」，后，君也。六十四卦，唯此重耳。　宋衷曰：商旅不行，自天子至公侯，不省四方之事。將以輔遂陽體，成致君道也。制之者，王者之事。奉之者，爲君之業也。故上言「先王」，而下言「后」也。疏虞注　乾息於初，乾爲「先」、爲「王」，乾已入坤，故稱「先王」。十一月陽生於子，是爲冬至。故「至日，冬至之日」。「震爲大塗」，剥艮爲門，有「闔」象，「闔户謂之坤」，故「坤爲閉關」。❶初伏姤巽。「巽爲商旅」者，《考工記》曰「通四方之珍異以資之，謂之商旅」。《説卦》曰「巽爲近市利三倍」，故「爲商旅」。震爲「行」，巽爲「商旅」而伏震初，故「商旅不行」。《姤·象》曰「后以施命誥四方」。陰土稱「后」，坤又爲「方」。今姤巽隱在復下，故「后不省方」。復一陽生，故「爲陽始」。姤一陰生，故「爲陰始」。一陽，乾也，一陰，坤也，乾天坤地，故云「天地之始，陰陽之首」。「已言先王，又言后」者，乾爲「先王」，坤五天子之位，土象，故稱「后」，如泰五稱「后」是也。「后，君也」。《釋詁》文。六十四卦，「先王」「后」不並言。並言者，唯此耳。　宋注　先王於陽復之時，下而商旅不行，上而后不省方。蓋以微陽初生，貴於静養，藏之愈深，則發之愈盛。故云「將以輔遂陽體，成致君道也」。法創於古，故云「制之者，王者之事」。法行於今，故曰「奉之者，爲君之業」。「上言先王，而下言后」者，制法者，已往之王，而奉法者，繼體之君也。

初九，不遠復，无祇悔，元吉。崔憬曰：從坤反震，而變此爻，「不遠復」也。復而有應，故獲「元吉」也。疏陽滅於坤，復動成震，震「爲反生」，故云「從坤反震」。剥上滅坤，即坤初動震，此爻早變，故曰「不遠復也」。六爻唯初與四爲正應，故「復而有應」。「中行獨復」，故「元吉也」。　愚案　天道遠，初乾，故言「遠」。七日滅乾來復於震，故「不遠」。韓云「祇，大也」。《繫上》

❶「坤」下，思賢本有「闔」字。

曰「震无咎者存乎悔」，虞彼注云「震，動也」。初動得正，故无大悔。乾元在始，即初陽也。震之一陽，即乾之元也。乾元得正，故曰「元吉」。《象》曰：「不遠之復，以脩身也。」侯果曰：祇，大也。往被陰剥，所以有悔。覺非遠復，故无大咎。以此修身，顔子之分矣。疏「祇，大也」。義同韓訓。「往」謂剥時。陽被陰剥，「所以有悔」。覺，知也。《繫下》曰「復以自知」，又説此爻云「有不善未嘗不知，知之未嘗復行也」，故云「覺非遠復」。善復，故「无大咎」。又曰「顔氏之子，其殆庶幾乎」，故云「以此修身，顔子之分矣」。　愚案　坤形爲「身」，《震·象》「修省」。乾剛反通坤初，故「以修身」。知行並進，「修身」之事也。《中庸》曰「修身以道，修道以仁」。復初乾元爲仁。仁，「修身」之要也。《論語》曰「克己復禮爲仁」，「修身」之謂也。

六二，休復吉。《象》曰：「休復之吉，以下仁也。」王弼曰：得位居中，比初之上，而附順之，「下仁」之謂也。既處中位，「親仁善鄰」，復之休也。疏六爲「得位」，二爲「處中」。與初相比，專一不疑。《乾·文言》曰「元者，善之長也」。又曰「君子體仁，足以長人」。乾元爲仁，即初陽也。己在初上，下而順附於陽，「下仁之謂也」。「親仁善鄰」，隱六年《左傳》文。處中得位，而能親陽之仁，善初之鄰，「復之休」者也。休，美也。《乾》「以美利利天下」，二近於初，故曰「休復」。　愚案　《説文》「休」在木部，❶人依木則休，《爾雅》「庇蔭曰休，會止木庇息意」。震一陽初生，東方木象，二爲人位，得依於初，故曰「休復吉」。初陽乾元爲仁，震春木德亦爲仁，二所以「休復吉」者，以其下爲仁也。

六三，頻復厲，无咎。虞翻曰：頻，蹙也。三失位，故「頻復厲」。動而之正，故「无咎」也。疏「頻，蹙也」，即王弼注「頻蹙之貌」是也。❷義本《説文》。頻，古作「瀕」。《説文》曰：「瀕，水厓，人所賓附。瀕蹙不前而止。从頁从涉。」三變正爲坎，故「瀕」字中從☵，爲「水厓」也。三爲内卦之外，有厓象焉。三本失位，无應於上，臨厓瀕蹙，然後求復，亦危道也。變而之正，故「无咎」。《象》

❶「説文」至下文「庇息意」，思賢本作「《説文》『休』在木部，云『从人依木，或作庥』，《爾雅·釋言》曰『庇、庥，蔭也』」。

❷「頻」，思賢本作「頻頻」。

曰：「頻復之厲，義无咎也。」侯果曰：處震之極，以陰居陽，懼其將危，頻蹙而復。履危反道，義亦无咎也。

疏三處震終，震爲「恐懼」，以陰居陽，故「懼其將危」也。「頻蹙而復」，是履於危途，然後反於正道，故「義无咎也」。

六四，中行獨復。《象》曰：「中行獨復，以從道也。」虞翻曰：中謂初，震爲行，初一陽爻，故稱「獨」。四得正應初，故曰「中行獨復，以從道也」。俗説以四位在五陰之中，而獨應復，非也。四在外體，又非内象，不在二五，何得稱「中行」耳。**疏**「中謂初」者，董子《春秋繁露》曰：「陽之行，始於北方之中，而止於南方之中。陰之行，始於南方之中，而止於北方之中。陰陽之道不同，至於盛，而皆止於中，其所始必皆於中，中者，天地之太極。」極，中也。是以二至爲天地之中，冬至在復初一陽，《復·象》曰「見天地之心」，心即中也，故知「中謂初」也。初體震足爲「行」，震初一陽，故「稱獨」。初以中行，獨應於四，四得正位，下應於初，故曰「中行獨復」。初乾元爲「道」，震大塗，亦爲「道」。初已復，四從之，故曰「以從道也」。「俗説」謂鄭注也。鄭謂「爻處五陰之中，度中而行，四獨應初」。尋内亦稱中。四外體，非内象，不得稱中。且二五稱中，《易》有定例。位非二五，安得稱中。罔識天心，遂迷中象，故駁而廢之也。「耳」當作「邪」。

六五，敦復无悔。《象》曰：「敦復无悔，中以自考也。」侯果曰：坤爲厚載，故曰「敦復」。體柔居剛，无應失位，所以有悔。能自考省，動不失中，故曰「无悔」矣。**疏**《中庸》曰「敦厚以崇禮」。「敦厚」連文，是「敦」即「厚」也。五體坤，《坤·象》曰「厚德載物」，故曰「敦復」。六以柔體，居五剛位，下无正應，己又失正，宜有悔矣。然所履得中，爲復之主。「復以自知」，故曰「考」。坤身爲「自」，故曰「自考」。五位在中，故曰「中以自考」。動而得正，又不失中，故「无悔矣」。❶

上六，迷復凶，有災眚。虞翻曰：坤冥爲迷，高而无應，故「凶」。五變正時，坎爲災眚，故「有災眚」也。**疏**《九家·説卦》曰「坤爲迷」。坤夜爲冥，故「爲迷」。剥消入坤，故爲「先迷」。上遠於初，迷乎復道。襄廿八年《左傳》「復歸無所，是爲迷復」，❷即此義也。居上爲

❶「悔」，原作「咎」，今據思賢本改。

❷「爲」，思賢本作「謂」。

「高」，三陰爲「无應」。迷而无應，故「凶」。五變正體坎，坎爲多災眚，故「有災眚」。**用行師，終有大敗，以其國君凶。**虞翻曰：三復位時，而體師象，故「用行師」。陰逆不順，坤爲死喪，坎流血，故「終有大敗」。姤乾爲君，滅藏於坤，坤爲異邦，故「國君凶」矣。荀爽曰：「坤爲衆」，故「用行師」也。謂上行師，而距於初，陽息上升，必消羣陰，故「終有大敗」。國君謂初也。受命復道，當從下升。今上六行師，王誅必加，故「以其國君凶」也。

疏 虞注 上與三應。三復陽位，二至上體師象，故「用行師」。「坤，順也」。互坎險，故「險逆不順」。月喪於坤乙，爲死魄，故「坤爲死喪」。「坎爲血卦」，故「流血」。坎「爲多眚」，眚，敗也。上爲「終」，故「終有大敗」。「姤乾爲君」者，伏姤乾五也。「坤以藏之」，又爲「滅」。姤君伏藏不見，故云「滅藏於坤」。坤土爲「邦」，不同於乾，故「爲異邦」。乾滅於坤邦，故「國君凶矣」。荀注 「坤爲衆」，《説卦》文。師者，衆也。坤爲「用」，震爲「行」，故「用行師」。上降於初，其體爲師。初陽得正，距而不應。初乾息坤，其勢上行，❶陽長則羣陰必消，終至於上，故「終有大敗」。震爲諸侯，「國君」之象，故「國君謂初也」。震受乾命，而復自道，易氣從下生，自下升上，故云「受命復道，當從下升」。今上六居高履危，迷乎復道，逆命行師，王誅之所必加者也。僖廿六年《左傳》「凡師能左右之曰以」。臣擅君命，故「以其國君凶也」。**至于十年不克征。**虞翻曰：坤爲至，爲十年。陰逆坎臨，故「不克征」。謂五變設險，故帥師敗，喪君而无征也。何妥曰：理國之道，須進善納諫，迷而不復，安可牧民。以此行師，必敗績矣。敗乃思復，失道已遠。雖復十年乃征，无所克矣。案：坤爲先迷，故曰「迷復」。坤又爲師象，故曰「行師」。坤數十，「十年」之象也。

疏 虞注 至，從高下至地。從一。一，地也。❷《坤·彖傳》曰「至哉坤元」，故「坤爲至」。《繫上》曰「天九地十」，坤癸數十，故「爲十年」。陰逆坎臨之「臨」，當作「險」，謂上負坎險，人不能征，故曰「不克征」。五變體坎爲設險，故「帥師敗，喪君而无征也」。復陽之微，尤惡陰逆，故上六之象如此。何注 坤爲國，又「黄中通理」，故云「理國之道」。初陽爲

❶「行」，思賢本作「升」。

❷「地」上，思賢本有「猶」字。

「善」，震言爲「諫」，故云「須進善納諫」。坤爲「民」。上六「迷而不復，安可牧民」。古者寓兵於農，牧民无道，故「以此行師，必敗績矣」。復初「元吉」，以其「不遠」。至于「終有大敗」，乃思陽復，其失復道已遠矣。雖十年之久，弗克征也。蓋行師當奉君命，上反君道，故「不克征」。「不克」者，義弗克也。　案《坤·彖傳》曰「先迷失道」，故曰「迷復」。初至五有師象，故曰「行師」。坤癸數十，故云「十年之象」。　愚案　道心之惟微也，慎獨則能知幾，故來復在於七日。人心之惟危也，徇欲則忘反，故迷復至於十年。

《象》曰：「迷復之凶，反君道也。」虞翻曰：姤乾爲君，坤陰滅之，以國君凶，故曰「反君道也」。

疏 伏姤乾君，爲坤陰所滅，迷而不返，❶宜其凶矣。國君之凶，由「反君道也」。

《序卦》曰：「復則不妄矣，故受之以无妄。」崔憬曰：物復其本，則爲誠實，故言「復則无妄矣」。

疏 人之始生，心本无妄，所謂「誠者，天之道也」。自人欲熾而天理亡，則无妄者妄矣。若能復其本然之善，歸於誠實，所謂「誠之者，人之道也」。由是道心之微者著，人心之危者安，則妄者復於无妄矣。復則无妄，故「受之以无妄」。

䷘ 震下乾上

无妄，何妥曰：乾上震下，天威下行，物皆絜齊，不敢虛妄也。

疏 上體乾，乾爲天、爲威。《左傳》曰「天威不違顔咫尺」是也。下體震，震足爲行，故云「天威下行」。互體巽，《説卦》曰「齊乎巽，言萬物之絜齊也」，故云「物皆絜齊」。陽爲實，乾陽在上，至誠動物，物以誠應，故「不敢虛妄也」。

元亨利貞。虞翻曰：遯上之初。此所謂四陽二陰，非大壯則遯來也。剛來交初，體乾，故「元亨」。三四失位，故「利貞」也。

疏 四陽二陰之例，非大壯則遯，无妄從遯來也。依例當三之初，此云「上之初」者，消卦之始，特正乾元，與否上成益同義也。上剛來交於初，其體爲乾，乾元得正，而又交通，故「元亨」。三四上皆失位，獨言「三四失位，故利貞」者，爻位三上相易，三正則上亦正，因卦辭別出「匪正」，❷故獨言「三四」，不及上也。卦雖

❶ 「返」，草堂本作「反」。

❷ 「出」下，思賢本作「上」字。

「利貞」，其正者四耳。三繫於四，不肯與上易位，故上有「匪正」之象。**其匪正有眚，不利有攸往。**虞翻曰：非正謂上也。四已之正，上動成坎，故「有眚」。變而逆乘，天命不右，故「不利有攸往」矣。疏 三上易位，正也。三不變而上變，是爲「匪正」，故「非正謂上也」。四已變正，上動成坎，其體爲屯。坎爲多眚，故爲「有眚」。上不變則成益，益「利用爲大作」。變而成坎，逆乘陽位，則「天命不右」，故「不利有攸往」。且體屯，屯，難也。《屯》「元亨利貞」，而曰「勿用有攸往」，《无妄》「元亨利貞」，而「不利有攸往」，❶屯之難在初，无妄之眚在上也。

《彖》曰：「无妄剛自外來，而爲主於内。蜀才曰：此本遯卦。 案 剛自上降，爲主於初，故「動而健，剛中而應」也。於是乎，邪妄之道消，大通以正矣。无妄大亨，乃天道恒命也。疏 卦自遯來，遯上之初，故云「剛自上降」。震爲長子主器，故云「爲主於初」。震，動也，乾，健也，故「動而健」。五爲剛中，二爲正應，故「剛中而應也」。剛中則邪妄自消，得應則大通以正。乾爲天，互巽爲命。天命謂性，至誠无妄，故云「无妄大亨，乃天道恒命也」。**動而健，剛中而應。大亨以正，天之命也。其匪正有眚，不利有攸往。**虞翻曰：動，震也。健、大亨謂乾。剛中謂五，而應二，「大亨以正」，變四承五，乾爲天，巽爲命，故曰「大亨以正，天之命也」。疏「動」謂震，「健」謂乾。大亨，初也，初體乾，故「謂乾」。以陽居中，故「剛中謂五」。得位得中，而應之者，二也，故「而應二」。大亨，初乾也。使四變正，上承乎五，以之者，乾也，故曰「大亨以正，變四承乾」。❷「乾爲天」，《説卦》文。巽申命爲命。《乾·彖》曰：「乾道變化，各正性命。」乾天在初，動於一陽，初動四應，變正爲巽命，故曰「大亨以正，天之命也」。《詩》曰「維天之命，於穆不已」，《中庸》曰「天命之謂性」，皆此「大亨以正」者，爲之也。**无妄之往，何之矣。**虞翻曰：謂四已變，上動體屯，坎爲「泣血漣如」，故「何之矣」。疏 四已變正，上動體屯。《屯》上爻辭曰「泣血漣如」，坎爲血卦，故有是象。且《屯》卦辭曰「勿用有攸往」，故无所之也。**天命不右，行矣哉。」**虞翻曰：天，五也。巽爲命。右，助也。

❶「不」，原脱，今據思賢本及无妄卦辭補。
❷「乾」，思賢本作「五」。

四已變成坤，天道助順。上動逆乘巽命，故「天命不右」。「行矣哉」，言不可行也。馬君云「天命不右行」，非矣。

疏 五爲天位，故云「天，五也」。互巽爲命。「右，助也」，本《繫上》文。四已變正，互坤，坤，順也，故云「天道助順」。即《繫傳》説此爻「天之所助者，順」是也。上動成坎，逆乘巽命，上變巽毁，故「天命不右」。應震爲行。「行矣哉」，猶《論語》「雖州里行乎哉」之意，言不可行也。馬君謂融。彼意謂天左旋，故「天命不右行」。虞以不應經義，故駮之。

《象》曰：「天下雷行，物與无妄。」《九家易》曰：「天下雷行」，陽氣普徧，無物不與，故曰「物與」也。物受之以生，无有災妄，故曰「物與无妄」也。　虞翻曰：與謂舉。妄，亡也。謂「雷以動之」，「震爲反生」，「萬物出震」，无妄者也，故曰「物與无妄」。《序卦》曰：「復則不妄矣，故受之以无妄。」而京氏及俗儒以爲「大旱之卦，萬物皆死，无所復望」，失之遠矣。「有无妄，然後可畜」，不死明矣。若物皆死，將何畜聚，以此疑也。

疏 九家注乾爲天，震爲雷，又爲行，震在乾下，故曰「天下雷行」。《説卦》曰「動萬物者，莫疾乎雷」，又曰「萬物出乎震」。《漢書·五行志》「雷於天地爲長子，❶以其首萬物，❷與之出入也。❸二月出地，百八十日，❹雷出則萬物出」，故云「陽氣普徧，无物不與」，是「物與」之義也。《豫·象》曰：「雷出地，奮豫。先王以作樂崇德。」《樂記》曰：「天地訢合，陰陽相得，煦嫗覆育萬物。然後草木茂勾萌達，❺羽翼奮，角觡生，蟄蟲昭蘇，羽者嫗伏，毛者孕鬻，胎生者不瀆，❻而卵生者不殈，則樂之道歸焉耳。」樂道本震聲，故云「物受之以生，无有災妄」，是「物與无妄」之義也。

虞注「與謂舉」者，以「舉」从「與」也。舉，皆也，如《月令》「舉書其數」之「舉」。「妄，亡也」者，以「妄」从「亡」也。亡，失也。如《家語》「楚人亡弓」之「亡」。❼「雷以動之」，「震爲反生」，「萬物出震」，皆《説卦》文。謂陽氣振動，物

❶「漢書五行志」，思賢本作「後漢郎顗上書云」。

❷「首」下，思賢本有「長」字。

❸「之」，思賢本作「其」。

❹「八十」，思賢本作「八十三」。

❺「勾」，思賢本作「區」。

❻「瀆」，思賢本作「殰」。

❼「如家語楚人亡弓之亡」，思賢本作「如《楚策》『亡羊補牢』之『亡』」。

皆反生，所以出乎震而无妄也。萬物皆生，无所亡失，故曰「物與无妄」也。引《序卦》「復則不妄矣，故受之以无妄」者，陽氣既復，則物无虚妄也。馬、鄭皆以「妄」爲「望」。《京氏易傳》以爲「大旱之卦。百穀草木，咸就枯槁，萬物皆死，无所復望」。《漢書・谷永傳》「遭无妄之卦運」，應劭云：「天必先雲而後雷，雷而後雨。今无雲而雷。无妄者，无所望也。」以「妄」爲「望」，大乖經旨，故云「失之遠矣」。引《序卦》「有无妄，然後可畜」者，以明「萬物皆死」之非。言既死，何以有畜，故疑之也。　愚案　京以《雜卦》言「无妄，災也」，遂以爲「大旱之卦」。其實「无妄之災」指六三一爻而言，未可據釋全卦。即如「賁，无色也」，謂上九也。不得以上九「白賁无咎」，遂謂「无色」可以蔽全卦也。**先王以茂對時，育萬物。**虞翻曰：先王謂乾。乾盈爲茂，艮爲對時，體頤養象，萬物出震，故「以茂對時，育萬物」。言物皆死，違此甚矣。　侯果曰：雷震天下，物不敢妄，威震驚洽，无物不與，故先王以茂養萬物，乃對時而育矣。時泰則威之以无妄，時否則利之以嘉遯，是對時而化育也。**疏** 虞注　「先王謂乾」者，以乾初故遯乾也。「乾盈爲茂」者，陽息爲「盈」，息盛故「茂」。艮「動静不失其時」，故爲「時」。對之者，初乾也。初至四體象頤，故言「育」。「萬物出乎震」，故言「萬物」。以乾對艮，以頤育震，故「以茂對時，育萬物」。「言物皆死」，京氏説也。　侯注　雷震則天威下行，故「物不敢妄」。威震則蟄者皆驚，故「无物不與」。育物對時，以時泰也。泰象震行，故「威以无妄」。否象艮止，故「利以嘉遯」。今遯上之初成无妄，陽氣方亨，故對時而育物也。

初九，无妄往吉。虞翻曰：謂應四也。四失位，故命變之正，四變得位，承五應初，故「往吉」，在外稱往也。**疏** 初爲卦主，物所由无妄者也，故直曰「无妄」。「謂應四也」者，釋「往」義也。初正應四，四陽失位爲敵應，四互巽爲命，故「命變之正」，《彖傳》所謂「大亨以正」也。變正，故「得位」。上承五，下應初，故「往吉」。四在外，故云「在外稱往也」。**《象》曰：「无妄之往，得志也。」**虞翻曰：四變應初，夫妻體正，故「往得志」矣。**疏** 四變正應初。震長男，巽長女，震巽爲夫妻，故云「夫妻體正」。四已變，上動得正，四體坎，坎爲志，故曰「往得志也」。

六二，不耕穫，不菑畬，則利有攸往。虞翻曰：有益耕象，无坤田，故「不耨」。震爲禾稼，艮爲手，禾在手中，故稱「穫」。田在初，一歲曰菑。在二，二歲曰畬。初爻非坤，故「不菑而畬」也。得位應五，利四變之益，則坤體成，有「耒耨之利」。故「利有攸往」，往應五也。

疏卦體似益。《繫下》曰「耒耨之利，以教天下，蓋取諸益」，故「有益耕象」。益互坤，无妄四，未變无坤田，故「不耨」。「耨」猶「耕」也。「震於稼爲反生」，故「爲禾稼」。互艮爲手。震禾在艮手，有穫象，故「稱穫」。初二於三才爲地道，故「田在初」。《釋地》：「一歲曰菑，二歲曰新田，三歲曰畬。」鄭注《坊記》引此爻云「田一歲曰菑，二歲曰畬，三歲曰新田」。此云「在二，二歲曰畬」，從鄭注也。又云「初爻非坤，故不菑而畬」，亦沿「二歲曰畬」，故云然也。當以《爾雅・釋地》爲正。蓋初九震足動，田之始，爲一歲，有菑象。五應二，歷三爻，爲三歲，有畬象。耕穫菑畬，望利者也。六二得位，上應於五。「二與四同功」，四變成益，則坤體爲田，益「有耒耨之利」。「不耕而穫」，謂不於耕而期穫也。「不菑畬」，謂不於菑而期畬也。无妄，馬、鄭皆訓无所希望。《史記》直作「无望」，謂无所期望而有得，即董子所謂「不謀利」、「不計功」之心也。故「利有攸往」。二與五爲正應，故云「往應五也」。謂「天之所助者，順也」。

《象》曰：「不耕穫，未富也。」虞翻曰：四動坤虚，故「未富也」。疏陽實陰虚，四動成坤，陰虚之象。二在坤下虚，故「未富也」。

六三，无妄之災，或繫之牛。行人之得，邑人之災。《象》曰：「行人得牛，邑人災也。」虞翻曰：上動體坎，故稱「災」。四動之正，「坤爲牛」，艮爲鼻、爲止，巽爲桑、爲繩。繫牛鼻而止桑下，故「或繫之牛」也。乾爲行人，坤爲邑人。乾四據三，故「行人之得」。三係於四，故「邑人之災」。或説以四變，則牛應初震，坤爲死喪，故曰「行人得牛，邑人災」也。疏三應上，上動體屯，爲坎多眚，故「稱災」。四變正體坤，故「爲牛」。「山澤通氣」，山虚受澤，故「艮爲鼻」。艮以止之，故「爲止」。巽爲木，故「爲桑」。爲繩直，故「爲繩」。又艮爲手，以繩繫牛鼻，而止於桑下，四爲巽，而繫三爲坤，故曰「或繫之牛」也。乾健爲行人，四也。坤衆爲邑人，三也。「乾四據三」，是四繫三，爲有所得，故曰「行人之得」。三係於四不變，上獨變成屯，故曰「邑人之災也」。行人得牛，邑人受災，故曰「无妄之災」。或説以四變坤爲牛，應初震爲行人。坤爲死喪，故三爲「災」。此言初得四，三受災。故曰「行人得牛，邑人之災」。義亦略同，但不備耳。

九四，可貞，无咎。虞翻曰：動得正，故「可貞」。承五應初，故「无咎」也。疏四失位，動則得正，故曰「可貞」。變正成陰，上承五陽，下應初陽，陰陽相得，故「无咎也」。**《象》曰：「可貞无咎，固有之也。」**虞翻曰：動陰承陽，故「固有之也」。疏四本陰位，動而爲陰，以陰居陰，上承五陽，故曰「固有之也」。

九五，无妄之疾，勿藥有喜。虞翻曰：四已之正，上動體坎，坎爲疾，故曰「无妄之疾」也。巽爲木，艮爲石，故稱「藥」。坎爲多眚，藥不可試，故「勿藥有喜」。「康子饋藥，丘未達，故不嘗」，此之謂也。疏四已變正，上動則體坎，坎爲心病，故「爲疾」。外三皆坎，疾歸於五，故曰「无妄之疾也」。「巽爲木」，「艮爲石」，本《説卦》。《天官·疾醫》「以五藥養其病」，鄭注「五藥，草木蟲石穀也」。故巽木艮石「稱藥」。「坎爲多眚」，眚，敗也，故藥不可以嘗試。五陽爲喜，故「勿藥有喜」。「康子饋藥，丘未達，不敢嘗」，《論語》文。引之以明藥「不可試」之意。愚案　五得中得正，宜无疾。五之疾，四之疾。四之疾，遯之疾也。《遯》三曰「係遯，有疾厲」。遯上之初成无妄，則遯三之疾，四受之矣。五乘四疾，故爲「无妄之疾」。震陽爲喜，故「勿藥有喜」也。**《象》曰：「无妄之藥，不可試也。」**侯果曰：位正居尊，爲无妄貴主。「百姓有過，在予一人」。三四妄處，五乃憂疾。非乖攝，則「藥不可試」。若下皆不妄，則不治自愈，故曰「勿藥有喜」也。疏九爲「位正」，五爲「居尊」。五爲天子，故「爲无妄貴主」。「百姓有過，在予一人」，《書·泰誓》文。言五爲三四任過也。三四失位，故爲「妄處」。五之「憂疾」，乃憂三四之妄。非己乖於調攝，故「藥不可試」。若三四反正，下皆不妄，則五之疾，不治自愈矣，故曰「勿藥有喜也」。

上九，无妄行有眚，无攸利。虞翻曰：動而成坎，故「行有眚」。乘剛逆命，故「无攸利」。「天命不右，行矣哉。」疏四已變正，上動成坎，坎爲多眚，下應震爲行，故「行有眚」。據五爲「乘剛」。五至三體巽象爲命，變坎乘巽爲「逆命」。位不得正，故「无攸利」。卦辭曰「其匪正有眚，不利有攸往」，指上九也。又引《彖辭》「天命不右，行矣哉」者，明爻言「行有眚」之意也。**《象》曰：「无**

妄之行，窮之災也。」崔憬曰：居无妄之中，有妄者也。妄而應三，上下非正，窮而反妄，故爲「災」也。疏「中」當作「終」。上居无妄之終，位不得正，「有妄者也」。上應三，體震爲行。上與三皆不得正，雖陰陽相配，是不義之應也。應所不當應，是窮於上，而反妄矣。行而窮，故「爲災也」。

《序卦》曰：「有无妄，然後可畜，故受之以大畜。」崔憬曰：有誠實則可以「中心藏之」，故言「有无妄然後可畜」也。疏无妄則誠，誠則實，實則可畜，故曰「有无妄，然後可畜」也。「中心藏之」，《詩·隰桑》文。藏者，畜之謂也。 愚案 乾爲天命，震以動之，爲无妄。《中庸》曰「天命之謂性」是也。乾爲天德，艮以止之，爲大畜。《大學》謂「明德，止於至善」是也。率性而行，則至善可止，大畜所以繼无妄也。

䷙乾下艮上

大畜，利貞。虞翻曰：大壯初之上，「其德剛上」也。與萃旁通。二五失位，故「利貞」。此萃五之復二成臨，「臨者，大也」。至上有頤養之象，故名「大畜」也。疏自大壯來，初九之上，故《傳》謂「其德剛上」也。反萃，故「與萃旁通」。二五失陰陽正位，故「利貞」。消息卦，萃五之復二成臨，而息二陰反艮，是爲「大畜」。「臨者，大也」，《序卦》文。三至上有頤象，頤者，養也。故「名大畜」。亦兼取頤名畜。小畜无養象，故知此名不正取頤。蓋陰稱小，陽稱大。小畜謂四，四陰故「小」。大畜謂上，上陽故「大」。上體艮，艮爲止，以艮畜乾，謂之「大畜」。不家食吉，利涉大川。虞翻曰：二稱家。謂二五易位成家人，家人體噬嗑食，故「利涉大川，應乎天也」。疏二位大夫「稱家」，詳見蒙二。又二五易位，變成家人，家人初至五體噬嗑，又互體兑，兑爲口，皆有食象，故曰「家食」。五爲天德，五應而變，二五既正，上變既濟，不成家人，故曰「不家食吉」。既濟重坎相承，故曰「利涉大川」。二五相應，故「應乎天也」。 案 三至上體頤，有食象。頤在外，故「不家食」。互兑爲澤，澤決爲川。互震爲足，足行爲涉。故「利涉大川」。

《彖》曰：「大畜剛健篤實，煇光日新。虞翻曰：「剛健」謂乾，「篤實」謂艮。二已之五，「利涉大川」。互體离坎，离爲日，故「煇光日新」也。疏乾剛而健，故「剛健謂乾」。艮成終始，故「篤實謂艮」。二五易位，互坎，故「利涉大川」。體离爲日。管輅曰「朝日爲煇，❶日中爲光」，故曰「煇光日新」。鄭、虞皆以「日新」斷句。俗讀屬下，失之。**其德剛上而尚賢。**蜀才曰：此本大壯卦。　案　剛自初升，爲主於外。剛陽居上，尊尚賢也。**疏**卦自大壯來。陽剛自初升居於上，艮反震，震爲主，故「爲主於外」。艮爲賢人而在上，是尊尚賢人之意也。**能健止，大正也。**虞翻曰：健，乾。止，艮也。二五易位，故「大正」。舊讀言「能止健」，誤也。**疏**乾在内爲健，艮在外爲止。二五失正，易則得位，故曰「大正」。易氣從下生，《彖傳》之例，先下後上，故曰「能健止」。舊讀言「能止健」，不合《彖》例，且畜陽非止乾，故云「誤也」。**不家食吉，養賢也。**虞翻曰：二五易位成家人，今體頤養象，故「不家食吉，養賢也」。　案　乾爲賢人，艮爲宫闕也。令賢人居於闕下，「不家食」之象。**疏**虞注　二五易位，體成家人。大畜三至上體頤，頤者，養也。二爲家，二之五是「不家食」。得正，故「吉」也。得正爲「賢」，體頤爲「養」，故「養賢也」。　案　《乾・文言》曰「賢人在下位」，故「乾爲賢人」。艮爲門闕，故「爲宫闕」。乾居艮下，是「賢人居於闕下，不家食之象」也。**利涉大川，應乎天也。」**京房曰：謂二變五體坎，故「利涉大川」。五天位，故曰「應乎天」。**疏**二五變正，五體乘坎，故「利涉大川」。五於三才爲天位，五動二應，互震伏巽爲應，故曰「應乎天也」。

《象》曰：「天在山中，大畜。向秀曰：止莫若山，大莫若天，天在山中，大畜之象。天爲大器，山則極止，能止大器，故名「大畜」也。**疏**艮者，止也。山厚重不遷，故「止莫若山」。「大哉乾元」，天覆幬無窮，故「大莫若天」。艮在乾外，故曰「天在山中，大畜之象」也。以天爲大器，而山能止之，此名「大畜」之意也。　愚案　《説苑》曰：「五嶽能大布雲雨焉，能大斂雲雨焉。觸石而出，膚寸而合，不崇朝而雨天下。」夫雲雨者，天之氣也，而實布斂於五嶽焉。然其觸石而雨天下，非斂無以爲布。斂者，畜之謂也。以山畜天，故曰「大畜」。**君子以多志前言往行，以畜其德。」**虞翻曰：「君子」謂乾。乾

❶「日」，思賢本作「曰」。

爲言，震爲行，坎爲志。「乾知大始」，震在乾前，故「志前言往行」。有頤養象，故「以畜其德」矣。**疏**《乾鑿度》曰「乾三爲君子」，故「君子謂乾」。「乾爲言」，《九家·說卦》文。又震聲爲「言」，震足爲「行」，坎心爲「志」。「乾知大始」，《繫上》文。「大始」謂乾初，震初即乾初，故「震在乾前」爲「前言往行」。艮爲多節，故「多志前言往行」。乾初爲「積善」，自一乾以至三乾成，積善成德，故爲「德」。三至上有頤象，頤者，養也，故「以畜其德」矣。天在山中而取義於畜德者，德者，積累而成。《中庸》論積曰「今夫天，斯昭昭之多，及其無窮也，日月星辰繫焉，萬物覆焉」，又曰「今夫山，一卷石之多，及其廣大，草木生之，禽獸居之，寶藏興焉」，鄭彼注云「天之高明，本生昭昭，山之廣大，本起卷石。」皆合少成多，自小至大。爲至誠，亦如此乎，是即天山畜德之義也。

初九，有厲利已。王弼曰：四乃畜己，未可犯也。進則災危，「有厲」則止，故能「利已」。**疏**初與四應，故「四乃畜己」。二變四成坎，坎險爲危，故「未可犯也」。初四皆正，變則失位，故「進則災危」。因「有厲」而止，則能「利已」。此言止則有利於我也。又已，止也。四居艮而止初，初正應四，不可妄進，故利於止也。《象》曰：「有厲利已，不犯災也。」虞翻曰：謂二變正，四體坎，故稱「災」也。**疏**「二與四同功」，二變正則四體坎，坎爲多眚，故爲「災」。「利已則初不犯四，故曰「不犯災也」。

九二，輿說腹。虞翻曰：萃坤爲車，爲腹，坤消乾成，故「車說腹」。「腹」，或作「輹」也。**疏**與萃旁通，萃「坤爲輿」，又「爲腹」，皆《說卦》文。今成大畜，則乾成坤毁，故爲「輿說腹」，與小畜同義。且兑爲毁折，故有「說腹」之象。「腹」，古文，「輹」，今文，故「腹或作輹也」。

《象》曰：「輿說腹，中无尤也。」盧氏曰：乾爲輿。　案　輹車之鉤心，夾軸之物。處失其正，上應於五，五居畜盛，止不我升，故且「說輹」。停留待時，而進退得正，故「无尤也」。**疏**《說卦》「乾爲圜」。《考工記》「蓋之圜也，以象天也」，故「乾爲輿」。《說文》「輹，車下縛也」，❶《釋名》「輹，伏也。曰伏兔者，伏於軸上似之也」，故云「車之鉤心，夾軸之物」。以九居二，爲「處失其正」。

❶「下」，思賢本作「軸」。

二正應五，故「上應於五」。五居尊位，故爲「畜盛」。外艮爲止，五正畜二，故「止不我升」。應五而升，「故且説輹」。居中，故能「停留待時」。變柔，則爲「進退得正」。居中得正，故「无尤也」。

九三，良馬逐，利艱貞吉。日閑輿衛，虞翻曰：乾爲良馬。震爲驚走，故稱「逐」也。謂二已變，三在坎中，故「利艱貞吉」。离爲日，二至五體師象，坎爲閑習。坤爲車輿，乾人在上，震爲驚衛，講武閑兵。故曰「日閑輿衛」也。**疏**「乾爲良馬」，《説卦》文。「震驚百里」，又爲足，故「爲驚走」。馬而驚走，故「稱逐也」。二已變正，三在坎中，坎險爲「艱」，得正爲「貞」，故「利艱貞吉」。利二變也。乾成則二變，天道也。二變體离爲日。二至五體師象，故言「輿衛」。凡武備皆謂之「衛」。❶《考工記》「周人上輿，有六等之數」，皆以「衛」名，是「輿」亦可稱「衛」也。閑，馬、鄭皆云「習也」。坎稱習坎，故「爲閑習」。《尚書大傳》「戰鬭不可不習，故於搜狩以閑之」是也。坤爲大輿，故「爲車輿」。乾陽生爲人，畜乾伏萃坤輿，故「乾人在上」。「震驚百里」爲「驚衛」，言衛以防驚也。《晉語》曰「車有震武」。震言爲「講論」，故「講武閑兵」。「日閑輿衛」，鄭氏謂「日習車徒」是也。九三剛健當位，與上同德，然馳逐不已，必有奔蹶之患，故戒以艱貞則吉，閑習輿衛，則「利有攸往」。　案　馬、牛、豕皆畜，大畜畜之也。故於馬言「閑」，於牛言「牿」，於豕言「牙」，皆艮止之象。四五在艮，三亦應艮上也。

利有攸往。《象》曰：「利有攸往，上合志也。」虞翻曰：謂上應也。五已變正，上動成坎，坎爲志，故「利有攸往」，與「上合志也」。**疏**三應上，故「謂上應也」。五失位，變之正，上動成坎，坎心爲志，三往應之，「剛上而尚賢」，故與「上合志也」。

六四，童牛之告，元吉。虞翻曰：艮爲童。五已之正，萃坤爲牛。「告」謂以木楅其角。大畜，畜物之家，惡其觸害。「艮爲手」，爲小木，巽爲繩。繩縛小木横著牛角，故曰「童牛之告」。得位承五，故「元吉」而「喜」。

❶「凡武備」至下文「亦可稱衛也」，思賢本作「《史記・五帝紀》『黄帝遷徙往來，無常處，以師兵爲營衛』，《正義》曰『若轅門，即其遺象』，是師行，以『輿』爲『衛』也」。

喜謂五也。**疏**艮爲少男，故「爲童」，與《蒙》六五「童蒙」同義。五變之正，與萃旁通，故「萃坤爲牛」。《説文》「告，❶从口从牛。牛觸人，角著横木所以告」，故云「告謂以木楅其角」也。「告」俗作「牿」，《説文》及《九家易》作「告」是也。大畜之家，取象牛羊，義取畜養。豕交獸畜，亦有畜義，故云「畜物之家」。牛性觝人，故「惡其觸害」。「艮爲手」，《説卦》文。艮小石，又於木堅多節，故「爲小木」。巽爲繩直，故「爲繩」。「繩縛小木，横著牛角」，以萃艮巽在坤上也。楅以防其觸害，故曰「童牛之告」。柔得正位，上承五陰，畜陽有朋，故「元吉而喜」。初利己，故不言喜。四承五，故言喜五也。　愚案　萃坤爲牛，四在兑初，陽剛方長，爲角始生之象，在畜則伏而不見，故爲「童牛之告」。至上九則角成矣，如「晉其角」是也。惟於陽剛方伏，即柔以制之，在旁通爲柔止剛，在大畜爲艮止乾，皆「元吉」之道也。《象》曰：「六四元吉，有喜也。」侯果曰：坤爲輿，故有牛矣。牿，楅也，以木爲之，横施於角，止其觝之威也。初欲上進，而四牿之，角既被牿，則不能觸四，是四童初之角也。四能牿初，與无角同，所以「元吉」而「有喜」矣。童牛，无角之牛也。《封人職》曰「設其楅衡」，注云「楅設於角，衡設於鼻」，止其觝觸也。

疏坤大輿爲輿，又爲牛，大車以牛駕之，故「有牛矣」。「牿，楅也」，即虞注「以木楅其角」也。《詩·閟宫》「夏而楅衡」，毛傳「楅衡，設牛角以楅之」。❷《説文》「楅，❸木有所逼束也」。故云「以木爲之，横施於角」。坤牛爲觝，「艮以止之」，故「止其觝之威也」。四與初應，初本陽剛，欲上進於四，而四以陰柔牿之。初角被牿，不能害四。是四所告者，❹「童初之角也」。四能牿初，初不爲害，故「與无角同」，「所以元吉」。四互兑爲説，故「有喜也」。《釋山》「山無草木曰童」，❺若童子未冠然。无角之牛曰童牛者，亦取童子未冠之義也。復引《地官·封人》及鄭注者，蓋楅設於牛角，所以防觸。衡設於牛鼻，所以繫繩。注但言

❶「説文」至下文「角著横木所以告」，思賢本作「告，牛觸人，角箸横木，所㠯告人也。从口从牛」。
❷「之」下，思賢本有「也」字。
❸「楅」下，思賢本有「㠯」字。
❹「告」，草堂本作「牿」。
❺「釋山」至下文「若童子未冠然」，思賢本作「《天官·司書》疏云『山林不茂爲童』，取其若童子未冠然」。

榀，不言衡，以牿爲防觸，故但言「榀」也。

六五，豶豕之牙，吉。虞翻曰：二變時，坎爲豕。劇豕稱豶，令不害物。三至上體頤象。五變之剛，巽爲白。震爲出。剛白從頤中出牙之象也。動而得位，「豶豕之牙，吉」。疏二變正應五成坎，「坎爲豕」，《説卦》文。「劇豕稱豶」者，❶《説文》「豕，去勢曰豶」。又云「劇从豦从刀」。又云「司馬相如説豦，封豕之屬。劇者，以刀去豕勢也」。豶豕剛躁，去勢令不害物也。「三至上體頤象」，五變爲剛成巽，「巽爲白」，《説卦》文。「帝出乎震」，故「震爲出」。剛白之物，出乎頤中，其象爲「牙」。五失正，變得位，故「豶豕之牙，吉」。　案　《釋獸》曰「豕子豬。𧲮豶幺幼」。郭注云「俗呼小豶豬爲𧲮子，最後生爲幺豕」。❷「豶豕」猶「童牛」也。牙者，畜豕之杙。東齊海岱之閒，以杙繫豕，防其唐突，與「童牛之告」同義也。《象》曰：「六五之吉，有慶也。」虞翻曰：五變得正，故「有慶也」。　崔憬曰：《説文》「豶，劇豕」，今俗猶呼「劇豬」是也。然以豕本剛突，劇乃性和，雖有其牙，不足害物，是制於人也。以喻九二之剛健，失位，若豕之劇，不足畏也。而六五應止之易，故「吉有慶」矣。　案　九二坎爻，坎爲豕也。以陽居陰，而失其位，若豕被劇之象也。疏虞注　五失位，變得正，且得中，故「有慶也」。　案　五互震，震左屬春，《月令》「孟春，行慶施惠」，故「有慶」。崔注　《説文》：「豶，劇豕。俗呼劇豬豕，去勢者也。」❸豕本剛突之物，而牙爲猛利。劇則性和，牙雖存而剛躁自止，不能害物，而受制於人也。九二剛健失位，豫爲制之，則如豕已劇，不足害人。而六五體艮，下應於二，應止之易，故「吉」而「有慶也」。　案　「坎爲豕」，《説卦》文。九在二坎之中爻也，故「爲豕」。以陽居陰爲失位，若「豶豕」本陽，劇去其勢而象陰也。

上九，何天之衢，亨。虞翻曰：何，當也。衢，四交道。「乾爲天」，震艮爲道，以震交艮，故「何天之衢」。

❶「劇豕稱豶」至下文「以刀去豕勢也」，思賢本作「豕稱豶者，《説文》『豶，羠豕也』，《易釋文》引劉云『豕去勢曰豶』。劇豕，未詳。一説『劇』當爲『㓮』，形近之譌。一説『劇』當爲『犍』，《爾雅·釋文》『豶謂犍豶』是也」。

❷「最後生爲幺豕」，思賢本作「最後生者俗呼爲幺豚」。

❸「俗呼劇豬豕去勢者也」，思賢本作「今俗呼劇豬，已詳虞注」。

「亨」，上變，坎爲亨也。　王弼曰：處畜之極，畜極則亨。何，辭也，猶云何畜。乃天之衢亨，道大行也。疏虞注「何」與「荷」通，梁武帝讀音賀是也。訓「當」者，猶擔當也。剛在上，能勝其任，故爲「何」。與《商頌》「何天之休」、「何天之龍」同義。《釋宫》「四達謂之衢」，故云「衢，四交道」。「乾爲天」，《説卦》文。震爲大塗，艮爲徑路，故「爲道」。震塗艮路交於乾天，故曰「何天之衢」。亨者，通也。交於天道，變坎爲既濟，坎爲通，故「亨也」。　案鄭注：「艮爲手。手上，肩也。乾爲首。首肩之閒荷物，處乾爲天，艮爲徑路，天衢象也。」又云「人君在上位，負荷天之大道」，義亦可通。　王注　上處畜極，畜極必通，孔疏「何謂語辭，猶云何畜也」。處畜極之時，更何所畜，乃天之衢亨，无所不通也。　愚案　上變成泰，「則是天地交而萬物通」，應天之象也。「上下交而其志同」，養賢之象也。「泰者，通也」。卦辭言「元亨利貞」。上利變正則元亨，故曰「何天之衢，亨」。

《象》曰：「何天之衢，道大行也。」虞翻曰：謂上據二陰。乾爲天道，震爲行，故「道大行」矣。疏上據四五二陰。《乾·象》曰「乾道變化」，故「爲天道」。震足爲行，故「道大行」。道大行謂變既濟定時也。

周易集解纂疏卷十一

受業漢陽徐蔚文炳南校

周易集解纂疏卷十二

唐李鼎祚集解　安陸李道平遵王纂疏

《序卦》曰：「物畜然後可養，故受之以頤。頤者，養也。」崔憬曰：「大畜剛健，煇光日新」，可以「觀其所養」，故言「物畜然後可養」。疏《孟子》曰：「其爲氣也，至大至剛，以直養而無害，則塞乎天地之閒矣。」「剛健篤實」，即「至大至剛」。「可以觀其所養」，即「直養無害」。「煇光日新」，即「塞乎天地」。故曰「物畜然後可養」。《序卦》虞注：「天地養萬物，聖人養賢以及萬民。」翟玄云「天地以元氣養萬物，聖人以正道養賢及萬民」，即「物畜然後可養」之義也。

䷚ 震下艮上

頤，貞吉。虞翻曰：晉四之初，與大過旁通。「養正則吉」，謂三之正，五上易位，故「頤，貞吉」。反復不衰，與乾、坤、坎、离、大過、小過、中孚同義，故不從臨、觀四陰二陽之例。或以臨二之上。兑爲口，故有「口實」也。疏 消息之卦，頤從晉來，故云「晉四之初」。反大過，大過，坎象也。頤，离象也。皆從乾坤來。大過體坎，乾初所伏。頤體离，坤初所伏。大過通頤，故云「與大過旁通」。「養正則吉」，《彖傳》文。六爻三五上皆失正，三變之正，五上易位，成既濟定，則六爻皆正，故曰「頤，貞吉」也。「反復不衰」，謂上下如一。頤「與乾、坤、坎、离、大過、小過、中孚同義」，皆終則復始，反覆不殺者也。乾、坤、坎、离爲四純卦，頤、大過、小過、中孚皆震巽艮兑四宮游魂卦也。晉，乾宮游魂卦，故頤從晉來，而「不從臨觀四陰二陽之例」也。或以臨二之上。臨兑爲口，故有「自求口實」之象。義亦可通，故存之以廣異解。觀頤，虞翻曰：离爲目，故「觀頤」，「觀其所養也」。疏 卦自晉來，晉「离爲目」。頤全體似离，亦爲目。离目，故「觀頤」。頤，養也。故「觀其養」。侯氏以頤從觀來，故曰「觀頤」。從四陰二陽之例，義亦可從。自求口實。虞翻曰：或以大過兑爲口，或以臨兑爲口，坤爲自，艮爲求。口實，頤中物。謂其自養。

鄭玄曰：頤，口車輔之名也。震動於下，艮止於上。口車動而上，因輔嚼物以養人，故謂之「頤」。「頤，養也」，能行養則其幹事，故吉矣。二五离爻皆得中，离爲目，觀象也。觀頤，觀其養賢與不肖也。頤中有物曰口實，自二至五有二坤，坤載養物，而人所食之物皆存焉。觀其求可食之物，則貪廉之情可别也。【疏】虞注　旁通大過，故「以大過兑爲口」。卦自臨來，故「以臨兑爲口」。互坤身「爲自」。艮兑「同氣相求」，故「艮爲求」。《説卦》「艮爲果蓏」，宋衷彼注云「木實謂之果，草實謂之蓏」。口實，果蓏之屬，故云「頤中物」也。「求口實」，所以「自養」也。

鄭注　《説文》「頤，頷也」。僖五年《左傳》「輔車相依」，注云「輔，頰輔。車，牙車」，疏云「輔爲外表，車爲内骨」。❶故云「口車輔之名也」。「震，動也」，其象在下。「艮，止也」，其象在上。上止下動，「口」之象也。牙車動而上行，輔頰因嚼物以養人，故名爲「頤」。「頤，養也」，本《序卦》文。人能行養，則其幹事貞固，故吉矣。二五皆离之中爻，故「离爲目」。离目，故爲「觀象也」。「觀頤」者，觀其所養之賢不肖也。「艮爲果蓏」，故「頤中有物曰口實」。自二至五，互有二坤，京氏謂「地之氣，萃在其中」是也。《坤·象》曰「厚德載物」。《説卦》曰：「坤也者，地也。萬物皆致養焉。」故云：「坤載養物，而人所食之物皆存焉。」震動象貪，艮止象廉。又震象貪狼木，體似离象廉貞火，❷故「觀其求可食之物，❸則貪廉之情可别也」。

《象》曰：「頤貞吉，養正則吉也。」姚信曰：以陽養陰，動於下，止於上，各得其正，則吉也。

宋衷曰：頤者，所由飲食，自養也。君子「割不正不食」，況非其食乎。是故「所養」必得賢明，「自求口實」必得體宜，是謂「養正」也。【疏】姚注　二陽在外，四陰在内，故云「以陽養陰」。震動於下，艮止於上，上下「各得其正」，則吉也。

宋注　頤動則食，故云「所由飲食以自養也」。「割不正不食」，《論語》文。不正且不食，況非其所當食者乎？《繫上》曰「可久則賢人之德」。《樂記》曰「述者之謂明」，疏云「明者，辨别是非」。❹是「賢」爲有德，「明」爲有才也。故「所養必得賢明」，則養人得其正。《禮器》：「禮時爲大，順次之，體次之，宜次之。」「口實必得體宜」，則自

❶「爲」，思賢本作「是」。
❷「又震象貪狼木體似离象廉貞火」，思賢本無此句。
❸「故」下，思賢本有「云」字。
❹「别」，思賢本作「説」。

養得其正。故「養正則吉也」。　案　爻不正，則養之以正。《雜卦》曰「頤，養正也」，虞彼注云「謂養三五。五之正爲功，三出坎爲聖。與『蒙以養正，聖功也』同義」。故「養正則吉也」。**觀頤，觀其所養也。**侯果曰：王者所養，養賢則吉也。疏王者所養，以養賢則吉。又艮爲賢人，坤爲致養，以坤養艮，爲養賢。**自求口實，觀其自養也。**侯果曰：此本觀卦，初六升五，九五降初，則成頤也。是「自求口實，觀其自養」。　案　口實，謂頤口中也。實事可言，震聲也。實物可食，艮其成也。疏侯注　此本觀卦，從四陰二陽之例也。初五易位則成頤。《雜卦》曰：「臨觀之義，或與或求。」「求」謂觀也。故曰「自求口實」。「自求」者，「自養也」。　案　「口實」，謂實於頤口中也。「實事可言」則言之，以震雷聲。爲无妄也。「實物可食」則食之，以艮「成終」。「爲果蓏」也。《象》曰「慎言語，節飲食」，即此義也。又三五正則坤實，故「自求口實，觀其自養也」。**天地養萬物，**翟玄曰：天，上，地，初也。萬物，衆陰也。天地以元氣養萬物，聖人以正道養賢及萬民，此其聖也。疏三才之道，上爲天位，初爲地位。萬物則四爻衆陰也。天地以元氣頤養萬物，聖人法天地，以正道養賢及萬民，聖人與天地同體也。　愚案　頤互坤爲地，通大過乾爲天，震出萬物，坤皆致養，故曰「天地養萬物」。**聖人養賢以及萬民，**虞翻曰：乾爲聖人，艮爲賢人。頤下養上，故「聖人養賢」。坤陰爲民，皆在震上，「以貴下賤，大得民」，故「以及萬民」。疏乾陽爲聖人在初。艮三即乾三，故「艮爲賢人」。初陽在下，艮陽在上，以下養上，故曰「聖人養賢」。坤陰「爲衆」、「爲民」。「皆在震上」，謂震初也。「以貴下賤，大得民」，《屯》初《象傳》文。晉四降初爲「下賤」，故「大得民」。《周禮·鄉大夫》：「使民興賢，出使長之。使民興能，入使治之。」是養成賢能，使治萬民，故「以及萬民」。又乾五爲「聖人」，侯氏謂「觀五降初」是也。**頤之時大矣哉。」**天地養物，聖人養賢以及萬民，人非頤不生，故「大矣」。疏承上文天地聖人，養物養賢，以明「人非頤不生」，故其「時大」也。　愚案　「帝出乎震」，終乎艮，四時皆備，又艮「動静不失其時」，故曰「頤之時大矣哉」。

《象》曰：「山下有雷，頤。劉表曰：山止於上，雷動於下，頤之象也。**疏**上止下動，其象爲頤。又雷伏山下，天地以陽養物，故曰「頤」。**君子以慎言語，節飲食。」**荀爽曰：雷爲號令，今在山下閉藏，故「慎言語」。雷動於上，以陽食陰，「艮以止之」，故「節飲食」也。「言出乎身，加乎民」，故「慎言語」。所以養人也，飲食不節，殘賊羣生，故「節飲食」以養物。**疏**震雷爲聲，故「爲號令」。今閉藏山下，故宜「慎言語」。雷在下，動而上，「以陽食陰」之象。艮止於外，故宜「節飲食」。「言出乎身，加乎民」，《繫上》文。言不苟出，出必當理。《左傳》曰：「仁人之言，其利溥哉。」故「慎言語，所以養人也」。《天官・庖人》：「掌共六畜、六獸、六禽，辨其名物。凡令禽獸，以法授之，其出入亦如之。」「以法授之」者，皆有常數，不使過也。蓋「飲食不節」，則「殘賊羣生」，故「節飲食所以養物」也。　愚案　「君子」謂初乾，震也。直言曰「言」，謂震聲也。答難曰「語」，伏巽應也。艮陽小爲「慎」，故「慎言語」。「食」以養陰，互兩坤也。「飲」以養陽，伏兩乾也。艮多節，故「節飲食」。孔疏引先儒云「禍從口出，患從口入」，故於頤養而慎節之也。

初九，舍爾靈龜，觀我朵頤，凶。虞翻曰：晉离爲龜，四之初，故「舍爾靈龜」。坤爲我，震爲動。謂四失离入坤，遠應多懼，故「凶」矣。**疏**卦自晉來，故云「晉离爲龜」。初與四應，晉四之初，故曰「舍爾靈龜」。《春官・龜人》「掌六龜之屬，天龜曰靈」，❶注云「天龜玄俯者，靈也」。坤爲身，故「爲我」。朵，下垂而動之貌。震爲動。故「觀我朵頤」。四舍离入坤，遠應於初，四本「多懼」，而又動於欲，故「凶」。又《説卦》「离爲龜」。离，外剛内柔之卦，《考工記》「外骨龜屬」是也。頤上下兩陽，中含四陰，本末皆剛，全體似离，故取象於龜。損之六五，益之六二，皆是義也。**《象》曰：「觀我朵頤，亦不足貴也。」**侯果曰：初本五也。五互體艮，艮爲山龜，自五降初，則爲頤矣。是「舍爾靈龜」之德，來「觀朵頤」之饌，食禄致「凶」，故「不足貴」。　案　朵頤垂下，動之貌也。**疏**侯注　卦自觀來，故「初本五也」。五在觀，互體艮，《釋魚》「七山龜」，❷《寰宇記》「蔡山出大龜」，故云「艮

❶「靈」下，思賢本有「龜」字。
❷「釋魚」，原作「釋蟲」，今據思賢本及所引文改。「七」下，思賢本有「曰」字。

爲山龜」。自五降初，變而成頤。靈龜，不食之物。朵頤，貪食之象。「是舍靈龜之德，觀朵頤之饌」。蓋「貪禄而致凶」者也，「故不足貴」。又《易》例陽爲貴，陰爲賤。以九居初，陽爻得位，宜足貴矣。然徒知養小而失大，《孟子》所謂「飲食之人，則人賤之矣」，故「不足貴也」。　案《説文》「朵，樹木垂朵朵也」。故云「朵頤垂下」。震爲動，故云「動之貌也」。

六二，顛頤，拂經于丘頤，征凶。 王肅曰：養下曰顛。拂，違也。經，常也。丘，小山，謂六五也。二宜應五，反下養初，豈非「顛頤」。違常於五也，故曰「拂經于丘」矣。拂丘雖阻常理，養下故謂養賢。上既无應，征必凶矣，故曰「征凶」。**疏**《釋名》「顛，倒也」。《書・微子》「告予顛隮」，❶疏謂「從上而隕」。初從上隕而二養之，故「養下曰顛」。「拂」與「咈」通。《説文》「咈，違也」。《書・酒誥》「經德秉哲」，孔傳「能常德持智」，故「經」訓「常」也。五體艮，艮爲山，五在山半稱「丘」，艮少爲「小」，故云「丘，小山，謂六五也」。二當上應於五，反乘初養下，是顛倒其頤，而違應五之常經，故曰「拂經于丘矣」。拂五雖違常理，養初亦爲養賢。五既失位，往必无應，故「征凶」。**《象》曰：「六二征凶，行失類也。」** 侯果曰：征則失養之類。**疏**震足爲「行」，二與五應爲「類」。二待五正，則得所養，「征則失養之類」也。

六三，拂頤，貞凶，十年勿用，无攸利。

虞翻曰：三失位，體剥。不正相應，弑父弑君，故「貞凶」。坤爲十年，動无所應，故「十年勿用，无攸利」也。**疏**以六居三爲「失位」，二至上體剥，違於養道，故「拂頤」。三與上皆不正，雖相應，亦不義之應也。陰消至二成遯，艮子弑父。至三成否，坤臣弑君。「貞凶」者，謂失正不變而凶也。月十二會爲「年」。象坤陰爻。坤癸數十，故「爲十年」。動與上爲敵應，故「動无所應」。坤器爲「用」。云「勿用」，故知謂動也。三「道大悖」，雖變猶凶，故「十年勿用，无攸利也」。**《象》曰：「十年勿用，道大悖也。」** 虞翻曰：弑父弑君，故「大悖也」。**疏**殺父弑君，悖亦極矣。伏乾爲「道」，坤反乾道，故曰「道大悖也」。

六四，顛頤吉。虎眎眈眈，其欲逐逐，

❶「告」，原作「若」，今據思賢本及所引文改。

无咎。王弼曰：履得其位，而應於初，以上養下，得頤之義，故曰「顛頤吉」。下交近瀆則咎矣。故「虎眎眈眈」，威而不猛。故「其欲逐逐」，而尚敦實。脩此二者，乃得全其吉而无咎矣。觀其自養則養正，察其所養則養賢。頤爻之貴，斯爲盛矣。疏居正得位，下應於初。四在上體，初在下體，「以上養下」爲「顛頤」。得頤之正，故「吉」也。以上養下，不可褻瀆。故必「虎眎眈眈」，則「威而不猛」也。既養於下，不可有求，故必「其欲逐逐，而尚乎敦實」也。脩此二者，雖顛頤養下，亦得全其吉而无咎矣。孔疏：「『觀其自養則履正』者，以陰處陰，四自處其身，是觀其自養，則能履正道也。『察其所養則養陽』者，六四下養於初，是觀其所養。初是陽爻，則能養陽也。」「養賢」，注疏本作「養陽」。陽在艮稱賢，初陽不稱賢，故從「養陽」爲是。養正養陽，故「頤爻之貴，斯爲盛矣」。　愚案　内動於欲，故三爻皆凶。外止乎理，故三爻皆吉。初爲動之始，雖不食如靈龜，亦舍之而觀朵頤，欲方興也。四爲止之始，雖「虎眎眈眈，其欲逐逐」，而不至咥人，理已正也。

《象》曰：「顛頤之吉，上施光也。」虞翻曰：晉四之初，謂三已變，故「顛頤」。與屯四乘坎馬同義。坤爲虎，离爲目。眈眈，下眎貌。逐逐，心煩貌。坤爲吝嗇，坎水爲欲，故「其欲逐逐」。得位應初，故「无咎」。謂上已反三成离，故「上施光也」。疏卦自晉來，四本互坎，之初爲頤。三變又爲坎，坎陷爲「顛」，故曰「顛頤」。屯四亦三變而乘坎馬，故云「同義」也。「坤爲虎」，見「風從虎」注。「离爲目」，謂晉离也。初在下，故「眈眈」爲「下視貌」。晉坎爲心，故「逐逐」爲「心煩貌」。「坤爲吝嗇」，《説卦》文。坎爲心，又爲水，故「爲欲」。是以「其欲逐逐」，應初之事也。四得正位，下應於初，剛柔相應，故「无咎」。二无應，故「顛頤」而「凶」。四有應，故「顛頤」而「吉」。「謂上已反」者，與五易位也。「三成离」者，三變則四在离中也。四變則與上成离。离日爲「光」，故「上施光也」。

六五，拂經，居貞吉。不可涉大川。虞翻曰：失位，故「拂經」。无應順上，故「居貞吉」。艮爲居也。涉上成坎，乘陽无應，故「不可涉大川」矣。疏五失正位，故「拂經」，謂拂常也。二无正應，宜順乎上，故必變而居正則吉矣。艮爲門闕，故「爲居」。五若涉上易位，成坎爲「川」，則已乘五陽，而三无正應，故「不可涉大川矣」。

《象》曰：「居貞之吉，順以從上也。」王弼曰：

以陰居陽，拂頤之義也。无應於下，而比於上，故宜居貞，順而從上則吉。**疏**以陰居陽，拂頤之經。下无正應，而上比於九，故變而居貞，則成益矣。《益》五「元吉」，故「居貞吉」。互坤爲「順」，故「順而從上則吉」。若往而易位成坎，是涉大川，則不可也。

上九，由頤，厲吉。虞翻曰：由，自從也。體剥居上，衆陰順承，故「由頤」。失位，故「厲」。以坤艮自輔，故「吉」也。**疏**《釋詁》曰「由，自也」，故訓「由」爲「自從」也。自二至上體剥。九居於上，爲卦之主。四陰互兩坤，象順承於下。衆陰皆致養，而主之者，上也，是「由頤」。與《豫》九四「由豫」同義。上「失位，故厲」。坤居西南，艮居東北，兩相對照，以土輔土爲「自輔」，故「吉也」。

愚案　成卦雖在兩陽，而頤實由上，以上爲養主也。初動於欲，雖得正亦凶。上止乎理，雖失位亦吉。**利涉大川。《象》曰：「由頤厲吉，大有慶也。」**虞翻曰：失位，故「厲」。之五得正成坎，坎爲大川，故「利涉大川」。變陽得位，故「大有慶也」。**疏**九失正位，故有危厲。五上易位，則「得正成坎」。坎水「爲大川」，故「利涉大川」。五易上位，則有逼上之嫌，故「不可涉大川」。上易五位，則有屈己之道，故「利涉大川」。五上易位，上五皆正，故云「變陽得位」。陽稱「大」，稱「慶」，故「大有慶也」。

《序卦》曰：「不養則不可動，故受之以大過。」崔憬曰：養則可動，動則過厚，故「受之以大過」也。**疏**頤始於動，終於静。静養已極，動則過厚。蓋直養無害，則氣足以配道與義矣。凡大過人之德，與大過人之業，孰不從直養來乎！故頤「受之以大過」。

䷛ 巽下兑上

大過，棟橈。虞翻曰：大壯五之初，或兑三之初。棟橈謂三，巽爲長木稱棟。初上陰柔，「本末弱」，故「棟橈」也。**疏**卦自大壯來，六五之初，從四陽二陰之例也。「或兑三之初」者，坤盡於夬，至大過而生姤，夬兑下成巽，坤之終始也。與頤旁通。陽大陰小，鄭云「陽爻過也」。二取初，五取上，三「棟橈」，四「有它吝」，四陽爻皆失之過，故名「大過」。九三爻辭曰「棟橈」，故知「棟橈謂三」。巽爲長，爲木，故「爲長木」。棟，屋檼，以長木爲之，故「巽爲長木稱棟」。初上陰柔，初爲本，上爲末，故「本末弱」。橈，曲折也。《説卦》曰「兑爲毁折」，又曰「橈萬物者，莫疾乎風」。以毁折而遇巽風，故「棟橈也」。**利有攸往，亨。**虞翻曰：謂二也。「剛過而中」，失位无應，利變應五，之外稱往，故「利有攸往」乃「亨」也。**疏**《彖》曰「大者過也」，謂二失位，❶故知「往謂二也」。「剛過而中」，《彖傳》文。二既失位，上无正應，利變之正，上應乎五。「之外稱往」，謂應五也。變正，故「利有攸往，乃亨也」。

《彖》曰：「大過，大者過也。虞翻曰：陽稱大，謂二也。二失位，故「大者過也」。**疏**陽大陰小，故「陽稱大」。大過體坎，二爲主，故「謂二也」。二陽失位，是陽過也，故曰「大者過也」。**棟橈，本末弱也。**向秀曰：棟橈則屋壞，主弱則國荒。所以橈，由於初上兩陰爻也。初爲善始，末是令終。始終皆弱，所以「棟橈」。王弼曰：初爲本，而上爲末也。侯果曰：本，君也。末，臣也。君臣俱弱，「棟橈」者也。**疏**向注　棟爲屋主，棟橈則屋壞。猶主爲國棟，主弱則國荒。其所以橈者，由初上兩爻皆陰，陰柔，故弱也。初貴善始，末貴令終。初陰失正，始固不善。上陰得位，終非不令。然始弱而終亦弱，是以弱濟弱，所以「棟橈」也。王注　《繫下》曰「其初難知，其上易知，本末也」，故「初爲本，而上爲末也」。《説文》曰「木下曰本，從木，一在其下。木上曰末，從木，一在其上」，是其義也。侯注　初非君位，不可言「君」。上非臣位，不可言「臣」。此釋非也。**剛過而中，巽而説行。利有攸往，乃亨。**虞翻曰：「剛過而中」謂二。説，兑也。故「利有攸往」。大壯震五之初，故「亨」。與遯二同義。**疏**二剛失位，爲過，在下中，故知「剛過而中謂二」也。兑爲説，故云「説，兑也」。以其得中，又巽而説行，利於變正應五，故「利有攸往」也。「説行」者，大壯震爲「行」也。大壯四失位，爲二陰所傷。五之初，陽得位，陰不能傷。二變應之，故「亨」也。遯二消陽，子弑其父。三來之二成訟，弑逆不行。失位「終凶」，復變應五，故「同義」也。**大過之時大矣哉。」**虞翻曰：「國之大事，在祀與戎。」「藉用白茅」，女妻有子，繼世承祀，故「大矣哉」。**疏**「國之大事，在祀與戎」，成十三年

❶「二」，原作「三」，今據草堂本改。

《左傳》文。白茅縮酒，所以承祭也。「女妻有子」，所以承先也。引初二爻辭，所以明「繼世承祀」，爲國大事之義。伏震爲春，體兑爲秋，伏頤體离爲夏，大過體坎爲冬。禴祠烝嘗，四時體備，故「大過之時大矣哉」。

《象》曰：「澤滅木，大過。案：兑，澤也。巽，木。滅，漫也。凡木生近水者，楊也。遇澤大過，木則漫滅焉。二五枯楊，是其義。**疏**兑澤巽木，皆本《説卦》。「滅，漫也」，言水浸淫敗物也。《詩·秦風》「隰有楊」，《釋地》「下溼曰隰」，故「凡木生近水者，楊也」。澤水大過，木則漫滅，二五爻辭並言「枯楊」，是其義也。君子以獨立不懼，遯世无悶。」虞翻曰：君子謂乾初。陽伏巽中，體復一爻，潛龍之德，故稱「獨立不懼」。「憂則違之」，乾初同義，故「遯世无悶」也。**疏**「君子謂乾初」者，初本巽也。巽「其究爲躁卦」，故「陽伏巽下」。乾之初九即復也，入坤出震，故云「體復一爻」。乾初九「潛龍勿用」，故云「潛龍之德」。「確乎不拔」，故「獨立不懼」。隱藏坤中，坤亂於上。「憂則違之」，「遯世无悶」，皆《乾》初《文言傳》文，故云「乾初同義」也。　愚案　澤雖滅木，木得水而益榮。君子法此，則有大過乎人之學問焉。「獨立」則如巽木。伏震爲懼，巽成震毀，故「不懼」。「无悶」，則如「兑以説之」。悶與説反，説故「无悶」。本末雖弱，中互兩乾，陽剛不橈，故能「獨立不懼，遯世无悶」，與乾初同義也。

初六，藉用白茅，无咎。虞翻曰：位在下稱藉，巽柔白爲茅，故「藉用白茅」。失位，咎也。承二過四，應五士夫，故「无咎」矣。**疏**《周禮·鄉師》曰「大祭祀共茅藉」，❶鄭興彼注云「祭前藉」。❷藉在下，故云「位在下稱藉」，以象初也。巽爲草木，剛爻「爲木」。柔爻爲草，又「爲白」，故云「巽柔白爲茅」。在下，故「藉用白茅」。初陰失位，宜有咎矣。上承二陽，二正應五，初正應四。今承二，過四而應五士夫，所謂「藉」也。剛柔相應，故「无咎」也。又初失位，與四易位得正，故「无咎」。《象》曰：「藉用白茅，柔在下也。」侯果曰：以柔處下，履非其正，咎也。苟能絜誠肅恭不怠，雖置羞於地，可以薦奉。況「藉用白茅」，重慎之至，何咎之有矣。**疏**「下」謂初下

❶「藉」，思賢本作「蒩」。

❷「鄭興彼注云祭前藉」，思賢本作「注云『鄭大夫讀蒩爲藉，謂祭前藉也』」。

也。初爲陽位，以柔處之，履非其正，宜有咎矣。「巽絜齊」，有「絜誠」之象。巽柔順，有「肅恭」之象。故云「苟能絜誠肅恭不怠」。初於三才爲地道，《繫上》說此爻曰「苟錯諸地而可矣」，故云「置羞於地」。卦有鼎象，《鼎·象》曰「亨以享上帝」，故云「可以薦奉」。《繫》又曰：「藉之用茅，何咎之有，慎之至也。」故云「藉用白茅，重慎之至，何咎之有矣」。

九二，枯楊生稊，老夫得其女妻，无不利。虞翻曰：稊，稺也。楊葉未舒稱稊。巽爲楊，乾爲老，老楊故「枯」。陽在二也，十二月時，周之二月。兑爲雨澤，枯楊得澤，復生稊。二體乾老，故稱「老夫」。女妻謂上兑。兑爲少女，故曰「女妻」。大過之家，「過以相與」，「老夫得其女妻」，故「无不利」。**疏**「稊」訓「稺」者，《說文》「稺，幼禾也」，是稊，草木初生貌也。《夏小正》曰「柳稊」，又曰「時有見稊」，故云「楊葉未舒稱稊」也。「巽爲楊」，《九家·說卦》文。乾盈將退，故稱「老」。《方言》「乾，老也」，從易義也。「老楊故枯」者，乾至大過，嬗陰故「枯」。姤陰，故又「生稊」「生華」也。陽在二，十二月臨時，於周爲二月。二五爻獨以爻當月者，大過時重陰始，故陽義全。二體臨，五體夬也。兑爲澤，故「爲雨澤」。「枯楊得澤，復生稊」者，二无正應，今過應上，「生稊」之象。楊少則稊，而老則華，故二爲「稊」，五爲「華」也。又震爲反生，巽體伏震，故象「枯楊生稊」。二體互乾爲老，故稱「老夫」。上體兑，三索得女爲「少女」，故曰「女妻」也。大過之家，初過四應五，上過三應二，是「過以相與」也。「老夫得其女妻」，過得其應，故「无不利」。

《象》曰：「老夫女妻，過以相與也。」虞翻曰：謂二過初與五，五過上與二。獨大過之爻，得過其應，故「過以相與也」。**疏**「二過初與五」者，初比二，而二使之過與五也。「五過上與二」者，上比五，而五使之過與二也。「獨大過之爻，得過其應」者，《乾鑿度》「初與四，二與五，三與上謂之應」。❶今四不橈乎下，而過與五，❷三不可有輔，而過與二，❸故曰「過以相與也」。

❶「初與四二與五三與上謂之應」，思賢本作「初以四，二以五，三以上，此之謂應」。
❷「而」下，思賢本有「初」字。
❸「而」下，思賢本有「上」字。

九三，棟橈凶。《象》曰：「棟橈之凶，不可以有輔也。」虞翻曰：「本末弱」，故「橈」。輔之益橈，故「不可以有輔」。陽以陰爲「輔」也。疏 三應在上，上柔爻，故「末弱」。將過上應初，初亦柔爻，故「本弱」。《傳》曰「本末」，正指三所應之爻皆弱，故「橈」而「凶」也。「輔之」謂初上二爻，皆弱，故「輔之益橈」，而「不可以有輔也」。《比·象傳》曰「比，輔也，下順從也」。是陰比陽而謂之「輔」，故云「陽以陰爲輔也」。❶ 愚案 卦辭言「棟橈」而三獨當之者，三處下體之上，而初弱不勝其任，又上應兑爲毁折，故三獨當「棟橈之凶」也。上陰可以輔陽，以初弱不能承三，則三亦不能爲主。以弱濟弱，故「不可以有輔也」。 又案 《釋宫》「棟謂之桴」，郭注「即屋脊也」。❷《説文》：「棟，極也。」《逸雅》：「棟，中也。居屋之中也。」卦辭言「棟」，唯三四兩爻。居卦之中，故皆言「棟」。

九四，棟隆吉，有它吝。虞翻曰：隆，上也。應在於初，己與五意在於上，故「棟隆吉」。失位，動入陰而陷於井，故「有它吝」。疏「隆，上也」，謂上六也。四正應初，乃不應初，而與五相比，意在承上，以二陽承一陰，故「棟隆吉」。四失位，變則成坎爲井，是「入坎險而陷於井」。故「有它吝」，戒其不可變也。 愚案 初爲内卦之始，以一陰承二陽，而三處其上，故「棟橈凶」。四爲外卦之始，比二陽以承一陰，而上處其極，故「棟隆吉」。四與上，故「吉」。若下應於初，則「有它吝」矣。《傳》曰「不橈乎下」，不應下，故「不橈」也。《象》曰：「棟隆之吉，不橈乎下也。」虞翻曰：乾爲動直，遠初近上，故「不橈下也」。疏《繫上》曰「夫乾，❸其動也直」，故「乾爲動直」。自二至四，乾象始成，故能「不橈」。四與初異體，故「遠初」。與上同體，故「近上」。與在上，不在下，故曰「不橈乎下也」。

九五，枯楊生華，老婦得其士夫，无咎无譽。虞翻曰：陽在五也。夬三月時，周之五月。枯楊得澤，故「生華」矣。老婦謂初。巽爲婦，乾爲老，故稱「老婦」也。士夫謂五。大壯震爲夫，兑爲少，故稱「士夫」。

❶「陽以陰」，原作「陰以陽」，今據草堂本、思賢本改。
❷「郭注即屋脊也」，思賢本作「邢疏『今屋脊也』」。
❸「上」，原作「下」，今據所引文改。

五過二使應上，二過五使取初。五得位，故「无咎」。陰在二多譽，今退伏初，故「无譽」。體姤淫女，故「過以相與」，使應少夫，《象》曰「亦可醜也」。舊説以初爲「女妻」，上爲「老婦」，誤矣。馬君亦然，荀公以初陰失正當變，數六爲「女妻」。二陽失正，數九爲「老夫」。以五陽得正位不變，數七爲「士夫」。上陰得正，數八爲「老婦」，此何異俗説也。悲夫！學之難。而以初本爲小，反以上末爲老，後之達者，詳其義焉。**疏**陽在五時爲夬，於夏爲三月，於周爲五月。夬時「枯楊得澤，故生華矣」。五爲「楊」，猶四爲「楝」，皆兑上反下爲巽也。巽長女，象已嫁爲「婦」，故「老婦謂初」，「巽爲婦」也。巽入乾體，初亦稱「老」，故「乾爲老」，「稱老婦也」。「士夫謂五」者，旁通大壯震長男爲「夫」，大過兑少女爲「少」，故「稱士夫」。五本應二，今過二使應上。二本應五，今過五使取初。五得正位，故「无咎」。陰在二得位，故「多譽」。今巽爲退伏居初，故「无譽」。初體姤象「淫女」，過四相與，使應五少夫，故《象》曰「亦可醜也」。馬與舊説，取一卦之義，以初爲「女妻」，上爲「老婦」。荀氏之義，六爲老陰而稱「女妻」，八爲少陰而稱「老婦」。但以數多少爲老少，於理有乖，故虞君同之俗説，而不用也。

《象》曰：「枯楊生華，何可久也。老婦士夫，亦可醜也。」虞翻曰：乾爲久。枯而生華，故「不可久也」。婦體姤淫，故「可醜也」。**疏**《繫上》曰「有親則可久」，謂乾也，故「乾爲久」。楊已枯而復生華，故「不可久也」。初爲「老婦」，初體姤，「姤，女壯」，鄭氏謂「壯健以淫」，故云「婦體姤淫」，「亦可醜也」。

上六，過涉滅頂凶，无咎。虞翻曰：大壯震爲足，兑爲水澤。震足没水，故「過涉」也。頂，首也。乾爲頂。頂没兑水中，故「滅頂凶」。乘剛，咎也。得位，故「无咎」。與「滅耳」同義也。**疏**旁通大壯，故「大壯震爲足」。體「兑爲澤」，坎水半見，故「爲水澤」。《風俗通》曰：「涉始於足，足率長十寸，十寸則尺，一躍三尺，法天地人，再躍則涉。」《後漢書·趙興傳》所謂「一爲過，再爲躍，❶三而弗改，滅其頂凶」，謂至上也。尋「涉」從水從步。步長六尺，以長爲深，則涉深六尺，震足没水，故「過涉」者，涉者之過也。《釋言》「顛，頂也」，故云「頂，首也」。乾爲首，故「爲頂」，五互乾首，上則「頂」也。頂没兑澤中，是乾

❶「躍」，思賢本作「涉」。

没於陰，故「滅頂凶」。上乘四剛，當有咎。以六居上，陰得其位，故「无咎」。「與『滅耳』同義」者，噬嗑上九，坎水自下没上，故曰「滅耳」與「滅頂」相似。噬嗑由否之泰，消息卦否上不反，坤弒父弒君，故曰「何校滅耳，凶」。此本大壯，陰傷陽。五已之初，而上陰滅乾，故「凶」。與「滅耳」同義。然大過之時，坤生乾没。上妻二生子，得位續陰，非其咎也。　愚案　自初至五，全體象巽。巽爲草木，柔爻象草，故初言「茅」。剛爻象木，故二三四五言「楊」、言「棟」。至上兑澤始成，故言「滅」。「滅木」、「滅頂」，皆謂上也。**《象》曰：「過涉之凶，不可咎也。」**《九家易》曰：君子以禮義爲法，小人以畏慎爲宜。至於大過之世，不復遵常，故君子犯義，小人犯刑，而家家有誅絶之罪，不可究也。❶大過之世，君子遜遯，不行禮義，謂當不義則争之，若比干諫而死是也。桀紂之民，可比屋而誅，上化致然，亦不可咎。曾子曰「上失其道，民散久矣。如得其情，則哀矜而勿喜」，是其義也。**疏**「曾子曰」至「勿喜」，《論語》文。此以「君子犯義，小人犯刑」爲「過涉」，不應經義。王弼注云「志在救時，故不可咎」。蓋喻仗節死義之臣，行雖過而理无害，若所云「比干諫而死」之類，得其解矣。

《序卦》曰：「物不可以終過，故受之以坎。坎者，陷也。」崔憬曰：大過不可以極，極則「過涉滅頂」。故曰「物不可以終過，故受之以坎」也。**疏**「過涉滅頂」，大過極矣，故「物不可以終過」而「受之以坎也」。大過者，以陽過也。中互兩乾，陽過乎剛，故本末愈形其弱。惟「受之以坎」，則三四兩陽，變而之陰。以柔濟剛，而陽不過乎剛。以柔助柔，而陰不失之弱。坎之兩陽，陷而得中。以中節過，庶无過中之憂乎。

䷜ 坎下坎上

習坎有孚，虞翻曰：乾二五之坤，與离旁通。于爻，觀上之二。習，常也。「孚，信」。謂二五。水行往來，「朝宗于海」，不失其时，如月行天，故「習坎」爲「孚」也。**疏**虞歸妹注云「乾主壬，坤主癸，日月會北。天地以离坎戰陰陽」，所謂《易》出乾入坤，离坎之神也。故「乾二五之坤」成坎，蓋乾歸大有。坤二五乃交乾而爲离，离息成坎，

❶「究」，思賢本作「咎」。

故「與离旁通」。若從四陰二陽之例，則「觀上之二」也。八純卦唯坎加「習」者，嫌陽陷險非正，故明之。言陽息陰中，是其常也。重亦常義，故云「習，常也」，《彖》曰「重險」是也。「孚，信」，《釋詁》文。二五剛中，故「孚謂二五」。坎在天爲月，在地爲水。水之往來，朝宗潮汐，不失其時，如月之行天，盈虧不失其常，故以明《習坎》之「有孚」也。「朝宗于海」，《禹貢》文。**維心亨**，虞翻曰：坎爲心。乾二五旁行流坤，陰陽會合，故「亨」也。**疏**《説卦》「坎爲亟心」，故「爲心」。陽在中也。「乾二五旁行流坤」，即乾二五之坤也。「旁行」者，四周行於六十四卦，即旁通也。「陰陽會合」者，即「天地以离坎戰陰陽」，「日月會北」是也。以乾通坤，通，故「亨也」。**行有尚**。虞翻曰：行謂二，尚謂五也。二體震爲行。動得正應五，故「行有尚，往有功也」。**疏**二陷坎中，失正當變，故知「行謂二」。「尚」與「上」通，謂五也。二互體震爲行。動而得正，上應五陽，故「行有尚」。「往有功也」，《彖傳》文。

《彖》曰：「習坎，重險也。虞翻曰：兩象也。天險，地險，故曰「重險也」。**疏**兩象，上下兩象也。五，天位，坎在上爲「天險」。二，地位，坎在下爲「地險」。故曰「重險也」。**水流而不盈**，荀爽曰：陽動陰中，故「流」。陽陷陰中，故「不盈」也。陸績曰：水性趨下，不盈溢崖岸也。月者，水精。月在天，滿則虧，不盈溢之義也。**疏**荀注　二震爲動，陽動陰中，故曰「流」。盈，溢也。五艮爲止，是陽陷陰中，故不盈溢也。九五曰「坎不盈」，不盈，謂五艮也。陸注　「水性趨下」，流而不息，故「不盈溢崖岸」。《淮南子》曰「水氣之精者爲月」，故云「月者，水精」。《豐·彖傳》曰「月盈則食」，故云「月在天，滿則虧」，即水「不盈溢之義也」。**行險而不失其信**。荀爽曰：謂陽來爲險，而不失中，中稱信也。虞翻曰：信謂二也。震爲行。水性有常，消息與月相應，故「不失其信」矣。**疏**荀注　謂乾二五之坤也。陽來陷於陰中爲「險」。居二五，故「不失中」也。在中，故「稱信也」。虞注　二中實，故「信謂二也」。互震爲「行」，故曰「行險」。水之潮汐，本有常性，消長與月相應，故曰「不失其信」。**維心亨，乃以剛中也**。侯果曰：二五剛而居中，則「心亨」也。**疏**二五居中象「心」。剛自乾來，以陽通陰，故「心亨也」。**行有尚，往有功也**。虞翻曰：功謂五。二動應五，故「往有功也」。疏《繫下》曰「五多功」，故「功謂五」。二變正應五，故「往有功也」。**天險不可升也，**虞翻曰：謂五在天位，五從乾來，體屯難，故「天險不可升也」。疏乾五「位乎天德」，故「五爲天位」。乾五之坤，故「五從乾來」。二至上體屯，《序卦》曰「屯者，難也」。故「體屯難」爲「天險」。震爲足，艮爲止，震足動而艮止之，故「不可升也」。**地險山川丘陵也。**虞翻曰：坤爲地，乾二之坤，故曰「地險」。艮爲山，坎爲川，半山稱丘，丘下稱陵，故曰「地險山川丘陵也」。疏二於三才爲地位，又坤爲地，乾二之坤，坎險以成，故曰「地險」。互「艮爲山」，體坎水爲「川」。丘高半於山，故「山半稱丘」。《爾雅》「大阜曰陵」，又「湨梁、河墳，備八陵之數」，知陵下於丘，故「丘下稱陵」。皆地之險，故曰「地險山川丘陵也」。　愚案《釋地》「大阜曰陵」，《博雅》「小陵曰丘」，是陵高而丘卑也。虞謂「山半稱丘，丘下稱陵」，恐不然也。**王公設險，以守其邦。**虞翻曰：王公，大人，謂乾五。坤爲邦。乾二之坤，成坎險。震爲守。有屯難象，故「王公設險，以守其邦」。《离》言「王用出征，以正邦」是也。　案九五，王也。六三，三公也。艮爲山城，坎爲水也。❶「王公設險」之象也。疏虞注「王公」者，大人之稱。《乾》九五「利見大人」，故「謂乾五」也。坤衆爲「邦」。乾二之坤，成坎爲「險」。震長子，繼世爲世守，故「爲守」。二至上有屯難之象，故設險隘以守其邦。旁通离，《离》上九《象傳》曰「王用出征，以正邦也」，即「設險守邦」之義也。　愚案經文「邦」字，諸本皆作「國」，李從虞注作「邦」，觀注引《离·象》「正邦」爲證，知虞所見本，實作「邦」也。　案爻例五爲天子，三爲三公，故云「九五，王也，六三，三公也」，艮爲山，城象也。坎爲水，池象也。設城池以守邦，「王公設險之象也」。**險之時用大矣哉。**王肅曰：守險以德，據險以時，成功大矣。疏吳起曰「在德不在險」，故云「守險以德」。《孟子》曰「天時不如地利」，故云「據險以時」。以德以時，故「成功矣」。❷　案體坎伏离，兑秋震春，坎冬离夏，隨時設險，坤爲用，故曰「時用」。

❶「也」，草堂本作「池」。
❷「功」下，據王肅注，疑脱「大」字。

《象》曰：「水洊至習坎。君子以常德行，習教事。」陸績曰：「洊，再」，習，重也。水再至而益流通，❶「不舍晝夜」，重習相隨以爲常，❷有似於習。故君子象之，以常習教事，如水不息也。　虞翻曰：君子謂乾五。在乾稱大人，在坎爲君子。坎爲習爲常。乾爲德，震爲行。巽爲教令，坤爲事。故「以常德行，習教事」也。疏陸注「洊，再」，《釋言》文。《書·大禹謨》「卜不習吉」。哀十年《左傳》「卜不襲吉」。「襲」古文作「㦻」、❸「褶」。襲，重衣也。「褶」與「習」通，故云「習，重也」。兩坎相因，故「水再至」。以水益水，故「益通流」。「不舍晝夜」，《論語》文。「相隨爲常，❹有似於習」。君子法其象，以常習教育之事，如水之流而不息也。　虞注　九五得中得正，故「君子謂乾五」。「在乾稱大人，在坎爲君子」者，五「坎不盈」，德盛而業未大也。坎重，故「爲習」。不息，故「爲常」。五乾爲「德」，互震爲「行」。觀巽「申命行事」爲「教令」，觀坤「發於事業」爲「事」。「君子進德脩業」，如水之重習有常，故「以常德行，習教事也」。

初六，習坎，入于坎窞，凶。干寶曰：窞，坎之深者也。江河淮濟，百川之流，行乎地中，水之正也。及其爲災，則泛溢平地，而入于坎窞，是水失其道也。刑獄之用，必當于理，刑之正也。及其不平，則枉濫无辜，是法失其道也，故曰「入于坎窞凶」矣。疏初在坎底，故云「窞，坎之深者也」。「江河淮濟」爲四瀆。《釋名》「瀆，獨也。各獨出其水以入海」是也。❺「百川之流，行乎地中」，即《孟子》所謂「水由地中行」，故云「水之正也」。及其「泛溢平地，入于坎窞」，是水失其常道矣。坎爲法律，上言「徽纆」，故初以「刑獄」言之。刑獄當理，爲刑之正，若用刑不平，則枉濫无辜，法失其道，猶水之泛溢，而失其常也，故曰「入于坎窞凶」。　愚案　《説卦》曰「巽，入也」。坎初巽象半見，陰開象穴，故曰「入于坎窞」。失位无應，故「凶」也。《象》曰：「習坎入坎，失道凶

---

❶「流通」，思賢本作「通流」。
❷「重」上，思賢本有「重」字。
❸「襲古文」至下文「褶與習通」，思賢本作「是『習』『襲』古字通，《詩·公劉》疏『重衣謂之襲』」。
❹「相隨爲常」，思賢本作「『重』下疑衍『習』字，重重相隨以爲常」。
❺「各獨出其水以入海」，思賢本作「各獨出其所而入海」。

也。」虞翻曰：習，積也。位下，故「習」。坎爲入。坎中小穴稱窞。上无其應，初二失正，故曰「失道凶」矣。**疏**自陽德言「習」爲「常」。自險勢言「習」爲「積」。故云「習，積也」。坎自初積，故「位下稱習」。《說卦》言坎「萬物之所歸也」，故曰「入」。《字林》：「窞，坎中小穴也。」❶兩坎之下，是坎中之窞。初在下，是「入于坎窞」之象。蓋習坎，其位也。入坎，其失道也。陽爲道，初失位，故曰「失道」。四无正應，初與二皆失位，故曰「失道凶也」。言初而及二者，以二「求小得」，亦失道也。

九二，坎有險，求小得。虞翻曰：陽陷陰中，故「有險」。據陰有實，故「求小得」也。**疏**《說卦》「坎，陷也」。乾來之坤，是「陽陷陰中」。位在坎，不能自出險中，是坎而又有險，謂上更遇坎也。下據初陰，陽位爲「實」，故云「據陰有實」。❷陰爻爲「小」，故曰「求小得」。「得」謂得初也。《象》曰：「求小得，未出中也。」荀爽曰：處中而比初三，未足爲援，雖「求小得」，未出於險中。**疏**在二爲「處中」，承三爲「比三」。三不得位，「未足爲援」。比三，故「求小得」。失位，故「未出於險中」。此以「得」爲得三，與虞異也。二變正應五，則「往有功」爲出險。今據初而「求小得」，是以「未出於險中」也。虞注《未濟·象傳》「未出中」，❸「謂二未變，而在坎中」是也。

六三，來之坎坎，險且枕。入于坎窞，勿用。虞翻曰：坎在內稱來。在坎終坎，故「來之坎坎」。枕，止也。艮爲止。三失位，乘二則險。承五隔四，故「險且枕」。「入于坎窞」，體師三「輿尸」，故「勿用」。**疏**在外曰「往」，在內曰「來」。言內則有外之辭。往來皆坎，故「來之坎坎」。人臥，以枕薦首則止，故云「枕，止也」，以三互艮爲止也。三失正位，二在坎中，故「乘二則險」。三上承五，隔於六四。故「險且枕」。以坎接坎，三居上坎之下，故「入于坎窞」。初至四體師，《師》六三曰「師或輿尸」，《象》曰「无功」。三應上，上六曰「小人勿用」，謂三也。故坎三亦曰「勿用」，所以戒上也。又三居內坎外坎相交之地，當思出險。乃陰柔之資，不中不正，在險之中，且以爲安枕焉，則終「入于坎窞」而「凶」矣。

❶「穴」，思賢本作「坎」。
❷「陰」，原作「陽」，今據草堂本、思賢本改。
❸「未」，原作「既」，今據所引文改。

「險且枕」，即安其菑，利其危者也。《象》曰：「來之坎坎，終无功也。」干寶曰：坎十一月卦也。又失其位，喻殷之執法者，失中之象也。「來之坎坎」者，斥周人觀釁於殷也。枕，安也。「險且枕」者，言安忍以暴政加民，而无哀矜之心。淫刑濫罰，百姓无所措手足，故曰「來之坎坎，終无功也」。**疏** 坎主冬至，故爲十一月卦。三不中不正爲「失位」。十一月天氣閉塞，又失位且失中，坎象執法，故以「喻殷之執法者，失中之象也」。殷法失中爲「坎坎」，周來觀之爲「來之坎坎」。斥，指也。「斥周人觀釁於殷也」者，如《泰誓》「觀政於商」是也。「枕」所以安首，故云「枕，安也」。居險之中，且安枕焉，故言「安忍以暴政加民，而无哀矜之心」。水失位則泛溢，故言「淫刑濫罰，百姓无所措手足」。此所以「來坎坎」而「終无功也」。❶ 案「三與五同功」，三失位不能承五，故「无功」。三應上爲「終」。上「係徽纆」，故「終无功」。又體師，《師》三象曰「大无功也」。

六四，尊酒簋，貳用缶，虞翻曰：震主祭器，故有「尊簋」。坎爲酒。簋，黍稷器。二至五有頤口象，❷震獻在中，故爲「簋」。坎爲木，震爲足，坎酒在上，「尊酒」之象。貳，副也。坤爲「缶」。禮有副尊，故「貳用缶」耳。**疏**《序卦》曰「主器者莫若長子」，《震》卦辭曰「不喪匕鬯」，故「震主祭器」。「尊」、「簋」、「缶」，皆祭器也。《考工記》「旅人爲簋」。簋以瓦爲之，亦缶類，坤象也。震爲稼，故云「簋，黍稷器」。二至五有頤口之象，❸《天官·膳夫》「王燕飲酒則爲獻主」。震主器，故爲「獻」，獻在頤中，故「爲簋」。坎於木爲堅多心，故「爲木」，謂下坎也。二互震爲足。君尊有豐，以木爲之，若豆而卑。言「震爲足」者，以其在下。坎酒在豐上，「尊酒之象」。「貳，副也」者，坤爲缶，説見比卦注。酒於尊中曰「副」。《天官·酒正》曰「大祭三貳，中祭再貳，小祭壹貳」。鄭彼注云「貳，副益之也」。❹《弟子職》曰「周旋而貳」，故曰「禮有副尊」。「貳用缶」者，副尊用缶也。內約自牖，終无咎。虞翻曰：坎爲內也。四陰小，故「約」。艮爲牖。坤爲户，艮小

❶ 「來」下，據坎卦六三《象傳》文，疑脱「之」字。
❷ 「二」，原作「三」，今據卦象改。
❸ 「二」，原作「三」，今據卦象改。
❹ 「鄭彼注云貳副益之也」，思賢本作「鄭司農云『三貳，三益副之也』」。

光照户，「牖」之象。「貳用缶」，故「内約自牖」。得位承五，故「无咎」。　崔憬曰：於重險之時，居多懼之地，近三而得位，比五而承陽。脩其絜誠，進其忠信，則雖祭祀省薄，明德惟馨，故曰「尊酒簋，貳用缶」。内約，文王於紂時行此道。從羑里内約，卒免於難，故曰「自牖，終无咎」也。**疏**虞注　坎歸爲入，「入」「内」同物，故「坎爲内」也。四陰爲小，小故「約」。又坎信亦爲「約」也。艮「門闕」，故「爲牖」。坤「闔户」爲「户」，艮「小石」爲「小光照户」，皆「牖之象」。《詩·采蘋》曰「于以奠之，宗室牖下」，毛傳云「奠于牖下」，是「内約自牖」之義也。四得位，上承九五，故有是象，而「无咎」也。　崔注　四在兩坎，故云「於重險之時」。四位「多懼」，故云「居多懼之地」。下近三而己得位，雖重險而不險。比五而上承陽，雖多懼而不懼。坎爲心，四居心位，伏巽「絜齊」，故云「脩其絜誠」。中虚象中孚，中，忠也。孚，信也。故云「進其忠信」。祭品雖云省薄，明德可薦馨香，故「尊酒簋，貳用缶」也。《史記·周本紀》「帝紂乃囚西伯於羑里」，《漢書·景十三王傳》「文王拘於牖里」，是「牖」「羑」古字通也。文王處羑里，坎險之時，内其絜誠忠信之道，卒免於難，故曰「内約自牖，終无咎也」。隱二年《左傳》「苟有明信，澗谿沼沚之毛，蘋蘩蕰藻之菜，筐筥錡釜之器，潢汙行潦之水，可薦於鬼神，可羞於王公」，即「尊酒内約」之義也。《象》曰：「尊酒簋，剛柔際也。」虞翻曰：「乾剛坤柔」，震爲交，故曰「剛柔際也」。**疏**「乾剛坤柔」，《雜卦》文。《屯·彖傳》曰「剛柔始交而難生」，謂乾剛坤柔始交而成坎也。際，接也。乾交坤自震始，故「震爲交」。四互二三爲震，而上與五接，故曰「剛柔際也」。簋，古音杋。與缶牖爲韻，别本有「貳」字者，衍文也。

九五，坎不盈，禔既平，无咎。虞翻曰：盈，溢也。艮爲止，謂「水流而不盈」。坎爲平。禔，安也。艮止坤安，故「禔既平」。得位正中，故「无咎」。**疏**《説文》「盈，滿器也」，故云「溢也」。《祭義》「樂主其盈」。鄭注亦云「猶溢也」。體坎互艮，坎流艮止，故「流而不盈」。《尚書人傳》曰：「非水無以準萬里之平。」《釋名》「水，準也。準，平物也」，故「坎爲平」。京房、許慎皆云「禔，安也」。《坤》卦辭云「安貞吉」，故曰「艮止坤安」。既安且平，水之德也。以九居五，得位得中，故「无咎」。《象》曰：「坎不盈，中未光大也。」虞翻曰：體屯五中，故「未光大也」。**疏**《屯》九五象曰「屯其膏，施未光也」，以在坎中也。二至上體屯，五居屯中，离伏不見，故「中未光大也」。成既濟离出，則光大矣。

上六，係用徽纆，寘于叢棘，三歲不得凶。虞翻曰：徽纆，黑索也。觀巽爲繩，艮爲手，上變入坎，故「係用徽纆」。「寘，置也」。坎多心，故「叢棘」。獄外種九棘，故稱「叢棘」。二變則五體剥，剥傷坤殺，故「寘于叢棘」也。「不得」謂不得出獄。艮止坎獄，乾爲歲，五從乾來，三非其應，故曰「三歲不得凶」矣。**疏**卦自觀來。「觀巽爲繩」，坤於地爲黑，故云「徽纆，黑索也」。互艮爲手，觀艮上變入坎，故「係用徽纆」也。「寘，置也」，《説文》文。《九家·説卦》「坎爲叢棘」。坎「於木爲多心」，故稱「叢棘」。哀公八年《左傳》曰「吴藩衛侯之舍，❶以將執衛侯，囚邾子益於樓臺，則栫之以棘」。此以棘禁人之始。今云「獄外種九棘」，於經无攷，不審虞何據也。觀上來二，故取二變爲象。蓋二變則五體剥，剥滅爲傷，坤陰爲殺。傷而且殺，故必「寘于叢棘也」。《口訣義》引虞注云「以置九棘，取改過自新」。《秋官·司圜》曰「其不能改而出圜土者殺」，故「不得」謂不能改而不得出獄也。「艮止坎獄」，謂止於獄也。「乾爲天」，天數十二，歲有十二月，故「乾爲歲」。五從乾入坤，三爲敵應，故「三歲不得」出獄，爲「凶」矣。

《象》曰：「上六失道，凶三歲也。」《九家易》曰：坎爲叢棘，又爲法律。案《周禮》，王之外朝，左九棘，右九棘，面三槐。司寇公卿，議獄于其下。害人者，加明刑，❷任之以事。上罪三年而舍，中罪二年而舍，下罪一年而舍也。案坎於木堅而多心，「叢棘」之象也。坎下巽爻，巽爲繩直，「係用徽纆」也。馬融云「徽纆，索也」。劉表云：「三股爲徽，兩股爲纆，皆索名，以繫縛其罪人矣。」**疏**《九家》注「坎爲叢棘，又爲法律」，皆《九家·説卦》文。《周禮·秋官·朝士》：「掌外朝之法。左九棘，孤卿大夫位焉。右九棘，公侯伯子男位焉。面三槐，三公位焉。」又曰：「左嘉石，平罷民

❶「哀公八年」至下文「則栫之以棘」，思賢本作「哀公八年《左傳》『吴子囚邾子益於樓臺，栫之以棘』，又十二年《傳》『吴入藩衛侯之舍』」。

❷「加」，原作「如」，今據草堂本、思賢本及所引《周禮·秋官司寇》文改。

焉。右肺石，達窮民焉。」鄭氏謂：「罷民，邪惡之民也。」❶「外朝」爲詢事之處，故使「司寇公卿，議獄于下」。「害人者」以下，皆《司圜》文也。鄭彼注云：❷「明刑，書其罪惡於大方版，著其背。」「任之以事，❸若今時罰作。」「舍，釋之也」。　愚案《論語》曰「上失其道，民散久矣。如得其情，則哀矜而勿喜」，爻言「三歲不得」，謂不得其情也。蓋上六陰柔失道，久繫不得其情，故「凶三歲也」。

案　叢棘，徽纆，釋已見前。馬氏亦概言「索」爾。《穀梁傳》疏，陸德明云：「三糾繩曰徽，二糾繩曰纆。」與劉注合。《字林》又以「糾爲兩合繩，纆爲三合繩」，是二股三股，亦无定詁。不如馬氏，「概言索」也。《論語》「縲絏」注云「縲，黑索」，疏云「古者以黑索拘攣罪人」，❹不如虞云「黑索」爲可據也。

《序卦》曰：「陷必有所麗，故受之以离。离者，麗也。」崔憬曰：物極則反，坎雖陷於地，必有所麗於天，而「受之以离」也。疏「物極則反」，故坎極則反离也。乾二五之坤成坎，是陽「陷於地」也。坤二五之乾成离，是陰「麗於天」也。故「陷必有所麗」，而坎受以离也。蓋坎能用乾坤之中，❺既、未濟則又得坎离之合，而實乾坤之變。故六十四卦，乾坤居其首，坎离居其中，既、未濟居其終，而坎离實乾坤之樞紐歟。

䷝ 离下离上

离，利貞亨。虞翻曰：坤二五之乾，與坎旁通。於爻，遯初之五。柔麗中正，故「利貞亨」。疏「坤二五之乾」成离，「與坎旁通」，義詳坎卦辭下。若從爻變四陽二陰之例，則「遯初之五」也。坎离二卦，既從乾坤，又云觀遯來者，天地之交，出入无形，其成爻象，必假十二消息。凡乾坤詘信之卦皆同此。五柔麗伏陽中正，故「利貞」。坤通乾，故「亨」也。畜牝牛吉。虞翻曰：畜，養也。坤爲牝牛。乾二五之坤成坎，體頤養象，故「畜牝牛吉」。

❶ 「鄭氏謂罷民邪惡之民也」，思賢本作「鄭《大司寇》注『民不愍作勞，有似於罷也』」。
❷ 「鄭彼注云」，思賢本作「鄭《大司寇》注云」。
❸ 「任之以事」上，思賢本有「《司圜》注云」四字。
❹ 「者」，思賢本作「獄」。
❺ 「坎」下，草堂本有「离」字。

俗説皆以离爲牝牛，失之矣。疏鄭注《周禮》「始養曰畜」，❶故云「畜，養也」。《説卦》「坤爲子母牛」，又《九家・説卦》「坤爲牝」，故「爲牝牛」。「乾二五之坤成坎」，而离之二五則坤也。坎二至四體頤。坤牛頤養，故「畜牝牛吉」。《九家・説卦》有「离爲牝牛」之文。虞以爲「俗説」者，以离非純陰，不象牝牛至順也。

《彖》曰：「离，麗也。荀爽曰：陰麗於陽，相附麗也。亦爲别离，以陰隔陽也。离者，火也。託於木，是其附麗也。煙燄飛升，炭灰降滯，是其别离也。疏麗，附麗也。陰必麗乎陽也。坤二五之乾，是陰入於陽，相附麗也。又有别离之義者，以一陰别兩陽也。《説卦》曰「离爲火」，故云「离者，火也」。木生火，故「託於木」。以火附木，是「相附麗也」。「煙燄飛升」，陽升而上也。「炭灰降滯」，陰降而下也，是别离之象也。**日月麗乎天，**虞翻曰：乾五之坤，成「坎爲月」，「离爲日」，「日月麗天」也。疏「坎爲月」，「离爲日」，《説卦》文。乾五伏陽，上出於坤，先成坎月，下仍本离爲日，乾爲天，故「日月麗天也」。**百穀草木麗乎地，**虞翻曰：震爲百穀，巽爲草木，坤爲地。乾二五之坤，成坎震體屯。「屯者，盈也」。「盈天地之閒者，唯萬物」，「萬物出震」，故「百穀草木麗乎地」。疏伏坎互震，震驚百里，故爲「百」，又於稼爲反生，故「爲百穀」。离互巽，剛爻爲「木」，柔爻爲「草」，故「爲草木」。卦自坤來，故「坤爲地」。與坎旁通，乾二五之坤，成坎互震則體屯。「屯者，盈也」，「盈天地之閒者，唯萬物」，《序卦》文。「萬物出震」，《説卦》文。「雷雨之動滿形」，則在地者皆生，故「百穀草木麗乎地」。**重明以麗乎正，乃化成天下。**虞翻曰：兩象，故「重明」。正謂五陽。陽變之坤來化乾，以成萬物，謂离日「化成天下」也。疏「兩象」者，上下兩象也。體离伏坎，离日坎月，故曰「重明」。「正」謂乾五陽也。「陽變之坤」，謂坤二五之乾，以麗乾五。《繫上》曰「坤化成物」，❷故云「化乾」。坤化乾，故「以成萬物」。化坎由离，故「謂离日化成天下也」。**柔麗乎中正故亨，**虞翻曰：柔謂五陰，中正謂五伏陽。出在坤中畜牝牛，故中正而亨也。疏六五陰不正，故「柔

❶「養」下，思賢本有「之」字。

❷「上」，原作「下」，今據所引文改。

謂五陰」。坎伏离下，故「中正謂五伏陽」。六五出坤中，出离爲坎，故「出在坤中」。乾坤交，又得中正，故「亨」。「畜牝牛」，疑是衍文。**是以畜牝牛吉也。」**荀爽曰：牛者，土也。生土於火。离者陰卦，牝者陰性，故曰「畜牝牛吉」矣。**疏**《管子》曰：「凡聽宫聲，❶如牛鳴窌中。」《史記・樂書》曰「宫土音，❷牛含宫聲」，故云「牛者，土也」。坤寓离中，故云「生土於火」。离中女，故爲「陰卦」。牝母畜，故爲「陰性」，以陰養陰，故「畜牝牛吉矣」。

《象》曰：「明兩作，离。虞翻曰：兩謂日與月也。乾五之坤成坎，坤二之乾成离。离坎，日月之象，故「明兩作，离」。作，成也。日月在天，動成萬物，故稱「作矣」。或以日與火，爲「明兩作」也。**疏**《孟子》曰「天無二日」，故「兩謂日與月也」。乾五之坤五成坎，坤二之乾二成离。离日坎月，故云「日月之象」。离以麗乾爲義，故「明兩作」謂日月而名「离」也。《繫上》曰「坤化成物」，姚信云「化當爲作」，故云「作，成也」。《乾・彖傳》曰：「大明終始，六位時成。」荀以乾坤坎离爲言，詳見彼注「六位時成」。則資始在是，即資生在是，故「日月在天，動成萬物」爲「作」矣。「或以日與火，爲明兩作」者，亦知「天無二日」也。然不如日月爲兩明之義確也。蓋於文，日月合而爲「明」。月无光，以日之光爲光，是「明」者皆离，故「明兩作」而爲「离」也。**大人以繼明照于四方。」**虞翻曰：陽氣稱大人，則乾五大人也。乾二五之光，繼日之明。坤爲方。二五之坤，震東兑西，离南坎北，故曰「照于四方」。**疏**「陽氣稱大人」者，謂五伏陽，故云「乾五大人也」。乾二五之坤爲坎，坎月爲「光」。《中庸》曰「如日月之代明」。「代明」即「繼明」也。以月繼日，故云「繼日之明」。「坤爲方」，《九家・説卦》文。乾二五之坤，成坎互震，坤二五之乾，成离互兑，故「震東兑西，离南坎北」。《周書・謚法》曰「照臨四方曰明」，故曰「照于四方」也。

初九，履錯然，敬之无咎。荀爽曰：火性炎上，故初欲「履錯」於二。二爲三所據，故「敬之則无咎」矣。**疏**《洪範》曰「火曰炎上」，故云「火性炎上」。初在下爲足，故言「履」。初欲上，則「履錯於二」。乃「二爲三所

❶「聲」，思賢本無此字。
❷「史記」至下文「宫聲」，思賢本作「《史記・樂書》『宫爲君』，《正義》曰『宫屬土，居中央，牛含宫聲』」。

據」，據則争。初本乾爲敬，説見乾卦，故「敬之則无咎矣」。　案　卦自遯來，外體本乾，三至五互兑，兑下乾上，其象爲履，《序卦》曰「履者，禮也」。又曰「有上下，然後禮義有所錯」，錯者，置也。离爲火，火行禮。初得正，履有所錯，故「履錯然」。初乾爲敬，初四皆陽爲敵應，四「𠫓如，其來如」，與禮相犯，故「敬之无咎」。禮以敬爲主也。《象》曰：「履錯之敬，以辟咎也。」王弼曰：錯然，敬慎之貌也。處离之始，將進其盛，故宜慎所履，以敬爲務，辟其咎也。**疏**「錯然」者，敬慎之貌。心敬慎，則足盤辟也。初「處离之始」，欲進於盛，四應則將成既濟也。已得位本无咎，四陽敵應，來犯爲咎，故「宜慎所履，以敬爲務」，所以辟四咎也。

六二，黄离元吉。《象》曰：「黄离元吉，得中道也。」侯果曰：此本坤爻，故云「黄离」。來「得中道」，所以「元吉」也。**疏**坤二之乾爲离，故云「此本坤爻」。《九家·説卦》「坤爲黄」，故云「黄离」。二來居中，故「來得中道」。上應五，五雖非正，然得中位，二五皆自坤來，《坤》五曰「黄裳元吉」。二應五，「所以元吉也」。

九三，日昃之离，荀爽曰：初爲日出，二爲日中，三爲日昃，以喻君道衰也。**疏**「离爲日」，初象日出，二象日中，三象「日昃」。《説文》曰：「日，❶君象也。」故以日昃「喻君道衰也」。又《説文》曰：「𣅡，日在西方時側也。」❷互兑爲西，巽爲入，日入西方，故爲「日昃」。「昃」，《説文》引作「𣅡」，注云「今俗别作昃，非是」，是「昃」當從《説文》作「𣅡」也。不鼓缶而歌，則大耋之差凶。《九家易》曰：「鼓缶」者，以目下視。离爲大腹，瓦缶之象。謂不取二也。歌者，口仰向上，謂兑爲口，而向上取五也。「日昃」者，向下也。今不取二，而上取五，則上九耋之。陽稱大也。嗟者，謂上被三奪五。憂嗟窮凶也。火性炎上，故三欲取五也。**疏**「鼓缶」者，以离目下視，謂下視二也。离腹爲大腹，缶，腹大虚中象离，故「瓦缶之象」。「不鼓缶」，「謂不取二也」。三至五互兑口在上。歌者，兑口仰而向上，故爲「取五也」。日昃，向下之時。今「不下取二，而上取五，則上九耋之」，據文義，當從蜀才本作「咥」，謂兑口向上，上九受其噬咥也。九爲陽，故「稱大也」。三

❶「説文」，思賢本作「《尚書大傳》」。

❷「時側」，原作「側時」，今據思賢本及所引文改。

上敵應，「上被三奪五」，故上「憂嗟窮凶也」。「火性炎上」，常欲進取。三與上爲敵應，勢不可取。與五同功，陰陽相承，故「三欲取五也」。　愚案　伏艮爲手，离大腹爲「缶」。艮象不見，故「不鼓缶」。互兑口，伏震聲，故「歌」。三在乾終，乾盈將退爲老，故曰「大耋」。又兑口舌，巽呼號，爲「嗟」。二至五體大過，「棺椁」之象，故「大耋之差」。三雖得位，嫌於過剛，又上无正應，故不鼓缶而徒歌。歌者，哀歌也。哀歌者，則以大耋之差，而有凶也。

《象》曰：「日昃之离，何可久也。」《九家易》曰：日昃當降，何可久長。三當據二，以爲鼓缶。而今與四同取於五，故曰「不鼓缶而歌」也。**疏** 日昃當降於地。乾爲「久」。三處乾終，乾盈將退，故有不可久長之象。餘釋見上。

九四，㐬如，其來如。焚如，死如，棄如。　荀爽曰：陽升居五，光炎宣揚，故「㐬如」也。陰退居四，灰炭降墜，故「其來如」也。陰以不正，居尊乘陽。曆盡數終，天命所誅。位喪民畔，下离所害，故「焚如」也。以离入坎，故「死如」也。火息灰損，故「棄如」也。**疏** 四五相比，陽升陰降。陽升則「光焱宣揚」，故曰「㐬如」。陰退則「灰炭降墜」，故曰「其來如」。「陰以不正」，居五之尊，乘四之陽。上則「曆盡數終」，爲「天命所誅」。下則「位喪民畔」，爲「下离所焚」。四在下离之上，故「焚如」。三四易位，❶是「以离入坎」，火爲水滅，故「死如」。「火息灰損」，衆无所容，故「棄如」。　案　《說文》曰：「𠫓，不順忽出也。从倒子，❷或从㐬。即古文《易》『突』字。」「突」猶「衝」也。揚子《太玄》曰：「衝衝兒遇，不肖子也。」旁通坎四，當震爲長男，坎爲中男，艮爲少男。四未能變乘乾，三男皆逆棄父，故「㐬如」。上下之交，故「來如」。四互二火閒，故「焚如」。體大過死象，故「死如」。二已正體乾，乾爲野，大過棺椁象毁，四在野上不葬，故「棄如」。焚故死，死故棄。《孝經》曰：「五刑之屬，❸而罪莫大於不孝。」如淳云：「焚如死如棄如，❹謂不孝子也。不畜於父

❶「三四」，草堂本作「四五」，據卦變，草堂本似更確。
❷「从倒子」至下文「突字」，思賢本作「从到子，又㐬或从到古文『子』，即《易》突字」。
❸「屬」下，思賢本有「三千」。
❹「云」，思賢本作「曰」。

母，不容於朋友，故焚殺棄之。」❶《秋官・掌戮》曰：「凡弑其親者，❷焚之。」故鄭氏謂：「焚如，殺其親之刑。刑人之喪，❸不居兆域，不序昭穆，故焚殺棄之，不入於兆也。」❹《説文》：曰「棄，❺捐也。从㐬。㐬，逆子也。」四所以取義於子者，火有養母之法。《白虎通》曰：「子養父母何法，法夏養長木。」是以荀爽對策曰：「离在地爲火，在天爲日。在天者用其精，在地者用其形。夏則火王，其精在天，温暖之氣，❻養生百木，是其孝也。冬時則廢，其形在地，酷烈之氣，焚燒山林，是其不孝也」，即此義也。《象》曰：「㐬如其來如，无所容也。」《九家易》曰：在五見奪，在四見棄，故「无所容也」。**疏** 陽在五爲陰爻所奪，陽在四爲陰位所棄，故「无所容」，又四爲惡人，來則焚死且棄，故曰「无所容也」。

六五，出涕沱若，荀爽曰：六五陰柔，退居於四，出离爲坎，故「出涕沱若」而下，以順陰陽也。**疏** 六五陰柔失位，故「退居於四」，是出於离而成坎也。离爲目，坎爲水，又爲加憂，故爲「出涕沱若而下」之象。陽當升，陰當降，故云「以順陰陽也」。戚差若，吉。虞翻曰：坎爲心，震爲聲，兑爲口，故「戚差若」。動而得正，尊麗陽，故「吉」也。**疏** 通坎爲心，坎震爲聲，离兑爲口，故有「戚差若」之象。五失位，動得正，居尊麗陽，故「吉也」。

愚案　五柔爲四剛所逼，故离目動成坎水，有涕象。坎加憂爲戚象。兑口舌爲嗟象。然已處乎中，五上相麗，五王上公，可用上以服四，故「吉」也。《象》曰：「六五之吉，离王公也。」《九家易》曰：戚嗟順陽，附麗於五，故曰「离王公也」。陽當居五，陰退還四。五當爲王，三則三公也。四處其中，附上下矣。**疏** 戚嗟順四，體陰位陽，是附麗於五爲「离王公也」。陽升當居五，陰降當退四。五天子爲王位，三則三公之位也。四處其中，上离五王，下离三公矣。　愚案　「离王公」，离上也。王肅注云「离王者之後爲公」是也。

---

❶「焚」，思賢本作「燒」。
❷「弑」，思賢本作「殺」。
❸「刑」上，思賢本有「蓋」字。
❹「故焚殺棄之不入於兆也」，思賢本作「而焚殺之，以棄捐於野」。
❺「説文」上，思賢本有「故」字。「曰」，思賢本作「謂」。
❻「暖」，草堂本作「煖」。

上九，王用出征，有嘉折首，獲匪其醜，无咎。虞翻曰：王謂乾。乾二五之坤成坎，體師象。震爲出。故「王用出征」。首謂坤二五來折乾，故「有嘉折首」。醜，類也。乾征得坤陰類，乾陽物，故「獲非其醜，无咎」矣。疏 乾爲君，故「王謂乾」。乾二五之坤成坎，初至四體有師象。互震爲「出」。故「王用出征」。「乾爲首」。「坤二五來折乾」者，离之二五也。伏陽出，先折二五，故曰「折首」。二五曾折乾者，故謂之「首」也。陽爲「嘉」，故「有嘉折首」。《學記》曰「比物醜類」。「醜類」連文，故「醜」訓「類」。《周語》曰「況爾小醜」，韋注亦云「醜，類也」。「乾征得坤陰類」者，謂五陽既出，初三四上皆變而爲坤，故曰「得坤陰類」，乾陽物，而獲陰類，故「獲匪其醜，无咎矣」。

案　「离爲甲胄，爲戈兵」，有「出征」之象。居一卦之上，「近取諸身」，有「首」象。互「兑爲毀折」，有「折首」之象。五當王位，用上九「王者之後爲公」者，以出征有嘉美之意，故「有嘉折首」。爻相應者爲類，上與四不應爲非類，「獲匪其醜」，獲四也。上失位，宜有咎。以獲四，則五吉而上亦无咎矣。《象》曰：「王用出征，以正邦也。」虞翻曰：乾五出征坤，故「正邦也」。疏 离自坤來，坤土爲「邦」。出离爲坎，乾五出征，坤邦得正，征之爲言正也，故曰「以正邦也」。

周易集解纂疏卷十二

受業楊思道達五校

周易集解纂疏卷十三

唐李鼎祚集解　安陸李道平遵王纂疏

周易下經

《序卦》曰：「有天地，然後有萬物。有萬物，然後有男女。有男女，然後有夫婦。有夫婦，然後有父子。有父子，然後有君臣。有君臣，然後有上下。有上下，然後禮義有所錯。」韓康伯曰：言咸卦之義也。咸「柔上而剛下」，「感應以相與」。夫婦之象，莫美乎斯。人倫之道，莫大夫婦。故夫子慇懃深述其義，以崇人倫之始，而不係之离也。先儒以乾至离爲《上經》，天道也。咸至未濟爲《下經》，人事也。夫易六畫成卦，三材必備，❶錯綜天人，以効變化。豈有天道人事，偏於上下哉。斯蓋守文而不求義，失之遠矣。**疏**此「言咸卦之義」，而不出其名者，與《上經》不言乾坤同也。「柔上而剛下」「感應以相與」，《咸·彖傳》文。以「男下女」，故云「夫婦之象，莫美乎斯」。由夫婦而上溯於天地者，溯夫婦所從來也。由夫婦而推之禮義者，推夫婦所終極也。故云「人倫之道，莫大夫婦」。「夫子述其義，以崇人倫，而不係之离也」者，离坎合而爲既、未濟。既濟以女下男，不合夫婦之正。未濟以男下女，而究爲男之窮。故「不係之离也」。尋《上經》首乾坤，爲陰陽之分。《下經》首咸恒，爲陰陽之合。而咸又二少相感，以「男下女」，得夫婦之正，爲人倫之始，故配乾坤而冠《下經》之首焉。先儒以《上經》爲明天道，《下經》爲明人事。韓不取其説者，蓋六畫既成，三才斯備。天人交錯，變化以生。未有言天而不及人，言人而不及天者也。以天人分爲上下，特泥其辭而未達其理，故云「失之遠矣」。

❶「材」，草堂本作「才」。

䷞ 艮下兑上

咸，亨利貞。取女吉。虞翻曰：「咸，感也」。坤三之上成女，乾上之三成男。乾坤氣交以相與，「止而說，男下女」，故「通利貞，取女吉」。　鄭玄曰：「咸，感也」。艮爲山，兑爲澤，山氣下，澤氣上，二氣通而相應，以生萬物，故曰「咸」也。其於人也，嘉會禮通，和順於義，幹事能正。三十之男，有此三德，以下二十之女，正而相親說，取之則吉也。**疏**虞注「咸，感也」，《彖傳》文。卦自否來，坤三之上成兑女，乾上之三成艮男。三上易位，故云「乾坤氣交以相與」。「止而說，男下女」，《彖傳》文。乾坤通，故「亨」。二正乎內，五正乎外，故「利貞」。六爻陰陽相應，故「取女吉」。　鄭注「艮爲山」，「兑爲澤」，《說卦》文。山氣下降，澤氣上升，二氣感通，陰陽相應，萬物以生，感之所以有取於「咸」也。其於人則有三德。「亨者，嘉之會也」，惟「嘉會禮通」，故「亨」。「利者，義之和也」，惟「和順於義」，故「利」。「貞者，事之幹也」，惟「幹事能正」，故「貞」。不言元者，「大哉乾元」，「至哉坤元」，天地之德，存乎物先，故不言也。《媒氏》「令男三十而妻，❶女二十而嫁」。注云：「二三者，天地相承覆之數也。」《說卦》「參天兩地而倚數」，天三覆，地二載，是男三十女二十，合天地「大衍之數五十」。男有「亨利貞」之德，以下於女，內外皆「正而相親說」，故「取則吉也」。

《彖》曰：「咸，感也。柔上而剛下，二氣感應以相與。蜀才曰：此本否卦。　案　六三升上，上九降三，是「柔上而剛下，二氣交感以相與」也。**疏**感，陰陽相感也。「咸」「感」古今字也。卦自否來。否六三升上，是爲「柔上」。上九降三，是爲「剛下」。陰陽二氣，交而成咸，故「感應以相與」。鄭注云「與猶親也」。

止而說，男下女，是以亨利貞，取女吉也。王肅曰：山澤以氣通，男女以禮感。男而下女，初婚之所以爲禮也。通義正，取女之所以爲吉也。**疏**艮山爲止，兑澤爲說，故云「止而說」。艮男在下，兑女在上，故云「男下女」。《乾·文言》曰「同氣相求」，《說卦》曰「山澤通氣」，故云「山澤以氣通」。《春官·大宗伯》「以昏冠之禮，親成男女」，故云「男女以禮感」。《儀禮·士昏禮》凡「納采、問名、納吉、納徵、請期、親迎」諸禮，皆「男下女」之事。《郊

---

❶「妻」，思賢本作「娶」。

特牲》曰「男子親迎，男先於女，剛柔之義也」，故云「初昏之所以爲禮也」。「亨利貞」則通其義而得正，故云「取女之所以爲吉也」。**天地感，而萬物化生，**荀爽曰：乾下感坤，故萬物化生於山澤。　陸績曰：天地因山澤孔竅以通其氣，化生萬物也。**疏**荀注　否上之三，故云「乾下感坤」。《中庸》言天覆萬物，地載萬物，而歸功於山之廣生，水之不測，故云「萬物化生於山澤」。　陸注　《説卦》曰「天地定位，山澤通氣」，故云「天地因山澤孔竅以通其氣」。《説文》「山，宣也。宣氣散生萬物」，《白虎通》「水位在北方，陰氣在黄泉之下，任養萬物」，故云「化生萬物也」。　愚案　《下經》首言夫婦，而必推原於天地萬物，《彖辭》與《序卦》其義一也。先儒謂《下經》專明人事，韓氏於《序卦傳注》駁之，是矣。**聖人感人心，而天下和平。**虞翻曰：乾爲聖人。初四易位成既濟，坎爲心爲平，故「聖人感人心，而天下和平」，此「保合太和」「品物流形」也。**疏**「乾爲聖人」，謂否五也。初四失正，易位成既濟定。既濟有兩坎，坎亟心爲心，體兑爲和，坎水爲平，乾五下感坤衆，故曰「聖人感人心」。否乾天坤下，兑和坎平，故曰「天下和平」。「保合太和」「品物流形」，乾坤交而爲既濟時也。故引《乾・彖》以明「天下和平」之義。**觀其所感，而天地萬物之情可見矣。」**虞翻曰：謂四之初，以离日見天，坎月見地，「縣象著明」，萬物見离，故「天地萬物之情可見」也。**疏**四之初成既濟，有离日坎月。坤之乾成离，故「以离日見天」。乾之坤成坎，故「坎月見地」。乾天坤地，此「天地之情可見」也。《繫上》曰：「縣象著明，❶莫大乎日月。」《説卦》曰：「离者，❷明也，萬物皆相見。」此「萬物之情可見」也。

《象》曰：「山上有澤，咸。崔憬曰：山高而降，澤下而升，「山澤通氣」，咸之象也。**疏**山至高，今降在下，降以氣也。澤至下，今升在上，升以氣也。「山澤通氣」，《説卦》文。通則感，感即咸，故云「咸之象也」。**君子以虚受人。」**虞翻曰：君子謂否乾。乾爲人，坤爲虚。謂坤虚三受上，故「以虚受人」。艮山在地下爲謙，在澤下爲虚。**疏**乾三爲君子，乾上之三，故「君子謂否乾」。

❶「繫上」，原作「説卦」，今據所引文改。
❷「説卦」，原承上作「又」，今據所引文改。「离」下，思賢本有「也」字。

人得陽以生，故「乾爲人」。陽實陰虛，故「坤爲虛」。三自乾上來，是「坤虛三受上」。乾坤感應，陽施陰受，故「以虛受人」。謙咸二卦皆山在下。「山在地下爲謙」者，山卑自牧也。「在澤下爲虛」者，山虛能受也。二卦皆乾上之三，謙指乾上虧盈之義，咸指坤三虛受之義。

初六，咸其母。《象》曰：「咸其母，志在外也。」虞翻曰：母，足大指也。艮爲指，坤爲母，故「咸其母」。失位遠應，之四得正，故「志在外」，謂四也。

疏「母」，古文「拇」，《子夏傳》作「踇」，馬、鄭、薛皆云「足大指也」。《繫下》曰「近取諸身」，咸言人事，故六爻皆取象於身，而初則象足。「艮爲指」，「坤爲母」，皆《説卦》文。荀氏云「母，陰位之尊」。「母」「拇」同物。初與四應，四感初，初爲足，故「咸其母」也。六居初爲「失位」，應在四爲「遠應」。初四易位，皆得其正，故「之四得正」。初利之四，故「志在外」，「在外」者，四屬外卦也。之四互兩坎，故稱志。

六二，咸其腓，凶。居吉。《象》曰：「雖凶居吉，順不害也。」崔憬曰：腓，腳腨。次於母上，二之象也。得位居中，於五有應，若感應相與，失艮止之禮，故凶。居而承比於三，順止而隨於禮當，❶故吉也。

疏腓，腳腨，即鄭氏所云「腨腸」是也。腳腨次於母上，象二，故二爲腓。❷六爲「得位」，二爲「居中」。二正應五，故「於五有應」。但二在艮中，宜守艮止。若感應於五，變以相與，是「失艮止之禮」，故凶也。若居而承比於三，以全艮止，是順以止也。三言「執隨」，謂二隨三，故「隨於禮當」，❸爲吉也。蓋二以陰居陰，爻位相得，宜靜而有常。若虛中易感，動則失正，故感則凶，居則吉也。二本否坤，故曰順。又坤陰爲害，三來坤壞，二在坤中，故曰「順不害也」。

九三，咸其股，執其隨，往吝。崔憬曰：股胜而次於腓上，三之象也。剛而得位，雖欲感上，以居艮極，止而不前。二隨於己，志在所隨，故「執其隨」，下比二也。而遂感上，則失其正義，故往吝窮也。

疏「股胜而次於腓上」象三，故三爲股。以九居三，是「剛而得位」。與

❶「禮當」，思賢本作「當禮」。
❷「二」，原作「三」，今據草堂本、思賢本及咸卦六二爻辭改。
❸「禮當」，思賢本作「當禮」。

上應，故「欲感上」。居艮之極，「止而不前」之象。二承三，故「二隨於己」。三乘二，故「志在所隨」。「執其隨」者，下比於二也。不比二而遂感上，失艮止之義，故往則吝窮也。《象》曰：「咸其股，亦不處也。志在隨人，所執下也。」虞翻曰：巽爲股，謂二也。巽爲隨。艮爲手，故稱「執」。三應於上，初四已變歷險，故往吝。巽爲處女也。男已下女，以艮陽入兑陰，故「不處也」。凡士與女未用，皆稱「處」矣。志在於二，故「所執下也」。疏「巽爲股」，《説卦》文。二三體皆巽，二感三，故「咸其股」。《巽·象》曰「隨風，巽」，故「巽爲隨」。「艮爲手」，《説卦》文。以手執物，故「稱執」。三應於上必歷四。初四易位成坎險，應上則必歷險，故「往吝」也。巽爲伏，故「爲處女」。在咸之家，已有男下女之象，以艮陽上入兑陰，故二三同在巽體，「亦不處也」。士未用稱處士，女未嫁稱處女。二陰爲女，三陽爲士。三乘二，是志在於二，故「所執下也」。　愚案　腓、股爲物，皆感而易動。五感二，故戒以居吉。上感三，三欲動，故曰「亦不處也」。亦，亦二也。初三易位，則體隨，初在下，故「所執下也」。上雖咸其股而不處，己則執其隨而不往，於感應之時，守艮止之義，庶不悮於所感，若不能固執而妄隨，則往見吝矣。

九四，貞吉悔亡。憧憧往來，朋從爾思。虞翻曰：失位，悔也。應初動得正，故「貞吉」而「悔亡」矣。憧憧，懷思慮也。之内爲來，之外爲往。欲感上隔五，感初隔三，故「憧憧往來」矣。兑爲朋，少女也。艮初變之四，坎心爲思，故曰「朋從爾思」也。疏四失位，宜有悔。與初易位成既濟，六爻皆正，故「貞吉而悔亦亡矣」。憧憧，《説文》曰「意不定也」。❶言懷思慮而不定也。「之内爲來，之外爲往」，《易》例也。欲感上而隔於五，欲感初而隔於三，故有憧憧之象。四爲咸心，无所不感，初上舉其遠者，故有往來之象，兑以「朋友講習」，故「爲朋」。三索得女爲少女，謂上也。初四易位，變坎心爲思。四既正，則上亦從四。與上非男女之感，易兑女爲朋象，故曰「朋從爾思也」。《象》曰：「貞吉悔亡，未感害也。」虞翻曰：坤爲害也。今未感坤初，體遯弑父，故曰「未感害也」。疏否坤陰爲害。初至五體遯，有艮子

❶「意」上，思賢本有「憧」字。

弑父之害。今未感坤初，不遇遯艮弑父，故曰「未感害也」。　愚案　初四易位，各得其正，坤害不見，故曰「未感害」。下《繫》説此爻曰「詘信相感而利生焉」，感而利生，故「未感害也」。**憧憧往來，未光大也。」**虞翻曰：未動之离，故「未光大也」。**疏**四動則成离，❶离爲光大。未動，故「未光大」。謂感上亦以求正也。　愚案　离爲光，乾爲大。往則成离，來則离毁，故「未光」。往則乾毁，來亦乾毁，故「未大」。

九五，咸其脢，无悔。虞翻曰：脢，夾脊肉也。謂四已變，坎爲脊，故「咸其脢」。得正，故「无悔」。**疏**「脢，夾脊肉」者，謂在背也。四變則五體坎，坎爲美脊，故「咸其脢」。五得正位，故「无悔」。又王弼注「脢者，心之上，口之下」。孔疏《子夏易傳》曰「在脊曰脢」。馬融曰「脢，背也」。鄭玄云「脢，脊肉也」。王肅云「脢在背而夾脊」。《説文》云「脢，背肉也」。雖諸説不同，大抵皆在心上。❷輔嗣以四爲心神，上爲輔頰，五在上四之間，故直云「心之上，口之下」也。　案　脢爲不動，故五不應。❸舍二感上，嫌有悔。得中得位，故「无悔」。**《象》曰：「咸其脢，志末也。」**案：末，猶上也。四感於初，三隨其二，五比於上，故「咸其脢」。「志末」者，謂五志感於上也。**疏**《大過》「本末弱」，《繫下》「其上易知」，末即謂上，故云「末，猶上也」。四應初，故「感於初」。三乘二，故「隨其二」。五承上，故「比於上」，❹爲「咸其脢」。五志在感上，故曰「志末也」。

上六，咸其輔頰舌。虞翻曰：耳目之間稱「輔頰」。四變爲目，坎爲耳，兑爲口舌，故曰「咸其輔頰舌」。**疏**輔頰在耳目之閒，與舌不相接而相通。上應三，四變离爲目，坎爲耳，三在离坎之閒，故曰「輔頰」。《九家·説卦》曰「兑爲輔頰」是也。「兑爲口舌」，《説卦》文，謂上也。上感於五，不得之三，而與三通氣，以言語相感，故曰「咸其輔頰舌」。《象》曰「滕口説也」，言徒送口説而已。　愚案　《釋文》「輔，虞作酺」。今從虞注，當作「酺」是。**《象》曰：「咸其輔頰舌，滕口説也。」**虞翻曰：

❶「四」，原作「五」，今據虞翻咸卦九四爻辭注及卦象改。
❷「抵」，思賢本作「體」。
❸「脢爲不動故五不應」，思賢本作「脢不動象，五不應」。
❹「上」，原作「五」，今據思賢本及李鼎祚案改。

媵，送也。不得之三，「山澤通氣」，故「媵口說也」。疏「媵，送也」，《釋言》文。「媵」當讀爲「騰」。《燕禮》曰「媵觚於賓」，鄭氏彼注云「媵，送也」。今文「媵」皆作「騰」。是「媵」爲古文「騰」也。《淮南子》曰「子産騰辭」。上與五比，而不應三，故云「不得之三」。然「山澤通氣」，兑說於上，而艮不能止於下，故「媵口說」矣。鄭氏云：「咸道極薄，徒送口舌言語而已，❶不復有志於其閒。」 案 自下而上曰騰。媵者，騰也。咸上自否三來，《彖傳》曰「柔上」是也。上成兑口，故「媵口說」。上言「媵」，故三言「不處也」。

《序卦》曰：「夫婦之道，不可不久也，故受之以恒。恒者，久也。」鄭玄曰：言夫婦當有終身之義。「夫婦之道」，謂咸恒也。疏 二少相感，男女之新婚。二長同居，夫婦之偕老。《内則》曰「夫婦之禮，❷唯及七十同藏無閒」，故「言夫婦當有終身之義」，而其道「不可不久也」。咸言通，恒言久。咸繼以恒者，《繫下》所謂「通則久」也。

䷟ 巽下震上

恒，亨。无咎利貞。虞翻曰：恒，久也。與益旁通。乾初之坤四，剛柔皆應，故「通。无咎利貞」矣。鄭玄曰：恒，久也。巽爲風，震爲雷。雷風相須而養物，猶長女承長男，夫婦同心而成家，久長之道也。夫婦以嘉會禮通，故无咎。其能和順幹事，所行而善矣。疏 虞注「恒，久也」，《彖傳》文。「與益旁通」者，恒乾通益坤也。卦自泰來，故「乾初之坤四，剛柔皆應」。是乾坤交，故通。失位，咎也。剛柔應，故「无咎」。六爻唯三上得正，初四二五不正，變而之正，則成既濟定，故「利貞」矣。 鄭注「巽爲風」，「震爲雷」，《説卦》文。又曰「雷以動之，風以散之」。荀彼注云「謂建卯之月，天地和合，萬物萌動。建巳之月，萬物上達，布散田野」。故云「雷風相須而養萬物」。巽爲長女，震爲長男，震上巽下，是以女承男。《家人·彖傳》曰「男正位乎外，女正位乎内」。故云「夫婦同心而成家，久長之道也」。《春官·大宗伯》「以嘉禮親萬民，以昏冠之禮親成男女」。《乾·文言》曰「亨者，嘉之會

❶「言語」下，思賢本有「相感」二字。

❷「内則」至下文「無閒」，思賢本作「《白虎通》『夫有惡行，妻不得去者，地無去天之義也』」。

也」。故云「夫婦以嘉會禮通」。通故无咎矣。《乾》又曰「利者，❶義之和也。貞者，事之幹也」，故云「能和順幹事，所行而善矣」。**利有攸往。**虞翻曰：初利往之四，終變成益，則初四二五皆得其正。「終則有始」，故「利有攸往」也。疏　恒變成益，從初之四始，故云「初利往之四」。《説卦》「震究爲健，爲蕃鮮」，「巽究爲躁卦」，謂震究爲巽，巽究爲震也。虞彼注云「震雷巽風无形，故卦特變耳」，今恒體震巽，雷風特變，故「終變成益」。益初四二五皆得其正。❷否泰相尋，恒益反復，是「終則有始」，故利有攸往也」。

《彖》曰：「恒，久也。剛上而柔下，王弼曰：剛尊柔卑，得其序也。疏　孔疏「恒，久也」者，訓釋卦名也。咸明感應，故「柔上而剛下」，取二氣相交也。恒明長久，故「剛上而柔下」，取尊卑得序也。**雷風相與，巽而動，**蜀才曰：此本泰卦。案　六四降初，初九升四，是「剛上而柔下」也。分乾與坤，雷也。分坤與乾，風也。是「雷風相與，巽而動」也。疏　卦自泰來，六四降初，是「柔下」也，初九升四，是「剛上」也。分乾之初以與坤，則成震而爲雷，分坤之上以與乾，則成巽而爲風，是爲「雷風相與，巽而動也」。又《乾·文言》曰「同聲相應」，虞彼注云「謂震巽也」。「相應」猶「相與」，「與」猶「親」也。《口訣義》引褚氏云「雷資風而益遠，風假雷而增威」是也。**剛柔皆應，恒。**《九家易》曰：初四二五雖不正，而剛柔皆應，故通无咎矣。疏　初四二五位雖不正，而六爻剛柔皆應，故亨通而无咎矣。**恒亨无咎利貞，久於其道也。**荀爽曰：恒，震世也。巽來乘之，陰陽合會，故「通无咎」。長男在上，長女在下，夫婦道正，故「利貞，久於其道也」。疏　恒，震宮三世卦，故云「震世也」。一世變豫，二世變解。三世而下體變巽，故「巽來乘之」。❸「陰陽會合」「雜而不厭」，故亨通无咎。巽内震外，故云「長男在上，長女在下」。得夫婦之正道，故「利貞」。又乾爲久，爲道。凡事不變則不恒，唯不正者，利變之正則久。《繫

❶「乾」，思賢本作「文言」。
❷「二」，原脱，今據思賢本及虞翻注補。
❸「乘」，原作「成」，今據思賢本及荀爽注改。

下》曰「變則通，❶通則久」，故曰「久於其道也」。**天地之道，恒久而不已也。**虞翻曰：泰乾坤爲天地。謂終則復始，「有親則可久」也。疏泰有乾坤，故「乾坤爲天地」。否泰循環，恒益反復，故云「終則復始」。「有親則可久」，《繫上》文。虞彼注云：「陽道成乾爲父，震坎艮爲子。本乎天者親上，故有親。」此終變成益，乾坤歷生六子，故云「有親」。又荀彼注：「陰陽相親，雜而不厭，故『可久』也。」**利有攸往，終則有始也。**荀爽曰：謂乾氣下終，始復升上居四也。坤氣上終，始復降下居初者也。

疏謂泰乾氣終於下，始復升於四。坤氣終於上，始復降於下。蓋初四易位，不合終始之義，故以泰初升四，上降初爲「終則有始也」。　案「有」讀爲「又」。「利有攸往」者，利初四二五變之正，終成益。蓋恒自泰來，益自否來。否終則泰始，泰終則否始。恒與益反覆相循，亦終則又始也。**日月得天而能久照。**虞翻曰：動初成乾爲天，至二离爲日，至三坎爲月，故「日月得天而能久照」也。

疏恒與益通，益變恒從初始。❷初動成乾，故「爲天」。變至二成离，故「爲日」。變至三成坎，故「爲月」。以乾照坤，乾爲久。故「日月得天而能久照也」。**四時變化而能久成。**虞翻曰：春夏爲變，秋冬爲化。變至二离夏，至三兑秋，至四震春，至五坎冬，故「四時變化而能久成」，謂乾坤成物也。疏春夏陽信爲變，秋冬陰詘爲化。「至三兑秋，至四震春」誤。此益變成恒，❸當云初已變，至二成离，《是類謀》「夏至日在离」。三四五互體兑，「秋分日在兑」。變至三成震，「春分日在震」。變至五成坎，「冬至日在坎」。故「四時變化而能久成」。「兩儀生四象」，四時乃乾坤所生。「乾知大始，坤化成物」，故謂「乾坤成物也」。**聖人久於其道，而天下化成。**虞翻曰：聖人謂乾，乾爲道。初二已正，四五復位，成既濟定。「乾道變化，各正性命」。有兩离象，「重明麗正」，故「化成天下」。疏「聖人謂乾」者，即乾三君子也。乾道門，故「爲道」。又可久，故曰「久」。三不易方，故「久於其道」。以爻變論之。三上得位，三久其道，不與上易，則益「初二已

❶「下」，原作「上」，今據所引文改。
❷「益變恒」，思賢本作「恒變益」。
❸「益變成恒」，思賢本作「恒變成益」。

正，四五復位，成既濟定」。「乾道變化，各正性命」，所謂「久於其道」也。既濟互有兩离，「重明麗正，化成天下」，既濟之事，明「天下化成」爲既濟也。**觀其所恒，而天地萬物之情可見矣。」**虞翻曰：以离日照乾，坎月照坤。萬物出震，故「天地萬物之情可見矣」，與咸同義也。

疏 變初及二，是「以离日照乾」也。變四及五，是以「坎月照坤」也。體震，是「萬物出震」也。乾天坤地，震爲萬物，窮變通久，故曰「觀其所恒，而天地萬物之情可見矣」。與《咸・象》「觀其所感」，同一義也。

《象》曰：「雷風，恒。宋衷曰：「雷以動之，風以散之」，二者常相薄，而爲萬物用。故君子象之，以立身守節，而不易道也。疏「雷以動之，風以散之」，《説卦》文，又曰「雷風相薄」，又曰「動萬物者莫疾乎雷，撓萬物者莫疾乎風」，故云「二者常相薄，而爲萬物用」。蓋雷風至變，而至變之中有不變者，存變而不失其常者也，故曰「雷風恒」。君子象之，以立身守節，而不變易其常道也。**君子以立不易方。」**虞翻曰：君子謂乾三也。乾爲易，爲立，坤爲方，乾初之坤四，三正不動，故「立不易方」也。

疏 三本乾也，故「君子謂乾三」。「乾以易知」爲易，「立天下之大本」爲立。坤「直方大」爲方。泰乾初之坤四，乾爻惟二得其正。三正不動，故曰「立不易方也」。愚案 終變成益，則初四二五復位。三正不動，故「立不易方」。

初六，浚恒貞凶，无攸利。侯果曰：浚，深，恒，久也。初本六四，自四居初，始求深厚之位者也。位既非正，求乃涉邪，以此爲正，凶之道也。故曰「浚恒貞凶，无攸利」矣。疏「浚，深也」，《釋言》文。「浚」與「濬」通。莊九年《公羊傳》「浚之者何？深之也」，是其義也。「恒，久也」，《彖傳》文。卦自泰來，故初六自四居初，始求深位。以陰居陽，位既非正，變不當變，求乃涉邪。四不正，之初仍不正，以此求正，凶之道也。故曰「浚恒貞凶，无攸利矣」。愚案 初失位，變體潛龍在下，故曰「浚恒」。成乾則體大壯，《大壯》初九曰「壯于趾，征凶」。變而无應，故「貞凶」。動而得凶，故「无攸利」。與《大壯》「征凶」同義。**《象》曰：「浚恒之凶，始求深也。」**虞翻曰：浚，深也。初下稱浚，故曰「浚恒」。乾初爲淵，故深矣。失位變之正，乾爲始，故曰「始求深也」。

疏初位在下稱浚，故曰「浚恒」。《乾》四曰「或躍在淵」，淵謂初。初曰「潛龍勿用」，是初潛爲淵，故稱「深矣」。初失位，變之正成乾，爲「始求深也」。

九二，悔亡。虞翻曰：失位，悔也。動而得正，處中多譽，故「悔亡」也。疏二失位，宜有悔。動成陰爲「得正」，位在二爲「處中」，二得中爲「多譽」，故宜有悔而「悔亡」也。《象》曰：「九二悔亡，能久中也。」荀爽曰：乾爲久也。能久行中和，以陽據陰，故曰「能久中也」。疏乾可久，故「爲久」。以陽爻據陰位，故曰「能久中也」。案　二在中，失位變之正，乃能行中和之道，故曰「能久中」。

九三，不恒其德，或承之羞，貞吝。荀爽曰：與初同象，欲據初隔二。與五爲兑，欲説之隔四。意无所定，故「不恒其德」。與上相應，欲往承之，爲陰所乘，故「或承之羞」也。「貞吝」者，謂正居其所，不與陰通也。无居自容，故「貞吝」矣。疏初三皆陽位，故云「與初同象」。欲據於初而隔於二。與五互兑，兑爲説。欲説於五而隔於四。是「意无所定」，故「不恒其德」。三與上爲正應，欲往承上，爲上六凶陰所乘，故「或承之羞也」。以九居三，位得其正，是「正居其所」，爲恒之主。上不與凶陰相通，二五初四爻又不正，是「无居自容」，故以貞而有吝矣。愚案　陽爲剛德，唯三得正。然正而不中，位又多凶，且居巽極，「其究爲躁卦」，又「爲進退，爲不果」，故有「不恒其德」之象。承四承五，爻皆不正。承上振恒，凶而无功。四五不當承而承，上當承而不獲所承，故有「或承之羞」之象。得正而羞，故曰「貞吝」。《象》曰：「不恒其德，无所容也。」《九家易》曰：言三取初隔二，應上見乘，是「无所容」。无居自容，故「貞吝」。疏釋已見上。愚案　恒唯三陽得位。爻不正者，既不見容。爻之正者，隔於不正，又不見容。是以「无所容也」。

九四，田无禽。《象》曰：「久非其位，安得禽也。」虞翻曰：田謂二也，地上稱田。无禽謂五也。九四失位，利二上之五，己變承之，故曰「田无禽」。言二五皆非其位，故《象》曰「久非其位，安得禽也」。疏二與四同功，故知「田謂二也」。二於三才爲地位，《乾》九二曰「見龍在田」，故知「地上稱田」也。禽，獲也。四近承五，故知「无禽謂五也」。陰陽相比、相應，陽爲陰得稱禽、稱獲。❶九四與二五相比皆失位，利二變之五，己亦變正承之。二五易位，各得其正，故曰「田无禽」，謂无所得也。言二五失正，皆非其位，故《象》曰「久非其位，安得禽也」。

案　巽爲雞稱禽，二在地上稱田。二與五應，則巽禽爲五有矣，故九四曰「田无禽」。四互乾，乾可久爲久。乾陽雖久，居非其位，恒而不得其正，故无所得也。又恒自泰來。四之初，故初曰「始求深」。初之四，故曰「久非其位」。

六五，恒其德。貞婦人吉，夫子凶。虞翻曰：動正成乾，故「恒其德」。婦人謂初，巽爲婦。終變成益，震四復初，婦得歸陽，從一而終，故「貞婦人吉」也。震乾之子，而爲巽夫，故曰「夫子」。終變成益，震四從巽，死於坤中，故「夫子凶」也。**疏** 動而之正，復成乾五，乾日新爲德，可久爲久，故「恒其德」。「婦人謂初」者，巽初陰也。巽長女，故稱「婦」。終變成益，初四得正，震四復歸於初，是巽婦得歸震陽。震初爲一，巽四從初，故「從一而終」。襄三十年《穀梁傳》「婦人以貞爲行者也」，故曰「貞婦人吉也」。震爲乾之長子，又爲元夫，配巽爲夫，故曰「夫子」。終變成益，反震爲巽，互乾爲坤。坤乙爲死魄，震四從巽婦，死於坤中，故曰「夫子凶也」。《象》曰：「婦人貞吉，從一而終也。虞翻曰：一謂初。終變成益，以巽應初震，故「從一而終也」。**疏** 初九爲元，元即一也，故「一謂初」。終變成益時，巽四正應震初，故云「以巽應初震」。《郊特牲》曰：「壹與之齊，終身不改，故夫死不嫁。」是「從一而終」之義也，所謂恒也。夫子制義，從婦凶也。」虞翻曰：震没從巽，入坤，故「從婦凶」矣。**疏**「巽，德之制」，故爲「制」。坤爲義門，故爲「義」。以乾制坤爲制義。終變成益時，震夫没，從巽婦，入於互坤，坤爲死喪，故「從婦凶也」。

上六，震恒，凶。《象》曰：「震恒在上，大无功也。」虞翻曰：在震上，故「震恒」。五動乘陽，故「凶」。終在益上，五遠應，故「无功也」。**疏** 虞注《説卦》云：「震内體爲專，外體爲躁。」「震，動也」。在震上，處動極，故「震恒」。五動之正，則上六乘陽，乘陽不敬，故

❶「陽爲陰得」，思賢本作「陰爲陽得」。

「凶」。五終變成益，故「終在益上」。「五多功」，遠應二而不近比上，上不得五，故「大无功也」。「震」亦作「振」、❶「祗」，三字同物同音。「祗」有耆音，故《説文》引作「榰恒」。

《序卦》曰：「物不可以久居其所，故受之以遯。」韓康伯曰：夫婦之道，以恒爲貴。而物之所居，不可以恒，宜與世升降，有時而遯者也。疏「夫婦之道，以恒爲貴」，自一端言也。「物之所居，不可以恒」，推廣言之也。動極則静，進極則退，故恒之震動極於上，即遯之艮止返於下，所以「與世升降，有時而遯也」。《曲禮》曰「七十曰老而傳」，謂血氣既衰，傳家於子，既恒繼以遯之義也。

䷠艮下乾上

遯亨。虞翻曰：陰消姤二也。艮爲山，巽爲入，乾爲遠，遠山入藏，故「遯」。以陰消陽，子弑其父，小人道長，避之乃通，故遯而通，則「當位而應，與時行也」。疏陰始消姤，及二成遯，與臨旁通。「艮爲山」，《説卦》文。又「巽，入也」，故「巽爲入」。天道遠，故「乾爲遠」。乾陽爲人，入藏於遠山，故曰「遯」。艮爲少男，變乾爲艮，故云「以陰消陽，❷子弑其父」。「小人道長」，《否·彖傳》文。陰消至否，《否·象》曰「君子以儉德避難」。當陽消陰長之時，避之則不成否，是「避之乃通」，故「遯而亨」。當位謂五，應謂二。二陰道長，弑父弑君，由應五利貞，與時偕行，故陽不受傷，「遯而亨也」。小利貞。虞翻曰：小陰謂二。得位浸長，以柔變剛，故「小利貞」。鄭玄曰：遯，逃去之名也。艮爲門闕，乾有健德。互體有巽，巽爲進退。君子出門，行有進退，逃去之象。二五得位，而有應，是用正道，得禮見召聘。始仕他國，當尚謙謙，小其和順之道，居小官，幹小事，其進以漸，則遠妒忌之害，昔陳敬仲奔齊辭卿是也。疏虞注　陰稱小，故「小陰謂二」。二得位爲貞，浸長則非正。以柔變剛，陰之利也，故小則利。「利貞」者，謂「執用黄牛之革」也。　鄭注　「遯」古文作「遂」，《前漢書·匈奴傳贊》「遂逃竄伏」，故云「遯，

❶ 「震亦作」至下文「同音」，思賢本作「『震』亦作『振』，古文『震』、『振』、『祗』三字，同物同音」。

❷ 「云」，思賢本作「曰」。

逃去之名也」。❶「艮爲門闕」，《説卦》文。又曰「乾，健也」，故云「乾有健德」。二至四互體巽，「巽爲進退」，《説卦》文。君子出於艮門，而巽象進退，是「逃去之象」也。二五陰陽得位，上下相應，「是用得正道，得禮見召聘」也。凡「始仕他國」者，當法「謙謙君子，卑以自牧」。與臨旁通，臨兑爲和，坤爲順，體艮爲小，故云「小其和順之道」。由小官小事，以漸進於尊位，則遠妒忌之害，故曰「小利貞」。莊廿二年《左傳》：「陳公子完奔齊，齊侯使敬仲爲卿。辭曰：『羈旅之臣，幸若獲宥，及於寬政，赦其不閑於教訓，而寬於罪戾，弛於負擔，君之惠也，所獲多矣。敢辱高位，以速官謗，請以死告。《詩》云：「翹翹車乘，招我以弓。豈不欲往，畏我友朋。」』使爲工正。」此「陳敬仲奔齊辭卿」之事也。

《象》曰：「遯亨，遯而亨也。侯果曰：此本乾卦，陰長剛殞，君子遯避，遯則通也。疏此本乾卦，消陽至二。陰長，是「小人道長」也。剛殞，是「君子道消也」。小人用事，則君子行遯。《序卦》曰「遯者，退也」。蓋進則遇難，退則保身，故「遯則通也」。**剛當位而應，與時行也。**虞翻曰：剛謂五而應二，艮爲時，故「與時行」矣。疏五陽當位而正應二，故「剛謂五而應二」。《艮·象》曰「動静不失其時」，故「艮爲時」。通臨爲與，臨震爲行，故「與時行矣」。**小利貞，浸而長也。**荀爽曰：陰稱小，浸而長，則將消陽，故利正居二，與五相應也。疏《泰》曰「小往」，《否》曰「小來」，故知「陰稱小」也。陰消至二，其勢浸長，將欲消陽成否。二與五爲正應，固志守正，遯不成否，「利貞」之義也。**遯之時義大矣哉。」**陸績曰：謂陽氣退，陰氣將害，隨時遯避，其義大矣。宋衷曰：太公遯殷，四皓遯秦之時也。疏陸注「陽氣退」，謂乾消至二也。「陰氣將害」，謂消三成否，坤陰爲害也。《艮·象》曰「時止則止」，伏坤爲義，體乾爲大，故云「隨時遯避，其義大矣」。宋注《孟子》「太公避紂，居東海之濱」。《史記·留侯世家》「上有不能致者，天下有四人。四人者，年老矣，逃匿山中」，是「太公遯殷，四皓遯秦」之事也。

《象》曰：「天下有山，遯。崔憬曰：天喻君

❶「夫」，原脱，今據思賢本及鄭玄注改。

子，山比小人。小人浸長，若山之侵天。君子遯避，若天之遠山。故言「天下有山，遯」也。疏乾爲天，純陽以喻君子。艮爲山，二陰消陽，以比小人。陰在下而浸長，若山欲侵於天。陽在上而自尊，若天常遠於山。故曰「天下有山，遯」。**君子以遠小人，不惡而嚴。**虞翻曰：君子謂乾，乾爲遠，爲嚴。小人謂陰，坤爲惡，爲小人。故「以遠小人，不惡而嚴」也。　侯果曰：羣小浸盛，剛德殞削，故君子避之。高尚林野，但矜嚴於外，亦不憎惡於內，所謂「吾家耄遜於荒」也。疏虞注　君子謂乾三也。乾爲天，天道遠，故「爲遠」。乾位西北，其氣凜冽，故「爲嚴」。小人爲二陰也。坤陰爲惡，消陽成否，爲小人。陰消及三，「君子道消，小人道長」，「天地閉，賢人隱」，故「以遠小人，不惡而嚴也」。　侯注　「羣小浸盛」，謂下二陰也。「剛德殞削」，謂上四陽也。是小人在位，君子在野之時，故「君子避之」也。然當其「高尚林野」，但外示「矜嚴」以持乎己，實內无憎惡以尤乎人。「吾家耄遜於荒」，《書・微子》文。言吾家老成之人，皆逃遁於荒野之外。引之以明遠小人之義。

初六，遯尾，厲，勿用有攸往。陸績曰：陰氣已至於二，而初在其後，故曰「遯尾」也。避難當在前，而在後，故「厲」。往則與災難會，故「勿用有攸往」。疏爻例上爲角，初爲尾。《釋水》「瀵大出尾」，❶注云「尾，❷猶底也」，言其源深出於底下者名「瀵」。是爻在下，故稱「尾」也。陰氣消陽，已至於二，而初在二後，故曰「遯尾」。避難當早，在後則「厲」。「勿用有攸往」者，以往則災難會也。❸**《象》曰：「遯尾之厲，不往何災也。」**虞翻曰：艮爲尾也。初失位，動而得正，故「遯尾厲」。之應成坎爲災，在艮宜靜，若不往於四，則无災矣。疏艮爲黔喙之屬，多長尾，故「爲尾」。以陰居初爲失位。初動得正，則遯去其尾，故曰「遯尾」。所以「厲」者，上與四應，之應成坎，坎爲災，故「厲也」。艮止宜靜，不往於四，則无災也。

六二，執之用黄牛之革，莫之勝説。虞翻曰：艮爲手稱執，否坤爲黄牛，艮爲皮。四變之初，則坎

❶「尾」下，思賢本有「下」字。
❷「注」，思賢本作「疏」。
❸「則」下，思賢本有「與」字。

水濡皮，离日乾之，故「執之用黄牛之革」。莫，无也。勝，能。説，解也。乾爲堅剛，巽爲繩，艮爲手，持革縛三在坎中，故「莫之勝説」也。疏「艮爲手稱執」者，二執三也。二執三，在成否之後，故取「否坤」。《九家·説卦》曰「坤爲黄」，又「爲子母牛」，故「爲黄牛」。又曰「艮爲膚」，皮膚同義。乾陽爲骨，坤陰爲肉。乾三覆坤成艮，在肉之外，故「爲皮」。《考工記》：「攻皮之工五，函、鮑、韗、韋、裘。」始析謂之皮，已乾謂之革，既熟謂之韋，其實一物也。「四變之初」，成离互坎。「坎水濡皮，离日乾之」，故「執之用黄牛之革」也。「莫」訓「无」，「勝」訓「能」，「説」讀若「脱」，訓「解」。乾陽，故「爲堅剛」。互巽爲繩，體艮爲手。《説文》「縛，束也」。以艮手持革縛之，四變三在坎中，故无能解説也。　愚案　革自遯來，遯初之上成革，故「黄牛之革」與革初同辭。❶ 二得位得中，正應在五，固志守正，故「莫之勝脱」。《彖傳》「小利貞」，正此義也。**《象》曰：「執用黄牛，固志也。」**侯果曰：六二离爻，离爲黄牛。體艮履正，上應貴主，志在輔時，不隨物遯。獨守中直，堅如革束，執此之志，「莫之勝説」。殷之父師，當此爻矣。疏坤二之乾成离，故「六二爲离爻」。《离》卦辭曰「畜牝牛吉」，六二爻辭曰「黄离元吉」，故「离爲黄牛」。二體艮位履正。五得中得正，故云「上應貴主」。諸爻皆言遯，二不言遯，故云「志在輔時，不隨物遯」。二在中，《坤》二曰「直方大」，故云「獨守中直」。❷ 革柔而堅，居下之中，故云「堅如革束」。得正爲貞，「貞固足以幹事」，故云「執此之志，莫之勝説」。「殷之父師」，謂箕子也。《書·微子》「父師若曰『自靖，人自獻于先王，我不顧行遯』」，足以當此爻矣。

九三，係遯，有疾厲，畜臣妾吉。虞翻曰：厲，危也。巽爲四變時，九三體坎，坎爲疾，故「有疾厲」。遯陰剥陽，三消成坤，與上易位，坤爲臣，兑爲妾，上來之三，據坤應兑，故「畜臣妾吉」也。疏「厲」訓「危」。「巽爲」本亦作「巽繩爲係」。三互巽爲繩直，故稱「係」。遯成於二，二陰三陽，二係於三，故稱「係遯」。四變則三體成坎，坎爲心病稱疾，故「有疾厲」。二「執用黄牛之革」，據上來之三也。遯陰消之卦，故「遯陰剥陽」。三互巽特變，

❶「革」，原作「遯」，今據思賢本及革卦初九爻辭改。

❷「直」，原作「道」，今據思賢本及侯果注改。

從家人漸之例。三動，上反三，故「三消成坤，與上易位」也。三消成坤，坤爲臣。與上易位，上體兑，兑爲妾。上來之三，據下之坤，應上之兑，故「畜臣妾吉也」。遯上下易位爲大畜，遯三，大畜之上，故言「畜臣妾」也。《象》曰：「係遯之厲，有疾憊也。」王肅曰：三下係於二而獲遯，故曰「係遯」。病此係執而獲危懼，故曰「有疾憊也」。此於六二「畜臣妾」之象，足以畜其臣妾，不可施爲大事也。疏 三比二陰，故「係二而獲遯」，爲「係遯」。「三多凶」，係則有疾而厲，因「係執而獲危懼，故曰有疾憊也」。三爲二陰所係，二陰爲小，故但可畜臣妾，而「不可施爲大事也」。畜臣妾吉，不可大事也。」虞翻曰：三動入坤，坤爲事，故「不可大事也」。荀爽曰：大事謂與五同任天下之政。潛遯之世，但可居家，畜養臣妾，不可治國之大事。疏 虞注 三動成坤爲否，坤「發於事業」，故「爲事」。陽稱大，陰稱小，三成否陰，故「不可大事也」。荀注 「三與五同功」，故「大事謂與五同任天下之政」也。當「潛遯之世」，動而成否，故但可居家養小，不可治國圖大也。

九四，好遯，君子吉，小人否。虞翻曰：否乾爲好，爲君子，陰稱小人。動之初，故「君子吉」。陰在四多懼，故「小人否」。得位承五，故无凶咎矣。疏 三消成否，四乃之初，故稱「否乾」。賈逵《左傳注》「好生於陽」，故「乾爲好」。乾陽故「爲君子」，坤陰故爲「小人」。四動之初，以乾入坤，故「君子吉」。初陰之四，四位多懼，初本「遯尾，厲」，故「小人否」也。動得位，上承五，「故无凶咎矣」。《象》曰：「君子好遯，小人否也。」侯果曰：不處其位，而遯於外，好遯者也。然有應在初，情未能棄。君子剛斷，故能舍之。小人係戀，必不能矣。故「君子吉，小人凶」矣。疏 四與初應，初在内，四在外。四陽當在初，今「不處其位，而遯於外」，是「好遯」者也。處於外而有應於内。君子剛斷，故決然遯去。小人係戀，則不能也。故「君子吉，小人凶」也。

九五，嘉遯貞吉。虞翻曰：乾爲嘉。剛當位應二，故「貞吉」。謂三已變，上來之三成坎，《象》曰「以正志也」。疏《釋詁》「嘉，美也」，乾美利，故「爲嘉」。剛在五爲「當位」，而下正應二，故曰「貞吉」。三已變成否，四已易初，上來之三成坎，坎爲志，故《象》曰「以正志也」。

案 非正應而相昵曰「係」，以中正而相應曰「嘉」。

《隨》九五「孚于嘉」，《遯》九五「嘉遯」，皆因三之係而見也。《象》曰：「嘉遯貞吉，以正志也。」侯果曰：時否德剛，雖遯中正，嘉遯者也，故曰「貞吉」。遯而得正，則羣小應命。所謂紐已紊之綱，正羣小之志。則殷之高宗當此爻矣。**疏** 三消陽爲「時否」，九在五爲「德剛」。所處雖遯，而得乎中正，「嘉遯者也」，故貞而獲吉。陽正乎上，爲「遯而得正」。陰應於下，爲「羣小應命」。當遯之世，乾得正，是「紐已紊之綱」也。坤應正，是「正羣小之志」也。《書・説命》曰「台小子，舊學于甘盤，既乃遯于荒野」。《無逸》曰：「其在高宗時，舊勞于外，爰暨小人。作其即位，乃或亮陰，三年不言，言乃雍。不敢荒寧，嘉靖殷邦。」以聖主遯於荒野，卒能嘉靖殷邦，故云「殷之高宗當此爻矣」。

上九，肥遯无不利。虞翻曰：乾盈爲肥，二不及上，故「肥遯无不利」，《象》曰「无所疑也」。**疏** 陽息爲盈，且乾盈於甲，故乾稱「盈而爲肥」也。上與三爲敵應，无所係戀。二雖執三，不能及上。故上將遠遯，无所疑顧，是以「肥遯」。三有係故「疾」，上无應故「肥」。疾故「厲」，肥故「无不利」。係則有疑，无應則无疑，故《象》曰「无所疑也」。《象》曰：「肥遯无不利，无所疑也。」侯果曰：最處外極，无應於内，心无疑戀，超世高舉，「果行育德」，安時无悶，遯之肥也，故曰「肥遯无不利」。則潁濱巢許當此爻矣。**疏** 上處最外，内无正應，是以心无疑顧，超然遠遯。體乎乾以「果行育德」，法乎艮以安時无悶，故云「遯之肥也」。《淮南・九師訓》曰「遯而能肥，❶吉孰大焉」，故曰「肥遯无不利」。《高士傳》：「巢父，堯時隱人。堯讓位於許由，由以告巢父，巢父責之曰：『汝何不隱汝形，藏汝光？非吾友也。』❷乃過清泠之水，❸洗其耳。」故云「潁濱巢許當此爻矣」。又上之三成坎，坎心爲疑，无應則「无所疑也」。

愚案 内卦艮，「艮，止也」，故爲勿往，爲執革，爲係，爲畜。外卦乾，乾，陽也，故爲好，爲嘉，爲肥。四五猶有正應，未能脱然遠去。上與三不應，且處乾野而在上極，故曰「肥遯」。古本「肥」作「

---

❶「淮南」至下文「大焉」，思賢本作「《淮南・精神訓》『子夏曰「先王之道勝，故肥」』」。

❷「非」上，思賢本有「若」字。

❸「乃」上，思賢本有「由悵然不自得」句。

⿱非巴」，❶與「蜚」「飛」字同。《後漢書》注引《九師訓》曰「遯而能飛」。曹植《七啓》曰「飛遯离俗」。張衡《思玄賦》曰「欲飛遁以保名」。蓋上變則體小過，小過有飛鳥之象，上六應之，故曰「飛遯」。荀注《乾》九五云「飛者，喻无所拘也」。无所拘，故「无所疑」云。

雲夢戴脩鑑高軒校

周易集解纂疏卷十三

❶「古本」至下文「保名」，思賢本作「『肥』古作『蜚』，與『蜚』同，即『飛』字。《後漢書》張衡《思玄賦》注及《文選》曹植《七啟》注，引《淮南·九師道訓》曰『遯而能飛，吉孰大焉』」。

周易集解纂疏卷十四

唐李鼎祚集解　安陸李道平遵王纂疏

《序卦》曰：「物不可以終遯，故受之以大壯。」韓康伯曰：遯「君子以遠小人」，遯而後通，何可終邪？陽盛陰消，君子道勝也。**疏** 當遯之世，君子道消，小人道長，是以「君子遠小人」。必遯而後亨，然遯亦何可終也。蓋陰長則陽退，陽進則陰衰。消息相循，自然之理。遯主退，壯主進。退極必進，故遯受以壯，是陽盛陰消，君子道勝也。　愚案　遯主乎退，以艮止也，而遯實全體象艮。大壯主乎進，以震動也，而大壯實全體象震。艮終東北，即震出東方。大壯次遯，即震次艮之義也。

䷡ 乾下震上

大壯，利貞。虞翻曰：陽息泰也。壯，傷也。大謂四。失位爲陰所乘，兑爲毁折，傷。與五易位，乃得正，故「利貞」也。**疏** 陽自泰三息四成大壯，故云「陽息泰也」。陽息過盛，而爲陰傷，故云「壯，傷也」。物過則傷，不云傷而云壯者，陰陽之辭也。楊子《方言》曰「凡草木刺，❶北燕朝鮮之閒謂之策，或謂之壯」，郭璞注云「今淮南亦呼壯爲傷」是也。❷陽大陰小，大謂四，陽息至四也。以陽居四爲「失位」，五陰乘之，陰氣賊害，又互兑爲毁折，故稱傷。四當升五，與五易位，陽乃得正，故「利貞也」。

《彖》曰：「大壯，大者壯也。」侯果曰：此卦本坤，陰柔消弱，剛大長壯，故曰大壯也。**疏** 陽息坤初，漸長至四，故云「此卦本坤」。陽息過泰，是陰柔愈弱，陽剛愈壯。陽爲大，息至四，故曰「大者壯也」。剛以動，故壯。荀爽曰：乾剛震動，陽從下升，陽氣大動，故「壯」也。**疏** 乾剛在下，震動在上，是「陽從下升」也。陽氣至

❶「刺」下，思賢本有「人」字。
❷「南」下，思賢本有「人」字。

剛，大動於上，故「壯」。**大壯利貞，大者正也。**虞翻曰：謂四進之五，乃得正，故「大者正也」。**疏**陽在四爲失位，進而之五，乃得孚正。陽爲大，故曰「大者正也」。**正大而天地之情可見矣。」**虞翻曰：正大謂四，之五成需，以离日見天，坎月見地，故「天地之情可見也矣」。**疏**陽居五，爲正、爲大。四陽之五成需，需自大壯來也。需體坎互离，互乾成离，故云「离日見天」。乾之坤成坎，故云「坎月見地」。「利貞者，性情也」，故「正大而天地之情可見矣」。

《象》曰：「雷在天上，大壯。崔憬曰：乾下震上，故曰「雷在天上」。一曰雷，陽氣也。陽至於上卦，能助於天威，大壯之象也。**疏**乾爲天在下，震爲雷在上。《論衡》曰「雷者，太陽之激氣」，故云「雷，陽氣也」。陽氣在上，能助天威，剛以動，故有「大壯之象」。**君子以非禮弗履。」**陸績曰：天尊雷卑，君子見卑乘尊，終必消除，故象以爲戒，非禮不履。**疏**《漢書·五行志》曰「雷於天地爲長子」，❶故云「天尊雷卑」。震上乾下，是以「卑乘尊」也。陽長至上，成乾滅震，是「終必消除」也。震爲足，震足履乾，履非所履。陰消至上，震足不見，故君子取以爲戒，而「非禮弗履」。履者，禮也。天在澤上爲履，上下有辯。以坤柔履剛，故嘉會合禮。雷在天上，尊卑倒置。以震剛履乾，故「非禮弗履」。

初九，壯于趾，征凶，有孚。虞翻曰：趾謂四，征，行也。震足爲趾，爲征。初得位，四不征之五，故「凶」。坎爲孚，謂四上之五成坎，己得應四，故「有孚」。**疏**初應四，故「趾謂四」。「征，行也」，《釋言》文。震爲足，故「爲趾，爲征」。❷初應四趾，而征則自初始也。❸初陽爲得位，四失位不應。若初動而四不應則凶，故「征凶」。經言「征」，虞謂「四不征之五，故凶」者，非也。唯不動，而待四之五成坎，坎爲孚，己得與四爲正應，故「有孚」。

《象》曰：「壯于趾，其孚窮也。」虞翻曰：應在乾終，故「其孚窮也」。**疏**體有兩乾，「應在乾終」者，互乾之終也。終者，窮也。以陽應陽，故「孚窮」。孚窮，故傷。

❶「漢書五行志曰」，思賢本作「後漢郎顗上書云」。

❷「爲趾爲征」下，思賢本有「正當作征」句。

❸「則」，思賢本無此字。

九二，貞吉。《象》曰：「九二貞吉，以中也。」虞翻曰：變得位，故「貞吉」。動體离，故「以中也」。**疏**陽變爲陰得正位，故曰「貞吉」。動則成离，《离》二象曰「得中道也」，故云「以中」，二宜陰中也。

九三，小人用壯，君子用罔，貞厲。虞翻曰：應在震也。三陽君子，小人謂上。上逆故「用壯」。謂二已變离，离爲罔，三乘二，故「君子用罔」。體《乾》「夕惕」，故「貞厲」也。**疏**應在震上也。「三陽君子」，謂乾三也。「小人謂上」，《夬》上「小人道消也」。五已正爲夬，上陰乘逆，傷陽不正，應之故「用壯」。壯，傷也。二已變，三體离。包羲「作結繩以爲罔罟，蓋取諸离」，故「离爲罔」。上不應三，三下乘二，故「君子用罔」。三體在乾得正，《乾》九三曰「夕惕若厲」，故雖貞亦厲。三陷於罔，故危也。**羝羊觸藩，羸其角。**荀爽曰：三與五同功爲兑，故曰「羊」，終始陽位，故曰「羝」，藩謂四也。三欲觸四而危之，四反羸其角，角謂五也。**疏**三與五同功，互爲兑，兑爲羊，故曰「羊」。《説文》「羝，牡羊也」，遯變大壯，初二、五上，有升有降，唯三四不變，❶而三則終始陽位，陽爲牡，故曰「羝」。「藩謂四」，釋具下侯注。三君子不觸四，角亦非五，不如侯注尤合經義也。**《象》曰：「小人用壯，君子罔也。」**侯果曰：藩謂四也，九四體震爲竹葦，故稱「藩」也。三互乾兑，乾壯兑羊，故曰「羝羊」。四藩未決，三宜勿往，用壯觸藩，求應於上，故角被拘羸矣。　案　自三至五，體兑爲羊，四既是藩，五爲羊角，即「羝羊觸藩，羸其角」之象也。**疏**侯注「藩謂四」者，四體震，震爲竹木，爲萑葦，故爲「藩」。三下互乾，上互兑，乾體壯，兑象羊，故曰「羝羊」。四藩在前，剛而未決，三宜固守勿往。若用壯觸四，求應於上，上欲應三，爲四所隔，故云「角被拘羸矣」。上爲角，爻例也。「羸」，《釋文》、鄭、虞作「纍」，馬氏以爲「大索」是也。與觀旁通，觀巽爲繩。三動互离，羊性喜觸，兑毁而离麗，故有拘羸其角之象。

案　以五爲角，從荀義也。

九四，貞吉悔亡。藩決不羸，壯于大轝之腹。《象》曰：「藩決不羸，尚往也。」虞翻曰：失位，悔也。之正得中，故「貞吉」而「悔亡」矣。體夬

❶「三」，原作「二」，今據卦象改。

象，故「藩決」。震四上處五，則藩毀壞，故「藩決不羸」。坤爲大轝、爲腹，四之五折坤，故「壯于大轝之腹」。而《象》曰「尚往」者，謂上之五。疏 九居四爲「失位」，宜有悔也。上之五得中，故「貞吉而悔亡矣」。初至五體象夬，夬者，決也，故曰「藩決」。四體不正，❶上之五則震體毀，故藩決不能羸也。「坤爲大轝、爲腹」，皆《説卦》文，謂泰坤也。四之五體坎，坎折坤體，故曰「壯于大轝之腹」也。壯者，傷也。而《象》曰「尚往」者，❷尚，上也，謂上之五也。

六五，喪羊于易，无悔。 虞翻曰：四動成泰，坤爲喪也。乾爲易，四上之五，兑還屬乾，故「喪羊于易」。動各得正，而處中和，故「无悔」矣。疏 四失位，動成泰體坤，月滅坤乙爲喪。「乾以易知」，故「乾爲易」。鄭注「易，佼易也」。四上之五體坎，坎五，乾也，故「兑還屬乾，喪羊于易」也。四五易位，動而各得其正，五處上中，下應二和，故「无悔」也。**《象》曰：「喪羊于易，位不當也。」** 案：謂四五陰陽失正。陰陽失正，故曰「位不當也」。疏「四五陰陽失正」，故曰「位不當」。四動之五，各得其正，故勿悔也。

上六，羝羊觸藩，不能退，不能遂，无攸利。艱則吉。 虞翻曰：應在三，故「羝羊觸藩」。遂，進也。謂四已之五體坎，上能變之巽，巽爲進退，故「不能退，不能遂」。退則失位，上則乘剛，故「无攸利」。坎爲艱，得位應三利上，故「艱則吉」。疏 上正應在三，乃上不應三，使三觸藩，故「无攸利」。明三羝羊，所觸者上也。《書·仲虺之誥》「顯忠遂良」，❸孔傳「良則進之也」。且對退而言，故訓進。四已之五，其體爲坎。震巽特變，故「上能變之巽」。「巽爲進退」，《説卦》文。應三隔四，故不能進退。窮於上，故「不能遂」，羸其角之象也。退謂上爲巽，退於四則失位，進於五則乘剛，故「无攸利」。坎陷故「爲艱」。上不變巽，居坎得位，四藩既決，三自應之，利居五上，故「艱則吉」也。《乾鑿度》説此爻曰「藩決難解」，故

❶「四體」至下文「體毀」，思賢本作「四體震，上處五，則震體毀壞」。
❷「尚」，原作「上」，今據思賢本及大壯卦九爻象辭改。
❸「書仲虺之誥」至下文「故訓進」，思賢本作「《書》『顯忠遂良』，孔傳『良則進之』，《月令》『遂賢良』，鄭注『遂猶進也』，故訓遂爲進」。

上與二四同吉。《象》曰：「不能退，不能遂，不詳也。虞翻曰：乾善爲詳。不得三應，故「不詳也」。疏「詳」，古文「祥」。《釋詁》云「詳，善也」。「元者，善之長」，故「乾善爲詳」。上隔於四，不得三應，不得乾，故「不詳也」。艱則吉，咎不長也。」虞翻曰：巽爲長，動失位爲咎。不變之巽，故「咎不長也」。疏「巽爲長」，《説卦》文。上動失位，故有咎。守正應三，不變之巽，故「咎不長也」。「咎不長」者，即《雜卦》所謂「大壯則止」也。

《序卦》曰：「物不可以終壯，故受之以晉。晉者，進也。」崔憬曰：不可以終壯於陽盛，自取「觸藩」，當「宜柔進而上行」，受茲「錫馬」。疏物壯盛則必進，然壯而進，故「不可以終壯於陽盛」，自取「羝羊觸藩」之咎，宜「柔進而上行」，以受「錫馬蕃庶」之休，晉所以繼大壯也。《説文》曰「晉，進也」，日出萬物進，故曰「晉者，進也」。

䷢ 坤下离上

晉，康侯用錫馬蕃庶，晝日三接。虞翻曰：觀四之五。晉，進也。坤爲康，康，安也。初動體屯，震爲侯，故曰「康侯」。震爲馬，坤爲用，故「用錫馬」。艮爲多，坤爲衆，故「繁庶」。离日在上，故「晝日」。三陰在下，故「三接」矣。疏從四陰二陽之例，晉自觀來，故云「觀四之五」也。四進居五，柔而上行，故《象》曰「晉，進也」。「坤爲康」者，坤静爲安，安故康。「康，安也」，《釋詁》文。爻例四爲諸侯，《觀》之六四「利用賓于王」。四之五皆失位，五之正，以四錫初，則初四易位。初動體屯，初至五象屯也。屯下體震，震爲侯，《屯》「利建侯」，故曰「康侯」。震爲馬，坤器爲用，故「用錫馬」。蕃，多也，庶，衆也，艮多節爲多，坤數衆爲衆，故稱「蕃庶」。《雜卦》曰「晉，晝也」，离日在地上，故云「晝日」。觀四之五，以离日接坤，坤三陰在下爲「三接」。三接，三享也。侯氏據《周禮》大行人言「三接」，詳見下文。又一説王接諸侯之禮，覲禮延升，一也。覲畢，致享，升，致命，二也。享畢，王勞之，升，成拜，三也。

《彖》曰：「晉，進也。明出地上，順而麗乎大明。崔憬曰：渾天之義，日從地出，而升于天，故曰「明出地上」。坤，臣道也。日，君德也。臣以功進，君以恩接，是以「順而麗乎大明」。雖以卦名晉，而五爻爲主，故言「柔進而上行」也。疏《晉書・天文志》曰：「言天體者有三家。❶一曰周髀，二曰宣夜，三曰渾天。宣夜之學，絶無師法。周髀行數具存，❷驗之天狀，❸多所違失，故史官不用。唯渾天近得其情。」《渾天儀》曰「天地各成氣而立，❹載水而浮，❺日月星辰繞地下」，❻故云「日從地出，而升于天」爲「明出地上」也。《坤・文言》曰「臣道也」，故云「坤，臣道」。《尸子》曰「日五色，至陽之精，象君德也」，故云「日，君德也」。坤在下，故云「臣以功進」。离在上，故云「君以恩接」。《説卦》曰「坤，順也」。「离，麗也」，又曰「离也者，明也」，虞彼注云「离爲日，爲火，故明」。坤麗乾爲离，乾藏坤爲坎，离日坎月，得天而能久照，皆天之明也。陽稱大，故乾爲大明。「縣象著明，莫大乎日月」，故日月亦爲大明。觀五本乾，觀四之五，离麗乾，故「麗乎大明」。四進五，五爲卦主，故言「柔進而上行」。

柔進而上行，蜀才曰：此本觀卦。案九五降四，六四進五，是「柔進而上行」。❼疏此本觀五降四，觀四進五。四陰爲柔，故曰「柔進而上行」也。

是以康侯用錫馬蕃庶，荀爽曰：陰進居五，處用事之位。陽中之陰，侯之象也。陰性安静，故曰「康侯」。馬謂四也，五以下羣陰錫四也。坤爲衆，故曰「蕃庶」矣。疏觀以六四陰柔，進居於五，五爲卦主，故云「處用事之位」也。五陽位，于爻例爲天子。陰，臣象也。以陰處陽，爲「陽中之陰」，故云「侯之象也」。陰爲地道，其性安静，故曰「康侯」。觀四進五，五即退四，故「馬謂四也」。「羣陰」謂坤，五以坤陰錫四。蓋坤「利牝馬」爲馬。坤陰衆，故曰「蕃庶」。

晝日三接也。」侯果曰：康，美也。四爲諸侯，五爲天子，坤爲衆，坎爲馬。天子至明於上，公侯謙順於下，美其治物有功，故蕃錫車馬，一晝三覿也。《采菽》刺幽王侮諸侯，《詩》曰「雖無與之，路車乘馬」。《大行人職》曰「諸公三饗三問三勞，諸侯三饗再問再勞，子男三饗一

❶「體」，思賢本無此字。
❷「行」，思賢本作「術」。
❸「驗之」，思賢本作「考驗」。
❹「成」，思賢本作「乘」。
❺「浮」，思賢本作「行」。
❻「日月星辰繞地下」，思賢本作「又天體半繞地下」。
❼「而上行」，思賢本無。

問一勞」，即天子三接諸侯之禮也。**疏**《禮・祭統》「康周公」，注云「康猶褒大也」，故云「康，美也」。王弼亦云「美之名」是也。爻位四爲諸侯，五爲天子。坤陰爲衆，坎美脊爲馬。「天子至明於上」，謂离也。「公侯謙順於下」，謂坤也。美諸侯有治物之功，故「蕃錫車馬，一日三接也」。「采菽」，《小雅》篇名，《序》曰：「刺幽王也，侮慢諸侯。諸侯來朝，不能錫命以禮數徵會之，而无信義，君子見微而思古焉。」《詩》曰：「君子來朝，何錫予之？雖無予之，路車乘馬。」引之以證康侯錫馬之義也。「大行人」，《周禮・秋官》之職也。「諸公」即上公也。孔安國《曲禮》注「奉上謂之享」。❶《大行人》曰「廟中將幣三享」，臣享君也。臣享君則君接臣，三享故三接也。據此是以三等之接爲三享也。不知三享，即所謂受幣之一接，安得以當三接。若勞問則不接，且侯伯子男之勞問，并不三。❷惟據覲禮釋之，義尤確也，已具前。　案　以四麗五，柔進上行，以离接乾，是康侯用錫馬於王，晝日三接之象也。

《象》曰：「明出地上，晉。君子以自照明德。」鄭玄曰：地雖生萬物，日出於上，其功乃著。故君子法之，而以明自照其德。　虞翻曰：君子謂觀乾。乾爲德，坤爲自，离爲明。乾五動，以离日自照，故「以自照明德」也。**疏**鄭注　日出於地，進於天，以照地，故曰「明出地上，晉」。地有生物之功，必得「日以烜之」，長養乃著，故曰「日出於上，❸其功乃著」。君子「以明自照其德」，蓋法乎此也。　虞注　《觀》九五曰：「觀我生，君子无咎。」「君子謂觀乾」者，乾五也。乾可久爲德，坤成形爲自，离日爲明。乾五動則體离，以离日自照，故「以自照明德也」。俗本「照」作「昭」，孔疏引周氏等爲「照」，「之召反。以爲自照己身」，是也。

初六，晉如摧如，貞吉。罔孚，裕无咎。

虞翻曰：晉，進。摧，憂愁也。應在四，故「晉如」。失位，故「摧如」。動得位，故「貞吉」。應离爲罔，四坎稱孚，坤弱爲裕。欲四之五成巽，初受其命，故「无咎」也。**疏**「晉，進」，本《彖傳》。以「摧」爲「憂愁」，義複六二爻辭，何妥注六「摧，退也」。初應在四，爻皆失位。初之四爲進，

❶「曲禮注」，思賢本作「《洛誥》傳」。
❷「不」，思賢本作「非」。
❸「於」，原作「地」，今據思賢本及鄭玄注改。

故「晉如」。四之初爲退，故「摧如」。動而得位，故「貞吉」。應在离下，离爲罔罟。四體坎爲孚，坤體柔弱爲裕。四雖孚而在罔，變則四在坤而裕。四之正成巽，巽爲命。初已變震，正位得應。初受其命，故「无咎」矣。《象》曰：「晉如摧如，獨行正也。虞翻曰：初動震爲行，初一稱獨也。**疏** 初動爲震，震足爲行。初即一也，一即「獨」也。《方言》曰：「一，蜀也，南楚謂之獨。」郭注「蜀，獨也」。故云「初一稱獨」。初變震得正，故曰「獨行正也」。裕无咎，未受命也。」虞翻曰：五未之巽，故「未受命也」。**疏** 四之五體巽爲命，卦辭言「錫」，命錫自上。五未之正成巽，故初「未受命也」。

六二，晉如愁如，貞吉。虞翻曰：震爲。應在坎上，故「愁如」。得位處中，故「貞吉」也。**疏**「震爲」下有脱文，當云「震爲行，故晉如」，謂初已變，二在震也。二應五，在坎上，坎爲加憂，《說文》「愁，憂也」，故「愁如」。二得位處中，故「貞吉」。又五失位，變之正，與二相應爲「貞吉」。受茲介福，于其王母。虞翻曰：乾爲介福，艮爲手，坤爲虛，故稱受。介，大也。謂五已正中，乾爲王，坤爲母，故「受茲介福，于其王母」。**疏** 乾陽爲大善，爲福，故「爲介福」。互艮爲手，坤陰稱虛，手虛能受，故「稱受」。「介，大也」，本馬訓。五已變正爲乾，乾爲君，故「爲王」，坤爲母，故爲「王母」。二受五福，故「受茲介福，于其王母」也。《象》曰：「受茲介福，以中正也。」《九家易》曰：五動得正中，故二受大福矣。大福謂馬與蕃庶之物是也。**疏** 五動成乾，得正得中，二與五應，故「受大福矣」。大福即卦辭「錫馬蕃庶」之類也。

六三，衆允悔亡。虞翻曰：坤爲衆，允，信也，土性信，故「衆允」。三失正，與上易位，則「悔亡」，故《象》曰「上行也」。此則成小過，小過故有飛鳥之象焉。臼杵之利，見碩鼠出入坎穴，蓋取諸此也。**疏** 坤陰爲衆。「允，信也」，《釋詁》文。坤土爲信，故曰「衆允」。以六居三，失位當有悔。與上易位，各得其正，故「悔亡」。三之上，故《象》曰「上行也」。三上易位則成小過，小過自晉來，晉离爲雉，故「有飛鳥之象」。《繫下》言「臼杵之利，取諸小過」。以晉三互艮爲鼠，坎爲穴，見四碩鼠出入坎穴，而制爲臼杵，蓋取晉上之三成小過也。《象》曰：「衆

允之志，上行也。」虞翻曰：坎爲志，三之上成震，故曰「上行也」。疏互坎爲志。三之上則體震，震爲行，故曰「上行也」。

九四，晉如碩鼠，貞厲。《九家易》曰：碩鼠喻貪，謂四也。體离欲升，體坎欲降。游不度瀆，不出坎也。飛不上屋，不至上也。緣不極木，不出离也。穴不掩身，五坤薄也。走不先足，外震在下也。五伎皆劣，四爻當之，故曰「晉如碩鼠」也。疏互艮爲石、爲鼠。「碩」與「石」通，故爲「碩鼠」。《詩·魏風》曰「碩鼠碩鼠，無食我黍」，《序》曰「貪而畏人若大鼠」。四本諸侯之位，以陽居陰，而據坤田，有似碩鼠，故云「碩鼠喻貪，謂四也」。「碩」又與「鼫」通，故本亦作「鼫」。《説文》：「鼫鼠，五伎鼠也。」體离爲火，火炎上，故「欲升」。互坎爲水，水潤下，故「欲降」。「游不度瀆」者，四在坎中，不出水，故云「不出坎也」。「飛不上屋」者，四离爲飛，互艮止之，故云「不至上也」。「緣不極木」者，离於木爲折上槀，四在离下，故云「不出离也」。「穴不掩身」者，五止坤陰一爻，四在五下，土氣不厚，故云「五坤薄也」。「走不先足」者，四之初爲震，外應内始成震足，四欲走，而足在初，故云「外震在下也」。「五伎皆劣」，皆「四爻當之」，故曰「晉如碩鼠」。正居坎中則危，故曰「貞厲」。**《象》曰：「碩鼠貞厲，位不當也。」**翟元曰：碩鼠晝伏夜行，貪猥无已，謂雖進承五，然潛據下陰，久居不正之地，故有危厲也。疏襄廿三年《左傳》「抑君似鼠，晝伏夜動」，故云「晝伏夜行」。离日爲晝，五离中，故伏於五。坎月爲夜，四坎中，故行於坎。當晉之時，貪猥无已，雖欲進而承上，然實潛而據下，以陽居陰，是「久居不正之位」。「四多懼」，故「有危厲也」。

六五，悔亡，矢得勿恤。往吉无不利。

荀爽曰：五從坤動，而來爲离，离者，射也，故曰「矢得」。陰居尊位，故有悔也。以中盛明，光照四海，故「悔亡」，「勿恤」「吉无不利」也。疏「五從坤動」，來乾爲离。旅外爲离，六五曰「射雉，一矢亡」，故云「离者，射也」。《説卦》曰「离爲戈兵」，故曰「矢得」。六陰居五尊位，不正宜有悔。然處中向明，光照四海，故「悔亡」。且失位互坎，坎憂爲恤，宜有恤。然离矢得中，故无恤。往變得正，故「吉无不利也」。**《象》曰：「矢得勿恤，往有慶也。」**

虞翻曰：動之乾，乾爲慶也。「矢」古「誓」字，誓，信也。

勿，无。恤，憂也。五變得正，坎象不見，故「誓得勿恤，往有慶也」。疏 五動成乾，乾陽故「爲慶」。《釋言》「矢，誓也」。「矢」「誓」同音同物。《書・盤庚》「出矢言」。《詩・衛風》「永矢弗諼」，《論語》「夫子矢之」，「矢」皆訓「誓」，故知「矢爲古誓字」。《曲禮》曰「約信曰誓」，故云「誓，信也」。「勿」訓「无」，「恤」訓「憂」。五體互坎爲加憂，變得正，坎象不見，故「誓得勿恤」。五往成乾，故「往有慶也」。

上九，晉其角，虞翻曰：五已變之乾爲首，位在首上稱角，故「晉其角」也。疏 五已變正成乾，「乾爲首」，《説卦》文。位在首上，而又陽剛，且爻例亦上爲角，故「晉其角也」。惟用伐邑，厲吉无咎，貞吝。虞翻曰：坤爲邑，動成震，而體師象，坎爲心，故「維用伐邑」。得位乘五，故「厲吉无咎」而「貞吝」矣。疏 坤土，故「爲邑」。動而成震，自三至上，體有師象，互坎亟心爲心，故「惟用伐邑」。惟，❶思也，謂五。五未正體師，已正體坎，言思欲伐邑，謂五使上之三伐坤也。下乘五，故「厲」。變得位，故「吉无咎」。上變得正，故「貞」。下乘五，故「吝」。又离爲甲胄、爲戈兵，故有「伐邑」之象。《象》曰：「惟用伐邑，道未光也。」荀爽曰：陽雖在上，動入冥豫，故「道未光也」。疏 陽在离上，動則成豫，《豫・象》曰「利建侯行師」。行師侵伐，故「惟用伐邑」。《豫》上六曰「冥豫」，故「動入冥豫」。豫成离毁，冥則无光，故「道未光也」。

《序卦》曰：「進必有所傷，故受之以明夷。夷者，傷也。」《九家易》曰：日在坤下，其明傷也。言進極當降，復入于地，故曰「明夷」也。疏 日在坤上則明盛，日在坤下則明傷。言進極當降，日中則昃，故「復入于地」，而「曰明夷也」。

䷣ 离下 坤上

明夷，虞翻曰：夷，傷也。臨二之三，而反晉也。「明入地中」，故傷矣。疏「夷，傷也」，《序卦》文。❷從四陰二陽之例，卦自臨來，故云「臨二之三」。上六「初登于天」爲晉時，「後入于地」爲明夷，故云「反晉」。猶艮反震，兑反巽也。「明入地中」則明揜，故「傷也」。利艱貞。

❶「惟」，思賢本作「『維』當作『惟』」。
❷「序卦」，原作「説卦」，今據所引文改。

虞翻曰：謂五也。五失位，變出成坎爲艱，故「利艱貞」矣。

鄭玄曰：夷，傷也。日出地上，其明乃光，至其入地，明則傷矣，故謂之明夷。日之明傷，猶聖人君子有明德，而遭亂世，抑在下位，則宜自艱，无幹事政，以避小人之害也。疏虞注　五爲卦主，故「謂五也」。五失位不正，變而成坎，坎險爲艱，正而在險，不利亦利也。五曰「箕子之明夷」，「内難而能正其志」，「利艱貞」之義也。　鄭注　日出地上則明，日入地中則傷，故曰「明夷」。日有聖人君子之象，明如明德，傷則如遭亂世而在下位也。其明既傷，宜守艱貞，「以避小人之害」。即《彖傳》所引文王、箕子，是其義也。

《象》曰：「明入地中，明夷。」蜀才曰：此本臨卦也。　案　夷，滅也。九二升三，六三降二，明入地中也。明入地中，則明滅也。疏卦自臨來，故云「此本臨卦也」。「夷」又訓「滅」者，❶滅於文从戌，坤土也。从火，离火也。火在土下爲威。又互坎水，故「夷」訓「滅」。臨九二升三，六三降二，反晉互坎，爲「明入地中」也。「明入地中，則明滅」。**內文明而外柔順，以蒙大難，**荀爽曰：明在地下，爲坤所蔽，大難之象。大難，文王君臣相事，故言大難也。疏「明入地中」，爲坤陰所蔽，「大難之象」也。以文王爲臣，遇紂爲君，故「言大難」。　案　坤爲文，二五之乾成离爲明，故曰「文明」。《雜卦》曰「乾剛坤柔」，《説卦》曰「坤，❷順也」，故曰「柔順」。离在内爲文明，坤在外爲柔順，文王有文明柔順之德，而臣事殷紂，幽囚著《易》，故曰「以蒙大難」。**文王以之。**虞翻曰：以，用也。三喻文王。「大難」謂坤，坤爲弑父。迷亂荒淫，若紂殺比干。三幽坎中，象文王之拘羑里。震爲諸侯，喻從文王者。紂懼出之，故「以蒙大難」，得身全矣。疏「以，用也」，王肅謂文王能用之，是也。三爲三公，故「喻文王」。「大難謂坤」者，坤陰消陽爲弑父。比干，紂之諸父，故云「迷亂荒淫，若紂殺比干」也。三互坎爲獄，三幽坎獄中，故「象文王拘羑里」也。三又互震爲諸侯，襄四年《左傳》「文王帥殷之叛國以事紂」，故云「喻從文王者」。文王有文明柔順之德，三分有二以服事殷紂，遂出之。雖

❶ 「夷又」至下文「爲威」，思賢本作「《説文》『戌，威也，土生於戌，盛於戌』。威，滅也，火死於戌，陽氣至戌而盡，滅，盡也，从水威。卦坤土离火」。

❷ 「説卦」，原作「序卦」，今據所引文改。

蒙大難，得身全矣，故曰「文王以之」。**利艱貞，晦其明也。内難而能正其志，箕子以之。**」虞翻曰：箕子，紂諸父，故稱「内難」。五乾天位，今化爲坤，箕子之象。坤爲晦。箕子正之，出五成坎，體离重明麗正，坎爲志，故「正其志」。「箕子以之」，而紂奴之矣。**疏**《書・微子篇》稱「箕子」爲「父師」，故知箕子爲「紂諸父」也。同姓之卿，故「稱内難」。六五稱「箕子之明夷」，故云「五乾天位，今化爲坤，箕子之象」也。月三十日滅坤，故「坤爲晦」。乾爲大明，故「晦其明」。五位不正，箕子以之，故變而成坎爲既濟，體互兩离，重明麗正，坎心爲志，位皆得正，故曰「正其志」。箕子以正自守，未出坎險，故以仁人而爲紂所囚也。

《象》曰：「明入地中，明夷。君子以莅衆，用晦而明。」虞翻曰：而，如也。君子謂三。體師象，以坎莅坤。坤爲衆，爲晦，离爲明，故「用晦如明」也。**疏**《詩・小雅》「垂帶而厲」，鄭箋「而亦如也」，《孟子》「望道而未之見」，❶注云「而通如」，《齊策》「而此三者」，注云「而猶如也」，故云「而，如也」。臨二之三得正，故「君子謂三」。二至上體師，《師・彖傳》曰「師，衆也」。師衆即坤衆也。師「以坎莅坤」，明夷體師，亦以坎莅坤。坤陰爲衆，滅乙爲晦，离日爲明。「用晦如明」者，雖在晦，猶自明也。

初九，明夷于飛，垂其翼。君子于行，三日不食。荀爽曰：火性炎上，离爲飛鳥，故曰「于飛」。爲坤所抑，故曰「垂其翼」。陽爲君子，三者，陽德成也。日以喻君，不食者，不得食君禄也。陽未居五，陰暗在上，初有明德，恥食其禄，故曰「君子于行，三日不食」也。**疏**离爲火，火曰炎上，本乎天者親上，飛象也。《説卦》曰「离爲雉」，郭璞《洞林》曰「离爲朱雀」，故「爲飛鳥」而曰「于飛」也。明入地中，爲坤所抑，故「垂其翼」。昭五年《左傳》曰「日之謙當鳥，飛不翔，垂不峻，翼不廣」。初體离，而在坤下，故有是象也。且晉時离在坤上，今反在坤下，故垂也。《泰・彖傳》曰「君子道長」，君子謂三陽。《左傳》曰「象日之動也，❷故曰君子于行」，

---

❶「孟子」至下文「而猶如也」，思賢本作「《孟子》『請野九一而助』趙岐注，《齊策》『威王不應，而此者三』高誘注，并云『而，如也』」。

❷「左傳曰」，思賢本作「昭五年《傳》又曰」。「也」，思賢本無此字。

是知「陽爲君子」。《春秋元命包》曰「陽成於三」，故云「三者，陽德成也」。日象陽，故「喻君」。晉初動，體噬嗑，《雜卦》曰「噬嗑，食也」。明夷反晉，故「不食」，謂不食君禄也。陽在初，未居於五，坤以陰暗在上，故陽有离明之德，恥食其禄。初應四，震爲行。自初至四，三爻爲三日。故曰「君子于行，三日不食」也。

有攸往，主人有言。《九家易》曰：四者，初應，衆陰在上爲「主人」也。初欲上居五，則衆陰有言，言謂震也。四五體震爲雷聲，故曰「有攸往，主人有言」也。疏 四者，初之應也。自内曰「往」，故「有攸往」。震主器爲主人，坤衆陰在上，故互震爲主人也。初欲應四，上居於五，四互震而在坤體，「躁人辭多」，故云「衆陰有言，言謂震也」。震雷爲聲，且爲行。應在震，故曰「有攸往，主人有言也」。

《象》曰：「君子于行，義不食也。」荀爽曰：暗昧在上，有明德者，義不食禄也。疏「暗昧在上」，謂坤也。「有明德者」，謂离在下也。离初得位，以義自安，不食暗君之禄，故云「義不食禄也」。

六二，明夷于左股，用拯馬壯，吉。《九家易》曰：左股謂初，爲二所夷也。离爲飛鳥，蓋取小過之義。鳥飛舒翼而行。夷者，傷也。今初傷垂翼在下，故曰「明夷于左股」矣。九三體坎，坎爲馬也。二應與五，三與五同功。二以中和應天，應天合衆。欲升上三，以壯於五，故曰「用拯馬壯，吉」。　案　初爲足，二居足上，股也。二互體坎，坎主左方，左股之象也。疏《九家》注《管子·宙合》曰「君立於左，臣立於右，故君臣之分」，❶是左陽右陰，故陽稱左。《周書·武順》曰「天道尚左」，初陽爲左，故「左股爲初」。二來初成离，故「爲二所傷」。初四易位爲小過，小過有飛鳥之象，故云「离爲飛鳥，蓋取小過之義」。小過中實，上下皆虚，故象「鳥飛舒翼而行」。初曰「明夷于飛，垂其翼」，是「初傷垂翼在下」，故二曰「明夷左股矣」。二承三，互坎美脊爲馬。三升五，二正應之，故云「二應與五」。「三與五同功」，故得升五。以五虚无君，陽得升也。二執中含和，上應九五，以合衆爻，五爲天位，故云「二以中和應天，應天合衆」也。「拯」，《子夏傳》作「抍」，《説文》云「上舉也」，❷亦引作「抍」。❸蓋抍之言

❶「故」，思賢本作「此」。

❷「説文云上舉也」，思賢本作「《説文》『抍，上舉也』」。

❸「亦引作抍」，思賢本作「引此亦作『抍』」。

升。三升五，則二得其應，故「欲上升三，以壯於五，而曰用拯馬壯」。五變之正，故吉也。　愚案　壯者，傷也。言拯馬之傷，故吉也。　案　爻例初爲足，二居足上，故爲「股」。三互四體坎主左方，故曰「左股」。　愚案　卦自臨來，臨震伏巽，巽爲股，震東方居左，故曰「左股」。《象》曰：「六二之吉，順以則也。」《九家易》曰：二欲上三居五爲天子，坎爲法律，君有法則，衆陰當順從之矣。**疏** 二欲三升居五體坎，五位爲天子，坎水平爲法律，天子而有法則，衆陰當順從之。三升則二體坤爲順，故曰「順以則也」。

九三，明夷于南狩，得其大首，不可疾貞。《九家易》曰：歲終田獵，名曰狩也。南者，九五，大陽之位，故稱「南」也。暗昧道終，三可升上，而獵於五，得據大陽首位，故曰「明夷于南狩，得其大首」。自暗復明，當以漸次，不可卒正，故曰「不可疾貞」也。**疏**《釋天》「冬獵爲狩」，故云「歲終田獵，名曰狩也」。天子有南面之尊，故云「南者，九五」。九五爲乾，乾陽爲大，故「大陽之位，稱南也」。离居坤下，爲「暗昧」，三居离上爲「暗昧道終」。三陽五陰，五虛无君，陽主升，三五同功，故「三可升上，而獵於五」。得據九五大陽首位，故曰「明夷于南狩，得其大首」。明夷之世，用晦而明，不可驟正五位，故云「自暗復明，當以漸次，不可卒正」。疾，速也，故曰「不可疾貞」。　案　二至上體師，以坎征坤，故曰「狩」。离，南方之卦，故曰「南狩」。三本离上也，《离》上曰「有嘉折首」，故曰「得其大首」。坎爲疾，「疾貞」者，正乎坎也，言當征五成既濟也。《左傳》季札聞歌《周南》《召南》曰「美哉，❶猶有憾」，謂疾貞也。之五得正，故曰「不可疾貞」也。《象》曰：「南狩之志，乃大得也。」案：冬獵曰狩也。三互离坎，离南坎北，北主於冬，故曰「南狩」。五居暗主，三處明終，履正順時，拯難興衰者也。以臣伐君，故假言狩。既獲五上之大首，而三志「乃大得也」。**疏**「冬獵曰狩」，義本《爾雅》。三體离互坎。坎居正北，冬至日在坎，坎冬主狩离位南，故曰「南狩」。坤陰在五，故云「五居暗主」。爻在离三，故云「三處明終」。三得位，故云「履正順時」。上承陰暗，故宜「振難興衰」。以臣伐君，非義之正，故「假言南狩」。

❶「左傳」至下文「不可疾貞也」，思賢本無。

「三與五同功」，又與上應，故「獲五上之大首」。坎爲志，故「三志乃大得也」。言「乃」者，宣八年《公羊傳》曰「乃難乎而」，亦「不可疾貞」之義也。

六四，入于左腹，獲明夷之心，于出門庭。荀爽曰：陽稱左，謂九三也。腹者，謂五居坤，坤爲腹也。四得位比三，應於順首，欲上三居五，以陽爲腹心也。故曰：「入于左腹，獲明夷之心。」言三當出門庭，升五君位。　干寶曰：一爲室，二爲户，三爲庭，四爲門，故曰「于出門庭」矣。疏荀注　三陽稱左，故「左謂九三也」。外坤爲腹，故「腹謂五居坤」也。四得正位，下比於三，居坤之始，故云「處於順首」。欲三上居於五，以陽爲心腹，故曰「入于左腹」。三升五體坎爲心，故曰「獲明夷之心」。三在离明，互震爲出，五虚无君，故「言三當出門庭，升五君位」也。　案　坤爲腹，互震爲左，伏巽爲入，故「入于左腹」。初四易位成艮爲門闕，故爲門庭。互震故出。明夷之心，三坎也。三四内外之閒，當門庭之處。故「獲明夷之心，于出門庭」。　干注　室在内，故「初一爲室」。室之口曰户，故「二曰户」。庭在室外，故「三爲庭」。内爲户，外爲門，故「四爲門」。三陽奇，有庭象。四陰偶，有門象。故曰「于出門庭」。

《象》曰：「入于左腹，獲心意也。」《九家易》曰：四欲上三居五爲坎，坎爲心，四以坤爻爲腹，故曰「入于左腹，獲心意也」。疏四比三，欲三上居五成坎。坎亟心爲心，五坤爲腹，坎入居之。故曰「入于左腹，獲心意也」。

六五，箕子之明夷，利貞。馬融曰：箕子，紂之諸父，明於天道，《洪範》之九疇，德可以王，故以當五。知紂之惡，無可奈何，同姓恩深，不忍棄去，被髮佯狂，以明爲暗，故曰「箕子之明夷」。卒以全身，爲武王師，名傳無窮，故曰「利貞」矣。疏五君位，而以箕子當之者，上六，紂也。六五得中，紂不足以當之。「箕子，紂之諸父」，同姓之親也。《史記》：「武王克殷，訪問箕子以天道。箕子以《洪範》陳之。」《書·洪範》曰：「禹乃嗣興，天乃錫禹《洪範》九疇，彝倫攸敘。」故曰「明于天道，《洪範》之九疇」。箕雖爲臣，然德可以王，故「以當五」。《史記·宋世家》：「紂爲淫泆，❶箕子諫，不聽。人或

❶「宋」，原作「殷」，今據思賢本及所引文改。

曰：『可以去矣。』箕子曰：『爲人臣，諫不聽而去，是彰君之惡而自説於民，吾不忍也。』❶乃披髮佯狂而爲奴。」❷故「知紂之惡，無可奈何，同姓恩深，不忍棄去，披髮佯狂」也。❸「以明爲暗」者，即「自晦其明」也。故曰「箕子之明夷」。然明在二，而五則晦以全身，傳《洪範》以爲武王師，名垂无窮，故曰「利貞」也。 愚案 「利貞」者，即《彖傳》「利艱貞」也。變正則能正其志，故曰「利貞」。**《象》曰：「箕子之貞，明不可息也。」**侯果曰：體柔履中，内明外暗。羣陰共掩，以夷其明。然以正爲明，而不可息，以爻取象，箕子當之，故曰「箕子之貞，明不可息也」。**疏**六爲體柔，五爲履中。内應离爲明，外體坤爲暗。坤陰共掩，离明已傷。然二以正爲明，而羣陰不能滅，象取箕子，故曰「箕子之貞，明不可息也」。又五變正，則重明麗正，故不息。

上六，不明晦。初登于天，後入于地。

虞翻曰：應在三，离滅坤下，故「不明晦」。晉時在上麗乾，故「登于天，照四國」。今反在下，故「後入于地，失其則」。**疏**三體居离之上，上正應之，故云「應在三」。坤滅藏於癸，坤上离下，故「离滅坤下」。坤冥爲晦，故「不明而晦」也。晉時明在上而麗於乾，故曰「登天，照四國」也。今明夷反晉，明在坤下，故曰「後入于地，失其則」也。**《象》曰：「初登于天，照四國也。後入于地，失則也。」**侯果曰：最遠于陽，故曰「不明晦」也。「初登于天」，謂明出地上，下照于坤。坤爲衆國，故曰「照于四國也」，喻陽之初興也。「後入于地」，謂明入地中，晝變爲夜，暗晦之甚，故曰「失則也」。况紂之亂世也，此之二象，言晉與明夷，往復不已。故見暗則伐取之，亂則治取之，聖人因象設誡也。**疏**「最遠于陽」，謂遠三也，遠故「不明而晦也」。「初登于天」，謂晉時也。晉時明出地上，下照於坤。坤衆爲國，《乾鑿度》曰「陽三陰四」，故爲「四國」。《离·象》曰「大人以繼明照于四方」，故曰「照四國也」，所以譬喻陽氣之初興也。「後入于地」，謂明夷也。明入地中，晉晝變而爲夜，暗晦甚矣。三坎爲則，三在下，不應上，上失之，故曰「失則也」，所以比况紂之亂世也。二象，

❶「忍」下，思賢本有「爲」字。
❷「披」，思賢本作「被」。
❸「披」，思賢本作「被」。

謂坤离也。陰陽遞嬗，晝夜循環，故「晉與明夷，往復不已」也。物極則反，故見君之「暗則伐取之」，見世之「亂則治取之」，聖人因二象以設誡也。

同邑王蕃汝屏校

周易集解纂疏卷十四

周易集解纂疏卷十五

唐李鼎祚集解　安陸李道平遵王纂疏

《序卦》曰：「傷於外者，必反於家，故受之以家人。」韓康伯曰：傷於外者，必反諸内也。

疏《孟子》曰「行有不得者，皆反求諸己」，故「傷於外者，必反修諸内也」。家人所以次明夷也。注疏本作「反修諸内」，義更備，故從之。

䷤离下巽上

家人，利女貞。虞翻曰：遯初之四也。女謂离巽，二四得正，故「利女貞」也。馬融曰：家人以女爲奥主。長女中女，各得其正，故特曰「利女貞」矣。疏虞注從四陽二陰之例，卦自遯來，故云「遯初之四也」。二位大夫，又在内，故稱家。离二正内，應在乾五，乾陽生爲人，故名「家人」。「女謂离巽」者，离爲中女，巽爲長女。二體离，四體巽，二四皆得正位，故曰「利女貞」。馬注《禮器》「奥者，❶老婦之祭也」，故云「家人以女爲奥主」。鄭《禮》注云「奥，當作爨」，非馬義也。离巽各得其正，故「利女貞」也。

《彖》曰：「家人，女正位乎内，男正位乎外。王弼曰：謂二五也。家人之義，以内爲本者也，故先説女矣。疏「女正位乎内」，謂二陰也。「男正位乎外」，謂五陽也。家人之義，始於刑妻，故「以内爲本」而「先説女」也。又易氣從下生，是以《彖傳》之例，皆先内而後外。亦以卦名家人，故先女而後男也。男女正，天地之大義也。虞翻曰：遯乾爲天，三動坤爲地。男得天正於五，女得地正於二，故「天地之大義也」。疏卦自遯來，故遯乾爲天，三動成坤爲地。五於三才爲天道，故「男得天正於五」。二於三才爲地道，故「女得地正於二」。乾天坤地，故曰「天地之大義也」。家人有嚴君焉，

❶「禮器」，原作「禮運」，今據思賢本及所引文改。

父母之謂也。荀爽曰：离巽之中有乾坤，故曰「父母之謂也」。　王肅曰：凡男女所以能各得其正者，由「家人有嚴君」也。家人有嚴君，故父子夫婦，各得其正。家家咸正，而天下之治大定矣。　案　二五相應，爲卦之主。五陽在外，二陰在內，父母之謂也。疏荀注　坤初之乾成巽，坤二之乾成离，故「离巽之中有乾坤」。《説卦》：「乾，天也，故稱乎父。坤，地也，故稱乎母。」离巽成於乾坤，故曰「父母之謂也」。　王注　「乾道成男，坤道成女」，乾坤正於上，則男女正乎下，故男女正，由家有父母爲嚴君也。鄭注《禮大傳》云「嚴猶尊也」，君道嚴威，故曰「嚴」。「乾以君之」，故曰「君」。《孝經》曰：「親生之膝下，以養父母曰嚴。」《泰·象傳》曰「后以裁成天地之道」，《復·象傳》曰「后不省方」，皆指坤。《釋詁》曰：「后，君也。」故乾父坤母，皆有嚴君之義。家有嚴君，則人各得其正。一家正，則家家正，家家正，則天下之治大定矣。

案　二五得位相應，爲卦之主。五陽在外，父象也。二陰在內，母象也。故曰「父母之謂也」。母亦謂之君者，猶父之父爲王父，父之母爲王母，又舅曰君，舅姑曰君姑之義也。**父父子子，兄兄弟弟，**虞翻曰：遯乾爲父，艮爲子。三五位正，故「父父子子」。三動時，震爲兄，艮爲弟。初位正，故「兄兄弟弟」。疏卦自遯來，故以遯乾五爲父，艮三爲子。三五位皆得正，故曰「父父子子」。家人三動時，震一索得男爲兄，艮三索得男爲弟。初五位得正。不言五者，蒙上省文也。兄先弟後，故曰「兄兄弟弟」。**夫夫婦婦，**虞翻曰：三動時，震爲夫。巽四爲婦。初四位正，故「夫夫婦婦」也。疏三動時，震一夫之行故「爲夫」。四體巽爲婦。初四位皆得正，夫內成，婦外成，故曰「夫夫婦婦」也。**而家道正，正家而天下定矣。」**荀爽曰：父謂五，子謂四。兄謂三，弟謂初。夫謂五，婦謂二也。各得其正，故「天下定矣」。　陸績曰：聖人教先從家始，家正而天下化之，「修己以安百姓」者也。疏荀注　「父謂五」，乾陽也。「子謂四」，四承五也。兄三弟初，皆陽爻也。「夫謂五」，乾陽也。「婦謂二」，坤陰也。上不得正，故不與。五爻皆得其正，故「天下定矣」。　陸注　《大學》曰「古之欲明明德於天下者，先治其國。欲治其國者，先齊其家」，故「聖人之教，先從家始。家正則天下化之也」。「修己以安百姓」，《論語》文。引之以明「正家而天下定」也。　案　上變則六爻皆正，成既濟定，故曰「正家而天下定矣」。

《象》曰：「風自火出，家人。」馬融曰：木生火，火以木，爲家，故曰「家人」。火生於木，得風而盛，猶夫婦之道，相須而成。疏 巽爲風，又爲木，巽木生离火，故云「火以木爲家」，而謂之家人也。「火生於木，得風而盛」者，蓋火天氣，風地氣，火生於木，❶得風而火盛，猶男女之道，相須而成也。君子以言有物而行有恒。」荀爽曰：風火相與，必附於物。物大火大，物小火小。君子之言，必因其位。位大言大，位小言小。「不在其位，不謀其政」。故「言有物」也。大暑爍金，火不增其烈。大寒凝冰，火不損其熱。故曰「行有恒」矣。疏 此釋未協經義。愚案 「君子」謂九三，遯艮「賢人」也。三互坎爲法則。《禮·哀公問》「『敢問何謂成身』，孔子對曰『不過乎物』」，《詩·蒸民》曰「有物有則」，言「物」而「則」在其中也。《説文》「恒，常也」，《禮·月令》「文繡有恒」，言有常法也。三動成震，震聲爲言，震足爲行。言行未動，法則已具，故「言有物而行有恒」。《繫上》言「君子居其室，言出乎身，加乎民，行發乎邇，見乎遠」，故「言行」爲家人之要務。且風火性急，言行應違，見乎千里之外，其機亦速。君子觀風火之象，而知言行不可不慎也。又三與上應，上九《象》曰「反身之謂也」，故有物有恒，以修身端，齊家之本也。

初九，閑有家，悔亡。《象》曰：「閑有家，志未變也。」荀爽曰：初在潛位，未干國政，閑習家事而已，未得治官，故「悔」。居家理治，可移於官，守之以正，故「悔亡」，而未變從國之事，故曰「志未變也」。疏 《乾》初九曰「潛龍勿用」，故云「初在潛位」。《家人》九五曰「王假有家」，國政也。初爲士，遠於五，故云「未干國政」。《釋詁》「閑，習也」。初爲家人之始，故但「閑習家事而已，未得治官」。其時困，宜有悔。《君陳》曰「惟孝，友于兄弟，施于有政」，孔子曰「是亦爲政」，故云「居家理治，可移於官」。初得正，故「守之以正」，而「悔亡」也。尚未變從國事，故曰「志未變也」。愚案 馬注云：「閑，闌也，防也。」《説文》：「閑，闌也。从門中有木。」卦自遯來，遯艮爲門。初四易位成巽，巽木應初，門中有木，艮以止之，故曰閑。王注云「凡教在初而法在始」，故曰「閑有家」。坎險在前，故有悔。體离明，初爻剛得正有應，故

❶「木」，原作「風」，今據思賢本及馬融注改。

「悔亡」也。應在坎，坎爲志，爻皆得正爲閑，故曰「志未變也」。

六二，勿攸遂，在中饋，貞吉。 荀爽曰：六二處和得正，得正有應，有應有實，陰道之至美者也。坤道順從，故无所得遂。「供肴中饋，酒食是議」，故曰「中饋」。居中守正，永貞其志則吉，故曰「貞吉」也。**疏**以六居二，處和得正。已得正位，外有正應。陰處陽實，有應而又有實。故爲「陰道之至美者也」。桓八年《公羊傳》「遂者何？生事也。大夫無遂事」，何休注「專事之辭」。夫子制義，婦道无成。故云「坤道順從，而无所得遂」也。鄭云：「爻體离，又互坎。火位在下，水在上，飪之象也。饋，食也。故云『供肴中饋，酒食是議』」，《詩·斯干》文。二在中，故曰「中饋」。二爲居中，六爲守正，與五正應，惟永貞其志，則必獲吉，故曰「貞吉也」。❶**《象》曰：「六二之吉，順以巽也。」**《九家易》曰：謂二居貞，巽順於五，則吉矣。**疏**二得位爲居貞，外應巽五，剛柔相得，故巽順於五，則吉矣。

九三，家人嗃嗃，悔厲吉。婦子嘻嘻，終吝。 王弼曰：以陽居陽，剛嚴者也。處下體之極，爲一家之長。行與其慢也，寧過乎恭。家與其瀆也，寧過乎嚴。是以家雖嗃嗃，悔厲猶得吉也。婦子嘻嘻，失家節也。　侯果曰：嗃嗃，嚴也。嘻嘻，笑也。**疏**王注　陽爻陽位，故云「以陽居陽」。乾德剛健，乾道威嚴，故云「剛嚴者也」。三處下體之極，爲一家之主，貴乎剛嚴，過恭過嚴，非中和之道。然與其慢，毋寧恭，與其瀆，毋寧嚴，即孔子寧戚寧儉之意。「嗃嗃」，劉作「熇熇」。犍爲舍人，❷《爾雅》注云「嗃嗃，盛烈也」，《内經》岐伯言「無刺熇熇之熱」是也。❸「嘻嘻」，張作「嬉嬉」，陸作「喜喜」。鄭注：「嗃嗃，苦熱之意。嘻嘻，驕佚自笑之意。」是以家雖嗃嗃，悔其過厲，然終得吉也。若縱其婦子嘻嘻，喜笑失乎家節，故「終吝」也。　侯注　《説文》「嗃嗃，嚴酷貌」，故云「嗃嗃，嚴也」。《史記·魏其武安侯傳》「夫怒因嘻笑」，

❶「貞」上，原衍「永」字，今據家人卦六二爻辭及荀爽注删。

❷「犍爲舍人」至下文「盛烈也」，思賢本作「《釋訓》『謞謞』，舍人云『盛烈貌』」，「熇」「謞」音義同」。

❸「刺」，原作「制」，今據思賢本及所引文改。

故云「嘻嘻，❶笑也」。《象》曰：「家人嗃嗃，未失也。婦子嘻嘻，失家節也。」《九家易》曰：別體異家，陰陽相據，喜樂過節也。別體異家，謂三五也。陰陽相據，三五各相據陰，故言「婦子」也。**疏**內外二卦爲「別體異家」。「陰陽相據」則和，和故「喜樂過節也」。三與五同功，而三居內，五居外，故「別體異家，謂三五也」。「陰陽相據」者，三據二，五據四，故「三五各相據陰」。三體离中女爲婦，互坎中男爲子，故「言婦子也」。　案　孔疏云：「初雖悔厲，似失於猛，終无慢黷，故曰『未失也』。若縱其嘻嘻，初雖歡樂，『失家節』者也。」

六四，富家大吉。《象》曰：「富家大吉，順在位也。」虞翻曰：三變體艮，艮爲篤實，坤爲大業。得位應初，順五乘三，比據三陽，故曰「富家大吉」。「順在位也」，謂順於五矣。**疏**三變則四體艮，艮成始成終，故「爲篤實」。「富有之謂大業」，故「坤爲大業」。《禮運》曰：「天生時而地生財。」《誥志》曰：「地作富。」坤爲地，故富也。六居四爲得位，初正應爲應初。上順五，下乘三。初爻皆陽，❷故云「比據三陽」。陽爲大、爲吉，故曰「富家大吉」。得位順五，故曰「順在位也，謂順於五矣」。

九五，王假有家，勿恤吉。陸績曰：假，大也。五得尊位，據四應二，以天下爲家，故曰「王大有家」。天下正之，故无所憂則吉。**疏**「假，大也」，《釋詁》文。五乾爲君，故云「五得尊位」。近據四，下正應二，羣陰順從。王者以天下爲家，故曰「王大有家」。三坎爲恤，三變則五交二而勿恤。「正家而天下定」，故无所憂而吉也。　案　王弼注云「假，至也」。《口訣義》引先儒云「猶如舜能治家，處於嬀汭，即是歸讓至焉」，義亦可通。《象》曰：「王假有家，交相愛也。」虞翻曰：乾爲愛也，二稱家。三動成震，五得交二，初得交四，故「交相愛」，震爲交也。**疏**乾元爲仁，故「爲愛」。二位大夫，故「稱家」。三動成震，交互其閒。故五陽得交二陰，初陽得交四陰，爲「交相愛也」。乾交坤自震始，故「震爲交」。《屯·彖傳》曰「剛柔始交」，是其義也。

上九，有孚威如，終吉。虞翻曰：謂三已變，

❶「嘻嘻」，原不重文，今據思賢本及家人卦九三爻辭改。
❷「初爻」，草堂本作「初三五」。

與上易位成坎，坎爲孚，故「有孚」。乾爲威。如，自上之坤，故「威如」。易則得位，故「終吉」也。**疏**三已變，與上易位成坎，《坎》卦辭曰「習坎有孚」，故曰「有孚」。遯乾爲君，君德威嚴，故曰「威」。如，往也。自上之坤，故曰「威如」。易位得正，故「終吉也」。　愚案　上應三，體坎爲「有孚」，上體乾爲「威如」。敬信之道，所以修身，所以齊家，即所以治國。上爲終，故「終吉」也。《象》曰：

「威如之吉，反身之謂也。」虞翻曰：謂三動坤爲身，上之三成既濟定，故「反身之謂」。此「家道正，正家而天下定矣」。**疏**三動成坤，坤形爲身。上之三，三上易位成既濟定。「言有物行有恒」，故曰「反身之謂也」。蹇、觀皆上反三，❶亦云「反身」是也。「正家而天下定」，上變成既濟時也。故引《彖傳》文以明之。

《序卦》曰：「家道窮必乖，故受之以睽。睽者，乖也。」崔憬曰：婦子嘻嘻，過在失節，失節則窮，窮則乖，故曰「家道窮必乖」。**疏**嘻嘻失節，必至蕩檢踰閑，而家道窮矣。窮則家人乖离，故「家道窮必乖」而「受之以睽」也。

䷥ 兑下离上

睽，小事吉。虞翻曰：大壯上之三，在《繫》蓋取无妄二之五也。小謂五，陰稱小。得中應剛，故吉。鄭玄曰：睽，乖也。火欲上，澤欲下，猶人同居而志異也，故謂之睽。二五相應，君陰臣陽，君而應臣，故「小事吉」。**疏**虞注　從四陽二陰之例，自大壯上之三也。「在《繫》蓋取」者，在《繫辭》「蓋取」十三卦也。《繫下》曰：「弦木爲弧，剡木爲矢。弧矢之利，以威天下，蓋取諸睽。」虞彼注云「无妄五之二」。蓋以《彖傳》曰「柔進而上行」，故據「蓋取」以明之也。六五陰爻，故「小謂五」。陽大陰小，故「陰稱小」。五得中位，應乾伏陽，故「小事吉」也。　鄭注　「睽，乖也」，《序卦》文。离火在上，故「欲上」。兑澤在下，故「欲下」。猶二人同居而各異其志也，故謂之睽。二五剛柔相應，五君爲陰，二臣爲陽。陽大陰小，以君應臣，故「小事吉」也。

《象》曰：「睽，火動而上，澤動而下。」虞

❶「皆」，思賢本無此字。

翻曰：离火炎上，澤水潤下也。疏《洪範》曰：「火曰炎上，水曰潤下。」卦自无妄來，二上之五，體离爲火，故云「离火炎上」也。五下之二，體兑爲澤，故云「澤水潤下也」。

二女同居，其志不同行。虞翻曰：二女，离兑也。坎爲志，离上兑下。无妄震爲行，巽爲同，艮爲居。二五易位，震巽象壞，故「二女同居，其志不同行」也。疏离爲中女，兑爲少女，故「二女」謂「离兑也」。互坎爲志。离上兑下，睽也。在无妄震足爲行，巽震「同聲相應」爲同，艮門闕爲居。二五易位，无妄變睽，震巽象壞，故「二女同居，其志不同行也」。

説而麗乎明，柔進而上行，得中而應乎剛，虞翻曰：説，兑。麗，离也。明謂乾，當言大明以麗於晉。柔謂五。无妄巽爲進，從二之五，故「上行」。剛謂應乾五伏陽，非應二也。與鼎五同義也。疏《説卦》「兑，説也」，故云「説，兑」。「离，麗也」，故云「麗，离也」。《乾·彖傳》曰「大明終始」，故「明謂乾」。《晉·彖傳》曰「順而麗乎大明」，故云「當言大明以麗於晉」。「麗」訓偶，謂比偶於晉也。柔謂五，五本二也，五從二來。在无妄時，巽進退爲進，二之五，故曰「上行」。睽與蹇旁通，故五有伏陽，乾伏五下。六五得中，而應乾五伏陽，故曰「得中而應乎剛」。二五皆失位，例變之正，五柔應二剛爲不義之應，故知「剛謂應乾五伏陽，非應二也」。《鼎·彖傳》曰「得中而應乎剛」，與屯旁通，剛應伏陽，故「與鼎五同義也」。

是以小事吉。荀爽曰：「小事」者，臣事也。百官異體，四民殊業，故睽而不同。剛者，君也。柔得其中而進於君，故言「小事吉」也。疏以「小事」爲「臣事」者，陰爲小也。「百官異體，四民殊業」，「睽而不同」之象也。剛爲天德，乾爲天爲君，故「剛者，君也」。五柔得中，變正應乎君位。二變應之，陰利承陽，陰爲小，故「小事吉也」。

天地睽而其事同也，王肅曰：高卑雖異，同育萬物。虞翻曰：五動乾爲天，四動坤爲地，故「天地睽」。坤爲事也，五動體同人，故「事同」矣。疏王注　天高地卑，勢雖睽異，然天地位而萬物育，是高卑異而育物之事自同也。虞注　五動體乾，故「乾爲天」。四動互坤，故「坤爲地」。乾上坤下，其象爲否，故曰「天地睽」。《坤》「發於事業」，故「爲事」。五動體象同人，故「其事同也」。

男女睽而其志通也，侯果曰：出處雖殊，情通志合。虞翻曰：四動艮爲男，兑爲女，故「男女睽」。坎爲志爲通，故「其志通也」。疏侯

注　男正位外爲出，女正位内爲處。出處雖睽，而男女之情志則通也。　虞注　四動變艮爲少男，體兑爲少女。二少相感，男下乎女，其體爲咸。今上下易位，故曰「男女睽」。互坎心爲志，又爲通，故曰「其志通也」。　**萬物睽而其事類也，**崔憬曰：萬物雖睽於形色，而生性事類，言亦同也。　虞翻曰：四動，「萬物出乎震」，「區以别矣」，故「萬物睽」。坤爲事、爲類，故「其事類也」。**疏**崔注　萬物並育，形色攸殊。而生性一源，其事相類。故「言亦同也」。　虞注　四動體震。「萬物出乎震」，《説卦》文。「區以别矣」，《論語》文。變震爲生，體兑爲殺，故萬物區别而爲睽也。坤發事業爲事，坤方類聚爲類，故曰「其事類也」。**睽之時用大矣哉。」**《九家易》曰：乖离之卦，於義不大。而天地事同，共生萬物，故曰「用大」。

盧氏曰：不言「義」而言「用」者，明用睽之義至大矣。**疏**《九家》注　乖离之卦，其辭曰「小事吉」，人或以爲「於義不大」。不知天地事同，共生萬物，其用最大。故特著其時，使人不得小視睽用也。　盧注　諸卦言「時大」者，如頤、解、革，皆但言「時」，如豫、隨、遯、姤、旅，皆言「時義」，唯睽與坎、蹇，皆言「時用」。用者，用其義也，故曰「明用睽之義至大矣」。　案　體离爲夏，互坎爲冬，體兑爲秋，四變震爲春，故曰「時」。非常之義，❶故曰「時用」也。

《象》曰：「上火下澤，睽。荀爽曰：火性炎上，澤性潤下，故曰「睽」也。**疏**《洪範》曰「水曰潤下，火曰炎上」，故云「火性炎上，澤性潤下」。火上水下，其性違異，故曰「睽也」。**君子以同而異。」**荀爽曰：大歸雖同，小事當異。百官殊職，四民異業，文武並用，威德相反，共歸於治，故曰「君子以同而異」也。**疏**夫婦同居，而位内位外，其事則異。官民各有職業，而文武威德，同歸於治，故「君子以同而異也」。　愚案　离兑同得坤氣而成女，然离上澤下，其性迥異，故曰「同而異」。即《象傳》所謂「二女同居，其志不同行」也。君子以之。如同一行仁，則「親親而仁民，仁民而愛物」。愛有差等，不敢混施，故曰「君子以同而異」。　又案　天地之理，平陂往復，變動不居。故《象傳》於睽時見其同，是以君子不敢小視睽也。《象傳》於同中見其異，是以君子不敢苟爲同也。

❶「非常之義」，思賢本作「非義之常」。

初九，悔亡。喪馬，勿逐自復，見惡人无咎。《象》曰：「見惡人，以避咎也。」虞翻曰：无應，悔也。四動得位，故「悔亡」。應在于坎，坎爲馬。四而失位，之正入坤，坤爲喪，坎象不見，故「喪馬」。震爲逐，艮爲止，故「勿逐」。坤爲自。二至五體復象，故曰「復」。四動震馬來，故「勿逐自復」也。离爲見，惡人謂四，動入坤初，四復正，故「見惡人，以避咎」矣。疏 四失位，初无應，故有悔。四動得正，下應於初，故「悔亡」。四互坎，故「應在坎」，坎美脊爲馬。四變成坤，坤乙爲喪，四變坤，坎象毁，故「喪馬」。震足奔走爲逐，「艮以止之」，故「勿逐」。坤身爲自，四已變，二至五體復象，故「自復」。震爲作足馬，四動坎馬喪，而震馬來，故「勿逐自復也」。「相見乎离」，故「离爲見」。离四火不正，「焚如，棄如」，故「惡人謂四」也。四動當入坤初，《易》例也。四入初，則坤初來居四，四復正位，故「見惡人，以避咎矣」。愚案

睽六爻唯初得正而无應，无應故悔，得正故「悔亡」。四坎馬不應，故「喪馬」。初得正不動，故「勿逐」。初陽體復，故「勿逐自復」也。四雖惡人，已正，故見之「无咎」。當睽不睽，不爲已甚者也。蓋以動則成未濟，而睽愈甚。故宜静以鎮之，待諸爻變而成既濟定也。

九二，遇主于巷，无咎。虞翻曰：二動體震，震爲主，爲大塗，艮爲徑路，大道而有徑路，故稱「巷」。變而得正，故「无咎」而「未失道也」。疏 二失位當動，動則體震，震長子主器，故「爲主」。「震爲大塗」，「艮爲徑路」，《説卦》文。大塗有徑，故「稱巷」。又《釋宫》曰：「宫中巷謂之壼。」艮爲門闕，爲宫，爲徑路，宫中有徑路，故「稱巷」也。隱四年《穀梁傳》曰：「遇者，志相得也。」二五相應皆失位，二動，五變應之，故「遇主于巷」。而皆得正，故「无咎」。《象》曰：「遇主于巷，未失道也。」虞翻曰：動得正，故「未失道」。崔憬曰：處睽之時，與五有應。男女雖隔，其志終通。而三比焉，近不相得。遇者，不期而會。主者，三爲下卦之主。巷者，出門近遇之象。言二遇三，明非背五，未爲失道也。疏 虞注 二失位，動得正，故「未失道」。《廣雅》曰「巷，道也」，故《經》言「巷」，《傳》言「道」。崔注 處二應五，所謂「男女睽而其志通也」。三以陰據陽，故「近而不相得」。隱八年《穀梁傳》曰「不期而會曰遇」，故云「遇者，不期而會」。三居下卦上，故「爲下卦主」。《説文》「巷，里中道」，故爲「出

門近遇之象」。二之遇三，不期而會也，故「非背五，未爲失道」。

六三，見輿曳，其牛掣，虞翻曰：离爲見，坎爲車，爲曳，故「見輿曳」。四動坤爲牛，爲類，牛角一低一仰，故稱「掣」，离上而坎下，「其牛掣」也。**疏**「相見乎离」，故「离爲見」。坎有輿象，故「爲車」。「爲曳」，《説卦》文。《説文》曰：「曳，臾曳也。」束縛捽抴爲臾。坎于輿多眚，故「見輿曳」。四動體坤，故「爲牛」。「爲類」未詳，疑有誤也。牛角一低一仰爲「掣」。离上爲仰，坎下爲俯，故「其牛掣」。**其人天且劓，无初有終。**虞翻曰：其人謂四，惡人也。黥額爲天，割鼻爲劓。无妄乾爲天，震二之乾五，以陰墨其天，乾五之震二毁艮，割其鼻也，兑爲刑人，故「其人天且劓」。失位動得正成乾，故「无初有終」。《象》曰「遇剛」，是其義也。**疏**「其人謂四，惡人」者，离四焚棄爲惡人，當蒙罪也。馬氏云「剠鑿其額曰天」，「剠」與「黥」同，故「黥額爲天」。《説文》「劓，刖鼻」，故「割鼻爲劓」。夏之黥，即周之墨。卦自无妄來，无妄乾爲天，震二上之乾五，故「以陰墨其天」。无妄二體艮，艮爲鼻，乾五下之震二，則艮象毁，爲「割其鼻也」。兑西方秋主殺氣，且爲毁折，故「爲刑人」。五刑有黥鼻之法，加於四之惡人，故「其人天且劓」也。三失位，動得正，居内乾之終。三初本陰，終變成陽，故曰「无初有終」。《象》曰「遇剛」，謂變陽也。

《象》曰：「見輿曳，位不當也。无初有終，遇剛也。」虞翻曰：動正成乾，故「遇剛」。**疏**三失位，故「不當」。動正成乾，與上易位。剛謂上，故曰「遇剛」。

九四，睽孤。遇元夫。交孚，厲无咎。虞翻曰：孤，顧也。在兩陰閒，睽五顧三，故曰「睽孤」。震爲元夫，謂二已變，動而應震，故「遇元夫」也。震爲交，坎爲孚。動而得正，故「交孚，厲无咎」矣。**疏**「孤，顧也」，《釋名》文，言顧望無所瞻見也。《説文》：「睽，目不相聽也。」❶體离爲目，四在兩陰之閒，上不承五而睽五，下欲據三而顧三，故曰「睽孤」也。震在《復》初曰「元吉」，故爲「元」。震一夫之行，故爲「夫」。二已變，初體震，四動應初，故「遇元夫也」。震初陽始交坤，故「爲交」。坎有孚，故「爲孚」。動而得正，故雖危「无

❶「聽」，原作「視」，今據思賢本及所引文改。

咎」矣。又中孚五爻四爲睽，故四曰「交孚」。《象》曰：「交孚无咎，志行也。」虞翻曰：坎動成震，故「志行也」。疏坎心爲志，震足爲行，坎動成震，故曰「志行」。

六五，悔亡。厥宗噬膚，往何咎。虞翻曰：往得位，悔亡也。動而之乾，乾爲宗，二體噬嗑，故曰「噬」，四變時，艮爲膚，故曰「厥宗噬膚」也。變得正成乾，乾爲慶，故往无咎而有慶矣。疏五失正，往得位，故「悔亡也」。五動成乾，人本乎祖，宗族法天，故「乾爲宗」。厥宗，二之宗也。二動成噬嗑，噬嗑，合也。四變二體艮，艮乾三覆坤，在肉之外，故「爲膚」。五來合二，故「厥宗噬膚也」。二艮爲巷，五乾爲宗，巷者，宫中之道，宗者，廟内之牆。二五易位，五君二臣，君爲元首，臣爲股肱，本一體之親，有肌膚之愛，故曰「噬膚」。變正成乾，乾陽爲慶，故「往无咎而有慶矣」。　愚案　同人六二，以九五爲宗，睽六五，以九二爲宗。离於時爲夏，《春官・大宗伯》「夏見曰宗」，二卦皆离，故曰「宗」。且乾中陽爻，變陰成离，故六與九應爲宗，以九自离中往也。虞謂「乾爲宗」，亦以乾中應离中，而與离上下爲宗也。又「厥宗噬膚」，餕禮也。祭畢而食曰餕。特牲之饋者曰「舉奠」，❶曰「長兄弟佐食授舉各一膚」。❷「舉奠」者，嗣子也。疏云「士使嗣子及兄弟餕，其惠不過族親」，❸故曰「厥宗噬膚」。《初筵》之《詩》曰「錫爾純嘏，子孫其湛，其湛曰樂」，故《象》曰「往有慶也」。《象》曰：「厥宗噬膚，往有慶也。」王弼曰：非位，悔也。有應，故「悔亡」。「厥宗」謂二也。「噬膚」者，齧柔也。三雖比二，二之所噬，非妨己應者也。以斯而往，何咎之有。往必見合，故「有慶也」。

案　二兑爲口，五爻陰柔，「噬膚」之象也。疏王注非位，故悔。正應二，故「悔亡」。二陽自乾中往，故「厥宗謂二也」。「噬膚」謂噬三也。三陰爻柔脆，故「噬柔也」。三雖比二相隔，然三爲二所噬，非有妨於己應者也。故五可往而无咎，言往必合也。　案　二體兑，故「爲口」。五爻陰柔，噬之易合。以二噬五，「噬膚之象也」。

上九，睽孤。見豕負塗，載鬼一車。虞

❶「特牲之饋者曰舉奠」，思賢本作「《特牲饋食禮》『蕢者舉奠』」。
❷「曰」，思賢本無此字。
❸「族親」，原作「親族」，今據思賢本及所引《儀禮・特牲饋食禮》文改。

翻曰：睽三顧五，故曰「睽孤」也。离爲見，坎爲豕、爲雨，四變時，坤爲土，土得雨爲泥塗，四動艮爲背，豕背有泥，故「見豕負塗」矣。坤爲鬼，坎爲車，變在坎上，故「載鬼一車」也。疏上與三應，三不正，故「睽三」。上據五，故「顧五」。亦曰「睽孤」，與四睽五顧三同也。离目爲見。互坎爲豕，《説卦》「雨以潤之」，故坎「爲雨」。四變時，體坤爲土，「土得雨爲泥塗」，《禹貢》「厥土惟塗泥」是也。四動時體艮，《彖》曰「艮其背」，故「爲背」。豕背有泥，故曰「見豕負塗矣」。坤死魄，故「爲鬼」。坎輿爲車，四變在坎上，故「載鬼一車」。豕鬼皆謂五。五未變，上失正，故所見如此也。鬼車於禮爲魂車。《既夕》「薦車」，鄭彼注云「今之魂車，❶載而往，迎而歸，如慕如疑」，乖違之家，有是象也。

先張之弧，後説之壺。虞翻曰：謂五已變，乾爲先，應在三，坎爲弧，离爲矢，張弓之象也，故「先張之弧」。四動震爲後，「説」猶「置」也。兑爲口，离爲大腹，坤爲器，大腹有口，坎酒在中，壺之象也。之應歷險以與兑，故「後説之壺」矣。疏五已變體乾，陽主倡，故「爲先」。下應三，三互坎，坎爲弓輪，故「爲弧」。离爲戈兵，故「爲矢」。又「弦木爲弧，蓋取諸睽」，張弓之象也。故「先張之弧」。四動體震，《震・彖》曰「後有則」，故「爲後」。《釋詁》「説，舍也」，郭注「舍，放置」，「説」、「舍」同物，❷故云「説猶置也」。「兑爲口」，「离爲大腹」，《説卦》文。坤形下爲器，大腹有口，坎水爲酒，在其中焉，壺象也。阮諶《三禮圖》曰「方壺受一斛，腹圜足口方。❸圜壺受一斛，腹方足口圜」，❹故象兑口离大腹也。昏禮設尊，是爲壺尊。揚子《太玄》曰「家无壺，婦承之姑」，《測》曰「家无壺，无以相承也」。若然，「説壺」者，婦承姑之禮。與上之三爲「之應」，中歷坎爲「歷險」，正應三爲「與兑」。三上易位，坎象不見，壺空置矣，故「後説之壺」。　愚案　壺作昏禮壺尊，則説當音悦。「先張之弧」，疑其寇而匪寇，「後説之壺」，以匪寇而爲婚媾也。

匪寇婚媾，往遇雨則吉。虞翻曰：匪，非。坎爲寇，之三歷坎，故「匪寇」。陰陽相應，故「婚媾」。三在坎下，故「遇雨」。與上易位，坎

❶「鄭彼注云今之魂車」，思賢本作「鄭注『今時謂之魂車』」。
❷「物」，思賢本作「義」。
❸「口」下，思賢本有「皆」字。
❹「口」下，思賢本有「皆」字。

象不見，各得其正，故「則吉」也。**疏**「匪」「非」古今字。坎爲盜，故「爲寇」。之三雖歷坎，然應兑非應坎，故「匪寇」。三陰上陽，内外相應，故稱「婚媾」。下坎爲雨，三在坎下，上往三，故「遇雨」。與上易位，坎象不見，陰陽和會，各得其正，成既濟定，故「吉也」。《象》曰：「遇雨之吉，羣疑亡也。」虞翻曰：物三稱羣，坎爲疑，三變坎敗，故「羣疑亡」矣。**疏**《詩·吉日》「或羣或友」，毛傳「獸三爲羣」，❶故云「物三稱羣」，謂坎三爻也。坎心爲疑，三變之正，坎象敗毁，故「羣疑亡」。蓋睽終則合，故上獨言吉也。

《序卦》曰：「乖必有難，故受之以蹇。蹇者，難也。」崔憬曰：二女同居，其志乖而難生，故曰「乖必有難」也。**疏**家之不和，多起於妻妾娣姒，此「二女同居」，所以「其志乖而難生」也，故曰「乖必有難」而「受之以蹇」。坎險在前，故曰「難也」。

䷦ 艮下坎上

蹇，利西南，虞翻曰：觀上反三也。坤，西南卦，五在坤中，坎爲月，月生西南，故「利西南」。「往得中」，謂「西南得朋」也。**疏**從二陽四陰之例，卦自觀來，故云「觀上反三也」。《乾鑿度》曰「坤位在西南」，故曰「西南卦」。五乾入坤成坎。「坎爲月」，《説卦》文。以納甲言之，月出庚見丁，故云「月生西南」。五「往得中」，故「利西南」也。與睽旁通，往得中，睽兑爲朋，故「西南得朋也」。不利東北。虞翻曰：謂三也。艮，東北之卦，月消於艮，喪乙滅癸，故「不利東北，其道窮也」，則「東北喪朋」矣。**疏**三體艮，故東北「謂三也」。「艮，東北之卦也」，《説卦》文。月退辛消丙，故云「消於艮」。乙東癸北，月喪於乙，滅於癸。當月之晦，天道之終，故「不利東北，其道窮也」。「東北喪朋」，謂「五六三十度」也。❷利見大人，虞翻曰：离爲見，大人謂五。二得位應五，故「利見大人，往有功也」。**疏**「相見乎离」，互离爲「見」。五居尊位，故爲「大人謂五」。❸二得中位，上正應五，故「利見大人」。「五多

❶「爲」，思賢本作「曰」。
❷「謂五六三十度也」，思賢本作「《參同契》所謂『五六三十度』也」。
❸「爲」，思賢本無此字。

功」，故引《彖傳》「往有功也」以明之。**貞吉。**虞翻曰：謂五當位正邦，故「貞吉」也。**疏**五謂乾五也，坤衆爲邦。五當乾位，下正坤邦，羣陰順從，故「貞吉也」。

《彖》曰：「蹇，難也，險在前也。見險而能止，知矣哉。虞翻曰：离見坎險，艮爲止。觀乾爲知，故「知矣哉」。**疏**「前」謂外也。諸爻言「往蹇」，以「險在前也」。外卦互离目，故云「离見」。《坎·象》曰「習坎，重險也」，故云「坎險」。《説卦》「艮，止也」，故云「艮止」。五體觀乾也，《繫上》「乾以易知」，故「爲知」。又「夫乾，天下之至健也，德行恒易以知險」，故曰「見險而能止，知矣哉」。六爻皆有蹇象，唯九五當位正邦，餘皆利止，見險而止之義也。**蹇利西南，往得中也。**荀爽曰：西南謂坤。乾動往居坤五，故「得中也」。**疏**坤，西南卦也，故「西南謂坤」。乾動往居坤五，故「得中」，且得位也。**不利東北，其道窮也。**荀爽曰：東北，艮也。艮在坎下，見險而止，故「其道窮也」。**疏**艮，東北卦也，故「東北謂艮」。艮居坎下，坎險艮止，故「見險而止」。消息艮在丑，又「成終成始」。天道窮於東北，故曰「其道窮也」。**利見大人，往有功也。**虞翻曰：大人謂五。二往應五，「五多功」，故「往有功也」。**疏**五爲君位，故「大人謂五」。「往」謂二往應五。「五多功」，《繫下》文。二正應五，故「往有功也」。**當位貞吉，以正邦也。**荀爽曰：謂五當尊位正居，是羣陰順從，故能正邦國。**疏**五當尊位，而又得正，故「貞吉」。坤衆爲邦，乾來居之，羣陰順從，故能「正邦」。**蹇之時用大矣哉。」**虞翻曰：謂坎月生西南而終東北，震象出庚，兑象見丁，乾象盈甲，巽象退辛，艮象消丙，坤象窮乙，喪滅於癸，終則復始，以生萬物，故「用大矣」。**疏**此據納甲言也。坎月生西南而終東北，出庚見丁盈甲，退辛消丙，窮乙滅癸。《參同契》曰「五六三十度，度竟復更始」，故云「終則復始」。終始循環，以生萬物，故「用大」也。愚案《艮》「動静不失其時」，故言「時」。蹇難之時，人小其用，不知「二多功」，五「正邦」，又初變則成既濟定，《象》曰「待時」，故曰「蹇之時用大矣哉」。

《象》曰：「山上有水，蹇。崔憬曰：山上至險，加之以水，蹇之象也。**疏**地險山川，著於《坎·象》。

今山上至險，加以水險，故爲蹇難。**君子以反身修德。**」虞翻曰：君子謂觀乾，坤爲身，觀上反三，故「反身」。陽在三，「進德修業」，故「以反身修德」。孔子曰：「德之不修，是吾憂也。」**疏**「君子謂觀乾」者，觀乾，消卦也，體乾九三，故曰「君子」。坤形爲「身」，觀上反三成蹇，三曰「來反」，故曰「反身」。乾陽在三，「進德修業」，故曰「反身修德」。蓋觀乾德外著，反之於內，體乾夕惕也。「德之不修，是吾憂也」，《論語》文。蓋蹇難之時，惟以德之不修爲憂，故引孔子之言以明之。

初六，往蹇，來譽。虞翻曰：譽謂二，「二多譽」也。失位應陰，往歷坎險，故「往蹇」。變而得位，以陽承二，故來而譽矣。**疏**「二多譽」，《説卦》文，故「譽謂二」也。初失正位，上應四陰，坎體爲險，故「往蹇」也。變而之正得位，以初陽比二陰，六爻皆正，故「來譽」也。**《象》曰：「往蹇來譽，宜待時也。」**虞翻曰：艮爲時。謂變之正，以待四也。**疏**艮「動静不失其時」，爲「時」，初變正，以待四應，故「宜待時也」。俗本作「宜待」，❶張本作「宜時」，❷鄭本作「宜待時」，❸虞從鄭本。「時」「尤」「之」古韻通，「待」與「尤」「之」不叶，故知鄭本是也。

六二，王臣蹇蹇，匪躬之故。虞翻曰：觀乾爲王，坤爲臣、爲躬，坎爲蹇也。之應涉坤，二五俱坎，故「王臣蹇蹇」。觀上之三，折坤之體，臣道得正，故「匪躬之故」，《象》曰「終无尤也」。**疏**觀五，乾九五也。乾爲君，故「爲王」。坤，臣道也，故「爲臣」，坤形爲身，故「爲躬」。坎，難也，蹇亦難也，故「坎爲蹇也」。五本坤，乾居之，故云「之應涉坤」。五，坎也，二互三亦爲坎，内外兩坎，二比三應五，正遇坎中，故曰「王臣蹇蹇」。觀上反三，來折坤成艮，二三皆正，故「臣道得正」。艮體不獲其身，故「匪躬之故」。上從王事，故「終无尤也」。**《象》曰：「王臣蹇蹇，終无尤也。」**侯果曰：處艮之二，上應於五，五在坎中，險而又險，志在匡弼，匪惜其躬，故曰「王臣蹇蹇，匪躬之故」。輔臣以此，「終无尤也」。**疏**處艮二應坎五，五在坎中，二又互坎，故「險而又險」。二得中處正，有匡

❶「待」下，思賢本有「也」字。
❷「時」下，思賢本有「也」字。
❸「時」下，思賢本有「也」字。

弼之志，而不惜其躬者也。故曰「王臣蹇蹇，匪躬之故」。忘身輔君，故「終无尤也」。

九三，往蹇，來反。虞翻曰：應正歷險，故「往蹇」。反身據二，故「來反」也。**疏**三正應上，中歷五坎，故「往蹇」。上反於三，下據二，舍應從比，故曰「來反」，即《象傳》所云「反身修德」也。**《象》曰：往蹇來反，内喜之也。」**虞翻曰：内謂二陰也。**疏**「内」謂二，二陰爻也。三陽爲「喜」，反身據二，故「喜」也。

六四，往蹇，來連。虞翻曰：連輦，蹇難也。在兩坎閒，進則无應，故「往蹇」，退初介三，故「來連」也。**疏**馬云「連亦難也」，古音輦，輦亦難也，故云「連輦，蹇，難也」。四在兩坎之閒，進退兩難，進謂往變，❶初已正則无應，故「往蹇」，❷退應初而閒於三，故「來連」。終得初應，故《象》曰「當位實也」。**《象》曰：「往蹇來連，當位實也。」**荀爽曰：蹇難之世，不安其所。欲往之三，不得承陽，故曰「往蹇」也。來還承五，則與至尊相連，故曰「來連」也。處正承陽，故曰「當位實也」。**疏**當蹇難之世，四居内外之閒，故「不安其所」。欲往三，則不得上承五陽，故「往蹇」。來承五陽，五爲天子，故「與至尊相連」。❸六居四爲「處正」，上比五爲「承陽」。《易·積算》曰「陽實陰虛」，故曰「當位實也」。

九五，大蹇，朋來。虞翻曰：當位正邦，故「大蹇」。睽兑爲朋，故「朋來」也。**疏**五當蹇難，處中得正。《象》言「當位正邦」，五足當之，故曰「大蹇」。蹇旁通睽，睽體兑，《兑·象》「朋友講習」爲朋，故「朋來也」。**《象》曰：「大蹇朋來，以中節也。」**干寶曰：在險之中而當王位，故曰「大蹇」。此蓋以託文王爲紂所囚也。承上據四應二，衆陰並至。此蓋以託四臣能以權智相救也。故曰「以中節也」。**疏**五在坎中，故爲「在險之中」。❹五爲天子，故「當王位」。當王位而遇坎險，故曰「大蹇」。《史記·周本紀》「崇侯虎譖西伯於殷紂，紂乃囚伯於羑

❶「往變」，思賢本作「變往」。
❷「故往蹇」下，思賢本有「介，閒也」句。
❸「相連」下，思賢本有「爲來連也」句。
❹「之」，原脱，今據思賢本及干寶注補。

里」，❶故云「此蓋以託文王爲紂所囚也」。上四二皆險，而五承之、據之、應之，故云「衆陰並至」。《史記》「西伯之臣，閎夭之徒，求美女奇物善馬以獻紂，紂乃赦西伯」，此「蓋以託四臣能以權智相救也」。《史》但言「閎夭之徒」，此云「四臣」者，《書·君奭》曰「武王惟兹四人」，注謂「虢叔已死」，❷而以四人爲閎夭、散宜生、泰顛、南宫括也。五陽處大蹇之時，而羣陰朋來相濟，故曰「以中節也」。

案《中庸》曰「發而皆中節謂之和」，五居中行和，故「中節」。五中節，故能睽而同，是以「朋來」也。

上六，往蹇，來碩。吉，利見大人。虞翻曰：陰在險上，變失位，故「往蹇」。碩謂三，艮爲碩。退來之三，故「來碩」。得位有應，故「吉」也。离爲見，大人謂五，故「利見大人」矣。**疏** 陽陷陰中爲坎，坎爲險，故「陰在險上」。諸爻以遇坎爲蹇，上以乘坎爲蹇。上無所往，故以變爲往。變而失位，故「往蹇」也。「碩謂三」者，應在三，三體艮石爲碩。上退來應三，故「來碩」。六居上爲「得位」，九在三爲「有應」。蹇終則解，故「吉也」。初變成既濟，體离目爲「見」，乾五爲大人，故「大人謂五」，承陽有實，故「利見大人」也。**《象》曰：「往蹇來碩，志在内也。利見大人，以從貴也。」**侯果曰：處蹇之極，體猶在坎，水无所之，故曰「往蹇」。來而復位，下應於三，三德碩大，故曰「來碩」。三爲内主，五爲大人。若「志在内」，心附于五，則「利見大人」也。　案　三互體离，离爲明目，五爲大人，「利見大人」之象也。**疏** 侯注　位處蹇極，體在坎上，水无所往之象，故曰「往蹇」。來應於三，三體陽，陽爲大，三德碩大，故曰「來碩」。三在内卦之上，故爲主。五位天子爲大人。坎心爲志，應三，故「志在於内」。比五，故志「附於五」。是以「利見大人也」。

案　三互四五爲离，离明爲目，利見五位大人，故「利見大人」也。　愚案　五位貴，爻陽亦貴，上陰利見五陽，故曰「以從貴也」。

受業李子捷月三校

周易集解纂疏卷十五

❶「伯」，思賢本作「西伯」。

❷「注謂虢叔已死」，思賢本作「孔傳謂『虢叔先死』」。

周易集解纂疏卷十六

唐李鼎祚集解　安陸李道平遵王纂疏

《序卦》曰：「物不可以終難，故受之以解。解者，緩也。」崔憬曰：蹇終則「來碩。吉，利見大人」，故言「物不可以終難，故受之以解」。疏蹇終「來碩吉」而「利見大人」，蹇已解矣，故言「物不可以終難」而「受之以解」也。緩對急言。《詩·小雅》「兄弟急難」，是難則必急，如《周本紀》「襄王告急於晉」，言告難也。難解則緩，故曰「解者，緩也」。

䷧ 坎下震上

解，利西南。虞翻曰：臨初之四。坤西南卦，初之四得坤衆，故「利西南，往得衆也」。疏從二陽四陰之例，卦自臨來，故云「臨初之四」。坤位西南，四體坤，坤廣生爲「衆」，初之四成解，故「得坤衆」，《彖傳》曰「利西南，往得衆」是也。无所往，其來復吉。虞翻曰：謂四本從初之四，失位於外而无所應，故「无所往」。宜來反初，復得正位，故「其來復吉」也。二往之五，四來之初，成屯體復象，故稱「來復吉」矣。疏四本臨初，之四成解。以陽居陰爲「失位」。初亦失位，不義之應爲「无應」。故「无所往」也。宜來反初，復得正陽之位，故「其來復吉也」。下云「夙吉」，知二已往之五，四乃得來之初，而成屯體，屯初至四體復，故稱「來復」也。有攸往，夙吉。虞翻曰：謂二也，夙，早也。离爲日、爲甲，日出甲上，故早也。九二失正，早往之五則吉，故「有攸往夙吉，往有功也」。疏之外曰往，故「往謂二也」。「夙，早也」，《釋詁》文。互离爲日，又离爲甲胄，故「爲甲」。古文「早」作「皁」，《說文》「皁，晨也」，故云「日出甲上，故早也」。二既失正，早往之五，故「吉」。四變則离不見，故「有攸往，夙吉」。「五多功」，二據五，故「往有功也」。

《彖》曰：「解，險以動，動而免乎險，解。虞翻曰：險，坎，動，震。解二月「雷以動之，雨以潤之」，物咸孚甲，萬物生震。震出險上，故「免乎險」也。**疏**「險」謂外坎，❶「動」謂外震。解於消息，候在二月，《漢書・五行志》「雷以二月出」。「雷以動之，雨以潤之」，《説卦》文。春分雷動地中，下坎爲雨也。《禮・月令》「其日甲乙」，鄭注「萬物皆解孚甲，自抽軋而出」，故云「物咸孚甲」。《説卦》曰「萬物出乎震」，故云「萬物生震」。震爲出，震動而出險上，坎解爲雨，故「免乎險也」。

解利西南，往得衆也。荀爽曰：乾動之坤而得衆，西南，衆之象也。**疏**卦自臨來，初陽乾爻，動之四坤，故曰「往得衆」。坤位西南，故云「衆之象也」。

无所往，荀爽曰：陰處尊位，陽无所往也。**疏**「陰處尊位」，謂五，「陽无所往」，謂二也。

其來復吉，乃得中也。荀爽曰：來復居二，處中成險，故曰「復吉」也。**疏**陽无所往，故「來復居二」。所處得中，雖險亦解，故曰「復吉也」。

有攸往夙吉，往有功也。荀爽曰：五位无君，二陽又卑，往居之者則吉。據五解難，故「有功也」。**疏**陽實陰虛，五陰位虛，故「无君」。二陽位卑，往居於五，得位則吉。二往據五，坎難已解，「五多功」，故「有功也」。

天地解而雷雨作，荀爽曰：謂乾坤交通，動而成解。卦坎下震上，故「雷雨作」也。**疏**臨初陽之四，是臨乾解坤，故謂「乾坤交通，動而成解」也。解坎雨在下，震雷在上，雷動而雨隨之，故「雷雨作」也。

雷雨作而百果草木皆甲宅，荀爽曰：解者，震世也。仲春之月，草木萌牙。「雷以動之，雨以潤之，日以烜之」，故「甲宅」也。**疏**解，震宮二世卦，故云「解者，震世也」。《月令》「仲春之月，雷乃發聲」，雷出則萬物隨之而出，故「仲春之月，草木萌牙」也。震動坎潤，互日以烜，故「甲宅也」。　按　乾盈數爲「百」，木果爲「果」，故曰「百果」。震者木德，又爲草莽，故曰「草木」。鄭注云：「皮曰甲，根曰宅。宅，居也。」《説文》：「甲，東方之孟，陽氣萌動，从木戴孚甲之象。」离剛在外，故爲「甲」。艮爲居，故爲「宅」。「萬物出乎震」，百果草木甲宅之象也。

解之時大矣哉。」王弼曰：无所而不釋也。難解之時，非治難時也，故不言用也。體盡於解之名，无有幽隱，故不曰義也。**疏**「所」，注疏本作「圻」，

---

❶「外」，草堂本作「内」。

唯毛晉汲古閣本與此同，作「所」是也。言自天地至百果草木，無所不解釋也。難已解矣，故「不言用」。體无隱矣，故「不言義」。獨言「時大」者，解之時，震時也。「萬物出乎震」，故曰「時大」。

《象》曰：「雷雨作，解。君子以赦過宥罪。」虞翻曰：君子謂三伏陽。出成大過，坎爲罪，入則大過象壞，故「以赦過」。二四失位，皆在坎獄中，三出體乾，兩坎不見，震喜兑説，罪人皆出，故「以宥罪」。謂三入則赦過，出則有罪，「公用射隼，以解悖」，是其義也。疏二陽升爲雷，❶四陰下爲雨，故曰「雷雨作，解」。「君子謂三伏陽」者，臨二陽息，乾三當正，臨來之卦，升明夷皆三正位，故解伏陽出「以解悖」也。三出體乾成大過，卦有兩坎，坎陷爲罪，又「入于坎窞」，稱「入」，入則大過象壞，故「以赦過」。二四以陽居陰爲「失位」。體有兩坎，坎陷爲獄，故「皆在坎獄中」。三出成乾，兩坎皆壞不見。外體震，震春陽和，故爲「喜」。互體兑，「兑，萬物之所説也」，故「兑説」。罪人出獄之象也，故「以有罪」。六爻之義，出乾入坤，三入而大過毀，故「赦過」，三出而坎象毀，故「宥罪」。❷卦有赦過而無宥罪之象，故引上六爻辭，以證三出坎毁之象，故云「是其義也」。

初六，无咎。虞翻曰：與四易位，體震得正，故「无咎」也。疏初與四易位，二已之五，故初體震而得位。失位宜咎，之正故「无咎」。初四變不言貞者，解主九二，二貞則諸爻皆正矣。《象》曰：「剛柔之際，義无咎也。」虞翻曰：體屯初震，「剛柔始交」，故「无咎也」。疏二五已正，初動體屯，《屯·彖傳》曰「剛柔始交」。初動爲震，是乾始交坤。故「无咎也」。

九二，田獲三狐，得黄矢，貞吉。虞翻曰：二稱田，田獵也。變之正，艮爲狐。坎爲弓，离爲黄矢。矢貫狐體，二之五歷三爻，故「田獲三狐，得黄矢」。之正得中，故「貞吉」。疏乾九二曰「見龍在田」，故「二稱田」。离爲罔罟，故象「田獵」。變之正，互三四爲艮。「艮爲狐」，《九家·説卦》文。坎爲弓輪，故「爲弓」。离爲戈兵，故爲矢。离二「黄离」，故「爲黄矢」。三體离，四體艮，故

❶「二」，思賢本作「初」。

❷「罪」，原作「過」，今據思賢本及解卦象辭改。

「矢貫狐體」。二离黃矢，之正艮體見，故「獲狐」，二上之五，歷艮三爻，故「獲三狐」。三解悖，离復見，故「得黃矢」。變正得中，故「貞吉」也。**《象》曰：「九二貞吉，得中道也。」**虞翻曰：動得正，故「得中道」。**疏**五乾爲道，二動之五，得正而居中，故曰「得中道也」。

六三，負且乘，虞翻曰：負，倍也。二變時，艮爲背，謂三以四艮倍五也。五來寇三時，坤爲車，三在坤上，故「負且乘」。小人而乘君子之器，故《象》曰「亦可醜也」。**疏**《漢書》載《禹貢》「倍尾山」，《史記》作「負尾」，俗作「陪」，《明堂位》「負斧依」，❶「負」又作「倍」，鄭注「負之言背也」，故云「負，倍也」，「倍」即「背」也。二已變體艮，《艮》卦辭曰：「艮其背」，故「爲背」。五在艮後，故「三以四背五也」。「五來寇三」者，《繫上》曰「作《易》者，其知盜乎」，虞彼注云「否上之二成困，三暴嫚，❷以陰乘陽。二變入宮爲萃，五之二而奪三成解」，❸故云「五來寇三時，坤爲車」，謂萃坤也。此注不言自萃來，從四陰二陽之例也。三不正而乘坤車，故曰「負且乘」。坤形爲器，乾爲君子，乾在坤上，稱「君子德車」。三陰乘坤，是「小人乘君子之器」，故曰「亦可醜也」。**致寇至，貞吝。**虞翻曰：五之二成坎，坎爲寇盜。上位慢五，下暴於二，「慢藏悔盜」，故「至寇至，貞吝」。**《象》曰：「自我致戎，又誰咎也。」****疏**萃五之二成解，內體坎失正，故「爲寇盜」。《繫上》曰「上嫚下暴」，❹又「嫚藏悔盜」。❺坎爲暴，三上嫚五，❻下暴二。坎心爲悔，坤爲藏，「嫚藏悔盜」，❼故「致寇至」。伏陽出三，故「貞」。可醜，故「吝」。宜象以「致戎」咎三也。**《象》曰：「負且乘，亦可醜也。自我致戎，」**虞翻曰：臨坤爲醜也。坤爲自我。以离兵伐三，故轉寇爲戎，艮手招盜，故「誰咎也」。**疏**卦自臨來，故「臨坤爲醜」。坤夜爲醜，義詳觀二。三陰乘坤，故「可醜」。坤身，故爲「自我」。离爲戈兵，故「爲戎」。

---

❶「明堂位」至下文「言背也」，思賢本作「《明堂位》『負斧』，依《史記》作『倍』，依鄭注『負之言背也』」。

❷「嫚」，思賢本作「慢」。

❸「五之二而奪三成解」，思賢本作「五之二，奪之成解」。

❹「嫚」，思賢本作「慢」。

❺「嫚」，思賢本作「慢」。

❻「嫚」，思賢本作「慢」。

❼「嫚」，思賢本作「慢」。

坎爲寇，离爲戎。《經》言「寇」，《象》言「戎」。五以离兵伐三，故「轉寇爲戎」，甚三之罪也。二變艮爲手，招之伐三，三自致戎，咎將誰歸也。

九四，解而母，朋至斯孚。虞翻曰：二動時，艮爲指。四變之坤爲母，故「解而母」。臨兑爲朋，坎爲孚。四陽從初，故「朋至斯孚」矣。疏二變體艮，「艮爲指」，《説卦》文。四變體坤，「坤爲母」，《説卦》文。「母」同「拇」，大指也。坤艮兼象指母，故稱「母」。四解坤而成母，故「解而母」。卦自臨來，四本臨之兑，二四同功，四爲二之朋，故「臨兑爲朋」。內體坎爲孚，四陽爻也，下正應初，故「朋至斯孚矣」。　愚案　四震爲足。初應於下，有母象焉。初陰失位爲小人，而，汝也。四往應初，❶則「解而母」矣。初來應四，體兑爲朋，故「朋至斯孚」。體互兩坎，故「孚」也。**《象》曰：「解而母，未當位也。」**王弼曰：失位不正而比於三，故三得附之爲其拇也。三爲之拇，則失初之應，故「解其拇」，然後「朋至斯孚」而信矣。　案　九四體震，震爲足。三在足下，拇之象。疏王注　孔疏：「履於不正，與三相比。三從下來附之，如指之附足。四有應在初，若三爲之拇，則失初之應，故必解其拇，然後朋至而信。未當位者，四若當位履正，即三爲邪媚之身，不得附之也。既三不得附四，則无所解。今須解拇，由不當位也。」　案　四在外體震初，「震爲足」，《説卦》文。下比三，故云「三在足下，拇之象」也。　愚案　初四易位，則皆當矣。惟「未當位」，故宜「解而母」也，是四解初也。

六五，君子惟有解吉，有孚于小人。虞翻曰：君子謂二。之五得正成坎，坎爲心。故「君子惟有解，吉」。小人謂五，陰爲小人。君子升位，則小人退在二，故「有孚于小人」，坎爲孚也。疏「君子謂二」者，二陽也。上之五得正位，體成坎，坎爲心，心之官則思。惟，思也。君子思解則解，故「吉」。「小人謂五」者，五陰也。《乾鑿度》曰「陰失正爲小人」，❷故「陰爲小人」也。君子升居於五，則小人退處於二。三陽出，二亦爲坎，坎爲孚，故「有孚于小人」。**《象》曰：「君子有解，小人退也。」**虞翻曰：二陽上之五，五陰小人退之二也。疏二

❶「應」，思賢本作「易」。
❷「乾鑿度」上，思賢本有「鄭注」二字。

陽君子進居於五，則五陰小人退居於二，是五解二也。

上六，公用射隼于高庸之上，獲之无不利。 虞翻曰：上應在三，公謂三伏陽也。离爲隼。三失位，動出成乾，貫隼入大過死象。故「公用射隼于高庸之上，獲之无不利」也。 案 二變時體艮，艮爲山、爲宫闕，三在山半，高墉之象也。 **疏** 虞注 上與三應，三失位，當變正以應上也。三位，三公。六三暴嫚，故知「公謂三伏陽」。三乾君子「赦過宥罪」，謂此也。《釋鳥》曰：「鷹，隼醜。其飛也翬。」离，南方朱雀，故「爲隼」。三失位，伏陽動出成乾，坎弓离矢，乾人發之，故「貫隼」。五變正體大過，大過象棺槨，故「入大過死象」。馬云：「庸，城也。」三動下體巽，巽爲高、爲伏，高而可入伏，城庸之象。故「公用射隼于高庸之上」。虞氏謂三陰「小人乘君子器」，故上觀三出射去隼，兩坎象壞，故「无不利」也。 案 二變體艮，艮爲山，又爲門闕，故「爲宫闕」。庸，牆也。宫闕有牆，故云「三在山半，高庸之象也」。**《象》曰：「公用射隼，以解悖也。」** 虞翻曰：坎爲悖，三出成乾而坎象壞，故「解悖也」。 《九家易》曰：隼，鷙鳥也。今捕食雀者。其性疾害，喻暴君也。陰盜陽位，萬事悖亂，今射去之，故曰「以解悖也」。 **疏** 虞注 悖，逆也。以孛从心。坎爲心，其象險，故「爲悖」。上與三應，三出成乾，射隼而去之。兩坎象毁，故「以解悖也」。 《九家》注 《月令》「鷹隼早鷙」，故云「鷙鳥也」。《詩·小雅》「鴥彼飛隼」，鄭箋「隼，急疾之鳥也」，❶故云「其性疾害，以喻暴君」。又《詩》「鴥彼飛隼，載飛載止」，「鴥彼飛隼，載飛載揚」。鄭箋「飛而止，❷喻諸侯之欲朝不朝，自由無所懼也。飛而揚，喻諸侯出兵，妄相侵伐」也。是《詩》之取興，亦取其悖也。以六居三，是謂「陰盜陽位」。萬事失正，故云「悖亂」。上六得位，下應六三，射而去之，悖斯解也，是上解三也。

《序卦》曰：「緩必有所失，故受之以損。」 崔憬曰：宥罪緩死，失之於僥倖，有損於政刑，故言「緩必有所失，故受之以損」者也。 **疏**《解·象》曰「君子

❶「急疾」，原作「疾急」，今據思賢本及所引文改。

❷「飛而止」至下文「妄相侵伐也」，思賢本作「言隼欲飛則飛，欲止則止，喻諸侯之自驕恣，欲朝不朝，自由無所在心也。則飛則揚，喻諸侯出兵，妄相侵伐也」。

以赦過宥罪」，故言「宥罪緩死」。緩則刑罰不中，故「失之於僥倖，有損於政刑」矣。《左傳》曰「需者事之賊」，❶故「緩必有所失」，而「受之以損」也。

䷨ 兑下艮上 **損。** 鄭玄曰：艮爲山，兑爲澤，互體坤，坤爲地。山在地上，澤在地下，澤以自損，增山之高也。猶諸侯損其國之富，以貢獻於天子，故謂之「損」矣。疏上山下澤，互體爲坤。「艮爲山，兑爲澤，坤爲地」，皆《説卦》文。山在澤上，澤愈深則山愈高，故曰「澤以自損，增山之高」。天子以土田封諸侯，諸侯以貢賦獻天子。損國富以益上，即九貢之法也。**有孚元吉无咎，可貞利有攸往。** 虞翻曰：泰初之上，損下益上，以據二陰，故「有孚元吉无咎」。艮男居上，兑女在下，男女位正，故「可貞利有攸往」矣。疏從三陽三陰之例，卦自泰來，故云「泰初之上」。損乾之下，以益坤上，下據二陰，體象中孚，故曰「有孚」。孚故吉，泰初乾元之上，故「元吉」。失位宜咎，元吉故「无咎」。《繫》曰：「天地壹壺，萬物化醇。男女搆精，萬物化生。」虞彼注云：「艮男兑女，乾爲精。損反成益，萬物出震。」此言「男女位正」者，正明搆精化生所以「可貞」，非謂此爲貞也。「可貞」謂二五也。二五失位，二當貞五則成益，萬物化生，則上益三而亦正也。「利有攸往」謂三也，與上爻辭同義。損家損下，故二益五自二往，上益三則自三往。**曷之用？二簋可用享。** 崔憬曰：曷，何也。言其道上行，將何所用？可用二簋而享也。以喻損下益上，惟在乎心。何必竭於不足，而補有餘者也。疏「曷，何也」，《説文》文。言乾初行於坤上，其道將何所用也？可用二簋以享祀也。損益在心，不可益彼虧此。當損之時，雖二簋亦可用享。若竭不足而補有餘，則非善用其損者也。　案　互體坤，坤爲用。二正五成益。爻位上爲宗廟，又艮爲門闕，有宗廟之象。坤鬼居之，有祖宗之象。互震爲長子主祭，坤形下爲器，艮手執之，享祭之象也。簋，盛黍稷器，圓曰簋，方曰簠。《考工記》「旅人爲簋」，則簋以瓦爲之。坤爲土，上之三成兩离，离大燒土而中虛，體乾爲圜，在祭器則簋也。「二簋」者，《明堂

❶「需者事之賊」，思賢本作「需，事之賊也」。

位》曰「周之八簋」，《祭統》曰「八簋之實」，❶鄭注「天子之祭八簋」。簋有八而稱二者，《三禮圖》「簠盛稻粱，簋盛黍稷」，「二簋」者，舉黍與稷也。且震仰似盂，有簋象焉。震稼反生，有簋盛黍稷之象焉。又自初至五爲兼震，有二簋之象焉。謂益道成既濟定，耒耨之利，薦之宗廟。當泰之後，王者治定制禮也。又鄭謂木器而圓，簋象也。震爲木，故曰木器。二升五用二簋以享於上，上右五而益三，乃成既濟。今《象》注「二簋應有時」謂春秋，「損剛益柔」謂冬夏。既濟既定，四時乃備。二簋之象，明當在上益三之後。

《象》曰：「損，損下益上，其道上行。」蜀才曰：此本泰卦。　案：坤之上六，下處乾三，乾之九三，上升坤六，「損下益上」者也。陽德上行，故曰「其道上行」也。疏 卦自泰來，故云「此本泰卦」。外坤上六之乾三，內乾九三之坤六，故云「損下益上」。以九居上，故云「陽德上行」。乾爲道，震爲行，故「其道上行也」。此云三之上，虞云初之上，當從虞義。損而有孚，荀爽曰：謂損乾之三，居上孚二陰也。疏 損乾之三，上居坤六。下孚二陰，故曰「有孚」。元吉无咎，荀爽曰：居上據陰，故「元吉无咎」。以未得位，嫌於咎也。疏 以乾初元陽，❷上居於坤，下據二陰，故「元吉」。未得位，嫌於有咎。元吉，故「无咎」也。可貞，荀爽曰：少男在上，少女雖年尚幼，必當相承，故曰「可貞」。疏 少男居少女之上，以女承男，故曰「可貞」。利有攸往。荀爽曰：謂陽利往居上。損者，損下益上，故利往居上。疏 往，往居上。損下之陽，以益上陰，故「陽利往居上」也。曷之用？二簋可用享。荀爽曰：二簋謂上體二陰也。上爲宗廟。簋者，宗廟之器，故可享獻也。疏 陰虛能受，故「二簋謂上體二陰也」。爻位上爲宗廟。「簋者，宗廟之祭器」，故「可用享」也。又王弼注：「曷，辭也。曷之用？言何用豐爲也。❸二簋，質薄之器也。行損以信，雖二簋可用享。」二簋應有時，虞翻曰：「時」謂春秋也。❹損二

❶「祭統」，原作「祭義」，今據思賢本及所引文改。
❷「以乾初元陽」，思賢本作「以乾初之三陽」。
❸「用」，思賢本作「以」。
❹「謂」，原作「爲」，今據思賢本及《周易集解》文改。

之五，震二月，益正月，春也。損七月，兑八月，秋也。謂「春秋祭祀，以時思之」。艮爲「時」，震爲「應」，故「應有時」也。疏「時謂春秋」者，謂春禘秋嘗也。損二之五成益，内體震，震，四正卦，值春二月，益於消息爲正月卦，❶故云「春也」。損於消息爲七月卦，内體兑，兑，四正卦，值秋八月，故云「秋也」。「春秋祭祀，以時思之」，《孝經》文。《祭義》曰：「春禘秋嘗，霜露既降，君子履之，必有悽愴之心，春雨露既濡，❷君子履之，必有怵惕之心，如將見之。」此「以時思之」之事也。《艮·象》曰「動静不失其時」，故「爲時」。震巽「同聲相應」，故「爲應」。上之三成既濟，六爻皆應，❸故「應有時也」。**損剛益柔有時，**虞翻曰：謂冬夏也。二五已易成益，坤爲柔。謂損益上之三成既濟，坎冬离夏，故「損剛益柔有時」。疏「謂冬夏」者，體成既濟也。二五易位，體已成益，益互坤爲柔。損上九之剛，益六三之柔，體成既濟，坎北屬冬，离南屬夏，故「損剛益柔有時」也。**損益盈虚，與時偕行。」**虞翻曰：乾爲盈，坤爲虚，損剛益柔，故「損益盈虚」。謂泰初之上，損二之五，益上之三。變通趨時，故「與時偕行」。疏月十五，乾盈於甲，故「乾爲盈」。月虚爲晦，坤喪乙滅癸，故「坤爲虚」。損乾剛以益坤柔，故曰「損益盈虚」。泰初之上成損，損二之五成益，益上之三成既濟。《繫下》曰「變通者，趨時者也」，唯其變通，故「與時偕行」。

《象》曰：「山下有澤，損。君子以徵忿窒欲。」虞翻曰：君子，泰乾。乾陽剛武爲忿，坤陰吝嗇爲欲。損乾之初成兑説，故「徵忿」。初上據坤，艮爲山，故「窒欲」也。疏「山下有澤」，潤通乎上，「損下益上」之象也。澤以滌山，山以鎮澤，「徵忿窒欲」之象也。❹乾爲君子，卦自泰來，故云「君子，泰乾」也。《楚語》曰「天事武」，韋注云「乾稱剛健，故武」。剛武之象，有似於忿，故云「乾陽剛武爲忿」。《説卦》曰：「坤爲吝嗇。」《説文》曰：「欲，貪欲也。」吝嗇之義，近於貪欲，故云「坤陰吝嗇爲欲」。「徵」，劉巘作「懲」，蜀才作「澄」。鄭云「徵猶清也」，

❶「正」，原作「二」，今據思賢本及虞翻注改。
❷「雨」，原脱，今據思賢本及所引文補。
❸「皆」，草堂本作「有」。
❹「象」，思賢本作「義」。

劉云「懲，清也」。卦取兑澤，故訓清。❶欲泰乾初九，❷下體成兑，「説萬物者，莫説乎澤」，澤取乎清，故「徵忿」。乾初之上，據坤體艮，艮爲山，又爲止，窒，塞也，艮象山止，故「窒欲」也。《繫下》曰：「損，德之修也。」修主減損，故「徵忿窒欲」。

初九，祀事遄往，无咎，酌損之。虞翻曰：祀，祭祀，坤爲事，謂二也。遄，速，酌，取也。二失正，初利二速往合志於五，得正无咎，已得之應，故「遄往，无咎，酌損之」。《象》曰「上合志也」。「祀」舊作「巳」也。**疏**《釋詁》曰「祀，祭也」，故云「祀，祭祀」。坤「發於事業」，故「爲事」。二簋用享，故舉「祀事」。用享者二，故「謂二也」。「遄，速」，《釋詁》文。《坊記》「上酌民言」，鄭注云「酌猶取也」。「酌」與「勺」同，《説文》云「勺，挹取也」，故云「酌，取也」。初應四比二，四得正而二不得正，故「初利二速往合志於五」。二五易位，則二得正无咎，已得之應於四。初曰「遄往」，四曰「遄喜」，皆謂二速往五而喜也。陰陽得正，故「无咎」。二居五，取上益三，故二與上皆云「弗損益之」，謂益三也。酌損上以益三，故曰「酌損之」，《象》曰「上合志」是也。「祀舊作巳也」者，鄭《詩譜》云「子思論《詩》於穆不巳」，孟仲子曰「於穆不祀」，是「巳」「祀」古字通也。劉熙《釋名》「殷曰祀。祀，巳也」，《伊訓》「惟元祀」，傳云「取四時祭祀一訖也」，❸是「祀」有「巳」義，故「巳」與「祀」通。又「巳」本亦作「以」，《説文》引作「㠯」。虞因卦辭言「二簋用享」，故不從舊本作「巳」，直從古義作「祀」，訓「祭祀」也。

《象》曰：「祀事遄往，上合志也。」虞翻曰：終成既濟，謂二上合志於五也。**疏**二五易位成益，益三上易位，故「終成既濟」。坎爲志，「二上合志於五」，六爻皆正，初亦得其應矣。

九二，利貞，征凶，弗損益之。虞翻曰：失位當之正，故「利貞」。征，行也。震爲征。失正毁折，故不征之五則凶。二之五成益，小損大益，故「弗損益之」矣。**疏**以九居二爲「失位」，當變之正，故曰「利貞」。「征，行也」，《釋言》文。震行爲「征」。二既失正，又體兑

❶「清」下，思賢本有「也」字。
❷「欲」，思賢本無此字。
❸「伊訓惟元祀傳云」，思賢本作「《爾雅》『商曰祀』，孫炎云」。

爲毀折，二當之五，故云「不征之五則凶」也。二之五成益，二變陰，陰爲小，故「小損」。五變陽，陽爲大，故「大益」。「弗損益之」者，謂弗慮其損，當益五也。　愚案《經》言「征」，注言「不征」，以征凶與利變之正相反也。不知二失正，與五易位成益，故「利貞」。二乘初，初利二遄往以成益，二不利初征四以成未濟，故「征凶」。初征四，則弗克損益之以成既濟也。《象》曰：「九二利貞，中以爲志也。」虞翻曰：動體离中，故「爲志也」。

疏 二利之五，三上易位，六爻皆正，變成既濟。二體离中，故「動體离中」。互體坎爲志，故「中以爲志也」。

六三，三人行，則損一人。虞翻曰：泰乾三爻爲三人，震爲行，故「三人行」。損初之上，故「則損一人」。**疏** 乾陽生爲人，卦自泰來，故「泰乾三爻爲三人」。震足爲行，《泰》初爻辭曰「以其彙，❶征吉」，故「三人行」。損乾初九以之坤上，故「損一人」。一人行，則得其友。虞翻曰：一人謂泰初，之上「損剛益柔」，故「一人行」。兑爲友，初之上，據坤應兑，故「則得其友」，言致一也。**疏**「一人」謂泰初一爻，之上損初之剛，益上之柔，故「一人行」。三體兑，《兑·象》曰「君子以朋友講習」，故「爲友」。初據坤上，下應兑三，故「得其友」。《繫下》曰「天地壹壺，萬物化醇。男女搆精，萬物化生」，「天地」謂泰乾坤，「男女」謂損艮兑，天地交則化醇，男女合則化生，故「言致一也」。《象》曰：「一人行，三則疑也。」虞翻曰：坎爲疑，上益三成坎，故「三則疑」。　荀爽曰：一陽在上則教令行，三陽在下則民衆疑也。**疏** 虞注坎心爲疑。二已之五，上來益三成坎，故「三則疑也」。　荀注「三陽」之「陽」當作「陰」。一陽在上，下應震行，故「教令行」。三以陰爻在下，上互坤衆，故「民衆疑也」。

六四，損其疾，使遄有喜，无咎。虞翻曰：四謂二也。四得位，遠應初，二疾上五，已得承之，謂二之五，三上復坎爲疾也。陽在五稱喜，故「損其疾，使遄有喜」。二上體觀，得正承五，故「无咎」矣。**疏** 二與四同功，故「四謂二也」。以六居四爲「得位」，遠正應初。二

❶「初」，原作「三」，今據所引文改。

「祀事遄往」，❶故云「二疾上五」。四比於五，故云「已得承之」。二已之五，三上易位體坎，坎爲疾，陽在五得位稱喜。已成既濟，六爻皆正，則坎不爲害，故「損其疾，使遄有喜」也。二上之五，自二至上體大觀象，四得正承五，故「无咎」。《象》曰：「損其疾，亦可喜也。」蜀才曰：四當承上，而有初應，必上之所疑矣。初，四之疾也，宜損去其初，使上遄喜。　虞翻曰：二上之五，體大觀象，故「可喜也」。**疏**　蜀才注　泰四應初，三已之上成損，❷故「四當承上，而有初應」在下，必爲上之所疑矣。上疑四者，疑四應初，故「初爲四疾」。損去初陽以益上，則上喜矣，故「使上遄喜」也。　虞注　二上之五，體象大觀。大觀在上，故「可喜也」。又成既濟，六爻皆正，坎疾不爲害，《繫下》曰「損以遠害」，故「可喜也」。

六五，或益之，十朋之龜。弗克違，元吉。虞翻曰：謂二五已變成益，故「或益之」。坤數十，兑爲朋。三上失位，三動离爲龜，十謂神、靈、攝、寶、文、筮、山、澤、水、火之龜也，故「十朋之龜」。三上易位成既濟，故「弗克違，元吉」矣。**疏**　二五易位，已變成益，故曰「或益之」。「或」者，不主之辭，不可云上益之，故云「或」也。坤癸數十，兑以「朋友講習」爲「朋」，故曰「十朋」。二五已正，三上失位，三動體离，二至上亦全體似离，「离爲龜」，《説卦》文。《爾雅・釋魚》曰「一曰神龜，二曰靈龜，三曰攝龜，四曰寶龜，五曰文龜，六曰筮龜，七曰山龜，八曰澤龜，九曰水龜，十曰火龜」，故云「十謂神、靈、攝、寶、文、筮、山、澤、水、火之龜」爲「十朋之龜」。又《漢書・食貨志》：「元龜岠冉長尺二寸，直二千一百六十，爲大貝十朋。」蘇林曰：「兩貝爲朋，朋直二百一十六。元龜十朋，故二千一百六十也。」是「十朋」者，元龜之直也，義亦可通。《表記》曰：「不違龜筮。」二五已正，三上易位成既濟，人協龜從，故「弗克違，元吉」也。《象》曰：「六五元吉，自上右也。」侯果曰：內柔外剛，龜之象也。又體兑艮，互有坤震，兑爲澤龜，艮爲山龜，坤爲地龜，震爲木龜。坤數又十，故曰「十朋」。朋，類也。六五處尊，損己奉上，人謀允叶，龜墨不違，故能延上九之右，而來十朋之益，所以大吉也。　崔憬曰「或之者，疑之也」，故用元龜價直

❶「二祀事遄往」，思賢本作「初利二遄往」。
❷「三」，原作「二」，今據思賢本及卦變改。

二十大貝，龜之最神貴者以決之，不能違其益之義，故獲「元吉」。雙貝曰「朋」也。疏侯注　离内柔外剛，故爲「龜」。頤全體象离，故《頤》初曰「舍爾靈龜」。損自二至上内柔外剛，亦龜象。又體内兑外艮，内互震，外約坤，兑爲澤，故「爲澤龜」，艮爲山，故「爲山龜」，澤龜、山龜，見《爾雅》。《春官・龜人》曰「地龜曰繹屬」，坤爲地，故云「地龜」，又「東龜曰果屬」，震東方卦，故云「木龜」，攷經傳無木龜，當即東龜也。坤數十，故曰「十朋」。《坤・彖傳》曰「西南得朋，❶乃與類行」，故云「朋，類也」。六五居中處尊，爲損之主，故能損己以奉上九。《洪範》「謀及卿士，謀及庶人」，故云「人謀」。《春官・卜師》「凡卜事，眡高，揚火以作龜，致其墨」，故云「龜墨」。《洪範》又曰：「龜從，卿士從，庶民從」。故云：「人謀允叶，龜墨不違，延上九之右，來十朋之益，所以大吉。」　崔注　「或之者，疑之也」，《乾・文言》文。元龜價值二十大貝，兩貝曰朋，故曰「十朋」。《爾雅》「一曰神龜」，龜之最神者，其直貴，用以決之。不能違其損下益上之義，故「獲元吉」。雙貝，猶言兩貝也。又兑西爲右，右，助也。上右五益三成既濟定，太平化行，故曰「自上右也」。

上九，弗損益之，无咎貞吉。虞翻曰：損上益三也。上失正，之三得位，故「弗損益之，无咎貞吉」。動成既濟，故「大得志」。疏上與三應，故宜損上以益三。上失正有咎，之三得位，故弗損而益三，咎者无咎，得正而吉也。二五已正，三上易位，是「動成既濟」，故《象》曰「大得志也」。**利有攸往，得臣无家。**虞翻曰：謂三往之上，故「利有攸往」。二五已動成益，坤爲臣。三變據坤成家人，故曰「得臣」。動而應三成既濟，則家人壞，故曰「无家」。　王肅曰：處損之極，損極則益，故曰「弗損益之」。非无咎也，爲下所益，故「无咎」。據五應三，三陰上附，外内相應，上下交接，正之吉也，故「利有攸往」矣。剛陽居上，羣下共臣，故曰「得臣」矣。得臣則萬方一軌，故「无家」也。疏虞注　自内曰往。三在内，至是始往於上，故「利有攸往」。二五已動成益，互體坤，坤，臣道也，故「爲臣」。三變據坤，體成家人，故曰「得臣」。三已正，上動應之成既濟，則家人象毁，故曰「无家」。谷永釋此《經》云「言王者臣天下，无私家」是也。　王注　上者

❶「坤」，原作「乾」，今據所引文改。

損之極，損極則益，故「弗損益」，❶《序卦》所云「損而不已則益」是也。上失位，非无咎。爲下所益，故得「无咎」。近據五，遠應三，三五互坤，衆陰上附。外内陰陽相應，上下剛柔相接，❷應得正，故貞。卦自泰來，「上下交而志同」，故「利有攸往」。九以陽剛居上，下臨互坤，羣陰共臣，故曰「得臣」。得臣則天下一家，故「萬方一軌」，无私家也。《象》曰：「弗損益之，大得志也。」虞翻曰：謂二五已變，上下益三成既濟定，离坎體正，故「大得志」。**疏**二五已變成益。上九下益六三，三上易位成既濟定。离下坎上，六爻皆正，坎爲志，故「大得志」。

《序卦》曰：「損而不已必益，故受之以益。」崔憬曰：損終則「弗損益之」，故言「損而不已必益」也。**疏**《損》上九曰「弗損益之」，故云「損終則弗損益之」。損益盛衰，循環之道。損極必益，故言「損而不已必益」，而「受之以益」也。

䷩ 震下巽上

益，利有攸往，虞翻曰：否上之初也。「損上益下」，「其道大光」。二利往坎應五，故「利有攸往」，中正有慶」也。**疏**從三陽三陰之例，卦自否來，故云「否上之初」。虞注否上九云「否終必傾，下反於初成益」是也。上之初，故《象》曰「損上益下」。三上易位成既濟，二爲离，离日爲光，故曰「其道大光」。五爲坎，二五正應，故云「二利往坎應五」也。二五得中得正，故曰「利有攸往，中正有慶也」。利涉大川。虞翻曰：謂三失正，動成坎體渙，坎爲大川，故「利涉大川」。渙，舟楫象，「木道乃行」也。

鄭玄曰：陰陽之義，陽稱爲君，陰稱爲臣。今震一陽二陰，臣多於君矣。而四體巽之下，應初，是天子損其所有，以下諸侯也。人君之道，以益下爲德，故謂之益也。震爲雷，巽爲風。雷動風行，二者相成，猶人君出教令，臣奉行之，故「利有攸往」。坎爲大川，故「利涉大川」矣。

疏虞注 三陰失正，變則成坎，自二至上，其體象渙。坎水爲大川，故「利涉大川」。《繫》言「舟楫之利，蓋取諸渙」。《九家易》彼注云「木在水上，流行若風，舟楫之象」是也。《渙·象傳》曰「乘木有功」，故曰「木道乃行也」。

❶「益」下，思賢本有「之」字。
❷「相接」，思賢本作「交接」。

鄭注「乾以君之」，坤爲臣道，故「陰陽之義，陽稱爲君，陰稱爲臣」也。❶震一陽二陰，臣多於君，故其象爲臣。巽二陽一陰，君多於臣，故其象爲君。四居巽體下，應於初，是「天子損其所有，以下諸侯」之象。人君之道，損己利人，德在益下，故「謂之益也」。「震爲雷」，「巽爲風」，《説卦》文。雷主動，風主行，震巽「同聲相應」，故云「二者相成」。震爲出，巽爲令，故「猶人君出教令，臣奉行之」。命出必行，故「利有攸往」也。三上失正，易位成既濟，互兩坎，坎水爲川，故「利涉大川」也。

《彖》曰：「益損上益下，蜀才曰：此本否卦。案　乾之上九，下處坤初，坤之初六，上升乾四，「損上益下」者也。疏卦自否來，故「此本否卦」。否乾上九之坤初，初六升乾四，損上陽以益下陰，故爲益。**民説无疆。**虞翻曰：上之初，坤爲无疆，震爲喜笑。「以貴下賤，大得民」，故「説无疆」矣。疏益本否上之初。《坤·彖》曰「德合无疆」。否初坤，故「坤爲无疆」。震春爲喜，《震》「笑言啞啞」爲笑，喜笑故爲説，否上之初爲「貴下賤」。坤衆爲民，故「大得民」。明王之道，志在惠下，故「民説无疆」矣。**自上下下，其道大光。**虞翻曰：乾爲大明，以乾照坤，故「其道大光」。或以上之三，离爲大光矣。疏《乾·彖》曰「大明終始」，故「乾爲大明」。否乾在上，坤在下，故曰「以乾照坤」。乾爲天道，故曰「其道大光」。三上失位，故「或以上之三」成离，「离爲大光」，義亦可通。　愚案　否乾上九下居坤初，自初至五有离象，离日爲光，「天道下濟而光明」，故曰「自上下下，其道大光」。**利有攸往，中正有慶。**虞翻曰：中正謂五，而二應之，乾爲慶也。疏五居中得正，故「中正謂五」。而二以中正應之，故「利有攸往」。陽爲慶，五體乾陽，故「乾爲慶也」。**利涉大川，木道乃行。**虞翻曰：謂三動成涣，涣舟楫象，巽木得水，故「木道乃行」也。疏三失位，動則成涣，涣有舟楫之象，以巽木而得坎水，又互震行，❷故曰「木道乃行也」。**益動而巽，日進无疆。**虞翻曰：震三動爲离，离爲日，巽爲進，坤爲疆，日與巽俱進，故「日進无疆」也。疏震，動也。三失位，動而成

❶「稱」，原脱，今據思賢本及鄭玄注補。
❷「互」，草堂本作「内」。

离，「离爲日」，《説卦》文。巽爲進退，故「爲進」。「坤爲疆」，當脱「无」字。坤爲地，故「无疆」。以离日與巽俱進，而卦自否來，又本互坤，故「日進无疆也」。**天施地生，其益无方。**虞翻曰：乾下之坤，震爲出生，萬物出震，故「天施地生」。陽在坤初爲无方，「日進无疆」，故「其益无方」也。疏乾交坤爲施，否乾上下之坤初，故曰「天施」。「帝出乎震」，故爲出。震春爲生，又月三日「哉生明」，亦爲生。「萬物出乎震」，《説卦》文。萬物資始於乾而資生於地，❶故曰「天施地生」也。《坤·文言》曰「至静而德方」，故「陽在坤初爲无方」。惟其「日進无疆」，是以「其益无方」。此損上益下，所以爲益也。**凡益之道，與時偕行。」**虞翻曰：上來益三，四時象正。艮爲時，震爲行，與損同義，故「與時偕行」也。疏三上易位成既濟，故云「上來益三」也。益震爲春，損兑爲秋，既濟坎冬离夏，故「四時象正」也。艮「動静不失其時」，故「爲時」。震作足，故「爲行」。「與損同義」者，《損·彖》曰「損益盈虚，與時偕行」，虞彼注云「損二之五，益上之三。變通趨時，故『與時偕行』」，是其義也。

《象》曰：「風雷，益。君子以見善則遷，有過則改。」虞翻曰：君子謂乾也。上之三，离爲見，乾爲善，坤爲過，坤三進之乾四，故「見善則遷」。乾上之坤初，改坤之過。體復象，「復以自知」，故「有過則改」也。疏《子夏傳》曰：「雷以動之，風以散之，萬物皆益。」《稽覽圖》曰「降陰下迎，陰起合和，而陽氣用，上薄之則爲雷」，鄭注云「陽氣，風也」，是風之益雷，自上下也。又虞《繫》注云「益萬物者，莫大乎風雷」，❷故曰「風雷益」。「君子謂乾」者，謂否乾也。三上失正，易位成离，相見乎离，故「离爲見」。乾元善之長，故「爲善」。坤積不善，故「爲過」。上已之初，故三進居四。四陰得位，故曰遷善。乾上之坤初，坤體毁，故「改坤之過」。初至四體復象，《繫》曰「復以自知」，又曰「有不善未嘗不知，知之未嘗復行」，故「有過則改也」。遷善改過，益莫大焉。

初九，利用爲大作，元吉无咎。虞翻曰：大作謂耕播，「耒耨之利」，蓋取諸此也。坤爲用，乾爲大，

---

❶「地」，草堂本作「坤」。

❷「大乎」，思賢本作「若」。

震爲作，故「利用爲大作」。體復初得正，「朋來无咎」，故「元吉无咎」。震，二月卦，「日中星鳥」。「敬授民時」，故以耕播也。**疏**《周語》曰「民之大事在農」，《堯典》曰「平秩東作」，故曰「大作謂耕播」也。《繫下》曰：「斲木爲耜，揉木爲耒。耒耨之利，以教天下，蓋取諸益。」故云「耒耨之利，蓋取諸此也」。「致役乎坤」，故「坤爲用」。「大哉乾元」，故「乾爲大」。震作足，故「爲作」。否象乾坤，初變成震，故「利用爲大作」。初至四體復象，初以陽居陽爲得正。《復》曰「朋來无咎」，初九曰「无祇悔，元吉」，蓋初陽有元象，故曰「元吉无咎」。坎、离、震、兑，四正方伯卦。震春，二月卦也。「日中星鳥」「敬授民時」，皆《堯典》文。益於消息，正月卦，啟蟄而祈穀，農事之始。益民之大莫若農，故引《書》以明耕種之時也。

《象》曰：「元吉无咎，下不厚事也。」侯果曰：大作謂耕植也。處益之始，居震之初，震爲稼穡，又爲大作，益之大者，莫大耕植，故初九之利，利爲大作。若能不厚勞於下民，不奪時於農畯，則大吉无咎矣。**疏**「大作謂耕植」，釋已見前。「植」猶播也。「處益之始」，以全卦言也。「居震之初」，以內卦言也。震於稼爲反生，故「爲稼穡」。爲作足，故「又爲大作」。益下莫大於耕植，故初九利於耕植爲大作。否坤爲厚，又爲事，上來益初，坤象不見，是上任其勞而「下不厚事」，故云「若能不厚勞於下民，不奪時於農畯，則大吉无咎矣」。

六二，或益之，十朋之龜。弗克違，永貞吉。虞翻曰：謂上從外來益也，故「或益之」。二得正遠應，利三之正，己得承之。坤數十，損兑爲朋，謂三變离爲龜，故「十朋之龜」。坤爲永，上之三得正，故「永貞吉」。**疏**以爻定既濟，則上來益三。以之泰，❶則上益初。一本作「上從外來益初」，是也。益三、益初，皆自外來，故曰「或益之」。以六居二爲得正，遠應在五。三失位，故「利三之正」。陰利承陽，故「己得承之」。坤癸，故「數十」。損二五變則成益，是益二即損五，故益二爻象與損五同辭。而云「損兑爲朋」，取《兑》「朋友講習」之義也。三失位，變正成离爲龜。「十朋之龜」，詳具損五。《坤》用六「利永貞」，故「坤爲永」。上三易位皆得正，成既濟定，故

❶ 「以之泰」至下文「是也」，思賢本作「以否終必傾，自否反泰，則上下益初」。

「永貞吉」也。　愚案《損》六五「或益之」，謂二五變成益，五位乾，乾爲元，故「元吉」。益二自損來，居中得正，坤爲永。故初乾陽居始，五乾陽得正，皆稱「元吉」，與損五成益稱「元吉」同義也。**王用享于帝，吉。**虞翻曰：震稱帝，王謂五，否乾爲「王」，體觀象，艮爲宗廟，三變折坤牛，體噬嗑食，故「王用享于帝」。得位，故「吉」。

干寶曰：聖王先成其民，而後致力于神，故「王用享于帝」。在巽之宮，處震之象，是則蒼精之帝同始祖矣。**疏**

虞注「帝出乎震」，故「震爲帝」。五天子位，故「五爲王」。「乾以君之」，故「否乾爲王」也。二至上體觀象，祭祀艮爲鬼門，故「爲宗廟」。此享帝而取宗廟，以其祭感生帝也。《禮》曰「王者禘其祖之所自出，以其祖配之，而立四廟」，鄭注云「祖所出謂五帝」，❶即南郊之祭也。三變折坤牛爲牲，初至五體噬嗑食象，故「用享于帝」，明不王不禘也。《乾鑿度》說此爻云：「益者，正月之卦也。天氣下施，萬物皆益。言王者之法天地，施政教，而天下被陽德，蒙教化。如美寶，莫能違害，永貞其道，咸受吉化。德施四海，能繼天道也。『王用享于帝』者，言祭天也。三王之郊，一用夏正。天氣三微而成一著，❷三著而成一體。方此之時，天地交，萬物通，故泰、益之卦，皆夏之正也。此四時之正，不易之道也。故三王之郊，一用夏正，所以順四時，法天地之通道也。」六居二得位，故「吉」。　干注　桓六年《左傳》曰「聖王先成民，而後致力於神」，故「王用享于帝」。益爲巽宮三世卦，故云「在巽之宮」。二在震位，故云「處震之象」。震巽於五行皆屬木，木於時屬春。《月令》「孟春之月，其帝太皞，其神勾芒」，鄭注「此蒼精之君，木官之臣」。又《春官·小宗伯》「兆五帝於四郊」，鄭注「蒼帝曰靈威仰」。❸震巽同聲，故曰「蒼精之帝，同始祖矣」。**《象》曰：「或益之，自外來也。」**

虞翻曰：乾上稱外，來益三也。**疏**否乾在外，上在外卦之外，故云「乾上稱外」。自外曰「來」，上來益三成既濟。「三」本亦作「初」，益自否來，故云「來益初也」。

六三，益之用凶事，无咎。虞翻曰：坤爲

---

❶「祖所」至下文「祭也」，思賢本作「『始祖感天神靈而生，祭天則以祖配之』，謂郊祀天也」。

❷「氣」，原作「道」，今據思賢本及所引文改。

❸「帝」，思賢本無此字。

事，「三多凶」，上來益三得正，故「益用凶事，无咎」。**疏**《坤》「發於事業」，故「坤爲事」。「三多凶」，《繫下》文。三失正當變，上來益三則得正矣。《釋言》曰「凶，咎也」，❶凶則有咎。得正，故「益用凶事，无咎」。　案　三爲公位，當益下之時，有拯凶之責。且三變坎難，凡水旱札瘥兵甲之發，皆凶事也。**有孚中行，告公用圭。**虞翻曰：公謂三伏陽也。三動體坎，故「有孚」。震爲中行，爲告，位在中，故曰「中行」。三，公位，乾爲圭，乾之三，故「告公用圭」。圭，桓圭也。《九家易》曰：天子以尺二寸玄圭事天，以九寸事地也。上公執桓圭九寸，諸侯執信圭七寸，諸伯執躬圭七寸，諸子執穀璧五寸，諸男執蒲璧五寸。五等諸侯，各執之以朝見天子也。**疏**虞注　《乾鑿度》曰「三爲三公」，故知「公謂三」。與恒旁通，故云「伏陽」。三動成坎，坎故「有孚」。震爲足，故爲「行」。《復》「中行獨復」，「中行」謂初，初至四體復，❷故曰「中行」。必曰「位在中」者，中爲內，初在內，乃得稱「中行」，明非初，雖震不得爲中行也。震善鳴，故「爲告」。三本公位，故「告公」。乾爲玉，故「爲圭」。上乾之三，故「告公用圭」。公執桓圭，故云「圭，桓圭也」。　《九家》注　《春官·典瑞》：「四圭有邸以祀天，兩圭有邸以祀地。」又《考工記》：「玉人之事，天子圭中必，四圭尺有二寸，以祀天。」故口「天子以尺二寸玄圭事天」。《大宗伯》「以黃琮禮地」，❸《玉人》「璧琮九寸」，故「以九寸事地也」。天十有二時，故以尺二寸事之，地有九州，故以九寸事之。《典瑞》曰：「公執桓圭，侯執信圭，伯執躬圭，子執穀璧，田執蒲璧。」又「九寸謂之桓圭，七寸謂之信圭」，「躬圭」見於《玉人》。至「穀璧五寸，蒲璧五寸」，經無明文，注云「皆徑五寸」，❹蓋由《典命》「子男五命，以五爲節」推之也。五等皆天子所命，故「各執之以朝見天子」。　案　《典瑞》「珍圭以徵守，以恤凶荒」，即「益凶事，告公用圭」之事也。或云凶爲喪事，引《禮》「含者執璧將命，賵者執圭將命」，爲用圭之證，義亦可通。但喪事小，荒事大。當損上益下之時，莫大於荒政救民，故舍此用彼也。**《象》曰：**

❶「釋言」，原作「《釋詁》」，今據思賢本及所引文改。

❷「初」，原作「二」，今據思賢本及互體改。

❸「禮」，原作「祀」，今據思賢本及所引文改。

❹「注云皆徑五寸」，思賢本作「鄭注《大宗伯》云『璧皆徑五寸』」。

「益用凶事，固有之矣。」虞翻曰：三上失正當變，是「固有之」。　干寶曰：固有，如桓文之徒，罪近篡弒，功實濟世。六三失位而體姦邪，處震之動，懷巽之權，是矯命之士，争奪之臣，桓文之爻也，故曰「益之用凶事」。在益之家而居坤中，能保社稷，愛撫人民，故曰「无咎」。既乃中行近仁，故曰「有孚中行」。然後俯列盟會，仰致錫命，故曰「告公用圭」。**疏**虞注　三本陽位，以柔居之爲失正。三上易位，則變得正矣，是「固有之」也。　干注　三爲三公之位，故以「固有」爲齊桓公、晉文公之徒也。「罪近篡弒」，是「凶事」也。「功實濟世」，故「无咎」也。六居三爲失位。震三庚辰，辰主上方。《翼奉傳》「上方之情樂也」。樂行姦邪，故「而體姦邪」。震動，故云「處震之動」。「巽以行權」，故云「懷巽之權」。行權，故爲「矯命之士」。震動，故爲「争奪之臣」。桓文挾天子以令諸侯，❶故以是爻當之，而曰「益之用凶事」也。然在益之家，而居互坤之中，坤地爲土，故「能保社稷」。坤衆爲民，故「愛撫人民」。功足補過，故曰「无咎」者也。體震木主春爲仁，三居卦中，故云「中行近仁」。變坎爲孚，故曰「有孚中行」。「俯列盟會」，❷如齊桓盟于首止，會于葵丘，晉文盟于踐土，會于温之類。「仰致錫命」，如會于葵丘，「王使宰孔賜齊侯胙」，❸「且有後命。以伯舅耋老，加勞，賜一級，無下拜」。又「作王宫于踐土」，王「策命晉侯爲侯伯，賜之大輅之服，戎輅之服，彤弓一，彤矢百，❹玈弓矢千，秬鬯一卣，虎賁三百人」之類。二公皆受王命爲侯伯，故引以明「告公用圭」之事。

六四，中行，告公從。虞翻曰：中行謂震，位在中，震爲行、爲從，故曰「中行」。公謂三，三上失位，四利三之正，己得以爲實，故曰「告公從」矣。**疏**「中行謂震」者，謂初也。初内爲中，故云「位在中」，震足爲行，亦爲從，初至四體復，「復」四「中行獨復」，故曰「中行」。嫌與三異義，故更説之也。三爲公位，故「公謂三」。三與上皆失位，四利三變之正，陽爲實，己得乘實。《復》四《象》曰「中行獨復，以從道也」，故曰「從」。「告公」者，初也。

❶「令」，思賢本作「命」。
❷「盟會」，原作「會盟」，今據思賢本及干寶注改。
❸「胙」下，思賢本有「曰」字。
❹「矢」上，原衍「弓」字，今據草堂本、思賢本及所引僖公二十八年《左傳》文删。

「從」者，四也。四與初正應，故曰「告公從矣」。**利用爲依遷邦。**虞翻曰：坤爲邦。遷，徙也。三動坤徙，故「利用爲依遷邦」也。**疏**坤爲地、爲衆，故「爲邦」。「遷，徙也」，《釋詁》文。三體坤，三動則坤徙，故「利用爲依遷邦也」。　愚案《周禮》：「小司寇之職，掌外朝之政，以致萬民而詢焉。二曰詢國遷。王南鄉，三公及州長百姓北面，羣臣西面，羣吏東面。小司寇擯以叙進而問焉，以衆輔志而獘謀。」❶即此爻義也。尋四互艮爲門闕，有外朝之象。坤衆爲萬民，震聲爲詢。三變离「嚮明而治」，爲「王南鄉」。三公爲百官之長，居其首，故爻言公也。州長親民之官，故百姓屬焉。三變坎，故北面。坤，臣道，又爲衆，故曰「羣臣」「羣吏」。伏兑，故西面。應震，故東面。「以叙進而問」，必先三公，即「中行，告公從」也。以坤衆輔坎志，即《象》曰「以益志也」。斷其謀而遷國，即「利用爲依遷國」也。且四與初應，「中行」謂初，在益之家，四應初，「利用爲大作」，上益下也。初應四，「利用爲依遷國」，下益上也。**《象》曰：「告公從，以益志也。」**虞翻曰：坎爲志，三之上有兩坎象，故「以益志也」。　崔憬曰：益其勤王之志也。居益之時，履當其位，與五近比，而四上公，得藩屏之寄，爲依從之國。若周平王之東遷，晉鄭是從也。五爲天子，益其忠志以勑之，故言「中行，告公從。利用爲依遷國」矣。**疏**虞注　坎心，故「爲志」。三上易位成既濟，有兩坎象，《小司寇》曰「以衆輔志而獘謀」，❷故曰「以益志也」。　崔注　五爲王，四勤之，故云「益其勤王之志也」。居益之時，以六履四爲當位。上承五，故云「與五近比」。四位上公，爲五所乘，故云「得藩屏之寄，爲依從之國」也。隱六年《左傳》曰：「我周之東遷，晉鄭焉依。」《周語》曰「晉鄭是依」。《左傳》杜注云：「平王東徙，晉文侯、鄭武公左右王室，故曰晉鄭焉依。」引之以證「依遷國」之義也。五位爲天子，四益其忠志以勞之，故曰「中行，告公從。利用爲依遷國矣」。

九五，有孚惠心，勿問元吉。虞翻曰：謂三上也。震爲問。三上易位，三五體坎，已成既濟，坎爲心。故「有孚惠心，勿問元吉」，《象》曰「勿問之矣」。**疏**「謂三上也」者，卦唯三上失位。五爲卦主，故望三上變正也。

❶「獘」，草堂本、思賢本作「弊」。
❷「獘」，草堂本、思賢本作「弊」。

震聲爲問。三上易位得正，則三五皆居坎中，以成既濟。坎亟心爲心，又爲孚。損上益下，惠莫大焉。在益之家，而爲卦主，故曰「有孚惠心」。「卜不習吉」，故曰「勿問元吉」。復引《象》曰「勿問之矣」，所以明「元吉」也。

有孚惠我德。虞翻曰：坤爲我，乾爲德。三之上，體坎爲孚。故「惠我德」，《象》曰「大得志」。**疏** 乾坤，謂否也。坤身爲我，乾陽爲德。三上易位，體坎爲孚。故曰「惠我德」。復引《象》曰「大得志」者，明既濟功成也。

《象》曰：「有孚惠心，勿問之矣。惠我德，大得志也。」崔憬曰：居中履尊，當位有應，而損上之時，自一以損己爲念。雖有孚于國，惠心及下，終不言以彰己功，故曰「有孚惠心，勿問」。問猶言也。如是則獲元吉。且爲下所信而懷己德，故曰「有孚，惠我德」。君雖不言，人惠其德，則我「大得志也」。**疏** 五在上中，故云「居中」。五位天子，故云「履尊」。以九居五爲「當位」，於二得六爲「有應」。當損上之時，一以損己益人爲心。雖有孚於國，惠能逮下，然終不言以彰己功。蓋五本乾體，《乾・文言傳》曰：「乾始能以美利利天下，不言所利，大矣哉。」故曰：「有孚惠心，勿問。」《釋言》曰：「問，❶訊也。」又曰：「訊，言也。」故云「問猶言也」。利美乾始，元者，始也，故「如是則獲元吉」。五在既濟，坎爲孚，故「爲下所信」。五乾陽爲德，故「懷己之德」。以信惠物，物亦應之，故曰「有孚，惠我德」。蓋君雖不言其德，而人皆自感其惠，則我損上益下之志，於是大得也。此蓋既濟定時也。

上九，莫益之，虞翻曰：莫，无也。自非上，无益初者。唯上當无應，故「莫益之」矣。**疏**《詩・殷其雷》「莫敢或皇」❷，鄭箋「無敢或閒假時」。故《韻會》云「莫，無也」。《説文》「无通無」，故云「莫，无也」。益自否來，「否終則傾」，「自上下下」，「民説无疆」，故「自非上，无益初者」。唯三上失位，失位則不應。當无應之時，體《否》上「窮災」，「民莫之與」，豈能益人，故莫或益初矣。象言上當益三正位也。

或擊之，虞翻曰：謂上不益初，則以

---

❶ 「釋言」至下文「言也」，思賢本作「《釋言》曰『訊，言也』，郭注『相問訊』」。

❷ 「詩殷其雷」至下文「无通無」，思賢本作「《詩・谷風》『德音莫違』，鄭箋『莫，無』，又《周語》『莫匪爾極』，韋注『莫，無也』，《説文》『无，奇字無也』」。

剥滅乾。艮爲手，故「或擊之」。疏「傾否」之始，初陽不能獨立，「上不益初」，則還成坤剥，故云「以剥滅乾」。剥艮爲手，故「或擊之」。謂擊三也。**立心勿恒，凶。**虞翻曰：上體巽爲進退，故「勿恒」。動成坎心，以陰乘陽，故「立心勿恒，凶」矣。疏上體巽。「巽爲進退」，《説卦》文。進退，故「勿恒」。上動成坎，坎爲心，以變陰乘五陽，故「立心勿恒」，「凶」可知已。　案　巽下震上爲恒，震下巽上爲益。震巽特變，益之上變爲恒之三，❶震動求益而無益，故與恒三之辭相類。「不恒其德」，即「立心勿恒」。「或承之羞，貞吝」，即「凶」也。蓋莫益初，或擊三，故「立心勿恒，凶」也。**《象》曰：「莫益之，偏辭也。」**虞翻曰：偏，周帀也。三體剛凶，故至上應，乃益之矣。疏《説文》：「偏，帀也。」故孟喜云：「偏，周帀也。」虞從孟義也。三爲剛位，且多凶，故云「三體剛凶」。上得正應，「乃益之矣」。蓋「莫益之」者，莫益初也。上莫益初，與三易位，六爻偏正，故曰「莫益之，偏辭也」。**或擊之，自外來也。」**虞翻曰：外謂上。上來之三，故曰「自外來也」。疏上在外卦之外，故「外謂上」。上自外來擊三，故曰「自外來也」。

周易集解纂疏卷十六

受業鄞州高振豫子和校

❶「益」，原作「二」，今據思賢本及卦變改。

周易集解纂疏卷十七

唐李鼎祚集解　安陸李道平遵王纂疏

《序卦》曰：「益而不已必決，故受之以夬。夬者，決也。」韓康伯曰：「益而不已」則盈，故「必決」矣。**疏**「益而不已」，其勢必盈，如水有隄防，盈極「必決矣」，「故受之以夬」。

䷪ 乾下兑上

夬，揚于王庭。虞翻曰：陽決陰，息卦也。剛決柔，與剥旁通，乾爲揚、爲王，剥艮爲庭，故「揚于王庭」矣。❶　鄭玄曰：夬，決也。陽氣浸長，至於五，五尊位也，而陰先之，是猶聖人積德説天下，以漸消去小人，至於受命爲天子，故謂之夬。揚，越也。五互體乾，乾爲君，又居尊位，王庭之象也。陰爻越其上，小人乘君子，罪惡上聞於聖人之朝，故曰「夬，揚于王庭」也。**疏**虞注《説卦》曰「兑爲附決」，❷五陽決一陰，故云「陽決陰」。自復至乾，皆陽息之卦，故云「息卦也」。剛長則柔消，故云「剛決柔」。剥息於夬，夬消于剥，故「與剥旁通」。乾陽上升爲「揚」，揚，舉也。乾爲君，故「爲王」。上伏剥艮，艮爲門闕，故「爲庭」。以乾居艮，故曰「王庭」。小人陰柔在上，故曰「揚于王庭」。小人乘君子之上，其重難決，故《彖》曰「柔乘五剛也」。　鄭注「夬，決也」，《彖傳》文。陽氣由復浸長至五，五爲天子，故云「尊位」。而陰在其上，故云「先之」。自復至乾爲「積善」，「積德」猶積善，内體乾，乾爲德，故言「聖人積德」。外體兑，兑爲悦，故言「悦天下」。以乾陽消坤陰，自初至五，故云「以漸消去小人」。乾息至五，則「受命而爲天子」。陰已決矣，「故謂之夬」。❸「揚，越也」，❹《釋言》文。五互三

❶「揚」，原作「陽」，今據草堂本、思賢本及夬卦卦辭改。

❷「兑」，原作「夬」，今據思賢本及所引文改。

❸「夬」，原作「決」，今據思賢本及鄭玄注改。

❹「揚越也」，思賢本作「越，揚也」。

四爲乾。「乾爲君」，《説卦》文。又居於五爲尊位，「王庭之象也」。上六以一陰踰越出五陽之上，是「小人而乘君子」，其「罪惡固上聞於聖人之朝」矣，故曰「夬，揚于王庭」。**孚號有厲。**虞翻曰：陽在二五稱孚，孚謂五也。二失位，動體巽，巽爲號，离爲光。不變則危。故「孚號有厲，其危乃光也」。疏 陽在二五皆坎體，坎有孚，故「稱孚」。五不變，故「孚謂五也」。二以陽居陰爲失位。動則互體巽，巽申命，故「爲號」。又動體离，离日爲光。兼釋《彖傳》也。二不變，失位則危。決上者五，而二輔之。五「莧陸」於上，二「惕號」於下。故卦主二五之「孚號」也。決小人危事，故「孚號」，恐其「有厲」。若變正應五，決去上六，不爲所揜，故《彖》曰「其危乃光也」。❶ **告自邑，不利即戎。**虞翻曰：陽息動復，剛長成夬。震爲告，坤爲自邑。夬從復升，坤逆在上，民衆消滅。二變時，离爲戎，故「不利即戎，所尚乃窮也」。疏 陽息之卦，初動爲復。《復·彖》曰「剛長也」，故剛長至五成夬。復内體震，震善鳴爲「告」。外體坤，坤身爲「自」，土爲「邑」，故「爲自邑」。夬陽從復升五，惟剩坤逆一陰在上。坤爲民、爲衆，坤象已毁，故云「民衆消滅」。二變時體离，离爲甲冑，爲戈兵，故「爲戎」。《復》上六云「用行師，終有大敗」。卦有戎象，故戒以所尚在戎，則不利而困窮矣。言君子之去小人，當以陽德漸散其民衆，則去之決。不當尚兵戎，與之争也。**利有攸往。**虞翻曰：陽息陰消，「君子道長」，故「利有攸往，剛長乃終」。疏 夬爲陽息陰消之卦。「君子道長」，《泰·彖傳》文。言陽長也。陽長，故「利有攸往」。與復卦同辭。剛長至上，終乃成乾，由復初剛長而漸及也。

《彖》曰：「夬，決也，剛決柔也。」虞翻曰：乾決坤也。疏 乾剛決去坤柔也。鄭云「以漸消去小人，故謂之決」，是「決」有「去」義也。**健而説，決而和。**虞翻曰：健，乾，説，兑也。以乾陽獲陰之和，故「決而和」也。疏《説卦》「乾，健也」，「兑，説也」，故云「健，乾，説，兑也」。乾陽過剛，獲兑陰之和，則剛柔相濟，故「決而和也」。**揚于王庭，柔乘五剛也。**王弼曰：剛德齊長，一柔爲逆，衆所同誅而无忌者也，故可

❶「彖」，原作「象」，今據所引文改。

「揚于王庭」。疏自初至五皆陽，故云「剛德齊長」。孤陰在上，故云「一柔爲逆」。以五陽誅一陰，是「衆所同誅」。誅而无忌，「故可揚于王庭」。《正義》云：「此因一陰而居五陽之上，釋行決之法，言所以得顯然『揚于王庭』者，只謂『柔乘五剛也』。」孚號有厲，其危乃光也。荀爽曰：信其號令於下，衆陽危去上六，陽乃光明也。　干寶曰：夬九五則「飛龍在天」之爻也。應天順民，以發號令，故曰「孚號」。以剛決柔，以臣伐君，君子危之，故曰「有厲」。德大而心小，功高而意下，故曰「其危乃光也」。疏荀注「信其號令於下」者，謂五孚衆也。陽爲陰揜，五統衆陽，危去上六，陽乃光明，故曰「其危乃光也」。干注　夬九五即乾五也，故云「飛龍在天之爻」。聖人而在天子之位，故云「應天順民，以發號令」。剛正明信，以宣其令，故曰「孚號」。以剛去柔，猶「以臣伐君」，如武王伐紂是也，故「君子危之」而曰「有厲」也。然武王之德既大而心自小，❶功雖高而志益下，❷故曰「其危乃光也」。告自邑，翟元曰：坤稱邑也。　干寶曰：殷民告周以紂无道。疏翟注　旁通剥坤，故「稱邑」。　干注　《書·武成》曰「天休震動，用附我大邑周」，故云「殷民告周以紂无道」，而云「告自邑」也。不利即戎，所尚乃窮也。荀爽曰：不利即尚兵戎，而與陽爭必困窮。疏夬上即復上也，《復》上六曰「用行師，終有大敗」。以陽息之卦，陰道而負，❸故「不利即尚兵戎，而與陽爭」。爭則必困，故曰「所尚乃窮也」。利有攸往，剛長乃終也。」虞翻曰：乾體大成，以決小人，終乾之剛，故「乃以終也」。疏陽息至上，故「乾體乃成」。❹陰消已極，故「以決小人」。純乾既成，卦終於上，乾剛既終，故「乃以終也」。　愚按　復陽初生，喜陽氣之動，故曰「利有攸往，剛長也」。夬陰將盡，慶陽道之成，故曰「利有攸往，剛長乃終也」。

《象》曰：「澤上於天，夬。陸績曰：水氣上天，決降成雨，故曰「夬」。疏兑爲澤，澤水上天，陰也。

❶「然武王之德既大而心自小」，思賢本作「即當爲，而德既大而心自小」。
❷「志」，思賢本作「意」。
❸「而」，思賢本作「日」。
❹「乃」，思賢本作「大」。

乾陽決之，則降而爲雨，故卦名「曰夬」。**君子以施禄及下，居德則忌。」**虞翻曰：君子謂乾，乾爲施禄。下謂剥坤，坤爲衆臣。以乾應坤，故「施禄及下」。乾爲德，艮爲居，故「居德則忌」。陽極陰生，謂陽忌陰。疏「君子謂乾」者，乾陽爲君子也。天施地生，故「乾爲施禄」以養生。乾生故「爲禄」。《曲禮》「士曰不禄」，謂士死不終其禄，故知禄爲乾生也。天上地下，夬伏剥坤，坤爲地而在下，故知「下謂剥坤」也。「坤爲衆」，《説卦》文。《坤·文言》曰「臣道也」，故「爲臣」。坤伏乾下，故以乾應坤，而曰「施禄及下」，即《剥·象》「厚下」也。上之所施，下之所天，故《記》曰「下天上施」也。乾陽爲德，夬伏剥艮，艮門闕爲居，即《剥·象》「安宅」也。夬下伏剥，故「居德則忌」也。夬陽已極成乾，姤陰即生於下而成剥，剥則陽德將食，故謂「陽忌陰」也。

初九，壯于前趾，往不勝爲咎。虞翻曰：夬變大壯，大壯震爲趾，位在前，故「壯于前」。剛以應剛，不能克之，往如失位，故「往不勝爲咎」。疏大壯陽息成夬，夬五變成大壯。壯，傷也。初應四，大壯外卦震，震足爲趾，謂四也。《大壯》初九「壯于趾」，❶虞彼注云「謂四，震足爲趾」。❷此云「位在前」，亦四也。易位以外爲前，故曰「壯于前」。初四敵剛，是「以剛應剛」，四失位，「聞言不信」，兑爲毁折，所以致傷而不能克也。初剛變柔，往而應四，則已失正位，故「往不勝而爲咎」也。

《象》曰：「不勝而往，咎也。」虞翻曰：往失位應陽，故「咎」矣。疏初剛得正，變往應四，是「失位應陽」，宜有咎也。

九二，惕號，莫夜有戎，勿恤。虞翻曰：惕，懼也。二失位故「惕」，變成巽故「號」。剥坤爲莫夜。二動成离，离爲戎，變而得正，故「有戎」。四變成坎，坎爲憂，坎又得正，故「勿恤」，謂成既濟定也。疏「惕，懼也」，《廣雅·釋詁》文。以九居二失位，故「惕」。變柔成巽，巽爲申命，故「號」。夬伏剥坤，月喪於乙，滅藏於癸，坤納乙癸，故「爲暮夜」。二動體离，离爲甲冑戈兵，故「爲戎」。

❶「趾」上，原衍「前」字，今據思賢本及大壯卦初九爻辭删。

❷「震足爲趾」，原作「震爲足」，今據思賢本及虞翻大壯初九爻注改。

變柔得正，是有備也，「故有戎」者，謂有守備也。二與五應，四變五成坎，❶《説卦》曰「坎爲加憂」，故爲「恤」。坎三爻皆得正，故「勿恤」。二四皆變，故成既濟定也。

《象》曰：「有戎勿恤，得中道也。」虞翻曰：動得正應五，故「得中道」。**疏** 二動得正，上應五剛，乾爲道，二五皆中，故「得中道也」。

九三，壯于頄，有凶。翟元曰：頄，面也。謂上處乾首之前稱頄，頄，頬間骨。三往壯上，故「有凶」也。**疏** 頄面，謂面顴也。三與上應，上處乾首之前，故「稱頄」。《九家易・説卦》「兑爲輔頬」，故曰「頄，頬間骨」也。上陰乘陽，三獨往應於上，爲上所傷，故「壯于頄，有凶」也。

君子夬夬，獨行遇雨。荀爽曰：九三體乾，乾爲君子。三五同功，二爻俱欲決上。故曰「君子夬夬」也。獨行謂一爻獨上，與陰相應，爲陰所施，故「遇雨」也。**疏** 九三體本乾也。乾三稱君子，故云「乾爲君子」。三五皆陽，故「同功」。五承上，三應上，二爻皆欲決去上陰。故曰「君子夬夬」。「獨行」謂九三一陽獨上，與兑陰相應，爲兑陰所施，兑爲雨澤，故「遇雨也」。**若濡有愠，无咎。**荀爽曰：雖爲陰所濡，能愠不説，得「无咎」也。**疏**《説卦》曰「兑以説之」，兑有説乾之心。三剛得正，雖爲兑陰所霑濡，然能愠其陰柔，不爲所悦，故能決去小人，「得无咎也」。

《象》曰：「君子夬夬，終无咎也。」王弼曰：頄，面顴也，謂上六也。最處體上，故曰「頄」也。剥之六三，以應陽爲善。夫剛長則君子道興，陰盛則小人道長，然則處陰長而助陽則善，處剛長而助柔則凶矣。而三獨應上助小人，是以凶也。君子處之，必能棄夫情累，決之不疑，故曰「夬夬」也。若不與陽爲羣，而獨行殊志，應於小人，則受其困焉。遇雨若濡有愠，而「終无所咎也」。**疏** 頄，面顴，《集韻》「輔骨曰顴」是也。上六最處體上，故以面顴當之。夬與剥旁通，當剥之世，貴於扶陽，故「六三，以應陽爲善」。蓋「剛長則君子道興」，聖人之所喜也，「陰盛則小人道長」，聖人之所惡也，故「當陰長而助陽爲善，當剛長而助柔爲凶」。今夬爲剛長之卦，而九三獨應上六，是助小人而爲凶也。君子處此，能棄其情累，不受上應，在於決斷而无疑，故曰「夬夬」也。若不能決斷，殊羣陽而獨應

❶「五」，思賢本作「互」。

小人，必「受其困」。是濡濕其衣，自取怨恨，而无所歸咎也。　愚案　三能輔五，同心決上，是爲「君子夬夬」。上爲終，陽息成乾，夬陰盡滅，故曰「終无咎也」。

九四，臀无膚，其行次且。虞翻曰：二四已變，坎爲臀，剥艮爲膚，毁滅不見，故「臀无膚」。大壯震爲行，坎爲破，爲曳，故「其行次且」。**疏** 二四已變互兩坎，坎爲隱伏有穴象，故「爲臀」。伏剥艮，「艮爲膚」，《九家·説卦》文。體已成夬，艮象毁滅不見，故「臀无膚」。夬息自大壯，四體震，震足爲「行」，四變坎，《説卦》曰「坎多眚」，故「爲破」又「爲曳」，故「其行次且」，馬云「卻行不前」是也。　案　夬四乃姤三之反，姤三居巽股之上，有臀象。夬四與姤三皆變，則「臀无膚」矣。**牽羊悔亡，聞言不信。**虞翻曰：兑爲羊，二變巽爲繩，剥艮手持繩，故「牽羊」。謂四之正，得位承五，故「悔亡」。震爲言，坎爲耳，震坎象不正，故「聞言不信」也。**疏** 四體兑，兑爲「羊」，二變互巽，巽爲繩，伏剥艮爲手，以艮手持巽繩，故「牽羊」。四變之正，得位應初，上承五陽，同心決上，故「悔亡」。大壯震善鳴爲「言」，變坎爲耳，故爲「聞」。又坎孚爲「信」，息夬則震坎象毁，未返於正，故「聞言不信」。　案　四失位，當變之正，變則成坎。「次且」，應初也。「牽羊」，順五也。若過剛不變，坎耳不見，故以「聞言不信」戒之。

《象》曰：「其行次且，位不當也。聞言不信，聰不明也。」虞翻曰：坎耳离目，折入於兑，故「聰不明」矣。　案　「兑爲羊」，四五體兑故也。凡卦初爲足，二爲腓，三爲股，四爲臀。當陰柔，今反剛陽，故曰「臀无膚」。九四震爻，震爲足，足既不正，故「行趑趄」矣。**疏** 虞注　以陽居陰，故「位不當」。四失位，當變之正，則坎耳爲聰，离目爲明。不變則毁折入兑，坎离象壞，故「聰不明」。言聽不聽，則視亦不明也。　案　「兑爲羊」，《説卦》文。四五體兑，故「牽羊」也。爻例初足，二腓，三股，四臀。四當陰柔之位，反得陽剛之爻。艮爲膚，伏於兑下不見，故「无膚」。「九四震爻」，謂大壯也。震足在四，陽既不正，故「行趑趄」也。

九五，莧陸夬夬，荀爽曰：莧謂五，陸謂三，兩爻決上，故曰「夬夬」也。莧者，葉柔而根堅且赤，以言陰在上六也。陸亦取葉柔根堅也。去陰遠，故言「陸」，言差堅於莧。莧根小，陸根大。五體兑柔居上，莧也。三體乾剛，在下根深，故謂之「陸」也。**疏** 宋云：「莧，莧菜也。

陸，商陸也。」虞云：「莧，蕢也。陸，商也。」董遇云：「莧，人莧也。陸，商陸也。」莧，陸，二草名，故「莧謂五，陸謂三」。蓋三五兩爻，異性同功，一心決上，故云「夬夬」，與九三同辭。《釋草》「蕢，赤莧」，郭注「今莧菜之有赤莖者」。❶ 以陰在上六，故象葉柔。陽剛在五，且乾爲大赤，故象根堅且赤也。《釋草》「蓫薚馬尾」，郭注「關西呼爲薚，江東呼爲當陸」。即商陸也。陸亦取上葉柔根堅之義。但三去陰遠，故云商「差堅於莧」也。❷ 兑上陰，陰爲小，故象「莧根小」。乾上陽，陽爲大，故象「陸根大」。五體兑柔，居上爲陰，故曰「莧也」。三體乾剛，在下根深爲陽，故「謂之陸也」。**中行无咎。** 虞翻曰：莧，説也，「莧」讀「夫子莧爾而笑」之「莧」。陸，和睦也。震爲笑言，五得正位，兑爲説，故「莧陸夬夬」。大壯震爲行，五在上中，動而得正，故「中行无咎」。舊讀言「莧陸」，字之誤也。馬君、荀氏皆從俗言「莧陸」，非也。**疏**《説卦》曰「兑，説也」，五居兑體，故以「莧」爲「説」也。「莞爾而笑」，《論語》文。《釋文》「莞」作「莧」，云「今作莞」，是古本《論語》作「莧」。❸ 何晏注「莞爾，小笑皃」，故云「莧讀夫子莧爾而笑之莧」也。《釋文》「莧，一本作莞」，是「莧」作「莞」，字之誤也。「陸」，《釋文》蜀才作「睦」。「陸」與「睦」古通用，漢《嚴舉碑》「九族和陸」，《郭仲奇碑》「崇和陸」，「睦」皆作「陸」，故曰「陸，和睦也」。大壯震「笑言啞啞」，故「爲笑言」。息五得正成夬，體兑爲説，故曰「莧陸夬夬」，所謂「決而和」是也。震足爲行，五在上卦之中，動而成夬得正，與三同心決上，故「无咎」也。❹ 虞讀「莧睦」，故以「莧陸」爲誤，而謂馬、荀從俗爲非也。**《象》曰：「中行无咎，中未光也。」** 虞翻曰：在坎陰中，故「未光也」。

王弼曰：莧，草之柔脆者也，夬之至易，故曰「夬夬」也。夬之爲義，以剛決柔，以君子除小人也。而五處尊位，最比小人，躬自決者也。夫以至尊而敵於至賤，雖其克勝，未足多也。處中而行，足以免咎而已，未爲光益也。

疏虞注　离日爲光。四變离伏坎下，是五在坎陰之中，离伏不見，故「未光也」。　王注　《子夏傳》云：「莧陸，木

---

❶ 「今莧菜之有赤莖者」，思賢本作「今莧菜之赤莖者」。

❷ 「故云商差堅於莧也」，思賢本作「故云『陸，言差堅於莧也』」。

❸ 「語」，原作「説」，今據草堂本、思賢本改。

❹ 「无咎」，思賢本作「中行无咎」。

根草莖，剛下柔上也。」馬融、鄭玄、王肅皆云「莧陸，一名商陸」。是以莧陸爲一物。若荀、宋、虞、董皆以莧陸爲二。今王注直云「草之柔脆」，亦以爲一物，同於子夏等也。夬以剛決柔，❶是「以君子而除小人」。五處尊位，最近小人，躬自決之，如去莧草之易，故曰「夬夬」。然以至尊而敵至賤，雖克致勝，未足爲功。以能處中而行，但得无咎，未足爲光也。　案　五弇於上，故「未光」。三五同心決上，三體乾健，故有慍，雖有凶而終无咎。五體兑說，故莧睦。雖无咎而中未光。與屯五萃五陽爲陰揜同義。

上六，无號，終有凶。虞翻曰：應在於三，三動時體巽，巽爲號令，四已變坎，之應歷險，巽象不見，故「无號」。位極乘陽，故「終有凶」矣。**疏** 上與三應，二動時，互體巽，巽申命，故二曰「惕號」。今作「三動」，誤也。四已變成坎，上之應三，歷乎坎險，巽象已壞，三慍不應，故「无號」也。上位已極而棄五陽，❷終必消滅，故「有凶」也。《象》曰：「无號之凶，終不可長也。」虞翻曰：陰道消滅，故「不可長也」。**疏** 息至上成乾，是「陰道消滅」，「終不可長也」。

《序卦》曰：「決必有遇，故受之以姤。姤者，遇也。」崔憬曰：「君子夬夬，獨行遇雨」，故言「決必有遇」也。**疏**《夬》九三曰「君子夬夬，獨行遇雨」，兑澤，雨也。三輔五以決兑陰，三獨應上，故曰「遇雨」。然夬陰極於上，則姤陰生於下，故「決必有遇」，而夬次以姤也。❸

䷫ 巽下乾上

姤，女壯，虞翻曰：消卦也，與復旁通。巽長女，女壯，傷也。陰傷陽，柔消剛，故「女壯」也。**疏** 坤消乾自姤始，故云「消卦也」。復姤之初，陰陽互伏，故姤「與復旁通」。內卦巽，巽一索得女爲長女，壯，傷也，故云「女壯，傷也」。「陰傷陽」，即「柔消剛」也。但曰「女壯」，不言傷陽，諱之也。　愚案　陽息至四成震，震爲長男，陽也，

❶「剛決柔」，原作「柔決剛」，今據思賢本及王弼注改。
❷「棄」，草堂本作「乘」。
❸「姤也」下，思賢本有「《曲禮》『諸侯未及期相見曰遇』，《正義》曰『若未至前所期之日，及非所期之地而忽相見，故曰遇也』」諸句。

陽爲大，故稱「大壯」。坤消乾初成巽，巽爲長女，陰也，故稱「女壯」。壯四姤初，皆不得正，故稱「壯」，壯者，傷也。勿用取女。虞翻曰：陰息剥陽，以柔變剛，故「勿用取女，不可與長也」。疏「陰息剥陽」者，積姤成剥也。以柔變剛，則陽爲陰傷，故「勿用取女」。《説卦》曰「巽爲長」。初當變之四，❶故「不可與長也」。《曲禮》「諸侯未及期相見曰遇」，鄭彼注云「未及期，在期日之前也」。《彖》曰：「姤，遇也，柔遇剛也。勿用取女，鄭玄曰：姤，遇也。一陰承五陽，一女當五男，苟相遇耳，非禮之正。故謂之「姤」。「女壯」如是，壯健以淫，故不可娶，婦人以婉娩爲其德也。疏《穀梁傳》曰「不期而會曰遇」，姤女以不期而會男，故曰「遇也」。夬陰極於上，歷乾而生姤陰，故曰「柔遇剛也」。「一陰一陽之謂道」，初爲長女，以一陰上承五陽，是以一女而當五男，失乎從一而終之義，故云「苟相遇耳」。遇非其正，故「謂之姤」。「女壯」不守乎禮，是「壯健以淫，故不可娶」也。《内則》曰「女子十年不出，姆教婉娩聽從」，鄭彼注云「婉謂言語也，娩之言媚也，媚謂容貌」。又鄭注《周禮·九嬪》四德「婦容」云「婦容謂婉娩」，❷故「婦人以婉娩爲其德也」。不可與長也。王肅曰：女不可取，以其不正，不可與長久也。疏以六居初，失位不正。故「女不可取」者，以其始不正，「不可與長久也」。天地相遇，品物咸章也。荀爽曰：謂乾成於巽，而舍於离。坤出於离，與乾相遇。南方夏位，萬物章明也。《九家易》曰：謂陽起子，運行至四月，六爻成乾。巽位在巳，故言「乾成於巽」。既成，轉舍於离。萬物皆盛大，坤從离出，與乾相遇，故言「天地遇」也。疏《九家》即申荀説也。一陽起於子，歷六爻，至四月成乾。巽巳同宫，故云「巽位在巳」。至巳成乾，故「謂乾成於巽」。乾象既成，一陰復生於午而爲姤。午，南方离位也。故謂「既成，轉舍於离」。陽極陰生，故云「坤從离出，與乾相遇」。以坤一陰遇乾五陽，故曰「天地相

❶「初當變之四」至下文「在期日之前也」，思賢本作「而云『不可與長』者，姤消乾成坤，陽出復震，息至夬，而陰道消亡。《説文》『長从亾，亾，倒亡也』，《夬》之上六傳云『无號之凶，終不可長也』，至此而倒亾爲亡，故云『不可與長也』」。

❷「周禮九嬪四德婦容」，思賢本作「《周禮·天官·九嬪》『婦容』」。

遇」。姤生於午，正南方夏位，萬物盛大之時。离爲明，「萬物皆相見」，故「章明也」。剛遇中正，天下大行也。翟玄曰：剛謂九五，遇中處正，教化大行於天下也。疏五爲卦主，以九居五，得中得正，故「剛謂九五，遇中處正」也。巽「申命行事」，乾爲天，伏坤爲下，伏震爲行，故「教化大行於天下也」。姤之時義大矣哉。」陸績曰：天地相遇，萬物亦然，故其義大也。疏天地相遇而後化育成，萬物亦相遇而後生長遂。莊二年《穀梁傳》曰「獨陰不生，獨陽不生」，故「姤之時義大矣哉」。姤具四時，故稱「時義」。詳見下《象》辭「四方」虞注。姤午復子，巽秋震春，即四時也。

《象》曰：「天下有風，姤。翟玄曰：天下有風，風无不周布，故君以施令，告化四方之民矣。疏風，天氣也，而出於土，是「天下有風」也。風周天下，故「施命誥四方」。后以施命誥四方。」虞翻曰：后，繼體之君。姤陰在下，故稱「后」。與泰稱「后」同義也。乾爲施，巽爲命、爲誥。復震二月東方，姤五月南方，巽八月西方，復十一月北方，皆總在初，故以「誥四方」也。孔子「行夏之時」，《經》用周家之月，夫子傳《彖》、《象》以下，皆用夏家月，是故復爲十一月，姤爲五月矣。疏乾消，故「后」爲「繼體之君」。姤陰在下，陰生五，❶不純乎陽，故「稱后」。泰女主稱「后」，此陰生之卦，故「與泰稱后同義也」。「天施地生」，故「乾爲施」。巽申命爲「命」爲「誥」。伏體震，四正方伯卦，震在二月，故「東方」。消息卦姤在五月，故「南方」。又巽爲八月卦，故「西方」。旁通復，消息卦復在十一月，故「北方」。震謂復震，巽謂姤巽，故云「皆總在初」。「行夏之時」，《論語》文。「經用周家之月」，如《臨》「八月有凶」爲遯是也。夫子傳《彖》、《象》用夏月，如此「復爲十一月，姤爲五月」是也。

初六，繫于金柅，貞吉。虞翻曰：柅謂二也。巽爲繩，故「繫柅」。乾爲金，巽木入金，柅之象也。初四失正，易位乃吉。故「貞吉」矣。疏「柅」，《子夏傳》作「鑈」，《説文》作「檷」。二互乾金，故「柅謂二也」。巽繩直，故「爲繩」。初繩二柅，故曰「繫柅」。「乾爲金」，《説卦》文。巽，入也。以巽木入金，其象爲柅。《説文》「檷，

❶「五」，在此處，據卦象似應爲「初」。

絡絲趺也」，❶「趺」與「跗」同。其位在初，謂初當繫二也。初四皆失位不正，二爻相易，變而得正，故「貞吉」也。**有攸往，見凶。**《九家易》曰：絲繫於柅，猶女繫於男，故以喻初宜繫二也。若能專心順二則吉，故曰「貞吉」。今既爲二所據，不可往應四，往則有凶，故曰「有攸往，見凶」也。**疏** 巽繩爲陰，乾柅爲陽，陰爲女，陽爲男，故云「絲繫於柅，猶女繫於男」。隨卦三陰三陽，陰皆係陽，故稱「繫」，「以喻初宜繫二也」。繫二則宜專心順之，故「貞吉」。蓋初爲二所據，不可往應於四。若「有攸往」，互离爲見，則「見凶也」。**羸豕孚蹢躅。**虞翻曰：以陰消陽，「往」謂成坤，遯子弒父，否臣弒君，夬時三動离爲見，故「有攸往，見凶」矣。三，夬之四，在夬動而體坎，坎爲豕，爲孚，巽繩操之，故稱「羸」也。巽爲舞，爲進退，操而舞，故「羸豕孚蹢躅」。以喻姤女望於五陽，如豕蹢躅也。

宋衷曰：羸，大索，所以繫豕者也。巽爲股，又爲進退，股而進退，則蹢躅也。初應於四，爲二所據，不得從應，故不安矣。體巽爲風，動摇之貌也。**疏** 虞注 以陰消陽，陽盡成坤，消至二遯，艮子弒乾父，消至三否，坤臣弒乾君。「夬時三動」，「三」當作「四」。姤，倒夬也。夬息自復，坤宫五變卦也。夬決於上，即游魂於四成需。初與四應，四動成离，离目爲見，故曰「有攸往，見凶矣」。姤之三即夬之四，姤九三爻辭與夬正同。夬四動而成需，其體爲坎。「坎爲豕」，《說卦》文。坎有孚，故「爲孚」。巽爲繩直，故云「巽繩」。二變，艮爲手。「操之」者，二也。繩，故「稱羸」。陸績云：「羸讀爲累，即縲絏之縲，古字通也。」巽爲舞，象風也。「爲進退」，《說卦》文。操，故稱「羸豕」。舞，故稱「孚蹢躅」。蹢躅，《釋文》云「不靜也」。巽爲躁卦，故其象如此。陰陽相求，故姤女以一陰望五陽，「如豕蹢躅也」。　案《序卦》曰「決必有遇」。《夬》九三「獨行遇雨」，三動應上，上陰極則下陰生。姤三已動，互离爲見，成坎爲豕。說亦可通。　宋注 《大壯》「羸其角」，《釋文》「羸，鄭、虞作纍，馬君以爲大索」是也。巽爲繩，故云「羸，大索，所以繫豕者也」。「巽爲股」，「爲進退」，皆《說卦》文。股而進退，蹢躅之象也。初遠應於四，近爲二所據。不得從應，故蹢躅不安。「巽爲風」，《說卦》文。其

---

❶「檷」，原作「鑈」，今據思賢本及所引文改。

象動摇，故稱「蹢躅」。《象》曰：「繫于金柅，柔道牽也。」虞翻曰：陰道柔，巽爲繩，牽於二也。疏初陰爲柔，巽也。巽繩爲牽，陰繫於陽，故「牽於二也」。

九二，包有魚，无咎，不利賓。虞翻曰：巽爲白茅，在中稱包，《詩》云「白茅包之」，魚謂初陰，巽爲魚。二雖失位，陰陽相承，故「包有魚，无咎」。賓謂四，乾尊稱賓。二據四應，故「不利賓」。或以「包」爲庖廚也。疏《大過》初六「藉用白茅」，初六，巽也，故「巽爲白茅」。《説文》「包，象人裹妊，巳在中」，二在中，故「稱包」。復引《詩》「白茅包之」，以明「在中稱包」之義也。魚，陰類，故「初陰謂魚」。「巽爲魚」者，震陽爲龍，巽陰爲蛇爲魚，郭璞曰「魚者，震之廢氣」是也。二雖失位，以陽包陰，陰陽相承，故「包有魚，无咎」。蓋二非陽不能包，故不以失位爲咎也。二包初，初應四，故「賓謂四」。四體乾，乾爲天、爲君，位尊稱賓。二據初，四應之，四應初不正，故二包之，不使及賓，以及賓爲不利也。　案　一陰在下爲主，故五陽爲賓。樂本於易，姤五月卦，五月律名蕤賓。高氏《月令》注云：「仲夏，陰氣萎蕤在下，象主人。陽氣在上，象賓客。」故《參同契》曰「姤始紀序，履霜最先，井底寒泉，午爲蕤賓。賓服於陰，陰爲主人」，是其義也。姤陰消陽成坤，故「不利賓」。此初所以宜繫二，而二能包初爲无咎也。「或以包爲庖廚也」者，《釋文》「包，本亦作庖」者，❶王弼《象傳》注是也。❷《象》曰：「包有魚，義不及賓也。」王弼曰：初陰而窮下，故稱「魚」也。不正之陰，處遇之始，不能逆近者也。初自樂來應己之廚，非爲犯應，❸故无咎也。擅人之物，以爲己惠，義所不爲，故「不及賓」。疏《正義》：「初六以陰而處下，故稱魚也。以不正之陰，處遇之始，不能逆於所近，故捨九四之正應，樂充九二之庖廚，故曰『九二，庖有魚』。初自樂來爲己之廚，非爲犯奪，故得无咎也。夫擅人之物，以爲己惠，義所不爲，故『不利賓』也。」　案　不當包初。義者，利之和也。故曰「義不及賓也」。

九三，臀无膚，其行次且。厲，无大咎。虞翻曰：夬時動之坎爲臀，艮爲膚。二折艮體，故「臀无

❶「者」，思賢本無此字。
❷「王弼」上，思賢本有「下」字。
❸「應」，據疏引孔穎達《周易正義》，似當作「奪」。

膚」。復震爲行，其象不正，故「其行次且」。三得正位，雖則危厲，故「无大咎」矣。　案：「巽爲股」，三居上，臀也。爻非柔无膚，行趑趄也。疏虞注　姤三即夬四也，故爻辭相同。夬時變坎爲「臀」，初消二成艮爲「膚」，二折艮體毁滅，故「臀无膚」。旁通復，震爲「行」，三在夬時，失位不正，故「其行次且」。姤三得正，「三多凶」，雖危厲，以其得正，故「无大咎」也。　案　「巽爲股」，《説卦》文。三居股上，故「爲臀」。剛主骨，柔主膚。爻非柔，故「无膚」。進退，故「其行趑趄」也。《象》曰：「其行次且，行未牽也。」虞翻曰：在夬失位，故「牽羊」。在姤得正，故「未牽也」。疏九在夬四爲失位，爲初所牽，故「牽羊」。九在姤三爲得正，故不爲陰所牽也。

九四，包无魚，起凶。王弼曰：二有其魚，四故失之也。无民而動，失應而作，是以「凶」矣。疏初陰爲魚，二已有之，四遂失之，故曰「包无魚」也。《象》曰「遠民」，故知「无魚」是「无民」也。復震爲起。下失初陰，是「无民而動」。不義之應，是「失應而作」。失位无魚，故起則凶也。此即《五行志》所謂「河魚大上」者也。《月令》曰「百螣時起」，二者不宜起者也，故「凶」。《象》曰：「无魚之凶，遠民也。」崔憬曰：雖與初應，而失其位，二有其魚，而賓不及。若起於競，涉遠必難，終不遂心，故曰「无魚之凶，遠民也」，謂初六矣。疏四與初爲正應，然失位不應，故「二有其魚」，而己爲「賓不及」也。若起而争競，涉遠涉於初，其行必難，「終不遂心」，故云「无魚之凶」也。初陰自坤來，坤衆爲民，故「謂初六矣」。　愚案　《詩·小雅·無羊》曰「牧人乃夢，❶衆維魚矣」，是魚有民象，故知「无魚」爲「遠民也」。

九五，以杞苞瓜，含章。虞翻曰：杞，杞柳，木名也。巽爲杞、爲苞，乾圓稱瓜，故「以杞苞瓜」矣。含章謂五也。五欲使初四易位，以陰含陽，已得乘之，故曰「含章」。初之四，體兑口，故稱「含」也。　干寶曰：初二體巽爲草木，二又爲田，田中之果，柔而蔓者，瓜之象也。疏虞注　「杞，杞柳，木名」，即《孟子》所謂「杞柳」是也。巽爲木，故「爲杞」。木之柔者，故「爲苞」。乾爲圜，

❶「詩」至下文「魚矣」，思賢本作「《小雅·無羊》疏引鄭中孚注云『豚魚以喻小民也』」。

故「稱瓜」，亦木果之屬也。四變五體巽。苞，蔓也。巽瓜蔓於杞，故「以杞苞瓜」。以陰苞陽爲「含章」。「含章謂五」者，五以初四失正，故「欲使兩爻易位」。四陰含五，是「以陰含陽」。四陰承五，是五得據之，故曰「含章」。初陰之四，互兑爲口，故有含象也。　干注　初二體巽，剛爻爲木，柔爻爲草，故「爲草木」。《乾》九二曰「見龍在田」，故「二又爲田」。「田中之果」，體柔而蔓，其象爲瓜。

愚案　五與二應，二巽木爲「杞」，二變艮爲果蓏。瓜，蓏屬，謂初六。五爲姤主，知初必成剥，碩果不食，故變而應二，以九二之杞，包初六之瓜。五伏坤爲「章」，説見坤三。變兑爲口，故曰「含章」。五含坤陰，與二制初，皆所以防陰也。

有隕自天。 虞翻曰：隕，落也。乾爲天。謂四隕之初，初上承五，故「有隕自天」象。 **疏** 「隕，落也」，《釋詁》文。莊七年《穀梁傳》曰：「著於下，不見於上，謂之隕。」四體乾，乾爲天。四隕之初，則「初上承五」。四在五下，故「有隕自天」也。　愚案　乾爲天。「有隕自天」者，謂剥陽已盡，碩果隕於下而復生，即《豳風》「十月隕籜」之「隕」也。

《象》曰：「九五含章，中正也。有隕自天，志不舍命也。」 虞翻曰：巽爲「命」也。欲初之四承己，故「不舍命」矣。 **疏** 以九居五，得中得正，故曰「中正」。「巽爲命」，謂初也。五欲初之四承己，故不舍巽，爲「不舍命也」。

上九，姤其角，吝无咎。 虞翻曰：乾爲首，位在首上，故稱「角」。動而得正，故「无咎」。 **疏** 「乾爲首」，《説卦》文。位在首上，故「稱角」。又爻例，亦上爲角也。上九陽剛，君子自處於高亢之地。以我之高，遇彼之觸，故曰「姤其角」。失位无應，故「吝」。動而得正，故「无咎」。

《象》曰：「姤其角，上窮吝也。」 王弼曰：進之於極，无所復遇，遇角而已，故曰「姤其角」也。進而无遇，獨恨而已，不與物牽，故曰「上窮吝也」。 **疏** 最處上體，進於極而无所復遇。所遇者，角而已，故曰「姤其角」。進而遇角，角非所安，與无遇等，故獨恨而鄙吝也。初曰「柔道牽也」，三曰「行未牽也」。❶ 三上敵剛，失位无應，又與陰遠，故不與物牽，而曰「上窮吝也」。　愚案　「牽」，注疏本作「争」。彼引以釋「无咎」，故作「争」。此引

❶「三」，原作「二」，今據姤九三《象傳》文改。

以釋「窮吝」，故作「牽」。蓋陰柔則牽，陽剛則不牽，上九與九三同爲陽剛，❶作「牽」是也。

受業李子濂師周校

周易集解纂疏卷十七

❶ 「三」，原作「二」，今據姤九三《象傳》文改。

周易集解纂疏卷十八

唐李鼎祚集解　安陸李道平遵王纂疏

《序卦》曰：「物相遇而後聚，故受之以萃。萃者，聚也。」崔憬曰：「天地相遇，品物咸章」，故言「物相遇而後聚」。**疏**「天地相遇，品物咸章」，《姤·彖傳》文。荀彼注云「乾成於巽，而舍於离。坤出於离，與乾相遇。南方夏位，萬物章明」，是萬物會合而成萃矣。故言「物相遇而後聚也」。

䷬ 坤下兑上

萃，王假有廟。虞翻曰：觀上之四也。觀乾爲王。假，至也。艮爲廟，體觀享祀。上之四，故「假有廟，致孝享」矣。❶ **疏**二陽四陰之卦自觀來，故云「觀上之四也」。觀，乾宫四世卦。「觀乾爲王」，謂五也。「假，至也」，《釋詁》文。❷ 艮爲門闕，又爲鬼門，故「爲廟」。卦自觀來，又初至五體觀象，《觀》卦辭曰「觀盥而不薦」，是享祀之象也。上之四體艮，故「假有廟」矣。「致孝享」，《彖傳》文也。利見大人，亨利貞。虞翻曰：大人謂五。三四失位，利之正，變成离，离爲見，故「利見大人，亨利貞」，「聚以正也」。**疏**「大人謂五」，謂乾五「利見大人」也。六居三，九居四，皆失位，利變之正，三四易位成离。「相見乎离」，故「爲見」。三四得正，相比承五，故「利見大人，亨」。三四正，故「利貞」也。《彖傳》曰「聚以正」，不言「利貞」。此因卦辭而云「亨利貞」，蓋「利見」由於「利貞」，故變《彖傳》文也。用大牲吉，利有攸往。虞翻曰：坤爲牛，故曰「大牲」。四之三折坤得正，故「用大牲吉」。三往之四，故「利有攸往，順天命也」。鄭玄曰：萃，聚也。坤爲順，兑爲説。臣下以順道承事其君，説德居上待之。上下相應，有事而和通，故曰「萃，亨」也。假，至也。互有艮巽，巽爲木，艮爲闕，木在闕上，宫室之象

❶「致」，原作「至」，今據思賢本及《姤·彖傳》文改。

❷「釋詁」，思賢本作「《廣雅·釋詁》」。

也。四本震爻，震爲長子。五本坎爻，坎爲隱伏，居尊而隱伏，鬼神之象。長子入闕，升堂祭祖禰之禮也。故曰「王假有廟」。二本离爻也，离爲目，居正應五，故「利見大人」矣。大牲，牛也。言大人有嘉會，時可幹事，必殺牛而盟，既盟則可以往，故曰「利往」。　案：坤爲牛，巽木下剋坤土，殺牛之象也。**疏**虞注「坤爲牛」，《説卦》文。《説文》曰「牛，大牲也」。内體坤，故曰「大牲」。四之三离成坤毁，离爲折，三四得正，故云「折坤得正」。坤器爲用，故「用大牲吉」。自外曰「往」，三四易位，由三往四，故「利有攸往」。「順天命」，《彖傳》文也。　鄭注「萃，聚也」，《彖傳》文。内坤爲順，外兑爲説。「臣下」謂坤也。以順道承事其君，君謂五也。「説德」謂兑，兑居上以待下。二五得正，故曰「上下相應」。坤爲事，兑爲和，故云「有事而和通」。亨者，通也。故曰「萃，亨也」。「假，至」，《釋詁》文。互體艮，約象巽，巽木在上，艮闕在下，故云「木在闕上，宫室之象也」。四在外初，故爲震爻，震主器爲長子。五在外中，故爲坎爻。「坎爲隱伏」，《説卦》文。五居尊而隱伏不見，鬼神之象也。震以長子入艮闕，是升廟堂而祭祖禰之禮也。故曰「王假有廟」。二在下中，故爲离爻，离目爲見。二居正爲利見，上應五爲大人，故「利見大人」矣。大牲，牛也。義本《説文》。❶大人有嘉會，故亨。時可幹事，故貞。《曲禮》曰「涖牲曰盟」，故「必殺牛而盟」。《周禮·春官》疏云「盟者，盟將來」，故「既盟則可以往」。❷二往應五，上下皆正，故曰「利往」。　案　下坤爲牛，牛於辰屬丑，土畜也。巽木在上，下尅坤土，故象殺牛。　案　兑爲刑殺。殺坤牛以奉宗廟，有用大牲之象。

《彖》曰：「萃，聚也。順以説，剛中而應，故聚也。荀爽曰：謂五以剛居中，羣陰順説而從之，故能聚衆也。**疏**坤順兑説，故曰「順以説」。五以剛居中，二率羣陰，順説而從，故曰「剛中而應」。坤衆爲聚，故「能聚衆也」。**王假有廟，**陸績曰：王，五。廟，上也。王者聚百物以祭其先，諸侯助祭于廟中。假，大也。言五親奉上矣。**疏**五位天子，故王謂五。《乾鑿度》曰「上爲宗廟」，故廟謂上也。言王者聚物祭先，諸侯助祭，故萃有廟象也。「假，大也」，《釋詁》文。五近承上，故「言

❶「本」，思賢本作「見」。
❷「盟」，原作「明」，今據思賢本及鄭玄注改。

五親奉上矣」。**致孝享也。**虞翻曰：享，享祀也。五至初有觀象，謂享坤牛，故「致孝享」矣。疏「享，享祀也」者，祭祀也。五至初有觀象，「觀盥而不薦」，明堂郊祀之卦也。郊禘用繭栗，故「享坤牛」。唯聖人爲能饗帝，唯孝子爲能饗親，故「致孝享矣」。**利見大人亨，聚以正也。**虞翻曰：坤爲聚，坤三之四，故「聚以正也」。疏坤衆爲聚，三四失位，變之正，故「聚以正也」。**利貞，**《九家易》曰：五以正聚陽，故曰「利貞」。疏五位得正，陽正則陰聚，故曰「利貞」。案　諸本《彖傳》無「利貞」字，唯此本有之。**用大牲吉，利有攸往，順天命也。**虞翻曰：坤爲順，巽爲命，三往之四，故「順天命也」。疏內坤爲「順」，互巽爲「命」，五乾爲「天」，三往之四，上承五天，故曰「順天命也」。**觀其所聚，而天地萬物之情可見矣。」**虞翻曰：三四易位成离坎，坎月离日，日以見天，月以見地，故「天地之情可見矣」。與大壯、咸、恒同義也。疏三四易位有离坎象，离日見天，坎月見地。「懸象著明，莫大乎日月」，「离也者，明也。萬物皆相見」，故「天地萬物之情可見」。不言「萬物」，脱文也。大壯四之五，咸四之初，恒初二已正，四五復位，皆有离坎象，故云「同義也」。

《象》曰：「澤上於地，萃。荀爽曰：澤者卑下，流潦歸之，萬物生焉，故謂之「萃」也。疏澤在地上，其勢卑下，故「流潦日歸之」。《風俗通·山澤篇》：「水草交厝，名之爲澤。澤者，言其潤澤萬物，以阜民用。」故曰「萬物生焉」。《周語》「澤，水之鍾也」，《玉篇》「鍾，聚也」，❶故「謂之萃也」。**君子以除戎器，戒不虞。」**虞翻曰：君子謂五。除，修，戎，兵也。《詩》曰：「脩爾車馬，弓矢戎兵。」陽在三四爲脩，坤爲器。三四之正，离爲戎兵、甲冑、飛矢，坎爲弓弧，巽爲繩，艮爲石，謂敹甲冑，鍛厲矛矢，故「除戎器」也。坎爲寇，坤爲亂，故「戒不虞」也。疏五陽得正，故「君子謂五」。《地官》「山虞，若祭山林，則爲主而脩除」，故云「除，脩也」。「戎，兵也」，《說文》文。《詩·大雅·抑》篇曰「脩爾車馬，弓矢戎兵」，知「脩戎」即「除戎」也。又《常武》曰「整我六師，以脩我戎」，亦

❶「玉篇」，思賢本作「韋注」。

其證也。「陽在三四爲脩」者，《乾》三四「進德脩業」是也。❶坤形爲器。三四變之正體离，离爲甲冑，爲戈兵，又爲飛爲矢，故「爲戎兵」。坎爲弓，故「爲弓弧」。巽繩直，故「爲繩」。艮小石，故「爲石」。《書·費誓》曰「善敹乃甲冑」，又曰「鍛乃戈矛，厲乃鋒刃」，故「謂敹甲冑，鍛厲戈矛」，鄭彼注云「敹謂穿徹之，謂甲繩有斷絶，當使敹理穿治之」，謂离之甲冑，以巽繩穿治之，故「巽爲繩」。矛矢以离火鍛之，以艮石礪之，故「艮爲石」。皆是脩治之義，故「除戎器」也。坎爲盜，故「爲寇」。坤陰消陽爲亂，故「戒不虞」，虞，度也。　案　兑爲金，戎器之象。坤知阻，戒不虞之象。又《荀子》曰「仁人兵兑，❷則若莫邪之利鋒」，注云「兑，聚也」。❸萃之爲萃，以兑故也。

初六，有孚不終，乃亂乃萃。虞翻曰：孚謂五也。初四易位，五坎中，故「有孚」。失正當變，坤爲終，故「不終」。萃，聚也。坤爲亂、爲聚，故「乃亂乃萃」。失位不變，則相聚爲亂，故《象》曰「其志亂也」。疏「孚謂五也」者，初與四應，易位得正，則五在坎中爲孚，故「有孚」。言五利初易四承己，得爻之正也。以六居初，失正當變。《坤·文言》曰「地道无成而代有終」，故「爲終」。初四易位，則二三與四仍互坤爲「代終」。以三往易四，坎成坤壞，故雖「有孚」而「不終」，謂初不能與四易也。坤陰滅陽爲亂，又衆爲聚，故曰「乃亂乃萃」。蓋失位不變，則相聚爲亂，坎爲「志」，故《象》曰「其志亂也」。

若號，一握爲笑，勿恤，往无咎。虞翻曰：巽爲號。艮爲手，初稱一，故「一握」。初動成震，震爲笑。四動成坎，坎爲恤，故「若號，一握爲笑，勿恤」。❹初之四得正，故「往无咎」矣。疏四互巽，巽申命，故「爲號」。四與三易位，初不能上四，四已之正，呼號於初，初乃變震應之。四之三，下成艮，艮爲手，故爲「握」。初稱一，故爲「一握」，猶言艮初也。初自動成震，震笑言，故「爲笑」。四自動成坎，坎加憂爲「恤」。故「若號，一握爲笑，勿恤」。四易三位，嫌无應有咎。初之四，應得正，故「往无咎矣」。**《象》曰：**

❶「四」，草堂本作「曰」。
❷「人」下，思賢本有「之」字。
❸「聚也」上，思賢本有「猶」字。
❹「勿」，原作「握」，今據草堂本、思賢本及萃卦初六爻辭改。

「乃亂乃萃，其志亂也。」虞翻曰：坎爲志，初之四，「其志亂也」。**疏**以爻義證之，「初」下當脱「不」字。初與四應。三已之四，成坎爲「志」。初失位不變，故「不之四」。相聚爲亂，故曰「其志亂也」。

六二，引吉，无咎，虞翻曰：應巽爲繩，艮爲手，故「引吉」。得正應五，故「无咎」。利引四之初使避己，己得之五也。**疏**二應在五，互巽爲繩，二至四互艮爲手，有引象焉，故「引吉」。以六居二爲得正，上正應五，故「无咎」。九四「大吉」，六二「引吉」，「吉」謂四待三易位，❶義不之初。四不避二，嫌二不得之五。二利引四之初使避己，己得之五，故「无咎」也。孚乃利用禴。虞翻曰：孚謂五，禴，夏祭也。體觀象，故「利用禴」。四之三，故「用大牲」。离爲夏，故禴祭，《詩》曰「禴祭蒸嘗」，是其義。**疏**五坎中，二應之，故「孚謂五」也。《爾雅》「夏祭曰礿」，《周禮・宗伯》「以禴夏享先王」，故云「禴，夏祭也」。體觀，故言祭。坤牛爲「大牲」，四之三，坤體壞，故「不用大牲」，「故」下當脱「不」字。成离爲夏，故禴祭。禴，薄祭也。《既濟》九五曰「東隣殺牛，不如西隣之禴祭」，故知「不用大牲」而「利用禴」也。「禴祠蒸嘗」，《詩・天保》文。「祠」誤引作「祭」。二不能引四，五使四之三，二得應五，故曰「孚乃利用禴」也。卦「用大牲」，乃王者所以隨其時。二「孚用禴」，乃臣下所以通乎上，在乎心之萃，非在物之厚薄也。《象》曰：「引吉无咎，中未變也。」虞翻曰：二得正，故「不變也」。　王弼曰：居萃之時，體柔當位，處坤之中，己獨履正，與衆相殊，異操而聚，「民之多僻」，獨正者危，未能變體，以遠於害，故必待五引，然後乃吉而无咎。禴，殷春祭名，四時之祭省者也。居聚之時，處於中正，而行以忠信，可以省薄於鬼神矣。**疏**虞注　初三失位，以六居二爲得正，居中不變，故五用禴而得應也。　王注　居萃之時，六爲「體柔」，二爲「當位」。處坤之中，初三失位，己獨得正，與衆陰相乖，是「異操而相聚」者也。坤爲民，上下失位，故引《大雅・板》曰「民之多僻」。二處中違衆，故云「獨正者危」。不肯變體失位，求遠於害，故必待五見引，然後吉而无咎也。

❶「四」字，思賢本重文，故斷句爲「『吉』謂四，四待三易位」。

《王制》「天子四時之祭，春曰禴」，❶鄭氏以爲夏殷之禮，故云「殷春祭名」。禴，薄也，故云「四時之祭省者也」。二在萃時，居中得正，忠信而行，故「可以省薄祭於鬼神也」。隱三年《左傳》「苟有明信，澗谿沼沚之毛，蘋蘩薀藻之菜，筐筥錡釜之器，潢汙行潦之水，可薦於鬼神，可羞於王公」，❷又曰「《風》有《采蘩》《采蘋》，《雅》有《行葦》《泂酌》，昭忠信也」，是其義也。

六三，萃如嗟如，无攸利，往无咎，小吝。虞翻曰：坤爲萃，故「萃如」。巽爲號，故「嗟如」。失正，故「无攸利」。動得位，故「往无咎，小吝」，謂往之四。**疏**體坤衆爲萃，故「萃如」。互巽申命爲號，陰无應，故「嗟如」。以陰居陽失正，故「无攸利」。動而得位，故「往无咎，小吝」也。「謂往之四」者，三之四非正，故「无咎」而「小吝」。「悔吝者，言乎其小疵也」。三陰，故稱「小」也。

《象》曰：「往无咎，上巽也。」虞翻曰：動之四，故「上巽」。**疏**四體巽，三動而上之四，故曰「上巽也」。

九四，大吉无咎。《象》曰：「大吉无咎，位不當也。」虞翻曰：以陽居陰，故「位不當」。動而得正，承五應初，故「大吉」而「无咎」矣。**疏**以陽居陰，其位不當，咎也。動而得正，上承五，下應初，故「大吉而无咎」。近承五陽，陽爲大，故「大吉」。「无咎者，善補過者也」。變得正，故「无咎」。五得正，故「萃有位」。四不正，故「位不當」。

九五，萃有位，无咎。匪孚，元永貞，悔亡。虞翻曰：得位居中，故「有位无咎」。匪孚謂四也。四變之正，則五體皆正，故「元永貞」，與《比・彖》同義。四動之初，故「悔亡」。**疏**五得正位，居上之中，五爻聚而歸之，故「萃有位」。五乘四剛，宜有咎。己得中，故「无咎」。四當變正，坎爲孚。不變則匪孚，故「匪孚謂四也」。三與四易，初變正應四，則六爻皆正。五乾陽乾元，故曰「元」。下應在坤，坤「利永貞」，《比・彖辭》曰「元永貞」，故「與《比・彖》同義」。詳見彼注。「震无咎者存乎悔」，

---

❶ 「王制」至下文「夏殷之禮」，思賢本作「《王制》『天子諸侯宗廟之祭，春曰礿』，鄭注『此蓋夏殷之祭名』」。

❷ 「可薦於鬼神，可羞於王公」，原「薦」與「羞」二字倒誤，今據思賢本及所引隱三年《左傳》文改。

四動之初，故「悔亡」。《象》曰：「萃有位，志未光也。」虞翻曰：陽在坎中，故「志未光」。與屯五同義。

疏三之四，五坎爲「志」，坎陽陷於陰中，故「志未光也」。與《屯》五「施未光」同義。

上六，齎資涕洟，无咎。虞翻曰：齎，持，資，賻也，貨財喪稱賻。自目曰涕，自鼻稱洟。坤爲財，巽爲進，故「齎資」也。三之四體离坎，艮爲鼻，涕淚流鼻目，故「涕洟」。得位應三，故「无咎」。上體大過死象，故有「齎資涕洟」之哀。**疏**《廣韻》「齎，❶持也」，又云「持送人也」。《説文》「資，貨也」，故云「賻」。以貨財哀喪稱「賻」，隱元年《公羊傳》「貨財曰賻」是也。坤生萬物爲財，巽進退爲進，故「齎資」也。《説文》「涕，泣也」，故「自目曰涕」。又曰「洟，鼻液也」，故「自鼻稱洟」。三之四有离坎艮象，离爲目，艮爲鼻，坎爲水流目鼻，❷故爲「涕洟」。四之三得正，上應之，故「无咎」。上至二體大過，象棺椁爲死，上應在三，死大過中，故齎持資賻以哀之。四三易位，大過象毁，故「涕洟」而「无咎」也。《象》曰：「齎資涕洟，未安上也。」虞翻曰：乘剛遠應，故「未安上也」。

荀爽曰：此本否卦。上九陽爻，見滅遷移，以喻夏桀殷紂。以上六陰爻代之，若夏之後封東婁公於杞，殷之後封微子於宋。去其骨肉，臣服異姓，受人封土，未安居位，故曰「齎資涕洟，未安上也」。**疏**虞注　乘五爲「乘剛」，應三爲「遠應」。上得位宜安，然以陰乘陽，又无正應，故「未安上也」。　荀注　此以卦自否來言也。當否之時，「大下无邦」。上變成萃，上九陽爻，見滅而遷移。爲陰所滅，以喻桀紂。上六以陰代陽，若封夏後東婁公於杞，封殷後微子於宋。《史記》「夏禹之後，殷時或封或絶。武王克殷，求禹後，得東婁公，封之於杞，以奉夏祀」，《樂記》「武王下車，投殷之後於宋」，《書·微子之命》「庸建爾于上公，尹兹東夏」，孔傳「宋在京師東」，是封夏殷後之事也。杞宋去其骨肉之親，臣服異姓，自失其國，受人之封，未克安居上位，故曰「齎資涕洟，未安上也」。　愚案　當萃之時，初三四不正，宜有咎。五爲萃主，使四之三，初

❶「廣韻」至下文「故云賻」，思賢本作「《廣雅》『齎，持也』，《説文》『齎，持遺也』，又云『資，貨也』，故云『齎，持賻也』」。

❷「坎爲水流目鼻」，思賢本作「坎爲水，水流目鼻」。

變應之，陰陽皆正，《彖》曰「聚以正」是也，故六爻皆无咎。

《序卦》曰：「聚而上者謂之升，故受之以升也。」崔憬曰：「用大牲」而「致孝亨」，故順天子而升爲王矣。故言「聚而上者謂之升」也。**疏** 萃「用大牲」而「致孝亨」，即升卦辭鄭注所謂「聖人在諸侯之中」者也。坤爲順。「子」當從《序卦傳》作「命」。伏乾爲天，體巽爲命。故「順天命而爲王矣」。此「聚而上」者，所以「謂之升」也。　愚案　聖人在上，則衆賢聚而上升。如《王制》「鄉論秀士，升之司徒」，「大樂正論造士之秀者，以告於王，而升諸司馬」是也。

䷭ 巽下坤上

升，鄭玄曰：升，上也。坤地巽木，木生地中，日長而上，猶聖人在諸侯之中，明德日益高大也，故謂之「升」。升，進益之象矣。**疏**「聚而上者謂之升」，故云「升，上也」。坤地在上，巽木在下，❶木生地中，有「日長而上」之勢。四言「王用亨于岐山」，❷故云「猶聖人在諸侯之中」。《象》言「慎德積小高大」，故云「明德日益高大也」。「謂之升」者，有進益之象也。**元亨。**虞翻曰：臨初之三，又有臨象，剛中而應，故「元亨」也。**疏** 從二陽四陰之例，故云「臨初之三」。二至上，又有臨象，《臨》卦辭曰「元亨」，乾元正，故曰「元」。《彖傳》曰「剛中而應」，二剛中五應之，故「亨」。與升象略同，故亦曰「元亨」也。如萃五與比卦同辭，亦以爻略同也。**用見大人，勿恤。**虞翻曰：謂二當之五爲大人，离爲見，坎爲恤，二之五得正，故「用見大人勿恤，有慶也」。**疏** 陽主升，陰主降，坤虛无君，故「二當之五」。五君位，故爲「大人」。二之五有离坎象，离相見爲「見」，坎加憂爲「恤」，之五得正，坤器爲「用」，故「用見大人，勿恤」。陽稱「慶」，故《象》曰「有慶也」。　愚案　升與萃反，萃「見大人」，二與五應，故曰「利見」。升「見大人」，二升五位，故曰「用見」。**南征吉。**虞翻曰：离，南方卦。二之五成离，故「南征吉，志行也」。**疏**《說卦》曰：「离也者，明也。萬物皆相見，南方之卦也。」自二升五成离，故「南征吉，志行也」，《彖傳》文。

❶「坤地在上巽木在下」，原「上」與「下」二字倒誤，今據思賢本及升卦卦象改。

❷「四」，原作「五」，今據思賢本及升卦六四爻辭改。

《象》曰：「柔以時升，虞翻曰：柔謂五，坤也。升謂二。坤邑无君，二當升五虛。震兑爲春秋，二升坎离爲冬夏，四時象正，故「柔以時升」也。疏乾剛坤柔，故「柔謂坤五也」。二當升，故「升謂二」。坤地稱邑，又臣道，故「坤邑无君」。陽實陰虚，故「二升五虚」。六五「貞吉升階」，陰爲陽階，使二升五，是「柔以時升」之義也。體互震兑，震春兑秋。二升五，體有离坎，离夏坎冬。四時體正，故「柔以時升」。　愚案　升反萃也。萃坤升上爲升，故曰「柔以時升」。巽而順，剛中而應，是以大亨。荀爽曰：謂二以剛居中而來應五，故能大亨，上居尊位也。疏内體巽，外體坤，《説卦》「坤，順也」，故曰「巽而順」。二以剛居下中，上應於五，陽爲大，故「大亨」。五爲尊，故「上居尊位也」。用見大人勿恤，有慶也。荀爽曰：大人，天子，謂升居五見爲大人。羣陰有主，无所復憂而「有慶也」。疏王肅曰「大人，聖人在位之目」，故謂「大人爲天子」。二升五位，坤爲「用」，离爲「見」，故「用見大人」。坤虛无君，二升居之，故「羣陰有主」。「勿恤」，故「无所復憂」。陽爲「慶」，坤有陽，故「有慶也」。南征吉，志行也。」虞翻曰：二之五，坎爲志，震爲行。疏二之五變體坎，坎心爲「志」，互體震，震足爲「行」，故曰「志行也」。

《象》曰：「地中生木，升。荀爽曰：地謂坤，木謂巽。地中生木，以微至著，升之象也。疏上坤，故「地謂坤」。下巽，故「木謂巽」。《説文》「木，冒也，冒地而生」，故云木生地中。《乾鑿度》曰「天道三微而成著」，❶故云「以微至著」。枚乘曰「種樹畜養，不見其益，有時而大」，故云「升之象也」。君子以慎德積小，以成高大。虞翻曰：君子謂三。小謂陽息復時，復小爲德之本。至二成臨，「臨者，大也」。臨初之三，巽爲高。二之五，艮爲慎。坤爲積。故「慎德積小，成高大」。疏乾三稱「君子」，故「君子謂三」也。升自臨來，臨息自復，故云「小謂陽息復時」。《繫下》曰「復小而辨於物」，又云「復，德之本也」，故云「復小爲德之本」。陽息至二成臨，「臨者，大也」，《序卦》文。臨初之三成升，内體巽。「巽爲高」，《説

❶「著」上，思賢本有「一」字。

卦》文。二之五，内體艮，艮陽小爲「慎」。《坤·文言》稱「積」，故「坤爲積」。艮成終成始，君子法「地中生木」，積微成著，故「慎德積小，以成高大」也。

初六，允升，大吉。荀爽曰：謂一體相隨，允然俱升。初欲與巽一體升居坤上，位尊得正，故「大吉」也。

疏陽升陰降，陰不獨升。且初爲巽主，卑柔无應，不能自升。惟二三以一體而信初，故必「一體相隨，允然俱升」。蓋初欲與巽二陽同體俱升，居於坤上。以二升五爲「位尊」，以陽居陽爲「得正」。體象「大觀在上」，故「大吉也」。

《象》曰：「允升大吉，上合志也。」《九家易》曰：謂初失正，乃與二陽允然合志，俱升五位，「上合志也」。

疏以六居初爲失位，當變之正。乃與二陽一體誠信合志，同升五位。二升五，坎爲志，初隨上之，故曰「上合志也」。

九二，孚乃利用禴，无咎。虞翻曰：禴，夏祭也。孚謂二之五，成坎爲孚。离爲夏，故「乃利用禴」。「无咎」矣。**疏**禴，夏祭也。詳見萃二。二之五成坎，坎有孚爲孚。互离爲夏，故「乃利用禴」。二失位，宜有咎。升五得正，故「无咎」也。　愚案　《萃》六二「孚乃利用禴」者，二應五故「孚」。《升》九二「孚乃利用禴」者，二之五故「孚」。孚則尚實不尚文，故「利用禴」。禴，薄祭也。

《象》曰：「九二之孚，有喜也。」虞翻曰：升五得位，故「有喜」。　干寶曰：剛中而應，故「孚」也。又言「乃利用禴」，於春時也，非時而祭曰「禴」。然則文王儉以恤民，四時之祭，皆以禴禮，神享德與信，不求備也，故《既濟》九五曰「東鄰殺牛，不如西鄰之禴祭，實受其福」。九五坎，坎爲豕。然則禴祭以豕而已，不奢盈於禮，故曰「有喜」矣。

疏虞注　二與五孚。升五得正，陽爲喜，故「有喜」也。　干注　二剛中而應乎五，故「孚也」。「又言乃利用禴，於春時也」者，《王制》曰「天子四時之祭，❶春曰礿」是也。據《周禮》《爾雅》，禴爲夏祭，周制也，故鄭氏以「春曰礿」爲夏殷之禮。礿，薄也。四時之祭皆薄，不必春時，故「非時而祭曰禴」。二與四同功，四言文王「用亨」，故引文王以明「用禴」之義。「文王儉以恤民」，故四時之祭皆尚約不尚奢。蓋「黍稷非馨，明德惟馨」，故「神享德與信，不求備物也」。《既濟》九五曰：「東鄰殺牛，不如西鄰之禴祭，實受其福。」既濟九五體坎，「坎爲豕」，《説

❶「天子四時之祭」，思賢本作「天子諸侯宗廟之祭」。

卦》文。《曲禮》：「凡宗廟之祭，❶牛曰一元大武，豕曰剛鬣。」首以牛，大牲也。次以豕，禴祭也。故鄭君亦以爲禴祭不殺牛而用豕也。❷孚以誠信，不尚奢盈，故「有喜也」。

九三，升虛邑。荀爽曰：坤稱邑也。五虛无君，利二上居之。故曰「升虛邑，无所疑也」。**疏**坤土，故「稱邑」。陽實陰虛，陽爲君，五陰虛无君。三利二陽上居於五，且三居下卦之上，互震足爲升，上近坤初，故曰「升虛邑」。三與五皆得正，故《象》曰「无所疑也」。**《象》曰：「升虛邑，无所疑也。」**虞翻曰：坎爲疑，上得中，故「无所疑也」。**疏**二之五體坎，坎心爲「疑」。五得中位，三又同功，故「无所疑也」。

六四，王用亨于岐山，吉，无咎。荀爽曰：此本升卦也。巽升坤上，據三成艮，巽爲岐，艮爲山，王謂五也。通有兩體，位正衆服，故「吉」也。四能與衆陰退避當升者，故「无咎」也。**疏**四與初應，初隨巽體，升居坤上，據三成艮。「岐」古文作「桔」，巽爲木，木枝岐出，有似於岐，故「巽爲岐」。艮爲「山」，故爲「岐山」。二陽升五，故「王謂五也」。巽居坤上體觀，享祀之象，故「通有兩體」。坤爲「用」，言「王用」此人，「亨于岐山」。五位得正，衆陰皆服，故「吉也」。四順承五，與衆陰退避，二陽當升，故「无咎也」。**《象》曰：「王用亨于岐山，順事也。」**崔憬曰：爲順之初，在升當位，近比於五，乘剛於三，宜以進德，不可脩守。此象太王爲狄所逼，徙居岐山之下，一年成邑，二年成都，三年五倍其初，通而王矣，故曰「王用亨于岐山」。以其用通，避於狄難，順於時事，故「吉，无咎」。**疏**外體坤，「坤，順也」，四在外初，故「爲順之初」。在升之家，以六居四爲當位。❸上近比於五，下乘剛於三，近比故「宜進德」，乘剛故「不可脩守」。四位諸侯，故「象太王」。近五將化家爲國，乘剛象爲狄所逼。《孟子》「昔者太王居邠，狄人侵之」，又曰「去邠，踰梁山，邑於岐山之下居焉。邠人曰『仁人也，不可失也』，從之者如歸市」，故云「太王爲狄所逼，徙居岐山之下」。《詩》「天作高山，太王荒之」，鄭箋：「天生此高山，使興雲雨，以利

❶「凡宗廟之祭」，思賢本作「凡祭宗廟之禮」。
❷「故鄭君亦以爲禴祭不殺牛而用豕也」，思賢本作「故鄭氏《坊記》注亦以爲禴祭則用豕也」。
❸「四」，原作「五」，今據草堂本及升卦卦象改。

萬物。太王自豳遷焉，則能尊大之，廣其德澤，居之一年成邑，二年成都，三年五倍其初。」亨，通也，亨通而創王業，故曰「王用亨于岐山」。以其用亨通之道，能避狄難，順時而行，故「吉，无咎」也。　案「坤，順也」。又發於事業爲事。二升五，王受命告祭。四率羣陰，以順承之，故曰「順事也」。

六五，貞吉，升階。虞翻曰：二之五，故「貞吉」。巽爲高，坤爲土，震升高，故「升階」也。**疏**二失位，之五得正，故曰「貞吉」。「巽爲高」，《説卦》文。古者土階，故坤土爲階。虞《繫上》注云「坤爲階」，❶是也。震足升高，陰爲陽階，故「升階也」。**《象》曰：「貞吉升階，大得志也。」**荀爽曰：陰正居中，爲陽作階，使升居五。己下降二，與陽相應，故吉而得志。**疏**陰居上中，爲二陽作階，使升居五，即「柔以時升」之義也。五下降二，得中得位，正應五陽。陽爲大，體兩坎爲志，故「大得志也」。

上六，冥升，利于不息之貞。荀爽曰：坤性暗昧，今升在上，故曰「冥升」也。陰用事爲消，陽用事爲息。陰正在上，陽道不息，陰之所利，故曰「利于不息之貞」。**疏**坤喪乙滅癸，故「性暗昧」。今在升家而居於上，故曰「冥升」。陰滅陽，故「爲消」。陽勝陰，故「爲息」。六陰在上得正，五陽不息，陰之所利，故「利于不息之貞」。

愚案　坤爲冥晦，上處升極而不知止，「冥升」者也。與「冥豫」同義。然上與三爲正應，又皆得位，上陰冥升而不降三，三陽不息而不易上，各得其正，故「利于不息之貞」。**《象》曰：「冥升在上，消不富也。」**荀爽曰：陰升失實，故「消不富也」。**疏**陽實陰虚，陰升不已，必失三陽，陽息則陰消，坤廣生爲富，故曰「消不富也」。與《豫》上「冥豫在上，何可長也」同義。

《序卦》曰：「升而不已必困，故受之以困。」崔憬曰：「冥升在上」，以「消不富」則窮，故言「升而不已必困」也。**疏**「冥升在上，以消不富」，詳上荀注。不富則困窮矣，故言「升而不已必困也」。

䷮ 坎下兑上

困，亨，鄭玄曰：坎爲月，互體离，离爲日，兑爲暗

❶「爲」，思賢本作「稱」。

昧，日所入也。今上弇日月之明，猶君子處亂代，爲小人所不容，故謂之「困」也。君子雖困，居險能説，是以通而无咎也。　虞翻曰：否二之上，乾坤交，故通也。疏鄭注　内體坎，互體离。「坎爲月，离爲日」，《説卦》文。兑爲暗昧，日所入者。《古文尚書・堯典》曰「分命和仲，宅西曰昧谷」，鄭彼注云「西者，隴西之西，今人謂之兑山」。兑，西方卦，故云「日所入也」。今在上，揜日月之明，猶君子處亂世，爲小人所不容，故「謂之困也」。君子所處雖困，然居坎險之中，而能安兑説，「是以通而无咎也」。

虞注　三陽三陰之卦自否來，《否・彖》曰「天地不交而萬物不通也」。今二上易位，則乾坤交矣。交，故通也。又《繫下》曰「困窮而通」，謂陽窮否上，變之二成坎，坎爲通，故「窮而通」也。**貞大人吉，无咎，**虞翻曰：貞大人吉，謂五也。在困无應，宜静則无咎，故「貞大人吉，无咎」。疏乾五大人，故「大人謂五也」。五本正也，言「貞大人吉」者，否上之二。五在困時，下无正應，宜有咎。宜静以待二之變，上正應五則无咎，故「貞大人吉，无咎」。

有言不信。虞翻曰：震爲言，折入兑，故「有言不信，尚口乃窮」。疏否上當反初，成益體震，震聲爲言。今二上折否，乾爲兑，兑爲毁折也。乾天行至信爲信。乾毁，故「有言不信」。兑爲口，故《彖》曰「尚口乃窮也」。

《彖》曰：「困，剛弇也。荀爽曰：謂二五爲陰所弇也。疏二五皆承柔，故「爲陰所弇也」。又否二之上，弇五之剛，故爲「困」。**險以説，**荀爽曰：此本否卦，陽降爲險，陰升爲説也。疏卦自否來，上陽降二爲坎險，二陰升上爲兑説，故曰「險以説」。**困而不失其所亨，其唯君子乎。**荀爽曰：謂二雖弇陰陷險，猶不失中，與正陰合，故通也。喻君子雖陷險中，不失中和之行也。疏言二雖弇於三陰，陷於坎中，猶不失中，上下與二陰合成坎，坎爲通，故通也。喻君子雖陷坎險之中，不失中和之行，故「亨」也。　愚案　坎險故困，兑説故不失所亨。**貞大人吉，以剛中也。**荀爽曰：謂五雖弇於陰，近无所據，遠无所應。體剛得中，正居五位，則「吉无咎」也。疏言五雖弇於上陰，四陽故「近无所據」，二陽故「遠无所應」。九爲體剛，五爲得中，以九居五爲「正居五位」。得中得正，故「吉无咎」。《洪範》所謂「用静吉」也。**有言不信，尚口乃窮也。」**虞翻曰：「兑爲口」，上變口滅，故「尚口乃窮」。荀爽曰：陰從二升上六，成兑爲有言，失中爲不信。動而乘陽，故曰「尚口乃窮也」。**疏**虞注　「兑爲口」，《説卦》文。「滅」下當脱「乾」字，否上變成兑口，滅乾信，故「尚口乃窮」，卦窮於上也。

荀注　二陰升上成兑口爲「有言」，下失二中爲「不信」。動而上乘五陽，故「尚口乃窮也」。

《象》曰：「澤无水，困。」王弼曰：澤无水，則水在澤下也。水在澤下，困之象也。處困而屈其志者，小人也。「君子固窮」，道可忘乎。**疏**《周語》「澤，水之鍾也」。水當在澤上，今坎水在兑澤之下，是「澤无水」也。水在澤下，則澤上枯槁，萬物皆困，故云「困之象也」。小人處困，則屈撓其志。君子固窮，故不忘其道。「君子固窮」，《論語》文，謂固守其窮也。君子以致命遂志。」虞翻曰：君子謂三，伏陽也。否坤爲致，巽爲命，坎爲志，三入陰中，故「致命遂志」也。**疏**乾三君子，伏於否下，故「君子謂三，伏陽也」。否内坤，坤馴致其道爲「致」。互巽申命爲「命」，體坎心爲「志」。三陽伏入陰中，故「致命遂志」。六三「既辱且危」，此君子小人之別也，故曰「困，德之辨也」。

初六，臀困于株木。《九家易》曰：臀謂四，株木，三也。三體爲木，澤中无水，兑金傷木，故枯爲株也。初者四應，欲進之四，四困于三，故曰「臀困于株木」。干寶曰：兑爲孔穴，坎爲隱伏。隱伏在下而漏孔穴，臀之象也。**疏**《九家》注　爻例四在上體之下，象臀，故「臀謂四」，《姤》九三「臀无膚」是也。❶又互巽爲股，四在股上，亦爲「臀」。「株木謂三」者，三互巽爲木也。全體澤中无水，上兑爲金，又傷巽木，故「枯爲株也」。又互离爲木科上槁，故枯也。初應在四，初以陰居陽失位，欲進之四，二亦失位，❷爲三所困，故曰「臀困于株木」。　干注　兑上口開爲孔穴。「坎爲隱伏」，《説卦》文。「隱伏在下」謂初，應在四兑象「漏孔穴」，故曰「臀之象也」。入于幽谷，三歲不覿。《九家易》曰：幽谷，二也。此本否卦，謂陽來入坎，與初同體，故曰「入幽谷」。三者，陽數。謂陽陷險中，爲陰所弃，終不得見，故曰「三歲不覿」也。**疏**

❶「三」，原作「四」，今據姤卦九三爻辭改。
❷「二」，據《九家易》注及困卦卦象，似應爲「四」。

《説文》曰「泉水出通川爲谷，❶從水半見，出于口」，二在坎半，故「幽谷謂二」。坎爲隱伏，故稱「幽谷」。「此本否卦」，上陽來入於二成坎，與初同體，又巽爲「入」，故曰「入于幽谷」。天數三，故「三者，陽數」。謂陽陷坎中，爲初三二陰所弇。伏离目爲「覿」，爲坎所弇，故「終不得見」。又自初至四，三爻爲三歲，故「三歲不覿也」。《象》曰：「入于幽谷，幽不明也。」荀爽曰：爲陰所弇，故「不明」。疏 坎爲「幽谷」，初在下爲「入于幽谷」。坎伏离，离日爲「明」，伏藏不見，故「幽不明也」。

九二，困于酒食，朱紱方來。案：二本陰位，中饋之職。坎爲酒食，上爲宗廟。今二陰升上，則酒食入廟，故「困于酒食」也。上九降二，故「朱紱方來」。朱紱，宗廟之服。乾爲大赤，朱紱之象也。疏《家人》六二曰「在中饋」，故云「二本陰位，中饋之職」。《需》九五曰「需于酒食」，謂坎也，故曰「坎爲酒食」。《乾鑿度》「上爲宗廟」。今否二陰升上，有「酒食入廟」之象，故曰「困于酒食也」。否上九降居於二，自外曰來，故曰「朱紱方來」。朱紱，宗廟祭祀之服也。否乾爲大赤，故有「朱紱之象也」。利用亨祀，征凶，无咎。荀爽曰：二升在廟，五親奉之，故「利用亨祀」。陰動而上，失中乘陽，陽下而陷，爲陰所弇，故曰「征凶」。陽來降二，❷雖位不正，得中有實，陰雖去中，上得居正，而皆免咎，故曰「无咎」也。疏 卦自否來，上爲宗廟，故二升上爲「在廟」。五近承上，故「親奉之」。二與五應，是「利用亨祀」謂五也。二陰動而上，内失二中，上乘五陽。上陽下陷於坎中，爲二陰所弇。二上易位皆凶，故曰「征凶」。上陽下降，來居於二，以陽居陰，位雖不正，然在二爲得中，體陽爲有實。陰雖去二之中，然上爲陰位，六居得正。皆免於咎，故「无咎也」。《象》曰：「困于酒食，中有慶也。」翟玄曰：陽從上來，居中得位，富有二陰，故「中有慶也」。疏 二陽從否上來，居於中爲居中。上不得位，言「得位」者，非也。坤廣生爲富，故「富有二陰」。二位爲中爻，陽爲慶，故「中有慶也」。

六三，困于石，據于蒺蔾。虞翻曰：二變正時，三在艮山下，故「困于石」。蒺蔾，木名。坎爲蒺蔾。

❶「水」，思賢本并《説文·谷部》無此字。
❷「陽來降二」，思賢本作「陽降來二」。

二變艮手據坎，故「據蒺蔾」者也。**疏** 二變正時體艮，艮爲「石」，謂四也。三在四下，故「在艮山下」。三失位，又爲不正之陽所據，故「困于石」焉。「臀困于株木」，四爲三所困，今三又「困于石」，陸氏所謂「六爻迭困」是也。《釋草》「茨，蒺藜」，❶今字從「蔾」，故云「木名」。「坎爲蒺蔾」，《九家·說卦》文。三體坎，故曰「蒺蔾」。二變艮爲手，下據坎，故「據蒺蔾」。

入于其宮，不見其妻，凶。虞翻曰：巽爲入，二動艮爲宮，兑爲妻，謂上无應也。三在陰下，离象毀壞，隱在坤中，死其將至，故「不見其妻，凶」也。**疏** 三互巽，故「爲入」。二動三互艮，艮爲門闕，故「爲宮」。應在兑，兑少女爲艮妻。與上敵應，故「謂无應也」。「三在陰下」者，謂三伏陽在陰之下也。二動，故「离象毀壞」。三成體坤，故「隱在坤中」。坤喪於乙爲既死霸，故「死其將至」。离目壞，故「不見其妻，凶也」。襄廿五年《左傳》曰：「齊棠公之妻，東郭偃之姊也。東郭偃臣崔武子，棠公死，使偃取之。武子筮之，遇困之大過。陳文子曰：『困于石，往不濟也。據于蒺蔾，所恃傷也。入于其宮，不見其妻，凶，無所歸也。』崔子曰：『嫠也何害，前夫當之矣。』❷遂妻之。莊公通焉，遂弑之。」愚案：自內曰往。三往承四，爲四所困，故「往不濟也」。陰當承陽而反據之，爲陽所傷，故「所恃傷也」。三變大過死象，故「无所歸也」。

《象》曰：「據于蒺蔾，乘剛也。案：三居坎上，坎爲蒺棘而木多心，蒺蔾之象。**疏** 三在坎體之上，「坎爲蒺棘」，《九家·說卦》文。又爲木堅多心，故有「蒺蔾之象」。

入于其宮，不見其妻，不詳也。」《九家易》曰：此本否卦，二四同功爲艮，艮爲門闕，宮之象也。六三居困而位不正，上困於民，內无仁恩，親戚叛逆，誅將加身，入宮无妻，非常之困，故曰「不詳也」。**疏** 此本否卦，否二四同功，互體爲艮。「艮爲門闕」，《說卦》文。門闕，故有宮象。六三居困，陰處陽位不正。坤爲民，三在坤上，故「上困於民」。不正，故「內无仁恩」。乘承皆剛，故「親戚叛逆」。坤爲身，二變坎爲刑罰，故「誅將及身」。❸上无匹應，故「入宮无妻」。此爲「非常之困」，故曰

❶「釋草」，原作「釋木」，今據草堂本、思賢本及所引文改。

❷「前」，思賢本作「先」。

❸「誅將及身」，思賢本作「誅將加身」。

不詳也」。　愚案　三據二陽爲「乘剛」。「詳」「祥」古字通。乾善爲詳，上本否乾。三應上，上之二，乾體壞，故「不詳也」。

九四，來荼荼，困于金轝，吝有終。 虞翻曰：來，欲之初。荼荼，舒遲也。見險，故「來荼荼」。否乾爲金，坤爲轝。之應歷險，故「困于金轝」。易位得正，故「吝有終」矣。疏自外曰來，四與初應，故「來，欲之初」。《禮·玉藻》「荼前詘後」，❶鄭注「荼，讀如舒遲之舒」，❷故云「荼荼，舒遲也」。初體坎爲險，离目爲見，見險，故來舒遲也。否有乾坤，乾爲金，坤爲轝，故有「金轝」之象。四往應初，歷乎坎險，故曰「困于金轝」。失位宜「吝」，易位得正，故「有終矣」。**《象》曰：「來荼荼，志在下也。」** 王弼曰：下謂初。疏坎心爲志，初在坎下，故曰「志在下也」。**雖不當位，有與也。」** 崔憬曰：位雖不當，故「吝」也。有與於援，故「有終」也。疏初四失位不當，故「吝」。易位得正，陰陽有與，上下相援，故「有終也」。

九五，劓刖，困于赤紱。 虞翻曰：割鼻曰劓，斷足曰刖。四動時，震爲足，艮爲鼻，离爲兵，兑爲刑，故「劓刖」也。赤紱謂二。否乾爲朱，故赤。坤爲紱。二未變應五，故「困于赤紱」也。疏《説文》：「劓，刖鼻也。刖，斷足也。」故「割鼻曰劓，斷足曰刖」。四不正當動，三互震爲足，五互艮爲鼻。體互离爲兵。上體兑，西方有肅殺象，又毁折有割斷象，故「爲刑」。劓刖，刑之小者。於困之時，未得二應，止可行其小刑，故曰「劓刖也」。五應在二，故「赤紱謂二」也。否乾爲大赤，故爲「赤」。《九家·説卦》「坤爲帛」，故「爲紱」。二失位，未能變正應五，故「困于赤紱也」。**乃徐有説，** 虞翻曰：兑爲説，坤爲徐，二動應己，故「乃徐有説」也。疏上體兑，故「爲説」。否坤柔，故「爲徐」。二失正，動應五，故「乃徐有説也」，所謂「貞大人吉」也。**利用祭祀。** 崔憬曰：劓刖，刑之小者也。於困之時，不崇柔德，以剛遇剛，雖行其小刑而失其大柄，故言「劓刖」也。赤紱，天子祭服之飾。所以稱困者，被奪其政，唯得祭祀，若《春秋傳》曰「政由甯氏，祭則寡人」，故曰「困于赤紱」。居中以直，在困思通，初雖暫

❶「荼前詘後」，思賢本作「諸侯荼前詘後直」。

❷「如」，思賢本作「爲」。

窮，終則必喜，故曰「乃徐有説」。所以險而能説，窮而能通者，在「困于赤紱」乎，故曰「利用祭祀」也。　案　五應在二，二五體离，离爲文明，赤紱之象也。**疏**崔注　劓刖，五刑之小者。於困之時，當崇柔德。乃九五剛爻，乘四應二皆剛，故「以剛遇剛」。是施小刑而失大柄，故言「劓刖」也。「赤紱，天子祭服之飾。」其稱困者，以政被二四失正，之剛所奪，故五唯得主祭祀而已。「政由甯氏，祭則寡人」，襄廿六年《左傳》文。事與爻合，故引之以明「困于赤紱」之義。五居中位，行以正直，在困之時，而思二變應己，必得亨通之道，初窮終喜，是困極必通，「乃徐有説」也。處坎險而獲兑説，當困窮而得亨通，故曰「困于赤紱」。赤紱，祭服。故曰「利用祭祀也」。　案　五與二應，二五三四爲离，离南方文明之象，火色赤，故曰「赤紱」。　案　二五有剛中之德，明雖困於人事，幽可信於鬼神，故言「享祀」「祭祀」。**《象》曰：「劓刖，志未得也。**陸績曰：无據无應，故「志未得也」。二言「朱紱」，此言「赤紱」，二言「享祀」，此言「祭祀」，傳互言耳，无他義也。　謂二困五，三困四，五初困上，斯乃迭困之義也。

疏四陽，故「无據」。二陽，故「无應」。坎爲「志」，故「志未得也」。二「朱紱」，五「赤紱」，二「享祀」，五「祭祀」，謂「傳互言，无他義」，其實非也。《説文》「天子朱紱，諸侯赤紱」，❶《乾鑿度》「天子之朝朱紱，諸侯之朝赤紱」。❷否上體乾，乾大赤爲朱，且乾君爲天子，下降於二，故曰「朱紱方來」。下體坤，二變成坎，坎爲赤，坤臣爲諸侯，二陽敵五，故「困于赤紱」。《春官·大宗伯》「掌建邦之天神、人鬼、地示之禮」，又曰「凡祀大神、享大鬼、祭大示」。《王制》曰：「天子祭天地，❸諸侯祭社稷。」祭兼祀言，是祭天地也。社亦地祭，享兼祀言，是享鬼祀地也。五君位，天子也，故言「祭祀」。二臣位，諸侯也，故言「享祀」。二五敵應，故「二困五」。三四皆失位，故「三困四」。否二至上乘陽困五，上至二據陰困初，故「五初困上」。六爻「迭困之義也」。**乃徐有説，以中直也。**崔憬曰：以其居中當位，故「有説」。**疏**在五爲居中。《繫上》曰「乾，其動

❶「朱紱」、「赤紱」，思賢本作「朱市」、「赤市」。
❷「天子之朝朱紱諸侯之朝赤紱」，思賢本作「天子三公九卿朱紱，諸侯赤紱」。
❸「王制」，原作「禮運」，今據思賢本及所引《禮記·王制》文改。

也直」,《洪範》曰「平康正直」,《坤・文言》曰「直其正也」,是「中直」猶中也。❶九五得正爲當位,得中得正,其體爲兑,故「有説」也。**利用祭祀,受福也。」**荀爽曰:謂五爻合同,據國當位而主祭祀,故「受福也」。**疏**二剛「利用」,五剛亦「利用」,以剛合剛,故謂「五爻合同」。二變坤爲國,五應之爲「據國」。五乾爲福,《禮器》曰「祭則受福」。九五當位而主祭祀,故「受福也」。

上六,困于葛藟,于臲卼。虞翻曰:巽爲草莽稱葛藟,謂三也。兑爲刑人,故「困于葛藟,于臲卼」也。**疏**三體互巽,巽剛爻爲木,柔爻爲草,故「巽爲草莽稱葛藟」。葛之附木,最出木杪,上六陰柔居卦上,有葛藟延蔓之象。上應三,故「謂三也」。臲卼,荀、陸、王肅皆云「不安也」。兑折震足爲見刑斷足者,故「爲刑人」。三上皆陰,上无正應,爲三所困,故「困于葛藟,于臲卼也」。**曰動悔有悔,征吉。**虞翻曰:乘陽,故「動悔」。變而失正,故「有悔」。三已變正,已得應之,故「征吉」也。**疏**兑爲口,故稱「曰」。否二動之上乘五陽,故「動悔」。上變陽應三則失正,故「有悔」。三失位當變正,上得往應於三,故「征吉」也。六爻惟上言「吉」,亦困極則通也。**《象》曰:「困于葛藟,未當也。**虞翻曰:謂三未變當位應上故也。**疏**上應在三,三未變正當位應上,故上困於三也。**動悔有悔,吉行也。」**虞翻曰:行謂三變,乃得當位之應,故「吉行」者也。**疏**爻言「征」,《象》言「行」,《釋言》「征,行也」。三變正應上,上得當位之應,行有應,故「吉行」也。

同邑吴從善復初校

周易集解纂疏卷十八

❶「是中直猶中也」,思賢本作「『中直』猶『中正』也」。

周易集解纂疏卷十九

唐李鼎祚集解　安陸李道平遵王纂疏

《序卦》曰：「困乎上必反下，故受之以井。」崔憬曰：困極于劓刖，則反下以求安，故言「困乎上必反下」也。**疏**「劓刖」，當從《序卦》注作「臲卼」，言不安也。困極於上，則反下以求安，井居其所安，道也。「否泰反其類」，困之上反於下爲井，故曰「困乎上必反下也」。

䷯ 巽下坎上

井，鄭玄曰：坎，水也，巽木，桔橰也。互體离兑，离外堅中虛，瓶也。兑爲暗澤，泉口也。言桔橰引瓶下入泉口，汲水而出，井之象也。井以汲人，水无空竭，猶人君以政教養天下，惠澤无窮也。**疏**上坎爲水，下巽爲木。「桔橰」者，《莊子》所謂「鑿木爲機，後重前輕，挈水若抽，數如泆湯，❶其名爲橰」是也。內互兑，外互离，自二至五，外陽堅，中陰虛也。❷兑互坎下，故「爲暗澤」。四即泉口也。桔橰引瓶入泉口之下，汲水而出，其象爲井。井之水給人无窮，猶君子政教養人无窮也。

改邑不改井，虞翻曰：泰初之五也。坤爲邑，乾初之五折坤，故「改邑」。初爲舊井，四應甃之，故「不改井」。**疏**從三陽三陰之例，井自泰來，故「泰初之五也」。坤土爲邑，乾初之五，折毁坤象，故「改邑」。乾盈將退爲舊，故「初爲舊井」。四井甃與初應，是「四應甃之」，故「不改井」。《繫下》曰「井居其所」，周氏云「井以不變更爲義」是也。

无喪无得，往來井井。虞翻曰：无喪，泰初之五，坤象毁壞，故「无喪」。五來之初，失位无應，故「无得」。坎爲通，故「往來井井」。「往」謂之五，「來」謂之初也。**疏**坤滅於乙爲喪，泰初之五，坤象毁壞，故「无喪」。五陰來初爲失位，與四敵應爲无應，无應故「无得」。上體坎，「坎爲通」，《說卦》文。《繫上》曰「往來不窮謂之通」，故「往來井井」。自內

❶「泆」，原作「沃」，今據思賢本及所引文改。

❷「中陰虛也」，思賢本作「中陰虛，故象瓶也」。

曰「往」，謂初之五也。自外曰「來」，謂五之初也。**汔至，亦未繘井，**虞翻曰：巽繩爲繘。汔，幾也，謂二也。幾至初改，「未繘井，未有功也」。**疏**鄭氏云「繘，綆也」。揚子《方言》「關東謂之綆，關西謂之繘」，郭璞注云「汲水索也」。巽爲繩，故「爲繘」。《詩・民勞》曰「汔可小康」，鄭箋云「汔，幾也」。《釋詁》云「譏，汔也」，孫炎注云「汔，近也」。泉在下，二近泉，故「幾謂二也」。初之五「改邑」，故稱「初改」。二近初，故云「幾至初改」也。卦唯二初失位，二變正爲艮手持繘，未變故「未繘井」。失位，故「未有功也」。**羸其瓶，凶。**虞翻曰：羸，鉤羅也。艮爲手，巽爲繘，离爲「瓶」，手繘折其中，故「羸其瓶」。體兑毁缺，瓶缺漏，故「凶」矣。　干寶曰：水，殷德也。木，周德也。夫井，「德之地也」，所以養民性命，而清絜之主者也。自震化行至於五世，改殷紂比屋之亂俗，而不易成湯昭假之法度也，故曰「改邑不改井」。二代之制，各因時宜，損益雖異，括囊則同，故曰「无喪无得，往來井井」也。當殷之末，井道之窮，故曰「汔至」。周德雖興，未及革正，故曰「亦未繘井」。井泥爲穢，百姓無聊，比屋之間，交受塗炭，故曰「羸其瓶，凶」矣。**疏**虞注「羸，鉤羅也」者，孔穎達謂「鉤羸其瓶而覆之也」。二變艮爲手，體巽繩爲繘，未變艮手不見。故「手繘折其中」，則鉤羅其瓶也。互有兑离，离外實中虚爲瓶，兑爲毁折。「瓶缺漏，故凶」，九二「甕敝漏」是也。二與初易位得正，成既濟定，則初吉，二亦不凶也。　愚案《説文》：「汔，涸也。」❶初二失位，不能正應，坎水涸，斯至矣。故未有繘井之功，而終有羸瓶之凶也。　干注《家語》：「殷人以水德王，色尚白。周人以木德王，色尚赤。」外坎水，殷德，内巽木，周德也。「井，德之地也」，《繫下》文。水生萬物，養民性命，而性又清絜，德可爲主者也。井，震宫五世卦，故云「自震化行至於五世」。蓋「帝出乎震」，木道乃行，五變成坎，其象爲井，是「改殷紂比屋之亂俗，而不改成湯昭格之舊法」，故曰「改邑不改井」。「二代之制，各因時宜」，如尚質尚文之類，《論語》曰：「周因於殷禮，所損益可知也。」損所當損，如井汲而不見竭，益所當益，如井注而不見盈，故「无喪无得」。賈誼《過秦》「囊括四海之意」，「囊括」猶言包舉。言囊括四海，其理攸同，猶人有往來，而井安其所者，不渝變也。當殷之末，井養之道已窮，故曰「汔至」。《詩・毛傳》

❶「涸」上，思賢本及《説文》有「水」字。

「汔，危也」，言危至也。周德雖興，未及革正殷命，故曰「亦未繘井」，言未受命也。初六「井泥不食」，故云「井泥爲穢」。百姓无仰，❶比屋罹災，故有羸瓶之凶也。

《象》曰：「巽乎水而上水，井。荀爽曰：「巽乎水」，謂陰下爲巽也。「而上水」，謂陽上爲坎也。木入水出，井之象也。疏《莊子》「桔槔者，引之則俯，舍之則仰」，巽，入也，俯則巽乎水，仰則上水也。故曰「巽乎水而上水」。泰五之初，故謂「陰下爲巽」。初之五，故謂「陽上爲坎」。巽爲入，故「木入」。坎爲通，故「水出」。鹿盧汲水，「井之象也」。井養而不窮也。虞翻曰：兑口飲水，坎爲通，「往來井井」，故「養不窮也」。疏互兑爲口，上承坎水，飲水之象，坎爲通，往來不窮，故「往來井井，養不窮也」。《繫下》曰「井居其所而遷」，韓彼注云「井所居不移，而能遷其施」，故「養不窮也」。改邑不改井，乃以剛中也。荀爽曰：剛得中，故爲「改邑」。柔不得中，故爲「不改井」也。疏泰初之五，剛得中位，故爲「改邑」。五之初，柔不得中，故「不改井」。惟剛居尊位，故能不失初陽，是以五「改邑」，並及初「不改井」也。无喪无得，荀爽曰：陰來居初，有實爲「无喪」，失中爲「无得」也。疏泰五陰來居井初，五陽「有實爲无喪」，初陰「失中爲无得也」。往來井井。荀爽曰：此本泰卦，陽往居五，得坎爲井，陰來在下亦爲井，故曰「往來井井」也。疏泰初陽往居於五，成坎爲井。五陰來居於初，在下亦爲井。陽往陰來，皆有井象，故曰「往來井井」。案　王弼本《象傳》無此二句。汔至，亦未繘井，荀爽曰：「汔至」者，陰來居初，下至汔竟也。繘者，所以出水通井道也。今乃在初，未得應五，故「未繘」也。繘者，綆汲之具也。疏「汔至」者，五陰來居於初，下至盡境，故「下至汔竟也」。繘，「所以出水通井」。今居初，在五應外，未得應五，故「未繘也」。餘已詳。❷未有功也。虞翻曰：謂二未變應五，故曰「未有功也」。❸疏「五多功」，二失正，未變應五，故「未有功」。羸其瓶，是以凶也。」

❶「仰」，思賢本作「聊」。
❷「餘已詳」下，草堂本有「前疏」。
❸「曰」，思賢本無此字。

荀爽曰：井謂二，瓶謂初。初欲應五，今爲二所拘羸，故「凶也」。孔穎達曰：計覆一瓶之水，何足言凶。但取喻人德行不恒，不能善始令終，故就人言之，凶也。疏荀注　二應五坎，故「井謂二」。初應四离，故「瓶謂初」。初自五來，故「欲往應五」。初不得位，又爲不正之二所拘羸，故凶也。孔注　即小喻大。故覆一瓶之水，未足言凶。若人之德行不恒，不能善始令終，而有羸瓶之象，則凶也。按　初二失正，變成既濟定。不變則既濟之功不成，甕敝行惻，无王明受福之事，故凶也。

《象》曰：「木上有水，井。王弼曰：木上有水，上水之象也。水以養而不窮也。疏木上有水，上水之象，故名爲井。「水之象」，當從注疏本作「井之象」。上水以養，取而不窮者也。君子以勞民勸相。」虞翻曰：君子謂泰乾也。坤爲民，初上成坎爲勸，故「勞民勸相」。相，助也，謂以陽助坤矣。疏泰乾三君子道長，故「君子謂泰乾也」。坤衆爲「民」，初之上成坎爲「勸」，當作「爲勞」，坎，勞卦也，故「勞民勸相」。鄭注《泰》「輔相天地之宜」，「輔相，左右，助也」，故云「相，助也」。初陽之坤五，以陽助坤，謂以君助民也。愚案　掘井出水，即因井制田，皆養民不窮之事。故鄭注《井・象》云：「井，法也。君子取法乎井，以恒産勞民，使之勸勉相助。」以君養民，即以陽養陰之義也。

初六，井泥不食，舊井无禽。干寶曰：在井之下，體本土爻，故曰「泥」也。井而爲泥，則不可食，故曰「不食」。此託紂之穢政，不可以養民也。「舊井」謂「殷之未喪師」也，亦皆清絜，无水禽之穢，又况泥土乎，故「舊井无禽」矣。疏初在井下，巽初辛丑，丑爲土，故「體本土爻」而象「泥」也。泥不可食，故曰「不食」。初失位不正，喻「紂之穢政，不可養民」。「殷之未喪師」，《詩・文王》文。言「舊井」以喻殷德清絜，水禽不穢，何况泥土，故曰「舊井无禽矣」。愚案　初居井底，六位不正，陰濁象泥，人所不食。廢爲「舊井」，禽亦不嚮。巽雞爲禽，失位无應，故「无禽」也。《象》曰：「井泥不食，下也。舊井无禽，時舍也。」虞翻曰：食，用也。初下稱泥。巽爲木果。无噬嗑食象，下而多泥，故「不食」也。乾爲舊，位在陰下，故「舊井无禽」。「時舍也」，謂時舍於初，非其位也，與乾二同義。崔憬曰：處井之下，无應於上，則是所用之井不汲，以其多塗，久廢之井不獲，以其時舍，故曰「井泥不食，舊并无禽」。「禽」古「擒」字，「禽」猶獲也。**疏**虞注《詩·天保》曰「日用飲食」，蓋飲食爲日用所需，故云「食，用也」。初在坎水之下，故「稱泥」。「木果」當爲「不果」，「巽爲不果」，《説卦》文。與噬嗑旁通，井成噬嗑象毁，在下多泥，故「不果食也」。初本乾也，故「乾爲舊」。乾位伏在陰下，變正成乾，巽禽不見而寓於乾，故曰「舊井無禽」。「時舍也」，「舍」讀若《月令》「命田舍東郊」之「舍」，謂初失正當變，不過時舍於初，非其本位也。乾二不正當變，故與《乾》二「時舍」同義。　崔注　初處井下，與四敵應，故「无應於上」。「所用之井不汲」者，以其在下多塗也。「久廢之井无所獲」者，以其爲時所舍也。故曰「井泥不食，舊井无禽」。「禽」「擒」古字通。《曲禮》「不离禽獸」，疏「禽者，擒也」。僖卅三年《左傳》「外僕髠屯禽之以獻」，蓋戰勝執獲曰禽，故「禽猶獲也」。又展獲字禽，亦其證也。

九二，井谷射鮒，甕敝漏。虞翻曰：巽爲谷爲鮒，鮒，小鮮也。离爲甕，甕瓶毁缺，「羸其瓶，凶」，故「甕敝漏」也。**疏**巽坎水半見於下，故「爲谷」。震陽爲龍，巽陰爲魚，郭璞云「魚者，震之廢氣也」，故「爲鮒」。「鮒，小鮮也」，王肅曰「小魚」是也。鮒小近泥，二比於初，故有此象。二應五互离，离爲大腹，外實中虚，互兑爲口，象甕，故「爲甕」。甕，瓶類也。二失位无應，又互兑爲毁折，巽下畫斷，故「甕瓶毁缺」。卦辭「羸其瓶，凶」，此爻當之，故云「甕敝漏也」。**《象》曰：「井谷射鮒，无與也。」**崔憬曰：唯得於鮒，无與於人也。井之爲道，上汲者也。今與五非應，與初比，則是若谷水不注，唯及於魚，故曰「井谷射鮒」也。「甕敝漏」者，取其水下注不汲之義也。　案　魚，陰蟲也。初處井下，體又陰爻，魚之象也。**疏**崔注　二比初泥，唯於鮒相得，而於人无與也。井之爲道，以下給上，故云「上汲者也」。今无應於五，下比於初，猶井谷不注以養人，❶故曰「井谷射鮒也」。「甕敝漏」者，言水但下注，不上汲以養人也。陰陽相應曰與，二五皆陽，五不應二，故「无與也」。　案　《中孚》「豚魚吉」，王注「魚者，蟲之隱者也」，故云「陰蟲」。又王注此爻云「鮒謂初也」，故云「初處井下」。巽初陰，故云「體又陰爻」。魚陰類，故云「魚之象也」。　愚案　巽有禽魚

❶「養人」下，思賢本有「唯及於魚」凡四字。

之象，處於井下，初二失位不正。於初求禽，井安得禽，故曰「時舍也」。於二射鮒，井安得鮒，故曰「无與也」。

九三，井渫不食，爲我心惻。 荀爽曰：渫去穢濁，清絜之意也。三者得正，故曰「井渫」。不得據陰，喻不得用，故曰「不食」。道既不行，故「我心惻」。**疏** 鄭氏謂「已浚渫也」，向氏云「渫者，浚治去泥濁也」，故云「渫去穢濁，清絜之意也」。三爻得正，濁已去也，故曰「井渫」。二未變正，故「不得據陰」。喻不見用於人，故曰「不食」。上應坎爲「心」，爲加憂，二已清絜而不見用，❶道既不行，故上應坎「爲我心惻」也。**可用汲，王明，並受其福。** 荀爽曰：謂五「可用汲」三，則王道明而天下「並受其福」。**疏** 五乾爲「王」爲「福」，互离爲「明」，「三與五同功」，五汲用三，則「王道明於天下」，而諸爻「並受其福」也。案　二變，艮爲手，持繘爲「汲」。「王」謂五，體离爲「明」。三利二正既濟定，已爲五汲，斯並受福也。

《象》曰：「井渫不食，行惻也。求王明，受福也。」 干寶曰：此託殷之公侯，時有賢者，獨守成湯之法度，而不見任，謂微箕之倫也，故曰「井渫不食，爲我心惻」。惻，傷悼也。民乃外附，故曰「可用汲」。周德來被，故曰「王明」。王得其民，民得其王，故曰「求王明，受福也」。**疏** 喻殷之末世，賢公侯守舊法而不見用，如微子、箕子之倫是也，故曰「井渫不食，爲我心惻」。「惻，傷悼也」，張璠所謂「惻然傷道未行」是也。三在内，五在外，民外附於周，故曰「可用汲」。自外曰來，周德來被於三，故曰「王明」。上下相得，故曰「求王明，受福也」。案　旁通噬嗑，震爲行，「井渫不食」，行道之人爲之心惻。噬嗑艮與巽「同氣相求」，故曰「求王明，受福也」。

六四，井甃无咎。 荀爽曰：坎性下降，嫌於從三。能自脩正，以甃輔五，故「无咎」也。**疏**「水曰潤下」，故「坎性下降」。初无正應，故「嫌於從三」。以六居四爲得位，故「能自脩正」。四近承五，故「以甃輔五」。愚案　初舊井與四應，初已變正，四來脩之，故「无咎也」。王氏謂「得位而无應，自守而不能給上，所以脩井之壞，補過而已」。《繫上》曰「无咎者，善補過者也」，故曰「无咎」。

《象》曰：「井甃无咎，脩井也。」 虞翻曰：脩，治

❶「二」，草堂本作「三」。

也。以瓦甓壘井稱甃。坤爲土，初之五成离，离火燒土爲瓦治象，故曰「井甃无咎，修井也」。**疏**「脩，治」，謂甃也，《子夏傳》謂「甃爲脩治」是也。馬氏云「甃爲瓦，裹下達上」，故「以瓦甓壘井稱甃」也。泰坤爲土，初之五成坎互离，坎水和土，离火燒之，有瓦象焉。四往脩初，故曰「井甃无咎，脩井也」。

九五，井洌寒泉食。 虞翻曰：泉自下出稱井。周七月，夏之五月，陰氣在下。二已變，坎十一月爲「寒泉」。初二已變，體噬嗑食，故「洌寒泉食」矣。**疏**五在上體，故「泉自下出」於上爲「井」。周七月，夏五月也。井五月卦，與姤同值夏至，姤一陰初生，故「陰氣在下」。二已變正，應五爲坎，四正卦坎值冬十一月，《月令》「仲冬之月，水泉動」，是「十一月爲寒泉」也。初二變正，體噬嗑，有食象，故「井洌寒泉食矣」。　案《參同契》曰「姤始紀序，履霜最先，井底寒泉」，五體乾，乾位西北，故曰「寒泉」。井與噬嗑旁通，噬嗑食也，於井言「食」，食亦飲也。《前漢書·于定國傳》「食酒至數石不亂」，是「食」即飲也。飲以養陽，初三五皆陽位，故言「食」。初三在巽，巽爲不果，故「不食」。五坎在兑口，故「井洌寒泉食」矣。　愚案　井水冬温夏寒，井於消息五月卦，故曰「寒泉」。

《象》曰：「寒泉之食，中正也。」 崔憬曰：洌，清絜也。居中得正，而比於上，則是井渫水清，既寒且絜，汲上可食於人者也。**疏**《説文》「洌，水清也」，故云「洌，清絜也」。五爲居中，九爲得正，而近比於上，則是井既渫而水清，既寒且絜，汲之而上，可食於人者也。

上六，井收勿幕，有孚元吉。 虞翻曰：幕，蓋也。收謂以轆轤收繘也。坎爲車，應巽繩爲繘，故「井收勿幕」。有孚謂五坎，坎爲孚，故「元吉」也。**疏**幕以覆井，故稱「蓋也」。轆轤，圓木，所以汲水。「收謂以轆轤收繘」而汲水也。坎於輿多眚，故「爲車」。轆轤，車類。應二巽繩爲繘，有「井收」之象。古者井不汲則幕之。上六居井口，偶畫兩開，有「勿幕」之象。「井收勿幕」，王氏所謂「不擅其有，不私其利」者也。「有孚謂五坎」者，坎有孚故孚。初二易位，成既濟定，上下相孚，故「有孚元吉」也。

《象》曰：「元吉在上，大成也。」 虞翻曰：謂初二已變，成既濟定，故「大成也」。　干寶曰：處井上位，在瓶之水也，故曰「井收」。幕，覆也。井以養生，政以養德，无覆水泉而不惠民，无蘊典禮而不興教，故曰「井收网幕」。网幕則教信於民，民服教則大化成也。疏虞注初二失位當變，變成既濟定，故「大成也」。　干注　虞井上位，汲而在瓶之水也。馬氏云「收，汲也」。「井收」者，謂汲而收之於瓶也。幕，覆也。即虞云「蓋也」。井以養民之生，政以養民之德，无覆水泉而不惠民，惠而不費者也，无蘊典禮而不興教，大道爲公者也，故曰「井收网幕」。网幕則教被於民，天下信之，民服其教，故大化成也。

《序卦》曰：「井道不可不革也，故受之以革。」韓康伯曰：井久則濁穢，宜革易其故也。疏井之爲道，久則濁穢不清，革易其故，則甘洌可食矣，故井受以革也。　愚案《淮南子》言：❶「八方風至，浚井取新泉，四時皆服之。」《後漢書·禮儀志》引《古禮》「立秋浚井改水」，此皆井受以革之義也。❷

䷰ 离下兑上

革，鄭玄曰：革，改也。水火相息而更用事，猶王者受命，改正朔，易服色，故謂之革也。疏《書·堯典》「鳥獸希革」，孔傳「革，改也」。息，長也。水火相息，更迭用事，猶王者易姓受命，「改正朔，易服色」，而「謂之革」，如《彖辭》「湯武革命」是也。又有三義焉，如水火相息，四時更代，《彖辭》「天地革而四時成」，《象辭》「治曆明時」是也。又《洪範》曰「從革作辛」，馬氏注云：「金之性，從火而銷鑠也。」❸兑金离火，兑從离而革是也。又《堯典》「鳥獸希革」，❹孔疏「毛羽希少改易」，《説文》「獸皮治去其毛，革更之象」，初「鞏用黄牛之革」，五上「虎變」「豹變」是也。

己日乃孚，元亨利貞，悔亡。虞翻曰：遯上之初，與蒙旁通。「悔亡」謂四也。四失正，動得位，故「悔亡」。离爲日，孚謂坎。四動體离，五在坎中，故「己日乃孚」。以成既濟，「乾道變化，各正性命，保合太和，乃利貞」，故「元亨利貞，悔亡」矣。與《乾·彖》同義也。疏從二陰四陽之例，遯初之上，即遯上之初矣。與蒙爲旁通卦。九四爻辭云「悔亡」，故「悔亡謂四也」。四失正，故悔。動得

❶「淮南子」至下文「服之」，思賢本無。
❷「皆」，思賢本作「即」。
❸「而」下，思賢本有「更可」二字。
❹「又堯典」至下文「改易」，思賢本作「又『鳥獸之毛，四時更革』，《書》孔傳謂『毛羽希少改易』」。

位，故「悔亡」也。二體离爲日，离納己，故曰「己日」。坎有孚，故「孚謂坎」。四失位，動而成离，五在坎中爲孚，二正應五，故「己日乃孚」。四既變以成既濟。「乾道」，元也。「變化」，亨也。「各正性命」，貞也。「保合太和」，利也。四改之正，故「元亨利貞，悔亡矣」。《乾》九四《文言》曰「乾道乃革」，謂四體革而成泰，故「與《乾·彖傳》同義也」。

《彖》曰：「革，水火相息。虞翻曰：息，長也。离爲火，兌爲水，《繫》曰「潤之以風雨」，風，巽，雨，兌也。四革之正坎見，故獨於此稱水也。疏 乾坤相爲消息，故云「息，長也」。「离爲火」，《説卦》文。兌坎象半見於上，故「爲水」。《周語》「澤，水之所鍾也」，❶故又爲澤。「潤之以風雨」，《繫上》文。《説卦》曰「風以散之，雨以潤之」，故巽爲風，而兌爲雨也。此不稱澤，稱雨者，以四革之正，坎象兩見，故「稱水也」。 愚案 「息」，《説文》作「熄」，馬君云「息，滅也」。水火相克，故曰「相息」，義亦可通。

二女同居，其志不相得曰革。虞翻曰：二女，离兌，體同人象，蒙艮爲居，故「二女同居」。四變，體兩坎象，二女有志，离火志上，兌水志下，故「其志不相得」，坎爲志也。疏 离中女，兌少女，故「二女」謂「离兌」也。初至五體同人，故曰「同」。旁通蒙，蒙外艮，艮門闕爲「居」，故「二女同居」。四變正，有兩坎象，女各有志，故「二女有志」。「火曰炎上」，故「离火志上」。「水曰潤下」，故「兌水志下」。上下異志，故「不相得」。坎心，故「爲志也」。

己日乃孚，革而信之。干寶曰：天命已至之日也。乃孚，大信著也。武王陳兵孟津之上，諸侯不期而會者八百國，皆曰「紂可伐矣」，武王曰「爾未知天命，未可也」，還歸。二年，紂殺比干，困箕子，❷爾乃伐之，❸所謂「己日乃孚，革而信」也。疏 「己日」者，「天命已至之日也」。「乃孚」者，大信著於天下也。「武王陳兵」云云，説本《史記》，引之以明「己日孚，革而信也」。舉武，所以該湯也。 愚案 「己日」謂二，孚謂五。二與四同功，又與五相應。至四已過离日，乃革而反正。五成坎，孚爲信，故「革而信之」矣。

文明以説，大亨以正，革而

❶「所」，思賢本無此字。
❷「困」，草堂本、思賢本作「囚」。
❸「爾」，草堂本作「周」。

當，其悔乃亡。虞翻曰：文明謂离。説，兑也。大亨謂乾。四動成既濟定，故「大亨以正」。❶革而當位，故「悔乃亡」也。疏坤爲文，离中自坤來，故「文」。离嚮明，故「文明謂离」。「兑以説之」，故「説」謂「兑也」。「乾元者，始而亨者也」，故「大亨謂乾」。《乾》四「乾道乃革」，當革而變正，革四動成既濟定，六爻皆正，故「大亨以正」。四失位宜悔。動得正，故「革而當位，其悔乃亡也」。天地革而四時成，虞翻曰：謂五位成乾爲天，蒙坤爲地。震春兑秋，四之正，坎冬离夏，則四時具。坤革而成乾，故「天地革而四時成」也。疏五體乾，故「謂五位成乾爲天」。旁通蒙，互坤爲地。蒙震爲春，革兑爲秋，四變之正，故「坎冬离夏」，是「四時象具」矣。蒙變而爲革，故坤革而乾成。❷乾天坤地，故「天地革而四時成也」。湯武革命，順乎天而應乎人，虞翻曰：湯武謂乾，乾爲聖人。天謂五，人謂三，四動順五應三，故「順天應人」。巽爲命也。疏乾爲君，故「湯武謂乾」。五陽得位，故「乾爲聖人」。五於三才爲天位，故「天謂五」。三於三才爲人位，故「人謂三」。四動得正，上承五，陰順陽爲「順五」，下乘三，以陰應陽爲「應三」，故「順天應人」。巽申命爲「命」，謂二至四互體巽也。孔疏云：「王者相承，改正易服，皆有變革，而獨舉湯武者，蓋舜禹禪讓，猶或因循，湯武干戈，極其損益，故取相變甚者，明人革也。」革之時大矣哉。」干寶曰：革天地，成四時，誅二叔，除民害，天下定，武功成，故「大矣哉」也。疏此承上文，總論革之時大。《彖》言「湯武」，注獨言「誅二叔」，舉武以該湯也。

《象》曰：「澤中有火，革。崔憬曰：「火就燥」，澤資溼，二物不相得，終宜易之，故曰「澤中有火，革」也。疏火性陽，故「就燥」，澤性陰，故「資溼」，即《乾·文言》所謂「水流溼，火就燥」也。二物不同性，故「不相得」。終宜改易，故曰「澤中有火，革也」。君子以治曆明時。」虞翻曰：君子，遯乾也。曆象謂日月星辰也。离爲明，坎爲月，离爲日，蒙艮爲星，四動成坎离，日月得正。「天地革而四時成」，故「君子以治曆明時」也。疏遯外卦

❶「正」，原作「五」，今據思賢本及《革·彖傳》文改。

❷「乾成」，思賢本作「成乾」。

乾，乾陽爲君子，故「君子」謂「遯乾也」。《書·堯典》「乃命羲和，欽若昊天，曆象日月星辰，敬授民時」，故「曆象謂日月星辰也」。四動成兩坎离，离嚮明爲「明」。「坎爲月，离爲日」，《説卦》文。通蒙有艮，遯亦有艮，艮爲小石，僖十六年《左傳》「隕石于宋五，隕星也」，故「艮爲星」。四動成坎，离日正於下，坎月正於上，故「日月得正」。天地革變而四時成象。王氏云「曆數時會存乎變」，故「君子以治曆明時也」。

初九，鞏用黄牛之革。 干寶曰：鞏，固也。离爲牝牛，离爻本坤，黄牛之象也。在革之初而无應據，未可以動，故曰「鞏用黄牛之革」。此喻文王雖有聖德，天下歸周，三分有二而服事殷，其義也。**疏**「鞏，固也」，《釋詁》文。「离爲牝牛」，《九家·説卦》文。离中爻自坤來，坤土色黄，又爲子母牛，故有「黄牛之象」。卦自遯來，故與遯二同辭，詳見彼注。「在革之初」，四无正應，下又无據，未可妄動，故曰「鞏用黄牛之革」。喻文王有聖德，固守臣志而不變，《詩》云「遵養時晦」，《論語》曰「三分天下有其二，以服事殷」，是其義也。**《象》曰：「鞏用黄牛，不可以有爲也。」** 虞翻曰：得位无應，動而必凶，故「不可以有爲也」。**疏**以九居初爲「得位」，與四敵應爲「无應」。无應而動，其動必凶，故「不可以有爲也」。

六二，己日乃革之，征吉无咎。 荀爽曰：「日」以喻君也。謂五已居位爲君，二乃革，意去三應五，故曰「己日乃革之」。上行應五，去卑事尊，故曰「征吉无咎」也。**疏**《博雅》曰「日，君象也」，❶故「日以喻君」。謂五已居乾位爲君，二乃革之，近去三，遠應五，故曰「己日乃革之」。「上行應五」，去三之卑，事五之尊，故曰「征吉无咎也」。伏蒙震爲足，故爻言「征」，《象》言「行」也。

案　二體离日納己，故曰「己日」。《公羊傳》：「乃者，❷難也。」時久而事極，猶難之而後動，不輕革也，故「己日乃革之」。二應於五，爲四所隔，宜有咎。四革之正，二往應五，故「征吉无咎」也。**《象》曰：「己日革之，行有嘉也。」** 崔憬曰：得位以正，居中有應。則是湯武行善，桀紂行惡，各終其日，然後革之，故曰「己日乃革之」。行

❶「博雅曰日君象也」，思賢本作「《詩·柏舟》箋『日，君象也』」。

❷「者」下，思賢本有「何」字。

此有嘉。　虞翻曰：嘉謂五，乾爲嘉。四動承五，故「行有嘉」矣。**疏**崔注　以六居二爲「得位以正」，以二應五爲「居中有應」。《泰誓》「我聞吉人爲善，惟日不足，凶人爲不善，亦惟日不足」，故行善行惡，必各終其日。待善積惡盈，然後善可革惡，故曰「己日乃革之」。日行中正，上應乎五，故「有嘉也」。初雖得位而无正應，故干氏引文王服事，以明「不可有爲」之意。二得位得正，又有正應，故崔氏引湯武革命，以明「征吉无咎」之義也。　虞注「嘉謂五」者，五，乾也。《乾·文言》曰「亨者，嘉之會也」，故「乾爲嘉」。四動承五，二往應之，陰陽相得，五必嘉二，故「行有嘉也」。

九三，征凶，貞厲。　荀爽曰：三應於上，欲往應之，爲陰所乘，故曰「征凶」。若正居三而據二陰，則五來危之，故曰「貞厲」也。**疏**三與上爲正應，欲往應上，爲四陽所乘。乘者非陰，故知「陰」當作「陽」也。三應上，爲不正之陽所隔，「三多凶」，故曰「征凶」也。若正居三位，而下據二陰，亦云貞矣。乃四承五來危三，故曰「貞厲也」。　革言三就，有孚。　翟玄曰：言三就上二陽，乾得共有，信據於二陰，故曰「革言三就，有孚」於二矣。**疏**三，陽也。「言三就上二陽」成三陽，互體乾，故「乾得共有」三陽，實「據於二陰」，故「革言三就，有孚於二矣」。　愚案　上應兑口，有言象，伏蒙震聲，亦有言象。三至五三爻爲「三就」，四變正，三五皆在坎中，坎爲孚，故「革言三就，有孚」。又四在三五之中，革之正，則上下皆孚，故「有孚，改命吉」。五得中得正，居尊有應，三同功而四順承，「不言而信」，故「未占有孚」。《革》獨三爻言「有孚」，以兩坎相際也。《象》曰：「革言三就，又何之矣。」崔憬曰：雖得位以正，而未可頓革，故以言就之。夫安者，有其危也，故受命之君，雖誅元惡，未改其命者，以即行改命，習俗不安，故曰「征凶」。猶以正自危，故曰「貞厲」。是以武王克紂，不即行周命，乃反商政，一就也；釋箕子囚，封比干墓，式商容閭，二就也；散鹿臺之財，發鉅橋之粟，大賚于四海，三就也，故曰「革言三就」。虞翻曰：四動成既濟定，故「又何之矣」。**疏**崔注　三得正位，未可遽革，「故以言就之」者，以至四始可革於正也。「君子安而不忘危」，故曰「安者，有其危也」。受命之君，審乎安危之道，故「雖誅元惡，不改其命」，以遽行改命，則習俗必危而不安，故曰「征凶」。所處雖正，不以爲安而常自危，故曰「貞厲」。復以武王克紂，不即行周命明之。《書・武成》曰：「乃反商政，政由舊。釋箕子囚，封比干墓，式商容閭，散鹿臺之財，發鉅橋之粟，大賚于四海，而萬姓悦服。」一就，就其君也；二就，就其臣也；三就，就其民也，故曰「革言三就」。此時尚未可革，故曰「又何之矣」。　虞注　改命之吉，在九四一爻，故四動則成既濟定，革道大成。无取之應，故曰「又何之矣」。三比四，四不變，三與上隔，故「征凶」。四既變，六爻皆正，上來應三，故「又何之矣」。

九四，悔亡，有孚，改命吉。虞翻曰：「革而當，其悔乃亡。」孚謂五也。巽爲命，四動，五坎改巽，故「改命吉」。四乾爲君，「進退无恒」，在离焚棄，體大過死，《傳》以比桀紂。湯武革命，順天應人，故「改命吉」也。

疏四失位當悔，革則悔亡，《彖傳》曰「革而當，其悔乃亡」，謂四也。四變，五在坎中，故「孚謂五也」。互巽申命爲命，四動坎成巽毁，是五坎改革巽命，故「改命吉」也。四互乾爲君，《乾》九四《文言》曰「進退无恒」，「乾道乃革」之象也。外體离，离四亦乾四，《离》九四曰「焚如，死如，棄如」，身无所容之象也。自二至上體大過棺椁，死象也。陽剛失位，當革之時，故《傳》以比桀紂失德之君。而曰「湯武革命，順天應人」，《彖》注云「天謂五，人謂三」，天人順應，故「改命吉也」。　愚案　四變得正，成既濟定，故曰「改命吉」。

《象》曰：「改命之吉，信志也。」虞翻曰：四動成坎，故「信志也」。　干寶曰：爻入上象，喻紂之郊也。以逆取而四海順之，動凶器而前歌後舞，故曰「悔亡」也。中流而白魚入舟，天命信矣，故曰「有孚」。甲子夜陳雨甚至，水德賓服之祥也，故曰「改命之吉，信志也」。

疏虞注　四動成坎，坎孚爲信，坎心爲志，故「信志也」。　干注　爻入上象在外，國外曰郊，故「喻紂之郊」，《書・武成》「陳于商郊」是也。又曰「會于牧野」，是「逆取」也。又曰「大賚于四海而萬姓悦服」，是「四國順之」也。兵，凶器也，《牧誓》曰「稱爾戈，比爾干，立爾矛」，是「動凶器」也。《尚書大傳》曰「維丙午，❶王還師前，師乃鼓鼛譟，師乃掐，❷前歌後舞，極於上天下地」，❸

❶「維」，《尚書大傳》作「惟」。
❷「掐」，草堂本、思賢本及《尚書大傳》作「慆」。
❸「極於上天下地」，思賢本無此句。「極」，《尚書大傳》作「格」。

故云「前歌後舞」也。動而得正，故曰「悔亡也」。《史記・周本紀》「逐興師，渡河，❶白魚躍入舟中」，是「天命信矣，故曰有孚」。《吕氏春秋》「武王伐紂，將以甲子至殷郊，天雨日夜不休，武王疾行不輟，至殷郊，因大戰克之」，❷《家語》「殷人以水王」，❸故云「水德賓服之祥也」。周改殷命，志乎於天，故曰「改命之吉，信志也」。

九五，大人虎變，未占有孚。虞翻曰：乾爲大人，謂五也。蒙坤爲虎變。《傳》論湯武，以坤臣爲君。占，視也，离爲占。四未之正，五未在坎，故「未占有孚」也。

馬融曰：「大人虎變」，虎變威德，折衝萬里，望風而信，以喻舜舞干羽而有苗自服，周公脩文德，越裳獻雉，故曰「未占有孚」矣。**疏**虞注　乾二五皆稱「大人」，此云「大人謂革五」，即乾五也。與蒙旁通，五體互坤，《京房易傳》「坤爲虎刑」，詳見乾卦。革乾由坤變，故曰「虎變」。「變」謂毛希革而易新，四動改命，其命維新，故五「虎變」也。「《傳》論湯武」者，謂《彖傳》「湯武革命」也。蒙坤臣變爲革君，故云「以坤臣爲君」，如湯武是也。「占，視也」，揚子《方言》文。离目，故「爲占」。四雖未變之正，五未成坎，然陽在五，具坎體爲孚，故「未占有孚也」。　馬注　虎有威德，故「折衝萬里」。「風從虎」，故「望風而信」。❹《書・大禹謨》：「帝乃誕敷文德，舞干羽于兩階，七旬有苗格。」《尚書大傳》：「成王之時，❺越裳以三象重九譯而獻白雉。公曰：『德澤不加焉，則君子不享其質，政令不施焉，則君不臣其人，吾何以獲此也？』其使曰：『吾受命吾國之黄耇曰：「久矣，天之無别風淮雨，意者中國其有聖人乎，有則盍往朝之。」』周公乃以薦於宗廟。」❻又見周傳歸禾。❼蓋大舜周公，皆自脩其德，遠人咸格，「不言而信」，故曰「未占有孚矣」。**《象》曰：「大人虎變，其文炳也。」**宋衷曰：陽稱大，五以陽居中，故曰「大人」。兑爲白虎，九者，變爻，故曰「大人虎變，其文炳

❶「遂興師渡河」，思賢本作「武王渡河，中流」。
❷「因大戰克之」，思賢本作「因戰大克之」。
❸「水」下，思賢本有「德」字。
❹「望」，原作「聞」，今據草堂本、思賢本及馬融注改。
❺「成王」上，思賢本有「歸禾」二字。
❻「周公乃以薦於宗廟」，思賢本作「周公乃歸之于王，稱先王之神，以薦于宗廟」。
❼「又見周傳歸禾」，思賢本無此句。

也」。虞翻曰：乾爲大明，四動成离，故「其文炳也」。**疏**宋注　陽大陰小，故「陽稱大」。五陽居中，故稱「大人」，與乾五同義。白虎，西方之宿也，兑西方，故爲「白虎」。《說文》「九者，❶陽之變也」，故「九者，變爻」。九居兑中，故曰「大人虎變，其文炳也」。　虞注　五體乾，《乾・象》曰「大明終始」，故「乾爲大明」。四動五成离，离自坤來爲「文」，又嚮明爲明，《說文》「炳，明也」，故曰「其文炳也」。

上六，君子豹變，虞翻曰：蒙艮爲君子爲豹，從乾而更，故「君子豹變」也。**疏**旁通蒙，上體艮，艮三乾體爲「君子」。艮爲黔喙之屬，故「爲豹」。上由艮變，從乾三而更，故「君子豹變也」。小人革面。征凶，居貞吉。虞翻曰：陰稱小人也，面謂四，革爲离，以順承五，故「小人革面」。乘陽失正，故「征凶」。得位，故「居貞吉」，蒙艮爲居也。**疏**陽大陰小，故「稱小人」。四變陰爲「小人」。四在乾首中，故「面謂四」。革變爲离，順承五乾，故「小人革面」。上正應三，三爻辭云「征凶」，謂四乘三陽失正，上與三爲四所隔，故「征凶」，與三同辭。然上六得位，故「居貞」則「吉」也。蒙艮爲門闕，故「爲居也」。三得正而「貞厲」者，革道未成，故守正厲也。上得正而「貞吉」者，革道已成，故守正則吉也。《象》曰：「君子豹變，其文蔚也。陸績曰：兑之陽爻稱虎，陰爻稱豹，豹，虎類而小者也。君子小於大人，故曰「豹變，其文蔚也」。　虞翻曰：蔚，蔇也。兑小，故「其文蔚也」。**疏**陸注　兑西方白虎，五陽爻稱「虎」，故上「陰爻稱豹」。《說文》「豹似虎圜文」，陽大陰小，故云「豹，虎類而小者也」。君子亦大人之類，而小於大人，故曰「豹變，其文蔚也」。　虞注　《倉頡篇》「蔚，草木盛皃」，《說文》「蔇，草多皃」，皆取茂盛之義，故云「蔚，蔇也」。兑少女，故爲小，上體坤陰，亦爲小。地以草木爲文，故「其文蔚也」。小人革面，順以從君也。」虞翻曰：乾君謂五也。四變順五，故「順以從君也」。　干寶曰：君子，大賢次聖之人。謂若太公周召之徒也。豹，虎之屬。蔚，炳之次也。君聖臣賢，殷之頑民，皆改志從化，故曰「小人革面」。天下既定，必「倒載干戈，包之以虎皮」。將率之士，使爲諸侯」。故曰「征凶，居貞吉」。得正有應，君子之象也。

❶「九者」，思賢本作「九」。

案　兑爲口，乾爲首。今口在首上，面之象也。乾爲「大人虎變」也，兑爲「小人革面」也。**疏**虞注　五位乾爲君，故「乾君謂五也」。四變正，上順五，故「順以從君也」。

干注　君子者，大賢之品，次乎聖人。若太公、召公之徒是已。孟子稱周公爲古聖人，未可以大賢目之。以武王爲君，稱爲大人，則周公亦君子之屬也。虎大豹小，豹爲虎之屬，故蔚爲「炳之次也」。「君聖」謂五虎變，「臣賢」謂上君子也。「殷之頑民」，謂四小人也。四變坎爲志，故「改志」。「金曰從革」，故云「從化」。四從上革，故曰「小人革面」。「倒載干戈，包之以虎皮。將率之士，使爲諸侯」，《樂記》文。言武王伐紂，天下既定，不復用兵，故曰「征凶，居貞吉」。蓋上得正位，三應於下，君子之象也。　案　上體兑爲口，五互乾爲首。口在首上，有面象焉。五乾陽，「大人虎變」之象也。上兑陰，「小人革面」之象也。

同邑寇溥秋槎校

周易集解纂疏卷十九

周易集解纂疏卷二十

唐李鼎祚集解　安陸李道平纂疏

《序卦》曰：「革物者莫若鼎，故受之以鼎。」乾康伯曰：「革去故，鼎取新。」以去故，則宜制器立法，以治新也。鼎所和齊生物，成新之器也，故取象焉。

疏 金從火化，革斯成鼎，故《雜卦》曰：「革，去故也。鼎，取新也。」《書·胤征》曰「舊染污俗，咸與維新」，《詩·大雅·文王》曰「周雖舊邦，其命維新」，皆去故取新之意。《書·盤庚》曰「器非求舊，維新」，《繫上》曰「立成器以爲天下利」，故曰「去故，則宜制器立法，以治新也」。鼎之爲用，所以革物，變腥爲熟，易堅爲柔，故云「和齊生物，成新之器也」。革上反下，其象爲鼎，鼎所以次革也。

䷱ 巽下离上

鼎，鄭玄曰：「鼎，象也。」卦有木火之用，互體乾兑，乾爲金，兑爲澤，澤鍾金而含水，爨以木火，鼎亨孰物之象。鼎亨孰以養人，猶聖君興仁義之道，以教天下也，故謂之鼎矣。**疏**「鼎，象也」，《彖傳》文。內卦木，外卦火，故「有木火之用」。互體乾，約象兑，「乾爲金，兑爲澤」，《説卦》文。鼎本金也，澤即水也，故云「澤鍾金而含水」。巽下离上，以木生火，故云「爨以木火，鼎亨孰物之象」也。鼎以亨孰養人，猶人君在上，興仁義以教天下。《詩·既醉》曰「既醉以酒，既飽以德」，《孟子》曰「言飽乎仁義也」。天下飽乎仁義，故「謂之鼎矣」。元吉亨。虞翻曰：大壯上之初，與屯旁通。天地交，柔進上行，得中應乾五剛，故「元吉亨」也。**疏** 從四陽二陰之例，鼎自大壯來，故曰「大壯上之初」。消息伏屯，以离五應坎五，復生其下，故「與屯旁通」。《屯·彖》曰「剛柔始交」，故云「天地交」。《鼎·彖》曰：「柔進而上行，得中而應乎剛。」虞彼注云：「柔謂五，進謂巽，行謂震。」蓋以屯二居五爲「柔進」。以巽通震，故曰「柔進上行」。在五爲得中，應屯乾五剛爻，乾元正，故「元吉亨也」。

《象》曰：「鼎，象也。以木巽火，亨飪也。」荀爽曰：巽入离下，中有乾象。木火在外，金在其内，鼎鑊亨飪之象也。　虞翻曰：六十四卦皆「觀象繫辭」，而獨於《鼎》言「象」，何也。「象事知器」，故獨言「象」也。　《九家易》曰：《鼎》言「象」者，卦也，木火互有乾兑。乾金兑澤，澤者，水也。爨以木火，是鼎鑊亨飪之象。亦象三公之位，上則調和陰陽，下而撫毓百姓。鼎能孰物養人，故云「象也」。牛鼎受一斛，天子飾以黄金，諸侯白金。三足以象三台，足上皆作鼻目爲飾也。羊鼎五斗，天子飾以黄金，諸侯白金，大夫以銅。豕鼎三斗，天子飾以黄金，諸侯白金，大夫銅，士鐵。三鼎形同。亨飪，煑肉。上离陰爻爲肉也。**疏**　荀注　巽木入离火之下，中互乾象。木火在外，乾金在内，「鼎鑊亨飪之象」。《天官·亨人》「掌共鼎鑊，以給水火之齊」是也。　虞注　「觀象繫辭」，《繫上》文。李彼注云：「言文王觀六十四卦三百八十四爻之象而繫屬其辭。」❶「象事知器」，《繫下》文。虞彼注云「『象事』謂坤，坤爲器。❷乾五之坤成象」，故「象事知器』」。《書》曰「器非求舊，維新」，故於《鼎》之取新言「象」也。　愚案　宣三年《左氏傳》曰「鑄鼎象物」，❸故曰「鼎，象也」。　《九家》注　「木火互有乾兑」云云，即鄭注義也。鼎三足，故「亦象三公之位」，謂太師太傅太保也。《書·周官》曰「茲惟三公，❹論道經邦，燮理陰陽」，故「上則調和陰陽，下則撫毓百姓」。❺鼎有孰物養人之用，❻故云「象也」。「牛鼎」云云，❼亦見《郊祀志》。伏坤故象牛鼎，❽互兑故象羊鼎，伏坎故象豕鼎。亨飪，

---

❶「李彼注云」，思賢本作「李注」；「言」字，「而」字，思賢本皆無。

❷「坤」，原作重複號「㈡」，同上「坤」字，誤作「二」，今據思賢本及虞翻注改。

❸「左氏傳」，思賢本作「左傳」。

❹「茲惟」，原作「惟茲」，今據思賢本及所引《尚書·周官》文改。

❺「則」，思賢本作「而」。

❻「之用」下，思賢本有「象乎三公」凡四字。

❼「牛鼎」至下文「郊祀志」，思賢本作「《三禮圖》『牛鼎受一斛，天子飾以黄金，諸侯白金，有鼻目，以銅爲之三足』，故云天子諸侯牛鼎，『三足以象三台，足上皆作鼻目爲飾也』。《士虞禮》有上鼎中鼎下鼎，《有司徹》云『司馬舉羊鼎，司士舉豕鼎』，是鼎之大小既别，等殺亦殊，上得兼下，下不得兼上。天子諸侯，牛鼎一斛，故兼有羊鼎祇容受五斗，豕鼎祇容受三斗，而皆以黄金白金異其飾也。大夫得有羊鼎，故兼豕鼎而惟飾以銅也。士但有豕鼎，故以鐵也」。

❽「伏」上，思賢本有「卦」字。

煮肉也。上體离，陽爲骨，陰爲肉，故「陰爻爲肉也」。**聖人亨以享上帝，而大亨以養聖賢。**虞翻曰：「聖人」謂乾。初四易位，體大畜，震爲帝，在乾天上，故曰「上帝」。體頤象，三動噬嗑食，故「以享上帝」也。「大亨」謂「天地養萬物，聖人養賢以及萬民」。賢之能者稱「聖人」矣。疏《乾》九五《文言》曰「聖人作而萬物覩」，故「聖人謂乾」。六爻惟三得位，餘皆不正，變從初始，故「初四易位，則體大畜」。大畜內體乾，互震爲「帝」，在乾天上，故曰「上帝」。大畜三至上體頤象，三動體噬嗑食象，故「以享上帝也」。「天地養萬物，聖人養賢以及萬民」，《頤・象傳》文。頤之所養者大，故取頤象以明「大亨」也。《頤》言「養賢」，《鼎》言「養聖賢」，賢次於聖，故曰「賢之能者稱聖人矣」。**巽而耳目聰明，**虞翻曰：謂三也。三在巽上，動成坎离，有兩坎兩离象，乃稱「聰明」。「日月相推而明生焉」，故「巽而耳目聰明」。「眇而視，不足以有明」，「聞言不信，聰不明」，皆有一离一坎象故也。疏內體巽。「謂三也」者，三在巽上，動成坎互离，有兩坎离象。坎耳主聽，离目主明，故「稱聰明」。「日月相推而明生焉」，《繫下》文。离爲日，坎爲月，日月往來而明生，故巽上動而「耳目聰明」。「眇而視，不足以有明」，《履》六三《象傳》文。三互离，故言明。不正，故不明。「聞言不信，聰不明」，《夬》九四《象傳》文。四變成坎离，故言聰明。虞彼注云：「坎耳离目，折入於兑，故『聰不明』也。」❶引之以明言聰明者皆有坎离象故也。**柔進而上行，得中而應乎剛，是以元亨。」**虞翻曰：柔謂五，得上中，應乾五剛。巽爲進，震爲行。非謂應二剛，與睽五同義也。疏卦有二柔，得中惟五，故「柔謂五」也。得中而不得正，故謂「上中」。與屯旁通，五爲伏陽，故云「應乾五剛」。屯巽爲「進」，❷故曰「柔進」。震爲「行」，❸故曰「上行」。二五皆失位，當變之正。五柔應二剛，爲不義之應，故知應剛爲應屯五乾剛，非應鼎二剛也。睽五應蹇五，故云「與睽五同義」。應乾五剛，「是以元亨」。

《象》曰：「木上有火，鼎。荀爽曰：木火相因，金在其閒，調和五味，所以養人，鼎之象也。疏「木火

❶「也」，思賢本作「矣」。
❷「屯巽爲進」，思賢本作「巽爲進，屯二居五」。
❸「震」上，思賢本有「屯」字。

相因」，謂巽木生离火也。「金居其閒」，謂互乾爲金，兑西方，亦爲金。故象鼎也。《説文》「鼎，和五味之寶器也」，故云「調和五味，所以養人，鼎之象也」。**君子以正位凝命。」**虞翻曰：「君子」謂三也。鼎五爻失正，獨三得位，故「以正位」。凝，成也。體姤，謂陰始凝初，巽爲命。故「君子以正位凝命」也。疏 乾三君子，大壯體乾，故「君子謂三也」。鼎五爻皆失正，獨陽爻居三爲得位，故「以正位」。《皋陶謨》曰「庶績其凝」，鄭注云「凝，成也」。巽在下體姤象，姤初即坤初，《坤》初《象》傳曰「陰始凝也」，故云「陰始凝初」也。巽申命爲命，而陰始凝之。故曰「君子以正位凝命也」。

初六，鼎顛趾。虞翻曰：趾，足也。應在四，大壯震爲足，折入大過，「大過，顛也」，故「鼎顛趾」也。疏「趾，足也」，《釋言》文。卦自大壯來，四震爲足，初應在四，故爲趾。又爻例初爲足，伏震亦爲足，故稱趾也。四互兑爲毁折，折入上成大過，以鼎初本自大壯上來也。「大過，顛也」，《雜卦傳》文。《大過》「本末弱」，故顛。鼎初陰爲弱，故「顛趾」也。**利出否，得妾以其子，无咎。**虞翻曰：初陰在下，故「否」。利出之四，故曰「利出」。兑爲「妾」，四變得正成震，震爲長子，繼世守宗廟而爲祭主，故「得妾以其子，无咎」矣。疏 初陰在下，鼎初即否初也，故稱「否」。否，閉也。初失位，與四應，伏震爲出，故「利出之四」，而曰「利出否」也。四互兑爲「妾」，變而得正成震，震爲長子，是妾生子之象也。《彖》曰「亨以享上帝」，故云「繼世守宗廟而爲祭主」也。初失位有咎，之得正，❶故「得妾以其子，无咎矣」。**《象》曰：「鼎顛趾，未悖也。**荀爽曰：以陰承陽，故「未悖也」。疏《説文》：「悖，亂也。」以初陰承二陽，初雖失位，未至悖亂也。**利出否，以從貴也。」**虞翻曰：出初之四，承乾五，故「以從貴也」。疏「利出否」，初之四。上承乾五，謂屯伏陽也。陰賤陽貴，又五位天子亦爲貴，故「以從貴也」。　案《公羊傳》「母以子貴」，兑雖賤妾，而得震子，故爻言「无咎」，而《象》言「從貴也」。

九二，鼎有實。我仇有疾，不我能即，

❶「之」下，思賢本有「四」字。

吉。虞翻曰：二爲「實」，故「鼎有實」也。坤爲「我」，謂四也。二據四婦，故相與爲「仇」。謂三變時，四體坎，坎爲疾，故「我仇有疾」。四之二歷險，二動得正，故「不我能即，吉」。疏 陽實陰虛，二陽爲實，故「鼎有實也」。坤身爲「我」，四當變坤，❶故「我謂四也」。初爲四婦，二據初爲「據四婦」。怨耦曰仇，故「相與爲仇」。三變四體在坎，坎心病爲疾，故「我仇有疾」。三變二與四皆在坎中，故「四之二歷險」也。二不變，則與四爭初。二動體艮爲止，故「不我能即」。《說文》：❷「即，就也。」二動得正，故吉也。《象》曰：「鼎有實，慎所之也。」虞翻曰：二變之正，艮爲「慎」。疏 二失位，貴變之正，二變互艮，❸艮陽小爲慎，故「慎所之也」。我仇有疾，終无尤也。」虞翻曰：「不我能即，吉」，故「終无尤也」。疏 仇既有疾，不與我就，四動獲吉，故「終无尤也」。

九三，鼎耳革，其行塞，雉膏不食。虞翻曰：動成兩坎，坎爲「耳」，而革在乾，故「鼎耳革」。初四變時，震爲「行」，鼎以耳行。伏坎，震折而入乾，故「其行塞」。离爲「雉」，坎爲「膏」，初四已變，三動體頤，頤中无物，离象不見，故「雉膏不食」。疏 三動成兩坎象，「坎爲耳」，《說卦》文，兩坎象鼎兩耳。鼎下反上爲革，故言「革」。互乾爲金，金從革，故云「革在乾」。《序卦》曰「革物莫若鼎」，變腥爲孰，故曰「鼎耳革」。初四易位，三互震爲「行」，孰物謂之「革」，鼎耳所以受鉉而行，非以革物也，故云「鼎以耳行」。三不變而初四變，伏坎爲震所折而入乾，《禮·月令》「閉塞成冬」，是「塞」與「閉」同義，故曰「其行塞」。內离爲「雉」，伏坎水爲「膏」，鄭氏云「雉膏，食之美者也」。初四易位，三又變陰，全體象頤，頤中无物，离毀不見，噬嗑无物，故「雉膏不食」。案 高宗祭成湯，飛雉升鼎耳而雊。鼎以耳行，耳革而行塞，雊雉雖有膏，豈得而食。劉歆以爲鼎三是三公象。❹野鳥居鼎耳，是小人將居公位，敗宗廟之祀，是亦「不食」之義也。方雨虧悔，終吉。虞翻曰：謂四已變，三動成坤，坤爲

❶「坤」下，思賢本有「爻」字。
❷「說文」，思賢本作「虞屯六三注」。
❸「互」，思賢本作「成」。
❹「鼎三是三公象」，思賢本作「鼎三足三公象，而吕耳行」。

「方」，坎爲「雨」，故曰「方雨」。三動虧乾而失位，悔也。終復之正，故「方雨虧悔，終吉」也。**疏** 初四易位，故「謂四已變」。三動互坤，坤「至静而德方」，故「爲方」。四不動而三獨變，體坎爲「雨」，故曰「方雨」。三互體乾，動則虧乾而失位，宜有悔也。終復歸正，故雖「方雨虧悔」而終必獲吉，以三本正也。

《象》曰：「鼎耳革，失其義也。」虞翻曰：鼎以耳行，耳革行塞，故「失其義也」。**疏** 鼎以耳受鉉而行祭所需也，今革去其耳，是其行閉塞矣。義者，宜也，行塞失宜，故曰「失其義也」。

九四，鼎折足，覆公餗，其刑渥，凶。虞翻曰：謂四變時，震爲足，足折入兑，故「鼎折足」。兑爲刑，渥，大刑也。鼎足折，則公餗覆，言不勝任。象入大過死，凶，故「鼎折足，覆公餗，其刑渥，凶」。《九家易》曰：鼎者，三足一體，猶三公承天子也。三公謂調陰陽，鼎謂調五味。足折餗覆，猶三公不勝其任，傾敗天子之美，故曰「覆餗」也。案　餗者，雉膏之屬。公者，四爲諸侯，上公之位，故曰「公餗」。**疏** 虞注　四變互震爲「足」，大壯四震亦爲「足」，互兑爲毁折，震折入兑，故鼎足折也。又四應初，初伏震足，初四皆失位，初「顛趾」，故四「折足」也。兑西方金，故「爲刑」。「渥」，鄭作「剭」，《前漢書・班固敘傳》「底剭鼎臣」，師古注「剭者，❶厚刑，謂重誅也」，《新唐書・元載傳贊》「鼎折足，其刑剭」，《秋官・司烜氏》「邦若屋誅」，「屋」亦同「剭」，❷故云「渥，大刑也」。鼎折足，則公餗覆，「言不勝其任也」。初至五體大過棺椁死象，故凶。四失位，不與初易，故「折足覆餗刑剭」，而凶如此也。《九家》注　鄭氏云「鼎三足象三公」，❸故鼎者三足，共爲一體，猶三公共承天子也。三公所以調陰陽，鼎所以調五味。若足折餗覆，猶三公不勝燮理之任，而傾敗天子之美也，故曰「覆公餗」。案　鄭氏云「餗是八珍之食」，又云「餗，美饌」。虞氏云「饌，八珍之具也」。故云「餗者，雉膏之屬」。爻例四爲諸侯，上公之位也，故曰「公餗」。

《象》曰：「覆公餗，信如何也。」《九家易》曰：渥者，厚大，言辠重也。既覆公餗，信有大辠。刑罰當加，无可如何也。**疏**《邶風》「赫如渥

❶「師古」，原作「服虔」，今據思賢本改。
❷「屋亦同剭」，思賢本作「鄭注『屋讀如其刑剭之剭』」。
❸「鼎三足象三公」，思賢本作「鼎三足三公象」。

赭」，疏「厚漬之丹赭也」，❶故「渥」言「厚大」。服氏云「剭者，❷厚刑，謂重誅」，故「言辠重也」。三已變四在坎，孚爲信，故「既覆公餗，信有大罪」。其刑剭凶，故「刑罰當加，无可如何也」。

六五，鼎黄耳，金鉉，利貞。虞翻曰：离爲黄，三變，坎爲耳，故「鼎黄耳」。鉉謂三，貫鼎兩耳，乾爲金，故「金鉉」。動而得正，故「利貞」。　干寶曰：凡舉鼎者，鉉也。尚三公者，王也。金喻可貴，中之美也，故曰「金鉉」。鉉鼎得其物，施令得其道，故曰「利貞」也。**疏**虞注　《九家易・説卦》曰「坤爲黄」，离中爻自坤來，故亦「爲黄」。三變，成兩坎，坎爲耳，故「鼎黄耳」。三變，在兩耳之閒，故「鉉謂三，貫鼎兩耳」。三互乾爲「金」，故「金鉉」。「動而得正」者，三已變，復之正成既濟，故曰「利貞也」。　干注　《説文》「鉉，舉鼎也」，故「凡舉鼎者，鉉也」。尚，上也。「尚三公者，王也」，謂王用三公也。應在乾金，故「金可喻貴」。五在中，故「中之美也」。貴而且美，故曰「金鉉」。舉「鼎得其物」，以喻「施令得其道」，故曰「利貞也」。　愚案　伏坎爲耳，體离爲黄，故曰「鼎黄耳」。馬氏云「鉉，扛鼎而舉之也」，五柔下應二剛，剛能舉物，故曰「鉉」。互乾爲金，故曰「金鉉」。鄭氏云：「金鉉喻明道，能舉君之職官也。」❸蓋謂二正應五也。然二五皆不正，爲不義之應，故曰「利貞」，戒之也。**《象》曰：「鼎黄耳，中以爲實也。」**陸績曰：得中承陽，故曰「中以爲實」。　宋衷曰：五當耳，中色黄，故曰「鼎黄耳」。兑爲金，又正秋，故曰「金鉉」。公侯，謂五也。上尊故「玉」，下卑故「金」。金和良，可柔屈，喻諸侯順天子。**疏**陸注　位在五爲「得中」，上比九爲「承陽」。陽實，故「中以爲實也」。　宋注　五位當耳，中色屬黄，故曰「鼎黄耳」。互兑，兑正秋爲「金」，故曰「金鉉」。上陽爲尊，故「公侯謂五也」。上尊稱「玉」，以其剛也。下卑稱「金」，剛兼柔也。金性和良，可以柔屈，喻諸侯上順天子之象也。　愚案　伏屯五陽，陽爲實，其位在中，故「中以爲實也」。

---

❶「疏厚漬之丹赭也」，思賢本作「毛傳『渥，厚也』」，又《廣雅・釋詁》『渥，厚也』」。

❷「服氏云」至下文「重誅」，思賢本作「服虔《漢書・叙傳》注謂『《周禮》有屋誅，誅大臣於屋下』」。

❸「職官」，思賢本作「官職」。

上九，鼎玉鉉，大吉，无不利。虞翻曰：鉉謂三，乾爲玉鉉。體《大有》上九「自天右之」，位貴據五，三動承上，故「大吉，无不利」。謂三虧悔應上，成未濟，雖不當位，六位相應，故「剛柔節」。《象》曰「巽耳目聰明」，爲此九三發也。　干寶曰：玉又貴於金者。凡亨飪之事，自鑊升於鼎，載於俎，自俎入於口，馨香上達，動而彌貴，故鼎之義，上爻愈吉也。鼎主亨飪，不失其和，金玉鉉之，不失其所，公卿仁賢，天王聖明之象也。君臣相臨，剛柔得節，故曰「吉，无不利」也。**疏**虞注　上應三，故「鉉謂三」。三互乾爲玉，故「爲玉鉉」。自二至上體大有，六十四卦，唯大有，鼎自「元亨」「元吉亨」外无餘詞。《大有》上九曰：「自天右之，吉无不利。」蓋在上位貴，近據五陰，三動應上，故「大吉，无不利」。卦辭與大有同，上九爻辭亦同也。謂三「虧悔」，故動而應上，成未濟，六爻雖不當位，然陰陽相應，故《象》曰「剛柔節也」。《象》言「巽動而耳目聰明」，爲此九三動而應上發也。　干注　《説卦》「乾爲玉、爲金」，先言「玉」，次言「金」，故云「玉又貴於金者」。《少牢饋食禮》：「雍人陳鼎五，三鼎在羊鑊之西，二鼎在豕鑊之西，司馬升羊右胖，實於一鼎。司士升豕右胖，實於一鼎。雍人倫膚九，實於一鼎。」此亨飪之事，「自鑊升於鼎」之事也。《公食大夫禮》：「陳鼎於碑南，左人待載。雍人以俎入，陳於鼎南。」又曰「載者西面」。又曰「載體進奏」。❶ 又曰「皆横諸俎」。此載鼎實於俎之事也。《特牲饋食禮》：「鼎西面錯，右人抽扃，委於鼎北。贊者錯俎加匕，乃朼，佐食升肵俎。」此「自俎入於口」之事也。爻在上，故「馨香上達」。上位貴，故「動而彌貴」。古鼎無蓋，鼏即蓋也。上動，即《特牲》「除鼏」之義也。鼏除，則馨香達而誠意申，故「鼎之義，上爻愈吉」。猶井之功，至上而成。皆曰「大吉」，所以著養人之利者也。上臨兑説爲和，故「鼎主亨飪，不失其和」。五上應二，三互乾，乾爲金玉，故「金玉鉉之，不失其所」。此「公卿仁賢，天王聖明之象也」。君臣相臨，剛柔相應，故「吉，无不利也」。

愚案　「玉鉉」謂三也。六爻唯三得正，上變應之，成既濟定，故「大吉，无不利」也。

《象》曰：「玉鉉在上，剛柔節也。」宋衷曰：以金承玉，君臣之節。上體乾爲

❶「又曰載體進奏」，思賢本作「又曰『載者西面。魚腊飪。載體進奏』」。

「玉」，故曰「玉鉉」。雖非其位，陰陽相承，剛柔之節也。疏「以金承玉」，謂五承上也。陰爲臣，陽爲君，故云「君臣之節」。鼎自大壯來，鼎上即乾上，故「上體乾爲玉」，而曰「玉鉉」也。三變應上成未濟，雖非其位，然陰陽相承，故曰「剛柔節也」。　愚案　上變應三，初四易位，二五利貞，成既濟定，故曰「剛柔節也」。

《序卦》曰：「主器者莫若長子，故受之以震。震者，動也。」崔憬曰：鼎，所以亨飪，享於上帝。主此器者，莫若冢適，以爲其祭主也，故言「主器者莫若長子」也。疏鼎，宗廟之祭器，故云「所以亨飪，亨於上帝」也。「主此器者，莫若冢適」。冢適，長子也。震一索得男爲長子，傳國家，繼位號，爲祭祀主。故言「主器莫若長子」，而「受之以震」也。

䷲震下震上

震，亨。鄭玄曰：震爲雷，雷，動物之氣也，雷之發聲，猶人君出政教，以動中國之人也，故謂之震。人君有善聲教，則嘉會之禮通矣。疏「震爲雷」，《説卦》文。又曰：「震，動也。」震一陽初生，陽氣萌動，故云「雷，動物之氣也」。雷發聲而物皆動，君發令而民皆從，故「雷之發聲，猶人君出政教，以動國中之人」而「謂之震」也。「人君有善聲教，則嘉會之禮通」，通故「亨」也。

震來虩虩，虞翻曰：臨二之四，天地交，故通。「虩虩」謂四也，來應初，初命四變而來應己，四失位多懼，故「虩虩」。之內曰來也。疏六子皆從乾坤相索，其在六十四卦，又從爻變消息來也。二陽四陰之卦自臨來，故云「臨二之四」。乾初交於坤四，是爲「天地交」。交故通，通故「亨」也。重震，故稱「虩虩」，至四始重，故「虩虩謂四」。初陽得正，四陽失正，初命四應己，故云「來應初，初命四變而來應己」也。四失正，又多懼，鄭氏云「虩虩，恐懼貌」，故云「虩虩」。自外「之內曰來」，《易》例也。

笑言啞啞，虞翻曰：啞啞，笑且言，謂初也。得正有則，故「笑言啞啞，後有則也」。疏鄭氏云：「啞啞，樂也。」震陽出於地，萬物和樂，故爲「笑」，故馬氏又云「啞啞，笑聲」。震善鳴爲「言」，故云「啞啞，笑且言」。震陽在初，故「謂初也」。以九居初爲「得正」，應四，坎爲則，故「笑言啞啞，後有則也」。

震驚百里，不喪匕鬯。虞翻曰：謂陽。從臨二陰爲百二十，舉其大數，故當「震百里」也。坎爲棘匕，上震爲鬯，坤爲喪，二上之坤，成震體坎，得其匕鬯，故「不喪匕鬯」也。　鄭玄曰：雷發聲聞於百里，古者諸侯之象。諸侯出教令，能警戒其國。内則守其宗廟社稷，爲之祭主，不亡匕與鬯也。人君於祭之禮，匕牲體，薦鬯而已，其餘不親也。升牢於俎，君匕之，臣載之。鬯，秬酒，芬芳條鬯，因名焉。**疏**虞注「謂陽」者，謂陽爻也。「從臨二陰爲百二十」者，從臨二息時有五陰，陰爻二十四，五爻故「百二十」。言「百」者，「舉其大數」。以陽震陰，坤方爲「里」，聲聞乎百里，故當「震驚百里」也。《九家·説卦》曰「坎爲叢棘」，故「坎爲棘匕」。以棘爲匕，取赤心之義，其形似畢刊柄與末，《詩》曰「有捄棘匕」是也。四互坎棘，又互艮手，有以手持匕之象。長子主祭，故震以繼鼎。祭儀先烹牢於鑊，❶既納於鼎而加鼏。祭乃啟鼏，而以匕出之，升於俎上。故王氏云：「匕，所以載鼎實。」陸氏云：「匕者，撓鼎之器也。」《説文》：「鬯，以秬釀鬱草，芬芳攸服，以降神。」震草屬，又爲禾稼，坎水和之爲鬯酒，故「上震爲鬯」。鄭氏云「鬯者，秬黍之酒，其氣調暢，故謂之鬯」是也。坤滅於乙爲喪。臨二上之坤，外成震互坎，皆在本體，故「得其匕鬯」而曰「不喪」也。　鄭注　逸《禮·王度記》「諸侯封不過百里，象雷震百里」，故曰「震驚百里」也。《象傳》言「出可守宗廟社稷，以爲祭主」，即「不喪匕鬯」之義也。《大宗伯》「以肆獻祼享先王」，鄭注：「肆，❷解牲體也。獻，獻腥也。祼，灌以鬱鬯也。」宗廟之祭，灌鬯以求神，既灌則獻體以薦腥，既獻則解牲體以薦熟。凡匕牲體，薦鬯酒，皆君親爲之，「其餘不親也」。升鼎牢於俎，君匕之，《特牲》所謂「贊者，錯俎加匕乃朼」是也。「臣載之」者，《公食大夫禮》所謂「左人待載」，即鄭注所謂「左人載之」是也。《春官·鬯人》注：「鬯，釀秬爲酒，芬香條暢於上下。」「暢」與「鬯」同，故名「鬯」焉。匕鬯皆君親爲之，故長子主器，「不喪匕鬯」也。

《象》曰：「震亨。震來虩虩，恐致福也。虞翻曰：懼變，承五應初，故「恐致福也」。**疏**「四多懼」，又失位，懼而變柔，上承五，下應初，初乾爲「福」，故「恐致福也」。笑言啞啞，後有則也。虞翻曰：則，

❶「儀」，思賢本作「禮」。

❷「肆」至下文「腥也」，思賢本作「肆，進所解牲體。獻，謂薦血腥也」。

法也，坎爲則也。疏《天官・冢宰》「以八則治都鄙」，鄭注：「則，法也。」《孫卿子》「水主量，必平似法」，故坎爲法，亦「爲則」，而「則」訓法也。初應四，故「後有則也」。**震驚百里，驚遠而懼邇也。**虞翻曰：遠謂四，近謂初，震爲百。謂四出驚遠，初應懼近也。疏震以二陽爻爲主，四在外，故「遠謂四」。初在內，故「近謂初」。震爲「百」，即從臨二陰爲百二十，舉大數，故「爲百」也。臨二互震，震爲出，自二出居於四爲「驚遠」。初本比二，今又之四爲敵應，故「懼邇也」。**出可以守宗廟社稷，以爲祭主也。」**虞翻曰：謂五出之正，震爲守，艮爲宗廟社稷，長子主祭器，故「以爲祭主也」。干寶曰：周，木德，震之正象也，爲殷諸侯，殷諸侯之制，其地百里，是以文王「小心翼翼，昭事上帝，聿懷多福，厥德不回，以受方國」，故以百里而臣諸侯也。爲諸侯，故主社稷。爲長子，而爲祭主也。祭禮薦陳甚多，而經獨言「不喪匕鬯」者，匕牲體，薦鬯酒，人君所自親也。疏虞注「帝出乎震」，故曰「出」。五伏陽失位，出而變之正。震子繼乾，世守「爲守」。艮爲門闕，又爲鬼門，故「爲宗廟社稷」。長子主器，器，祭器也。震巽相應，震春兑秋，坎冬离夏，春秋享祀，以時思之，故「以爲祭主也」。干注《家語》「周人以木德王」，故云「周，木德」。震東方爲木德，故云「震之正象也」。周受殷封，地方百里。「小心翼翼」以下，《詩・大明》文，引之以明恐懼致福之意。《孟子》曰「文王以百里」，故云「以百里而臣諸侯也」。屯震「利建侯」，故「爲諸侯，主社稷」。又長子主器，故「爲長子，而爲祭主也」。「祭禮薦陳甚多」以下，即前鄭義也。案王肅云：「有靈而尊者，莫若於天，有靈而貴者，莫若於王，有聲而威者，莫若於雷，有政而嚴者，莫若於侯，是以天子當乾，諸侯用震。地不過一同，雷不過百里，政行百里，則匕鬯亦不喪。祭祀，國家大事，不喪，宗廟安矣。處則諸侯執其政，出則長子掌其祀。」義亦可通也。

《象》曰：「洊雷，震。君子以恐懼脩省。」虞翻曰：君子謂臨二。二出之坤四，體以脩身。坤爲身。二之四，以陽照坤，故「以恐懼脩省」。《老子》曰「脩之身，德乃真」也。疏《釋言》曰「洊，再也」，兩震相重，故曰「洊雷，震」，猶兩坎相重，而曰「水洊至」也。陽爲君子，故「君子謂臨二」。「二出之坤四」，體應初爲復震，

《復》初《象》曰「不遠之復，以脩身也」，故曰「脩」。臨坤形爲身，二上之四，以陽德照坤身，故「以恐懼脩省」。此引《老子》者何也？《德經》曰「善建者不拔，善抱者不脱，子孫祭祀不輟」，復繼之曰「脩之於身，❶其德迺真」，蓋「善建不拔」，即震「建侯」也，「善抱不脱」，即「不喪匕鬯」也，「子孫祭祀不輟」，即「出可以守宗廟社稷，以爲祭主也」，而復歸於「脩之身，德乃真」者，言必有德，而後可爲建侯主祭之本也。　愚案　《中庸》曰「恐懼乎其所不聞」，其有聞而益加恐懼，可知也。雷震善鳴，聲威並至，君子聞之，故益恐懼而脩省。

初九，震來虩虩，後笑言啞啞，吉。　虞翻曰：虩虩謂四也。初位在下，故「後笑言啞啞」。得位，故「吉」也。　干寶曰：得震之正，首震之象者。「震來虩虩」，羑里之厄也。「笑言啞啞」，後受方國也。**疏**　虞注　初應四，故「虩虩謂四」。爻例上爲前，下爲後，初位在下，故「後笑言啞啞」。初陽得位，故「吉」。　干注　以九居初，「得震之正，首震之象」也。始則「震來虩虩」，是文王囚於羑里，恐懼之象也。「後」則「笑言啞啞」，是文王以受方國，致福之象也。《象》曰：「震來虩虩，恐致福也。　虞翻曰：陽稱福。**疏**　初陽爲乾「稱福」，四懼變而應初，故「致福也」。笑言啞啞，後有則也。」虞翻曰：得正，故「有則也」。**疏**　初陽得正，應坎爲則，故「有則也」。

六二，震來厲，億喪貝，躋于九陵，勿逐，七日得。　虞翻曰：厲，危也，乘剛故「厲」。億，惜辭也。坤爲喪。三動，离爲嬴蚌，故稱「貝」。在艮山下，❷故稱「陵」。震爲足，足乘初九，故「躋于九陵」。震爲逐，謂四已體復象，故「喪貝，勿逐」。三動時，离爲日，震數七，故「七日得」者也。**疏**《説文》「厲，旱石也。从厂蠆省聲」，又曰「厂，山石之厓巖，人可居，象形」，又曰「危，在高而懼也。从产，人在厂上，❸自卪止之」也。「厲」與「危」皆从「厂」，有高厓恐懼之象，故云「厲，危也」。二自四來，故曰「來」。上无應而下乘剛，有危象焉，故「震來

❶「復」，思賢本無此字。
❷「山」，原作「上」，今據思賢本改。
❸「厂」，原作「厓」，今據思賢本改。

厲」。「億」與「噫」通，二變兑爲口，《釋文》「億，本亦作噫」，❶故云「惜辭也」。坤喪於乙，故「爲喪」。三失位，當變體离。《説卦》「离爲蠃、爲蚌、爲龜」，《説文》「貝，海介蟲也」，离陽在外，故「稱貝」。未變爲离，惜其喪貝，故「億喪貝」。體互艮爲山，二在艮山下，故「稱陵」。又「震爲阪生」，阪，陵也，艮三反下，故「爲陵」。「震爲足」，《説卦》文，二自四來，乘初九，故「躋于九陵」。震足動，故「爲逐」。「已」下當脱「變」字，四已變體復。《復》卦辭曰「七日來復」，故「喪貝，勿逐」也。三動時，离爲「日」，震納庚，月七日見庚，故「震數七」，不逐自復，故「七日得也」。《復》「七日」主六日七分之説，《震》「七日」主七日見庚之説，義各有當也。《象》曰：「震來厲，乘剛也。」

干寶曰：六二木爻，震之身也，得位无應，而以乘剛爲危。此託文王積德累功，以被囚爲禍也，故曰「震來厲」。億，歎辭也。貝，寶貨也，産乎東方，行乎大塗也。此以喻紂拘文王，閎夭之徒，乃於江淮之浦，求盈箱之貝，而以賂紂也，故曰「億喪貝」。貝，水物而方升於九陵，今雖喪之，猶外府也，故曰「勿逐，七日得」。「七日得」者，七年之日也，故《書》曰「誕保文武受命，惟七年」是也。**疏** 震本木象，震六二庚寅，寅爲木，故爲「震之身也」。二陰爲得位，五陰爲无應，下乘剛爲危，喻文王有聖德而囚羑里，故曰「震來厲」。「億」與「噫」通，故云「歎辭也」。《説文》「古者貨貝而寶龜」，故云「貝，寶貨也」。震，東方也，《説文》「貝，海介虫」，海在東方，故云「産乎東方」。震爲大塗，《史記·平準書》「農工商交易之路通，而龜貝金錢刀布之幣興焉」，大塗爲路，故云「行乎大塗」。《尚書大傳》「西伯既戕耆，紂囚之牖里。散宜生遂之江淮之浦，取大貝如大車之渠，陳於紂之庭」，故曰「億喪貝」。貝，水物而升於九陵，雖喪必得，猶《穀梁傳》荀息所謂「我取之中府，而藏之外府」，故云「猶外府也」。不久必復，故曰「勿逐，七日得」。以七日爲七年者，《書·洛誥》曰「惟周公誕保文王受命，惟七年」，鄭注「文王得赤雀，武王俯取白魚，受命皆七年而崩」，言文、武皆有七年之得也。

六三，震蘇蘇，震行无眚。《象》曰：「震蘇蘇，位不當也。」虞翻曰：死而復生稱蘇，三死坤中，動出得正，震爲生，故「蘇蘇」。坎爲眚，三出得正，

❶「亦」，思賢本作「又」。

坎象不見，故「无眚」。《春秋傳》曰「晉獲秦諜，六日而蘇」也。**疏**蘇，死而更生之稱，如《孟子》「后來其蘇」，以及《戰國策》「勃然乃蘇」，皆是義也。臨三互坤，坤喪於乙爲死魄，故「三死坤中」。三失位，動出得正，震東方春，故「爲生」。內震接外震，故曰「蘇蘇」。互坎而多眚，三變正，坎象毀，故「无眚」。震足爲「行」，變得正，故「震行无眚」。宣八年《左傳》「晉人獲秦諜，殺諸絳市，六日而蘇」，引之以申死而復生之義也。陽在坤中，位失正不當，故死也。

九四，震遂泥。虞翻曰：坤土得雨爲泥，位在坎中，故「遂泥」也。**疏**臨四坤爲土，故云「坤土」，二之四，互坎爲雨，故云「得雨爲泥」。四在坎二，故云「位在坎中」。重震不能省改，失正不變，將遂非而陷於坎中。《漢書·五行志》李奇曰「震遂泥者，❶泥溺於水，不能自拔」，是其義也。**《象》曰：「震遂泥，未光也。」**虞翻曰：在坎陰中，與屯五同義，故「未光也」。**疏**屯五《象傳》虞注云：「陽陷陰中，❷故『未光也』。」震體象屯，震四即屯五，四又當之五，故「與屯同義」。　愚案　坎見离伏，故「未光也」。

六五，震往來厲，虞翻曰：往謂乘陽，來謂應陰，失位乘剛，故「往來厲」也。**疏**「往」謂在外，乘四陽也。「來」謂在內，應二陰也。五失正，又乘不正之陽，故往來皆危也。　按　二曰「震來厲」，雷也。五曰「往來厲」，洊雷也。**億无喪有事。**虞翻曰：坤爲喪也。事謂祭祀之事。出而體隨，「王享于西山」，則可以守宗廟社稷爲祭主，故「无喪有事」也。**疏**坤喪於乙，故「坤爲喪也」。《左傳》「國之大事，在祀與戎」，故「事謂祭祀之事」。五變爲陽體隨，《隨》上爻辭曰「王用亨于西山」，故「可以守宗廟社稷爲祭主」。四自臨二來，五變坤毀隨成，故「无喪有事」。億，惜辭也，義同六二。「无喪有事」而復惜之者，惜其不定既濟也，故上取四五易位焉。**《象》曰：「震往來厲，危行也。」**虞翻曰：乘剛山頂，故「危行也」。**疏**五乘四剛，四互艮爲山，五在山頂，危象也。「危」從⺈，人在厂厓之上，故稱「危」。震爲「行」，故「危行

❶「曰」，思賢本作「注」。

❷「屯」，原作「坎」，今據思賢本及所引文改。

也」。其事在中，大无喪也。」虞翻曰：動出得正，故「无喪」。**疏**五動陽出成隨，居中得正，陽爲大，故「大无喪也」。

上六，震索索，視矍矍，虞翻曰：上謂四也，欲之三隔坎，故「震索索」。三已動，應在离，故「矍矍」者也。**疏**「上謂四也」者，上欲應三，隔於四坎，坎爲險，故「震索索」。鄭氏云：「索索，猶縮縮，足不正也。」謂四不正，故足索索也。三失正，動成离爲目，上與三應，故「矍矍」。鄭氏云：「矍矍，目不正。」三本不正，變成离目，故「視矍矍」也。征凶。震不于其躬，于其鄰无咎。婚媾有言。虞翻曰：上得位，震爲征，故「征凶」。四變時，坤爲躬，鄰謂五也。四上之五，震東兑西，故稱「鄰」。之五得正，故「不于其躬，于其鄰无咎」。謂三已變，上應三，震爲言，故「婚媾有言」。**疏**上陰得位，處震之極，不宜妄動，震動爲「征」，征則凶也。上之凶由四，四變體坤，坤形爲「躬」，謂上也。五比上，故「鄰謂五也」。四體震位東，五出成隨，體兑位西，東西故「稱鄰」。四之五，易位得正，故「震不于其躬，于其鄰」，謂己不動而五動，故「无咎」。上與三本爲「婚媾」，兩陰相睽，必三變，上乃應之。震善鳴爲「言」，又三動互兑女爲媒妁，口舌爲言，故「婚媾有言」，謂媒妁之言通，故陰陽相應也。《象》曰：「震索索，中未得也。虞翻曰：四未之五，故「中未得也」。**疏**四之五，則中得正，四未之五，故「中未得」，謂中未得正也。雖凶无咎，畏鄰戒也。」虞翻曰：謂五正位，己乘之逆，「畏鄰戒也」。**疏**四之五得正位，上以陰乘陽爲逆。畏鄰設戒，故「雖凶无咎」。

《序卦》曰：「物不可以終動，止之，故受之以艮。艮者，止也。」崔憬曰：震極則「征凶」，婚媾有言」，當須止之，故言「物不可以終動，止之」矣。**疏**《震》上六曰「征凶」，動極當止，征則有凶。上與三爲婚媾，三體震爲言，互艮爲止，故「婚媾有言，當須止之」。震終戒動，故言「不可以終動」而「受之艮」以「止之」也。

䷳ 艮下艮上

艮其背，鄭玄曰：艮爲山，山立峙各於其所，无相順之時，猶君在上，臣在下，恩敬不相與通，故謂之艮也。

疏「艮爲山」，《説卦》文。山之立峙，各止其所，彼此无相順之時。陽，君象也，一陽在上，猶君在上。陰，臣象也，二陰在下，猶臣在下。君主恩，臣主敬，各盡其道而不相通，故「謂之艮也」。**不獲其身，行其庭，不見其人，无咎。**虞翻曰：觀五之三也。「艮爲多節」，故稱「背」，觀坤爲身，觀五之三，折坤爲背，故「艮其背」。坤象不見，故「不獲其身」。震爲行人，艮爲庭，坎爲隱伏，故「行其庭，不見其人」。三得正，故「无咎」。案：「艮爲門闕」，今純艮，重其門闕，兩門之閒，庭中之象也。疏虞注　從二陽四陰之例，艮自觀來，故云「觀五之三也」。「艮爲多節」，《説卦》文。背脊骨多節，《釋名》「脊，積也，積續骨節脈絡上下也」，身背多節，故「稱背」。觀坤形爲「身」，觀五之三，折坤身爲「背」，故「艮其背」。坤毁不見，故「不獲其身」。震足爲行，震生爲人，三互震，故爲「行人」。艮門闕爲「庭」，互坎爲隱伏，互震故「行其庭」，互坎故「不見其人」。六爻敵應，宜有咎，五之三得正，故「无咎」也。　案　「艮爲門闕」，《説卦》文。純艮重門，門内爲庭，故「兩門之閒，庭中之象也」。

《彖》曰：「艮，止也。虞翻曰：位窮於上，故「止」也。疏陽窮於上，无所復之，故「止也」。**時止則止，時行則行，**虞翻曰：時止謂上陽窮上，❶故止。時行謂三體處震爲行也。疏艮，「物之所成終而成始也」，故曰「時」。「時止」者，謂一陽窮於上，故曰「時止」也。「時行」者，三體互震，震爲行，故曰「時行」也。**動静不失其時，其道光明。**虞翻曰：動謂三，静謂上。艮止則止，震行則行，故「不失時」。五動成离，故「其道光明」。疏自觀五之三，故「動謂三」。上不動，故「静謂上」也。艮陽止於上，「時止則止」，震陽動於下，「時行則行」，故「動静不失其時」。五動，時行也。動成离，爲日爲火，故「其道光明」也。**艮其止，止其所也。**虞翻曰：謂兩象各止其所。疏内外兩艮，各止其所而不遷。王氏云：「易背曰止，以明背即止也。」**上下敵應，不相與也，**虞翻曰：「艮其背」，背也。兩象相背，故「不相與也」。疏「艮其背」者，謂兩象各止其所，相違背也。上下陰陽敵應，是爲「兩象相背」，故「不相與」。明《傳》解「艮其背」

❶ 下「上」字，思賢本作「止」。

也。是以不獲其身，行其庭不見其人，无咎也。」案：其義已見繇辭也。疏其義已詳繇辭，不再釋。

《象》曰：「兼山，艮。君子以思不出其位。」虞翻曰：君子謂三也。三君子位，震爲出，坎爲隱伏爲思，故「以思不出其位」也。疏兩山相並，故曰「兼山」。止莫如山，故曰「艮」。艮三索成男，自乾來也，《乾》九三曰「君子終日乾乾」，艮三即乾三，故「君子謂三也」。三爲君子之位，互震爲「出」，互坎爲隱伏，又坎心爲「思」，坎思震動於中，艮陽限止於外，故「以思不出其位」。艮陽小爲慎，不出，即《中庸》所謂「慎思」也。

初六，艮其趾，无咎，利永貞。虞翻曰：震爲趾，故「艮其趾」矣。失位變得正，故「无咎，永貞」也。疏應在震，震足爲「趾」，又爻例初爲趾，在艮之初，故「艮其趾矣」。初失位，宜有咎，變得正，故「无咎」。觀坤爲「永」，故「利永貞」也。《象》曰：「艮其趾，未失正也。」虞翻曰：動而得正，故「未失正也」。疏貞者，正也。初不正，動而得正，未失乎正，故「利永貞」也。

六二，艮其腓，不拯其隨，其心不快。虞翻曰：巽長爲股，艮小爲腓。拯，取也。隨謂下二陰。艮爲止，震爲動，故「不拯其隨」。坎爲心，故「其心不快」。疏二變，巽爲股。巽爲長，故「爲股」。艮陽小，故「爲腓」。又爻例二亦爲腓，如《咸》二「咸其腓」是也。艮爲手，故「拯」訓「取」也。卦伏兑互震有隨象，「隨謂下二陰」者，初及二也。艮止爲「不拯」，震動爲「隨」。初二隨三，不能自止。三互坎爲心，❶故「不拯其隨」，則「心不快」。坎爲心病，故「不快」也。並言初者，五正初乃正，故初言「永貞」，與《萃》四「元永貞」同義也。《象》曰：「不拯其隨，未違聽也。」虞翻曰：坎爲耳，故「未違聽也」。疏三坎爲耳，故爲聽。趾與腓，聽心者也，故「未違聽也」。

九三，艮其限，裂其夤，厲閽心。虞翻曰：限，要帶處也，坎爲要，五來之三，故「艮其限」。夤，脊肉，艮爲背，坎爲脊，艮爲手，震起艮止，故「裂其夤」。坎爲心，厲，危也，艮爲閽，閽，守門人，坎盜動門，故「厲閽心」。古「閽」作「熏」字，馬因言「熏灼其心」，未聞易道以坎水熏灼人也，荀氏以「熏」爲「動」，讀作動，皆非也。疏「限」在

❶「互坎」，原作「坎互」，今據思賢本改。

三，三當兩象之中，「限」當一身之中，故云「腰帶處也」。互坎爲水，腎象也，《内經》曰「腰者，腎之府」，故「坎爲腰」。《説文》曰「腰，身中也」，觀五來之三，三當身中爲「限」，馬氏云「限，要也」，故「艮其限」。「夤」，鄭本作「膑」，馬氏以爲「夾脊肉」是也。艮有背象，坎陽在中，美脊爲脊，故爲「夤」。《説文》「列，分解也」，「裂」從「列」。「艮爲手」，《説卦》文。「震，起也。艮，止也」。艮手動而止之，有分解之象，故曰「裂其夤」。艮爲閽寺，故「爲閽」。《祭統》「閽者，❶守門之賤者也」，故云「守門人」也。互坎爲盜，艮爲門闕，互震爲動，以坎盜動艮門，坎爲「心」，故「厲閽心」。「古熏作閽字」者，❷《漢書·百官公卿表》「光禄勳」，如淳注：「胡公曰『勳之言閽也』。光禄，主宫門。」❸是古「閽」「勳」假借字，「熏」「勳」又通也。虞不取馬、荀説，故非之。愚案：坎水固無熏灼之象，然坎爲心，坎下伏离爲火，以水加火，是「熏灼其心」之象也。荀「讀作動」者，互震爲動。動心謂操心至危，❹故「厲」也。二説皆可存。《象》曰：「艮其限，危閽心也。」虞翻曰：坎爲心，坎盜動門，故「危閽心也」。疏 三坎爲心，又象坎盜動艮門，故「危閽心也」。　愚案　在艮之象，坎陽又陷陰中，危亦甚矣，即《孟子》所謂「其操心也危」是也。又坎心伏离火，故有熏心之象。

六四，艮其身，无咎。虞翻曰：身，腹也。觀坤爲身，故「艮其身」。得位承五，故「无咎」。或謂妊身也。五動則四體离婦，离爲大腹，孕之象也，故「艮其身」。得正承五而受陽施，故「无咎」。《詩》曰「大任有身，生此文王」也。疏《説文》「腹，❺厚也。一曰身中」，故云「身，腹也」。觀坤爲腹，故「爲身」。在艮，故「艮其身」。无應宜咎，六得正位，承五伏陽，故「无咎」。《孟子》曰「守孰爲大？守身爲大」，「艮其身」者，守身之謂也。守身，故「无咎」也。《説文》「妊，身，❻懷孕也」，故「謂妊身也」。五失

❶「祭統」，原作「祭義」，今據思賢本及所引文改。「者」，原脱，今據思賢本及所引文補。
❷「古熏作閽字」，思賢本作「古閽作熏字」。
❸「主宫門」，原作「王公門」，今據思賢本及所引如淳注改。
❹「謂」，草堂本作「爲」。
❺「説文」至下文「爲腹」，思賢本作「云『身，腹也』者，《説卦》『坤爲腹』，謂觀坤爲腹也」。
❻「説文」至下文「孕也」，思賢本作「《廣雅·釋詁》『妊，身，傷也』」。

位，動則四體成离，离中女爲婦，「离爲大腹」，《説卦》文，婦有大腹，懷孕之象也，故曰「艮其身」。得正承五，五伏乾陽，❶陽爲施，四受陽施，故「无咎」。「大任有身，生此文王」，《詩・大明》文。毛傳云「身，重也」，鄭箋云「重爲懷孕也」。兩艮相重，有兩身象，故謂身爲任，而引《詩》辭以明其義也。《象》曰：「艮其身，止諸躬也。」虞翻曰：艮爲止，五動乘四則妊身，故「止諸躬也」。**疏**艮，止也，故「爲止」。五動乘四，成离爲大腹，又兩艮重，身爲妊，故曰「止諸躬」。五陽動而四有身，言孕在四之躬也。

六五，艮其輔，言有孚，悔亡。虞翻曰：輔，面頰骨，上頰車者也。三至上體頤象，艮爲止，在坎車上，故「艮其輔」，謂「輔車相依」。震爲言，五失位，悔也，動得正，故「言有孚，悔亡」也。**疏**《説文》「輔，人頰車也」，❷故云「輔，面頰骨，上頰車者也」。三至上體頤象，故曰「輔」。坎於輿，故爲車。四互坎，五體艮，艮止在坎車之上，故「艮其輔」。「輔車相依」，僖五年《左傳》文。杜注：「輔，頰輔。車，牙車。」輔車相依，即「艮其輔」之義也。震聲爲「言」，五失陽位，宜有悔也，動而得正，陽在二五稱「孚」，故「言有孚，悔亡也」。諸本「孚」作「序」，虞義作「孚」，以「序」「孚」形相近而誤也。《象》曰：「艮其輔，以中正也。」虞翻曰：五動之中，故「以中正也」。❸**疏**以「中」與上「躬」下「終」叶之，《象辭》當作「正中」。注「動之中」，當作「之正」。蓋五本在中，動而之正，故「以正中也」。

上九，敦艮，吉。虞翻曰：无應静止，下據二陰，故「敦艮，吉」也。**疏**三敵陽无應，故静止不動，下據坤陰，有厚象焉，鄭注《樂記》云「敦，厚也」，故「敦艮，吉」，與「敦臨」同義。 愚案 《釋丘》「丘，❹一成爲敦丘」，❺郭注「成猶重也」，疏云「丘上更有一丘，❻相重累

❶「五伏乾陽」，思賢本作「五動體陽」。
❷「車」，原作「骨」，今據思賢本及所引文改。
❸「中正」，思賢本作「正中」。
❹「釋丘」，原作「釋山」，今據思賢本及所引文改。
❺「丘」，原脱，今據思賢本及所引文補。
❻「丘」上，思賢本有「言」字；「上」，原作「山」，今據思賢本及所引文改。

者」。❶ 上是艮之重，❷故曰「敦艮」。《中庸》「敦厚以崇禮」，「敦」有厚義，崇有山象，山止於上，厚則愈崇，《詩·天保》曰「如南山之壽，不騫不崩」，故「敦艮，吉也」。又上與三皆爲艮主，三不當止而止，雖得位亦厲，上「時止則止」，雖失位亦吉。**《象》曰：「敦艮之吉，以厚終也。」**虞翻曰：坤爲厚，陽上據坤，故「以厚終也」。**疏** 坤厚載物，故「坤爲厚」。上爲終，艮爲成終，坤又代終，陽在上，下據坤終，故「以厚終也」。

受業漢陽徐豹文赤庵校

周易集解纂疏卷二十

❶「相重累者」下，思賢本有「名敦丘」三字。

❷「上」，思賢本無此字。

周易集解纂疏卷二十一

唐李鼎祚集解　安陸李道平遵王纂疏

《序卦》曰：「物不可以終止，故受之以漸。漸者，進也。」崔憬曰：終止雖獲敦艮，時行須漸進行，故曰：「物不可終止，故受之以漸。漸者，進也。」疏 敦艮之吉，以厚終，是「終止」也，然「時止則止」，亦「時行則行」，故「物不可以終止」，而必「受之以漸」也。消息之機，循環不已，震繼以艮，動極必静也，艮繼以漸，止極必進也，故曰「漸者，進也」。

䷴ 艮下巽上

漸，女歸吉，利貞。虞翻曰：否三之四。女謂四，歸，嫁也。坤三之四承五，「進得位，往有功」。反成歸妹，兑女歸吉。初上失位，故「利貞」，「可以正邦也」。疏 三陰三陽之卦自否來，故云「否三之四」，是乾坤交也。离爲中女，故「女謂四」也。隱二年《穀梁傳》「婦人謂嫁曰歸」，故云「歸，嫁也」。否坤三之四，上承五陽，進得陰位，自内曰「往」，故「往有功也」。「反成歸妹，兑女歸吉」者，歸自外來也。今四自下往，不可謂歸，故以反成歸妹爲義。《雜卦》曰「漸，女歸待男行也」，虞彼注云：「兑爲女，艮爲男。反成歸妹，巽成兑。故女歸待艮成震乃行，故『待男行也』。」尋歸妹之義，震兄嫁兑妹，以坎离爲夫婦。漸亦四离三坎爲夫婦，九三「夫征婦孕」是也。三動則五體坎，故亦與四爲夫婦，「婦三歲不孕」是也。四與五三，俱有夫婦之義，四爻注云「四已承五，又顧得三」是也。是女歸之義，仍在漸象。卦有歸妹反象，故取「女歸吉」也。九三雖坎體，權變成震，九三變，則四專承五，而上正，五坎爲夫婦，所謂「終莫之勝」者，是亦震兄嫁妹，歸妹之義也。以女无自進之道，歸妹由陽來，而漸由陰往，故取義如此，非謂漸當反成歸妹也。若反歸妹，則「利貞」不可通也。當與復反震之象同例。初上失位，利變之正，故「利貞」。初正，三權變坤爲邦，受上易位，成既濟定，故「可以正邦也」。

《象》曰：「漸之進也，女歸吉也。」虞翻曰：三進四得位，陰陽體正，故「吉也」。疏否三進四，各得其位，陰陽體正，坎离交爲夫婦，故「女歸吉也」。進得位，往有功也。虞翻曰：功謂五，四進承五，故「往有功」，巽爲進也。疏「五多功」，故「功謂五」。否三進四得位，以陰承陽，故「往有功也」。巽爲進退，故「爲進也」。進以正，可以正邦也。其位，剛得中也。虞翻曰：謂初已變爲家人，四進已正，而上不正，三動成坤爲邦，上來反三，故「進以正，可以正邦。其位，剛得中」。與家人道正同義。三在外體之中，故稱「得中」。《乾·文言》曰「中不在人」，謂三也。此可謂上變既濟定者也。疏初上不正當變，初變成家人。四自三進，其位得正。而上猶未反於正。三動互坤爲邦，上與三應，三上易位，是「上來反三」。巽爲進，故「進以正，可以正邦也」。三在六爻之中，又居外卦之內，故曰「其位，剛得中也」。「家人道正」，以三上易位，六爻皆正，而三亦得中，故云「同義」。「三在外體之中」者，言在内也。在內，故得稱中。《乾·文言》曰「中不在人」，謂九三也。故知漸三爲中也。初已變，待上再變，則六爻正，成既濟定矣。止而巽，動不窮也。」虞翻曰：止，艮也。三變，震爲動。上之三據坤，動震成坎，坎爲通，故「動不窮」。「往來不窮謂之通」。疏止，艮象也。「三變，震爲動」，謂初已變，故三成震也。三已變互坤，上即之三據坤，則震動成坎矣。「坎爲通」，《說卦》文。通，故「動不窮也」。「往來不窮謂之通」，《繫上》文。引之以明通故不窮之義。

《象》曰：「山上有木，漸。君子以居賢德善俗。」虞翻曰：「君子」謂否乾。乾爲賢德，坤陰小人，柔弱爲俗。乾四之坤，爲艮爲居，以陽善陰，故「以居賢德善俗」也。疏《老子》曰「合抱之木，生於毫末」，❶枚乘曰「十圍之木，始生如蘖」，❷木生以漸，故「山上有木，漸」。乾三爲「君子」，故「君子謂否乾」。「可久則賢人之德」，故「乾爲賢德」。坤陰小人柔弱，陰隨陽轉，故「爲俗」。乾四之坤爲艮，艮爲門闕，故「爲居」。乾元爲善，是以乾陽善坤陰。蓋艮三君子，乾四賢德，是「君子居賢德」

❶「毫」，原作「亭」，今據思賢本及所引文改。
❷「如」，思賢本作「而」。

也。巽四，坤三也，否坤小人，其俗柔弱，君子居之，能善俗也。「君子道長，小人道消」，以陽善陰，故曰漸也。

初六，鴻漸于干，小子厲，有言无咎。虞翻曰：鴻，大雁也。离五，鴻。漸，進也。小水從山流下稱干。艮爲山，爲小徑。坎水流下山，故「鴻漸于干」也。艮爲小子，初失位，故「厲」，變得正，三動受上成震，震爲「言」，故「小子厲，有言无咎」也。疏《小雅》「鴻雁于飛」，毛傳「大曰鴻，小曰雁」，故云「鴻，大雁也」。初應四，四與五互离，《説卦》「离爲雉」，郭璞《洞林》「离爲朱雀」，《法言》「時往時來，朱鳥之謂歟」，注「雁也」，鴻，雁類，故离有飛鳥之象，而五爲鴻焉。鴻飛不獨行，有次列者也，五爲鴻，與五爻俱漸也，上體巽爲進，故云「漸，進也」。《詩·魏風》「寘之河之干兮」，毛傳「干，厓也」，《小雅》「秩秩斯干」，毛傳「干，澗也」，岸从干，❶亦取水涯之義，故云「小水從山流下稱干」。《説卦》曰「艮爲山，爲徑路，爲小石」，故「爲小徑」。三艮體互坎，水流下于山，故「鴻漸于干」也。艮少男，故「爲小子」。初陰失位，❷變而得正，上不正，三動受上，易位成震，震聲「爲言」，故「小子厲，有言无咎也」。　愚案　离有鳥象。《書·禹貢》「陽鳥攸居」，鄭彼注云「陽鳥謂鴻雁之屬，隨陽氣南北」，是鴻者，南北鳥也。三四互坎离，南北之象。三之四成离，自北而南也。四之三成坎，自南而北也。南北有信，故象鴻也。又漸反歸妹，故取女歸之義，《士昏禮》「下達納采用雁」，又「昏之夕，親迎奠雁」。雁順陰陽往來，不再偶，故昏禮用之，而漸六爻皆取象也。鴻本水鳥，初在互坎之下，有水干之象。艮少男伏兑口，是「小子有言」之象。鴻飛長幼有序，長在前，幼在後，惟恐失羣，故危厲而呼號，長者緩飛以俟，初六在後，故爲「小子厲，有言」之象。**《象》曰：「小子之厲，義无咎也。」**虞翻曰：動而得正，故「義无咎也」。疏失位且无應，故咎。變得正，成既濟定，故「義无咎也」。

六二，鴻漸于磐，飲食衎衎，吉。虞翻曰：艮爲山石，坎爲聚，聚石稱「磐」。初已之正，體噬嗑食，坎水陽物，並在頤中，故「飲食衎衎」。得正應五，故「吉」。

❶「岸从干」至下文「之義」，思賢本作「王肅云『干，山間澗水也』」。

❷「初陰失位」下，思賢本有「故厲」二字。

疏艮爲山，爲小石，坎水會聚爲聚，磐，大石也，聚小石成大石，故「稱磐」。艮石在坎水下，是磐爲水邊石也。初已變正，自初至五體噬嗑，有食象，坎水一陽爲物，並在頤中，有飲象，《釋詁》「衎，樂也」，王氏云「磐，山石之安者」，進而得安，故「飲食衎衎」也。得正且中，上應五陽，故「吉」也。《象》曰：「飲食衎衎，不素飽也。」虞翻曰：素，空也。承三應五，故「不素飽」。**疏**《詩·魏風》「不素餐兮」，毛傳「素，空也」。「素飽」猶「素餐」也。二陰在中，能盡臣道，近承三，遠應五，以陰輔陽，措國家於磐石之安，以功詔禄，故曰「不素飽也」。

九三，鴻漸于陸，虞翻曰：高平稱「陸」。謂初已變，坎水爲平，三動之坤，故「鴻漸于陸」。**疏**《釋地》「高平曰陸」，故「高平稱陸」。初未變，三屬艮。初已變，三屬坎。《尚書大傳》：「非水無以準萬里之平。」《釋名》「水，準也」，準，平物，❶故「坎水爲平」。三動成坤，坤土无水，故陸矣。磐在水邊，陸遠于水，故三變爲「鴻漸于陸」。以水鳥而漸陸，不得其位矣。夫征不復，虞翻曰：謂初已之正，三動成震，震爲征，爲夫，而體復象，坎陽死坤中，坎象不見，故「夫征不復」也。**疏**初已變正，三動則成震，震足爲「征」，《國語》「震一夫之行」，爲「夫」。初三已變，體有復象，乙喪於坤爲死，❷坎陽已變，死於坤中，是「坎陽不見」而爲「夫征不復也」。婦孕不育，凶。虞翻曰：孕，妊娠也。育，生也。巽爲婦，离爲孕，三動成坤，离毁失位，故「婦孕不育，凶」。**疏**《説文》「孕，懷子也」。《郊特牲》「牲孕弗食」，鄭注「孕，妊子也」，鄭《易》注云「孕，猶娠也」，故云「孕，妊娠也」。《中庸》「發育萬物」，鄭彼注云「育，生也」。巽長女爲「婦」，互离大腹爲「孕」。三變成坤，离象毁壞，陰又失位，坤雖爲腹，而非大腹，故「婦孕不育」。與上无應，故「凶」。案 「夫」謂三坎，「婦」謂离四，以卦取坎离爲夫婦也。鄭君謂「离爲大腹，孕之象也」。又互坎爲丈夫，坎水流而去，是「夫征不復」。夫既不復，則婦人之道顛覆，故孕而不育也。利用禦寇。虞翻曰：禦，當也。坤爲用，巽爲高，艮爲山，离爲戈兵、甲胄，坎爲寇，自上禦下，三動坤順，坎象不見，

❶「平物」下，思賢本有「也」字。
❷「乙喪於坤」，思賢本作「坤喪於乙」。

故「利用禦寇，順相保」。保，大也。疏《蒙》「禦寇」，虞彼注云「禦，止也」。此云「當也」。當，猶止也。以艮三爲止也。否坤器爲用，外巽爲高，内艮爲山，互离爲戈兵、甲胄，互坎盜爲寇。用兵甲於高山之上，有「禦寇」之象。「自上禦下」，謂五也。三動成坤，坤爲順，坎象毁壞，故「利用禦寇」也。《象》曰：「順相保也。」「保，大也」者，《春秋傳》所謂「保大定功」是也。**《象》曰：「夫征不復，离羣醜也。」**虞翻曰：坤三爻爲醜，物三稱羣也。疏三變爲坤，故云「坤三爻」。《詩·小雅》「執訊獲醜」，鄭箋「醜，衆也」。《國語》「三人爲衆」，❶故「坤三爻爲醜」。《小雅》「或羣或友」，毛傳「獸三爲羣」，故「物三稱羣也」。鄭氏云：「离，去也。」坎變不復，去乎坤衆，故曰「离羣醜也」。**婦孕不育，失其道也。**虞翻曰：三動离毁，陽隕坤中，故「失其道也」。疏离大腹爲孕。三動离象不見，坎陽隕於坤中，陽爲道，故「失其道也」。四當順五，而婦三失其道，宜不育矣。**利用禦寇，順相保也。」**虞翻曰：三動坤順，坎象不見，故以「順相保也」。疏三動成坤爲順，坎寇不見，故曰「順相保也」。

六四，鴻漸于木，或得其桷，无咎。虞翻曰：巽爲木。桷，椽也，方者謂之桷。巽爲交，爲長木，艮爲小木，坎爲脊，离爲麗，小木麗長木，巽繩束之，象脊之形，椽桷象也，故「或得其桷」。得位順五，故「无咎」。四已承五，又顧得三，故「或得其桷」也矣。疏四直巽爲「木」，❷故曰「漸于木」。《說文》「桷，椽也」，❸椽方曰桷」，故云「桷，椽也，方者謂之桷」。坤交乾自巽始，故「巽爲交」。爲長，故「爲長木」。艮爲小石，又木多節，故「爲小木」。坎美脊爲脊，离者，麗也，故「爲麗」。艮巽相麗，故云「小木麗大木」。❹巽爲繩，故「巽繩束之」。以繩束木，象屋脊之形，故曰「椽桷象也」。四无應宜咎，得位順五，故「无咎」。「木」謂五，「桷」謂三，四已上承五，又下顧得三，故「或得其桷」。四女得兩顧者，坎离爲夫婦之義，三五一坎也，「女歸待男行」，三成震，四然後嫁。卦辭取歸妹者，此也。**《象》曰：「或得其桷，順以巽也。」**

❶「三人」，思賢本作「人三」。
❷「四直巽」，思賢本作「四在巽下」。
❸「椽」，思賢本作「榱」。
❹「大」，思賢本作「長」。

虞翻曰：坤爲順，以巽順五。　案　四居巽木，爻陰位正直，桷之象也。自二至五體有离坎，离爲飛鳥，而居坎水，鴻之象也。鴻，隨陽鳥，喻女從夫。卦明漸義，爻皆稱焉。疏虞注　三變坤爲「順」，巽柔在下亦爲「順」，四順承五，故「順以巽也」。　案　巽爲木，爻四爲陰位，巽以下爻稱巽，故云「正直，桷之象也」。自二至五體互离坎兩象。鴻，水鳥也。「离爲飛鳥，而居坎水」，故爲「鴻之象也」。鴻隨陽象，❶義已見前。以陰隨陽，喻「女從夫」。卦明漸，取女歸之義，故「爻皆稱焉」。

九五，鴻漸于陵，婦三歲不孕，虞翻曰：陵，丘，婦謂四也。三動受上時，而四體半艮山，故稱「陵」。巽爲婦，离爲孕，坎爲歲，三動离壞，故「婦三歲不孕」。疏《釋丘》「後高陵丘」，又「如陵，陵丘」，故云「陵，丘」。巽長女稱「婦」，离中女亦稱「婦」。故「婦謂四也」。初已變，三動受上成震時，四體半在艮山，揚子曰「丘陵學山而不至於山」，故「山半稱陵」也。巽婦，互离大腹爲「孕」，歲始冬至，故「坎爲歲」，三動离腹不見，故「婦三歲不孕」，自三至上三爻，故稱「三歲」。上三易位，則婦孕矣。**終莫之勝，吉。**虞翻曰：莫，无，勝，陵也。得正居中，故「莫之勝，吉」。上終變之三，成既濟定，坎爲心，故《象》曰「得所願也」。疏《詩·殷其靁》「莫敢或皇」，鄭箋「無或敢閒暇時」，《説文》「无通無」，❷故云「莫，无」也。《賁》九三《象》曰「終莫之陵」，此云「終莫之勝」，「陵」猶「勝」也，故云「勝，陵也」。「終」謂上也，上以陽陵陽，有勝象焉，五得正居中，故「莫之勝，吉」。初上易位，成既濟定，此云「上之三」，蓋初三已變，故「上變之三，成既濟定」也。上變，五坎爲心，坎心爲思，《釋詁》「願，思也」，故曰「得所願也」。**《象》曰：「終莫之勝吉，得所願也。」**虞翻曰：上之三，既濟定，故「得所願也」。疏初三變，上三易位，六爻皆正，成既濟定，故「得所願也」。

上九，鴻漸于陸，虞翻曰：陸謂三也。三坎爲平，變而成坤，故稱「陸」也。疏上與三應，三言「陸」，故「陸謂三也」。三坎水爲平，變成坤土，故「稱陸也」。**其羽可用爲儀，吉。**虞翻曰：謂三變受，成既濟，與家

❶「象」，思賢本作「鳥」。
❷「无通無」，思賢本作「无，奇字無也」。

人《彖》同義。上之三得正，离爲鳥，故「其羽可用爲儀，吉」。三動失位，坤爲亂，乾四止坤，《象》曰「不可亂」，《彖》曰「進以正邦」，爲此爻發也。三已得位，又變受上，權也。孔子曰「可與適道，未可與權」，宜无怪焉。**疏**「謂三變受」者，變而受上，易位也。初已變，故「成既濟」。與家人《彖辭》上變成既濟同義。上之三，陽得正位，體离爲鳥，故曰「其羽可用爲儀」。變得正，故「吉」也。三動失位，成坤爲「亂」。「乾四」謂三也，上來即三出，故云「乾四」。「止」當爲「正」，乾正坤亂，故《象》曰「不可亂」，《彖》曰「進以正邦」。以三變受上，故云「爲此爻發也」。三已得位，又變陰，受上易位，不當變而變，故云「權也」。「可與適道，未可與權」，《論語》文。《繫下》曰「巽以行權」，漸、家人皆體巽，故「權變无怪也」。　愚案　隱五年「初獻六羽」，何休注「羽，鴻羽也。所以象文德之風化疾也」，「其羽可用爲儀」者，謂羽舞也。巽爲舞，虞義也，《左傳》謂「舞行八風」，巽爲風，故爲舞。羽舞，文舞也，《考工記》「青與赤謂之文」，巽位東南，故爲文舞。儀，容也，《保氏》「教六儀，一曰祭祀之容」是也。蔡邕《月令章句》曰「舞者，樂之容也」，❶故曰「其羽可用爲儀」。❷

《象》曰：「其羽可用爲儀吉，不可亂也。」虞翻曰：坤爲亂，上來正坤，六爻得位，成既濟定，故「不可亂也」。干寶曰：處漸高位，斷漸之進，順艮之言，謹巽之全，履坎之通，據离之耀，婦德既終，母教又明，有德而可受，有儀而可象，故曰「其羽可以爲儀，不可亂也」。**疏**虞注　三變，坤陰爲「亂」。受上易位得正，故「上來正坤」。六爻皆正，成既濟定，故曰「不可亂也」。　干注　在上爲「處漸高位」。漸已進極，故「斷漸之進」。上應三艮，《艮》曰「言有孚」，故云「順艮之言」。巽至上始全，故「謹巽之全」。坎爲通，上履三，故「履坎之通」。上據五互离，离火有耀，故「據离之耀」。女歸在上，故「婦德既終」。長女互离，故「母教又明」。上九以陽剛之德，處謙巽之極，故「有德而可受」。巽爲進退，「容止可觀」，故「有儀而可象」。蔡邕謂舞有俯仰、張翕、行綴、長短之制，羽舞以象德容，故曰「其羽可用爲儀」。「巽，德之制」，故「不可亂也」。

《序卦》曰：「進必有所歸，故受之以歸

❶「舞者樂之容也」，思賢本作「樂容曰舞」。
❷「儀」下，思賢本有「也」字。

妹。」崔憬曰：「鴻漸于磐，飲食衎衎」，言六二比三，女漸歸夫之象也，故云「進必有所歸」也。**疏**卦有三陰，初不得正，四不得中，六二得中得正，是「女」謂六二。陽唯三五得正，五遠於二，雖正應，非漸進，故二以三爲夫，而「言六二比三，女漸歸夫之象也」。進必有歸，歸妹所以次漸也。

䷵ 兑下震上

歸妹，虞翻曰：歸，嫁也，兑爲妹。泰三之四，坎月离日，俱歸妹象。「陰陽之義配日月」，則「天地交而萬物通」，故以嫁娶也。**疏**《穀梁傳》「婦人謂嫁曰歸」，故云「歸，嫁也」。又自外亦曰「歸」也。震長男爲兄，兑少女，故「爲妹」也。三陽三陰之卦自泰來，故云「泰三之四」，謂乾坤相交，陽往而陰來也。《儀禮・士昏禮》《鄭目録》云「士娶妻之禮必以昏者，陽往而陰來，日入三商爲昏」，陽往陰來，有昏嫁之象。坎爲月，离爲日，有夫婦之義。震兄嫁妹，坎夫离婦，故云「俱歸妹象」也。「陰陽之義配日月」，《繫下》文。「天地交而萬物通」，《泰・彖傳》文。陰陽日月，義配夫婦，唯交而後通，故有嫁娶之象也。**征凶，**虞翻曰：謂四也。震爲征，三之四，不當位，故「征凶」也。**疏**震在四，故「謂四也」。震足爲「征」，泰三本互震得正，上之四，動不當位，故「征凶」。**无攸利。**虞翻曰：謂三也。四之三，失正无應，以柔乘剛，故「无攸利」也。**疏**三四易位，故「謂三也」。泰四之三，柔失正位，又无正應，三柔乘二，不正之剛，故「无攸利」。初上易位成未濟，「男之窮也」，故卦无美辭。

《彖》曰：「歸妹，天地之大義也，虞翻曰：乾天坤地，三之四，天地交，以离日坎月戰陰陽，「陰陽之義配日月」，則萬物興，故「天地之大義」。乾主壬，坤主癸，日月會北。「震爲玄黄」，「天地之雜」。震東兑西，离南坎北。六十四卦，此象最備四時正卦，故「天地之大義也」。**疏**泰内乾天，外坤地，三四易位，是「天地交」也。互离日坎月，會於壬癸，故「戰陰陽」也。坤陰乾陽，其義配乎日月。《郊特牲》「天地合而後萬物興焉」，故曰「天地之大義也」。乾納甲壬，故「主壬」。坤納乙癸，故「主癸」。[1]壬癸水，位北方，日月合朔於壬，故「日月會北」。《坤・文言》「玄黄者，天地之雜也，天玄而地黄」，《説卦》

[1]「癸」，原作「乙」，今據草堂本、思賢本及虞翻注改。

曰「震爲玄黄」，蓋乾坤會而生震，故云「震爲玄黄，天地之雜」也。震東兑西，离南坎北，四正方伯之卦，六十四卦，唯歸妹備四時正卦之象，故曰「天地之大義也」。**天地不交而萬物不興。**虞翻曰：乾三之坤四，震爲「興」，天地以离坎交陰陽，故「天地不交則萬物不興」矣。

王肅曰：男女交，而後人民蕃，天地交，然後萬物興，故歸妹以及天地交之義也。**疏**虞注　泰乾三之坤四成震。《釋言》「興，起也」，《雜卦》「震，起也」，故「震爲興」。乾陽交坤爲坎，坤陰交乾爲离。「萬物出乎震」，乾初交坤爲震，故天地交則萬物興起，不交則不興也。　王注「男女交，而後人民蕃」，所謂「男女搆精，萬物化生」是也。「天地交，然後萬物興」，所謂「天地壹壼，萬物化醇」是也。釋歸妹男女交之義，因及天地交之義也。**歸妹，人之終始也。**虞翻曰：人始生乾而終於坤，故「人之終始」。《雜卦》曰「歸妹，女之終」。謂陰終坤癸，則乾始震庚也。

干寶曰：歸妹者，衰落之女也。父既没矣，兄主其禮，子續父業，人道所以相終始也。**疏**虞注　《乾·彖傳》曰「大哉乾元，萬物資始」，故云「人始生乾」。《坤·文言》曰「地道无成而代有終也」，故云「而終於坤」。乾始坤終，故曰「人之終始」。《雜卦》但曰「歸妹，女之終」，而此言「人之終始」。坤納癸，二十九日，月滅於癸爲死魄，故云「陰終坤癸」。震納庚，月三日魄生於庚，乾陽初動，故云「乾始震庚」。觀坤終即知乾始，故合終始言之也。　干注

兑爲少女，其父已老，故「歸妹者，衰落之女也」。泰乾已毁，故云「父既没矣」。震象已成，故云「兄主其禮」。兑，妹也，震，歸妹者也。以震子續乾父之業，乾終震始，故云「人道所以相終始也」。**説以動，所歸妹也。**虞翻曰：説，兑，動，震也。謂震嫁兑，所歸必妹也。**疏**説謂兑也，動謂震也，女「説而動」，嫁象也。以震兄嫁兑女，故知「所歸必妹也」。**征凶，位不當也。**崔憬曰：中四爻皆失位，以象歸妹非正嫡，故「征凶」也。**疏**中四爻皆失陰陽正位。莊十九年《公羊傳》「諸侯一聘九女」，兑非長女，取象歸妹，妾媵而已，非正嫡也，故「征凶」。**无攸利，柔乘剛也。**」王肅曰：以征則有不正之凶，以處則有乘剛之逆也，故「无所利」矣。**疏**以柔居三，❶承乘皆

❶「三」，原作「四」，今據思賢本及歸妹卦卦象改。

不正之剛，故征則承凶，處則乘逆，「无所利」也。

《象》曰：「澤上有雷，歸妹。干寶曰：雷薄於澤，八月九月，將藏之時也。君子象之，故不敢恃當今之虞，而慮將來禍也。疏陽功既成，雷歸於澤，退保蟄蟲。雷出奮陽，雷入成陰，故曰歸妹。歸妹內卦候在八月，外卦候在九月，雷已收聲，故云「雷薄於澤，八月九月，將藏之時也」。虞，安也。「當今之虞」，謂九月歸妹，寒露時也。「將來之禍」，謂十一月未濟，大雪時也。天地不通，閉塞成冬，故有禍。君子象之，故雖目前可安，即「慮將來之禍也」。**君子以永終知敝。」**虞翻曰：君子謂乾也。坤爲永終，爲敝，乾爲知，三之四爲永終，四之三兑爲毀折，故「以永終知敝」。　崔憬曰：「歸妹，人之始終也」，始則征凶，終則无攸利，故「君子以永終知敝」，爲戒者也。疏虞注　陽爲君子，故「君子謂泰乾也」。《坤》用六「永貞」，又「地道无成而代有終」，故「坤爲永終」。終故「爲敝」。「乾知大始」，故「爲知」。乾三之四，故「爲永終」。四之三成兑爲毀折。《説文》：「敝，一曰敗象也。」❶毀折亦敗象也。❷三四易位，爻皆失正，故以「永終知敝」。泰盡將否，故君子不失其時焉。　崔注　歸妹有終始之義，中爻不正，故始則「征凶」，終則「无攸利」。凶无攸利，敝象也。《雜卦》曰：「歸妹，女之終也。」二五不正，於女終歸妹之時，即當知其敝之所在，故君子以是爲戒焉。

初九，歸妹以娣，跛而履，征吉。虞翻曰：震爲兄，故嫁妹，謂三也。初在三下，動而應四，故稱「娣」。履，禮也。初九應變成坎，坎爲曳，故「跛而履」。應在震爲「征」，初爲娣，變爲陰，故「征吉」也。疏四在震爲兄，故「嫁妹」，「謂三」謂震四嫁三妹也。三，震妹也，初在三下，亦震妹，故「動而應四稱娣」也。《春秋公羊傳》「諸侯一聘九女」。嫁者一娣一姪，媵者皆一娣一姪，娣亦嫡妹，故「初稱娣也」。四至初有履象，故云「履，禮也」。嘉事，禮之大，娣從媵，禮也。四未反正，故初權變應四成坎，「坎爲曳」，《説卦》文，曳故「跛能履」。「而履」「而視」，「而」當作「能」，説見乾卦。應在震足，故「爲征」。初爲三娣，變而成陰應四，故「征吉也」。**《象》曰：「歸妹以**

❶「一曰敗象也」，思賢本作「一曰敗衣」。

❷「毀」上，思賢本有「兑」字。

娣，以恒也。跛而履，吉相承也。」虞翻曰：陽得正，故「以恒」。恒動初承二，故「吉相承也」。疏 初陽爲三娣，正以得位，不取其變，故「以恒也」。初既得正，又動承二，二未變，初動承之，二變正，初亦正，故「相承也」。

愚案 泰初之四成恒，恒初三易位成歸妹，恒巽長女爲嫡，兑少女爲娣，初居恒位，故「以恒也」。

九二，眇而視，利幽人之貞。虞翻曰：視，應五也。震上兑下，离目不正，故「眇而視」。幽人謂二，初動二在坎中，故稱「幽人」。變得正，震喜兑説，故「利幽人之貞」，與履二同義也。疏 二互离目爲「視」，與五應，故「視，應五也」。外震内兑，上下正象。离目互象不正，爻亦不正。《説文》「眇，一目小也」，故曰「眇能視」。「幽人謂二」以下，説見履二。「變得正」者，二當與五易位。卦主在四，四正，然後初正，二乃得上之五，爻序蓋如此也。《象》曰：「利幽人之貞，未變常也。」虞翻曰：常，恒也。乘初未之五，故「未變常」矣。疏《説文》「恒，常也」，《玉篇》「常，恒也」。《九家·説卦》「兑爲常」，二體兑，故稱「常」，謂得正也。初已變，二乘初爲坎，故爲「幽人」。之五正位則爲「常」，未之五，故「未變常也」。

六三，歸妹以須，反歸以娣。虞翻曰：須，需也。初至五體需象，故「歸妹以須」。娣謂初也。震爲反，反馬歸也。三失位，四反得正，兑進在四，見初進之，初在兑後，故「反歸以娣」。疏《需·彖傳》曰「需，須也」，故云「須，需也」。「須」與「顉」同，《釋詁》「顉，待也」，是即需之義也。初至五體需象，故「以須」。卦象震兑嫁妹，則卦有婦无夫，坎离不爲夫婦者，失正故也，故須四反三，三進四，則二五易位，坎在兑三，离在震四，日東月西，夫婦道著，六五「月幾望」是也，故三曰「歸妹以須」。❶ 初九「歸妹以娣」，故「娣謂初也」。震於稼爲反生，故「爲反」。《春秋》宣公五年「冬，齊高固及子叔姬來」，《左傳》「冬，來，反馬也」，震爲馬，四反不可，仍象震兑，故象反馬，而曰「反馬歸也」。三陰失位，四反於三，乃得正位。兑三進在四，兑爲見。四反正，初六變正，❷與兑四爲應，故象四嫁妹而進其娣也。禮「嫁女，同姓媵之」，故初娣變應震兑，及見於君，必夫人進之，故初又正應兑而在兑後，故

❶「三」，原作「二」，今據草堂本、思賢本及歸妹卦六三爻辭改。

❷「六」，思賢本作「亦」。

「反歸以娣」也。《象》曰：「歸妹以須，位未當也。」虞翻曰：三未變之陽，故「位未當」。**疏** 須四反三，三之四，乃得正位。三未變陽，故「位未當也」。

九四，歸妹愆期，遲歸有時。虞翻曰：愆，過也。謂二變三動之正，體大過象，坎月离日爲期。三變，日月不見，故「愆期」。坎爲曳，震爲行，行曳，故「遲」也。歸謂反三。震春兑秋，坎冬离夏，四時體正，故「歸有時」也。**疏**「愆，過也」，《說文》文。二已變正，三復動之正，體大過象，卦互坎月离日。《漢書·律曆志》「以月法日法，定三辰之會」，《說文》「期，會也」，故云「日月爲期」。三不待四而自變，日月不見則「愆期」，故三須四而遲歸也。坎曳震行，故「遲」。在兑爲嫁，在震爲反，故「歸謂反三」也。「震春兑秋，坎冬离夏」，四時皆備，三四正位，二五升降，坎离時正，故「歸有時也」。《象》曰：「愆期之志，有待而行也。」虞翻曰：待男行矣。**疏** 坎心爲「志」，故云「愆期之志」。須，待也。四爲卦主，故《象》獨言「待」。三离待四坎陽，坎中男，震爲「行」，故「待男行矣」。《雜卦傳》曰「漸，女歸待男行也」，漸反歸妹，巽反成震，互坎在四，故「待男而行也」。

六五，帝乙歸妹，其君之袂不如其娣之袂良，虞翻曰：三四已正，震爲帝，坤爲乙，故曰「帝乙」。泰乾爲良、爲君，乾在下爲小君，則妹也。袂口，袂之飾也，兑爲口，乾爲衣，故稱「袂」。謂三失位无應，娣袂謂二，得中應五，三動成乾爲良，故「其君之袂，不如其娣之袂良」，故《象》曰「以貴行也」矣。**疏** 三四反正，三互震，「帝出乎震」爲帝，四體坤，坤納乙爲乙，故曰「帝乙」。詳見泰五。泰乾爲良馬，虞《說卦》注云「乾善，故良也」。「乾爲君」，《說卦》文。「乾在下爲少君，❶則妹也」者，謂三爲震之妹，居乾位爲小君也。《玉篇》「袂，袖也」。「袂口」者，衣之飾也，「袂之」當作「衣之」。「兑爲口」，《說卦》文。「乾爲衣」，《九家·說卦》文。袖口衣飾，故爲袂。「君袂」謂三，陰在三失位，陰在上无應，二在兑，亦三娣也，故「娣袂謂二」，雖失位，然得中，上正應五，三變正成乾，乾善爲「良」，故「君袂不如娣袂良」也，故《象》曰「以貴行也」。　案　三四已正，「帝乙歸妹」，妹歸在四初正，乾衣兑口爲「袂」，泰，女主，五爲小君，失位无實。「娣」謂

❶「少」，草堂本、思賢本皆作「小」。

二，在乾中，故「其君之袂不如其娣之袂良」。謂二當升五，「貴行也」。月幾望，吉。虞翻曰：幾，其也。坎月离日，兑西震東，日月象對，故曰「幾望」。二之五，四復三，得正，故「吉」也。與《小畜》、《中孚》「月幾望」同義也。疏此以三四得正，❶三居兑，四居震爲「幾望」。非以五坎二离爲「望」。「幾」「其」古字通，猶云近也。與小畜、中孚同義，詳見小畜上九。二變之五，四反於三，成既濟，故吉。　愚案　内體兑來自泰乾，月自兑丁至乾甲，故曰「幾望」，與小畜同義。《象》曰：「帝乙歸妹，不如其娣之袂良也。」虞翻曰：三四復正，乾爲良。疏三四反正，内成泰乾，乾善爲「良」，故「袂良」也。其位在中，以貴行也。」虞翻曰：三四復，二之五，成既濟，五貴，故「以貴行也」。疏三四已復，二五易位，成既濟定。五在上中，其位貴，互震爲「行」，故曰「以貴行也」。

上六，女承筐无實，虞翻曰：女謂應三兑也。自下受上稱承，震爲筐。以陰應陰，三四復位，坤爲虚，故「无實」，《象》曰「承虚筐也」。疏上與三應，故「女謂應三兑也」。三受上稱「承」。《海篇》「筐，❷盛物竹器也」，震爲竹，坤爲方，泰有坤體，竹器而方者筐也，故「爲筐」。三以陰應陰，三四反正，上成坤陰爲虚，故曰「承筐无實」，《象》曰「承虚筐」是已。士刲羊无血，无攸利。虞翻曰：刲，刺也。震爲士，「兑爲羊」，离爲刀，故「士刲羊」。三四復位成泰，坎象不見，故「无血」。三柔承剛，故「无攸利」也。疏《説文》「刲，刺也」，《史記・封禪書》「使博士諸生，刾《六經》中作《王制》」，注「刾作刺」，故云「刲，刾也」。《乾鑿度》曰「初爲元士」，乾初爲震，故「震爲士」，謂四反三爲「士」，以應上也。「兑爲羊」，《説卦》文。离戈兵爲刀，兑金爲刑殺，故曰「士刲羊」。三四復位反泰，坎象毁壞，坎爲血卦，故「无血」。三自以柔承坎剛，不能應上，故「无攸利」也。　愚案　卦辭「无攸利」者，謂乘二剛也，❸爻辭「无攸利」者，謂三承四剛也，乘承皆不正之剛，故「无攸利」。註皆謂三，无異辭也。　又案　女之適人，實筐以贊於舅姑，士之妻女，刲羊以告於祠廟，「筐

❶「得」，原作「行」，今據草堂本、思賢本改。

❷「海篇」至下文「器也」，思賢本作「《詩・采蘋》傳『方曰筐』，又《伐木》疏『筐，竹器也』」。

❸「乘」上，草堂本有「三」字。

无實，羊无血」，約婚不終者也。曰「女」曰「士」，未成夫婦之辭。先「女」後「士」，咎在「女」矣。故「无攸利」之占，與《象》、繇同。僖十五年《左傳》：「初，晉獻公筮嫁伯姬於秦，遇歸妹之睽。史蘇占之曰：『不吉。其繇曰：「士刲羊，亦無衁也。女承筐，亦無貺也。西鄰責言，不可償也。歸妹之睽，猶無相也。」震之离，亦离之震，爲雷爲火，爲嬴敗姬。車説其輹，火焚其旗，不利行師，敗於宗丘。』」上變震成离，杜注云「火動熾而害其母，女嫁反害其家之象」，故「无攸利」也。**《象》曰：「上六无實，承虛筐也。」**虞翻曰：泰坤爲虛，故「承虛筐也」。**疏** 反泰，坤陰爲虛，故「承虛筐」。二之五則坤實，成既濟定也。

《序卦》曰：「得其所歸者必大，故受之以豐。豐者，大也。」崔憬曰：歸妹者，姪娣媵，國三人，凡九女爲大援，故言「得其所歸者必大」也。**疏**《公羊傳》「諸侯娶一國，則二國往媵之，以姪娣從」，故「歸妹者，娣姪媵，每國三人，凡九女爲大援」也。九者，陽數，陽爲大，故「得其所歸者必大」。「豐者，大也」，豐所以次歸妹也。　案「與人同者，物必歸焉」，人歸己也。物「得其所歸者必大」，己歸人也。二者皆足以致事業之大，故大有次同人，豐次歸妹也。

䷶ 离下震上

豐，亨。虞翻曰：此卦三陰三陽之例，當從泰二之四。而豐三從噬嗑上來之三，折四於坎獄中而成豐，故「君子以折獄致刑」。陰陽交故通，《噬嗑》所謂「利用獄」者，此卦之謂也。**疏** 此不用三陰三陽，泰二之四例者，以《豐》「折獄致刑」，自《噬嗑》「利用獄」來也。《噬嗑》「利用獄」，虞彼注云「上當之三，蔽四成豐『折獄致刑』」，故此云「三從噬嗑上來之三」。噬嗑四不正，在坎獄中，上來折之而成豐，故《象》曰「君子以折獄致刑」。此消息卦變例也。三上易位，是陰陽交，交故通，通故「亨」。《噬嗑》云「亨利用獄」，即此卦「上之三，蔽四成豐」之謂也。**王假之。**虞翻曰：乾爲王。假，至也。謂四宜上至五，動之正成乾，故「王假之，尚大也」。**疏** 乾爲君，故「爲王」。「假，至也」，《釋詁》文。❶ 四上至五，動正成乾，乾爲王，故曰「王假之」。「尚」與「上」通，故《象》曰「尚大也」。**勿憂，宜**

❶「釋詁」，思賢本作「説文」。

日中。虞翻曰：五動之正，則四變成离，离日中當五，在坎中，坎爲憂，故「勿憂，宜日中」。體兩离象，「照天下也」。「日中則昃，月盈則食。天地盈虚，與時消息。」干寶曰：豐，坎宫陰，世在五，以其宜中而憂其昃也。❶坎爲夜，离爲晝，以离變坎，至於天位，日中之象也。殷水德，坎象。晝敗而离居之，周伐殷，居王位之象也。聖人德大而心小，既居天位而戒懼不怠，「勿憂」者，勸勉之言也，猶《詩》曰「上帝臨女，无貳爾心」。言周德當天人之心，宜居王位，故「宜日中」。疏 虞注 五四失位，五動得正，則四變成离，五互离，故謂「离日中爲當五」也。又离南方午位，故曰「日中」。昭五年《左傳》「天有十日」，❷故有十時。而以日中當王，此王之所以「宜日中」也。互在兩坎之中，又豐本坎宫五世卦，坎加憂爲憂。所以「勿憂」者，以离日當五也。體互兩离象，故《象》曰「宜照天下也」。「日中」以下，《彖辭》文。泰初，故明消息。干注 豐，坎宫陰卦，五變，故「世在五」也。至五世將游魂，五上中，故「以其宜中而憂其昃也」。坎月爲夜，子也。离日爲晝，午也。坎陽在五爲天位，以离變坎，五位互离，故云「至於天位，日中之象也」。殷以水德王，坎爲水，故「坎象」也。「晝」當作「紂」。❸二敗而离日居之，❹武王伐殷，「居王位之象也」。「聖人德大」謂「豐亨」，「心小」謂坎憂。故「既居天位而戒懼不怠」也。憂者，聖人之小心。「勿憂」者，占人之勸勉也。「上帝臨女，无貳爾心」，❺《詩·大明》文。言周有應天順人之德，宜居九五王位，故曰「宜日中」也。

《象》曰：「豐，大也。明以動，故豐。崔憬曰：离下震上，「明以動」之象。明則見微，動則成務，故能「大」矣。疏 离在下爲「明」，震在上爲「動」，「明以動之象」也。离明則見萬物之微，震動則成天下之務，豐所以「能大」也。 案 四陽失位，動則五成离爲明，❻陽爲大，陽動故王假，是以「大也」。**王假之，尚大也。**姚信曰：四體震王。假，大也。四上之五，得其盛位，謂之

❶「昃」，思賢本作「側」。
❷「天有十日」，思賢本作「日之數十」。
❸「紂」，思賢本作「晝」。
❹「二」，中華本作重複號「二」，同上「紂」字。
❺「无」，原作「勿」，今據思賢本及所引文改。
❻「成」，思賢本作「互」。

「大」。疏四體震，「帝出乎震」，故爲「王」。「假，大也」，《釋詁》文。四不正，之五得正，五爲王位，故「得其盛位，謂之大」。　案　尚，上也。大，陽也。五本尊位，四陽上之，故曰「王假之，尚大也」。**勿憂宜日中，**《九家易》曰：震動而上，故「勿憂」也。「日」者君，「中」者五，君宜居五也。謂陰處五，日中之位，當傾昃矣。疏四失位當憂，動而上五，故「勿憂也」。「日」者君象，「中」者五位，謂离日當居五位。今陰處五爻，當日中之位，宜有傾昃之憂。若四陽升五，得位得中，故「勿憂宜日中」也。**宜照天下也。**虞翻曰：五動成乾，乾爲天，四動成兩离，重明麗正，故「宜照天下」，謂「化成天下」也。疏五陽自動成乾，乾爲天。四動成兩离，离爲日，即《离·彖》「重明以麗乎正」也。「宜照天下」，即《离·彖》「化成天下」也。六爻皆正，成既濟定，故「化成天下也」。**日中則昃，**荀爽曰：豐者，至盛，故「日中」。下居四，日昃之象也。疏豐者，至盛之象，故曰「日中」。离下居四，故曰「日昃」也。

　案　四五正，重离，故爲「日中」。上變成家人，离變巽，巽，入也，日入，故「昃」也。**月盈則食。**虞翻曰：月之行，生震見兑，盈於乾甲。五動成乾，故「月盈」。四變體噬嗑食，故「則食」。此「豐其屋，蔀其家」也。疏坎爲月，月之行，三日生於震庚，七日見於兑丁，十五日盈於乾甲。五動成乾，故「月盈」也。上已變，四復變，❶體噬嗑食象，故「食」。唐傅仁均《三大三小曆》：「日食常在朔，月食常在望。」故月盈乾甲則食。上變成家人，故上六曰「豐其屋，蔀其家」也。**天地盈虚，與時消息。而况於人乎！况於鬼神乎！」**虞翻曰：五息成乾爲盈，四消入坤爲虚，故「天地盈虚」也。豐之既濟，四時象具。乾爲神人，坤爲鬼。鬼神與人，亦隨時消息，謂「人謀鬼謀，百姓與能」，「與時消息」。疏陽息五成乾，乾盈甲爲盈。陰消四入坤，坤陰虚爲虚。故曰「天地盈虚」。豐震春兑秋，既濟坎冬离夏，故「豐之既濟，四時象具」。陽之信爲神，得陽以生爲人，故「乾爲神人」。陰之詘爲鬼，故「坤爲鬼」。人謂三。乾由上之三爲神。鬼謂上。坤變之巽，皆「與時消息」者也。「人謀鬼謀，百姓與能」，

❶「上已變四復變」，思賢本作「四變之五，初至五」。

《繫下》文，義詳彼注。《史記·曆書》：「黄帝考定星曆，❶建立五行，起消息。」皇侃注「乾者，陽生爲息，坤者，陰死爲消」，故以乾盈坤虚爲消息。「與時消息」，謂十二月消息也。

《象》曰：「雷電皆至，豐。荀爽曰：豐者，陰據不正，奪陽之位，而行以豐。故「折獄致刑」，以討除之也。疏雷電，陽威之大，故皆至爲豐。五爲豐主，以陰據不正，奪陽之位。震爲行，故「行以豐」。「折獄致刑」，所以討除不正之陰也。君子以折獄致刑。」虞翻曰：君子謂三。噬嗑四失正，繫在坎獄中。故上之三折四入大過死象，故「以折獄致刑」。兑折爲刑。賁三得正，故「无敢折獄」也。疏「君子謂三」，陽也。卦自噬嗑來，四失正互坎，繫在坎獄中。上來之三，自二至五，❷體大過，❸是折四入大過棺椁死象，故以「折獄致刑」。兑爲毁折，又秋金殺象，故「爲刑」。噬嗑四不正，故「利用獄」。賁三得正，故「无敢折獄」。二卦皆中互坎獄，一得正，一不得正。豐則三四皆陽，兑成坎毁，以兑刑折坎獄，故「以折獄致刑」也。

初九，遇其妃主。虞翻曰：妃嬪謂四也。四失位，在震爲主。五動體姤遇，故「遇其妃主」也。疏鄭注「嘉耦曰妃」。初應四，故「妃嬪謂四也」。以九居四爲失位，震長子主器，故「在震爲主」。五動爲陽，四不變，二至五體姤，「姤者，遇也」。以初遇四，故「遇其妃主也」。雖旬无咎，往有尚。虞翻曰：謂四失位，變成坤應初，坤數十。四上之五成离，离爲日。疏四失位，當變成坤，下應初陽，坤癸數十。變則上之五成离日。《説文》「十日爲旬」，坤數十，离爲日，故稱「旬」。荀本「旬」作「均」。《地官·均人》「豐年則公旬用三日焉」，鄭注「旬，均也。《易》『坤爲均』」，今書亦有作旬者」，是坤亦爲旬也。先言假「遇其妃主」，❹是四先動，以初爲夷主，嫌不免咎，故曰「雖旬无咎」。　案　遇者，不期而會。四變，坤爲十日。十，數之窮也。四變應初，初往遇之，故雖窮「无咎」。自内曰往。「无咎」，故「往有尚」也。又鄭氏云「初脩禮，

❶「黄」，原作「皇」，今據思賢本及所引文改。
❷「五」，原作「四」，今據思賢本及互體改。
❸「體大過」，思賢本作「大過象半見」。
❹「先言假遇其妃主」，思賢本作「卦先王假遇其妃主」。

上朝四。四以匹敵恩厚待之，雖留十日不爲咎」，義亦可通。　愚案　震納庚，离納己，自庚至己，適得十日，故稱「旬」。**《象》曰：「雖旬无咎，過旬災也。」**虞翻曰：體大過，故「過旬災」。四上之五，坎爲災也。疏二至五體大過，❶大過死象，故「過旬災」也。四上之五成坎，坎多眚爲災。四不應初，則「坎爲災」矣。　案　自离初己至震四庚，過庚復己，爲离之四，當有焚棄之災，故曰「過旬災也」。

六二，豐其蔀，日中見斗，往得疑疾。虞翻曰：日蔽雲中稱蔀。蔀小，謂四也。二利四之五，故「豐其蔀」。噬嗑离爲見，象在上爲日中，艮爲斗。斗，七星也。噬嗑艮爲星，爲止，坎爲北中，巽爲高舞。星止於中而舞者，北斗之象也。离上之三，隱坎雲下，故「日中見斗」。四往之五，得正成坎，坎爲疑疾，故「往得疑疾」也。疏體离爲日，故「日蔽雲中稱蔀」。馬氏云「蔀，小也」。鄭氏云「蔀，小席」。薛氏亦同。上爻虞注云「豐大，蔀小」。在五則大爲豐，在四則小爲蔀，故「蔀謂四也」。二利四之五，己得正應。「豐其蔀」者，欲去四之蔽也。卦自噬嗑來，噬嗑體离，「相見乎离」，故「爲見」。噬嗑离在上體，故爲「日中」。艮「萬物之所成終而成始也」，斗建四時，故「艮爲斗」。又《説卦》「艮爲狗」，《大戴禮·易本命》「斗主狗」，故曰「艮爲斗」也。《春秋運斗樞》：「第一至第四爲魁，第五至第七爲杓，合爲斗。居陰播陽，故稱北斗。」合魁與杓，故「斗，七星也」。噬嗑互艮爲石。僖十六年《左傳》「隕石於宋五，隕星也」。在地爲石，在天爲星，故「艮爲星」。艮又爲止。坎「正北方之卦也」，故「爲北中」。「巽爲高」，《説卦》文。又行八風，故爲舞。星止於天中，應八風而舞者，「北斗之象也」。噬嗑上之三，是离日隱於坎雲之下，故「日中見斗」。四噬嗑互艮离，日隱而艮星見，故「見斗」謂四也。豐四往之五，得正成坎，坎心爲疑，坎病爲疾，故「爲疑疾」。日中无見斗之理，故曰「往得疑疾也」。**有孚發若，吉。**虞翻曰：坎爲孚。四發之五成坎孚，動而得位，故「有孚發若，吉」也。疏坎有孚，故「爲孚」。《説卦》「發揮於剛柔而生爻」，虞彼注謂「發」爲「動」。四體震，震，動也，故動之五，成坎爲孚。又五陽自

❶「五」，原作「四」，今據思賢本及互體改。

動亦成坎，❶五動得正，故「有孚發若，吉也」。《書・堯典》孔傳訓「若」爲「順」，謂二應五，順之也。《象》曰：「有孚發若，信以發志也。」虞翻曰：四發之五，坎爲志也。　《九家易》曰：信著於五，然後乃可發其順志。疏虞注　四動之五成坎，坎心爲志，又坎孚爲志，故「信以發志也」。　《九家》注　四動成坎，故「信著於五」。坎爲志，信著，故「可發其順志」也。

九三，豐其沛，日中見沫。虞翻曰：日在雲下稱沛。沛，不明也。沫，小星也。噬嗑离爲日，艮爲沫，故「日中見沫」。上之三，日入坎雲下，故「見沫」也。　《九家易》曰：大暗謂之沛。沫，斗杓後小星也。疏虞注　《孟子》曰「天油然作雲，沛然下雨」。上坎爲雲，下坎爲雨，故「日在雲下亦稱沛」，❷謂四也。雨雲蒙翳，故「沛，不明也」。「沫」，他本多作「昧」，子夏、馬融皆云「星之小者」，薛氏云「昧，輔星也」，《星經》曰「北斗七星，輔一星，在太微北，北斗第六星旁」，陸希聲云：「沫者，斗概，謂斗之輔星。斗以象大臣，概以象家臣。」故曰「沫，小星也」。噬嗑离日在上爲「日中」。艮爲星，爲小，沫，小星，故「爲沫」。以离互艮，故「日中見沫」。三本离日，故見艮爲沫。二陰見之則爲斗，皆謂四也。离上之三入坎，故「曰入坎雲下」。內體离爲見，故「見沫也」。三利四之陰，故象與二同。　《九家》注　姚信云「沛，滂沛也」，《漢書・五行志》「沛然自大」，故云「大暗謂之沛」。輔星在北斗第六星閭陽旁。五至七爲杓，六在杓中，故云「沫，斗杓後小星也」。　愚案　二三皆爲四所蔽，二遠於四，三近於四，故沛之蔽明甚於蔀，見沫之暗甚於見斗也。折其右肱，无咎。虞翻曰：兑爲折，爲右，噬嗑艮爲肱。上來之三，折艮入兑，故「折其右肱」。之三得正，故「无咎」也。疏兑爲毁折，故「爲折」。震東兑西，故兑「爲右」。噬嗑互艮手，故「爲肱」。上來之三成豐，折艮手入兑，故曰「折其右肱」。日隱有咎。上之三得正，故「无咎」。　案　上六極暗，「不可大事」。三「折其右肱」，示「不可用」，故得「无咎」。《象》曰：「豐其沛，不可大事也。」虞翻曰：利四之陰，故「不可大事」。疏三利四之陰，陰爲

❶「五陽」上，思賢本有「四變」二字。

❷「日在」至下文「謂四也」，思賢本作「『日在雲下稱沛』，亦謂四也」。

小，故「不可大事也」。**折其右肱，終不可用也。」**虞翻曰：四死大過，故「終不可用」。疏 二至五體大過死象，四不變，死大過中，故「終不可用也」。　愚案　三雖得正，爲四所蔽，不能應上，上陰爲小，故「不可大事」。三肱已折，上失所應，上爲終，故「終不可用」。

九四，豐其蔀，虞翻曰：蔀，蔽也。　噬嗑离日之坎雲中，故「豐其蔀」。《象》曰「位不當也」。疏「蔀，蔽也」者，即陸希聲云「蔀，茂盛周匝之義也」。四在噬嗑爲坎，上之三爲「离日之坎雲中」。四蔽三，故曰「豐其蔀」。四失正，故《象》曰「位不當也」。**日中見斗。**虞翻曰：噬嗑日在上爲中。上之三爲巽，巽爲入。日入坎雲下，幽伏不明，故「日中見斗」。《象》曰「幽不明」，是其義也。疏 噬嗑离在上體，故爲「日中」。上之三，互巽爲入，四本互坎爲雲。「日入坎雲下」，有「幽伏不明」之象，故「日中見斗」，而《象》特明其義也。二與四同功，故兩爻辭亦相類。**遇其夷主，吉。**虞翻曰：震爲主，四行之正成明夷，則三體震爲夷主，故「遇其夷主，吉」也。　案　四處上卦之下，以陽居陰，履非其位，而比於五，故曰「遇」也。「夷者，傷也」。主者，五也。謂四不期相遇，而能上行傷五則吉，故曰「遇其夷主，吉行也」。疏 虞注　震主器，故「爲主」。又爲行。四行變正成明夷，則三互震，故「三體震爲夷主」，而爲「遇其夷主」也。變得正，故「吉」。

案　四以陽居陰，失其正位，而近比於五，故曰「遇也」。「夷者，傷也」，《序卦》文。五爲卦主，故云「主者，五也」。隱八年《穀梁傳》「不期而會曰遇」。謂四與五不期相遇，而能上行傷五，使五退居四，四進居五，成既濟定則「吉」。故曰「遇其夷主，吉行也」。　愚案　四與初應，四變正體明夷。《明夷》初九曰「主人有言」，故曰「夷主」。變正應陽，故「吉」。初遇「妃主」，亦以四變應初也。

《象》曰：「豐其蔀，位不當也。日中見斗，幽不明也。虞翻曰：离上變入坎雲下，故「幽不明」。坎，幽也。疏 四失正，故「不當」。噬嗑上之三，离日變入坎雲中，故「幽不明」。坎以一陽陷於二陰，故稱「幽也」。**遇其夷主，吉行也。」**虞翻曰：動體明夷，震爲行，故曰「吉行」。疏 四震爲動，體變明夷，震足爲行，故「吉行也」。

六五，來章，有慶譽，吉。虞翻曰：在內稱來。章，顯也。慶謂五，陽出稱慶也。譽謂二，「二多譽」。五發得正，則來應二，故「來章，有慶譽，吉」也。疏「在內稱來」，五陽在內也。《姤》「品物咸章」，荀氏云「章，明也」。《書·泰誓》曰「天有顯道」，孔傳「言天有明道」，是「顯」亦明也。「章」與「顯」皆訓明，故云「章，顯也」。陽，故爲顯也。陽爲慶。五陽動出，故「有慶也」。五與二應，故「譽謂二」。「二多譽」，《繫下》文。五動得正，來應於二，故「來章，有慶譽，吉也」。《象》曰：「六五之吉，有慶也。」虞翻曰：動而成乾，乾爲慶。疏五動，互體成乾，乾陽爲慶，故「有慶也」。

上六，豐其屋，蔀其家。虞翻曰：豐大，蔀小也。三至上體大壯屋象，故「豐其屋」。謂四五已變，上動成家人。大屋見則家人壞，故「蔀其家」。與泰二同義。故《象》曰「天際祥」，❶明以大壯爲屋象故也。疏《序卦》曰「豐者，大也」，故云「豐大」。鄭氏云「蔀，小席也」，故云「蔀小」。三至上體大壯，大壯宮室象，故稱屋。在豐家，故稱「豐其屋」。四五失正易位，上動則成家人。大壯屋見，則家人象壞，故曰「蔀其家」。泰二終變成坎，爻辭曰「包巟」，巟，大川也，謂陽息二，包坎體也。豐上六終變成家人，今體大壯，故「豐其屋，蔀其家」，「與泰二同義」。大壯乾爲天，震動爲祥，故《象》曰「天際祥」。「明以大壯爲屋象故也」。闚其户，闃其无人。三歲不覿，凶。虞翻曰：謂從外闚三應。闃，空也。四動時，坤爲闔。户闔，故「闚其户」。坤爲空虛，三隱伏坎中，故「闃其无人」，《象》曰「自藏也」。四五易位，噬嗑离目爲闚。闚人者，言皆不見。坎爲三歲，坤冥在上，离象不見，故「三歲不覿，凶」。干寶曰：在豐之家，居乾之位，乾爲屋宇，故曰「豐其屋」。此蓋託紂之侈，造爲璿室玉臺也。「蔀其家」者，以託紂多傾國之女也。社稷既亡，宮室虛曠，故曰「闚其户，闃其无人」。闃，无人貌也。三者，天地人之數也。凡國於天地，有興亡焉。故王者之亡其家也，必天示其祥，地出其妖，人反其常。非斯三者，亦弗之亡也，故曰「三歲不覿，凶」。然則璿室之成，三年而後亡國矣。案上應於三，三互离，巽爲户，离爲目，目而近户，闚之象也。既屋豐家蔀，若闚其户，闃寂无人。震木

❶「際」，原作「降」，今據思賢本及所引文改。

數三，故三歲致凶於災。疏虞注　上與三應，故「從外闚三應」。《説文》「闃，静也」。《玉篇》「静，無人也」。无人，故訓「空也」。四動外體坤，「闔户謂之坤」，故爲「闔」也。「户闔，故闃其户」。陽實陰虚，坤陰，故「爲空虚」。坎爲隱伏，三在噬嗑坎下，故「三隱伏坎中」。伏，故「闃其无人」。《象》曰「自藏」，言三不應上也。四五易位，非噬嗑，此有錯誤，當云四五易位，离目爲覿，今无人，故不見也。《坎》上曰「三歲不得」，故「坎爲三歲」。坤晦爲冥，詳見「冥豫」。上體坤，故「坤冥在上」。坤成离毁，故「离象不見」，而曰「三歲不覿，凶」也。　干注　六居豐上，故「在豐之家」。震上六庚戌，戌爲乾位，故「居乾之位」。艮爲門闕，取乾上一陽也，故「乾爲屋宇」。在豐之上，故曰「豐其屋」。《竹書紀年》「商王辛作瓊室，立玉門」，故謂「『豐其屋』，蓋託紂之侈，造爲瓊室玉臺也」。《晉語》「殷辛伐有蘇，有蘇氏以妲己女焉。妲己有寵」，故謂「『蔀其家』者，以託紂多傾國之女也」。《史記》「武王伐紂，紂兵皆崩畔紂，紂走，反入登鹿臺，蒙衣其珠玉，自燔於火而死」，故以「社稷既亡，宫室虚曠」，爲「闚其户，闃其无人」也。馬氏、鄭氏皆云「闃，无人皃」。天地人爲三才，故「三者，天地人之數也」。國之興亡，與天地相感召，故「王者亡家，必天示祥，地出妖，人反常」焉，非三者具，亦弗亡，故曰「三歲不覿，凶」。據《通鑑》，紂作瓊室玉門在甲寅八祀，紂之亡也，在己卯三十三祀，兹云「瓊室之成，三年而後亡國」，蓋因經「三歲不覿」而爲之辭，未可以爲實據。

案　上應三，三互离，巽陰爻爲户，离目近户，闚象也。屋豐家蔀，目无所見。若闚地户，闃寂无人。上《繫》「天三」，木數也，體震爲木，故「三歲致凶於災」。

《象》曰：「豐其屋，天際祥也。孟喜曰：天降下惡祥也。疏昭十八年《左傳》：「鄭之未災也，里析曰『將有大祥』。」《漢書·五行志》「妖孽自外來謂之祥」，是「祥」亦惡徵也。「際」猶降也。故曰「天降下惡祥也」。**闚其户，闃其无人，自藏也。」**虞翻曰：謂三隱伏坎中，故「自藏」者也。疏豐自噬嗑來，三與上應。三在噬嗑坎下，坎爲隱伏，故以「三隱伏坎中」爲「自藏」，言不與上應也。

同邑劉百藥五箴校

周易集解纂疏卷二十一

周易集解纂疏卷二十二

唐李鼎祚集解　安陸李道平遵王纂疏

《序卦》曰：「窮大者必失其居，故受之以旅。」崔憬曰：諺云「作者不居，况窮大甚，而能久處乎」。故必獲罪去邦，羈旅於外矣。**疏**諺語本《北史·斛律金傳》，❶引之以明窮大失居之意。「作」者，即《鄘風》「作於楚宮」之「作」。❷言作者且不得居，况窮大太甚，而能久處此乎。窮大必獲罪，失居必去邦，故受以旅而羈於外矣。　愚案「豐者，大也」。至上則窮乎大矣。豐屋蔀家，闃户无人，失居之象也。故「窮大者必失其居」。豐上反下成旅，旅内艮爲居，外离爲麗，失乎内即麗乎外，旅所以次豐也。

䷷ 艮下离上

旅，小亨。旅貞吉。虞翻曰：賁初之四，否三之五，非乾坤往來也。與噬嗑之豐同義。小謂柔，得貴位而順剛，麗乎大明，故「旅，小亨，旅貞吉」。再言「旅」者，謂四凶惡，進退无恒，無所容處。故再言「旅」，惡而愍之。

疏此賁初之四成旅也，亦即否三之五。不從三陰三陽之例者，以艮离易位，「非乾坤往來也」。猶豐不自泰來，而自噬嗑，故「與噬嗑之豐同義」。陽大陰小，五陰，柔也，故「小謂柔」。五得貴位，而順上剛，五體离，离，麗也。乾爲大明，离麗乾中得正，故「麗乎大明」。以坤柔通乾五，得正而亨，故曰「小亨」。旅唯二三兩爻得正，二中而得正，是「貞吉」謂二，言足爲旅之貞吉而已。「再言旅者」，四在离爲焚棄惡人，故「謂四凶惡」。四互巽爲進退，在《乾》四爲「進退无恒」，故「无所容處」而爲旅也。「再言旅，惡而愍之」者，惡其无恒，愍其无容也。

《象》曰：「旅小亨，姚信曰：此本否卦，三五

---

❶「諺語本北史斛律金傳」，思賢本作「『作者不居』，蓋古有此語」。

❷「鄘風」，原作「邶風」，今據所引文改。

交易，去其本體，故曰客旅。荀爽曰：謂陰升居五，與陽通者也。**疏**姚注　三陰三陽之卦自否來，三五易位。五本乾，之三仍乾，❶是去本體而客他所，故獨取象「客旅」。　荀注　否三陰爲小，升居於五，五陽降居於三，陰與陽通，故「亨」。　愚案　震主器，震陽在内爲主，故艮陽在外爲旅。离者，麗也。陽在外而得所麗，故其卦爲旅也。否象不通。三陰爲小，上通於五，故「小亨」也。

柔得中乎外而順乎剛。止而麗乎明，是以小亨旅貞吉也。蜀才曰：否三升五，柔得中於外，上順於剛。九五降三，降不失正。止而麗乎明，所以「小亨，旅貞吉」也。**疏**否三陰升五，五爲中，是「柔得中於外卦」。以陰承陽，是「上順於九剛」。九五降居於三，仍不失正。艮爲止，离爲麗，又爲順，故「止而麗乎明」。麗明，故「小亨」。止而不失其正，故「旅貞吉」也。

旅之時義大矣哉。」虞翻曰：以离日麗天，「縣象著明，莫大日月」，故「義大」也。　王弼曰：旅者，物失其所居之時也。物失所居，則咸願有附，豈非智者有爲之時，故曰「旅之時義大矣哉」。**疏**虞注　《繫上》曰「縣象著明，莫大乎日月」。离日麗天，順莫大焉，故「義大」也。賁震春坎冬，旅兑秋离夏，故曰「時義大」也。　王注　孔疏：「此歎美寄旅之時。物皆失其所居，若能與物爲附，使旅者獲安，非小才可濟，惟大智能然，故曰『旅之時義大矣哉』。」

《象》曰：「山上有火，旅。侯果曰：火在山上，勢非長久，旅之象也。**疏**孔疏：「火在山上，逐草而行，勢不久留，故爲旅象。」　案　「山上有火」，陽寄於地，旅之象也。火焚萬物，故取於「明慎用獄」。

君子以明慎用刑而不留獄。」虞翻曰：「君子」謂三。离爲明，艮爲慎，兑爲刑，坎爲獄。賁初之四，獄象不見，故「以明慎用刑而不留獄」，與《豐》「折獄」同義者也。**疏**艮三即乾三，《乾》九三稱「君子」，故「君子謂三」。离嚮明爲明，艮陽小爲慎，兑西方金爲刑殺。《九家易》坎爲律、爲叢棘，爲桎梏，故「爲獄」。賁三互坎，初之四，旅成賁滅，故「獄象不見」。互兑爲折獄，折則不留，故「以明慎用刑而不留獄」也。噬嗑亦以《豐》上之三爲「折獄」，故云「同

❶「五本乾之三仍乾」，思賢本作「五本乾之正，去之三仍得乾」。

義」。

初六，旅瑣瑣，斯其所取災。 陸績曰：瑣瑣，小也。「艮爲小石」，故曰「旅瑣瑣」也。履非其正，應离之始，离爲火。艮爲山以應火，災焚自取也，故曰「斯其所取災」也。**疏**「瑣瑣，小也」，《釋訓》文。❶「艮爲小石」，《説卦》文。小，故「旅瑣瑣」也。初失位，故「履非其正」。應四爲离初，❷离火在上。四性凶惡不正，艮初應之，取离四焚如之災，故曰「斯其所取災也」。**《象》曰：「旅瑣瑣，志窮災也。」** 虞翻曰：瑣瑣，最蔽之貌也。失位遠應，之正介坎。坎爲災眚，艮手爲取。謂三動應坎。坎爲志，坤稱窮，故曰「志窮災也」。**疏**馬氏云「瑣瑣，疲弊貌」，故云「瑣瑣，最蔽之貌」。「蔽」當從馬作「弊」是也。初失位，遠應四，與四易位，變而得正，介乎坎上。坎爲多眚，故「爲災眚」。又言三動則四在坎中。艮手在初，往應於四爲取災。《雜卦》曰「親寡，旅也」，言不應也。坎心爲志，三已變坤終爲窮，故曰「志窮災也」。

六二，旅即次，懷其資，得僮僕貞。 《九家易》曰：即，就。次，舍。資，財也。以陰居二，即就其舍，故「旅即次」。承陽有實，故「懷其資」。初者卑賤，二得履之，故「得僮僕」。處和得位正居，是故曰「得僮僕貞」矣。**疏**《説文》「即，一曰就也」，❸故云「即，就」。《天官·宫正》「以時比宫中之官府次舍之寡衆」，又《宫伯》「授八次八舍之職事」，故云「次，舍」。《大雅·板》「喪亂蔑資」，毛傳「資，財也」。二以陰居陰，爲「即就其舍」，故曰「旅即次」。上承三陽，陽實爲「有實」，故曰「懷其資」。又互巽「爲近市利三倍」，懷資之象也。初曰「瑣瑣」，細小卑賤之稱，故云「初者卑賤」。二得履初，故曰「得其僮僕」。即次旅所安，財貨旅所資，僮僕旅所役。二柔爲「處和」，在二爲「得位」，得正爲「正居」。故曰「得僮僕貞矣」。**《象》曰：「得僮僕貞，終无尤也。」** 虞翻曰：艮爲僮僕，得正承三，故「得僮僕貞」而「終无尤也」。案：六二履正體艮，「艮爲閽寺」，「僮僕貞」之象也。**疏**虞注 艮少

---

❶「釋訓」，原作「釋言」，今據思賢本及所引文改。

❷「應四」至下文「之災」，思賢本作「應四爲應离之始，『离爲火，艮爲山』，《説卦》文，山必有草木，初應四，取离火焚如之災」。

❸「説文即一曰就也」，思賢本作「《廣雅·釋詁》『即，就也』」。

男，故「爲僮僕」，謂三也。二得正，上承三，三亦得貞，故「得僮僕貞」。賁坎爲尤，初之四，坎象毁，故「无尤也」。案　六二得位爲履正。體在艮，「艮爲閽寺」，《説卦》文。得正，故有「僮僕貞」之象也。

九三，旅焚其次，喪其僮僕，貞厲。虞翻曰：离爲火，艮爲僮僕。三動艮壞，故「焚其次」。坤爲喪。三動艮滅入坤，故「喪其僮僕」。動而失正，故「貞厲」矣。**疏** 應离爲火，體艮爲僮僕。三欲應上故動，動則艮體壞，艮舍爲次，故「焚其次」。卦唯二三得正，故皆言「次」。坤喪於乙爲喪。三動艮僮滅，而入坤喪，故「喪其僮僕」。正不當動，動而失正，故「貞厲矣」。**《象》曰：「旅焚其次，亦以傷矣。**虞翻曰：三動體剥，故「傷」也。**疏** 三動，初至四體剥。剥有傷害象，故曰「亦以傷矣」。**以旅與下，其義喪也。」**虞翻曰：三變成坤，坤爲下、爲喪，故「其義喪也」。**疏** 三變成坤地爲下，故曰「以旅與下」。坤又爲喪，故曰「其義喪也」。

九四，旅于處，得其資斧，我心不快。虞翻曰：巽爲處，四焚棄惡人，失位遠應，故「旅于處」，言无所從也。离爲資斧，故「得其資斧」。三動，四坎爲心，其位未正，故「我心不快」也。**疏** 四互體巽，巽爲入、爲伏，故「爲處」。四在离爲焚棄惡人，已失位，遠應於初，故「旅于處」。言若寄處於人家者然，故云「无所從也」。离爲戈兵，故「爲資斧」。陸氏《釋文》出「資斧」云：「《子夏傳》及衆家並作『齊斧』。」《漢書·王莽傳》引《巽》爻之文曰「喪其齊斧」，應劭云「齊，利也」。張軌云：「齊斧，蓋黄鉞斧也。」「得其齊斧」，謂得利斧也。三已動，四在坎中爲心病，四失位不正，故「我心不快也」。**《象》曰：「旅于處，未得位也。得其資斧，心未快也。」**王弼曰：斧所以斫除荆棘，以安其舍者也。雖處上體之下，不先於物，然而不得其位，不獲平坦之地者也。客子所處，不得其次，而得其資斧之地，故其心不快。　案：九四失位，而居艮上，艮爲山，山非平坦之地也。四體兑巽，巽爲木，兑爲金，木貫於金，即資斧斫除荆棘之象者也。**疏** 王注　斧爲斫除荆棘，以安其舍之用。四處上體之下，不先於物，爲「旅于處」。然不得其正位，不獲平坦之地，以用其斧。猶客于所處，不得其次舍，而但得資斧之地，所以「其心不快」也。「客子」當從注疏本，作「客於」爲是。

案　九四以陽處陰，是失位而居艮山之上。山非平坦之地，當用資斧以除荆棘。四互兑巽，以巽木貫於兑金，斧象也，故有斫除荆棘之用。

六五，射雉，一矢亡。虞翻曰：三變坎爲弓，离爲矢，故「射雉」。五變體乾，矢動雉飛，雉象不見，故「一矢亡」矣。**疏** 三變，五互坎弓輪「爲弓」。體离戈兵「爲矢」。以坎弓离矢而射离雉，故曰「射雉」。五變體成乾象，离矢動而雉飛，則乾成离毁，「雉象不見，故一矢亡矣」。終以譽命。虞翻曰：譽謂二，巽爲命。五終變成乾，則二來應己，故「終以譽命」。**疏**「二多譽」，故「譽謂二」。二互巽申命爲命。五失位，終變成乾，則二陰應己，故「終以譽命」。　案　五有中和文明之德，象出疆載贄，執雉相見之士也。變乾得正，則矢亡雉得，應二上逮矣。譽謂聲譽，命謂爵命。卦唯二五柔順得中，故二貞吉而五譽命也。《象》曰：「終以譽命，上逮也。」虞翻曰：逮，及也。謂二上及也。　干寶曰：离爲雉、爲矢，巽爲木、爲進退，艮爲手，兑爲決。有木在手，進退其體，矢決於外，射之象也。一陰升乾，故曰「一矢」。履非其位，下又无應，雖復「射雉」，終亦失之，故曰「一矢亡」也。「一矢亡」者，喻有損而小也。此託禄父爲王者後，雖小叛擾，終逮安周室，故曰「終以譽命」矣。**疏** 虞注「逮，及也」，《説文》文。謂二命上及五也。　干注　體离爲雉，又戈兵爲矢。互巽爲木，有笴象。又爲進退，有張弓象。內艮爲手，互兑爲決。決，開也。《鄉射禮》「袒決遂」，《詩·車攻》「決拾既佽」是也。❶巽木在內，艮爲手，❷而巽進退之，故离矢兑決於外體，有射象焉。离六五一陰入乾中，是「一陰升乾，故曰一矢」。六在五爲「履非其位」，六在下，二又无正應，雖射亦失，故「一矢亡也」。喻雖有損而所失小也。《史記·宋世家》：❸「武王封紂子武庚禄父，管叔、蔡叔乃與武庚作亂。周公以成王命，興師伐殷，殺武庚。」是禄父爲商王之後，小有叛擾，終逮安周室，故曰「終以譽命矣」。

上九，鳥焚其巢，旅人先笑後號咷。虞翻曰：离爲鳥、爲火，巽爲木爲高。四失位，變震爲筐，巢

❶「詩車攻決拾既佽是也」，思賢本作「鄭注『謂決猶闓』是也」。
❷「爲」，思賢本作「之」。
❸「宋」，原作「殷」，今據思賢本及所引文改。

之象也。今巢象不見，故「鳥焚其巢」。震爲笑，震在前，故「先笑」。應在巽，巽爲號咷，巽象在後，故「後號咷」。疏 离爲雉，又南方朱雀，故「爲鳥」。又爲火。四互巽爲木、爲高。四陽失位變正，三互震爲筐。説見歸妹上六。巽木高而震筐在上，有巢象焉。此即賁時也。旅成賁毁，巢象不見，且离火出於巽木之上，故曰「鳥焚其巢」。震聲爲笑，賁震在前，故「先笑」。應在三，三互巽申命爲號，旅巽在後，故「後號咷」。震雷巽風，「同聲相應」。震陽故爲喜笑，巽陰故爲號咷也。

喪牛于易，凶。 虞翻曰：謂三動時，坤爲牛。五動成乾，乾爲易。上失三，五動應二，故「喪牛于易」。失位无應，故「凶」也。五動成遯，六二「執之用黄牛之革」，則旅家所喪牛也。疏 三動應上，變坤爲牛。五動應二，互體成乾。「乾以易知」，故「爲易」。上不應三，故「失三」。五動正應二，二在坤爲喪。三不動則坤牛毁，五動則三乾易成，故「喪牛于易」。上失正位，三陽无應，故「凶也」。五動應二成遯，遯六二「執之用黄牛之革」，遯二執三，三艮成坤毁，與上不應，牛喪于三，故云「旅家所喪牛也」。

《象》曰：「以旅在上，其義焚也。 虞翻曰：离火焚巢，故「其義焚也」。疏 巽木互於离火，九處其上，失位宜焚。馬氏云「義，宜也」。言其焚宜也。《釋文》云「一本作『宜其焚也』」，即「義焚」之謂也。

喪牛之凶，終莫之聞也。」 虞翻曰：坎耳入兑，故「終莫之聞」。 侯果曰：离爲鳥、爲火，巽爲木、爲風。鳥居木上，巢之象也。旅而贍資，物之所惡也。喪牛甚易，求之也難。雖有智者，莫之吉也。疏 虞注 上應三，三在賁爲坎耳。初之四，則「坎耳入兑」。兑爲毁折，故「終莫之聞」。 侯注 以离鳥居巽木，巢之象也。以巽風入离火，焚巢之象也。旅而多資，物之所惡，故「喪之甚易」，求之則難。「雖有智者」，莫之能及。「吉」當作「及」，即「終莫之聞也」。

《序卦》曰：「旅无所容，故受之以巽。巽者，入也。」 崔憬曰：旅寄於外而无所容，則必入矣，故曰「旅无所容，受之以巽」。疏 羇旅親寡，宜无所容。唯巽順而後有所入也，故旅次以巽。

䷸ 巽下巽上

巽，小亨。利有攸往，利見大人。 虞翻曰：遯二之四，柔得位而順五剛，故「小亨」也。大人謂五，离目爲見。二失位利正，往應五，故「利有攸往，利見大人」矣。疏 從四陽二陰之例，巽自遯來，故云「遯二之四」。四柔得位，而上順五剛，四陰爲小，故「小亨也」。乾五爲大人，故「大人謂五」。互离目爲見。二陽失位，利變之正，自内曰往，往應五，故「利有攸往」。往必歷离，离爲見，故「利見大人矣」。

《彖》曰：「重巽以申命，陸績曰：巽爲命令。重命令者，欲丁寧也。疏「乾道變化，各正性命」，謂陽爲乾性，陰爲坤命。巽坤元，故爲命。又震巽「同聲相應」，陰宣陽命，故「巽爲命令」。《書·堯典》「申命羲叔」，❶孔傳「申，重也」。重故申。重申者，丁寧之意。《後漢書·郎顗傳》「丁寧再三，留神於此」，彼此相屬之謂也。剛巽乎中正而志行。陸績曰：二得中，五得正，體兩巽，故曰「剛巽乎中正」也。皆據陰，故「志行」也。　虞翻曰：剛中正，謂五也。二失位，動成坎，坎爲志。終變成震，震爲行也。疏 陸注　二雖不正得中，五得中得正。内外兩巽，巽者，入也。剛入乎二五，故曰「剛巽乎中正也」。初四皆陰，二五據之，故「志行也」。　虞注　五陽得中得正，故「剛中正，謂五也」。二失位，當變應五，故「動成坎體」。坎心爲志。「其究爲躁卦」，故「終變成震」。震足爲行，故「志行」也。柔皆順乎剛，是以小亨，陸績曰：陰爲卦主，故「小亨」。疏 乾體而坤陰入之爲巽，故「陰爲卦主」。陽大陰小，故「小亨」。利有攸往，利見大人。」案：其義已見繇辭。疏 虞義已詳，不再釋。

《象》曰：「隨風，巽。君子以申命行事。」虞翻曰：「君子」謂遯乾也。巽爲命，重象，故「申命」。變至三，坤爲事，震爲行，故「行事」也。　荀爽曰：巽爲號令，兩巽相隨，故「申命」也。法教百端，令行爲上，貴其必從，故曰「行事」也。疏 虞注　風者，天之號令。隨，從也。風從地，所以散布陰氣也。以巽隨巽，重，故稱「隨」。巽陰卦，故知「君子謂遯乾也」。巽爲命令，重巽，故「申命」。初已變，二至三，互四成坤，坤發事業爲事，初陽震足爲行，故「行事也」。　荀注　巽風爲號命，《畢命》曰「樹之風聲」是也。重巽相隨，故曰「申命」。法教雖有百端，以令行爲上，令出惟行，弗惟反，故「貴其

❶「羲」，原作「義」，今據草堂本、思賢本及所引文改。

必從」而曰「行事也」。

初六，進退，利武人之貞。虞翻曰：巽爲進退，乾爲武人。初失位，利之正爲乾，故「利武人之貞」矣。疏陽由震而入，伏於巽爲退，由巽而反於震爲進，故「巽爲進退」。皆在於初，故初稱「進退」。其在爻，則二退初進，亦是也。《楚語》曰「天事武」，韋注「乾稱剛健，故武」，乾爲人、爲武，故爲「武人」。初陰失位，利變之正成乾，故「利武人之貞矣」。蓋巽初陰柔，故進退不果。變乾則健而正也。　案　巽在卦氣，内卦主七月，外卦主八月。初在卦内，七月也。《禮記·月令》「立秋之日，賞軍帥武人於朝」，故曰「利武人之貞」。**《象》曰：「進退，志疑也。**荀爽曰：風性動，進退欲承五，爲二所據，故志以疑也。疏風性之動，其行无常，進退之象。欲上承五，近爲二據，故「志疑也」。　案　坎爲「疑」爲「志」，上應伏坎，故「志疑也」。**利武人之貞，志治也。」**虞翻曰：動而成乾，乾爲大明，故「志治」，「乾元用九，天下治」，是其義也。疏初動成乾，乾有大明之象，故曰「志治」。《乾·文言》曰「乾元用九，天下治也」，即「志治」之義。震巽陰陽出入，故象乾坤。　愚案　進退之義，取震巽一陽出入。巽究爲躁卦，與震旁通。初欲變陽應四，四伏坎爲「志」爲「疑」，伏坎不應初變，故「志疑也」。初動成乾，利於得正，四坎出，則全體皆乾，故有取於「乾元用九」，而志在「天下治也」。

九二，巽在牀下。宋衷曰：巽爲木，二陽在上，初陰在下，牀之象也。二无應於上，退而據初，心在於下，故曰「巽在牀下」也。　荀爽曰：牀下，以喻近也。二者軍帥，三者號令，故言「牀下」，以明將之所專，不過軍中事也。疏宋注　體巽爲木，又爲股，二陽覆上而横列，牀之幹也。一陰承上而對峙，牀之足也。故有牀象。二失位，无應於五，退據初陰，初爲下，二動之初，故「心在於下」而曰「巽在牀下」也。四爻虞注所謂「欲二之初」，是也。　荀注　牀下，至近之地，故「以喻近也」。師以九二陽爻爲主，爻辭曰「在師中，吉」，故云「二者軍帥」。至三成巽，故云「三者號令」。「言牀下」者，明將專軍中之事，令不及遠也。**用史巫紛若，吉无咎。**荀爽曰：史以書動，巫以告廟。紛，變，若，順也。謂二以陽應陽，君所不臣，軍帥之象。征伐既畢，書勳告廟，當變而順五則吉，故曰

「用史巫紛若，吉无咎」矣。**疏**《夏官・司勳》「凡有功者，銘書於王之大常，祭於大烝，司勳詔之。大功，司勳藏其貳」，其官則「史四人」，故云「史以書勳」。其實卜史、祝史之類皆是。《世本》「巫咸始作巫」，《周禮・春官》「司巫掌羣巫之政令」，又有男巫女巫，即《楚語》所謂「在男曰覡，在女曰巫」是也。神明降之，故云「巫以告廟」。「紛」訓「變」者，《説文》「變，更也」，即紛更之意也。若，順也，《堯典》「欽若昊天」，孔傳以爲「敬順」是也。五君位，二臣位，二以陽應陽，君所不臣。將在外，君命有所不受，故曰「軍帥之象」。若征伐既畢，史書勳，巫告廟，當變剛爲柔，上順五陽則吉，故曰「用史巫紛若，吉无咎矣」。　案　兑爲巫，巽爲命令，兑又爲書契，史象也，二入坤用之，故「用史巫」。失位有咎，變而順五，則吉且无咎。《象》曰：「紛若之吉，得中也。」荀爽曰：謂二以處中和，故能變。**疏**二處中和，變而得位，故曰「得中也」。　案　巽在牀下，謂一陰伏於二陽，伏慝之象，愚夫婦之所驚也。於是乎用史巫，紛以祈禳之。所以吉而无咎者，鬼神生於人心，安其心而慝去矣。用之得中，雖史巫瑣屑之事，亦中也。

九三，頻巽，吝。虞翻曰：頻，頞也。謂二已變，三體坎艮，坎爲憂，艮爲鼻，故「頻巽」。无應在險，故「吝」也。**疏**《復》六三「頻復」，虞彼注云「頻，蹙也」，《孟子》「疾首蹙頞而相告」，《莊子》「深矉蹙頞」，頞言頻蹙，故曰「頻，頞也」。《玉篇》「頞，鼻莖也」。二變應五，三互坎成艮。坎加憂爲憂。艮「山澤通氣」，以虛受澤，故爲鼻。憂見於鼻，故有「頻巽」之象。上无正應，坎爲在險，故「吝也」。《象》曰：「頻巽之吝，志窮也。」荀爽曰：乘陽无據，爲陰所乘，號令不行，故「志窮也」。**疏**以三陽乘二不正之陽，「非所據而據」，故「无據」。上爲四陰所乘，三之號令不行。二動三險坎中。故「志窮也」。在坎爲志，不變爲窮。上爻「貞凶」謂此也。

六四，悔亡，田獲三品。虞翻曰：田謂二也，地中稱田。初失位无應，悔也，欲二之初，已得應之，故「悔亡」。二動得正，處中應五，「五多功」，故《象》曰「有功也」。二動，艮爲手，故稱「獲」，謂艮爲狼，坎爲豕，艮二之初，离爲雉，故「獲三品」矣。　翟玄曰：「田獲三品」，下三爻也。謂初巽爲雞，二兑爲羊，三离雉也。　案《穀梁傳》曰「春獵曰田，夏曰苗，秋曰蒐，冬曰狩」，田獲三品，

「一爲乾豆，二爲賓客，三爲充君之庖」，注云「上殺中心，乾之爲豆實。次殺中髀骼，以供賓客。下殺中腹，充君之庖厨。尊神敬客之義也」。**疏** 虞注 二位在田，故「田謂二也」。二於三才爲地道，田在地上，故「地中稱田」，與《乾》九二「見龍在田」同義。又离爲罔罟，互离有田象。下與初應，初陰失位，四无正應，故「悔」。四欲二動之初，己得正應，故「悔亡」。二動成陰得正，處下之中，上應五陽。「五多功」，《繫下》文。近承五，故《象》曰「有功」。二動，初在艮爲手，以手取物，故「稱獲」。艮黔喙之屬，故「爲狼」。二變，互坎爲豕。「艮」字衍，巽二之初，體离爲雉，故「獲三品矣」。 翟注 四應初，初在下體，故「田獲三品」謂「下三爻」。初體巽爲雞，一也。二互三四兑爲羊，二也。三互四五离爲雉，三也。 案 「春獵曰田，夏曰苗，秋曰蒐，冬曰狩」，桓四年《傳》。「一爲乾豆，二爲賓客，三爲充君之庖」，《穀梁》本《王制》也。注，范甯注也。注云「上殺中心，乾之爲豆實」，❶楊士勛釋曰：「何休云：『自左膘射之，達於右腢，中心死疾，故乾而豆之，以薦宗廟。豆，祭器名，狀如鐙，天子二十有六，諸公十有六，諸侯十有二，卿上大夫八，下大夫六，士三也。』」又云「次殺中髀骼，❷以供賓客」，釋曰：「何休云『自左膘射之，達於右脾，達心死難，❸故爲次殺』，毛傳云『次殺者，射右耳，木次之』，今注云『射髀骼』，則與彼異也。髀骼者，案《儀禮》『髀骨，膝以上者』是也。」又云「下殺中腹，❹充君之庖厨，❺尊神敬客之義也」，釋曰：「何休云『自左膘射之，達於右髃』，毛傳云『左髀達於右髃爲下殺』。此云中腸，同彼二説，並无妨也。」

《象》曰：「田獲三品，有功也。」王弼曰：得位承五，而依尊履正。以斯行命，必能獲强暴，遠不仁者也。獲而有益，莫若三品，故曰「有功也」。**疏** 四得位，即「履正」。上承五，即「依尊」。以此行命，故「能獲强暴」，而「遠不仁」。譬諸田獵，獲而有益，莫若三品。承五多功，故「有功也」。

九五，貞吉悔亡，无不利。无初有終。

虞翻曰：得位處中，故「貞吉悔亡，无不利」也。震巽相薄，雷風无形，當變之震矣。巽「究爲躁卦」，故「无初有終」

❶ 「爲」上，思賢本有「以」字。
❷ 「中」，思賢本作「射」。
❸ 「達」，思賢本作「遠」。
❹ 「腹」，思賢本作「腸」。
❺ 「充君之庖厨」，思賢本作「汚泡，後庖厨」。

也。疏九爲得位，五爲處中。得正，故「貞吉」。无應有悔，得正，故「悔亡」。二變應五，故「无不利」。震雷巽風，相薄无形，故卦特變。巽變之震，《説卦》所謂「巽究爲躁卦」是也。初二上皆失正，初變及二以應五，五亦使上終變應三，終上成震得位，故「无初有終也」。**先庚三日，後庚三日，吉。**虞翻曰：震，庚也。謂變初至二成离，至三成震，震主庚，离爲日，震三爻在前，故「先庚三日」，謂益時也。動四至五成离，終上成震，震爻在後，故「後庚三日」也。巽初失正，終變成震得位，故「无初有終吉」。震「究爲蕃鮮」，白，謂巽白，巽「究爲躁卦」，躁卦謂震也。與《蠱》「先甲三日，後甲三日」同義。五動成蠱，乾成于甲，震成于庚。陰陽，天地之始終，故經舉甲庚于《蠱·彖》、巽五也。疏震納庚，故云「震，庚也」。巽之變震從初始，初變成陽，變至二成陰爲离，變至三成陰爲震。❶震主庚，故言「庚」。离爲日，故言「日」。「震三爻在前」者，對後震爲前，故曰「先庚三日」。前三爻皆變成益，故「謂益時也」。四動成陽，動至五成陰爲离，動終於上成陰爲震。❷前震已成，外震在外，❸故曰「後庚三日」。巽初陰失正，終變成震，初終皆得正位，故「无初有終」而獲「吉」也。震其「究爲蕃鮮」，蕃鮮者，白也。巽爲白，「謂巽白」者，究爲巽也。巽「究爲躁卦」，「謂震也」者，震在上躁動也。「與蠱同義」者，巽五動成蠱。蠱初變成乾，乾納甲，故「乾成於甲」而曰「先甲三日，後甲三日」也。巽終變成震，震納庚，故「震成於庚」而曰「先庚三日，後庚三日」也。乾陽爲始，坤陰爲終，故曰「陰陽，天地之始終」。舉甲於《蠱·彖》，舉庚於巽五，以有陰陽始終之義也。❹

《象》曰：「九五之吉，位正中也。」虞翻曰：居中得正，故「吉」也。疏五居中，九得正。中正，故「吉也」。

上九，巽在牀下。虞翻曰：牀下謂初也。窮上反下成震，故「巽在牀下」。《象》曰「上窮也」，明當變窮上而復初者也。《九家易》曰：上爲宗廟。禮封賞出軍，皆先告廟，然後受行。三軍之命，將之所專，故曰「巽在牀下」也。疏虞注 二「牀下」謂初，上「牀下」亦謂初也。

❶「陰」，原作「陽」，今據卦象改。
❷「陰」，原作「陽」，今據卦象改。
❸「外」，思賢本作「後」。
❹「有」，思賢本作「明」。

陽失位，窮於上，反下成震，故曰「巽在牀下」。《象》曰「上窮」，言上窮則當變而復初也。巽上復震，猶否上復泰也。《九家》注　爻例上爲宗廟。《夏官・司勳》：「凡有功者，祭於大烝，司勳詔之。大功，司勳藏其貳，賞地之政。」❶大祝大師宜於社造於祖。故曰「封賞出軍，皆先告廟，然後受行」。巽爲命，故曰「三軍之命，將之所專」。與九二同義，故亦曰「巽在牀下也」。**喪其齊斧，貞凶。**

虞翻曰：變至三時，离毁入坤，坤爲喪，巽爲齊，离爲斧，故「喪其齊斧」。三變失位，故「貞凶」。　荀爽曰：軍罷師旋，亦告於廟。還斧於君，故「喪齊斧」。正如其故，不執臣節，則凶。故曰「喪其齊斧，貞凶」。**疏**虞注　巽究爲震，變至三時，互离毁，入變坤，❷坤喪於乙爲「喪」，齊乎巽爲「齊」，离戈兵爲「斧」，故「喪其齊斧」。諸本皆作「資斧」。《漢書・王莽傳》引此爻曰「喪其齊斧」，應劭曰：「齊，利也。亡其利斧，言无以復斷斬也。」虞從古本，故作「齊」也。三變成震，失乎正位，故「貞凶」。　荀注　古者飲至策勳，皆在於廟，賜弓矢斧鉞，然後得專征伐。故出則授斧，入則還斧，「還斧於君，故喪齊斧」。已喪齊斧，若正如其故，是「不執臣節，則凶」矣，故曰「喪其齊斧，貞凶」。　愚案　九二「巽在牀下」，雖失正，然得中，變而應五，故吉。上位爲廟，史巫所以告廟。應五承上，故「用史巫」，變順爲吉也。上九「巽在牀下」，既失正，又過卑，三變應上亦凶。三离齊斧，變坤爲喪，失其齊斷，故「喪齊斧」，變正亦凶也。**《象》曰：巽在牀下，上窮也。**

虞翻曰：陽窮上反下，故曰「上窮也」。**疏**陽窮巽上，反於震下，故曰「上窮也」。**喪其齊斧，正乎凶也。」**虞翻曰：上應於三，三動失正，故曰「正乎凶也」。**疏**上與三應，三陽得正，動而應上，失乎正位，故曰「正乎凶也」。

《序卦》曰：「入而後説之，故受之以兑。兑者，説也。」崔憬曰：巽以申命行事，入於刑者也。入刑而後説之，所謂人忘其勞死也。**疏**申命行事，莫大乎政刑。巽者，入也，互兑爲刑，故「入於刑者也」。入刑而説，即《彖傳》所謂「忘勞」「忘死」者也。　按虞注云「兑爲講習，故『學而時習之，不亦説乎』」，義尤精

❶「賞地之政」，思賢本作「掌賞地之政令」。
❷「入變坤」，思賢本作「變入坤」。

確。詳見《序卦傳》，茲不録。

䷹兑下兑上

兑，亨利貞。虞翻曰：大壯五之三也。剛中而柔外，二失正，動應五承三，故「亨利貞」也。疏從四陽例，宜三之五，此云「五之三」，變也。「剛中」謂二五，而「柔外」謂三上。二失正位，動而成陰，❶遠應五，近承三，二承三，則三正可知，二正則四亦正，故「亨利貞也」。

《彖》曰：「兑，説也。虞翻曰：兑口，故「説也」。疏兑爲口，故「爲説」。劉勰《文心雕龍》曰「説者，悦也。兑爲口舌，故言咨悦懌，過説必僞，故舜驚讒説」，是「説」「悦」同義，故謂兑爲口説也。**剛中而柔外，説以利貞，**虞翻曰：剛中謂二五，柔外謂三上也。二三四利之正，故「説以利貞」也。疏二五皆剛，故「剛中」。三上皆柔，故「柔外」。三在二外，上在五外也。二三四不正，利變之正，故「説以利貞」。**是以順乎天而應乎人。**虞翻曰：大壯乾爲天，謂五也，人謂三矣。二變順五承三，故「順乎天，應乎人」，坤爲順也。疏大壯內乾爲天，三上之五，五於三才爲天位，故「天謂五也」。五下之三，三爲人位，故「人謂三矣」。三正，則乾三君子也。二變正，上順五，近承三，動正，故曰「順乎天，應乎人」。二四變互坤，故「爲順」。**説以先民，民忘其勞。**虞翻曰：謂二四已變成屯，坎爲勞，震喜兑説，坤爲民，坎爲心，民心喜説，有順比象，故「忘其勞」也。疏二四失位，變成屯體，屯外坎勞卦爲「勞」，內震春陽爲喜，體兑爲「説」，屯互坤衆爲「民」，又坎亟心爲心，屯二至上有比象，❷《比·象傳》曰「下順從也」，是「民心喜説，有順比之象」，故「民忘其勞也」。**説以犯難，民忘其死。**虞翻曰：體屯，故「難」也。三至上體大過死，變成屯，民説无疆，故「民忘其死」。坎心爲忘，或以坤爲死也。疏《屯·彖傳》曰「剛柔始交而難生」，二四變，故體屯爲「難也」。三至上體大過棺椁死象，變屯互坤，《坤》曰「應地无疆」，是「民説无疆」，故「忘其死」也。坎爲心，故「爲忘」。坤喪於乙，死

❶「成陰」，原作「成陽」，思賢本作「承陽」，今據草堂本改。

❷「屯」，原作「坎」，今據思賢本及互體改。

魄爲「死」，故「或以坤爲死也」。說之大，民勸矣哉。」虞翻曰：體比順象，故勞而不怨。震爲喜笑，故人勸也。疏屯二至上體比，《比・象傳》曰「下順從也」，故有「順象」，順故「勞而不怨」。震春陽爲喜笑，故「人勸也」。

《象》曰：「麗澤，兑。君子以朋友講習。」虞翻曰：君子，大壯乾也。陽息見兑，「學以聚之，問以辯之」。兑二陽同類爲朋，伏艮爲友，坎爲習，震爲講，兑兩口對，故「朋友講習」也。疏互离爲麗，兑爲澤，兑陰麗陽，故曰「麗澤，兑」。「君子，大壯乾」，謂五也。《雜卦》稱「兑見」，陽息至二見兑，《乾》九二「見龍在田」是也。「學以聚之，問以辯之」，乾二《文言》文。體在乾二，故引之以明講習之事也。體有二陽同類，故「爲朋」。兑與艮「山澤通氣」，故「伏艮爲友」。二四已變，習坎「爲習」，震聲「爲講」，四亦伏坎震爲講習也。兑上陰開，兩口相對，故象「朋友講習」。

初九，和兑，吉。虞翻曰：得位，四變應己，故「和兑，吉」矣。疏初得正位，上應於四，四剛不和，變而應己，故「和兑，吉矣」。《象》曰：「和兑之吉，行未疑也。」虞翻曰：四變應初，震爲「行」，坎爲「疑」，故「行未疑」。疏四變應初，互震足「爲行」，坎心「爲疑」。初行而後四之坎，變而得正，故「行未疑也」。

九二，孚兑，吉，悔亡。虞翻曰：孚謂五也。四已變，五在坎中稱孚。二動，得位應之，故「孚兑，吉，悔亡」矣。疏「孚謂五也」者，初令四變正，五在坎中，坎有孚「稱孚」。二失正有悔，動而得位，上應於五，故「孚兑，吉，悔亡矣」。❶《象》曰：「孚兑之吉，信志也。」虞翻曰：二變應五，謂四已變，坎爲志，故「信志也」。疏二變正應五，謂四已應初，變坎心「爲志」，又坎孚「爲信」，故「信志也」。

六三，來兑，凶。虞翻曰：從大壯來。失位，故「來兑，凶」矣。疏兑三從大壯五來，在五失位，在三亦失位，故「來兑，凶矣」。不言正者，兑家陰説陽，三无應，故不變，上變陽，與三易位，然後變也。三不變而上能變者，

❶「矣」，草堂本作「也」。

兑有伏艮，艮兑之卦，皆以上爲主也。　案　三曰「來兑」，來上六也。上曰「引兑」，引六三也。致彼曰來，汲下曰引。小人合則君危，故凶。三伏震足，故有來象。

《象》曰：「來兑之凶，位不當也。」案：以陰居陽，故「位不當」。諂邪求悦，所以必「凶」。**疏**以陰爻居陽位，故曰「不當」。兑本以陰説陽，又失正位，是「諂邪求悦」，其凶必矣。

九四，商兑未寧，介疾有喜。虞翻曰：「巽爲近利市三倍」，故稱「商兑」。變之坎，水性流，震爲行。謂二已變，體比象，故「未寧」，與《比》「不寧方來」同義也。坎爲疾，故「介疾」。得位承五，故「有喜」。**疏**「巽爲近利市三倍」，《説卦》文。互巽近市，故「稱商兑」。四變正成坎，坎水性流，互震爲行。二已變，至上體比，《比》卦辭曰「不寧方來」，故「未寧」，虞彼注云「水性流動，故『不寧』」，亦取坎象也。坎心病「爲疾」，介，纖也，變互艮爲小，故曰「介疾」。變得正位，上承五陽，陽爲「喜」，纖小之疾，「勿藥有喜」，故「有喜」。《象》曰：「九四之喜，有慶也。」虞翻曰：陽爲慶，謂五也。**疏**陽爲喜，陽亦爲「慶」，承陽而有慶，故「慶謂五也」。

九五，孚于剥，有厲。虞翻曰：孚謂五也。二四變，體剥象，故「孚于剥」。在坎未光，「有厲」也。**疏**坎爲孚，「孚謂五也」者，四已變也。二四變，五體剥象，故曰「孚于剥」。在坎，伏离未光，故「有厲也」。　案　兑爲夬，夬極必剥，况六三以兑説而來，上六以兑説而引，若輕信二陰，則剥之兆成矣，故「有厲」。《象》曰：「孚于剥，位正當也。」案：以陽居尊位，應二比四，孚剥有厲，「位正當也」。**疏**以陽爻居尊位，二四已變，故「應二比四」。「孚剥有厲」者，二四變，五位在剥，故「位正當也」。

上六，引兑。虞翻曰：无應乘陽，動而之巽爲繩。艮爲手。應在三，三未之正，故「引兑」也。**疏**上无正應，❶近乘五陽，兑上極而下，之巽爲繩，三至五亦互巽爲繩。伏艮爲手，以手挽繩，有引象焉。上應在三，三未之正。上動，與三易位，乃各正，故「引兑也」。　案　巽卦初四皆陰而吉，兑卦三上皆陰而凶。巽伏於内，君子

❶「上」，原作「二」，今據思賢本及兑卦卦象改。

之道。兑見於外，小人之道也。《象》曰：「上六引兑，未光也。」虞翻曰：二四已變而體屯，上三未爲离，故「未光也」。疏二四已變，體屯象。上應三，屯成离毁，离日爲光，故「未光」。

受業應山郝文模笠士校

周易集解纂疏卷二十二

周易集解纂疏卷二十三

唐李鼎祚集解　安陸李道平遵王纂疏

《序卦》曰：「説而後散之，故受之以渙。渙者，离也。」崔憬曰：人説忘其勞死，而後可散之以征役，离之以家邦，故曰「説而後散之，故受之以渙。渙者，离也」。疏人説其上，至忘勞忘死，❶而後身可用。故散以征役，离其家邦，皆所不惜。蓋説而後散，故説繼以渙，而義取諸离也。　愚案　兑言乎見，説見乎外，故易散。《樂記》曰「樂必發於聲音，形於動静」，《孟子》曰「樂斯二者，樂則生矣，生則惡可已也，惡可已則不知手之舞之，足之蹈之」，説而後散之義也。又《論語》曰「學而時習之，不亦説乎」，是入而後説也。「有朋自遠方來，不亦樂乎」，是説而後散也。

䷺坎下巽上

渙，亨。虞翻曰：否四之二，成坎巽，天地交，故「亨」也。疏從三陽三陰之例，卦自否來，故曰「否四之二」。以陽渙陰，故「成坎巽」。當否塞之時，二之四得正，以復散其否，是「天地交」，故通，通故「亨也」。　案　渙，散也。《鄭風》「溱與洧，方渙渙兮」，鄭箋「仲春之時，冰已釋，水則渙渙然」。否時天地不通，閉塞成冬，四「渙其羣」，散乾冰爲坎水，有冰釋之象，故謂之渙也。《老子》「渙若冰將釋」是也。王假有廟。虞翻曰：乾爲王，假，至也。否體觀，艮爲宗廟。乾四之坤二，故「王假有廟，王乃在中也」。疏否乾爲君，故「爲王」。「假，至也」，《釋詁》文。❷否初至五體觀，觀艮爲門闕，又爲鬼門，故「爲宗廟」。四之二，是乾王至觀艮，故「王假有廟」。在二，故《彖》曰「王乃在中也」。❸利涉大川，利貞。虞翻曰：坎爲大川，渙舟楫象，故「涉大川，乘木有功」。二

❶ 下「忘」字，原作「死」，草堂本無下「忘」字，今據思賢本改。
❷ 「釋詁」，思賢本作「説文」。
❸ 「彖」，原作「象」，今據所引文改。

失正，變應五，故「利貞」也。**疏**坎爲水，故「爲大川」。《繫下》「舟楫之利，蓋取諸涣」，涣有舟楫象，故「涉大川」。以巽木乘坎水，故「乘木有功」。二失位，利變正應五，故「利貞也」。

《彖》曰：「涣亨，剛來而不窮，柔得位乎外而上同。盧氏曰：此本否卦，乾之九四，來居坤中，剛來成坎，水流而不窮也。坤之六二，上升乾四，「柔得位乎外」，上承貴王，與上同也。**疏**否乾九四，剛也。自外曰「來」，在二爲「居坤中」。來成坎水，流而不窮。又坎爲通，「往來不窮謂之通」。通，故不窮也。六二自内上升於四。以柔居四爲「得位乎外」，上承五貴爲王，故曰「上同」。孔疏引先儒云「剛來而不窮釋亨德，柔得位乎外釋利貞」是也。王假有廟，王乃在中也。荀爽曰：謂陽來居二，在坤之中爲立廟。「假，大也」。言受命之王，居五大位，上體之中，上享天帝，下立宗廟也。**疏**四陽來居於二，在坤之中，體象觀艮，故「爲立廟」。「假，大也」，《釋詁》文。乾爲君，故言「受命之王」。五陽爲大，故言「居五大位」。荀意以陽在二爲立廟，陽在五爲在中，故曰「上體之中，上享天帝，下立宗廟也」。利涉大川，乘木有功也。」虞翻曰：巽爲木，坎爲水，故「乘木有功也」。**疏**巽在上爲木，坎在下爲水。巽木下應坎二，五多功，故「乘木有功」。謂聖人作舟楫，取諸涣也。

《象》曰：「風行水上，涣。先王以享于帝立廟。」荀爽曰：謂受命之王，收集散民，上享天帝，下立宗廟也。陰上至四承五爲享帝，陽下至二爲立廟也。离日上爲宗廟，而謂天帝。宗廟之神所配食者，王者所奉，故繼於上。至於宗廟，其實在地，地者，陰中之陽，有似廟中之神。虞翻曰：否乾爲先王。享，祭也。震爲帝爲祭，艮爲廟，四之二殺坤大牲，故「以享帝立廟」，謂成既濟，有噬嗑食象故也。**疏**荀注　風行水上，陰散而陽聚，故取涣象以立廟。「受命之王」，謂否乾爲王也。「收集散民」，謂否坤爲民也。「上享天帝」，謂上。「下立宗廟」，謂二。陰上至四，承五享上，爲「享帝」。陽下至二，二體艮，爲「立廟」也。卦无离日，疑有誤字。「上爲宗廟」，《乾鑿度》文。「上爻爲宗廟而謂天帝」者，《孝經》曰「昔者周公郊祀后稷以配天，宗祀文王於明堂，以配上帝」，故云「宗廟之神所配食」也。天帝，「王者所奉，故繼於上」。二於三才爲地，故「至於宗廟，其實在地」。坎二陽爻，居於地上，故云「地者，陰中之陽」。廟者，陰象，陽之信者爲神，故「陰中之陽，有似廟中之神」。以上爲天帝，二爲宗廟，此又爻位變例也。　虞注　乾爲君，故爲王。已消則爲先王，否，消卦也，故「否乾爲先王」也。虞《萃・象》注云「享，享祀也」，祀，祭也，故「享」亦云「祭也」。「帝出乎震」，故「震爲帝」。震主器爲祭，艮門闕爲廟，坤爲牛。四之二，成坎伏离，离爲戈兵，故殺大牲。二應五，故「以享帝立廟」。二之初，上之三，變正成既濟，二至五有噬嗑食象，故云「享帝立廟」也。蓋「祭則鬼享之」，故以成既濟爲象也。「享於帝立廟」，謂立新廟也。「享於帝」者，告於南郊而謚之。渙，否泰之交，象嗣君正位繼體也。

初六，用拯馬壯，吉。虞翻曰：坎爲馬，初失正，動體大壯得位，故「拯馬壯，吉」，悔亡之矣。疏坎美脊，故「爲馬」。初陰失正，已動至四，體大壯，故言壯。「拯」，《子夏傳》作「抍」，取也。初應在四，互艮爲手，互坤爲用，❶四拯於初，初動得正，故「拯馬壯而吉」也。「悔亡之矣」四字蓋衍文，否則虞氏本經有「悔亡」字也。初不言渙者，拯之於早，不至於渙也。《象》曰：「初六之吉，順也。」虞翻曰：承二，故「順也」。疏二失正，將變互坤，初變正承之，坤爲「順」，故「順也」。

九二，渙奔其机，悔亡。虞翻曰：震爲奔，坎爲棘爲矯輮，震爲足，輮棘有足，艮肱據之，憑机之象也。渙宗廟中，故設机，二失位，變得正，故「渙奔其机，悔亡」也。疏互震足爲「奔」。《九家易・説卦》曰「坎爲叢棘」，故「爲棘」。「坎爲矯輮」，「震爲足」，皆《説卦》文。矯輮棘木，而有足机之象。互艮手爲肱，據之，憑机之象也。「机」與「几」通。《春官・司几筵》「掌五几五席之名物」，皆廟中大朝覲、大饗射所用。二自四來爲「王假有廟」，故「設机」。二失位有悔，變陰得正，故「渙奔其机，悔亡也」。《象》曰：「渙奔其机，得願也。」虞翻曰：動而得位，故「得願也」。疏坎心爲願。動而得乎正位，故「得願也」。

六三，渙其躬，无悔。荀爽曰：體中曰躬。謂渙三。使承上爲志在外，故「无悔」。疏三在體中，否坤

❶「互坤爲用」，思賢本作「四本坤二，否坤爲用」。

形爲「躬」。三與上應，故「謂三」。使承上，上在外，爲「志在外」，故「无悔」。　愚案　二已變，坤形爲躬，故曰「涣其躬」。失正宜悔，與上易位得正，故「无悔」。《象》曰：「涣其躬，志在外也。」王弼曰：涣之爲義，内險而外安者也。散躬志外，不固所守，與剛合志，故得无咎。疏 涣之爲義，内坎水爲險，外巽木乘舟爲安。六三内不比二爲「散躬」，外應上九爲「志外」。内不固所守，外與上剛合志，故得「无悔」，而曰「志在外也」。　愚案　三在坎爲志，志在與上易位，各得其正，故曰「志在外也」。

六四，涣其羣，元吉。虞翻曰：謂二已變成坤，坤三爻稱羣。得位順五，故「元吉」也。疏 二陽已變，四互成坤。物三稱「羣」，故「坤三爻稱羣」。四得正位，上順承五，故「元吉也。」涣有丘，匪夷所思。虞翻曰：位半艮山，故稱「丘」。匪，非也。夷謂震，四應在初，三變，坎爲思，故「匪夷所思」也。　盧氏曰：自二居四，离其羣侶，「涣其羣」也。得位承尊，故「元吉」也。互體有艮，艮爲山丘。涣羣雖則光大，有丘則非平易，故有匪夷之思也。疏 虞注　互艮爲山，四位山半故「稱丘」。揚子曰「丘陵學山而不至於山」，故山半稱「丘」也。「匪」「非」古今字。《唐韻》「夷，❶平也」，震爲大塗，故「夷謂震」，四互震也。四應在初，初二三皆不正，初二易位，三亦變正，坎爲「思」，故「匪夷所思」，謂「有非夷之思也」。　盧注　自否二來居於四，离其羣侶，故曰「涣其羣」。四得正位，上承五尊，故「元吉」。《吕氏春秋》：「涣者，賢也。羣者，衆也。元者，吉之始也。涣其羣元吉者，其左多賢也。」《周語》「人三爲衆」，其左多賢者，亦謂坤三爻也。互三五爲艮，四在艮山之半，故稱丘。自二涣羣，雖有光大之象，至四有丘，則非平易之塗，故曰「匪夷之思」。

愚案　否坤三陰爲羣，自二之四則「涣其羣」矣。之四得位，則否散，❷故「元吉」。近互五成艮爲丘，遠互二成震爲夷。二陽失正，已之舊位，故离羣而居山丘。震雖夷，匪所思也。《象》曰：「涣其羣元吉，光大也。」虞翻曰：謂三已變成离，故四「光大也」。疏 三不正已變，四互离日爲光，故「光大」。

❶「唐韻」，思賢本作「堯典孔傳」。
❷「則」，思賢本作「在」。

九五，涣汗其大號。《九家易》曰：謂五建二爲諸侯，使下君國，故宣布號令，百姓被澤，若汗之出身，不還反也。此本否卦，體乾爲首，來下處二，成坎水，汗之象也。陽稱大，故曰「涣汗其大號」也。**疏** 五與二應，二互震爲侯，故謂「五建二爲諸侯」。❶ 否坤爲國，故「使下君國」。巽爲號令，故「宣布號令」。坤民爲百姓，坎水爲澤，故「百姓被澤」。坤爲身，震爲出，故「若汗之出身，不還反也」。虞云「否四之二」，此云「否乾首，下處二，成坎水爲汗象」，蓋謂上居二也。五乾陽爲大，故曰「涣汗其大號」。**涣王居，无咎。**荀爽曰：布其德教，王居其所，故「无咎」矣。**疏** 涣，散也。故「布其德教」。五位天子，故「王居其所」。當涣之時，王居正位，二變應五，故「无咎」。案　王者居中以御，撫臨四方謂之「涣」。「王居」者，《逸禮》有《王居明堂》篇。又《月令》：「天子春居青陽，夏居明堂，秋居總章，冬居玄堂。」明堂者，廟也。艮爲廟，亦爲門。閏月則王居於門，故閏之文爲王在門。**《象》曰：「王居无咎，正位也。」**虞翻曰：五爲王，艮爲居，正位居五，四陰順命，故「王居无咎，正位也」。**疏** 五位天子，故「爲王」。艮爲門闕，故「爲居」。乾陽正位居五，四陰承之，二變應之，順其命令，故曰「王居无咎，正位也」。

上九，涣其血去逖出，无咎。虞翻曰：應在三，坎爲血，爲逖，逖，憂也。二變爲觀，坎象不見，故「其血去逖出，无咎」。**疏** 上應在三，坎血卦爲血，加憂爲逖。「逖」借作「惕」。《漢書·王商傳》「無怵惕憂」，作「無怵愁憂」。「惕」「逖」「愁」古字通。與《小畜》「血去惕出」同物，故云「逖，憂也」。二變正應五，體觀象，坎血與逖，毀壞不見，故「其血去逖出」。去險出險，故「无咎」。**《象》曰：「涣其血，遠害也。」**虞翻曰：乾爲遠，坤爲害。體遯上，故「遠害也」。**疏**《左傳》曰「天道遠」，故乾爲遠。坤陰慝爲害。涣上即否上，否上即遯上，故「體遯上」。《遯·象》曰「遠小人」，又逖亦訓遠，故曰「遠害也」。

《序卦》曰：「物不可以終离，故受之以節。」崔憬曰：离散之道，不可終行，當宜節止之，故言「物不可以終离，受之以節」。**疏** 否泰剥復，天理循環，故

❶「謂」，思賢本作「爲」。

「离散之道，不可終行，宜當節以止之」，庶涣者不終涣矣。《象傳》曰「節以制度」，《禮・樂記》曰「天高地下，萬物散殊，而禮制行矣」。因高下散殊而制禮，即涣受以節之義也。

䷻ 兑下坎上

節，亨。 虞翻曰：泰三之五，天地交也。五「當位以節，中正以通」，故「節，亨」也。疏從三陽三陰之例，卦自泰來，故「泰三之五」。以乾交坤，故「天地交也」。五得正，互艮爲止。節，止也。又艮爲堅多節。故「五當位以節」。得中得正，體坎爲通，故「中正以通」。交故通，通故亨也。**苦節不可貞。** 虞翻曰：謂上也。應在三，三變成离火，「炎上作苦」。位在火上，故「苦節」。雖得位乘陽，故「不可貞」。疏上六言「苦節」，故「苦節謂上也」。上應在三，三變互成离火。「炎上作苦」，《洪範》文。三變，至五互离，位在火上，故言「苦節」。上陰雖得正位，然近乘五陽，在上過節，故「不可貞」。

《彖》曰：「節亨，剛柔分而剛得中。 盧氏曰：此本泰卦。分乾九三升坤五，分坤六五下處乾三，是「剛柔分而剛得中」也。疏泰卦上坤下乾，三五易位，是「剛柔分」而「天地交」也。二五皆剛得中，而五尤得正也。**苦節不可貞，其道窮也。** 虞翻曰：位極於上，乘陽，故「窮」也。疏上六位極於上，下乘五陽，泰時已極，故「道窮也」。**説以行險，** 虞翻曰：兑説坎險，震爲行，故「説以行險」也。疏内兑爲説，外坎爲險，互震爲行，故「説以行險也」。**當位以節，中正以通。** 虞翻曰：中正謂五，坎爲通也。疏五得中得正，故「中正謂五」。五體坎爲通，故「中正以通」。**天地節而四時成，** 虞翻曰：泰乾天坤地。震春兑秋坎冬，三動离爲夏。故「天地節而四時成」也。疏泰乾爲天，坤爲地。泰、節皆互震爲春。節兑爲秋，坎爲冬，三變离爲夏。天地之數以六十爲節，故《易》卦至六十而爲節。月有中氣，有節氣，節以損其過而歸之中，故「天地節而四時成也」。**節以制度，不傷財，不害民。」** 虞翻曰：艮手稱制，坤數十爲度。坤又爲害、爲民、爲財，二動體剥，剥爲傷。三出復位成既濟定，坤剥不見，故「節以制度，不傷財，不害民」。疏《説文》：「制，裁也。」裁物以手，體互艮爲手，故「艮手稱制」。《舜典》「同律度量衡」，孔傳「度，丈尺也」。❶十寸爲尺，十尺爲丈。坤癸數十，故「爲度」。又坤陰慝爲害，衆爲民，富有爲財。二動至五體象剥，故「爲傷」。三陽出，復正位，成既濟定，坤害剥傷，毀滅不見，故「節以制度，不傷財，不害民」。三所以「嗟若无咎」也。鄭氏云：「空府藏則傷財，力役繁則害民。二者，奢泰之所致。」故「節以制度」，則無傷財害民之事矣。

《象》曰：「澤上有水，節。侯果曰：澤上有水，以隄防爲節。**疏**隄防，所以節水者也，故「澤上有水」，則「以隄防爲節」，不節則潰矣。**君子以制數度，議德行。」**虞翻曰：君子，泰乾也。艮止爲制，坤爲度，震爲議、爲行，乾爲德，故「以制數度，議德行」。乾三之五爲制數度，坤五之乾爲議德行也。**疏**乾三爲「君子」，故「君子謂泰乾也」。艮手止，故稱「制」。坤十爲度，故爲「數度」。互震聲爲「議」，震足爲「行」，乾盛德爲「德」，故「以制數度，議德行」。坤爲「數度」，乾三之五成艮，❷故爲「制數度」。乾爲「德行」，坤五之乾成震，爲「議德行」也。

初九，不出户庭，无咎。虞翻曰：泰坤爲户，艮爲庭，震爲出。初得位應四，故「不出户庭，无咎」矣。**疏**泰坤闔户爲「户」，節互艮門闕爲「庭」，帝出乎震爲「出」。初陽得位，上應四陰爲「户庭」，初不變，故「不出户庭」。比陽宜有咎，得正，故「无咎」矣。**《象》曰：「不出户庭，知通塞也。」**虞翻曰：坎爲通。二變，坤土壅初爲塞。崔憬曰：爲節之始，有應於四，四爲坎險，不通之象。以節崇塞，雖不通，可謂「知通塞」矣。户庭，室庭也。慎密守節，故「不出」焉而「无咎」也。案初九應四，四互坎艮，艮爲門闕，四居艮中，是爲内户，户庭之象也。**疏**虞注　應坎爲「通」。二變則互坤土，壅初爲「塞」。通塞皆節澤之道也。崔注　初居節始，正應在四，四坎爲險，不通之象。不通則不宜崇塞。苟節其崇塞，雖不通，可謂「知通塞」矣。蓋初本泰乾，《繫上》曰「乾以易知」，❸下曰「德行恒易以知險」。❹四在坎爲通，

---

❶「度丈尺也」，思賢本作「謂度爲尺丈」。
❷「艮」，思賢本作「坎」。
❸「繫上」，思賢本作「繫傳」。
❹「下」，思賢本作「又」。

險則不通。互艮止爲塞。初陽守正不出，「易以知險」，故「知通塞也」。户内有庭，即「室庭也」。艮陽小爲慎，應艮，故「慎密不出」。守節，故「无咎」也。　案　初應四互艮，❶四在艮中爲内户，故曰户庭。　愚案　節爲坎宫初世卦，初變成兑，塞其下流，《左傳》所謂「川壅爲澤」是也。象澤注水，故名曰節。初陽得正，取其不變，故「不出户庭，无咎」。下坎通也。通而塞之，故曰「知通塞也」。

九二，不出門庭，凶。虞翻曰：變而之坤，艮爲門庭。二失位，不變出門，應五則凶，故言「不出門庭，凶」矣。疏二動成坤，上應五艮爲「門庭」。二失正位，若不變而出門，應五則凶。蓋初得正，不變故无咎。二失位，不變則「不出門庭，凶矣」。《象》曰：「不出門庭凶，失時極也。」虞翻曰：極，中也。未變之正，失時極矣。疏《説文》「極，棟也」，《釋宫》「棟謂之桴」，郭注「即屋脊也」，❷《逸雅》「棟，中也，居屋之中也」，又《周頌》毛傳、《天官》鄭注皆云「極，中也」，故云「極，中也」。二位在中失正，時當變而未變，故曰「失時極也」。

六三，不節若，則差若，无咎。虞翻曰：三，節家君子也，失位，故「節若」。嗟，哀號聲。震爲音聲，爲出。三動得正而體离坎，涕流出目，故「則嗟若」。得位乘二，故「无咎」也。疏三本泰乾，乾三，君子之位，故「三爲節家君子也」。三失位當變，成既濟定，則「節若」矣。不節則嗟，終當變也。《釋詁》「嗟，咨嗟也」，故云「哀號聲」。震善鳴爲聲音，❸故曰「嗟」。又三在兑口，亦爲「嗟」。萬物出乎震爲出。三失位，動得正，體互坎离，坎水爲涕，流出离目，故「則嗟若」。失位宜咎，二已變，三變得位乘二，故「无咎也」。《象》曰：「不節之差，又誰咎也。」王弼曰：若，辭也。以陰處陽，以柔乘剛，違節之道，以至哀嗟，自己所致，无所怨咎，故曰「又誰咎」矣。疏「若，辭也」者，語助辭也。以六陰處三陽，以六柔乘二剛，不知節以制度，而違其道，侈汰已甚，禍將及己，必至哀嗟，咎由自取，又誰怨乎。　愚案　三失正位，不節之嗟，懼有咎而自悔矣。變而得正，「又誰咎」乎。言人不能咎三者，以三變得正，故无咎也。

❶「初應四互艮」，思賢本作「初應四坎互艮」。
❷「郭注即屋脊也」，思賢本作「疏云『今屋脊也』」。
❸「聲音」，思賢本作「音聲」。

六四，安節，亨。虞翻曰：二已變，艮止坤安，得正承五，有應於初，故「安節，亨」。疏 二已變正，不言三變者，三節若，其常也。互艮爲止，互坤静爲安，四得正位，❶上承五陽，初陽正應爲「有應於初」，故「安節，亨」。《象》曰：「安節之亨，承上道也。」《九家易》曰：言四得正奉五，上通於君，故曰「承上道也」。疏 五自乾升，上居君位。四得正奉五，上通於君，乾爲道，故曰「承上道也」。

九五，甘節吉。往有尚。虞翻曰：得正居中，坎爲美，故「甘節吉」。往謂二，二失正，變往應五，故「往有尚」也。疏 以九居五，九爲得正，五爲得中。《説文》「甘，美也」。坎美脊爲美，故爲「甘節吉」。二應五，自内曰「往」。二失正，變正上應於五。「尚」與「上」同，故「往有尚」。　愚案　「甘」本作「日」，於文，口含一物之甘美。兑爲口，上含坎之一陽，故取象焉。《象》曰：「甘節之吉，居位中也。」虞翻曰：艮爲居，五爲中，故「居位中也」。疏 互艮止爲居，在五爲中，故曰「居位中也」。《彖傳》曰「當位以節，中正以通」，謂此爻也。

上六，苦節，貞凶，悔亡。虞翻曰：二三變有兩离，火「炎上作苦」，故「苦節」。乘陽，故「貞凶」。得位，故「悔亡」。　干寶曰：《象》稱「苦節不可貞」，在此爻也。稟險伏之教，懷貪狼之志，以苦節之性，而遇甘節之主，必受其誅，華士少正卯之爻也，故曰「貞凶」。苦節既凶，甘節志得，故曰「悔亡」。疏 虞注　二三易位成既濟，體互兩离，火性「炎上作苦」，故上曰「苦節」。上乘五陽，雖貞亦凶。六得正位，其悔乃亡。　干注　苦節雖貞亦凶，故《彖》曰「苦節不可貞」。坎爲險，又爲隱伏，故「稟險伏之教」。坎上戊子，子主北方，《翼奉傳》「北方之情，好也。好行貪狼」，故「懷貪狼之志」。上六苦節之性，遇九五甘節之主，以小人遇君子，故「必受其誅」。云「華士少正卯之爻」者，《家語》「孔子爲魯大司寇，攝朝政七日，而誅亂政大夫少正卯於兩觀之下」，故曰「貞凶」。誅上者，五也，上既凶，五志得，故「悔亡」。　愚案　此爻與《大過》上六「過涉滅頂凶，无咎」同義。蓋仗節死義之臣，所守甚正，所遇則凶，然義實无咎，如「比干諫而死」之類

❶「四」，原作「三」，今據思賢本及節卦卦象改。

是也。《象》曰：「苦節貞凶，其道窮也。」荀爽曰：乘陽於上，无應於下，故「其道窮也」。**疏**五陽剛，故「乘陽於上」。三敵應，故「无應於下」。乘陽无應，位極於上，故曰「其道窮也」。

《序卦》曰：「節而信之，故受之以中孚。」崔憬曰：「節以制度，不傷財，不害民」，則人信之，故言「節而信之，故受之中孚」也。**疏**坎孚爲信，節以制度，則人受其利而信之矣，故「受之以中孚」。　愚案節有符節之義，八卦中，唯澤水同物，分之則二，合之則一，且體坎爲信，互震爲竹，所謂「若合符節」是也，故曰「節而信之，故受之以中孚」。

䷼兑下巽上

中孚，虞翻曰：訟四之初也。坎孚象在中，謂二也，故稱「中孚」。此當從四陽二陰之例，遯陰未及三，而大壯陽已至四，故從訟來。二在訟時，體离爲鶴，在坎陰中，有「鳴鶴在陰」之義也。**疏**訟四之初成中孚。坎有孚爲孚象在下中，故「謂二也」。二本訟坎，今在二中，坎象半見，故「稱中孚」。四陽二陰之例，當從遯、大壯來。但二陰在中，遯陰未及三，大壯陽已至四，不能兩爻並動以成之卦，故不從二卦來，而從訟來。此與小過二陽在中，不從臨、觀來，而從晉來同義也。二在訟時，體互离飛鳥爲鶴，一陽在坎二陰中，故「有鳴鶴在陰之義」。此又以爻辭證卦從訟來也。　豚魚吉。案：坎爲豕，訟四降初，折坎稱豚。初陰升四，體巽爲魚。中，二。孚，信也。謂二變應五，化坤成邦，故「信及豚魚」，吉矣。　虞氏以三至上體遯，便以豚魚爲遯魚。雖生曲象之異見，乃失化邦之中信也。**疏**「坎爲豕」，《説卦》文。訟二，坎豕也。四降居初，折坎爲豚。《説文》：「豚，小豕也。」初陰升四，體巽爲魚。震陽爲龍，巽陰爲魚。郭璞云「魚者，震之廢氣」是也。中，下之中，謂二也。《説文》：「孚，信也。」《禮・聘義》「孚尹旁達，信也」，是其義也。坤爲邦，二變正應五，故「化坤成邦」。有中孚化邦之德，則物无不格，故「信及豚魚，吉矣」。尋虞氏之義，以三至上體遯，巽魚在遯，故爲「遯魚」。遯弑父，大壯陽來止之，兑爲澤，遯魚得澤故吉，義亦可通。李氏以爲曲象，失化邦之中信，故不取也。

愚案《爾雅翼》：「鯢，今之河豚，冬至日輒至，應中孚十一月卦。」「信及豚魚」，河豚也。又《山海經》「魳魳之魚」，即河豚魚也。或曰：「豚魚生澤中，而性好風，向東則東風，向西則西風，舟人以之候風焉。當其什百爲羣，一浮一没，謂之拜風。拜風之時，見其背而不見其鼻。鼻出於水，則風立至矣。中孚之爲卦也，下兑而上巽，當風與澤之閒，而象之以豚魚，互艮又爲鼻。」此象之至精者也，存之以備一説。

利涉大川，虞翻曰：坎爲大川，謂二已化邦，三利出，涉坎得正，體涣，涣，舟楫象，故「利涉大川，乘木舟虚也」。疏坎水爲大川。二已變正應五，化坤爲邦。三陰失位，陽利動出成坎，故云「涉坎得正」。自二至上，下坎上巽體涣象，「舟楫之利，蓋取諸涣」，故「利涉大川」，《彖傳》曰「乘木舟虚」是也。**利貞。**虞翻曰：謂二利之正而應五也。「中孚以利貞，乃應於天也」。疏二變，與五爲正應，故「二利之正而應五也」。即《彖傳》所謂「中孚以利貞，乃應於天也」。

《彖》曰：「中孚柔在内而剛得中，説而巽，孚，王肅曰：三四在内，二五得中，兑説而巽順，故「孚」也。疏「柔在内」，謂「三四在内」也。「剛得中」，謂「二五得中」也。内兑説而外巽順，故「孚也」。按剛柔皆謂二也。二變應五，故「柔在内」。四外體，不得云「四在内也」。兑説謂二，巽孚謂五，❶故「乃化邦也」。

乃化邦也。虞翻曰：二化應五成坤，坤爲邦，故「化邦也」。疏二變應五，互三四成坤，坤土爲邦，又「坤化成物」，故「化邦也」。**豚魚吉，信及豚魚也。**荀爽曰：豚魚謂四三也。四爲山陸，豚所處。三爲兑澤，魚所在。豚者卑賤，魚者幽隱。中信之道，皆及之矣。疏「豚魚謂三四也」者，四互艮爲山陸，山，豚所處也，故豚謂四。三體爲兑澤，澤，魚所在也，故魚謂三。豚者，獸之卑賤。魚者，蟲之幽隱。王氏云：「争競之道不興，中信之德淳著。則雖幽隱之物，信皆及之」矣。**利涉大川，乘木舟虚也。**王肅曰：中孚之象，外實内虚，有似可乘虚木之舟也。疏中孚之象，四陽在外爲實，二陰在内爲虚，有舟象焉，故曰「有似可乘虚木之舟也」。蓋三出體涣，故象舟楫，而曰「乘木舟虚也」。**中孚以利貞，乃應乎天**

❶「謂」下，思賢本有「之」字。

也。」虞翻曰：訟乾爲天，二動應乾，故「乃應乎天也」。疏訟乾五爲天，二動之正，上應乎乾爲應天，故曰「乃應乎天也」。

《象》曰：「澤上有風，中孚。」崔憬曰：流風令於上，布澤惠於下，「中孚」之象也。疏上巽爲風，故「流風令於上」。下兑爲澤，故「布澤惠於下」。上下交孚，「中孚之象也」。　案　風生乎澤，風行澤上，以陽散陰，澤上有風，以陰應陽，中孚之義也。澤者，恩澤，風者，號令，「議獄緩死」之義。君子以議獄緩死。」虞翻曰：君子謂乾也。訟坎爲獄，震爲議，爲緩，坤爲死。乾四之初，則二出坎獄，兑説震喜，坎獄不見，故「議獄緩死」也。疏「君子」謂訟乾也。訟坎陷爲「獄」。震聲爲「議」，震木德寬仁爲「緩」，坤滅於乙爲「死」。訟乾四之初，兑成坎毁，則二五震爲「出坎獄」。兑爲説，震陽爲喜，坎象不見，故「議獄緩死也」。

初九，虞吉，有它不燕。荀爽曰：虞，安也。初應於四，宜自安虞，无意於四則吉，故曰「虞吉」也。四者承五，有它意於四則不安，故曰「有它不燕」也。疏《士虞禮・鄭目録》云：「虞，安也。」初應於四，彼此皆正，故初宜安虞，无意於四而不妄動則吉，故曰「虞吉」。四自訟初來，上正承五，若初有它意，變不應四，於四則不安，故曰「有它不燕」。《釋詁》「燕，❶安也」，《詩》鄭箋亦云「燕，安也」，「燕」與「宴」通，故亦訓安也。《象》曰：「初九虞吉，志未變也。」荀爽曰：初位潛藏，未得變而應四也。疏《乾》初九曰「陽氣潛藏」，故「初位潛藏」。與四正應，故「不得變而應四也」。　愚案　訟坎爲志。四已之初，宜安其位，不可有它，故曰「志未變也」。

九二，鳴鶴在陰，其子和之。我有好爵，吾與爾靡之。虞翻曰：靡，共也。震爲鳴，訟离爲鶴，坎爲陰夜，「鶴知夜半」，故「鳴鶴在陰」。二動成坤體益，五艮爲子，震巽同聲者相應，故「其子和之」。坤爲身，故稱「我」。吾，謂五也。离爲爵，爵，位也。坤爲邦國。五在艮，閽寺庭闕之象，故稱「好爵」。五利二變之正應以，故「吾與爾靡之」矣。疏「靡，共也」，本孟喜《易》

---

❶「釋詁」至下文「亦云燕安也」，思賢本作「《詩・新臺》傳、《鹿鳴》傳，又《蓼蕭》箋皆云『燕，安也』」。

注。互震善鳴爲「鳴」。訟互离爲飛鳥，故「爲鶴」，又全體似离，亦「爲鶴」。坎在子中爲陰夜。「鶴知夜半」，《淮南子》文。夜半，故「鳴鶴在陰」。二動互坤爲母，全體成益，五體艮爲少子。又《説文》「卵，孚也」，❶故有孚取鶴子之象。中互震巽，同聲相應，故「其子和之」也。坤形爲身，故「爲我」。二應五，故「吾謂五也」。《孟子》「爲叢歐爵者，❷鸇也」，注云「爵，鳥名」。《説文》：「爵，禮器也。所以飲器象爵者，取其鳴節節足足也。」《祭統》曰：「尸飲五，君洗玉爵獻卿。尸飲七，以瑶爵獻大夫。尸飲九，以散爵獻士及羣有司。」凡有爵於廟，則有位於朝，無位則无爵，亦遂以位爲爵。《天官·太宰》「以八柄詔王，馭羣臣。一曰爵」，即此義也。蓋古者爵位，取義於酒爵。酒爵之義，又取爵鳴節節足足。訟离爲飛鳥，故「离爲爵」，而爵曰位也。坤土爲邦國。五位在艮，有閽寺闕庭之象。人臣食爵於朝，故稱「好爵」。「以」當作「已」，五利二變正應已，好爵與共，故曰「吾與爾靡之矣」。《象》曰：「其子和之，中心願也。」虞翻曰：坎爲心，動得正應五，故「中心願也」。疏 訟坎爲「心」，動而得正，上應五陽，二在下中，故曰「中心願也」。

六三，得敵。或鼓或罷，或泣或歌。荀爽曰：三四俱陰，故稱「敵」也。四得位，有位故鼓而歌。三失位無實，故罷而泣之也。疏 三四俱陰，以陰承陰，故「稱敵」。以六居四爲得位，有位，故「鼓而歌」。以六居三爲失位，陽爲實，失陽無實，故「罷而泣之也」。　案 上與四互震聲爲「鼓」，又互艮止爲「罷」，故「或鼓或罷」。下乘二，在訟坎爲「泣」，二變震聲爲「歌」，故「或泣或歌」。或之者，无常度也，以陰不中正故也。《象》曰：「或鼓或罷，位不當也。」王弼曰：三四俱陰，金木異性，敵之謂也。以陰居陽，自彊而進，進而閡敵，故「或鼓」也。四履正位，非己敵所克，故「或罷」也。不勝而退，懼見侵陵，故「或泣」也。四履謙巽，不報讎敵，故「或歌」也。歌泣无恒，「位不當也」。疏 三四俱陰，兑金巽木，既異其性，金又剋木，故曰「得敵」。孔疏：「欲進礙四，恐其害己，故或鼓而攻之。而四履正承尊，非己所勝，故或罷而退敗

❶「卵孚也」，思賢本作「孚，卵孚也」。
❷「爲叢」至下文「鳥名」，思賢本作「『爲叢敺爵者』，《晉書·段灼傳》引作『雀』，蓋小鳥也」。

也。不勝而退，懼見侵陵，故或泣而憂悲也。四履於順，不與物校，退不見害，故或歌而歡樂也。進退无恒者，止爲不當其位，妄進故也。」　案　三失位，不能自正，應在上登天，不下與三易位，故曰「位不當也」。

六四，月幾望，馬匹亡。无咎。 虞翻曰：訟坎爲月，离爲日。兑西震東，月在兑二，离在震三。日月象對，故「月幾望」。乾坎兩馬匹。初四易位，震爲奔走，體遯山中，乾坎不見，故「馬匹亡」。初四易位，故「无咎」矣。**疏**訟坎爲月，謂二也。离爲日，謂四也。中孚體兑爲西，互震爲東，坎月在兑二，离日在震三，即訟四也。月西日東，兩象相對，故曰「月幾望」。幾，近也。不在二五不正望，中孚坎离之合，故發此象。訟乾爲馬，坎亦爲馬，兩馬相匹。匹，配也。在訟，乾四與坎初爲匹也。初四易位，四互震足爲奔走，二至上體遯山中，乾坎皆壞，故「馬匹亡」也。初四易位得正，故「无咎矣」。　愚案　月至兑丁爲上弦，盈乾甲爲望。內體兑，四本訟乾，故月自兑丁至乾爲幾望。❶與小畜、歸妹同義。**《象》曰：「馬匹亡，絶類上也。」** 虞翻曰：訟初之四，體與上絶，故「絶類上也」。**疏**四在上體，訟初之四，四即之初，體與上絶，故「馬匹亡」。「上」謂乾，故「絶類上也」。

九五，有孚攣如，无咎。 虞翻曰：「孚，信也」，謂二在坎爲孚。巽繩艮手，故「攣」二，使化爲邦，得正應己，故「无咎」也。**疏**「孚，信也」，《説文》文。五應二，二在訟坎爲「孚」。五體巽爲繩，互艮爲手，故曰「攣」。《説文》「攣，係也」，凡拘牽連繫者，皆曰「攣」。「攣如」者，蓋取中孚固結約束，不可解之義也。二敵應有咎，故五攣二，使化坤爲邦，變正得位，上來應五，故「无咎也」。**《象》曰：「有孚攣如，位正當也。」** 案：以陽居五，有信攣二，使變已，是「位正當也」。**疏**以陽居五，得中得正，故能「有孚」，下攣於二，使之變正應己，故曰「位正當也」。

上九，翰音登于天，貞凶。 虞翻曰：巽爲雞，應在震，震爲「音」，翰，高也，巽爲高，乾爲「天」，故「翰音登于天」。失位，故「貞凶」。《禮》薦牲，雞稱翰音也。**疏**「巽爲雞」，《説卦》文。應在互震，震善鳴爲「音」。「翰，高也」者，即王注所謂「高飛」是也。「巽爲高」，「乾爲天」，

❶「月」，思賢本作「日」。

皆《説卦》文。體本訟乾，又上於三才爲天位，故曰「翰音登于天」。上失正位，故「貞凶」。《曲禮》曰「雞曰翰音」，蓋祭宗廟所用，故云「《禮》薦牲，雞稱翰音也」。❶ 案 體巽爲雞，雞鳴必振其羽，故有「翰音」之象。夫豚魚知風，鶴知夜半，雞知旦，皆物之有信者，故《周禮》雞人亦取乎義。然雞能鳴不能上飛，叫旦雖不失時，欲使羽翰之音，登聞於天，豈能久乎，《孟子》所謂「聲聞過情」者也。三陰爲不義之應，上宜與三易位，正乎凶，卦辭「利涉大川」是也。

《象》曰：「翰音登于天，何可長也。」侯果曰：窮上失位，信不由中，以此申命，有聲無實，中實内喪，虚華外揚，是「翰音登天」也。巽爲雞，雞曰翰音。虚音登天，何可久也。**疏** 陽窮於上，又失正位，所處過中，是「信不由中」者也。巽爲申命，以此申命，有虚聲而無實行。内應在三，三陰无實，故「中實内喪」。以陽居陰，處外卦之上，故「虚華外揚」，是「翰音登天」之象也。虚音登天，聲不能久，巽爲長，故曰「何可長也」。

同邑徐鱗石庵校

周易集解纂疏卷二十三

❶「雞」，原脱，今據思賢本及虞翻注補。

周易集解纂疏卷二十四

唐李鼎祚集解　安陸李道平遵王纂疏

《序卦》曰：「有其信者必行之，故受之以小過。」韓康伯曰：守其信者，則失貞而不諒之道，而以信爲過也，故曰「小過」。疏孚爲信，中孚爲「有其信」。互震爲行，故曰「必行之」。又互艮止，守之象也。守其信而行，則「失貞而不諒之道」。所謂「言必信，行必果」，守硜硜之節，而不知大體，以信爲過者也。「可小事」，故曰「小過」。

䷽ 艮下震上

小過，亨利貞。虞翻曰：晉上之三。當從四陰二陽臨、觀之例，臨陽未至三，而觀四已消也。又有飛鳥之象，故知從晉來。杵臼之利，蓋取諸此。柔得中而應乾剛，故「亨」。五失正，故「利貞」。「過以利貞，與時行也」。

疏晉上之三成小過。從四陰二陽之例，自臨、觀來。但二陽在中，臨陽未至三，而觀四已消。不能兩爻並動以成之，卦與訟四之初成中孚同例也。晉體离爲飛鳥。「從晉來」者，晉，乾宮遊魂卦也。臨、否、泰具乾坤義，❶《晉》三《象》曰「上行也」，虞彼注云：「此則成小過，故有飛鳥之象焉。杵臼之利，見碩鼠出入坎穴，蓋取諸此也。」「柔得中」，謂五也。「乾剛」，謂五伏陽也。體震與巽同聲相應，故「柔得中而應乾剛」。過恭、過哀、過儉，過乎柔者也。然「柔得中而應乾剛」，得乎禮之本意。「嘉會足以合禮」，故「亨」也。五陰失正，利變之貞，故《象》曰「過以利貞，與時行也」。

可小事，虞翻曰：小謂五，晉坤爲事，柔得中，故「可小事」也。疏五陰爲小，故「小謂五」也。晉坤發於事業爲「事」。五得中，故「可小事也」。

不可大事。虞翻曰：大謂四，❷剛失位而不中，故「不可大事」也。疏「大事」謂四，四剛失位而不得中，故「不可大事也」。

飛鳥遺之音，不宜上，宜下，大吉。虞翻

❶「臨」，思賢本作「明」。

❷「大謂四」，思賢本作「大事四」。

曰：离爲飛鳥，震爲音，艮爲止。晉上之三，离去震在，鳥飛而音止，故「飛鳥遺之音」。上陰乘陽，故「不宜上」。下陰順陽，故「宜下，大吉」。俗説或以卦象二陽在内，四陰在外，有似飛鳥之象，妄矣。**疏** 晉离爲雉，故「爲飛鳥」。小過震善鳴爲「音」，艮止爲止。晉上之三，离象毁，震艮象成，是「鳥飛去而音止」也，故曰「飛鳥遺之音」。遺，存也。上陰乘四陽謂五，故「不宜上」，謂五當變。下陰順三陽謂二，故「宜下，大吉」，謂二「遇其臣」。俗説，宋衷説也。《易》无此象，故曰「妄矣」。

《彖》曰：「小過，小者過而亨也。過以利貞，與時行也。荀爽曰：陰稱小。謂四應初，過二而去，三應上，過五而去，五處中，見過不見應，故曰「小者過而亨也」。**疏** 陽大陰小，故「陰稱小」。四應初，陰過二而去，三應上，陰過五而去，五處上中，見陰之過而不見陽之應，故曰「小者過而亨也」。案　小陰謂五，五過乎陽，而應乾剛，故「過而亨」。艮爲「時」，震爲「行」，過五利變之正成咸，❶泰否相反，「終則有始」，「與時偕行」，故「過以利貞，與時行也」。柔得中，是以小事吉也。虞翻曰：謂五也。陰稱小，故「小事吉也」。**疏** 五柔得正，故「謂五也」。陰柔稱「小」，柔而得中，故「小事吉也」。剛失位而不中，是以不可大事也。虞翻曰：謂四也。陽稱大，故「不可大事也」。**疏** 剛失位，謂四也。陽剛稱「大」，失位不中，故「不可大事也」。有飛鳥之象焉，飛鳥遺之音，宋衷曰：二陽在内，上下各陰，有似飛鳥舒翮之象，故曰「飛鳥」。震爲聲音，飛而且鳴，鳥去而音止，故曰「遺之音」也。**疏** 二陽在内，象鳥之身。四陰在外，象翅與足。有似飛鳥舒翮之象，故曰「飛鳥」。此即虞君所謂「俗説」也。震善鳴爲「聲音」，「飛而且鳴」謂震。「鳥去而音止」謂艮，故曰「遺之音」。不宜上，宜下，大吉，上逆而下順也。」王肅曰：四五失位，故曰「上逆」。二三得正，故曰「下順也」。**疏** 四陽五陰爲「失位」，四五在上，故曰「上逆」。二陰三陽爲得正，二三在下，故曰「下順也」。案　陰在陽上爲逆，故五宜正。陰在陽下爲順，故二不變。

《象》曰：「山上有雷，小過。侯果曰：山大

---

❶「過五」，思賢本作「謂五」。

而雷小，山上有雷，小過於大，故曰「小過」。疏艮一陽在上，陽爲大，故曰「山大」。震重陰在上，陰爲小，故曰「雷小」。今「山上有雷」，是「小過於大」也，故曰「小過」。

愚案 艮止所以節禮，震動於上而過之，陰過於陽，故曰「小過」。陰，柔也。過恭、過哀、過儉，皆過於柔而不失乎禮之本者也。其過爲小，故君子以之。**君子以行過乎恭，**虞翻曰：君子謂三也。上貴三賤，晉上之三，震爲行，故「行過乎恭」。謂三「致恭以存其位」，與謙三同義。疏艮三即乾三，乾三稱君子，故「君子謂三也」。上位貴，三位賤，晉上之三，是貴下於賤也。震足爲「行」，故「行過乎恭」。《繫上》曰「謙也者，致恭以存其位者也」。剥上之三成謙，故「與謙三同義」。**喪過乎哀，**虞翻曰：晉坤爲喪，离爲目，艮爲鼻，坎爲涕洟，震爲出。涕洟出鼻目，體大過，遭死，「喪過乎哀」也。疏晉坤喪於乙爲「喪」，又晉离爲目。體艮互兑，「山澤通氣」，以虚受澤，故「爲鼻」。坎水爲「涕洟」。萃上虞注云「自目曰涕，自鼻曰洟」。「萬物出震」，爲「出」。「涕洟出於鼻目」爲「哀」。自二至四體大過，遭死象，故「喪過乎哀」。**用過乎儉。」**虞翻曰：坤爲財用，爲吝嗇，艮爲止，兑爲小。小用止，「密雲不雨」，故「用過乎儉」也。疏晉坤土生萬物爲財，「致役乎坤」爲「用」，故「爲財用」。「坤爲吝嗇」，《説卦》文。兩體有艮爲止。小過互兑少女爲「小」，「小」謂五陰。「小用而止」，即六五「密雲不雨」之象也，故「用過乎儉」。

初六，飛鳥以凶。虞翻曰：應四离爲飛鳥，上之三，則四折入大過死，故「飛鳥以凶」。疏初應晉四，离爲飛鳥。晉上之三，成艮互兑，兑爲毁折，故「四折入大過死」。謂二至五體大過死象也，❶故「飛鳥以凶」。初失正，利四來易位，四死大過，故以初凶也。 按 初在艮下當止，失位故不止而飛。宜下不宜上，故「凶」也。**《象》曰：「飛鳥以凶，不可如何也。」**虞翻曰：四死大過，故「不可如何也」。疏初應在四，四死大過，故「不可如何也」。

六二，過其祖，遇其妣。虞翻曰：祖謂祖母，初也。母死稱妣，謂三。坤爲喪爲母，折入大過死，故稱

❶「五」，原作「四」，今據小過卦卦象改。

「祖」「妣」也。二過初，故「過其祖」。五變，三體姤遇，故「遇妣」也。疏對「妣」言，故知「謂祖母」。二過初，故「祖母謂初也」。《説文》「妣，殁母」，❶《曲禮》「生曰父母，死曰考妣」，故「母死稱妣」。二遇三，故「妣謂三」也。晉坤爲喪爲母，故二稱王母。今上折入大過，故「稱祖妣也」。二在巽三爲長女，三本晉坤，故三爲二母，死大過，故「稱妣也」。初，坤體之始，故爲祖母也。二在初上爲過初，故「過其祖」。五失位當變，二至五體姤，「姤，遇也」。三在二上，故「遇妣也」。**不及其君，遇其臣，无咎。**虞翻曰：五動爲君，晉坤爲臣。二之五隔三，艮爲止，故「不及其君」。止如承三，得正，體姤遇象，故「遇其臣，无咎」也。疏二應五，五不正，五動陽出，互乾爲「君」。晉内坤爲「臣」。二往應五隔三，互艮爲止，故「不及其君」。「如」與「而」通。近比艮止，止而承三，陰陽得正，體姤稱「遇」，故「遇其臣」。❷小過之時順陽，故「无咎也」。**《象》曰：「不及其君，臣不可過也。」**虞翻曰：體大過，下止舍巽下，故「不可過」。與隨三同義。疏二至五體大過，下體艮，互體巽，二止舍巽下，五君隔於三艮，二臣不應，故「臣不可過」。隨家陰隨陽，六三之上无應，承四互艮，故係於四。小過之時，陰過陽，以順陽爲吉，故「與隨三同義」。

九三，弗過，防之，從或，戕之凶。虞翻曰：防，防四也。失位，從或而欲折之初。戕，殺也。离爲戈兵。三從离上入坤，折四死大過中，故「從或，戕之凶」也。疏尋虞義，當作「弗過」句，「防之」句，「從或」句，「戕之凶」句。「防，防四」者，謂三弗過四，應上而防四也。四失位應初，故「從或而欲折之初」，「或」即初也。宣十八年《公羊傳》「戕鄫子於鄫者何？殘賤而殺之也」，故云「戕，殺也」。晉离爲戈兵，故爲「戕」。三從离上入坤成小過，折四至二象死大過中，故「從或，戕之凶也」。「凶」謂四也，四之凶不當見於三，謂三不防四，四折之初，則體飛鳥而成明夷，三离災眚，故致「凶」耳。**《象》曰：「從或戕之，凶如何也。」**虞翻曰：三來戕四，故「凶如何也」。疏三不防四，四從初受傷，是「三來戕四」，而三亦受傷，故「凶如何也」。

九四，无咎，弗過遇之。《九家易》曰：以陽

❶「母」下，思賢本有「也」字。

❷「臣」，原作「君」，今據思賢本及小過卦六二爻辭改。

居陰，「行過乎恭」。今雖失位，進則遇五，故「无咎」也。四體震動，位既不正，當動上居五，不復過五，故曰「弗過遇之」矣。疏以九居四爲陽居陰，「行過乎恭」。失位有咎，今進而遇五得正，故「无咎」。四體震初爲動，位即不正，當動而上居於五，不復過五而遇五，故曰「弗過遇之矣」。愚案 失位，咎也。下正應初，故「无咎」。然亦不義之應也，故四弗過三之初，而待五陽反正，體姤爲「遇」，故曰「弗過遇之」。**往厲必戒，勿用永貞。**荀爽曰：四往危五，戒備於三，故曰「往厲必戒」也。勿長居四，當動上五，故曰「勿用永貞」。疏四陽不正，往必危五。「戒備於三」者，謂三當防四，故曰「往厲必戒也」。然長居於四，失位非宜，故「勿長居於四」，當動而上五，故曰「勿用永貞」。愚案 四有正應，五陽當自出，得正應二。四往五失應則危，故「必戒也」。待五正，然後初四易位，成既濟定。四之初，則「潛龍勿用」之爻也。既濟定，則永得其正，故曰「勿用永貞」。**《象》曰：「弗過遇之，位不當也。往厲必戒，終不可長也。」**虞翻曰：體否上傾，故「終不可長」矣。疏四失位，故常欲過三之初。五正體否，《否》上《象》曰「否終則傾，何可長也」。又體巽爲長，故「終不可長也」。

六五，密雲不雨，自我西郊。虞翻曰：密，小也。晉坎在天爲雲，墜地成雨，上來之三，折坎入兑小爲密，坤爲自、我，兑爲西，五動乾爲郊，故「密雲不雨，自我西郊」也。疏《小畜》、《小過》皆稱「密雲」，故云「密，小也」。互兑少女，故稱「小」也。晉互坎水，在天爲「雲」，如《需》「雲上于天」是也；墜地成「雨」，如《解》「雷雨作」是也。晉上之三，變坎成兑，「兑小」，故「爲密」。坤形爲「自」爲「我」，故「爲自我」。兑，方伯正西卦，故「爲西」。五動互乾，乾，「西北」，野外稱「郊」。故「密雲不雨，自我西郊」。「不雨」者，體互巽艮，艮止而風散之也。**公弋取彼在穴。**虞翻曰：「公」謂三也。弋，矰繳射也。坎爲弓彈，离爲鳥矢，弋，無矢也。巽繩連鳥，弋人鳥之象。艮爲手，二爲穴，手入穴中，故「公弋取彼在穴」也。疏爻例三爲公位，故「公謂三也」。《夏官·司弓矢》「矰矢茀矢，用諸弋射」，鄭注「結繳於矢，謂之矰矢」，❶故云「弋，矰繳射也」。晉坎爲弓輪，故「爲弓彈」。离爲飛鳥，又爲

❶「謂之矰矢」，思賢本作「謂之矰。矰，高也」。

戈兵，故「爲鳥矢」。謂三弋取初，而正四成既濟，亦體具坎离也。「无」當作「弓」，言弋者，用弓矢也。又互「巽繩」，「連」繫於「鳥」，是「弋人取鳥之象」也。「人」下當脱「取」字。三「艮爲手」。二互巽，伏艮山下，陰爻兩畫「爲穴」。初在穴中，艮「手入穴中」，故「公弋取彼在穴也」。

愚案　五在晉爲互坎，上坎爲雲，故曰「密雲」。晉上之三，下坎爲雨，坎象毁，故「不雨」。五不正，四亦不正，四互兑爲西，陰過而上，由四過五，故「自我西郊」。尋小過象，取「飛鳥」，初凶失正，在穴之鳥也。五變正，三爲公位，上承五志，取初易四，則六爻皆正。五陰小過，故「密雲不雨」，利變得正，故使三取初易四，「密雲不雨」即「不宜上」，「弋彼在穴」即「宜下，大吉」也。蓋小過取象在五，故爻辭與卦辭同義。《象》曰：「密雲不雨，已上也。」虞翻曰：謂三坎水，已之上六，故「已上也」。疏晉三坎水，已之上六，故「不雨」。

上六，弗遇過之，飛鳥离之，凶。是謂災眚。虞翻曰：謂四已變之坤，上得之三，故「弗遇過之」。离爲飛鳥，公弋得之，鳥下入艮手而死，故「飛鳥离之，凶」。晉坎爲災眚，故「是謂災眚」矣。疏四失正，「已變之坤」，故「上得之三」。謂上弗待五正，遇三而過五應三，故「弗遇過之」。上在晉，體「离爲飛鳥」。之三爲公位，故「公弋得之」。上爲飛鳥，下居於三，入坤死而成艮手，是「鳥下入艮手而死」也，故「飛鳥离之，凶」矣。「离」如「鴻則离之」之「离」也。三在晉，互「坎爲災眚」，今居於上，故「是謂災眚」。案　二五居中，三上已過，故皆「凶」。《象》曰：「弗遇過之，已亢也。」虞翻曰：飛下稱亢，晉上之三，「已亢也」。疏《説文》「頏，人頸也，❶本作亢」，是「頏」「亢」古字通也。《邶風》「頡之頏之」，毛傳「飛而上曰頡，飛而下曰䀏」，❷故曰「飛下稱亢」。晉上飛而下，三不與上應，故曰「已亢也」。陽言亢，陰不言亢，故不從俗説也。

《序卦》曰：「有過物者必濟，故受之以既濟。」韓康伯曰：行過乎恭，禮過乎儉，可以矯世厲俗，有所濟也。疏小過之「過」，《論語》所謂「觀過斯知仁矣」

❶ 「頏人頸也」至下文「古字通也」，思賢本作「『亢，人頸也，或从頁作頏』，是『亢』『頏』本一字也」。

❷ 「䀏」，思賢本作「頏」。

之「過」也。如「行過乎恭，喪過乎哀，用過乎儉」，皆過所當過，而不失乎禮之本者也。故「可以矯世厲俗，有所濟也」。蓋大過必至於陷，「故受之以坎」，小過或有可觀，「故受之以既濟」。

䷾ 离下坎上

既濟，亨小，利貞。虞翻曰：泰五之二，小謂二也。柔得中，故「亨小」。六爻得位，「各正性命，保合太和」，故「利貞」矣。疏 三陽三陰之卦自泰來，故「泰五之二」。陽大陰小，二陰，故「小謂二也」。於例，當二之五，而「五之二」者，泰坤女主，下交於二，故卦主「柔得中」而「亨小」也。六爻陰陽各正，故云「得位」，六爻正，則陰陽和矣。「各正性命，保合太和」，《乾·彖傳》文。貞者，正也，利，和也，各正故貞，太和故「利貞」，即《乾·彖傳》所謂「乃利貞」也。 **初吉，**虞翻曰：「初，始也」，謂泰乾，「乾知大始」，故稱「初」。坤五之乾二，得正處中，故「初吉，柔得中也」。疏「初，始也」，《説文》文。初始於乾，故「初謂泰乾」。「乾知大始」，《繫上》文。《九家易》彼注云「始謂乾稟元氣，萬物資始」，故「稱初」也。坤五下之乾二，得正處中，始无不吉，故「初吉」，《彖傳》曰「柔得中」是也。 **終亂。**虞翻曰：泰坤稱「亂」，二上之五，終止於泰，則反成否。「子弑其父」，「臣弑其君」，「天下无邦」，終窮成坤，故「亂」，其道窮。疏 坤代終稱「終」，上終於坤，故「泰坤稱亂」，坤陰消故「亂」。「既濟」者，已濟也。其濟在泰，至既濟而盡。盡則二復於五，「終止於泰」而「反成否」。遯艮「子弑父」，否坤「臣弑君」。《否·彖》曰「天下无邦」，是「終窮」於上，變坤成亂，故《彖》曰「其道窮也」。

《彖》曰：「既濟亨，小者亨也。荀爽曰：天地既交，陽升陰降，故「小者亨也」。疏 泰本天地交也，既濟則陰陽又交，二陽升於五，五陰降於二，二陰得正，故稱「小者」。交故通，通故「亨」也。 **利貞，剛柔正而位當也。**侯果曰：此本泰卦，六五降二，九二升五，是剛柔正當位也。疏 卦自泰來，五降二升，是剛柔各正，而陰陽位當也。 **初吉，柔得中也。**虞翻曰：「中」謂二。疏 二在下中，故「中謂二」也。 **終止則亂，其道窮也。」**虞翻曰：反否終坤，故「其道窮也」。 侯果曰：剛得正，「柔得中」，故「初吉」也。正有終極，濟有息止，止則窮亂，故曰「終止則亂，其道窮也」。一曰殷亡周興之卦也。成湯應天，「初吉」也，商辛毒痡，「終止」也，由止，故物「亂」而「窮」也。物不可窮，窮則復始，周受其未濟而興焉。《乾鑿度》曰「既濟、未濟者，所以明戒慎，全王道也」。

疏虞注　泰極反否，終成坤亂。乾爲「道」，坤爲「窮」，乾極反坤，故「其道窮也」。　侯注　剛皆「得正」，二「柔得中」，故「初吉」。正極必反，故「正有終極」。濟極必衰，故「濟有息止」。濟「止則窮亂」生焉，故曰「終止則亂，其道窮也」。謂「殷亡周興之卦也」者，成湯奉若天命，是「初吉也」。商辛毒痡四海，是「終止也」。終止則「物亂而」道「窮」也。濟極必窮，窮極復始。否泰循環，自然之運。周承殷後，「受其未濟而興焉」。《乾鑿度》曰「既濟、未濟爲最終者，所以明戒慎而存王道」，鄭彼注云：「夫物不可窮，理不可極。故王者亦常則天而行，與時消息。不可安而忘危，存而忘亡。未濟亦無窮極之謂者也。」❶

《象》曰：「水在火上，既濟。君子以思患而豫防之。」荀爽曰：六爻既正，必當復亂，故君子象之，「思患而豫防之」，「治不忘亂」也。**疏**治亂相循，自然之運，故「六爻既正，必當復亂」。亂者，患也，君子象之，思患之必至而豫爲防之，《繫下》所謂「治不忘亂」者也。　案　水性趨下，火性炎上，水在火上，則相濟以成其用，故曰「既濟」。不相濟則患生焉。「君子」謂泰乾三也。坤亂爲「患」，既濟坎心爲「思」。泰天地交，物所以濟，「終止則亂」。《乾》九三曰「君子終日乾乾，夕惕若」。使二升五以正坤，故曰「思患而豫防之」，謂防否也。

初九，曳其輪，濡其尾，无咎。《象》曰：「曳其輪，義无咎也。」宋衷曰：离者，兩陽一陰，陰方陽圓，輿輪之象也。其一在坎中，以火入水必敗，故曰「曳其輪」也。初在後稱尾。尾濡輪曳，咎也。得正有應，於義可以危而无咎矣。**疏**内體离，离「兩陽一陰」之卦也。《考工記》「輪崇輿廣」，❷鄭注云「載物爲輿，❸行地爲輪。輿方象陰，輪圓象陽」，故云「輿輪之象也」。二互三四又爲坎，三在坎中，「以火入水」，「必敗」之象，故曰「曳其輪也」。爻例上爲首，初在下爲尾。「尾濡輪曳」似「咎」。初「得正」，四「有應」，雖「危无咎矣」。　案

❶「未濟」下，思賢本有「者」字。

❷「輪崇輿廣」，思賢本作「輪人爲輪，輿人爲車」。

❸「鄭注云」，思賢本作「蓋」。

《説卦》曰「坎爲輪，爲曳」，宋彼注云「水摩地而行曰曳」，故曰「曳其輪」。泰初在否爲四，否四體艮爲狐、爲尾，《未濟》之「小狐濡尾」是也。初應在四，之歷坎水，坎水爲濡，故「曳其輪，濡其尾」。濡曳，咎也。得正故「无咎」。既濟六爻各正，不取相應，雖二五亦然，故二主承三也。

六二，婦喪其髴，勿逐，七日得。虞翻曰：离爲婦，泰坤爲喪，髴髮謂鬒髮也，一名婦人之首飾，坎爲玄雲，故稱「髴」，《詩》曰「鬒髮如雲」。乾爲首，坎爲美，五取乾二之坤爲坎，坎爲盜，故「婦喪其髴」。泰震爲七，故「勿逐，七日得」，與《睽》「喪馬勿逐」同義。「髴」或作「茀」，俗説以「髴」爲婦人蔽膝之「茀」，非也。疏离中女，故「爲婦」。泰坤喪於乙爲「喪其髴」，從《子夏傳》也。「髴髮謂鬒髮」，言鬒黑髮也。「一名婦人之首飾」者，所謂被后夫人之燕服也。上坎爲雲，又坎水北方色黑，故云「玄雲」。「稱髴」者，如《詩·鄘風》曰「鬒髮如雲」是也。泰乾爲首，既濟坎美脊爲美，五取乾二之坤成坎，《説卦》「坎爲盜」，故「婦喪其髴」。「泰震」謂三也。《繫上》曰「天七」，謂庚也。震納庚，故「震爲七」。震足爲「逐」，离成震毁，故「勿逐」。离爲日，震變爲离，❶二又互坎，故「七日得」。得其髴者，言當順三也。睽初喪坎馬，得震馬，故與「喪馬勿逐」同義也。「髴」諸本皆作「茀」，或作「第」，作「弗」，作「髢」，❷荀作「紱」。又云「以髴爲婦人蔽膝」，卦无膝象，故知非也。

《象》曰：「七日得，以中道也。」王肅曰：體柔應五，履順承剛，婦人之義也。髴，首飾。坎爲盜，离爲婦。「喪其髴」，鄰於盜也。「勿逐」自得，履中道也。二五相應，故「七日得」也。疏二「體柔」，上「應五」。體柔爲「履順」，應五爲「承剛」。二順五剛，「婦人之義也」。「髴，首飾」，馬君義也。外「坎爲盜」，内「离爲婦」。内婦喪髴，外鄰坎盜也。「勿逐自得」者，以二「履中道也」。「二五相應」，以二加五爲七，故「七日得也」。

案　二中宜柔，道乃然也。

九三，高宗伐鬼方，三年克之，小人勿用。虞翻曰：高宗，殷王武丁。鬼方，國名。乾爲高宗，坤爲鬼方，乾二之坤五，故「高宗伐鬼方」。坤爲「年」，位

---

❶「离」，原作「雷」，今據思賢本改。

❷「或作第作弗作髢」，思賢本作「鄭云『車蔽』，干云『馬髴』，董作『髢』」。

在三，故「三年」。坤爲「小人」，二上克五，故「三年克之，小人勿用」，《象》曰「憊也」。　干寶曰：高宗，殷中興之君。鬼方，北方國也。高宗嘗伐鬼方，三年而後克之。离爲戈兵，故稱「伐」。坎當北方，故稱「鬼」。在既濟之家，而述先代之功，以明周因於殷，有所弗革也。**疏**虞注　《喪服四制》「武丁者，殷之賢王也，繼世即位而慈良於喪。當此之時，殷衰而復興，禮廢而復起，故善之。善之，故載之書中而高之，故謂之高宗」，故云「高宗，殷王武丁」也。《乾鑿度》曰：「九月之時，陽失正位，盛德既衰，而九三得正，下陰能終其道，濟成萬物。猶殷道中衰，王道陵遲，至於高宗，內理其國，以得民心，扶救衰微，伐征遠方，三年而惡消滅，成王道，殷人高而宗之。文王挺以挍《易》勸德也。」泰乾爲君，三在震帝，君配天，故稱「高宗」。《後漢書・西羌傳》：「殷室中衰，諸侯皆叛，至高宗征西戎鬼方，❶三年乃克。」或曰「鬼方」，南方之國，《國語》「九黎亂德，民神雜糅」，又曰「三苗復九黎之德」，是以三苗爲「鬼方」也。干氏又以爲「北方國」。《詩・大雅》「覃及鬼方」，毛傳「鬼方，遠方也」。《漢書・匡衡傳》「成湯化異俗而懷鬼方」，❷應劭云「鬼方，遠方也」。於西於南於北，皆無所指。坤死爲鬼，至静德方爲方，故爲「鬼方」。乾二上之坤五，故「高宗伐鬼方」。三爲高宗者，既濟，泰乾之坤，以乾爲君，乾三得位，使二上五征坤，故三爲高宗。《象》曰「君子思患而豫防之」，謂三也。日周爲歲，陽也。月十二會爲年，陰也，故「坤爲年」。爻「位在三」，故曰「三年」。坤陰爲「小人」，謂上也。「二上克五」，二至五亦三爻，故「三年克之」。坤小人，又爲用，坤象不見，故「小人勿用」。坎爲勞卦，故《象》曰「憊也」。　干注　殷衰而復興，故云「高宗，殷中興之君」。坎在北，故云「鬼方，北方國也」。內體「离爲戈兵」，故「稱伐」。外體坎，位北方陰象，故「稱鬼」。乾爲先，既濟三在乾，故云「述先代之功」。《後漢書》又曰「季歷遂伐西落鬼戎」，故云「以明周因於殷，有所弗革也」。

《象》曰：「三年克之，憊也。」侯果曰：「伐鬼方」者，興衰除闇之征也。上六闇極，九三征之，三舉方及，故曰「三年克之」。興役動衆，聖猶疲憊，則非小人能爲，故曰「小人勿用」。　虞翻曰：坎爲勞，故「憊也」。**疏**侯注　三陽體剛，則能「興衰」，在离爲明，則能

❶「至高宗」，思賢本作「至于武丁」。
❷「異」，原作「夷」，今據思賢本及所引文改。

「除闇」，故「伐鬼方者，興衰除闇之征也」。六陰爲闇，處上爲極。三往征之，自四至上，「三舉方及」，故曰「三年克之」。泰上體坤，「致役乎坤」爲役，坤三體爲衆稱衆，又互震起而興爲動，故云「興役動衆」。聖人當此，猶有疲憊，況小人乎，故曰「小人勿用」。　虞注　坎勞卦，故「爲勞」。疲極曰「憊」。勞故「憊也」。

六四，繻有衣袽，終日戒。虞翻曰：乾爲衣，故稱「繻」。袽，敗衣也。乾二之五，衣象裂壞，故「繻有衣袽」。离爲日，坎爲盜，在兩坎閒，故「終日戒」。謂伐鬼方，三年乃克，旅人勩勞，衣服皆敗，鬼方之民，猶或寇竊，故「終日戒」也。疏「乾爲衣」，《九家·說卦》文。「繻」，《子夏傳》作「襦」，故「稱繻」也。「袽，敗衣」，《玉篇》「袾袽，敝衣」是也。「乾二之五」，乾象不見，故「衣象裂壞」，而曰「繻有衣袽」。內「离爲日」，外「坎爲盜」，互离「在兩坎之閒」，故「終日戒也」。言遠征勩勞，衣服已敗，猶有鬼方寇盜之虞，故「終日戒也」。　案《說文》「采繒爲繻，敝衣爲袽」，❶引《易辭》「繻有衣袽」爲證。夫「繻有衣袽」者，謂采繒而繼以敗衣，❷已盛將衰，既濟過中之象也。可不「終日戒」乎。泰乾衣互兑，兑爲毁折，又离成乾毁，故有衣袽之象。离爲日，四出离外，有終日之象。蓋三定既濟之難，四則既濟不可恃，故「終日戒」也。

《象》曰：「終日戒，有所疑也。」盧氏曰：繻者，布帛端末之識也。袽者，殘幣帛，可拂拭器物也。繻有爲衣袽之道也。四處明闇之際，貴賤无恒，猶或爲衣，或爲袽也。履多懼之地，上承帝王，故終日戒慎，有所疑懼也。疏《漢書·終軍傳》「關吏與軍繻」，蘇林云：「繻，帛邊也。舊關出入皆以傳。傳還，因裂繻頭，合以符信也。」❸繻頭，即帛邊，即「端末之識也」。「袽者，殘幣帛」，即虞氏「敗衣」之意也。帛殘，祇可供「拂拭器物」之用也。繻新則爲衣，敗則爲袽，故云「有爲衣袽之道也」。离中虛爲明，坎中實爲闇，故「四處明闇之際」。衣貴袽賤，故「貴賤无恒」。一物而可貴可賤，故「猶或爲衣，或爲袽也」。「四多懼」，故「履多懼之地」。五位天子，故「上承帝王」。近尊多懼，故「終日戒慎」。處兩坎之閒，坎心爲疑，故「有所

❶「敝衣爲袽」至下文「爲證」，思賢本作「『敝絮爲𥿋』，『𥿋』『袽』通用，字俱引《易》爲證」。
❷「衣」，思賢本無此字。
❸「以」下，思賢本有「爲」字。

疑懼也」。

九五，東鄰殺牛，不如西鄰之禴祭，實受其福。虞翻曰：泰震爲東，兑爲西，坤爲牛，震動五殺坤，故「東鄰殺牛」。在坎多眚，爲陰所乘，故「不如西鄰之禴祭」。禴，夏祭也。离爲夏。兑動，二體离明，得正承五順三，故「實受其福，吉大來也」。**疏**泰互震爲「東」，互兑爲「西」，東西稱「鄰」。震動至五成陽，互兑金爲殺坤，故曰「東鄰殺牛」。既濟五在坎爲多眚，爲上陰所乘，故「不如西鄰之禴祭」。五在震爲「東鄰」，二在兑爲「西鄰」。泰成既濟，四時象正。《左傳》「國之大事，在祀與戎」，故三言「伐鬼方」，五言祭祀也。「禴」同「礿」，《爾雅》「夏祭曰礿」，《春官·宗伯》「以禴夏享先王」，故曰「禴，夏祭也」。离，南方之卦，於時爲夏。泰二互兑，二動體离爲明。二陰得正，上承五陽，近順三陽，陽實陰虚，又乾陽爲福，故「實受其福」。蓋五當既濟之盛而陷乎險，不如二當始濟之時麗乎文明，爲「實受其福」，故《象》曰「吉大來也」。

《象》曰：「東鄰殺牛，不如西鄰之時也。崔憬曰：居中當位於既濟之時，則當是周受命之日也。五坎爲月，月出西方，「西鄰」之謂也。二應在离，离爲日，日出東方，「東鄰」之謂也。离又爲牛。坎水克离火，「東鄰殺牛」之象。禴，殷春祭之名。案《尚書》克殷之歲，「厥四月哉生明，王來自商，至于豐。丁未，祀于周廟」，四月，殷之三月春也。則明西鄰之禴祭，得其「時」而受祉福也。**疏**五爲居中，九爲當位。處既濟而履尊位，「是周受命之日也」。五在「坎爲月」。《祭義》曰「月生於西」，故「月出西方，西鄰之謂也」。五與二應，二在「离爲日」。《祭義》曰「日生於東」，故「日出東方，東鄰之謂也」。《九家·説卦》「离爲牝牛」，故又爲「牛」。五坎水下克离火，「東鄰殺牛之象」也。《王制》「天子四時之祭，❶春曰礿」。鄭氏以爲夏殷之禮，❷故曰「禴，殷春祭之名」。「厥四月」至「祀于周廟」，皆《書·武成》文，引之以明周四月，即「殷之三月春」時也。言周克殷之歲，四月祀廟，是「西鄰之禴，得其時而受福祉也」。按　既濟「亨小」，故「西鄰時」也。

實受其福，吉大來也。」盧氏曰：明鬼享德不享味也。故德厚者，「吉大來也」。**疏**《書·君

❶「天子四時之祭」，思賢本作「天子諸侯宗廟之祭」。
❷「禮」，思賢本作「祭名」。

陳》「黍稷非馨，明德惟馨」，故「亨德不亨味」。「德厚」，則「吉大來也」。按　乾爲福，故「實受其福」；陽爲大，故「吉大來也」。

上六，濡其首，厲。虞翻曰：乾爲首，五從二上在坎中，故「濡其首，厲」。位極乘陽，故「何可久」。疏五自乾來，故「乾爲首」。「五從二上」，成坎爲水，故「濡其首」。濟極終亂，故「厲」也。「位極乘陽」，象上濡五，濟不「可久」，泰所以終否也。**《象》曰：「濡其首厲，何可久也。」**荀爽曰：居上濡五，處高居盛，必當復危，故曰「何可久也」。疏居坎之上，下濡五陽，處高位而居極盛，泰極必否，故云「必當復危」。乾爲久，故曰「何可久」，即終亂之義也。

《序卦》曰：「物不可窮也，故受之以未濟終焉。」崔憬曰：夫易之爲道，「窮則變，變則通」，而「以未濟終」者，亦「物不可窮也」。疏「易窮則變，變則通」，《繫下》文，陸績彼注云「陰窮則變爲陽，陽窮則變爲陰，天之道也」。夫陰陽變化，往來不窮，故「變則通」矣。既濟必盛，盛極必衰。於數窮之時，而得變通之道，故「受之未濟」，以明「物不可窮也」。蓋未濟，冬十一月卦也，於時天地閉藏，而萬物發生之機已伏，君子知之，故制治於未亂，保邦於未危，因鑒既濟之凶，常存未濟之心，《書》所謂「滿招損，謙受益」，《家語》所謂「滿則覆，中則正，虛則欹」者，皆此義也。如是則窮不終窮，而天下國家可長保矣。六十四卦終以未濟，聖人示戒之意深矣哉。

䷿ 坎下 離上

未濟，亨。虞翻曰：否二之五也。柔得中，天地交，故「亨」。濟，成也。六爻皆錯，故稱「未濟」也。疏三陰三陽之卦自否來，故「否二之五也」。柔在五爲「得中」，二五易位是「天地交」。交故通，通「故亨」。《書·君陳》「必有忍，其乃有濟」，孔傳「必有所含忍，其乃有所成」，故云「濟，成也」。六爻陰陽失位，故云「皆錯」。錯，故「稱未濟也」。**小狐汔濟，**虞翻曰：否艮爲小狐。汔，幾也。濟，濟渡。狐濟幾渡而「濡其尾」，「未出中也」。疏《說卦》「艮爲小石」，《九家·說卦》「艮爲狐」，故云「否艮爲小狐」，謂四也。《詩·民勞》曰「汔可小康」，鄭箋「汔，幾也」。楊子《方言》「過渡謂之涉濟」，故云「濟，濟渡」也。

艮爲狐，二上之五，五未成坎水，坎心爲疑，狐性疑，幾渡而坎水濡二，故曰「濡其尾」。《象》曰「未出中」者，未出下中也。濡尾，故未濟。古諺云「狐欲渡河，無奈尾何」，即「汔濟」「濡尾」之義也。**濡其尾，无攸利。**虞翻曰：艮爲尾，狐，獸之長尾者也。尾謂二，在坎水中，故「濡其尾」。失位，故「无攸利，不續終也」。　干寶曰：坎爲狐。《説文》曰「汔，涸也」。案剛柔失正，故「未濟」也。五居中應剛，故「亨」也。小狐力弱，汔乃可濟，水既未涸而乃濟之，故尾濡而无所利也。疏虞注　黔喙之屬多長尾，故「艮爲尾」，而狐尾尤長。否二至四互艮爲狐，故「尾謂二」。二「在坎水中」，故曰「濡其尾」。初陰失位，故「无攸利」。未濟非可終之道，故《象》曰「不續終也」。　干注　「坎爲狐」，《九家·説卦》文。《説文》「汔，水涸也」。❶六爻「剛柔失正」，故曰「未濟」。五柔「居中」，下應二剛，故「亨」。「小狐力弱」，涸而後濟，水未涸而濟之，故「濡其尾而无所利也」。

《象》曰：「未濟亨，柔得中也。荀爽曰：柔上居五，與陽合同，故「亨」也。疏否二柔上居五，五陽位，故「與陽合同」。天地交，故「亨也」。**小狐汔濟，未出中也。**虞翻曰：謂二未變，在坎中也。　干寶曰：狐，野獸之妖者，以喻禄父。「中」謂二也，困而猶處中故也。此以託紂雖亡國，禄父猶得封矣。疏虞注　二以上體既濟，故幾濟也。「二未變，在坎中」，故曰「未出中也」。　干注　《説文》「狐，妖獸也」，故云「狐，野獸之妖者」。禄父，紂子，其位不正，故「以喻禄父」。二在下中，故「中謂二也」。「困而處中」，故「未出中也」。《史記·衛世家》「武王已克殷，❷復以殷餘民，封紂子武庚禄父，比諸侯，以奉其先祀」，故云「此以託紂雖亡國，禄父猶得封矣」。**濡其尾，无攸利，不續終也。**虞翻曰：否陰消陽，至剥終坤，「終止則亂，其道窮也」。乾五之二，坤殺不行，故「不續終也」。　干寶曰：言禄父不能敬奉天命，以續既終之禮，謂叛而被誅也。疏虞注　否，陰消卦也。陰之「消陽」，「至剥」而陰盛，「終坤」而亂成。《既濟·象傳》曰「終止則亂，其道窮也」，即反否「終坤」之謂也。坤弑爲殺。否乾五之坤二，坤象不見，故「坤殺不行」

❶「水」，原作「小」，今據思賢本及所引文改。

❷「衛」，原作「殷」，今據思賢本及所引文改。

而曰「不續終也」。《戰國策》「《易》曰狐濡其尾，此言始之易，終之難也」。坤終不見，故「不續終也」。案《序卦》曰「受之以未濟終焉」，《既濟》卦辭曰「初吉，終亂」，「終」謂上也。既濟自以濡首終，未濟自以濡尾終。不相續，故曰「不續終也」。干注 禄父，紂子也。受周之封，「不能敬奉天命」，以續商家既終之祀，宜其「叛而被誅」，「无攸利」也。**雖不當位，剛柔應也。」**荀爽曰：雖剛柔相應，而不以正，由未能濟也。干寶曰：六爻皆相應，故微子更得爲客也。**疏**荀注 剛柔雖應，而爻皆不正，不義之應，「由未能濟」，重釋未濟之義也。

干注 未濟之世，義不續終。然六爻陰陽皆應，雖不當位，猶有終而復續之理。《書序》「成王既黜殷命，殺武庚，命微子啓代殷後，作《微子之命》」，《詩序》「《有客》，微子來見廟也」，❶故云「微子更得爲客也」。

《象》曰：「火在水上，未濟。侯果曰：火性炎上，水性潤下，雖復同體，功不相成，所以「未濟」也。故君子慎辨物宜，居之以道，令其功用相得，則物咸濟矣。

疏《洪範》曰「火曰炎上，水曰潤下」，其性相反，雖同居一體之中，然火在水上，不能成烹飪之功，所以名「未濟」也。故君子象之，「慎辨物宜」而「居之以道」，令水火相交，「功用相得」，則物各咸宜，未濟者可濟矣。**君子以慎辨物居方。」**虞翻曰：君子，否乾也。艮爲慎，辨，辨別也，物謂「乾，陽物也，坤，陰也」，艮爲居，坤爲方，乾別五以居坤二，故「以慎辨物居方」也。**疏**陽爲君子，故「君子謂否乾也」。艮陽小「爲慎」。《説文》「辨，判也」，取判別之義，故云「辨別也」。「乾，陽物也，坤，陰物也」，《繫下》文，「陰」下當脱「物」字。艮止「爲居」，「坤至静而德方」爲「方」。乾上別五，下居坤二，❷故「以慎辨物居方」，令各得其所也。以陽爲主，故「乾別五」也。又《繫上》曰「方以類聚，物以羣分」，卦之「類聚」者，至乾坤極矣，卦之「羣分」者，至既未濟亦極矣。未濟殿六十四卦之終，故特舉「類聚」「羣分」之義，以發其凡也。

初六，濡其尾，吝。虞翻曰：應在四，故「濡其尾」。失位，故「吝」。**疏**初「應在四」，四在否艮，故爲「尾」。四居互坎之中，坎爲水，故「濡其尾」。初陰居陽

❶「廟」上，思賢本有「祖」字。

❷「二」，原誤作「乙」，今據思賢本改。

「失位」，故「吝」。《象》曰：「濡其尾，亦不知極也。」案：四在五後，故稱「尾」。極，中也。謂四居坎中，以「濡其尾」，是「不知極也」。**疏** 初應四，「四在五後」，故「稱尾」。《說文》「極，棟也」，《逸雅》「棟，中也，居屋之中也」，故「極」訓「中」也。四居互坎之中，水「濡其尾」，是「不知極」，言不知陷於坎中也。

九二，曳其輪，貞吉。姚信曰：坎爲曳爲輪，兩陰夾陽，輪之象也。二應於五而隔於四，止而據初，故「曳其輪」。處中而行，故曰「貞吉」。干寶曰：坎爲輪，离爲牛，牛曳輪，上以承五命，猶東蕃之諸侯，共攻三監，以康周道，故曰「貞吉」也。**疏** 姚注　「坎爲曳爲輪」，《說卦》文。坎兩陰在外，一陽在中，「輪之象也」。「二應於五」而中「隔於四」，且未濟之家，不正相應，故皆不取應爻。「止而據初」，❶故「曳其輪」也。雖不得位，「處中而行」，亦「貞吉」也。干注　內「坎爲輪」，外离牝牛「爲牛」。❷离牛曳坎輪，二上應五，故云「上承五命」。《史記·衛世家》「武王封紂子武庚祿父，❸乃令其弟管叔、蔡叔傅相武庚。武王既崩，管叔、蔡叔疑周公，乃與武庚作亂。周公以成王命，興師伐殷，殺武庚、管叔，放蔡叔，以武庚殷餘民，封康叔爲衛君」，此「東蕃諸侯，共攻三監，以康周道」之事也，故曰「貞吉」。《象》曰：「九二貞吉，中以行正也。」虞翻曰：謂初已正，二動成震，故「行正」。**疏** 六爻當反之正。初已變正，二動成震，震足爲行，故曰「中以行正也」。

六三，未濟，征凶，利涉大川。荀爽曰：「未濟」者，未成也。女在外，男在內，婚姻未成，征上從四則凶。利下從坎，故「利涉大川」矣。**疏** 濟者，成也，「未濟」者，言陰陽不當，「婚姻未成」也。离中女在外，坎中男在內，陰陽易位，是「婚姻未成」之象也。男女不正，《雜卦》「未濟，男之窮也」。故三往「從四則凶」。「利下從坎」，坎爲大川，故「利涉大川矣」。按　三在兩坎之中，故獨象「未濟」。陸行爲「征」，水行爲「涉」，三既失位，初二又不變正，震足大塗不見，故「征凶」。內坎接外坎，

---

❶「止」，原作「正」，今據思賢本及姚信注改。

❷「离」，原作「坤」，今據草堂本、思賢本及未濟卦卦象改。

❸「衛」，原作「殷」，今據思賢本及所引文改。

故「利涉大川」。《象》曰：「未濟征凶，位不當也。」干寶曰：「吉凶者，言乎其失得也。」祿父反叛，管、蔡與亂，兵連三年，誅及骨肉，故曰「未濟征凶」。平克四國，以濟大難，故曰「利涉大川」，坎也。以六居三，不當其位，猶周公以臣而君，故流言作矣。疏「吉凶者，言乎其失得也」，《繫上》文，虞注「得正言吉，失正言凶」是也。武庚祿父叛周，管叔、蔡叔實與其亂，周公誅祿父、管叔，《詩·東征》曰「自我不見，于今三年」，故云「兵連三年，誅及骨肉」，此未濟所以「征凶」也。周公滅殷，並及三監，故云「克平四國，以濟大難」。體坎爲川，故「利涉大川」也。六三以陰居陽，爲「不當其位」，猶周公居攝，以臣代君，故「流言作」，而有東征之凶也。　按　六爻皆不當位，三言「未濟」，故於此爻發之。

九四，貞吉悔亡，虞翻曰：動正得位，故「吉」而「悔亡」矣。疏四失正，變而之正爲得位，故「吉而悔亡」。

震用伐鬼方，三年有賞于大邦。虞翻曰：變之震體師，坤爲鬼方，故「震用伐鬼方」。坤爲年、爲大邦，陽稱賞，四在坤中，體既濟离三，故「三年有賞于大邦」。疏四變，互二三爲震，故云「變之震」。自初至五「體師」象，「坤爲鬼方」，釋見既濟，故曰「震用伐鬼方」。坤「爲年」，亦見既濟。坤衆，故「爲大邦」。《司勳》掌於《夏官》，《管子》曰「夏賞五德」，故「陽稱賞」。四於變坤中，在既濟离三，故「三年有賞于大邦」。　愚案　既濟稱「高宗伐鬼方」，此不言高宗，高宗，殷主也，又何大邦有賞焉。考《後漢書·西羌傳》曰「高宗征西戎鬼方，❶三年乃克」，此即《既濟》「高宗伐鬼方」是也。又曰「武乙暴虐，犬戎寇邊，周古公踰梁山而避於岐下，及子季歷，遂伐西落鬼戎」，章懷引《竹書》注之曰「武乙三十五年，周王季歷伐西落鬼戎，俘二十翟王」，據此則「震用伐鬼方」，當指季歷无疑。蓋四變互震爲侯，故曰「震用」。又《紀年》稱「周公季歷來朝，王賜地三十里，玉十瑴，馬十匹」，故曰「三年有賞于大邦」。即干氏既濟注亦云「周因於殷，有所弗革」，意謂此也。

《象》曰：「貞吉悔亡，志行也。」案：坎爲志，震爲行，四坎變震，故「志行也」。疏互坎爲「志」，變震爲「行」，故「志行也」。

❶「高宗」，思賢本作「武丁」。

六五，貞吉无悔。虞翻曰：之正則吉，故「貞吉无悔」。**疏**五失位，互坎心爲「悔」，變正則吉，故「貞吉无悔」。**君子之光，有孚吉。**虞翻曰：動之乾，离爲光，故「君子之光」也。孚謂二，二變，應已得有之，故「有孚吉」，坎稱「孚」也。　干寶曰：以六居五，周公攝政之象也，故曰「貞吉无悔」。制禮作樂，復子明辟，天下乃明其道，乃信其誠，故「君子之光，有孚吉」矣。**疏**虞注　三四已正，故云「動之乾」。變正成「离爲光」，故云「君子之光」也。五與二應，故「孚謂二」。二亦變正應五，已得有之，故曰「有孚吉」。三四已正，二亦在坎，故「坎稱孚也」。

干注　以陰居陽，是以臣代君，爲「周公攝政之象」，故「貞吉无悔」也。《明堂位》「昔者周公朝諸侯於明堂之位，天子負扆南鄉而立」，❶又曰「六年，朝諸侯於明堂，制禮作樂」，《書·洛誥》曰「朕復子明辟」，故天下明其攝政之道，❷信其復辟之誠。此「君子之光」，所以「有孚吉」也。**《象》曰：「君子之光，其暉吉也。」**虞翻曰：動之正，乾爲大明，故「其暉吉也」。**疏**五「動之正」成乾，《乾·彖傳》曰「大明終始」，故「乾爲大明」。五麗乎大明，故「其暉吉也」。

上九，有孚于飲酒，无咎。濡其首，有孚失是。虞翻曰：坎爲孚，謂四也。上之三介四，故「有孚」。坎酒流頤中，故「有孚於飲酒」。終變之正，故「无咎」。乾爲首，五動，首在酒中，失位，故「濡其首」矣。孚，信，是，正也。六位失正，故「有孚失是」。謂若殷紂沈湎於酒，以失天下也。**疏**四互「坎爲孚」，故「孚謂四也」。三與上應，「上之三介四」坎孚，故「有孚」。❸坎水爲酒，二至上有頤象，四坎在中，是「坎酒流於頤中」，故「有孚于飲酒」。失正，咎也，上「終變正」，故「无咎」。否「乾爲首」，爻例上亦爲「首」。坤二之五是「五動」，爲「首在酒中」。動而「失位」，故「濡其首矣」。「孚，信」，《説文》文。又《説文》曰「是，從日從正」，❹故曰「是，正也」。六位陰陽皆失其正，故有孚失正也。《書·泰誓》稱「商王受沈湎冒色」，故云「若殷紂沈湎於酒，以失天下也」。**《象》**

❶「負扆南鄉」，思賢本作「負斧依南鄉」。
❷「下」字，原脱，今據思賢本及虞翻注補。
❸「有孚」下，思賢本有「飲當爲坎」句。
❹「是從日從正」，思賢本作「是，直也，從日正」。

曰：「飲酒濡首，亦不知節也。」虞翻曰：「節，止也」，艮爲節。「飲酒濡首」，故「不知節」矣。疏「節，止也」，《雜卦》文。艮多節，故「爲節」。上四易位，得正爲節，四上不正，故「飲酒濡首，不知節也」。案 初曰「不知極」，上曰「不知節」。事不過中之謂「節」，事協於中之謂「極」。初上二爻，孔子皆以「不知」責之，蓋卦體兩离爲明，宜知極知節矣，爻皆不正，故不知也。

受業陳問訓賓門校

周易集解纂疏卷二十四

周易集解纂疏卷二十五

唐李鼎祚集解　安陸李道平遵王纂疏

繫辭

天尊地卑，乾坤定矣。虞翻曰：天貴故「尊」，地賤故「卑」，定謂成列。　荀爽曰：謂否卦也。否七月，萬物已成，乾坤各得其位，定矣。疏虞注　《易乾鑿度》曰「一者，形變之始。清輕者上爲天，濁重者下爲地」。又曰「乾坤相並俱生」。鄭彼注云「天地開闢，乾坤卦象立焉」。孔氏云「天以剛陽而尊，地以柔陰而卑」。又云「乾健與天陽同，坤順與地陰同」，故得「乾坤定矣」。「定謂成列」者，乾坤列乎上下，而八卦成列，亦由是「定矣」。　荀注　上乾下坤爲否，故「謂否卦也」。否於消息卦在七月，是時萬物已成，故云「乾坤各得其位，定矣」。荀氏之説，未應經義。

案　此言乾坤之德，非以否上乾下坤爲定位也。

卑高以陳，貴賤位矣。虞翻曰：乾高貴五，坤卑賤二，「列貴賤者存乎位」也。　荀爽曰：謂泰卦也。　侯果曰：天地卑高，義既陳矣。萬物貴賤，位宜差矣。疏虞注　下《傳》云「崇效天，卑法地」。坤自上降，乾自下升，故先言「卑」而後言「高」也。「乾高貴謂五」者，乾二升五也。「坤卑賤謂二」者，坤五降二也。「列貴賤者存乎位」，下《傳》文。乾以上爲尊，故五爲天位。坤以下爲卑，故二爲地位。乾坤正位二五，故「貴賤位矣」。　荀注　坤卑在上，乾尊在下，「天地交泰」，故「謂泰卦也」。　侯注　王氏云：「天尊地卑之義既列，則涉乎萬物貴賤之位，明矣。」即侯氏義也。

動静有常，剛柔斷矣。虞翻曰：斷，分也。乾剛常動，坤柔常静。「分陰分陽，迭用柔剛」。疏《釋名》「斷，段也，分爲異段也」，故云「斷，分也」。《乾鑿度》曰「天動而施曰仁，地静而理曰義」，故「乾剛常動，坤柔常静」。庖犧既定乾坤六位，又分乾陽坤陰，各爲六畫，然後可以「迭用柔剛」，故曰「剛柔斷矣」，即下《傳》所謂「剛柔者，立本者也」。**方以類聚，**《九家易》曰：謂姤卦，陽爻聚於午也。方，道也。謂陽道施生，萬物各聚其所也。疏姤，五月午卦也。其卦五陽一陰，故云「陽爻聚於午也」。《樂記》「樂行而民鄉方」，鄭注「方猶道也」，故云「方，道也」。五月正萬物極盛之時，陽道主施，故「謂陽道施生，萬物各聚其所也」。**物以羣分，**《九家易》曰：謂復卦，陰爻羣於子也。陰主成物，故曰「物」也。至於萬物一成，分散天下也，以周人用，故曰「物以羣分」也。疏復，十一月子卦也。其卦五陰一陽，故云「陰爻羣於子也」。❶「陰主成物」，即下《傳》「坤化成物」，故曰「物也」。萬物既成，即當「分散天下，以周人用」，故曰「物以羣分也」。**吉凶生矣。**虞翻曰：物三稱羣。坤方道靜，故「以類聚」。乾物動行，故「以羣分」。乾生故「吉」，坤殺故「凶」，則「吉凶生矣」。疏《詩・吉日》「或羣或友」，毛傳「獸三爲羣」，❷故云「物三稱羣」。「坤至靜而德方」，故云「坤方道靜」。道靜則聚，故「以類聚」。「精氣爲物」，陽動而施，故云「乾物動行」。物動則分，故「以羣分」。言乾坤各以三爲六。陽生陰殺，陽吉陰凶，乾爲生故「吉」，坤爲殺故「凶」。乾坤各六畫，有正有不正，故「吉凶生」，下注云「得正言吉，失位言凶」是也。**在天成象，在地成形，變化見矣。**虞翻曰：謂日月在天成八卦，震象出庚，兑象見丁，乾象盈甲，巽象伏辛，艮象消丙，坤象喪乙，坎象流戊，离象就己，故「在天成象」也。「在地成形」，謂震竹巽木，坎水离火，艮山兑澤，乾金坤土。在天爲「變」，在地爲「化」，「剛柔相推而生變化」矣。疏「謂日月在天成八卦」者，以納甲言也。月三日暮出震，震納庚，故「震象出庚」。八日見兑，兑納丁，故「兑象見丁」。十五日盈乾，乾納甲壬，故「乾象盈甲」。月盈則食，十六日退巽，巽納辛，故「巽象伏辛」。二十三日消艮，艮納丙，故「艮象消丙」。三十日滅坤，坤納乙癸，故「坤象喪乙」。坎离，日月之本體，坎納戊，离納己，故「坎象流戊，离象就己」。此「在天成象」之義也。《九家易》云「地有八卦之形」，即所謂「震竹巽木，坎水离火，艮山兑澤，乾金坤土」是也。虞義蓋本《說卦》也。不舉震雷巽風者，雷風皆在天也。《离・彖傳》云「百

❶「羣」，原作「聚」，今據思賢本及所引文改。

❷「爲」，思賢本作「曰」。

穀草木麗乎土」。故震舉竹，巽舉木也。《攷工記》曰「天時變」，故「在天爲變」。下《傳》曰「坤化成物」，故「在地爲化」。引下文「剛柔相推而生變化」者，謂以乾坤爲六子也。《樂記》「禮樂」章引此《傳》，曰「天地之别也」。是言尊卑、貴賤、動静、類聚、羣分、在天在地之别異，先王法之以制禮，故云「天地之别也」。**是故剛柔相摩，八卦相蕩。**虞翻曰：旋轉稱摩，薄也。乾以二五摩坤，成震坎艮，坤以二五摩乾，成巽离兑，故「剛柔相摩」，則「八卦相蕩」也。疏「剛柔」謂乾坤十二爻也。《乾鑿度》曰：「乾貞於十一月子，左行陽時六，坤貞於六月未，右行陰時六。」蓋乾左旋，坤右轉，故「旋轉稱摩」。《樂記》「陽陰相摩」，鄭注「摩，猶迫也」。「薄」有「迫」義，故云「薄也」，謂陰陽相薄也。以已成八卦言之，故云「二五」。乾以二五摩坤成坎，互震艮，故「成震坎艮」。坤以二五摩乾成离，互巽兑，故「成巽离兑」。言「二五」者，舉其中氣也。二五相摩而成八卦，故「剛柔相摩」則「八卦相蕩」。《樂記》鄭注云「蕩，猶動也」。虞下注云「乾坤與六子，因名八卦而小成也」。❶**鼓之以雷霆，潤之以風雨。**虞翻曰：鼓，動；潤，澤也。雷，震；霆，艮。風，巽；雨，兑也。疏「鼓」猶鼓動，「澤」猶潤澤，故云「鼓，動；潤，澤也」。《説卦》「震爲雷」，故云「雷，震」。《説文》「霆，餘聲也」。❷京氏曰「霆者，雷之餘氣」。震，起也。艮，止也。雷起於震之初陽，止於艮之上陽，是艮爲震之餘氣，故云「霆，艮」。又艮門闕爲庭，「庭」與「霆」通，如漢楚相《孫君碑》「庭堅」作「霆堅」是也。《説卦》「巽爲風」，故云「風，巽」。兑澤爲雨，《禮器》云「天時雨澤」，❸故云「雨，兑」。風生於水，故巽坎半見於下，雨隕於雲，故兑坎半見於上。風雨皆含坎象，故曰「潤」也。**日月運行，一寒一暑。**虞翻曰：日，离；月，坎。寒，乾；暑，坤也。運行往來，「日月相推而明生焉，寒暑相推而歲成焉」，故「一寒一暑」也。疏《説卦》「离爲日，坎爲月」，故「日，离；月，坎」。乾一陽生於冬至寒時，故云「寒，乾」。坤一陰生於夏至暑時，故云「暑，坤」。又乾位西北亦爲「寒」，坤位西南亦爲「暑」也。「運行往來」者，即下《傳》所謂「日月相推而明生

❶「因」，思賢本作「俱」。
❷「餘聲」上，思賢本有「靁」字。
❸「禮器」，原作「祭義」，今據思賢本及所引文改。

焉，寒暑相推而歲成焉」，故曰「一寒一暑也」。此謂六子成乾坤之功也。**乾道成男，坤道成女。**荀爽曰：男謂乾初適坤爲震，二適坤爲坎，三適坤爲艮，以成三男也。女謂坤初適乾爲巽，二適乾爲离，三適乾爲兑，以成三女也。**疏**此言乾坤統六子也。「乾初適坤爲震」，所謂初索得男爲長男；「二適坤爲坎」，所謂再索得男爲中男；「三適坤爲艮」，所謂三索得男爲少男。震坎艮皆陽，故云「以成三男也」。「坤初適乾爲巽」，所謂初索得女爲長女；「二適乾爲离」，所謂再索得女爲中女；「三適乾爲兑」，所謂三索得女爲少女。巽离兑皆陰，故云「以成三女也」。八卦相摩而成者，變化之義，天之道也。相索而得者，父母之義，人之道也。**乾知大始，**《九家易》曰：始謂乾稟元氣。「萬物資始」也。**疏**《乾鑿度》曰「太初者，氣之始也」，鄭注「元氣之所本始」，故「始謂乾稟元氣」。《乾·彖傳》曰「大哉乾元，萬物資始」。陽稱「大」，資始未來，故曰「知」，「神以知來」，故「乾知大始」。**坤化成物。**荀爽曰：物謂坤任育體，「萬物資生」。**疏**《中庸》曰「發育萬物」，鄭注「育，生也」，故「物謂坤任育體」。《坤·彖傳》曰「至哉坤元，萬物資生」。《大戴禮·天圓》云「曾子曰：『吐氣者施，而含氣者化。』」陽施而陰化，故坤稱「化」。「地道无成而代有終」，承乾成物，故曰「坤化成物」。《樂記》云：「地氣上齊，天氣下降，陰陽相摩，天地相蕩，鼓之以雷霆，奮之以風雨，動之以四時，煖之以日月，而百化興焉。」❶蓋據此《傳》爲言。而云「天地之和也」，先王法之以作樂，「天地訢合」，故「和」爲天地之合也。**乾以易知，坤以簡能。**虞翻曰：陽見稱易；陰藏爲簡，簡，閱也。乾息昭物，天下文明，故「以易知」；坤閱藏物，故「以簡能」矣。**疏**陽見於外，故「稱易」。陰藏於中，故「爲簡」。桓六年《左傳》「大閱，簡車馬也」。是「簡」「閱」同義，故云「簡，閱也」。乾爲大明，陽息則能明照萬物。「天下文明」，《乾·文言》文。謂乾以息陽而「知大始」，故曰「易知」。閱有容義，坤虚能容，《説卦》曰「坤以藏之」，故「藏物」。坤以牝陽而化成物，故曰「簡能」。 愚案 《老子》曰「天得一以清」，故「乾以易知」，「地得一以寧」，故「坤以簡能」。又《樂記》曰「大樂必易，大禮必簡」。又曰「樂著大始，而禮居成物」。又曰「樂由天作，禮以地制」。蓋樂出於自然，

❶「百」，原作「萬」，今據思賢本及所引文改。

故象乾之「易知」，而曰必易；禮起於微渺，故象坤之「簡能」，而曰必簡。易，故著乎「乾知大始」之初；簡，故居乎「坤化成物」之位。《記》又曰：「聖人作樂以應天，制禮以配地，禮樂明備，天地官矣。」故觀乎禮樂，而乾坤之易簡，思過半矣。

易則易知，簡則易從。虞翻曰：乾縣象著明，故「易知」；坤陰陽動闢，故「易從」。「不習无不利，地道光也」。疏《傳》言「縣象著明」，謂日月也。此云「縣象」，即「天垂象」也。「著明」即「大明終始」也。《書·泰誓》云「天有顯道，厥類維彰」，故曰「易知」。坤有動静，即有陰陽，陽唱陰和，故曰「從」。坤本静翕，動而從陽則闢，故曰「易從」。「不習」言其「簡」，「无不利」言其「易從」，故復引坤六二爻辭以明地道也。

易知則有親，易從則有功。虞翻曰：陽道成乾爲父，震坎艮爲子，本乎天者親上，故「易知則有親」。以陽從陰，至「五多功」，故「易從則有功」矣。蜀才曰：以其「易知」，故物親而附之。以其「易從」，故物法而「有功」也。疏虞注　乾陽道，故「爲父」。震坎艮皆陽，故「爲子」。「本乎天者親上」，《乾·文言》文。又曰「本乎地者親下」。猶言乾者，❶巽离兑陰卦皆麗陽，故震通巽，坎正离，艮伏兑，三女外成，坤无親也。三男則本天親上，故曰「易知則有親」。「以陽從陰」，當作「以陰從陽」。五爲陽位，「五多功」，泰陰至五正位，坤化則成，故「易從則有功」矣。

蜀才注　易知則無險巇，故「物皆親而附之」。易從則無阻滯，故「物皆法而有功」。

有親則可久，有功則可大。荀爽曰：陰陽相親，雜而不厭，故「可久」也。萬物生息，種類繁滋，故「可大」也。疏「立天之道，曰陰與陽」。陰陽雖雜，親而不厭，且乾德健，健故「可久也」。坤有生息萬物之功，種類至爲繁滋，蓋坤德廣，廣故「可大也」。

案　以陽正陰，終則又始，故「有親則可久」，《坤》用六「利永貞」是也。以陰牝陽，動出至五則復乾，故「有功則可大」，陽爲大是也。

可久則賢人之德，可大則賢人之業。姚信曰：賢人，乾坤也。言乾以日新爲德，坤以富有爲業也。疏《乾·文言》曰「賢人在下位而无輔」，《坤·文言》曰「天地閉，賢人隱」，故「賢人謂乾坤也」。「乾以日新爲德」，即「日新之謂盛德」也。乾爲德，

❶「猶」，草堂本、思賢本皆作「獨」。

「終日乾乾」，故「以日新爲德」。「坤以富有爲業」，即「富有之謂大業」也。坤爲業，坤含萬物，故「富有之謂大業」。❶《乾·文言》上九曰「賢人在下位」，謂九三也。乾上應三，「終日乾乾」，「忠信進德」，故曰「可久則賢人之德」。《坤·文言》曰「賢人隱」，謂六四也。四近承五，「美在其中，而暢於四支，發於事業」，故曰「可大則賢人之業」。

易簡而天下之理得矣。 虞翻曰：易爲乾息，簡爲坤消。乾坤變通，窮理以盡性，故「天下之理得矣」。

疏　陽主生長，不假作爲，故「易爲乾息」。陰主收藏，不尚煩擾，故「簡爲坤消」。乾極則變而通坤，坤極則變而通乾，故云「乾坤變通」。「窮理以盡性」，《説卦》文，虞彼注云：「以乾推坤，謂之窮理。以坤變乾，謂之盡性」。「易知」爲乾之事，故曰「窮理」。「簡能」爲坤之事，故曰「盡性」。乾坤消息既正，六十四卦皆出於此，故「天下之理得矣」。　愚案　「簡」「易」，一也。《老子》曰「天得一以清，地得一以寧，神得一以靈，谷得一以盈，萬物得一以生，侯王得一以爲天下正」，❷故曰「天下之理得矣」。

天下之理得，而易成位乎其中矣。 荀爽曰：陽位成於五，五爲上中，陰位成於二，二爲下中，故「易成位乎其中」也。

疏　五爲陽位之中，故「陽成位於五」。「上中」者，既濟坎五也。二爲陰位之中，故「陰成位於二」。「下中」者，既濟离二也。坎离，天地之心，二五，天地之中，坎五离二，成位於上下之中，天下之理，不外一中，故「易成位乎其中矣」。

聖人設卦， 案：聖人謂伏羲也。始作八卦，重爲六十四卦矣。

疏　《禮緯含文嘉》「伏羲德洽上下，天應以鳥獸文章，地應以河圖洛書，則而象之乃作《易》」，❸故「聖人謂伏羲也」。仰觀象于天，俯觀法于地，中觀萬物之宜，始畫八卦，卦有三爻，因而重之，爲卦六十有四，故曰「設卦」。

觀象繫辭焉， 案：文王觀六十四卦三百八十四爻之象，而系屬其辭。

疏　下《傳》曰：「易之興也，其當殷之末世，周之盛德邪？當文王與紂之事邪？」《帝王世

❶「富有之謂大業」，思賢本作「以富有爲業也」。
❷「正」，思賢本作「貞」。
❸「則而象之乃作易」，思賢本作「乃則象而作《易》」。

紀》曰「文王在羑里，❶演六十四卦，著七八九六之爻，謂之《周易》」，下又曰「八卦以象告」，故云「文王觀六十四卦三百八十四爻之象，而系屬其辭」也。**而明吉凶。**荀爽曰：因得明吉，因失明凶也。疏三百八十四爻有得有失，即有吉有凶，故「因得明吉，因失明凶」。　愚案《釋文》稱虞本更有「悔吝」二字。以下文「悔吝者」證之，當從虞本補入爲是。**剛柔相推，而生變化。**虞翻曰：剛推柔生變，柔推剛生化也。疏六爻之「剛柔」也，一往一來曰「推」，陽稱「變」，陰稱「化」。陽來陰往，則「剛推柔生變」，陰來陽往，則「柔推剛生化」。「剛柔相推」，消息之象也，文王因之，而爲九六「變化」。**是故吉凶者，失得之象也。**虞翻曰：吉則象得，凶則象失也。疏「失得」謂陰陽失位得位，言文王觀象以正人事，謂《易》辭之「吉凶」，象人事之「失得」也。**悔吝者，憂虞之象也。**荀爽曰：憂虞，小疵，故「悔吝」也。　虞翻曰：悔則象憂，吝則象虞也。　干寶曰：悔亡則虞，有小吝則憂。憂虞未至於失得，悔吝不入於吉凶。事有小大，故辭有緩急，各象其意也。疏荀注　下文云「悔吝者，言乎其小疵也」，故云「憂虞，小疵，故悔吝也」。　虞注　悔自內生，故「象憂」。「憂」者，思也，思其內之可媿者也。吝自外至，故「象虞」。「虞」者，度也，度其外之可羞者也。謂《易》辭之「悔吝」，象人事之「憂虞」也。　干注　「虞」，驢虞也，故「悔亡則虞，有小吝則憂」。此又以「悔象虞」，「吝象憂」也。「憂」近失，「虞」近得，故「憂虞未至於失得」。「悔」近吉，「吝」近凶，故「悔吝不入於吉凶」。吉凶失得大而急，悔吝憂虞小而緩，故「事有小大，則辭有緩急」，蓋各象其意而屬辭也。**變化者，進退之象也。**荀爽曰：春夏爲變，秋冬爲化，息卦爲進，消卦爲退也。疏陽稱變，春夏陽，故「爲變」。陰稱化，秋冬陰，故「爲化」。陽息而進，故「息卦爲進」。陰消而退，故「消卦爲退」。《乾鑿度》曰「陽動而進，陰動而退」，蓋陽動爲變，陰動爲化，故曰「變化者，進退之象也」。**剛柔者，晝夜之象也。**荀爽曰：剛爲乾，柔爲坤。乾爲「晝」，坤爲「夜」，晝以喻君，夜以喻臣也。疏《雜卦》曰「乾剛坤柔」，

❶「帝王世紀」至下文「九六之爻」，思賢本作「皇甫謐《帝王世紀》曰『文王廣六十四卦，著九六之爻』」。

故「剛謂乾，柔謂坤」。乾陽「爲晝」，坤陰「爲夜」。乾爲君，故「晝陽以喻君」。坤臣道，故「夜陰以喻臣也」。**六爻之動，**陸績曰：天有陰陽二氣，地有剛柔二性，人有仁義二行。六爻之動，法乎此也。疏《説卦》「立天之道，曰陰與陽」，故云「天有陰陽二氣」。「立地之道，曰柔與剛」，故云「地有剛柔二性」。「立人之道，曰仁與義」，故云「人有仁義二行」。「六爻之動」，兼乎三才，故云「法乎此也」。**三極之道也。**陸績曰：此三才極至之道也。初四下極，二五中極，三上上極也。疏此言六爻爲「三才極至之道」，以初四爲下極，二五爲中極，三上爲上極。分内外爲三極，不應經義。蓋「極」者，中也。《説文》「極，棟也」。《逸雅》「棟，中也。居屋之中也」。故《洪範》「建用皇極」，❶《周禮》「設官分職，以爲民極」，鄭氏皆訓「極」爲「中」也。鄭《易》注「三極，三才也」，《周書・小開武》曰「三極，一維天九星，二維地九州，三維人四虞」，❷故鄭以「三極」爲三才也。以五行言，則五六爲天地之中；以姤復言，則二至爲天地之中；以四時言，則春秋爲天地之中；以爻位言，則二五爲天地之中也。《春秋傳》曰「民受天地之中以生」。天地人，故稱「三極」。六爻兼三才而兩之，故曰「三極之道也」。**是故君子所居而安者，易之象也。**虞翻曰：君子謂文王。象謂乾二之坤，成坎月离日。日月爲象。「君子黄中通理，正位居體」，故「居而安者，易之象也」。舊讀「象」誤作「厚」，或作「序」，非也。疏「君子謂文王」者，以其繫辭，謂之「聖人」，以法後世，謂之「君子」。「二」當作「五」。乾五變之坤，成大有，坎伏比成离，❸坎爲月，离爲日。日月在天，成八卦象，故「日月爲象」，詳見「在天成象」註。因下文引大有上九爻辭，故以乾五變坤爲説，舉一以例其餘也。「君子黄中通理，正位居體」，坤六五《文言》文。坤色「黄」，五位「中」，以乾通坤爲「通理」，五正陽位爲「正位」，互艮止爲「居體」。引此文者，蓋以乾五通坤，坤爲「安」，互艮爲「居」，五得正，故曰「居而安者，易之象也」。舊讀「象」作「厚」，「厚」字無説。俗本作「序」，虞亦不用。故云「非也」。蓋以下文「居則觀其象」，故知「序」爲「象」也。**所變而玩**

❶「建用皇極」，思賢本作「王之不極」。
❷「虞」，思賢本作「左」。
❸「坎伏比成离」，思賢本作「通比，有坎离象」。

者，爻之辭也。虞翻曰：「爻者，言乎變者也。」謂乾五之坤，坤五動則觀其變。舊作「樂」，字之誤。疏「爻」謂九六相變，故「爻者，言乎變者也」。坤五動之乾爲大有，坤五之動，由乾五之坤，故「坤五動則觀其變」。此玩爻之例也。「變」舊作「樂」，虞不用，故云「字之誤」。蓋以下「動則觀其變」，故知「樂」爲「變」也。**是故君子居則觀其象而翫其辭，**虞翻曰：翫，弄也。謂乾五動成大有，以离之目，觀天之象。兑口翫習所繫之辭，故「翫其辭」。疏「玩，弄也」，《説文》文。乾五動之坤成大有，上离下乾，离爲目，乾爲天，故「以离之目，觀天之象」，謂天三爻之象也。五體互兑爲口，又兑以「朋友講習」，故以「兑口玩習所繫之辭」也。觀象玩辭，如《左傳》蔡墨云「在乾之姤」，知莊子云「在師之臨」之類是也。**動則觀其變而翫其占，**虞翻曰：謂觀爻動也，「以動者尚其變」。「占事知來」，故「翫其占」。疏乾五之坤爲坤五動，故「謂觀爻動也」。九六發動揮變，故「以動者尚其變」。乾以知來，乾動成离，而未來之事可言，故「占事知來」。「玩其占」者，謂玩三百八十四爻之占動也。觀變玩占，如陳侯「遇觀之否」，晉侯「遇大有之睽」之類是也。**是以「自天右之，吉无不利」。**虞翻曰：謂乾五變之坤成大有，有天地日月之象。文王則庖犧，亦與天地合德，日月合明。「天道助順，人道助信，履信思順」，故「自天右之，吉无不利」也。疏乾五變之坤成大有，大有通比，大有离爲日，乾爲天，比坎爲月，坤爲地，故「有天地日月之象」。文王上則伏羲，有乾坤之德，具坎离之明，故「亦與天地合德，日月合明」。「天道助順」以下，亦《繫傳》文也。前言「吉凶」「悔吝」者，聖人繫辭，以著人事之常。此言「吉无不利」者，君子觀變，以盡天理之正。《傳》獨引此爻辭者，乾之通坤，得尊位大中，自大有五爻始，而乾天所右，實在上爻，故特舉以爲例。虞注自「居而安者」以下，皆據乾五之坤爲言，蓋三百八十四爻，皆有觀象觀變翫辭翫占之事，故舉首以例其餘也。

《彖》者，言乎象者也。虞翻曰：「在天成象」，「八卦以象告」，《彖》説三才，故「言乎象也」。疏「在天成象」，未畫之象也。「八卦以象告」，既畫之象也。《彖》言兩象，故「説三才」。《彖》兼三才而説兩象，故「言乎其象也」。**爻者，言乎變者也。**虞翻曰：爻有六畫，所變而玩者，爻之辭也，謂九六變化，故「言乎變者也」。**疏**六畫稱「爻」，爻皆有「變」，變可觀辭，故「所變者，爻之辭也」。下《傳》曰「道有變動，故曰爻」。爻之九六，陰陽相變，故「言乎變者也」。**吉凶者，言乎其失得也。**虞翻曰：得正言吉，失正言凶也。**疏**正，陰陽正位也。或言正，或言位，互辭也。「得」乎正位則言「吉」，「失」乎正位則言「凶」，故「吉凶者，言乎其失得也」。**悔吝者，言乎其小疵也。**崔憬曰：繫辭著悔吝之言，則異凶咎。有其小病，比於凶咎，若疾病之與小疵。**疏**《說文》「疵，病也」。《繫辭》但稱「悔吝」者，異乎凶咎之甚者也。「小病比於凶咎，若疾病之與小疵」，所謂「事有小大，故辭有緩急」是也。**无咎者，善補過也。**虞翻曰：失位爲咎。悔，變而之正，故「善補過」，孔子曰「退思補過」者也。**疏**王弼《略例》曰：「凡言无咎者，本皆有咎者也。防得其道，故得无咎。」咎在陰陽失位，故云「失位爲咎」。若能悔焉，變而之正，則咎者可以「无咎」矣。過而能改，故曰「善補過者也」。孔子曰「退思補過」，《孝經》及宣十二年《左傳》文。《論語》曰：「假我數年，五十以學《易》，可以無大過矣。」是《周易》爲補過之書，而補過之道，在乎无咎。无咎之道，存乎能悔，悔則咎之所由无，而過之所由補者也。三百八十四爻，一言以蔽之，曰「善補過」。**是故列貴賤者存乎位。**侯果曰：二五爲功譽位，三四爲凶懼位。凡爻得位則貴，失位則賤，故曰「列貴賤者存乎位」矣。**疏**下《傳》曰「二多譽，四多懼」。又「三多凶，五多功，貴賤之等也」。故云「二五爲功譽位，三四爲凶懼位」。凡爻，陰陽得位爲貴，失位爲賤。尋貴賤之義不一，上《傳》云「卑高以陳，貴賤位矣」，虞注云「乾高貴五，坤卑賤二」，謂九五貴，六二賤，此貴賤之正位也。若陽貴陰賤，則爻在下者，亦得言貴，如《屯》初九《傳》曰「以貴下賤，大得民」是也。若陽而无德，居正亦賤，如《頤》初九《傳》曰「觀我朵頤，亦不足貴」是也。若兩爻本皆陽位，則上貴下賤，如三爲下體之君，對五亦爲賤，即三五「貴賤之等」是也。合茲數說，其義始備，故曰「列貴賤者存乎位」。**齊小大者存乎卦。**王肅曰：「齊」猶「正」也。陽卦大，陰卦小，卦列則小大分，故曰「齊小大者存乎卦」也。**疏**《詩·小宛》「人之齊聖」，毛傳「齊，正也」，故云「齊猶正也」。陽大陰小，故「陽卦大，陰卦小」。陳列卦象，有小有大，如臨陽息之卦，「臨者，大也」，是臨爲大卦也。遯陰消之卦，《遯》「小利貞」，是遯爲小卦也。《泰》「小往大來」，爲大卦。《否》「大往小來」，爲小卦。又小畜、大畜、小過、大過、大有、大壯，皆以大爲陽，小爲陰，其卦可例推也。正其小大，截然不紊，故曰「齊小大者存乎卦」。**辯吉凶者存乎辭。**韓康伯曰：辭，爻辭也，即「爻者，言乎變也」。言象，所以明小大，言變，所以明吉凶，故大小之義存乎卦，吉凶之狀見乎爻。至於悔吝无咎，其例一也。吉凶悔吝，小疵无咎，皆生乎變，「事有小大」，故下歷言五者之差也。疏「辭」，六爻之辭也。九六變則有辭，故「即爻者，言乎變也」。象有陰陽，故「言象，所以明小大」。變有得失，故「言變，所以明吉凶」。卦統全體，故「大小之義存乎卦象」。爻著一端，故「吉凶之狀見乎爻辭」。「至於悔吝无咎」，皆吉凶之類，故「其例一也」。「吉凶悔吝，小疵无咎」，其辭皆生於九六之變。「事有小大」者，孔云「大則爲吉凶，小則爲悔吝无咎也」。「故下歷言五者之差」者，孔氏謂「吉一，凶二，悔三，吝四，无咎五」也。　愚案　京氏云「辯，明也」。虞董諸家皆云「辯，别也」。陰陽得位則「吉」，失位則「凶」。有應則吉，无應則凶。故曰「辯吉凶者存乎辭」。**憂悔吝者存乎介。**虞翻曰：介，纖也。「介如石焉，斷可識也」，故「存乎介」，謂識小疵。疏《漢書·元后傳》「不以往事爲纖介」，故云「介，纖也」。下《傳》曰「介如石焉，寧用終日，斷可識矣」，蓋釋豫二爻辭，以明「見幾而作，不俟終日」之義也。知幾故微，微故「存乎介」，舉豫二以爲則也。王氏云「憂悔吝之時，其介不可慢也」，即「悔吝者，言乎其小疵也」。《參同契》曰「纖介不正，悔吝爲賊」，故「憂悔吝者存乎介」。**震无咎者存乎悔。**虞翻曰：震，動也。「有不善，未嘗不知之，知之未嘗復行」，「无咎者，善補過」，故「存乎悔」也。疏《序卦》曰「震者，動也」，復初爲震，故云「震，動也」。「有不善，未嘗不知，知之未嘗復行也」，下《傳》文。蓋復時坤亂於上，故「有不善」。「復以自知」，故「未嘗不知」。「克己復禮」，故「知之未嘗復行也」。舉復初以爲則也。无咎由於補過，補過由於能悔，《復》初爻辭曰「不遠復，无祇悔，元吉」。惟能悔，斯无悔，故「震无咎者存乎悔」。**是故卦有小大，辭有險易。辭也者，各指其所之。**虞翻曰：陽易指天，陰險指地。「聖人之情見乎辭」，故「指所之」。疏「齊小大者存乎卦」，故曰「卦有小大」，謂全體也。「辨吉凶者存乎辭」，故「辭有險易」。❶「險易」即吉凶也，謂一爻也。京氏云「易，善也；險，惡也」，乾積陽爲善，故「陽易指天」。坤積陰爲惡，故「陰險指地」。「聖人之情見乎辭」，下《傳》文。「各指所之」者，韓氏謂「之泰則其辭易，❷之否則其辭險」是也。

易與天地準，故能彌綸天下之道。虞翻曰：準，同也。彌，大。綸，絡。謂易在天下，包絡萬物，「以言乎天地之間則備矣」，故「與天地準」也。疏京氏云「準，等也」，《曲禮》曰「見同等不起」，「等」有「同」義，故云「準，同也」。京氏云「彌，徧也」，《春官》「眡祲七曰彌」，鄭注「彌者，白虹彌天也」，故云「彌，大」。王肅云「綸，纏裹也」，揚子《解難》曰「宓犧氏之作《易》也，緜絡天地，經以八卦」，注「包絡之也」，故云「綸，絡」。《乾鑿度》曰「爲道德苞籥」，故「謂易在天下，包絡萬物」。「以言天地之間則備矣」，下傳文。又曰「《易》之爲書，廣大悉備」，荀彼注云「以陰易陽謂之廣，以陽易陰謂之大」。易與天地準，固悉備也」，是其義也。**仰以觀於天文，俯以察於地理，**荀爽曰：謂陰升之陽，則成天之文也。陽降之陰，則成地之理也。疏升降，謂二五也。否變未濟，則陰升之陽，有仰象焉。《賁·彖傳》曰「觀乎天文，以察時變」，故「成天之文」。泰變既濟，則陽降之陰，有俯象焉。《乾鑿度》曰「地静而理曰義」，故「成地之理」。　愚案　荀《易》皆主乾升坤降。此言陰升陽降者，蓋《乾》二《文言》曰「天下文明」，以二變陰，离爲明也，二升之五，則「仰觀乎天文」；以《坤》五《文言》曰「黄中通理」，以五變陽，坎爲通也，五降之二，則「俯察乎地理」矣。离目坎耳，耳目聰明，故言「觀察」。**是故知幽明之故。**荀爽曰：幽謂天上地下，不可得覩者也，謂否卦變成未濟也。明謂天地之間，萬物陳列，著於耳目者，謂泰卦變成既濟也。疏《說文》「幽，隱也」。謂「天上地下」者，天地不分，其象爲否，故六合之外，「不可得覩也」。否變未濟，离日坎月失位，故「幽」。《說文》「明，照也」。謂「天地之間」者，天地交，其象爲泰，故「萬物陳列，著於耳目」也。泰變既濟，离日坎月得正，故「明」。既、未濟皆有坎离象，日月爲明，故

❶「故」下，思賢本有「曰」字。

❷「韓」，原作「王」，今據思賢本及《周易正義》改。

「知幽明之故」。　案　吴君高《越紐》曰「陽動於上，以成天文，陰變於下，以成地理」，即虞氏《説卦》注云「乾三畫成天文，坤三畫成地理」是也。《吕氏春秋》曰「陰陽變化，一上一下，合而成章」，「章」即天文地理也。「陰陽」即「幽明」也。觀震巽出入，則知日月之行；察五位方隅，則知山川維絡之紀；乾坤代序，則知温涼寒暑之候；六位成章，則知太和保合之理，故「知幽明之故」也。**原始及終，故知死生之説。**《九家易》曰：陰陽交合，物之始也，陰陽分离，物之終也。合則生，离則死，故「原始及終，故知死生之説」矣。交合，泰時春也；分离，否時秋也。

疏「陰陽交合」，其象爲泰，萬物發生，故云「物之始也」。「陰陽分离」，其象爲否，萬物收成，故云「物之終也」。乾坤交則互震，「萬物出乎震」，故「合則生」。乾坤离則互艮成終，又爲鬼門，故「离則死」。《管子·戒》篇「春出，原農事之不本者」，注云「原，察也」，韓氏云「死生者，❶始終之數」，故「原始及終，故知死生之説矣。」消息泰爲正月卦，故「交合，泰時春也」。否爲七月卦，故「分离，否時秋也」。

愚案　《乾·彖傳》曰「大哉乾元，萬物資始」，是「始」謂乾也。《坤·文言》曰「地道无成而代有終也」，是「終」謂坤也。故虞君下《傳》注云「以乾原始，以坤要終，謂原始及終，以知死生之説」，又云「出陽知生，入陰懼死」，是其義也。**精氣爲物，遊魂爲變。**虞翻曰：魂，陽物，謂乾神也。變謂坤鬼。乾純粹精，故主爲物。乾流坤體，變成萬物，故「遊魂爲變」也。

疏昭七年《左傳》「人生始化爲魄。既生魄，陽曰魂」，《説文》「魂，陽氣也」，故云「魂，陽物」。《淮南子·説山訓》「魄問於魂」，注云「魂，人陽神」，故「謂乾神也」。坤无魂，坤魂亦乾也。「變謂坤鬼」者，鬼亦神爲之，故言「神无方」，不言鬼也。《乾·文言》曰「純粹精也」，萬物資始乾元，故「主爲物」。《夏小正》曰「魂者動也」，乾之精氣，流於坤體，變成萬物，故「遊魂爲變」。《越紐録》曰「神主生氣之精，魂主死氣之舍」，故精氣則物成其形，魂遊則物變其故也。**是故知鬼神之情狀，與天地相似，故不違。**虞翻曰：乾神似天，坤鬼似地。聖人與天地合德，鬼神合吉凶，故「不違」。

鄭玄曰：精氣謂七八也，遊魂謂九六也。七八，木火之數；九六，金水之數。木火用事而物生，故曰「精氣爲

❶「韓」，原作「王」，今據思賢本及《周易正義》改。

物」；金水用事而物變，故曰「遊魂爲變」。精氣謂之神，遊魂謂之鬼。木火生物，金水終物，二物變化，其情「與天地相似」，故無所差違之也。疏虞注　乾爲「神」、爲「天」，故「乾神似天」。坤爲「鬼」、爲「地」，故「坤鬼似地」。乾神坤鬼，即天地之用也，故「相似」。聖人即大人。《文言》荀氏注云：「與天合德謂居五，與地合德謂居二。」虞又云「乾神合吉，坤鬼合凶」，故「與鬼神合其吉凶」。「天且弗違」，而「況於鬼神」，故「不違」。　鄭注　《乾鑿度》曰「陽變七之九，陰變八之六」，七少陽，八少陰，故「精氣謂七八」；九老陽，六老陰，故「遊魂謂九六」。天七屬火，地八屬木，故「七八，木火之數」；天九屬金，地六屬水，故「九六，金水之數」。木屬春，火屬夏，木火用事，生物之時，故曰「精氣爲物」；金屬秋，水屬冬，金水用事，變物之時，故曰「遊魂爲變」。鄭氏又云「遊魂謂之鬼」，物終所歸，「精氣謂之神」，物生所信也。言木火之神，生物東南，金水之鬼，終物西北。二者之情，其狀與春夏生物，秋冬終物相似，故云「二物變化，其情與天地相似，故无所差違之也」。**知周乎萬物，**荀爽曰：「二篇之册，萬有一千五百二十，當萬物之數」，故曰「知周乎萬物」也。疏「二篇」，謂上下經六十四卦之册。《傳》以爻册當萬物之數，故曰「知周乎萬物也」。**而道濟天下，故不過。**《九家易》曰：言乾坤道，濟成天下而不過也。　王凱沖曰：知周道濟，洪纖不遺，亦不過差也。疏《九家》注　言乾坤之道，交易成既濟定，故云「濟成天下而不過也」。　王注　「知周萬物」，言其微無不入，道濟天下，言其大無不包，故云「洪纖不遺，亦不過差也」。　愚按　坤爲知，乾爲道，皆虞義也。「萬物致養乎坤」，故曰「知周萬物」。乾爲「天」，故曰「天下」。陽道制命，坤化成物，天地交泰，乾二升五，坤五降二，成既濟定，保合太和，故「道濟天下」也。六爻皆正，而无過失，故「不過」。**旁行而不流。**《九家易》曰：旁行，周合。六十四卦，月主五卦，爻主一日，歲既周而復始也。　侯果曰：應變「旁行」，周被萬物而不流淫也。疏《九家》注　《稽覽圖》消息六十卦，小過、蒙、益、漸、泰屬寅，需、隨、晉、解、大壯屬卯，豫、訟、蠱、革、夬屬辰，旅、師、比、小畜、乾屬巳，大有、家人、井、咸、姤屬午，鼎、豐、渙、履、遯屬未，恒、節、同人、損、否屬申，巽、萃、大畜、賁、觀屬酉，歸妹、无妄、明夷、困、剥屬戌，艮、既濟、噬嗑、大過、坤屬亥，未濟、蹇、頤、中孚、復屬子，屯、謙、睽、升、臨屬丑。坎冬、震春、离夏、兑秋爲四正卦。「旁行」爲「周合」者，謂由復而坤，由坎而兑，周行六十四卦也。每月五卦，卦主六日七分，是「爻主一日」也。六十而一周，六六三百六十爻，值六六三百六十日，故云「歲既周而復始也」。　侯注　旁行，旁通也。消息之卦，應變旁通，以濟成乾坤，「周被萬物而不流淫也」。

樂天知命，故不憂。荀爽曰：坤建於亥，乾立於巳。陰陽孤絶，其法宜憂。坤下有伏乾爲樂天，乾下有伏巽爲知命。陰陽合居，故「不憂」。**疏**消息之卦，坤純陰在十月亥。乾純陽在四月巳。純陰純陽，故云「陰陽孤絶，其法宜憂」。「坤下有伏乾」，謂乾伏坤初爲震；震爲樂，初九乾也，故爲天，是「樂天」也。「乾下有伏巽」，謂巽伏乾初；巽爲命，故「知命」。消息坤在十月亥，亥居西北乾方，坤下有乾，故云「陰陽合居」。孤絶則憂，合居則不憂。且坎爲加憂，十二消息不見坎象，故「不憂」。

安土敦乎仁，故能愛。荀爽曰：安土謂否卦，乾坤相據，故「安土」。敦仁謂泰卦，天氣下降，以生萬物，故「敦仁」。生息萬物，故謂之「愛」也。**疏**坤爲「安」，又爲地，否卦以乾據坤，故曰「安土」。坤厚爲「敦」，乾復震爲「仁」。泰卦内乾，故爲「天氣下降」。坤爲萬物，互震爲生，故「以生萬物」。以坤乘乾，故曰「敦仁」。乾仁博施，「生息萬物」，故「能愛」也。

範圍天地之化而不過，《九家易》曰：範者，法也。圍者，周也。言乾坤消息，法周天地，而不過於十二辰也。辰，日月所會之宿，謂諏訾、降婁、大梁、實沈、鶉首、鶉火、鶉尾、壽星、大火、析木、星紀、玄枵之屬是也。**疏**《釋詁》云「法，範，常也」，「法」「範」同訓常，故云「範，法也」。「圍」，古文作囗，《説文》云「囗，回也」，《漢書·劉向傳》「周回五百里」，「囗」、「周」同訓回，故云「圍，周也」。陽主息，陰主消，故「言乾坤消息」。歷十二爻而歲一周，故云「法周天地」。十二爻爻主一辰，故「不過十二辰也」。昭七年《左傳》「日月之會是謂辰」，故云「辰，日月所會之宿」，杜預謂「一歲日月十二會，所會謂之辰」是也。皇甫謐《帝王世紀》曰：「自危十七度至奎四度，曰諏訾之次；於辰在亥，謂之大淵獻，斗建在寅。自奎五度至胃六度，曰降婁之次，於辰在戌，謂之閹茂，斗建在卯。自胃七度至畢十一度，曰大梁之次，於辰在酉，謂之作蘁，❶斗建在辰。自畢

❶「蘁」，草堂本作「噩」。

十二度至東井十五度，曰實沈之次，於辰在申，謂之涒灘，斗建在巳。自井十六度至柳八度，曰鶉首之次，於辰在未，謂之叶洽，❶斗建在午。自柳九度至張十七度，曰鶉火之次，於辰在午，謂之敦牂，斗建在未。自張十八度至軫十一度，曰鶉尾之次，於辰在巳，謂之大荒落，斗建在申。自軫十二度至氐四度，曰壽星之次，於辰在辰，謂之執徐，斗建在酉。自氐五度至尾九度，曰大火之次，於辰在卯，謂之單閼，斗建在戌。自尾十度至斗十度，曰析木之次，於辰在寅，謂之攝提格，斗建在亥。自斗十一度至婺女七度，曰星紀之次，於辰在丑，謂之赤奮若，斗建在子。自婺女八度至危十六度，曰玄枵之次，於辰在子，謂之困敦，斗建在丑。凡天十有二次，日月之所纏，子丑等十二辰在地，娵訾等十二次在天。」此言天地之化，故舉十二次也。**曲成萬物而不遺，**荀爽曰：謂二篇之册，曲成萬物无遺失也。　侯果曰：言陰陽二氣，委曲成物，不遺微細也。疏荀注　「二篇萬有一千五百二十，當萬物之數」，故「曲成萬物无遺失也」。　侯注　萬物資始於乾，資生於坤。一物之微，莫不稟受陰陽之氣。《説文》曰「委，隨也」。又曰「曲，象器受物之形。」言陰陽二氣，隨物付形，不遺微細。《中庸》言「鬼神之德，體物不遺」，是其義也。**通乎晝夜之道而知，**荀爽曰：「晝」者謂乾，「夜」者坤也。通於乾坤之道，無所不知矣。疏「通乾陽爲「晝」，坤陰爲「夜」，故「晝者謂乾，夜者坤也」。「通乎晝夜之道」，則於幽明死生鬼神之事，无所不知矣。

愚案　「範圍天地」舉其大，「曲成萬物」舉其細，「通乎晝夜」舉其流行。《論語》「子在川上曰『逝者如斯夫，不舍晝夜』」，言其道之流行不息也。　通乎道之流行，則陰陽消息，往復平陂，一以貫之矣，故曰「通乎晝夜之道而知」。❷

故神无方而易无體。干寶曰：否泰盈虚者神也，變而周流者易也。言神之鼓萬物無常方，易之應變化無定體也。疏「神」本「陰陽不測」，故「否泰盈虚者神也」。「易」則「唯變所適」，故「變而周流者易也」。自陰陽言之謂之「神」，故「神之鼓萬物无常方」。自乾坤言之謂之「易」，故「易之應變化无定體」。「神无方」故「易无體」，謂出乾入坤，「上下无常，周流六虚」者也。

❶「叶」，草堂本作「協」。

❷「知」下，思賢本有「矣」字。

一陰一陽之謂道，韓康伯曰：道者何？无之稱也。无不通也，无不由也，況之曰道。寂然无體，不可爲象，必有之用極，而无之功顯，故至乎「神无方而易无體」而道可見矣。故窮變以盡神，因神以明道。陰陽雖殊，無一以待之。在陰爲無陰，陰以之生，在陽爲無陽，陽以之成，故曰「一陰一陽」也。**疏**孔疏曰：「云『道者何？无之稱』者，此韓氏自問其道而釋之也。道是虚无之稱。以虚无能開通於物，故稱之曰『道』。云『无不通，无不由』者，若處於有，有則爲物礙難，不可常通。道既虚无爲體，則不爲礙難，故『无不通也』。『无不由』者，言萬物皆因之而通，由之而有。云『況之曰道』者，比況道路以爲稱也。『寂然无體，不可爲象』者，謂寂然幽静而无體，不可以形象求，是『不可爲象』。至如天覆地載，日照月臨，冬寒夏暑，春生秋殺，萬物運動，皆由道而然，豈見其所營，知其所爲。是『寂然爲體，不可爲象』也。云『必有之用極，而无之功顯』者，猶若風雨，是有之所用。當用之時，以物爲心。風雨既極之後，萬物賴此風雨，而得生育。是生育之功，由風雨无心而成。是『有之用極，而无之功顯』。是神之發作動用，以生萬物，其功成乃在於无形。❶應機變化，雖有功用，本其用之所以，亦在於无也。故『至乎神无方而易无體』，自然无爲之道，可顯見矣。當其有用之時，道未見也。云『故窮變以盡神』者，神則杳然不測，千變萬化。聖人則窮此千變萬化，以盡神之妙理，故云『窮變化以盡神』。云『因神以明道』者，謂盡神之理，唯在虚无。因此虚无之神，以明道之所在亦虚无，故云『因神以明道』也。『陰陽雖殊，无一以待之』者，言陰之與陽，雖有兩氣，恒用虚无之一以擬待之。言在陽之時，亦以爲虚无，无此陽也。在陰之時，亦以爲虚无，无此陰也。云『在陰爲无陰，陰以之生』者，謂道雖在於陰，而於陰言，❷道所生皆无陰也。雖无於陰，陰終由道而生，故言陰以生之也。『在陽爲无陽，陽以之成』者，謂道雖在陽，陽中必无道也。雖无於陽，陽必由道而成，故言陽以成之也。道雖无於陰陽，然亦不离於陰陽，陰陽雖由道成，即陰陽亦非道，故曰『一陰一陽』也。」　愚案《説卦》曰「立天之道，曰陰與陽」，《乾·彖傳》曰「乾道變化，各正性命，保合太和」，蓋一陰一陽，相並俱生，陽稱「變」，陰稱「化」，故「乾道變化」

❶「成」下，思賢本有「就」字。

❷「而」下，思賢本有「无」字。

而陰陽之理已備，三極各正，「保合太和」，道之所由立也。王、韓以虚无言道，失其旨矣。**繼之者善也，成之者性也。**虞翻曰：繼，統也。謂乾能統天生物，坤合乾性，養化成之，故「繼之者善，成之者性也」。疏《孟子》「君子創業垂統，爲可繼也」，《乾・彖傳》曰「乃統天」，《九家易》注云「乾之爲德，乃統繼天道」，是「統」有「繼」義，故云「繼，統也」。一陰一陽，皆統於乾元，即《彖傳》曰「大哉乾元，萬物資始，乃統天」是也。乾元善長，故曰「善也」。乾各正性命爲「性」。乾非坤化，性亦不成，故云「坤合乾性，養化成之」。人得乾善之統，資坤之化以成性，故曰「繼之者善，成之者性」，即《中庸》「天命之謂性，率性之謂道」是也。**仁者見之謂之仁，知者見之謂之知。**侯果曰：仁者見道，謂道有仁。知者見道，謂道有知也。疏仁者偏於陽，見陽之息謂之仁，故仁者觀道，謂道爲仁。知者偏於陰，見陰之藏謂之知，故知者觀道，謂道爲知也。**百姓日用而不知，**侯果曰：用道以濟，然不知其力。疏百姓顓蒙，日用此道以濟，而不知道之功力也。**故君子之道尟矣。**韓康伯曰：君子體道以爲用。仁知則滯於所見，「百姓日用而不知」，體斯道者，不亦鮮矣乎。故常無欲以觀妙，可以語至而言極矣。疏君子超乎百姓，而合仁知之全，故能「體道以爲用」。仁知雖賢，猶有偏見。謂仁謂知，不能偏曉，是「滯於所見」也。《詩・天保》曰「日用飲食，民之質矣」。《論語》曰「民可使由之，不可使知之」，故「日用而不知」也。仁知之偏過於道，百姓之不知不及乎道，故自君子而外，「體斯道者」，「尟矣」。「尟」與「鮮」同。《説文》「尟，是少也」。「常無欲以觀妙」，《老子・道經》文。言能寂然无欲，以觀此道之妙，則可以語説其至理，而言其極趣矣。**顯諸仁，藏諸用。**王凱沖曰：萬物皆成，仁功著也。不見所爲，「藏諸用」也。疏仁育萬物，故「萬物皆成，仁功著也」。無爲而成，故「不見所爲，藏諸用也」。　愚案　乾體仁爲仁，《傳》又曰「顯道神德行」，神謂乾也，故曰「顯諸仁」。坤致役爲用，《説卦》曰「坤以藏之」，故曰「藏諸用」。且陽息出震，乾元顯見於德爲仁，是顯其所藏之仁，萬物之出機也。陽消入巽，乾元退於坤爲仁之用，是藏其所顯之用，萬物之入機也。**鼓萬物而不與聖人同憂，**侯果曰：聖人成務，不能無心，故有憂。神道鼓物，寂然無情，故無憂也。疏《論語》「堯、舜其猶病諸」，《孟子》「聖人之憂民如此」。蓋聖人「開物成務」，不能无心。有心則有跡，有跡故有憂也。若道，則物物而不物於物者也。故天地以「神道鼓物，寂然无情」。无情則无累，无累故無憂也。　案　「萬物出乎震」，震雷爲「鼓」，「動萬物者，莫疾乎雷」，故曰「鼓萬物」。乾五爲「聖人」，五在坎中爲憂，下《傳》曰「作《易》者，其有憂患乎」。乾元消息，「保合太和」，「各正性命」，故「不同憂」。盛德大業至矣哉。荀爽曰：「盛德」者天，「大業」者地也。疏「盛德者天」，謂乾爲「德」，乾易顯仁，故「盛德」。「大業者地」，謂坤爲「業」，坤簡藏用，故「大業」也。富有之謂大業，日新之謂盛德。王凱沖曰：物無不備，故曰「富有」。變化不息，故曰「日新」。疏坤廣生爲「富」，一消一息，萬彙豐殖，故「物莫不備」，而「曰富有」也。乾五動之坤成离，离爲「日」，以乾變坤，以坤化乾，故「變化不息」，而「曰日新」也。生生之謂易。荀爽曰：陰陽相易，轉相生也。疏陽極生陰，陰極生陽，一消一息，轉易相生，故謂之「易」。京氏云：「八卦相盪，陽入陰，陰入陽，二氣交互不停，故曰『生生之謂易』。」成象之謂乾，案：「道生一，一生二，二生三。」三才既備，以成乾象也。疏「道生一，一生二，二生三」，《老子·德經》文。三才，天地人也。乾象六畫，實兼三才。故云「三才既備，以成乾象也」。蓋「在天成象」，八卦皆陽象也。自顯至藏，乾象可見，故以立三才之象矣。爻法之謂坤。案：「爻」謂效也。❶效乾三天之法，而兩地成坤之卦象也。疏下《傳》曰「爻也者，效此者也」，故云「爻猶效也」。乾天三畫之卦，兼三才而兩之爲六爻，六陰數爲坤，故云「效乾三天之法，而兩地成坤之卦象也」。極數知來之謂占，孔穎達曰：謂窮極蓍策之數，逆知將來之事，占其吉凶也。疏蓍策極六畫之數，知來事之吉凶，故謂之「占」。通變之謂事。虞翻曰：事謂變通趨時，以盡利天下之民，謂之事業也。疏下《傳》曰：「變通者，趨時者也。」變通趨時，民不失利，故「謂之事業」。陰陽不測之謂神。韓康伯曰：神也者，變化之極，妙萬物而爲言，不可以形詰者也，

❶「謂」，思賢本作「猶」。

故「陰陽不測」。嘗試論之曰原夫兩儀之運，萬物之動，豈有使之然哉。莫不獨化於太虚，欻爾而自造矣。造之非我，理自玄應。化之無主，數自冥運。故不知所以然，而況之神矣。是以明兩儀以太極爲始，言變化而稱極乎神也。夫唯知天之所爲者，❶窮理體化，坐忘遺照。至虚而善應，則以道爲稱。不思而玄覽，❷則以神爲名。蓋資道而同乎道，由神而冥於神者也。**疏**孔疏云：「『神也者，變化之極』者，言神之施爲，自將變化之極，以爲名也。云『妙萬物而爲言』者，妙謂微妙也。萬物之體，有變象可尋。神則微妙於萬物而爲言也，謂不可尋求也。云『不可以形詰』者，杳寂不測，无形无體，不可以物之形容，所求而窮詰也。云『造之非我，理自玄應』者，此言神力也。我謂宰主之名也。言物之造作，非由我之主宰所爲。❸其造化之理，自然玄冥相應，❹而自然造作也。云『是以明兩儀以太極爲始』者，言欲明兩儀天地之體，必以太極虚无爲初始。不知所以然，將何爲始也。云『言變化而稱極乎神』者，❺欲言論變化之理，不知涯際，唯稱極乎神。神則不可神也。云『夫唯知天之所爲者，窮理體化，坐忘遺照』者，言數能知天之所造爲者，❻會能窮其物理，體其變化，静坐而忘其事，及遺棄所照之物。任其自然之理，不以他事係心，端然玄寂。如此者，乃能知天之所爲也。言天之道亦如此也。『坐忘遺照』之言，事出《莊子·大宗師》篇也。云『至虚而善應，則以道爲稱』者，此解道之目也。言至極冥虚而善應於物，則乃目之爲道，故云『則以道爲稱』。云『不思而玄覽，則以神爲名』者，謂不可思量而玄遠覽見者，乃目之爲神，故云『則以神爲名』也。云『蓋資道而同乎道』者，此謂聖人設教，資取乎道。行无爲之化，積化而遂同於道。内外皆无也。云『由神而冥於神也』者，言聖人謂教，法此神之不測，无體无方，以垂於教。久能積漸而冥合於神，不可測也。此皆謂聖人初時，雖法道法神以爲无，體未能全无。但行之不已，遂至全无不測。故云『資道而同於道，由神而冥於神也』。」　案神者，乾元之運，出陽入陰，變化不測，易則神之所爲也，

❶「知」字原脱，今據《周易正義》孔疏補。
❷「而」字原脱，今據《周易正義》孔疏補。
❸「主宰」，思賢本作「宰主」。
❹「玄冥」，思賢本作「元空」。
❺「神」，原作「坤」，今據思賢本及韓康伯注改。
❻「數」，思賢本作「若」。

故曰「陰陽不測之謂神」。　又案「富有」以下至此，所以申釋前義也。上云「盛德大業」，故曰「富有之謂大業，日新之謂盛德」。「所居而安者，《易》之象也」，故曰「成象之謂乾」。「所變而翫者，爻之辭也」，故曰「爻法之謂坤」。「動則觀其變而翫其占」，故曰「極數知來之謂占，通變之謂事」。「神无方而易无體」，❶故曰「生生之謂易，陰陽不測之謂神」。

同邑王慰心以校

周易集解纂疏卷二十五

❶「神无方」上，思賢本有「上云」二字。

周易集解纂疏卷二十六

唐李鼎祚集解　安陸李道平遵王纂疏

夫易，廣矣，大矣。虞翻曰：乾象動直，故「大」。坤形動闢，故「廣」也。疏「在天成象」，故云「乾象」。「在地成形」，故云「坤形」。下論「廣生」「大生」，故探以爲説也。**以言乎遠則不禦，**虞翻曰：禦，止也。「遠」謂乾，天高「不禦」也。疏《釋言》「禦，禁也」，「禁」有「止」義，故云「禦，止也」。《左傳》曰「天道遠」，故「遠謂乾」。天高且遠，故「不禦也」。**以言乎邇則静而正，**虞翻曰：邇謂坤。坤「至静而德方」，故「正」也。疏《説文》「邇，近也」。揚子《法言》「聖人之言遠如天，賢人之言邇如地」，故「邇謂坤」也。「至静而德方」，《坤·文言》文。坤翕故「静」，德方故「正」。**以言乎天地之間則備矣。**虞翻曰：謂易「廣大悉備」，有天地人道焉，故稱「備」也。疏乾天爲「大」，坤地爲「廣」，故云「廣大悉備」。言天地之間，而人在其中矣，故「有天道焉，有地道焉，有人道焉」。易該三才，故「稱備也」。**夫乾，其静也專，其動也直，是以大生焉。**宋衷曰：乾静不用事，則清静專一，含養萬物矣。動而用事，則直道而行，導出萬物矣。一專一直，動静有時，而物無夭瘁，「是以大生」也。疏乾奇爲一，一故「專」，專則愈「直」。當其「静不用事，則清静專一」，「專」者，一之存也，故有「含養萬物」之德。及其「動而用事，則直道而行」，「直」者，一之發也，故有「導出萬物」之功。静專動直，皆氣之至健者爲之，故「物无夭瘁」，而乾之所以「大生」者在是焉。**夫坤，其静也翕，其動也闢，是以廣生焉。**宋衷曰：「翕」猶「閉」也。坤静不用事，閉藏微伏，應育萬物矣。動而用事，則開闢羣蟄，敬導沈滯矣。一翕一闢，動静不失時，而物無災害，「是以廣生」也。疏《釋詁》「翕，合也」，《漢書·兒寬傳》「合祛於天地神明」，❶李奇曰「合，閉也」，「合」有「閉」義，故曰「翕，閉也」。坤偶爲兩，兩故

❶「神明」，思賢本作「神祇」。

翕，翕則必闢。當其「静不用事，閉藏微伏」，「翕」者，兩之合也，故有「應育萬物」之德。及其「動而用事，則開闢羣蟄」，「闢」者，兩之分也，故有「敬導沈滯」之功。静翕動闢，皆體之至順者爲之，故「物无災害」，而坤之所以「廣生」者在是焉。**廣大配天地，**荀爽曰：陰廣陽大配天地。疏坤陰爲「廣」，乾陽爲「大」。「易與天地準」，故「廣大配天地」。**變通配四時。**虞翻曰：變通趨時，謂十二月消息也。泰、大壯、夬配春，乾、姤、遯配夏，否、觀、剥配秋，坤、復、臨配冬。謂十二月消息，相變通而周於四時也。疏下《傳》云「變通者，趨時者也」，「時」謂四時，「變通」謂乾坤通變十二消息，即十二辟卦也。泰，乾三也；大壯，乾四也；夬，乾五也；皆春時卦，故「配春」。乾，乾上也；姤，坤初也；遯，坤二也；❶觀，坤四也；剥，坤五也；皆秋時卦，故「配秋」。坤，坤上也；復，乾初也；臨，乾二也；皆冬時卦，故「配冬」。十二月陽息陰消，周於四時，故「變通配四時」。**陰陽之義配日月，**荀爽曰：謂乾舍於离，配日而居，坤舍於坎，配月而居之義是也。疏此據鬼易。乾歸合离，坤歸合坎也。坤二五之乾成离，故謂「乾舍於离」。离爲日，故陽「配日而居」。乾二五之坤成坎，故謂「坤舍於坎」。坎爲月，故陰「配月而居」。案陽息稱❷《復》「七日來復」是也。❸陰消稱月，《臨》「八月有凶」是也。《詩・七月》「一之日」「二之日」「三之日」「四之日」，皆陽息之月，故稱日。「五月斯螽動股，六月莎雞振羽，七月在野，八月在宇」，皆陰消之月，故稱月。乾陽主息，坤陰主消，故「陰陽之義配日月」。**易簡之善配至德。**荀爽曰：乾德至健，坤德至順。乾坤簡易，相配於天地，故「易簡之善配至德」。疏乾有至健之德，故「易知」。坤有至順之德，故「簡能」。《乾・象傳》曰「天德不可爲首也」，《坤・象傳》曰「德合无疆」，乾至健，坤至順，故曰「至德」。乾坤，天地之象，易簡，天地之性，故「乾坤易簡，配於天地」。《乾・文言》曰「元者，善之長也」。乾元稱「善」。《坤・象傳》曰「至哉坤元」，坤元即乾元，乾善即坤善，故曰「易簡之善配至德」。

---

❶「坤二也」下，思賢本有「皆夏時卦，故『配夏』。否，坤三也」等句。

❷「日」，原脱，據草堂本、思賢本補。

❸「復」字，思賢本無。

子曰：「易其至矣乎。崔憬曰：夫言「子曰」，皆是語之別端，此更美易之至極也。疏更端起義，故言「子曰」。易配至德，故曰「至矣乎」。夫《易》，聖人之所以崇德而廣業也。虞翻曰：崇德效乾，廣業法坤也。疏乾爲「德」，坤爲「業」，天高故「崇」，地博故「廣」。「崇德效乾，廣業法坤」，探下文言之也。知崇體卑，崇效天，卑法地。虞翻曰：知謂乾，效天崇，體謂坤，法地卑也。疏乾「神以知來」，故「知謂乾」。知崇所以崇德，故「效天崇」。坤「正位居體」，故「體謂坤」。體卑所以廣業，故「法地卑也」。天地設位，而易行乎其中矣。虞翻曰：位謂六畫之位。乾坤各三爻，故「天地設位」。易出乾入坤，「上下無常」，「周流六虛」，故「易行乎其中」也。疏「位」者，天一地二，天三地四，天五地六，陰陽配合，即「六畫之位」也。「乾坤各三爻」者，謂泰也，故云「天地設位」。言庖犧「參天兩地」，立此六爻之位也。泰二出乾，上入坤五，坎离交易，成既濟定。乾在下而二之五爲在上，坤在上而五之二爲在下，故「上下无常」。「六虛」謂六位，各得其正，故「周流六虛」。泰互震爲「行」，二五爲「中」，故「易行乎其中矣」。成性存存，道義之門。」虞翻曰：「知終終之，可與存義也」。乾爲道門，坤爲義門。成性謂「成之者性也」。陽在道門，陰在義門，「其易之門邪」。疏「知終終之，可與存義也」，乾九三《文言》文，三當乾終，故曰「知終終之」，乾三即泰三也，泰坤爲義，故曰「可與存義」。玆引乾三《文言》者，蓋此章言「崇德廣業」。《乾》九三「子曰：『君子進德脩業。』」，虞彼注云「乾爲德，坤爲業。以乾通坤，爲進德脩業」，而知終存義，即進脩之事也。下《傳》曰「乾坤其易之門邪」，《乾·彖傳》曰「乾道變化」，故出「乾爲道門」。《乾鑿度》曰「地静而理曰義」，故入「坤爲義門」。「成之者性」，上《傳》文。天地消息，乾坤相續，易以坤成乾之性，故「成性謂成之者性也」。乾性常存，道義出焉，乾爲陽，故「陽在道門」，坤爲陰，故「陰在義門」，「其易之門」，謂乾坤也。

聖人有以見天下之賾，而擬諸其形容，虞翻曰：乾稱聖人，謂庖犧也。賾謂初。自上議下稱擬。形容謂陰，「在地成形」者也。疏《乾》五《文言》曰「聖人作而萬物覩」，故「乾稱聖人」。庖犧以聖人而居天子之位，故「謂庖犧也」。《易》之屯，《太玄》準爲礥，初一曰「黄純於潛」，測曰「化在嘖也」，范望注云「陽氣潛在地下，養萬物之根荄」，故云化在嘖，由是言之，「嘖」者，陽氣之始生也。《乾鑿度》曰「太初者，氣之始也」，故「嘖謂初」。天下之嘖，謂萬物之初也。乾上坤下，以乾儗坤，❶故「自上議下」曰「儗」。❷《易》之大義，上《經》終坎离，下《經》終既、未濟，上《繫》終乾、坤，下《繫》終六子，則上、下《經》與上、下《繫》，實相表裏也。上《經》象陽，下《經》法陰，復爲陽初，姤爲陰初。六日七分之法，陽起中孚，陰起咸，乾元坤元，天地之心，爲易之本，故上《繫》七爻，起於《中孚》「鳴鶴在陰」，下《繫》十一爻，起於《咸》「憧憧往來」。此《傳》發端，言聖人「見天下之嘖」，謂中孚、咸也。《參同契》曰「天道甚浩廣，太玄無形容」，故「形容謂陰」。以其「在地成形」，有容有可儗，❸故「擬諸其形容」。**象其物宜，是故謂之象。**虞翻曰：物宜謂陽，「遠取諸物」，「在天成象」，故「象其物宜」。象謂三才，八卦在天也。庖犧重爲六畫也。疏《春官·保章氏》「以五雲之物，辨吉凶水旱，降豐荒之祲象」，桓六年《左傳》曰「是其生也，與吾同物」，杜注「謂同日」，《周語》曰「神之見也，不過其物」，《泰·象》曰「輔相天地之宜」，是天亦言「宜」也，故曰「物宜謂陽」，「陽」即乾也。天道遠，故「遠取諸物」。以其「在天成象」，故「象其物宜」也。日月在天，成八卦象，謂天三爻，故云「三才，八卦在天也」。以地兩之，故謂「庖犧重爲六畫也」。重爲六畫，仍是三才之象，故六十四卦皆「謂之象」。**聖人有以見天下之動，**虞翻曰：重言聖人，謂文王也。動謂六爻矣。疏前之「聖人」謂庖犧，此言「聖人」謂文王也。「道有變動，故曰爻」，知「動謂六爻」也。**而觀其會通，**荀爽曰：謂三百八十四爻，陰陽動移，各有所「會」，各有所「通」。張璠曰：「會」者，陰陽合會，若蒙九二也。「通」者，乾坤交通，既濟是也。疏荀注　三百八十四爻，陰陽各半，互相動移。「各有所會」，謂陰陽相會合也。「各有所通」，謂陰陽相變通也。合以觀其統體，通以觀其散殊。　張注　乾坤陰陽純，屯、蒙則陰陽交矣。易氣自下生，故象於蒙二以陽會陰，而曰「剛柔接也」，《雜卦》曰「蒙雜而著」，故「會者，陰陽合

❶「儗」，思賢本作「擬」。「儗」古通「擬」。
❷「儗」，思賢本作「擬」。「儗」古通「擬」。
❸「有容有可儗」，思賢本作「有刑容可擬」。

會」之義。特舉蒙二，以例其餘也。乾二三五通坤，❶成既濟，故「通者，乾坤交通」之義。特舉既濟，以例其餘也。**以行其典禮，繫辭焉以斷其吉凶，**孔穎達曰：既觀其會通，而行其典禮，以定一爻之通變，而有三百八十四。於此爻下，繫屬文辭，以斷其吉凶。若會通典禮，得則爲吉也。若會通典禮，失則爲凶矣。**疏** 夫既觀其會合通變，而施行其典法禮儀，則爻之通變於是定。六爻之通變定，而三百八十四爻亦由是定矣。爻位既定，即於各爻之下，繫屬其辭，以斷定吉凶。「會通典禮」，得謂陰陽得位也，失謂失位也。得位則「吉」，失位則「凶」也。

愚案 《樂記》曰：「天高地下，萬物散殊，而禮制行矣。」又曰：「天尊地卑，君臣定矣。卑高以陳，貴賤位矣。動靜有常，小大殊矣。方以類聚，物以羣分，則性命不同矣。在天成象，在地成形，如此則禮者，天地之別也。」蓋「方以類聚」，即觀其會也。「物以羣分」，即觀其通也。惟性命不同，故必觀會通，以行典禮。上《傳》云「方以類聚，物以羣分，吉凶生矣」，故必「繫辭焉以斷其吉凶」，而「謂之爻」也。**是故謂之爻。**孔穎達曰：謂此會通之事而爲爻也。爻者，效也，效諸物之變通，故上章云「爻者，言乎變也」。**疏** 前言「謂之象」者，結成卦象之義也。此言「謂之爻」者，結爻義也。**言天下之至嘖，而不可惡也。**虞翻曰：至嘖无情。陰陽會通，品物流宕，以乾開坤，易之至也。元善之長，故「不可惡也」。**疏** 虞訓「嘖」爲初，初隱不見，故「无情」。京氏云「嘖，情也」，此云「至嘖无情」，微破其義也。《乾・彖》曰「雲行雨施，品物流形」，虞彼注云「乾以雲雨，流坤之形」，故云「陰陽會通，品物流宕，以乾開坤，易之至也」。「開」或作「闢」，❷字之誤也。至嘖，元善也，元爲善長，善，故「不可惡也」。**言天下之至動，而不可亂也。**虞翻曰：以陽動陰，萬物以生，故「不可亂」。「六二之動，直以方」，「動」舊誤作「嘖」也。**疏**「以陽動陰」，即以陽開陰之意也。陽施陰生，故「萬物以生」。「行其典禮」，故「不可亂」。「六二之動，直以方」，坤六二《象傳》文，引之證以「陽動陰」之義也。「動」舊作「嘖」，鄭本也。《九家》本亦作「册」。皆誤，故不從。**擬**

❶「二三五」，草堂本作「二四上」。
❷「闢」，思賢本作「簡」。

之而後言，議之而後動，虞翻曰：以陽擬坤而成震，震爲言議，爲後動，故「擬之而後言，議之而後動」。「安其身而後動」，謂當時也矣。疏「至嘖」「至動」皆乾元，乾元，震初也，故云「以陽擬坤而成震」。震聲，故「爲言爲議」。震「後有則」，故「爲後」。震，動也，故「爲動」。震爲言動，乾元在先，故擬乾元而後言，既有言而後動也。時，消息之時也。坤静爲安，坤形爲身，乾元牝坤，當時出震，故「安其身而後動」。三百八十四爻皆言時，故「謂當時也矣」。**擬議以成其變化。**虞翻曰：議天成變，擬地成化。「天施地生，其益無方」也。疏「議天成變」，乾二五通坤也。「擬地成化」，坤二五息乾也。陽已出震，故天稱「議」。陰方牝陽，故地稱「擬」也。「天施地生，其益无方」，《益・彖傳》文。虞彼注云：「乾下之坤，震爲出生，萬物出震，故『天施地生』。陽在坤初爲『无方』。」注引《益・彖》者，下説中孚成益，故本益卦言之也。**「鳴鶴在陰，其子和之。我有好爵，吾與爾靡之」。**孔穎達曰：上略明擬議而動，故引「鳴鶴在陰」，取「同類相應」以證之。此中孚九二爻辭也。疏中孚九二爻辭文。虞彼注云：「中孚，訟四之初。二在訟時，體离爲鶴。在坎陰中，有『鳴鶴在陰』之象。❶二動成坤體益，五艮爲『子』，震巽『同聲相應』，故『其子和之』。靡，共也。吾，謂五也。离爲『爵』。『爵』，位也。五利二變之正應己，故『吾與爾靡之』矣。」此下引七爻，略明擬議之變化也。**子曰：「君子居其室，出其言善，**虞翻曰：君子，謂初也。二變，五來應之，艮爲居。初在艮内，故「居其室」。震爲出言，訟乾爲善，故「出言善」。此亦成益卦也。疏二變體復，初陽正，故「君子謂初也」。二變得正，五來應二，三至五互艮門闕爲「室」，爲「居」。初在艮卦之内，故曰「居其室」。「帝出乎震」，故「震爲出」。震善鳴爲「言」。中孚自訟來，訟外體乾，乾元爲善。二已變，初以乾體震，故「出言善」。「此亦成益卦」，謂二已變也。**則千里之外應之，況其邇者乎。**虞翻曰：謂二變，則五來應之，體益卦，坤數十。震爲百里，十之千里也。外謂巽。震巽同聲，同聲者相應，故「千里之外應之」。邇謂坤。坤爲順，二變順初，故「況其邇者乎」。此「信及豚魚」者也。

❶「象」，思賢本作「義」。

疏 二變五應，卦體成益。益互坤，坤癸數十。內體震，「震驚百里」，故「震爲百里」。以坤乘震，十之，故「千里」。「外」者，在坤震之外，謂五也，其體巽。「雷風相薄」，故「震巽同聲」。「同聲相應」，故「千里之外應之」，謂巽應震也。《法言》曰「近如地」，故「邇謂坤」。坤，順也，故「爲順」。中孚二變，成益順初，故曰「況其邇者乎」。巽爲魚，魚謂五。二動五應，故云「此信及豚魚者也」。虞本「豚」作「遯」。三至上體遯，故云「信及遯魚」。

居其室，出其言不善，虞翻曰：謂初陽動，入陰成坤，坤爲不善也。

疏 謂益初陽，既動則入陰成坤。《坤·文言》曰「積不善之家，必有餘殃」，虞彼注云「坤積不善」，故知「坤爲不善也」。

則千里之外違之，況其邇者乎。虞翻曰：謂初變體剝，弑父弑君。二陽「肥遯」，則坤違之而承於五，故「千里之外違之，況其邇者乎」。

疏 謂益初已變，至五體剝。初變，姤時也。消至二陰成遯，艮子弑父。消至三陰成否，坤臣弑君。二陽已消，內不順初，外與三四互坤，二與互坤違初，而上承於五。初體本坤，與四敵應，是「千里之外」謂四也。四與互坤，承五而不應初，故「千里之外違之」。四且違初，而況二乎。蓋「邇」謂二，坤也。

言出乎身，加乎民，虞翻曰：震爲出、爲言，坤爲身、爲民也。

疏 帝出震「爲出」，善鳴「爲言」。坤形「爲身」，坤衆「爲民」也。謂益震互坤，故「言出乎身」而「加乎民」也。

行發乎邇，見乎遠。虞翻曰：震爲行，坤爲邇，乾爲遠，兑爲見。謂二發應五，則千里之外，故行發邇見遠也。

疏 益震足爲「行」，互坤地爲「邇」。訟乾天爲「遠」。中孚兑見爲「見」。中孚二發爲陰，上應五陽，二至四爲坤，五在坤外爲「千里之外」。二體坤爲「邇」，五體乾爲「遠」，故曰「行發乎邇，見乎遠」也。

言行，君子之樞機。樞機之發，榮辱之主也。荀爽曰：艮爲門，故曰「樞」。震爲動，故曰「機」也。翟玄曰：樞主開閉，機主發動。開閉有明暗，發動有中否，主於榮辱也。

疏 荀注　《說文》「樞，户樞也」。益互艮爲門闕，故曰「樞」也。《說文》「主發謂之機」。《大學》「其機如此」，鄭注「發動所由」。益內震爲動，故「曰機也」。翟注　鄭氏云：「樞，户樞也。機，弩牙也。户樞之發，或明或闇。弩牙之發，或中或否。以譬言語之發，有榮有辱。」此即翟氏所本也。　案「乾坤，其易之門耶」。乾動入坤爲震，故震爲「樞機」。乾陽息卦，乾初積善有餘慶，是陽息爲「榮」也。坤陰消卦，坤初積不善有餘殃，是陰消爲「辱」也。震爲長子主器，故發動爲「榮辱之主也」。**言行，君子之所以動天地也，可不慎乎。」**虞翻曰：二已變成益，巽四以風動天，震初以雷動地。中孚十一月，雷動地中。艮爲慎，故「可不慎乎」。疏中孚二變成益，外體巽，四坤入乾，乾爲天，❶巽爲風，故「以風動天」。內體震，初乾入坤，坤爲地，震爲雷，故「以雷動地」。中孚在卦氣爲子十一月卦，一陽初復，故「雷動地中」。上動天，下動地，故云「動天地」。互艮陽小爲「慎」，故曰「可不慎乎」。《易》遺文曰：「正其始，萬物理，君子慎始。差以毫釐，繆以千里。」又《參同契》述此義云：「君子居其室，出其言善，則千里之外應之。謂萬乘之主，處九重之位，❷發號出令，順陰陽節。藏器俟時，勿違卦月。謹候日辰，審察消息。纖介不正，悔吝爲賊。二至改度，乖錯委曲。隆冬大暑，盛夏霜雪。二分縱橫，不應漏刻。水旱相伐，風雨不節。❸蝗蟲湧沸，羣異旁出。」言卦氣不效也，即發明此《傳》之義也。**「同人先號咷而後笑」。**侯果曰：同人九五爻辭也。言九五與六二初未好合，故「先號咷」。而後得同心，故「笑」也。引者喻擬於事，未有不應也。疏此同人九五爻辭也。五與二應，乃三敵四攻，所處失義，兩爻不言同人，所以「初未好合而先號咷」。應在互巽，巽聲，故「號咷」也。爻又曰「大師克相遇」，言二三四既克，而後二五同心相遇，故「後笑」。同人伏震，震爲「後」，爲「笑」也。震巽「同聲相應」，故爲「同心之言」。前言中孚二動應五，即言同人二往應五，以明「千里之外應之」之義。故云：「引者喻擬於事，未有不應者也。」**子曰：「君子之道，或出或處，或默或語。」**虞翻曰：乾爲道，故稱「君子」也。同人反師，震爲出，爲語，坤爲默，巽爲處，故「或出或處，或默或語」也。疏同人伏師，師二乾爻爲「道」，乾陽「君子」，故曰「君子之道」。「同人反師」，謂旁通師也。師在震「爲出，爲語」，師坤閉「爲

❶「天」，原作「大」，今據草堂本、思賢本改。
❷「位」，思賢本作「室」。
❸「水旱相伐風雨不節」，思賢本作「風雨不節，水旱相伐」。

默」，同人二在巽，巽陽藏室「爲處」，故「或出或處，或默或語也」。**二人同心，其利斷金。**虞翻曰：二人謂夫婦，師震爲夫，巽爲婦。坎爲心，巽爲同。六二震巽，俱體師坎，故「二人同心」。巽爲利，乾爲金。以离斷金，故「其利斷金」。謂夫出婦處，婦默夫語，故「同心」也。**疏**「二人」者，夫婦之稱也。師互震長男「爲夫」，同人互巽長女「爲婦」。師坎爲心。震巽同聲，故「爲同」。同人六二，以巽伏震，而師坎具焉，故云「震巽俱體師坎」。震巽夫婦，而同坎心，故曰「二人同心」。「巽爲近利市三倍」，故「爲利」。「乾爲金」，《説卦》文。乾二爻變离則爲同人，是「以离火斷金」，故曰「其利斷金」。震爲出，故云「夫出」。巽爲處，故云「婦處」。坤爲默，故云「婦默」。震爲語，故云「夫語」。夫婦陰陽相應，故曰「同心也」。**同心之言，其臭如蘭。」**虞翻曰：臭，氣也。蘭，香草。震爲言，巽爲蘭。离日燥之，故「其臭如蘭」也。　案　六二互巽，巽爲臭也。斷金之言，良藥苦口，故香若蘭矣。**疏**虞注　《説卦》曰「巽爲臭」，虞彼注云：「臭，氣也。風至知氣，巽二入艮鼻，故『爲臭』。《繫》曰『其臭如蘭』。」是臭氣即巽也。《説文》：「蘭，香草也。」震聲爲「言」。巽柔爻爲草，故「爲蘭」。「燥萬物者莫熯乎火」，离日燥之，芳香發越，故「其臭如蘭」也。桓譚《新論》曰「蘭可焚而不可滅其馨」，義亦取諸离火也。　案　六二互四爲巽，❶「巽爲臭」，《説卦》文。《家語》曰「良藥苦口利於病，忠言逆耳利於行」。故以「斷金」之言，爲「良藥苦口」。《素問》曰「治之以蘭除陳氣」，是蘭亦藥也。故以「良藥」爲「香若蘭矣」。**「初六，藉用白茅，无咎。」**孔穎達曰：欲求外物來應，必須擬議謹慎，則物來應之。故引《大過》「初六，藉用白茅，无咎」之事，以證謹慎之理也。　虞翻曰：「其初難知」，陰又失正，故獨舉初六。**疏**孔注　此大過初六爻辭也。初六與九四爲不義之應，須擬議謹慎，易位相應，則「无咎」矣。故引之「以證謹慎之理也」。

虞注　「其初難知」，下《傳》文。初隱不見，故「難知」。以六居初，陰又失正。虞大過初六爻辭注云：「位在下稱『藉』，巽柔白爲『茅』，故『藉用白茅』。失位，咎也。承二過四，應五士夫，故『无咎』矣。」　愚案　中孚初陽得

❶「六二互四」，原作「三互四五」，今據思賢本及同人卦象改。

正，且不可不慎。大過初陰失正，愈不可不慎。故次中孚，而獨舉大過初六也。子曰：「苟錯諸地而可矣。藉之用茅，何咎之有，慎之至也。虞翻曰：苟，或。錯，置也。頤坤爲地，故「苟錯諸地」。今藉以茅，故无咎也。疏「苟」、「或」皆語辭。《楚詞·九章》「萬民之生，各有所錯兮」，注云「錯，安也」。《玉篇》「置，安置也」。故「錯」訓「置」也。大過與頤旁通，頤互坤爲地。地有安象，故「置諸地而可矣」。初陰失位，上承二陽。二應五，初應四。今過四應五，得所「藉」矣。故「藉之用茅，何咎之有」。五頤在艮，艮陽小爲「慎」，故「慎之至也」。夫茅之爲物薄，虞翻曰：陰道柔賤，故「薄」也。疏大過初，陰也。陽剛陰柔，陽貴陰賤，故「陰道柔賤」。巽柔爻爲草，故初柔爲「茅」。賤從戔，❶《集韻》「戔有淺小之意」，故「爲物薄」也。而用可重也。虞翻曰：香絜可貴，故「可重也」。疏用以藉四，與四易位，則可以薦鬼神，羞王公，故「香絜可貴」。頤坤爲「用」，艮山爲「重」，故「用可重也」。慎斯術也以往，其无所失矣。」侯果曰：言初六柔而在下，苟能恭慎誠絜，雖置羞於地，神亦享矣。此章明但能重慎卑退，則悔吝無從而生。術，道也。疏《大過》初六《象傳》曰「柔在下也」，故「言初六柔而在下」。巽柔有恭慎之象，巽白有誠絜之象，故「雖置羞於地下，神亦來享矣」。蓋「重慎卑退」，即悔吝不生之道也。《説文》：「術，邑中道也。」鄭注亦云「術，道」。故云：「術，道也。」自内曰「往」。過四應五，初得所藉，故「无所失矣」。「勞謙，君子有終吉」。孔穎達曰：欲求外物之應，非唯謹慎，又須謙以下人，故引謙卦九三爻辭以證之矣。疏謙卦九三爻辭也。此亦承「千里應之」而言。非惟「藉之用茅」，慎乃无咎。又必卑以下衆，謙斯有終。《謙》三《象傳》曰「勞謙君子，萬民服也」。蓋勞謙民服，即外物來應之徵，故特引之，以證其義也。子曰：「勞而不伐，有功而不德，厚之至也。」虞翻曰：坎爲勞，「五多功」。乾爲德，德言至。以上之貴，下居三賤，故「勞而不伐，有功而不德」。艮爲厚，坤爲至，故「厚之至也」。疏三互坎爲勞卦，故「爲勞」。三當升五，故「多

❶「賤從戔」至下文「浅小之意」，思賢本作「賤，《説文》謂『賈少也』，物之賈少」。

功」。卦自乾上來居於三，故「乾爲德」。乾德入居於坤，「坤爲至」，故「德言至」。以乾上之貴，下居坤三之賤。上降體坎，故「勞而不伐」。五爲乾位，三可居而不居，故「有功而不德」。三體艮「厚終」爲厚，應在坤「至哉坤元」爲至，故「厚之至也」。語以其功下人者也。虞翻曰：震爲語，「五多功」。下居三，故「以其功下人者也」。疏互震聲「爲語」，五位多功。上不居五而下居三，故曰「以其功下人者也」。德言盛，禮言恭。虞翻曰：謙旁通履，乾爲盛德，坤爲禮。「天道虧盈而益謙」，三從上來，同之盛德，故恭。震爲言，故「德言盛，禮言恭」。疏謙與履旁通，履外體乾。上《傳》曰「盛德大業」，荀彼注云「盛德者天」，故「乾爲盛德」。上《傳》又曰「知崇體卑，崇效天，卑法地」，故「坤爲禮」。「天道虧盈而益謙」，《謙·彖傳》文。虞彼注云：「乾盈履上，虧之坤三，故『虧盈』。貴處賤位，故『益謙』。」今三從上來同之，是上之盛德，而下於三爲盛德，故恭也。震聲爲言，履离日新，故「德言盛」。「謙以制禮」，故「禮言恭」也。謙也者，致恭以存其位者也。」虞翻曰：坎爲勞，故能恭。三得位，故「以存其位者也」。疏三互坎爲勞，「勞謙」，故能「致恭」。以九居三爲得位，故曰「以存其位者也」。「亢龍有悔」。孔穎達曰：上既以謙得保安，此明無謙則有悔。故引《乾》之上九「亢龍有悔」，證驕亢不謙之義也。疏此乾上九爻辭也。承上文而言，謙則「有終」，亢則「有悔」。謙之九三，即乾之上九也。下於謙三，則爲「君子」。反於乾上，則爲「亢龍」。故引乾上爻辭，以「證驕亢不謙之義也」。子曰：「貴而无位，虞翻曰：天尊，故「貴」。以陽居陰，故「无位」。疏天位乎上，其位至尊，故「貴」。上爲陰位，以陽居之，是失位也，故「无位」。高而无民，虞翻曰：在上，故「高」。无陰，故「无民」也。疏位在上，故「高」。坤陰爲民，純陽无民。驕亢已極，民不之與，故「无民也」。賢人在下位虞翻曰：乾稱賢人，下位謂初也。「遯世无悶」，故「賢人在下位」而不憂也。疏乾陽君子，故「稱賢人」。初在下，故「下位謂初」。「遯世无悶」，《乾》初《文言》文。「在下位而不憂」，《乾》三《文言》文。虞彼注云：「隱於初，『憂則違之』，故『不憂』。」蓋上應在三，三息自下，故曰「賢人在下位」。而无輔，是以動而有悔也。」虞翻曰：謂上无民，故「无輔」。乾盈動傾，故「有悔」。文王居三，紂亢極上，故以爲誡也。疏上亢无民，故「无輔」。乾盈於上，動則必傾，動而入剥，故「有悔」。「文王居三」，爲「賢人在下位」。「紂亢極上」，爲「无輔」。故「以動而有悔」爲誡也。「不出户庭，无咎。」孔穎達曰：又明擬議之道，非但謙而不驕，又當謹慎周密，故引節初周密之事以明之也。疏此節初爻辭也。「擬議以成變化」，變化則擬議之道，非一端可盡。故既引謙三乾上，以明謙而不亢之義，又引「不出户庭」，以明謙性「周密之事」也。前言乾初，遯在下位。乾初即泰初也。節自泰來，故繼論節初義。詳節卦虞注。子曰：「亂之所生也，則言語以爲階。虞翻曰：節本泰卦，坤爲亂，震爲生、爲言語，坤稱階，故「亂之所生，則言語以爲階」也。疏泰三之五成節，泰坤陰「爲亂」，互震「爲生」。震善鳴，故「爲言語」。坤土，故「稱階」。泰三互坤爲震，故「亂之所生，則言語以爲階也」。君不密則失臣，臣不密則失身。虞翻曰：泰，乾爲君；坤爲臣、爲閉，故稱「密」。乾三之坤五，君臣毁賊，故「君不密則失臣」。坤五之乾三，坤體毁壞，故「臣不密則失身」。坤爲身也。疏乾坤，謂泰也。「乾爲君」，《説卦》文。《坤·文言》曰「臣道也」，故「爲臣」。「坤以藏之」，故稱「閉」。閉則「退藏於密」，故「稱密」。乾三之坤五，是君之臣也。乾毁坤賊，是「君不密」爲「失臣」也。坤五之乾三，是臣之君也。坤體毁，乾亦壞。不言乾者，君臣之辭也。是「臣不密」而「失身」也。❶坤形「爲身」，故「失身」。幾事不密則害成，虞翻曰：幾，初也。謂二已變成坤，坤爲事，故「幾事不密」。初利居貞，不密初動，則體剥，「子弑其父」，「臣弑其君」，故「害成」。疏鄭注云「幾，微也」。「蔑者，動之微」，故「幾」謂「初」。二變互坤，坤發事業「爲事」，故言「幾事不密」。其實不密者，初也。節初陽利居貞，若不密而妄動，二已變，初至五「則體剥」也。遯子弑父，否臣弑君，皆初陰消陽而成，故「害成」也。是以君子慎密而不出也。」虞翻曰：君子謂初，二動坤爲密，故「君子慎密」。體屯，「盤桓，利居貞」，故「不出也」。疏初陽得正，故「君子謂初」。二動，互「坤爲密」。互艮陽小爲

❶「而」，思賢本作「則」。

「慎」，故曰「君子慎密」。且二動體屯，《屯》初九曰「盤桓，利居貞」。内體震爲「出」，外互艮爲居，爲止，故「不出也」。

子曰：「爲《易》者，其知盜乎。虞翻曰：爲《易》者謂文王。否上之二成困，三暴慢，以陰乘陽。二變入宮爲萃。五之二，奪之成解，坎爲盜。故「爲《易》者，其知盜乎」。疏將釋解三爻辭也。爻變，故謂「爲《易》者爲文王」。六十四卦消息。萃，觀上之四。解，臨初之四。從四陰二陽之例。此説文王爻變之例，故不從消息而從爻例也。三陰三陽之例，否上之二成困。困三不正，下暴二，上慢五，故云「三暴慢」。《困》三《象傳》曰「據于蒺藜，乘剛也」，故云「以陰乘陽」。二變體萃，《困》三曰「入于其宮」，互艮爲宮，互巽爲入，故云「入宮爲萃」。萃五之二，奪三成解，體坎爲盜，故曰「爲《易》者，其知盜乎」。

《易》曰：『負且乘，致寇至。』孔穎達曰：此又明擬議之道，當量身而行，不可以小處大，以賤貪貴，故引解六三爻辭以明之矣。疏此解三爻辭也。承前擬議而言，凡事「當量身而行，不可小處大，賤貪貴」。若以小人而居貴位，驕矜而不謹慎，必有「致寇」之患。故引此以明之，義詳解卦虞注。

負也者，小人之事也。虞翻曰：陰稱小人，坤爲事。以賤倍貴，違禮悖義，故「小人之事也」。疏三陰失正，故爲小人。困二變入宮，成坤「爲事」。「負」讀爲「倍」。三以四艮倍五，故云「以賤倍貴」。賤而倍貴，是爲「違禮悖義」，故曰「小人之事也」。

乘也者，君子之器也。虞翻曰：君子謂五。器，坤也。坤爲大車，故乘「君子之器也」。疏否、困、萃五皆陽爻得正，故「君子謂五」。「形而下者謂之器」，坤「在地成形」，故「器」謂「坤」也。坤爲大轝，三乘其上，故「乘君子之器也」。

小人而乘君子之器，盜思奪之矣。虞翻曰：小人謂三，既違禮倍五，復乘其車。五來之二成坎，坎爲盜，「思奪之矣」。「爲《易》者，知盜乎」，此之謂也。疏三陰失位，故「小人謂三」。違禮失正，上倍乎五。五乾乘坤，爲君子得車。三復乘之，是「小人而乘君子之器」矣。萃五之二成解，體坎爲「盜」，又爲「思」，故「盜思奪之矣」。五之二失正，故「乘君子之器」者，「盜」也。「奪之」者，亦「盜」也。故云：「爲《易》者，其知盜乎，此之謂也。」

上慢下暴，盜思伐之矣。虞翻曰：三倍五，上慢乾君而乘其器，下暴於二。二藏於坤，五來寇二，以离戈兵，故稱

「伐之」，坎爲暴也。**疏**上謂五，下謂二。五體乾，君象也。「三倍五」，是「上慢乾君」也。二應五，爲三所乘，是「乘其器而下暴於二」也。困二變，三入宫，互坤爲藏，故「二藏於坤」。萃五之二，寇三成解，故「五來寇三」。「三」誤作「二」也。折三入离，离爲戈兵，以离兵劫取，故「稱伐之」。坎爲盜，故「爲暴也」。

慢藏悔盜，野容悔淫。虞翻曰：坎心爲悔，坤爲藏，兑爲見。藏而見，故「慢藏」。三動成乾爲野，坎水爲淫，二變藏坤，則五來奪之，故「慢藏悔盜，野容悔淫」。**疏**二體坎，「坎心爲悔」。萃「坤爲藏」，上體「兑爲見」。藏而見，是「慢藏」也。三互离爲中女，動而成乾。「乾爲野」，故爲「野容」，鄭氏云「飾其容而見於外曰野」。《列女傳》載「華孟姬」曰「車奔姬墮，使侍御者舒幃以自障蔽。曰『妾聞野處，則幃裳擁蔽，所以正心一意，自斂制也』，頌曰孟姬好禮，執節甚公，避嫌遠別，終不野容」，是其義也。坎心爲欲，又爲水，故云「坎水爲淫」。謂五來成坎也。「二變藏坤，五來奪之」，謂二藏五來坎淫中也。「慢藏」「野容」者，三也。「盜」「淫」者，五也。故曰「慢藏悔盜，野容悔淫」。

《易》曰：『負且乘，致寇至。』盜之招也。」虞翻曰：五來奪三，以离兵伐之。故變寇言戎，以成三惡。二藏坤時，艮手招盜，故「盜之招」。**疏**萃五來二奪三，三互「离兵伐之」。《解·象傳》曰「自我致戎」，故「變寇言戎」。三陰爲惡，故云「以成三惡」。二變藏坤，四互艮手。「艮手招盜」，故曰「盜之招也」。

同邑劉大進文思校

周易集解纂疏卷二十六

周易集解纂疏卷二十七

唐李鼎祚集解　安陸李道平遵王纂疏

大衍之數五十，其用四十有九。干寶曰：衍，合也。　崔憬曰：案《説卦》云：「昔者聖人之作《易》也，幽贊於神明而生蓍，參天兩地而倚數。」既言蓍數，則是説「大衍之數」也。明倚數之法，當參天兩地。參天者，謂從三始，順數而至五七九，不取於一也。兩地者，謂從二起，逆數而至十八六，不取於四也。此因天地數，上以配八卦而取其數也。艮爲少陽，其數三。坎爲中陽，其數五。震爲長陽，其數七。乾爲老陽，其數九。兑爲少陰，其數二。离爲中陰，其數十。巽爲長陰，其數八。坤爲老陰，其數六。八卦之數，總有五十，故云「大衍之數五十」也。不取天數一地數四者，此數八卦之外，大衍所不管也。「其用四十有九」者，法長陽七七之數也。六十四卦既法長陰八八之數，故四十九蓍則法長陽七七之數焉。蓍圓而神象天，卦方而智象地，陰陽之別也。舍一不用者，以象太極，虚而不用也。且天地各得其數，以守其位，故太一亦爲一數而守其位也。王輔嗣云：「演天地之數，所賴者五十，其用四十有九，其一不用也。不用而用以之通，非數而數以之成，即易之太極也。四十有九，數之極也。」但言「所賴五十」，不釋其所從來，則是億度而言，非有實據。「其一不用」，將爲法，象太極，理縱可通，以爲非數而成，義則未允。何則不可以有對無，五稱「五十」也。孔疏釋「賴五十」，以爲「萬物之策，凡有萬一千五百二十，其用此策，大推演天地之數，唯用五十策也」。又釋「其用四十九，則有其一不用」，以爲「策中其所據蓍者，唯四十有九。其一不用，以其虚无，非所用也，故不數矣」。又引顧歡同王弼所説，而顧歡云「立此五十數以數神，神雖非數，因數而著，故虚其一數，以明不可言之義」也。

案：崔氏《探玄》，病諸先達，及乎自料，未免小疵。既將八卦陰陽，以配五十之數，餘其天一地四，無所稟承，而云「八卦之外，在衍之所不管」者，斯乃談何容易哉。且聖人之言，連環可解，約文申義，須窮指歸。即此章云「天數五，地數五，五位相得而各有合。天數二十有五，地數三十。凡天地之數五十有五，此所以成變化而行鬼神」。是結大衍之前義也。既云「五位相得而各有合」，即將五合之數配屬五行也。故云「大衍之數五十」也。「其用四十有九」者，更減一以并五，備設六爻之位，蓍卦兩兼，終極天地五十五之數也。自然「窮理盡性」，神妙無方，藏往知來，「以前民用」，斯之謂矣。**疏**干注　《說文》曰：「衍，水朝宗於海也。」「衍」於文爲水行，水行歸海，合之象也。故云：「衍，合也。」言合天地之數而用之，即下《經》所謂「五位相得而各有合」也。又鄭氏云：「衍，演也。」王廙、蜀才皆云：「衍，廣也。」蓋惟合天地之數，而後可以推演而廣大之也。　崔注　此據下《經》「參天兩地」，以說「大衍之數」。謂艮三，坎五，震七，乾九，兑二，离十，巽八，坤六，合之得五十，故曰「大衍之數五十」也。合之天數一、地數四，爲五十有五。以一四不在八卦之列，止有五十。故云「此八卦之外，大衍所不管也」。蓍圓象天，故法震「長陽七七之數」，而爲四十有九。卦方象地，故法巽「長陰八八之數」，而爲六十四也。蓍數取乎陽，卦數取乎陰，故云「陰陽之別也」。「捨一不用，以太極虛而不用」者，❶太極，理之始，故「不用也」。「天地各得其數，以守其位」者，謂天一地四，守其位「不用也」。太極，理之始，故「虛而不用」。太一，數之始，故亦「守其位而不用也」。王注「所賴五十」，出於臆度。孔疏所釋，以「萬物之策，唯用五十」，又謂「其一虛無，非所用」，並引顧說，以神超乎數，故虛一不用，皆無確據。然崔氏所論，亦未協《經》旨。故李氏復申其說也。　案　崔氏著有《周易探玄》，故云「崔氏《探玄》」。既病崔氏，❷未免小疵，即據下《經》「五位相得而各有合」，以釋「大衍之數五十」。其云「將五合之數配屬五行」者，即鄭氏舊義也。鄭注云：「天一生水於北，地二生火於南，天三生木於東，地四生金於西，天五生土於中。陽无耦，陰无配，未得相成。地六成水於北，與天一並。天七成火於南，與地二並。地八成木於東，與天三並。天九成金於西，與地四並。地十成土於中，與天五並。大衍之數五十有五。」又《明堂·月令》曰：「春，其數八。夏，其數七。秋，其數九。冬，其數六。中央土，其數五。一水二火三木四金五土。水火木金，得土而成。故一二三四，得五爲六七八九，土生數五，成數五，五五爲十，故有地十。」揚子《太玄》曰：「一六爲水，二七爲火，三八爲木，四九爲金，五五爲土。」天地之數，五十有五，而五

❶「太極」上，思賢本有「象」字。

❷「即病崔氏」，思賢本作「既病先達，至其自料」。

在地之中，故「大衍之數五十」，五爲虛也。「其用四十有九，更減以一並五，❶備設六爻之位」者，天地之數五十有五，用四十有九，則減五十之一，以並五十所餘之五，而爲六爻之位。故云「蓍卦兩兼，終極天地之五十五之數也」。此本姚信、董遇所云，「天地之數五十有五」者，其六以象六畫之數，故減之而用四十九。然不如鄭注，尤爲明確。鄭氏云：「大衍之數五十有五，五行各氣並，氣並而減五，惟有五十。以五十之數，不可以爲七八九六，卜筮之占以用之，更減其一，故四十九也。」❷ 愚案《説文》曰：「惟初大始，道立於一，造分天地，成化萬物。」蓋一者，道之始。即《老子·德經》所謂「道生一，一生二，二生三，三生萬物」，《三統曆》所謂「太極元氣，含三爲一」是也。蓋「天一生水於北」，北爲空虛无用之地。一即乾元，藏於復始，虛而不用，實道之主。荀君云「乾初九，潛龍勿用」，故「用四十九」得其解矣。「天地之數五十有五」，「大衍之數五十」者，虛其中不用也。「大衍之數五十，其用四十有九」者，虛其始不用也。虛其中，所以四達而不悖。虛其始，所以百變而不窮。**分爲二以象兩。**崔憬曰：四十九數，合而未分，是象太極也。今分而爲二，以象兩儀矣。**疏** 衍，合也。故云「四十九數，合而未分」。太極含三爲一，故云「是象太極也」。「兩」，兩儀也。謂天地分而爲二，值左右兩儀，左象天，右象地，故「以象兩儀矣」。

掛一以象三。孔穎達曰：就兩儀之中，分掛其一於最小指間，而配兩儀，以象三才。**疏**「三」，三才，謂天地人也。就兩儀之間，於天數中，「分掛其一於小指間」以象人，所以「配兩儀」而「象三才」也。虞氏下注云「扐並合掛左手之小指」，❸則此掛一，不在左手，當在右手小指也。

揲之以四以象四時。崔憬曰：分揲其蓍，皆以四爲數。一策一時，故四策「以象四時」也。**疏** 天有四時，地有四方，人有四德。故「分揲其蓍，皆以四爲數」。《乾鑿度》所謂「文王推爻，四乃術數」是也。以一策象一時，故分「四策以象四時也」。**歸奇於扐以象閏。**虞翻曰：奇，所掛一策。扐，所揲之餘。不一則二，不三則四也。取奇以歸扐，扐並合掛左手之小指爲一扐，則「以閏

❶「更減以一並五」，思賢本作「更減一以並五」。
❷「九」上，思賢本有「有」字。
❸「掛」，原脱，今據草堂本、思賢本及虞翻注補。

月定四時成歲」，故「歸奇於扐以象閏」者也。**疏**「奇」，所掛之一策，以象三才者也。《王制》曰「祭用數之扐」，又曰「喪用三年之扐」，《考工記》「以其圍之防捎其藪」，皆數之餘也。「扐」者，左右手四揲之餘也。既數四，四之後必有餘數，或一或二，或三或四，故「不一則二，不三則四也」。取兩手所掛之奇，❶以歸於所揲之扐，並合兩揲之餘，「掛左手小指爲一扐」。「以閏月定四時成歲」，《堯典》文。孔傳「歲十二月，月三十日，正三百六十日。除小月爲六日，❷是爲一歲有餘十二日。未盈三歲，是得一月」。❸則置閏焉以定四時之氣節，成一歲之曆象。文元年《左傳》曰：「履端於始，舉正於中，歸餘於終。」「歸奇於扐」，即「歸餘於終」也。蓋以揲四「象四時」，以扐象歲，以歸奇象閏。故「以閏月定四時成歲」，而「歸奇於扐以象閏」也。

五歲再閏，故再扐而後掛。虞翻曰：謂已一扐，復分掛，如初揲之歸奇於初扐。並掛左手次小指間爲再扐，則再閏也。又分掛揲之如初，❹而掛左手第三指間成一變，則布掛之一爻，謂已二扐，又加一爲三，並重合前二扐爲五歲，故「五歲再閏，再扐而後掛」，此「參五以變」。據此爲三扐，不言三閏者，閏歲餘十日，五歲閏六十日，盡矣。後扐閏餘分，不得言三扐二閏，故從言「再扐而後掛」者也。**疏**《經》文「後掛」，《乾鑿度》、《說文》引作「再扐而後卦」。京氏曰「再扐而後布卦」，❺是「掛」當作「卦」。虞注「布掛之一爻」，以及「再扐後掛」，尋其文義，亦當作「卦」。作「掛」者，皆傳抄之誤也。「謂已一扐復分掛」者，❻取前過揲之策，復分二掛一也。「如初揲之歸奇於初扐」者，省文也。先並所揲之餘於初扐，乃取奇歸之，故云「歸奇於初扐」也。初掛一在右手，今則「並掛於左手次小指間爲再扐」，以象再閏也。又分掛揲之，❼如初揲儀，而並所揲之餘，「掛左手第三指間爲成一變，則布卦之一爻」，如七八九六是也。謂前「已二扐，又加一爲三扐，並重合前二扐爲五歲」，蓋一扐一歲也。「歸奇」，一閏。「再扐」，二歲

❶「取兩手所掛之奇」，思賢本作「取所掛一策之奇」。
❷「爲」上，思賢本有「六」字。
❸「是」，思賢本作「足」。
❹「掛」，思賢本作「扐」。
❺「卦」，草堂本作「掛」。
❻「一」，原脱，今據思賢本及虞翻注補。
❼「又分」上，思賢本有「又分扐，扐當爲掛」句。

也。合初扐，三歲也。「歸奇」，再閏也。三扐，四歲也。合再扐，五歲也。不歸奇，故「五歲再閏」。「五歲再閏，故再扐而後卦」也。以三爲五而成一變，故云「此參五以變」也。「據此爲三扐」，當言三閏，不言者，以閏歲尚餘十日也。《素問》曰：「日行一度，月行十三度而有奇焉，故大小月三百六十五日而成歲，積氣餘而盈閏矣。」謂三百六十五度四分度之一，積三十日爲一月。氣盈五日有奇，朔虛五日有奇，故月大小常差六日。約其大數，歲餘十日也。五歲餘五十日，再閏六十日已侵下餘分，故云「五歲閏六十日，盡矣」。又云「後扐閏餘分」者，閏月不能恰盡，必有餘分，故虛三扐象之。然則四時終而計餘，餘分定乃成歲。並扐象計餘成歲，歸奇則象閏也。「不得言三扐二閏」者，若言三扐，則似有三歸奇也，故「從言再扐而後卦」。

天數五，地數五，虞翻曰：天數五，謂一三五七九。地數五，謂二四六八十也。疏 即下《傳》：「天一，地二，天三，地四，天五，地六，天七，地八，天九，地十也。」五奇爲陽，故曰「天數」。五耦爲陰，故曰「地數」。

五位相得而各有合。虞翻曰：五位，謂五行之位。甲乾乙坤，相得合木，謂「天地定位」也。丙艮丁兑，相得合火，「山澤通氣」也。戊坎己离，相得合土，「水火相逮」也。庚震辛巽，相得合金，「雷風相薄」也。天壬地癸，相得合水，言陰陽相薄而戰於乾。故「五位相得而各有合」。或以一六合水，二七合火，三八合木，四九合金，五十合土也。

疏 鄭氏云「天地之氣，各有五行」，❶故「五位謂五行之位」。乾納甲，坤納乙，甲一乙二相得則合木。乾爲天，坤爲地，故謂「天地定位也」。艮納丙，兑納丁，丙三丁四相得而合火。艮爲山，兑爲澤，故「山澤通氣也」。坎納戊，离納己，坎五离六相得而合土。坎爲水，离爲火，故「水火相逮也」。震納庚，巽納辛，震七巽八相得而合金。震爲雷，巽爲風，故「雷風相薄也」。乾天納壬，坤地納癸，壬九癸十相得而合水。天陽地陰，故「陰陽相薄而戰於乾」也。故曰「五位相得而各有合」。此以納甲言之也。「或以」云云者，五行生成之數也。《太玄》曰：「一與六共宗，二與七共朋，三與八成友，四與九同道，五與五相守。」一六爲水，二七爲火，三八爲木，四九爲金，五爲土是也。❷五五則十也。「相得」謂一得五爲六，二得五爲七，三得五爲八，

❶「五行」，思賢本作「五」。
❷「五」，思賢本作「五五」。

四得五爲九，五得五爲十。昭九年《左傳》「妃以五成」，❶皇侃以爲「金木水火得土而成」是也。「有合」者，鄭氏云「五行之次，一曰水，天數也。二曰火，地數也。三曰木，天數也。四曰金，地數也。五曰土，天數也。此五者，陰无匹，陽无耦，故又合之。地六爲天一匹也，天七爲地二耦也，地八爲天三匹也，天九爲地四耦也，地十爲天五匹也。二五陰陽各有合，然後氣相得，施化行」是也。此五行相合天地之數，即大衍之數也。**天數二十有五，**虞翻曰：一三五七九，故「二十五」也。疏 一三五七九，五奇數，合而爲「二十五」。**地數三十。**虞翻曰：二四六八十，故「三十」也。疏 二四六八十，五耦數，合而爲「三十」。**凡天地之數五十有五，**虞翻曰：天二十五，地三十，故「五十有五」。天地數見於此，故大衍之數，略其奇五而言五十也。疏 合天地奇耦之數，故「五十有五」。「天地之數見於此，大衍之數略奇五而言五十」者，《太玄》曰「五與五相守」，地之十仍是五，故略之也。**此所以成變化而行鬼神也。**荀爽曰：在天爲變，在地爲化。在地爲鬼，在天爲神。姚信曰：此「天地之數五十有五」，分爲爻者，故能成就乾坤之變化，能知鬼神之所爲也。侯果曰：夫通變化，行鬼神，莫近於數。故老聃謂子曰「汝何求道」，對曰「吾求諸數」，明數之妙，通於鬼神矣。疏 荀注 「在天爲變」，陽也。「在地爲化」，陰也。「在地爲鬼」，陰也。「在天爲神」，陽也。姚注 分爲七八九六之爻，一合六，二合七，三合八，四合九，五合十爲十五，共爲五十有五。由七八九六，而乾坤之變化以成，鬼神之情狀可知。侯注 通天地之變化，行天地之鬼神，總不外乎天地之數。故復引孔子「吾求諸數」之言，以明數之爲用，變而无窮，神而莫測。上《傳》言「極數知來之謂占」，即繼以「通變之謂事」，「陰陽不測之謂神」，是其義也。**乾之册二百一十有六。**荀爽曰：陽爻之册三十有六，乾六爻皆陽，三六一百八十，六六三十六，合二百一十有六也。陽爻九，合四時，四九三十六，是其義也。疏 老陽之册以九起數，四九故三十有六。乾之六爻皆陽也。一爻三十六，以三六一百八十乘六六三十六，合之爲「二百一十有六也」。陽爻九，四九

❶「九」，原作「八」，今據思賢本及所引文改。

三十六，合之爲四時。若少陽以七起數，一爻二十八册，六爻則有一百六十八册也。**坤之册百四十有四。**荀爽曰：陰爻之册二十有四，坤六爻皆陰，二六一百二十，四六二十四，合一百四十有四也。陰爻六，合二十四氣，四六二百四十也。疏老陰之册以六起數，四六故二十有四。坤之六爻皆陰也。一爻二十四，以二六一百二十乘四六二十四，合之爲「一百四十有四也」。陰爻六，四六二十四，合之爲二十四氣焉。氣，中氣也。若少陰以八起數，一爻三十二，六爻則有一百九十二册也。**凡三百有六十，當期之日。**陸績曰：日月十二交會，積三百五十四日有奇爲一會。今云「三百六十當期」，則入十三月六日也。❶十二月爲一期，故云「當期之日」也。疏日月合朔爲交會。每歲有「十二交會」。除小盡六日，「積三百五十四日有奇爲一會」。《堯典》曰「朞三百有六旬有六日」，故云「三百六十當期，積之入十三月六日，❷所以生閏」。《書》孔傳「四時曰朞」。❸四時十二月，❹故「十二月爲一期」。册數與日數相當，故曰「當期之日」。案《乾鑿度》云「二卦十二爻而期一歲」，故云「當期之日」。又云：「曆以三百六十五日四分度之一爲一歲，《易》以三百六十析，當期之日，此曆律數也。五歲再閏，故再扐而後卦，以應曆律之數。」**二篇之册，萬有一千五百二十，當萬物之數也。**侯果曰：二篇，謂上下《經》也。共六十四卦，合三百八十四爻。陰陽各半，則陽爻一百九十二，每爻三十六册，合六千九百一十二册。陰爻亦一百九十二，每爻二十四册，合四千六百八册。則二篇之册，合萬一千五百二十，當萬物之數也。疏《乾鑿度》：「孔子曰：陽三陰四，位之正也。故《易》卦六十四，分而爲上下。陽道純而奇，故上篇三十。陰道不純而偶，故下篇三十四。乾、坤，陰陽之本始，故爲上篇之始。坎、离，始終萬物，故爲上篇之終也。咸、恒者，男女之始，故爲下篇之始。既濟、未濟爲最終。」故知「二篇，謂上下《經》也」。合二篇陰陽三百八十四爻，其册有「萬一千五百二十」。下《傳》云「庖犧始作八卦，以類萬物之情」，《九家》注云「六十四卦，凡有萬一千五百二十册，『册』『類』一物，類萬

❶「入」，原作「八」，今據思賢本及《周易集解》陸績注改。
❷「入」，原作「八」，今據思賢本及《周易集解》陸績注改。
❸「四時」上，思賢本有「帀」字。
❹「四時」，思賢本作「一歲」。

物之情」，故「當萬物之數」。《説苑》：「孔子曰：察變之動，莫著於五星。天之五星，運氣於五行。其初猶發於陰陽，而化極於萬一千五百二十」。蓋萬物之精，上爲列星，故天有「萬一千五百二十」星，地有「萬一千五百二十」物。聖人仰觀俯察，「幽贊於神明而生蓍，觀變於陰陽而立卦，發揮於剛柔而生爻」。故卦爻之册，亦「萬有一千五百二十」。乾元「萬物資始」，坤元「萬物資生」。乾爲天，坤爲地，艮爲人。艮主星，星主斗，斗合於人，統三才之義。「天之五星，運氣於五行」，「而化極於萬一千五百二十」。「大衍之數五十」，三才五行之合，得有此數也。

是故四營而成《易》，荀爽曰：營者，謂七八九六也。陸績曰：「分而爲二以象兩」，一營也。「掛一以象三」，二營也。「揲之以四以象四時」，三營也。「歸奇於扐以象閏」，四營也。謂四度營爲，方成《易》之一爻者也。疏荀注 營之而少陽少陰成老陽老陰，故「營者，謂七八九六也」。

陸注 此釋四營成《易》一爻之義也。《乾鑿度》曰：「易變而爲一，一變而爲七，七變而爲九。九者，氣變之究也。乃復變而爲一。」此「一」即太極，易也。「四營」者，四變也。又曰：「陰陽相並俱生，陽動而進，陰動而退。」八麗於七，六依於九，九六七八，故「成《易》」也。

十有八變而成卦。荀爽曰：二揲册，掛左手一指間。三指間滿，而成一爻。卦六爻，❶三六十八，故「十有八變而成卦」也。疏二揲之册，「掛左手一指間」。❷三扐滿，然後「成一爻」。六爻，然後成一卦。六爻則三六一十八變，故「十有八變而成卦也」。

八卦而小成，侯果曰：謂三畫成天地、雷風、日月、山澤之象。此八卦未盡萬物情理，故曰「小成」也。疏謂三畫已成，則乾天坤地，震雷巽風，离日坎月，艮山兑澤之象著。然此八卦，未嘗引伸觸類而重之，則「未盡萬物之情理」，故曰「八卦小成」也。

引而信之，觸類而長之，虞翻曰：引謂庖犧引信三才，兼而兩之以六畫。觸，動也，謂六畫以成六十四卦。故「引而信之，觸類而長之」。「其取類也大」，則「發揮剛柔而生爻」也。疏「引謂庖犧引信三才」者，上五爲天位，四三爲人位，二初爲地位是也。「兼而兩之爲六畫」者，「因而重

❶「卦」，思賢本作「又」。

❷「掛左手一指間」，思賢本作「以次掛左手指間」。

之」，兼三才爲六畫，如八純卦是也。「觸，動」，謂六爻變動，以成六十四卦。❶是「引伸」謂重爲八卦，「觸類」謂變動爲六十四卦也。「稱名也小」，虞彼注云謂「小成」。明取類六十四卦爲大成也。發，動。揮，變。變剛生柔爻，變柔生剛爻。八純卦變爲六十四卦，是「發揮於剛柔而生爻也」。**天下之能事畢矣。**虞翻曰：謂「乾以簡能」，「能説諸心，能研諸侯之慮」，故「能事畢」。**疏**「乾」當作「坤」，「蓍之德圓而神」，乾道也，卦之德方而義，❷坤道也，故言「坤以簡能」。「能説諸心，能研諸侯之慮」，下《傳》文。虞彼注云：「乾五之坤，坎爲心，兑爲説，故『能説諸心』。」「坎心爲『慮』，乾初之坤爲震，❸震爲『諸侯』，故『能研諸侯之慮』。」諸侯則通乎天下，故「天下之能事畢矣」。　愚案　「天地設位，聖人成能」。「天下之能事畢」，即「言乎邇則不遺，言乎遠則不禦，言乎天地之間則備矣」是也。**顯道神德行，**虞翻曰：顯道神德行，乾二五之坤，成离日坎月，日月在天，運行照物，故「顯道神德行」，「默而成，不言而信，存於德行」者也。**疏**「乾二五之坤」，乾成离，坤成坎，故云「成离日坎月」。日月麗天，運行不息，照臨萬物，故曰「顯道」。「默而成，不言而信，存乎德行」，下傳文《九家》彼注云：「『默而成』，謂陰陽相處也。『不言而信』，謂陰陽相應也。德者，有實。行者，相應也」，言德行皆陰陽之所爲，故曰「神德行」也。　愚案　乾爲道，故曰「道」。又爲德，震爲行，故曰「德行」。蓋道，至隱也。易則「八卦以象告」，故曰「顯道」。德行，至常也。易則「成變化而行鬼神」，故曰「神德行」。顯則微者使著，神則著者使微，皆易之所爲也。**是故可與酬酢，可與右神矣。**《九家易》曰：陽往爲酬，陰來爲酢。陰陽相配，謂之右神也。孔子言「大衍」以下，至於「能事畢矣」。此足以顯明易道，又神易德行。可與《經》義相斟酌也，故喻以賓主酬酢之禮。所以助前聖，發見於神祕矣。《禮·飲酒》主人酌賓爲獻，賓酌主人爲酢。主人飲之，又酌賓爲酬也。先舉爲酢，答報爲酬，酬取其報。以象陽唱陰和，變化相配。是助天地，明其鬼神者也。

❶「以成」至下文「八卦」，思賢本作「以成六十四卦者。『引伸』謂重爲八卦」。

❷「方而義」，思賢本作「方以知」。

❸「乾初」至下文「諸侯」，原作「乾五之震爲諸侯」，今據所引虞翻注及思賢本改。

疏 道生一，一生二，是陽爲主而陰爲客也。《倉頡篇》「主答客曰酬」，故「陽往爲酬」。又曰「客報主人曰酢」，故「陰來爲酢」。陰陽皆神之所爲，馬氏云「祐，配也」。故「陰陽相配，謂之祐神也」。自「大衍」至「能事畢」，皆「足以顯明易道」，而神其德行。可與六十四卦經義相斟酌，故「喻以賓主酬酢之禮」，而曰「可與酬酢」矣。「祐」與「佑」通。佑者，助也。「所以助前聖」，發見易道，於神尤祕，故曰「可與祐神矣」。《儀禮·鄉飲酒》「主人坐取爵，實之，賓之席前，西北面獻賓」，故云「主人酌賓爲獻」也。又曰「賓實爵，主人之席前，東南面酢主人」，故云「賓酌主人爲酢」。又曰「卒洗，揖讓升。賓西階上疑立，主人實觶酬賓」，故曰「主人又酌實爲酬也」。論酬酢之義，則賓先酢而主後酬，酬所以報酢。論飲酒之義，則始於主人獻賓，而後賓酢，故「以象陽唱陰和」。賓既酢，而主人又酬，故云「變化相配」。陽爲天、爲神，陰爲地、爲鬼。陽往陰來，「是助天地，明其鬼神」也。 愚案 顯，「故可與酬酢」，因其著而著之也。神，「故可與祐神」，因其微而微之也。《中庸》曰「莫顯乎微」，是微者，顯之基也。故下言「神之所爲」。

子曰：「知變化之道者，其知神之所爲乎。」

虞翻曰：在陽稱變，乾二之坤。在陰稱化，坤五之乾。「陰陽不測之謂神」，「知變化之道者」，故「知神之所爲」。諸儒皆上「子曰」爲章首，而荀、馬又從之，甚非者矣。**疏** 荀前注云「在天爲變」，故云「在陽稱變」，陽變，故「乾二之坤」。又云「在地爲化」，故云「在陰稱化」。陰化，故「坤五之乾」。「陰陽不測之謂神」，上《傳》文。韓彼注稱「神」爲「變化之極」是也。「變化之道」，即九六消息之道。一陰一陽，變化不測。知陰陽變化之道，故「知神之所爲」。蓋大衍之數，「成變化而行鬼神」，故「知變化之道者」，即「知神之所爲」。諸儒皆以此節爲下章之首，而荀爽、馬融從之，故虞君以爲甚非。虞君《別傳》云：「仲翔奏上《易》注曰：『經之大者，莫過於《易》。自漢以來，其讀《易》者，解之率少。至孝靈之際，潁川荀諝，號爲知《易》。臣得其注，有愈俗儒。至所謂『西南得朋，❶東北喪朋』，顛倒反覆，❷了不可知。孔子歎《易》曰「知變化之道，❸其知神之所爲乎」，以美大衍四象之作，而上爲章首，尤可怪笑。又

❶ 「謂」，思賢本作「說」。
❷ 「覆」，思賢本作「逆」。
❸ 「道」下，思賢本有「者」字。

南郡太守馬融，名有俊才。其所解，❶復不及諝。孔子曰：「可與共學，未可與適道。」豈不其然。』」是其事也。諝一名爽。

易有聖人之道四焉。崔憬曰：聖人德合天地，智周萬物，故能用此易道，大略有四，謂尚辭、尚變、尚象、尚占也。疏「範圍天地之化而不過」，故「德合天地」。「曲成萬物而不遺」，故「智周萬物」。聖人仰觀天文，俯察地理，中取物象，故「能用此易道，大略有四」。即下文「尚辭、尚變、尚象、尚占」是也。**以言者尚其辭，**虞翻曰：聖人之情見於辭，繫辭焉以盡言也。疏「聖人之情見乎辭」者，蓋誠於中，形於外，即《春秋傳》所謂「言以足志也」，「繫辭」謂爻象之辭。「書不盡言」，故「繫辭以盡其言」，所謂「文以足言也」。擬之後言，故「尚其辭」。愚案《說文》：「辭，說也。」《玉篇》：「說，言也。」是「辭」即「言」也。「辭有險易，各指所之」。「擬之後言」，則无辭慚、辭枝、辭多、辭游、辭屈之患。故「以言者尚其辭」。**以動者尚其變，**陸績曰：變謂爻之變化，當「議之而後動」矣。疏「變動不居」，「動」即「變」也，爻者言乎其變，故「變爲爻之變化」。動則觀變，是「議之後動」，動罔不臧矣。故「以動者尚其變」。**以制器者尚其象，**荀爽曰：「結繩爲网罟，蓋取諸离」，此類是也。疏「象其物宜」，言器皆有象，鄭氏謂「存乎器象」是也。❷十二「蓋取」，皆觀象以造器。荀舉罔罟取离，以類其餘也。故「以制器者尚其象」。**以卜筮者尚其占。**虞翻曰：乾蓍稱筮，動离爲龜，龜稱卜。動則翫其占，故「尚其占」者也。疏《白虎通》引《禮·雜記》曰「蓍，陽之老也」。蓍數百，乾爲百。蓍所以筮者，故「乾蓍爲筮」。乾二五動爲离，离爲龜。龜所以卜，故「龜稱卜」。古者卜筮皆出於《易》，而所以占異。❸《祭義》曰「《易》抱龜前南面」。❹鄭注《周禮》云：「龜知生數一二三四五之神，蓍知成數六七八九十之神。」是「卜筮」皆不外大衍之數也。《洪範》曰：「立時人作卜筮，三人占。」是卜筮即占也。「占事知來」，「動則玩其占」，故「以卜筮者尚其占」也。**是故君子將有爲**

❶「解」下，思賢本有「釋」字。
❷「乎」，思賢本作「於」。
❸「占異」下，思賢本有「但今不可考也」句。
❹「前」，思賢本無此字。

也，將有行也，問焉而以言。虞翻曰：有爲謂建侯，有行謂行師也。乾二五之坤，成震有師象，震爲行、爲言、問。故「有爲」、「有行」，凡應九筮之法則筮之。謂問於蓍龜，以言其吉凶。爻象動内，吉凶見外。蓍德圓神，卦德方智。❶故史擬神智，❷以斷吉凶也。疏「有爲謂建侯」者，屯震也。「有行謂行師」者，師坎也。乾元動震，二動坎互震，故就震言之，舉例也。又乾二五之坤，成坎互震，有師象，而震侯在其中。震足「爲行」，震聲「爲言、問」。「有爲、有行」，謂凡「爲」與「行」皆震象，故震神盡知之。《春官》：「筮人掌三《易》，以辨九筮之名。一曰筮更，二曰筮咸，三曰筮式，四曰筮目，五曰筮易，六曰筮比，七曰筮祠，八曰筮參，九曰筮環。」應此「九筮之法」，則加之筮也。「問」謂「問於蓍龜」，「言」謂「言其吉凶」。陽吉陰凶，陽動則吉，陰動則凶，故「爻象動内，吉凶見外」。卦由蓍而成，故言「蓍德圓神」，並及「卦德方智」。❸「史」謂筮史。史擬蓍卦之神智，❹以斷其吉凶也。**其受命也如嚮，**虞翻曰：言神「不疾而速，不行而至」，不言善應。乾二五之坤成震巽，巽爲命，震爲嚮，故「受命」。「同聲相應」，故「如嚮」也。疏「知幾其神」，故「不疾而速，不行而至」。蓍龜不言，而示以吉凶，故「不言善應」。乾二五之坤成震，則坤二五之乾成巽，故震巽常相應。巽申命「爲命」，震善鳴故「爲嚮」。「嚮」本或作「響」，古字通也。「命」謂命蓍命龜之辭。「巽爲命」，故「受命」。震巽「同聲相應」，故「受命如嚮」也。**无有遠近幽深，遂知來物。**虞翻曰：遠謂天，近謂地。幽謂陰，深謂陽。「來物」謂乾神。「神以知來」，「感而遂通」，謂「幽贊神明而生蓍」也。疏《左傳》「天道遠」，故「遠謂天」。《法言》「近如地」，故「近謂地」。《説文》：「幽，隱也。陰，闇也。」陰闇，故「幽謂陰」。《釋言》「潛，深也」，「陽氣潛藏」，故「深謂陽」。「來物謂乾神」者，乾神知來，故「知來物」。「感而遂通」，故「遂知來物」。所以「知」者，知以蓍也。乾爲蓍，故謂「幽贊神明而生蓍也」。**非天下之至精，孰能與**

❶「智」，思賢本作「知」。
❷「智」，思賢本作「知」。
❸「智」，思賢本作「知」。
❹「智」，思賢本作「知」。

於此。❶虞翻曰：至精謂乾，「純粹精也」。**疏**乾本純粹至精，故「至精謂乾，純粹精也」。昭七年《左傳》「是以有精爽，至於神明」。蓋惟精，故明。「受命如嚮」，「遂知來物」，可謂神明之至矣。故曰「非天下之至精，其孰能與於斯」。❷**參五以變，錯綜其數。**虞翻曰：逆上稱錯。綜，理也。謂「五歲再閏，再扐而後掛」，以成一爻之變，而倚六畫之數。卦從下升，故「錯綜其數」，則「三天兩地而倚數」者也。**疏**《説卦》曰「易，逆數也」，故「錯稱逆上」。劉向《列女傳》「推而往，引而來，❸綜也」。綜有文理，易順性命之理，有陰陽往來之義，故云「綜，理也」。「參」，三也。一掛兩揲兩扐爲「五歲再閏」。「掛」當爲「卦」。「再扐而後卦」，凡三變而成一爻是三，其五「以成一爻之變」，故曰「參五以變」。倚，立也。一爻之變，七九八六也。易始於一，壯於七，究於九，故三畫而成乾。陰並陽生，一而二，七而八，九而六，故「參天兩地」，以立「六畫之數」也。易氣從下生，以下爻爲始，故云「卦從下升」，即所謂「逆上稱錯」也。「錯」爲六畫，「綜」爲參兩，故「參天兩地而倚數」也。**通其變，遂成天地之文。**虞翻曰：變而通之，觀變陰陽始立卦。乾坤相親，故「成天地之文」。「物相雜，故曰文」。**疏**「易窮則變，變則通」，故「通其變」，謂「變而通之」也。卦謂「八卦而小成」也。乾陽變而成震坎艮，坤陰變而成巽离兑，故「觀變陰陽始立卦」也。獨陽不生，獨陰不生，故乾坤不親則文不生。「乾坤相親」則陰陽雜，故「成天地之文」也。「物相雜，故曰文」，下《傳》文。虞彼注云：「乾，陽物。坤，陰物。純乾純坤之時，未有文章。陽物入坤，陰物入乾，更相雜成六十四卦，乃有文章，『故曰文』。」**極其數，遂定天下之象。**虞翻曰：數，六畫之數。「六爻之動，三極之道」，故定天下吉凶之象也。**疏**言「六畫之數」，而三百八十四爻皆在其中。「兼三才而兩之，故六。」三極，三才也。故「六爻之動，三極之道也」。爻有陰陽，陽吉陰凶，故「定天下吉凶之象也」。**非天下之至變，其孰能與於此？**虞翻曰：謂「參五以變」，故能成六爻之義，「六爻

❶「孰」上，草堂本有「其」字。
❷「斯」，思賢本作「此」。
❸「來」下，思賢本有「者」字。

之義，易以工」也。❶ 疏 參其五，以成一爻之變，故變謂「參五以變」。「兼三才而兩之」，故「能成六爻之義」。「引而伸之，觸類而長之」，爲六十四卦，則六爻變易，告以吉凶，故曰「非天下之至變，其孰能與於斯」。❷

易无思也，无爲也，虞翻曰：「天下何思何慮，同歸而殊塗，一致而百慮」。故无所爲，謂「其静也專」。疏 此引下《傳》文，以釋「无思无爲也」。乾伏坤初，「何思何慮」，故「无思」。塗雖殊而歸則同，慮雖百而致則一，故「无爲」。蓋乾元未動，「潛龍勿用」，故「无思无爲也」。陽奇故一，一故專。「陽氣潛藏」，故「其静也專」。

寂然不動，虞翻曰：謂隱藏坤初，機息矣。專，故「不動」者也。疏 乾元隱藏坤初，寂然无爲，其「機息矣」。「其静也專」，故「不動」也。

感而遂通天下之故。虞翻曰：感，動也。以陽變陰，通天下之故，謂「發揮剛柔而生爻」者也。疏《乾鑿度》曰「虚无感動」，鄭氏謂「虚无也，❸故能感天下之動」。乾動坤初，以陽變陰。「變則通」，故能「通天下之故」。虞注《説卦傳》云「發，動。揮，變。變剛生柔爻，變柔生剛爻，以三爲六」。故謂「發揮剛柔而生爻」也。

非天下之至神，其孰能與於此。虞翻曰：至神謂易，隱初入微，「知幾其神乎」。韓康伯曰：非忘象者，則无以制象。非遺數者，則无以極數。「至精」者，无籌策而不可亂。「至變」者，體一而无不周。「至神」者，寂然而无不應。斯蓋功用之母，象數所由立，故曰非至精、至變、至神，則不能「與於此」也。疏 虞注 乾元「隱初入微」，「幾者，動之微」，君子知微，故曰「知幾其神」。易以至无含至有，神則「妙萬物而爲言者也」，故「非天下之至神，❹其孰能與於斯」。❺ 韓注 孔氏《正義》曰：「云『夫非忘象者，則无以制象』者，凡自有形象者，不可制他物之形象。猶若海不能制山之形象，山不能制海之形象。遺忘己象者，乃能制衆物之形象也。『非遺數者，无以極數』者，若以數數物，則不能極其物數。猶若以萬而數，則不能苞億。以一億而數，則不能苞千億萬億。遺去數名者，則无

❶「工」，草堂本作「貢」。
❷「斯」，思賢本作「此」。
❸「鄭氏謂虚无也」，思賢本作「鄭注『夫惟虚无也』」。
❹「故」下，思賢本有「曰」字。
❺「斯」，思賢本作「此」。

所不苞。是非遺去其數，无以極盡於數也。言『至精者，无籌策而不可亂』者，以其心之至精，理在玄通，无不記憶，雖无籌策而不可亂也。言『至變者，體一而无不周』者，言至極曉達變理者，能體於淳一之理，❶其變通无不周徧。言雖萬類之變，同歸於一變也。『斯蓋功用之母，象數所由立』者，言至精、至變、至神三者，是物之功用之母。物之功用，象之與數。由此至精、至變、至神所由來，故云『象數所由立』也。言象之所以立有象者，豈由象而來，由太虛自然而有象也。數之所以有數者，豈由數而來，由太虛自然而有數也。是太虛之象，太虛之數，是其至精，至變也。由其至精，故能制數。由其至變，故能制象。若非至精、至變、至神，則不得參與妙極之主理也。」❷**夫易，聖人之所以極深而研幾也。**荀爽曰：謂伏羲畫卦，窮極易幽深。文王繫辭，研盡易幾微者也。**疏**伏羲畫六十四卦，「窮極易之幽深」。文王繫爻象之辭，「研盡易之幾微」。故曰「聖人之所以極深而研幾也」。案韓注：❸「極未形之理則曰深，適動微之會則曰幾。」孔疏：『極深』者，「則前《經》初一節云『君子將有爲，將有行，問焉而以言。其受命如響，无有遠近幽深』，是『極深』也。『研幾』者，上《經》次節云『參伍以變，錯綜其數。通其變，遂成天地之文。極其數，遂定天下之象』，是『研幾』也。」**唯深也，故能通天下之志。**虞翻曰：深謂「幽贊神明」，「无有遠近幽深，遂知來物」，故「通天下之志」，謂蓍也。**疏**「深」謂「幽贊於神明而生蓍」也。蓍圓而神，「神以知來」，故「无有遠近幽深，遂知來物」。志藏於深，故「唯深，能通天下之志」。蓍由聖人幽贊而生，故深「謂蓍也」。此所謂至精也。**唯幾也，故能成天下之務。**虞翻曰：務，事也。謂易研幾開物，故「成天下之務」，謂卦者也。**疏**《說文》「務，趣也。从力，敄聲」。訓「事」者，謂「趣赴此事也」。「夫易，開物成務」，虞彼注云「以陽闢坤，謂之『開物』。以陰翕乾，謂之『成務』」。蓋「幾者，動之微」，乾陽研幾，故能「開物」。務則由微而著矣。坤陰成乾，故「成天下之務」。卦方以知，「知以藏往」，其幾隱矣。故幾「謂卦也」。此所謂至變也。

❶「淳」，草堂本作「純」。

❷「主」，思賢本作「元」，即「玄」。

❸「韓」，原作「王」，今據思賢本及《周易正義》改。

唯神也，故不疾而速，不行而至。虞翻曰：神謂易也，謂日月斗在天。日行一度，月行十三度，從天西轉，故「不疾而速」。星「寂然不動」，隨天右周，「感而遂通」，故「不行而至」者也。【疏】「神謂易也」者，「陰陽不測」，是乃易也。易「有天道焉，有地道焉，有人道焉」。日合於天統，月合於地統，斗合於人統。「六爻之動，三極之道」，故舉「日月斗在天」，以言神之用也。賈逵《論曆》曰：「五紀論日月循黄道，南至牽牛，北至東井，率日，日行一度，月行十三度十九分度七也。」《周書·武順》曰「天道尚左，日月西移」，故「從天西轉」。《續漢書·律曆志》曰：「天之動也，一晝一夜而運過周。日之所行與運周。日月相推，日舒月速。」　案　漢法天一日一夜過周一度。日亦一日一夜起度端，終度端。月又速於日，故「不疾而速」也。「星寂然不動」，謂斗也。《太玄》曰「斗振天而進」，范望注云：「振，動也。斗衡隨天左回，故言進。」又曰「斗之南，左行而右還」，故「隨天右周」也。《漢書·天文志》曰：「斗爲帝車，運於中央，臨制四海，分陰陽，建四時，均五行，移節度，定諸紀，皆繫於斗。」故「感而遂通，不行而至也」。又日月者，六十四卦消息所出。斗與日月相會，正建十二次，卦氣消息出焉。曆家以斗爲陽氣，皆神之可見者也。上注「寂然不動，感而遂通」，謂陽隱藏坤中，以陽動陰，發揮剛柔，是言乾元，非言星也。以斗隨天，故以斗爲天之消息耳。乾道復子姤午，出震入兑，唯斗可見，故言之也。北辰在斗，是天之太極也。

子曰：「易有聖人之道四焉者，此之謂也。」侯果曰：言易唯深、唯神，蘊此四道。因聖人以章，故曰「聖人之道」矣。【疏】言此以結上《經》尚辭、尚變、尚象、尚占之道也。不言「唯幾」，當是脱文。言惟深、唯幾、唯神，故能蘊此四道。四道因聖人之至精、至變、至神以章，故曰「聖人之道」。

受業吴廷蘭馨侯校

周易集解纂疏卷二十七

周易集解纂疏卷二十八

唐李鼎祚集解　安陸李道平遵王纂疏

天一，水甲。**疏**鄭氏所謂「天一生水於北」是也。日行青道，甲一乙二。地二，火乙。**疏**「地二生火於南」，甲乾乙坤，相得合木。天三，木丙。**疏**「天三生木於東」，日行赤道，丙三丁四。地四，金丁。**疏**「地四生金於西」，丙艮丁兑，相得合火。天五，土戊。**疏**「天五生土於中」，日行黃道，戊五己六。地六，水己。**疏**「地六成水於北」，一六合水。❶戊坎己离，相得合土。天七，火庚。**疏**「天七成火於南」，二七合火也。日行白道，庚七辛八。地八，木辛。**疏**「地八成木於東」，三八合木也。庚震辛巽，相得合金。天九，金壬。**疏**「天九成金於西」，四九合金也。日行黑道，壬九癸十。地十。土癸。此則大衍之數五十有五，蓍龜所從生。聖人「以通神明之德，以類萬物之情」。此上虞翻義也。**疏**「地十成土於中」，五十合土也。天壬地癸，相得合水。陽數奇，一三五七九，合之二十五。陰數偶，二四六八十，合之爲三十。總之爲「大衍之數五十有五」也。「幽贊神明而生蓍」，以此生之。❷鄭注《周禮》云：❸「龜知生數一二三四五之神，蓍知成數六七八九十之神。」是卜筮皆不外大衍之數，故云「蓍龜所從生」也。聖人隱「以通神明之德」，顯「以類萬物之情」，皆恃此數也。子曰：「夫《易》，何爲而作也？虞翻曰：問《易》何爲取天地之數也。**疏**設問以起義也。天地之數，即七八九六之數。夫《易》，開物成務，陸績曰：開物謂庖犧引信八卦，重以爲六十四，觸長爻冊，至於萬一千五百二十，以

❶「水」下，思賢本有「也」字。

❷「之」下，思賢本有「耳」字。

❸「鄭注」至下文「八九之神」，思賢本作「《周禮・校人》賈疏云『龜取生數一二三四五，蓍取成數六七八九十』」。

當萬物之數，故曰「開物」。聖人觀象而制网罟、耒耜之屬，以成天下之務，故曰「成務」也。疏「引伸」，卦變也。故爲六十四卦。「觸長」，爻變也。故爻册「至於萬一千五百二十，以當萬物之數」。以爻册當物，故曰「開物」。「以制器者尚其象」，故「聖人觀象而制网罟之屬」，即十二「蓋取」是也。天下之務，皆由此成，故曰「成務」。**冒天下之道，如斯而已者也。」**虞翻曰：以陽闢坤，謂之開物。以陰翕乾，謂之成務。冒，觸也。「觸類而長之」，如此也。疏「夫乾，其動也闢」，以乾闢坤，故曰「開物」。「夫坤，其静也翕」，以坤翕乾，故曰「成務」。《周語》曰「宜觸冒人」，故云「冒，觸也」。「觸類而長之」，以成六十四卦，「天下之能事畢矣」。故曰：「冒天下之道，如斯而已者也。」又「以陽闢坤」，息而出震，震在庚，其數七，是陽象數也。「以陰翕乾」，消而退巽，巽在辛，其數八，是陰象數也。息變而進七之九，消變而退八之六。九六相變，所以「觸類而長」。易變而爲一，一變而爲七，七變而爲九。陰並陽一而二，七而八，九而六。七八九六而天地之數備。一三五，九也。二四，六也。五，九也。十，六也。故曰「如斯而已者也」。**是故聖人以通天下之志，**《九家易》曰：凡言「是故」者，承上之辭也。謂「以動者尚其變」。變而通之，「以通天下之志」也。疏「是故」爲承上之辭，釋其凡也。承上文「以動者尚其變」也。變而通之，故能「通天下之志」。案　虞上「通天下之志」注云「謂蓍也」。聖人「幽贊於神明而生蓍」，故能開物，而「通天下之志」，所謂「深」也。**以定天下之業，**《九家易》曰：謂「以制器者尚其象」也。凡事業之未立，以易道決之，故言「以定天下之業」。疏承上文「以制器者尚其象」也。「立成器以爲天下利」，故凡事業未立，則取象於《易》以決之。決則定矣，故「以定天下之業」。案　虞注「成天下之務」「謂卦也」。❶務，事務，即事業也。「八卦生吉凶，吉凶生大業」，故能成務，「以定天下之業」，所謂「幾」也。**以斷天下之疑。**《九家易》曰：謂「卜筮者尚其占」也。「占事知來」，故「斷天下之疑」。疏承上文「以卜筮者尚其占」也。「占事知來」則无疑，故「斷天下之疑」。「斷」或作定者，❷誤也。案　虞「冒天下之道」

❶「卦」下，思賢本有「者」字。

❷「斷或作定者誤也」，思賢本作「而受命如嚮也」。

注云「冒，觸也」。觸類而長，以成六十四卦，三百八十四爻，故能觸類旁通，「以斷天下之疑」，所謂「神」也。**是故蓍之德圓而神，卦之德方以知，**崔憬曰：蓍之數，七七四十九，象陽圓。其爲用也，變通不定，因之以知來物，是「蓍之德圓而神」也。卦之數，八八六十四，象陰方。其爲用也，爻位有分，因之以藏往知事，是「卦之德方以知」也。疏「大衍之數五十，其用四十有九」，是「蓍之數七」也。七七四十九，陽數也，乾爲圜，故象陽之圓也。蓍之用，變通无定，「无有遠近幽深，遂知來物」，是「蓍之德圓而神」，即下文所謂「神以知來」是也。「四營而成《易》，十有八變而成卦。八卦而小成」，是「卦之數八」也。八八六十四，陰數也，坤爲方，故象陰之方也。卦之用，位列爻分，以定天下吉凶之象，是「卦之德方以知」，即下文「知以藏往」是也。**六爻之義易以貢。**韓康伯曰：貢，告也。六爻之變，易以告吉凶也。疏「八卦以象告」，故云「貢，告也」。蓍七卦八，「爻者，言乎變者也」。六爻之義，九六相變易，則吉凶自見，故曰「易以貢」。**聖人以此先心，**韓康伯曰：洗濯萬物之心者也。疏「先」，劉瓛、王肅、韓伯本作「洗」，❶故云「洗濯萬物之心」。尋古「洗濯」字，皆作「洒」，無作「洗」者，蔡邕《石經》及京、荀、虞、董遇、張璠、蜀才皆作「先」，今從之。下云「神以知來」，《祭義》曰：「昔者聖人建陰陽天地之情，立以爲《易》，《易》抱龜南面，天子卷冕北面。雖有明知之心，必進斷其志焉，示不敢專，以尊天也。」是「聖人以此先心」之義也。**退藏於密，**陸績曰：受蓍龜之報應，決而退藏之於心也。疏聖人以吉凶命蓍龜，而蓍龜報應之，聖人則受而「退藏於密」。「密」即「心」也。故云「決而退藏之於心也」。此兩節以虞義爲長，説具下。**吉凶與民同患。**虞翻曰：聖人謂庖犧。以蓍神知來，故「以先心」。陽動入巽，巽爲退伏，坤爲閉户，故「藏密」。謂齊於巽以神明其德。陽吉陰凶，坤爲民，故「吉凶與民同患」，謂「作《易》者，其有憂患」也。疏畫卦始於庖犧，故「聖人謂庖犧」下云「神以知來」，故云「以蓍神知來」。乾爲蓍。復之一陽，即乾初也。復見天地之心，乾神知來，故「以此先心」。乾陽初動，入陰成巽。《雜卦》曰「兑見而巽伏」，又巽象退

❶「韓伯」，草堂本作「韓康伯」。

辛，故「爲退伏」。由巽入坤，「闔户謂之坤」，故「爲閉户」。退伏爲「藏」，閉户爲「密」，故「退藏於密」。《説卦》曰：「齊乎巽。齊也者，言萬物之絜齊也。」巽陽藏室，神明在内，故「齊於巽以神明其德」，謂以卦德藏往，巽入之智也。乾陽爲「吉」，坤陰爲「凶」，坤衆爲「民」。表吉凶之象，以同民所憂患之事。蓋作《易》者本有憂患，故即九六變易，以定吉凶，「與民同患」也。蓋「先心」則无思，「藏密」則无爲，「吉凶與民同患」，則「感而遂通天下之故」也。**神以知來，知以藏往。**虞翻曰：乾神知來，坤知藏往，來謂先心，往謂藏密也。疏「乾神知來」，謂「蓍之德圓而神」也。「坤知藏往」謂「卦之德方以知」也。聖人取七八九六之數，「知來」而「藏往」。未來者以此知之，故「來謂先心」。已往者以此藏之，故「往謂藏密」。蓋《易》例，以未來者屬乾，已往者屬坤也。**其孰能與於此哉，**虞翻曰：誰乎能爲此哉？謂古聰明睿知之君也。❶疏「孰」，誰也。言誰能爲此者，以起下文「古之聰明睿知」之義也。**古之聰明睿知，神武而不殺者夫。**虞翻曰：謂大人也。庖犧在乾五，動而之坤，與天地合聰明。在坎則聰，在离則明。神武謂乾，睿知謂坤。乾、坤、坎、离，反復不衰，故「而不殺者夫」。疏「大人」謂九五大人也。《乾》「利見大人」，虞彼注云「謂若庖犧觀象於天，造作八卦」，又下注云「文王書《經》，繫庖犧於乾五」，故云「庖犧在乾五」。乾五動之坤，即坤五動之乾。乾爲天，坤爲地。故「與天地合聰明」者，乾五之坤，成坎體大有，故「在坎則聰」。坤五之乾，成离體比，故「在离則明」。乾陽爲「神」，乾剛爲「武」，故「神武謂乾」。《洪範》曰「思曰睿」，思於五行屬土，坤地爲土，坤知藏往，故「睿知謂坤」。「殺」讀爲衰。《士冠禮》曰：「以官爵人，德之殺也。」鄭彼注云「殺猶衰也」。反覆不衰之卦有八：乾、坤、頤、大過、坎、离、中孚、小過。今乾坤動成坎离，故云「乾、坤、坎、离，反覆不衰」。「殺」，馬、鄭、王肅讀所戒反，義與虞同。陸績、韓伯讀如字者，❷誤也。**是以明於天之道，而察於民之故，**虞翻曰：乾五之坤，以离日照天，故「明天之道」。以坎月照坤，故「察民之故」。坤爲民。疏「乾五之坤」，离上乾下，故「以离日照天」。乾爲「天」、爲

❶「古」下，思賢本有「之」字。
❷「韓伯」，草堂本作「韓康伯」。

「道」，故「明天之道」。坤五之乾，坎上坤下，❶故「以坎照坤」。❷坤「爲民」，故「察民之故」。下《傳》曰「又明於憂患與故」，虞彼注云「『知以藏往』，故知事故」，而稱「民之故」也。**是興神物，以前民用。**陸績曰：神物，蓍也。聖人興蓍，以别吉凶，先民而用之，民皆從焉，故曰「以前民用」也。**疏**乾爲「神」，爲「物」，又爲蓍，故「神物謂蓍也」。「興神物」，謂「幽贊於神明而生蓍」也。《管子》曰「能存能亡者，蓍龜與龍也。爲萬物先，爲禍福正」，「爲禍福正」，即「别吉凶」也，「爲萬物先」，即「先民用而皆從也」。乾伏坤，坤爲「民」，爲「用」，乾在坤先，故曰「以前民用」。**聖人以此齊戒，**韓康伯曰：洗心曰齊，防患曰戒。**疏**此亦取乾坤坎离之義也。坤初四之乾成巽，巽絜齊相見，故「曰齊」。坎离相合成既濟，既濟「思患豫防」，故「曰戒」。**以神明其德夫。**陸績曰：聖人以蓍能逆知吉凶，除害就利，清絜其身，故曰「以此齊戒」也。吉而後行，舉不違失。其德富盛，見稱神明，故曰「神明其德」也。**疏**聖以蓍神知來，❸趨吉避凶，即以此絜齊其身，故曰「以此齊戒」也。惟其吉而後行，故「舉无違失」。所以「其德富盛，見稱神明」，謂爲神明所歆享，故曰「神明其德」。　案　乾爲「神」，爲大明，故曰「神明」。「聖人幽贊於神明而生蓍」，「始作八卦，以通神明之德」，故曰「神明其德夫」。　又案　「前民用」，即「以此先心」。「齊戒」「神明」，即「退藏於密」也。**是故闔户謂之坤，**虞翻曰：闔，閉翕也。謂從巽之坤。坤柔象夜，故以閉户者也。**疏**《説文》「闔，閉也」。「坤，其静也翕」，故云「闔，閉翕也」。「從巽之坤」，謂從午至亥。剛柔者，晝夜之道，故「坤陰柔象夜」。「乾坤，易之門」，「故以閉户」。此少陰八，不變者也。**闢户謂之乾。**虞翻曰：「闢」，開也。謂從震之乾。乾剛象晝，故以「開户」也。**疏**「闢，開也」，《説文》文。「從震之乾」，謂從子至巳。乾陽剛象晝，「故以開户」。此少陽七，不變者也。**一闔一闢謂之變，**虞翻曰：陽變闔陰，陰變闢陽。「剛柔相推，而生變化」也。**疏**「陽」謂老陽，九也。陽變爲陰，故「闔」。「陰」謂老陰，六也。陰變爲陽，故「闢」。陽主變，陰主化。剛推柔生

❶「坎上坤下」，原作「坤上坎下」，今據草堂本改。
❷「坎」下，草堂本有「月」字。
❸「聖」下，思賢本有「人」字。

變，柔推剛生化。故「剛柔相推，而生變化也」。**往來不窮謂之通。**荀爽曰：謂一冬一夏，陰陽相變易也。十二消息，陰陽往來无窮已，故「通」也。疏陰常居大冬，然一陽生於冬至。陽常居大夏，然一陰生於夏至。故云：「一冬一夏，陰陽相變易也。」「十二消息」者，復、臨、泰、大壯、夬、乾，陽息之卦也。姤、遯、否、觀、剥、坤，陰消之卦也。乾坤十二畫，一往一來，循環无已，陽息陰消，推而行之，故「謂之通」也。**見乃謂之象，形乃謂之器。**荀爽曰：謂日月星辰，光見在天而成象也。萬物生長，「在地成形」，可以爲器用者也。疏「日月星辰」，光見於天，是「在天而成象」者也。「天垂象，見吉凶」，故「見乃謂之象」。「萬物生長」，皆在於地，是「在地成形，可爲器用者也」。坤爲「器」，「形而下者謂之器」，故「形乃謂之器」。**制而用之謂之法，**荀爽曰：謂觀象於天，觀形於地。「制而用之」，可以爲法。疏法莫大乎規矩。「觀象於天」，取其大規在上也。「觀形於地」，取其大矩在下也。因其規矩，制爲方圓而用之，故「可以爲法」。「法象莫大乎天地」，故「謂之法」也。**利用出入，民咸用之謂之神。**陸績曰：聖人制器以周民用，用之不遺，故曰「利用出入」也。民皆用之而不知所由來，故「謂之神」也。疏「立成器以爲天下利」。「制器以周民用」，即「立成器」也。「用之不遺」，故「利用出入」，即「以爲天下利」也。乾爲美利，故曰「利」。坤爲用，故曰「用」。出乾爲復，入坤爲姤。乾坤出入，其用无窮，故曰「利用出入」。「民皆用之而不知所由來」，即「百姓日用而不知」，故「謂之神也」。

是故易有太極，是生兩儀，干寶曰：發初言「是故」，總衆篇之義也。　虞翻曰：太極，太一。分爲天地，故「生兩儀」也。疏干注　「總衆篇之義」，故以「是故」發端，釋凡例也。　虞注　馬氏云：「易有太極，謂北辰也。」「太極，太一」者，《乾鑿度》曰「太一取七八九六之數，❶以行九宮。四正四維，皆合於十五」。鄭彼注云：「太一者，北辰之神名也。居其所，曰太一。常行於八卦日辰之間，曰天一。」又引《星經》曰「天一，太一，主氣之神」。然則太一即乾元也。在天爲北辰，在《易》爲神。虞注「斗，寂然不動，感而遂通」，即指此也。太一者，極大曰

❶「乾鑿度」，思賢本作「《易緯乾鑿度》」。

太，未分曰一，鄭氏所謂「未分之道」是也。太極者，《説文》「極，棟也」。《逸雅》「棟，中也。居屋之中也」。是極者，中也。未分曰一，故謂之太一。未發爲中，故謂之太極。在人爲皇極，即鄭氏所謂「極中之道」是也。《釋詁》曰「儀，匹也」，天地相配，故稱「兩儀」。《禮運》曰「夫禮，必本於太一，分爲兩儀」。《吕氏春秋》曰「太一出兩儀」，即分爲天地，故「生兩儀」之義也。鄭氏又云「太極函三爲一，相並俱生」，是太極生兩儀而三才已具矣。**兩儀生四象，**虞翻曰：四象，四時也。兩儀謂乾坤也。乾二五之坤，成坎离震兑。震春兑秋，坎冬离夏，故「兩儀生四象」。歸妹卦備，故《彖》獨稱「天地之大義也」。**疏**「四象，四時也」者，謂日月之行，春甲乙，夏丙丁，秋庚辛，冬壬癸，四時之間戊己。甲丙戊庚壬，陽也，爲天象。乙丁己辛癸，陰也，爲地象。《月令》：「春其日甲乙，夏其日丙丁，秋其日庚辛，冬其日壬癸，中央其日戊己。」鄭彼注云：「日之行春，東從青道，發生萬物。月爲之佐。時萬物皆解孚甲，❶自抽軋而出，故名甲乙。日之行夏，南從赤道，長育萬物。月爲之佐。時萬物皆炳然著見而强大，故名丙丁。日之行四時之間，從黄道。月爲之佐。至此萬物皆枝葉茂盛，其含秀者，抑屈而起，故名戊己。日之行秋，西從白道，成熟萬物。月爲之佐。萬物皆肅然改更，秀實新成，故名庚辛。日之行冬，北從黑道，閉藏萬物。月爲之佐。時萬物懷任於下，揆然萌芽，故名壬癸。」此四時之象也。又言「兩儀謂乾坤也」者，謂庖犧觀天象以畫卦，幽贊神明以擬太極，乃立乾坤以象天地。以太極之一七九爲乾坤之三畫，是亦太極生兩儀也。此與天地四時之文不屬，每句各具二義耳。云「乾二五之坤」者，遂言庖犧四象也。二五中氣即太極，非爻名也。云「成坎离震兑」者，太極乾元，一施爲坎，再施爲离。一息爲震，再息爲兑也。云「震春、兑秋、坎冬、离夏」者，此庖犧所定，以則四象也。离以象日，晝中正南，故爲夏。坎以象月，夜中正北，故爲冬。震陽出以象雷，故爲春。兑陽成以象雨，故爲秋也。故「兩儀生四象」者，言有乾坤，然後生震兑坎离四象也。《歸妹・彖》曰：「歸妹，天地之大義也。」歸妹自泰來，備震兑坎离四象，故引以明之。虞彼注云：「乾天坤地，三之四，天地交。」又云：「震東兑西，离南坎北。」六十四卦，此象最備四時正卦，故『天地之大義也』。」**四象生八卦。**

❶「孚」，草堂本作「莩」。

虞翻曰：乾二五之坤，則生震坎艮，坤二五之乾，則生巽离兑。故「四象生八卦」，乾坤生春，艮兑生夏，震巽生秋，坎离生冬者也。疏此言「乾生震坎艮，坤生巽离兑」者，蒙上注義，先言庖犧八卦也。既象乾之息，乃復象其消，反兑爲巽以象風，反震爲艮以象雷。消息既備，則乾退而就坎，坤進而就离，故分震坎艮屬天，巽离兑屬地。三索交乾坤，以成六子之爻。十五日，乾象西北，西北坎前。坤陰所積，乾就坤以交陰，則生三男也。坤不位東南者，陽先陰後，不敢敵陽，故位离後西南。震兑之間，陽盛之位。坤亦就乾以交陽，則生三女也。艮在甲癸之間，故位東北。震巽相薄，陽動入巽，故位乎東南以受震。此乾坤生六子之義也。云「故四象生八卦」者，下《傳》注云「乾坤與六子，俱名八卦而小成」，謂此也。云「乾坤生春」者，此乃言在天八卦，生於四時也。「生春」猶言生乎春也。月行至甲乙，而乾坤象見，是乾坤生乎春也。云「艮兑生夏」者，月行至丙丁，❶艮兑象見也。云「震巽生秋」者，月行至庚辛，震巽象見也。云「坎离生冬」者，坎离在中不可象，日月會於壬癸，而坎离象見，故生乎冬也。**八卦定吉凶，**虞翻曰：陽生則吉，陰生則凶。謂「方以類聚，物以羣分，吉凶生矣」。已言於上，故不言「生」而獨言「定吉凶」也。疏「陽生則吉」者，陽主息，故「吉」也。「陰生則凶」者，陰主消，故「凶」也。引上《傳》文以明吉凶者，八卦六位有正有不正，故「吉凶生」。虞上注云「得正言吉，失正言凶」是也。云「已言於上」者，已言《繫》初也。前既言「生」，故此獨言「定」也。**吉凶生大業。**荀爽曰：一消一息，萬物豐殖，「富有之謂大業」。疏春夏生物，秋冬成物，故「一消一息，萬物豐殖」。乾主施，坤主生，「坤化成物」，故「富有之謂大業」。吉凶相推，萬物化成，若「觸類而長」，❷備六十四卦，三百八十四爻之義也。**是故法象莫大乎天地。**翟玄曰：見象立法，莫過天地也。疏「成象之謂乾，效法之謂坤」，乾言「象」，坤言「法」，故「見象立法，莫過於天地」，所謂「太極生兩儀」也。**變通莫大乎四時。**荀爽曰：四時相變，終而復始也。疏「變通者，趨時者也」，故配四時。「窮則變，變則通」，四序

❶「至」，原作「生」，今據草堂本、思賢本改。

❷「若」，思賢本作「謂」。

推遷，終而復始，故「變通莫大乎四時」，所謂「兩儀生四象」也。**縣象著明，莫大乎日月。**虞翻曰：謂日月縣天，成八卦象。三日莫，震象出庚。八日，兑象見丁。十五日，乾象盈甲。十七日旦，巽象退辛。二十三日，艮象消丙。三十日，坤象滅乙。晦夕朔旦，坎象流戊。日中則离，离象就己。戊己土位，象見於中。日月相推而明生焉，故「縣象著明，莫大乎日月」者也。疏 此以納甲言之也。日月之晦朔弦望，有八卦象，故「謂日月縣天，成八卦象」也。震納庚，月三日哉生明，故「震象出庚」。兑納丁，月八日上弦，故「兑象見丁」。乾納甲，月十五日望，故「乾象盈甲」。皆在暮也。巽納辛，月十七日哉生魄，故「巽象退辛」。艮納丙，月二十三日下弦，故「艮象消丙」。坤納乙，月三十日晦，故「坤象滅乙」。皆在旦也。此云「三十日」，以大分言之。《文言》注作「二十九日」是也。二十九日、三十日爲晦夕，一日爲朔旦，故「坎象流戊」。晝爲日中，故「日中則离，离象就己」。戊己中央土位，故「象見於中」。《參同契》所謂「晦朔之間，合符行中」。此天地雜，保太和，日月戰，陰陽合德之時也。「明兩作」，「日月相推而明生焉」，故「縣象著明，莫大乎日月」，所謂「四象生八卦」也。**崇高莫大乎富貴。**虞翻曰：謂乾正位於五，五貴坤富。以乾通坤，故「崇高莫大乎富貴」也。疏 乾正位於五，五位天子，坤爲富，故「五貴坤富」。乾五即太極之神也。「探嘖索隱」，則爲乾初。正位則爲乾五。變化消息，皆乾五所爲。以乾之貴，據坤之富，爲「以乾通坤」。山在地上稱崇，是崇謂坤。謂天蓋高，是高謂乾。《釋詁》「崇，重也」，坤爲重。鄭《儀禮》注「崇，充也」，❶謂相充實也。崇言富，高言貴，故「崇高莫大乎富貴」。此下皆言「吉凶生大業」也。**備物致用，立成器以爲天下利，莫大乎聖人。**虞翻曰：神農、黄帝、堯、舜也。民多否閉。取乾之坤，謂之備物。以坤之乾，謂之致用。乾爲物，坤爲器用。否四之初，耕稼之利。否五之初，市井之利。否四之二，舟楫之利。否上之初，牛馬之利。謂十二「蓋取」，以利天下。「通其變，使民不倦。神而化之，使民宜之」。「聖人作而萬物覩」，故曰「莫大乎聖人」者

❶「鄭儀禮注」至下文「高言貴」，思賢本作「《詩・烈文》箋『崇，厚也』，坤又爲厚，坤崇言富，乾高言貴」。

也。❶疏古者包犧氏始作八卦，❷「包犧氏没，神農氏作」，「神農氏没，黄帝、堯、舜氏作」，故聖人謂神農以下也。中古之世，草昧初開，「民多否閉」。乾爲物，取乾之坤爲「備物」。坤爲用，以坤之乾爲「致用」。「乾爲物」者，「精氣爲物」也。「坤爲器用」者，形下爲器，致役爲用也。天地不交，其象爲否，故制器尚象，多因否來。否四之初爲益，「利用大作」，故云「耕稼之利」。否五之初爲噬嗑，「日中爲市」，故云「市井之利」。《風俗通》曰「古者二十五畝爲一井，因爲市交易，故稱市井」也。否四之二爲涣，「挎木爲舟，掞木爲檝」，故云「舟檝之利」。否上之初爲隨，「服牛乘馬」，故云「牛馬之利」。十二「蓋取」，謂自离以下也。自否變而外，總不外乎乾坤六位往來也。十三卦皆利天下之事，故云「以利天下」。陽窮變陰，陰窮變陽，通乾坤之變，故「使民不倦」。乾爲神，坤爲化，乾神之坤，坤化萬物，故「使民宜之」。神農以下，皆聖人有制作，而爲天下所利見者也。故曰「聖人作而萬物覩」。乾五大人，聖人而在天子之位者也。故「莫大乎聖人」。

探嘖索隱，鉤深致遠，以定天下之吉凶，成天下之娓娓者，莫善乎蓍龜。虞翻曰：「探，取」。嘖，初也。初隱未見，故「探嘖索隱」，則「幽贊神明而生蓍」。初深，故曰「鉤深」。「致遠」謂乾。乾爲「蓍」。乾五之坤，大有离爲龜。乾生知吉，坤殺知凶，故「定天下之吉凶，莫善於蓍龜」也。　侯果曰：「亹」，勉也。夫幽隱深遠之情，吉凶未兆之事，物皆勉勉然願知之，然不能也。及蓍成卦，龜成兆也，雖神道之幽密，未然之吉凶，坐可觀也。是蓍龜成天下勉勉之聖也。疏虞注「探，取」，《釋詁》文。「嘖，初也」，詳前「見天下之嘖」注，謂乾初也。「索」亦取也。乾初隱於坤下，伏而未見，故必探其嘖，索其隱。乾爲神明，「爲蓍」，乾伏坤初，故「幽贊於神明而生蓍」。《乾》初九曰「潛龍勿用」，《釋言》「潛，深也」。初深，故曰「鉤深」，《説文》「鉤，曲也」。曲以取之，故曰鉤深也。天道遠，故遠。謂乾致遠，謂陽息也。《雜記》曰「蓍，陽之老也」，故「乾爲蓍」。乾五之坤體大有，外卦离，「离爲龜」。乾陽生物，故「知吉」。坤陰殺物，故「知凶」。所以「定天下之吉凶，莫大乎蓍龜也」。　侯注「娓娓」，諸本皆作「亹亹」。虞君章末注云「娓娓，進也」，是虞本原作「娓

❶「曰」，思賢本無此字。
❷「包」，草堂本作「庖」。

娓」。陸氏《釋文》亦未詳也。《釋詁》「亹亹，蠠没，勉也」，故云「亹，勉也」。言未來之事，人皆勉勉然知之，必「蓍成卦，龜成兆」，然後幽遠難窺、吉凶未著者，可坐而觀也。故趨吉避凶，勉勉爲善，優入於聖域而無難，是蓍龜能成天下勉勉之聖也。《白虎通》曰：「聖人獨見先睹，必問蓍龜何。或曰清微無端緒，非聖人所及，聖人亦疑之。」《洪範》曰「七稽疑，汝則有大疑，謀及卜筮」，皆成天下娓娓之事也。「娓」，《説文》「美也」，❶義亦可通。前皆言「大」，此獨言「善」者，蓍龜皆始於乾坤之元。「元者，善之長」，故曰「莫善乎蓍龜」。**是故天生神物，聖人則之。**孔穎達曰：謂生蓍龜，聖人法則之，以爲卜筮者也。疏「神物」，蓍龜也。法龜以爲卜，法蓍以爲筮。神物，天之所生。法物，實法天也。**天地變化，聖人效之。**陸績曰：天有晝夜四時變化之道，聖人設三百八十四爻以效之矣。疏「剛柔者，晝夜之象也」，故云「天有晝夜」。「變通配四時」，故云「四時」。晝陽爲「變」，夜陰爲「化」，春夏爲「變」，秋冬爲「化」，故云「晝夜四時變化之道」。剛柔變化，而後有爻，「爻也者，效此者也」。故云「聖人設三百八十四爻以效之矣」。**天垂象，見吉凶，聖人象之。**荀爽曰：謂「在旋機玉衡，以齊七政」也。宋衷曰：天垂陰陽之象，以見吉凶，謂日月薄蝕，五星亂行。聖人象之，亦著九六爻位，得失示人，所以有吉凶之占也。疏荀注《虞書》「在璿璣玉衡，以齊七政」，❷孔傳：「在，察也。璿，美玉。機衡，正天文之器，可轉運者。七政，日月五星各異政。」五星異政，❸是「天垂象，見吉凶」也。作機衡以齊七政，是「聖人象之」也。宋注《春官·保章氏》：「掌天星，以志星辰日月之變動，以觀天下之遷，辨其吉凶。」蓋陽生爲吉，陰殺爲凶，故「天垂陰陽之象，以見吉凶」。「吉」謂日月合璧，五星聯珠。「凶」即「日月薄蝕，五星亂行」。聖人法天之象，著爲「九六爻位」。陰陽變化，得正則吉，失正則凶，故「得失示人，所以有吉凶之占也」。

案「天垂象」，即天有八卦之象也。「八卦定吉凶」，故曰「見吉凶」。聖人則之，謂陰陽消息，剛柔變化，而成六十四卦也。**河出圖，洛出書，聖人則之。**鄭玄曰：《春秋緯》云：「河以通乾出天苞，洛以流坤吐地符。」

❶「美」，思賢本作「順」。
❷「政」，原作「改」，今據草堂本、思賢本及所引文改。
❸「五星異政」，思賢本作「七政各異」。

河龍圖發，洛龜書成。《河圖》有九篇，《洛書》有六篇也。

孔安國曰：《河圖》，則八卦也。《洛書》，則九疇也。

侯果曰：聖人法《河圖》、《洛書》，制曆象以示天下也。

疏 鄭注「河以通乾出天苞」，所謂「天不愛其道」也。「洛以流坤吐地符」，所謂「地不愛其寶」也。《乾鑿度》曰：「《河圖》龍出，《洛書》龜予」。茲云「河龍圖發」，即「河出《圖》」也。「洛龜書成」，即「洛出《書》」也。《河圖》《洛書》者，王者受命之符，聖人據之以立《易》軌，故曰「聖人則之」。《河圖》九篇，《洛書》六篇，緯書之數。　孔注《河圖》者，一六居北爲水，二七居南爲火，三八居東爲木，四九居西爲金，五十居中爲土。此即「大衍之數五十，其用四十有九」，分掛揲歸以成八卦，故云「《河圖》，則八卦也」。《洛書》者，戴九履一，左三右七，二四爲肩，六八爲足，五居中。此即《乾鑿度》太乙下行九宮之法，而箕子據之以衍《洪範》，故云「《洛書》，則九疇也」。　侯注「天數五，地數五，五位相得而各有合」者，《河圖》也。變之而縱橫皆十五，所謂「參伍以變」，即「太乙下行九宮法」者，《洛書》也。其實《洛書》即從《河圖》變出，皆不外天地奇耦之數。由天地奇耦之數，揲之而爲爻，而曆象具焉。《乾鑿度》曰：「曆以三百六十五日四分度之一爲一歲，《易》以三百六十析，當期之日，此律曆數也。」故云：「聖人法《河圖》、《洛書》，制曆象以示天下也。」　愚案　萬物生於天，故「生神物」者，天也。天交於地，而變化生焉。天變於上則見吉凶，地化於下則出《圖》《書》。變化，承神物言之。吉凶、《圖》《書》，又承變化言之也。

易有四象，所以示也。

侯果曰：「四象」謂上「神物」也，「變化」也，「垂象」也、「《圖》《書》」也。四者治人之《洪範》，易有此象，所以示人也。

疏 何氏云：「四象謂『天生神物，聖人則之』，一也。『天地變化，聖人效之』，二也。『天垂象，見吉凶，聖人象之』，三也。『河出《圖》，洛出《書》，聖人則之』，四也。」此與侯氏義同。四者，皆治人之大法，故即此象「以示人也」。案：鄭氏曰：「布六於北方以象水，布八於東方以象木，布九於西方以象金，布七於南方以象火。」孔氏謂「諸儒有以四象爲七八九六」者，此也。

又案　大衍之數分二象兩，掛一象三，揲四象時，歸奇象閏，是謂「四象」❶。謂七八九六，❷四營而成一變，十有八變而成

❶「是謂四象」，思賢本作「是即『易有四象』之謂也」。

❷「謂七八九六」，思賢本無。

卦。卦者，掛也。❶《乾鑿度》「掛示萬物」，故曰「所以示也」。蓋言大衍四象，而七八九六在其中矣。**繫辭焉，所以告也。**虞翻曰：謂繫《彖》《象》之辭，「八卦以象告」也。疏「繫辭」者，謂文王所作《彖》辭、《象》辭也。「八卦以象告」，下《傳》文。虞彼注云：「『在天成象』，乾二五之坤，則八卦象成。兑口震言，故『以象告』也。」**定之以吉凶，所以斷也。**虞翻曰：「繫辭焉以斷其吉凶」，「八卦定吉凶」，「以斷天下之疑」也。疏彖爻之辭，皆有吉有凶。「辨吉凶者存乎辭」，故「繫辭焉斷其吉凶」。七八九六得正吉，失正凶，故「八卦定吉凶」。《易》「以斷天下之疑」，故「所以斷也」。**《易》曰：「自天右之，吉无不利。」**侯果曰：此引大有上九辭以證之義也。大有上九，「履信思順」，「自天右之」。言人能依四象所示，繫辭所告，又能思順，則天及人皆共右之，「吉无不利」者也。疏章首言「天生神物」，故又引大有上九爻辭，以證則天之義也。惟其「履信思順」，是以「自天右之」。「言人能依四象所示，繫辭所告」，則爲履信而不疑矣。又能思順乎天，「則天及人共右」，吉且无不利，又何凶之有焉。

子曰：「右者，助也。虞翻曰：大有兑爲口，口助稱右。疏大有五承上九，互兑爲口。《說文》曰「右，手口相助也」。故云「口助稱右」。**天之所助者，順也。**虞翻曰：大有五以陰順上，故爲「天所助者，順也」。疏大有本乾，上於三才爲天位。五自坤來，坤爲「順」，故「以陰順上」。五雖失位，而爲上所助者，以其「順也」。又下注云「比坤爲順」，則此謂大有通比。五本比坤二，順上而乾應之爲兑，故曰「天所助者，順也」。**人所助者，信也。**虞翻曰：信，謂二也。乾爲人、爲信，「庸言之信」也。疏「信，謂二也」者，以二體乾也。乾陽生「爲人」，天行至信「爲信」，故《乾》九二曰「庸言之信」。體乾九二，謂二應乎五，而三與之成兑，故曰「人之所助者，信也」。**履信思乎順，有以尚賢也。**虞翻曰：大有五應二而順上，故「履信思順」。比坤爲順，坎爲思。乾爲賢人，坤伏乾下，故「有以尚賢」者也。疏大有二五相應以順上。大有與比旁通，坤爲履乾。「比坤爲順」，比内體坤「爲順」。外

❶「卦者掛也」四字，思賢本在下「乾鑿度」三字下。

體坎，坎心，故「爲思」。《乾》上九曰「賢人在下位」，謂乾三也，故「乾爲賢人」。大有成比，故「坤伏乾下」。「有」讀爲「又」，別本亦作「又」。以乾在坤上，故「又以尚賢也」。**是以『自天右之，吉无不利』也。」**崔憬曰：言上九履五「厥孚」，履人事以信也。比五而不應三，思天道之順也。崇四「匪彭」，「明辯」於五，「又以尚賢也」。以「自天右之，吉无不利」，重引《易》文以證成其義。疏《大有》六五「厥孚交如」，虞彼注云「孚，信也」。上九下履五孚，是「履人事以信也」。陰與陽比，故「比五」。上與三爲敵應，故「不應三」。五陰爲順而承陽，是「思天道之順也」。九四「匪其彭无咎」，《象》曰「明辯晢也」。彭，三也。四不比三爲「匪彭」。由四至上體离爲「明辯」。故云「崇四匪彭，明辯於五」。四承五明，上來比之，故「又以尚賢也」。乘五孚爲「履信」，比五陰爲「思順」，崇五明爲「尚賢」。蓋「大有柔得尊位大中，而上下應之」，五爲卦主故也。此章始言「天生神物」，終言「天右」，則天之聖，故重引《易》文「自天右之，吉无不利」，「以證成其義」也。《繫》上、下凡三引大有上九爻辭，以見列聖用《易》，皆獲天人之助，致既濟之功，是所謂「易之道也」。

子曰：「書不盡言，言不盡意。」虞翻曰：謂書《易》之動，九六之變，不足以盡《易》之所言。言之，則不足以盡庖犧之意也。疏下《傳》云「《易》之爲書也」，❶故「書」謂《易》。乾陽六爻，動而成六十四卦，故云「書《易》之動」。書有盡而言无盡，故「九六之變，不足以盡《易》之所言」。言有盡而意无盡，故「言之，不足以盡庖犧之意也」。**然則聖人之意，其不可見乎？**侯果曰：設疑而問也。欲明立象可以盡聖人言意也。疏欲明立象以盡言盡意之義，故設疑問以發端也。**子曰：「聖人立象以盡意，**崔憬曰：言伏羲仰觀俯察，而立八卦之象，以盡其意。疏伏羲仰觀天文，俯察地理，立爲八卦之象。陰陽變化，盡在其中。而聖人之意，盡於象矣，故曰「立象以盡意」。**設卦以盡情僞，**崔憬曰：「設卦」謂「因而重之」爲六十四。卦之情僞，盡在其中矣。疏「設卦」謂因八卦重之爲六十四卦。虞下《傳》注云：「情，陽，僞，陰也。」三百八十四爻，陰陽變化，而《易》之情

❶「下」，原作「上」，今據所引《繫下》文改。

僞，盡在其中，故曰「設卦以盡情僞」。**繫辭焉以盡其言，**崔憬曰：文王作卦爻之辭，以繫伏羲立卦之象。象既盡意，故辭亦盡言也。疏立卦象者，伏羲也。因卦象而繫彖爻之辭者，文王也。陰陽變化，无所不備，故立象足以盡意。吉凶悔吝，无所不有，故繫辭亦足以盡言也。**變而通之以盡利，**陸績曰：變三百八十四爻，使相交通，以盡天下之利。疏因八卦四十八爻，變而爲三百八十四爻。九六之變，使相交通，所謂「六爻發揮，旁通情也」，「變通者，趨時者也」，又「易窮則變，變則通，通則久」，故「變通以盡利」也。**鼓之舞之以盡神。」**虞翻曰：神，易也。陽息震爲鼓，陰消巽爲舞，故「鼓之舞之以盡神」。荀爽曰：鼓者，動也。舞者，行也。謂三百八十四爻，動行相反其卦，所以盡易之神也。疏虞注「易无思也，无爲也，寂然不動，感而遂通天下之故。非天下之至神，其孰能與於斯」，故云「神，易也」。揚子曰：「鼓舞萬物者，其風雷乎。」陽初息震，震爲雷，雷聲動萬物，故言「爲鼓」。陰初消巽，巽爲風，風散動萬物，故言「爲舞」也。鼓舞者，消息也。消息明則言意盡，言意盡則神盡，故曰「鼓之舞之以盡神」。荀注下傳曰「鼓天下之動者，存乎辭」，故云「鼓者，動也」。隱五年《左傳》曰「夫舞，所以節八音而行八風」，故云「舞者，行也」。「三百八十四爻，動行相反其卦」者，如「否泰反其類」是也。六十四卦皆有反對，言卦及反對，始盡易之神也。**乾坤，其易之緼邪？**虞翻曰：緼，藏也。易麗乾藏坤，故爲「易之緼」也。疏《論語》「韞匵而藏諸」，馬注云「韞，藏也」。「韞」與「緼」古今字，故云「緼，藏也」。「易」，交易也。乾坤易則成坎离，离麗乾，坎藏坤。坎离爲乾坤二用，故爲「易之緼」。此下言盡神在乾坤，故言乾坤爲易緼，以起其端也。**乾坤成列，而易立乎其中矣。**侯果曰：緼，淵隩也。六子因之而生，故云「立乎其中矣」。疏韓注亦云「緼，❶淵奥也」。孔疏謂爲「易之川府奥藏」是也。「乾坤成列」，而六子因之以生，六子生而六十四卦定，故曰「易立乎其中」。又「成列」謂乾坤各三爻，「天尊地卑，乾坤定矣」。中，正也。一陰一陽，各正性命。故「易立乎其中」也。**乾坤毀，則无以見易。**荀爽曰：毀乾坤

❶「韓」，原作「王」，今據思賢本改。

之體，則无以見陰陽之交易也。疏陰陽交則易立。若乾坤體毁，則陰陽不交，故「无以見易」也。謂分陰分陽，重爲六爻。乾成則坤毁，坤成則乾毁，六位不皆正，則易道不見也。**易不可見，則乾坤或幾乎息矣。**侯果曰：「乾坤」者，動用之物也。物既動用，則不能无毁息矣。夫動極復静，静極復動。雖天地至此，不違變化也。疏「乾，陽物也。坤，陰物也。」「天乾，其動也專」，「坤，其動也闢」。故云「乾坤者，動用之物也。」物有動而无静，則陰陽不交，而乾坤或幾乎息絶。蓋「動極復静，静極復動」。故「天地至此」，不能違乎變化。此九六變化，所以爲「易之緼」也。**是故形而上者謂之道，形而下者謂之器。**崔憬曰：此結上文，兼明易之形器，變通之事業也。凡天地萬物，皆有形質。就形質之中，有體有用。體者，即形質也。用者，即形質上之妙用也。言有妙理之用，以扶其體，則是道也。其體比用，若器之於物。則是體爲形之下，謂之爲器也。假令天地圓蓋方軫，爲體爲器，以萬物資始資生，爲用爲道。動物以形軀爲體爲器，以靈識爲用爲道。植物以枝幹爲器爲體，以生性爲道爲用。疏《經》言「是故」，故云「此結上文」。「易之形器」，即下文「變」「通」「事業」所由始，故言「兼明易之形器，變通之事業也」。天地萬物有形質，即有體用。體用有二。以本末言，則體爲本而用爲末。以頑靈言，則體爲頑而用爲靈。今云「體者，即形質」，其頑然者也。「用者，即形質上之妙用」，其靈然者也。「妙理」，即道也。故「言有妙理之用，以扶其質，則是道也」。其「體之比用」，猶「器之於物」。故「體爲形之下」，而「謂之器也」。天地之方圓，動植之形軀枝幹，「爲體爲器」，皆「形而下者」也。❶天地之資始資生，動植之靈識生性，皆「形而上者」也。❷「形而上者」，無形者也，故「謂之道」。「形而下者」，有形者也，故「謂之器」。　案　乾爲道，天成位於上，垂象爲道，故「形而上者謂之道」。坤爲形、爲器，地成位於下，五行之用爲器，故「形而下者謂之器」。**化而財之謂之變，**翟玄曰：化變剛柔而財之，故「謂之變」也。疏「財」與「裁」通。陽變陰化，陽剛陰柔，故云「化變剛柔」。「財」，財成也。「天地交泰，后以財成天地之道」，泰坤女

❶「下」，原作「上」，今據草堂本改。
❷「上」，原作「下」，今據草堂本改。

主，故稱「后」。陰化承陽之變，以財成其道，故「化而財之謂之變」。此承上文形上之道，寓乎形下之器，是乾坤交矣。坤爲形，故言化以成變也。推而行之謂之通。翟玄曰：推行陰陽，故「謂之通」也。疏「泰者，通也」。伏艮手爲「推」，互震足爲「行」。乾陽坤陰，故「推行陰陽，謂之通也」。舉而措之天下之民，謂之事業。陸績曰：變通盡利，觀象制器，舉而措之於天下。民咸用之，以爲「事業」。《九家易》曰：謂聖人畫卦爲萬民事業之象，故天下之民尊之，得爲「事業」矣。疏陸注　變通以盡利，觀象以制器，「立成器以爲天下利」，故曰「舉而錯之天下」。❶坤爲民，爲用，爲事業，故「民咸用之，以爲事業」。所謂「通變之謂事」也。蓋當泰交之時，地平天成，事業不著，財成乎后，左右乎民。故終言「事業」，以結章首形器之義。而形上之道，即寓其中矣。《九家》注「謂聖人畫卦爲萬民事業之象」者，❷即「太極生兩儀，兩儀生四象，四象生八卦」是也。「故天下之民尊之，得爲事業」者，即「八卦定吉凶，吉凶生大業」是也。是故夫象，聖人有以見天下之嘖，崔憬曰：此重明易之縕，更引《易》象及辭以釋之。言伏羲見天下之深嘖，即易之縕者也。疏此重明乾坤爲易之縕，更引《易》象及爻卦與辭以釋其義也。虞訓「嘖」爲「初」。在初爲深，故云「深嘖」。蓋乾伏坤初，爲「易之縕」，故「言伏羲見天下之深嘖，即易之縕也」。而擬諸其形容，象其物宜，是故謂之象。陸績曰：此明說立象盡意，設卦盡情僞之意也。疏嘖，至深也。形容物宜，至顯也。「聖人見天下之嘖，而擬諸形容，象其物宜」，則无微不顯矣，「是故謂之象」。故云「此明說立象盡意，設卦盡情僞之意也」。聖人有以見天下之動，而觀其會通，以行其典禮。侯果曰：典禮有時而用，有時而去，故曰「觀其會通」也。疏《樂記》曰「三王異世，不相襲禮」，故「典禮有時而用，有時而去」。非「見天下之動，而觀其會通」者，不能行也。繫辭焉以斷其吉凶，是故謂之爻。崔憬曰：言文王見天下之動，所以繫象而爲其辭，謂之爲爻。疏畫卦象之聖人，伏羲也。繫爻辭之聖人，文王也。「爻

❶「錯」，思賢本作「措」。
❷「民」，原作「物」，今據思賢本及所引《九家易》注改。

也者，效天下之動者也」，故「文王見天下之動」，因其象而繫之辭也。「辨吉凶者存乎辭」，故「繫辭以斷其吉凶」，而「謂之爻」也。**極天下之賾者，存乎卦。**陸績曰：言卦象極盡天下之深情也。疏京氏云「賾，情也」。在初，故爲「深情」。咸、恒、萃《彖傳》言：「觀其所感、所恒、所聚，而天地萬物之情可見矣。」《大壯·彖傳》曰：「正大而天地之情可見矣。」是「卦象極天下之深情也」。故曰「極天下之賾者，存乎卦」，所謂「設卦以盡情僞」也。**鼓天下之動者，存乎辭。**宋衷曰：欲知「天下之動者」，在於六爻之辭也。疏「吉凶悔吝，生乎動」，三百八十四爻，吉凶悔吝之辭，皆所謂「鼓天下之至動」也。故「欲知天下之動者，在於六爻之辭」，所謂「繫辭以盡言」也。**化而財之存乎變，推而行之存乎通。**崔憬曰：言易道陳陰陽變化之事，而裁成之，存乎其變。推理達本而行之，在乎其通。疏陽變陰化，言「化」以該變也。而財成，則存乎變。推陰陽之理，以達變化之本而行之，則「存乎通」。所謂「鼓之舞之以盡神」也。**神而明之，存乎其人。**荀爽曰：「苟非其人，道不虛行」也。

崔憬曰：言易神无不通，明无不照。能達此理者，「存乎其人」，謂文王述《易》之聖人。疏荀注「苟非其人，道不虛行」，下《傳》文，虞彼注云：「『其人』，謂乾爲賢人。『神而明之，存乎其人』。『不言而信』，謂之德行，故『不虛行』也。」崔注乾爲「神」，故「神无不通」。又爲大明，故「明无不照」。能達此作《易》之理者，常「存乎其人」。「其人」謂誰？「謂文王」，繫辭爲「述《易》之聖人」也。案「聖人之作《易》也，幽贊於神明而生蓍。」《管子》曰：「獨則明，明則神。」由明而神，即《中庸》所謂「自明誠」。賢人之學，反之者也。「神而明之」，即《中庸》所謂「自誠明」，聖人之德，性之者也。「存乎其人」，謂「待其人而後行」也。**默而成，不言而信，存乎德行。**《九家易》曰：「默而成」，謂陰陽相處也。「不言而信」，謂陰陽相應也。德者，有實。行者，相應也。崔憬曰：言伏羲成六十四卦，不有言述，而以卦象明之。而人信之，在乎合天地之德，聖人之行也。疏《九家》注「默而成，謂陰陽相處也」者，董子曰「陽常居大夏，陰常居大冬」是也。「不言而信，謂陰陽相應也」者，《乾鑿度》曰「動於地之下，則應於天之下。動於地之中，則應於天之中。動於地之上，則應於天之上。初以四，二以五，三以上，此之謂應」是也。「陰陽相處」，言其德也，故「德者，有實」。「陰陽相應」，言其行也，故「行者，相應也」。　崔注言伏羲仰觀俯察，成六十四卦，未有言述，是「默而成」也。但示以六十四卦之象，而人皆信之，是「不言而信」也。合乎聖人之德，天地之行。聖人而與天地參，故能如此，是「存乎德行」也。　案　乾伏坤初，坤爲「默」。乾「在天成象」，坤「在地成形」，故爲成乾初震，震爲「言」，乾爲「信」。又爲「德」，震爲「行」。乾元伏於坤初，「寂然不動」，乾體自正，故「默而成，不言而信，存乎德行」也。

受業胞姪守皤竹泉校

周易集解纂疏卷二十八

周易集解纂疏卷二十九

唐李鼎祚集解　安陸李道平遵王纂疏

八卦成列，象在其中矣。虞翻曰：象謂三才成八卦之象。乾坤列東，艮兑列南，震巽列西，坎离在中，故「八卦成列」，則「象在其中」。「天垂象，見吉凶，聖人象之」是也。疏 三才謂三畫象一七九，以「成八卦之象」。乾納甲，坤納乙，甲乙東方木，故「乾坤列東」。艮納丙，兑納丁，丙丁南方火，故「艮兑列南」。震納庚，巽納辛，庚辛西方金，故「震巽列西」。坎納戊，离納己，戊己中央土，故「坎离在中」。乾天坤地，艮山兑澤，震雷巽風，坎月离日，故「八卦成列，象在其中」。「天垂象」者，震象出庚，兑象見丁，乾象盈甲，巽象伏辛，艮象消丙，坤象喪乙，坎象流戊，离象就己也。「見吉凶」者，陽生則吉，陰滅則凶也。「聖人象之」者，謂作八卦，以定吉凶也。

因而重之，爻在其中矣。虞翻曰：謂參重三才爲六爻。發揮剛柔，則「爻在其中」。六畫稱爻，「六爻之動，三極之道也」。疏「兼三才而兩之，故六」，故「謂參重三才爲六爻」，而成六十四卦也。「發揮於剛柔而生爻」，故「發揮剛柔，則爻在其中」，而成三百八十四爻也。以三爲六，故「六畫稱爻」。六爻兼乎三才，故「六爻之動，三極之道也」。

剛柔相推，變在其中矣。虞翻曰：謂十二消息，九六相變。「剛柔相推，而生變化」，故「變在其中矣」。疏 乾陽六爻，自復至乾爲息。坤陰六爻，自姤至坤爲消。故「謂十二消息」。老陽變陰，老陰變陽，故謂「九六相變」。一往一來曰「推」。剛推柔生變，柔推剛生化，故「剛柔相推，而生變化」。「爻也者，言乎其變者也」，故「變在其中矣」。

繫辭焉而命之，動在其中矣。虞翻曰：謂繫《彖》、《象》九六之辭，故「動在其中」。「鼓天下之動者，存乎辭」者也。疏 謂文王繫六十四卦《彖》辭，三百八十四爻《象》辭。《周書·召誥》曰「命吉凶」，繫辭有吉有凶，故「繫辭焉而命之」。下云「吉凶悔吝，生乎動者也」，動然後繫之辭，故「動在其中矣」。乾初動震爲鼓，爲言辭，故「鼓天下之動者，存乎辭者也」。吉凶悔吝者，生乎動者也。虞翻曰：動謂爻也。「爻者，效天下之動者也」。「爻象動内，吉凶見外」。「吉凶生而悔吝著」，故「生乎動」也。疏「道有變動，故曰爻」，故「動謂爻也」。「發揮於剛柔而生爻」，發，動也，故「爻也者，效天下之動者也」。「八卦定吉凶」，故「爻象動内，吉凶見外」也。悔則吉，吝則凶，故「吉凶生而悔吝著」也。不動則吉凶悔吝无由見，故「吉凶悔吝，生乎動者也」。剛柔者，立本者也。虞翻曰：「乾剛坤柔」，爲六子父母。乾天稱父，坤地稱母。本天親上，本地親下，故「立本者也」。疏「乾剛坤柔」，《雜卦》文。虞彼注云：「乾陽金堅，故剛，坤陰和順，故柔。」六子索於乾坤，故「爲六子父母」也。乾陽爲天，故「稱父」，坤陰爲地，故「稱母」也。震坎艮皆出乎乾，而與乾親，故曰「本天者親上」。巽離兑皆出乎坤，而與坤親，故曰「本地者親下」。乾坤立六子之本，故曰「剛柔者，立本者也」。變通者，趣時者也。虞翻曰：「變通配四時」，故「趣時者也」。疏「變通」，謂消息十二卦也。泰、大壯、夬配春，乾、姤、遯配夏，否、觀、剥配秋，坤、復、臨配冬。陽息陰消，變通周乎四時，故曰「趣時者也」。吉凶者，貞勝者也。虞翻曰：「貞，正也。」勝，滅也。陽生則吉，陰消則凶者也。疏「貞，正也」，《師・彖傳》文。「滅」从水从火，水勝火則火滅，故云「勝，滅也」。陽生主吉，陰消主凶。陰生滅陽，陽動正之，正則吉勝乎凶，故曰「吉凶者，貞勝者也」。　按　姚本作「貞稱」。《攷工記》曰「角不勝幹，幹不勝筋，謂之不參」，❶注云「故書勝，或作稱」，❷《晉語》曰「中不勝貌」，韋注云「勝當爲稱」，是古文通也。《釋言》「稱，好也」，注云「物稱人意亦爲好」。陽吉陰凶，各稱其常。《管子・論蓍龜》曰「爲萬物先，爲禍福正」，吉凶以貞爲「稱」，故「貞稱者也」。《孟子》曰「莫非命也，順受其正」，曾子曰「吾得正而斃焉，斯已矣」，「知進退存亡而不失其正」，是「貞稱」之義也。天地之道，貞觀者也。陸績曰：言天地正，可以觀瞻爲道也。疏言天地正位，「可以觀瞻爲道」。蓋「天尊地卑」，天正位於

❶「謂之不參」，思賢本作「謂之參均」。

❷「注云」，思賢本無「云」字。「或作稱」下，思賢本有「鄭司農云『當言稱謂之不參均』」十二字。

五，地正位於二。「中正以觀天下」，故「貞觀者也」。**日月之道，貞明者也。**荀爽曰：「离爲日」。日中之時，正當离位，然後明也。月者，坎也。坎正位衡离，衡爲十五日，月當日衡，正值坎位，亦大圓明。故曰「日月之道，貞明者也」。言日月正當其位，乃大明也。陸績曰：言日月正，以明照爲道矣。疏荀注「离爲日」，《説卦》文。日中，正當南方离位，其明正盛，故云「正當离位，然後明也」。坎爲月，故云「月者，坎也」。「坎正衡离」，十五日也。「月當日衡」，其明正盈。故云「正值坎位，亦大圓明」也。「日月之道，貞明者」，日月正當坎离之位，「乃大明也」。《參同契》曰「十五乾體就，盛滿甲東方，蟾蜍與月兔，❶日月氣雙明」，是「貞明」之義也。陸注謂日月之道，以明照爲正也。**天下之動，貞夫一者也。**虞翻曰：一謂乾元，萬物之動，各資天一，陽氣以生，故「天下之動，貞夫一者也」。疏「一謂乾元」者，即「天一」也。「萬物之動，各資天一，陽氣以生」者，天一即大乙也。❷《乾鑿度》曰「太一取其數，以行九宮」，鄭注：「太一，北辰之神名也。居其所曰太一，常行於八卦日辰之間，曰天一。」《星經》曰：「天一，太一，主氣之神。」以其居中不動，故云正也。蓋「大哉乾元，萬物資始」，「至哉坤元，萬物資生」。坤元即乾元，故萬物皆資天一，陽氣以生也。三百八十四爻，皆以乾元消息，故「天下之動，貞夫一者也」。**夫乾，確然示人易矣。**虞翻曰：陽在初弗用，確然无爲，潛龍時也。不易世，不成名，故「示人易」者也。疏《乾》初九曰「潛龍勿用」，故云「陽在初弗用」也。《文言》曰「確乎其不可拔，潛龍也」，故云「確然无爲，潛龍時也」。坤亂於上，故「不易世」。「行而未成」，故「不成名」。是「示人易者也」。案「乾以易知」，不在震初，而在潛龍。「示人易」者，所謂乾元也。**夫坤，隤然示人簡矣。**虞翻曰：隤，安。簡，閲也。「坤以簡能」，閲內萬物，故「示人簡」者也。疏「隤」從「阜」，《釋地》「大陸曰阜」，《釋名》「土山曰阜」，「安土敦乎仁」，故「隤」訓爲「安」。桓六年《左傳》「大閲，簡車馬也」。故云「簡，閲也」。「坤以簡能」，不在動闢，而在静翕，故「閲內萬物，示人以簡」，所謂坤元也。「閲內萬物」者，《詩·衛風》「我躬

❶「月兔」，思賢本作「兔魄」。

❷「大」，思賢本作「太」。

不閲」，毛傳「閲，容也」。「内」讀若「納」。「坤以藏之」，言坤能容納萬物也。**爻也者，效此者也。**虞翻曰：「效法之謂坤」，謂效三才以爲六畫。疏「效法之謂坤」，上《傳》文。謂效乾三天之法，而兩地成坤之卦象也。「兼三才而兩之，故六」。六，陰數也。故謂「效三才以爲六畫」也。此謂乾元也。坤凝乾元，相並俱生，故效乾而參兩也。由兩地而有爻，故主坤言也。**象也者，象此者也。**虞翻曰：「成象之謂乾」，謂聖人則天之象，分爲三才也。疏「成象之謂乾」，上《傳》文。謂「道生一，一生二，二生三」。三才既備，以成乾象，故曰「聖人則天之象，分爲三才也」。此亦謂乾元也。日月之象，皆示乾元，故「聖人則之」。象者，三才，故主乾言也。**爻象動乎内，吉凶見乎外。**虞翻曰：内，初。外，上也。陽象動内，則吉見外。陰爻動内，則凶見外也。疏内謂初，外謂上也。「其初難知，其上易知」，以「動内」則「見外」也。陽生吉，故「陽動内，則吉見外」。陰滅凶，故「陰動内，則凶見外也」。　案「内」「外」，謂内外卦也。《乾鑿度》曰「三畫以下爲地，四畫以上爲天。易氣從下生，動於地之下，則應於天之下。動於地之中，則應於天之中。動於地之上，則應於天之上。初以四，二以五，三以上，此之謂應」是也。**功業見乎變，**荀爽曰：陰陽相變，功業乃成者也。疏上言「吉凶」，此言「功業」，是「吉凶生大業」也。言人建功立業，必「謀及卜筮」。「變」者，動也。陰陽動内，吉凶見外。趨吉避凶，遂生大業。是「陰陽相變，功業乃成」，故曰「功業見乎變」也。**聖人之情見乎辭。**崔憬曰：言文王作卦爻之辭，所以明聖人之情，陳於易象。疏全卦爲彖，故有彖辭。析卦爲爻，故有爻辭。皆文王所作。「聖人」謂文王，是「聖人之情」，見於《易》象之辭矣。蓋「爻彖以情言」，「辭也者，各指其所之」。繫辭盡言，故「情見乎辭」也。**天地之大德曰生，**孔穎達曰：自此以下，欲明聖人同天地之德，廣生萬物之意也。言天地之盛德，常生萬物，而不有生，是其「大德」也。疏以上皆言天地、爻象、吉凶，而終以「聖人之情見乎辭」。以下「欲明聖人同天地之德，廣生萬物之意」。故先言「天地盛德，常生萬物，而不有其生，是爲大德也」。蓋乾坤合元以生萬物，故「大德曰生」。**聖人之大寶曰位。**崔憬曰：言聖人行易之道，當須法「天地之大德」，寶萬乘之天位。謂以道濟天下爲寶，而不有位，是其「大寶」也。疏言「聖人行易之道，當須法天地之大德，寶萬乘之天位」者，❶蓋非「大德」，則易之道不立。非「天位」，則易之道不行。故上言「大德曰生」，即繼言「大寶曰位」也。「謂以道濟天下爲寶」者，所謂「崇高莫大乎富貴」是也。「而不有位」者，即「巍巍乎，舜禹之有天下也，而不與焉」是也。志在道濟，而不在有位，故云「是其大寶也」。　案　乾爲聖人。位在九五，乾爲金，爲玉，故「大寶曰位」。**何以守位曰仁。**宋衷曰：守位當得士、大夫、公、侯，有其仁賢，兼濟天下。疏五位天子，初爲元士，二爲大夫，三爲侯，四爲公。蓋五守天子之位，必得士、大夫、公、侯之仁賢，然後可以兼濟天下也。　案　乾初動震體復，震出守爲守，復初爲仁。乾五出坤自震始，故「守位曰仁」也。**何以聚人曰財。**陸績曰：人非財不聚，故聖人觀象制器，備物盡利，以業萬民，而聚之也。蓋取聚人之本矣。疏《大學》曰「財散則民聚」，故云「人非財不聚」。《中庸》曰「來百工則財用足」，故「聖人觀器制象，❷備物盡利，以業萬民而聚之」。此下《傳》十二「蓋取」，所以爲「聚人之本矣」。　案　坤「富有之謂大業」，故爲「財」。乾人生於震，初乾入坤出震，故「聚人曰財」。**理財正辭，禁民爲非曰義。**荀爽曰：尊卑貴賤，衣食有差，謂之「理財」。名實相應，萬事得正，謂之「正辭」。❸咸得其宜，故謂之「義」也。　崔憬曰：夫財貨，人所貪愛。不以義理之，則必有敗也。言辭，人之樞要。不以義正之，則必有辱也。百姓有非，不以義禁之，則必不改也。此三者，皆資於義。以此行之，得其宜也。故知仁義與財，聖人寶位之所要也。疏荀注「尊卑貴賤，衣食有差」，則用之有節矣，故「謂之理財」。「名實相應，萬事得正」，則言无不信矣，故「謂之正辭」。「義」者，宜也。「咸得其宜，故謂之義也」。　崔注「貨財，人所貪愛」，必見利不虧其義。若「不以義理之」，則財必敗。「言辭，人之樞要」，必使信近於義。若「不以義正之」，則言必辱。「百姓有非」，由於

❶「天」，原作「大」，據上下文改。
❷「觀器制象」，據所引陸績注，似應爲「觀象制器」。
❸「謂」，原作「爲」，今據草堂本、思賢本改。

「不畏不義」。若「不以義禁之」，則過不改。財也，辭也，民也，「皆資於義」。以義行之，則三者「得其宜」矣。「仁義與財」，「寶位所要」，總結通章之義。　案　坤爲「財」，以乾通坤爲「理財」。乾爲言，以坤翕乾爲「正辭」。坤爲「民」，陰爲「非」，以乾制坤爲「禁民爲非」。謂消息旁通，終成既濟，「美利利天下」，「利物足以和義」，故「曰義」也。

古者庖犧氏之王天下也，虞翻曰：庖犧太昊氏以木德王天下，位乎乾五，五動見离，离生于木，故知火化，炮啖犧牲，號庖犧氏也。**疏**三皇始於庖犧太昊氏，象日月之明，故曰「太昊」。「昊」亦作「皞」，取元氣皞皞之義也。云「以木德王天下」者，《家語》曰「太皞配木」。又曰：「五行用事，先起於木。木，東方，萬物之初皆出焉。是故王者則之，而首以木德王天下。」所謂「帝出乎震」是也。「位乎乾五」者，虞別注「謂文王書經，繫庖犧於乾五」是也。乾五動成离，「相見乎离」，故「五動見离」。帝木德，离火生於木，故「知火化」。《禮運》曰「古者先王未有火化，食草木之實，鳥獸之肉，飲其血，茹其毛。後聖有作，然後脩火之利，以炮以燔，以亨以炙，以爲醴酪」，故云「炮啖犧牲，號庖犧也」。　愚案　庖犧之説不一。作「庖犧」者，《世紀》謂「取犧牲以充庖廚」也。又作「包犧」，鄭氏云「包，取也。鳥獸全具曰犧」是也。又作「伏羲」，謂「服牛乘馬」，因號伏羲也。又《禮緯含文嘉》曰：「伏，別也。羲，獻也。」又作「伏戲」，孟喜、京房並云「伏，服也。戲，化也」。謂天下服而化之。此説近正。又「伏」亦作「宓」「虙」。

仰則觀象於天，荀爽曰：震巽爲雷風，离坎爲日月也。**疏**謂雷風日月在天，故「觀象於天」。然「在天成象」，不獨此也。天有八卦之象，如「震象出庚，兑象見丁，乾象盈甲」之類是也。

俯則觀法於地。《九家易》曰：艮兑爲山澤也。地有水火五行，八卦之形者也。**疏**山澤在地，故取法於地。又地有五行，爲八卦之形。如震巽木，离火，坤艮土，兑乾金，坎水是也。然「在地成形」，不獨此也。如震竹巽木之類，❶皆是「法象莫大乎天地」。「成象之謂乾，效法之謂坤」，故天稱「象」，地稱「法」也。

觀鳥獸之文，荀爽曰：「乾爲馬，坤爲牛，震爲龍，

❶「震竹巽木」，原作「震木巽竹」，今據草堂本及《説卦》「震爲蒼筤竹」，「巽爲木」改。

巽爲雞」之屬是也。陸績曰：謂朱鳥、白虎、蒼龍、玄武四方二十八宿，經緯之文。**疏**荀注　皆《説卦》文。舉此以例其餘也。　陸注　南方朱鳥七宿，西方白虎七宿，東方蒼龍七宿，北方玄武七宿。分主春秋冬夏，故「四方二十八宿」。五星爲經，二十八宿爲緯，故云「經緯之文」。**與地之宜。**《九家易》曰：謂四方四維，八卦之位，山澤高卑，五土之宜也。**疏**「四方」謂坎、离、震、兑，「四維」謂乾、坤、艮、巽，故云「八卦之位」。「山澤」謂山林川澤，「高卑」謂丘陵墳衍原隰。《地官·大司徒》：「以土會之法，辨五地之物生。一曰山林。其動物宜毛物，其植物宜皁物。二曰川澤。其動物宜鱗物，其植物宜膏物。三曰丘陵。其動物宜羽物，其植物宜覈物。四曰墳衍。其動物宜介物，其植物宜莢物。五曰原隰。其動物宜蠃物，其植物宜叢物。」故云「五土之宜也」。**近取諸身，**荀爽曰：乾爲首，坤爲腹，震爲足，巽爲股也。**疏**皆《説卦》文。**遠取諸物。**荀爽曰：乾爲金玉，坤爲布釜之類是也。**疏**《説卦》備焉。舉四者，以例其餘也。**於是始作八卦，**虞翻曰：謂庖犧觀鳥獸之文，則天八卦效之。「易有太極，是生兩儀，兩儀生四象，四象生八卦」。八卦乃四象所生，非庖犧之所造也。故曰：「象者，象此者也。」則大人造爻象以象天，卦可知也。而讀《易》者，咸以爲庖犧之時，天未有八卦，恐失之矣。「天垂象，示吉凶，聖人象之」，則天已有八卦之象。**疏**獨言「庖犧觀鳥獸之文」者，史稱太昊造甲子，作旋蓋，著躔舍。《隋志》云：「蓋天者，周髀是也。本庖犧氏立周天度，其傳則周公受之於商，周人制之，謂之周髀。」蓋天本無度，聖人以日行天三百六十五度有奇而一周，故分天度以爲之數，以記日之所行。既分天度，乃假物以誌之。二十八宿列布四方，故以是爲當度之星，是二十八宿始於庖犧，故特言「鳥獸之文」也。又《禮緯含文嘉》曰：「伏羲德洽上下，天應以鳥獸文章，地應以《河圖》《洛書》，則而象之乃作《易》。」❶故云「觀鳥獸之文，則天八卦效之」也。復引「易有太極」云云者，言「八卦乃四象所生」，四象即二十八宿，列於四方者是也。八卦生於四象，明非庖犧所意造也。「象者，象此」，謂象二十八宿，鳥獸之文也。天本有卦，大人特造爻

❶「則而象之乃作易」，思賢本作「乃則象而作《易》」。

象以象之。而「讀《易》者，以爲庖犧時，天未有八卦」者，非也。「天垂象」，即垂八卦之象，聖人特象而畫之也。天有八卦之象，即震春、兑秋、坎冬、离夏四象生八卦是也。庖犧重六十四卦，言八卦者，本其象於天也。**以通神明之德，**荀爽曰：乾坤爲天地，离坎爲日月，巽震爲雷風，艮兑爲山澤。此皆「神明之德」也。疏此以八卦取象於天地日月雷風山澤，爲「通神明之德」也。　案　庖犧始作八卦，「幽贊於神明而生蓍」，是「通神明之德」也。**以類萬物之情。**《九家易》曰：六十四卦，凡有萬一千五百二十册。册類一物，故曰「類萬物之情」。以此庖犧重爲六十四卦明矣。疏六十四卦有萬一千五百二十册。二篇之册，「當萬物之數」。《九家》又云「聖人有以見天下之册，而擬諸其形容，象其物宜」，故云「册類一物」，而曰「類萬物之情」。前言「始作八卦」，由「類萬物之情」推之，則知庖犧已重爲六十四卦矣。　愚案　「通神明之德」，達諸幽也。「類萬物之情」，宣諸顯也。「類情」，故「可與酬酢」。「通德」，故「可與右神」。所謂「顯道神德行」也。《漢書贊》曰「易本隱，以之顯」，張揖注云：「作八卦，以通神明之德，是本隱也。有天道焉，有地道焉，有人道焉，以類萬物之情，是之顯也。」得其解矣。**作結繩而爲罟，以田以魚，蓋取諸离。**虞翻曰：离爲目，巽爲繩。目之重者唯罟，故「結繩爲罟」。坤二五之乾成离，巽爲魚。坤二稱田，以罟取獸曰田。故「取諸离」也。疏以下十二「蓋取」，皆制器尚象之事。上《傳》云「備物致用，立成器爲天下利，莫大乎聖人」，「聖人」謂庖犧以下也。體离爲目，互巽爲繩。「罟」讀爲「网古」，古文二字并，故誤也。鐘鼎文皆然。《説文》曰：「罟，罔也。」❶罟多目，故云「目之重者唯罟」。以巽繩結爲离目，故「結繩爲罟」。坤二五之乾，體离互巽，震爲龍，郭璞謂「巽，震之餘氣也」，故「爲魚」。乾九二稱田，在坤二也，故「坤二稱田」。「田」讀爲畋。「魚」讀爲漁。馬氏云「取獸曰畋，取魚曰漁」。「取諸离」者，「离，麗也」。取离目巽繩，而獸魚麗於网古也。**庖犧氏没，神農氏作。**虞翻曰：没，終。作，起也。神農以火德，繼庖犧王。火生土，故知土，則利民播種，號神農氏也。疏「没」本作「歾」，《説文》「歾，終也」，經傳通用「没」，《大學》曰「没世而不忘」是也。

❶ 「曰」，草堂本作「云」。

《書・堯典》「平秩東作」，孔傳「歲起於東」，故云「作，起也」，謂興起也。《家語》曰「炎帝配火」，炎帝，神農氏也。庖犧以木德王，故云「神農以火德，繼包犧」也。火能生土，故「知土」。土生萬物，故「利民播種」而教之樹藝，「號爲神農氏也」。

斲木爲耜，揉木爲耒。耒耨之利，以教天下，蓋取諸益。虞翻曰：否四之初也。巽爲木、爲入，艮爲手，乾爲金。手持金以入木，故「斲木爲耜」。耜止所蹢，因名曰耜。艮爲小木，手以橈之，❶故「揉木爲耒」。耒耜，耔器也。巽爲號令，乾爲天，故「以教天下」。坤爲田，❷巽爲股、進退。震足動耜，艮手持耒，進退田中，耕之象也。益萬物者，莫若雷風，故法風雷而作耒耜。

疏 否上之初成益，「四」字誤。外體巽爲木。「巽，入也」，故「爲入」。互艮爲手。否乾爲金。《攷工記》「匠人，曰耜廣五寸，二耜爲耦。」鄭彼注云「古者耜一金，兩人並發之」。京氏云「耜，耒下耓也」。《三倉》云：「耒，頭鐵也。」蓋耜爲耒金，金廣五寸。耒面謂之庛，鄭氏讀「棘刺」之「刺」。刺，耒下前曲接耜者。《説文》：「相，从木。」以艮手持乾金入巽木，是「斲木爲耜」之象也。庛隨耜入地。《攷工記・車人》曰：「車人爲耒，庛長尺有一寸。自其庛，緣其外，以至於首，以弦其內，六尺有六寸，與步相中。」步六尺，耒與步相中，亦六尺，故云「耜止所蹢，因名曰耜」。耒有直者，有句者。中地之耒，倨句磬折。京氏云：「耒，耜上句木也。」皆須揉木爲之。「艮爲小石，其於木也，爲堅多節」，故小木。❸又艮爲手以撓之，故有「揉木爲耒」之象也。《詩・大田》「或芸或耔」，亦作「芓」。班固謂：「芓附根，每耨輒附根，皆用耒耜爲之。」故曰：「耒耜，薅器也。」❹巽申命爲號令，否乾爲天，坤爲下，故「以教天下」也。互坤爲田。巽爲股，又爲進退。內體震爲足，又動也。故「震足動耜」，互「艮手持耒，進退坤田，耕之象也」。《益・彖傳》曰「天施地生，其益无方」，故云「益萬物者，莫若雷風」。震巽東方，木旺之時。平秩東作，故「法風雷而作耒耜」。上之初，「利用爲大作」，虞彼注云：「『大作』謂耕播，故『耒耨之利』，取諸此也。」又由否

❶「橈」，草堂本作「撓」。
❷「田」，草堂本作「地」。
❸「故」下，思賢本有「爲」字。
❹「薅」，思賢本作「耔」。

之益象一推，由益而損象再推，由損而泰象三推，❶則耕時也。所謂「三之日于耜」也。天子耕耤，❷有祈穀之祭，故益之二遂曰「王用享於帝」也。**日中爲市，致天下之民，聚天下之貨。交易而退，各得其所，蓋取諸噬嗑。**虞翻曰：否五之初也。离象正上，故稱「日中」也。震爲足，艮爲徑路，震又爲大塗，否乾爲天，坤爲民，致天下民之象也。❸坎水艮山，羣珍所出，「聚天下貨」之象也。震升坎降，「交易而退，各得其所」。「噬嗑，食也」。市井交易，飲食之道，故取諸此也。疏否五之初成噬嗑。离日正居上中，故「稱日中」。否「巽爲近市利三倍」，故曰「日中爲市」。互艮爲徑路。内震爲足，又爲大塗。否乾爲天。坤「馴致其道」爲「致」。故有「致天下民之象也」。《中庸》曰：「今夫山，及其廣大，寶藏興焉。今夫水，及其不測，貨財殖焉。」故云：「坎水艮山，羣珍所出」。坤西南方，以類聚，坤化成物。古「貨」字作「化」，《皋陶謨》「懋遷有無化居」是也。故有「聚天下貨之象也」。震雷主升，坎雨主降。否天地不通，五之初交易，雷雨滿形，故「各得其所」。　愚案　「日中爲市」，市在外离。三往交四，四退於三，五往交上，下退於五，❹故曰「交易而退」。六爻皆正，成既濟定，故曰「各得其所」。噬嗑「頤中有物」，故曰「食也」。「市井交易」，皆爲飲食，故「取諸噬嗑」。又韓氏云：「噬嗑，❺合也。市人之所聚，異方之所合，設法以合物，噬嗑之義也。」説亦可通。《孟子》稱許行爲神農之言，有並耕一價之説，知耕市皆始神農，宋氏謂祝融爲市者，非也。**神農氏没，黄帝、堯、舜氏作。通其變，使民不倦。**虞翻曰：「變而通之以盡利」，謂作舟楫，服牛乘馬之類，故「使民不倦」也。疏繼神農而「王天下」者，黄帝、堯、舜也。「變而通之以盡利」，故曰「通其變」也。作舟檝，服牛乘馬，通物之變，故民樂其器用，自不解倦也。　愚案　乾變坤化，「通變」謂通乾也。如「治曆明時」，與民變革。乾健不息，故使民樂事趨功，自「不倦」也。**神而化之，使民宜之。**虞

❶「象」，原作「由」，今據草堂本、思賢本改。
❷「耤」，草堂本作「籍」。
❸「致天下民之象也」，思賢本據《周易集解》作「故『致天下之民』象也」。
❹「下」，思賢本作「上」。
❺「韓」，原作「王」，今據思賢本及《周易正義》改。

翻曰：神謂乾，乾動之坤，化成萬物，以利天下。坤爲民也。「象其物宜」，故「使民宜之」也。疏 乾陽爲神，故「神謂乾」也。乾動之坤，❶謂大有也。「坤化成物」，故「化成萬物，以利天下」也。坤衆爲民。此言「象其物宜」者，謂五土之物宜也，❷故曰「使民宜之」。　愚案　上言「通其變」，坤通變乾也，此言「神而化」，乾神化坤也，蓋探下文「取諸乾坤」以立言也。坤爲義，義者，宜也，故「使民宜之」。**易窮則變，變則通，通則久，是以「自天右之，吉无不利」也。**陸績曰：陰窮則變爲陽，陽窮則變爲陰，天之道也。庖犧作网罟，教民取禽獸，以充民食。民衆獸少，其道窮，則神農教播殖以變之。此窮變之大要也。「窮則變，變則通」，與天終始，故「可久」。民得其用，故无所不利也。疏「陰窮則變爲陽，陽窮則變爲陰」。剥極必復，復極必剥。皆天道自然之運也。庖犧「教民取禽獸，民衆獸少」，其道易窮。神農則教民播殖，以養其生。是血食窮則變而爲穀食，「此窮變之大要也」。「化而裁之存乎變」，故「窮則變」。「推而行之存乎通」，故「變則通」。《蠱・彖傳》曰：「終則有始，天行也。」與天終始則可久，故「通則久」。窮變通久，「民得其用，故无所不利也」。　案　黄帝、堯、舜，亦位乾五，五動之坤爲大有，故「自天右之，吉无不利」。**黄帝、堯、舜，垂衣裳而天下治，蓋取諸乾、坤。**《九家易》曰：黄帝以上，羽皮革木，以禦寒暑。至乎黄帝，始制衣裳，垂示天下。衣取象乾，居上覆物。裳取象坤，在下含物也。虞翻曰：乾爲治，在上爲衣。坤下爲裳。乾坤，萬物之緼，故以象衣裳。乾爲明君，坤爲順臣。「百官以治，萬民以察」，故「天下治」，蓋取諸此也。疏《九家》注　鄭氏云「金天高陽高辛，遵黄帝之道，無所改作，故不述」，此申黄帝而下，即繼以堯、舜之義也。黄帝以上，草昧初開，民皆「羽皮革木，以禦寒暑」。至黄帝有熊氏作，始去羽毛，法乾坤以正衣裳，垂示天下。「衣」取乎乾「居上覆物」之象，「裳」取乎坤「在下含物」之象。鄭氏云：「其服皆元上纁下，托位南方。❸南方色赤，黄而兼赤，故爲纁也。」衣裳所在，而凶惡不起，蓋法乾坤易簡，故「垂衣裳而天下治」

❶「乾」下，草堂本有「五」字。
❷「土」，原作「七」，今據思賢本改。
❸「托」，草堂本作「託」，思賢本作「土託」。

也。　虞注「乾元用九，天下治也」，故「乾爲治」。乾「在上爲衣」，坤在「下爲裳」。「乾坤，其易之緼耶」，故爲「萬物之緼，以象衣裳」。乾爲大明，爲君，故爲「明君」。坤，順也，臣道也，故爲「順臣」。韓注所謂「垂衣裳以辨貴賤，❶乾尊坤卑之義也」。坤由夬入乾，故取書契。「百官以治，萬民以察」，爲「天下治」之象。「取諸夬」，「蓋取諸乾坤」也。　案《九家·説卦》曰：「乾爲衣，坤爲裳。」《世本》曰「伯余作衣裳」，宋衷彼注云「黄帝，臣也」。揚子《法言》曰：「法始於伏羲，❷成於堯、舜。❸黄帝作衣裳，衣裳之制，取諸乾坤。」《書·益稷》曰：❹「予欲觀古人之象。日月星辰，山龍華蟲，作會。宗彝藻火粉米，黼黻絺繡，以五采章，施于五色，作服。女明。」象即《易》象也。乾衣坤裳，乾坤各六畫，衣用會，裳用繡，亦各六。乾坤十二爻，衣裳亦十二章。是取象乾坤之義也。

挎木爲舟，掞木爲楫。舟楫之利，以濟不通，致遠以利天下，蓋取諸涣。《九家易》曰：木在水上，流行若風，舟楫之象也。此本否卦，九四之二。挎，除也。巽爲長、爲木，艮爲手，乾爲金。艮手持金，故「挎木爲舟，掞木爲楫」也。乾爲遠、天，故「濟不通，致遠以利天下」矣。法涣而作舟楫，蓋取斯義也。**疏**　涣巽木在坎水之上，互震爲行，巽又爲風，故「流行若風，舟楫之象也」。否卦九四之二成涣。「挎」亦作「刳」。《説文》：「刳，判也。」今云「挎，除也」者，《小雅》「何福不除」，毛傳「除，開也」。「開」亦判分之義，是「除」即判也。《字林》：「掞，鋭也，亦作剡。」外巽爲長，爲高，互艮爲手，否乾爲金。以艮手持乾金，故有「挎木爲舟，掞木爲楫」之象也。卦辭曰「利涉大川」，故曰「舟楫之利」。否時天地閉塞，故「不通」。四來二，通坤成坎，坎爲通，故「濟不通」。乾爲天、爲遠，又爲利，故「致遠以利天下」。「利涉大川，乘木有功」，故「法涣而作舟楫，蓋取斯義也」。

服牛乘馬，引重致遠，以利天下，蓋取諸隨。虞翻曰：否上之初也。否乾爲馬，爲遠，坤爲牛，爲重。坤初之上爲「引重」，乾上之初爲「致遠」。艮爲背，巽爲股。在馬上，故「乘馬」。巽爲繩，繩束縛物，在牛背上，故「服牛」。出否之隨，「引重致

❶「韓」，原作「王」，今據思賢本及《周易正義》改。
❷「於」，思賢本作「乎」。
❸「成於堯舜」，思賢本作「而成乎堯」。
❹「益稷」，原作「皋陶謨」，今據所引文改。

遠，以利天下」，故「取諸隨」。疏否上之初成隨。否乾爲馬，天道爲遠。坤爲牛，地道爲重。坤重在下，初之上，是「引重」也。乾遠在上，上之初，即初之上也，故爲「致遠」。互艮爲背，互巽爲股，初乾爲馬。股在馬上爲「乘馬」。又巽爲繩，二三本坤牛，以繩縛物，加於牛背爲「服牛」。否上之初，故云「出否之隨」。牛馬循服，皆隨人意，故「引重致遠，以利天下」，取諸此也。　案　乾「馬」坤「牛」，變乾上爲初，變坤初爲上，制而御之之妙也。制御之法，不過拘之、繫之、維之而已。拘繫者，控之於前。維者，周之於後。初之一爻，在牛爲軛，在馬爲衡，故「服牛乘馬」，「取諸隨」也。

重門擊欜，以待虣客，干寶曰：卒虣之客，爲奸寇也。疏「卒暴之客」，謂卒急凶暴。互坎爲盜，故「爲奸寇也」。

蓋取諸豫。《九家易》曰：下有艮象。從外示之，震復爲艮。兩艮對合，重門之象也。欜者，兩木相擊以行夜也。艮爲手，爲小木，又爲上持。震爲足，又爲木，爲行。坤爲夜。即手持欜木夜行，❶擊門之象也。❷坎爲盜，虣，水虣長无常，故「以待虣客」。既有不虞之備，故「取諸豫」矣。疏復初之坤四爲豫，互體艮。外體震，震反艮也，故云「從外示之，震復爲艮」。「示」，古「視」字也。艮爲門闕，故云「兩艮對合，重門之象也」。馬氏亦云：「欜者，兩木相擊以行夜。」互艮爲手，又爲小木，艮陽在上爲上持。體震爲足，又東方爲木，爲足故「爲行」。坤陰爲夜。艮小木，又震木，兩木之象。艮手持之，震又爲聲，擊欜之象。震行坤夜，故爲「兩木相擊行夜」之象。坎爲盜，又爲水，水虣長无常，故爲「虣客」。坤爲闔户，震爲行人，爲開户，艮止爲待，故「以待虣客」。其卦爲豫，豫備不虞，擊欜爲守備警戒，故「取諸豫」也。

斷木爲杵，闕地爲臼。臼杵之利，萬民以濟，蓋取諸小過。虞翻曰：晉上之三也。艮爲小木。上來之三斷艮，故「斷木爲杵」。坤爲地。艮手持木，以闕坤三，故「闕地爲臼」。艮止於下，臼之象也。震動而上，杵之象也。震出巽入，艮手持杵，出入臼中，舂之象也。故「取諸小過」。本无乾象，故不言「以利天下」也。疏晉上之三成小過，内艮爲小木。晉上來之三互兑，兑西方金，以金斷艮，故曰「斷木爲杵」。晉坤爲地，小過艮爲手。「掘」从

❶「欜」，思賢本作「二」。
❷「門」，思賢本作「欜」。

手。艮手持木，以掘坤土，故曰「掘地爲臼」。《世本》曰「雍父作臼」，❶宋衷云「黄帝臣」。《説文》曰：「古者掘地爲臼，其後穿木石。象形，中象米。」臼象坤土在下而止，故云「艮止於下，臼之象也」。杵象震木在上而動，故云「震動而上，杵之象也」。體震爲出，互巽爲入。艮手持震木，「出入臼中，春之象也」。坤爲萬民，故曰「萬民」。「有過物者必濟」，故曰「萬民以濟」。以小用而濟物，故「取諸小過」也。乾「以美利利天下」，小過无乾象，故不云「以利天下也」。

弦木爲弧，剡木爲矢。弧矢之利，以威天下，蓋取諸睽。虞翻曰：无妄五之二也。巽爲繩，爲木，坎爲弧，离爲矢，故「弦木爲弧」。乾爲金，艮爲小木。五之二，以金剡艮，故「剡木爲矢」。乾爲威，五之二，故「以威天下」。弓發矢應，而坎雨集，故「取諸睽」也。

疏 无妄五之二成睽。无妄互巽爲繩、爲木。睽互坎爲弓，故「爲弧」。體离爲矢。《説文》「弧，木弓也」，故「弦木爲弧」。无妄互艮爲小木，乾爲金。乾五之艮二，以乾金剡艮木，故「剡木爲矢」。乾剛爲威，乾五之二，故「以威天下」。坎弓發，离矢應。「而」古「如」通，❷坎爲雨，故「如雨集」。「睽，乖也」。物乖則争興，弧矢以威乖争，故「取諸睽也」。

上古穴居而野處。後世聖人易之以宫室。上棟下宇，以待風雨，蓋取諸大壯。虞翻曰：无妄兩象易也。无妄乾在上，故稱「上古」。艮爲穴居，乾爲野，巽爲處，无妄乾人在路，故「穴居野處」。震爲後世，乾爲聖人。後世聖人，謂黄帝也。艮爲宫室，變成大壯，乾人入宫，故「易以宫室」。艮爲待，巽爲風，兑爲雨。乾爲高。巽爲長木，反在上爲棟。震陽動起爲「上棟」。宇，謂屋邊也。兑澤動下爲下宇。无妄之大壯，巽風不見，兑雨隔震，與乾絶體，故「上棟下宇，以待風雨，蓋取諸大壯」者也。

疏 震下乾上爲无妄，乾下震上爲大壯，故云「兩象易也」。先言「上古」，下言「易之」，故取「兩象易」例也。无妄乾在上，乾爲天，《周書・周祝》曰「天爲古」，《尚書・堯典》「粤若稽古，帝堯」，❸鄭彼注云「稽，同也。古，天也。言能順天而行，與之同功」，是乾爲古，在上，故稱「上古」。艮山下開爲穴，又爲居，故爲「穴

❶ 「臼」上，思賢本有「杵」字。
❷ 「而古如通」，似應爲「『而』古通『如』」。
❸ 「粤」，思賢本無此字。

居」。乾位西北「爲野」。巽陽藏室爲伏，故「爲處」。无妄震大塗爲路，乾陽生爲人，故「乾人在路」。是「穴居野處」之象也。震長子繼世爲「後世」，乾五聖人作爲「聖人」。前言「黄帝、堯、舜氏作」，故知「後世聖人，謂黄帝也」。艮爲門闕，故爲「宫室」。无妄上下相易，變成大壯。无妄體艮，變大壯，乾體在下，是乾人入宫之象。乾在上則爲穴居，乾入居則爲宫室，故曰「易以宫室」。艮止「爲待」，❶无妄互巽「爲風」，大壯互兑「爲雨」。《説卦》「巽爲高」，虞彼注云「乾陽在上，長故高」。又《詩》曰「謂天蓋高」。故「爲高」。巽爲長木，大壯外象震，震反巽也，故「反在上爲棟」。震，起也。无妄震陽在下，動起成大壯，故爲「上棟」。「宇，屋邊也」，《説文》文。大壯互兑，兑澤動而下，故爲「下宇」。无妄體巽，變之大壯，故「巽風不見」。大壯五互兑，四體震，乾別體在下，象乾人伏棟下，故「兑雨隔震，與乾絶體」。宫室壯大於穴居，故「上棟下宇，以待風雨，取諸大壯也」。

古之葬者，厚衣之以薪，葬之中野，不封不樹，喪期无數。後世聖人易之以棺椁，蓋取諸大過。

虞翻曰：中孚上下易象也。本无乾象，故不言「上古」。大過乾在中，故但言「古者」。巽爲薪，艮爲厚，乾爲衣、爲野。乾象在中，故「厚衣之以薪，葬之中野」。穿土稱封，「封」，古「窆」字也。聚土爲樹。中孚无坤坎象，故「不封不樹」。坤爲喪。期，謂從斬衰至緦麻，日月之期數。无坎离日月坤象，故「喪期无數」。巽爲木、爲入處，兑爲口，乾爲人。木而有口，乾人入處，棺斂之象。中孚艮爲山丘，巽木在裏，棺藏山陵，椁之象也。故「取諸大過」。

疏 兑下巽上爲中孚，巽下兑上爲大過，是上下兩象易也。中孚「本无乾象」，故「不言上古」。大過互乾在中，乾爲古，故「但言古者」。巽柔爻爲草，故「爲薪」。《艮》「敦艮之吉，以厚終也」，故「爲厚」。「乾爲衣」，《九家・説卦》文。乾又「爲野」。乾象在大過中。又中孚之卦，遯陰未至三，而大壯陽已至四，是乾已在中孚中。故「厚衣之薪，葬之中野」。《周禮・冢人》曰「以爵等爲丘封之度，與其樹數」，鄭彼注云「王公曰丘，諸臣曰封」。《檀弓》曰「縣棺而封」，鄭彼注云「封當爲窆。窆，下棺也」。《遂人》曰「及窆陳役」，先鄭云「窆，謂下棺時」。《春秋傳》曰「朝而堋」，《説文》「堋，葬下土也」。《春

❶「艮」上，草堂本有「无妄互」三字。

秋》謂之「堋」，《禮記》謂之「封」，《周官》謂之「窆」，是「封」與「窆」同物，故云「穿土稱封，封古窆字也」。《檀弓》曰「衣足以飾身，棺周於衣，椁周於棺，土周於椁，反壤樹之哉」，故云「聚土爲樹」。必知非聚土爲封者，以殷人尚墓而不墳，不必上古也。坎爲穿土，坤爲聚土。「中孚无坤坎象」，故「不封不樹」。坤喪於乙爲喪。喪服斬衰、齊衰、大功、小功、緦麻爲五服。其期數，斬衰三年，齊衰有三年，有期，有三月者，其大功以下，則九月、五月、三月爲數也。日謂三日而斂，三日而食粥，及祥禫之日也。月謂三月而沐，期十三月而練冠，三年而祥，中月而禫之月數也。坤爲喪，坎爲月，离爲日。「无坎离日月坤象，故喪期无數」。中孚上下相易，變成大過，巽在下爲木、爲入、爲處，兑在上爲口，乾人在中。巽木而有兑口，「乾人入處」其中，是「棺斂之象」也。中孚艮爲山，半山稱丘。荀注中孚曰「兩巽對合」，故「巽木在裏」。漢時天子所葬曰山陵，故曰「棺藏山陵，椁之象也」。中孚變爲大過，故「易之以棺椁，取諸大過」者，取其過厚也。**上古結繩而治。後世聖人易之以書契。百官以治，萬民以察，蓋取諸夬。**《九家易》曰：古者无文字，其有約誓之事，事大大其繩，事小小其繩。結之多少，隨物衆寡，各執以相考，亦足以相治也。夬本坤世，下有伏坤，書之象也。上又見乾，契之象也。以乾照坤，察之象也。夬者，決也。取百官以書治職，萬民以契明其事。契，刻也。大壯進而成夬，金決竹木爲書契象，故法夬而作書契矣。　虞翻曰：履上下象易也。乾象在上，故復言「上古」。巽爲繩，离爲罟，乾爲治，故「結繩以治」。「後世聖人」，謂黄帝、堯、舜也。夬旁通剥，剥坤爲書，兑爲契，故「易之以書契」。乾爲百，剥艮爲官。坤爲衆臣、爲萬民、爲迷暗。乾爲治。夬反剥，以乾照坤，故「百官以治，萬民以察」。故「取諸夬」。大壯、大過、夬此三「蓋取」，直兩象上下相易，故俱言「易之」。大壯本无妄，夬本履卦，乾象俱在上，故言「上古」。中孚本无乾象，大過乾不在上，故但言「古者」。大過亦言「後世聖人易之」，明上古時也。疏《九家》注　古者未有文字，凡「有約誓之事」，事大大結其繩，事小小結其繩。所結多少，「隨物衆寡」爲準，彼此各執以相考合。上古風淳事簡，故「亦足以相治也」。夬本坤宫五世卦，陽爻之下，伏有全坤。坤爲文，「書之象也」。下有坤，上見乾金刻木，「契之象也」。乾大明，坤先迷，故

「以乾照坤，察之象也」。「夬，決也」，《彖傳》文。百官在上，則「以書治其職」，謂典禮之類。萬民在下，則「以契明其事」，謂約信之類。列子曰「宋人有遊於道，得人遺契者，密數其齒」，張湛注云「刻處似齒」，故云「契，刻也」。大壯陽進成夬，乾爲金，大壯震爲竹木，故「金決竹木爲書契象」。「法夬而作書契」者，以夬善決也。　虞注　兑下乾上爲履，乾下兑上爲夬，爲上下兩象易也。乾爲古，「乾象在上」，與无妄同，故「復言上古」。履互巽「爲繩」，互离「爲网罟」。「乾元用九，天下治也」，「爲治」。故「結繩以治」。前言「黄帝、堯、舜作」，故「後世聖人，謂黄帝、堯、舜也」。夬旁通剥，剥坤文「爲書」，夬兑金「爲契」，故「易之以書契」。乾三爻之册，皆三十六，略其奇，就盈數「爲百」。剥艮賢人「爲官」。坤爲衆，又臣道，故「爲衆臣」。坤爲民，又爲衆，故「爲萬民」。坤先迷，又爲冥，爲晦，故「爲迷暗」。「乾元用九」，故「爲治」。夬内乾，剥内坤，故「以乾照坤」。乾，故「百官治」。照，故「萬民察」也。書契所以斷決萬事，故「取諸夬」也。大壯、大過、夬俱言「易之」，故「取兩象上下相易」以明之。或稱「上古」，或稱「古者」，義俱詳前，不再釋也。

是故易者，象也。干寶曰：言「是故」，又總結上義也。　虞翻曰：易謂日月在天，成八卦象。「縣象著明，莫大日月」是也。疏干注　結上文爻象吉凶悔吝，而並及彖辭也。　虞注　「日月在天，成八卦象」者，即震出庚，兑見丁，乾盈甲之類。故曰「縣象著明，莫大日月」是也。

象也者，象也。崔憬曰：上明取象以制器之義，故以此重釋於象。言易者，象於萬物。象者，形象之象也。疏上言聖人觀象制器，故重釋所以言象之義。言十二「蓋取」，皆象於萬物。故「象」者，即「在天成象，在地成形」之象也。　案　虞云「日月爲易」，故上言「易」，即日月之象。此言八卦之象，即在天之象。蓋聖人造爻象以象天，故曰「象者，象也」。

彖者，材也。虞翻曰：彖説三才，則三分天象，以爲三才，謂天地人道也。疏「材」當讀爲「才」，即三才也。彖言乎象，卦有兩象，「兼三才而兩之」，彖説兩象，是説三才也，故云「彖説三才」。三才皆本於天象，故云「三分天象，以爲三才」。下《傳》云「《易》之爲書也，廣大悉備。有天道焉，有人道焉，有地道焉」，故「謂天地人道也」。

爻也者，效天下之動者也。虞翻曰：動，發也。謂兩三才爲六畫，則「發揮剛柔而生爻」也。疏虞訓「發揮」之「發」爲「動」，故此訓「動」爲「發」也。「兼三才而兩之，故六」，故「謂兩三才爲六畫」也。「因而重之，爻在其中」。剛爻變柔，柔爻變剛，故「發揮於剛柔而生爻也」。是故吉凶生而悔吝著也。虞翻曰：爻象動内，則吉凶見外。「吉凶悔吝者，生乎動者也」，故曰「著」。疏釋已見前。

受業黄夢熊子占校

周易集解纂疏卷二十九

周易集解纂疏卷三十

唐李鼎祚集解　安陸李道平遵王纂疏

陽卦多陰，陰卦多陽，其故何也？崔憬曰：此明卦象陰陽與德行也。「陽卦多陰」，謂震坎艮，一陽而二陰。「陰卦多陽」，謂巽离兑，一陰而二陽也。疏此明卦象陰陽德行之事。震坎艮皆自乾來，故曰「陽卦」。皆一陽而二陰，故曰「多陰」。巽离兑皆自坤來，故曰「陰卦」。皆一陰而二陽，故曰「多陽」。設問以起下意，故曰「其故何也」。**陽卦奇，陰卦耦。其德行何也？**虞翻曰：陽卦一陽，故「奇」。陰卦二陰，故「耦」。謂德行何可者也。❶疏震坎艮皆一陽，故曰「陽卦奇」。巽离兑皆二陰，故曰「陰卦耦」。陽主善，陰主惡，故問德行何者爲可也。**陽一君而二民，君子之道也。陰二君而一民，小人之道也。**韓康伯曰：陽，君道也。陰，臣道也。君以无爲統衆，无爲則一也。臣以有事代終，有事則二也。故陽爻畫一，以明君道必一。陰爻畫兩，以明臣體必二。斯陰陽之數，君臣之辯也。以一爲君，君之德也。二居君位，非其道也。故陽卦曰「君子之道也」，陰卦曰「小人之道也」。疏乾爲君，故「陽，君道也」。坤臣道，故「陰，臣道也」。《論語》曰：「爲政以德，譬如北辰居其所，而衆星共之。」是「君以无爲統衆」。无爲則静專，專則一也。「地道无成而代有終」，是「臣以有事代終」。有事則動闢，闢則二也。「陽爻畫一，明君道必一」，故曰「陽一君」。「陰爻畫兩，以明臣體必二」，故曰「而二民」。「陰陽之數」謂一二，「君臣之辯」謂君民也。上《傳》曰「天下之動，貞夫一」，《老子》曰「侯王得一，以爲天下正」，❷故「以一爲君，君之德也」。《荀子》曰「權出於一者强，權出於二者弱」，故「二居君位，非其道也」。《否》「内陰而外陽，小人道長，君子道消也」。《泰》「内陽而外陰，君子道長，小人道消也」。故「陽卦曰『君子之道也』，陰卦曰『小人之道也』」。

案　乾爲君，坤爲民，二民

❶「何可者也」，草堂本作「何者可也」。

❷「正」，思賢本作「貞」。

共事一君，是純臣之義，「君子之道也」。一民兼事二君，是懷二心於君者，「小人之道也」。昭十三年《左傳》「子服惠伯曰『諺曰「臣一主二」』」。彼謂主不能撫其臣，故有是語，實非事君之正也。

《易》曰：「憧憧往來，朋從爾思。」翟玄曰：此咸之九四辭也。咸之爲卦，三君三民，四獨遠陰，思慮之爻也。　韓康伯曰：天下之動，必歸於一。思以求朋未能寂，寂以感物，不思而至也。**疏**翟注　此咸九四爻辭也。咸之爲卦，艮下兑上，三陽三陰，故「三君三民」。五陽承上陰，三陽乘初二皆陰，四乘承皆剛，故「獨遠陰」。虞咸四注云：「欲咸上隔五，咸初隔三，❶故『憧憧往來』矣。」遠陰則思，故「思慮之爻也」。　韓注　「天下之動，貞夫一」，故「天下之動，必歸於一」。「思以求朋」，則未能虚寂以純一。若能寂以感物，則不思而自至矣。虞注云：「兑爲朋。艮初變之四，坎心爲思。故朋從爾思也。」　案　上《繫》七爻首中孚，下《繫》十一爻首咸，皆復、姤時也。子曰：「天下何思何慮。天下同歸而殊塗，一致而百慮，韓康伯曰：夫「少則得，多則惑」。塗雖殊，其歸則同。慮雖百，其致不二。苟識其要，不在博求。一以貫之，百慮而盡矣。**疏**《老子》曰「少則得，多則惑。是以聖人抱一爲天下式」，王弼注「一，少之極也」。引之以明聖人貴守一也。故始雖殊其塗，「其歸則同」。人雖百其慮，「其致不二」。《論語》曰：「賜也，女以予爲多學而識之者與？」又曰：「非也，予一以貫之。」殊塗百慮，是「多學而識」也。故「苟識其要，不在博求」。知「天下之動貞夫一」，則「一以貫之，不慮而盡」，所謂不思而得是也。「百慮而盡」，當從孔本作「不慮」。❷天下何思何慮。虞翻曰：易无思也。既濟定，六位得正，故「何思何慮」。**疏**乾爲易，隱藏坤初，「其静也專」，故「无思也」。四不得正，故「朋從爾思」，殊塗百慮矣。下應於初，則往來得正，同歸一致矣。虞《咸・象傳》注云「初四易位成既濟」，故「既濟定」。六位剛柔正而位當，故「得正」。「乾元用九，而天下治」，故「何思何慮」。日往則月來，虞翻曰：謂咸初往之四，與五成离，故「日往」。與二成坎，故「月來」。之外日往，在内月來，此就爻之正者

❶「三」，原作「四」，今據思賢本及虞咸卦九四爻注改。

❷「孔本」，原作「孔木」，今據草堂本、思賢本改。

也。疏初四易位，成既濟定，故「謂咸初往之四」。與五互成离，离爲日，故曰「日往」。四與二互成坎，坎爲月，故曰「月來」。在外曰往，故「日往」。在内曰來，故「月來」。「此就爻之正者」，言所謂既濟，體兩离坎也。又「月來」謂震也。三日月出震在庚，八日兑見丁，皆於暮見之。日暮而月生，故「日往則月來」也。月往則日來，虞翻曰：初變之四，與上成坎，故「月往」。四變之初，與三成离，故「日來」者也。疏初上之四，與上成坎，體自内往，故曰「月往」。四下之初，與三成离，體自外來，故曰「日來」。又「月往」謂巽也。十六日巽退辛，二十三日艮消丙，皆在旦，故「月往則日來」。日月相推而明生焉。虞翻曰：既濟體兩离坎象，故「明生」也。❶疏何休云「一往一來曰推」。初四互易成既濟，既濟當堅，有「兩离坎象」。日月雙明，故「明生焉」。寒往則暑來，虞翻曰：乾爲寒，坤爲暑。謂陰息陽消，從姤至否，故「寒往暑來」也。疏冬至復初九，乾也，故「爲寒」。夏至姤初六，坤也，故「爲暑」。《稽覽圖》曰「冬至之後三十日極寒，夏至之後三十日極暑」，❷故「乾爲寒，坤爲暑」。陰息陽消，從姤至否，故「寒往則暑來」也。　案　卦變咸從否來，坤三之上，乾上之三。卦氣咸在姤前，夏至六日七分卦也。故於咸，明陰陽消長之義。上《繫》七爻首中孚，中孚冬至六日七分卦也。與此十一爻首咸，皆消息自然之序。陽息於復，至泰反否。陰消於姤，至否反泰。咸，否天地交，反泰之始也。暑往則寒來，虞翻曰：陰詘陽信，從復至泰，故「暑往寒來」也。疏陰消爲詘，陽息爲信。從復至泰，故「暑往則寒來」也。否爲「暑往」，成乾下三爲「寒來」，❸即姤復之義也。寒暑相推而歲成焉。崔憬曰：言日月寒暑，往來雖多，而明生歲成。相推則一，「何思何慮」於其間哉。疏「言日月寒暑」，循環之序，「往來雖多，而明生歲成」。自然之理，「相推則一」，何容思慮於其間哉。　案　復、姤爲陰陽始，泰、否爲陰陽中，春秋冬夏於是具矣，故「寒暑相推而歲成焉」。往者詘也，荀爽曰：陰氣往，則萬物詘者也。疏「陰氣往，則萬物詘」者，

❶「也」，思賢本作「焉」。
❷「暑」，思賢本作「温」。
❸「成」，思賢本作「咸」。

陰主消，消故「詘」也。**來者信也，**荀爽曰：陽氣來，則萬物信者也。疏「陽氣來，則萬物信」者，陽主息，息故「信」也。**詘信相感而利生焉。**虞翻曰：感，咸象，故「相感」也。❶「天地感，而萬物化生，聖人感人心，而天下和平」，故「利生」。「利生」謂陽出震，陰伏藏也。❷疏咸，感也，故「相感」。「天地感，而萬物化生」者，卦自否來，有天地象。荀彼注云「乾下感坤，故萬物化生於山澤」。「聖人感人心，而天下和平」者，虞彼注云：「乾爲聖人。初四易位成既濟，坎爲心，爲平。故『聖人感人心而天下和平』，此『保合太和』，『品物流形』也。」「故利生」者，《咸》卦辭曰「咸，亨利貞」，四《象》曰「未感害也」。「未感害」，故「利生」也。《彖傳》注云「成既濟」，此云「陽出震，陰伏藏」者，既濟「六位時成」，乾元至正，自然陽出震，陰伏藏，所謂「復見天地之心」者也。又云「陽常主動，陰常主静」，故謂陽出陰藏。又云「陽常主吉，陰常主凶」。陽出陰藏，故「利生」焉。**尺蠖之詘，以求信也。**荀爽曰：以喻陰陽氣，屈以求信也。疏陰詘陽信，故「喻陰陽氣，詘以求信也」。　案《説文》：「尺蠖，詘信蟲也」。《説卦》：「巽爲風。」《大戴禮・易本命》曰：「風主蟲。」王充《論衡》曰：「夫蟲，風氣所生，倉頡知之，故凡蟲爲風之字，取氣於風。」此下皆言陽出震，陰伏藏姤，姤初巽，巽爲風，風主蟲，是巽蟲爲「尺蠖」也。陰未遇姤，巽體未成，不曰蛇，而曰尺蠖，咸卦時也。咸時尺蠖詘，至姤則信。又巽爲進退，似尺蠖之詘信，故曰「尺蠖之詘，以求信也」。**龍蛇之蟄，以存身也。**虞翻曰：蟄，潛藏也。龍潛而蛇藏。陰息初巽爲蛇。陽息初震爲龍。十月坤成，十一月復生。姤巽在下，龍蛇俱蟄。初坤爲身，故「龍蛇之蟄，以存身也」。　侯果曰：不詘則不信，不蟄則无存。則屈蟄相感，而後利生矣。以況无思得一，則萬物歸思矣。《莊子》曰「古之畜天下者，其治一也。《記》曰『通於一，萬事畢。无心得，鬼神服』」，此之謂矣。蠖，詘行蟲。❸郭璞云「蝍蝛」也。疏虞注　渾言之，則曰「蟄，潛藏也」。分言之，則曰「龍潛而蛇藏」。《月令》「孟春」曰「其蟲鱗」，鄭氏謂「龍蛇之屬」。又曰「蟄蟲始振」，則十一月時，龍蛇皆蟄，至正月而始振也。《説文》「蟄，藏也」，

❶「也」，思賢本無此字。
❷「也」，思賢本無此字。
❸「詘」，思賢本作「屈」。

《乾・文言》曰「潛龍勿用，陽氣潛藏」，龍亦得稱藏。今言「龍潛而蛇藏」者，《説卦》曰「坤以藏之」，上《傳》曰「藏諸用」，❶謂巽陽藏室，故陽言潛，陰言藏也。巽四月卦值巳，《説文》曰：「四月陽氣已出，陰氣已藏，萬物皆成文章，❷故巳爲蛇，象形。」巽陰息初，故「爲蛇」。《説卦》「震爲龍」。震陽息初，故「爲龍」。陰終於亥，故「十月坤成」。陽息於子，故「十一月復生」。復時震初動，巽即伏震，陰陽相並俱生，故「姤巽在復下」。龍蟄震初，蛇蟄巽初，故「龍蛇俱蟄」，初復體坤，姤初坤，坤形爲身，陽息爲存，故「龍蛇之蟄，以存身也」。　侯注　詘者，信之幾，蟄者，存之本，故「不詘則不信，不蟄則无存」也。信與存，利也。然非詘蟄，則利不生。故必「詘蟄相感，而後利生矣」。況，比也。以比无思則心得其一，得一「則萬物歸思」之。故復引《莊子》之言以明之也。《莊子・天地》曰：「萬物雖多，其治一也。」又曰：「古之畜天下者，無欲而天下足，無爲而萬物化，淵静而百姓定。《記》曰：『通於一而萬事畢，无心得而鬼神服。』」郭注云：「一無爲而羣理都舉。《記》，書名也。云老子所作。」今撮其辭，以明得一之旨，故云「此之謂矣」。尺蠖屈信而行，故云「蠖，屈行蟲」。《釋蟲》「蠖，尺蠖」，郭璞注云「蝍蛆」。又揚子《方言》「蝍蛆謂之尺蠖」。

精義入神，以致用也。姚信曰：陽稱精，陰爲義，入在初也。陰陽在初，深不可測，故謂之「神」。變爲姤、復，故曰「致用也」。　韓康伯曰：精義，物理之微者也。神，「寂然不動，感而遂通」者也。理入寂一，則精義斯得，乃用无極也。　干寶曰：能精義理之微，以得未然之事，是以涉於神道，而逆禍福也。**疏**　姚注　乾純粹精，故「陽稱精」。《周書》「地道曰義」，《乾鑿度》曰「地静而理曰義」，故「陰爲義」。陽息初巽，陰息初震，故云「入在初也」。「陰陽在初，深不可測」，所謂乾元也。「陰陽不測之謂神」，故「在初謂之神」也。陰初動爲姤，陽初動爲復。坤爲致、爲用。六日七分，咸時至姤。姤坤陰初動，故曰「致用也」。　韓注　《荀子・賦》云「精微而無形」，故精義爲物理之微。「寂然不動，感而遂通」者，神也。「神」謂隱初入微，知幾其神也。「理入寂一，則精義斯得」，所謂「寂然不動」。「乃用无極」，所謂「感而遂通」也。　干注　《管子》曰「獨則明，明則神」，故「能精義

❶「上」，原作「下」，今據思賢本及所引《繫上》文改。
❷「皆」，思賢本作「見」。

理之微，以得未然之事」，「神以知來」，「是以涉於神道，而逆禍福也」。

利用安身，以崇德也。《九家易》曰：利用，陰道用也，謂姤時也。陰升上究，則乾伏坤中，詘以求信。陽當復升，安身嘿處也。時既潛藏，故「利用安身，以崇其德」。崇德，體卑而德高也。　韓康伯曰：利用之道，皆「安其身而後動」也。精義由於入神以致其用，利用由於安身以崇其德。理必由乎其宗，事各本乎其根。歸根則寧，「天下之理得」也。若役其思慮，以求動用，忘其安身，以殉功美，則僞彌多而理愈失，名彌美而累愈彰矣。

疏《九家》注　咸至姤六日七分，坤爲用，故云「利用，陰道用也，謂姤時也」。《乾鑿度》「物有始、有壯、有究」。陰至上，故云「陰升上究」。陰究成坤，則「乾伏坤中」。剥極則復，詘極則信，故云「詘以求信」。復震成乾，故云「陽當復升」也。坤爲安、爲身、爲嘿，故「安身嘿處也」。「時既潛藏」，謂乾復坤初。❶其時潛德勿用，惟「利用安身」而已。《文言》曰「龍德而隱者也」，故言「以崇其德」。上《傳》曰：「夫易，聖人之所以崇德而廣業也。知崇體卑。崇效天，卑法地。」陽伏坤中，坤身爲體，故「體卑」。滅出復震，故德崇。此因姤初消乾而究言之，故云「體卑而德高也」。　韓注　「危以動，則民不與」，故「利用之道，皆由安其身而後動也」。「精義」者，「由於入神以致用」，故「理必由乎其宗」。「利用」者，「由於安身以崇德」，故「事各本乎其根」。根，本也。《左傳》曰「絶其本根」是也。寧，安也。《書·康誥》「裕乃以民寧」，孔傳「行寬政，乃以民安」是也。《大學》曰「壹是皆以脩身爲本」，是身者，天下國家之本。《易》逸文曰「正其本，萬物理」，故云「歸根則寧，天下之理得也」。若役思求動，必「僞彌多而理愈失」。忘身殉功，必「名彌美而累愈彰矣」。　案「致用」「崇德」，皆承龍蛇蟄初言之也。乾爲精、爲神，坤爲義、爲致、爲用。乾藏坤中，以陽動陰，是「精義入神」，所以致坤之用也。乾爲利、爲崇、爲德，坤爲用、爲安、爲身。巽伏乾下，以陰牝陽，是「利用安身」，所以崇乾之德也。上言「致用」，下言「利用」。以咸將至姤，姤陰體坤，故再言坤用，以明其旨也。

過此以往，未之或知也。荀爽曰：出乾之外，无有知之。

疏「出乾之外」，謂初已動也。則陰陽消息，變化不一，故「无有知之」。

窮

❶「復」，草堂本作「伏」。

神知化，德之盛也。」虞翻曰：以坤變乾，謂之窮神。以乾通坤，謂之知化。乾爲盛德，故「德之盛」。　侯果曰：夫「精義入神」，「利用崇德」，亦一致之道極矣。過斯以往，則未之能知也。若窮於神理，通於變化，則「德之盛」者能矣。**疏**虞注　乾爲神，故「以坤變乾，謂之窮神」，即消卦也。坤爲化，故「以乾通坤，謂之知化」，即息卦也。乾爲盛，爲德，故曰「德之盛也」。消息變化，所謂「未之或知」。一消一息，成「既濟定」。乾元盛德，則殊塗同歸，百慮一致，天下「何思何慮」也。　侯注　「入神」則神一，「安身」則身一。一致之道，至斯極矣。斯二者，人也。過斯二者，則天矣，故「未之或知也」。若「窮神」則無聲，「知化」則無臭。「上天之載，無聲無臭，至矣」。非天下之盛德，其孰能與於斯。

《易》曰：「困于石，據于蒺藜。入于其宫，不見其妻，凶。」孔穎達曰：上章先言利用安身，可以崇德。若身危辱，何崇之有？此章引困之六三，履非其位。欲上於四，四自應初，不納於己，是困于九四之「石」也。三又乘二，二是剛物，非己所乘，是據于九二之「蒺藜」也。又有「入于其宫，不見其妻，凶」之象也。**疏**此困六三爻辭也。上言「利用安身，可以崇德」。若自危辱，則德不可崇。故引此以明之也。以六居三，爲「履非其位」。三欲上四，四與初應，不納於三。困自否來，否四互艮爲小石，是困「九四之石也」。三下乘二，二在坎中爲剛物，「非己所乘」。《九家易·説卦》曰「坎爲蒺藜」，是困於「九二之蒺藜也」。否艮爲宫，體互巽爲入。互离目爲見，中女爲妻，坎爲中男。不正當變，變則离毁，故「不見其妻，凶」也。子曰：「非所困而困焉，名必辱。虞翻曰：困本咸，咸三入宫，以陽之陰，則二制坤，故以次咸。爲四所困，四失位惡人，故「非所困而困焉」。陽稱名，陰爲辱。以陽之陰下，故「名必辱」也。**疏**虞注　困卦，謂「否二之上」。今云「困本咸」，蓋咸、困皆自否來，而《繫》引此爻，又承咸四言之也。咸下體艮「爲宫」，咸三之二互巽入，❶故「咸三入宫」。以咸九三入六二成困，故云「以陽之陰」。咸三變陽，❷則二制爲坎。崔覲《達旨》「陰

---

❶「二」，原作「四」，今據思賢本改。

❷「咸三變陽」至下文「坤當作坎」，思賢本作「咸三之二成坎，制坤，『制』猶『折』也，古文通。《論語》『片言可以折獄者』，鄭注『魯讀折爲制』是也」。

陽始分，天地始制」，故云「制坎」也。「坤」當作「坎」。咸艮變坎成困，故「以次咸」。虞上《傳》注云「否上之二成困，三暴慢，以陰乘陽。二變，入宮爲萃。五之二，奪之成解」，亦爲此困、解相次而言。皆非正義也。二之三，「爲四所困」。「四失位爲惡人」者，《睽》初九曰「見惡人」，虞彼注云「惡人謂四」，以睽四失正也。故困四失位，亦爲惡人。咸三得位，非四所困。今之二失位，故「非所困而困焉」。「善不積，不足以成名」。陽爲善，故「陽稱名」。陰賊爲辱，❶三之二是「陽之陰下」，「名必辱也」。此以咸變爲義，故不與經注同訓。

非所據而據焉，身必危。虞翻曰：謂據二。二失位，故「非所據而據焉」。二變時，坤爲身。二折坤體，故「身必危」。疏 陽據陰，陰承陽，❷易之大義也。三失位據二，二亦失位，以陽據陰，❸故「非所據而據焉」。二變，入宮爲萃，萃下體坤，坤腹爲身。二困時，折坤體，故「身必危」。

既辱且危，死其將至，妻其可得見邪？」陸績曰：六三從困辱之家，變之大過，爲棺椁死喪之象，故曰「死其將至」，妻不可得見。疏 三失正，變大過，故云「三困辱之家，變之大過」也。棺椁「取諸大過」，有「死喪之象」，故曰「死其將至」。坎中男，离中女。三變則离女不見，故曰「妻其可得見邪」。

《易》曰：「公用射隼于高庸之上，獲之无不利。」孔穎達曰：前章先須安身可以崇德，故此明「藏器於身，待時而動」，是有利也。故引解之上六以證之矣。疏 此解上六爻辭也。前言安身可以崇德，次言「非所據而據焉，身必危」，故必「藏器於身，待時而動」，自无不利。故復引此以證之也。

子曰：「隼者，禽也。虞翻曰：离爲隼，故稱「禽」。言其行野容，如禽獸焉。疏 解上應三，三體互离，离爲飛鳥，故「爲隼」。《釋鳥》曰「二足而羽謂之禽」，故「隼稱禽」焉。上《傳》曰「野容悔淫」，謂解三也，「野容」義詳彼注。《管子》「道路無行禽」。❹三有鳥獸行，故「言其行野容，如禽獸焉」。

弓矢者，器也。虞翻曰：离爲矢，坎爲弓，坤爲器。疏 解互离爲矢，互坎爲

❶「賊」，思賢本作「賤」。
❷「承」，原作「乘」，今據思賢本改。
❸「以陽據陰」，思賢本作「以陰據陽」。
❹「管子道路無行禽」，思賢本作「《法言・脩身》篇『由于情欲，入自禽門』」。

弓。解自臨來，臨上體坤，故「坤爲器」。《射禮》有射器，謂「弓，矢，決，拾，旌，中，籌，楅，豐」，故曰「弓矢者，器也」。**射之者，人也。**虞翻曰：人，賢人也。謂乾三伏陽，出而成乾，故曰「射之者，人」。人則公。三應上，故上令三出而射隼也。疏人，賢人，謂乾也。乾陽伏於三下，出而互二四成乾。❶乾爲人，故曰「射之者，人」。三爲三公，出而成人則公。三與上應，故上令三陽「出而射隼也」。**君子藏器於身，待時而動，何不利之有。**虞翻曰：三伏陽爲君子。二變時，坤爲身，爲藏器，爲藏弓矢以待射隼。艮爲待，爲時。三待五來之二，弓張矢發，動出成乾，貫隼，入大過死，兩坎象壞，故「何不利之有」，《象》曰「以解悖」。三陰小人乘君子器，故上觀三出，射去隼也。疏陽爲君子，故「三伏陽爲君子」。「二變時」體坤，所謂「二變，入宮爲萃」是也。坤形爲身，「坤以藏之」爲藏，形下爲器，故謂「藏弓矢以待射隼」也。艮止爲待，「時止則止」爲時，爻以時動，故「待時而動」。五失位，當之二，故「三待五來之二」。二動之五，體坎弓張，互离矢發。五得正，三動陽出成乾，离鳥體壞，故貫隼體，入大過棺椁死象。體有兩坎，三動則兩象俱壞，故「何不利之有」。坎心爲悖，兩坎象壞，故《象》曰「以解悖也」。六體陰，小人象也。三位陽，君子器也。以六乘三，是「小人乘君子之器」。上以三爲象，故云「觀三出，射去隼也」。《乾鑿度》曰：「二陰之精射三陽，當卦是掃。」知陰陽動出，皆爲「射」也。**動而不括，是以出而有獲，語成器而動者也。」**虞翻曰：括，作也。震爲語。乾五之坤二，成坎弓离矢。動以貫隼，故「語成器而動者也」。疏「待時而動」，不見作爲，故云「括，作也」。動而無作，是以陽出射隼而有獲也。解震爲語，困五下二則震成，故「語成器」。困「二變，入宮爲萃」。萃「五之二，奪之成解」。是「萃乾五之坤二，而成坎弓离矢」。三動貫隼，故「語成器而動者也」。**子曰：「小人不恥不仁，不畏不義，**虞翻曰：謂否也。以坤滅乾，爲不仁，不義。坤爲恥、爲義，乾爲仁，爲畏者也。疏下引噬嗑爻辭。噬嗑自否來，故云「謂否也」。《否》「小人道長」，故曰「小人」。否以坤陰滅乾陽，爲「不仁」、「不義」。坤辱爲「恥」，陰爲義。

❶「二」，原作「上」，今據思賢本及互體改。

乾陽爲仁，愓爲畏。乾爲仁，坤陰滅乾，是不仁也。不以滅陽爲不仁，是「不恥不仁」也。坤爲義，乾陽滅於坤，是不義也。不以滅陽爲不義，是「不畏不義」也。**不見利不動，不威不徵。**虞翻曰：否乾爲威，爲利，巽爲近利。謂否五之初，成噬嗑市。离日見乾爲見利，震爲動，故「不見利不動」。五之初，以乾威坤，故「不威不徵」，震爲徵也。**疏**乾君威嚴，故「爲威」。乾「以美利利天下」，故「爲利」。巽「近利市三倍」，故「爲近利」。「日中爲市，取諸噬嗑」，故「否五之初，成噬嗑市」。噬嗑离爲日，「相見乎离」，乾變成离，故「离日見乾爲見利」。《説卦》：「震，動也。動萬物者，莫疾乎雷。」《樂緯動聲儀》曰：「風雨動魚龍，仁義動君子，財色動小人。」故「不見利不動」。乾五之坤初，是「以乾威坤」也。五不之初，則离不成日，震不成動，乾不威坤，震不成徵，故「不見利不動，不威不徵」。「徵」古文「懲」。震恐懼「虩虩」，故「爲徵也」。**小徵而大戒，此小人之福也。**虞翻曰：艮爲小，乾爲大。五下威初，坤殺不行。震懼虩虩，故「小懲大戒」。坤爲小人，乾爲福。以陽下陰，「民説无疆」，故「小人之福也」。**疏**否艮小石，故「爲小」。乾陽爲大。乾五下威坤初，則「坤弑不行」。「殺」讀爲「弑」，謂否坤臣弑君也。「虩虩」，鄭云「恐懼貌」。否五之初，初上應四，四艮小，故「小徵」。初乾大，故「大誡」也。否坤陰爲小人，乾善爲福。以乾陽下於坤陰，坤爲民，爲无疆，兑象半見，故「民説无疆」。《震》「恐致福」，是「小人之福也」。**《易》曰：『屨校滅趾，无咎。』此之謂也。**《九家易》曰：噬嗑六五，本先在初，處非其位，小人者也。故歷説小人所以爲罪，終以致害，雖欲爲惡，能止不行，則「无咎」。侯果曰：噬嗑初九爻辭也。「校」者，以木夾足止行也。此明小人因小刑而大戒，乃福也。**疏**《九家》注　噬嗑六五，本在否初。初不得位，處五亦非其位。陰本小人，又不得位，始終小人者也。故歷説小人不恥、不畏、不動、不徵，「所以爲罪，終以致害」之故。然「雖欲爲惡」，能「小徵大誡」，止而不行，則亦「无咎」矣。　侯注　孔氏云：「此亦證前章安身之事，故引《易》噬嗑初九以證之。」《説文》：「校，木囚也。」震東方木，爲足，爲行，應艮爲止，故「以木夾足止行也」。「校」爲小刑，初陽得正，若因小刑，顧震知懼，是「小徵大誡」，「小人之福也」。**善不積，不足以成名。惡不積，不足以滅身。**虞翻曰：乾爲積善，陽稱名。坤爲積惡，爲身。以乾滅坤，故「滅身」者也。

疏 噬嗑自否來。否陰消陽，弑父弑君。《噬嗑》曰「明罰敕法」。五來滅初，「小懲大誡」，以辨之早辨也。上六「迷復」，辠大惡極，故發其義於噬嗑上九也。乾元爲善，自復至乾爲「積善」。初不成名，陽成於三爲「成名」。坤陰爲惡，自姤至坤爲「積惡」。坤形爲身。坤消至上，窮上反下，乾來滅坤，故「滅身」也。

小人以小善爲无益而弗爲也，虞翻曰：小善謂復初。

疏 乾陽息於復初，善端猶微，故「小善謂復初」。

以小惡爲无傷而弗去也，虞翻曰：小惡謂姤初。

疏 坤陰消自姤初，惡念始萌，故「小惡謂姤初」。《淮南·繆稱》曰：「君子不謂小善不足爲也而舍之，小善積而爲大善。不謂小不善爲無傷也而爲之，小不善積而爲大不善。是故積羽沈舟，羣輕折軸，故君子禁於微。」《禮·經解》曰：「禮之教化也微，其止邪也于未形，使人日徙善遠罪而不自知也。《易》曰『君子慎始，差以毫釐，繆以千里』，此之謂也。」小人惟不知此，故「以小善爲无益而弗爲，以小惡爲无傷而弗去也」。

故惡積而不可弇，虞翻曰：謂陰息姤至遯，「子弑其父」，故「惡積而不可弇」。

疏 陰生亦稱息。陰生姤初，至二成遯。艮爲少子，乾爲父。以艮陰消乾陽，故爲「子弑其父」。姤陰始動，「其初難知」。陰消至二，則「惡積而不可弇」也。

罪大而不可解。虞翻曰：陰息遯成否，以臣弑君，故「罪大而不可解」也。

疏 陰息至三，消遯成否。否坤爲臣，乾爲君。以坤陰消乾陽，故爲「臣弑其君」。「否之匪人」，故「罪大而不可解也」。

《易》曰：『何校滅耳，凶。』」《九家易》曰：噬嗑上九爻辭也。陰自初升五，所在失正，積惡而罪大，故爲上所滅。「善不積」，斥五陰爻也。「聰不明」者，聞善不聽，聞戒不改，故「凶」也。

疏 孔氏云：「此結前章不能安身之事，故引噬嗑上九之義以證之。」否陰自初升五，在初失正，在五亦失正，故「所在失正」。五積惡而罪大，故「爲上所滅」也。五陰積惡，故知「善不積」，指「五陰爻也」。坎耳不正，故「聰不明」。「聞善不聽」，則不能遷善。「聞戒不改」，則不能遠罪。所以有「何校滅耳」之「凶」。 案 否陰既成，上九當下之初，成益反泰。上九安於不正，惡積罪大，故五之初，「小懲大戒」以救之。五下，則坎爲校、爲耳。否乾爲首，坎成横貫其中，故「何校滅耳，凶」也。子曰：「危者，安其位者也。崔憬曰：言有危之慮，則能安其位不失也。疏孔氏云：「以上章有安身之事，故此節恒須謹慎，可以安身。故引否之九五以證之。」否上以陽居陰，體乾亢龍，「盈不可久」，故「危」。内坤爲安，言上能慮其危，「則能安其位不失也」。亡者，保其存者也。崔憬曰：言有亡之慮，則能「保其存者也」。疏坤陰爲亡，乾陽爲存。《文言》曰：「知進退存亡而不失其正者，其唯聖人乎。」言能慮其亡，則能長保其存也。亂者，有其治者也。崔憬曰：言有防亂之慮，則能「有其治者也」。疏坤爲亂，乾爲治，言慮亂能防，則能「有其治」也。是故君子安而不忘危，虞翻曰：君子，大人，謂否五也。否坤爲安，危謂上也。翟玄曰：在安而慮危。❶疏虞注《否》九五曰「休否，大人吉」，故知「君子，大人，謂否五也」。坤静「爲安」。上亢則危，故「危謂上也」。五在否家，常自危懼，是不忘之義也。翟注「在安而能慮危」，即保邦于未危也。存而不忘亡，荀爽曰：謂「除戎器，戒不虞」也。翟玄曰：在存而慮亡。疏荀注「除戎器，戒不虞」，萃《象》辭也。萃自觀來，觀爲陰消卦，故「戒不虞」。否卦亦陰消陽也。陽息則存，陰消則亡，故引萃《象》辭以證之。翟注「在存而慮亡」，則不至如乾之過亢，「知存而不知亡」也。治而不忘亂，荀爽曰：謂思患而逆防之。翟玄曰：在治而慮亂。疏荀注「思患而逆防之」，即既濟《象》辭「思患而豫防之」也。上亢下初成益，否則反泰。泰二五易位，成「既濟定」。當既濟之時，治不忘亂，謂不忘否上，故引既濟《象》辭證之。翟注「在治而慮亂」，即制治于未亂也。是以身安而國家可保也。虞翻曰：坤爲身。謂否反成泰，君位定於内，而臣忠於外，故「身安而國家可保也」。疏坤爲身，又爲安，故曰「身安」。「否終則傾」，成益反泰，乾君在内，是君位於内而國可保也。坤臣在外，是臣忠於外而家可保也。《易》曰：『其亡其亡，荀爽曰：存不忘亡也。疏否陰消陽，由四漸及於五。「存不忘亡」，故曰「其亡其亡」。繫于包桑。』」荀爽曰：桑者，上玄下

❶「而」，思賢本無此字。

黄。乾坤相包以正，故不可忘也。 陸績曰：自此以上，皆謂否陰滅陽之卦。五在否家，雖得中正，常自懼以危亡之事者也。疏荀注「桑者，上玄下黄」，色象乾坤。天位乎上，地位乎下，故「乾坤相包以正」。荀否五注云「乾職在上，坤體在下。雖欲消乾，繫其本體，不能亡也」，故「不可忘」。 陸注 自此以上，蓋謂「危者，安其位者也」。以下非總上困、解、噬嗑而言也。否，陰消陽之卦，特舉之以示慎始之義。否五雖得中得正，然時當否閉，必常以危亡爲懼，則位可安而存可保也。

子曰：「德薄而位尊，虞翻曰：鼎四也。則离九四凶惡小人，故「德薄」。四在乾位，故「位尊」。疏釋下鼎四爻辭，故云「鼎四也」。鼎外體离，鼎四即离四。《离》四「突如」「无容」，故云「凶惡小人」。四互乾上，乾爲德，乾位尊。四在乾體失正，故「德薄而位尊」也。

知少而謀大，虞翻曰：兑爲少知，乾爲大謀。四在乾體，故「謀大」矣。疏互兑爲少女，故爲「少知」。互乾陽爲大，故爲「大謀」。四居兑乾之間，故「知少而謀大」。

力少而任重，虞翻曰：五至初體大過，「本末弱」，故「力少」也。乾爲仁，故「任重」。「以爲己任，不亦重乎」。疏五至初體大過象。《大過・彖》曰「本末弱也」，故「力少也」。乾元爲仁。《論語》曰：「仁以爲己任，不亦重乎？」《禮・表記》曰：「仁之爲器重，舉者莫能勝也。」乾能任重，非鼎四能任仁也。

尟不及矣。 虞翻曰：尟，少也。及，及於刑矣。疏「尟」亦作「尠」。《釋詁》曰「尠，寡也」，郭注云「謂少」，故云「少也」。「刑」即「其刑渥」也，謂四不得正，尟不及於刑也。

《易》曰：『鼎折足，覆公餗，其刑渥，凶。』言不勝其任也。」孔穎達曰：言不能安身，智小謀大，而遇禍也。故引鼎九四以證之矣。疏言「不能安身」，則「智小謀大」，必遇刑禍，故引鼎九四爻辭證之。虞彼注云：「四變時，震爲足，足折入兑，故『鼎折足』。兑爲刑，渥，大刑也。鼎折足則公餗覆，❶言不勝任。象入大過死，凶，故『鼎折足，覆公餗，其刑渥，凶』。」

子曰：「知幾其神乎？ 虞翻曰：幾謂陽也，陽在復初稱幾。此謂豫四也。惡鼎四折足，故以此次，言豫四知幾而反復初

❶「折足」，思賢本作「足折」。

也。疏「幾謂陽也」者，謂微陽初動也。一陽動震，復見天心，故「陽在復初稱幾」。下釋豫六二爻辭，云「此謂豫四也」者，二欲四復初，故「謂豫四」。四與初應。鼎四不知幾，故「折足」。豫四知幾而反初，故以此次之。復初之四成豫，豫四反復初通小畜。上《傳》云：「寂然不動，感而遂通天下之故。非天下之至神，其孰能與於此。」陽伏坤初，其幾息矣，故「寂然不動」。變而成震，其幾生矣，故「感而遂通」。隱初入微爲「至神」，故「知幾其神乎」。**君子上交不諂，下交不瀆，**虞翻曰：豫二謂四也。四失位諂瀆。上謂交五，五貴，震爲笑言。笑且言，諂也。故「上交不諂」。下謂交三，坎爲瀆，故「下交不瀆」。欲其復初得正元吉，故「其知幾乎」。疏虞豫六二注云「欲四急復初，已得休之」，故「豫二謂四也」。四失正位，有諂瀆之象。四承五，故「上謂交五」也。五位天子，故貴。震善鳴，故「爲笑言」。《論語》曰「巧言令色足恭」，《孟子》曰「脅肩諂笑」。笑而且言，是爲「諂也」。二欲四復初，初上四得正，「二與四同功」，是「上交不諂」也。四乘三，故「下謂交三」。互坎爲溝瀆，故「爲瀆」。初得正，二乘之，故「下交不瀆」也。《復》初九曰「不遠復，无祇悔，元吉」，故二欲四之「復初得正元吉」。下云「幾者，動之微，吉之先見者也」，故曰「其知幾乎」。**其知幾乎？**侯果曰：上謂王侯，下謂凡庶。君子上交不至諂媚，下交不至瀆慢，悔吝无從而生，豈非知微者乎。疏上貴，故「謂王侯」。下賤，故「謂凡庶」。六二中正，故爲「君子」。得中得正，故「上交不諂，下交不瀆」。悔吝之生，由於諂瀆。不諂不瀆，故「悔吝无從而生」。此非知微之君子不能也。**幾者，動之微，吉之先見者也。**虞翻曰：陽見初成震，故「動之微」。復初元吉，「吉之先見者也」。韓康伯曰：幾者，去无入有，理而未形者。不可以名尋，不可以形覩也。「唯神也，不疾而速」，「感而遂通」，故能玄照，鑒於未形也。合抱之木，起於毫末。吉凶之章，始乎微兆。故言「吉之先見」。疏虞注　一陽初動成震。震，動也。初動，故曰「動之微」。《復》初九曰「元吉」。初陽得正，故曰「吉之先見者也」。韓注　已著則有形，未動則无跡，皆不得謂之「幾」。故「幾者，去无入有」，有其理而无其形。雖名爲「幾」，而究「不可以名尋」。雖形爲動，而究「不可以形睹也」。幾動於此，即形見於彼，「知幾其神」。故「唯神也，則不疾而速，感而遂通」。故能朗然玄照，「鑒於未形」。《太玄》曰：「天以不見爲玄，地以不形爲玄，人以心腹爲玄。天奥西北，鬱化精也。地奥黄泉，隱魄榮也。人奥思慮，含至精也。」故玄照朗然，能鑒未形也。觀「合抱之木，起於毫末」。知「吉凶之彰，始於微兆」。故君子慎微。《虞書》曰「道心惟微」。《道經》曰「道心之微」。微者，道心之動也。道心動則吉，故曰「吉之先見者也」。他本「吉」下有「凶」字者，誤也。

君子見幾而作，不俟終日。《易》曰：『介于石，不終日，貞吉。』介如石焉，寧用終日，斷可識矣。孔穎達曰：前章言「精義入神」，此明知幾入神之事，故引豫之六二以證之。崔憬曰：此爻得位居中，於豫之時，能「順以動」而防於豫。如石之耿介，守志不移，雖暫豫樂，以其見微，而「不終日」，則能「貞吉」，斷可知矣。**疏**孔注　前言「精義入神」，此言「知幾其神」。蓋知幾爲入神之事，故引豫六二爻辭以證之。崔注　《豫》六二《象》曰「以中正也」。以六居二，故「得位居中」。豫下體坤順，上體震動，是「於豫之時，能順以動」。得正无應，樂不可極，故「防之於豫」。二與四互艮，艮爲小石，故「如石之耿介」。應坎爲志，應震爲守，故「守志不移」也。樂可暫而不可極，惟知幾者，能見其微也。故「雖暫豫樂」，而「不終日」，則正而獲吉，「斷可識矣」。案　虞注云：「介，纖也。二互艮，艮爲石，故『介于石』。與小畜通，應在五，終變成离，离爲日。得位，欲四急復初，己得休之，故『不終日，貞吉』。」尋四在艮，則知當復初，不待終變也。小畜离相見爲見，震作足爲作，艮待爲俟，故「見幾而作，不俟終日」。坤爲用。終變成离，离爲日。「憂悔吝者存乎介」，能識小疵。故「介如石焉，寧用終日，斷可識矣」。

君子知微知章，知柔知剛，姚信曰：此謂豫二也。二下交初，故曰「知微」。上交於三，故曰「知章」。體坤處和，故曰「知柔」。與四同功，故曰「知剛」。**疏**二乘初，故「下交初」。動於初爲微，故曰「知微」。二承三，故「上交三」。成於三爲章，故曰「知章」。二處坤體中和，得柔之正，故曰「知柔」。與四同功，四體陽剛，故曰「知剛」。

萬夫之望。」荀爽曰：「聖人作而萬物覩。」干寶曰：言君子苟達於此，則「萬夫之望」矣。周公聞齊魯之政，知後世彊弱之勢。辛有見被髮而祭，則知爲戎狄之居。凡若此類，可謂「知幾」也，皆稱「君子」。君子則以得幾，不必聖者也。**疏**荀注　「聖人作而萬物覩」，《乾·文言》文。「萬物」即「萬夫」，「覩」即「望」，故曰「萬夫之望」。案坤爲萬，震爲夫，离目爲望。小畜以离畜陽，故「萬夫之望」。干注　言君子於微章剛柔，无所不達，則爲「萬夫之望」。《史記·魯世家》：「伯禽之魯，三年而後報政。周公曰：『何遲也？』伯禽曰：『變其俗，革其禮，故遲。』太公封於齊，五月而報政。周公曰：『何疾也？』曰：『吾簡其君臣禮，從其俗爲也。』周公歎曰：『魯後世其北面事齊矣。』」此「周公聞齊魯之政，知後世彊弱之勢」也。僖二十二年《左傳》：❶「初，平王之東遷也，辛有適伊川，見被髮而祭於野者。曰：『不及百年，此其戎乎，其禮先亡矣。』秋，晉遷陸渾之戎於伊川。」此「辛有見被髮而祭，則知爲戎狄之居」也。此皆「知幾」之類也。「皆稱君子」者，以君子亦能得幾，不必聖者也。子曰：「顔氏之子，其殆庶幾乎！虞翻曰：幾者，神妙也。顔子知微，故「殆庶幾」。孔子曰：「回也，其庶幾乎！」❷疏上曰「知幾其神乎」，《説卦》曰「神也者，妙萬物而爲言者也」，故云「幾者，神妙也」。《荀子·解蔽篇》曰：「《道經》曰『人心之危，道心之微』，危微之幾，惟明君子，而後能知之。」顔子惟知危，故「殆庶幾」。《論語》曰「回也，其庶乎」，無「幾」字，蓋虞所見本異也。有不善未嘗不知，虞翻曰：「復以自知」，《老子》曰「自知者明」。疏復本純坤，坤積不善。「復亨」，剛「窮上反下」，❸知不善而反於善，故「復以自知」。坤爲自。復初，乾也，「乾知大始」，故曰「自知」。「自知者明」，《老子·道經》文。乾爲知，爲大明，故「自知者明」也。知之未嘗復行也。虞翻曰：謂「顔回不遷怒，不貳過」。「克己復禮，天下歸仁」。疏皆《論語》文。怒也、過也、己也，皆「不善」也。不遷、不貳，克己而復乎禮，皆「未嘗復行」之事也。震爲行。剥上反初成震行，反初得位，故不善「未嘗復行也」。《復·彖》曰「復亨」，「亨者，嘉之會」，「嘉會足以合禮」，故曰「復禮」。《復》初曰「元吉」，「元者，善之長」，「君子體仁，足以長人」，故曰「天下歸仁」。昭十二年《左傳》「仲尼曰『古也有志，克己復禮，仁也』」，則古有是語。「天下歸仁」，爲仁之效也。皆引之，以證顔子「知幾」之事。《易》曰：『不遠復，无祇悔，元吉。』」侯果曰：復初九爻辭。殆，

❶「二」，原作「三」，今據所引文改。
❷「乎」，思賢本作「也」。
❸「剛」下，思賢本有「反」字。

近也。庶，冀也。此明知微之難，則知微者，唯聖人耳。顔子亞聖，但冀近於知微而未得也。在微則昧，理章而悟，失在未形。故有不善，知則速改，故无大過。**疏**此復初九爻辭也。《詩・小雅》「無小人殆」，鄭箋「言無與小人近」，故云「殆，近也」。《釋言》「庶，幸也」。「冀」與「覬」同音。❶《說文》「覬」作「𣢟」，❷「𣢟，幸也」。是同音同物，故云「庶，冀也」。知微最難，唯聖人能之。顔子亞聖，亞，次也，謂次於聖人。但「冀近於知微而未得」，揚子謂「未達一閒」是也。「在微則昧，理彰而悟」，人之恒情。唯顔子能知「失在未形」，故幾「有不善，知則速改」，所以「无大過」而獲「元吉」也。　案　「七日來復」，故「不遠復」。坎爲悔，「出入无疾」，故「无祇悔」。乾元，❸故「元吉」。

男守南冠風、侗同人校

周易集解纂疏卷三十

❶「同音」上，思賢本有「本」字。

❷「說文」至下文「幸也」，思賢本作「《說文》曰『覬，𣢟，幸也』」。

❸「乾元」下，思賢本有「正」字。

周易集解纂疏卷三十一

唐李鼎祚集解　安陸李道平遵王纂疏

「天地壹壼，萬物化醇。」虞翻曰：謂泰上也。先說否，否反成泰，故不說泰。天地交，萬物通，故「化醇」。孔穎達曰：以前章「利用安身，以崇德也」。安身之道，在於得一。若己能得一，則可以安身。故此章明得一之事也。絪緼，氣附著之義。言天地无心，自然得一。唯二氣絪緼，共相和會，感應變化，而有精醇之生，萬物自化。若天地有心爲一，則不能使萬物化醇者也。**疏** 虞注　此明所說十一爻之序也。此章主論陽吉陰凶，故明姤、復、否、泰之幾。陰生於姤，成乎否。陽生於復，成乎泰。泰反否，非姤而有姤道。否反泰，非復而有復道。咸者，姤前卦也。前說咸不說姤，此說損不說泰，互見也。咸、困、噬嗑皆否來，解自臨來，鼎自大壯來，此引則皆爲否消也。咸三入宮，上慢下暴，則乾三伏陽出射之。其本由否不反泰，故五降爲噬嗑以救之。否五知存亡，故損上益下而反泰也。鼎，息卦也。陽新之時，五爻皆吉，唯四以不正處高位獨凶，故次否五，以起豫四也。豫四反復道，息泰成，故說損也。損泰交坤，將又反否，故更以益終焉。皆「窮神知化」之事也。損本泰初之上，故「謂泰上也」。上說否五，故「先說否」。「否反成泰」，「否泰反其類也」，故「不說泰」，而說損也。《廣雅》：「壹壼，❶元氣也。」《說文》：「壹从壼，吉聲。」又云：「壼，壹壼也。从凶从壺。」是蓋天陽主吉，地陰主凶。壹壼吉凶，已藏於內。泰本陰陽交通之卦，損又初上易位，是陰陽再交而爲「天地壹壼」也。「泰者，通也」。泰初之上，乾交於坤，是「天地交而萬物通」，故曰「化醇」也。孔注　前章言「利用安身，以崇德」。蓋安身之事，「在於得一」。《老子·德經》曰：「天得一以清，地得一以寧，神得一以靈，谷得一以盈，萬物得一以生，侯王得一以爲天下貞。」《呂覽·論人》曰：「知神之謂得一。凡彼萬形，得一後成。」故曰「若己得一，則可以安身」。下云「言致一也」，故云「此章明得一之

❶「壹壼」，思賢本作「烟煴」。

事也」。「氤氳」亦作「絪緼」，《玉篇》「元氣也」，《集韻》「天地合氣也」。❶元氣會合，故云「氣附著之義」。《三統曆》：「太極元氣，含三爲一。」《後漢書》郅惲曰「含元包一」。故云「天地无心，自然得一」。《老子·德經》曰「一生二」，故「唯二氣氤氳，共相和會」。又曰「二生三，三生萬物」，故「感應變化，而有精醇之生，萬物自化」。此乃天地自然之氣，一其化端。若「有心爲一，則不能使萬物化醇」矣。「有心爲一」，疏本作「爲二」，誤。

男女搆精，萬物化生。 虞翻曰：謂泰初之上成損。艮爲男，兑爲女，故「男女搆精」。乾爲精。損反成益，萬物出震，故「萬物化生」也。　干寶曰：男女，猶陰陽也，故「萬物化生」。不言陰陽而言男女者，以指釋損卦六三之辭，主於人事也。

疏 虞注　泰初之上成損。損外艮爲男，内兑爲女，二少相合，故曰「男女搆精」。乾「純粹精」，故「爲精」。損與益反，故「損反成益」。此亦以卦次爲義，非經旨也。益初爲震，「萬物出乎震」，故曰「萬物化生也」。　干注

下言萬物，故言陰陽。「乾道成男，坤道成女」，故云「男女，猶陰陽也」。《淮南·天文》曰「道曰規，始於一。一而不生，故分而爲陰陽。陰陽合和，而萬物生」，故曰「萬物化生」也。「不言陰陽言男女」者，以損六三爻辭，言人事也。　愚案　「醇」與「純」通。《梅福傳》「一色成體謂之醇」，❷言醇一也。壹壹者，元氣也。元氣无形，故「化醇」。醇則不雜而一也。「搆精」者，精氣也。精氣有象，故「化生」。生則有醇有雜而不一也。「化醇」者，即「形而上者謂之道」。「化生」者，即「形而下者謂之器」。故下言「物情相感，當法壹壹化醇，致一之道」也。

《易》曰：『三人行，則損一人。一人行，則得其友。』言致一也。」 侯果曰：損六三爻辭也。《象》云「一人行，三則疑」，是衆不如寡，三不及一。此明物情相感，當上法絪緼化醇，致一之道，則无患累者也。

疏 此損六三爻辭也。虞彼注云：「泰乾三爻爲三人，震爲行，故『三人行』。損初之上，故『則損一人』。『一人』謂泰初，之上『損剛益柔』，故『一人行』。兑爲友。初之上，據坤應兑，『則得其友』。」《象》曰「一人行，三則疑也」，虞彼注云「坎爲

❶「集韻」至下文「會合」，思賢本作「《後漢·班彪傳》引蔡邕曰『陰陽和一，相扶貌也』，元氣和一」。

❷「醇」，思賢本作「純」。

疑，上益三成坎，故『三則疑』」，是以「衆不如寡，三不及一」也。蓋化生有形、有醇、有雜，故「物情相感，當上法氤氳化醇，致一之道」。「天下之動，貞夫一」，故「无患累」。言少則得，不至多則惑也。

子曰：「君子安其身而後動，虞翻曰：謂反損成益。君子，益初也。坤爲安身，震爲後動。　崔憬曰：君子將動有所爲，必自揣安危之理，在於己身，然後動也。疏虞注　上言損，此言益。益與損反，故「謂反損成益」。初陽得正爲君子，故「君子謂益初也」。互坤爲安、爲身，體震爲後、爲動，故曰「安其身而後動」。　崔注　震，動也。「君子將動而有爲，自揣安危之理」，必使安在於己，然後動，則動有益也。

易其心而後語，虞翻曰：乾爲易，益初體復心，震爲後語。　崔憬曰：君子恕己及物。若於事，心難不可出語，必和易其心而後言。疏虞注　益自否來，否乾易知爲易。益初至四體復，「復見天地之心」，故云「體復心」也。震爲後、爲語，故「易其心而後語」。　崔注　「恕己及物」，謂推己及物也。若於應事之際，心有所難，「不可出語，必和易其心而後言」，則言有益也。

定其交而後求。虞翻曰：震專爲定、爲後，交謂剛柔始交，艮爲求也。　崔憬曰：先「定其交」，知其才行，若好施與吝，然後可以事求之。疏虞注　《説卦》曰「震爲專」，故「爲定」，又「爲後」。震初剛始交柔，故「交謂剛柔始交」。艮兑「同氣相求」，互艮爲求。故「定其交而後求」也。　崔注　「先定其交」，知其人之才行，或施與否，「然後可以事求之」，則求有益也。

君子脩此三者，故全也。虞翻曰：謂否上之初。「損上益下，其道大光。自上下下，民説无疆」，「故全也」。疏謂否上反初成益。「損上益下」以下，皆《益·彖傳》文。

危以動，則民不與也。虞翻曰：謂否上九。「高而无位」，故危。坤民否閉，故弗與也。疏否上九即乾上九也。陽亢失位，故「高而无位」，與乾上同義。《孝經》曰「高而不危」。《説文》曰：「危，在高而懼也。」上九「高而无位」，故危。否坤爲民，「天地不交」爲閉。无民，故「民不與也」。

懼以語，則民不應也。虞翻曰：否上窮災，故「懼」。不下之初成益，故「民不應」。坤爲民，震爲應也。疏《乾》上九《文言》曰「亢龍有悔，窮之災也」。否上同乾，故「懼」。上不之初，則不能「損上益下」。不能「損上益下」，則不能「民説无疆」，故「民不應也」。否坤爲民，蓋震巽「同聲相應」爲應。不成震，故「不應也」。**无交而求，則民不與也。**虞翻曰：上來之初，故「交」。坤民否閉，故「不與」。震爲交。【疏】上之初爲交。否上不之坤初，四互艮求，是「无交而求」也。「坤民否閉」，剛柔不交，是坤民「不與」。震爲交也。**莫之與，則傷之者至矣。**虞翻曰：上不之初，否消滅乾，則體剥傷，臣弑君，子弑父，故「傷之至矣」。【疏】益自否來。「上不之初」，則否陰消滅乾陽。至五體剥，剥爛則體傷。上與三應，三在否爲坤「臣弑君」，三在遯爲艮「子弑父」。「莫益之」，故「莫之與」。「或擊之」，❶故「傷之者至矣」。**《易》曰：『莫益之，或擊之，立心勿恒，凶。』」**侯果曰：益上九爻辭也。此明先安身易心，則羣善自應。若危動懼語，則物所不與，故「凶」也。【疏】此益上九爻辭也。言「安身易心」，而定交在其中矣。故云「羣善自應」。言「危動懼語」，而妄求在其中矣，故云「物所不與」。物不與，故「凶也」。虞經注云：「自非上，无益初者。唯上當无應，故『莫益之』。上不益初，則以剥滅乾。艮爲手，故『或擊之』。上體巽爲進退，故『勿恒』。動成坎心，以陰乘陽，故『立心勿恒，凶』矣。」蓋益上九，即否九五也。言當「益初」者，益道反泰，三陽以次下初則泰成。故益上九象，以否上爲説也。**子曰：「乾坤，其易之門邪。」**荀爽曰：陰陽相易，出於乾坤，故曰「門」。【疏】《易》有六十四卦三百八十四爻，陰陽皆出入於乾坤。「闔户謂之坤，闢户謂之乾」。故乾坤爲易之門。**乾，陽物也。坤，陰物也。**荀爽曰：陽物天，陰物地也。【疏】乾爲天，故陽物爲天。坤爲地，故陰物爲地。謂純乾純坤時也。**陰陽合德而剛柔有體，**虞翻曰：「合德」謂天地雜，保太和，日月戰。乾剛以體天，坤柔以體地也。【疏】《坤·文言》曰：「夫玄黄者，天地之雜也。」荀彼注云「坤位在亥，下有伏乾，陰陽相和，故言『天地之雜』」是也。《乾·彖傳》曰：「乾道變化，各正性命，保合太和，乃利貞。」陽變陰化，成既濟定，剛柔位當，「陰陽合德」，故「各正性命，保合太和」。此之「陰陽合德」，即彼之「保合太

❶「擊」，原作「繫」，今據草堂本、思賢本及益卦上九爻辭改。

和」也。納甲坎月离日，三十日會於壬。虞注《歸妹·彖傳》云「以离日坎月戰陰陽」，❶是「日月戰」也。皆「陰陽合德」之事。《説卦》曰「乾爲天，坤爲地」。《雜卦》曰「乾剛坤柔」。陰陽同處則合德。分之則乾以剛體天，坤以柔體地也。**以體天地之撰，**《九家易》曰：撰，數也。萬物形體，皆受天地之數也。謂九天數，六地數也。剛柔得以爲體矣。**疏**《夏官·大司馬》「羣吏撰車徒」，鄭注「撰，讀曰算，謂數擇之也」，故云「撰，數也」。「天地之數」，即大衍之數。陽數剛，陰數柔。「萬物形體」，莫不受天剛地柔之數以生。天數剛，九是也。地數柔，六是也。天剛地柔，物得之以爲體也。蓋大衍之數，取天地之數，演之爲五十，用四十九以作《易》。蓍七卦八，爻以九六，「參天兩地而倚數」，故曰「以體天地之撰」。**以通神明之德。**《九家易》曰：隱藏謂之神，著見謂之明。陰陽交通，乃謂之德。**疏**神者隱藏，陰之德也。明者著見，陽之德也。「陰陽相交」，則「神明之德」通矣。「聖人探嘖索隱」，「幽贊於神明而生蓍」，故曰「以通神明之德」。**其稱名也，雜而不越。**《九家易》曰：陰陽，雜也。名，謂卦名。陰陽雖錯，而卦象各有次序，不相踰越。**疏**下《傳》曰「六爻相雜」，虞彼注云「陰陽錯居曰雜」，故云「陰陽雜也」。「名」，謂六十四卦之名。六十四卦，陰陽雖錯，各有次序。如屯坎二之初，蒙艮三之二，此之卦之次序也。如中孚爲十一月，升爲十二月，此卦氣之次序也。如姤爲乾世，復爲坤世，❷此八宫之次序也。如《序卦》所陳，則上下二篇之次序也。故云：「卦象各有次序，不相踰越」也。**於稽其類，其衰世之意邪。**虞翻曰：稽，考也。三稱盛德，上稱末世。乾終上九，動則入坤。坤弑其君父，故爲亂世。陽出復震，入坤出坤，故「衰世之意邪」。侯果曰：於，嗟也。稽，考也。易象考其事類，但以吉凶得失爲主，則非淳古之時也，故云「衰世之意」耳。言「邪」示疑，不欲切指也。**疏**虞注《堯典》「若稽古帝堯」，孔傳「稽，考也」。上云「雜而不越」，是「類」也。《荀子》曰「以類行雜」，是類者，雜之反也。乾爲積德，陽數起於一，成於三，故「三稱盛德」。《大過·彖傳》「本末弱也」，王彼注云「初

❶「歸妹」，原作「師」，今據思賢本及所引虞翻注改。

❷「姤」「復」，原倒誤，今據草堂本改。

爲本，而上爲末」。下《傳》曰：「其初難知，其上易知，本末也。」《説文》曰：「木下曰本，从木，一在其下。木上曰末，从木，一在其上。」故上爲末而「稱末世」。乾陽終於上九，初陰動下入坤。坤消至二成遯，艮子弑父，至三成否，坤臣弑君，故「爲亂世」。陽出復初爲震。乾入坤，伏也，爲消卦。乾出坤，動也，爲息卦。消息皆始於初，意動於微，故曰「衰世之意邪」。謂庖犧作《易》，處盛慮衰，爲後世法。「易窮則變，變則通，通則久」，是「衰世」之意，非取「殷之末世，周之盛德」也。　侯注「於」本作「烏」，隸變作「於」。烏有聲，故云「嗟」。又與「于」通。《經》文「於」皆作「于」，此獨作「於」，知爲「烏」而謂嗟也。易之有象，皆稽考其事類，而吉凶得失形焉。淳古之世，熙皞相忘。後世聖人，有憂患而後作《易》。「但以吉凶得失爲主」，故云「衰世之意耳」。「邪」，疑辭。恐人以《易》作於衰世爲疑，故言「不欲切指也」。

夫易，章往而察來，而微顯闡幽，開而當名。虞翻曰：「神以知來，知以藏往」。微者顯之，謂從復成乾，是「察來」也。闡者幽之，謂從姤之坤，是「章往」也。陽息出初，故「開而當名」。

疏「神以知來」，乾也。「知以藏往」，坤也。復初爲「微」，至三成乾，《易》本隱，以之顯，故「微者顯之」。以乾照坤，故「謂從復至乾，是『察來』也」。《倉頡篇》曰：「闡，開也。幽，隱也。」「幽」者，「闡」之反，《吕氏春秋》曰「隱則勝闡」是也。乾終上九，動而入坤，故「闡者幽之」。「幽」，謂坤也。坤消乾自姤始，故「謂從姤之坤，是『章往』也」。「陽息出初」，謂乾元也。乾元出於坤初，「坤，其動也闢」，故爲開。名，即前「稱名」，謂六十四卦之名也。乾動坤闢，六十四卦由此生，故「當名」也。

辯物，正言，斷辭，則備矣。干寶曰：辯物，辯物類也。「正言」，言正義也。斷辭，斷吉凶也。如此則備於經矣。

疏「辯」，別也。「乾，陽物也。坤，陰物也」，各有其類。乾元出坤，陰陽以別。乾出坤初爲復，「復小而辯於物」，故曰「辯物」也。震爲言，陽出初爲「正言」。言必有義，故「正義也」。辭有吉凶，故「斷辭」爲「斷吉凶」。上《傳》曰「繫辭焉，❶所以告也。定之以吉凶，所以斷也」，如此者，皆備於經矣。

其稱名也小，虞翻曰：謂乾坤與六子，俱名「八卦而小

❶「上傳」上，思賢本有「又」字；「繫」上，原衍「正言」二字，今據思賢本及所引《繫上》文删。

成」，故「小」。「復小而辯於物」者矣。**疏**乾坤爲易之門，而乾元尤尊，乃「稱名」，則與六子並列，爲「八卦而小成」，故曰「小」。陽出坤初爲復，復陽「小而辯於物」。陽物陰物，別自乾元，而六十四卦稱名出復始，故曰「其稱名也小」。**其取類也大。**虞翻曰：謂乾陽也，爲天、爲父，「觸類而長之」，故「大」也。**疏**陽稱大，故「謂乾陽也」。「觸類而長之」，成六十四卦，皆乾元所爲。「爲天、爲父」，言其大生，故「觸類而長之」爲「大」。非以《說卦》所屬爲取類也。**其旨遠，其辭文，**虞翻曰：「遠」謂乾，「文」謂坤也。**疏**《左傳》曰「天道遠」，故「遠謂乾」。《說卦》曰「坤爲文」，故「文謂坤」。蓋乾元知來，故「旨遠」。坤知章往，故「辭文」。**其言曲而中，其事肆而隱。**虞翻曰：曲，詘。肆，直也。陽曲初，震爲言，故「其言曲而中」。坤爲事，隱未見，故「肆而隱」也。**疏**《說文》「詘，❶詰詘也。一曰屈襞」，又曰「屈，曲也」，故云「曲，詘」。《樂記》曰「肆直而慈愛」，故云「肆，直也」。陽曲於初爲震，震聲爲言，故稱「言」。《月令》「律中太簇」，鄭注「中猶應也」。震巽「同聲相應」，詘於內而應於外，故曰「其言曲而中」也。坤「發於事業」爲事。巽初，坤也。「巽稱而隱」，故「隱未見」。發於外而隱於內，故曰「其事肆而隱」也。稱名小謂「當名」，取類大謂「辯物」，旨遠辭文謂「斷辭」，言曲事肆謂「正言」。皆陽道開，坤出乾，「通神明之德」也。**因貳以濟民行，以明失得之報。**虞翻曰：二謂乾與坤也。坤爲民，乾爲行。行得則乾報以吉，行失則坤報以凶也。**疏**鄭氏云「貳當爲弍」。「弍」爲古文「二」。一生二，故「二謂乾與坤也」。坤衆爲民。「天行健」，故「爲行」，「失」謂坤，「得」謂乾，乾陽吉，坤陰凶，故「行得則乾報以吉，行失則坤報以凶也」。

《易》之興也，其於中古乎。虞翻曰：興《易》者，謂庖犧也。文王書經，繫庖犧於乾五。乾爲古，五在乾中，故「興於中古」。《繫》以黄帝、堯、舜，爲後世聖人。庖犧爲中古，則庖犧以前爲上古。**疏**畫卦始於庖犧，故「興《易》者，謂庖犧也」。乾五動成离，庖犧木德王，

❶「說文」至下文「曲也」，思賢本作「《漢書·高帝紀》『無所詘』，師古曰『詘，曲懾也』。又《司馬相如傳》『詘折隆窮』，張揖曰『詘折，曲委也』」。

「帝出乎震」，震東方木，木生火，故「文王書經，繫庖犧於乾五」。乾爲天，故「爲古」。詳前「上古」虞注。五居上乾之中，故「興於中古」。上《傳》以黄帝、堯、舜爲後世聖人，其爲下古可知矣。今以「庖犧爲中古，則庖犧以前爲上古」可知矣。**作《易》者，其有憂患乎。**虞翻曰：謂憂患百姓，未知興利遠害，不行禮義，茹毛飲血，衣食不足。庖犧則天八卦，通爲六十四，以德化之。「吉凶與民同患」，故「有憂患」。**疏**「憂患」，謂「憂患百姓」也。❶不知取諸噬嗑，取涣，取隨，是「未知興利」也。不知取豫、取睽，是未知「遠害」也。不知宫室、棺槨、書契，是「不行禮義」也。不知取离、取益，取小過、乾、坤，是「茹毛飲血，衣食不足」也。庖犧則天，畫爲八卦。引伸觸類，爲六十四卦。通變宜民，「以德化之」。觀十二「蓋取」，皆「吉凶與民同患」之意。故曰「作《易》者，其有憂患乎」。案《漢書・藝文志》曰「易道深矣。人更三聖，世歷三古」，孟康云「伏羲爲上古，文王爲中古，孔子爲下古」。下《傳》云：「易之興也，其當殷之末世，周之盛德邪。當文王與紂之事邪。」《明夷・彖傳》曰：「内文明而外柔順，以蒙大難，文王以之。」《傳》謂「作《易》者，其有憂患乎」，正謂文王。庖犧之世，時樸風淳，安有憂患。馬氏、荀氏、鄭氏，皆以文王爲中古，與虞異説，義亦可從。**是故履，德之基也。**虞翻曰：乾爲德。履與謙旁通，坤柔履剛，故「德之基」。坤爲基。　侯果曰：履禮蹈禮不倦，「德之基也」。自下九卦，是復道之最，故特言矣。**疏**虞注　乾陽爲德，六十四卦皆乾元，故言「德」。此九卦之德，皆指陽爻也。履與謙通，謙外坤柔，履外乾剛，以剛履柔，故曰「德之基」。坤土，故爲基也。　侯注　《仲尼燕居》「言而履之，禮也」，故「履禮」謂「蹈禮不倦」也。成十三年《左傳》：「禮，人之幹也。❷敬，身之基也。郤子無基。」言郤錡不敬，故無基。明履爲「德之基也」。**謙，德之柄也。**虞翻曰：坤爲柄。柄，本也。凡言德，皆陽爻也。　干寶曰：柄所以持物，謙所以持禮者也。**疏**虞注　「坤爲柄」，《説卦》文。萬物本乎地，故云「柄，本也」。「凡言德，皆陽爻」，謂九三也。乾上九反三，陽德皆本乎此，故謙爲「德之柄也」。　干注　《祭統》「尸酢夫人執柄」，故「柄所

❶「也」，思賢本作「者」。
❷「人」，思賢本作「身」。

以持物」。《史記・樂書》「君子以謙退爲禮」，故「謙所以持禮者也」。**復，德之本也。**虞翻曰：復初，乾之元，故「德之本也」。疏陽動於初爲復，故云「復初，乾之元」也。「其初難知，其上易知，本末也」，是初爲本，故曰「德之本也」。**恒，德之固也。**虞翻曰：「立不易方」，守德之堅固。疏恒自泰來，乾初之四，唯三爻得正不動，故「立不易方」。震世守爲守，故云「守德」。「貞固足以幹事」，故曰「德之固也」。**損，德之脩也。**荀爽曰：「徵忿窒慾」，所以脩德。疏《說文》「損，減也」。《周禮・天官》「掌百官之誓戒，與其具脩」，鄭注「脩，掃除糞灑」，是「脩」主於減損其惡。故云「徵忿窒欲，所以脩德」。蓋忿欲皆足以累德，故君子法乎損而「徵忿窒欲」。唯損之又損，以至於无，則德成矣，故曰「德之脩也」。**益，德之裕也。**荀爽曰：「見善則遷，有過則改」，德之優裕也。疏《唐韻》「益，饒也」。❶《說文》「裕，❷衣物饒也」，是「裕」主乎增益其德。故「益動而巽，日進无疆。天施地生，其益无方」。《周語》曰「布施優裕」，故云「德之優裕」。《損・象》專言「徵忿窒欲」，《益・象》先言遷善，後言改過。蓋遷善則過自改。《孟子》曰「好善優於天下」，故曰「德之裕也」。**困，德之辯也。**鄭玄曰：辯，別也。遭困之時，君子固窮，小人窮則濫，德於是別也。疏《說文》「辯，❸判也」，又曰「判，分也」，又曰「別，分解也」。「辯，別也」，言分別也。否上之二成困，《困・彖傳》曰「困而不失其所亨，其唯君子乎」，謂九二也。九二中正，遭困之時，不失其所亨，「君子固窮」者也。若小人，則「窮斯濫矣」。君子小人之德，於是乎別，故引《論語》文以證之。**井，德之地也。**姚信曰：「井養而不窮」，德居地也。疏「井養而不窮」，《井・彖傳》文。下《傳》曰「井居其所而遷」，韓云「所居不移，而能遷其施」，故「井養而不窮也」。養而不窮，其德可居之地也。井自泰來，泰初之五，居中得正，取法乎井而制爲田。「勞民勸相」，以陽助坤，坤爲

---

❶「唐韻」，思賢本作「說文」。

❷「說文」，思賢本作「又云」。

❸「說文」至下文「辯別也」，思賢本作「鄭書《堯典》『辯章百姓』，又《禮・曲禮》『分爭辯訟』，皆訓『辯』爲『別』」。

地，故曰「德之地也」。**巽，德之制也。**虞翻曰：巽風爲號令，所以制下，故曰「德之制也」。　孔穎達曰：此上九卦，各以德爲用也。**疏**虞注　巽風有聲，故「爲號令」。號令即命令，上所以制下也。《曲禮》「士死制」，鄭注「制謂君命」。❶巽五中正，「申命行事」，故曰「德之制也」。　孔注　「以上九卦」，皆取用於陽爻。乾陽爲德，故「各以德爲用也」。**履和而至。**虞翻曰：謙與履通，謙坤柔和，故「履和而至」。「禮之用，和爲貴」者也。**疏**履旁通謙，謙坤爲柔，又爲和順。履剛而行，故「至」。「至哉坤元」，故「履和而至」也。「禮之用，和爲貴」，《論語》文。**謙尊而光。**荀爽曰：「自上下下，其道大光」也。**疏**《謙·彖傳》曰「天道下濟而光明」，謙三自乾來，故荀彼注云：「乾來之坤，故『下濟』。陰去爲离，陽來成坎，日月之象，故『光明』。」蓋天在上，故「尊」。「下濟」成坎离日月象，故「光明」。《益·彖傳》曰「自上下下，其道大光」，義與此合，故備引以證之也。**復小而辯於物。**虞翻曰：陽始見，故小。乾陽物，坤陰物。以乾居坤，故稱別物。**疏**一陽始見於復初，故曰「小」。乾爲陽物，坤爲陰物。「辯」，別也。以陽居陰，故云「別物」。乾陽物在初爲善，辯之早也。坤陰物在初爲不善，「由辯之不早辯也」。「有不善未嘗不知」，辯之早，故「辯於物」也。**恒雜而不厭。**荀爽曰：夫婦雖錯居，不厭之道也。**疏**震爲長男，巽爲長女，故稱夫婦。恒自泰來，泰初四易位而成二長。虞下注云「陰陽錯居稱雜」是也。乾坤交，故「雜」。「終則有始」，「恒久而不已」，故「不厭之道也」。**損先難而後易。**虞翻曰：損初之上，失正，故「先難」。終反成益，得位於初，故「後易」。「易其心而後語」。**疏**損自泰來，泰初之上，以陽居陰爲「失正」，故曰「先難」。損極則終，反於下以成益，益初得正，故「後易」。「易其心而後語」，上傳文虞彼注云「乾爲易，益初體復心，震爲後語」。蓋據益以釋彼，故引之以證「後易」也。**益長裕而不設。**虞翻曰：謂「天施地生，其益无方」。凡益之道，與時偕行」，故「不設」也。**疏**「益者，德之裕」，益外體巽爲長，故曰「長裕」。《説文》：「設，施陳也。」自然饒裕，不待設

❶「君命」，思賢本作「君教令所使爲之」。

施。《彖傳》曰「天施地生，其益无方。凡益之道，與時偕行」，即「不設」之義也。**困窮而通。**虞翻曰：陽窮否上，變之坤二成坎，坎爲通，故「困窮而通」也。**疏**否二之上成困，否時陽窮於上，故「變之坤二成坎」，「坎爲通」，《説卦》文。經曰「困，亨」，亨，通也。虞彼注云：「否二之上，乾坤交，故通。」《彖傳》曰「困而不失其所亨」，故「困窮而通」也。　愚案　否窮於上而通於二爲困，猶泰居於初而遷於五爲井也。**井居其所而遷。**韓康伯曰：「改邑不改井」，井所居不移，而能遷其施也。**疏**泰初之五爲井，五折坤爲「改邑」，初「舊井」爲「不改井」。遷，改也。舊井在初不改，爲「所居不移」。在初爲「井泥不食」，改之五爲寒泉之食，是「能遷其施也」。故「居其所而遷」也。**巽稱而隱。**崔憬曰：言巽「申命行事」，是稱揚也。陰助德化，是微隱也。自此以下，明九卦德之體者也。**疏**即韓氏所謂「稱揚命令，❶而百姓不知其由也」。有此九卦德之體，然後有前九卦德之用，故云「明九卦德之體也」。　愚案　「稱」从禾，《説文》：「禾，木也。木王而生。从木，从𠂹。」巽爲木，❷故言「稱」。《説文》：「稱，銓也。春分而禾生。夏至晷景可度，禾有杪。❸秋分而杪定。」巽在卦氣爲八月卦，「秋分而杪定」，可稱度也，故巽言「稱」。虞注「齊乎巽」云「巽陽隱初」。蓋乾伏巽初，龍德而隱，故爲「隱」也。又震隱巽初，「其究爲躁卦」是也。震春分卦，禾始生於震，故「稱而隱」也。**履以和行。**虞翻曰：「禮之用，和爲貴」，謙震爲行，故「以和行」也。**疏**「禮之用，和爲貴」，《論語》文。「履者，禮也」。禮勝則离，故貴於和。履與謙通，謙坤爲和，震爲行，故「以和行也」。**謙以制禮。**虞翻曰：陰稱禮。謙三以一陽制五陰，萬民服，故「以制禮」也。**疏**坤陰稱禮。《樂記》曰「大禮必簡」，又曰「禮以地制」，故「陰稱禮」也。《虞書》曰「脩五禮」，謙有五陰爲五禮。三以一陽制五陰，即制五禮也。坤爲萬民，故三《象》曰「萬民服也」。以陽制陰，故「以制禮也」。**復以自知。**虞翻曰：有「不善未嘗不知」，故「自知」也。**疏**復初「有不善未嘗不知」，故言「知」。蓋乾以知來，坤爲自。以乾通坤，故「自知也」。

❶「韓」，原作「王」，今據《周易正義》改。
❷「巽」上，思賢本有「省」字。
❸「杪」，思賢本作「秒」。

恒以一德。虞翻曰：「恒，德之固」，「立不易方」，「從一而終」，故「一德」者也。疏從一故固，從一故不易。「從一而終」，故曰「一德」。　愚案　恒自泰來，泰乾爲德，五爲卦主，五爻辭曰「恒其德」。《象》曰「從一而終」，虞彼注云：「一謂初。終變成益，以巽應初震，故『從一而終』。」❶恒德從一，故曰「恒以一德」。**損以遠害。**虞翻曰：坤爲害。泰以初止坤上，故「遠害」。乾爲遠。疏損自泰來，泰坤陰爲害。泰初之坤上成艮，艮爲止，故云「以初止坤上」。以乾止坤，乾爲遠，故「遠害」也。**益以興利。**荀爽曰：「天施地生，其益无方」，故「興利」也。疏益自否來，乾下之坤爲「天施」，之坤成震爲「地生」。「日進无疆」，故「其益无方」。　愚案　《釋言》：「興，起也。」内體震「起也」，故曰「興」。外體巽「爲近利市三倍」，故以「興利」。**困以寡怨。**虞翻曰：坤爲怨。否弑父與君，乾來上折坤二，故「寡怨」。坎水性通，故不怨也。疏坤陰爲怨。困自否來，否三弑父與君，否乾下折坤二，則不弑逆，怨讟不作，故「寡怨」。二體坎，「坎水性通」，「困窮而通」，故「不怨也」。　愚案　《困·象傳》曰「險以説」，五《象》曰「乃徐有説」。二坎爲險不正，故困二變應五，五兑爲説，説則不怨，故「困以寡怨」。**井以辨義。**虞翻曰：坤爲義。以乾別坤，故「辨義」也。疏坤爲義門，故「爲義」。泰初之五成井，以乾初別坤五，故曰「辨義也」。**巽以行權。**《九家易》曰：巽象號令，又爲近利。人君政教，進退擇利，❷而爲權也。《春秋傳》曰：「權者，反於經，然後有善者也。」此所以説九卦者，聖人履憂，濟民之所急行也。故先陳其德，中言其性，後敘其用，以詳之也。西伯「勞謙」，殷紂驕暴。臣子之禮有常，故創易道，以輔濟君父者也。然其意義，廣遠幽微。孔子指撮解此九卦之德，合三復之道。明西伯之於紂，不失上下。疏巽風有聲，故「象號令」。「近市利三倍」，故「又爲近利」。人君德教，即「象號令」者也。巽爲進退，故言「進退擇利，❸而爲權也」。「權者，反於經，然後有善者也」，桓

❶「一」，原脱，今據思賢本及所引恒卦六五爻《象》虞翻注補。

❷「擇」，思賢本作「釋」。

❸「擇」，思賢本作「釋」。

十一年《公羊傳》文。韓注「權反經而合道」。❶蓋巽陽隱初，震巽特變，巽其究成震，以消爲息，故曰「巽以行權」。此以下，釋所以説九卦之義也。始於「履以和行」，終於「巽以行權」。上云「作《易》者，其有憂患乎」，又曰「因貳以濟民行」，故云「聖人履憂，濟民之所急行也」。先言九卦，陳其德也。中言九卦，言其性也。後言九卦，敘其用也。次言謙爲德柄，驕與謙反，故言西伯「勞謙」，以事殷紂驕暴之主。尋九卦所自來，皆不外乾坤。乾爲君爲父，則坤有臣道子道。「謙以制禮」，故言「臣子之禮有常，創易道，以輔濟君父者也」。敘其用，故「廣遠」。陳其德，言其性，故「幽微」。孔子指撮九卦解之，始陳德，中言性，終敘用，合三復之道。首言上天下澤爲履，故「明西伯之於紂，不失上下」之常也。　愚案　《玉篇》：「權，稱錘也。」前言「巽稱而隱」，此云「巽以行權」，皆取於巽木爲禾，禾杪起分之義。❷《説文》「稱」字云：「律數十二杪當一分，❸十分爲寸。其重以十二粟爲一分，❹十二分爲銖。❺故諸程品皆从禾。」是「稱」之有權，皆取於巽木爲禾之義。又巽爲進退，《孟子》曰：「權，然後知輕重。」蓋一進一退，則輕重可知。反震爲行，故曰「巽以行權」。

《易》之爲書也，不可遠。侯果曰：居則觀象，動則玩占，故「不可遠」也。**疏**「書」謂文王所書六爻之辭。「遠」，馬、王肅、韓袁萬反，謂遠之也。如《論語》「敬鬼神而遠之」之「遠」也。「君子居則觀其象而翫其辭，動則觀其變而翫其占」，故「不可遠也」。**爲道也，婁遷。**虞翻曰：遷，徙也。日月周流，上下無常，故「婁遷」也。**疏**「遷，徙」，《釋詁》文。「日月」謂坎离，爲乾坤二用。日月周流六位，如出震、見兑、盈乾、退巽、消艮、滅坤之類，故「婁遷」也。**變動不居，周流六虛。**虞翻曰：變，易。動，行。六虛，六位也。日月周流，「終則復始」，故「周流六虛」。謂甲子之旬辰巳虛。坎戊爲月，离己爲日，入在中宫，其處空虛，故稱「六虛」。五甲如次者也。**疏**《夏官·司爟》「四時變國火」，鄭注「變，猶易也」。震，動也。震爲足，爲行，故云「動，行」。六虛，謂六爻之

❶「韓」，原作「王」，今據思賢本及《周易正義》改。
❷「杪」，思賢本作「秒」。
❸「杪」，思賢本作「秒」；「當」上，思賢本有「而」字。
❹「其重以十二粟」，思賢本作「其以爲重十二粟」。
❺「銖」上，思賢本有「一」字。

位也。《參同契》曰「日合五行精，月受六律紀，五六三十度，度竟復更始」，故云「日月周流，終則復始」。「六位」謂之「六虚」者，六甲孤虚法也。天有六甲，地有五子。日辰不全，故有孤虚。裴駰云：「甲子旬中无戌亥，戌亥爲孤，辰巳爲虚。坎納戊，离納己。」《參同契》曰：「天地設位，而易行乎其中矣。易謂坎离。坎离者，乾坤二用。二用无爻位，周流行六虚，往來既不定，上下亦无常。幽潛淪匿，變化於中，包囊萬物，爲道紀綱，❶以无制有，器用者空，故推消息，坎离滅亡。」又云：「坎戊月精，离己日光。日月爲易，剛柔相當。土王四季，羅絡始終，青赤黑白，❷各居一方，皆稟中宫，戊己之功。」故云「入在中宫，其處空虚」。故稱六虚也。「五甲如次」者，謂甲戌旬中无申酉，申酉爲孤，寅卯爲虚。甲申旬中无午未，午未爲孤，子丑爲虚。甲午旬中无辰巳，辰巳爲孤，戌亥爲虚。甲辰旬中无寅卯，寅卯爲孤，申酉爲虚。甲寅旬中无子丑，子丑爲孤，午未爲虚。故云「五甲如次者」也。**上下无常，剛柔相易。**虞翻曰：「剛柔者，晝夜之象也」。在天稱上，入地爲下，故「上下无常」也。**疏**日月出入，以成晝夜，故曰「剛柔者，晝夜之象也。」「在天稱上」，在地稱下，指日月也。謂易爻法易位，❸法日月之晝夜。乾三畫法天，坤三畫法地。六爻之變，剛動柔應，柔動剛應，常二五、初四、三上上下相易。如日月之晝夜互在天，故曰「上下无常，剛柔相易」也。**不可爲典要，唯變所適。**虞翻曰：「典要」，道也。「上下无常」，故「不可爲典要」。適乾爲晝，適坤爲夜。　侯果曰：謂六爻剛柔相易，遠近恒「唯變所適」，非有「典要」。**疏**虞注　《釋言》：「典，經也。」《舜典》「慎徽五典」，孔傳「五典，五常之教」，即下《傳》「既有典常」是也。《孝經》曰「先王有至德要道」，故云「典要，道也」。六爻之變，「上下无常」，故不可以常道拘也。鄭注《大學》云「之，適也」，是「適」謂之卦也。如乾五變之大有，故云「唯變所適」。剛柔者，晝夜之道。故云「適乾爲晝，適坤爲夜」。柔變剛，適乾也。剛變柔，適坤也。侯注　下《傳》云「遠近相取」，崔彼注云：「遠謂應與不應，近謂比與不比。或取遠應而舍近比，或取近比而舍遠

❶「紀綱」，原作「綱紀」，今據草堂本、思賢本及所引《參同契》文改。

❷「黑白」，思賢本作「白黑」。

❸「法」，草堂本作「相」，思賢本作「之」。

應。」故謂六爻之動，剛柔相易，或遠應，或近比，唯變爻所適，不可執以常法也。**其出入以度，外内使知懼，**虞翻曰：出乾爲外，入坤爲内，日行一度，故「出入以度」。出陽知生，入陰懼死，「使知懼」也。　韓康伯曰：明出入之度，使物知外内之戒也。「出入」猶行藏，「外内」猶隱顯。遯以遠時爲吉，豐以幽隱致凶，漸以高顯爲美，明夷以處昧利貞，此外内之戒也。**疏**虞注　月三日出震爲「出乾」，十六日退巽爲「入坤」。出震明在外，是「出乾爲外」也。入巽明在内，是「入坤爲内」也。六十卦三百六十爻，爻當一日，法日月之行度，故「出入以度」。爻變雖无典要，常依日月消息，出入陰陽，而死生分焉。「出陽」謂出震，出震爲生明，❶故「出陽知生」明。❷入陰爲入巽，❸至坤爲死魄，故「入陰懼死」。出外知生，入内懼死，庶「知進退存亡而不失其正」也。　韓注　此以行藏隱顯，明出入外内之義。言行藏各有常度，不可不明其度而知外内之戒也。如遯時「與時行也」，則當入在内，故「以遠時爲吉」。如豐時「宜照天下也」，則當出在外，故「以幽隱致凶」。如漸時「往有功也」，則當出在外，故「以高顯爲美」。如明夷時「晦其明也」，則當入在内，故「以處昧利貞」。是出入有度。而或外或内，當使知而懼之，乃不失其常也。

又明於憂患與故。虞翻曰：「神以知來」，故「明憂患」。「知以藏往」，故知事故。「作《易》者，其有憂患乎」？**疏**「神以知來」，乾也。「憂患」，未來者也。乾神，故「明憂患」。「知以藏往」，坤也。事故，已往者也。坤知，故明事故。作《易》者有憂患，故「又明乎憂患與故」。

无有師保，如臨父母。虞翻曰：臨，見也。言陰陽施行，以生萬物。「无有師保」，生成之者。萬物出生，皆如父母。孔子曰「父母之道天地」。乾爲父，坤爲母。

干寶曰：言易道以戒懼爲本，所謂「懼以終始」，歸无咎也。外爲丈夫之從王事，則「夕惕若厲」。内爲婦人之居室，則「无攸遂」也。雖无師保切磋之訓，其心敬戒，常如父母之臨己者也。**疏**虞注　《釋詁》「臨，視也」，《説文》「見，視也」，故云「臨，見也」。易道變化，則陰陽施行，以生萬物，盡有乾坤之德。「師保」，亦乾坤也。乾嚴爲師，

❶「出震」，思賢本作「至乾」。
❷「明」，思賢本無此字。當衍。
❸「爲」，思賢本作「謂」。

坤安爲保。謂六十四卦，无乾坤之生成。萬物資之，皆如乾父坤母。孔子曰「父母之道天地」，即《秦誓》所謂「惟天地萬物父母」是也。乾爲父，坤爲母，故曰「如臨父母」。

干注 《中庸》曰：「戒慎乎其所不睹，恐懼乎其所不聞。」乾初憂違，坤初早辨，故「言易道以戒懼爲本」。下《傳》云「懼以終始，其要无咎」，虞彼注云：「乾道終日乾乾，❶故无咎。」所謂「懼以終始，歸无咎也」。在「外則爲丈夫之從王事」，如《乾》之九三「夕惕若厲」是也。在「内爲婦人之居室」，如《家人》之六二「无攸遂」是也。雖无師保之訓，而心常戒懼。「如父母之臨己」，所以終无咎也。

初帥其辭而揆其方，虞翻曰：初，始下也。帥，正也。謂脩辭立誠。方，謂坤也。以乾通坤，故「初帥其辭而揆其方」。 侯果曰：率，脩。方，道也。言脩易初首之辭，而度其終末之道。盡有典常，非虚設也。疏虞注 陽始於初九，故云「初，始」。易氣自下生，初陽在下，故云「下也」。《論語》曰「子帥以正」，故云「帥，正也」。「帥其辭」，謂「修辭立誠」也。《坤》六二曰「直方大」，故「方，謂坤也」。「以乾通坤」，初變爲震，震爲辭。乾元正於復初，是「初帥其辭」也。「揆」，度也。復體本坤，乾元正之，故「揆其方」也。 侯注 《乾》曰「脩辭立其誠」，故訓「帥」爲「脩」。鄭注《周禮》「帥，循也」。❷「脩」「循」隸相近，疑「脩」當作「循」也。「方」，道也。從馬訓也。言帥循其初首之辭，而揆度其終末之道。則知易「盡有典常」，辭「非虚設也」。

既有典常。苟非其人，道不虚行。虞翻曰：「其出入以度」，故有典常。苟，誠也。其人，謂乾爲賢人。「神而明之，存乎其人」。「不言而信」，謂之德行，故「不虚行」也。 崔憬曰：言易道深遠，若非聖人，則不能明其道。故知易道不虚而自行，必文王然後能弘也。疏虞注 乾元正初，通坤爲復，則陰陽消息，出入各以常度。「既」，盡也。故「盡有典常」也。郭璞《三倉解詁》曰：「苟，誠也。」「其人，謂乾爲賢人」者，乾初爲賢人也。乾爲神、爲大明，故「神而明之，存乎其人」。乾爲德、爲行，震爲言行。陽潛不動，故「不言而信，存乎德行」。《中庸》曰「待其人而後行」，故「不虚行也」。 崔

❶「虞彼注云」，思賢本作「虞注」；「乾道」，思賢本作「乾稱易道」。

❷「周禮」，思賢本作「禮記」。

注　易道深遠，非聖人不能明，即非聖人不能行。《論語》曰：「人能弘道，非道弘人。」故「必文王然後能弘也」。

同邑陳學泰履安校

周易集解纂疏卷三十一

周易集解纂疏卷三十二

唐李鼎祚集解　安陸李道平遵王纂疏

《易》之爲書也，干寶曰：重發《易》者，別殊旨也。疏重發「《易》之爲書」，與前殊旨也。此下皆言六爻之辭。原始要終，以爲質也。虞翻曰：質，本也。以乾原始，以坤要終。謂「原始及終，以知死生之説」。

崔憬曰：質，體也。言《易》之書，原窮其事之初，若初九「潛龍勿用」，是「原始」也。又要會其事之末，若上九「亢龍有悔」，是「要終」也。《易》原始潛龍之勿用，要終亢龍之有悔，復相明以爲體也。諸卦亦然，若「大畜而後通」之類是也。疏虞注　《樂記》「禮之質也」，鄭注「質，猶本也」。乾元「萬物資始」，故「以乾原始」。坤用六「以大終」，故「以坤要終」。乾爲生，坤爲死，故「原始及終，以知死生之説」。引上《傳》文，以證其義也。「爲質也」者，謂出入知懼也。　崔注　孔疏義與此同。《正義》云「質，體也。言《易》之爲書，原窮其事之初始，《乾》初九『潛龍勿用』，是『原始』也。又要會其事之末終，❶若上九『亢龍有悔』，是『要終』也。言《易》以原始要終，以爲體質也。此潛龍、亢龍，是一卦之始終也。諸卦亦然。若大畜初畜而后通，皆是也。亦有一爻之中『原始要終』也。故《坤》卦之初六『履霜堅冰至』，履霜，是『原始』也。堅冰至，是『要終』也。」　愚案　「帝出乎震」，『原始』也。「成言乎艮」，『要終』也。《詩》毛傳云「質，成也」。謂艮成終而成始也。故曰「原始要終，以爲質也」。六爻相雜，唯其時物也。虞翻曰：陰陽錯居稱雜。時陽則陽，時陰則陰，故「唯其時物」。乾陽物，坤陰物。　干寶曰：一卦六爻，則皆雜有八卦之氣。若初九爲震爻，九二爲坎爻也。或若見辰戌言艮，巳亥言兑也。或若以甲壬名乾，以乙癸名坤也。或若以午位名离，以子位名坎。或若德來爲好物，刑來爲惡物。王相爲興，休廢爲衰。疏虞注　六爻有陰有陽，故云「陰陽錯居稱雜」。「剛柔者，晝夜之

❶「末終」，思賢本作「終末」。

象也」，故「時陽則陽，時陰則陰」。「乾，陽物也。坤，陰物也。」陰陽錯雜，有時有物，故曰「唯其時物也」。 干注 一卦六爻，而八卦之氣相雜。若乾初九之坤爲震爻，九二之坤爲坎爻之類也。或若艮宫内丙辰，外丙戌，故「見辰戌言艮」。兑宫内丁巳，外丁亥，故「巳亥言兑也」。或若乾納甲壬，故「以甲壬名乾」。坤納乙癸，故「以乙癸名坤也」。或若离南方之卦，午位南，故「以午位名离」。坎正北方之卦，子位北，故「以子位名坎」。或若受生爲德、爲好，故「德來爲好物」。克害爲刑、爲惡，故「刑來爲惡物」。八卦分屬五行，有興有衰，故「王相爲興，休廢爲衰」。

其初難知，其上易知，本末也。 侯果曰：「本末」，初上也。初則事微，故「難知」。上則事彰，故「易知」。疏《大過·象傳》曰「本末弱也」，向秀彼注云「由於初上兩爻陰也」，故「本末」謂「初上也」。「幾者，動之微」，幾謂初。「初則事微」，故「難知」。「爻象動於内，吉凶見於外」，外謂上。「上則事彰」，故「易知」也。

初辭擬之，卒成之終。 干寶曰：初擬議之，故「難知」。卒終成之，故「易知」。本末勢然也。 侯果曰：失在初微，猶可擬議而之福。過在卒成，事之終極，非擬議所及，故曰「卒成之終」。假如乾之九三，噬嗑初九，猶可擬議而之善。至上九則凶災不移，是事之「卒成之終」，極凶不變也。疏干注 初辭擬議未定，故「難知」。上爲卦終，事皆成著，故「易知」。承上本末言之，其勢然也。 侯注 失在初微，猶可擬議，變而之福。如「不遠復，无祇悔」是也。若過在卒成，事已終極，則非擬議所及，所謂「成事不説」，故曰「卒成之終」。如下所引乾與噬嗑是也。乾之九三，噬嗑初九，皆言无咎。「无咎者，善補過者也」，故「猶可擬議而之善」。乾至上九，則「亢龍有悔，窮之災也」。噬嗑至上九，則「何校滅耳，凶」。故曰：「凶災不移，是事之『卒成之終』，極凶不變也。」 愚案 上《傳》曰「擬之而後言」。虞彼注云：「以陽擬坤而成震，震爲言，故『擬之而後言』。」蓋震陽動於初擬之後言，故曰「初辭擬之」。《説卦》曰：「艮，東北之卦也。萬物之所成終而成始也，故曰『成言乎艮』。」虞彼注云：「萬物成始乾甲，成終坤癸。艮東北是甲癸之閒，故『萬物之所成終而成始也』。」❶蓋艮陽終於上，萬物成終，故曰「卒成之終」。即

❶「始」下，思賢本有「者」字。

前「原始要終，以爲質也」。**若夫雜物撰德，辨是與非，則非其中爻不備。**虞翻曰：撰德謂乾。辨，別也。是謂陽，非謂陰也。中，正。乾六爻，二四上非正。坤六爻，初三五非正。故「雜物」，「因而重之，爻在其中」。故非其中，則爻辭不備。「道有變動，故曰爻」也。崔憬曰：上既具論初上二爻，次又以明其四爻也。言中四爻雜合所主之事，撰集所陳之德，能辨其是非，備在卦中四爻也。疏虞注　「撰德謂乾」者，撰，數也。乾爲德。數乾之德也。辨，分別也。陽善陰惡，故「是謂陽，非謂陰也」。六爻不皆正，故中謂正也。乾六爻，二四上失位。坤六爻，初三五失位。皆不正。《乾鑿度》曰「陰陽失位爲不正」是也。陰陽錯居，故曰「雜物」也。「因而重之」爲六十四卦。爻貴得中，故位「非其中，則爻辭不備」，謂有凶悔吝也。「道有變動，故曰爻」，下《傳》文。爻不中則有變動，謂六爻時物也。崔注　此備論「六爻相雜，惟其時物」之義。上言本末，止論初上二爻。此明中四爻，所以備六爻也。蓋中四爻雜合所主之事物，撰集所陳之德行，合初上二爻，以辨其是非，故非卦中四爻不備，若互卦約象是也。以互卦説《易》，始於左氏，其義最古。後儒欲矯而廢之，遂並經文之言，互象者亦疑之。此《傳》明云「非其中爻不備」，孔子之言，確有明徵。後儒之疑，不獨背左氏，且畔孔子矣，不亦過乎。**噫！亦要存亡吉凶，則居可知矣。**虞翻曰：謂知存知亡，要終者也。居乾吉則存，居坤凶則亡，故曰「居可知矣」。崔憬曰：噫，歎聲也。言中四爻，亦能要定卦中存亡吉凶之事，居然可知矣。孔疏扶王弼義，❶以此「中爻」爲二五之爻，居中无偏，能統一卦之義，事必不然矣。何則？上文云「六爻相雜，唯其時物」，言雖錯雜，而各獨會於時，獨主於物。豈可以二五之爻，而兼其雜物撰德，是非存亡吉凶之事乎。且二五之撰德與是，要存與吉則可矣。若主物與非，要亡與凶，則非其所象，故知其不可也。且上論初上二爻，則此「中」總言四爻矣。下論二四三五，則是重述其功位者也。疏虞注　謂「知存知亡」爲「要終」者，「原始要終」，則知存亡也。乾爲吉，陽爲存，故「居乾吉則存」。坤爲凶，陰爲亡，故「居坤凶則亡」。謂要卦之終，以知存亡。視爻所居，以知吉凶也。崔注　《周頌》「噫嘻成

❶「王」，原作「玉」，今據草堂本、思賢本改。

王」，毛傳「噫，歎也」，故云「歎聲」。中四爻得位與否，亦能要定存亡吉凶之事，故「居然可知」也。孔扶王義，以二居下中，五居上中，故云「居中无偏，能統一卦之義」。然上文云「六爻相雜，唯其時物」，則不能一爻「獨會於時，獨主於物」。豈可以二五兩爻，兼「雜物撰德、是非存亡吉凶之事乎」。且二五得中得正，「撰德與是，要存與吉」，義猶可矣。即不得正，而猶得乎中，又何至有主物與非，要亡與凶乎。故「非其所象」，而「知其不可也」。「且上論初上二爻」，此論中四爻。下論二與四，三與五，則是承中爻之義，而「重述其功位」。以此證之，則中爻爲中四爻，益无疑矣。　愚案　上《傳》曰：「君子所居而安者，易之象也。」又曰「居則觀其象而翫其辭」，蓋吉凶存亡，存乎其辭。居而不動則翫辭，故「居可知矣」。下言觀辭，即觀象翫辭之事也。**智者觀其《彖》辭，則思過半矣。**韓康伯曰：夫《彖》舉立象之統，論中爻之義，約以存博，簡以兼衆，雜物撰德，而一以貫之者也。形之所宗者道，衆之所歸者一。其事彌繁，則愈滯乎有。其理彌約，則轉近乎道。《彖》之爲義，存乎一也。一之爲用，同乎道矣。形而上者，可以觀道。過半之益，不亦宜乎。疏王、韓之義，蓋以中爻爲二五得中。謂一爻可貫六爻，故云「一以貫之也」。意求玄渺，辭愈支离。雖經孔疏詳釋，然於觀《彖》過半之義，究屬難通，今不取也。上《傳》曰「《彖》者，言乎象者也」，又曰「君子居則觀其象而翫其辭」。下《傳》曰「《彖》者，材也」，虞彼注云「《彖》說三才」，則三分天象以爲三才。蓋《彖》辭總論一卦六爻之義。未動爲居，故居則觀其全象而翫其《彖》辭。即其《彖》辭，可得全卦之義。如屯以初爲「侯」，蒙以二爲「師」，師以二爲「丈人」，比以五爲「君」，六爻之辭，皆因此而推廣之。故「觀其《彖》辭，則思過半矣」。**二與四同功**韓康伯曰：同陰功也。　崔憬曰：此重釋中四爻功位所宜也。二主士、大夫位，佐於一國。四主三孤、三公、牧伯之位，佐於天子。皆同有助理之功也。疏韓注　二與四皆陰，故云「同陰功也」。五，陽也。二應五，四承五，同有助陽之功，故曰「同功」。　崔注　此承前「非其中爻不備」，故云「重釋中四爻功位所宜也」。爻位二爲大夫位，三爲諸侯位。二所以助三，舉大夫而兼士，以助國君於三。四爲諸公位，五爲天子位。四所以助五，舉三公而兼及三孤、牧伯，以佐天子於五。「同有助理之功」，故曰「同功」。**而**

異位。韓康伯曰：有外内也。　崔憬曰：二士、大夫位卑，四孤、公、牧伯位尊，故有異也。疏韓注　二在内體，四在外體，故云「有外内也」。　崔注「士、大夫位卑」，「孤、公、牧伯位尊」，故云「異位」也。　愚案　二至四爲互象，故曰「同功」。不同内卦，故曰「異位」也。

其善不同，二多譽，四多懼，近也。韓康伯曰：二處中和，故「多譽」也。四近於君，故「多懼」也。疏二處中和之位，上應乎五，故爻辭「多譽」。四近天子之位，又不得中，上逼於五，故爻辭「多懼」。

柔之爲道，不利遠者，崔憬曰：此言二四皆陰位，陰之爲道，近比承陽，故「不利遠」矣。疏意以二四皆陰，比陽爲利，故「不利遠者」。　愚案　二本陰位，在内爲近，四在外體則遠矣。「四多懼」，故「不利遠者」。

其要无咎，其用柔中也。崔憬曰：言二是陰遠陽，雖則不利，其要或有无咎者。以二柔居中，異於四也。疏意謂二雖遠陽，亦无不利。以柔中，異四也。　愚案　此承「二多譽」言也。二「要无咎」者，以六居二，得中得位，故曰「其用柔中」。若九在二而亦无咎者，以變陰得正而善用柔中也。

三與五同功而異位，韓康伯曰：有貴賤也。　崔憬曰：三諸侯之位，五天子之位。同有理人之功，而君臣之位異者也。疏韓注　三賤五貴，故「有貴賤也」。　崔注　爻位三爲諸侯，五爲天子。「同有理人之功」，故「同功」。五天子爲君，三諸侯爲臣。君臣之位異，故曰「異位」。　愚案　三至五爲約象，故曰「同功」。不同外卦，故曰「異位」。

三多凶，五多功，貴賤之等也。崔憬曰：三處下卦之極，居上卦之下。爲一國之君，有威權之重。而上承天子，若无含章之美，則必致凶。五既居中不偏，貴乘天位，以道濟物，廣被寰中，故「多功」也。疏此言三爲諸侯，居臣位以治乎國。上制天子之命，故「多凶」。五爲天子，居天位以治天下。下得諸侯之助，故「多功」。　愚案　三失中，故爻辭「多凶」。五得中，故爻辭「多功」。「列貴賤者存乎位」，五爲君位，三爲臣位，故曰「貴賤之等也」。

其柔危，其剛勝邪。侯果曰：三五陽位，陰柔處之，則多凶危。剛正居之，則勝其任。言「邪」者，不定之辭也。或有柔居而吉者，居其時也。剛居而凶者，失其應也。疏三五陽位，以「陰柔處之」爲失正，故「多凶危」。以陽剛居之爲得正，故「勝其任」。復言「邪」以示「不定之辭」者，或有柔居之而亦吉者，時當柔也。否則善變，得正也。或有剛居之而亦凶者，失正應也。否則私其所應，如《乾鑿度》所云「其應實而有之，皆失義」是也。

《易》之爲書，廣大悉備。荀爽曰：以陰易陽謂之廣，以陽易陰謂之大。「易與天地準」，固「悉備」也。疏易，交易也。坤廣生，故「以陰易陽謂之廣」。乾大生，故「以陽易陰謂之大」。「易與天地準」，上《傳》文。虞彼注云「準，同也」。上《傳》又曰「夫易，廣矣，大矣。以言乎天地之間則備矣」，故「悉備也」。有天道焉，有人道焉，有地道焉。崔憬曰：言《易》之爲書明三才。廣无不被，大无不包。悉備有萬物之象者也。疏《説卦》曰：「立天之道，曰陰與陽。立地之道，曰柔與剛。立人之道，曰仁與義。」故「言《易》之爲書明三才」也。廣，故无不被。大，故无不包。悉備，故有萬物之象也。兼三才而兩之，故六。六者非它也，三才之道也。崔憬曰：言重卦六爻，亦兼天地人道。兩爻爲一才，六爻爲三才，則是「兼三才而兩之，故六」。六者，即三才之道也。疏三畫備三才之道，重卦六爻，亦兼天地人之道。初二爲地道，三四爲人道，五上爲天道，故云「兩爻爲一才，六爻爲三才」。《説卦》曰：「兼三才而兩之，故易六畫而成卦。」虞彼注云：「謂『參天兩地』，乾坤各三，❶而成六畫之卦數也。」蓋庖犧分天象爲三才，以地兩之。所謂「因而重之，爻在其中」。六爻之動，❷還依三才，故「六者非他」，即「三才之道也」。道有變動，故曰爻。陸績曰：天道有晝夜日月之變，地道有剛柔燥溼之變，人道有行止動靜吉凶善惡之變。聖人設爻，以效三者之變動，故謂之「爻」者也。疏「道」即三才之道，故歷言天地人之變以明之。上《傳》曰：「爻也者，效天下之動者也。」虞彼注云「動，變也」，故云「聖人設爻，以效三者之變動」。「兩三才爲六畫，則發揮於剛柔而生爻」，故「謂之爻也」。爻有等，故曰物。干寶曰：等，羣也。爻中之義，羣物交集。五星、四氣、六親、九族、福德、刑殺、衆形萬類，皆來發於爻，

❶「三」下，思賢本有「爻」字。
❷「六」，原作「三」，今據草堂本、思賢本改。

故總謂之「物」也。象「頤中有物曰噬嗑」，是其義也。疏《曲禮》曰「見同等不起」，故謂「等」爲「羣」也。「言乎天地之間則備」，故「爻中之義，羣物交集」。五星，謂金木水火土，天之經星也。❶四氣，亥卯未木也，寅午戌火也，巳酉丑金也，申子辰水也。土兼其中，故四。六親、九族，即《火珠林》法也。京房《積算法》「天地爲義爻」，陸績謂「即父母也」；「同氣爲專爻」，即「兄弟也」；「福德爲寶爻」，「即子孫也」。以及官爲夫，即「鬼爲繫爻」；財爲妻，即「財爲制爻」。福，即德也。刑，即殺也。「地成形」，故曰「衆形」。「方以類聚」，故曰「萬類」。其象「皆來發於爻，故總謂之物也」。「頤中有物曰噬嗑」，《噬嗑·彖傳》文。引之以明爻亦名物之義。案：韓氏注：「等，❷類也。」「乾，陽物也。坤，陰物也。」爻有陰陽之類，而後有剛柔之用，故曰「爻有等，故曰物」。

物相雜，故曰文。虞翻曰：乾，陽物。坤，陰物。純乾純坤之時，未有文章。陽物入坤，陰物入乾，更相雜成六十四卦，乃有文章，「故曰文」。

疏「乾，陽物。坤，陰物」，上《傳》文。純乾純坤，陰陽未變，其時「未有文章」。《鄭語》曰「物一無文」是也。乾坤交通，故「陽物入坤，陰物入乾」，而成六子。八卦更相錯雜，成六十四卦。剛文柔，柔文剛，而文章成焉。《說文》曰「文，錯畫也」，蓋即「物相雜，故曰文」之義也。

文不當，故吉凶生焉。干寶曰：其辭爲文也。動作云爲，必考其事，令與爻義相稱也。事不稱義，雖有吉凶，則非今日之吉凶也。故「元亨利貞」而穆姜以死，「黃裳元吉」南蒯以敗。是所謂「文不當」也。故於經，則有「君子吉，小人否」。於占，則王相之氣，君子以遷官，小人以遇罪也。

疏襄二十五年《左傳》「非文辭不爲功」，故云「其辭爲文也」。凡「動作云爲」，必事與義稱，吉凶乃協。若「事不稱義」，其吉凶不足憑也。襄九年《傳》「穆姜薨於東宮。始往而筮之，遇艮之八。史曰：『是謂艮之隨，隨其出也。』姜曰『亡。是於《周易》曰「隨，元亨利貞。无咎」。有四德者，隨而无咎。我皆無之，豈隨也哉。必死於此，弗得出矣』」，故云「『元亨利貞』而穆姜以死」。昭十二年《傳》：「南蒯之將叛也，枚筮之，遇坤之比。曰『黃裳元吉』，以爲大吉也。惠伯曰：『吾嘗學此矣。忠信之事則可，不然必

❶「經」，思賢本作「緯」。

❷「韓」，原作「王」，今據思賢本及《周易正義》改。

敗。』」故云「『黄裳元吉』南蒯以敗」。二者皆「所謂文不當也」。「君子吉，小人否」，遯九四爻辭。言君子遇之則吉，小人則否也。「於占，則王相之氣」，此《火珠林》法。言五行四氣之王，君子占之則遷官，小人占之則遇罪也。皆引之以明事必稱義之義。　案　義不當，謂陰陽不當位。當則生吉，不當則生凶，故「吉凶生焉」。

《易》之興也，其當殷之末世，周之盛德邪？當文王與紂之事邪？　虞翻曰：謂文王書《易》六爻之辭也。末世，乾上。盛德，乾三也。文王「三分天下而有其二，以服事殷，周德其可謂至德」矣，❶故「周之盛德」。紂窮否上，「知存而不知亡，知得而不知喪」，終以焚死，故「殷之末世」也。而馬、荀、鄭君從俗，以文王爲中古，失之遠矣。　疏　六十四卦畫於庖犧，至文王始「書《易》六爻之辭」，以明吉凶悔吝。「末世」謂乾上「亢龍有悔」，紂是也。「盛德」謂乾三「君子終日乾乾」，文王是也。庖犧位乾五，文王位乾三也。「三分」至「至德矣」，《論語》文。「至德」即「盛德」，故曰「周之盛德」。否上即乾上，故云「紂窮否上」。「知存而不知亡，知得而不知喪」，《乾》上九《文言》文。《史記·周本紀》「武王使師尚父致師，以大卒馳紂師。紂兵皆奔畔紂。紂走，反入登鹿臺，蒙衣其珠玉，自燔於火」，故云「終以焚死」。「當殷之末世」，正「周之盛德」，是「當文王與紂之事」也。馬融、荀爽、鄭玄從三古之説，謂文王爲中古，虞氏不取，故云「失之遠矣」。

是故其辭危。　虞翻曰：危謂乾三。「夕惕若厲」，故「辭危」也。　疏　此承上「周之盛德」，文王位乾三，故「危謂乾三」也。《乾》三爻辭曰「夕惕若厲」，《文言》曰「乾乾因其時而惕，雖危无咎矣」。文王處惕厲之時，故「辭危」也。

危者使平，　陸績曰：文王在紂世，有危亡之患，故於《易》辭，多趨危亡。本自免濟，建成王業，故《易》爻辭，「危者使平」，以象其事。《否》卦九五「其亡其亡，繫于包桑」之屬是也。　疏　危則能平，文王之事也。文在紂世，囚於羑里。蒙難艱貞，嘗「有危亡之患」。故於《易》辭，多以危亡爲戒。文王之意，「本自免濟」，以「建成王業」，故於爻辭，皆「危者使平，以象其事」。《否》九五曰「其亡其亡，繫于包桑」，荀彼注云：「陰欲消陽，由四及五，故曰『其亡其亡』。桑者，上玄下黄，以象乾坤。乾職在

❶「矣」，草堂本作「也」。

上，坤體在下。雖欲消乾，繫其本體，不能亡也。」此即「危者使平」之意。舉否五以例其餘。如《乾》三《文言》曰「終日乾乾，與時偕行」，皆是也。**易者使傾。**陸績曰：「易」，平易也。紂安其位，自謂平易，而反傾覆。故《易》爻辭「易者使傾」，以象其事。《明夷》上六「初登于天，後入于地」之屬是也。疏《釋詁》：「平、均、夷、弟，易也。」《莊子·刻意篇》「聖人休休焉，則平易矣」，故云「易，平易也」。易則必傾，紂之事也。「紂安其位」，乃曰「吾有民有命」，卒至商罪貫盈，天命誅之，是「自謂平易，而反傾覆」。故於爻辭，必「易者使傾，以象其事」。《明夷》上六曰「初登于天，後入于地」。明夷自晉來，虞彼注云：「晉時在上麗乾，故『登于天，照四國』。今反在下，故『後入于地，失其則』。」侯注云「況紂之時也」。此即「易者使傾」之意。舉明夷以概其餘也。如《乾》上九「亢龍有悔，盈不可久也」，皆是也。　案《泰》九三曰「无平不陂」，虞彼注：「陂，傾，謂否上也。平謂三，天地分，故『平』。『天成地平』，謂『危者使平，易者使傾』。」**其道甚大，百物不廢。**虞翻曰：大謂乾道。乾三爻三十六物，故有百物。略其奇八，與大衍之五十同義。疏《乾·彖》曰「大哉乾元」，又曰「乾道變化」，故「大謂乾道」。乾陽爻九，四之爲三十六，三爻積爲一百八，略其奇數八，一爻當一物，故稱百物。與天地之數五十有五，大衍略其奇五爲五十，其義同也。　愚案　乾之一陽始出於震，震初以恐懼致福，有危象焉。陽息至三，內乾已成，厲而得正，故「雖危无咎」。乾三，即泰三也。三言往復平陂，而易之大道備矣。陂往，即危傾也。平復，即平易也。「无往不復」，即「危者使平」也。「无平不陂」，即「易者使傾」也。蓋「易窮則變，變則通，通則久」，故曰「其道甚大，百物不廢」也。**懼以終始，其要无咎。此之謂易之道也。**虞翻曰：乾稱易道。「終日乾乾」，故无咎。「危者使平，易者使傾」，「惡盈」「福謙」，故「易之道」者也。疏易者乾元，易道即乾道，故「乾稱易道」。《乾》九三：「君子終日乾乾，夕惕若厲，无咎。」三居內卦之終，接外卦之始，而能惕厲，故曰「懼以終始」。「雖危无咎」，故曰「其要无咎」。蓋「懼以終始」，三百八十四爻皆然，而其要歸於无咎。「无咎者，善補過者也。」天道「福謙」，故「危者使平」。「地道變盈」，「人道惡盈」，故「易者使傾」。謙自乾來，上九降三，乾爲易道，故云「易之道也」。

夫乾，天下之至健也，德行恒易以知險。虞翻曰：險，謂坎也。謂乾二五之坤成坎离，「日月麗天」，「天險不可升」，故「知險」者也。疏「習坎，重險也」，故「險謂坎也」。乾二五之坤成坎，即坤二五之乾成离。坎月离日，故「日月麗天」。《論語》曰：「仲尼，日月也，無得而踰焉。」又曰：「夫子之不可及也，猶天之不可階而升也。」故云「天險不可升」也。「乾以易知」，故「知險也」。

夫坤，天下之至順也，德行恒簡以知阻。虞翻曰：阻，險阻也。謂坤二五之乾，艮爲山陵，坎爲水，巽高兑下。「地險山川丘陵」，故「以知阻」也。疏《釋名》「水出其後曰阻丘」，此以水爲險也，故云「阻，險阻也」，亦謂坎也。坤二五之乾成离，即乾二五之坤成坎。互艮爲山陵，體坎爲水。离互巽爲高，互兑爲澤。澤動而下，故云「兑下」。坤爲地，故「地險山川丘陵」也。「坤以簡能」，故「知阻也」。

能説諸心，虞翻曰：乾五之坤，坎爲心，兑爲説，故「能説諸心」。疏乾坤二五交易，坎爲心，离互兑爲説，故「能説諸心」。

能研諸侯之慮。虞翻曰：坎心爲慮，乾初之坤爲震，震爲諸侯，故「能研諸侯之慮」。疏坎亟心，故「爲慮」，乾初動之坤爲震，「震驚百里」，《逸禮·王度記》「諸侯封不過百里」，故「爲諸侯」，故「能研諸侯之慮」。「能説諸心」，故能「定天下之吉凶」。「能研諸侯之慮」，故能「成天下之娓娓」，所謂「聖人成能」也。　案「人謀鬼謀」，百姓且與焉，未有諸侯而不與者。「愛惡相攻」，「遠近相取」，「情僞相感」，所謂險阻者也，則皆諸侯之險阻者也。研於慮則知，不研則不知。戲之盟，鄭惟可以庇民者，是從「將叛者其辭慚」也，非諸侯而何叛也？「叔兮伯兮，靡所與同。叔兮伯兮，褎如充耳」，「失其守者其辭屈」也，非諸侯而何失守也？

定天下之吉凶，成天下之娓娓者。虞翻曰：謂乾二五之坤，成离日坎月，則八卦象具。「八卦定吉凶」，故能「定天下之吉凶」。「娓娓」，進也。离爲龜，乾爲蓍。月生震初，故「成天下之娓娓者」，謂莫善蓍龜也。荀爽曰：娓娓者，陰陽之微，可成可敗也。順時者成，逆時者敗也。疏虞注　乾坤二五交易成坎离，坎离互艮兑震巽，則「八卦象具」，是亦「四象生八卦」也。陽生則吉，陰生則凶，是「八卦定吉凶，故能定天下之吉凶」也。「娓」同「亹」。《詩·大雅》「亹亹文王，令聞不已」。不已則進，故「亹」訓

「進」也。凡事進乃成，故下言成也。「离爲龜」，《説卦》文。《雜記》曰「蓍，陽之老也」，故「乾爲蓍」。「月生震初」，是乾元也。「知險知阻」，皆以此耳。故「成天下之娓娓者，謂莫善蓍龜也」。　荀注　「娓」从尾，《説文》「尾，微也」。《論語》「微生高」，《國策》作「尾生高」。又《莊子·盜跖》注、《漢書·人表》注、《東方朔傳》注，俱云「尾生即微生高」。又《漢書》「尾生畮」注云「即微生畝」。是「尾」「微」古文通，且同物。「娓」从尾，故「娓娓者，陰陽之微」。王弼云「娓娓，微妙之意」是也。陰陽初動，成敗未形。如陽生於復，由子歷巳成乾。陰生於姤，由午歷亥成坤。是「順時者成」也。若冬行春令，夏行秋令，如《月令》所紀，是「逆時者敗也」。董子《繁露》云：「春秋至意有二端，小大微著之分也。夫覽求細微於無端之處，誠知小之爲大也，微之將爲著也，吉凶未形，聖人所獨立也。」又「聖人能繫心於微而致之者也。是故《春秋》之道，以元之氣，正天之端，以天之端，正王之政，以王之政，正諸侯之位，五者俱正而化大行」，故曰「成天下之娓娓者」。**是故變化云爲，吉事有祥，**虞翻曰：祥，幾祥也，「吉之先見者也」。陽出，「變化云爲，吉事爲祥」，謂復初乾元者也。**疏**《説文》：「祥，福也。一云善也。」幾初動而祥已兆，故云「祥，幾祥也」。即上《傳》所謂「幾者，動之微，吉之先見者也」。元陽初出，「變化云爲」，由是始焉。陽爲吉，爲善，故「吉事爲祥」。陽初爲復，復初即乾，❶「元者，善之長」，故謂「復初乾元者也」。**象事知器，占事知來。**虞翻曰：「象事」謂坤，坤爲器。乾五之坤成象，故「象事知器」也。「占事」謂乾以知來。乾五動成离則翫其占，故「知來」。　侯果曰：易之云爲，「唯變所適」。爲善則吉事必應，觀象則用器可爲，求吉則未形可覩者也。

疏虞注　坤發事業爲事，故「象事謂坤」。坤形爲器。乾五之坤成坎离，日月在天成象，故「象事知器」。即「以制器者尚其象」也。乾神知來，故「占事謂乾以知來」。乾五動成离目，動則翫其占，故「知來」。即「極數知來之謂占」也。　侯注　即韓注所謂『變化云爲』者，❷行其吉事，則獲祥之應。❸觀其象事，則知制器之方。翫其占

❶「乾」下，思賢本有「元」字。
❷「韓」，原作「王」，今據思賢本及《周易正義》改。
❸「祥」上，思賢本有「嘉」字。

事，則覩方來之驗」是也。**天地設位，聖人成能。**虞翻曰：天尊五，地卑二，故「設位」。乾爲聖人，「成能」謂「能説諸心，能研諸侯之慮」，故「成能」也。　崔憬曰：言易擬天地設乾坤二位，以明重卦之義，所以成聖人伏羲文王之能事者也。**疏**虞注　「天尊五」，謂乾五。「地卑二」，謂坤二。「列貴賤者存乎位」，故「設位」。「成能」，謂能説心，能研慮。聖人體乾元，故「成能也」。　崔注　「易與天地準」，故「言易擬天地」，易「設乾坤二位」。「因而重之」，爲六十四卦，「引而伸之，觸類而長之，天下之能事畢矣」，故云「所以成聖人伏羲文王之能事者也」。**人謀鬼謀，百姓與能。**虞翻曰：乾爲人，坤爲鬼。乾二五之坤，坎爲謀。乾爲百，坤爲姓。故「人謀鬼謀，百姓與能」。　朱仰之曰：「人謀」，謀及卿士。「鬼謀」，謀及卜筮也。又謀及庶民，故曰「百姓與能」也。**疏**虞注　乾陽信爲人，坤陰詘爲鬼。乾二五之坤，成坎聰作謀，坎主耳，故「爲謀」也。乾册爻一百八，略奇爲百。「姓」从女生，坤爲母，故「爲姓」。乾坤合而成易，故「人謀鬼謀，百姓與能」。唯「聖人成能」，故「百姓與能」也。　朱注　《書·洪範》曰：「謀及卿士，謀及庶人，謀及卜筮。」故以「人謀」爲卿士，「鬼謀」爲卜筮，「百姓與能」爲謀及庶人也。**八卦以象告，**虞翻曰：「在天成象」，乾二五之坤，則八卦象成。兑口震言，故「以象告」也。**疏**「在天成象」，如出震見庚之類是也。乾坤二五交易成坎离，坎互震艮，离互巽兑，故「八卦象成」。兑爲口，震爲言，故「以象告也」。**爻象以情言，**崔憬曰：伏羲始畫八卦，因而重之，以備萬物，而告於人也。「爻」謂爻下辭，「象」謂卦下辭。皆是聖人之情，見乎繫辭，而假爻象以言，故曰「爻象以情言」。**疏**「伏羲始畫八卦，因而重之」，爲六十四卦，三百八十四爻，萬有一千五百二十册，以備萬物之數，「而告於人也」。爻，爻辭也。象，卦辭也。「聖人之情見乎辭」，而假爻象以言其情，故曰「爻象以情言」。　案　《乾·文言》曰「利貞者，性情也」，是象有情也。「六爻發揮，旁通情也」，是爻有情也。乾初動爲震，震聲爲言，故「以情言」也。**剛柔雜居，而吉凶可見矣。**虞翻曰：乾二之坤成坎，坤五之乾成离，故「剛柔雜居」。艮爲居。离有巽兑，坎有震艮，八卦體備，故「吉凶可見」也。　崔憬曰：言文王以六爻剛柔相推，而物雜居。得理則吉，失理則凶，故「吉凶可見」也。**疏**虞注　陽主升，故乾二升坤五成坎。陰主降，故坤五降乾二成离。「乾剛坤柔」，往來升降，故「剛柔雜居」。坎互艮止爲居。乾坤二五交易，成兩坎离，离互巽兑，坎互震艮。「八卦小成」，故「八卦體備」。「八卦定吉凶」，离爲見，故「吉凶可見也」。

崔注　何休云「一往一來爲推」。文王以六爻剛柔相往來，而陰物陽物相雜而居。得乎易簡之理則吉，失乎易簡之理則凶，故「吉凶可見也」。**變動以利言，**虞翻曰：乾變之坤成震，震爲言，故「變動以利言」也。疏乾元也，變動自乾初始。乾初變之坤成震，震聲爲言。「變而通之以盡利」，故「以利言」也。如「利見大人」、「利有攸往」之類是也。**吉凶以情遷。**虞翻曰：乾吉坤凶。「六爻發揮，旁通情也」，故「以情遷」。疏《釋詁》「遷，徙也」。乾陽爲吉，坤陰爲凶。陸績《乾・文言》注云：「乾六爻發揮變動，旁通於坤，坤來入乾，以成六十四卦，故曰『旁通情也』。」旁通則遷，遷則吉凶之情生，故曰「吉凶以情遷」。**是以愛惡相攻而吉凶生。**虞翻曰：攻，摩也。乾爲愛，坤爲惡。謂「剛柔相摩」。以愛攻惡生吉，以惡攻愛生凶，故「吉凶生也」。疏《説文》「攻，擊也」，「摩，斫也」。❶「摩」「擊」義相近，故云「攻，摩也」。乾體仁，故「爲愛」。賈逵云「惡生於陰」，坤陰，故爲惡。「乾剛坤柔」，「以愛攻惡」、「愛惡相攻」，即「剛柔相摩」。故訓「攻」爲「摩」也。「以愛攻惡」，陽之息也，陰得正則麗陽，故亦「生吉」。「以惡攻愛」，陰之消也，陽失正則碩果消，故亦「生凶」。陽息吉，陰消凶，故「吉凶生也」。**遠近相取而悔吝生。**虞翻曰：遠陽謂乾，近陰謂坤。陽取陰生悔，陰取陽生吝。悔吝言小疵。　崔憬曰：遠謂應與不應，近謂比與不比。或取遠應而舍近比，或取近比而舍遠應，由此遠近相取，所以生悔吝於繫辭矣。疏虞注　《左傳》曰「天道遠」，故「遠陽謂乾」也。《法言》曰「近如地」，故「近陰謂坤」也。陽之情相遠，陰之情相近，此謂爻位遠近也。陽居陰位失正，故「陽取陰生悔」。陰居陽失正，❷故「陰取陽生吝」。《參同契》曰：「纖介不正，悔吝爲賊。」「遠近相取」，不得其正，則「悔吝生」也。纖，介，故「言小疵」也。

崔注　内外相應爲遠，乘承相比爲近。遠謂陰陽有應與不應，近謂陰陽有比與不比。或遠取陰陽相應，而舍

❶「斫」，思賢本作「研」。
❷「陽」下，思賢本有「位」字。

近陰陽不相比者。或取近陰陽相比，❶而舍遠陰陽不相應者。「由此遠近相取」，而陰陽不相應者，❷故悔吝生於所繫之辭矣。**情僞相感而利害生。**虞翻曰：情陽僞陰也。情感僞生利，僞感情生害。乾爲利，坤爲害。**疏**「情」謂實情，陽實，故云「情陽」。「僞」謂虛僞，陰虛，故云「僞陰也」。❸「情感僞」，❹乾之息也。《太玄》所謂「离乎情者，❺必著乎僞。离乎僞者，必著乎情」是也。乾爲利，故生利。「僞感情」，坤之消也。坤爲害，故生害。**凡易之情，近而不相得則凶，**韓康伯曰：近，況比爻也。易之情剛柔相摩，變動相逼者也。「近而不相得」，必有乖違之患也。或有相違而无患者，得其應也。相須而偕凶，乖於時也。隨事以考之，義可見矣。**疏**「況」，譬也。近，所以況上下比爻也。鄭注《樂記》「摩，猶迫也」，故「易之情剛柔相摩」，即「變動相逼迫者也」。兩爻相比迫，而陰陽不相得，「必有乖違之患」，而凶生矣。或有比「相違而无患者」，以陰陽得遠應也。亦有比「相須而偕凶」者，陰陽乖時位也。義隨爻變，不可一例拘也。**或害之，悔且吝。**虞翻曰：坤爲害。以陰居陽，以陽居陰，爲「悔且吝」也。**疏**坤陰爲害。以陰居陽，以陽居陰，陽皆受陰之害，故「悔且吝」。悔吝，小疵。由悔吝，且入吉凶矣。**將叛者其辭慙，**荀爽曰：謂《屯》六三「往吝」之屬也。虞翻曰：坎人之辭也。「近而不相得」，故叛。坎爲隱伏，將叛。坎爲心，故慙也。侯果曰：凡心不相得，將懷叛逆者，辭必慙恧。**疏**荀注　去此往彼，有叛象焉。吝，故「其辭慙」。凡不當往而往者皆是，故「謂《屯》六三『往吝』之屬也」。虞注　此下明六人之辭，皆「近而不相得」也。辭，爻辭也。六子稱「人」者，《乾鑿度》十二辟卦皆稱「表」。「復，表日角」，鄭注云「表者，人形體之章識也」。注中皆稱「復人」、「臨人」，故六子亦稱人也。此坎人之辭也。坎爲隱伏，又爲盜，故有將叛之象。「慙」从心，坎爲心，故「辭慙」也。　侯注　凡人

---

❶「取近」，思賢本作「近取」。
❷「應」上，思賢本有「比」字。
❸「也」，思賢本無此字。
❹「情感僞乾之息也」，思賢本此句置於《太玄》云云之下。
❺「太玄」上，思賢本有「即」字。

「心不相得，將懷叛逆，辭必慙恧」，所謂誠於中，形於外也。**中心疑者其辭枝。**荀爽曰：「或從王事，无成」之屬也。虞翻曰：离人之辭也。火性枝分，故枝疑也。侯果曰：中心疑貳，則失得无從，故枝分不一也。

疏荀注《坤》六三「或從王事，无成有終」。「或之者，疑之也」。專則成，枝則无成，故謂「『或從王事，无成』之屬也」。虞注 此「离人之辭也」。离爲火。《太玄·應》準离，初一曰「六幹羅如，五枝离如」，故知「火性枝分」也。枝分不一，故「枝疑」也。侯注 中懷疑貳，得失无主，故其辭「枝分不一」。所謂心「有所恐懼，則不得其正」也。

吉人之辭寡，虞翻曰：艮人之辭也。

疏此「艮人之辭也」。《艮》六五曰「艮其輔，言有孚」，艮陽小爲慎，故「辭寡」也。

躁人之辭多。荀爽曰：謂睽上九之屬也。虞翻曰：震人之辭也。震爲決躁，恐懼虩虩，笑言啞啞，故多辭。侯果曰：躁人煩急，故「辭多」。

疏荀注《睽》上九言豕言塗，言鬼言車，言弧言壺，言婚媾，言遇言雨，其辭多矣。故「謂睽上九之屬也」。虞注 此「震人之辭也」。巽究爲躁卦，謂震也。震剛在下而動，故「爲決躁」。震聲爲笑言，《震》卦辭曰「震來虩虩，笑言啞啞」，故「辭多」也。侯注 躁人之性煩急，故「辭多」。所謂「口費而煩，易出難悔，易以溺人」是也。

誣善之人其辭游，荀爽曰：游豫之屬也。虞翻曰：兑人之辭也。兑爲口舌誣乾，乾爲善人也。崔憬曰：妄稱有善，故自敘其美，而辭必浮游不實。

疏荀注「游豫」當是「盱豫」之訛。《豫》六三曰「盱豫悔，遲有悔」。言睢盱而豫有悔，遲而不從，亦有悔焉，故「其辭游」也。虞注 此「兑人之辭也」。兑爲巫，又爲口舌。月見兑丁，即盈乾甲，是兑乾通氣，故「口舌誣乾」。乾爲善人，故「誣善」也。游，浮游也。兑爲澤，故「其辭游」。崔注 妄自稱善，「辭必浮游不實」，所謂「美言不信」是也。

失其守者其辭詘。荀爽曰：謂《泰》上六「城復于隍」之屬也。侯果曰：失守則沮辱而不信，故「其辭詘」也。爻有此象，故占辭亦從矣。虞翻曰：巽人之辭也。巽詰詘，陽在初守巽，初陽入伏陰下，故「其辭詘」。此六子也，离上坎下，震起艮止，兑見巽伏。上《經》終坎离，則下《經》終既濟未濟。上《繫》終乾坤，則下《繫》終六子。此易之大義者也。

疏荀注《泰》上六爻辭曰「城復于隍」，是「失其守」也。《象》曰「其命亂也」，陽信爲治，陰詘爲亂，故「其辭詘」也。侯注「信」與申同。人失其守，則沮辱不信，故「辭詘」。所謂「遁辭知其所窮」也。

虞注　此「巽人之辭也」。《説文》「詘，詰詘也」。上《傳》「其言曲而中」，虞彼注云「曲，詘。陽曲初」。「巽詰詘」，亦謂曲也。乾初在下，故「陽在初守巽」。陽伏巽下，故「其辭詘」。自「將叛」至此，皆六子也。「离上而坎下也。震，起也。艮，止也。兑見而巽伏也」，皆本《雜卦》文。《乾鑿度》曰：「离爲日，坎爲月，日月之道，陰陽之經。所以終始萬物，故以坎离爲終。」是「上經終坎离」之義也。坎离合而爲既、未濟，故「下經終既濟未濟」也。上《繫》終於「乾坤，其易之緼邪。」乾坤三索而得六子，故「下《繫》終六子」。經傳之終，皆有精蘊，故云「此易之大義也」。

周易集解纂疏卷三十二

同邑易中簡坤以校

周易集解纂疏卷三十三

唐李鼎祚集解　安陸李道平遵王纂疏

説卦

昔者聖人之作《易》也，孔穎達曰：據今而稱上代，謂之「昔者」。聰明睿智，謂之「聖人」，即伏羲也。案：下《繫》云「古者庖犧氏之王天下，始作八卦」，今言「作《易》」，明是伏羲，非謂文王也。**疏**「昔者」，上代之稱。《中庸》「唯天下至聖，爲能聰明睿知，足以有臨也」，故「謂之聖人」。《攷工記》曰「作者之謂聖」，❶故言「聖人之作《易》也」。聖人，即伏羲也。下《繫》言「庖犧始作八卦」，今稱「作《易》」，據後言也。鄭氏云「聖人謂伏羲、文王」。然畫卦始於伏羲，非文王也。**幽贊於神明而生蓍，**荀爽曰：幽，隱也。贊，見也。神者在天，明者在地，神以夜光，明以晝照。蓍者，册也。謂陽爻之册，三十有六，陰爻之册，二十有四，二篇之册，萬有一千五百二十。上配列宿，下副物數。「生蓍」者，謂蓍從爻中生也。干寶曰：幽，昧，人所未見也。贊，求也。言伏羲用明於昧冥之中，以求萬物之性爾，乃得自然之神物。能通天地之精，而管御百靈者，始爲天下生用蓍之法者也。**疏**荀注「幽，隱也。贊，見也」，皆《説文》文。韓注云「贊，❷明也」，孔疏「贊者，佐而助成，而令微者得著，故訓爲明」。「明」與「見」同義。「幽贊」，《中庸》所謂「莫見乎隱」是也。「神者在天」，乾也。「明者在地」，坤也。《繫上》曰「知幾其神乎」，虞彼注云「幾，謂陽也」，故「神者在天」。坤二《象》曰「地道光也」，三曰「知光大也」，故「明者在地」。坎中，乾陽也，坎爲月，故「神以夜光」。离中，坤陰也，离爲日，故「明以晝照」。揲蓍有册，故云「蓍者，册也」。「陽爻之册」謂乾也，每爻三十六，六爻二百一十有六。「陰爻之册」謂坤也，每爻二十四，六爻百四十有四。上下《經》二篇之册，萬有一千五百二十。「上配列宿」，謂星之數如册

❶「攷工記」，思賢本作「《禮・樂記》」。
❷「韓」，原作「王」，今據思賢本及《周易正義》文改。

數。「下副物數」，謂物之數如册數也。「生蓍」者，謂蓍之吉凶，「從爻中生也」。　干注　「幽贊」者，謂伏羲用明於幽昧，以贊求萬物之性也。《繫上》曰「天生神物，聖人則之」，故云「乃得自然之神物」。下言「參天兩地」，故云「能通天地之精」。又言「觀變陰陽」，故云「管御百靈」。又言「倚數」、「立卦」、「生爻」，故云「始爲天下生用蓍之法者也」。　案　幽，謂嘖也，隱也。贊，謂探嘖索隱也。「幽贊於神明」，謂「通神明之德」也。言伏羲探嘖索隱，則天八卦，知天數一三五七九，地數二四六八十，乾元消息之數七八九六，而蓍法生焉，故曰「幽贊於神明而生蓍」。

參天兩地而倚數。　虞翻曰：倚，立。參，三也。謂分天象爲三才，以地兩之，立六畫之數，故「倚數」也。崔憬曰：參，三也。謂於天數五地數五中，以八卦配天地之數。起天三配艮而立三數，天五配坎而立五數，天七配震而立七數，天九配乾而立九數。此從三，順配陽四卦也。地從二起，以地兩配兑而立二數，以地十配离而立十數，以地八配巽而立八數，以地六配坤而立六數。此從兩，逆配陰四卦也。其天一地四之數，無卦可配，故虚而不用。此聖人取八卦配天地之數，總五十而爲大衍。

案　此説不盡，已釋在大衍章中，詳之明矣。　疏　虞注「倚，立」，《廣雅》文。參，讀爲三，故云「參，三也」。天象謂在天八卦象，如出震見兑之類。三爻爲三才，故「謂分天象爲三才」。《淮南子》曰「耦以承奇」，故謂「以地兩之，立六畫之數」。伏羲既立八卦，知陰陽相並俱生，故以乾坤爲六畫。乾數奇，初三五是也。坤數耦，二四六是也。《乾鑿度》曰「三畫而成乾，乾坤相並俱生，因而重之，故六畫而成卦」，是謂「立六畫之數，故曰倚數也」。

崔注　崔注上《繫》「大衍之數」，引此「參天兩地」云「參天者，謂從三始，順數而至五七九，不取於一也。兩地者，謂從二起，逆數而至十八六，不取於四也。此因天地數，上以配八卦而取其數也」。蓋「艮爲少陽，其數三」，故「起天三配艮而立三數」。「坎爲中陽，其數五」，故「天五配坎而立五數」。「震爲長陽，其數七」，故「天數七，配震而立七數」。「乾爲老陽，其數九」，故「天九配乾而立九數」。「此從三，順配陽四卦」，故曰「參天」。「兑爲少陰，其數二」，故「地從二起，以地兩配兑而立二數」。「离爲中陰，其數十」，故「以地十配离而立十數」。「巽爲長陰，其數八」，故「以地八配巽而立八數」。「坤爲老陰，其數六」，故「以地六配坤而立六數」。「此從兩，逆配陰四卦」，故曰「兩地」。「其天一地四之數」，在八卦之外，故「虛而不用」。故天地之數五十有五，虛一與四，止用五十而爲大衍也。　案李氏所釋，已悉大衍注中。　案　參兩之説，先儒不一。馬融、王肅云：「五位相合，以陰從陽。天得三合，謂一三與五也。地得兩合，謂二與四也」。韓氏云：「參，❶奇也。兩，耦也。七九陽數，六八陰數。」鄭氏云：「天地之數備於十，乃三之以天，兩之以地，而倚托大衍之數五十也。」必「三之以天，兩之以地」者，天三覆，地二載，欲極於數，庶得吉凶之審也。孔疏又引張氏云：「以三中含兩，有一以包兩之義，明天有包地之德，陽有包陰之道。故天舉其多，地言其少也。」姑録以備攷云。

觀變於陰陽而立卦，虞翻曰：謂「立天之道，曰陰與陽」。乾坤剛柔，立本者。卦謂六爻。陽變成震坎艮，陰變成巽离兑，故「立卦」。六爻三變，三六十八，則有十八變而成卦，「八卦而小成」是也。《繫》曰「陽一君二民，陰二君一民」，不道乾坤者也。**疏**立卦本於陰陽，故引下文「立天之道，曰陰與陽」以明之。《繫下》曰「剛柔者，立本者也」，謂立「乾剛坤柔」二卦，陰陽各六爻以爲之本也。「卦謂六爻」，三才无變也。陽變之坤，成震坎艮，爲陽卦。陰變之乾，成巽离兑，爲陰卦。故「觀變於陰陽而立卦」也。乾三索而得震坎艮，坤三索而得巽离兑，故「六爻三變」。「三六十八」，所云「十有八變而成卦」也。乾坤變爲六子，則「八卦而小成」也。「陽一君二民」，謂震坎艮，爲陽卦，皆一陽而二陰也。「陰二君一民」，謂巽离兑，爲陰卦，皆二陽而一陰也。乾坤立本，不在陰陽卦例，故「不道乾坤者也」。

發揮於剛柔而生爻，虞翻曰：謂「立地之道，曰柔與剛」。發，動。揮，變。變剛生柔爻，變柔生剛爻，以三爲六也。「因而重之，爻在其中」，故「生爻」。**疏**爻有剛柔，故引下文「立地之道，曰柔與剛」以明之。乾坤未立，則曰陰陽。乾坤既定，則曰柔剛。陰陽配天，剛柔配地。「道有變動，故曰爻」。故云「發，動。揮，變也」。「剛柔相推，變在其中」。剛變生柔爻，柔變生剛爻，謂九六相變也。重三畫以爲六爻，故云「以三爲六也」。「因而重之」，謂「八卦小成」，觸類以長，成六十四卦。則爻變皆在其中，故「生爻」也。

和順於道德而理於義，虞翻曰：謂「立人之

❶「韓氏」，原作「王弼」，今據思賢本及《周易正義》文改。

道，曰仁與義」。和順謂坤，道德謂乾。以乾通坤，謂之理義也。疏 易兼三才，陰陽，天道也，剛柔，地道也，道義，❶則人道也，故引下文「立人之道，曰仁與義」以明之。坤爲義，「義者，利之和」。坤，順也。故「和順謂坤」。乾爲道，爲德，故「道德謂乾」。以坤順乾，故曰「和順於道德」。《乾鑿度》曰：「天動而施曰仁，地静而理曰義。」《坤》六五「君子黄中通理」，故「以乾通坤，謂之理義也」。謂乾盈積善，坤陰順陽，牝乾出震者也。**窮理盡性以至於命。**虞翻曰：以乾推坤，謂之窮理。以坤變乾，謂之盡性。性盡理窮，故「至於命」，巽爲命也。疏 坤爲理，乾窮之，謂自復至夬，乾陽推陰，故云「以乾推坤，謂之窮理」。乾爲性，❷謂自姤至剥，坤陰消乾，故云「以坤變乾，謂之盡性」。性盡理窮，故「至於命」，謂以乾通坤，極姤生巽，巽申命，爲至命也。此亦「立人之道，曰仁與義」之事也。**昔者聖人之作《易》也，**虞翻曰：重言「昔者」，明謂庖犧也。疏「謂庖犧」，謂非文王也。**將以順性命之理。**虞翻曰：謂「乾道變化，各正性命」，以陽順性，以陰順命。疏 坤下伏乾爲性，乾下伏巽爲命。在陽稱變，乾二上之坤五。在陰稱化，坤五下之乾二。乾道統坤，陽變陰化，成既濟定，故「各正性命」。乾初爲性，故「以陽順性」。巽初爲命，故「以陰順命」。陰與陽，柔與剛，仁與義，原本於性命，所謂「理」也。下云「兼三才而兩之」，是「順性命之理」也。**是以立天之道，曰陰與陽。立地之道，曰柔與剛。立人之道，曰仁與義。**崔憬曰：此明一卦立爻，有三才二體之義。故先明天道既立陰陽，地道又立剛柔，人道亦立仁義，以明之也。何則？在天雖剛，亦有柔德。在地雖柔，亦有剛德。故《書》曰「沈潛剛克，高明柔克」。人稟天地，豈可不兼仁義乎？所以易道兼之矣。疏 此明一卦立爲六爻，六爻兼有三才，三才各有二體，爻立即道立矣。天道，陰陽也。地道，柔剛也。人道，仁義也。二體雖有專屬，一理自爲貫通。分言之，陰陽以象言，剛柔以形言。統言之，則天陽而地陰，天剛而地柔。地之剛柔，原於天之陰陽。故在

❶「道」，據《説卦》文應爲「仁」。
❷「乾爲性」下，中華本據虞翻注李疏文義補「坤盡之」三字。

天雖剛，亦有柔德。在地雖柔，亦有剛德。「沈潛剛克，高明柔克」，《書·洪範》文。孔傳：「沈潛謂地，雖柔亦有剛，能出金石。高明謂天，言天爲剛德，亦有柔克，不干四時。」引之以明天亦稱剛柔也。人稟天地陰陽剛柔之德，故有仁義。蓋天地人各有乾坤，易則合是六者，兼而有之，故能立三才之道矣。**兼三才而兩之，故易六畫而成卦。**虞翻曰：謂「參天兩地」，乾坤各三爻而成六畫之數也。疏 即上「參天兩地」注云「分天象爲三才，以地兩之，❶立六畫之數」是也。蓋天地本有兼才之理，聖人以地兩三而成六畫，所謂「順性命之理」也。**分陰分陽，迭用柔剛，**虞翻曰：迭，遞也。分陰爲柔以象夜，分陽爲剛以象晝。「剛柔者，晝夜之象」。晝夜更用，故「迭用柔剛」矣。疏《釋言》「遞，迭也」，故云「迭，遞也」。言分陰陽爲柔剛，以象晝夜。蓋以剛柔有晝夜之象，分之則爲剛柔，迭之則爲晝夜，故引上《繫》文以明分迭用事之意。　案　位有陰陽，爻有剛柔。位本一定，故曰「分陰分陽」。爻則屢遷，故曰「迭用柔剛」。**故易六畫而成章。**虞翻曰：章謂文理。乾三畫成天文，坤三畫成地理。疏「章謂文理」者，謂天文地理也。《繫上》曰「仰以觀於天文」，故「乾三畫成天文」。「俯以察於地理」，故「坤三畫成地理」。剛爻柔爻，迭用於陰陽六位之中，故文理相雜而成章。

天地定位，虞翻曰：謂乾坤。五貴二賤，故「定位」也。疏 天地，乾坤也。乾五位上爲貴，坤二位下爲賤，故「定位也」。此庖犧以六位之數，觀變立卦，則日月之象，乃成此列焉。位，六畫之位也。乾坤貞於二五，乾納甲，坤納乙，甲上乙下故定。在天則相得合木也。**山澤通氣，**謂艮兑。「同氣相求」，故「通氣」。疏 山澤，艮兑也。「同氣相求，故通氣」，蓋艮兑貞天位，艮納丙，兑納丁，丙五丁上，在天則相得合火也。**雷風相薄，**謂震巽。「同聲相應」，故「相薄」。疏 雷風，謂震巽也。「同聲相應，故相薄」，蓋震巽貞地位，震納庚，巽納辛，庚初辛二，在天則相得合金也。**水火不相射，**謂坎离。射，

❶「地」，原脱，今據草堂本、思賢本及「參天兩地」虞翻注改。

厭也。水火相通，坎戊离己，月三十日，一會於壬，故「不相射」也。疏水火，謂坎离也。「射，厭也」，《釋詁》文。水火相克，而實相通。坎納戊爲月，离納己爲日。每月三十日，日月一合於壬，故不相厭射也。蓋坎离貞人位，坎納戊在三，离納己在四，在天則相得會壬癸而成象於中爲土也。**八卦相錯。**錯，摩，則「剛柔相摩，八卦相蕩」也。疏「錯」猶「摩」也。「剛柔相摩」，則「八卦相盪」也。蓋八卦六位，一陰一陽，故「相錯」。逆上稱「錯」也。**數往者順，**謂坤消從午至亥。上下，故順也。疏此言陰消也。陰消始午爲姤，至亥成坤。坤消自午，右行至亥，從上而下，故曰「順也」。**知來者逆。**謂乾息從子至巳。下上，故逆也。疏此言陽息也。陽息始子爲復，至巳成乾。乾息自子，左行至巳，從下而上，故曰「逆也」。**是故易，逆數也。**易謂乾，故「逆數」。此上虞義。疏卦始於一陽，故「易謂乾」也。《乾鑿度》曰「易氣從下生」，鄭彼注云「易本无形，自微及著，氣從下生」。以下爻爲始，故曰「逆數也」。自「定位」以下，皆虞義也。　愚案　乾坤初索震巽，再索坎离，三索艮兑，是「逆數也」。

雷以動之，荀爽曰：謂建卯之月，震卦用事，天地和合，萬物萌動也。疏雷，震也。建卯之月，震位東方用事之時。春陽方盛，故「天地和合」。《月令》曰「雷乃發聲，蟄蟲咸動」，故曰「雷以動之」。**風以散之，**謂建巳之月，萬物上達，布散田野。疏風，巽也。巽居東南，建巳之月，與巽同位。《説文》「四月陽氣已出，萬物皆成文章」，❶故云「萬物上達」。《釋天》「南風謂之凱風」。萬物得凱風，「布散田野」，故曰「風以散之」。**雨以潤之，**謂建子之月，含育萌牙也。❷疏上坎爲雲，下坎爲雨，兩坎也。❸建子之月，坎位北方用事之時。《月令》曰「水泉動」，注云「水者，❹天一之陽所生」。陽生而動，言枯彫者漸滋發，故云「含育萌芽」，而曰「雨以潤之」也。**日以烜之，**謂建午之月，太陽欲長者也。疏日，离也。建午之

❶「皆」，思賢本作「見」。
❷「牙」，草堂本作「芽」。
❸「兩」，原作「雨」，今據草堂本改。
❹「注云」至下文「所生」，思賢本作「蓋水也者，天一之陽所生」。

月，离位南方用事之時。离爲日，日爲太陽之精，故云「太陽欲長者也」。京氏云「烜，乾也」。又《周禮·司烜氏》「掌以夫遂，取明火於日」。故曰「日以烜之」。**艮以止之**，謂建丑之月，消息畢止也。疏艮居東北。建丑之月，與艮同位。艮，「物之所成終而成始也」，是消息畢止之時，故曰「艮以止之」。**兑以説之**，謂建酉之月，萬物成孰也。疏建酉之月，兑位西方用事之時。《説文》曰「酉，就也」。言就成熟也，❶故云「萬物成孰也」。兑者，萬物之所説，故曰「兑以説之」。**乾以君之**，謂建亥之月，乾坤合居，君臣位得也。此上荀義。疏乾居西北，建亥之月，與乾同位。消息卦坤成於亥，故云「乾坤合居」。乾爲君，坤臣道，故「君臣位得」，而曰「乾以君之」也。自「雷以動之」至此，皆荀義也。**坤以藏之**。《九家易》曰：謂建申之月，坤在乾下，包藏萬物也。乾坤交索，既生六子，各任其才，往生物也。又雷與風雨，變化不常，而日月相推，迭有來往，是以四卦以義言之。天地山澤，恒在者也，故直説名矣。孔穎達曰：此又重明八卦之功用也。上四舉象，下四舉卦者，王肅以爲互相備也。則明雷風與震巽同用，乾坤與天地同功也。疏《九家》注坤位西南。建申之月，與坤同位。申於消息爲否，否坤在乾下，以乾包坤，故云「包藏萬物也」。乾坤既生六子，各任其才，往生萬物。初索震巽，再索坎离，三索艮兑，故先六子而終乾坤。乾但君之，坤但藏之，而无所事也。又雷日風雨，變化往來不定，故言其用。天地山澤，上下流峙有常，故言其體。言用故舉其義，言體故舉其名。孔注「雷風」等言其用，「動散」等言其功，故云「重明八卦之功用也」。或舉象，或舉卦，義實相備。言風雷，而震巽之用在其中，言乾坤，而天地之功在其中，由是雨日艮兑之功用，可互推也。

帝出乎震，崔憬曰：帝者，天之王氣也。至春分，則震王而萬物出生。疏《乾鑿度》以爲八卦分散用事之序。帝，天皇大帝，陽之主，即太乙也。太乙所臨之地，即爲王氣，故云「帝者，天之王氣也」。震正東方，《乾鑿度》曰「位在二月」，故「至春分，則震氣王而萬物出生」。乾陽出於震初，故曰「帝出乎震」。**齊乎巽**，立夏，則巽

❶「熟」，草堂本作「孰」。

王而萬物絜齊。**疏**巽東南之卦，位在四月，故「立夏，則巽氣王而萬物絜齊」。巽爲白，絜齊之象也，故曰「齊乎巽」。**相見乎离，**夏至，則离王而萬物皆相見也。**疏**离正南之卦，位在五月，故「夏至，則离氣王而萬物皆相見」。离爲目，故「相見乎离」。**致役乎坤，**立秋，則坤王而萬物致養也。**疏**坤西南之卦，位在七月，故「立秋，則坤氣王而萬物致養」。役，事也。坤爲致、爲事，故「致役乎坤」。**説言乎兑，**秋分，則兑王而萬物所説。**疏**兑正西之卦，位在八月，故「秋分，則兑氣王而萬物所説」。「説」於文从兑，故曰「説言乎兑」。**戰乎乾，**立冬，則乾王而陰陽相薄。**疏**乾西北之卦，位在十月，故「立冬，則乾氣王而陰陽相薄」。《坤》上六曰「龍戰于野」。坤成於亥，亥臨於乾，陰疑於陽，故曰「戰乎乾」。**勞乎坎，**冬至，則坎王而萬物之所歸也。**疏**坎正北之卦，位在十一月，故「冬至，則坎氣王而萬物之所歸」。鄭氏云「水性勞而不倦」，❶故曰「勞乎坎」。**成言乎艮。**立春，則艮王而萬物之所成終成始也。以其周王天下，故謂之帝。此崔新義也。**疏**艮東北之卦，位在正月，故「立春，則艮氣王萬物之所成終成始」。故曰「成言乎艮」。四正四維，每歲一周，故云「周王天下」。《説文》：「帝者，諦也，王天下之號也。」周王天下，故「謂之帝」。自「帝出乎震」以下，皆出《周易探玄》，故云「崔新義也」。**萬物出乎震。震，東方也。**虞翻曰：出，生也。震初不見東，故不稱東方卦也。**疏**《釋親》「男子謂姊妹之子爲出」，❷故云「出，生也」。震初出庚，不見於東，故「不稱東方卦」。注明八卦在天之列，是其本也。《乾鑿度》「歲三百六十日而天氣周，八卦用事各四十五日，方備歲焉」。震生於東方，故曰「萬物出乎震」。**齊乎巽。巽，東南也。齊也者，言萬物之絜齊也。**巽陽隱初，又不見東南，亦不稱東南卦，與震同義。巽陽藏室，故絜齊。**疏**《乾鑿度》曰「巽散之於東南」，故曰「巽，東南也」。陽伏巽初，故云「巽陽隱初」。巽見辛，又不見東南，故「亦不稱東南卦，與震同義」也。巽陽「退藏於密」，「以神明其德」，故「以巽陽藏室」，爲「萬物之絜齊也」。**离也者，明也。萬**

❶「性」，原作「惟」，今據思賢本改。

❷「釋親」，原作「釋訓」，今據思賢本及所引文改。

物皆相見，南方之卦也。离爲日、爲火，故明。日出照物，以日相見，离象三爻皆正，日中正南方之卦也。疏「离爲日、爲火」，下《傳》文。日火外景，故明。离明照於四方，故「日出照物，以日相見」。又离爲目，故曰「萬物皆相見」。离卦三爻，陰陽皆正。日中正位南方，又离長之南方，❶故曰「南方之卦也」。**聖人南面而聽天下，嚮明而治，蓋取諸此也。**离南方，故「南面」。乾爲治。乾五之坤，坎爲耳，离爲明，故以「聽天下，向明而治」也。疏离位正南，故曰「南面」。《周書·明堂》曰「天子之位，負斧依南面立」，是南面之事也。乾天下治爲治。乾五之坤二成坎，即坤二之乾五成离，故「坎爲耳，离爲明」。坎耳，故「以聽天下」。离明，故「向明而治也」。**坤也者，地也。萬物皆致養焉，故曰「致役乎坤」。**坤陰無陽，故道廣布，不主一方，「含弘光大」，養成萬物。疏坤，純陰无陽之卦。坤曰廣生，故「道廣布」。土王四季，故「不主一方」。《乾鑿度》曰「坤位在未」。《參同契》曰：「土王四季，羅絡始終。青黑赤白，❷各居一方。皆稟中宮，戊己之功。」未在西南，《彖傳》曰「西南得朋」，故用事於西南。青黑赤白，皆稟中央，故居中央。《白虎通》謂：「土王四季，居中央，不名時」也。坤爲地道，純陰无陽，特就陽盛之位，而在西南，故不言卦，不言方也。「含宏光大」，《坤·彖傳》文。崔氏彼注云「含育萬物爲『宏』，光華萬物爲『大』」。惟其「含宏光大」，是以「養成萬物」。《乾鑿度》曰「坤養之於西南方」，故曰「萬物皆致養焉」。「故曰致役乎坤」者，解上「致役乎坤」也。下倣此。**兑，正秋也。萬物之所説也，故曰「説言乎兑」。**兑三失位不正，故言「正秋」。兑象不見西，故不言西方之卦，與坤同義。兑爲雨澤，故「説萬物」。震爲言，震二動成兑，言從口出，故「説言」也。疏兑三陰失位，嫌陰不正，故言「正秋」，以正之也。又兑爲四正卦也，辰在西，故曰「正秋」。兑見丁，不見西方，故不言西方之卦。與坤藏乙，不言西南同義也。兑爲澤，坎象半見爲「雨澤」。故「説萬物」。震善鳴爲言。陽息震，至二成兑，

❶「之」下，思賢本有「於」字。

❷「青黑赤白」，思賢本作「青赤白黑」。下「青黑赤白」同。

兑爲口，兑言從口出，兑又爲說，故「說言也」。**戰乎乾。乾，西北之卦也。言陰陽相薄也。**乾剛正五，月十五日，晨象西北，故「西北之卦」。薄，入也。坤十月卦，乾消剥入坤，故「陰陽相薄也」。疏乾剛正乎五位，月於十五日暮盈於甲，晨象西北，故曰「西北之卦也」。陽消入坤，故云「薄，入也」。坤辟於亥，爲十月卦，剥九月卦。乾居西北亥位，消剥則入坤矣。乾陽坤陰，同居於亥，陰疑於陽必戰，故「陰陽相薄也」。**坎者，水也，正北方之卦也，勞卦也，萬物之所歸也，故曰「勞乎坎」。**歸，藏也。坎二失位不正，故言「正北方之卦」，與兑「正秋」同義。坎月夜中，故「正北方」。此上虞義。

崔憬曰：以坎是正北方之卦，立冬已後，萬物歸藏於坎。又陽氣伏於子，潛藏地中，未能浸長，勞局衆陰之中也。

疏《春官·太卜》「掌三易之法，二曰歸藏」，鄭注「歸藏者，萬物莫不歸而藏之於中」，故云「歸，藏也」。坎二陽失位，嫌陽不正，故言「正北方之卦」，以正之也。與兑三不正稱「正秋」同義。坎月夜中正北，故「正北方」。又坎四正卦，辰在子，故曰「正北方之卦也」。「水性勞而不倦」，故曰「勞卦也」。《月令》「仲冬之月，言助天地之閉藏」，故曰「萬物之所歸也」。自「萬物出乎震」至此，皆虞義也。

崔注　坎位正北，《樂記》曰「冬，藏也」，《乾鑿度》曰「坎藏之於北方」，故「立冬已後，萬物歸藏於坎」也。子於辟卦爲復，故云「陽氣伏於子」。乾陽動於坤初，潛藏地中，未能如臨之「剛浸而長」，是陽氣「勞局衆陰之中也」。曹丕《與吴質書》「未足解其勞結」，「勞局」即「勞結」之義。復一陽局於五陰爲勞，坎一陽局於二陰亦爲勞，故曰「勞卦也」。**艮，東北之卦也。萬物之所成終而所成始也，故曰「成言乎艮」。**虞翻曰：艮三得正，故復稱卦。萬物成始乾甲，成終坤癸。艮東北是甲癸之閒，故「萬物之所成終而成始」者也。疏艮三陽得正，故「復稱卦」也。乾納甲，甲居東方，故「萬物成始乾甲」。坤納癸，癸居北方，故「成終坤癸」。艮見於丙，而言「東北是甲癸之閒」者，乾十五日，坤三十日，艮二十三日，去乾坤各八日，故稱「甲癸之閒」。甲癸之閒，則東北也。始於甲，終於癸，故「萬物之所成終而成始也」。**神也者，妙萬物而爲言者也。**韓康伯曰：於此言神者，明八卦運動，變化推移，莫有使之然者。神則无物，「妙萬物而爲言也」。明則雷疾風行，火炎水潤，莫不自然相與，而爲變化，故能萬物既成。疏「八卦運動，變化推移，莫有使之然者」，神之爲也。神非物，而妙乎物者也。《説文》「神」字下云「天神，引出萬物者也」。「妙萬物」者，「引出萬物」也。明乎神之所爲，則雷之所以疾，風之所以行，火之所以炎，水之所以潤，「莫不自然相與」，而極變化之妙。惟其神妙萬物，故能「萬物既成」也。　愚案《繫上》曰：「陰陽不測之謂神。」陰陽，謂乾坤也。又曰：「知變化之道者，❶其知神之所爲乎。」虞彼注云：「至神謂易，隱初入微，『知幾其神乎』」。蓋陽隱陰初，即乾坤之元。「妙」即「微」也，《申鑒》曰「理微謂之妙」是也。乾坤之元，變化不測，故曰「神，妙萬物而爲言也」。下文言六子之功用，而不及乾坤，以神即乾坤也。**動萬物者，莫疾乎雷。**崔憬曰：謂春分之時，雷動則草木滋生，蟄蟲發起。所動萬物，莫急於此也。疏《月令》「仲春之月，雷乃發聲」，故「謂春分之時，雷動」也。又曰「桐始華，萍始生」，是「草木滋生」也。又曰「蟄蟲咸動」，是「蟄蟲發起」。「所動萬物，莫急於此」，故曰「動萬物者，莫疾乎雷」也。**橈萬物者，莫疾乎風。**言風能鼓橈萬物，春則發散草木枝葉，秋則摧殘草木枝條，莫急於風者也。疏《方言》、《博雅》皆云「楫謂之橈」。❷《釋名》「楫撥木舟行捷疾也」。❸巽爲木，故言橈。橈能撥物，故「言風能鼓橈萬物」也。孔氏云「橈散萬物」，是「橈」有「散」義，故云「春則發散草木枝葉」也。成二年《左傳》曰「師徒橈敗」，是「橈」有「摧」義，故云「秋則摧殘草木枝條」也。春生秋凋，「莫急於風」，故曰「橈萬物者，莫疾乎風」。**燥萬物者，莫熯乎火。**言火能乾燥萬物，不至潤溼。於陽物之中，莫過乎火。熯，亦燥也。疏「火就燥」，故言「火能乾燥萬物」。《玉篇》「火陽氣用事，萬物隨變」，❹故云「不至潤溼」。「於陽物之中，莫過乎火」，謂「莫熯乎火」也。《説文》「熯，乾也。熯，乾貌」，故云「熯，亦燥也」。**説萬物者，莫**

❶「知變化」至下文「所爲乎」，思賢本作「非天下之至神，其孰能與於此」。

❷「博雅皆云」，思賢本無此四字。

❸「釋名」，思賢本作「又《釋名》曰」；「楫」下，思賢本有「捷也」二字。

❹「隨變」，思賢本有「變隨」。

説乎澤。言光説萬物，莫過以澤而成説之也。疏《兑》上六《象》曰「未光也」。「上天下澤」，《履・彖傳》曰「光明也」，謂三互离也。「澤上於天」，《夬・彖傳》曰「其危乃光也」，謂上六位危乃光也。是兑有光義，故言「光澤萬物」。❶萬物説乎雨澤，故「莫過以澤成其説也」。**潤萬物者，莫潤乎水。**言滋潤萬物，莫過以水而潤之。疏《書・洪範》「水曰潤下」，故「言滋潤萬物，莫過以水而潤之也」。**終萬物、始萬物者，莫盛乎艮。**言大寒立春之際，艮之方位。萬物以之始，而爲今歲首。以之終，而爲去歲末。此則叶夏正之義，莫盛於艮也。此言六卦之神用，而不言乾坤者，以乾坤而發天地，❷无爲而无不爲，能成雷風等有爲之神妙也。艮不言山，獨舉卦名者，以動橈燥潤，功是雷風水火。至於終始萬物，於山義則不然，故言卦。而餘皆稱物，各取便而論也。此崔新義也。疏大寒在丑，立春在寅。大寒立春之際，正居東北，艮之方位也。東始立春，故「萬物以之始，而爲今歲首」。北終大寒，故「以之終，而爲去歲末」。夏正建寅爲歲首，故云「此則叶夏正之義」。成終成始，故曰「莫盛乎艮」也。此但言六子之神用，而不言乾坤，以乾坤爲天地陰陽變化，无爲而无不爲，故能成六子「有爲之神妙」。蓋六子皆乾坤之神，即其用事者是也。「艮不言山」，言卦者，「以動橈燥潤」，是雷風水火之功。「至於終始萬物」，則非山所能爲，故言其體而不言其象。與「稱物」者，各取其便也。自「動萬物者」至此，皆崔氏《周易探玄》中新義也。**故水火相逮，**孔穎達曰：上章言水火不相入，此言「水火相逮」者，既不相入，又不相及，則无成物之功。明性雖不相入，而氣相逮及。疏《説文》「逮，及也」。❸孔釋「水火不相射」爲「不相入」，故言既不相入，又不相及，則水火「无成物之功」。明水火之性，「雖不相入」，而坎离之氣，則實相及，以坎离本旁通也。**雷風不相悖，**孔穎達曰：上言「雷風相薄」，此言「不相悖」者，二象俱動，若相薄而相悖逆，則相傷害，亦无成物之功。明雖相薄而不相逆者也。疏《玉篇》「悖，逆也」。前言「相薄」，此言「不相悖」。雷風俱有動象，「若相薄而又相悖逆」，即兩相傷害，爲「无

❶「澤」，據崔憬注應爲「説」。
❷「發」，思賢本作「法」。
❸「説文」，思賢本作「釋言」。

成物之功」。震巽「同聲相應」，故「雖相薄而不相逆者也」。**山澤通氣，**崔憬曰：言山澤雖相縣遠，而氣交通。疏山高澤下，其勢懸遠。艮兑「同氣相求」，故「氣交通」也。**然後能變化，既成萬物也。**虞翻曰：謂乾變而坤化。「乾道變化，各正性命」，成既濟定，故「既成萬物」矣。疏陽主變，乾二升坤五。陰主化，坤五降乾二。是「乾道變化」，六爻「各正性命，成既濟定」，故「既成萬物也」。既，盡也。謂「上下无常，剛柔相易」也。乾坤六爻，分陰分陽。坎离相易，則二五正，「水火相逮」也。震巽相易，則初四正，「雷風不相悖」也。艮兑相易，則三上正，「山澤通氣」也。故成既濟定，而盡成萬物也。

乾，健也。虞翻曰：精剛自勝，動行不休，故「健也」。疏《乾·文言》曰「純粹精」，故爲精。「剛健中正」，故爲剛。《象》曰「君子以自强不息」，《老子》曰「自勝者强」，《商君》曰「自勝之謂强」，故云「精剛自勝」。「天行健」，故以「動行不休」爲健也。**坤，順也。**純柔，承天時行，故「順」。疏六爻皆陰，故「純柔」。《坤·文言》曰：「地道其順乎，承天而時行。」以陰順陽，故曰「順也」。《泰·彖傳》曰「内健而外順」，故乾健而坤順也。**震，動也。**陽出動行。疏陽出震初，始動而行，故曰「震，動也」。《屯·彖傳》「動乎險中」，「動」謂震也。**巽，入也。**乾初入陰。疏乾初滅入坤中成巽，故曰「巽，入也」。**坎，陷也。**陽陷陰中。疏一陽陷於兩陰之中，故曰「坎，陷也」。《需·彖傳》曰「剛健而不陷」，「陷」是坎也。**离，麗也。**日麗乾剛。疏离本陰卦，而陽精所舍。陰附麗於陽，象日之附麗於天，故曰「离，麗也」。《离·彖傳》「重明以麗乎正，柔麗乎中正」，《晉·彖傳》「順而麗乎大明」，「麗」是离也。**艮，止也。**陽位在上，故止。疏艮一陽在上，乾陽至艮而止，故曰「艮，止也」。《蒙·彖傳》「險而止」，「止」是艮也。**兑，説也。**震爲大笑。陽息震成兑，震言出口故説。此上虞義也。疏震聲爲大笑。陽息於震，至二成兑，兑爲口，震爲言，震言出兑口，故曰「兑，説也」。《履·彖傳》「説而應乎乾」，「説」是兑也。自「乾，健也」至此，皆虞氏義也。

乾爲馬。孔穎達曰：《乾·象》「天行健」，故「爲馬」。疏此一節明「遠取諸物」也。馬行至健，《乾・象》「天行健」，故「爲馬」。《洪範・五行傳》曰「王之不極，時則有馬禍」，鄭彼注云：「天行健。馬，畜之疾行者也，屬王極。」乾爲王，馬屬王極。故「乾爲馬」。坤爲牛。坤象地，任重而順，故「爲牛」。疏牛性順，能任重。坤象地，任重而順，故「爲牛」。《五行傳》曰「思之不容，時則有牛禍」，鄭注云：「牛，畜之任重者也，屬皇極。」坤爲土，思心曰土，牛屬皇極，故「坤爲牛」。震爲龍。震象龍動，故爲龍。此上孔《正義》。疏龍飛騰升降，至動之物，故震象龍動而爲龍也。以上三條，皆孔氏《正義》也。《五行傳》曰「王之不極，時則有龍蛇之孽」，❶鄭注云「龍，蟲之生於淵，行於无形，游於天者，屬天」。乾爲龍，乾息自初，初九「潛龍勿用」，乾初即震初，故「震爲龍」。一説震東方歲星木，木爲青龍，故爲龍。王充《論衡》云「龍無尺木，無以升天」，以震木與龍同氣也。巽爲雞。《九家易》曰：「應八風也。風應節而變，變不失時。雞時至而鳴，與風相應也。二九十八，主風精爲雞，故雞十八日剖而成雛。二九順陽歷，故雞知時而鳴也。」疏「巽爲風」，故「應八風也」。《史記・律書》「東北方條風立春至，東方明庶風春分至，東南方清明風立夏至，南方景風夏至至，西南方涼風立秋至，西方閶闔風秋分至，西北方不周風立冬至，北方廣莫風冬至至」，故云「風應節而變，變不失時」也。雞時至而鳴，與風相應，故「巽爲雞」也。巽數八，「二九十八，主風精」，故爲雞。雞字應風，故「十八日剖而成雛」也。九陽數，故「二九順陽歷」。《春秋説題辭》「雞爲積陽，陽出雞鳴」，故云「雞知時而鳴也」。坎爲豕。《九家易》曰：「污辱卑下也。六九五十四，主時精爲豕，故豕懷胎四月而生。」宣時理節，是其義也。疏《埤雅》「坎性趨下，豕能俯其首，又喜卑穢」，故云「污辱卑下也」。坎數五，《淮南子》曰：「六九五十四，❷四主時，時主豕，故豕四月而生。」時謂四時，節謂八節，故云「宣時理節，是其義也」。离爲雉。孔穎達曰：离爲文明，雉有文章，故「离爲雉」。疏离爲日、火，有文明。雉爲華蟲，有文章。又离爲飛鳥，值南方朱雀，故爲雉。艮爲狗。《九家易》曰：

❶「孽」，草堂本作「孼」。

❷「淮南子」，思賢本作「大戴禮」。

艮，止，主守禦也。艮數三，七九六十三，三主斗，斗爲犬，故犬懷胎三月而生。斗運行十三時日出，故犬十三日而開目。斗屈，故犬卧屈也。斗運行四匝，犬亦夜繞室也。火之精，畏水不敢飲，但舌舐水耳。犬鬬，以水灌之則解也。犬近奎星，故犬淫當路，不避人者也。疏艮，止也，主守禦，故象狗也。「艮數三」，艮「三主斗」者，艮時行爲時，斗建四時，故艮三主斗也。《春秋考異郵》曰「犬，斗精也。❶七九六十三，陽氣通，故狗三月而生」，是其義也。斗之運行如杓指，寅日出，從寅至寅帀一日，是「行十三時日出，故犬生十三日而開目」也。斗一至四爲魁，五至七爲杓，其形曲屈，故犬卧亦形屈也。斗一夜運四帀，故犬亦夜行繞室也。犬稟陽氣，故爲火精，畏水不敢飲，但以舌舐之耳。「犬鬬，以水灌之則解」，水克火也。西方七宿，婁與奎次，是婁金狗近奎木狼也。《史記·天官書》「奎曰封豕，主溝瀆」，故「犬淫當路，不避人者也」。兑爲羊。孔穎達曰：兑爲説，羊者，順從之畜，故「爲羊」。疏兑説有順象。王廙云「羊者，順從之畜，故爲羊也」。「兑，正秋也」，《易是類謀》曰「西嶽亡玉羊」，羊是西方之畜，故「兑爲羊」。又「兑爲剛鹵」，鄭氏謂「其畜好剛鹵」是也。

乾爲首。乾尊而在上，故「爲首」。疏此一節明「近取諸身」。《乾鑿度》「孔子曰『八卦之序成立，則五氣變形，故聖人生而應八卦之體，❷得五氣以爲常』」是也。❸「天尊地卑，乾坤定矣」。乾尊而在上，故「爲首」。乾爲圜，首圜在上，故象天也。坤爲腹。坤能包藏含容，故「爲腹」也。疏「坤以藏之」，故「能包藏」。「含宏光大」，故「能含容」。坤陰中虚，故「爲腹也」。又《釋名》「腹，富也」，坤爲富，故「爲腹」。震爲足。震動用，故爲足。疏爻位初爲足，震陽在下能動，故「爲足」。巽爲股。巽爲順，股順隨於足，故「巽爲股」。疏《巽·彖傳》曰「柔皆順乎剛」，故「巽爲順」。巽下開，似股之二而隨於足，又爲進退，故「爲股」。坎爲耳。坎北方主聽，❹故「爲耳」。疏《洪範傳》謂「坎北方屬聽」，故「爲耳」。离爲目。离南方主視，故「爲目」。疏《洪範傳》謂「离南方屬

❶「犬斗精也」，思賢本作「狗，斗之精所生也」。
❷「聖人」，思賢本作「人」。
❸「常」，思賢本作「五常」。
❹「聽」，思賢本作「聽」。

視」，故「爲目」。《淮南・精神訓》曰「耳目者，❶日月也」。离日坎月，离目坎耳，故「坎爲耳，离爲目」。**艮爲手。**

艮爲止，手亦止，持於物使不動，故「艮爲手」。**疏**艮，止也。又爲拘，以手持物爲拘。震足艮手，反對之象。足動於下，手止於上，故「止持于物，使不動」也。又震艮皆陰陽五畫象指。震在下，故爲足。艮在上，故爲手。**兑爲口。**

兑爲説，口所以説言，故「兑爲口」。此上孔《正義》。

疏兑，説也。説言出於口，故「爲口」。震爲聲，陽息至二成兑，震聲出焉。鄭云「上開似口」，故「兑爲口」。自「乾爲首」至此，皆孔氏《正義》也。此節鄭氏古文，在「乾爲馬」上，當從之。

受業沈田玉朗軒校

周易集解纂疏卷三十三

❶「訓」，原脱，今據思賢本及所引文補；「曰」，思賢本無此字。

周易集解纂疏卷三十四

唐李鼎祚集解　安陸李道平遵王纂疏

乾，天也，故稱乎父。坤，地也，故稱乎母。崔憬曰：欲明六子，故先説乾稱天父，坤稱地母。**疏**欲明六子，故先説父母。乾天，陽也，人之所資始者也，故爲父。坤地，陰也，人之所資生者也，故稱母。

震一索而得男，故謂之長男。巽一索而得女，故謂之長女。坎再索而得男，故謂之中男。离再索而得女，故謂之中女。艮三索而得男，故謂之少男。兑三索而得女，故謂之少女。孔穎達曰：索，求也。以乾坤爲父母而求其子也。得父氣者爲男，得母氣者爲女。坤初求得乾氣爲震，故曰「長男」。坤二得乾氣爲坎，故曰「中男」。坤三得乾氣爲艮，故曰「少男」。乾初得坤氣爲巽，故曰「長女」。乾二得坤氣爲离，故曰「中女」。乾三得坤氣爲兑，故曰「少女」。此言所以生六子者也。**疏**《曲禮》「大夫以索牛」，鄭注「索，求得而用之」，故云「索，求也」。乾資始，坤資生，故「以乾坤爲父母而求其子也」。「乾道成男，坤道成女」，故「得父氣者爲男，得母氣者爲女」也。此上王肅義也。震初得乾爲長男，坎二得乾爲中男，艮上得乾爲少男。巽初得坤爲長女，离二得坤爲中女，兑上得坤爲少女。此乾坤所以生六子也。又震巽一索，坎离再索，艮兑三索，故曰「易，逆數也」。

乾爲天、宋衷曰：乾動作不解，天亦轉運。**疏**「乾動作不解」者，健也。「天亦轉運」者，天行健也。天健即乾健也，故「乾爲天」。爲圜、宋衷曰：動作轉運，非圜不能，故爲圜。**疏**《大戴禮·天圓》曰：「夫子曰：『天道曰圓，地道曰方。』」《考工記》曰：「蓋之圜也，以象天也。」《吕氏春秋》曰：「何以説天道之圜也？精氣一上一下，圜周復匝，无所稽留，故曰天道圜。」蓋天「動作轉運」於上，「非圜不能」，故「爲圜」。爲君、虞翻曰：貴而嚴也。**疏**乾五在上爲貴，乾位西北，其氣寒凝爲嚴，故云「貴而嚴也」。**爲父、**虞翻曰：成三男，其取類大，故「爲父」也。**疏**乾成三男，陽爲大，「取其類大，故爲父也」。**爲玉、爲金、**崔憬曰：天體清明而剛，故「爲玉、爲金」。**疏**「天體清明而剛」，玉取其剛，金取其清。且剛純精粹，在物唯金玉有其德，故「爲玉、爲金」。**爲寒、爲冰、**孔穎達曰：取其西北冰寒之地。崔憬曰：乾主立冬已後，冬至已前，故「爲寒、爲冰」也。**疏**孔注　乾位西北，爲冰寒之地，故有此象。　崔注　乾位在亥，主「立冬已後，冬至已前」。上言寒冰之地，此言寒冰之時，故「爲寒爲冰也」。**爲大赤、**虞翻曰：太陽爲赤，月望出入時也。崔憬曰：乾，四月，純陽之卦，故取盛陽色，「爲大赤」。**疏**虞注　《釋名》「赤者，赫也，太陽之色」，故「太陽爲赤」。月至望，盈乾甲。乾於月望出入時，其色大赤，故曰「月望出入時也」。　崔注　乾辟於巳爲四月，純陽之卦，故「取盛陽之色，爲大赤」。《白虎通》：「赤者，盛陽之氣，故周爲天正，色尚赤。」**爲良馬、**虞翻曰：乾善，故良也。**疏**上云「乾爲馬」。《説文》「良，善也」。乾元善長，故「爲良馬」。**爲老馬、**《九家易》曰：言氣衰也。息至巳，必當復消，故「爲老馬」也。**疏**老，言氣衰也。陽息至巳成乾，必當復，消於午成姤，故乾「爲老馬也」。乾盈於甲，當退於辛，亦爲老。**爲瘠馬、**崔憬曰：骨爲陽，肉爲陰。乾純陽爻骨多，故「爲瘠馬」也。**疏**「骨爲陽，肉爲陰」，鄭氏義也。乾六爻皆陽，骨多之象，故「爲瘠馬」。**爲駁馬、**宋衷曰：天有五行之色，故「爲駁馬」也。**疏**《考工記》：「畫繪之事雜五色，東方謂之青，南方謂之赤，西方謂之白，北方謂之黑，天謂之玄，地謂之黄。」凡五而目有六者，玄與黑同而異也。五方之色單，而天之玄，乃全乎五方之色，故云「天有五行之色」也。其色不純，故「爲駁馬」。以純乾言之，則「爲良馬」。上則得乎艮之終，而「爲老馬」。中則得乎坎之脊，而「爲瘠馬」。初則得乎震，震玄黄之雜也，故「爲駁馬」。**爲木果。**宋衷曰：羣星著天，似果實著木，故「爲木果」。**疏**孔氏云：「取其果實著木，有似星之著天也。」　愚案　乾納甲，甲木，陽功成也。木果，木功成也。《剥》上九曰「碩果不食」，謂一陽在上也。剥極必復，降而生震。震之一陽在下，即自剥之一陽在上而來，是果復生木而爲震也。乾終始純陽，故「爲木果」。

坤爲地、虞翻曰：柔道静。疏坤爲柔道，「至静而德方」，故「爲地」。**爲母**、虞翻曰：成三女，能致養，故「爲母」。疏坤成三女，皆致養焉，故「爲母」。荀氏云「陰之尊也」。❶**爲布**、崔憬曰：徧布萬物於致養，故坤「爲布」。疏虞氏云「坤道廣布，不止一方」，故「徧布萬物於致養」而爲布也。又「爲布」者，布陰功也。《月令·仲夏》曰「毋暴布」，鄭彼注云「不以陰功干太陽之事」是也。**爲釜**、孔穎達曰：取其化生成熟，故「爲釜」也。疏「坤化成物」，故「取其化生成熟」而「爲釜也」。**爲吝嗇**、孔穎達曰：取地生物而不轉移，故「爲吝嗇」也。疏楊子《太玄》「圓則杌棿，方則嗇吝」，故「取地生物而不轉移」也。陰道畜聚，陰之翕也，故「吝嗇」。**爲均**、崔憬曰：取地生萬物，不擇善惡，故「爲均」也。疏地道均平，故「不擇善惡」。「吝嗇」是「其静也翕」，「均」是「其動也闢」。**爲子母牛**、《九家易》曰：土能生育，牛亦含養，故「爲子母牛」也。疏「坤爲牛」，坤土有生育之德，牝牛亦有含養之功。蓋坤凝乾，則象牝馬。麗陽，則象牝牛。「子母牛」者，牝牛也。又昭五年《左傳》「純离爲牛」。❷离，坤之子也。坤离皆牛，故「爲子母牛」。**爲大轝**、孔穎達曰：取其能載，故「爲大轝」也。疏《坤·彖傳》曰「坤厚載物」，故「取其能載」。《大有》九二曰「大轝以載」，故「爲大轝也」。

愚案　大轝即大車。《考工記》「大車崇九尺」，❸鄭注：「大車，平地任載之車，共駕牛。」❹《詩·小雅》「無將大車」亦然。《詩》又曰「我車我牛」，《書》則曰「肇牽車牛，遠服賈者」，皆大車也。坤爲牛、爲地、爲載，以牛駕車，任載行地，故「爲大轝」。**爲文**、《九家易》曰：萬物相雜，故「爲文」也。疏「萬物皆致養焉」，故曰萬物。「物相雜，故曰文」，故「萬物相雜而爲文也」。《楚語》：「左史倚相曰『地事文』。」❺逸《禮·三正記》曰：「質法天，文法地。」《白

---

❶「荀氏云」，思賢本作「荀云」；「陰之尊」，思賢本作「陰位之尊」。
❷「五」，原作「四」，今據思賢本及所引文改。
❸「九尺」，思賢本作「三柯」。
❹「共駕牛」，思賢本作「其車駕牛」。
❺「左史倚相」，思賢本作「觀射父」。

虎通》曰「天爲質，地受而化之，養而成之」，故「爲文」。**爲衆、**虞翻曰：物三稱羣。陰爲民，三陰相隨，故「爲衆」也。**疏**《詩·小雅》「或羣或友」，毛傳「獸三成羣」，❶故云「物三稱羣」。❷又《國語》曰「三人爲衆」。蓋「衆」於文从四，从似，❸「似」即「衆」本字。❹三人之象也。坤陰爲民，三陰相隨，有似象焉，故「爲衆」。**爲柄、**崔憬曰：萬物依之爲本，故「爲柄」。**疏**虞《繫》注云「柄，本也」。「本乎地者親下」，故「萬物依之爲本」而「爲柄也」。一説「柄」當从古文作「枋」，「枋」與「方」同。❺《象傳》曰「至静而德方」，《九家易》「坤爲方」是也。**其於地也爲黑。**崔憬曰：坤十月卦，極陰之色，故其於色也「爲黑」矣。**疏**坤辟亥，十月之卦，北方，「極陰之色」也，故「於地爲黑」。極陽色赤，極陰色黑。虞謂乾於月望出入時爲大赤，坤於地爲黑，其義一也。又天玄近黑，以乾居西北近坎也。地纁黄近赤，以坤居西南近离也。而乾爲盛陽，又得南方之色，爲大赤。坤爲盛陰，又得北方之色，爲黑。

震爲雷、虞翻曰：太陽火，得水有聲，故「爲雷」也。**疏**乾坤以坎离戰陰陽，交會於壬而生震，故云「太陽火，得水也有聲，故爲雷」。乾陽初交坤陰爲震，故《淮南子》曰「陰陽相薄爲雷」也。**爲駹、**駹，蒼色。震東方，故「爲駹」。舊讀作「龍」，上已爲「龍」，非也。**疏**《漢書·匈奴傳》「圍高帝於白登，漢兵不得相救。匈奴騎，其西方盡白，東方盡駹，北方盡驪，南方盡騂」，❻注云「駹，青馬也」。此云「駹，蒼色」者，下云「蒼筤竹」，《九家》注云「青也」，是「蒼」即「青」也。震東方木，其色青。故「爲駹」。今本作「龍」，鄭讀爲「尨」，云「取日出色也」。❼虞本作「駹」，故云「舊讀作龍」，❽「上已爲龍」，故「非也」。**爲玄黄、**天玄地黄，震天地之雜物，故「爲玄黄」。**疏**天色玄，地色黄。乾始交坤爲震，天地之雜物也，故「爲玄黄」。

---

❶「成」，思賢本作「曰」。
❷「稱」，原作「成」，今據虞翻注及思賢本改。
❸「从四从似」，思賢本作「从似」。
❹「似即衆本字」，思賢本作「《説文》『似，四似立也』」。
❺「同」，思賢本作「通」。
❻「騂」，原作「騎」，今據思賢本及所引文改。
❼「取日出色也」，思賢本作「取日出時色雜也」。
❽「云」，思賢本作「曰」。

爲專、陽在初隱静，未出觸坤，故專，則「乾静也專」。延叔堅説，以「專」爲「旉，大布」，非也。此上虞義也。疏陽在初，乾初。其體隱静，未出觸坤，潛而勿用，故專。虞下注云「震内體爲專」，所謂「乾，其静也專」是也。延叔堅以「專」爲「旉，大布」，「旉」古「布」字，故云「大布」。坤已「爲布」，此不得更云布，故知「非也」。　案　今本作「旉」，干氏注云「花之通名，鋪爲花貌謂之藪」，義亦通也。自「震爲雷」至此，皆虞義。**爲大塗、**崔憬曰：萬物所出在春，故「爲大塗」，取其通生性也。疏王廙云：「大塗，萬物所出。」蓋萬物出乎震，其時爲春，故「爲大塗」，取其通生萬物之性也。又坤爲國。《考工記·匠人》曰：「國中九經九緯，經塗九軌。」震陽居於坤初，陽數九，是九軌爲大塗也。**爲長子、**虞翻曰：乾一索，故「爲長子」。疏一索得男，故「爲長子」。**爲決躁、**崔憬曰：取其剛在下動，故「爲決躁」也。疏剛動於下，足之躁也，故「爲決躁」。又陽息至二成兑，兑在夬爲決，震外體爲躁，故「爲決躁」也。**爲蒼筤竹、**《九家易》曰：蒼筤，青也。震陽在下，根長堅剛。陰爻在中，使外蒼筤也。疏《説文》：「蒼，草色也。」草色青，故謂「蒼筤」爲「青也」。震一陽在下，有「根長堅剛」之象。「陰爻在中」，中虚之象。東方色蒼，故「使外蒼筤也」。　愚案　竹、萑葦，皆根駢而莖分。震之一陽在下，二陰在上似之。木則根歧而幹隻，巽之一陰在下，二陽在上似之。**爲萑葦。**《九家易》曰：萑葦，蒹葭也。根莖叢生，蔓衍相連，有似雷行也。疏《説文》：「葦，大葭也。」故云「萑葦，蒹葭也」。根莖叢生，蔓衍相連，鄭氏以爲竹類是也。相連，故似雷行。**其於馬也，爲善鳴、**虞翻曰：爲雷，故善鳴也。疏乾爲馬，震得乾之初。雷有聲，故善鳴。**爲馵足、爲作足、**馬白後左足爲馵。震爲左、爲足、爲有，初陽白。故「爲作足」。疏《釋畜》曰「左白馵」。❶《説文》曰：「馵，馬後左足白也。」震在東，故「爲左足」。「有」當作「後」。《震》「後有則」，故「爲後」。巽陽在上爲白，伏震，震陽在初，故爲白。左白足，故「爲馵足」。王劭云：「馬行，先作弄四足。」作，起也。震足起，故「作足」。《魯頌》曰「思馬斯作」是也。**爲的**

❶ 「釋畜」，原作「釋獸」，今據思賢本及所引文改。

顙。的，白。顙，額也。震體頭在口上，白，故的顙。《詩》云「有馬白顛」是也。此上虞義也。疏《博雅》「的，白也」。《玉篇》「顙，額也」。震反生，以初爲顙。乾爲首，兑爲口，震乾初在兑上，故「體頭在口上」。初陽白，故「爲的顙」。「有馬白顛」，《詩·秦風》文。毛傳「白顛，的顙也」，故引以爲證。自「善鳴」至此，皆虞義也。其於稼也，爲反生。宋衷曰：陰在上，陽在下，故「爲反生」。謂枲豆之類，戴甲而生。疏《洪範》王肅注云「種之曰稼」。震陽出坤，如種出土，故震取象於稼。陰爲形在上，陽爲氣在下，故「爲反生」。「枲豆之類，戴甲而生」，鄭氏以爲「生而反出」是也。又坤元資生，乾陽反生，故「爲反生」。又「反」，虞作「阪」，注云「陵，阪也」。陵阪所生，則亦枲豆之屬也。其究爲健、爲蕃鮮。虞翻曰：震巽相薄，變而至三，則下象究。與四成乾，故「其究爲健、爲蕃鮮」。巽「究爲躁卦」，躁卦則震。震雷巽風無形，故卦特變耳。疏震巽「雷風相薄」，震變至三成巽。究於三，故下象言究也。下象已變，二與四互成乾。乾，健也，故「爲健」。蕃鮮，白也。究成巽白，故「爲蕃鮮」。震「究爲蕃鮮」，蕃鮮謂巽也。巽「究爲躁卦」，躁卦謂震也。震雷巽風，變化无形，且陰陽之始，故皆言究。他卦不言究，此獨言究，故云「特變」。

巽爲木、宋衷曰：陽動陰静，二陽動於上，一陰安静於下，有似於木也。疏陽主動，陰主静。「二陽動於上」，象枝葉。「一陰安静於下」，象根幹。故「有似於木也」。又柔爻爲草，剛爻爲木。震「爲蒼筤竹」、「爲萑葦」、爲稼，皆柔爻。巽爲木，謂剛爻也。爲風、陸績曰：風，土氣也。巽，坤之所生，故「爲風」。亦取静於本，而動於末也。疏《莊子》「大塊噫氣，其名爲風」，故云「風，土氣也」。巽陰自坤來，故云「坤之所生」。坤爲土，故「爲風」。一陰静下，二陽動上，故「亦取静於本，而動於末也」。爲長女、荀爽曰：柔在初。疏柔在初爻，一索得女，故「爲長女」。爲繩直、翟玄曰：上二陽共正一陰，使不得邪僻，如繩之直。孔穎達曰：取其號令齊物，如「繩直」也。疏《洪範》「木曰曲直」。陰失位於初，二得中，三得正，故「上二陽共正一陰」。陽直以正陰曲，陰順乎陽，故「使不得邪僻」。《説命》曰「木從繩則正」，木曲則繩之使直，所謂「齊乎巽」也，故「爲繩直」。　孔注　巽申命，故爲「號令」。巽絜齊，故云「齊物」。「號令齊物」，如繩直以正木也。**爲工、**荀爽曰：以繩木，故「爲工」。　虞翻曰：「爲近利市三倍」，故「爲工」。子夏曰「工居肆」。

疏荀注　凡規矩準繩，皆所以齊物。「齊乎巽」，故「爲工」。　虞注　巽近市利，《漢書・食貨志》「開市肆以通之」，❶是「市」即「肆」也。《論語》「子夏曰『百工居肆，以成其事』」，故近市爲工。　愚案　《考工記》：「審曲面埶，以飭五材，以辨民器，謂之百工。」材有五而皆从木，故謂之「工」。《左傳》曰：「山有木，工則度之。」巽爲木，故「爲工」。**爲白、**虞翻曰：乾陽在上，故白。　孔穎達曰：取其風吹去塵，故絜白也。疏虞注　坤於地爲黑，以其極陰也。坤陰爲黑，故乾陽爲白。巽二陽在上，故「爲白」。　孔注　巽爲絜齊，風吹去塵，有絜齊之象，故「爲白」。**爲長、**崔憬曰：取風行之遠，故「爲長」。疏風行至遠，故「爲長」。又五行惟木稱長，如《左傳》「長木之標」是也。**爲高、**虞翻曰：乾陽在上，長故「高」。孔穎達曰：取木生而高上。疏虞注　乾陽在上，惟長故「高」。　孔注　木生而上，故曰「高」。**爲進退、**虞翻曰：陽初退，故「進退」。荀爽曰：風行无常，故「進退」。疏虞注　陰長，故「陽初退」。陰進陽退，故「爲進退」。荀注　風行无常，忽進忽退，故「爲進退」。**爲不果、**荀爽曰：風行或東或西，故「不果」。疏「風行或東或西」，進退无常，故「不果」。又乾爲木果，巽陰消初，漸及於上，故「不果」。**爲臭。**虞翻曰：臭，氣也。風至知氣，巽二入艮鼻，故「爲臭」。《繫》曰「其臭如蘭」。疏臭者，凡氣之總名，故云「臭，氣也」。氣隨風動，故「風至知氣」。巽二變成艮，《九家易》「艮爲鼻」，故「巽二入艮鼻爲臭」也。《繫》釋同人九五爻辭，五應在二，六二互巽，故曰「其臭如蘭」。**其於人也，爲宣髮、**虞翻曰：爲白，故「宣髮」。馬君以宣爲寡髮，非也。疏乾爲人，下四象皆取乾，故稱「於人」。　鄭氏云：「頭髮顥落曰宣。取四月靡草，死髮在人體，猶靡草在地。」《楚辭・大招》「天白顥顥」。《說文》

❶「食貨」，原作「刑法」，今據思賢本及所引文改。

「顥，白貌」。是「顥落曰宣」，謂髮早白也。「爲白」，故髮宣。❶「宣髮」今本作「寡髮」，從馬君也。寡於巽无取，故云「非也」。「宣」「鮮」同音，「宣」即「蕃鮮」，亦訓「白」也。古「宣」「鮮」字，皆讀爲「斯」。《詩·瓠葉》曰「有兔斯首」，鄭箋云「斯，白也」。宣二年《左傳》「於思於思」，賈逵云「頭白貌」。「思」「斯」同音，「宣」讀如「斯」，故訓爲「白」也。**爲廣顙、**變至三，坤爲廣。四動成乾爲顙。在頭口上，故爲「廣顙」。與震「的顙」同義。震一陽，故「的顙」。巽變乾二陽，故「廣顙」。【疏】變至三，其究爲震，二互四爲坤，坤廣生，故「爲廣」。巽四動，則外體成乾「爲首」，故「爲顙」。巽口在下，顙在頭口上，故「爲廣顙」。與震「的顙」，頭在口上同義。震一陽在下，故「的顙」。巽變乾二陽，至四成坤，故「廣顙」。**爲多白眼、**「爲白」，离目上向，則白眼見，故「多白眼」。【疏】巽六畫卦，互體离，离爲目。三互五成离，故「目上向」。巽「爲白」，故「多白眼」。**爲近利市三倍。**變至三成坤，坤爲近。四動乾，乾爲利。至五成噬嗑，故稱「市」。乾三爻爲三倍，故「爲近利市三倍」。動上成震，故「其究爲躁卦」。八卦諸爻，唯震巽變耳。【疏】變至三，互四成坤，近如地，故爲「近」。四動，外體乾，乾美利爲「利」。變至五，體成噬嗑，「日中爲市，取諸噬嗑」，故爲「市」。五未變時，乾三陽爻爲「三倍」，故「爲近市利三倍」。上變則巽成震，震決躁，故「其究爲躁卦」。八卦諸爻，唯巽震特變，義已見前。**其究爲躁卦。**變至五，成噬嗑爲市。動上成震，故「其究爲躁卦」。明震内體爲專，外體爲躁，此上虞義。【疏】自巽初變，至上成震。故「其究爲躁卦」。震一陽静於内，故「内體爲專。」四陽動於外，故「外體爲躁」。震，陽之始，故言「卦」。自「爲宣髮」至此，皆虞義也。

坎爲水、宋衷曰：坎陽在中，内光明，有似於水。【疏】坎一陽在二陰之中，其内光明，有似於水。尋《説文》曰「𣱱，準也」。𣱱即☵之縱文也。又曰「北方之行，象衆水並流，中有微陽之氣也」，故「坎爲水」。**爲溝瀆、**虞翻曰：以陽闢坤，水性流通，故「爲溝瀆」也。【疏】「坤，其動也闢」，陽動陰中，故云「以陽闢坤」。坤爲土，水性流通於坤土之中，故其象「爲溝瀆」也。**爲隱伏、**虞翻曰：陽藏坤

❶「髮宣」，思賢本作「宣髮」。

中，故「爲隱伏」也。疏一陽藏於兩陰之中，故「爲隱伏」。

爲矯揉、宋衷曰：曲者更直爲矯，直者更曲爲揉。水流有曲直，故「爲矯揉」。疏使「曲者更直爲矯，直者更曲爲揉」。水流隨地，有曲有直，故「爲矯揉」也。

爲弓輪。虞翻曰：可矯揉，故「爲弓輪」。坎爲月，月在於庚爲弓，在甲象輪，故「弓輪」也。疏可矯曲爲直，揉直爲曲，故「爲弓輪」。坎爲月，弓象初月，輪象滿月。月在於庚，出震時也。初生明，故「爲弓」。又月在丁，上弦。在丙，下弦。故《參同契》曰「上弦兑數八，下弦艮亦八」。上弦下弦亦「爲弓」。月在甲，盈乾時也。望則月圓，故「爲輪」。賈誼《新書》曰「古之爲路輿，三十輻以象月」是也。

其於人也爲加憂、兩陰失心爲多眚，故「加憂」。疏亦乾爲人也。「失」當爲「夾」，初三兩陰夾心，多眚之象。陽陷陰中，險難可憂，故「加憂」。

爲心病、爲勞而加憂，故「心病」。亦以坎爲心。坎二折坤「爲心病」。此上虞義也。疏坎，勞卦也。既爲勞，而又「加憂」，故「爲心病」。《説文》：「心，人心，土藏在身之中。象形。」坤爲身，陽在坤中，故「爲心」。坤，土也。二折坤土，故「爲心病」。《説文》又謂「博士説以爲火藏」。即心爲大火也。《月令》「季夏，祭先心」，亦取火王之義。坎水克火，故「爲心病」。上三條，皆虞義也。

爲耳痛、孔穎達曰：坎，勞卦也。又主聽，聽勞則耳痛。疏坎爲耳主聽，坎爲勞，「聽勞則耳痛」。且爲疾多眚，故「痛」也。

爲血卦、爲赤。孔穎達曰：人之有血，猶地有水。赤，血色也。案十一月一陽爻生在坎，陽氣初生於黄泉，其色赤也。疏孔注《釋名》：「血，濊也。出於肉，流而濊濊也。」《説文》「濊，水多貌」，故云「人之有血，猶地有水」也。赤，亦血之色也。案《坤》上六「其血玄黄」，《文言》曰「猶未离其類也，故稱血焉」。坎正十一月，陰陽會於壬，牝坤生復，故坎「爲血卦」。案十一月一陽初生，其爻爲復，其時爲坎，故云「一陽爻生在坎」也。《檀弓》「周人尚赤」，❶鄭注「以建子之月爲正，物萌色赤」。《白虎通》「十一月之時，陽氣始養根株，黄泉之下，萬物皆赤」，故云「陽氣生於黄泉，其色赤也」。

其於馬也，爲美脊、宋衷曰：陽在中央，馬脊之象也。疏坎秉乾氣，故亦「於馬也」。一陽

❶「檀弓」，原作「曲禮」，今據所引文改。

在兩陰中央，脊之象也，故爲馬脊。**爲亟心、**崔憬曰：取其内陽剛動，故「爲亟心」也。**疏**陽剛在中，象背爲脊，象胸爲心。内陽剛動，故「爲亟心」。亟，疾也。**爲下首、**荀爽曰：水之流，首卑下也。**疏**象水之流，故其首卑下也。又「乾爲首」，陷於陰下，故「爲下首」。**爲薄蹏、**《九家易》曰：「薄蹏」者在下，水又趨下，趨下則流散，流散則薄，故「爲薄蹏」也。**疏**蹏在下，水性趨下，分流易散，故「薄」也。又蹏象震足，震象半見，故「薄蹏」。**爲曳。**宋衷曰：水摩地而行，故「曳」。**疏**鄭注《樂記》「摩，猶迫也」。謂水迫地而行，「爲曳」也。　愚案《儀禮·士相見禮》「執玉者，則唯舒武，舉前曳踵」，鄭注「備蹪跲也」。震象半見，足没坎水，故不敢疾趨，而曳踵也。亦謂馬也。**其於輿也，爲多眚。**虞翻曰：眚，敗也。坤爲大車，坎折坤體，故爲車多眚也。**疏**《夏官·大司馬》「馮弱犯寡則眚之」，❶鄭注「眚，損也」。「敗」亦訓「損」，故云「眚，敗也」。坤爲大轝，故有輿象。坎折坤二，則坤毁，故「多眚也」。王廙云「眚，病也」，從《説文》「眚，目病」之義，亦可從也。**爲通、**水流瀆，故通也。**疏**《風俗通·山澤篇》「瀆者，通也，所以通中國垢濁」，故云「水流瀆，故通也」。**爲月、**坤爲夜，以坎陽光坤，故「爲月」也。**疏**坤柔爲夜，以坎陽光於坤陰，故「爲月」。　愚案《淮南·天文訓》「月，天之使也」。「積陰之寒氣，大者爲水，❷水氣之精者爲月。」坎爲水，故「爲月也」。又納甲坎納戊，故晦夕朔旦，坎象流戊。坎爲月之本體，故「爲月」。**爲盜。**水流潛竊，故「爲盜」也。**疏**象水流地中，潛竊而行，故「爲盜也」。　愚案《詩·小雅》「君子信盜」，毛傳「盜，逃也」。《風俗通》言其「晝伏夜奔逃避」也。是「盜」亦取隱伏，陽藏陰中之義也。**其於木也，爲堅多心。**陽剛在中，故「堅多心」，棘，棗屬也。此上虞義也。　孔穎達曰：乾震坎皆以馬喻。乾至健，震至動，坎至行，故皆可以馬爲喻。坤則順，艮則止，巽亦順，离文

❶「夏官」至下文「訓損」，思賢本作「小過是謂災眚，虞彼注云『坎爲災眚』，《禮》『孔子閒居』，鄭注『敗謂禍烖也』，『烖』『災』同」。

❷「積陰」上，思賢本有「又曰」二字；「積陰之寒氣，大者爲水」，思賢本作「積陰之寒氣爲水」。

明而柔順，兑柔説，皆无健，故不以馬爲喻也。唯《坤》卦「利牝馬」，取其行，不取其健，故曰牝也。坎亦取其行，不取其健，其外柔，❶故「爲下首、薄蹄、曳」也。**疏**坎离俱有木象，离體巽，坎體震故也。坎陽剛在中，陽剛故堅，在中故多心也。《埤雅》：「大者棗，小者棘，於文並从兩朿。」《説文》：「朿，木莿也。」多朿則多心，故云「棘棗屬也」。自「多眚」至此，皆虞義。孔注　乾健，故喻馬。震動坎行，又稟乾氣，故「皆可以馬喻」。坤艮巽离兑皆无健。艮上雖稟乾陽，其象爲止。故皆「不以馬爲喻也」。坤雖柔順而凝乾元，故「利牝馬」，亦「取其行，不取其健」，故云牝馬。亦不列於《説卦》也。坎中陽爻雖健，亦取水行之象，非取其健也。且中雖健，外皆柔，故「爲下首、薄蹄、曳也」。

离爲火、崔憬曰：取卦陽在外，象火之外照也。**疏**陽爻在外，象火外照，故「爲火」。孔氏又以爲「取南方之行」是也。**爲日、**荀爽曰：陽外光也。**疏**亦取陽光外照也。《淮南·天文訓》：「積陽之熱氣生火，火氣之精者爲日。」「故陽燧見日，則然而爲火」。是「爲火」，故「爲日」也。又納甲，离納己，日中离日就己，离爲日之本體，故「爲日」。**爲電、**鄭玄曰：取火明也。久明似日，暫明似電也。**疏**電有光，取火之明也。《釋名》「電，殄乍見則殄滅也」。故云「久明似日，暫明似電也」。火也、日也、電也，皆陽光外見也。**爲中女、**荀爽曰：柔在中也。**疏**柔爻在中，再索而得女也，故「爲中女」。**爲甲冑、**虞翻曰：外剛，故爲甲。乾爲首，巽繩貫甲而在首上，故爲「冑」。冑，兜鍪也。**疏**陽剛在外，取其堅，故爲甲。坤二之乾成离。坤爲身，甲所以護身也。乾爲首，冑所以護首也。巽象半見於乾上，中貫之，故「巽繩貫甲而在首上爲冑」也。「冑，兜鍪也」，《説文》文。**爲戈兵。**乾爲金，离火斷乾，燥而鍊之，故「爲戈兵」也。**疏**體乾爲金，离火斷乾金，燥而鍊之，故「爲戈兵」。《考工記》所謂「鑠金以爲刃」是也。**其於人也，爲大腹。**象日常滿，如妊身婦，故「爲大腹」。乾爲大也。**疏**體乾，故曰「於人」。《禮統》「日，實也」，❷故「象日常滿」。离者，陰之受陽，故象

❶「其」，思賢本作「皆」。
❷「禮統」，思賢本作「説文」。

「妊身婦」。坤爲腹，乾爲大，故「爲大腹」也。**爲乾卦、**火日熯燥物，故「爲乾卦」也。疏上云「日以烜之」，又云「燥萬物者，莫熯乎火」，故「爲乾卦」。坎爲乾精，离爲乾氣，故皆稱「卦」。**爲鼈、爲蟹、爲蠃、爲蚌、爲龜。**此五者，皆取外剛内柔也。疏离爲甲，五者皆甲蟲之屬。鄭氏云「皆骨在外」，故云「外剛内柔也」。**其於木也，爲折上槀。**巽木在离中，體大過死，巽蟲食心則折也。蠹蟲食口木，故「上槀」。或以离火燒巽，故「折上槀」。此上虞義。　宋衷曰：陰在内則空中，木中空則上科槀也。疏六畫卦离互巽，故「巽木在离中」。自二至五體似大過，棺椁死象。「巽蟲」者，巽爲風，《易本命》曰：「二九十八，八主風、主蟲，❶故蟲八日化。」王充《論衡》曰「夫蟲，風氣所生。倉頡知之，故凡蟲爲風之字」，取氣於風，故云「巽蟲」也。离互巽蟲，食心則木折也。又互兑爲口。「蠹蟲食口」，謂蟲口食木也。蟲食其下，故上枯槀也。或以离火燒巽木，故「折上槀」，義亦通。自「爲甲胄」至此，皆虞義也。　宋注　陽實陰虛，故「陰在内則中空」。鄭氏云「陰在内爲疾」，故「木中空則上科槀也」。「折」，別本作「科」。

艮爲山、宋衷曰：二陰在下，一陽在上。陰爲土，陽爲木。土積於下，木生其上，山之象也。疏巽陽爻象木，陰爻象草，故以「二陰在下」爲土，❷「一陽在上」爲木。木生土上，「山之象也」。　愚案　《周語》曰：「山，土之聚也。」《乾坤鑿度》引《地形》曰：「山者，艮也。地土之餘，積陽成體，石亦通氣，萬靈所止。」一陽止於坤土之上，故「艮爲山」。又《春秋説題辭》曰「陰含陽，故石凝爲山」。艮二陰含一陽，即石凝爲山之象也。**爲徑路、**虞翻曰：艮爲山中徑路，震陽在初，則爲大塗。艮陽小，故「爲徑路」也。疏艮爲山，故云「山中徑路」也。震陽在初爲本，本大則陽大，陽大則「爲大塗」。艮陽在上爲末，末小故陽小，陽小故「爲徑路」。又鄭氏「田間之道曰徑路」。艮爲之者，取山間兔鹿之蹊。❸**爲小石、**陸績曰：艮，剛卦之小，故「爲小石」者也。疏艮陽在上，故爲「剛卦之小」。

❶「主蟲」上，思賢本有「風」字。
❷「以」，思賢本作「艮」。
❸「兔鹿」，思賢本作「鹿兔」。

石，土之陽也。艮爲山，陽小，故「爲小石」。**爲門闕**、虞翻曰：乾爲門，艮陽在門外，故「爲門闕」。兩小山，闕之象也。**疏**易出於乾，故「乾爲門」。艮陽，乾三也。在門外，故「爲門闕」。《廣韻》：「闕在門兩旁，❶中央闕，然爲道也。」艮下二偶，象兩小山，故云「闕之象也」。**爲果蓏**、宋衷曰：木實謂之果，草實謂之蓏。桃李瓜瓞之屬，皆出山谷也。**疏**果从木，故「木實謂之果」。蓏从草，故「草實謂之蓏」。桃李果屬，瓜瓞蓏屬，皆出山谷，故「爲果蓏」。

愚案　乾爲木果，以其純陽也。艮上一陽自乾來，故「爲果」。又「爲蓏」者，陽爻似果，陰爻似蓏。猶巽陽爻爲木，陰爻爲草也。又果蓏能成終而成始，故象艮也。**爲閽寺**、宋衷曰：閽人主門，寺人主巷。艮爲止，此職皆掌禁止者也。**疏**《天官・閽人》「掌守王宮中門之禁」，故云「閽人主門」。又《寺人》「掌王之内人，及女宮之戒令」，《詩・巷伯》鄭箋「巷伯，奄官。掌王后之命，於宮中爲近，故謂之巷伯」，故云「寺人主巷」。蓋「閽人主門」，守王宮者也，止人之不應入。「寺人主巷」，掌后命者也，止人之不當出。艮「爲門闕」，又爲止，「此職皆掌禁止」門闕，故「爲閽寺」。**爲指**、虞翻曰：艮手多節，故「爲指」。**疏**艮爲手，又爲木多節。手而多節，指之象也，故「爲指」。**爲拘**、虞翻曰：指屈伸制物，故「爲拘」。「拘」舊作「狗」，上已「爲狗」，字之誤。**疏**上云「爲指」，指屈伸能制物，故「爲拘」。「拘」舊作「狗」。上文已云「爲狗」，不得復云「狗」，故知爲「字之誤」也。愚案　《説文》「拘，止也」。拘从手，取手能止物之義。艮爲手、爲止，故「爲拘」。隨上六下應六三，三互艮，上係於三，故曰「拘係之」是也。**爲鼠**、虞翻曰：似狗而小，在坎穴中，故「爲鼠」。晉九四是也。**疏**艮爲狗，鼠形似狗而小也。坎象半見，故「在坎穴中」。似狗而在穴，故「爲鼠」。晉九四互艮，故曰「碩鼠」是也。愚案　襄二十三年《左傳》：「臧武仲謂齊景公曰『抑君似鼠，晝伏而夜動』。」蓋鼠陰物，艮二陰伏於下，見陽則止，是晝伏夜動之象也，故「爲鼠」。一説鼠之前爪四指，陰也。後爪五指，陽也。故爲陰陽之始終而象艮。**爲黔喙之屬**。馬融曰：黔喙，肉食之獸，謂

❶「廣韻」，思賢本作「釋名」。

豺狼之屬。黔，黑也。陽玄在前也。疏獸黔喙者皆肉食，若豺狼之屬。鄭氏以爲虎豹之屬，取其爲山獸是也。《説文》「黔，黎也」，謂黑色也。乾陽在上，其色玄，故云「陽玄在前也」。　案　乾爲首在上，坤二陰似口在下，坤亦色黑，故「爲黔喙之屬」也。**其於木也，爲多節。**虞翻曰：陽剛在外，故「多節」。松柏之屬。疏艮亦體震，故亦象木。艮陽剛在外，多節之象，若松柏之屬是也。

愚案　震爲木之始，故「反生」。艮爲木之終，故「多節」。蓋木老則多節。《雜卦》曰「節者，止也」。艮於木亦取多節，則止之義也。水澤有互艮象，故亦名節也。

兑爲澤、虞翻曰：坎水半見，故「爲澤」。　宋衷曰：陰在上，令下溼，故「爲澤」也。疏虞注　《周語》曰「澤，水之所鍾也」。宣十二年《左傳》「知莊子曰『在師之臨，川壅爲澤』」，杜注：「坎爲川，今變爲兑，兑爲澤，是以見壅。」❶蓋一陽壅於下，坎水半見於上，故「爲澤」也。宋注　一陰在上，令下潤溼，潤澤之象也，故「爲澤」。

爲少女、虞翻曰：坤三索，位在末，故少也。疏坤三索而得女，陰位在末，故「爲少女」。**爲巫、**乾爲神，兑爲通，與神通氣。女，故「爲巫」。疏乾陽之伸，故「爲神」。兑「山澤通氣」，故「爲通」。兑息即乾，故「與乾神通氣」。《楚語》曰「在女曰巫」。少女，故「爲巫」也。**爲口舌、**兑爲震聲，故「爲口舌」。疏震以陽爲聲，兑息自震，故「兑爲震聲」。上陰象口，中陽象舌，故「爲口舌」。**爲毁折、**二折震足，故「爲毁折」。疏震息成兑，故云「二折震足」。兑西方金，剋震東方木。金剋木，故「爲毁折」。**爲附決。**乾體未圜，故「附決」也。疏乾爲圜，息未成乾，故「未圜」。陽已至二，陰猶附之，故「乾體未圜」，當決而去之也。　孔疏：「兑西方之卦，又兑主秋也，取秋物成熟。稾稈之屬，則毁折也。果蓏之屬，則附決也。」**其於地也，爲剛鹵。**乾二陽在下，故剛。澤水潤下，故鹹。此上虞義。　朱仰之曰：取金之剛不生也。剛鹵之地不生物，故「爲剛鹵」者也。疏兑得坤三，在地之上，故言「於地」。「立地之道，曰柔與剛」，乾二陽在下，故剛。《洪範》曰「水曰潤下」，又曰「潤下作鹹」，澤水潤下爲鹹，故

❶「以」，思賢本作「川」。

鹵。自「爲少女」至此，皆虞義也。　朱注　兑，西方卦，金象也。金剛，故「不生」。《説文》「鹵，西方鹹地也」。西方多剛鹵之地，不能生物，故「爲剛鹵也」。**爲妾**、虞翻曰：三少女位賤，故「爲妾」。**疏**孔氏云「少女從姊爲娣」，故云「位賤爲妾」也。**爲羔**。羔，女使。皆取位賤，故「爲羔」。舊讀以震駹爲龍，艮拘爲狗，兑羔爲羊，皆已見上，此爲再出，非孔子意也。震已爲長男，又言長子，謂以當繼世，守宗廟，主祭祀，故詳舉之。三女皆言長、中、少，明女子各當外成，故別見之。此其大例者也。此上虞義。**疏**鄭氏云「羊，女使」。虞作「羔」，亦云「女使」，從鄭訓也。少女位賤，故「爲羔」。又鄭本作「陽」，云「此『陽』讀若『養』」，❶无家女，行賃炊爨，今時有之，賤於妾也」。尋宣十二年《公羊傳》「斯役扈養」，注云「炊烹者曰養」。據此則當作「養」。如《頤》之言「養」。以及《蒙》之「養正」，皆體艮，故言養也。案：舊本震爲龍，艮爲狗，兑爲羊已見，不得再見。如巽雞、坎豕、离雉，《傳》不再出，其明徵也。故「龍」當爲「駹」，「狗」當爲「拘」，「羊」當爲「羔」。今據鄭注，則「羊」又當爲「養」也。震已言一索爲長男，又言長子者，《序卦》曰「主器者莫若長子」。《震·彖傳》曰「出可以守宗廟社稷，以爲祭主也」。故長子責重，詳舉之，而不及中男、少男也。三女詳舉者，以女子各當外適成家，故別見也。此六子或及或不及之大例也。此及上條皆虞義。

同邑周金鏞東序校

周易集解纂疏卷三十四

❶「若」，思賢本作「爲」。

周易集解纂疏卷三十五

唐李鼎祚集解　安陸李道平遵王纂疏

序　卦

有天地，然後萬物生焉。干寶曰：物有先天地而生者矣，今正取始於天地。天地之先，聖人弗之論也。故其所法象，必自天地而還。《老子》曰：「有物混成，先天地生。吾不知其名，彊字之曰道。」上《繫》曰：「法象莫大乎天地。」《莊子》曰：「六合之外，聖人存而不論。」《春秋穀梁傳》曰：「不求知所不可知者，智也。」而今後世，浮華之學，彊支离道義之門，求入虛誕之域，以傷政害民。豈非「讒説殄行」，大舜之所疾者乎。**疏**「物有先天地而生者」，道是也。「正」，當作「止」。今《易》首乾坤，「止取始於天地」者，以天地之先，聖人弗論，懼其淪於玄虛也。故其所法象，必自既有天地而還，而以乾坤爲首焉。《老子・道經》曰「有物混成，先天地生」，此即太極也。又曰「吾不知其名，字之曰道」，以其爲天地萬物之所共由，故名之以道也。《繫上》曰「法象莫大乎天地」，故「天尊地卑」，而乾坤以定。「六合之外，聖人存而不論」，《莊子・齊物論》文。「知其不可知，知也」，隱公三年《穀梁傳》文，與此微異。引之以明首乾坤而不及天地以先之意也。「而今」以下，蓋傷晉世浮華虛誕，支离道義，而傷政害民也。「讒説殄行」，《虞書・舜典》文。

盈天地之間者，唯萬物，故受之以屯。屯者，盈也。荀爽曰：謂陽動在下，造生萬物於冥昧之中也。**疏**已詳《屯・彖傳》「天造草昧」注。兹不復贅，後倣此。

屯者，萬物之始生也。韓康伯曰：屯剛柔始交，故爲「萬物之始生也」。　崔憬曰：此仲尼序文王次卦之意。不序乾坤之次者，以「一生二，二生三，三生萬物」，則天地次第可知，而萬物之先後宜序也。「萬物之始生」者，言剛柔始交，故萬物資始於乾，而資生於坤也。**疏**韓注　「乾剛坤柔」，繼之以屯，故云「剛柔始交」。內體震，震，東方之卦，「萬物出乎震」，故云「萬物之始生也」。　崔注　已詳卦首。物生必蒙，故受之以蒙。蒙者，物之穉也。崔憬曰：萬物始生之後，漸以長穉，故言「物生必蒙」。　鄭玄曰：蒙，幼小之貌。齊人謂「萌」爲「蒙」也。**疏**已詳。物穉不可不養也，故受之以需。需者，飲食之道也。荀爽曰：坎在乾上，中有离象，水火交和，故爲「飲食之道」。　鄭玄曰：言孩穉不養，則不長也。**疏**荀注　坎水在乾上，中互离火，水上火下，是「水火交和」，而有烹飪之象也，故爲「飲食之道」。　鄭注　《詩·衛風》「衆穉且狂」，❶毛傳「幼，穉」，故「言孩穉」。《孟子》曰「苟得其養，無物不長」，故云「不養，則不長也」。飲食必有訟，故受之以訟。韓康伯曰：夫有生則有資，有資則爭興也。　鄭玄曰：「訟」猶爭也。言飲食之會，恒多爭也。**疏**韓注　承「物生必蒙」來，故云「有生」。《儀禮·聘禮》「問歲月之資」，鄭注：「資，行用也。」物生則需用而爲飲食，飲食資用，則爭興而爲訟焉。　鄭注已詳。訟必有衆起，故受之以師。師者，衆也。《九家易》曰：坤爲衆物，坎爲衆水。上下皆衆，故曰「師」也。「凡制軍，萬有二千五百人爲軍。天子六軍，大國三軍，次國二軍，小國一軍。軍有將，皆命卿也。二千五百人爲師，師帥皆中大夫。五百人爲旅，旅帥皆下大夫也。」　崔憬曰：因爭必起相攻，故「受之以師」也。**疏**《九家》注　「坤爲衆」，又「萬物資生」，故云「坤爲衆物」。坎折坤二，又伏坤下，《晉語》「坎，勞也、水也、衆也」，韋注「水亦衆之類」，故「坎爲衆水」。上坤下坎，皆有衆象，故曰「師也」。「凡制軍」以下，皆本《夏官·大司馬》文。　崔注已詳。衆必有所比，故受之以比。韓康伯曰：衆起而不比，則爭无息。必相親比，而後得寧也。**疏**承「訟必有衆起」來，言衆起而不相親比，則爭興無由息也。衆必親比，然後爭息而衆得寧焉。比者，比也。比必有所畜，故受之以小畜。韓康伯曰：比非大通之道，則各有所畜以相濟也。由比而畜，故曰小畜，而不能大也。**疏**比近於私，故「非大通之道」。私比「則各有所畜以相濟」，故由比而有所畜者，「小畜，而不能大也」。又詳見比卦。物畜然

❶「詩衛風」至下文「幼穉」，思賢本作「揚子《方言》曰『穉，年小也』，年小」。

後有禮，故受之以履。履者，禮也。韓康伯曰：禮所以適時用也，故既畜則須用，有用則須禮也。疏《禮器》「禮時爲大」，故云「禮所以適時用也」。物畜則用以通之，《孟子》曰「用之以禮」，故「有用則須禮也」。履然後安，故受之以泰。泰者，通也。荀爽曰：謂乾來下降，以陽通陰也。姚信曰：安上治民，莫過於禮。有禮然後泰，泰然後安也。疏荀注　乾天在上，坤地在下。今乾來下降成泰，天地交，故云「以陽通陰也」。姚注　《孝經》曰「安上治民，莫善於禮」。蓋有禮則「辨上下，定民志」，「上下交而其志同」，故泰也。《曲禮》「有禮則安」，故「泰然後安也」。物不可以終通，故受之以否。崔憬曰：物極則反，故不終通而否矣。所謂「城復于隍」。疏已詳。物不可以終否，故受之以同人。韓康伯曰：否則思通，「人人同志」，故可出門同人，不謀而合。疏不通故否，「否終則傾」，故否極思通，人人同志。《彖傳》曰「唯君子爲能通天下之志」是也。故可出門同人，不謀而合。「柔得位得中而應乎乾」是也。與人同者，物必歸焉，故受之以大有。崔憬曰：以欲從人，人必歸己，❶所以成大有。疏已詳。有大者不可以盈，故受之以謙。崔憬曰：富貴而自遺其咎，故「有大者不可盈」。當須謙退，天之道也。疏已詳。有大而能謙必豫，故受之以豫。鄭玄曰：言國既大，而有謙德，則於政事恬豫。「雷出地，奮豫」，豫，行出而喜樂之意。疏已詳。豫必有隨，故受之以隨。韓康伯曰：順以動者，衆之所隨也。疏已詳。以喜隨人者必有事，故受之以蠱。蠱者，事也。《九家易》曰：子行父事，備物致用，而天下治也。「備物致用，立成器以爲天下利，莫大於聖人。」子脩聖道，行父之事，以臨天下，無爲而治。疏已詳。有事然後可大，故受之以臨。臨者，大也。荀爽曰：陽稱大。謂二陽動升，故曰「大也」。宋衷曰：事立功成，可推而大也。疏荀注　陽息稱大。臨九二荀彼《象》注云「陽感至二，當升居五」，故謂「二陽動升」。陽

❶「人」，據《序卦》文及卷八「大有」《序卦》崔憬注，似應爲「物」。

動而升，故曰「大也」。　宋注　《繫上》曰「有功則可大」，又曰「可大則賢人之業」。蓋坤爲事業，富有，故「可大」。臨外體坤，故「事立功成，可推而大也」。　物大然後可觀，故受之以觀。　虞翻曰：臨反成觀，二陽在上，故「可觀」也。　崔憬曰：言德業大者，可以觀政於人也。疏虞注　臨下二陽，反上成觀。以五陽觀示坤民，故「可觀也」。　崔注已詳。　可觀而後有所合，故受之以噬嗑。嗑者，合也。　虞翻曰：頤中有物食，故曰「合」也。　韓康伯曰：可觀，則異方合會也。疏虞注　《噬嗑·彖傳》曰「頤中有物曰噬嗑」，❶虞彼注云「物謂四。頤中无物，則口不噬」，故以「頤中有物食」爲「合」也。　韓注　中正以觀，則下觀而化，故「可觀，則異方合會也」。噬嗑自否來，否坤爲方，剛柔分爲「異方」。雷下電上，合而成章，是「異方合會」也。　物不可以苟合而已，故受之以賁。賁者，飾也。　虞翻曰：分剛上文柔，故「飾」。　韓康伯曰：物相合，則須飾以脩外也。疏虞注　賁自泰來，分泰上之柔，來文二剛。《禮·樂記》曰「文采節奏，聲之飾也」，故曰飾也。　韓注　《詩》云「金玉其相」，即「物相合」也。又云「追琢其章」，即「飾以脩外也」。　致飾而後亨則盡矣，故受之以剥。剥者，剥也。　荀爽曰：極飾反素，文章敗，故爲「剥」也。疏《賁》上九曰「白賁无咎」，是「極飾反素」也。素則「文章敗」，故「爲剥也」。又韓注云「極飾則實喪也」。　物不可以終盡，剥窮上反下，　虞翻曰：陽四月窮上，消遘至坤者也。疏陽至四月，乾窮於上。至五月，一陰消姤，至九月成剥，十月成坤。至十一月，陽反下出復，故曰「窮上反下」。　故受之以復。　崔憬曰：夫易窮則有變，物極則反於初，故剥之爲道，不可終盡，而受之於復也。疏已詳。　復則不妄矣，故受之以无妄。　崔憬曰：物復其本，則爲誠實，故言「復則无妄矣」。疏已詳。　有无妄，物然後可畜，故受之以大畜。　荀爽曰：物不妄者，畜之大也。畜積不敗，故「大畜」也。疏物不妄者，則「茂對時，育萬物」，故云「畜之大也」。「剛健篤實，輝光日新」，是「畜積不敗，故大

❶「噬嗑」，原作「頤」，今據思賢本及所引文改。

畜也」。物畜然後可養，故受之以頤。頤者，養也。虞翻曰：「天地養萬物，聖人養賢以及萬民。」崔憬曰：「大畜剛健，輝光日新」，則可「觀其所養」，故言「物畜然後可養」也。疏虞注　引《彖傳》文，以明物畜可養義。詳崔注下。❶不養則不可動，故受之以大過。虞翻曰：人頤不動則死，故「受之以大過」。大過否卦，棺椁之象也。疏人賴頤動以養生，「頤不動則死」，故「受之以大過」。大過否閉之卦，棺椁取大過，故云「棺椁之象也」。「否」疑作「死」，大過棺椁，故云死卦。物不可以終過，故受之以坎。坎者，陷也。韓康伯曰：過而不已，則陷沒也。疏《大過》上九曰「過涉滅頂」，是「過而不已」也。「凶」則陷沒而成坎也。陷必有所麗，故受之以离。离者，麗也。韓康伯曰：物極則變，極陷則反所麗。疏物窮則變，陰極變陽，陽極變陰也。蓋坎一陽陷於兩陰，离一陰麗於兩陽，故坎陷已極，則反變爲离，而有所麗也。

有天地，虞翻曰：謂天地否也。疏乾上坤下，故「謂天地否也」。然後有萬物。謂否反成泰。「天地壹壹，萬物化醇」，故「有萬物」也。疏否反泰類，❷故「謂否反成泰」。「天地壹壹，萬物化醇」，《繫下》文。虞彼注云：「謂泰上也。先説否，否反成泰，故不説泰。天地交，萬物通，故『化醇』。」所以「有天地，然後有萬物」也。有萬物，然後有男女。謂泰已有否，否三之上，反正成咸。艮爲男，兑爲女，故「有男女」。疏泰至四成乾，❸至七月成否。否於時爲秋，《釋名》：「秋，就也，言萬物成就也」。「有萬物」，故云「泰已有否」也。咸自否來，故「否三上反正」，則成男女。内艮少男，外兑少女，故曰「有男女」也。有男女，然後有夫婦。咸反成恒，震爲夫，巽爲婦，故「有夫婦」也。疏咸恒亦反其類也，故咸反則成恒。震上長男爲夫，巽下長女爲婦，故曰「有夫婦也」。有夫婦，然後有父子。謂咸上復乾成遯。乾爲父，艮爲子，故「有父子」。疏咸上復還乾位，其體成遯。上

❶「詳崔注下」，據例，似應爲「崔注已詳」。
❷「否反泰類」，思賢本作「否泰反類」。
❸「四」下，思賢本有「月」字。

乾爲父，下艮爲子，故曰「有父子」。**有父子，然後有君臣。**謂遯三復坤成否。乾爲君，坤爲臣，故「有君臣」也。**疏**遯三變復坤，其體爲否。上乾爲君，下坤爲臣，故「有君臣也」。**有君臣，然後有上下。**否乾君尊上，坤臣卑下，「天尊地卑」，故「有上下」也。**疏**否乾君尊在上，坤臣卑在下。「天尊地卑，乾坤定矣」，故曰「有上下也」。**有上下，然後禮義有所錯。**錯，置也。謂天君父夫，象尊錯上。地婦臣子，禮卑錯下。坤，地道、妻道、臣道，故「禮義有所錯」者也。此上虞義。　干寶曰：錯，施也。此詳言人道，三綱六紀，有自來也。人有男女，陰陽之性，則自然有夫婦配合之道。有夫婦配合之道，則自然有剛柔尊卑之義。陰陽化生，血體相傳，則自然有父子之親。以父立君，以子資臣，則必有君臣之位。有君臣之位，故有上下之序。有上下之序，則必禮以定其體，義以制其宜。明先王制作，蓋取之於情者也。上《經》始於乾坤，有生之本也。下《經》始於咸恒，人道之首也。《易》之興也，當殷之末世，有妲己之禍。當周之盛德，有三母之功。以言天不地不生，夫不婦不成。相須之至，王教之端。故《詩》以《關雎》爲《國風》之始。而《易》於咸恒備論禮義所由生也。**疏**「錯，置也」，已詳上《繫》「苟錯諸地」。「天君父夫」皆陽也，「在天成象」，故云「象尊錯上」。「地婦臣子」皆陰也，「知崇禮卑」，「卑法地」，故云「禮卑錯下」。坤，「地道也，妻道也，臣道也」，「苟錯諸地而可矣」。禮義皆屬坤，故曰「禮義有所錯」也。自「有天地」至此，皆虞義。　干注　錯施，猶錯置也。《白虎通》曰：「三綱者，君爲臣綱，父爲子綱，夫爲妻綱。六紀者，師長君臣之紀，諸父兄弟父子之紀，諸舅朋友夫婦之紀。」上《經》首言天地，下《經》首言人道，此則詳言由天地而及人道，故言「三綱六紀，有自來也」。男陽女陰，故「自然有夫婦配合之道」。夫剛而尊，婦柔而卑，故「自然有剛柔尊卑之義」。陽變則陰化，陽施則陰生。以陰承陽，則「血體相傳」，故「自然有父子之親」。以父之尊而立爲君，以子之卑而資爲臣，君臣定，故「上下有序」也。《郊特牲》曰：「夫婦有別，❶然後父子親。父子親，然後義生。義生，然後禮作。」《禮運》曰「禮者，❷義之實也」，是禮因義生也。《禮器》曰「禮也者，猶體也」，故「必禮以定其體」。《中庸》曰

---

❶「夫婦有別」，思賢本作「男女有別」。

❷「禮者」，思賢本作「故禮也者」。

「義者，宜也」，故「必義以制其宜」。《禮運》曰「人情者，聖王之田也。修禮以耕之，陳義以種之」，故云「先王之制作，蓋取之於情者也」。咸、恒《彖傳》皆言「天地萬物之情」，是其義也。「上《經》始於乾坤」，乾大生，坤廣生，故云「有生之本也」。「下《經》始於咸恒」，咸二少相感，恒二長相與，故云「人道之首也」。《易》之興，當殷周之際。《晉語》「殷伐有蘇氏，有蘇氏以妲己女焉。妲己有寵而亡殷」，故云「殷之末世，有妲己之禍」。《詩・大雅》「思齊太任，文王之母。思媚周姜，京室之婦。太姒嗣徽音，則百斯男」。又《帝王世紀》「妃太公之女曰邑姜，❶修教於内」。故云「當周之盛德，有三母之功」。《穀梁傳》曰「獨陽不生，獨天不生」，故言「天不地則不生，夫不婦則不成」。夫婦相須，以爲王教之端，即匡衡所謂「綱紀之首，王化之端」是也。《詩・序》：「《關雎》，后妃之德也，風之始也，所以封天下而正夫婦也。」❷故孔子删《詩》，以《關雎》爲《風》始。及其序《易》，上《經》首乾坤，下《經》首咸恒。於咸恒之始，備論天地。蓋溯夫婦之所由成，以明禮義之所由生。欲人重人倫，脩人事，參三才而立極也。

夫婦之道，不可以不久也，故受之以恒。恒者，久也。鄭玄曰：言夫婦當有終身之義。「夫婦之道」，謂咸恒也。疏已詳。**物不可以終久於其所，故受之以遯。遯者，退也。**韓康伯曰：夫婦之道，以恒爲貴。而物之所居，不可以終恒，宜與時升降，有時而遯者也。疏已詳。**物不可以終遯，故受之以大壯。**韓康伯曰：《遯》「君子以遠小人」，遯而後通，何可終邪？陽盛陰消，君子道勝也。疏已詳。**物不可以終壯，故受之以晉。晉者，進也。**崔憬曰：不可以終壯於陽盛，自取「觸藩」。宜「柔進而上行」，受茲「錫馬」。疏已詳。**進必有所傷，故受之以明夷。夷者，傷也。**《九家易》曰：日在坤下，其明傷也。言晉極當降，復入于地，故曰明夷也。疏已詳。**傷於外者，必反於家，故受之以家人。**虞翻曰：晉時在外，家人在内，故反家人。韓康伯曰：傷於外者，必反諸内矣。疏虞注　晉時离在外，明夷反晉，离在内，明則傷矣。明夷五上變巽，成家人，离在内，巽在

❶「妃」，思賢本作「武王妃」。
❷「封」，思賢本作「風」。

外，巽爲進退，知進必有傷，故退而反於家爲家人。韓注已詳。家道窮必乖，故受之以睽。睽者，乖也。韓康伯曰：室家至親，過在失節，故家人之義，唯嚴與敬。「樂勝則流，禮勝則离」，家人尚嚴，其弊必乖者也。疏「樂勝則流，禮勝則离」，《禮·樂記》文。崔言「失節則窮」，韓云「尚嚴必乖」。卦首存崔注，《序卦》存韓注，義實相須也。但《家人·彖傳》曰「家人有嚴君焉」，九三爻辭曰「家人嗃嗃，悔厲吉。婦子嘻嘻，終吝」，則崔説尤合經旨也。乖必有難，故受之以蹇。蹇者，難也。崔憬曰：二女同居，其志乖而難生，故曰「乖必有難」也。疏已詳。物不可以終難，故受之以解。解者，緩也。崔憬曰：蹇終則「來碩。吉，利見大人」，故言「不可終難，故受之以解」者也。疏已詳。緩必有所失，故受之以損。崔憬曰：宥罪緩死，失之則僥倖，有損於政刑，故言「緩必有所失，受之以損」。疏已詳。損而不已必益，故受之以益。崔憬曰：損終則「弗損益之」，故言「損而不已必益」。疏已詳。益而不已必決，故受之以夬。夬者，決也。韓康伯曰：益而不已則盈，故「必決」也。疏已詳。決必有遇，故受之以姤。姤者，遇也。韓康伯曰：以正決邪，必有喜遇。疏陽正陰邪，以五陽決一陰，故云「以正決邪」。兑爲喜説，反入於巽，故云「必有喜遇」。物相遇而後聚，故受之以萃。萃者，聚也。崔憬曰：「天地相遇，品物咸章」，故言「物相遇而後聚」也。疏已詳。聚而上者謂之升，故受之以升。崔憬曰：用大牲而致孝享，故順天命而升爲王矣，故言「聚而上者謂之升」。疏已詳。升而不已必困，❶故受之以困。崔憬曰：冥升在上，以消不富則窮，故「言升而不已必困」也。疏已詳。困乎上者必反下，故受之以井。崔憬曰：困極于臲卼，則反下以求安，故言「困乎上必反下」。疏已詳卦首。但「臲卼」彼作「劓刵」，❷從此爲是。井道不可不革，故受之以革。韓康伯

❶「不已」，原作「上者」，今據思賢本及卷十八困《序卦》文改。

❷「刵」，思賢本作「刖」。

曰：井久則濁穢，宜革易其故。**疏**已詳。革物者莫若鼎，故受之以鼎。韓康伯曰：革去故，鼎取新。既以去故，則宜制器立法，以治新也。鼎所以和齊生物，成新之器也，故取象焉。**疏**已詳。主器者莫若長子，故受之以震。震者，動也。崔憬曰：鼎所亨飪，享於上帝。主此器者，莫若冢嫡，以其爲祭主也，故言「主器者莫若長子」。**疏**已詳。物不可以終動，止之，故受之以艮。艮者，止也。崔憬曰：震極則「征凶」，「婚媾有言」，當須止之，故言「物不可以終動」，故「止之」也。**疏**已詳。物不可以終止，故受之以漸。漸者，進也。虞翻曰：否三進之四，巽爲進也。**疏**否三進之四成漸，巽爲進退，故爲進，而云「漸者，進也」。進必有所歸，故受之以歸妹。虞翻曰：震嫁兑，兑爲妹。嫁，歸也。**疏**震長兄嫁兑少女，故「兑爲妹」。婦人謂嫁曰歸，故云「嫁，歸也」。得其所歸者必大，故受之以豐。豐者，大也。崔憬曰：歸妹者，姪娣媵，國三人，九女，爲大援，故言「得其所歸者必大」也。**疏**已詳。窮大者必失其居，故受之以旅。崔憬曰：諺云「作者不居，況窮大甚，而能處乎」，故必獲罪去邦，羈旅於外也。**疏**已詳。旅而无所容，故受之以巽。巽者，入也。韓康伯曰：「旅而无所容」，以巽，則得所入也。**疏**旅體似离，《离》四《象》曰「无所容也」。又在旅家，羈旅親寡，宜「无所容」。巽順，則无往而不得所入也。入而後説之，故受之以兑。兑者，説也。虞翻曰：兑爲講習，故「學而時習之，不亦説乎」。**疏**《兑·象》曰「君子以朋友講習」，故「兑爲講習」。「學而時習之，不亦説乎」，《論語》文。理義説心，必入而後説也，故兑次巽也。説而後散之，故受之以涣。涣者，离也。虞翻曰：風以散物，故离也。**疏**巽反成兑，兑又互巽，巽爲風，「風以散之」，物散，故离也。物不可以終离，故受之以節。韓康伯曰：夫事有其節，則物之所同守而不散越也。**疏**《左傳》子臧曰「聖達節，次守節，下失節」。節互震爲守，故「事有其節，❶則物之所同守」。又互艮以止之，故「不散越也」。

❶「事」，原作「物」，今據草堂本、思賢本及韓康伯注改。

節而信之，故受之以中孚。韓康伯曰：孚，信也。既已有節，則宜信以守之矣。**疏**「中孚，信也」。《地官》「掌邦節」，❶鄭彼注云「以王命往來，❷必有節以爲信」，故曰「節而信之」。既已有節，則當信以守之而勿失也。**有其信者必行之，故受之以小過。**韓康伯曰：守其信者，則失貞而不諒之道，而以信爲過也，故曰「小過」。**疏**已詳。**有過物者必濟，故受之以既濟。**韓康伯曰：行過乎恭，禮過乎儉，可以矯世勵俗，有所濟也。**疏**已詳。**物不可窮也，故受之以未濟終焉。**韓康伯曰：有爲而能濟者，以己窮物。物窮則乖，功極則亂，其可濟乎？故「受之以未濟」。**疏**博施於民，而能濟衆，是「有爲而能濟者，以己窮物」者也。物至而反，故「物窮則乖，功極則亂」。濟者其可久濟乎？故「受之以未濟終焉」。《乾鑿度》曰：「孔子曰：『陽三陰四，位之正也。故《易》卦六十四，分爲上下，❸象陰陽也。夫陽道純而奇，故上篇三十，所以象陽也。陰道不純而偶，故下篇三十四，所以法陰也。乾坤者，陰陽之根本，萬物之祖宗也。爲上篇始者，尊之也。离爲日，坎爲月。日月之道，陰陽之經，所以終始萬物，故以坎离爲終。咸恒者，男女之始，夫婦之道也。人道之興，必由夫婦，所以奉承祖宗，爲天地主也。故爲下篇始者，貴之也。既濟未濟爲最終者，所以明戒慎而存王道。』孔子曰：『泰者，天地交通，陰陽用事，長養萬物也。否者，天地不交，❹陰陽不用事，止萬物之長也。上《經》象陽，故以乾爲首，坤爲次，先泰而後否。損者，陰用事，澤損山而萬物損也，下損以事其上。益者，陽用事，而雷風益萬物也，上自損以益下。下《經》以法陰，故以咸爲首，恒爲次，先損而後益。各順其類也。』」按　乾坤至履，十變而成泰否；咸恒至解，十變而成損益。蓋陰陽之氣，至是一周也。

受業鄭子衡小渠校

周易集解纂疏卷三十五

❶「地官」上，思賢本有「周禮」兩字；「掌」下，思賢本有「守」字。
❷「鄭彼注」至下文「以爲信」，思賢本作「鄭注云『輔王命者，執以行爲信』」。
❸「分」下，思賢本有「而」字。
❹「交」下，思賢本有「通」字。

周易集解纂疏卷三十六

唐李鼎祚集解　安陸李道平遵王纂疏

雜　卦

雜卦　韓康伯曰：「雜卦」者，雜糅衆卦，錯綜其義，或以同相類，或以異相明矣。疏孔疏：「上《序卦》，依文王上下而次序之。此《雜卦》，孔子更以意錯雜而對辨。其次第不與《序卦》同，故韓康伯云云也。」蓋《序卦》者，明相依之次。《雜卦》者，詳對舉之義。《雜卦》者，廣《序卦》所未備者也。

乾剛坤柔，虞翻曰：乾剛金堅，故「剛」。坤陰和順，故「柔」也。疏上「剛」當作「陽」。八卦配五行，乾爲金，古人以金象陽也。金性堅，故「剛」。虞《説卦》注云「和順謂坤」。❶坤陰故和順，和順故「柔也」。比樂師憂。虞翻曰：《比》五得位「建萬國」，故「樂」。《師》三失位「輿尸」，故「憂」。疏比五陽得位，《象》曰「建萬國，親諸侯」，故「樂」。師三陰失位，爻辭曰「師或輿尸」，故「憂」也。蓋比居則民樂，師興則民憂也。臨觀之意，或與或求。荀爽曰：《臨》者「教思无窮」，故爲「與」。《觀》者「觀民設教」，故爲「求」也。疏《臨》之「教思无窮」，施自我也，故「爲與」。《觀》之「觀民設教」，取諸彼也，故「爲求」。屯見而不失其居，蒙雜而著。虞翻曰：陽出初震，故「見」。「盤桓，利居貞」，故「不失其居」。蒙二陽在陰位，故「雜」。初雜爲交，故「著」。疏屯體震，陽出震初，故「見」，所謂「莫見乎隱」是也。初九爻辭曰「盤桓，利居貞」。初得正，故「不失其居」也。蒙二陽在陰位，是陰陽雜居也，故爲「雜」。陰陽初雜，是其交也。「物相雜，故曰文」。文明，故「著」也。震，起也。艮，止也。

❶「説卦」，原作「序卦」，今據卷三十三《説卦》「和順於道德而理於義」虞翻注改。

震陽動行，故「起」。艮陽終止，故「止」。疏震陽動行於初，故「起」。艮陽終止於上，故「止」。**損益，衰盛之始也。**損，泰初益上，衰之始。益，否上益初，盛之始。疏初位爲始。損自泰來，損泰初益上，故爲「衰之始」也。益自否來，損否上益初，故爲「盛之始」也。　案《經》文諸本作「盛衰之始也」。《吕氏音訓》「『盛衰』，陸氏曰鄭虞作『衰盛』」。《會通》引《釋文》同，今本《釋文》闕。**大畜，時也。无妄，災也。**大畜五之復二成臨，時舍坤二，故「時也」。无妄上之遯初，子弒父，故「災」者也。疏大畜五由萃五也。消息卦，萃五之復二成臨，通萃爲大畜，故云「五之復二成臨」也。五下居二，故云「時舍坤二也。「舍」若「赦」，❶時舍故「時也」。无妄自遯來，「无妄上之遯初」者，以遯陰消至二爲艮子弒父，故「災」。上之初爲无妄，所以救之也。　愚案　二卦皆取上爻。大壯初之上成大畜，上九《象》曰「道大行也」。上體艮，艮「時行則行」，故曰「時也」。遯上之初成无妄，上九《象》曰「窮之災也」。上體乾，《乾》上九《文言》亦曰「窮之災也」。故曰「災也」。**萃聚而升不來也，**坤衆在内，故「聚」。升五不來之二，故「不來」。之内曰來也。疏萃内體坤，坤爲衆，故「坤衆在内」，爲「聚」。《管子·君臣篇》「明君順人心，安性情，而發於衆心之所聚」是也。升二五失位，二陽當升，然後五陰下降。二不先升，則五不來之二，故曰「不來」。爻例，「之内曰來也」。蓋升取自内升外，不取外來之内，故「不來」也。**謙輕而豫怡也。**謙三位賤，❷故「輕」。豫薦樂祖考，故「怡」。「怡」或言「怠」也。疏剥上降三成謙。「三多凶，五多功，貴賤之等也」。五貴三賤，賤故「輕」也。《豫·象》曰「先王以作樂崇德，殷薦之祖考」，《釋文》「怡，❸説也」。豫悦，故「怡也」。他本作「怠」，「怠」亦音「怡」。《史記·始皇紀》「視聽不怠」，劉歆《烈女贊》「言行不怠」，注並音「怡」，故此作「怡」也。**噬嗑，食也。賁，无色也。**「頤中有物」，故「食」。賁离日在下，五動巽白，故「无色也」。疏頤四變，成噬嗑，

❶「若」上，思賢本有「讀」字。

❷「三位」，思賢本作「位三」。

❸「釋文」至下文「故怡也」，思賢本作「《釋文》『京』作『治』，虞作『怡』，《説文》曰『怡，和也』」。

故「頤中有物」，爲「食也」。賁离日在下，日无光也。五利變之正，故動成巽白。上九曰「白賁」，故「无色也」。**兑見而巽伏也。**兑陽息二，故「見」，則「見龍在田」。巽乾初入陰，故「伏也」。**疏**兑陽息至二爲「見」。《乾》九二曰「見龍在田」，是其義也。「巽乾初入陰」，陽伏巽下，故「伏也」。**隨无故也，蠱則飭也。**否上之初，君子弗用，故「无故也」。蠱，泰初上飭坤，故「則飭也」。**疏**否上之初成隨，初即乾初也。《乾》初九曰「潛龍勿用」，故云「君子勿用」。故，謂陽也。❶否本陰卦，隨則通陽，故「无故也」。蠱自泰來，泰初之上飭坤，故「則飭也」。　案「隨无故」者，舍己從人也。「蠱則飭」者，亂極思治也。又《荀子》曰「持之有故」，《莊子》曰「去智與故」，《淮南子》曰「不設智故」，「故」者，一成之意見也。隨時則无一成之意見，故「无故也」。**剥，爛也。復，反也。**剥生於遘，陽得陰孰，故「爛」。復，剛反初。**疏**剥陰生於姤，一陽在上，得陰而孰。「孰」同「熟」。《方言》「火熟曰爛」，故曰「爛也」。韓氏謂「物熟則剥落」是也。剥上一陽，反下成復，故云「復，剛反初」也。**晉，晝也。明夷，誅也。**誅，傷也。离日在上，故「晝也」。「明入地中」，故「誅也」。此上並虞義。　干寶曰：日上中，君道明也。明君在上，罪惡必罰也。❷**疏**《説文》曰「夷，傷也」，❸故「誅」亦云「傷也」。离日在上，大明自照，故曰「晝也」。「明入地中」，其明已傷，故曰「誅也」。言陽當有所誅傷也。自「屯見」至此，皆虞義也。　干注　日在上居中，五爲君位。君道明，天子當陽，故曰「晝也」，晝反爲明夷。「明君在上」，謂晉也。「罪惡必罰」，❹謂明夷之罰，❺即誅以馭其過，故曰「誅也」。**井通而困相遇也。**虞翻曰：泰初之五爲坎，故「通」也。困三遇四，故「相遇也」。**疏**井自泰來，泰初之五爲坎，坎爲通，故「通也」。困三伏陽出，四之正，故「相遇也」。　案　自乾坤至此三十卦，自咸恒至夬三十四卦。卦雖以雜名，而上下《經》數適

❶「陽」，思賢本作「舊」。
❷「罰」，思賢本作「刑」。
❸「説文曰」，思賢本作「虞明夷注云」。
❹「罰」，思賢本作「刑」。
❺「罰」，思賢本作「刑」。

相當，則未嘗雜也。咸，速也。恒，久也。相感者「不行而至」，故「速也」。「日月久照」，「四時久成」，故「久也」。**疏**咸，感也。感應相與，不行自至，故曰「速也」。《恒・象傳》曰「日月得天，而能久照。四時變化，而能久成」，故曰「久也」。渙，离也。節，止也。渙，散，故「离」。節，制數度，故「止」。**疏**渙外體巽，巽爲風，「風以散之」，散故「离也」。《節・象》曰「君子以制數度」。❶節互艮爲止，故「止」也。蓋渙節皆有坎水，「風以散之」則「离」，澤以瀦之則「止」也。解，緩也。蹇，難也。雷動出物，故「緩」。蹇險在前，故「難」。**疏**解，震宮三世卦。又外體震爲雷，爲動，爲出，雷動出物，至艮乃成，故「緩」。又《解・象》曰「君子以赦過宥罪」，即「議獄緩死」之意，故曰「緩也」。蹇坎爲險，《彖傳》曰「蹇，難也，險在前也」，故曰「難也」。睽，外也。家人，內也。离女在上，故「外也」。家人女正位乎內，故「內」者也。**疏**二卦以离爲內外者，离位二五。在外不得正，故爲睽。在內得正，故爲家人。睽离女在上，故爲「外」。家人离女在下，女正位內，故爲「內也」。否泰反其類也。否反成泰，泰反成否，故「反其類」。「終日乾乾」，反復之道。**疏**否反則成泰，泰反則成否。陰陽剛柔，各反其類。《乾》九三曰「終日乾乾，反復道也」，虞彼注云「至三體復，故『反復道』」，謂『否泰反其類也』」。大壯則止，遯則退也。大壯止陽，陽故止。遯陰消陽，陽故退。巽爲退者也。**疏**大壯止於四陽者，懼陰傷陽也。陽故止。遯陰消陽至二，陰進陽故退。遯又互巽，爲退也。愚案此承否泰言也。大壯陽息，至四傷泰，止則可以保泰也。遯陰消至二，再消體否，退則不至成否也。大有，衆也。同人，親也。五陽並應，故「衆也」。夫婦同心，故「親也」。**疏**大有柔得尊位大中，上下五陽皆應，故曰「衆也」。《繫上》説「同人」曰「二人同心，其利斷金」，虞彼注云「二人謂夫婦」。謂同人反師，震爲夫，巽爲婦，坎爲心，巽爲同」。是夫婦同心，故「親也」。革，去故也。鼎，取新也。革更故去，鼎亨飪，故「取新也」。**疏**革者更改，所以「去故」。鼎者亨飪，所以「取新」。又革內离

❶「數度」，原作「度數」，今據所引節卦《象傳》文改。

火，外兑西方金。以火克金，故曰「去故」。鼎内巽木，外离火。以木鑽火，故曰「取新」。小過，過也。中孚，信也。五以陰過陽，故「過」。「信及豚魚」，故「信也」。疏小過五以陰過陽，是「小者過也」。《中孚·彖傳》曰「信及豚魚」，故「信也」。豐多故。親寡，旅也。豐大，故多。旅无容，故「親寡」。六十四象，皆先言卦，及道其指。至旅體离四焚棄之行，又在旅家，故獨先言「親寡」，而後言「旅」。此上虞義。疏故，故舊也。豐大，則多故舊也。「旅而无所容」，无交，故「親寡」也。《雜卦》皆先舉其卦，後及其指。旅自四至上體离，离四焚棄无所容，以无所容之人，而又在旅家，故先言「親寡」，而後及其卦也。

愚案《乾坤鑿度》附載孔子「筮其命，得旅，請益於商瞿氏，曰：『子有聖智而無位。』孔子泣而曰：『天也，命也。鳳鳥不來，河無圖至。嗚呼！天命之也。』」《雜卦傳》於旅，獨變其文，蓋傷之也。自「井通」至此，皆虞義也。离上而坎下也。韓康伯曰：火炎上，水潤下也。疏《洪範》曰「火曰炎上，水曰潤下」，是其義也。又离自遯來，遯初之五，故「上」。坎自觀來，觀上之二，故「下」。

小畜，寡也。履，不處也。虞翻曰：乾四之坤初成震，一陽在下，故「寡也」。乾三之坤上成剥，剥窮上失位，故「不處」。疏虞《小畜·象傳》注云「與豫旁通。豫四之坤初爲復」。此云「乾四之坤初成震」，豫四即乾四也。小畜伏豫，以一陰畜復，是「一陽在下」，故「寡也」。剥上反三爲謙，謙三之坤初，❶息履爲旁通，❷故本剥言之。謙三即乾三，故云「乾三之坤上成剥」。剥窮於上，又失陰位，且履以謙三行乾，故「不處也」。　又案畜四一陰得位而畜衆陽，❸以寡敵衆，故曰「寡也」。履四一陰不得位而履衆陽，❹不遑定處，故「不處也」。且履六爻皆言「履」，故「不處」。需，不進也。訟，不親也。「險在前也」，故「不進」。天水違行，故「不親也」。疏需坎險在前，故「不進」。訟乾天與坎水違行，故「不親」。大過，顛也。顛，殞也。頂載澤中，故「顛也」。疏《小爾

❶「初」下，思賢本有「爲復」二字。
❷「爲」，思賢本作「與履」。
❸「畜四」，思賢本作「小畜四爲畜主」。
❹「四」，據履卦象，似應爲「三」。

雅》「顛，殞也」。「載」當作「滅」，《大過》上六「過涉滅頂」。兑爲澤在上，頂滅澤中，故「顛也」。又韓氏云「本末弱也」，言本末弱，故「顛也」。**姤，遇也，柔遇剛也。**坤遇乾也。**疏** 姤一陰自坤來，坤柔乾剛，故「坤遇乾也」。**漸，女歸待男行也。**兑爲女，艮爲男。反成歸妹，巽成兑。故女歸待艮成震乃行，故「待男行也」。**疏**「兑爲女」，當作「巽爲女」。漸外巽爲女，内艮爲男。反成歸妹，則巽在外，反内成兑女。故女之歸，必待艮在内，反外成震男，震又爲行，故「待男行也」。**頤，養正也。**謂養三五。五之正爲功，三出坎爲聖，故曰「頤，養正」。與「蒙以養正，聖功」同義也。**疏** 頤體似蒙，故言「養正」。三五不正，故「謂養三五」也。「五多功」，故「之正則爲功」也。蒙坎心爲思，「思曰睿，睿作聖」。頤三體震爲出，故云「出坎爲聖」也。《蒙·彖傳》曰「蒙以養正，聖功也」，虞彼注云「體頤故養」，故二卦「養正」同義也。**既濟，定也。**濟成六爻得位，定也。**疏** 水上火下，濟既成矣。六爻皆得正位，故「定也」。**歸妹，女之終也，**「歸妹，人之終始」。女終於嫁，「從一而終」，故「女之終也」。**疏**《歸妹·彖傳》曰「歸妹，人之終始也」。卦自泰三之四，内體巽爲妹，❶歸則女道從此終。❷外體震爲起，妹歸則生人之道從此始。故爲「人之終始」，而謂女終於出嫁也。歸妹以長男嫁少女，恒以長男娶長女，卦體相同。《恒》六五《象》曰「婦人貞吉，從一而終」，與歸妹有同義焉，故引以爲女終之證也。　愚案　陸氏云：「兑歸魂，配六十四之終也。❸兑少女，爲八卦終。歸妹，兑之歸魂，故曰『安之終也』。」**未濟，男之窮也。**否艮爲男位。否五之二，六爻失正，而來下陰。未濟主月晦，乾道消滅，故「男之窮也」。**疏** 未濟自否來，否互艮爲男位，故言男也。否五下之二，六爻皆失正位，是五來下於陰位，成未濟也。「未濟主月晦」者，否成未濟，否消至上成坤，月三十日滅坤，故「主月晦」。至晦則乾道消滅已盡，故爲「男之窮也」。又三陽失正，陽窮於上，「乾道成男」，故「爲男之窮也」。**夬，決也，剛決柔也。君子道長，小人**

❶「巽」，思賢本作「兑」。
❷「歸」上，思賢本有「妹」字。
❸「四」下，思賢本有「卦」字。

道消也。以乾決坤，故「剛決柔也」。乾爲君子，坤爲小人。乾息，故「君子道長」。坤體消滅，故「小人道消」。諭武王伐紂。自大過至此八卦，不復兩卦對説。大過死象，兩體姤夬，故次以姤而終於夬。言君子之決小人，故「君子道長，小人道消」。此上虞義。　干寶曰：凡《易》既分爲六十四卦以爲上下經，天人之事，各有始終。夫子又爲《序卦》，以明其相承受之義。然則文王、周公所遭遇之運，武王、成王所先後之政，蒼精受命，短長之期，備於此矣。而夫子又重爲《雜卦》，以易其次第。《雜卦》之末，又改其例，不以兩卦反覆相酬者，以示來聖後王，明道非常道，事非常事也。「化而裁之存乎變」，是以終之以夬，言能決斷其中，唯陽德之主也。故曰「易窮則變，通則久」。總而觀之，伏羲、黄帝皆繫世象賢，欲使天下世有常君也。而堯、舜禪代，非黄農之化，朱均頑也。湯武逆取，非唐虞之迹，桀紂之不君也。伊尹廢立，非從順之節，使太甲思愆也。周公攝政，非湯武之典，成王幼年也。凡此皆聖賢所遭遇異時者也。夏政尚忠，忠之弊野，故殷自野以教敬。敬之弊鬼，故周自鬼以教文。文弊薄，故《春秋》閲諸三代而損益之。「顔回問爲邦，子曰：『行夏之時，乘殷之輅，服周之冕。』」弟子問政者數矣，而夫子不與言三代損益，以非其任也。回則備言，王者之佐，伊尹之人也，故夫子及之焉。是以聖人之於天下也，同不是，異不非。百世以俟聖人而不惑，一以貫之矣。**疏** 以乾剛決坤柔，故曰「剛決柔也」。泰内陽爲君子，故「乾爲君子」。外陰爲小人，故「坤爲小人」。夬乾息至五，故「君子道長」。成乾則坤體消滅，故「小人道消」。陽道長而陰道消，此武王伐紂之時也。「自大過至此，不復兩卦對説」者，以大過棺椁死象，下體似姤，上體似夬，故「次以姤而終於夬」。❶ 夬言君子之決小人，故「君子道長，小人道消也」。尋姤爲小人之始，漸君子之行。❷ 頤君子之始，既濟君子之成。歸妹陰終，未濟陽窮也。自小畜至此皆，虞義也。　干注 先儒以爲上經言天事，始於乾坤，終於坎离。下經言人事，始於咸恒，終於既、未濟。故云「上下經，天人之事，各有始終」也。夫子復爲《序卦》，所以明六十四卦相次之義也。干氏説《易》，多傳人事，每援文王武王周公成王已然之迹以爲證。如乾内三爻言文王，外三爻言武王。坤六五、用六以及蒙卦，皆言周公成王之類。故云「文王周公

❶「次」，原作「決」，今據思賢本及虞翻注改。

❷「君子」，思賢本作「小人」。

所遭遇之運，武王成王所先後之政」也。《月令》「孟春之月，❶其帝太皞，其神勾芒」，鄭注「此蒼精之君，木官之臣」。《家語・五帝德》「周人以木德王」。故云「蒼精受命，短長之期，備於此矣」謂備於六十四卦也。夫子又爲《雜卦》，以易《序卦》之次第。末自大過以下，又改其例，不以兩卦對舉，反覆相酬者，以明易不可以常道常事拘也。蓋「化而裁之存乎變」，故未濟之後，終之以夬，言欲決斷其中，必以陽剛之德爲主也。十二「蓋取」終以夬者，謂「易以書契，百官以治，萬民以察」，所以開萬世之文明。《雜卦》終以夬者，謂以「剛決柔，君子道長，小人道消」，所以立百王之治法。蓋啟上古之樸陋，❷與決小人之陰柔，總不外乾剛之能斷，以成易道之善變而已矣。《繫》曰：「易窮則變，變則通，通則久。」自古聖人，莫不以是法乎易道。自伏羲畫易，以至黃帝，皆能裁化存變，❸創爲良法，可以世守而勿失。至堯舜則變而爲禪代，湯武則變而爲逆取，伊尹變而爲廢立，周公變而爲攝政，此皆聖賢之遭遇異時，而其事不得不變者也。三代異尚，詳於《表記》。至春秋而文盛之弊，失之於薄。孔子合三代之法，而損益酌中。故《論語》「顏淵問爲邦。子曰：『行夏之時，乘殷之輅，服周之冕。』」蓋以顏子有王佐之才，伊尹之選，故以是告之，而千古之治法以昭。此又孔子之善以變通法易，而不異於帝王之道者也。干氏於篇末，詳論帝王聖賢之事，以明窮變通久之道，欲學者知「聖人之於天下，同不是，異不非。百世以俟聖人而不惑，一以貫之」者，皆得乎至精、至變、至神之用，而「易之不可以常道、常事拘也」，益明矣。

男守南冠風
守侗同人校

周易集解纂疏卷三十六

❶「月令」，原作「曲禮」，今據思賢本及所引文改。
❷「啟」，思賢本作「取」。
❸「裁化」，思賢本作「化裁」。

重刊纂疏王序

自輔嗣注《易》排斥象數，獨標新學，唐宋承之，敷暢名理，漢氏易學幾乎息矣。雖然，《易》也者，象也。象立而數行焉，則之效之，孰與示之？伸之長之，孰則極之？今离象數而言義理，曰：「吾將以明《易》也。」其果有當於聖人之指邪？

資州李氏悼漢學中微，采子夏以次三十五家之説輯爲一編，後之學者賴以考見聖經古義。昭代儒風隆盛，元和惠氏、武進張氏覃精漢《易》，遞有撰述，罔不根柢是書。安陸李君遵王於是有《纂疏》之作。參稽衆説，揮發舊文，俾讀者展卷而攬漢《易》之全，用意至美。惟《集解》作於孔疏之後，時王、韓全書大行，不在采輯之列。且序云「刊輔嗣之野文」，是其意不以王氏爲然，而甄録及之，竊所未喻。《纂疏》迺用漢儒《易》義以釋王、韓、孔三家之説，斯惑之甚也。又其書徵引多誤，識者用爲訾病。刊行未久，板燬於寇。余督學江蘇，續刊《皇清經解》。左君紹佐郵寄是書，以未遑攷訂置之。而其時王編修懿榮奏請以國朝人所著諸經義疏頒行學官，李君裦然居首，天下咸知有《纂疏》一書。逮余擕以南歸，思賢書局取而重刊之，陳君寶彝爲覆檢徵引元文，詳加釐正，瑕纇就滌，精英焕然。其有義例抵牾，以尚非全書之累，姑仍不改。後之究心漢《易》者，吾知其必以是編爲先路之導，則有功經學，非小小矣。光緒十七年歲次辛卯，夏五月，長沙王先謙序。

重校纂疏識略

安陸李氏《周易集解纂疏》，湖北原刻本舛誤頗甚，屬思賢書局重刻，詳爲考校。既卒業，摘記於左。

李氏自述例言，謂於《周易集解》審訂盡善。今觀《乾·文言傳》「嘉會足以合禮」何妥注「故以配通」，誤作「通配」；《坤·文言傳》「陰雖有美」荀爽注「雖有伏陽」，「有」誤作「在」；屯六三《象傳》崔憬注「君子見動之微」，脱「君子」二字；《泰》六五虞翻注「歸，嫁也」，「嫁」上衍「謂」字：此類極多。然猶曰校讎者之過也。至於《屯·象傳》荀爽注「此本坎卦也」。案，「初六升二，九二降初」以下本皆荀注，《蒙·象傳》荀爽注「此本艮卦也。案二進居三，三降居二」以下亦皆荀注，《纂疏》於案字空白，是誤仞荀爽注之案爲李鼎祚案也。《集解》凡李鼎祚自注則稱「案」。又《比》六四《象傳》干寶注「在比之象」，張皋文《易義別録》云「象當爲家」，《纂疏》即直改干注爲「家」；損九二虞翻注「震爲貞」，張皋文《周易虞氏義》云「貞當爲征，聲之誤也」，《纂疏》即直改虞注爲「征」。似此擅改古書，尤難枚舉。今悉改正。

例言謂兹編廣録諸家，而惠、張之説尤多。今觀所纂，惠、張固十居其九矣，至所謂諸家，究亦寥寥。惠氏《周易述》損初九疏引，鄭《詩譜》云：「子思論《詩》『於穆不已』，孟仲子曰：『於穆不祀。』」知「已」與「祀」通，故讀爲祀。今案，《維天之命》篇孔疏引《譜》云「仲子曰『於穆不似』」，並不作「祀」。惠氏《九經古義》又引作「於穆不似」，不作「祀」。

此惠誤也。又《乾・文言傳》疏引《内經》曰：「雲出天氣，風出地氣。乾爲龍，坤爲虎。故雲從龍，風從虎。」張氏《周易虞氏義》引同。今案《内經・陰陽應象大論篇》云：「地氣上爲雲，天氣下爲雨。雨出地氣，雲出天氣。」並不作「風」。此惠誤而張從之者也。又《虞氏義》《繫辭傳》「以卜筮者尚其占」注引《周禮》鄭注云：「龜知生數一二三四五之神，蓍知成數六七八九之神。」今案鄭無此注文，惟《占人》賈疏云：「龜長者以其龜知一二三四五天地之生數，知本；易知七八九六之成數，知末」云云。又《校人》疏：「龜取生數一二三四五，蓍取成數六七八九十。」此張誤也。《纂疏》採録均未詳考改正。今姑仍舊。至《集解》諸家之注，惠、張所未釋者，《纂疏》依文爲義，既尟發明，復窮佐證。如《乾・文言傳》「同氣相求」崔憬注之「方諸」、「陽燧」，則僞撰《周禮注疏》；《鼎・彖傳》九家注之「牛鼎」、「羊鼎」、「豕鼎」，則詭云見《郊祀志》。此類尤多。今悉改正。

例言謂諸所援引，未及查考原書。是李君當日本已不敢自信。今觀序首引後漢郎顗上書「雷於天地爲長子」，見徐堅《初學記》，則誤作《漢書・五行志》；《屯》初九《象傳》疏引《春秋繁露》「陽貴而陰賤」，蒙卦辭疏引《西京雜記》「雨雹對」，則均誤作《漢書・董仲舒傳》；《坤・彖傳》疏則誤以《禮統》爲《白虎通》；《乾・文言傳》疏則誤以《莊子》爲《淮南子》。即經典篇名，如以《牧誓》爲《泰誓》，《禮運》爲《樂記》，重見疊出，亦時不免。又其字學好興新説。臨六三疏：「甘從日從一。土下從一，即坤地也。」考《説文》：「甘，美也。從口含一。

一，道也。」又「土地」之「吐」：「生萬物者也。二象地之下。地之中■物出形也。」義與疏異。下《繫》「《易》曰不遠復」，疏引《説文》「覬作乞」。考《説文》見部：「覬，乞，幸也。」欠部：「乞，幸也。」實非一字。此類今悉改正。

例言謂凡引諸家，但加案字；自抒管見，則加愚案以别之。今觀《乾・文言傳》「不易世」疏「愚案震長子繼世」，「乾道乃革」疏「愚案乾唯二四不得正」，則本《周易述》；「脩辭立其誠」疏「愚案三動之坤互震聲爲言」，屯六二疏「愚案虞氏易例不以陰陽爻爲男女」，則本《周易虞氏義》。此襲惠、張之説以爲己見者也。《需》九二《象傳》疏「愚案《穆天子傳》：『天子乃遂東征，南絶沙衍，水中有沙者曰沙衍。』」已見王引之《經義述聞》，《中孚・卦辭》疏「愚案《爾雅翼》『鯢，今之河豚』」至「存之以備一説」，已見吴艸廬《易纂言》。此又襲諸家之説以爲己見者也。此類不能改，均仍舊。

例言謂詮解諸家，各遵其例，不相混淆，重家法也。今觀《纂疏》於鄭言爻辰、荀主升降、虞明消息之類，出入甚多。《頤・卦辭》「自求口實」，鄭康成注「則貪廉之情可見也」，疏云「又震象貪狼，木體似离，象廉貞火」以釋「貪廉之情」。夫以干支五行配爻變爲占候，雖曰權輿京氏，至用以解《易》，則實始令升，烏得以干例釋鄭注？此條今删去。《損・象傳》「元吉无咎」，荀爽注「居上據陰，故元吉」，疏云：「以乾初元陽上居於坤，下據二陰，故元吉。」案荀《損・象傳》上注云：「謂損乾之三居上。」是荀主泰三之上也。至泰初之上，此虞翻義，何得以釋荀注？此條今改正。至於王、韓之例，空譚玄理，一埽象數，尤人所易知也。《蠱》九三王弼注「雖小有悔」，疏云：「兑爲小，故小有悔也。」《觀》九五《象傳》王弼注「當宣文化，光於四表」，疏云：「巽爲宣，坤爲文，乾爲大明，爲光坤。四方爲四表。故云『當宣文化，光於四表』。」下《繫》「《易》曰憧憧往來」，韓康伯注「朋未能寂」，疏引虞注云：「兑爲朋，艮初變之四，坎心爲思」以釋之；「井居其所而遷」，韓康伯注「改邑不改井」，疏云：「泰初之五爲井，五折坤爲改邑。」按泰初之五，荀、虞義也，又豈可以釋韓注？孔穎達《正義》亦恪守王、韓，不言象數者也。《坤·文言傳》「《易》曰括囊无咎」節，疏釋孔義則云：「四變互坎爲心」，《繫傳》「困於石」節，疏釋孔義則云「否互艮爲宮，體互巽爲入，互离目爲見，中女爲妻，坎爲中男，不正當變。」凡此多録惠、張之說詮解王、韓、孔三家之義，改不勝改，均仍舊。

諸所論列僅十之一二，然已見大概矣。自來校誤改正不過數字。若在古書，則古人體例各別，豈容妄改？即其徵引，或當時所據本與今本不同，尤不當執今改古。《纂疏》迺近人書，凡所徵引，應據今通行善本。若訛以傳訛，未免貽誤後學。至其體例易明，已具自述例言數則，略爲刪改，或猶作者之志與？光緒辛卯六月長沙陳寶彝識。

周易姚氏學

〔清〕姚配中　撰
周玉山　校點

目録

校點説明

《周易姚氏學》十六卷，清姚配中撰。姚配中（一七九二—一八四四），字仲虞，安徽旌德人。弱冠博覽經史百家，「尤嗜《易》」（包世臣撰《清故文學旌德姚君傳》），主鄭氏《易》，以爲漢《易》最優。道光二十四年（一八四四）十月廿九日，以諸生卒於鄉里，年五十三。

姚配中初博覽群經，以漢經師之學爲己志，後得其友包世榮提撥，「遂壹志於易」（《包序》後附姚配中跋）。始得張惠言《周易虞氏義》，「因爲虞氏之學」，後得李鼎祚《周易集解》，得觀虞、荀、鄭三家《易》，精心研求，以爲鄭氏《易》最優，然苦其簡略，「意推之，至形夢寐」（《清故文學旌德姚君傳》），於是以鄭注爲主，參以漢魏經師諸説，終成《周易姚氏學》十六卷。此外尚有《周易通論月令》二卷、《易學闡元》一卷、《琴學》二卷、《書學拾遺》一卷等。

《周易姚氏學》成書凡經三變，方成定稿。初姚氏以鄭氏《易》爲主，輯録漢魏人《易》注，成《周易參象》十四卷；嘉慶二十二年（一八一七），遊學揚州，始「約煩就簡，改其體例」（《包序》），更《參象》十四卷爲《周易疏證》十六卷，並請包世榮爲之制序，即今書前之《包序》；道光二年，姚氏歸鄉里，講學其中，「復删舊藁爲《姚氏學》」（《包序》），即定本《周易姚氏學》十六卷。

《周易姚氏學》，主以鄭義，博取漢魏諸家，間下己意，疏通諸家，不立門户之見，能成一家之言。柯劭忞曰：「大旨主發明鄭學，鄭君未備者，取荀、虞諸家補之，然必與鄭義相比附。荀、虞諸家所未及者，附加案語。亦本鄭君家法，由卦象以求義理，一洗附會穿鑿之陋。至鄭君間取爻辰，徵之星辰，爲後人所駁斥者，配中悉皆删去，一字不登，尤見善而從，不爲門户之標榜，可謂善學鄭君者矣！」（《續修四庫全書總目提要》）

《周易姚氏學》有道光二十五年《一經廬叢書》木活字本(《續修四庫全書》即據該本影印)、光緒三年(一八七七)開雕湖北崇文書局刻本(簡稱「崇文書局本」)、光緒十四年江陰南菁書院刻《皇清經解續編》本(簡稱「皇清經解續編本」)。三個版本各有優劣,《一經廬叢書》本,時間最早,且在書前完整地保留了包世臣撰《清故文學旌德姚君傳》、宋翔鳳撰《宋題辭》、包世榮撰《包序》、朱甘霖撰《朱序》、王守成撰《醵桼一經廬叢書記》五篇文字,對研究《周易姚氏學》不無裨益,然木活字本,難免有魯魚亥豕之誤;崇文書局本與皇清經解續編本雖爲後出,對《一經廬叢書》本多有校正,然亦多有校改錯誤者。有鑑於上,今以《續修四庫全書》影印《一經廬叢書》本爲底本,校以崇文書局本和皇清經解續編本。他校一般據影印文淵閣《四庫全書》本。或有疏誤,敬教於方家學者。

校點者　周玉山

清故文學旌德姚君傳

君諱配中，字仲虞，姓姚氏，安徽旌德人也。其先世居湖州，宋寶慶間有述虞者，爲旌德教諭，子孫家焉，故爲旌德人。君潁悟絶人，用思沈摯，不怠倦。甫弱冠，已博覽經史，旁通百家言，而尤嗜《易》。既善毘陵張先生《虞氏義》，因求李氏《集解》。研究羣説，鄭氏最優。苦其簡略，意推之，至形夢寐。嘗夢請業於鄭氏者再，侍鄭氏與虞氏辨論者一，又夢呑乾爻自初九至九五，意乃豁然。客廣陵五年，成《周易參象》十四卷，又爲論十篇，説其通義，附於編後。予讀之，嘆爲絶業。時儀徵劉文淇孟瞻、甘泉薛傳均子韻、丹徒汪沅芷生、江都汪穀小城、丹徒柳興宗賓叔、予從弟世榮季懷、族子慎言孟開，以治漢學，與君朝夕，皆嘆爲莫及。季懷則曰：「仲虞書行於今世，自不及張先生之盛，百年後當獨爲學《易》者宗矣。」遂爲之序。仲虞旋歸里門。至道光甲辰，予遊旌德，去廣陵別已久。君出示定本，點竄原書至什七八，删説通義之十篇爲三，移冠編首，題曰《周易姚氏學》，而序則仍季懷之舊。其微妙詳審，益非予所能測識矣。

君又嗜琴。東南琴學有金陵、常熟、武林三派，而譜則皆出廣陵。君長於金陵而遊廣陵，雜習各派。及歸里，潛心默悟，乃知傳譜多舛誤，更正世所盛習者十數曲，又自製七曲，原數説聲，上溯本始，爲《琴學》二卷，亦出以示予。予未習此事，惟驚賞文義瑰奇而已。君言七弦各有本數、倍數、半數，損益上下，旋相爲宫。以定宫商角徵羽正變清濁之位，而六十律三百六十四聲俱以和相應。凡吟猱必在角羽位，蓋宫爲君，商爲臣，徵爲事，角爲民，羽爲物。君臣所有事，皆爲民物，故吟而上，猱而下，往復遲回，必當民物之位。予聞言不能解，請君一再鼓。君於對几設副琴。鼓至窈眇之時，則副琴弦不動而自鳴，又几案所置杯盎及櫺槅，時或響應。余怪問之，君曰：「各物皆有數，數同則聲應。《唐書》所載寺磬每無故自鳴，僧慮其不祥，萬寶常爲剅磬成痕，而鳴止。蓋其磬與宫中鐘同數，鐘鼓於宫則磬應於寺。剅痕雖幺細，而磬之得數已與鐘異，故鳴止。秉筆者不解此義，是以載其事而不能言其故。雖寶常精察，然其數不可誣也。予考董子《同類相動篇》云：『調琴瑟而錯之，鼓宫則他宫應，鼓商則他商應，比而自鳴，非有神，其數然也。』又云：『其動以聲而無形，人不見其動之形，則謂之自鳴。又相動無形，則謂之自然。其實有使之然者。』蓋和聲之道自古如斯，末俗失傳，故詫以爲奇。」然則君真冥契古初者矣。

君又嗜書，爲《書學拾遺》四千餘言。又注《智果心成頌》，以傳立書大幅執筆之法。又和予論書，次東坡韻五言十四韻，實如親受法於晉唐諸公，掃宋氏以來謬説，而自書亦足踐其言，時流無與比者。

君家貧而守堅，學優而遇蹇。吾鄉士習恇怯，厠名庠序，輒欲結納有司以爲榮而攘利。前後蒞旌之長官十數，慕君學行，求識面而卒不得。其督皖學者前後亦十數，皆奇君文，而杭州學士胡敬、湖州侍郎張鱗尤器君。張公奉使當乙酉選拔期，於旌德學拔吕賢基。及謁謝，張公語吕君曰：「姚生學行，寧廣九學無其匹，非止冠旌德已也。吾所爲拔若者，以姚生文淡而彌旨，胎息馬班，風檐中斷無能識之者。若頗能墨裁，是可成進士，登詞垣。若歸，當益親近，請業請益，庶不至終於孤陋寡聞也。」同謁者以其語告君，君一笑而已。而吕君以詞垣歷科長馳驅，主文衡，君竟困諸生。及甲辰，例出貢，而考貢領單之資無可籌，遂以廩膳生卒於家。張公有識有守，爲督皖學者所僅見。然爲子孫求不荒之莊，遂無暇爲斯世惜人材。習俗移人，賢者不免，悲夫！

君卒於道光二十四年十月廿九，距生乾隆五十七年十一月初六，得年五十有三。祖士凱，國子生，邑志所載孝義君子者也。父燦，國子生。娶同邑汪氏，繼程氏。子四。長邦選，季懷之女夫也。攜婦至金陵，居母家，而訓蒙於鄉以自給。次邦道，習貿易於武昌，漸可自植。三邦進，君使爲叔弟經珊後，僑宣城。皆汪出。季邦達，程出也。女子子二。長適同邑吕振宗，汪出。次程出者尚幼。孫一，阿寶；女孫一，歸子，皆幼。君善病，已三四年，至甲辰六月而劇。君之弟子汪守成季鄭、郭賢演文瀾昕夕更番侍疾，潛備棺衾於外。前卒一日，君召季鄭、文瀾，指邦達曰：「此兒質可向學，我死無培植者。姚氏書香自此絶已！」語次嗚咽，不自勝。季鄭故教授文瀾家，文瀾曰：「先生設不諱，弟子即挈邦達，使就學季鄭。十年内衣食、紙筆、考試費，弟子任之。」季鄭任醿金五百，刻所著書，以其餘置産膳程及其幼女。文瀾農家，强自給耳。季鄭赤貧，以潔己任俠，爲邑人所重，竟得醿金如所約，市板開雕。君教授鄉里廿餘年，從遊者多，惟季鄭苦寒力學，頗傳君之業。荀子曰：「水深則回，葉落糞本。」君當之矣。

道光乙巳夏四月望，涇包世臣譔。

宋題辭

吾友包君甘説士，眘伯。姚子姓名早在耳。百聞或未及一見，心頗然疑口諾唯。茲來僻邑誰相知，邑人譽子同一辭。不愁寂寂耳目際，惟有躍躍心神馳。聞聲急相見，握手明相思。著書一編示赤緑，治《易》三古追黄羲。何止條流分漢學，周秦百氏歸揚搉。張侯絶業竟同情，皋文先生。惠子遺文謝先覺。松崖徵君。欲通尺牘劉原父，申受。始見今時有門户。乍涉津涯意便驚，終慚薄劣中無主。埽地遲君旦夕來，揮麈使我心胸開。詞多紛紛撥荆棘，書成鬱鬱沈草萊。君不見名場議論變寒暑，鄉曲轉無私取予。樵夫漁父各有辭，還待端蓍占出處。

道光七年秋仲，長洲宋翔鳳于庭氏題。

包序

《易》者，三才之秘藴，六藝之根原也。漢儒言《易》見于志傳者十餘家，今唯鄭、荀、虞三家注尚存梗概。三家皆言易象，司農並詳典禮。𣶒原本一，所造有淺深也。自王輔嗣以清言説《易》，漢儒師法漸焉泯滅者千載。我朝文運昌明，漢學復盛。元和惠氏棟宗禰虞氏，旁徵他説，作《周易述》。武進張氏惠言專據虞氏注，作《周易虞氏義》。吾友姚君仲虞始于市得張氏書，因爲虞氏之學。余爲改今字，美其志也。後得李氏《集解》，見三家注，精心研求。以爲司農之注優于荀、虞，乃據鄭爲主，參以漢魏經師舊説，作《周易參象》，時尚未覯惠氏書。余因取惠氏書校其所得，同者居其三四，而精到之處足以正惠氏之非者已復不少。更約煩就簡，改其體例，名曰《周易疏證》。疏者，疏以己意；證者，證其所自也。藁凡四易，時經七載，風雨寒暑無間而書成。其書中發揮三聖之奥旨，自序詳言之。

余于嘉慶甲戌歲居金陵，識仲虞。仲虞始學《易》，寄居甚困，以課蒙給俛仰。家有舊欠，索負者日擾其門。漏屋數椽，盎無米儲，而庭多噪擾，勢已無可奈何。然開卷研思，勇气憤發。凡篇中消息義例閒有不明，輒至不寐久之，雖寢食不廢也。其精如此。藁甫脱，陽湖孫伯𣶒觀察見之，嘆爲絶學復明。丁丑遊揚，館于揚者數歲，同輩見者俱服其精博。荀子曰：「無冥冥之志者，無昭昭之明。」仲虞之明于《易》，其志定也夫。余于《易》未能卒業，何能知仲虞之所造？然仲虞于《詩》《禮》之學及天文算法韵學，凡過目者皆能言其意，况其專門名家，歷艱難辛苦，不間寒暑而成者哉？其爲人誠于身，信于友，庶幾寡過之君子，信乎于此道深也。書既成，屬序于余。余學淺，烏能序其書？然以《谷風》之義無殊骨肉，方且接以婚媾，約爲比鄰，又烏能辭也？聊誌其功力之苦及其爲人，以示後之讀是書者。道光元年三月，同郡友涇包世榮書于揚州湖上之假館。

此余友包君季褎爲余序《周易疏證》者。余壬午歸里，復删舊藁爲《姚氏學》，而季褎以丙戌謝世，不得復請其序，因列是簡端。時復一過，亦庶幾仿佛其人，消我鄙吝。嗚呼喪我良朋，箴規誰繼？言念故人，悲來橫集。憶甲戌歲識季褎于金陵之尊經書院，即殷殷然以經學勸。先是，家大人命受業於婺源戴斗垣先生，稍聞經師家説，竊向往之。得季褎爲先路之導，而志益定。季褎以余涉獵之多涂也，謂余曰：「《易》者五常之原而寡過之要，學之，達足以善天下，窮亦足以善其身。學以專成，以廣廢，慎毋泛騖爲也。」余深然之，遂壹志於《易》。采輯舊聞，成《參象》十四卷。而季褎之揚，因就正於孫伯淵先生，先生可之。時家日以落，謀食維殷。丁丑遊揚，由季褎館於洪桐生先生家，爲挍書籍，得盡閲其所藏。又得識季褎兄慎伯世臣、其族子孟開慎言、其姻兄弟翟徽五慎典、徽五弟楚珍維善，若揚之薛子韻傳均、劉孟瞻文淇、楊季子亮、汪小城縠、劉楚楨寶楠、梅蘊生植之、吴熙載廷颺，皆季褎之友也。鎮江之汪芷生沅、柳賓叔興宗，則余館於洪桐生先生家及館於鎮江汪氏之所友，而季褱亦友之者。切磋之益，惠我靡窮。乃更《參象》爲《疏證》十六卷。每卷脱藁，必與孟瞻挍之，諸友討論之。書成，而季褱序之。可謂極友朋之樂矣。嗚呼，孰意季褱竟長謝故人，今不得復見邪！載誦遺文，潸焉隕涕。

弱冠始交包十五，卅載棲遲託羈旅。後來見君十九弟，廿年亦向江淮寄。阿兄奇才説經濟，阿弟樸學異時世。弟兄上策不見收，刺促還爲衣食憂。衣食不足顑頷死，阿兄痛哭蕪城裹。如余更與近家法，從此後少相磨砥。姚子學《易》成交親，平生一序留遺文。回環卒讀數百字，掩卷歎息猶微聞。紅橋初見春濯濯，曾喜老蒼得還璞。衆中抑塞苦言詞，暗裏精神喪彫斲。姚子食貧將遠遊，遠遊吴門吾舊邱。欲憑寄聲包十五，何必輕爲常人謀？

包季懷爲姚仲虞作《易周疏證序》，❶季懷殁後，其家始以遺稿寄仲虞。仲虞以見示，因賦此篇。宋翔鳳并記。

❶「易周」，當作「周易」。

朱序

予在都習聞宋于廷、業師包愼伯世丈言安徽旌德姚仲虞之賢，謁選得旌德，私幸爲其長官，得資麗澤。比至皖，晤曾莅旌德者，交口稱仲虞，然皆未得識其面。謂其人抗心希古，恥與俗士伍，蓋狂而狷者。予莅邑閱四年，至壬寅七月，旱甚，予虔禱於西竺寺，仲虞讀堂寺中，予排闥竟造，乃得接晤。及甲辰春初，仲虞忽介學博崇海秋執贄門下，予驚喜無以自任。然後此亦惟吾母氏六旬一進署，而綵觴仍不能屈與也。夏杪，余赴金陵秋闈調，蕆事赴皖，則已改官靈璧。冬仲以交案小住旌德，而仲虞奄在殯宮，余就哭之。其弟子汪生守成醵金爲刻《周易姚氏學》《一經盧琴學》，以稿本質余。宋師、包丈久爲宇内尊宿，又先文正公所嘆賞不置者，皆謂仲虞書精深不可測，何論余之薄殖而荒落，又值役役簿書，心手不相及之時乎？唯承乏七年，仲虞竟肯跫然枉顧，與前此諸君始終不得一見者，有榮施已，故紀締結始末於簡端，以告善讀仲虞之書者。

道光甲辰仲冬月朔，大興朱甘霖晴佳甫書。

醲棨一經廬叢書記

《一經廬叢書》，先業師姚仲虞先生所著，守成受遺命，約同門諸友醲金所棨也。先生文學精深，躬行修潔，諸名公傳序備紀其詳。守成淺陋，深慚紹述，豈敢更有論説？至大節在三，師恩同於君親，服勤無方，迺循分盡職耳，况區區醲金，此何足道？然古人有言：「師道立則善人多。」諸友之能輕財從義，亦足見先生之教道孔長也。先生遨遊江淮而歸，教授鄉里。其道義交脱驂賻贈，隨在有人，誼屬尊長，不敢屈名簡末。惟在弟子列者附識姓氏。是書之棨也，呂景文醲金百五十爲倡，朱柳塘、汪雨亭率諸舅弟助資贊成之。若夫讐校有舛牾，則守成荒謬之咎也。先生所著仍有《月令箋》七卷，其大義微言已見《周易通論月令》中，俟當續刻，以成完璧。

醲金弟子

呂振宗景文

朱百朋柳塘

汪家禧雨亭

朱　銘仲西

汪一生孟泉

朱　鈺相甫

汪應鎔奕三

汪家福叔垣

郭元章用廷

道光二十五年歲次乙巳季秋月，受業汪守成謹識。

周易姚氏學序

旌德姚配中撰

天一，地二，天三，地四，天五，地六，天七，地八，天九，地十，何也？一也。一者元也，元者易之原也，是故不知一者不足與言易；元藏于中，爻周其外，往來上下而易道周，是故不知周者，不足與言易；日月爲易，坎離相推，一陰一陽，窮理盡性，是故不知太極之始終者，不足與言易；爻畫進退，變化殊趣，差之豪氂，謬以千里，是故不知四象之動静者，不足與言易；聖人設卦，觀象繫辭，擬議動賾，言盡意見，是故不知繫辭之旨者，不足與言易；《樂》《詩》《禮》《書》《春秋》五者，五常之道，而易爲之原，是故不通羣籍者，不足與言易；師儒授受，別派專門，見知見仁，百慮一致，是故不深究衆説之會歸者，不足與言易。以十翼爲正鵠，以羣儒爲弓矢，博學以厚其力，思索以通其神，審辯以明其旨，則庶幾其不遠也夫。覽總大要，論附篇首。

贊元第一

元發爲畫，畫變成爻，爻極乃化。— -- 謂之畫，卦首六畫是也。九六謂之爻，畫之變也。伏羲之易，有畫无九六之爻，文王發揮剛柔，乃增以九六之爻，諸所稱初九、初六皆是也。《乾鑿度》云：「夫八卦之變，象感在人，文王因性情之宜，爲之節文。」鄭康成注云：「人情有變動，因設變動之爻以效之。」楊雄《解難》云：「宓羲氏之作易也，緜絡天地，經以八卦，文王附六爻。」司馬季主云：「伏羲作八卦，文王演三百八十四爻。」《漢書·藝文志》

云：「文王重易六爻，作上下篇。」《淮南子·要略》云：「伏羲爲之六十四變，周室增以六爻。」高誘注云：「八八變爲六十四卦，伏羲示其象，周室謂文王也。」據此是文王增爻，故鄭以爻辭爲文王作。爻者，畫之變也，六十四卦皆八卦之經緯，故楊雄等但言八卦，義與《淮南子》同。鄭氏「用九」注云：「六爻皆體乾，羣龍之象也。舜既受禪，禹與稷、契、咎繇之屬，並在於朝。」是鄭氏以六爻爲禹稷諸人，而舜則用九者，不在六爻之數，所謂乾元也。虞氏《坤·象》注云：「坤含光大，凝乾之元，終於坤亥，出乾初子。」謂乾元藏於中，坤含光大，凝乾元則坤元也，坤元亦不在六爻之數。而「復德之本也」，虞注云「復初乾之元」者，以元不可見，終亥出子，藏於中宮，因其始動，以目其未動，故獨繫之復初。復初，陽始來復，天地之心也。虞所謂隱初入微，陽始來復，未著成爻也。是虞義與鄭同。荀氏「大衍之數五十」注云：「卦各有六爻，六八四十八，加乾坤二用，凡有五十。乾初九潛龍勿用，故用四十九。」其說五十，雖似與鄭異，鄭義以天地之數五十五，五行減五，故五十，似與荀異。但既減五，即以象八卦爻數及二用義，互相濟也。而云「加乾坤二用」，則亦以乾元、坤元不在爻數，用九、用六，實有用之者矣。云「初九潛龍勿用，故用四十九」者，蓋亦以乾元隱初入微，義與虞同。《文言傳》云「陽氣潛藏」，謂「元」；「龍蛇之蟄以存身」，喻「元」。虞注云：「陰息初，巽爲蛇，陽息初，震爲龍。」亦即復初乾元之義。乾元隱於復初，則坤元隱於姤初可知。「下也」，釋爻。乾元隱初乃中宮，非下。自初至終，无非元之所爲。元實起於一卦之始，而舉其義於一卦之終，以見元无不在，非上九之後，又有用九也。故既云「加乾坤二用」，又云「潛龍勿用」，指元爲説，即用九乾元，元藏中宮，萬物之始。非謂元用而初爻不用。惠氏棟因荀義，而以初九爲元、爲太極，未之審也。馬以一爲北辰，京以一爲天之生氣，辭異而義悉同也。夫資始者天，資生者地，乾元資始，父道也，坤元資生，母道也。娠身者母，致養者坤，故坤元獨包四十八而爲之母。萬物資始於乾元，而致養於坤元，故合五十爲大衍太極之全數也。京房云：「其一不用，天之生氣，將欲以虛來實。」馬融云：「易有太極，北辰是也。北辰在中不動，其餘四十九轉運而用也。」鄭氏云：「極中之道，淳和未分之氣也。」鄭義蓋兼五十爲説，京、馬則言其一策。崔憬云：「四十九數合而未分，是象太極也，今分爲二，以象兩儀矣。」是崔以四十九爲太極。❶案，資始資生，乾元一策不與而實與焉，鄭總五十，義兼諸説，諸説合，義始備。故崔又云：「捨一不用者，以象太極，虛而不用也。」至崔以天一地四爲大衍所不管，則失之，李鼎祚駁之是也。許氏《説文》云：「惟初太始，道立於一，造分天地，化成萬物。」此則元之所以爲元也。董子《春秋繁露·重政》云：「元猶原也。」何休《公羊注》云：「元者氣也，無形以起，有形以分，造起天地，天地之始也。」《乾鑿度》云：「夫有形生於無形，乾坤安從生？故曰有太易，有太初，有太始，有太素。太易者，未見氣也；太初者，氣之始也；太始者，形之始也；太素者，質之始也。氣形質具而未離，故曰渾淪。渾淪者，言萬物相渾成而未相離，視之不見，聽之不聞，循之不得，故曰易也。易无形畔。」觀此諸義，可以知元矣。《漢書·律歷志》云：「十一月乾之初九，陽氣伏於地下，始著爲一，萬物萌動，鍾於太陰，故黄鐘爲天統，律長九寸。九者，所以究極中和，❷爲萬物元也。」云「始著爲一」，云「究極中和，爲萬物元」，則其所謂元非初九明矣。其所謂「太陰」，即坤元藏乾元者也。合乾坤之元，謂之太極。故《志》又云：「太極，中央元氣。」蓋元者，視之不見，聽之不聞，

❶「四」，原作「西」，今據皇清經解續編本、崇文書局本改。

❷「以」，原脱，今據《漢書》補。

範圍不過，曲成不遺，在天成象，在地成形，見乃謂之象，形乃謂之器，皆元也。《參同契》云：「用九翩翩，爲道規矩，陽數已訖，訖則復起，推情合性，轉而相與，循環琁璣，升降上下，周流六爻，難可察覩，故无常位，爲易宗祖。」故曰：「八卦成列，象在其中矣。」「乾坤成列，而易立乎其中矣。」彖者言乎象，卦畫者，元之象也；爻者言乎變，九六者，畫之變也。亦即元之變。《乾鑿度》云：「易有六位。六位之變，陽爻者，制於天也；陰爻者，繫於地也。」案，六位之變，謂六畫變成爻。謂之變者，畫變而爲爻，謂之爻者，效天下之動者也。《乾鑿度》云：「一變而爲七，七變而爲九，九者，氣變之究也。」又云：「陽動而進，陰動而退，故陽以七，陰以八爲彖。陽動而進，變七之九，象其氣之息也；陰動而退，變八之六，象其氣之消也。」鄭注云：「彖者，爻之不變動者，即畫。九六，爻之變動者。《大過》九五虞注云：「荀公以初陰失正當變，數六爲女妻，二陽失正，數九爲老夫；以五陽得正位不變，數七爲士夫，上陰得正，數八爲老婦。」案，荀雖以六爲女妻，八爲老婦，失老少之義，然觀其當變不變之旨，則亦以七變九、八變六，由七八而變爲九六，與《乾鑿度》同，非陰變陽、陽變陰之謂也。《革》九五「大人虎變」，宋衷注云：「九者，變爻。」亦謂九爲七之變，若云變之陰，則五失位矣，何「大人虎變」之云乎？ 一變而爲七，是今陽爻之象，畫是也。《繫辭傳》云：「爻象動乎內。」爻之本象、卦首六畫是也。 七變而爲九，是今陽爻之變。爻爲畫所變。諸稱九六，皆由畫變也。 八變而爲六，「八」，今本誤作「二」，據《乾鑿度》正文改正。 是今陰爻之變，二變而爲八，「二」，今本誤作「六」，據《乾鑿度》正文改正。 是今陰爻之象。」然則畫者七八，由七八而變爲九六，是之謂變，由變而通陰陽，《易》乃謂爲化。卦畫「⚊⚋」而以爲七八者，《繫辭傳》云：「聖人有以見天下之賾，而擬諸其形容，象其物宜，是故謂之象。」畫「⚊

二」，象其賾也。所謂剛柔立本，一變爲七，二變爲八，七八之義，即在是矣。《乾》「用九」傳云「乾元用九」，《象傳》云「大哉乾元」，《坤．彖傳》云「至哉坤元」，虞以復初爲乾元，荀以潛龍爲不用之一策，皆推本言之，爻畫之所由生也。《唐志》一行議：「陽七之静始於坎，陽九之動始於震，陰八之静始於離，陰六之動始於兑。」案，冬至陽生，爲陽之始，一變爲七，是爲正東，故「陽七之静始於坎」。至正東則陽已成七，七爲變之始，七變而九，是爲東南，故「陽九之動始於震」。由一而七，由七而九也，三微成著，正東陽乃著見成畫，七也。冬至之陽是爲賾，元也。正東陽已出地，乃有形容，七也。故曰「聖人有以見天下之賾，而擬諸其形容，象其物宜，是故謂之象」，此由元而成畫者也。陽九之動始於震，由正東至東南，七變成九，此由畫而成爻也。夏至陰生，陽極將化，陰盛西北，陽化而伏矣。陰八之静，陰六之動，義亦如此。以此推之，賾與爻畫，昭然可知矣。擬諸形容，是爲人，天下之賾，則心也。《太玄．礥》初一：「黄純於潛，不見其畛，藏鬱於泉。」《測》曰：「黄純於潛，化在嘖也。」亦即元藏不見、藏於中宫之義。《玄告》云：「天以不見爲玄，地以不形爲玄，人以心腹爲玄。」玄即元也。有是人當有是事，是曰物宜，宜如此而未如此者也。故君子居則觀其象，喜怒哀樂之未發爲中也，及其動則典禮行焉，君臣、父子、夫婦、昆弟、朋友，各行其所當行，故曰：「聖人有以見天下之動，而觀其會通，以行其典禮。繫辭焉以斷其吉凶，是故謂之爻。」典禮行則得失著，故吉凶斷也。《乾鑿度》云：「夫八卦之變，象感在人，文王因性情之宜，爲之節文。」鄭注云：「人情有變動，因設變動之爻以效之。」蓋九六之爻根於畫，如人喜怒哀樂之發本於性，而得失則斷以禮。性偏者，發亦偏；性正者，發亦正。偏則失，正則得，吉凶之斷以是分焉。所謂爻象動内，而吉凶見外者也。畫之未動也，其吉者，是曰吉人，其凶者，是曰凶人，吉凶者宜也，未來之吉凶也。吉人動，而爲吉事吉報焉，凶人動，而爲凶事凶報焉，已來之吉凶也。所謂見乎外，生乎動也，此畫之變而爲爻者也。若凶人遷而之善，吉人而反爲不善，則皆化矣。得位之化，由内而外，其基深，其化難，根於六畫之定位也。失位者，其化易，所當化者即伏於本位也。得位之化，化之外，失其本也；失位之化，化之内，反其常也。是故彖辭或言其人，卦畫。或即其人本其生，元。或即其人度其事；動也。如《屯》「利建侯」《傳》申之云「宜建侯」，則是度之可知，所謂宜也。爻辭或言其變，九六。或本其畫以及其變，或即其變以溯其畫，或由其變以推其化。是以道立於一，以一函三，元是也。太極元氣，函三爲一，有天地人道焉。發爲六畫，是爲三才。才，材也，始也。未極故曰才。彖者，材也。六畫者，三才之道，天地人材始之道也。六畫既變，則曰爻。爻，效天下之動也，是爲三極。六爻之動，三極之道，由才而極也。陽極於九，陰極於六也。問者曰：「元發爲畫爲爻，爻畫不得直謂之元，則元安在？」答曰：「在坤中，於辰爲戌亥，乾元藏於坤元中也。」乾元爲精，陰凝焉，謂之血，《説卦傳》「戰乎乾」，乾，西北戌亥之交也。《乾鑿度》云「乾坤相並俱生」，又云「乾坤氣合戌亥」，謂坤元藏乾元也，此即太極。《繫辭傳》「男女搆精」，虞云：「乾爲精。」《坤》上六「龍戰于野，其血玄黄」，《文言傳》云：「猶未離其類也，故稱血焉。」陽爲陰所凝，故曰血。荀九家云：「血以喻陰也。」此乾元伏藏胎養之始也。《唐志》一行議：「乾盈九，隱乎龍戰之中，故不見其首。」蓋亦以坤上龍戰爲乾元之藏也。虞氏所謂「坤含光大，凝乾之元」，以坤牝陽者也。《坤·文言》虞注云：「以坤牝陽，滅出復震，爲餘慶。」又「其衰世之意邪」，注云：「乾終上九，動則入坤，陽出復震，入坤出坤。」又「言陰陽相薄也」，注云：「薄，入也。」坤十月卦，乾消剥入坤。鄭「七日來復」注云：「建戌之月，以陽氣既盡；建亥之月，純陰用事；至建子之月，陽氣始生。」是亦謂建亥之月，陽氣伏藏也。《參同契》云：

「化氣既竭，亡失至神，道窮則反，窮乎坤元。」❶其於爻則伏於初，初者，卦之極下而極中者也。伏而未發，是爲幾爲賾。虞氏《大過·象傳》注云：「初陽伏巽中，體復一爻，潛龍之德。」據此，可知陽氣潛藏謂元矣。又「其益无方」注云：「陽在坤初，爲无方。」「寂然不動」注云：「隱藏坤初，機息矣，專故不動者也。」據虞諸注，則其所謂復初乾元，謂始伏復初，非已著成爻象，明矣。所謂在坤初伏巽中也。姚信「精義入神，以致用也」，注云：「陽稱精，陰爲義，入，在初也。陰陽在初，深不可測，故謂之神。變爲姤復，故曰致用也。」夫曰「深不可測」，曰「變爲姤復」，則所謂在初者，亦入而伏於初，未成復姤時也。荀《復》「其見天地之心乎」注云：「復者冬至之卦，陽起復初，爲天地心。」亦謂陽方來復，非謂已著成一爻，義與虞、姚同。是故全卦之氣，隱伏於初，探賾索隱，鉤深致遠，探索此鉤致此也。易氣從下生，實從中生，據畫云下耳。全卦之氣，罔不畢具，是之謂「元」，故聖人得而擬議之。「聖人有以見天下之賾」，虞注云：「賾謂初，象謂三才，八卦在天也，庖犧重爲六畫也。」據此，是虞以賾爲全卦之氣所伏，聖人因從而擬議之，以成六畫也。又「探賾索隱」注云：「賾，初也。初隱未見，故探賾。」案，未見亦謂伏。又言「天下之至賾而不可亞也」，注云：「至賾无情，陰陽會通，品物流形，以乾簡坤易之至也，元善之長，故不可亞。」蓋虞實以爲全卦之氣伏於初，无有遠近幽深，遂知來物者以此，定吉凶、成亹亹者亦以此，以其雖賾，而全卦之氣畢具，故可得而擬議也。元者一也，故曰「天下之動貞夫一」。虞注云：「一謂乾元。萬物之動，各資天一，陽氣以生。」案，全卦之氣伏於初，六畫六爻，悉由以生。發爲六畫，變爲六爻，一以貫之耳。「時乘六龍」，荀九家云：「時之

❶ 「窮」，《周易參同契》卷中作「歸」。

元氣，以王而行，履涉衆爻，是乘六龍也。」《乾》初九干寶注云：「初九，乾元所始也。」謂初爲乾元著見之始，則六畫六爻，罔非元之所爲矣。知幾其神，見其賾也，聖人蓋有所以知之者矣。虞「知幾其神乎」注云：「幾謂陽也，陽在復初稱幾。」又「非天下之至神」注云：「至神，謂易隱初入微，知幾其神乎。」案，初隱未見，幾即賾也。

釋數第二

天一，地二，天三，地四，天五，地六，天七，地八，天九，地十，十亦一也。以一始，以一終，自一至十，不過因始壯究而易其名耳。凡爲天之所包者，皆以一統之；爲易之所有者，皆以一貫之，所謂「易有太極」。太極，元氣函三而爲一者也。《靈樞·陰陽繫日月篇》云：「且夫陰陽者，有名而無形，故數之可十，推之可百，散之可千，推之可萬。」《説文》云：「惟初太始，道立於一。」《乾鑿度》云：「易變而爲一，一變而爲七，七變而爲九，九者，氣變之究也。乃復變而爲一，一者，形變之始，清輕者上爲天，濁重者下爲地。物有始、有壯、有究，故三畫而成乾，乾坤相並俱生，物有陰陽，因而重之，故六畫而成卦。」陰陽合，謂之一，太極是也。《漢志》云：「太極，中央元氣。」《淮南子·原道》云：「所謂無形者，一之謂也；所謂一者，無匹合於天下者也。」別而言之，則陽一而陰亦一，一陰一陽之謂道。陽始於一，其動也直，「丨」是也；陰始於一，其動也闢，「二」是也。《説文》云：「丨，上下通也。二，地之數也。」案，闢則分，「二」即「⚋」，縱横異耳。干寶《坤》初注云：「陽數奇，陰數偶，是以乾用一也，坤用二也。」乾用一即「丨」，坤用二即「⚋」也。以丨遇一，貫而成十，始於一，終於十，十則五行生成之數備矣。《説文》云：「十，數之具也。一爲東西，丨爲南北，則四方中央備矣。」案，一至五，五行生數，六至十，五行成數。陽動也直，在地上爲「丄」，在地下爲「丅」，貫地中、通上下，則爲十爲中，皆丨也。《説文》云：

「丄，高也。丅，底也。中，内也，从囗，丨通上下。」❶其始生之難也，則爲屯；冤曲而不得伸，是爲乙；以言其覆，則下垂而爲冂；回轉而爲囗爲囘，皆一也，所謂「乾爲天爲圜」者也。《説文》云：❷「屯，難也。象屮木之初生，屯然而難。从屮貫一，一，地也，尾曲。《易》曰：『剛柔始交而難生。』乙，象春艸木，冤曲而出，陰氣尚彊，其出乙乙，與丨同意。冂，覆也。象一下垂也。囗，回也。象回帀之形。回，轉也。囘，古文。」《淮南子·天文》云：「道曰規始於一。」規即爲圜之義。《大玄·礥象屯》次二：「黄不純，屈於根。」《説文》「尾曲」之義，蓋本《太玄》。屯居乾坤後，象氣之初生，不得伸而尾曲者也。陽一以圍，❸囗是也。夏至陽極，陰欲萌，陽包乎陰，卦爲離，離爲日，日者實也，❹陽在外故實，而火外明也；冬至陰極，陽欲萌，陰包乎陽，卦爲坎，坎爲月，月者闕也，陰在外故闕，而水内明也。離坎之中，陰陽所緼，視之不見，聽之不聞，无聲而无臭者也。坎離合成既濟，乾元託位於五，坤元託位於二，二五氣通，合之一太極也，日月爲易，而不可見者見矣。《説文》云：「日，實也，太陽之精不虧。月，闕也，太陰之精。」案，二至陰陽伏而不可見，天地之體渾圜也。卦畫不能渾圜，故坎離中畫有陰陽之象。陽氣荄於亥，妊於壬。十月陽伏而陰妊，陰包於外，陽伏於中，於文爲包包，从勹巳。勹，陰也；巳，陽也，陽盛於巳，包从巳，象陽之屈曲於中也，故曰「龍蛇之蟄以存身」。於時陰氣在外，閉而成一。陽一於中，陰一於外，陽起子遇陰，剛柔始交，屯然而難，不得伸而曲，所謂「尺蠖之屈以求信」者也。《易》於否、泰、姤、蒙爻辭言

---

❶「通上下」，《説文解字》作「上下通」。

❷「説文」，原倒，今據皇清經解續編本、崇文書局本改。

❸「一以」，皇清經解續編本作「以一」。

❹「實」，原作「寶」，今據皇清經解續編本、崇文書局本改。

「包」，取相交之義，所謂天地交，天地相遇也。《說文》云：「亥，荄也。十月微陽起接盛陰。从二，二，古文上字，一人男、一人女也。从乙，象懷子咳咳之形。」「壬，位北方，陰極陽生，故《易》曰『龍戰于野』，戰者，接也，象人懷妊之形。」「包，象人懷妊，巳在中，象子未成形也。元氣起於子，子，人所生也。男左行三十，女右行二十，俱立於巳，爲夫婦，懷妊於巳，巳，子也。十月而生，❶男起巳至寅，女起巳至申，故男年始寅，女年始申也。」案，元氣起於子，子，人所生，人之元即卦之元也。男左行，女右行，謂從子左行，從子右行，故男三十立於巳，女二十立於巳。男起巳至寅，亦左行；女起巳至申，亦右行，皆十月。高誘《淮南子·氾論篇》注義與《說文》同，疑其即本許氏也。元起於子，元是也；十月而生，卦是也，生之始也。三十、二十爲夫婦象，天三覆，地二載，昏期也，爻是也。懷妊於巳，則又陰陽接，變則化矣。

十一月一陽生，據其初生之形，是爲小，所謂復小而辯於物，陰陽之物，辯之於早也。至艮東北，陽浸長，陰分爲二，陽從中生，是爲三，中一陽而外二陰，《乾鑿度》所謂「易始於一，分於二，通於三」者也。陽由下生，陰自上降，故爲寅爲甲。由寅甲而卯乙，乙象陽生，卯象陰闢，以丨交一，變而成七，陽雖升，其未升者仍曲尾也，故七陽上升，則陰氣分別而降。⚋變爲八，八，別也，⚋之變也，正東震，少陽七位焉；東南巽，少陰八伏焉。陽氣究於九，九者，升極而還復之形也。於時建巳，陽究於外，陰屈於中，陽極將入，是爲丙巳，純陽之月。九，老陽之數，九也者，一之究也。

《說文》云：「小，物之微也，从八，丨見而分之。」「寅，髕也。正月陽氣動，去黃泉欲上出，陰尚彊，象宀不達，髕寅於下也。」「甲，東方之孟，陽氣萌動，从木戴孚甲之象。」「卯，冒也。二月，萬物冒地而出，象開門之形，故二月爲天門。」「七，陽之正也。从一，微陰从中衺出也。」案，「微陰」當作「微陽」。又云：「八，別也。象分別相背之形。」「九，陽之變也，象其屈曲究盡之形。」「巳，已也。四月陽氣已出，陰

❶「生」，皇清經解續編本作「起」。

氣已藏，萬物見，成文章。」「丙，位南方，萬物成炳然。陰氣初起，陽氣將虧。从一入冂，一者陽也。」至午陰生夏至離，陰陽始遇交爲㐅，陰欲上，陽欲下，故交皆衺出。㐅轉而爲十，陽直下行，陰見地面也，是爲十。十者，乾坤之合也。《說文》云：「午，啎也。五月陰氣午逆陽，冒地而出。」「五，五行也，从二。陰陽在天地間交午也。㐅，古文。」正月陽上行，故爲寅爲甲；中央陽下行，故爲戊己，戊己者，中宮也。陽氣之出，出自中宮；其入也，入於中宮；其藏也，藏於中宮。中宮者，中央之宮，四方之所交會也，是之謂中。春秋之中，陽氣上下各半，是之謂十。所謂陰陽合德而剛柔有體，以體天地之撰，以通神明之德者也。《說文》云：「戊己，中宮也。」案，中央土，其數五。陽降則陰又分，至正秋陰成體於上，而分於下，卦爲兑，數爲丣。卯，象上合而下分也。合於上者陰體成，分於下者陽退未盡也。月建卯，卯爲春門，萬物以出，故--；丣爲秋門，萬物以入，故丣。是故闔户謂之坤，自丣至亥，陽入而陰闔也，所謂其靜也專，其靜也翕，陽靜專，陰斯翕矣；闢户謂之乾，自卯至巳，陽出而闢陰也，所謂其動也直，其動也闢，陽動直，陰斯闢矣。闢户則陽出，故謂之乾；闔户則陰閉，故謂之坤。《說文》云：「四，陰數也。丣，古文四。」「丣，古文酉，从丣。丣爲春門，萬物已出，丣爲秋門，萬物已入。一，閉門象也。」陽升爲丄，降爲丅，丄丅合，是爲十。十者何？一陰而一陽，一縱而一横也。《淮南子·時則》云：「天爲繩，地爲準。」一縱一横陰陽交，故易爻取相交之義焉。《說文》云：「爻，交也，象易六爻頭交也。」案，爻字重㐅，交爲㐅，轉爲十也。陰陽交而數變也，陽自午至戌亥，消入中宮，伏而藏於戌，荄於亥，故月建戌亥。戌从戊含一，一者，陽也，亥者，荄也，戌亥之交，乾位在焉。於時爲冬，陰盛於上，數爲六。六从入从八，从入者，極將返也；从八者，陽將升也。於時龍戰于野，陰陽接，壬妊而子滋，周而復始矣，坎水位焉，所謂血卦也。《説文》云：「戌，滅也。九月陽氣微，萬物畢成，陽下入地也。五行土生於戊，盛於戌，从戊含一。」「亥，荄也，亥而生子，復从一起。」「六，易之數，陰變於六，正於八，从入从八。」「子，十一月陽氣動，萬物滋，入以爲偁，象形。」《史記·律書》云：「子者，滋也。滋者，言萬物滋於下也。」二至陰陽藏於中，謂之中，二分陰陽交，謂之和。中者，中也，和者，十也。案，十者，一縱一横，天地之交，陰陽之合氣。天氣下降，地氣上騰，和氣生物者，故春秋中爲和。《淮南子·氾論》云：「天地之氣莫大於和。和者，陰陽調，日夜分而生物，春分而生，秋分而成，生之與成，必得和之精。」《董子·循天之道》云：「天有兩和，以成二中。北方之中，用合陰而物始動於下；南方之中，用合陽而養始美於上。其動於下者，不得東方之和不能生，中春是也；其養於上者，不得西方之和不能成，中秋是也。起之不至於和之所不能生，養長之不至於和之所不能成。成於和，生必和也；始於中，止必中也。中者，天地之始終也；而和者，天地之所生成也。是故陽之行始於北方之中，而止於南方之中；陰之行始於南方之中，而止於北方之中。中者，天地之太極也。中之所爲，而必就於和。和者，天地之正也，陰陽之平也，其氣最良，物之所生也。」是以氣之升降也，引而左則左，引而右則右，左右交是爲㐅，自上而下、自下而上是爲丨，自左而右、自右而左是爲一，交於中則爲十。案，三七九，皆乾一交坤一而變；二四六八，皆坤一交乾一而分；五與十，則陰陽之合也。自一至十，皆一耳。《淮南子·精神》云：「萬物統而爲一。能知一則無一之不知也，不能知一則無一之能知也。」《禮運》曰：「夫禮必本於太一，分而爲天地，轉而爲陰陽，變而爲四時。」董子曰：「天地之氣，合而爲一，分爲陰陽，判爲四時，列爲五行。」《五行相生》文。然則一者，數之原、萬之統也。時行則與之偕行，時極則與之偕極，皆元之貫而易之周也。虞氏「鼓之舞之以盡神」注云：「神，易也。」又「非天下之至神」注云：「至神，謂易隱初入微，知幾其神乎。」又「乾坤其易之緼邪」注云：「易麗乾藏坤，故爲易之緼也。」案，神即一，一即易，易即太極。陰陽不測，謂之爲神，淳和未分，謂之太極，簡易變易不易，謂之爲易，以一統萬，謂之爲一，无形以起，有形以立，謂之爲元，隨義生稱者也。

定名第三

周，密也，遍也，言易道周普，所謂「周流六虚」者也。孔穎達《三代易名論》引鄭《易贊》及《易論》云：「夏曰《連山》，殷曰《歸藏》，周曰《周易》。連山者，象山之出雲，連連不絶；歸藏者，萬物莫不歸藏於其中；周易者，言易道周普，无所不備。」是鄭不以周爲代名。《春官·太卜》：「掌三易之法，一曰《連山》，二曰《歸藏》，三曰《周易》。」注云：「連山，似山出内氣也；歸藏者，萬物莫不歸而藏於其中。」賈疏云：「《連山易》，其卦以純艮爲首，艮爲山，山上山下，是名連山，雲氣出内於山，故名易爲《連山》。《歸藏易》，以純坤爲首，坤爲地，故萬物莫不歸而藏於中，故名易爲《歸藏》也。鄭雖不解《周易》，其名《周易》者，《連山》、《歸藏》皆不言地號，以義名易，則周非地號。以《周易》以純乾爲首，乾爲天，天能周帀於四時，故名易爲周也。」案賈蓋本鄭《易贊》爲説是也。孔穎達云：「案《世譜》等書，神農一曰連山氏，黄帝一曰歸藏氏，既連山、歸藏並是代號，則《周易》稱周，取岐山之陽地名。」其説非也。連山、歸藏果爲代號，夏殷何取，因而不革？神農、黄帝所以有連山、歸藏之稱，亦以有連山、歸藏之易，而有是稱，猶之明於農，則稱神農，有軒冕輪轅之制，則稱軒轅。名隨事舉，非古聖之所自名也。不然，上古質，何代名反若是多邪？《繫辭傳》云「易與天地準，故能彌綸天地之道」，又云「知周乎萬物」，又云「周流六虚」，蓋《易》之爲書，始終本末、上下四旁无所不周，故云「周」也。孔氏又謂：「文王作易之時，周德未興，猶是殷世，故題周，别於殷。」更非通論。是時周未有天下，文王又在患難，事暴辛，題周别殷，不唯非明哲保身之道，亦非有二服事之心也。且《易》非文王一人之書，顧以一代盡揜前王邪？此必不然矣。又案，《白虎通·號篇》云：「夏者，大也；殷者，中也；周者，密也，至也，道德周密，無所不至也。」據此則代名並不取岐陽之地矣。《太卜》注，杜子春云：「連山虙戲，歸藏黄帝。」鄭不以爲非，趙商問連山虙戲、歸藏黄帝，敢問杜子春何由知之？鄭答云：「此數者，非無明文，改之無據，且從子春，近師皆以爲夏殷也。」使連山爲神農代號，❶杜子春不應誤以爲虙戲，鄭何至沿其誤而不改？且鄭云「近師皆以爲夏殷」，則並不以連山、虙戲爲誤，祇辯虙戲與夏耳，連山非地號，益昭然矣。其不言「易周」何？周而後知易也。天之行度，名曰周；北辰之居，謂之極。因天之運行不忒，❷知天之極，故曰「乾坤成列，而易立乎其中矣」。天不運行，无由知極，故曰「乾坤毀，无以見易」。天非極，則運行差；周非易，斯流行亂，故曰「易不可見，則乾坤或幾乎息」。一經皆陰陽之周流，乾坤變化，皆易所爲。乾坤，易之緼，易藏於乾坤之中。周者，乾坤之陰陽，而易則元也。是故夫易，聖人所以崇德而廣業，崇德謂易，廣業謂周。易无體也，无不體也；无思也，无不思也；无爲也，无不爲也，故曰「寂然不動，感而遂通天下之故」，「其大无外，其小无内」者也。《吕覽·下賢》云：「以天爲法，以德爲行，以道爲宗，與物變化而無所終窮，精充天地而不竭，神覆宇宙而無望，莫知其始，莫知其終，莫知其門，莫知其端，莫知其原，其大無外，其小無内，此之謂至貴。」何以知其周？天之周不可知，以列宿及七政之躔次知之；易之周不可知，以爻畫之往來升降知之。是故見乃謂之象，形乃謂之器，陰陽不測妙萬物謂之神。神妙萬物，无所不周，不過不遺，不可一方名也，故曰「神无方而易无體」。往而還反，終而復始，无一息之停，一毫之閒，不得其端，莫窮其極也。是曰「周易」。周天之度，人强名耳，何所起

❶「代」，皇清經解續編本、崇文書局本作「氏」。
❷「忒」，皇清經解續編本作「一」。

止乎？故曰「天下之動貞夫一」。楊雄以《太玄》象易，以易爲玄也。易不可見，以六十四卦見之，故統六十四卦，名爲易；玄不可見，以八十一首見之，故合八十一首，號爲玄。卦義明而易著，虚者實矣。《玄攡》云：「夫玄，晦其位而冥其畛，深其阜而眇其根，穰其功而幽其所以然者也。」《玄都序》云：「馴乎玄，渾行無窮，正象天。」此即周易之謂也。《太玄·周》次二：「植中樞，周無隅。」樞者，易也，元也。周无隅，則卦爻也。卦爻周而復始，故无隅，命之曰周。元用卦爻，簡易、變易，不易之所以然，元實主之，謂之爲易。卦爻周而易行，是曰周易。桓譚《新論》云：「伏羲氏謂之易，老子謂之道，孔子謂之元，而楊雄謂之玄。」物得一而生，一即物而存。《中庸》云：「鬼神之爲德其盛矣乎，視之而不見，聽之而不聞，體物而不可遺。」《吕覽·圜道》云：「一也者，齊至貴，莫知其原，莫知其端，莫知其始，莫知其終，而萬物以爲宗。」《論人》云：「凡彼萬形，得一後成。」故乾元，萬物資以始；坤元，萬物資以生。易之爻策，萬物也，而始生之者，元也。元者一也，一者易也。《董子·重政》云：「唯聖人能屬萬物於一，而繫之元也。」又云：「春秋變一謂之元，元猶原也。」何休《公羊注》云：「變一言元。元者氣也，無形以起，有形以分，造起天地，天地之始也。」《乾鑿度》云：「昔者聖人因陰陽定消息，立乾坤以統天地。夫有形生於无形，乾坤安從生？故曰有太易，有太初，有太始，有太素也。太易者，未見氣也；太初者，氣之始也；太始者，形之始也；太素者，質之始也。氣形質具而未離，故曰渾淪。渾淪者，言萬物相渾成而未離，視之不見，聽之不聞，循之不得，故曰易也。」《吕覽·大樂》云：「太極出兩儀，萬物所出，造於太一，化於陰陽。道也者，視之不見，聽之不聞，不可爲狀，有知不見之見、不聞之聞、無狀之狀者，則幾於知之矣。道也者，至精也，不可爲形，不可爲名，强爲之，謂之太一。」案，太一即一也。故合六十四卦、三百八十四爻、萬千五百二十策，而目之爲周易，言其周流而无不遍者，皆易也。是故乾元用九，坤元用六，一經皆九六，九六皆元之用。元即易也，元之用九六，終始一經，即周也。一經之卦各六爻，六爻者，三極之道，而元用之，是元之以一貫三矣。《說文》云：「王，天下所歸往也。董仲舒曰：『古之造文字者，三畫而連其中，謂之王。三者，天地人也，而參通之者，王也。』孔子曰：『一貫三爲王。』」《王部》文。用是例焉，則元之爲元，其用九，而用六者，亦貫之而已矣。董子曰：「王者，人之始。」《王道》文。又曰：「君者，國之元。」《立元神》文。六官之屬三百六十，王爲之元，六十四卦三百八十四爻，元爲之君也。元藏於中，故易爻貴中。五，上之中，乾元託位；二，下之中，坤元託位。二五相應，二而一者也。是以土位中央，元神藏焉，貫地中、通上下，而易之所縕可知矣。易者，易也，變易也，不易也。六十四卦皆兼三義，禮義之經權，陰陽之消息也。《乾鑿度》云：「易者，易也，變易也，不易也。」鄭《易贊》及《易論》依用之。陰陽之義配日月，故易字从日月，象陰陽也。《釋文》引虞翻《參同契注》云：「字从日下月。」案《參同契》云：「坎戊月精，離己日光，日月爲易，剛柔相當。」漢徐景休注云：「易謂坎離，坎離者，乾坤二用，二用无爻位，周流行六虛。易者，象也，懸象著明，莫大乎日月。」《說文》：「易，蜥易，蝘蜓，守宮也。象形。祕書說日月爲易，象陰陽也。一曰从勿。」據「一曰从勿」之言，則易字本象蜥易之形，不从勿，此蜥易字也。若周易字則从日下月，與象形蜥易字不同，後渾爲一，故復引祕書說，以明周易字爲日下月，因渾爲一，遂以象蜥易之易，假作周易之易，而其義則自爲日月，象陰陽，无取蜥易，故以祕書說明之。其云「一曰从勿」，則承上象形而言，謂象形易字亦或以爲从勿，无關日月爲易之義，其旨顯然。或乃以蜥易訓周易，是則象必訓豕走，象必訓南越大獸，三年一乳者矣。後儒好爲異說，往往字有本訓，舍而之它，字係假借，則必求本訓，以衒新奇。周流蜥易，固不可通，周家蜥易，復成何語？小不足觀，徒泥大道。又案，《禮記疏》引鄭《六藝論》云：「易者，陰陽之象。」義與祕書說同。易兼三義，三義之著，莫過日月，長短分至，弦望晦朔，皆兼三義，懸象著明，莫大乎此矣。以乾坤爲首者，陰陽之元也，乾元藏於戌，荄於亥；坤，十月卦，陽伏而陰妊。乾初曰「潛龍」，坤上曰「龍戰」，皆謂元也。乾坤成既濟，離日坎月，乾坤以日月戰陰陽，故上經以坎離終，下經以既濟未濟終。天之道，非日月不彰；易之道，非坎離不著。坎離者，乾坤之中氣，易之緼也。日往月來，月往日來，一陰一陽，往來屈信，而易道周，終於既濟未濟。未濟六爻失正，則又陽分爲陽，陰分爲陰，自乾坤起矣。故曰既濟定，定則不易；未濟窮，窮則通。未濟思所以濟之，是以易字从日下月，一未濟象也；每卦必成既濟，反之正也。卦成既濟，故卦爻辭每云「利涉」。涉者，濟也。成既濟，則六爻正，故利涉。聖人作易，撥亂反正，以乾爲首，象首出之大人焉。易者彌綸天下之道，而爲五常之原者也。《漢志》云：「《樂》《詩》《禮》《書》《春秋》五者，五常之道，而《易》爲之原。」《大戴·保傅》云：「《春秋》之元，《詩》之《關雎》，皆慎始敬終云爾。」《公羊疏》引《春秋説》云：「伏犧作八卦，丘合而演其文，瀆而出其神，作《春秋》以改亂制。」《漢志》云：「昔殷道弛，文王演《周易》；周道敝，孔子述《春秋》。」則乾坤之陰陽，效洪範之休咎，天人之道，粲然著矣。案，《易》廣大悉備，道无不該，故爲五常之原。《白虎通·五經》云：「文王所以演《易》何？商王受不率仁義之道，失爲人法矣，己之調和陰陽尚微，故演《易》，使我卒至於太平日月之光明，則如《易》矣。」蓋易者，聖人所以治平天下者也。又案，三《易》首卦不同，賈公彦《太卜》疏云：「取三正三統之義。」據此則伏羲以來，正朔已三而改。如鄭義，《周易》首乾，天正也。《董子·三代改制》云：「改正之義，奉元而起。」

周易姚氏學卷第一

旌德姚配中撰

周易上經彖上傳象上傳

案《漢書·儒林傳》云：「孔子晚而好《易》，讀之韋編三絶，而爲之傳。」孔穎達云：「上彖一，下彖二，上象三，下象四，上繫五，下繫六，文言七，説卦八，序卦九，雜卦十。鄭學之徒並同此説。」案，十翼本各自爲篇，不與經連，經傳之合，始自費直。《魏志·高貴鄉公紀》：「帝問曰：『孔子作《彖》、《象》，鄭氏作注，雖聖賢不同，其所釋經義一也。今《彖》、《象》不與經文相連，而注連之，何也？』易博士淳于俊對曰：『鄭氏合《彖》、《象》於經，欲使學者尋省易了也。』」據此，則經傳之合，始自鄭矣。然案《儒林傳》云：「費直治易，長於卦筮，亡章句，徒以《彖》、《象》、《繫辭》十篇文言解説上下經。」以傳解經，則必以傳合經，經傳之連，實當始自費，非始自鄭也。而高貴鄉公、淳于俊並云鄭者，蓋費氏亡章句，徒以傳解經，則傳即爲其章句，注者因費氏之本，既注經，還即注傳，而合傳於經之名，遂獨歸注之者矣。且直以古字，號古文《易》，劉向以中古文《易》挍諸家，唯費氏經與古文同。費氏經既與中古文同，而又亡章句，非合傳於經，則傳其書者直云傳古文可耳，烏得以直既亡章句，又无異文，而乃獨以其學歸之費氏邪？《尚書》有今古文之學，此其可證者也。《後漢書·儒林傳》云：「陳元、鄭衆皆傳費氏易，其後馬融亦爲其傳，融授鄭康成，康成亦作《易注》，荀爽又作《易傳》。」案，馬融注《周禮》，尚欲省學者兩讀，其爲《易傳》，當亦必仍費氏之舊，高貴鄉公不言馬融，獨言鄭連之者，時方講鄭學，據鄭言也。蓋唯費亡章句，以傳解經，傳其學者不過用其本耳，是以注家言人人殊，而俱曰傳費氏《易》，極至王弼之虚言，亦稱爲費氏之學，此其明驗也。孔穎達云：「輔嗣之意，以爲象者本釋經文，宜相附近，其意易了，故分爻之象辭，各附其當爻下言之。」是爻傳之附當爻下弼爲之，非費氏之舊矣。然荀、虞注，其於爻傳，皆有「象曰」之稱，疑亦非始自弼也。又案，孔疏不言弼以《文言》附乾、坤，《儒林傳》謂直以《文言》解説，則《文言》附乾、坤，亦直爲之。

朱震謂爲王弼，亦臆測耳。注疏本行世已久，兹在解經，欲尋省易了，故依用焉。《漢書》云「直亡章句」，而阮孝緒《七録》有《費直章句》四卷，當爲後儒依託。《晉書・天文志》有《費氏分野》，亦卦筮之用，非章句也。

䷀乾下乾上**案**易始於太極，一陰一陽之謂道也。太極分爲二，清陽爲天，濁陰爲地，乾坤易之門、陰陽之宗，是以二卦通生變化，中氣通成坎離，六位通成既濟未濟。乾元坤元，資始資生，八卦錯綜成六十四，莫非乾坤之消息。陽皆乾元之用，陰皆坤元之用也。至既濟一陰一陽，復太極之體，未濟六爻失正，又起乾坤，周而復始者也。每卦云某下某上，取一下一上，交而周流之義，非某在下、某在上之謂也。

乾，元亨利貞。**注**《子夏傳》曰：「元，始也；亨，通也；利，和也；貞，正也。」案，諸家注見《集解》者不詳，餘各詳所見。**案**元者，二氣之始，萬物之元也。《董子・重政》云：「元猶原也。」《後漢志》云：「元以原之。」《公羊・隱元年》疏引《春秋説》云：「元者，端也。氣泉。注云，元爲氣之始，如水之有泉。」蓋元自初至上，无時不在，與下爻稱「初」別。下乃成體之初，元則成始成終之原也。太極，陰陽之始，分爲二，陰陽各有始。乾元亨者，陽始通陰，陰陽交會也。二氣交和，美利利物，乾坤相通，成既濟，一陰一陽，陰陽和、六爻正，故利貞。神无方，易无體，故乾圜、坤布，是曰周易。天行健，圜也；地勢坤，布也。見乃謂之象，易无體，不可見，以乾坤象天地，見簡易、變易、不易之道焉。凡所用詁訓，悉本《爾雅》、《説文》及經傳、《史》、《漢》、諸子傳注，閲者自知所出，故不詳，其有一二與常訓異者，詳之。

初九，潛龍勿用。**注**鄭康成曰：「周易以變者爲占，故稱九稱六。」見孔疏。案，爻者言乎變，動則觀其變而玩其占，易之九六，皆變也。鄭《乾鑿度注》云：「九六，爻之變動者。《繫》曰：爻，效天下之動也。然則《連山》、《歸藏》占彖，本其質性也，《周易》占變，效其流通也。」❶又云：「一變而爲七，是今陽爻之象，七變而爲九，是今陽爻之變。」案，鄭云陽爻之象，謂爻之本

❶「通」，清武英殿聚珍版叢書本《易緯乾鑿度》卷上作「動」。

象，卦畫是也。爻由象來，爻者，象之動，故注家多爻象互稱，其別解在《贊元》。陽以九爲變，陰不以八爲變者，《乾鑿度》云：「陽動而進，陰動而退，故陽以七、陰以八爲象。陽動而進，變七之九，象其氣之息也；陰動而退，變八之六，象其氣之消也。」蓋陽動息故進，稱九；陰動消故退，稱六。退不稱二四者，大衍用四十九，揲以四，唯得七八九六，其一二三四皆餘策，用本不用餘也。且陰退極於六二者，陰之始四，非退之極也，解在《釋數》。馬融曰：「物莫大於龍，故借龍以喻天之陽氣也。初九建子之月，陽氣動於黃泉，既未萌芽，猶是潛伏，故曰潛龍。」案 氣從下生，故下稱初。初，始也，不言一，別一也。潛，深也，藏也。《乾鑿度》云：「易氣從下生。」注云：「易本无形，自微及著，故氣從下生，以下爻爲始也。」此下稱初之義也。九者，陽之變、氣之究，初稱九者，氣動必究，初畫動成爻也。或說卦有三才，爰分六畫，故下亦稱九，今云氣從下生，則至上乃究，初而稱九者何？夫元之資始資生也，卦爻未兆而氣全具。形而爲初，體之先見；而其自二至上，未形之氣，即伏於初。息至二，則即全伏於初；二息至三，則上體三畫之氣即伏於下體；至六畫已全，氣悉成體，成而皆少。故六畫之象，初與上同。及其究也，則初畫究，是曰初九；上畫究，是曰上九。初究與上究同時，上究而初亦究；上生與初生亦同時，初生而上即伏於初。蓋氣无不全，著有早晏，或早著而晚究，或晚著而即究，推諸物類，莫不皆然。是以氣純者發而爲純，氣雜者發而成雜。陰陽交錯，无所滯隔，各隨其氣，而發爲陰陽，聖人見始知終，正以初體雖微，卦氣全具，卦各異氣，辭故不同。不然，初陽三十二，何以乾初獨繫潛龍？男子三十而娶，方其童蒙，知其有娶妻之禮；女子二十而嫁，當其幼孩，❶定其有適人之道也。發爲九六，唯其時物，木之華葉，人之云爲，所謂行典禮也。故每一畫一爻，必兼論全卦，或同時並發，或異位相成，❷或彼此互乖，或先後各異。氣至而行，時及而應，畫有變有不變，爻有化有不化，氣深者恒固，氣薄者易衰，氣之專者常存，氣之餘者先落。草木有萎茂之殊，生人有壽夭之異，一人一

❶「孩」，原作「咳」，今據皇清經解續編本改。
❷「成」，皇清經解續編本作「承」。

物，且自異同，氣實使之也。而朱震引陸績説，以爲陽在初，稱初九，去初之二，稱九二，則初復七。果如所説，是乃爻來之畫，非畫變成爻，爻畫隔絶，氣不相通，去初之二，葉茂根傾，枯楊生華，不獨大過矣。且使初爲陽而二爲陰，將二陰爲无根而來，初陽亦終止莫去邪？知此爲宋儒之僞，誤解周流六虚，不知而作者也。六畫一體，非有分離，六爻之效，各自畫來。七曜之不同行也，而共繫於天，六畫之不同位也，而共繫於元，是故其得位者，若列宿之順序，其失位者，類七政之亂行。六爻之動，則休咎之各應其順逆者也，是以剥復殊致，各有其時，九月而剥，夫何所異，九月而復，亦足爲災，夏令之不可行於冬，春令之不可行於秋，謂行非其時，非令之不可行也。故魏相云：東方之卦不可以治西方，南方之卦不可以治北方，春興兑治則飢，秋興震治則華，冬興離治則泄，夏興坎治則雹。以是例諸爻各有當，卦各有宜。其卦宜者，爻爲小節；其爻宜者，卦莫能消。貫魚寵利人事攸宜，不與剥床剥辨同占者，此也。觀兹諸義，可知元之於畫，畫之於爻，元貫始終，六畫共體，爻之變化，各自畫來，是以下但稱初，不得云一。《説文》云：「惟初太始，道立於一，造分天地，化成萬物。」自初至終謂之一，自下至上謂之一，一周謂之一，一者，數之原，萬之統，乃元之稱，非下之謂也。而荀爽「其用四十有九」注云「乾初九，潛龍勿用」者，蓋以潛龍爲元，全氣之伏，辭見於初，故連言初九。惠氏棟據以爲説，乃云「初九，元也，其一不用，謂此爻也」。遺去潛龍，專言爻數，亦語簡而失荀指矣。《漢志》云：「宫，中也，居中央，暢四方，唱始施生，爲四聲綱也。黄者，中之色，君之服也；鍾者，種也。天之中數五，五爲聲，聲上宫，五聲莫大焉。地之中數六，六爲律，律有形有色，色上黄，五色莫盛焉。故陽氣施種於黄泉，孳萌萬物，爲六氣元也。以黄色名元氣律者，著宫聲也。十一月乾之初九，陽氣伏於地下，始著爲一，萬物萌動，鍾於太陰，故黄鍾爲天統，律長九寸。九者，所以究極中和，爲萬物元也。天之中數五，地之中數六，二者爲合。六爲虚，五爲聲，周流於六虚。虚者，爻律夫陰陽，登降運行，列爲十二，而律吕和矣。太極元氣，函三爲一，極，中也，元，始也，行於十二辰，始動於子，氣鍾於子，化生萬物者也。」又云：「太極，中央元氣，故爲黄鍾。」觀《志》諸義，則元不得謂爻明矣。虚者爻律，元行十二辰，爻之於元，猶律之於氣，觀爻可以知元，故潛龍不妨於爻言之；

觀律可以知氣，故中聲不難以管定之。氣資律顯，而氣非律，元以爻著，而元非爻。《周易》言象，故元究成爻，樂氣寫聲，故循聲制律，是故不知律者，不足與言元也。

九二，見龍在田，利見大人。注鄭康成曰：「二於三才爲地道，地上即田，故稱田也。」案，卦有六畫，三才各二，兼三才而兩之，天位乎上，地位乎下，人位乎中，故初二爲地，三四爲人，五上爲天。天地之道，非人不顯，二五近人，得其中正，故陽貴五，陰貴二。人陽近地，故人重三。初在地中，上位天上，四亦陰位，非人所居，皆非三才之正也。《文言傳》云：「下不在田。」田謂二也。案二合初之稱。「見」，彰顯也；「在田」，謂見地上；「大人」，聖人在位之稱。《儀禮》《左傳》《孟子》等書稱大人，統指在尊位者，不必人君，與《易》異。《乾鑿度》云：「《易》有君人五號：帝者，天稱也；王者，美行也；天子者，爵號也；大君者，與上行異也；大人者，聖明德備也。」又云：「大君者，人君之盛者也；大人者，聖人之在位者也。言德化施行，天地之和，故曰大人。」二非王位，升坤五爲大人，坤五降乾二成離，向明而治，故利見大人。此蓋世子之爻也。凡言「居」者，居於畫象也，所謂居則觀其象；言「在」者，在於爻，所謂在天成象，在地成形，爻者變動不居，故曰「在」，暫在也；言「于」者，或由畫之爻，由爻而化，或自下之上，自上之下，彼此共焉，所謂形而上、形而下、化而裁之、推而行之者也。二陰臣位，乾陽君德，以君居臣位，九五有飛龍之大人，則二非湯武之爻，乃太甲、成王未即位之象也。升居坤五，則繼飛龍爲大人，故《文言傳》重言君德，明二當升坤五而爲君，九五首出之君，二則繼體之君也。《乾鑿度》云：「初爲元士，二爲大夫，三爲三公，四爲諸侯，五爲天子，上爲宗廟。凡此六者，陰陽所以進退，君臣所以升降，萬人所以爲象則也。」荀、虞升降之例俱本之，兹依用焉。

九三，君子終日乾乾，夕惕若，厲，无咎。

注鄭康成曰：「惕，懼也。見《釋文》。三於三才爲人道，有乾德而在人道，君子之象。」荀爽曰：「承乾行乾，故曰乾乾。」案終日，猶盡日。夕，莫也，日之夕，陽之九也。剛柔者，晝夜之象，夕則夜來，九則陰接，三變之九，故夕惕若，懼其化也。乾乾，進不倦也，乾惕无已，莊敬日强，所謂自强不息也。陰莫能萌，故无咎。若，辭也。厲，危咎過也。此據「剛柔者晝夜之象也」爲義，不用虞「陽息至三，二變成離」之例。《淮南子・人間》云：「終日乾乾，以陽動也；夕惕若厲，以陰息也。」是亦以日夕喻陰陽，西漢經師之説也。又案夕惕若，絶句，厲，絶句，《淮南子》、班固、張衡等皆以夕惕若厲爲句，蓋厲本絶句，故得連夕惕若言之，如「頻復厲」傳云：「頻復之厲。」「遯尾厲」傳云：「遯尾之厲。」皆以厲一字爲句，故與某某之吉，某某之凶同。若與沱若、嗟若同，不得作如似解。

九四，或躍在淵，无咎。注荀爽曰：「乾者君卦，四者陰位，故上躍居五者，欲下居坤初，求陽之正，地下稱淵也。」案，四失位，故欲上躍居五，但五乃飛龍，四不得居，故又欲下居坤初，或上或下，欲求得陽位而居之，以陽居陽，得其正位，故云求陽之正也。必知乾四下之坤初者，乾二、四、上失位，坤初、三、五失位，故乾二之坤五，四之坤初，上之坤三，成一既濟；坤初之乾四，三之乾上，五之乾二，亦成一既濟。荀「雲行雨施，天下平也」注云「乾坤二卦成兩既濟」是也，所謂「各正性命」也。案陽息至四，體震，爲足，震，動起，故躍，躍，進也。或躍或在淵，皆得位无咎，所謂「上下无常，非爲邪也」。乾坤成既濟，四降坤初，坎水稱淵，淵，回水也。《管子》曰：「水出地而不流，命曰淵水。」《度地》文。既濟互坎，初在坎下，故在淵。

九五，飛龍在天，利見大人。注鄭康成曰：「五於三才爲天道，天者清明无形，而龍在焉，飛之象也。」案陽息至五，四化則五互離，坤五之乾二亦成離，萬物皆相見。五以陽德居天位，爲大人，天下利見之也。大人首出，是爲乾元，乾五天位，乾元託焉，以治天下者也。

上九，亢龍有悔。注鄭康成曰：「堯之末年，四凶在朝，是以有悔，未大凶也。」見孔疏。案，傳稱无位无民，而鄭以堯爲説者，尊位之居，有聖有非聖，《王莽傳・贊》：「炕龍絶氣。」服虔云：「易曰『亢龍有悔』，謂无德而居高位也。」此以非聖居之爲義也。虞《繫辭傳》注云：「文王居三，紂亢極上。」義同。鄭則依其唯聖人之言，以聖人爲説。干寶云：「乾體既備，上位既終。天之鼓物，寒暑相報。聖人之治世，威德相濟。武功既成，義在止戈。盈而不反，必陷於悔。」李鼎祚云：「若放桀於南巢，湯有慚德。」此以湯武爲説，義與鄭同。《淮南子・繆稱》云：「同言而民信，信在言前也。同令而民化，誠在令外也。動於上不應於下者，情與令殊也。易曰：『亢龍有悔。』」高誘注云：「仁君動極在上，故有悔也。」其意大旨與鄭同。若《五行志》引此爲極弱之證，陰興引以答貴人，阮籍《通易論》以爲繼守承貴有應，而德不充，則皆推言之，所謂廣大悉備，觸類引伸者也，書不盡言，言不盡意，易有簡易、變易、不易之義，舉一隅而三可反，仁者見仁，知者見知，非相妨，實相濟也。所謂既有典常，不可爲典要者也。《荀子・性惡》云：「多言則文而類，終日議其所以，言之千舉萬變，其統類一也，是聖人之知也。」卦爻之義，以是例諸。**案**居六爻之極，動而之九，故亢。《子夏傳》云：「亢，極也。」在上失位，故有悔，悔，恨也。第六爻稱上者，卦畫止於六，故稱上也，上，高也，對下之稱，與初一體者也。六畫一體，而位各分，乾元一以貫之，故稱初上，初終一也，上下一也，本末亦一也，六畫一體，非有分離，二三四五，假數言耳。《素問・陰陽離合論》及《靈樞・陰陽繫日月篇》云：「陰陽者，有名而無形，數之可十，推之可百，散之可千，推之可萬，萬之大不可勝數，然其要一也。」

用九，見羣龍无首，吉。**注**鄭康成曰：「六爻皆體乾，羣龍之象也。舜既受禪，禹與稷、契、咎繇之屬，並在於朝。」見《班固傳》及《郎顗傳》注。案，班固《典引》云：「若夫上稽乾則，降承龍翼，而炳諸典謨，以冠德卓蹤者，莫崇乎陶唐，陶唐舍胤而禪有虞，有虞亦命夏后，稷契熙載，越成湯武，股肱既周，天迺歸功，元首受命。」漢劉固蓋謂堯稽用九之天德，不自用，降而用羣聖爲羽翼，故李賢注引「惟天爲大，惟堯則之」以證。又云：「龍翼謂禹、稷等，爲堯之羽翼。」蓋用九之辭，雖文王所作，而其義則自伏羲以來，故《虞書》以君爲元首也。郎顗薦黄瓊、李固云：「臣聞刳舟剡楫，將欲濟江海也；聘賢選佐，將以安天下也。昔帝堯在上，羣龍爲用，文武創德，周公作輔，❶是以能建天地之功，增日月之曜。」義與班同，蓋經師舊説也。鄭不云堯者，以堯之末年有四凶故也。**案**用九，乾元用九也。陽爻爲九，元則用之，故見羣龍无首，謂六爻爲乾元所用，不爲乾元之首，乾元亦不自用，而用

❶「公」，《後漢書》卷三十下作「召」。

六龍，所謂「乾元用九，乃見天則」。四時者，天之用，非即天；六龍者，乾元之用，非即乾元。聖人作易，託乾元之位於五，故曰與天地合德、日月合明、四時合序、鬼神合吉凶，先天後天，皆謂乾元，不專言五也。宁扆者，天子之位，非即天子；五者，乾元之位，非即乾元。羣龍不爲乾元之首，而乾元亦不以首自用，故曰「見羣龍无首」。羣龍奉元，元用羣龍也。《董子·保位權》云：「爲人君者，居無爲之位，行不言之教，寂而無聲，静而無形，執一無端，爲國原泉。因臣以爲心，以臣言爲聲，以臣事爲形。是以羣臣分職而治，各敬其事，争進其功，顯廣其名，而人君得載其中，此自然致力之術也。聖人由之，故功出於臣，名歸於君也。」此即乾元用九，羣龍无首之義。元者乾之神，故能用九。惠氏棟解「乾元用九，天下治也」引《元命苞》云：「天不深正其元，不能成其化，王者體元建極，一以貫三。」❶其説是也。至解此經則云：「陰无首，以陽爲首。」失之矣。陰固以陽爲首，非「羣龍无首」之義，羣龍无首，自謂六爻皆以元爲首，元用六爻耳。四時消息、陰陽往來何？莫非元之用乎。張氏惠言謂：「用九變成既濟，離爲見，坤爲羣，乾坤交離，乾象不見。」亦非。經明言見羣龍，何得云乾象不見？六爻爲羣，何取乎坤？惠氏棟又謂：「坤爲用。」經明言乾元用九，亦无取坤。此皆矯枉過直之論也。孔子曰：「大哉堯之爲君也，唯天爲大，唯堯則之，蕩蕩乎民無能名焉。無爲而治者，其舜也與？夫何爲哉？恭己正南面而已矣。」董子曰：「王者人之始。」「君者國之元，天積衆精以自剛，聖人積衆賢以自强。天所以剛者，非一精之力，聖人所以强者，非一賢之德也。爲人君者，其要貴神，是故視而不見其形，聽而不聞其聲，不見不聞，是謂神人。」《王道》及《立元神》文。然則用羣龍者，元也；用羣聖者，君也。雖有陽德，不敢爲首，以有元也；雖有聖德，不敢爲首，以有君也。羣龍者，各得乾元之一端；乾元者，乃合羣龍爲全體也。説者不達用九之旨，乃專以筮爲説，謂六陽皆變，剛而能柔。推其所由，蓋因

❶「三」，《四庫全書》本《周易述》卷十八作「之」。

亢龍有悔一語而云然，不知上九所以戒上之亢，用九則舉一卦而言元之用，與上九殊也。曾見聖王在上，陰柔爲用，不用羣賢，而用羣小者乎？易爻言變，故稱九六，九六者，七八之變，畫之動者耳，非九即爲陰，六即爲陽也。其占卦所以由陽推之陰，由陰推之陽者，所謂「極數知來之謂占」，乃占法也，豈用九用六之謂乎？《吕覽》曰：「民無道知天，民以四時寒暑日月星辰之行知天。」《當賞》文。卦无由知元，亦以其用九見羣龍而知乾元矣。吉，善也。昭二十九年《左傳》蔡墨云：「在乾之姤，曰：『潛龍勿用。』其同人曰：『見龍在田。』其大有曰：『飛龍在天。』其夬曰：『亢龍有悔。』其坤曰：『見羣龍无首，吉。』」疏引劉炫説云：「杜以『之』爲『適』，炫謂易之爻變則成一卦，遂以彼卦名爻，乾之初九，姤卦，爻九二，同人，爻九五，大有，爻上九，夬卦，爻用九，全變則成坤，故謂用九爲坤。蔡墨此意取《易》文耳，非揲蓍求卦，安有之適之義？若以之爲適，則其非之適之意，何以言『其同人』『其大有』？此當言初九、九二，但以爻變成卦，即以彼卦名爻，其意不取於之適。所言『其同人』『其大有』，猶引《詩》言其二章、其三章。先引初九，故言乾卦之姤，爻初九。言乾以下，不復須云乾。故言其同人、其大有，就乾卦而其之，其此同人爻，其此大有爻，以下文勢悉皆若是也。」莊二十二年疏引劉炫《規過》云：「觀之否者，爲觀卦之否爻；屯之比者，屯卦之比爻，皆不取後卦之義。」孔駁之云：「今删定以爲不然，何者？以閔元年畢萬筮仕，遇屯之比，云『屯固比入』。僖十五年，晉獻公筮嫁伯姬，得歸妹之睽，云『士刲羊，亦無衁』，歸妹上六爻辭；又云『歸妹睽孤，寇張之弧』，睽之上九爻辭；又云『歸妹之睽，猶無相也』。昭五年明夷之謙，云『明夷于飛，垂其翼』，又云『謙不足，飛不翔』，此之等類，皆前後二卦以占吉凶，今人之筮亦皆如此。劉炫苟異先儒，好爲別見以規杜過，非也。」案，劉義最當，孔疏不從，特私杜耳。劉蓋謂史墨秖取《易》文，非謂卦爻既化，乃有此象，以《易》之爻化，則別成一卦，即以彼卦名此爻，其實爻並未化，陽自陽，陰自陰也。故云：「則其非之適之意，何以言其同人、其大有。」此指説史墨並非揲蓍求卦，无之適之意，而亦云其同人、❶其大

❶「云」，皇清經解續編本作「言」。

有，蓋以彼卦名爻，並无之適，以明其他皆然也。劉云「即以彼卦名爻」，以見爻並未化，不過以彼卦爲名耳。若謂乾初已化成姤，乃一陰初生之象，何「潛龍」之云邪？劉所云爻變則成一卦，指化而言，變化之義各殊，變者九六，化則陰陽。《易》注家以變爲化之幾，故總謂之變，後儒直以變爲化，不復知有變之義。《左傳》不明《易》，更以晦爻者言變，變自謂本卦之陰陽，所謂陽變七之九，陰變八之六，不過其幾已動耳。如俗所説，是九皆陰，六皆陽矣，不審乾六爻皆九，其稱龍者，象陰與，抑象陽也？若云象陽，則九爲陽明矣。史墨云「之姤」，斷不謂化之陰矣。聖人復起，不易斯言也。占法筮得六少陽是曰乾，乾者，舉卦不及爻。《左傳》昭七年遇屯，十六年遇復，僖十五年遇蠱，此皆少陽少陰無變，統論一卦。昭三十二年史墨云：「在易卦，雷乘乾，曰大壯。」是亦秖論卦義。蓋七八者，陰陽之象畫是也，畫之義發於象，象者言乎象者也，故七八論卦。至若七變之九，八變之六，則占九六之爻，爻言乎變，所謂變者，變之九、變之六，由畫而變也。假如初得九，餘皆七，是餘皆未變，唯初九爲七之變。七變之九，是其現在，九而復化，乃其將來，既有現在之變，必有將來之化，由變推化，則九化爲陰，乾成姤矣。乾成姤，由初畫之變而之化，故即以姤名乾之初九，云「乾之姤」者，謂化則成姤之爻也，並非謂已化成姤。蓋初九乃乾初畫所變之老陽，非姤初之陰也。由變推化，極數知來，故占者既論本爻，復論其所化之卦。如「歸妹之睽」謂歸妹之睽爻，而論及睽上九之辭，此由變推化，論其將來，而歸妹本卦又无化成睽卦之占辭，故即借睽上爻辭，以説此歸妹所化之睽，乃假彼明此，非此即爲彼。蓋彼睽上九之辭自爲彼卦動爻之辭，非爲歸妹所化之睽設也。故《左傳》論卦，有借彼卦以爲説者，有不借彼卦以爲説者。其借彼卦以爲説者，彼卦之義，可以明此卦也；其不借彼卦以爲説者，彼卦之義，與此卦无預，名雖同而實異也，《左傳》説《易》，義皆如此。必云乾之姤者，猶云蠱之貞其悔云耳。之貞其悔，謂蠱之上下體，則之姤、其大有，爲乾之初九、九二明矣，其舉辭之例然也。且即以之爲適，論乾之姤，由乾而後之姤，先有乾而後有姤，乾其現在，❶姤其將來，亦由此而後之彼，並不得以九即爲陰、六即爲陽也。爻者言變，史墨欲取龍爲證，龍

❶「現」，皇清經解續編本作「見」。

皆見於爻辭，故云之姤、其大有以別爻位也。《繫辭傳》云「占事知來」，又云「極數知來之謂占」，占將來之事，必推其極，陽極於九，陰極於六，故占用九六。陽極則陰來，陰極則陽來，而來事可知矣。若九即爲陰，六即爲陽，則占所化之卦可已，何必論本卦？若謂本卦爻辭，實所化之辭，則「刲羊無衁」，爲歸妹成睽之辭，而「寇張之弧」，乃爲睽成歸妹之辭，出入顛倒，亦太无所適從矣。傳云「震之離」亦離之震，乃就卦象反復推究，豈謂卦爻之辭亦可倒行逆施邪？人知九六爲變，抑思九六變邪？乃七變之九、八變之六耳。是故以占法解《易》而《易》晦，不明占法而以之解《易》而《易》更晦。又案襄九年《左傳》：穆姜始往東宮，筮之，遇艮之八，史曰：「是謂艮之隨。」夫所謂艮之八者，以畫之未變者言，艮之隨，唯二未變，二少陰八也，❶故曰艮之八。其餘皆老陽、老陰，故曰艮之隨。蠱之貞不以之爲適，艮之八不以之爲適，獨艮之隨以之爲適與？以未變者言，則曰艮之八；以變者言，則曰艮之隨。艮之八、艮之隨，一也。六畫俱少，不曰之某，有老有少，則曰之某，俱少者占卦辭，无須別爻位也；有老有少者，則以所占者爲主，故曰之某。少陰不變謂之八，其老陰老陽，不謂某之六、某之九者，七八占彖，義有所統，謂之七八，明其未變耳。若爻之動也，其有六爻俱動，而陰陽迭見者，不將曰某之初六、某之九二，至上而後已乎？筮而占其六爻之辭，將何所統也？故艮卦五爻俱變，不曰艮之初六九三云云，而統以艮之隨，明其五爻俱變，將來則化成隨，辭簡而義明，爻亂而有統，此老陽老陰雖一爻，而亦必借他卦以明者，此也，其例然也。杜預不明八之義，其於遇艮之八，則注云：「《連山》《歸藏》二易，皆以七八爲占，故言遇艮之八。」而於「是謂艮之隨」，則注云：「史疑古易，遇八爲不利，更以《周易》占變爻，得隨卦而論之。」其説謬也。二易既以七八爲占，則所占无非七八，何不利之可疑？穆姜引隨卦卦辭，則借隨以統艮五爻之變化，而借彼明此者也。據此則謂爻或亂動，則占其不動者，其説亦不盡然矣。

彖曰：大哉乾元。**注**荀九家曰：「陽稱大。六爻純陽，故曰『大』。乾純陽，衆卦所生，天之象也。觀乾之始，以知天德，惟天爲大，惟乾則之，

❶「二」，皇清經解續編本、崇文書局本作「之」。

故曰『大哉』。元者，氣之始也。」案文王卦辭謂之彖，孔子爲傳以釋之，稱「彖曰」者，申彖意也。六畫純陽，伏羲本无乾名，文王名之爲乾，而六畫純陽，遂得乾名。卦辭本无彖名，孔子名之爲彖，而卦辭遂得彖名。象、爻類此。《史記·孔子世家》云：「孔子晚而喜《易》，序《彖》、《繫》、《象》、《説卦》、《文言》。」楊雄《解難》云：「宓犧氏之作《易》也，緜絡天地，經以八卦，文王附六爻，孔子錯其象而彖其辭。」蓋彖、象皆孔子所名，故司馬遷、楊雄俱以屬之孔子也。彖者，才也，言乎象者也。才，始也，象始著爲卦也。三才之道，亦謂天地人之始，道見乃謂之象。畫爲見之始也，畫動成爻，是爲三極。故曰「六爻之動，三極之道」，天地人之極也。未發爲卦，稱道不稱才，故曰立天地人之道；始發稱才，不稱極，故曰兼三才而兩之，六畫成卦；氣究則稱極不稱才，故曰三極，道貫本末，故終始稱焉。鄭《乾鑿度》注云：「彖者，斷也。」萬物資始。注荀爽曰：「謂分爲六十四卦，萬一千五百二十策，皆受始於乾也。案，謂乾元。策取始於乾，猶萬物之生稟於天。」鄭康成曰：「資，取也。」見《釋文》。乃統天。注鄭康成曰：「統，本也。」見《釋文》。案，元爲天地之始，乃所以立天之本。《大戴·曾子天圓》云：「陽之精氣曰神，陰之精氣曰靈。神靈者，品物之本也。」《太玄·玄攡》云：「玄者，幽攡萬類而不見形者也。❶資陶虚無而生乎規，攔神明而定摹，通同古今以開類，攡措陰陽而發氣。」即「統天」之義。雲行雨施，品物流形。注虞翻曰：「已成既濟，上坎爲雲，下坎爲雨。」案，下互坎，坎，水，在天爲雲，墜地稱雨。案雲行謂五，五在天，故雲行；雨施謂二，二在地，故雨施。所謂「德施普」。二爲五應，乾元託位於五，雲行雨施，皆元之用，萬物被其澤而化成矣，故品物流形。品，衆庶也；流，覃也；形，見也。大明終始。注荀爽曰：「乾起於坎，而終於離。坤起於離，而終於坎。坎離者，乾坤之家，而陰陽之府，故曰『大明終始』

❶「攡」，原漫漶不清，今據皇清經解續編本、崇文書局本補。

也。」案，一陽生，當坎位；夏至陽終於上，當離位，故起坎終離。一陰生，當離位；冬至陰終於上，當坎位，故起離終坎。此所以日月爲易，卦成既濟，經終坎離、既濟未濟也。陽明陰闇，陰陽不交，則其明不顯，交成既濟，其明乃彰，故坎離爲乾坤之家、陰陽之府也。坎離中宫，陰陽所出入者也。兼坤言者，陽息於子，至十月始盡，自午至亥，陰消陽，故以坤言之。其實十二消息，皆主陽言，消謂消陽，息謂陽息，虞翻坤卦注所謂「終於坤亥，出乾初子」是也。以陰陽合論之，則乾之成，乃坤之終，坤之成，乃乾之終耳。案終謂上，始謂初。謂乾元周流於六位之中，與坤交而成坎、離，坎、離互而成既濟、未濟。經之終始，莫非元也，日月爲易，亦元之用耳，故曰「大明終始」，謂周流於一卦之終始，而成一經之終始，所謂「周易」也。**六位時成，時乘六龍以御天。**注荀爽曰：「六爻隨時而成乾。」案，不云六畫云六爻者，先儒通謂畫爲爻，所謂「因而重之，爻在其中」，爻之義在畫中，畫動即成爻，故先儒多不别言畫。荀九家曰：「謂時之元氣以王而行，履涉六爻，是乘六龍也。」案六位，六畫。時，消息之時。時息至初則初畫成，至上則上畫成，六畫各主一月，故時成。六龍，六爻也。畫動成爻，氣以之行，故時乘六龍以御天。天，元也。元發於畫，畫究成爻，元氣行焉，故御天。元爲君，畫爲御者，龍爲馬。後世六馬之制本此，古則自天子至大夫同駕四。**乾道變化，各正性命，保合大和，乃利貞。**案變，九也。化，陽易陰也。乾道變化，謂乾與坤通成既濟也。性，謂陰陽之性。乾性陽，畫變爲爻，陽性之發，是之謂變。二、四、上失正，化之陰，成既濟，則性之不正者正，故曰正性，是之謂化。命，謂陰陽一定之位。正性則復命，六爻皆正，故各正性命。《大戴記》曰：「分於道謂之命，形於一謂之性，化於陰陽，象形而發，謂之生，化窮數盡謂之死，故命者，性之終也。」《本命》文。成既濟，定陰陽，和復太極之體，故曰「保合太和，乃利貞」。太極者，陰陽合德，合和之氣，生萬物者也。六爻變化，發而皆中謂之和，故「保合太和」也。《大宗伯》疏云：「凡變化者，變化相將，先變後化，故《中庸》云：『動則變，變則化。』《易》云『乾道變化』，亦是先變後化，變化相將之義也。」《月令》疏説「乾道變化」之義云：「謂先有舊形，漸漸改者謂之變；雖有舊形，忽改者謂之化；及本無舊形，非類而改，亦謂之化。」案，乾六爻皆九，九皆七之變，陽性之發者也。二、四、上失正，由變而化之陰，成既濟，而性之不正者正，是爲正性。正性即盡性，性盡則至於命矣。鄭《樂記》注云：「性之言生也。」《中庸》注引《孝經説》云：「性者，生之質。」乾，純陽之卦，其性陽，發爲九，陽性之動，性偏於陽，故須化其不正者以歸於正。命，天命，即道。道无所偏，故一陽一陰爲命。《法言》云：「命者，天之命也，非人爲也。」鄭《毛詩箋》云：「命，道也。」正性則合乎道。此以性推命，性正則得命之正矣。惠氏棟云：「乾爲性，巽爲命，乾坤變化，成既濟，剛柔位當，故正性命。」案，正性命，謂成既濟是也。但陰陽各有性，各有命，成既濟无預巽事，乾性巽命，似失之鑿。《説卦傳》云：「窮理盡性，以至於命。」理謂陰陽上下之分，窮理謂究陰陽之位，性則陰陽之性也。乾純陽，坤純陰，各有失位之三爻，其餘卦唯既濟六爻正，餘皆有失正之爻。性盡則不正者正，故「窮理盡性，以至於命」，謂復太極之體，成既濟也。又云：「昔者聖人之作易也，將以順性命之理，是以立天之道曰陰與陽，立地之道曰柔與剛，立人之道曰仁與義。兼三才而兩之，故易六畫而成卦。」據此，則命謂一陰一陽六畫一定之位可知。《繫辭傳》云：「兼三才而兩之，故六。」又云：「六爻之動，三極之道。」三極，天地人之極。分言之，言其終，曰三極；合言之，言其始，曰太極。太極函三爲一，則一陰一陽如既濟可知。順性命之理，既濟也，各正性命，失正者化之正，成既濟也。虞翻《既濟》注云：「六爻得位，各正性命，保合太和，故利貞矣。」又《恒·彖傳》注云：「初二已正，四五復位，成既濟定。乾道變化，各正性命。」又《革卦》注云：「成既濟，乾道變化，各正性命，保合太和，乃利貞。」虞蓋以此經謂成既濟，故據以解諸卦也。

首出庶物，萬國咸寧。

注 劉瓛曰：「陽氣爲萬物之所始，故曰首出庶物。立君而天下皆寧，而曰萬國咸寧也。」案，乾元爲萬物之始，故首出庶物。庶，衆也。萬國，衆卦爻也。元者，卦之君；爻者，元之用。乾元用九天下治，聖人在位之象也。咸，皆也。寧，安也。

象曰：天行健，君子以自强不息。注干寶曰：「言君子通之於賢也，凡勉强以進德，不必須在位也。故堯舜一日萬幾，文王日昃不暇食，仲尼終夜不寢，顔子欲罷不能，自此以下，莫敢淫心舍力，故曰自强不息矣。」虞翻以君子謂三。案，《象傳》君子，謂觀象玩辭、觀變玩占之君子，故曰「以」，不專指一爻。夫子所謂「學易無大過」，「自天祐之，吉无不利」者也。虞每以一爻當之，疑非經旨也。案象者，像也，六畫所以象形容物宜也。孔子《象傳》先言畫，後釋爻，爻由象來，故通謂之象。六畫之變，象也。乾，健也，爲天，天行不息，日夜一周，故行健。周天三百六十五度四分度之一，一日一夜行一周，復其故處，日東行一度。《後漢志》云：「天之動也，一日一夜而運過周，星從天而西，日違天而東。日之所行與運周，在天成度，在曆成日。居以列宿，終以四七，受以甲乙，終於六旬。日月相推，日舒月速，當其同，謂之合朔。舒先速後，近一遠三，謂之弦。相與爲衡，分天之中，謂之望。以速及舒，光盡體伏，謂之晦。晦朔合離，斗建移辰，謂之月。」此其大略也。又云：「極建其中，道營於外。」極即元，道即爻也。所以乾卦獨云健者，舉一以例其餘也。天行健即天行乾，地勢坤即地勢順，依乾健、坤順、震動、艮止、坎陷、離麗、兑説、巽入及序卦之義推之，六十四卦可悉知也。宋衷謂「餘卦當名，不假於詳」，謂餘卦已以義名之，其義可推也。《白虎通》曰：「君舒臣疾，卑者宜勞，天所以反常行何？以爲陽不動，無以行其教，陰不静，無以成其化。雖終日乾乾，亦不離其處也。」《天地》文。强，勤也。息，猶休止也。《公羊傳》曰：「以者何？行其意也。」《詩》曰：「維天之命，於穆不已。」蓋曰天之所以爲天也。「於乎不顯，文王之德之純」，蓋曰文王之所以爲文也，純亦不已。

潛龍勿用，陽在下也。注荀爽曰：「氣微位卑，雖有陽德，潛藏在下，故曰『勿用』也。」見龍在田，德施普也。案二繼飛龍升坤五，施德於下，坤五降二，互坎爲雨施。施，舍也。普，博施也。德施普，故天下利見之也。終日乾乾，反復道也。**注**虞翻曰：「至三體復，故曰反復，謂否泰反其類也。」案，无平不陂，无往不復，故反復，三息泰。**或躍在淵，進无咎也。****注**荀爽曰：「陽道樂進，故進无咎。」**案**進，進之九也，進之九，或升五，或降初，皆得位，无咎。變化者，進退之象。陽動而進，變七之九爲進，爻言變四由畫變之爻，或升或降，以求得位，故无咎。若由變而化，陽化爲陰，是爲退。四失位，不之初，升五則當化之陰。故《文言傳》既言上下无常，又言進退无恒，進退非上下也，但乾純陽之卦，全體无陰，故進而不退，四進降坤初，坤初來之四，陰陽交而變化見矣。**飛龍在天，大人造也。****案**造，作也。聖作物覩，飛龍在天之象也。《釋文》云：「造，劉歆父子作聚。」案，向本傳《上封事》云：「賢人在上位，則引其類而聚之於朝，《易》曰：『飛龍在天，大人聚也。』」據向説，則不以大人指君，蓋羣龍爲元所用，則飛龍亦元所用矣。元乃君也，在天猶在朝，其義與諸家異。本傳云「向子歆以《易》教授」、「少子歆」、❶「歆及向始皆治《易》」，則向本《易》家，其説必有師承，但不知於施、孟、梁丘三家爲誰氏之學耳，傳既不詳，无由知其授受，片義隻辭，未能推究。又案，《史記》蔡澤云：「國有道則仕，聖人曰：『飛龍在天，利見大人。』」其意以大人爲君。則以大人指君言，秦以前之舊説也。**亢龍有悔，盈不可久也。****案**盈，滿也。久，長也。陽極則陰生，故盈不可久，以亢戒之，有以持盈，則位可長保矣。坎陽在五稱不盈，故乾陽在上稱盈，盈謂其動也。上不動，則悔不見，即能保其盈。今動而爲九，九則无所復之，必當消退，故不可久。所謂「知進不知退，動而有悔」者也。若知極之必退，而不進之九，❷則陽終不化，知退而无退矣。乾純陽之卦，故四不妨進，進而不退，全卦无陰故也。至上則位已極，復動而進，直與陰接，而陽爲所化矣，故不可進，此元之所以不自用也。上既失位，化之陰乃得位，而以爲不可化者，上若不動，❸雖失位，悔不彰，若動而不化，亦僅有悔而已，然非聖人不能。純陽之卦不宜化爲陰，卦重則一爻輕也，又不可以一例求矣，所謂

❶「少」，皇清經解續編本作「向」。
❷「九」，皇清經解續編本作「久」。
❸「若」，皇清經解續編本作「乃」。

易也。**用九，天德不可爲首也。** 案九者，陽也，用之者，元也。元者，羣陽之宗，故曰：天德六爻，爲元所用，誰敢爲首？誰能爲首？元不自用而用六爻，則又深正其元，不示人以可測，故曰不可爲首。《緇衣》云：「上人疑則百姓惑。」《荀子》云：「上周密則下疑。」《玄》云「不示人以可測」者，非疑惑百姓之謂，乃不使一念之私，使天下得窺其所好惡。其喜也，如風雨之時；其怒也，如雷電之當；巍巍乎，蕩蕩乎，如天之莫能名也，孰得而測之？是以百姓无疑惑，而上乃愈不可測。四時行焉，百物生焉，出作入息，不識不知，以爲固有之矣。而天下賢聖之徒，亦樂效其長而爲之用。故《董子》云：「君人者，國之證也，不可先唱，感而後應。故居唱之位，而不行唱之勢，❶不居和之職，而以和爲德，常盡其下，故能爲之上也。」又云：「天高其位而下其施，藏其形而見其光。❷高其位，所以爲尊也；下其施，所以爲仁也；藏其形，所以爲神；見其光，所以爲明。爲人主者，法天之行，是故內深藏，所以爲神；外博觀，所以爲明也；任羣賢，所以爲受成；乃不自勞於事，所以爲尊也；汎愛羣生，不以喜怒賞罰，所以爲仁也。故爲人主者，以無爲爲道，以不私爲寶，立無爲之位，而乘備具之官。足不自動，而相者導進；口不自言，而擯者贊辭；心不自慮，而羣臣效當，故莫見其爲之而功成矣。」《荀子》云：「人主者，以官人爲能者也；匹夫者，以自能爲能者也。」《呂覽·分職》云：「先王用非其有若己有之，通乎君道者也。」《勿躬》云：「聖王之所不能也，所以能之；所不知也，所以知之。養其神、脩其德而化矣。神合乎太一，精通乎鬼神，深微玄妙，而莫見其形。」此之謂深正其元不可測者也。若知能自用，則可測矣，豈故爲淵深以疑惑百姓之謂哉？《董子·王道通三》云：「人主之大守在於謹藏而禁內，使好惡喜怒，必當義乃出，如春秋冬夏之未嘗過也，可謂參天矣。深藏此四者而勿使妄發，可謂天矣。」

周易姚氏學卷第一終

❶「勢」，原漫漶不清，今據皇清經解續編本、崇文書局本補。

❷「形」，原誤作「神」，今據《春秋繁露》卷六及下文改。

周易姚氏學卷第二

旌德姚配中撰

周易文言傳

【案】文言，謂文王之言。《文言》曰元者，謂文王之所謂元者，乃善之長也。卦爻辭皆文王作，故又作《文言傳》以總釋之。劉瓛謂「依文而言其理」，非也。孫先生伯淵云：「伏羲八卦，有象无字。《禮運》：『觀殷道，得坤乾。』殷易以坤爲首，亦卦象，非卦名也。知卦名及卦辭是文王所名者，《易》元、亨、利、貞，孔子曰：《文言》曰元者、亨者、利者、貞者，又曰：《文言》曰坤，而釋其文則元、亨、利、貞四字，坤之一字，皆文王之言，以此推之，卦名、卦辭皆《文言》矣。」惠氏棟云：「《文言》者，指卦爻辭也，以卦爻辭爲文王制，故謂之文言。孔子爲之傳，故謂之文言傳，乃十翼之一也。」是也。《釋文》引梁武帝云：「《文言》是文王所制。」蓋以鄭謂爻卦辭是文王作，故云《文言》是文王所制，其曰《文言》，指卦爻辭，乃釋所以稱《文言》之故，非謂《文言傳》爲文王所作也。

文言曰：元者，善之長也。【注】荀九家曰：「乾者，君卦也。六爻皆當爲君，始而大通，君德會合，故元爲善之長也。」案，此即鄭「舜既受禪，禹與稷、契、咎繇之屬並在於朝」之義，所謂君德會合也。六龍皆有君德，而皆爲元用，是爲會合。元之初兆，具全卦之氣，六爻皆根於元，故元爲之長也。董子《考功名》云：「考積之法，考其所積也。天道積聚衆精以爲光，聖人積聚衆善以爲功。」元之始也，六爻根焉，及其既則歸功於元，故卦辭以元始，爻以用九終，非上九之後，又有一爻，元藏中宫不可見，楊子之所謂玄也，故但稱用九，不稱元，孔子特明之，故曰「乾元用九」。曰元者善之長，長之故用之，用之是以長之也。桓譚《新論》云：「伏羲氏謂之易，老子謂之道，孔子謂之元，而楊雄謂之玄。」【案】乾陽爲善。《白虎通·性情》云：「陽氣者仁，陰氣者貪。」故虞翻注《易》，統以乾爲善。蓋陽生陰殺，陽主德，陰主刑也。兹依用之。元用六爻，故爲之長，羣龍无首，元爲之首，首出庶物，是其長矣。善，吉也。亨者，嘉之會也。【案】嘉，善也，美也。會，合也。乾坤通成既濟，陰陽得位而相應，故曰「嘉之會」。乾父坤母，是生六子，天地絪縕，萬物化醇，六十四卦，皆自元來，乾元坤元交，則別成一卦，非乾坤而實乾坤之氣，故卦之稱元，皆曰乾坤。其實乾坤既交，即爲彼卦之元，一索再索三索，是生六子，氣亦由微及著。陰陽亦男女，男女亦陰陽，萬物化生，天人一也。《吕覽・精通》云：「父母之於子也，子之於父母也，一體而兩分，同氣而異息，若草莽之有華實也，若樹木之有根心也，雖異處而相通，隱志相及，痛疾相救，憂思相感，生則相歡，死則相哀，此之謂骨肉之親。神出於忠而應乎心，兩精相得，豈待言哉。」卦之相通，亦猶是也。利者，義之和也。貞者，事之幹也。**注**荀爽曰：「陰陽相和，各得其宜，然後利矣。陰陽正而位當，則可以幹舉萬事。」案，幹，本也，正也，本正則事舉。君子體仁足以長人。**注**鄭康成曰：「體，生也。」見《文選》注。**案**乾元，純陽之始，故生仁。乾爲君子，元者乾之始，立天之本；仁者君子之始，所以爲君子者也，故君子體仁。長，君也，元善之長，故足以長人。《禮運》曰：「仁者，義之本也，順之體也，得之者尊。」嘉會足以合禮，**案**禮，體也，履也。有本有文，忠信，禮之本也，義理，禮之文也。无本不立，无文不行，嘉會則本立，體也；合禮則文行，履也。乾坤通，陰陽合，故足以合禮。《喪服四制》曰：「凡禮之大體，體天地，法四時，則陰陽，順人情，故謂之禮。」利物足以和義，貞固足以幹事。**案**利不及物則不和，不和則失宜，故利物足以和義。貞，正也，定也，故固。固，堅也。《詩》曰：「亦孔之固。」正其本，萬事理，故足以幹事。君子行此四德者，故曰「乾，元亨利貞」。**案**德者，得也。四者非自外來，故曰德。云「故曰乾元亨利貞」者，謂君子自强不息，終日乾乾，以行四德。乾，健也，行也。

初九曰，潛龍勿用。何謂也？子曰：龍德而隱者也。**案**隱，伏也，微也，陽氣始動於黄泉，故隱坎爲隱伏，亦謂其時陽氣伏藏也。不易乎世，不成乎名。注鄭康成曰：「當隱之時，以從世俗，不自殊易，无所成名也。」案名，聲名，即爻畫之名也。陽伏初下，未成畫爻，變易未見，故不易世；君子以成德爲行，未成畫爻，故不成名。遯世无悶，不見是而无悶。案遯，隱也，謂十月陽氣隱遯。悶，懣也。是，善也。未見未成，故不見是，謂十一月氣微，功未著也，陽從剥伏坤出復，出入无疾，故无悶。畎畝之中，樂堯舜之道，人知之亦囂囂，人不知亦囂囂。樂則行之，憂則違之。注虞翻曰：「陽出初震爲樂，爲行，故樂則行之。」案陽生動行，故樂則行之。坎爲加憂，爲隱伏，故憂則違之。《太玄·中》次三曰：「龍出於中，首尾信，可以爲庸。」《玄·文》云：❶「龍出於中，何謂也？龍德始著也。陰不極則陽不生，亂不極則德不形，君子修德以俟時，不先時而起，不後時而縮，動止微章，不失其法者，其唯君子乎，故首尾可以爲庸也。」義本此。確乎其不可拔，潛龍也。注鄭康成曰：「確，堅高之貌。拔，移也。」見《釋文》。案震動起稱拔，初隱伏在下，乾其静也專，故確乎不可拔。孔子曰：「用之則行，舍之則藏。」九二曰，見龍在田，利見大人。何謂也？子曰：龍德而正中者也。案陽爲龍德，正中謂五，二非陽位，必升坤五，正位爲君，故利見大人也。庸言之信，庸行之謹。注荀九家曰：「以陽居陰位，故曰謹也。庸，常也。」案信，誠也。謹，慎也。氣從下生，根於元，故言信。畫動之爻稱行，二失位，動則化爲陰，故謹防陰也。二，世子之爻，當升坤五，不可化。閑邪存其誠。注宋衷曰：「閑，防也。閑其邪而存誠焉。二在非其位，故以閑邪言之。能處中和，故以存誠言之。」案閑邪防陰，存誠保陽也。此上皆謂爲世子時也。樂以脩内，禮以脩外，立太傅、少傅以養之，入則有保，出則有師。善世而不伐，德博而化，

❶「文」，皇清經解續編本作「又」。

《易》曰：「見龍在田，利見大人。」君德也。注荀九家曰：「陽升居五，處中居上，始以美利利天下，不言所利，即是不伐。」荀爽曰：「處五居坤，故德博，羣陰順從，故能化。」案此謂升坤五爲大人也。二升坤五，坤五降二，成既濟。二爲雨施，故善世，爲繼體，故不伐，德施普，故德博而化。化謂陰陽易成既濟，雲行雨施，品物流形也。二當升坤五爲君，故曰君德。稱「易曰」者，言易以所言「利見大人」者，以其有君德，當升坤五，故特出「易曰」以明之。九三曰，君子終日乾乾，夕惕若，厲，无咎。何謂也？子曰：君子進德脩業，忠信所以進德也，脩辭立其誠，所以居業也。案進德，謂息至三，脩業，謂居三之業。功業見乎變，畫變之九也。三由元來，乾乾未已，故忠信所以進德。變之九與陰接，故脩辭。言者心聲，爻由畫變也，變之九不化，故立其誠，所以居業。乾乾惕若，三之德業也。脩，飾也。禮不辭費，故脩辭所以通情者也。《表記》曰：「無辭不相接也，欲民之無相褻也，忠敬、誠信、業事也。」知至至之，可與幾也，知終終之，可與存義也。案至之謂息至三，終之謂終於九。息至三得位，故知至至之。幾者動之微，見幾而作，幾也；知至至之，亦幾也，故可與幾。謂陽自初至三成畫也，畫動成爻終於九，不化之陰，故知終。終之義者，事之宜。存，察也。得位爲宜，失位則失宜，三終於九，不化之陰，故可與察事宜。乾乾惕若，防患於未然也。是故居上位而不驕，在下位而不憂，故乾乾因其時而惕，雖危无咎矣。注虞翻曰：「天道三才，一乾而以至三乾成，故爲上。」案三與五互一卦，三在下，故爲下。亢則有悔，三在下體，因時而惕，故不驕。驕謂恃己陵物也。初在下，憂則違之，三雖在下，已居下體之上，故不憂。不諂不瀆，何憂何驕？時謂日夕，剛而不中，故危。九四曰，或躍在淵，无咎。何謂也？子曰：上下无常，非爲邪也。**注**荀爽曰：「乾者，君卦，四者，臣位也，故欲進躍。居五下者，當下居坤初，得陽正位，故曰：上下无常，非爲邪也。」案，得陽正位，謂或上或下，求得陽之正位。進退无恒，非離羣也。**案**進謂變之九，退謂化之陰，四不之坤初，則當化，故進退无恒。羣，同類也。陽與陽爲羣，陰與陰爲羣，所謂方以類聚，物以羣分者也。離，麗也。之坤，坤陰非陽，羣化爲陰，居本位，乾陽非陰羣，上下求陽位，故非爲邪，進退俱異類，故非離羣。乾道變化，氣自四始。四，乾道乃革，革，變化也。十一月、十二月、十三月之時，陽在下體，物始萌芽，氣未上升。至二月，震氣激而出地，氣始上升，震以出之，風以行之，陰陽氣交，物得之而枝葉生。上變而下亦變，所謂變之七也。至四月陽究，上究則下亦究，乾，動也，直於雷見之，春氣上行，可目驗者也。《唐志・一行卦候議》云：「陽七之静始於坎，陽九之動始於震，陰八之静始於離，陰六之動始於兑。」案，坎陽始生，七之始也，至震成七，九之始也，離陰始生，八之始也，至兑成八，六之始也。雷出地而陽行，風行地而陰出。君子進德脩業，欲及時也，故无咎。**案**進德，進至四。脩業，脩居四之業。謂畫動爲爻也。當其可之謂時，四不當位，故欲及時，所以上下進退也。三得位，不之他不化，故因時。四失位，上下進退，故欲及時也。晁説之謂鄭作「及時」，僞也。時，是也。四失位，故欲及是，所以上下進退，欲之故然也。或之者，疑之也，疑所以欲，欲字正解或之之故，失位而欲得位，故无咎。知鄭本斷不刪去欲字。陸氏《釋文》異文俱載，何於鄭獨多遺漏，而説之得之獨多邪？與張弧僞《子夏傳》同屬託大儒以欺人耳。其説有不悖於義者，乃依放别家注爲之。宋儒作僞，大類如此，今概不用。

九五曰，飛龍在天，利見大人。何謂也？子曰：同聲相應，同氣相求。**案**謂乾坤純陽純陰，陰陽各以類相應求，聲氣之感，莫不皆然。三百八十四爻，陰陽各半，而元用之，此言乾坤爲一經之宗也。**水流溼，火就燥。**

案溼，幽溼也。水流溼，謂坎上下皆坎，故流溼。燥，乾也。火就燥，謂離上下皆離，故就燥。水潤下，故流；火炎上，故就。就，就高也。此又舉坎離言其得乾坤之中氣，所以爲陰陽之始終也。**雲從龍，風從虎。**

案雲從龍，謂頤、小過。震爲龍，雲山氣，謂艮也。《論衡·藝增》云：「山氣爲雲。」《説文》云：「雲，山川氣也，艮爲山，氣升爲雲。」震反成艮，重卦爲頤，艮反成震，重卦爲小過，艮、震反復相從，故雲從龍也。風從虎，謂大過、中孚。巽爲風，兑爲虎，巽反成兑，重爲大過，兑反成巽，重爲中孚，兑、巽反復相從，故風從虎。四卦反復不衰，與乾坤坎離同。言此八卦者，以明卦之所以以旁通反復相受也。陽氣至大過而滅，養於頤，起於中孚，見於小過。龍所以象陽，故六爻稱六龍。乾元戰亥出震，震得乾初之氣，故震爲龍。龍以春分升也，陰氣成於秋。故陸績《革》五「大人虎變」注云：「兑之陽爻爲虎，陰爻稱豹。」宋衷云：「兑爲白虎。」《淮南子·天文》云：「物類相動，本標相應，虎嘯而谷風至，龍舉而景雲屬。」東方朔《七諫》云：「同音者相和兮，同類者相應。飛鳥號其羣兮，鹿鳴求其友。故叩宫而宫應兮，彈角而角動。虎嘯而谷風至兮，龍舉而景雲往。音聲之相和兮，言物類之相感也。」皆用此爲義。《管輅别傳》：「徐季龍與輅共論龍動則景雲起，虎嘯則谷風至，以爲火星者龍，參星者虎，火出則雲應，參出則風到，此乃陰陽之感化，非龍虎之所致也。輅言：『夫論難當先審其本，然後求其理，理失則機謬。若以參星爲虎，則谷風更爲寒霜之風，寒霜之風非東風之名。是以龍者陽精，以潛爲陰，幽靈上通，和氣感神，二物相扶，故能興雲。夫虎者，陰精而居於陽，依木長嘯，動於巽林，二氣相感，故能運風。若磁石之取鐵，不見其神而金自來，有徵應以相感也。況龍有潛飛之化，虎有文明之變，招雲召風，何足爲疑？』季龍言：『夫龍之在淵，不過一井之底，虎之悲嘯，不過百步之中，形氣淺弱，所通者近，何能灃景雲而馳東風？』輅言：『君不見陰陽燧在掌握之中，形不出手，乃上引太陽之火，下引太陰之水，嘘吸之間，煙景以集。苟精氣相感，懸象應乎二燧，苟不相感，則二女同居，志不相得。自然之道，無有遠近。』」此輅伸雲從龍、風從虎之義也。龍陽精，以潛爲陰，故震象焉；虎陰精而居於陽，故兑象焉。聖人作而萬物覩。注鄭康成曰：「作，起也。」見《釋文》。虞翻曰：「覩，見也。」案上舉反復不衰，八卦以明，皆元之用，聖作物覩，亦類從也。聖人作，所謂大人造。公孫宏曰：「氣同則從，聲比則應。今人主和德於上，百姓合和於下，故心和則氣和，氣和則形和，形和則聲和，聲和則天地之和應矣。」本傳《對策》。乾元爲聖人託位於五。本乎天者親上，本乎地者親下，則各從其類也。案此明陰陽各以類從，乃同類相召之所以然也。虞翻云：「雷風相薄，故相應也，山澤通氣，故相求也，離上而坎下，水火不相射。乾爲龍，雲生天，故雲從龍；坤爲虎，風生地，故風從虎。」義同。乾坤之氣，以風雷交，交則相薄而有聲，乾坤之氣，以山澤通，風雷山澤，相應相求，皆乾坤也。龍陽潛陰，虎陰居陽，合言震兑，專言其氣，則乾坤耳。上九曰，亢龍有悔。何謂也？子曰：貴而无位，注荀爽曰：「在上故貴，失位故无位。」案：虞《繫辭傳》注云：「天尊故貴，以陽居陰，故无位。」義同。高而无民。注虞翻曰：「在上故高，无陰故无民也。」《繫辭傳》注。案陽君陰民，乾純陽之卦，然則五亦无民乎？非也。五陽得位，坤順從之，豈无民哉？上之所以无民者，以其失位，三又不化故也。桀紂之民，歸湯武矣，豈其民乎？❶賢人在下位而无輔，是以動而有悔也。注荀爽曰：「謂上應三。三陽德正，故曰賢人。别體在下，故曰在下位。兩陽无應，故无輔。」案動謂畫動之九，上失位，不動則悔不著，動之九，陽極則陰來，故有悔。无位无民无輔，烏得不動輒得悔與？非聖人孰能處此而无凶咎者乎？是以深戒之。

潛龍勿用，下也。案不言陽，但言下，明在下皆然也。《淮南子》曰：「潛龍勿用，言時之不可以行也。」《人間》文。案，《漢志》淮南王安聘明《易》者九

❶「乎」，皇清經解續編本作「哉」。

人，號九師法，此蓋九師説遺與？❶ 見龍在田，時舍也。注虞翻曰：「二非王位，時暫舍也。」案舍，止也。乘時升五，乃爲大人，未升則舍於二。得位而升，升之時也，非時而舍，舍之時也，故曰時舍，謂二。云見龍在田者，以其得時，方升未升，則尚在田也。惠氏士奇云：「舍讀爲田舍東郊之舍。時舍對時行、時乘，乘則行，舍則止，時止則止，時行則行，動静不失其時，其道光明，見龍之象也。初時潛，二時舍，三時行，四時躍，五時飛，至上而窮，故亢，亢者，不知時也。」終日乾乾，行事也。或躍在淵，自試也。案進德脩業，故行事，或上或下，故自試，所謂疑之也。試，驗也，嘗視也。惠氏棟云：「求陽正位而居之，故自試。」「四非居五，則當下居初，或之，故自試也。」飛龍在天，上治也。案五居尊位，居上治下，故上治。治，理也。亢龍有悔，窮之災也。案窮，極也。災，害也。亢上故窮，陽極則陰來，故窮之災。乾元用九，天下治也。案乾元用九，則爻之九，皆元之用矣。乾元不自用，合衆陽以爲用，聖人不自用，合羣聖以爲用，故天下治。治，整也。孔子曰：「昔者舜左禹而右皋陶，不下席而天下治。」《大戴·王言》文。

潛龍勿用，陽氣潛藏。案藏猶隱也，潛藏謂元。惠氏棟云：「陽息初震，下有伏巽，故曰潛藏。」案，初之潛藏，自謂陽在地中，若云伏巽，巽初陰爻耳，與乾陽无與，且伏巽是巽伏，非陽氣潛藏之義，初當坎位，坎爲隱伏，陽在地中，即是潛藏，所謂坤以藏之也，不必取伏巽。見龍在田，天下文明。案乾二之坤五，坤五降乾二，成離，爲文明。離爲日，得坤中氣，坤爲文，離南方朱鳥之象，故虞注《易》以離爲文明，兹依用之。謚法曰：慈惠愛民曰文，照臨四方曰明。德施普，故天下文明也。終日乾乾，與時偕行。案乾乾不息，故與時偕行。偕，俱也。或躍在淵，乾道乃革。案革，去故也。下體終，

❶「説遺」，皇清經解續編本作「遺説」。

上體繼，乾陽動而出地，萬物變，四或上或下，去其本位。《春秋傳》曰：「失則革之。」獨四言革者，乾道變化，氣自四始，否泰之交，乾坤革易，故三曰反復，四曰革。飛龍在天，乃位乎天德。**案**元爲天德，五，天德之位，乾元託位於五，故位乎天德，謂正位也。天德之位，聖人之大寶也。亢龍有悔，與時偕極。**案**在上故極，四月陽極之時，故與時偕極。畫者時也，爻者畫之動，時之極，所謂六爻之動，惟其時物，三極之道也。乾元用九，乃見天則。**案**則，法也，常也。尊无與二，天之則也，九爲元用，天則見矣。天何言哉？四時行焉，百物生焉，乾元用九，亦如是也。《吕覽》曰：「不出者，所以出之也，不爲者，所以爲之也，故曰天無形而萬物以成，至精無象而萬物以化，大聖無事而千官盡能。」《君守》文。

乾元者，始而亨者也。**注**虞翻曰：「乾始開通。以陽通陰，故始通。」**案**乾元陽之始，坤元陰之始。始通，謂陰陽以元氣交會也。而，詞也。《班彪傳》注引《禮統》云：「天地者，元氣之所生，萬物之祖。」《白虎通·天地》云：「地者元氣之所生，萬物之祖也。」《管子》云：「地者萬物之本原，諸生之根菀也。」案，太極函三爲一，是曰元，分爲二，乾得其陽，坤得其陰，故乾坤皆有元也。利貞者，性情也。**案**未發謂之性，發而无節謂之欲，發而皆中節謂之情，情者合乎禮樂，各得其正者也。乾性陽，坤性陰，九六者，畫之變，由性而發，偏於一，不能合乎情者也。乾二、四、上之坤，坤初、三、五之乾，成既濟，六爻得正，乃謂之情，故曰利貞者性情，致中和、天地位、萬物育者也。《荀子》曰：「人無師法，則隆性矣，有師法，則隆積矣。而師法者，所得乎情，非所受乎性，不足以獨立而治。性也者，吾所不能爲也，然而可化也；情也者，非吾所有也，然而可爲也。注錯習俗，所以化性也，并一而不二，所以成積也。習俗移志，安久移積，并一而不二，則通於神明，參於天地矣。」

《儒效》文。《董子》曰：「性者，天質之樸也；善者，王教之化也。無其質，則王教不能化；無其王教，則質樸不能善。」《實性》文。又《深察名號》云：「性比於禾，善比於米。米出禾中，而禾未可全爲米也；善出性中，而性未可全爲善也。善與米，人之所繼天而成於外，非在天所爲之内也。天之所爲，有所至而止，止之内謂之天性，止之外謂之人事，事在性外，而性不得不成德。」觀二子之言，可以知利貞性情之義矣。彖言性命，言一陰一陽，本太極之體，以性溯命也。此言性情，言乾坤通成既濟，一陰一陽，發皆中節，以性推情也。易之始，始於太極，一陰一陽之謂道也，終於既濟，亦一陰一陽復太極之體，以是始，以是終，終而復始，周流无竟者也。陰陽各有性，性各有偏，發皆中節謂之爲情，故云利貞者性情。《樂記》云：「人生而静，天之性也；感於物而動，性之欲也。」蓋隨性而發，失其正者爲欲，得其正者爲情。欲而得正，亦即是情，此性之本正而發於外者，乾之初、三、五是也；欲而不正，是之謂欲，化之正，然後爲情，此性之不正發於外，待教而後正者也，乾成既濟，二、四、上是也。故合而言之，欲雖失正，亦是感物而動，通謂之情。《樂記》云：「夫民有血氣心知之性，而無哀樂喜怒之常，應感起物而動，然後心術形焉。」此統其發於外者言之，不論其當否者也。若分而别之，則合於禮樂，乃得爲情，一人爲然，天下之人皆以爲然，放諸四海而準，乃是情也。《樂記》云：「先王本之性情，稽之度數，制之禮義，合生氣之和，道五常之行，使之陽而不散，陰而不密，剛氣不怒，柔氣不慴，四暢交於中，而發作於外，皆安其位，而不相奪也。」又云：「樂也者，情之不可變者也；禮也者，理之不可易者也。樂統同，禮别異，禮樂之説，管乎人情矣。」此乃所謂情也。故利貞者性情，言六爻皆正，則性之偏者亦化矣。《繫辭傳》云「設卦以盡情僞」，云「情僞相感，得位爲情，失正爲僞」。《吕覽·情欲》云：「耳之欲五聲，目之欲五色，口之欲五味，情也，雖神農黄帝，其與桀紂同，聖人之所以異者，得其情也。」

乾始能以美利利天下，不言所利，大矣哉。

注 虞翻曰：「美利謂雲行雨施、品物流形，故利天下。天何言哉，四時行焉，百物生焉，故利者大也。」案 能，該也。《釋名・釋言語》云：「能，該也，無物不兼該也。」利而可言，所利僅矣，不言所利，不可言也。《吕覽》曰：「天地大矣，生而弗予，成而弗有，萬物皆被其澤，得其利，而莫能知其所由始，此三皇五帝之德也。」《貴公》文。陽稱美善也，大之之辭也。《孟子》曰：「充實之謂美。」大哉乾乎，剛健中正，純粹精也。案剛，堅强也。健，建也，亦强也。純，專也。粹，不雜也。精，静也。乾陽剛健，元託位於五，故中正，乾其静也專，六畫皆陽，專而不雜，故純粹，六者乾之静，故曰精。此贊乾元成畫，六畫純陽，乾之性，即上所謂性也，未發謂之性，畫未變成爻也。六爻發揮，旁通情也。注陸績曰：「乾六爻發揮變動，旁通於坤，坤來入乾，以成六十四卦，故曰旁通情也。」案發揮猶發動。旁，溥也。往來不窮謂之通。六爻發揮，謂由六畫而發動爲六爻也，發爲六爻，仍偏於一，與坤通，成六十四卦，皆成既濟，則情也。不發動无由旁通，既變然後有化也。上言其静，六畫未變，性也，此言其情，成既濟也，所謂利貞性情也。時乘六龍，以御天也。雲行雨施，天下平也。注荀爽曰：「御者行也，陽升陰降，天道行也。乾升於坤曰雲行，坤降於乾曰雨施，乾坤二卦，成兩既濟，陰陽和均，而得其正，故曰天下平。」案《韓詩外傳》云：「夫霜雪雨露，殺生萬物者也，天無事焉，猶之貴天也；執法厭文，治官法民者，有司也，君無事焉，猶之尊君也。夫闢土殖穀者后稷，決江流河者禹也，聽獄執中者皋陶也，然而聖后者堯也，故有道以御之，雖無能也，必使能者爲己用也。無道以御之，彼雖多能，猶將無益於存亡矣。《詩》曰：『執轡如組，兩驂如舞。』貴能御也。」時乘六龍以御天，亦天有以御之也，四時十二消息，升降於六位，以行天之元氣，雲行雨施，莫非元之用，成既濟，六爻正，陰陽和，故天下平。

君子以成德爲行，日可見之行也。潛之爲言也，隱而未見，行而未成，是以君子弗用也。案初體復，復，德之本也，元動成畫爻，故以成德爲行。剛柔者，晝夜之象，動成畫爻，故日可見之行。乾元始動，未成畫爻，故隱而未見，行而未成，未見未成，是以弗用，言君子明其龍德也。君子學以聚之，問以辯之，寬以居之，仁以行之，《易》曰：「見龍在田，利見大人」。君德也。注虞翻曰：「陽在二，兑爲口，震爲言，爲講論，案，震雷爲聲，言者心聲。坤爲文，故學以聚之，問以辯之。兑象君子以朋友講習，震爲寬仁。」案，《五行傳》云：「東方謂之仁。」案初習謂之學，重習謂之脩。之，目君德也。《學記》曰：「師也者，所以學爲君。」聚之辯之，居之行之，皆謂君德也。聚，具也。問，論難也。辯，謂考問得其定也。寬，宏也，猶愛也。寬以居之者，學之博，愛之深，藏脩息游，无非學也。仁以行之，以仁天下也。此皆爲世子時事，故重言君德，言二當升五而爲君，而天下利見之也。文王爻辭，唯九三言人事，《傳》則言行言學言進脩，无在非學也。象曰「君子以自强不息」，子蓋三致意焉。子曰：「加我數年，五十以學易。」而於每卦《象傳》，必曰「以」，以者，學之謂也，自天子至庶人，无人不當學；自春及冬，自朝及夕，无時不宜學；富貴貧賤，夷狄患難，无在不可學。子曰「我學不厭」，曰「發憤忘食」，曰「不如丘之好學」，聖人亦學而已。《學記》曰：「君子如欲化民成俗，其必由學乎。」故於世子之爻，發學之義焉。九三，重剛而不中，上不在天，下不在田，故乾乾。因其時而惕，雖危无咎矣。注虞翻曰：「以乾接乾，故重剛。位非二五，故不中也。」案，上下體爲重，重巽重險，因而重之也。案五天全乎君，三居上而非五，故不在天；二田全乎臣，三在下而非二，故不在田。上臣於天子，下君其臣民，爲君難，爲臣不易，止仁止敬，文王其當之矣。九四重剛而不中，上不在天，下不在田，中不在人，故或之。或之者，疑之也，故无咎。注虞翻曰：「非其位，故疑之。」案人謂三，人近地，故三爲人。四失位非正，故中不在人。三四兩爻各兼上中下。三居下體一卦之上，是之謂上；而非五，故不在天。三與四五互一卦，三在下，故曰下；而非二，故不在田也。四與二三共互一卦，四在上，故曰上；爲上卦之下，故曰下。三五互卦，四在其中，故曰中；而非三，故不在人。二四互卦，三亦在中，不言之者，以其在人也。上中下三者俱備，唯三四兩爻，初、上无兼稱，二下中，五上中，各得兩稱，互體五在上，二在下也。《魏志·鍾會傳》：「會嘗論易无互體。」亦不知《易》耳。 上下未定，故疑之，疑之言擬也，四自擬也，自擬未定，審擇所處，故得无咎。

夫大人者，與天地合其德，與日月合其明，與四時合其序，與鬼神合其吉凶，先天而天弗違，後天而奉天時。天且弗違，而況於人乎？況於鬼神乎？ 注荀爽曰：「與天合德，謂居五也；與地合德，謂居二也。坤五之乾二成離，離爲日；乾二之坤五爲坎，坎爲月。」虞翻曰：「奉，承行。」案乾元託位於五，故於九五發乾元之大用焉。五者，聖人之位；乾元者，聖人也。六爻變化，皆元主之。五天二地，二應五成既濟之正，故與天地合其德。二五相應，離日坎月，故與日月合其明。四時謂十二消息，消息以時，故與四時合其序。精氣爲神，游魂爲鬼，成變化，行鬼神，故與鬼神合其吉凶。既濟太極之象，先天地者也，故先天而天弗違。既濟居一經之終，故後天而奉天時。元所以統天也，此即元之爲元，无所不在，以明聖之所以爲聖，故曰夫大人者，所謂建諸天地而不悖，質諸鬼神而無疑，百世以俟聖人而不惑者也。與，偕也。化育萬物謂之德，照臨四方謂之明。序，次序。弗，不也。天且不違，故況於人乎。夫民，神之主也，人不違，況於鬼神乎？《禮運》曰：「故聖人作則，必以天地爲本，以陰陽爲端，以四時爲柄，以日星爲紀，月以爲量，鬼神以爲徒，五行以爲質，禮義以爲器，人情以爲田，四靈以爲畜。」

亢之爲言也，知進而不知退，知存而不知亡，知得而不知喪。 案進謂變畫，進之九也，退謂化九，化之陰也。陽爲存，化之陰爲亡，陽在五爲得，在上當化之陰，爲喪亡，喪其陽也。進必有退，存必有亡，得必有喪，上處非其位，動則必化之陰，所謂動而有悔也。不知物極之必反，三者不知，則三者隨之矣，是之謂亢。知有退則能保其進，知有亡則能保其存，知有喪則能保其得，知失位而不動，則三者免矣，非聖人其孰能之？乾，純陽之卦，六爻一體。陽氣之升，斷未有止於五不升上者。如物之生，體无不全也，而其體則不必上盡究而下盡不究，氣雖同根於元，而究各異。舜與桀，所處者皆天子之位，桀之不善，非位之罪，陽動有悔，又豈上位之咎與？使舜而處桀之位，不失爲舜；使桀而處舜之位，仍自爲桀耳。故進退之義，宜謂本畫之變化，不得以位拘。舜可以處初，亦可以處上；桀不能居上，又豈能居初？故論卦爻必知其全卦之氣，然後以位推明之。爻有貞吉，亦有貞凶，繫乎卦也。故乾上雖處非其位，不動亦可无悔，全體純陽故也。荀爽云：「陽位在五，今乃居上，故曰知進而不知退；在上當陰，今反爲陽，故曰知存而不知亡。」茲據變化者進退之象爲義，不用荀說。

其唯聖人乎？知進退存亡而不失其正者，其唯聖人乎？案其唯聖人，言高上之位，非聖人不能居也。聖人謂乾元，乾元用九，自初至上，一以貫之，故知進退存亡、爻之變化，莫非元也。託位於五，故不失其正。再言聖人，以見非聖不能也。乾道變化，各正性命，成既濟，六爻皆正，元主之也。《繫辭傳》云：「危者安其位者也，亡者保其存者也，亂者有其治者也。是故君子安而不忘危，存而不忘亡，治而不忘亂，是以身安而國家可保也。《易》曰：『其亡其亡，繫于包桑。』」其亡其亡，以亡自惕也，以亡自惕，焉得亡乎？桀自比於日，紂責命於天，不知亡也，焉得不亡？所謂「危者，安其位者也」，言其所以危亡，乃安其位故也，即所謂「其亡其亡」，其所以亡也。君子以之自惕，安不忘危，所以安也，帝王君臣，交勉不諱，言亡而卒不亡，所謂知進退存亡而不失其正者也。治亂之機，不外乎是，百世可知，子豈虛語哉？

周易姚氏學卷第二終

周易姚氏學卷第三

旌德姚配中撰

周易上經彖上傳象上傳文言傳

䷁坤下坤上**案**六畫純陰，與乾通，成六十四卦，所謂六爻發揮，旁通也。故凡陰陽相配之卦，均曰旁通，謂乾坤通也。

坤，元亨，利牝馬之貞。**注**虞翻曰：「陽極陰生，乾流坤形，坤含光大，凝乾之元，終於坤亥，出乾初子，品物咸亨，故元亨也。坤爲牝。」案，建亥之月，坤卦用事，十一月子，一陽生，體復乾初也。故終於坤亥，出乾初子，坤含光大，凝乾之元，凝乾元即坤元也。坤元凝乾元，故虞於元每稱乾，以乾元藏坤元中也，非謂坤无元。太極生兩儀，太極，元也。陰陽未分，非有陽而无陰。傳云：「一陰一陽之謂道。」太極分爲乾坤，則乾得其陽，坤得其陰，皆太極之元也，故坤元亦稱至，至，極也。或因虞義，以元專屬乾，非也。

案坤，順；元，始也。乾元，陽之始；坤元，陰之始。乾坤交，故始通。陰爲牝，牝，雌也。乾爲馬，坤純陰，則牝馬也，故傳曰牝馬地類。利初三五之正，成既濟，故利牝馬之貞。正則陰陽和，故利之也。取牝馬者，地當承天，妻當從夫，臣當奉君，言其柔順利貞，爲所當爲也，若四牡項領，詩人刺之矣。《五行傳》注云：「馬屬皇極，皇極五，土數也。」《平準書》云：「天用莫如龍，地用莫如馬。」《馬援傳》云：「行天莫若龍，行地莫若馬。」《王莽傳》云：「乘乾文龍，❶駕坤六馬。」鄭氏云：「坤爲牝馬。」《京氏易傳》說坤於類爲馬，引「行地无疆」以證。諸說皆依牝馬地類爲義，蓋坤陰卦，故以牝馬象焉。傳云「牝馬地類」，云「柔順利貞」、「貞固足以榦事」。「牝馬之貞」，婦人之事而已矣。《喪服傳》云：「婦人有三

❶「文」，皇清經解續編本、崇文書局本作「六」。「龍」，《漢書·王莽傳》作「車」。

從之義，無專用之道，故未嫁從父，既嫁從夫，夫死從子。」《公羊·襄十三年》傳云：「大夫無遂事，遂者何？生事也。」坤妻道、臣道，故取牝馬，言其柔順利貞也。《節南山》「四牡項領」箋云：「四牡者，人君所乘駕，今但養大其領，不肯爲用，喻大臣自恣，王不能使也。」君子有攸往。案上以物喻，此據人言，坤初、三、五失位，往之乾得位。坤初之乾四，三之乾上，五之乾二，乾二、四、上來之坤，各成一既濟。故君子有攸往。攸，所也；往，之也。動而之他爲往。畫動之爻，爻往之他，皆是也。先迷，後得主，案先迷謂初、三、五未之乾，純陰用事，无所適從，故迷惑也。後謂初、三、五已之乾，乾來入坤，陰從陽，故得主。主，君也。陰以陽爲主，陽唱陰和，无所迷矣。盧氏云：「坤，臣道也，後而不先，陰以陽爲主。」利西南得朋，東北喪朋，安貞吉。注馬融曰：「喪，失也。」見《釋文》。「孟秋之月，陰氣始著，而坤之位，同類相得，故西南得朋。孟春之月，陽氣始著，陰始從陽，失其黨類，故東北喪朋。」荀爽曰：「陰起於午，至申三陰，得坤一體，故曰西南得朋。陽起於子，至寅三陽，喪坤一體，故曰東北喪朋。」案，利字或誤連主字讀，據「後得主而有常」，則主字絕句。《通典·禮部》引魏高堂隆議引《易》曰：「坤，利西南得朋，東北喪朋。」以利字屬下是也。案坤西南，艮東北。陰消成否，當坤位；否反成泰，當艮位。故利西南得朋，東北喪朋。安貞吉，謂陰消否即反泰，泰二之五，以成既濟也。安，定也，六爻各安其居，所謂既濟定也。此即乾三反復之義，陰消陽不利，消成否即反成泰，以成既濟，故利。《蹇》「利西南，不利東北」，謂坤艮，《解》「利西南」，亦謂坤，義與此同。解在當卦，虞翻據納甲爲説云：「謂陽得其朋類，月朔至望，從震至乾，與時偕行，故乃與類行。陽喪滅坤，坤終復生，謂月三日，震象出庚，故乃終有慶。此指説易道陰陽消息之大要也，謂陽月三日，變而成震出庚，至月八日，成兑見丁，庚西丁南，故西南得朋，謂二陽爲朋，故『兑，君子以朋友講習』。《文言》曰：『敬義立而德不孤。』《彖》曰：『乃與類行。』二十九日，消乙入坤，滅藏於癸，乙東癸北，故東北喪朋，謂之以坤滅乾，坤爲喪故也。馬君云云，失之甚矣，荀君云云，何異馬也。」案，虞義蓋以月滅藏於癸，全體皆暗，坤純陰象焉，故用《參同契》納甲之義爲説，然傳云「乃與類行」，坤陰卦，陰與陰爲類，若如虞説，成兑陽得朋，則云「類行」可耳，不得言「與」。喪朋謂消滅於癸，則陽氣全消，云「乃終」可耳，不得言「慶」，陰非慶也。有慶謂成既濟，六爻得正，故安貞吉也。虞又謂，如荀説，當云南西北東，此所謂欲加之罪耳，東北西南，乃語之轉，《爾雅》稱西南隅、東北隅，《詩》稱「南東其畝」，非獨《易》然也。若謂自北而東，必當言北東，則傳稱「艮，東北之卦」，豈艮之方位自東而北與？虞又謂經豈以乾爲喪，案喪朋自謂陰失其類，无與乾事。

彖曰：至哉坤元，萬物資生，乃順承天。注荀九家曰：「坤者純陰，配乾生物，亦善之始，地之象也，故又歎言至美。」荀爽曰：「萬物資生，謂萬一千五百二十策皆受始於乾，由坤而生也。策生於坤，猶萬物成形，出乎地也。」案順猶從也。承，奉也，受也。元爲天地之始，乾元立天之本，而萬物資以始；坤元順承天，而萬物資以生。坤非元，亦不能生物也，故乾曰大哉，坤曰至哉。**坤厚載物，德合无疆，含宏光大，品物咸亨。**注荀爽曰：「天地交，萬物生，故咸亨。」案坤地故厚，地卑故載，天覆物无疆，地載物无疆，故德合无疆。疆，竟也。《白虎通》曰：「土者最大，包含物，將生者出，將歸者入。」《五行》文。故含宏，含，函也，容也。宏，寬大也。乾坤通，成既濟，故光大也。復小而辯於物，陽初息爲小，則陰極盛，亦得稱大，所謂「莫大乎天地」、「天地之大德曰生」也。虞以大專屬乾，茲不用。光通廣，《書》「光被四表」，光一作廣，一作横。廣大者，乾坤合，大生廣生也。**牝馬地類，行地无疆。**案牝陰故地類，天行健，故六龍御天，坤與乾合德，故牝馬亦行地無疆。《説文》云：「馬者，怒也，武也。」坤柔順，故以牝馬象焉，引重致遠，以利天下，故行地无疆。**柔順利貞，君子攸行。**注荀九家曰：「謂坤本柔順陰位，則利貞。之乾，則陽爻來據之，故曰君子攸行。」案此當云坤爻本柔順，在陽位，則利貞之乾。蓋在陽位者，失位不正，故利貞之乾。乾陽來據其位，坤往之乾，則乾來之坤，或往或來，皆得其正，故君子攸行也。此云坤爻本在柔順陰位者，傳寫之誤。**案**柔，弱也。初、三、五失正，利之正，故柔順利貞，所謂牝馬之貞也。先迷失道，後順得常。**案**失道，失柔順之道，以陰居陽，上六所以龍戰也，失道斯迷矣。常，謂陽尊陰卑，君尊臣卑，天先乎地，君先乎臣，夫先乎婦，道之常也。陰不爲物之始，而順從陽，以陽爲主，斯得常矣。董子曰：「陰道無所獨行，其始也不得專起，其終也不得分功，有所兼之義。是故臣兼功於君，子兼功於父，陰兼功於陽，地兼功於天。」《基義》文。西南得朋，乃與類行。東北喪朋，乃終有慶。**案**類，陰類也。陽稱慶，善也。成既濟，以陰從陽，故終有慶。虞《賁》六五注云：「凡言喜慶，皆陽爻。」兹依用之。坤，陰道，女子從人，若二女同居，則其志不相得，其志不同行，故必失其陰朋，從陽而後有慶也。安貞之吉，應地无疆。**注**虞翻曰：「地道至静，故安。」案，杜鄴云：「坤以法地，爲土爲母，以安静爲德。」**案**成既濟，六爻正，陰陽應，德合无疆。謂坤成既濟，六爻相應，乃坤之无疆，所謂坤元也。乾元統天，立天之本，坤元應地，地德所以无疆也。

象曰：地勢坤，君子以厚德載物。**注**宋衷曰：「地有上下九等之差，故以形勢言其性也。」案，惠氏棟云：「《漢書·叙贊》曰：『坤作地勢，高下九則。』高下者，地之勢也。《白虎通》曰：❶『地有三形，高下平。』卦有兩坤，故以勢言之。」**案**乾圜，故以行言之；坤布，故以勢言之。董子曰：「陰道尚形而露情，陽道无端而貴神。」《立元神》文。坤，順也，地位天中，其形勢順，天爲高下也。《素問·五運行大論》：「帝曰：『地之爲下否乎？』岐伯曰：『地爲人之下，太虛之中者也。』帝曰：『馮乎？』岐伯曰：

❶「白」，原作「自」，今據皇清經解續編本、崇文書局本改。

『大氣舉之也。』」坤厚載物，德合无疆，君子行其意，亦厚德載物，博厚配地也。

初六，履霜，堅冰至。注干寶曰：「五月之時，陰氣始動乎三泉之下。案《秦本紀》：「始皇并天下，天下徒詣送七十餘萬人，穿三泉。」《後漢書》袁紹上書：「無令愚臣結恨三泉。」注云：「三者數之小終，言深也。」黄瓊疏「無恨三泉」注云：「三者數之極，一生二，二生三，三生萬物，天地人之極數，故以三爲名者，取其深之極也。」案二義俱通。言陰氣動矣，則必至於履霜，履霜則必至於堅冰，言有漸也。」案，干又云：「爻者言乎變，故《易·繫辭》皆稱九六也，陽數奇，陰數偶，是以乾用一也，坤用二也。」案，九六謂爻，一二謂畫，九六者，一二之變也，二即⚋，解在《贊元》及《繫辭傳》。案六，陰之變。履，踐也。霜，喪也。《白虎通》曰：「霜之言亡也，陽以喪亡。」《災變》文。一陰初生，消乾成姤。姤，五月卦。云履霜者，此言畫變之爻也。陽氣究於巳，初之九非十一月即究；陰氣盛於亥，初之六非五月也。上究而下亦究，初之變成六，與上六同時，蓋九月、十月霜降時也。初由變而化之陽，體復；十一月水澤腹堅，當坎位，坎爲水，爲堅多心，坤下有伏乾，乾爲冰，故堅冰至。堅，剛也，固也。履霜堅冰，幾始於姤，由來者漸矣。初在下，故曰履。五月陰始萌，不得有霜，霜亦由漸而然，九月霜始降，陰始變成六，坤全體畢著時也。由微陰之凝，漸而霜而冰，其起甚微，非遠見者烏睹冰霜之由由於盛夏之微陰哉！所謂積也。《董子·基義》云：「天之氣徐，乍寒乍暑，故寒不凍，暑不暍，以其有餘徐來，不暴卒也。」引此以證見有漸也。爻言履霜、堅冰，言變及化，傳曰「陰始凝」，則推本於畫，言其所由始，非一朝一夕之故也。履霜堅冰不繫於姤，而必繫坤初者，乾坤消息，十二月无所不在，其復、臨、泰、大壯、夬、姤、遯、否、觀、剥十卦，不過乾坤一月之氣耳。四月純陽，陽氣盡發，謂之爲究。其實乾上之陽，至戌始究，至亥乃伏，坤上之氣，至辰始究，至巳乃伏，非旋長旋消者。陰陽消息十二月，陰陽各六卦，卦各六爻，每爻之始、壯、究亦各六，消息十二卦，凡七十二爻，其實則乾坤十二爻之始、壯、究耳。復初乃乾初之初，乾初乃乾初之究，乾上乃乾上之始，剥上乃乾上之究，《董子·煖燠孰多》云「九月者，天之功大究於是月也」是也。故其始也，全卦之氣伏於初，其究也，全卦之氣極於上，所謂碩果者，乃全卦之氣所聚，剥而復生者也。是故據一卦言，則上究而下亦究，氣從下生也，以十二消息圖爲渾圜，三畫以下爲地，四畫以上爲天，以天行周流之道觀之，則陰陽往來，消息出入，分至寒暑，如指諸掌矣。《董子·陰陽出入》云：「天道大數，相反之物也，不得俱出，陰陽是也。春出陽而入陰，秋出陰而入陽，夏右陽而左陰，冬右陰而左陽，陰出則陽入，陽入則陰出，陰右則陽左，陰左則陽右，是故春俱南，秋俱北，而不同道，夏交於前，冬交於後，而不同理。」

象曰：履霜堅冰，陰始凝也，馴致其道，至堅冰也。**注**鄭康成曰：「馴，從也。」見《釋文》。**案**凝猶結也，初稱始，始凝者，坤初凝乾初也。惠氏棟云：「坤凝乾自初始，至上六而與乾接，故初曰『始凝』，上曰『陰凝於陽必戰』。」天地嚴凝之氣，始於西南而盛於西北，陰始凝而幾動，不可不察也，故曰「履霜堅冰，陰始凝也」。言冰霜皆由於始，宜及其早而辯之，若不早辯，及履霜而始覺其萌，則即至於堅冰矣，故曰蓋言順也。履霜則必至於堅冰，履霜者，已爲積善積不善之象，而非早也，故曰「馴致其道，至堅冰也」。道坤道，從初至上，十月坤成，則初變，是爲履霜，變則化至堅冰矣。履霜堅冰皆由於始，所謂早也，故堅冰不言至，若已履霜，則堅冰即至，故「馴致其道，至堅冰也」，言已履霜，即至堅冰矣。《傳》稱陰始凝，本其始患，始萌芽猶可除滅，早之不辯，至於履霜，尚何挽哉？日趨於危亡之道，而欲亂之不生也，難矣。故爻言「履霜堅冰至」，言即至也。魏許芝引初六履霜，與聖人受命而王，黄龍以戊己日見，同稱爲《易傳》，則係緯書之言，非經本作初六履霜可知矣，不得據以解陰始凝爲履霜。《淮南子·説山》云：「紂爲象箸而箕子唏，魯以偶人葬而孔子歎，故聖人見霜而知冰。」其義本此。

六二，直方大，不習无不利。**案**直，正也，當也。二得位故直，所謂直其正也。直謂畫，二地道，地道方，方謂爻。圜者行健，方者勢坤，方即布也。《吕覽·圜道》云：「天道圜，地道方，聖王法之，所以立上下。精氣一上一下，圜周復雜，故曰天道圜。萬物殊類殊形，皆有分職，不能相爲，故曰地道方。主執圜，臣處方，方圜不易，其國乃昌。」成既濟，二應五，德不孤，故大。習，狎也。德不孤，必有鄰，正以行義，何往不宜，不獨習焉者利也。傳曰：則不疑其所行，直内方外，行何疑乎？《太玄·增》次二曰：「不增其方，而增其光。」《測》曰：「不增其方，徒飾外也。」徒飾外謂增其光，直内方外，非徒飾外矣，何不利之有？惠氏棟云：「乾爲直，坤爲方，陽動直而大焉，故直方大。」惠意蓋謂陽來之坤二，已化成陽也，但二成陽則失位，何地道之能光，且云不習无不利乎？傳云「直其正，方其義」，其皆指坤言。《詩》「爰得我直」，箋云：「直猶正也。」《詩》「實維我特」，《釋文》引《韓詩》云：「直相當值也。」蓋二以陰居陰位，故謂之直，言當位得正也。《傳》云「法象莫大乎天地」、「天地之大德曰生」，地亦得稱大。

象曰：六二之動，直以方也，不習无不利，地道光也。注鄭康成曰：「直也、方也，地之性。此爻得中氣而在地上，自然之性，廣生萬物，故生動直而且方。」見《深衣》疏。案，故生，生疑大之誤。案動謂畫變成爻也。以，用也，行也。直以方者，直謂畫，方謂爻，畫當位，動成爻，以行其義也。成既濟，廣生萬物，故曰地道光，所謂光大也。離火稱光，容光必照，照臨四方謂之明，亦言其廣也，光、廣義同。以正行義，地道之最美者，事君則忠，交友則信，攸往咸宜，何必狎也。

六三，含章可貞，或從王事，无成有終。注虞翻曰：「貞，正也。以陰包陽，故含章。三失位，發得正，故可貞也。乾爲王。」案，乾爲天爲君。天，王也。對坤言則稱君，坤爲臣也；對震言則稱王，震，百里諸侯之象也。案含，懷也；章，明也。伏陽可發之正，故含章可貞。三抱美道，發可正位，但坤陰臣道，故又擬之，自擬也。從王謂升乾上，不敢居本位，自化之正，故无成。升乾上，從陽以終，故有終也。分陰分陽，迭用柔剛，故易六位而成章。坤純陰，无文可見，三陽尚伏，故含章可貞者，可貞而未貞也。陸績《京氏易傳注》云：「陰臣陽君，臣不敢爲物之始，陽唱陰和，君命臣終其事也。」象曰：含章可貞，以時發也，或從王事，知光大也。案當其可之謂時。發，伏陽發也。乾坤成既濟，以陰從陽，陰陽俱正，故知光大，陽唱陰和，承天施廣生萬物也。《春秋》之義，大夫無遂事。

六四，括囊，无咎无譽。注虞翻曰：「括，結也。坤爲囊。」案，坤虚容物，故爲囊。案四不動，故括囊，坤静翕也。四得位，化則失位，不動故无咎。不動則亦不變，成爻得位之美不著，故无譽。純陰之卦，五巽飛龍，爲之臣者，若動而不已，始雖有譽，終必有咎，故慎以遠害。亂之所生也，則言語以爲階。言行，君子之樞機，樞機之發，榮辱之主也。括囊則藏器於身，不出户庭矣，夫何咎何譽乎？譽，聲美也。《荀子·非相》引此以爲腐儒之謂。《漢書·車千秋傳贊》云：「括囊不言，彼哉彼哉。」《魏文紀》霍性上疏云：「文王與紂之事，是時天下括囊无咎。」蓋不可言而不言，則慎不害，當言而不言，則爲腐儒。班固謂車千秋彼哉彼哉，以其可言不言，是以譏之。若天地閉，賢人隱，夫豈可言以招禍乎？危行言孫，豈與腐儒共譏哉？干寶云：「此蓋甯戚、蘧瑗與時卷舒之爻也。不艱其身，則无咎，功業不建，故无譽也。」象曰：括囊无咎，慎不害也。案慎，静也。《國語》曰：「慎，德之守也。」四无應於下，上无所承，動則初害之，故慎不害。害，傷也。《表記》曰：「君子慎以辟禍，篤以不揜，恭以遠恥，此明哲保身者也。」

六五，黄裳元吉。注鄭康成曰：「如舜試天子，周公攝政。」見《隋書·李德林傳》。案裳，下帬也。坤爲裳，地色黄，謂二也，坤元託位於二，氣發至五，含五伏陽，以坤元養乾元，以相臣輔幼主也。至尊之位，而臣攝之，非坤元其孰能无忝乎？《春秋傳》曰：「黄，中之色也；裳，下之飾也；元，善之長也。中美爲黄，上美爲元，下美則裳。」《説文》：「黄，从田从炗。炗，古文光。」《白虎通·三正》云：「十二月之時，萬物始芽而白，白者陰氣，故殷爲地正，色尚白也。」是則陰成體於秋，白其本色，與陽爲大赤同。若地色之黄，則兼火氣，《離》六二「黄離元吉」即坤元。鄭云：「離，南方之卦，離爲火，土色黄，火之子。」是則黄兼火色可知，故字从炗，坤伏離下之象也。坤伏離下爲黄，猶乾伏坤下爲玄，黄者坤元，玄則乾元，皆伏而未著之色也。坤乾交成震，震爲玄黄，玄黄者，蒼也。五色相因，以此類推，其餘可盡知也。干寶云：「陰登於五，柔居尊位，百官總己，專斷萬機，雖情體信順，而貌近僭疑。言必忠信，行必篤敬，然後可以取信於神明，无尤於四海也。」

象曰：黄裳元吉，文在中也。 **注**王肅曰：「坤爲文，五在中。」**案**坤元託位於二，所謂美在其中，發至五，所謂暢於四支，發於事業，身雖臣，而所行則王政也，位雖二，而所發則五事也。雖攝居五，不失黄裳之職，故曰：黄裳元吉，文在中也。

上六，龍戰于野，其血玄黄。 **注**荀爽曰：「消息之位，坤位在亥，下有伏乾。」干寶曰：「乾體純剛，不堪陰盛，故曰龍戰。」**案**龍，陽，謂伏乾，戰言陰陽相薄也。陰極陽生，盛陰凝陽，陽出不遂，故戰，所謂戰乎乾也。《月令》：「仲夏，日長至，陰陽争。」注云：「争者，陽方盛，陰欲起也。」「仲冬，日短至，陰陽争。」注云：「争者，陰方盛，陽欲起也。」高誘《吕覽・仲夏紀》注云：「是月陰氣始起於下，盛陽覆在其上，故曰争也。」《仲冬紀》注云：「陰氣在上，微陽動升，故曰争也。」然則戰者，陽欲升而陰方盛，故與陰薄也。《説文》云：「壬位北方，陰極陽生，《易》曰：『龍戰于野。』戰者，接也。」《京氏易傳》云：「陰極則陽來，陰消則陽長，衰則退，盛則戰。」坤爲國邑，坤土地，故虞注以坤爲國邑，兹依用之。去國百里爲郊，郊外謂之野，戰乾出震，震雷百里，故戰于野。陰陽之接以風雷，故雷風相薄。十月陽方荄妊，伏養坤中，故稱血，此即元也。天地雜，故玄黄，坎爲血卦，震爲玄黄，戰乎乾，出乎震，於時爲坎，屯象成矣，此坤之後所以受以屯也。《太玄・中》次二：「神戰于玄，其陳陰陽。」義本此。

象曰：龍戰于野，其道窮也。 **案**陰盛極故窮，乾伏西北，蟄龍也，屈而欲信，故戰。《後漢書》朱穆戒梁冀云：「龍戰于野，其道窮也，謂陽道將勝而陰道負也。」

用六，利永貞。**案**乾元用九，坤元用六。用九君道，故物莫能先之；用六臣道，故利永貞。凝陽則龍戰，用六所以利永貞也。永，長。貞，正。謂成既濟，皆以陰從陽也。坤臣道，亦不自用，而用六者何？董子曰：「木，五行之始也；水，五行之終也；土，五行之中也。是故木主生而金主殺，火主暑而水主寒，天之數也。土居中央，爲之天閏。土者，天之股肱也，其德茂美，不可名以一時之事，故五行而四時者，土兼之也。金木水火雖各職，不因土，方不立。土者，五行之主也。人官之大者，不名所職，相其是矣；天官之大者，不名所主，土其是矣。」《五行之義》文。大宰之職，掌建邦之六典，則坤元之用六也，以佐王治邦國，則坤元之順承天也，周公其當之矣。若以妻道言，則后立六宫是也。《天官·冢宰》鄭目録云：「象天所立之官。冢，大也。宰者，官也。天者統萬物，天子立冢宰使掌邦治，亦所以總御羣官，使不失職。不言司者，大宰總御羣官，不主一官之事也。」其義與董子同，蓋王爲乾元，宰則坤元也。但乾元用九，則所用者皆陽，何冢宰獨爲坤元？且坤元用六，冢宰掌六典，五官實統焉，豈臣於乾則爲九，統於冢宰又爲六與？蓋乾元用九，凡大臣皆是，坤元不在九之列，坤元順承天，則亦乾元所用矣。冢宰所以獨爲坤元者，天子以下，天下亦一人而已，故非剛柔兼，而又體坤元之德者，不可以爲冢宰。百官總之，權莫大焉，天子任之，寵莫加焉，无剛柔之用，不足御羣寮，无坤元之德，不能承天子，三叔流言，周公猶懼，況其下焉者乎？故後世任非其人，或擅權而生禍亂，或亢戾以災厥躬者，比比也。伊尹放君，周公攝政，非大聖孰克當此而无忝者乎？臣之義比於地，地成天功，故五行而四時者，土兼之，坤元非寂滅无爲，不與天事者也。五行皆生於土，陰陽俱成於土，百官之聽於冢宰亦猶是。天之施生，地實成之，數之變化，陰實與之，何疑於五官之統於冢宰哉？冢宰之或稱冢、或稱大，鄭以爲進退異名，百官總焉，則謂之冢，列職於王，則爲大。竊謂百官總焉，謂之爲元；臣服於乾，則名曰坤；六陰六陽，周流於外，總於坤元，而君以乾元，三百六十之官，總於冢宰而聽於天子者也。坤元順承天，則陰陽九六之成於地者，莫非乾元之用，即坤元亦乾元所用者也。乾曰用九，坤曰順承，其義互相備也。乾所用之九，坤亦成之；君所立之官，宰亦統之；坤所用之六，乾亦君之；宰所立之官，王亦主之，孰非乾元之用乎？夫陰陽之相使也，自然之氣，坤元與九六，必能順乾元，而不必相兼，若心志之使五官百骸也。至於君臣，則以異體而爲同體。雖有陽德而不脩柔順，則亢矣。故聖人於坤著臣道，以明爲臣者莫不宜然，豈乾元所用之九，忽化爲六與？五官各率其屬，亦地道成物之義，而不得謂之坤元者，坤元一而已矣，冢宰亦一而已矣。五官者，四時分王之土，各有所司，冢宰則中宮之元，藏元神者也。干寶云：「陰體其順，臣守其柔，周公始於負扆南面，以先王道，卒於復子明辟，以終臣節，故利永貞。」蓋本鄭「周公攝政」之義而推之者也。

象曰：用六永貞，以大終也。案坤之用六，以從陽也，相之御衆，以從君也，故曰「以大終」，成既濟，從陽以終也。太宰之職，歲終則令百官府各正其治，受其會，聽其致事，而詔王廢置，三歲則大計羣吏之治，而誅賞之。百官正，所謂永貞也，帥其屬，用六永貞也，帥其屬以佐王，以大終也，若此，則君可无爲而治矣。

文言曰：坤至柔而動也剛，至静而德方。

注荀爽曰：「純陰至順，故柔也。坤性至静，得陽而動，布於四方。」案，陰不自動，陽動之乃動，陽唱而陰和也。天包乎外，地居其中，天體圜，地體順之，故地勢坤謂順天也，坤厚載物，故德方，周布於四方也。荀九家曰：「坤一變而成震，陰動生陽，故動也剛。」案坤，其静也翕，其動也闢，廣生萬物，德合无疆，故德方。動剛謂六化爲陽，德方謂八變爲六，所謂方其義也，此坤元用六爻，六爻成既濟者也。

後得主而有常。案天生烝民，无主乃亂，君子三月无君，則皇皇如也，故得主有常。常，守也。

含萬物而化光。案化光謂成既濟，廣生萬物也。《大戴記》曰：「天道曰圜，地道曰方，方曰幽而圜曰明。明者，吐氣者也，是故外景；幽者，含氣者也，是故内景。吐氣者施而含氣者化，是以陽施而陰化也。陽之精氣曰神，陰之精氣曰靈，神靈者品物之本也。」《曾子天圜》文。坤道其順乎，承天而時行。注荀爽曰：「承天之施，因四時而行之也。」

積善之家，必有餘慶；積不善之家，必有餘殃。注虞翻曰：「謂初。乾爲積善，以坤牝，陽滅出復，震爲餘慶。坤積不善，以乾通坤極姤生，巽爲餘殃。」鄭康成曰：「殃，禍惡也。」見《釋文》。案《大戴記》曰：「爲人主計者，莫如安審取舍。取舍之極定於內，安危之萌應於外。安者非一日而安也，危者非一日而危也，皆以積然，不可不察也。善不積，不足以成名；惡不積，不足以滅身。人主之所積，各在其取舍：以禮義治之者積禮義，以刑罰治之者積刑罰。刑罰積而民怨倍，禮義積而民和親。故世主欲民之善同，而所以使民之善者異。或導之以德教，或敺之以法令。導之以德教者，德教行而民康樂；敺之以法令者，法令極而民哀戚。哀樂之感，禍福之應也。」《禮察》文。積，聚也。臣弒其君，子弒其父，非一朝一夕之故，其所由來者漸矣，由辯之不早辯也。注虞翻曰：「坤消至二，艮子弒父；至三成否，坤臣弒君。上下不交，天下无邦，故子弒父，臣弒君也。剛爻爲朝，柔爻爲夕。」案，剛柔者，晝夜之象。❶馬融曰：「辯，別也。」見《釋文》。案弒，試也，伺也，伺閒而後得施也。《釋名》文。故由來漸矣。早，謂辯之於初也，復初元吉，有不善未嘗不知，知之未嘗復行，不遠之復，辯之早也。若弗早辯，則惡積罪大，必至弒父弒君。《詩》曰「子其懲而毖後患」，辯於早也。「觱沸檻泉，維其深矣」，言由來漸也。孔子作《春秋》，亂臣賊子懼，不嘗藥曰弒父，不越境曰弒君，辯之不可不早也。董子曰：「觀物之動而先覺其萌，絕亂塞害於將然而未形之時，《春秋》之志也。」《仁義法》文。《易》

❶「晝」，原作「畫」，今據《繫辭上》「聖人設卦觀象」章改。

曰：「履霜，堅冰至。」蓋言順也。案順者，言履霜必至於堅冰，以明積善必有餘慶，積不善必有餘殃，故宜早辯者也。《春秋》之志，於此見之。董子曰：「孔子明得失，差貴賤，反王道之本，刺惡譏微，不遺大小，善無細而不舉，惡無細而不去，進善誅惡，絶諸本而已矣。」《王道》文。順，《董子·基義》引作遜。

直其正也，方其義也，君子敬以直内，義以方外，敬義立而德不孤。直方大，不習无不利，則不疑其所行也。案二當位得正，故直其正。得位，變而不化，故方其義。内謂畫，畫本得位，故敬以直内。敬，身之基也。外謂畫變之爻，與五應，君臣義合，難進易退，所謂方外也。成既濟，二應五，故德不孤。敬義既立，直内方外，何疑之有？故則不疑其所行，此二之所以不習无不利也。内外謂畫動之爻，所謂六二之動直以方，不謂内外卦。

陰雖有美含之，以從王事，弗敢成也。地道也，妻道也，臣道也，地道无成而代有終也。注荀爽曰：「六三陽位，下有伏陽。坤，陰卦也，雖有伏陽，含藏不顯，以從王事，要待乾命，不敢自成也。」宋衷曰：「臣子雖有美才，含藏以從其上，不敢有所成名也。地得終天功，臣得終君事，婦得終夫業，故曰『而代有終也』。」案董子曰：「天爲君而覆露之，地爲臣而持載之，陽爲夫而生之，陰爲婦而助之。」《基義》文。又《五行對》云：「地出雲爲雨，起氣爲風，風雨者地之爲，爲地不敢有其功名，必上之於天，命若從天氣者，故曰天風天雨，莫曰地風地雨。勤勞在地，名一歸於天，故下事上，如地事天。」又《竹林》云：「《春秋》之義，臣有惡，君名美，故忠臣不顯諫，欲其由君出也。《書》曰：『爾有嘉謀嘉猷，入告爾君於内，爾乃順之于外，曰：此謀此猷，惟我后之德。』此爲人臣之法也。」

天地變化，草木蕃。案變化，謂成既濟。蕃，蕃息也。天地交，則草木被其澤；上下交，則人民沭其休。《詩》曰：「瞻彼旱麓，榛楛濟濟。」箋云：「旱山之足，林木茂盛者，得山雲雨之潤澤也。喻周邦之民獨豐樂者，被其君德教。」《呂覽》曰：「天地有始，天微以成，地塞以形，天地合和，生之大經也。」《有始覽》文。**天地閉，賢人隱。** 案閉，塞也。天地閉塞，君臣不交，故賢人隱。草木蕃，謂四成爻；賢人隱，謂畫不動也。《詩》曰：「隰桑有阿，其葉有難。」言賢人野處也。箋云：「喻時賢人君子不用而野處。」故觀草木，則賢人之進退可知；觀賢人，則民物之枯榮可見。《易》爲五經之原，撥亂反正，《春秋》本之；以物爲喻，則《詩》之比興也。**《易》曰：「括囊，无咎无譽。」蓋言謹也。** 案天地否閉，時不可爲，《詩》所謂「靡哲不愚」者也。卷而懷之，括囊故謹，慎以避害，言亦无從，周之衰也，變風息焉。知其不可而爲之，磨不磷，涅不緇者，其唯聖人乎？ **君子黃中通理，正位居體。** 案黃中謂坤元。從二至五，養五伏陽，大臣輔幼主之象也。理，分也。坤者陰卦，五者陽位。臣當退處，君當正位，此君臣上下之分也，君子通理，名分審矣，故正位居安也。位不正則體不安，周公其猶病諸；位正則君君臣臣各安其居而不相疑也，故正位居體。《太玄·務》次八曰：「黃中免於禍，貞。」《測》曰：「黃中免禍，和以正也。」坤爲地，在地成形，故曰體。《禮器》曰：「天時有生也，地理有宜也，人官有能也。禮也者，猶體也，體不備，君子謂之不成人，設之不當，猶不備也。」正位居體，則設之俱當，心安而體舒矣。黃中者，心之主、人之元也。《樂緯動聲儀》云：「上元者，天氣也；下元者，地氣也；中元者，人氣也。氣以定萬物，通於四時者也。象天心，理禮樂，通上下四時之氣，和合人之情，以慎天地者也。」然則人必有元，乃能通理。五行五曰土，五事五曰思。思屬土，心主之。心，火藏，土託位焉；坤元之藏也，卦爲離，乾神栖焉，❶卦爲坎。坎離者，既濟也。以卦爻言，位分二五，其實二五氣通，二而一也。以天地言之，地在天中，以陽包陰，離也；天元藏地中，以陰包陽，則坎也。然則坎也者，

❶「神」，皇清經解續編本、崇文書局本作「坤」。

離之中畫，因元神藏焉，❶而厥象著也。離爲目，其童子坎之精也，元也既濟之象，如斯而已。《管子》云：「心之在體，君之位也；九竅之有職，官之分也。心也者，智之舍也。心以藏心，心之中又有心焉。」此即坤元養乾元，大臣輔幼主之象也。《白虎通·性情》云：「心，火之精也。」《説文》云：「心，土藏，博士説以爲火藏。」❷蓋心者火，火生土，土位中央，神託於火，是以五行以思配土。《素問·解精微論》云：「心者，五藏之專精也。」《六節藏象論》云：「心者，生之本，神之變也。」《靈蘭秘典論》云：❸「心者，君主之官也，神明出焉。」《白虎通·五行》云：「火，太陽之精，人君之象。象尊常藏，猶天子居九重之内，臣下衛之也。」此皆心爲神舍，土託位於火而元又藏於中之義也。《郊特牲》云：「黄者，中也。目者，氣之清明者也。」氣之清明，坎之精也，觀兹諸義，可以知黄中之謂矣。

美在其中而暢於四支，發於事業，美之至也。【注】虞翻曰：「四支謂股肱。【案】美謂坤元，中謂二，二坤元之位，故曰其中。發而至五，故暢於四支，發於事業。此周公攝政制禮作樂之象，臣之極也，故美之至，言不可過也，過則凝陽必戰矣。暢，充也，通也。氣由下生，乾坤皆然，五爲天位，飛龍居其本位，故據五言之，坤元則位於二，而發至五，是以臣輔君之象，而分不可紊也，故特以二明之。乾之潛龍、見龍，亦即飛龍，各據其時言耳。九二爲世子之爻者，謂乾已成卦，故當升坤五，往來升降，義實无殊，乾息至二未成卦，❹則上體坤也，世子繼體，所居之位即飛龍之位，非此外又有所謂坤五也。六畫成卦，三才共之，據乾坤各成一卦，故以升降往來言耳，夫豈世子别有君位，與飛龍同時爲君者乎？易家之説，有似相反而實相備者，此類是也。美在其中，心也；元神藏焉，坤元之養乾元也。暢四支，發事業，則體統於心，而心聽乎元也。元者君，心者宰，四支者羣臣也。《書》曰：「臣

❶「神」，皇清經解續編本、崇文書局本作「氣」。
❷「土」，原作「工」，今據皇清經解續編本、崇文書局本改。
❸「靈」，原漫漶不清，今據皇清經解續編本、崇文書局本補。
❹「未」，皇清經解續編本作「位」。

作朕股肱耳目。」大臣法則小臣廉，神安而心安，心安而百體俱安矣。《樂記》云：「四暢交於中而發作於外，皆安其位而不相奪也。」陰疑於陽必戰，爲其嫌於无陽也，故稱龍焉，猶未離其類也，故稱血焉。夫玄黄者，天地之雜也，天玄而地黄。案疑當作凝。陽謂伏乾也。坤十月卦，當乾位，故凝於陽。凝，結也，此乾之所以爲冰也。陰凝於陽，陰陽相薄，故必戰，陽與陰戰也。《釋文》云：「疑，荀、虞、姚、蜀才作凝。」案，作凝是也。是時陽伏於下，陰盛於上，伏陽薄激而出，盛陰不退，故陽與之戰。陰凝陽，陽不得升故也。孟喜云：「陰乃上薄，疑似於陽，必與陽戰。」非是，如作疑字解，當云陰盛極，見疑於陽，陽必與戰。嫌，讀如別嫌疑之嫌。坤下實有伏陽，而自初至上，陽氣不見，有无陽之嫌，故特稱龍以表之，言其實有陽也，非實无陽，故嫌而稱龍之謂。陽尚未成，伏養坤中，亥荄壬妊之時也，故稱血，乃乾元坤元之交，此坎陽居中，所以爲血卦也。《太玄·沈》首云：「陰懷於陽，陽懷於陰，志在玄宮。」即凝陽之義。崔憬云：「乾爲大赤，伏陰柔之，故稱血焉。」陰凝陽，故天地雜。天者陽大赤，伏陰下位亥壬，故色玄，玄者，黑而有赤色也。地者陰生於火，故色黄。此震之剛柔始交，所以爲玄黄也。其血玄黄，屯之象也，故受之以屯。《爾雅》：「三染謂之纁。」三入赤汁也。《淮南子》云：「纁若入赤汁則爲朱，不入赤汁而入黑汁則爲紺矣。紺，三入赤汁一入黑汁也。」《鍾人》云：「三入爲纁，五入爲緅，七入爲緇。」注云：「凡玄色者，在緅緇之閒，其六入者與？」玄蓋三入赤汁，三入黑汁，故黑而有赤色，緅兩入黑汁，故赤而微黑。《説文》云：「玄，幽遠也。黑而有赤色者爲玄。象幽而入覆之也。」蓋乾西北，伏坤下，乾爲大赤，坤爲黑，内赤外黑，是黑而有赤色，故曰玄。玄以狀乾元之伏也。《釋天》云：「九月爲玄。」太歲在壬曰玄黓。《封禪書》云：「年始冬十月，色外黑内赤。」服虔云：「十月陰氣在外，黑，陽氣尚伏在地，故内赤。」皆此義。坤五黄裳，爲美之至，過五凝陽，陽必與戰，周霍之輔幼主也，成王不遺，嫌吝於懷，宣帝若負芒刺於背，所謂凝陽必戰者也。羣叔流言，公將不利於孺子，所謂嫌於无陽者也。代主制命，自下裁物，能无嫌乎？金縢書啟，公德乃彰，所謂故稱龍焉。雖履无陽之嫌，實懷尊陽之心，居攝者爲主幼耳，所謂猶未離其類也，故稱血焉。黄裳元吉，凝陽必戰，用六之所以利永貞也。

周易姚氏學卷第三終

周易姚氏學卷第四

旌德姚配中撰

周易上經彖上傳象上傳

䷂ 震下坎上

屯，元亨利貞，勿用有攸往，利建侯。**注**虞翻曰：「震爲侯。」案，「震驚百里，不喪匕鬯，出可以守宗廟社稷，以爲祭主」，言諸侯也。鄭云：「雷發聲，聞於百里，古者諸侯之象。」《白虎通·封公侯》云：「諸侯封不過百里，象雷震百里，所潤雲雨同也。雷者，陰中之陽，諸侯象也。」**案**屯，難也。乾坤始交，故元亨。三失正，利化之正，成既濟，故利貞。當屯難之世，非四德不足以濟之，故彖曰「動乎險中，大亨貞」，險中能動，四德備也。勿用有攸往，謂三，屯難之卦，未能即化，動則失見，故勿用有攸往。三不化則震象不動，故利建侯，建侯以利民也。建，立也，坤爲土地，列土封侯。利貞謂三，利化之正。勿用有攸往，又謂三不化者。利貞者，舉其終，以一卦言。屯唯六三失位，三正則成既濟，六爻正，故利貞，三不可不化也。值屯難之卦，動不能即化，故勿用有攸往，三所謂不如舍往吝者也。《白虎通·封公侯》云：「王者即位，先封賢者，憂民之急也。故列土爲疆，非爲諸侯，張官設府，非爲卿大夫，皆爲民也。《易》曰『利建侯』，此言因所利故立之。」

彖曰：屯，剛柔始交而難生，動乎險中，大亨貞。**注**虞翻曰：「乾剛坤柔。」荀爽曰：「物難在始生。」**案**乾元交坤，出初成震，故始交。震起艮止，動乎險中，陰凝陽，故難生。動震險坎也。變元言大者，明乾元也。乾傳曰「大哉乾元」，凡卦稱元爲乾元者，傳皆以大贊之。屯、隨「大亨貞」，臨、无妄、革「大亨以正」，升「是以大亨」，皆言大以贊元，且以別坤元也。坤傳云「至哉坤元，乃順承天」，凡卦元謂坤元者，傳皆言其義。大有「應乎天而時行，是以元亨」，大有「柔得尊位」，則元謂坤元也，鼎「柔進而上行，得中而應乎剛，是以元亨」，亦謂坤元，二卦皆有順承天之義。蠱「元亨而天下治」，並謂乾坤之元。損「元吉，與時偕行」，亦並言乾坤。比「元永貞」，傳曰「以剛中」，則乾元也。爻辭稱元者十有二，坤五、訟五、履上、泰五、復初、大畜四、離二、損五、益初五、井上、渙四，稱「元永貞」者一，萃五，各隨其爻解之。

雷雨之動滿盈，天造草昧，**注**荀爽曰：「雷震雨潤，則萬物滿盈而生也，陽動在下，造生萬物於冥昧之中也。」案，屯陰凝陽，而云動者，《月令》「雷始收聲」，鄭注云：「雷時收聲在地中，動内物也。」疏云：「雷是陽氣，主於動，不惟地中潛伏而已。」然則陰雖凝陽，陽亦恒動。虞《繫辭》注云：「十一月，陽動地中。」虞翻曰：「造，造生也。草，草創物也。坤冥爲昧，故天造草昧。」案，《太玄·玄攡》云：「瑩天功，明萬物之謂陽也，幽无形、深不測之謂陰也。」《玉篇》同。坤陰，故爲昧。**案**震雷坎雨，動而未洩，故滿盈，氣无不充也。雲行雨施，則成既濟矣。屯繼坤之後，坤十月卦，乾西北伏坤下，九月雷始收聲，蟄蟲坏户，十月則天地不通，閉塞成冬。陰凝陽，非雷雨不足以啟其屯也，故仲春之月，雷乃發聲，蟄蟲咸動，啟户始出。雷雨者，天之所以造草昧也，雷雨作則屯解，萬物生，既濟成矣。

宜建侯而不寧。**注**荀爽曰：「天地初開，世尚屯難，震位承乾，案，息復震承伏乾。故宜建侯。動而遇險，故不寧也。」**案**雷雨者，天之所以造草昧也；建侯者，聖人之所以造草昧也。建侯所以安天下，云不安者，不敢安也。天下未安，立君以安之，天下既安，君長既立，制禮作樂以教之，一日萬幾，不敢安也。《墨子》曰：「非無安居也，我無安心也。」《親士》文。成既濟，六爻正，則胥安矣。

象曰：雲雷屯，君子以經綸。**案**坎水升則爲雲，降則爲雨，《春秋説題辭》云：「雲之言運也，含陽而起，以精運也，坎陰含陽在上，故稱雲。」三不化，五屯膏，坎雨不施，故屯。冬雷藏地中，至春乃激薄而出，《象傳》言雨，雷雨作則屯解，《象傳》言雲，未爲雨也。雷雨者，天地之經綸；禮樂政教，君子之經綸也。《樂記》曰：「寒暑不時則疾，風雨不節則飢。教者，民之寒暑也，教不時則傷世。事者，民之風雨也，事不節則無功。」故時之屯也，天以雷雨動之；運之屯也，君子以經綸濟之。雷雨作而屯解，經綸定而難平。故雲雷爲屯，屯元亨利貞。若天地不交，則直謂之否，山附於地，則直謂之剥，並不得言屯也。

初九，磐桓，利居貞，利建侯。注馬融曰：「盤桓，旋也。」見《釋文》。案《釋文》云：「磐，本亦作盤，又作槃。」案，盤、槃本一字，盤亦通般，《書》「盤庚」，《釋文》及《古今人表》作「般庚」。虞翻曰：「震起艮止，動乎險中，初剛難拔，故利以建侯。」案初得位動之爻，復旋之畫，故磐桓。利居貞，居於畫，不可化也。初當屯始，磐桓不進，疑艱之弗能濟矣。孔子曰：「暴虎馮河，死而無悔者，吾不與也，必也臨事而懼，好謀而成者也，是以君子慎始。」

象曰：雖磐桓，志行正也。以貴下賤，大得民也。案四得正，初欲應之，志在四正也。磐桓不進，旋居其所，動不失正亦正也，故志行正。陰爲民，初在陰下，羣陰順從，故以貴下賤，大得民。得民，故利建侯。《荀子》曰：「得百姓之力者富，得百姓之死者彊，得百姓之譽者榮，三得者具，而天下歸之。」《王霸》文。荀云：「此本坎卦，陽從二來，是以貴下賤。」虞亦云「坎二交初」。案，坎得乾中氣，坎之中畫即乾元，以卦言，二五爲中，以氣從下生，言元隱於初，初之始爲極中，故動乎險中。震在坎下，謂爲在中，及天在山中，雷在地中，澤中有雷之類，皆謂下卦在上卦之中，則最下者乃天地之極中者矣。故虞以復初爲乾元，又謂易隱初入微也。《後漢書·馬融傳論》、《种岱傳》、李燮上書，並以磐桓居貞爲隱居。

六二，屯如邅如，乘馬班如。注《子夏傳》曰：「如，辭也。」馬融曰：「邅如，難行不進之貌。班，班旋不進也。」并見《釋文》。案，班與般通，《釋文》云：「鄭作般。」《文選·西京賦注》云：「班與般，古字通。」屯如，謂畫二牽於初，初磐桓，二亦不能動，故屯如。邅，邅迴。謂二動成爻，初動而旋，二乘之，故亦班如也。《説文》引作「乘馬驙如」，云：「驙，駗驙也，駗馬載重難行也。」虞翻曰：「震爲馬作足，二乘初，故乘馬。」

匪寇婚媾，女子貞不字，十年乃字。

注虞翻曰：「匪，非也。寇謂五，坎爲寇盜，應在坎，故匪寇。陰陽德正，故婚媾。」馬融曰：「重婚曰媾。」**案**匪寇婚媾，言審慎而後往，量而後入也。二陰得位，故女子貞，二應五，震動艮止，險在前，求不以禮，故不字，不許嫁也。《士昏禮記》曰：「女子許嫁，笄而醴之，稱字。」三化成既濟，六爻應，故十年乃字。十者，一縱一横、一陰一陽也。成既濟，陰陽和，一陰一陽，故十年乃字。

象曰：六二之難，乘剛也，十年乃字，反常也。**案**乘初故乘剛，三之正，二得應五，故反常。

六三，即鹿无虞，惟入于林中，君子幾不如舍，往吝。

注虞翻曰：「即，就也。虞，謂虞人，掌禽獸者。艮爲山，山足稱鹿，鹿，林也。案，鹿、麓通。坎爲叢木，山下故稱林中。舍，置。吝，疵也。」**案**三失正，動則失見，有虞人，則知所向往。三以不正，動而遇險，故惟入于林中。田獵者，師象也，豫順以動，則利行師，説以犯難，則民忘死，此有虞者也。屯難之卦，動而遇險，内尚不安，烏能正人，是縱之叛也。故象曰「以縱禽」。不正興師，其不自取困辱者，鮮矣，故惟入于林中。君子見幾，度德量力，知往必吝窮，故不如舍。

象曰：即鹿无虞，以從禽也，君子舍之，往吝窮也。**案**即鹿无虞，不唯无禽，適以縱禽耳。《釋文》縱，鄭子用反。《淮南子·繆稱》高誘注、《後漢書·何進傳》陳琳諫進，並以虞爲欺。《孟子》曰：「爲淵敺魚者，獺也，爲叢敺爵者，鸇也。」禽，鳥獸之總名。屯難之卦，其化難，故君子舍之。窮，極也，極於六，不能化。一説言即鹿无虞而即以之從禽乎，詰之也。

六四，乘馬班如，求婚媾，往吉，无不利。

案震爲馬，四在震上，故乘馬。《左傳》雷乘乾曰大壯，《杜鄭傳》坤卦乘離，明夷之象。是爻謂之乘，卦亦謂之乘。婚媾謂五，四求五也。二五相應，故直云婚媾；四非五應，知五可承，故求與爲婚媾。以陰承陽，故往吉无不利，謂動而承五也。象曰：求而往，明也。**案**知五可承而往，求之明故也。

九五，屯其膏，小貞吉，大貞凶。**注**虞翻曰：「坎雨稱膏。《詩》云：陰雨膏之。」**案**陽爲陰凝，故稱膏。既濟雲行雨施，屯有雲而无雨，是以屯膏也。小謂二，大謂五。二臣不專施，故吉；五雖得正，膏澤不下於民，屯莫由解，故凶也。《谷永傳》孟康注云：「膏者所以潤人肌膚，爵禄亦所以養人者也。小貞，臣也；大貞，君也。遭屯難飢荒，君當開倉廩，振百姓，而反吝，則凶，臣吝嗇，則吉。《論語》曰：『出納之吝，謂之有司。』」象曰：屯其膏，施未光也。**注**虞翻曰：「陽陷陰中，故未光也。」案，成既濟，雲行雨施，離爲光。光同廣。

上六，乘馬班如，泣血漣如。**注**虞翻曰：「震爲行，艮爲止，馬行而止，故班如也。」荀九家曰：「體坎爲血卦，伏離爲目，互艮爲手，揜目流血，泣之象也。」**案**乘馬，亦謂乘震馬。虞云：乘五，坎爲馬。三不應上，故上泣，泣无聲，如血出，曰泣血。漣，泣貌。《詩》曰：「泣涕漣漣。」坎爲加憂，憂甚故泣血。上已出險，而有是象者，卦唯上六不得正應，故憂而泣血。象曰「何可長」，言憂之深，則屯難不長，如否終之必傾，既憂之則咎不長，三化而成既濟矣。象曰：泣血漣如，何可長也。**案**遇難而憂，故不長，謂三終化應上也。知何可長爲屯難不長者，以否上云「何可長」，彼謂否不長，則此亦謂屯不長矣。憂懼，乃克有濟也。《淮南子·繆稱》引此，以爲小人處非其位，不可長，亦斷章取義。

䷃ 坎下艮上

蒙，亨。匪我求童蒙，童蒙求我。初筮告，再三瀆，瀆則不告，利貞。**注**鄭康成曰：「蒙者蒙蒙，物初生形，是其未開著之名也。人幼稺曰蒙，未冠之稱。亨者，陽也。筮，問也。瀆，褻也。互體震而得中，嘉會禮通，陽自動其中，德施地道之上，萬物應之，而萌芽生，教授之師取象焉。脩道藝於其室，而童蒙者求爲之弟子，非己乎求之也。弟子初問，則告之以事義，不思其三隅相況以反解而筮者，此師勤而功寡，學者之災也。瀆筮則不復告，欲令思而得之，亦所以義利而榦事也。」見《公羊疏》及《釋文》。虞翻云：「童蒙謂五，艮爲童蒙，我謂二。」陸績云：「六五陰爻，在蒙暗，蒙又體艮少男，故曰童蒙。」崔憬云：「初筮，謂六五求決於九二，二則告之；三應於上，四隔於三，與二爲瀆，二則不告。」案，蒙，闇昧也。童與僮通。瀆通黷。二五易位，以陽通陰，蒙氣得除，嘉會禮通，君子所以發蒙也，故蒙亨。二坎習教事，故童蒙求之，五陰求二陽，故求我，明二不求五也。《曲禮》曰：「禮聞來學，不聞往教。」二雖臣位，師道尊，《學記》所謂「當其爲師則弗臣」。大學之禮，雖詔於天子，無北面者也。卜筮不過三，故瀆則不告，語之而不知，雖舍之可也。蒙唯六四得位，四化則成未濟，此蒙之不可不教也。二五易位，初三上化之，正成既濟，故利貞。語之而知，則以語之者利之，不屑教誨，是亦教誨，以不利利之，君子引而不發。躍如也，中道而立，能者從之，故利貞，所謂蒙以養正也。蓍爲筮，陽之老也。

象曰：蒙，山下有險，險而止，蒙。 注 侯果曰：「艮爲山，坎爲險，坎在艮下，故山下有險。險被山止，止則未通，蒙昧之象也。」案，動乎險中爲屯，山下有險爲蒙，屯未出險，蒙則險而止。天造草昧，人尚愚蒙；雷雨始動，物尚穉蒙也。**蒙亨，以亨行時中也。** 案 嗜欲未啟，故蒙亨，可教以禮也。二五居中，以二通五易位，故以亨行時中，教於可教時也。《太玄·更》：「初一，冥化否貞，若性。」《測》曰：「冥化否貞，少更方也。」《大戴記》曰：❶「習與知長，故切而不攘；化與心成，故中道若性，是殷、周之所以長有道也。」《保傅》文。此時中之謂也。若發而後禁，則扞格而不勝，時過而後學，則勤苦而難成。**匪我求童蒙，童**

❶ 「記」，皇清經解續編本作「禮」。

蒙求我，志應也。**注**荀爽曰：「二與五，志相應也。」案，虞注皆以坎爲志，蓋在心爲志，志者，心之所之也。坎陽在中，心之象，但《易》通以欲之而未動者爲志，欲之而動者爲志行，或曰行，志尚未動，行則已動耳，故不盡用虞例。

初筮告，以剛中也。**案**初筮謂五，五童蒙順二，故筮則告之。五降二，則二升五，故以剛中。陽剛，二五中，二升五，以剛易其陰柔，五降二得位，所以告之也。

再三瀆，瀆則不告，瀆蒙也。**注**荀爽曰：「再三，謂三與四也，皆乘陽不敬，故曰瀆。瀆不能尊陽，蒙氣不除，故曰瀆蒙也。」案，《表記》云：「無辭不相接也，無禮不相見也，欲民之無相褻也。」引此以證瀆則不告爲其褻也。

蒙以養正，聖功也。**注**虞翻曰：「體頤故養。五多功，聖謂二，二志應五，變得正而忘其蒙，故聖功也。」案，二志應五，故曰「以養」，二以之也。二升五降，得正，故以養正，教之乃所以養之。《大戴記・保傅》云：「夫習與正人居，不能不正也。孔子曰：少成若天性，習貫之爲常。」《文王世子》云：「凡三王教世子，必以禮樂。樂所以脩內也，禮所以脩外也，禮樂交錯於中，發形於外，是故其成也懌，恭敬而温文。」是所謂蒙以養正也。姑息爲養，是戕之耳。屯之後受以蒙，教爲急務也，教行蒙正，聖功大矣。功謂五，聖謂二，二五易位得正，蒙氣除，故曰聖功。五之得正，二實教之，二之功也。惠氏棟據《洪範》「聖時風若」、「蒙恒風若」爲説，謂蒙與聖反，陰反爲陽，猶蒙反爲聖。又引《吕覽》「學者師達而有材，吾未知其不爲聖人也」爲證，與經旨不合。如其説，當云反正，不當云以，當云聖，不當云聖功。以者，聖人以之，正者，聖人養之之功也。

象曰：山下出泉，蒙。君子以果行育德。

注虞翻曰：「艮爲山，震爲出，坎象流出，故山下出泉。」案，《説文》：「泉，水原也。」山下水始出，故不曰水而曰泉。蒙者物之穉，泉者水之原，故山下出泉爲蒙。萬物出震，春主生，故爲出。**案**震爲行，其究爲健，爲決躁，故果。虞注以艮爲果，據《説卦》艮爲果蓏爲義。但果本木實，假作果決字，艮爲果，謂木實，剥上「碩果」是也。此果行自以震爲義，果行謂二互震，決躁故果。巽初陰柔，爲進退不果，則決躁爲果可知。育，養也，以陽養陰，故育德，所謂養正也。蒙者物之穉，德之基，果行育德，蒙乃可亨。孟子曰：「凡有四端於我者，知皆擴而充之矣，若火之始然，泉之始達。」

初六，發蒙，利用刑人，用説桎梏，以往吝。

注 鄭康成曰：「木在足曰桎，在手曰梏。」見《掌囚》疏。虞翻曰：「發蒙之正，坎爲穿木，震足艮手，互與坎連，故稱桎梏。初發成兑，兑爲説，坎象毁壞，故曰用説桎梏。」案，《月令》仲春「安萌芽，養幼少，存諸孤，令有司省囹圄，去桎梏，無肆掠，止獄訟」，亦發蒙、説桎梏之義。案 發，謂初伏陽發也，伏陽發則説，陰坎象毁，故説桎梏。蒙山下出泉，初陰非本，故可説。伏陽乃其本也，故發。刑，法也，坎爲法。利用刑人者，用發蒙之道以正法教人，故象曰「以正法」，用正法教人，則人皆化善而不離於刑，刑，刑法字。刑，刑戮字。桎梏可不用矣，故用説桎梏。正法者，禮而已，道之以德，齊之以禮，則民有格心。禮之教化也微，其止邪也於未形，使人日徙善遠罪而不自知也。始不教而即加之刑，先王不若是暴也，但教之而終不改，則須刑以弼之，此夏楚收威，樸作教刑，上之所以擊蒙也，故以往吝。寬猛相濟，一張一弛，文武之道也。往謂畫動之爻，失位，故往吝。「發」者由内達外之稱。坤三含章以時發，謂伏陽也，此「發」亦謂伏陽。《易》諸所云「發」，多以伏言，發亦即化。但發由内出，其機速，爻畫則由變乃化，有漸次，故發而化，有在變之先者，氣自内出故也。唯乾體純陽，内无伏陰，發揮專謂發爲畫爻，乾元之發也。正法教人，亦謂之刑，《詩》曰「刑于寡妻」，不謂刑戮也，經言「用説桎梏」，則非刑罰明矣。或謂發然後禁，則杆格而不勝，初即用刑，乃禁於未發，非也。道德齊禮，聖人所以禁民，庠序學校，聖人所以禁士，殘酷爲政，古所未聞也。吝，《説文》一引作吝，云恨惜也；一引作遴，云行難也。吝、遴古通，義同。

象曰：利用刑人，以正法也。

注 虞翻曰：「坎爲法，初發之正，故以正法。」案，《説文》云：「法，刑也。平之如水。」《白虎通》

云：「水之爲言准也。」養物平均，有准則也。《釋言》云：「坎，律銓也。」注云：「法所以銓量輕重也。」蓋水平均，法象焉，故坎爲法。以正法者，以法度教人，望其免於刑戮也。《孝經》云：「非先王之法言不敢言，非先王之法服不敢服。」凡事物之得正者皆法，失正者皆非法也。

九二，包蒙，吉。案互坎爲血卦，坤爲母，震爲子。包蒙，謂胎教也。包，《説文》云：「象人裹妊，巳在中，象子未成形也。」《大戴記·保傅》云：「《易》曰『正其本，萬事理；失之毫釐，差之千里』。故君子慎始也。《春秋》之元，《詩》之《關雎》，《禮》之冠、昏，《易》之乾、坤，皆慎始敬終云爾。謹爲子孫，娶妻嫁女，必擇孝悌世世有行義者，如是則其子孫慈孝，故曰鳳皇生而有仁義之意，虎狼生而有貪戾之心，兩者不等，各以其母。烏呼，戒之哉！無養乳虎，將傷天下，故曰素成。胎教之道，書之玉板，藏之金匱，置之宗廟，以爲後世戒。」又云：「周后妃任成王於身，立而不跂，坐而不差，獨處而不倨，雖怒而不詈，胎教之謂也。」蓋胎教之善，由于母，故包蒙吉，納婦吉也。虞云「坤爲包」是也。若鄭注云「苞，當作彪。彪，文也」。文蒙則以冠禮言之，禮始於冠，本於昏。納婦，昏禮也，故知文蒙謂冠，冠將責成人禮，故文蒙。童子則无文也，《曲禮》「童子委摯而退」，注云：「不與成人爲禮也。」《少儀》「適有喪者曰比，童子曰聽事」，注云：「童子未成人，不敢當相見之禮也。」又「小子走而不趨」，注云：「卑，不得與賓介俱備禮容也。」是童子无文也。二十而冠，始學禮。《冠義》云：「冠而後服備，服備而後容體正、顔色齊、辭令順。」「醮於客位，❶三加彌尊。」《士冠禮》：「始加，祝曰：『棄爾幼志，順爾成德。』再加曰：『敬爾威儀。』」《記》云：「冠而字之，敬其名也。」注云：「冠成人，益文，故敬之。」是冠禮所以文蒙也。虎變、豹變，皆以喻文，故知彪亦然，此鄭氏之義也。

納婦吉，子克家。案婦謂五。陰，妻道，故稱婦。納，内也，謂納五居二也。五降二得位，故吉。二五震長子，二升五降，初三化成家人，故子克家。婦有姑之稱，子有父之

❶「客」，原作「容」，今據皇清經解續編本、崇文書局本改。

稱。克，肩也。男子三十壯有室，理男事，男者，任也。禮七十老而傳，以家事傳之子，《昏禮》：「舅姑共饗婦以一獻之禮，舅姑先降自西階，婦降自阼階，所以授之室，以著代也。」故納婦而子克家也。虞注云：「震爲夫，伏巽爲婦。」案，蒙與革通，伏巽謂二互巽也。但納者自外之内之辭，《公羊傳》云：「納者何？入辭也。」《詩》「十月納禾稼」，傳云：「納，内也。」皆謂自外之内。巽本伏震下，不得云納。惠氏棟既用伏巽爲婦之説，又云「二五失位，變之正，則五剛二柔，故納婦吉」，是仍不謂伏巽，亦自矛盾矣。

象曰：子克家，剛柔接也。案接，交也。陽剛陰柔，二升五降，剛柔交接，中正故吉。

六三，勿用取女，見金夫，不有躬，无攸利。

注虞翻曰：「謂三誠金上也。夫謂二，初發成兑，故三稱女。震爲夫，三逆乘二陽，所行不順，故勿用取女。坤身稱躬。」案，三誠上，謂於三著誠上之辭。案乾爲金，三化成乾，則坤壞，故見金夫，不有躬。三既失位之正，又不有躬，尚何所利乎？取，娶也。男女非有行媒，不相知名，所以養廉恥也，見金夫，不有躬，則自獻其身矣。《坊記》曰：「夫禮，坊民之淫，章民之别，使民無嫌，以爲民紀者也。故男女無媒不交，無幣不見，恐男女之無别也。以此坊民，民猶有自獻其身。」夫女之事夫，猶臣之事君，見金夫，不有躬，是懷利而忘其身也。《孟子》曰：「古之人未嘗不欲仕，又惡不由其道，不由其道而往者，與鑽穴隙之類也。」象曰：勿用取女，行不順也。

案坤爲順，失位乘剛，動化則坤壞，故行不順。禮，女有五不取，《大戴記·本命》云：「女有五不取，逆家子不取，亂家子不取，世有刑人不取，世有惡疾不取，喪婦長子不取。」童蒙者教於既生之後，擇婦所以正其本也。《顔氏家訓》引俗諺云：「教婦初來，教兒嬰孩。」

六四，困蒙，吝。案四既无應，獨遠於二，爲艮所止，故困吝也。卦唯六四得正，而困吝者，蒙欲其通，失位則化，可以遷善。四既得位，化則失正，成未濟，不可化。不化則蒙氣不除，是以困吝也。象曰：困蒙之吝，獨遠實也。案遠二。《京氏傳》曰：「陽實陰虛。」

六五，童蒙，吉。注虞翻曰：「艮爲童蒙，處貴承上，有應於二，動而成巽，故吉也。」案六五獨云童蒙者，童而蒙，蒙可亨也。蒙而非童，何吉之有？象曰：童蒙之吉，順以巽也。注荀爽曰：「順於上，巽於二，有似成王任用周召也。」案坤爲順，謂畫變成爻也，化則成巽，故順以巽。巽，遜也。鄭云：「巽當作遜。」此二養之之功，童蒙所以吉者也。

上九，擊蒙。不利爲寇，利禦寇。注虞翻曰：「艮爲手，故擊，案，擊三。謂五已變。案，二升五也。虞例以之正爲變，爻互易亦爲變，故有一卦先言易位，後復云變，其實則一，皆謂化耳。上動成坎，而逆乘陽，故不利爲寇矣。禦，止也。此寇謂二。案，二當作三，字之誤。虞六三注云：「謂三誡上。」則此必謂禦三。惠氏棟云：「上應三，三行不順，是寇也，非昬冓也，故禦之。」坎爲寇，巽爲高，艮爲山。登高備下，順有師象，故利用禦寇也。」象曰：利用禦寇，上下順也。注虞翻曰：「自上禦下，故順也。」案，《孫子·行軍》云：「凡軍喜高而惡下。」

䷄ 乾下坎上

需，有孚。光亨，貞吉。利涉大川。案需，須也。君子之於事也，必不失其信，煇光日新，合禮而正，非此則弗動也，故「需，有孚，光亨，貞吉」。需，飲食之道，飲食必以禮，自求口實，觀我朵頤，則孚窮名辱，失禮乖正，陷於險矣。坎雨在乾上，膏澤未降，故需。孚，謂二五，二之正應五，故有孚。光，謂成既濟也。六爻正，陰陽應，故亨貞吉。此以二化言。乾天當升，故利涉大川，謂涉坎居上，所謂「不速之客三人來」也。此以乾一體俱升言。

象曰：需，須也，險在前也，剛健而不陷，其義不困窮矣。需，有孚，光亨，貞吉，位乎天位，以正中也。利涉大川，往有功也。案須，待也，坎險在上，待時乃動，故曰需。剛健謂乾，乾在坎下，疑其陷，唯剛健乃不陷，故其義不困窮，謂乾終升上，不陷坎中也。天位謂五，二化之正應五，故以正中。乾上坎下，故往有功。

象曰：雲上於天，需。君子以飲食宴樂。注宋衷曰：「雲上於天，須時而降也。」案，《京氏易傳》云：「雲上於天，凝於陰而待於陽，故曰需。需者，待也。」虞翻曰：「坎水兑口，水流入口，爲飲。」鄭康成曰：「宴，享宴也。」見《釋文》。案卦互既濟，水在火上，飲食之象。《詩》曰：「我有旨酒，以燕樂嘉賓之心。」飲食宴樂，五所以需于酒食，上所以有客來也。

初九，需于郊，利用恒，无咎。注干寶曰：「郊，乾坎之際也。既已受命，進道北郊，未可以進，故曰需于郊。處不避污，出不辭難，臣之常節也，得位有應，故曰利用恒。」案需于郊，謂晝動之爻；利用恒，謂不化，故无咎。恒，德之固也。聘問之禮，其始受命，舍於郊，及所聘之國，至於近郊，君使人郊勞，既聘而歸，及郊請反命。

象曰：需于郊，不犯難行也，利用恒，无咎，未失常也。案坎險爲難，初遠於坎，需止不進，故不犯難行，危邦不入也。化則失位，不化，故未失常。

九二，需于沙，小有言，終吉。注虞翻曰：「沙謂五，水中之陽，稱沙也。」案需于沙，謂晝動之爻，不化而升五也，乾升則二居五，未升故需。小有言，謂辯之早，《説文》云：「小，物之微也。从八丨，見而分之。」復小而辯於物，陰陽之物，辯之於早也。二失位當升，辯之早則斷之決矣，故終吉。小有言，謂辯於晝，終吉，謂升五也。或説當需之時，❶未可危言，《太玄·飾》次七：「不丁言時，微于辭。」義亦通。象曰：需于沙，衍在中也，

❶「説」，皇清經解續編本、崇文書局本作「謂」。

雖小有言，以吉終也。**注**荀爽曰：「體乾處和，美德優衍，在中而不進也。」**案**雖小有言，謂雖小而知辯，故終升五，以吉終，辯之宜早也。

九三，需于泥，致寇至。**注**荀爽曰：「親與坎接，故稱泥。須止不進，不取於四，不致寇害。」**案**需于泥，謂不化，化之陰則入泥，泥以喻災也。四在坎下，三與之接，四陰坤爻爲土，在坎水下，故稱泥。虞「震遂泥」注云：「坤土得雨爲泥。」此在水下，義同。《左傳》：「吕錡夢射月，中之，退入於泥。占之曰：『退入於泥，亦必死矣。』」入於泥則必死，需于泥，故災在外。泥，喻災也。乾升則坎降，三四交險之閒，故致寇。致寇由我，不可不慎也。象曰：需于泥，災在外也。自我致寇，敬慎不敗也。**案**坎多眚爲災，在外卦，故在外。我謂三，乾升坎降，三，乾坎之交，故自我致寇。三化成兑，爲毁折，稱敗，得位不化，故敬慎不敗。

六四，需于血，出自穴。**注**荀九家曰：「雲從地出，上升於天，自地出者，莫不由穴。」**案**坎爲血卦，陽爲陰凝，故需于血。兑口爲穴，山澤通氣，雲所自出。上卦之氣伏於下卦，由四而升也。坎爲血卦，在地爲水，在人爲血。《淮南子》云：「血氣者，風雨也。」在天則爲雲雨，氣行而血隨，雲興而雨至。需于血，出自穴者，雲方出穴，雨尚未至，陽爲陰凝，故以血狀之，若二化成既濟，則雲行雨施，不得云血矣。象曰「順以聽」，謂雲興而雨也。象曰：需于血，順以聽也。**注**荀九家曰：「雲欲升天，須時當降，順以聽五。」案，五降而四從，坎耳爲聽，四陰故順，順以聽，謂晝動之爻而從五也。

九五，需于酒食，貞吉。**注**荀爽曰：「五互離，坎水在火上，酒食之象。雲須時欲降，乾須時當升，五有剛德，處中居正，能率羣陰，舉坎以降，陽能正居其所則吉，故曰需于酒食也。」**案**需二酒食，所以交賓客之歡，故上曰有客。乾純陽，坎乾之中氣，故升降皆一體也。五本中正，乾二升五，亦中正，故象曰「以中正」，謂二得中升五，中且正也。象傳言以正中，則以成既濟言，二中而不正，五有以正之也。象曰：酒食貞吉，以中正也。注荀九家曰：「謂乾二當升五，正位者也。」

上六，入于穴，有不速之客三人來，敬之，終吉。注荀爽曰：「需道已終，雲當下入穴也。案上卦之氣仍從四入。雲上升極，則降而爲雨，故《詩》云：『朝隮于西，崇朝其雨。』則還入地，故曰入于穴。雲雨入地，則下三陽動而自至者也。三人，謂下三陽也。須時當升，非有召者，馬云：「速，召也。」故曰『不速之客』焉。乾升在上，君位以定，坎降在下，當循臣職，故『敬之終吉』也。」案，此天子適諸侯之象也。天子適諸侯，必舍其祖廟，故於上宗廟之爻著其象焉。《秋官·掌客》云：「王巡狩殷國，則國君膳以牲犢。」《郊特牲》云：「天子適諸侯，諸侯膳用犢。」五之酒食所以膳乾者，乾自下而上，非本位，故謂之客。天子無客禮，莫敢爲主焉，故敬之終吉。《郊特牲》云：「君適其臣，升自阼階，不敢有其室也。」此乾升而坎所以降，雖不當位，未大失者也。天子至尊，誰敢召者，故不速。天王狩于河陽，《春秋》諱之，仲尼曰：「以臣召君，不可以訓。」言三人者，天子及二公也，乾三爻，王居中，二公從之。《白虎通·巡狩》云：「王者出，一公以其屬守，二公以其屬從也。」二升五位，天子之象；初、三升居四、上，以陽德居陰位，二公之象也。若諸侯出，則二卿從之。《穀梁·隱二年》傳云：「知者慮，義者行，仁者守，有此三者，然後可以出會。」疏云：「人君之行，二卿從，一卿守。」據此，則諸侯出，二卿從，與天子同。《董子·王道》云：「古者諸侯出疆，必具左右，備一師。」左右，謂二卿也。又案《公羊·隱五年》傳云：「天子三公者何？天子之相也。天子之相則何以三？自陝而東者，周公主之，自陝而西者，召公主之，一相處乎內。」然則從王之二公，即分主東西者，所謂分天下以爲左右，曰二伯者也。象曰：不速之客來，敬之終吉，雖不當位，未大失也。注荀爽曰：「上降居三，雖不當位，承陽有實，故終吉，无大失矣。」案，乾升坎降，初二三四上皆失位，但乾君卦，君尊臣卑，故未大失，卦重則爻輕也。

䷅坎下乾上

訟，有孚，窒惕，中吉，終凶。注鄭康成曰：「辯財曰訟。」見《釋文》。虞翻曰：「孚謂二。窒，塞止也。惕，懼。二得中，故中吉。」案二化應五，故有孚。《書》曰：「獄成而孚，輸而孚。」不克訟，故窒；患至而憂，故惕；二雖失正，得中故吉也。訟已成，上化體困，故終凶，訟不可成也。訟不可成，上居一卦之終，化而體困，故凶。虞云：「二失位，終止不變，則入於淵，故終凶。」案，二剛來得中，不得言凶，入於淵謂乾，非謂二。利見大人，不利涉大川。注荀爽曰：「二與四訟，案，二據初陰，初不得之四，四失其應，故訟。二四俱失位，故皆有不克訟之象。利見於五，五以中正之道解其訟也。」案坎爲大川，需乾在下當升，故利涉大川。訟乾已在上，涉大川則入於淵，故不利。

彖曰：訟，上剛下險，險而健，訟。訟，有孚，窒惕，中吉，剛來而得中也。案坎固險内，乾剛健外，内不險則无訟，外不健則不能訟，故險而健，訟也。陽來息坤成坎，故剛來而得中。泰，小往大來；否，大往小來；復，朋來无咎，七日來復，來皆謂息也，荀、虞、蜀才諸家皆據十二消息言往來，凡一陽之卦，非自剥來，則自復來，二陽之卦，非自臨來，則自觀來，餘皆類此。蓋十二消息，實即乾坤之陰陽，據爻以消息言耳。陽息則剛來，陰息則柔來，窮於上者來之下，屈於彼者信於此，其義一也，陰息云消者，以其消陽也。終凶，訟不可成也。利見大人，尚中正也。案尚，上也，謂五。五中正，爲卦主，故利見於五，五解其訟。《詩》曰「誕先登于岸」，又曰「虞芮質厥成」。箋云：「岸，訟也。天語文王曰：當先平獄訟，正曲直也。」不利涉大川，入於淵也。注荀爽曰：「陽來居二，坎在下爲淵。」

象曰：天與水違行，訟。注荀爽曰：「天自西轉，水自東流，上下違行，成訟之象也。」案天與水違行稱訟者，所謂上剛下險，咎非盡在民也。天者君象，化不行則訟日多，下不向化，上不足以化民也，故曰「天與水違」。孔子曰：「聽訟吾猶人也，必也使無訟乎！」謂上下皆有嘉德而无違心也，宜岸宜獄，豈民之咎乎？上剛則心不平，剛愎自用，不度民情，而民得行其險矣。《詩》曰：「君子如屆，俾民心闋。君子如夷，惡怒是違。」箋云：「君子如行至誠之道，則民鞠凶之心息；如行平易之政，民則乖爭之情去。言民之失，由於上可反復也。」君子以作事謀始。注虞翻曰：「坎爲謀，乾知大始。」案行之相違，其始並起，毫釐千里，在審其端，天一生水，亦是蒙泉，若決江河，則莫之能禦矣。天水流行不息，故曰「作事」。

初六，不永所事，小有言，終吉。注虞翻曰：「永，長也。初失位而爲訟始，故不永所事。初變得正，故終吉。」案所事，訟事也。初失位而動，故不永，謂終當化也。小有言，謂辯之早，所謂謀始也。辯之於晝，化而之正，故終吉。象曰：不永所事，訟不可長也，雖小有言，其辯明也。案失位當化，故不長，初化兑，爲口舌，故辯。坎水内明，離火外明，雖小而必辯之，故不永而終得吉也。

九二，不克訟，歸而逋，其邑人三百户，无眚。注虞翻曰：「謂與四訟。坎爲隱伏，故逋。乾位剛在上，坎濡失正，故不克也。」荀爽曰：「坤稱邑。逋，逃也。坤有三爻，故云『三百户』。无眚，二者下體之君，君不争則百姓无害也。」鄭康成曰：「小國之下大夫采地方一成，其定税三百家，故三百户也。不易之田歲種之，一易之田休一歲乃種，再易之田休二歲乃種，言至薄也。」見孔疏及《坊記》疏。案，《小司徒》：「經土地而井牧其田野，九夫爲井，四井爲邑，四邑爲丘，四丘爲甸，四甸爲縣。」注云：「此謂造都鄙也。采地制井田，異於鄉遂。造都鄙，制民田，有不易、一易、再易，通率二而當一，是之謂井牧。此制《小司徒》經之匠人爲之溝洫，相包乃成耳。甸方八里，旁加一里，則成十里，爲一成。積百井，九百夫，其中六十四井、五百七十六夫出田税，三十六井、三百二十四夫治洫。縣方二十里，都方四十里，四都方八十里，旁加十里，乃得百里，爲一同。井田之法，備於一同，今止於都者，采地食者皆四之一。其制三等：百里之國凡四都，一都之田稅入於王；五十里之國凡四縣，一縣之田稅入於王；二十五里之國凡四甸，一甸之田稅入於王。」《載師》：「以家地之田任稍地，以小都之田任縣地，以大都之田任畺地。家地，大夫之采地；小都，卿之采地；大都，公之采地，王子弟所食邑。」案，大都，四都也，小都即都，家地即縣。鄭云「家地大夫之采地」，是天子大夫食縣也，天子之大夫視子男，則小國之君食縣矣。《大司徒》「諸男之國，封疆方百里，其食者四之一」，四之一適五十里，鄭所謂五十里之國是也。五十里凡四縣，一縣之稅入於王，自食一縣。一縣凡四甸，采地食者皆四之一，則男國卿食甸，其大夫食邑，其士食井。《王制》「諸侯之下士，視上農夫」。以此推之，則男國之上士，纔視農夫耳。鄭云「小國之下大夫，以子國言」。《大司徒》：「諸子之地，封疆方二百里，其食者四之一。」適百里。一同之地，凡四都，一都入於王，自食一都。以食者四之一推之，則卿食縣，大夫食甸，甸旁加一里，是爲一成，故云：小國之下大夫，采地方一成。《攷工》「十里爲成」注云：「方十里爲成，成中容一甸，方八里，出田稅一里治洫。」據鄭說，一甸五百七十六夫，出田稅二而當一，則定稅二百八十八家，舉成數，故云三百。又案，《論語》「奪伯氏駢邑三百」，孔云：「伯氏食邑三百家。」《坊記》疏引鄭注云：「伯氏駢邑三百家，齊下大夫之制。」《左傳》「惟卿備百邑」，四井爲邑，百邑四百井，當一縣之地。《左傳》言衛衛侯國，據此則春秋時，雖侯國之卿，亦秖食一縣，其下大夫食一成，不獨小國然矣。不克訟，謂畫動之爻。歸而逋，謂變則化。虞云：「眚，災也。坎爲眚，坎化爲坤，故无眚。」

象曰：不克訟，歸逋竄也。自下訟上，患至掇也。注 鄭康成曰：「惙，憂也。」見《釋文》。《釋文》云：「掇，鄭作惙。」案，坎爲加憂，爲心病，故惙，所謂惕也。坎爲災，故稱患。患至惙者，以下訟上，慮患至而憂，故不克訟而逋，得免於眚矣。坎隱伏，故竄。竄，匿也。二與四訟，故自下訟上，二互體之下，四互體之上也。

六三，食舊德，貞厲，終吉。注 虞翻曰：「乾爲舊德。」案 初已之正，三在兑口，故食，食先人之德也。《禮運》曰：「天子有田，以處其子孫；諸侯有國，以處其子孫；大夫有采，以處其子孫。」古者世禄，故《詩》曰：「凡周之士，不顯亦世。」三承乾，下有伏陽，故食舊德。伏陽發之正，體乾三重剛，故貞厲。得位從乾，故終吉。《詩·文王》疏引異義。謹案：《易》爻位，三爲三公，二爲卿大夫，曰食舊德，謂食父故禄也。《韓詩外傳》云：「古者天子爲諸侯受封，謂之采地。百里諸侯以三十里，七十里諸侯以二十里，五十里諸侯以十里。其後子孫雖有罪而絀，使子孫賢者守其地，世世以祠其始受封之君。」

或從王事，无成。**注**虞翻曰：「乾爲王。」案，上言伏陽，發而成乾；此言不化，以陰從陽，故或從王事，坤三同義。謂不化與上易位，所謂弗敢成也。象曰：食舊德，從上吉也。**案**從上，謂從王代有終。三之上得位，故吉。

九四，不克訟，復即命渝，安貞吉。**注**虞翻曰：「失位，故不克訟。渝，變也。動而得位，故安貞吉。」**案**不克訟，謂畫動之爻；復即命，謂化而之正。《詩》曰：「彼其之子，舍命不渝。」傳云：「渝，變也。」箋云：「舍猶處也。是子處命不變，謂守死善道，見危受命之等。」舍命不渝者，守而不變；復即命渝者，變而之命也。陰陽得正謂之命。象曰：復即命渝，安貞，不失也。**案**化之正，故不失。

九五，訟，元吉。**案**元，乾元也。乾元託位於五，所謂「利見大人」也。象曰：訟元吉，以中正也。**案**以中正解二四之訟，故吉。

上九，或錫之鞶帶。**注**虞翻曰：「錫，王之錫命。」鄭康成曰：「鞶帶，佩鞶之帶。」見《巾車》疏。案《内則》「男鞶革，女鞶絲」，注云：「鞶，小囊，盛帨巾者。男用韋，女用繒，有飾緣之，則是鞶裂與？《詩》云『垂帶如厲』，紀子帛名裂繻，字雖異，意實同也。」《士昏禮》「庶母及門内，施鞶」，注云：「鞶，鞶囊也。男鞶革，女鞶絲，所以盛帨巾之屬。」《詩》「垂帶而厲」，箋云：「而亦如也。而厲，如鞶厲也。鞶必垂厲以爲飾，厲字當作裂。」據鄭諸注，則佩鞶之帶，謂佩鞶所飾之帶，即厲也。馬、虞以爲大帶，《左傳》「鞶厲游纓」，服虔亦以鞶爲大帶。《說文》亦訓鞶爲大帶，並與鄭異，鄭說是也。鞶爲大帶之名，則既云鞶，不須復云帶。鞶爲大之稱，則《内則》豈男大革、女大絲與？且鞶爲大帶，《士昏禮》不宜於門内始施大帶也。二化時坤爲囊，巽爲繩，與坤連體，故曰鞶帶。上應三，故五以三錫之，失位，故或之。

終朝三褫之。 案 剛爻爲朝。終朝，謂畫動之爻。褫，奪也，五奪上與三也。奪上與三，三之上得位。《說文》云：「褫，奪衣也。讀若沱。」沱、拕音同，故鄭作拕，其音直離切者，非古音。

象曰：以訟受服，亦不足敬也。 注 虞翻曰：「服謂鞶帶，終朝見褫，乾象毀壞，故不足敬。」案，鞶帶謂之服者，佩之亦云服。《說文》云：「服，用也。」《月令》「服倉玉」，《荀子·勸學》云：「蘭槐之根是爲芷，其漸之滫，君子不近，庶人不服。」《離騷》「户服艾以盈要」，服皆謂佩也，受服，受所服之物。

周易姚氏學卷第四終

周易姚氏學卷第五

旌德姚配中撰

周易上經彖上傳象上傳

䷆ 坎下坤上

師，貞，丈人吉，无咎。**注**鄭康成曰：「軍二千五百人爲師，多以軍爲名，次以師爲名，少以旅爲名。丈之言長，能御衆，有榦正人之德，以法度爲人之長，吉而无咎，謂天子諸侯主軍者。」見《棫樸》疏及《天府》疏。案，丈人，崔憬云：「《子夏傳》作大人。」鄭云「天子諸侯主軍」，則意與大人不異，以困卦「貞大人」推之，此亦當從《子夏傳》作「大人」，鄭不破字者，以其義可通，故仍其舊，慎也。《周禮·天府》《太卜》注並以貞爲問。

彖曰：師，衆也。貞，正也。能以衆正，可以王矣。**注**荀爽曰：「謂二有中和之德，而據羣陰，上居五位，可以王矣。」剛中而應，行險而順。**案**剛中，謂二。應，五應之也。坎險坤順，二行而上，五順應之，此其可王者也。以此毒天下，而民從之，吉，又何咎矣。**注**馬融曰：「毒，治也。」見《釋文》。干寶曰：「坎爲險，坤爲順，兵革刑獄，所以險民也。毒民於險中，而得順道者，聖王之所難也。荼毒苦也，五刑之用，斬刺肌體；六軍之鋒，殘破城邑，皆所以荼毒姦宄之人，使服王法者也。故曰『以此毒天下而民從之』。毒以治民，明不獲已而用之，故於彖象六爻皆著戒懼之辭也。」案《說文》云：「毒，害人之草。」坎爲叢棘，故象毒。人有疾，則以藥石之毒治之；殘暴爲國之疾，則以兵刑之毒治之。羣陰順從故民從，從二也。《呂覽·蕩兵》云：「夫兵之不可偃也，若用藥然，得良藥則活人，得惡藥則殺人，義兵之爲天下良藥也，亦大矣。」案用之而當，毒皆良也。

象曰：地中有水，師。君子以容民畜衆。**注**陸績曰：「坎在坤内，故曰『地中有水』。師，衆也。坤中衆者，莫過於水。」虞翻曰：「容，寬也。坤爲民衆，又畜養也。」**案**孫子曰：「夫兵形象水，水之形避高而趨下，兵之形避實而擊虚。水因地而制流，兵因敵而制勝，故兵無常勢，水無常形。」《虚實》文。坤含宏，故容民，萬物致養。水在地中，故畜衆。於師言容民畜衆者，所以絶寇害於用兵之先，養兵於不用之日，止戈爲武，兵寓於農也。《白虎通》曰：「司徒典民，司空主地，司馬順天，天者施生，所以主兵何？兵者爲謀除害也，所以全其生、衛其養也，故兵稱天。」《封公侯》文。

初六，師出以律，否臧，凶。**注**荀九家曰：「坎爲法律也。」**案**師出以律，謂畫動之爻。臧，善也。否臧凶，謂化。初化爲兑，毁折，坎律壞，故凶。二者，軍中之將，初當奉二而行，自化之正，是不從二也，故凶。二升居五，初乃可化，《春秋傳》曰：「執事順成爲臧，逆爲否。」宣十二年《左傳》知莊子曰：「執事順成爲臧，逆爲否，衆散爲弱，川壅爲澤，有律則如己也。否臧且律竭矣。盈而竭，夭且不整，所以凶也。不行之謂臨，有帥而不從，臨孰甚焉。果遇必敗，彘子尸之，雖免而歸，必有大咎。」杜注云：「坎爲衆，今變爲兑，兑柔弱；坎爲川，今變爲兑，兑爲澤。如，從也。法行則人從法，法敗則法從人。竭，敗也。坎變爲兑，是法敗。彘子尸之，主此禍。」案，彘子不從桓子，以中軍佐濟，如初不從二，而自之正，自爲主，壞坎律也，故莊子引以擬先縠，亦以坎化兑言。據此則爻之之正，亦有其時。二者卦主，二未升五，君位未定，臣不可先自正也。大君有命，開國承家，時乃可正耳。象曰：師出以律，失律凶也。**案**坎壞，故失律。

九二，在師中，吉，无咎。**案**二非王位，以陽居之，羣陰順從，天子主軍之象也。雖非君位，在師中即君位，故吉，无咎。《周書》曰：「天道尚右，日月西移；地道尚左，水道東流；人道尚中，耳目役心。吉禮左還，順地以利本；武禮右還，順天以利兵；將居中軍，順人以利陳。」《武順》文。王三錫命。**注**荀爽曰：「王謂二也。」**案**坎升則坤降，故三錫命，開國承家之命也。象曰：在師中吉，承天寵也。王三錫命，懷萬邦也。**注**鄭康成曰：「寵，光耀也。」見《釋文》。**案**承，受也。寵，尊居謂五也。二當升五，受天命爲天子，五天位，故曰天寵。懷，懷之也。容民畜衆，開國承家，所以安天下，師亦所以安天下也。坎升坤降，坤爲萬邦，乾物致養於坤，歸於坎，故曰懷。

六三，師或輿尸，凶。**注**虞翻曰：「坎爲車，多眚。」**案**坤陰爲死，喪在坎上，故輿尸。三失位，敗而輿尸，故凶。象曰：師或輿尸，大无功也。**案**三多凶，乘陽无應，失位，故大无功，謂動成爻也。

六四，師左次，无咎。**注**荀爽曰：「左謂二也，陽稱左。次，舍也。二與四同功，四承五，五无陽，故呼二舍於五，四得承之，故无咎。」案《左傳》凡師一宿爲舍，再宿爲信，過信爲次。左次者，謂四從二也。象曰：左次无咎，未失常也。**案**得位從陽，故未失常。

六五，田有禽，利執言，无咎。**注**荀爽曰：「田，獵也。謂二帥師禽五。」**案**田謂二，禽謂五。田有禽者，有可禽之道。利執言者，有伐之之辭。《書》曰：「予惟聞汝衆言，夏氏有罪，予畏上帝，不敢不正。」此所執之言也，故利執言无咎。若无辭而以下伐上，是叛臣也。五失位，二之五得位，互艮爲手。李鼎祚云：「六五居尊失位，在師之時，蓋由殷紂而被武王禽於鹿臺之類是也。」長子帥師，弟子輿尸，貞凶。**注**虞翻曰：「長子謂二，震爲長子，在師中，故帥師也。弟子謂三，三體坎，坎，震之弟，而乾之子。」**案**《公羊傳》曰：「曷爲或言率師，或不言率師？將尊師衆，稱某率師；將尊師少，稱將；將卑師衆，稱師；將卑師少，稱人。」然則九二長子尊，故稱帥師，其餘皆從二之師也。二帥師代五，以中行執言者也。三失位而以伐人，故輿尸。貞凶者，三自正不從二，故凶。二若漢高光武，初三若自立爲王，不從高祖光武者，坤虛无君，故覬覦者羣起。象曰：長子帥師，以中行也。案自二升五，故以中行也。弟子輿尸，使不當也。注宋衷曰：「弟子謂六三也。失位乘陽，處非所據，衆不聽從，師人分北，或敗績死亡，輿尸而還，故曰『弟子輿尸』。謂使不當其職也。」

上六，大君有命，注鄭康成曰：「命，所受天命也。」見《文選》注。❶ 案二升五，居尊位，故曰『大君』。所謂能以衆正，可以王者也。陰陽得正爲命，五本陽位，二來居之得正，故曰『有命』。象曰「以正功」，二有定天下之功，故承天寵，受天命也。開國承家，小人勿用。注荀爽曰：「大君謂二，師旅已息，既上居五，當封賞有功，立國命家也。開國，封諸侯；承家，立大夫也。」虞翻曰：「承，受也。坤爲國，二稱家。」案，大夫受采邑，賜氏族，立宗廟，世不絶祀，故稱家。《書》曰：「日宣三德，夙夜浚明有家。」《乾鑿度》云：「初爲元士，二爲大夫，三爲三公，四爲諸侯，五爲天子，上爲宗廟。」陰動闢故開，二承五故承，三失位輿尸，故曰小人。象曰：大君有命，以正功也。小人勿用，必亂邦也。注虞翻曰：「謂五多功，五動正位，故正功也。」案，二有定亂之功，升五正位。案荀子曰：「治生乎君子，亂生乎小人。」《致文》。

䷇ 坤下坎上

比，吉。原筮，元永貞，无咎。注《子夏傳》曰：「地得水而柔，水得地而流，比之象也。夫凶者生乎乖争，今既親比，故云比吉也。」案九五，乾之元，萬物之始，故曰原。九，陽之老爲蓍，故曰筮。坎爲水，乾元得位，初三化成既濟，故原筮、元永貞无咎。正其本，萬事理，君正於上，民從於下，龜筮卿士庶民无不從也，《書》曰：「惟茲

❶「見文」，原倒，今據皇清經解續編本、崇文書局本改。

惟德稱，用乂厥辟，❶故一人有事於四方，若卜筮，罔不是孚。」此亦有孚惠心，勿問元吉者也。比以羣陰輔一陽，九五乾元得位，則本正矣。筮，問也。謀及乃心，而後謀及卿士庶民卜筮，此之謂原筮，《後漢志》云：「元以原之。」《董子・重政》云：「元猶原也。」此原即原始及終、原始要終之原。正而後問，何咎之有？惠氏棟以原爲再，云「二爲原筮」，「初九爲元」，非是。經云「原」云「元」，則无再筮之意，傳云「以剛中」，則不謂二明甚。若謂師二升五得正，則仍是本原，无所謂原，比初陰爻，不得云九也。不寧方來，後夫凶。**注**虞翻曰：「水性流動，故不寧。後謂上，夫謂五也。艮爲背，上位在背後，无應乘陽，故後夫凶也。**案**不寧，不寧侯也。方來，猶將來。不寧之侯亦將來，故彖曰「上下應也」。❷《攷工》梓人祭侯之禮，其辭曰：「惟若寧侯，母或若女不寧侯，不屬于王所。故抗而射女。」是不朝王者爲不寧也。《困》九二「朱紱方來」，鄭云「文王將王，天子制用朱紱」，是鄭訓方爲將，此方來亦然。《東京賦》薛注云：「方，將也。」方來獨謂上者，以彖曰「下順從」，則下非不寧。傳云「上下應」者，以先云下順從，疑下應而上不應，故明言上下應。言不寧者亦來，則上下皆應，不獨下順從而已。上終不順五，故比之无首。雖比五而不順五，故凶。《詩》曰：「王猷允塞，徐方既來。」《荀子》曰：「仁人用國，日明諸侯，先順者安，後順者危，慮敵之者削，反之者亡。」《議兵》文。

彖曰：比，吉也。比，輔也。下順從也。**案**比故吉也，相比故相輔，下謂下四陰，坤爲順，四陰順從五而比輔之，所以吉也。四陰體坤，順在五。下，自初至四皆有下稱，四爲上體之下，二三各爲互體之下，故統謂之下。惠氏棟以爲下謂五陰，一在上，四在下，引孟康《漢書注》「陽爲上陰爲下」以證，案陽上陰下，猶君尊臣卑之義，非謂上爻有下稱，經云「後夫凶」，則上不在順從之列可知。原筮，元永貞，

❶「乂」，原作「又」，今據皇清經解續編本、崇文書局本改。

❷「彖」，原作「象」，今據文義改。

无咎，以剛中也。不寧方來，上下應也。後夫凶，其道窮也。**注**荀爽曰：「後夫謂上六，逆禮乘陽，不比聖王，其義當誅，故其道窮，凶也。」

象曰：地上有水，比。先王以建萬國，親諸侯。**注**鄭康成曰：「親諸侯，使諸侯相親，遞相朝聘。」見《周禮疏》。案，《大司馬》「比小事大，以和邦國」注：「比猶親。」《形方氏》注同。並引此經以證，是鄭訓比爲親，同《子夏傳》。虞翻曰：「初陽已復，震爲建，爲諸侯。坤爲萬國，爲腹。坎爲心。腹心親比，故以建萬國，親諸侯。」案，封建之制，由來者遠，故曰先王。《漢書·地理志》云：「昔在黃帝，作舟車以濟不通，旁行天下，方制萬里，畫壄分州，得百里之國萬區。」

初六，有孚比之，无咎。**注**荀爽曰：「初在應外，以喻殊俗，聖王之信，光被四表，絕域殊俗，皆來親比，故无咎也。」案，初孚五，比五也，此謂畫動之爻。有孚盈缶，終來有它，吉。**注**荀爽曰：「缶者應內，以喻中國，孚既滿盈中國，終來及初，非應，故曰它也。」案，五孚及初，盎謂之缶，中虛容物，坤象焉。終來者，變則化，反其本也。虞翻曰：「坤器爲缶，坎水流，坤初動成屯，屯者，盈也，故盈缶。終變得正，故終來有它吉。」象曰：比之初六，有它吉也。**注**荀爽曰：「謂信及非應，然後吉也。」**案**初六失位，故特言初六，以明有它乃吉，謂化之正，五孚及之也。

六二，比之自內，貞吉。**案**二得正應五，中誠親比，故曰內，內謂畫也。爻由畫來，動而應五，故自內。不可化，故貞吉。象曰：比之自內，不自失也。**案**不化，故不自失。

六三，比之匪人。**注**虞翻曰：「匪，非也。失位无應，三又多凶，故曰匪人。」案，比六爻，唯五不曰比之，其餘皆曰比之，比五也。比五而屬匪人，故象曰「不亦傷乎」。恐其傷王政也。若五比匪人，豈僅傷而已哉？《呂覽·驕恣》云：「仲虺有言曰：諸侯之德，能自取師者王，能自取友者存，其所擇而莫如己者亡。」

干寶云：「爻失其位，管蔡之象也。」**象曰：比之匪人，不亦傷乎。**注虞翻曰：「體剥，傷象。」案，此管蔡之於周，四凶之於堯也。終必以刑法正之，亦足傷盛德也，故小人勿用，慎在於初。

六四，外比之，貞吉。案外謂爻。四承五，故動而應初，與初共比五，初已之正，爲賢，此舉賢事君之象也。比當以正，不可化，故貞吉。知與四共比五者，以象曰「外比於賢，以從上也」，則賢非謂五可知。比賢從上，從五也，則爲薦賢之象可知。君德遠被，臣爲之施，五孚及初，四實施之，四爲初應，爲五施德也。**象曰：外比於賢，以從上也。**案四以初從五。

九五，顯比，注虞翻曰：「五貴多功，得位正中，初三已變體重明，故顯比。」案，《董子·楚莊王》篇云：「受命之君，天之所大顯也。事父者承志，事君者儀志，事天亦然。今天大顯已，物襲所代而率與同，則不顯不明，非天志，故必徙居處，更稱號，改正朔，易服色者，无它焉，不敢不順天志，而明自顯也。」**王用三驅，失前禽。**注鄭康成曰：「王者習兵於蒐狩，驅禽而射之，三則已，法軍禮也。失前禽者，在前者不逆而射之，旁去又不射，唯背走者順而射之，不中則已，是皆所以失之。用兵之法亦如之，降者不殺，奔者不禦，皆爲敵不敵已，加以仁恩養威之道。」見《士師》疏及桓四年《左傳》疏。案，《大司馬》「中冬教大閱，鼓戒三闋，車三發，徒三刺」，鄭注云：「鼓戒，戒攻敵，鼓一闋，車一轉，徒一刺，三而止，象敵服，此所謂三則已也。」張衡《東京賦》云：「馬足未極，輿徒不勞，禮成三驅，解罘放麟。」其意亦以三驅爲三度驅禽，與鄭同。昭八年《穀梁傳》云：「秋，蒐於紅，正也。因蒐狩以習武事，禮之大者也。艾蘭以爲防，置旃以爲轅門，以葛覆質，以爲槷，流旁握，御轚者不得入。車軌塵，馬候蹏，揜禽旅，御者不失其馳，然後射者能中。過防弗逐，不從奔之道也。」不從奔，即鄭所云「奔者不禦」也，馬以爲乾豆賓客君庖，蓋謂因是三者而驅禽，與邑人不誡之義不合，乾豆等乃三品，非三驅。**邑人不誡，吉。**案邑人謂二，誡，驚也。坤二應五，下順從。王者之師，止戈爲武，无所驚恐，故不誠。二五皆正，故吉。象曰：顯比之吉，位正中也。舍逆取順，失前禽也。**注**虞翻曰：「謂離象明，正上中也。」案，三之正，互體離。**案**逆，迎也。自下而上曰逆，謂下四陰也。下陰逆五而來臣服於五，故舍之。順謂上六，背五而去也。背故取之，上稱後，則前謂下矣。舍逆，故失前禽。《詩》「抑縱送忌」，傳云：「從禽曰送。」則迎來者爲逆可知。鄭所云「順而射之」，即送也。上近五，取之易，背五，有可取之道，是之謂順，陰順陽，艮爲手。邑人不誡，上使中也。**案**上謂五，中謂二，二應五，得位不化，故邑人不誡，謂不失常也。上使中，謂二之不誡，五有以使之。《詩》曰：「整我六師，以脩我戎，既敬既戒，惠此南國。不留不處，三事就緒。」箋云：「敬之言警也，謂敕以無暴虐爲之害也。不留不處，不久處於是也。女三農之事，皆就其業，爲其驚怖，先以言安之。」

上六，比之无首，凶。**注**荀爽曰：「陽欲无首，陰以大終，陰而无首，不以大終，故凶也。」案，陽欲无首者，此指説乾元用九也。陽奉元爲首，元不自用，以成其尊。陰則當從陽，奉陽爲首，上六陰爻，比既五，則當奉五爲首，乃反欲用人，不爲人用，動而失位，凶也宜哉。虞云：「首，始也，陰道无成而代有終，无首凶。」義與荀同。象曰：比之无首，无所終也。**注**虞翻曰：「迷失道，故无所終也。」案，陰道无成而代有終，坤三之乾上是也。比上六得位，若從五不化，即是有終，乃反欲用人，是臣思竊君權者，臣而不臣，尚何終之有？誅戮加之矣。此以上自化而失位言也。

䷈ 乾下巽上

小畜，亨，密雲不雨，自我西郊。**注**鄭康成曰：「畜，養也。」見《釋文》。**案**小謂四，《京氏傳》云：「小畜之義，在於六四。」謂四陰小也。虞云「復小陽潛，所畜者少，故曰小畜」，非經旨。五剛中正，四承之，上化坎，雨施，故志行，乃亨。二上之正成既濟，上坎爲雲，下坎爲雨，故上云既雨，謂既濟也。未化，故密雲不雨。雲，山澤氣也，兑爲澤，在乾上，未成坎，故不雨。巽爲風，在乾上，澤氣之上升者也。散則爲風，和則皆雨，爲雲也。我謂四，兑爲西，乾爲郊，雲興於澤，故自西郊。

彖曰：小畜，柔得位而上下應之，曰小畜，健而巽，剛中而志行，乃亨。注虞翻曰：「二失位，五剛中正，二變應之，故志行乃亨也。」❶案柔得位，謂四，成既濟，雲行施雨，嘉會合禮，君子之所以自養也。密雲不雨，尚往也。案尚，上也。雲始上升，故不雨。自我西郊，施未行也。注虞翻曰：「兑爲西，乾爲郊，雨生於西，故自我西郊。九二未變，故施未行也。」

象曰：風行天上，小畜。君子以懿文德。注荀九家曰：「風者，天之命令也。今行天上，則是令未下行，畜而未下，小畜之象也。」虞翻曰：「懿，美也。豫坤爲文，乾爲德，離爲明，初至四體夬，爲書契，乾離照坤，故懿文德。」

初九，復自道，何其咎，吉。案復，反也。初本得位，動失位而還反，故復自道。疑始失位有咎，復未必吉，故明言何其咎，吉。《荀子·大略》云：「《易》曰：『復自道，何其咎？』《春秋》賢穆公，以其能變也。」董子《玉英》云：「魯桓忘其憂而禍逮其身，齊桓憂其憂而立功名，推而散之，凡人有憂而不知憂者，凶。有憂而深憂之者，吉。《易》曰：『復自道，何其咎？』此之謂也。匹夫之反道以除咎尚難，人主之反道以除咎甚易。《詩》云：『德輶如毛。』言其易也。」象曰：復自道，其義吉也。案得正，故其義吉。

九二，牽復，吉。案牽，引也。巽爲繩，二應五，五正於上，故引二使復，謂化之正也。故吉。

象曰：牽復在中，亦不自失也。注虞翻曰：「變應五，故不自失。」案初復自道，則不自失，二爲五所牽而復，故亦不自失。孟子曰：「仁、義、禮、智，非由外鑠我也，我固有之也。」

九三，輿説輹。注鄭康成曰：「輹，伏菟也。案，

❶「行乃」，原倒，今據皇清經解續編本改。

菟兔通。謂與下縛木，與軸相連，鉤心之木是也。」見《釋文》及孔疏。案二化，三在坎中，坎於輿爲多眚，兑爲毁折，巽爲繩，繩毁折故説輹。虞云：「坤爲車、爲輹，至三成乾，坤象不見，故車説輹。」案，坤象不見，則无車，非但説輹而已。輹舊誤作輻。《釋文》云：「輻本亦作輹。」案，馬融謂「車下縛」，鄭謂「伏菟」，則皆作輹，不作輻，可知。《大畜》「輿説輹」，《釋文》云：「輹或作輻，一云車旁作复，音服，車下縛也。作畐者，音福。《老子》所云『三十輻共一轂』是也。」《大壯》「壯于大輿之輹」，《釋文》云：「輹本又作輻。」僖十五年《左傳》：「車説其輹。」《釋文》云：「案，車旁著畐，音福。《老子》所云『三十輻共一轂』是也。車旁著复，音服，是車下伏菟。」彼疏云：「《子夏易傳》云：『輹，車下伏兔也。今人謂之車屐，形如伏兔，以繩縛於軸，因名縛也。』」《説文》云：「輹，車軸縛也。从車，复聲。《易》曰：『輿説輹。』」據此諸説，則輻爲誤字審矣，徑改正。《攷工記》「加軫與轐焉，四尺也」注，鄭司農云：「轐謂伏兔也。」是則輹即轐。蓋轐其本名，以其縛於軸，謂之縛，其形如伏兔，謂之輹，謂之伏兔。輹上加輿，輿下四面材，謂之軫，故云「加軫與轐」，謂加於軸上也。

夫妻反目。注虞翻曰：「豫震爲夫，巽爲妻，離爲目，今夫妻共在四，離火動上，目象不正，巽多白眼，夫妻反目。妻當在内，夫當在外，今妻乘夫而出在外，象曰：『不能正室。』」案，《説文》：「眅，多白眼也。睦，目順也。目順爲睦，反目則不順矣。」《詩》云：「閒關車之舝兮，思孌季女逝兮。」舝與輹皆車輿所必須，故《詩》、《易》以喻夫婦也。

象曰：夫妻反目，不能正室也。注荀九家曰：「四互體離，離爲目也。離既不正，五引而上，三引而下，故反目也。輿以輪成車，夫以妻成室，今以妻乘夫，其道逆，故不能正室。」

六四，有孚，血去惕出，无咎。注虞翻曰：「孚謂五。惕，憂也。得位承五，故无咎。」案成既濟，六爻得位，坎雨降，陰陽和，故血去惕出。坎爲血，爲加憂。

象曰：有孚惕出，上合志也。案上謂五，成既濟，陽陰應，故合志。

九五，有孚攣如，富以其鄰。注虞翻曰：「孚五謂二也。攣，引也。巽爲繩，豫艮爲手，二失位，五欲其變，故曰『攣如』。以，及也。五貴稱富，鄰謂三，二變承三，故富以其鄰。象曰：『不獨富。』」案，富及其鄰，及臣鄰也。爵以馭貴，禄以馭富，加地進律，皆所以富之。案成既濟，日東月西，爲鄰。鄭《既濟》九五注云：「日出東方，東鄰象也。月出西方，西鄰象也。」象曰：有孚攣如，不獨富也。案以其鄰，故不獨富。

上九，既雨既處，尚德載。注虞翻曰：「既，已也。應在三。坎零爲雨，謂二已變，三體坎雨，故既雨既處。」案成既濟定，故既雨既處，上下俱安也。尚，上也。上積德則民載之。婦貞厲，月幾望，君子征凶。注虞翻曰：「幾，近也。坎月離日，上已正，需時成坎，與離相望，故月幾望。」案「婦貞厲」，謂上伏陰發之正，婦人无外事，上在外，故貞厲。「月幾望」，謂畫變之爻，將化而未化時也，故幾望。君子謂陽，在上失位而動，故凶。婦人謂夫爲君子。象曰：「有所疑。」疑則不決，未能即化之正，以失而征，是以凶矣，疑使之然也。象曰：既雨既處，德積載也。君子征凶，有所疑也。案畜至上，故積。膏澤下於民，民載之，謂成既濟，上下相應也。「所疑」，謂坎疑正而不即正，故凶。事有以緩敗者，疑害之也。

䷉ 兑下乾上

履虎尾，不咥人，亨。注荀爽曰：「謂三履二也。」案，《傳》云「柔履剛」，故知三履二。虞以爲與謙旁通，以坤履乾，謙坤爲虎，乾爲人，乾兑乘謙，震足蹈艮，故履虎尾。案，既云坤履乾，又云坤爲虎，乾爲人，則是虎履人矣；云乾兑乘謙，謙坤爲虎，則爲剛履柔。或以「坤履乾」爲「以乾履坤」之誤，與經亦不合。又案，荀云：「六三履二，非和正，故云利貞。」是荀本「亨」下有「利貞」字。馬融曰：「咥，齕也。」見《釋文》。❶案兑爲虎，爲口。二之正，互艮止，兑口不見，故

❶ 「見釋」，原倒，今據皇清經解續編本、崇文書局本改。

不咥人。亨，二化應五也。二化震爲足，兑澤動下，三在兑後，故履尾。

彖曰：履，柔履剛也。説而應乎乾，是以履虎尾，不咥人，亨。剛中正，履帝位而不疚，光明也。注虞翻曰：「剛中正，謂五。五帝位，坎爲疾病，五履帝位，坎象不見，故履帝位而不疚，❶光明也。案兑二化應五，故應乎乾。疚，病也。孔子曰：「天無私覆，地無私載，日月無私照，奉斯三者，以勞天下。」無私故不疚，成既濟，離日坎月，六爻正，故光明也。《荀子》曰：「公生明，偏生闇。」《不苟》文。

象曰：上天下澤，履。君子以辯上下，定民志。注虞翻曰：「辯，别也。乾天爲上，兑澤爲下。」案履，禮也。禮辯上下，故上下特分言之。董子曰：「凡百亂之原，皆出嫌疑纖微，以漸寖稍長至於大。聖人章其疑者，别其微者，不得嫌以早防之。」《制度》文。成既濟，陰爲民，六爻正，故定民志。履者，禮也。亨者，嘉之會也。嘉會足以合禮，故履虎尾，不咥人，亨。禮者，聖人所以藏身之固和而至德之基也。六三不足有明，不足與行，故咥人，凶。「武人爲于大君」，乖其和也。《荀子》曰：「人賢而不敬，則是禽獸也。人不肖而不敬，則是狎虎也。禽獸則亂，狎虎則危，災及其身矣。」《臣道》文。三之咥人，失其禮也。愬愬終吉，有禮者敬人，敬人者，人恒敬之，故志行。素履者，素位之禮，履道坦坦，以禮爲出處也。夬履決柔以禮，❷視履考祥，考諸禮也。所以辯上下，定民志者，禮而已。《禮運》曰：「禮者，君之大柄也，禮達而分定。」

初九，素履往，无咎。案素履謂晝，往謂動之爻。初本得位，故素履往无咎。窮不失義，達不離道，「國有道不變塞焉，國无道至死不變」，所

❶「故履」，原倒，今據皇清經解續編本、崇文書局本改。

❷「夬」，皇清經解續編本、崇文書局本作「夫」。

守者禮而已。象曰：素履之往，獨行願也。**注**荀爽曰：「初九者，潛位，隱而未見，行而未成。素履者，謂布衣之士，未得居位，獨行禮義，不失其正，故无咎也。」案，行謂畫動之爻，君子素位而行，不願乎外。

九二，履道坦坦，幽人貞吉。**注**虞翻曰：「二失位，變成震，爲道，爲大塗，故履道坦坦。」**案**二化得正，有禮則安，故履道坦坦。孔子曰：「君子坦蕩蕩。」幽人謂二，伏陰之正，故幽人貞吉。幽，隱也。既云二化，又云二伏陰者，一陰一陽，六畫定位，凡卦之生，莫非乾坤之交，乾坤交即既濟也。但乾坤交，氣不能無多少之偏，少則伏於內，不能盡發於外，故須爻化，所伏之氣乃發。譬若性然，有假於習，所謂窮理盡性。《左傳》所謂「人之能自曲直以赴禮者也」。孟子曰「性善」，以其伏之得正者言。荀子曰「性惡」，以其偏多失正者言。善惡皆性也，或伏或見，皆畫所本具之氣也。伏氣之發，猶平旦之氣，仁義之自中動者也，此无待於外者也。畫動而變而化，則猶習焉不察。外有所觸，始動其內，此伏氣之待爻動而後發者也。童子將入井，惻隱生焉，非外鑠，實外感也。伏氣自發，待感而發，其實一耳。所伏之氣，有多寡之殊，故有待感者，有不待感者，唯乾元純陽，中无伏陰。坤元雖純陰而包養乾元，中有伏陽，此卦所以皆成既濟，非氣自外至者也。以人事言，故或說一事，或兼數事，非謂爻之化於伏氣无預，伏氣之發於畫无預也。幽人謂隱士。《魏志·管寧傳》明帝詔青州刺史曰：「寧抱道懷貞，比下徵書，違命不至，盤桓利居，高尚其事，雖有素履幽人之貞，而失考父茲恭之義。」《後漢書·荀爽傳》論云：「出處君子之大致也，平運則宏道以求志，陵夷則濡跡以匡時。荀公之急急自厲，其濡跡乎？不然，何爲違貞吉而履虎尾焉。」據此則幽人爲隱，亦經師舊說。惠氏棟依虞訟二幽坎獄中之義，而譏以高士爲幽人爲非，似失之。象曰：幽人貞吉，中不自亂也。**案**由中發，故中不自亂。

六三，眇能視，跛能履，履虎尾，咥人，凶。**注**虞翻曰：「離目不正，兑爲小，位在虎口中，故咥人凶。」案，李鼎祚云：「六三爲履之主，體説應乾，下柔上剛，尊卑合道，是以『履虎尾，不咥人，通』。今於當爻，以陰處陽，履非其位，互體離兑，水火相刑，故唯三被咥，凶矣。」案眇，一目小也。跛，行不正也。履三小畜四皆互體離，小畜離象在上，故「反目」；履離象在下，故「眇」。四化震，足不正，故跛。能者，自謂能也。歸妹，跛履眇視，婦人之道，幽人之貞也。以履虎尾，宜其咥矣。武人爲于大君。案互離，爲戈兵甲胄，故曰武人。乾爲大君，三與乾接，而失其位，武人所爲而爲于大君，謂君剛愎自用也。眇自謂能視，跛自謂能履，皆剛愎自用之意。《詩》曰：「童子佩觿，能不我知。」《傳》云：「不自謂無知，以驕慢人也。」象曰：眇能視，不足以有明也。跛能履，不足以與行也。咥人之凶，位不當也。武人爲于大君，❶志剛也。案三雖互離目，然失正不足以有明。四化，離象不見，震行艮止，故不足以與行，視履惡能哉？剛謂伏陽，陽伏故志剛。

九四，履虎尾，愬愬，終吉。注《子夏傳》曰：「愬愬，恐懼之貌也。」虞翻曰：「體與下絶，四多懼，故愬愬。變體坎得位，故終吉。」案，高誘《慎大覽》注云：「愬愬，懼也。居之以禮，行之以恭，畏懼戒慎，如履虎尾，終必吉也。」象曰：愬愬終吉，志行也。案之正，承五應初，故志行。有禮則安，无體則危。

九五，夬履，貞厲。案夬，決也，剛決柔也。三失正，故五決之。之正成乾體，乾三重剛，故貞厲。象曰：「位正當。」五位正，決三，決之當，但厲而已。履帝位而不疚，謂此爻也。象曰：夬履貞厲，位正當也。

上九，視履考祥，其旋元吉。注虞翻曰：「應在三。考，稽。祥，善也。」案視履，鑒三也。鑒於三，故考祥擇善也。旋，還也。失位鑒三，動而旋反，終止不化，則成乾，故元吉。三已之正，上

❶「武人」，原倒，今據皇清經解續編本、崇文書局本改。

化則體夬，亦必爲五所決，故不化，所謂和行也。

象曰：元吉在上，大有慶也。案成乾，故大有慶。言在上，明非反三也。

䷊ 乾下坤上

泰，小往大來，吉亨。注鄭康成曰：「泰，通也。」見《釋文》。虞翻曰：「坤陰詘外爲小往，乾陽信內爲大來，天地交，萬物通，故吉亨。」

彖曰：泰，小往大來，吉亨，則是天地交而萬物通也，上下交而其志同也。案通，達也。天地絪緼，萬物化醇，二五交，成既濟，萬物出震，同合也。二上爲君，五下爲臣，二五易位，六爻正，故志同也。內陽而外陰，內健而外順。案內陽者，生物之原。內健者，榦事之本。外陰所以成物，外順所以接物。內君子而外小人，君子道長，小人道消也。注荀九家曰：「謂陽息而升，陰消而降也。陽稱息者，長也。起復成巽，萬物盛長也。陰言消者，起姤終乾，萬物成熟，成熟則給用，給用則分散，故陰特言消也。」案，陰息則消陽，故謂之消。起復成巽，謂成於巳，東南巽位。起姤終乾，謂終於亥，西北乾位。十月純陰。

象曰：天地交，泰。后以財成天地之道，輔相天地之宜，以左右民。注荀爽曰：「坤氣上升，以成天道。乾氣下降，以成地道。天地二氣，若時不交則爲閉塞，今既相交，乃通泰。」鄭康成曰：「財，節也。輔相、左右，助也。以者，取其順陰陽之節，爲出內之政。春崇寬仁，夏以長養，秋教收斂，冬敕蓋藏，皆所以成物助民也。」案，《說文》云：「后，繼體君也。」互震爲長子繼世，乾君在下，故稱后。財與裁同。泰二五失位，財成天地之道，謂乾二升五，坤五降二，成既濟也。二五易位，各得其宜，故輔相天地之宜，二五易位，陰陽應，故左右民。《周禮·月令》備之矣。虞云：「陰升乾位，坤女主。」非。

初九，拔茅茹，以其彙，征吉。注鄭康成曰：

「彙，類也。茹，牽引也。茅喻君，有絜白之德。臣下引其類而仕之。」見《劉向傳》注。虞云：「否泰反其類，巽爲茅。」**案**拔，擢也，盡也。茅，管也。茅叢生，故否、泰初皆取象焉。否、泰反類，三陽俱升，故拔茅茹以其彙。初三得位，不當升，以二升五爲君，初三以類相從，故三陽俱升，此泰之極，所以反成否也。二升五爲君，初志在從五，故征。終止不升，得位，故吉。或説茹，茹蘆，蒨草也。象曰：拔茅征吉，志在外也。**案**志在從五。

九二，包荒，用馮河，不遐遺，朋亡，得尚于中行。**注**虞翻曰：「巟，大川也。案，《釋文》：「荒本亦作巟。」《説文》云：「巟，水廣也。」引此以證。虞訓大川，義與《説文》同。荒，假借字。馮河，涉河。遐，遠。遺，亡也。失位變得正，體坎，坎爲大川、爲河，震爲足，故用馮河。」荀爽曰：「中謂五。」**案**陰包陽，故曰包。包巟喻三陽之盛也。《詩》曰：「王旅嘽嘽，如飛如翰，如江如漢，如山之苞，如川之流。」包巟者，言賢人衆多，可以濟險也，故用馮河。二之五，涉坎濟難也。《書》曰：「在今予小子旦，若游大川，予往暨汝奭其濟。」用馮河者，濟艱難，定君位也。君位之定，臣實輔之，故不遐遺，謂不棄功臣也，初、三是也。《詩》曰：「於萬斯年，不遐有佐。」言輔佐之臣，亦蒙其餘福也。君位定，則君臣之分嚴，故朋亡。陽與陽爲朋，二未升時，初三朋也。升五爲君，則初三臣也。二上升五，履中處正，出令惟行，故得尚于中行。君不棄其臣，臣不敢逼君，此天下之所以長泰也，既濟是也。若三陽俱升，則泰反成否，臣有逼君之嫌，君遂有棄臣之事矣。聖人之處泰也，慎哉。象曰：包荒，得尚于中行，以光大也。**案**成既濟，故光大。

九三，无平不陂，无往不復，艱貞无咎，勿恤其孚，于食有福。**注**虞翻曰：「陂，傾，謂否上也。平謂三。天地分，故平。天成地平，謂危者使平，易者使傾。往謂消外，復謂息內，從三至上，體復象，終日乾乾，反復道，故无平不陂，无往不復也。艱，險。貞，正。恤，憂。孚，信也。」案二五易位，三在坎中，故艱貞，謂不與二俱升也。得位故无咎，坎爲恤，得位故勿恤。其孚，言五信任之也。信則不疑，故于食有福，食君禄也。互兑爲口，坤爲土，稼穡作甘，二五易位，水在火上。象曰：无往不復，天地際也。注宋衷曰：「位在乾極，應在坤極，天地之際也。地平極則險陂，天行極則還復，故曰无平不陂，无往不復也。」

六四，翩翩不富以其鄰。注虞翻曰：「坤虚无陽，故不富。」宋衷曰：「四互體震，翩翩之象也。」案四在震爲樂，故翩翩自得之貌。處泰之時，當恐懼修省，則二升五成既濟，日東月西，富以其鄰，不自惕而自喜，則泰反否矣。包氏世榮云：「《詩》毛傳：『翩翩，往來貌。』翩翩者，往來求富，求富則貪，故不富。」《表記》：「子曰：『后稷之祀，易富也。其辭恭，其欲儉，其禄及子孫。』」不戒以孚。注虞翻曰：「謂坤，邑人不戒。案，戒、誡通。故使二升五，信來孚邑，故不戒以孚。二上體坎中正，象曰：『中心願也。』與《比》『邑人不戒』同義也。」案，二升五，四得承之。象曰：翩翩不富，皆失實也。不戒以孚，中心願也。注宋衷曰：「陰虚陽實，坤今居上，故言失實。」荀九家曰：❶「乾升坤降，案，乾二坤五。各得其正，陰得承陽，皆陰心之所願也。」案，四得承五，故中心願。

六五，帝乙歸妹，以祉，元吉。注荀九家曰：「五者，帝位。震象稱乙，六五以陰處尊位，帝者之姊妹。五在震後，明其爲妹也。五應於二，當下嫁二。婦人謂嫁曰歸，謂下居二，以中和相承，故元吉也。」案，《左傳》以此帝乙爲紂父。

❶「九家」，原倒，今據皇清經解續編本、崇文書局本改。

《乾鑿度》以《易》之帝乙爲成湯，《書》之帝乙，六世王。「帝乙歸妹」，經无可考，未能詳也。虞翻曰：「祉，福也。」**案**元謂坤元。六五陰，故知謂坤元。蓋坤元藏乾元，陽至三尚未出地，乾元日息於内，則坤元退而上出於地，外至三陽之末，震雷出地，陽氣上升，而坤元反乎下，仍託位於二，乾元之氣亦即升至五，但氣未盛，尚未著成爻象耳。然則乾元之氣，至剥猶存，碩果是也。剥極則反復，生於下。坤元之氣，至泰已還，此歸妹是也。夬上所決，陰之餘耳。碩果雖剥，剥而仍生者，元在也。枯楊之華，枯而遂萎，不能復生者，氣先盡也。泰下三陽，中陰伏滅。否下雖有伏陽，然非陽生之時，故其成既濟，皆以易位言之。象曰：以祉元吉，中以行願也。

注荀九家曰：「五下於二而得中正，故言中以行願也。」

上六，城復于隍，勿用師，自邑告命，貞吝。

注鄭康成曰：「隍，壑也。」見《詩》疏。《子夏傳》云：「城下池。」案，城下池即壑。《說文》云：「隍，城池也。有水曰池，無水曰隍。」是也。**案**坤土在上，爲城。泰反成否，上反於下，故城復于隍。《詩》曰：「維申及甫，維周之翰。」城復于隍，言无賢臣也。城復于隍，泰反成否，湯武所由興也。前途倒戈，師可勿用，桀紂之君，天下叛之，欲湯武之伐桀紂者，皆桀紂之民也。《書》曰：「我不爾動，自乃邑。」所謂「自邑告命」也。處泰之終，可不懼與？坤爲衆、爲邑，兑爲口，反成否，則天命去矣，故自邑告命。謂乾上坤下，告以命之當盡也。泰將反否，上處卦終，雖得其正，莫挽其隤，故吝。殷之微子，其當此矣。若武庚者，凶如何也。象曰：城復于隍，其命亂也。**案**泰反成否，故命亂，言天命去之也。《吕覽》曰：「凡國之亡也，有道者必先去。地從於城，城從於民，民從於賢，故賢主得賢者而民得，民得而城得，城得而地得。」《先識》文。是故拔茅征吉，得賢而泰成，城復于隍，失賢而泰反。《詩》「山冢崒崩」疏引《推度災》云：「百川沸騰，衆陰進。山冢崒崩，人無仰。高岸爲谷，賢者退。深谷爲陵，小臨大。」義與此同。

䷋坤下乾上

否之匪人，不利君子貞，大往小來。**注**虞翻曰：「陰來滅陽，君子道消，故不利君子貞，陰信陽詘，故大往小來。」**案**「否之匪人」，所以否者，任匪人也。得賢者昌，失賢而任匪人者亡，是以否泰之初，俱象拔茅。劉向《上封事》云：「讒邪進則衆賢退，羣枉盛則正士消，小人道長，君子道消，則政日亂，故爲否。否者，閉而亂也。」此言其所以否也。匪人謂陰。《大戴·保傳》云：「昔者禹以夏王，桀以夏亡。湯以殷王，紂以殷亡。其所以君王同，而功迹不等者，所任異也。是以國不務大，而務得民心。佐不務多，而務得賢臣。得民心者，民從之。有賢佐者，士歸之。故同聲則異而相應，意合則未見而相親。賢者立於本朝而天下之豪相率而趨之也。故無常安之國，無宜治之民，得賢者安存，失賢者危亡，自古及今，未有不然者也。」是國之否泰，由於賢匪，故初皆象以拔茅，而卦辭發端，即曰「否之匪人」，以言用人不可不愼也。

彖曰：否之匪人，不利君子貞，大往小來，則是天地不交而萬物不興也，上下不交而天下无邦也。內陰而外陽，內柔而外剛，內小人而外君子，小人道長，君子道消也。**案**坤爲邦，不能保其有，故无邦。

象曰：天地不交，否。君子以儉德辟難，不可榮以祿。**注**宋衷曰：「天地不交，猶君臣不接。天氣上升而不下降，地氣沈下又不上升，二氣特隔，故云否也。」虞翻曰：「坤爲營，乾爲祿，難謂坤，爲弒君。故以儉德辟難。巽爲入伏，乾爲遠，艮爲山，體遯象謂辟難，遠遯入山，故不可營以祿。營或作榮，儉或作險。」案，《漢書·敘傳》「不營不拔，嚴平、鄭真」，應劭曰：「爵祿不能營其志。」引此以證，是舊本作營，不獨虞然也。坤爲吝嗇，下體乾消而伏，故儉德辟難，營惑也。《淮南子》云：「精神亂營。」坤爲迷，故曰營。不可營以祿，言不爲祿所惑，人亦不能以祿惑之，若惑於祿，則不能辟難矣。

初六，拔茅茹以其彙，貞吉亨。案否三陰俱升成泰，初之四得正，陰陽交故貞吉亨。象曰：拔茅貞吉，志在君也。案君謂五，初欲之四承五，故志在君。

六二，包承，小人吉，大人否，亨。案以陽包陰，二欲以下三陰俱承五，故包承。二得位，初三與四上易位，亦得正，故小人吉。陰爲小人，謂民，對大人之稱。小人吉，故大人否。亨謂成既濟，則否得亨。大人謂乾五，從之成羣，斯爲君矣。天下歸往，是爲王矣，故否亨也。象曰：大人否，亨。不亂羣也。注虞翻曰：「物三稱羣。」案三陰皆欲上承五，五得位不降，二得位不升，故不亂羣，謂成既濟也。

六三，包羞。案以陽包陰，三失位不升則終否，下二陰爲三所隔，故包羞。象曰：包羞，❶位不當也。

九四，有命无咎，疇離祉。注荀九家曰：「疇者，類也。離，附。祉，福也。」案四失位，之初得正，故有命无咎，五命之也。四之初，則下三陰皆得麗五，受五之福。初曰拔茅，四曰志行，否成泰也。三四交際之閒，氣之升降，必由於是，故三不升則包羞。象曰：有命无咎，志行也。案四志在降初，五命之，故志行。

九五，休否，大人吉。案休，止也。已成既濟，故休否。五得中正，故大人吉。其亡其亡，繫于包桑。注荀爽曰：「陰欲消陽，由四及五，故曰『其亡其亡』。桑者，上元下黄，以象乾坤也。乾職在上，坤體在下，雖欲消乾，繫其本體，不能亡也。」京房曰：「桑有衣食人之功，聖人亦有天覆地載之德，故以喻。」陸績曰：「言其堅固不亡，如巽以繩繫也。」案陰消由四及五，故曰其亡。大人其之言彼之所以亡也，不

❶「羞」，原作「差」，今據皇清經解續編本、崇文書局本改。

可不監于有夏，不可不監于有殷，其亡其亡，監其所以亡而因以自惕也。大人以亡自惕，故存不忘亡，身安而國家可保，是以休否而成既濟也。繫于包桑，言恩澤之在民者固也。《太玄·差》次三：❶「其亡其亡，將至于煇光。」《測》曰：「其亡其亡，震自衛也。」次七：「累卵業業，懼貞安。」《測》曰：「累卵業業，自危作安也。」是《太玄》以「其亡其亡」爲自震懼，義本此。《詩》曰：「不戢不難，受福不那。」箋云：「王者至尊，天所子也。然而不自斂以先王之法，不自難以亡國之戒，則其受福亦不多也。」戢之難之，固可知矣。否泰之初，皆以拔茅喻者，由於始也。若至否象，已成泰，不可保，雖有善者，亦无如之何。此泰上所以城復于隍，雖貞亦吝也。聖人於此，有慄慄危懼者焉。孟子曰：「生于憂患，死于安樂。」故否卦六爻較泰爲吉。象曰：大人之吉，位正當也。

上九，傾否，先否後喜。案否反成泰，聖人以亡自惕，否焉有不傾者乎？象曰：否終則傾，何可長也？案能自惕則轉否爲泰，不能自惕則傾在此，而泰在彼。《孟子》曰：「天下之生久矣，一治一亂。」

周易姚氏學卷第五終

❶「差」，原作「羡」，今據《太玄》改。

周易姚氏學卷第六

旌德姚配中撰

周易上經彖上傳象上傳

䷌ 離下乾上

同人于野，亨。利涉大川，利君子貞。注鄭康成曰：「乾爲天，離爲火，卦體有巽，巽爲風。天在上，火炎上而從之，是其性同於天也。火得風，然後炎上益熾。是猶人君在上施政教，使天下之人和同而事之，故謂之同人。風行无所不遍，遍則會通之德大行，故曰『同人于野，亨』。」案，《淮南子·繆稱》云：「芒芒昧昧，與元同氣。」故至德者，言同略，事同指，上下一心，無歧道旁見者遏障之於邪，開道之於善，而民向方矣。《易》

曰：『同人于野，利涉大川。』」虞翻曰：「乾爲野。」案二五相應，陰陽通，故亨。成既濟，坎爲大川，君子謂五，成既濟，由五得正，所謂通天下之志也。

彖曰：同人，柔得位得中，而應乎乾，曰同人。注虞翻曰：「二得中應乾。」案，服虔《左傳》注云：「天在上，火炎上，同於天，天不可同，故曰同人。」荀九家云：「謂乾舍於離同而爲日，天日同明，以照於下。君子則之，上下同心，故曰同人。」案，柔得中應乾，是火同於天。天與火同人，是乾舍於離，上下和同也。同人曰：「同人于野，亨。利涉大川。」乾行也。注虞翻曰：「乾四上失位，變而體坎。故曰『利涉大川』、『乾行也』。」案，上既釋所以稱同人之義，此復言同人之卦所以稱「同人于野」之義。君子之道，或出或處，或默或語。恐人疑「于野」以喻外，則義不周，故特申之，言同人之卦而曰「同人于野」者，乾行故也。天行健，无所不周。日之麗天，无所不照。君子終日乾乾，自强不息。出處語默，皆有同人也。文明以健，中正而應，君子正也。案離爲文明。内文明而外健，故文明以健。中正謂二五。唯君子爲能通天下之志。注虞翻曰：「唯，獨也。四變成坎，坎爲通，爲志。」案出處語默，各不同志。通則不同者同，唯君子能耳。諸卦於乾或言剛，或言健，唯同人象傳兩言乾，自强之君子也。

象曰：天與火，同人。君子以類族辯物。注荀爽曰：「乾舍於離，相與同居，故曰同人也。」案，陽者，揚也。行而不止，與陰麗光，乃有定，故陽精爲日，而離中陰，舍於離也。天繞地而周，亦離象。象傳於坎曰水，曰雲，曰雨。於離曰明，曰火，曰電。例不言日月。蓋日月終始一經，所謂易也，无所不在，故不於一卦偏舉之。虞翻曰：「乾爲族。案，乾者，羣陽之宗，族，親同姓也。辯，别也。乾，陽物。坤，陰物。」案，族者，湊也，聚也。卦五陽一陰，故類族别物。

初九，同人于門，无咎。案于門，謂化之陰。艮爲門，同人謂同於四。初化失位，出門同人，失位由己，故象曰：「出門同人，又誰咎也？」言不能咎人，无所歸咎。象曰：出門同人，又誰咎也？案不咎人，而還自咎，則亦能无咎。亦反身之義也。《解》：「自我致戎，又誰咎？」《節》：「不節之嗟，又誰咎？」彼皆以无所歸咎，當自咎爲義。故知此亦然。解以小人乘君子之器，雖貞，不免於吝。不節而自咎，亦即能節，故无咎。與此同。

六二，同人于宗，吝。案初九于門，或出者也。六二于宗，或處者也。二五正應，爲三四所隔，不得動而應五，故處其位而不之應，周旋宗黨之象也。不得之應，故吝。九五「同人先號咷而後笑」。謂二始不得應五，故號咷。象曰「以中直」，則二不妄，有所同可知，故得後笑。二人同心，其利斷金，二始雖不得之五，而心實同五。以三伏戎，四乘墉，與五爲難。二爲所隔，不得應五，唯周旋宗黨間耳。二陰位，故曰宗。初化時，艮爲門。二門以内也。象曰：「吝道也。」當此之時，有不得不吝者，若求免於吝，而急於求應，恐見得於三四矣。此抱道窮居，得主而後事之象也。許氏以爲同姓相娶，鄭則云：「天子諸侯后夫人，無子不出。」窺尋其義，似以二爲歸宗被出之婦。皆所未詳也。 象曰：同人于宗，吝道也。

九三，伏戎于莽，升其高陵，三歲不興。**注**虞翻曰：「巽爲伏，離爲戎。巽爲高。爻在三，乾爲歲。興，起也。動不失位，故三歲不興也。乾陽起於冬至，故爲歲。李鼎祚曰：「巽爲草木。」**案**初化時艮爲山，三在山上，故升其高陵。陵，大阜也。三動之爻，欲據二而敵五，故伏戎。升高不化，故不興。莊十六年《公羊傳》云：「同盟者何？同欲也。」案，三四不言同人者，不同五也。 象曰：伏戎于莽，敵剛也。三歲不興，安行也。**案**安行，謂成既濟，乃順五也。

九四，乘其墉，弗克攻，吉。**案**初化艮爲墉，墉，城也。乘艮，故乘其城，謂畫動之爻，欲攻五而取二也。失位故弗克攻，之正故吉。 象曰：乘其墉，義弗克也。其吉，則困而反則也。**案**失位故義弗克。爲五所困，反之正，故反則。

九五，同人先號咷而後笑。大師克相遇。**注**虞翻曰：「應在二，巽爲號咷。師，震。在下，故後笑，震爲後笑也。乾爲大，同人反師，故大師。二至五，體姤，遇也，故相遇。」**案**二隔於三四，故先號咷。成既濟，二得應五，故後笑。陸《京氏易傳》注云：「隔於陽位，不能決勝，故曰先號咷；後獲合方喜，故曰後笑。」案，獲合方喜，亦謂成既濟。大師，五討三四之師也。同人通師，故爻多師象。成既濟，二五相遇，故克遇，克，能也。 象曰：同人之先，以中直也。大師相遇，言相克也。**案**二得中正，故以中直，直其正也。二專志應五，不爲三四所移，故特變正言直，中直不移，先是以號咷也。言相克者，謂二五本欲相遇，今皆能也。相者，合二五之辭。

上九，同人于郊，无悔。**注**虞翻曰：「乾爲郊，失位无應，與乾上九同義，當有悔，同心之家，故无悔。」案，上居五後，雖失位，不動。故于郊无悔。象曰：同人于郊，志未得也。**案**未成既濟，志故未得。卦言「同人于野，亨」，上「同人于郊」云「志未得」者，郊外謂之野；同人于野，則乾行四上化之正，據全卦言也。上同人于郊，雖不動无悔，而未能得位，故志未得，據爻言也。六爻之辭，有言其變者，有言其化者，有言其畫者，有兼言之者，引伸觸類，此吉則彼凶可知。所謂既有典常，不可爲典要者也。「黄裳元吉」，不爲吉占者，險故也。豈必繫以非黄裳不吉乎？

䷍ 乾下離上

大有，元亨。**注**鄭康成曰：「六五體離，處乾之上，猶大臣有聖明之德，代君爲政，處其位，有其事，而理之也。元亨者，又能長羣臣以善使，嘉會禮通，若周公攝政，朝諸侯於明堂是也。」**案**元，坤元。坤元至五，養伏陽，故元亨。

彖曰：大有，柔得尊位，大中而上下應之，曰大有。**案**此大臣輔幼主之象，亦即體坤元而爲君，若成王以周、召爲臣之象也。羣陽而應一陰，主雖弱而羣聖輔之，天下亦未有不治者也。五本陽位，故曰大中。五有伏陽，故發志。上下應之，羣陽爲陰所有，故曰大有。《大戴記·保傅》云：「《明堂之位》曰：『篤仁而好學，多聞而道慎，天子疑則問，應而不窮者，謂之道。道者，導天子以道者也。常立於前，是周公也。誠立而敢斷，輔善而相義者，謂之充。充者，充天子之志也。常立於左，是太公也。絜廉而切直，匡過而諫邪者，謂之弼。弼者，拂天子之過者也。常立於右，是召公也。博聞强記，接給而善對者，謂之承。承者，承天子之遺忘者也。常立於後，是史佚也。故成王中立而聽朝，則四聖維之，是以慮無失計，而舉無過事。殷周之所以長久者，其輔翼天子有此具也。』」此即柔得尊位，而上下應之之象。其德剛健而文明，應乎天而時行，是以元亨。**注**虞翻曰：「謂五以日應乾而行於天也。時謂四時。」案，六十四卦，唯大有、大畜言「其德」。乾「元亨利貞」，《傳》云：「君子行此四德者。」然則，大有元亨，大畜利貞，各得乾之半以爲其德者矣。大有，五有伏陽，全體剛健，而坤元居五成離，故剛健而文明。六五，厥孚交如，信以發志，謂五陽孚於伏陽，而伏陽發也。是則大有之元，乃乾坤相交之元矣。同人言應乎乾，大有言應乎天，天謂五伏陽發則成乾，此乾之舍于離也。乾五之聖人，得乾元之氣，崛起爲君，先天者也。大有六五則天地先有是氣，而生聖賢之君以應之，後天者也。

象曰：火在天上，大有。君子以遏惡揚善，順天休命。**注**荀爽曰：「謂夏正火王在天，萬物並生，故曰大有也。」案，姚規云：「互體有兑，兑爲澤，位在秋。乾則施生，澤則流潤，離則長茂，秋則收成，大富有也。」虞翻曰：「遏，絶。揚，舉也。乾爲揚善，坤爲遏惡，爲順。以乾滅坤，體夬『揚于王庭』，故遏惡揚善。乾爲天休，二變時巽爲命，故順天休命。」案，五伏陽發，故遏惡揚善。陰順陽而下居二，故順天休命。休，美也。

初九，无交害，匪咎，艱則无咎。**注**虞翻曰：「害謂四。匪，非也。艱，難。」**案**初四皆陽，不相應，初化應四，則俱失位，以僞感僞而害生，故无交害。初宜應四，不應，疑有咎，故明言匪咎。成既濟，四在坎中，初四相應，乃无咎，故艱則无咎。象曰：大有初九，无交害也。**案**明言初九，以言得位，不可化而失位以交害，故曰无交害也。

九二，大車以載，有攸往，无咎。**注**虞翻曰：「比坤爲大車。乾來積上，故大車以載。二失位，變得正應五，故有攸往，无咎矣。」象曰：大車以載，積中不敗也。**案**敗，毁也。應在五，兑爲毁折，二五俱中，故積中不敗，謂五發成乾也。

九三，公用亨于天子，小人弗克。**注**京房曰：「亨，獻也。」見《釋文》。虞翻曰：「天子謂五。」案，虞注又云：「二變得位，體鼎象。」是虞以亨爲饗宴。惠氏棟伸虞義，引「大亨以養聖賢」云：「三，賢人。」又引《左傳》「天子降心以逆公」爲證。但以《易》稱亨之例推之，如「王用亨于岐山」、「王用亨于西山」，不得謂岐山、西山亨王，則此公用亨于天子，即不得謂天子亨公。虞雖取鼎象，未明言亨之者爲誰。虞又云：「四折鼎足，覆公餗。」公餗者，三公之職。亦不得謂此即天子所以亨公者。《鼎・象》云：「聖人亨以亨上帝。」則鼎亦有下亨上之義。《左傳》卜偃云：「戰克而王饗，吉孰大焉。」王饗謂王來受晉侯之饗。故即云：「且是卦也，天爲澤以當日，天子降心以逆公，不亦可乎？」時晉侯欲勤王，卜偃云云，則言王必來受晉侯之饗，此天王狩于河陽之所由書也，亦非謂天王來饗晉侯。杜云：「爲王所宴饗。」非是。大行人職諸侯朝天子，廟中將幣覲禮三亨，皆束帛加璧庭實，唯國所有。此所謂亨也。朝覲之禮，禮之大者。小人不能行，故弗克。象曰：「小人害也。」害禮也。九三，乾惕之爻。著諸侯朝王之義，敬之至也。故曰：「公用。」用禮也。四之正，三互震爲諸侯，故曰公，公侯也。象曰：公用亨于天子，小人害也。案害，害禮。孔子曰：「不能詩，於禮繆。不能樂，於禮素。薄於德，於禮虛。」小人焉有不害禮者？

九四，匪其彭，无咎。注虞翻曰：「匪，非也。變而得正，故无咎。」干寶曰：「彭亨，驕盛貌。」案，彭亨，訓彭爲彭亨，非訓彭爲亨。劉氏文淇云：「據鄭義，謂此卦周公攝政，朝諸侯，四著戒慎之辭，恐離偪上之悔也。故匪其彭，言不敢驕。」案乾爲盈，四化成兑，澤虚以受人，故匪其彭。象曰：匪其彭，无咎，明辯晳也。案晳，明也。辯，别也。離明兑口，四失正，體乾盈，自知其非，化之正，故明辯晳也。

六五，厥孚交如，威如，吉。注虞翻曰：「孚，信也。發而孚二，故交如。乾稱威，發得位，故威如吉。」象曰：厥孚交如，信以發志也。威如之吉，易而无備也。案上下交孚，故信以發志，成既濟，相應也。體元，故易。相應，故无備。君子不動而敬，不言而信。《詩》曰：「奏格無言，時靡有争。」

上九，自天祐之，吉无不利。注虞翻曰：「祐，助也。乾爲天。」案五陽本伏，發而成乾，上化順之，爲五所祐，故吉无不利。象曰：❶大有上吉，自天祐也。案言上不言九，明其化也。

䷎ 艮下坤上

謙，亨，君子有終。注鄭康成曰：「艮爲山，坤爲地，山體高，今在地下，其於人道，高能下下，謙之象。亨者，嘉會之禮，以謙爲主。謙者，自貶損以下人，唯艮之堅固，坤之厚順，乃能終之。故君子之人有終也。」虞翻曰：「天道下濟，故亨。君子謂三。」案，三得位不化，故君子有終。鄭據一卦，虞言一爻，義互備。

彖曰：謙，亨，天道下濟而光明，地道卑而上行。注虞翻曰：「乾上九來之坤。彭城蔡景君說：剥上來之三。」案，剥上，即乾上。乾上之氣，極於剥，極乃反。荀爽曰：「乾來之坤，故下濟。陰去爲離，陽來成坎，日月之道，故光明也。」案，履互離，謙互坎。案坎水，故濟。❷地氣之升，遇陽恒退。山澤通氣，出入所由，故卑而上行，謂由三升上也。天道虧盈而益謙，地道變盈而流謙，鬼神害盈而福謙，人道惡盈而好謙。案分陰分陽，迭用柔剛，一爻兼有天地人之道。以陰陽言天道也，陰極則陽生。以剛柔言地道也，柔極而剛長。以仁義言人道也，仁人而義我。鬼神則又據數之老少言之。坤三本有伏陽，陰極則陽自發。伏於坤三者，即極於乾上者也。天地鬼神之道，非人不顯，而其義一也。謙尊而光，卑而不可踰，君子之終也。注虞翻曰：「天道遠，故尊光。三位賤，故卑。坎水就下，險弱難勝，故不可踰。」案踰，越也。「勞謙君子，萬民服。」《表記》曰：「先王謚以尊名，節以壹惠，恥名之浮於行也。」是故君子不自大其事，不自尚其功，以求處情。過行弗率，以

❶ 「利象」，原倒，今據皇清經解續編本、崇文書局本改。
❷ 「故」下，皇清經解續編本有「下」字。

求處厚。彰人之善而美人之功，以求下賢。是故君子雖自卑，而民敬尊之。」

象曰：地中有山，謙。君子以裒多益寡，稱物平施。**注**劉表曰：「地中有山，以高下下，故曰謙。謙之爲道，降己升人。山本地上，今居地中，亦降體之義，故爲謙象也。」虞翻曰：「捊，取也。案，《釋文》云：「鄭、荀、董、蜀才作捊。」案，裒，假借字。艮爲多，坤爲寡，乾爲物，爲施，坎爲平，謙盈乾益謙。故以捊多益寡，稱物平施。」案，虧盈、變盈、害盈、惡盈，故捊多。益謙、流謙、福謙、好謙，故益寡。一捊一益，而物平矣。盈者以損之者益之，謙者以益之者益之。故稱物平施，所謂謙以制禮也。

初六，謙謙君子，用涉大川，吉。**案**上謙謂三，下謙謂初。陽來之三，由三反初，故謙謙君子。涉坎下之初，得位故吉，謂成復也。虞《復·象傳》注云：「剛從艮入坤，從反震陽，不從上來反初。」案，從艮入坤，從謙艮也。陽由上反三，由三反初。象曰：謙謙君子，卑以自牧也。**注**鄭康成曰：「牧，養也。」案，陽來伏初，故卑以自養。《荀子·禮論》云：「孰知夫恭敬辭讓之所以養安也！孰知夫禮義文理之所以養情也！」

六二，鳴謙，貞吉。**注**姚信曰：「三體震，爲善鳴。二親承之，故曰鳴謙。得正處中，故貞吉。」

象曰：鳴謙，貞吉，中心得也。**案**中心謂畫。爻正由畫，所謂隆禮由禮也。

九三，勞謙君子，有終吉。**注**荀爽曰：「體坎爲勞。」**案**得位不化，故有終吉。三本得位，故特云「有終吉」。本得位，則初吉可知。若化而失位，則終不吉，故特云「有終吉」。終於九，不化之陰，乾三所謂知終終之也。畫者，爻之初。爻者，畫之終。故有无初有終者，有終无功者，有終无尤者，終皆謂爻也。象曰：勞謙君子，萬民服也。**注**荀爽曰：「陽當居五，自卑下衆，降居下體，君有下國之意也。衆陰皆欲撝陽上居五位，羣陰順陽，故萬民服也。」**案**勞，功勞。勞而不伐，有功而不德，故勞謙。《韓詩外傳》曰：「君子有主善之心，而無勝人之色。德足以君天下，而無驕肆之容。行足以及後世，而不以一言非人之不善。故曰：君子盛德而卑，虚己以受人，旁行不流，應物而不窮，雖在下位，民願戴之，雖欲無尊，得乎哉？」

六四，无不利，撝謙。注荀爽曰：「四得位處正，家性爲謙，故无不利。陰欲撝三，使上居五，故曰撝謙。撝猶舉也。案，惠氏棟云：「《太玄》八十一家，各有剛柔之性，故稱家性。易六十四卦亦然。」象曰：无不利，撝謙，不違則也。注荀九家曰：「陰撝上陽，不違法則。」案，三之正，亦得正，艮爲手。

六五，不富以其鄰，利用侵伐，无不利。注荀爽曰：「鄰謂四與上也。自四以上乘陽，乘陽失實，故皆不當。五居中有體，故總言之，陽利侵伐，來上，无敢不利之者。」案，成既濟，則富以其鄰，此以其未化言也。三體師長子，故利用侵伐。有鐘鼓曰伐，無曰侵。三之五，震象不見，水行潛伏，故曰侵。象曰：利用侵伐，征不服也。注荀爽曰：「不服謂五也。」案，五失位。

上六，鳴謙，利用行師，征邑國。注虞翻曰：「應在震，爲鳴謙。體師象，震爲行，坤爲邑國。五之正，案，三之五。己得從征，故利用行師，征邑國。」象曰：鳴謙，志未得也。可用行師，征邑國也。注荀九家曰：「陰陽相應，雖應不承，故志未得。案，三未之五。謂下九三可行師，來上，坤爲邑國也。三應上，上呼三征，來居五位。故曰利用行師，征邑國也。」案，變利言可者，三以下伐上，疑不可。坤虚无君，故可用行師。謂所以可用行師者，邑國而已。此亦虚邑无疑之義。

䷏ 坤下震上

豫，利建侯，行師。注鄭康成曰：「坤，順也。震，動也。順其性而動者，莫不得其所，故謂之豫也。豫，喜豫，説樂之貌也。震又爲雷，諸侯之象；坤又爲衆，師役之象。故利建侯行師矣。」案，荀九家云：「震爲建侯，坤爲行師。建侯所以興利，行師所以除害。興利除害，民所豫樂也。」

彖曰：豫，剛應而志行。順以動，豫。豫順

以動，案剛謂四，羣陰應之。四升居五，故志行。「順以動，豫。」言所以豫。「豫順以動」，既豫猶然也。故天地如之，而況建侯行師乎？注虞翻曰：「如之者，謂天地亦動，以成四時，而況建侯行師，言其皆應而豫也。」案，震雷出地，陰陽氣交，亦順以動，故天地如之。天地以順動，故日月不過，而四時不忒。注鄭康成曰：「忒，差也。」見《釋文》。案雷出地奮，天地而交成既濟。離日坎月，往來成歲，一陰一陽，各得其位，故不過忒也。聖人以順動，則刑罰清而民服。案《緇衣》曰：「爲上易事也，爲下易知也，則刑不煩矣。」坎爲法律，爲水，故刑罰清。陰順陽，故民服。豫之時義大矣哉！注虞翻曰：「順動天地，使日月四時皆不過差，刑罰清而民服，故義大也。」

象曰：雷出地奮，豫。先王以作樂崇德，殷薦之上帝，以配祖考。注鄭康成曰：「奮，動也。雷動於地上，萬物乃豫也。以者，取其喜佚動搖，猶人至樂則手欲鼓之，足欲舞之也。崇，充也。殷，盛也。薦，進也。上帝，天帝也。王者功成，作樂。以文得之者，作籥舞；以武得之者，作萬舞。各充其德，而爲制。祀天帝以配祖考者，使與天同饗其功也。故《孝經》云『郊祀后稷，以配天。宗祀文王於明堂，以配上帝』是也。」案，雷震出地，故奮。充德，充其德之量也。董子《楚莊王》篇云：「王者不虚作樂。樂者，盈於内而動發於外者也。是故作樂者，必反天下之所始樂於己以爲本。舜之時，民樂其昭堯之業也，故韶。韶者，昭也。禹之時，民樂其三聖相繼，故夏。夏者，大也。湯之時，民樂其救之於患害也，故護。護者，救也。文王之時，民樂其興師征伐也，故武。武者，伐也。四者，天下同樂之一也。其所同樂之端，不可一也。作樂之法，必反本之所樂。所樂不同事，樂安得不世異？是以舜、禹、湯、文，四樂殊名則各順其民始樂於己也。」董子之義本此。「作樂反本之所樂，故法豫，以樂充德。」《元命苞》所説，與董子同。「配」，《漢書·藝文志》引作「享」。

「以配祖考」者，言以配上帝者祖考也，猶《儀禮》以某妃配某氏，先言以某妃配，而後言某氏耳。又案，大司樂掌六代之樂，祀天神，舞《雲門》。祀先祖，乃舞《大武》。大武，周充德之樂。雲門，先代之樂也。以此推之，則充德之樂，實爲享祖考之樂。或當從《藝文志》作「享」。則薦上帝、享祖考，乃對言之也。《郊特牲》云：「萬物本乎天，人本乎祖，此所以配上帝也。」宣二年《公羊傳》云：「自内出者，無匹不行。自外至者，無主不至。」《大傳》云：「王者禘其祖之所自出，以其祖配之。」原制禮之始，因祖考推及祖之所自出。自内出者，無匹不行，則祖考爲祭之主。以配祖考，言其質也。禮制既定，别其尊卑以配上帝，言其文也。震爲帝在上，故曰上帝。小畜，乾爲祖考。二卦通，故配。鄭《大傳》注云：「王者之先祖，皆感太微五帝之精以生。蒼則靈威仰，赤則赤熛怒，黄則含樞紐，白則白招拒，黑則汁光紀。」案，五帝之稱，見《春秋緯》，其稱名亦皆依《易》爲之。「帝出乎震。」帝者，乾元也。震爲反生、爲雷，故曰「靈威仰」。「相見乎離。」故曰「赤熛怒」，象盛陽之氣也。土位中央，坤元藏乾元，故曰「含樞紐」。西方陽退而陰盛，故曰「白招拒」。北方坎位，乾元伏於下，爲陰所凝，所謂「陰凝於陽」。坎爲血卦者也，故曰「汁光紀」。鄭《駁異義》云：「五精之神，實在太微。於辰爲巳，乾消息在巳，則五精之神，皆元可知。因時易名，遂别爲稱號耳。」王肅之徒，未之詳審，宜其不達也。

初六，鳴豫，凶。**注**虞翻曰：「應震，善鳴。失位，故『鳴豫，❶凶』也。」象曰：初六鳴豫，志窮凶也。**案**明言初六，言失位故志窮。

六二，介于石，不終日，貞吉。**注**虞翻曰：「與四爲艮，艮爲石，離爲日。」**案**介，操也。孟子曰：「不以三公易其介。」「介如石焉，寧用終日。」石堅以喻君子。于微彰剛柔，知之明，斷之決也。荀子曰：「善在身，介然必以自好也。」《脩身》文。《呂覽》曰：「石可破也，而不可奪堅。丹可磨也，而不可奪赤。」《誠廉》文。二得正不化，故不終日，貞吉。剛柔者，晝夜之象。二不化之陽，故不終日。二若化之陽，陽復動之九，則爲終日。

❶ 「鳴豫」，原倒，今據經文乙正。

化之陽，之九而始知，則用終日。二知幾，不但不之九，並亦不化，故寧用終日。所謂「知微知彰，知柔知剛」者，❶知其不可化，不待化而始知也。虞云：「離爲日。」亦以二不化言，義同，但不以剛爻爲終日耳。象曰：不終日，貞吉，以中正也。案二得中正，故不化。

六三，盱豫悔，遲有悔。注鄭康成曰：「盱，誇也。」見《釋文》。案，《説文》云：「盱，張目也。」案小畜，離爲目，化成豫，故盱豫。悔，言化而失位也。孟子曰：「今國家閒暇，及是時，般樂怠敖，是自求禍也。」失位宜急之正，不化則悔即至，故遲有悔。如知其非義，斯速已矣。盱豫悔，謂成豫畫也。遲有悔，謂爻不化。象曰：盱豫有悔，位不當也。案失位，故有悔。

九四，由豫，大有得，勿疑，朋盍簪。案四以一陽爲卦主，故由豫。羣陰順從，故大有得。簪當作宗。宗，尊也。《釋文》云：「簪，荀作宗。」侯果云：「爲豫之主，衆陰所宗，莫不由之，以得其豫。」羣陰皆欲尊四居五，故勿疑，朋盍宗。孟子曰：「得天下有道，得其民斯得天下矣。民之歸仁也，猶水之就下，獸之走壙也。」虞云：「由，自從也。據有五陰，坤以衆順，故大有得，得羣陰也。盍，合也。」象曰：由豫，大有得，志大行也。案升五故志大行。

六五，貞疾，恒不死。注虞翻曰：「恒，常也。坎爲疾。」案五乘四，四欲之五，爲五之疾，五不自正則四來之五，五之正則疾不能害，謂陽由内發，不見息滅也。疾尚可藥，貞則不死。若凶害已及而始正，則所謂正乎凶者，莫如之何矣。象曰：六五貞疾，乘剛也。恒不死，中未亡也。案明言六五，言其失位乘剛。坎爲之疾，正則无坎，斯无疾矣。中未亡，謂五伏陽。伏陽發則疾瘳。

❶「知」，原作「如」，今據皇清經解續編本、崇文書局本改。

上六，冥豫，成有渝，无咎。**注**馬融曰：「冥，昧，耽於樂也。」虞翻曰：「渝，變也。」**案**陰在上，故冥。樂極則反，故成有渝。不化則无咎。象曰：冥豫在上，何可長也？**注**荀爽曰：「陰性冥昧，居尊在上，而猶豫說，故不可長。」

䷐ 震下兑上

隨，元亨利貞，无咎。**注**鄭康成曰：「震，動也。兑，說也。內動之以德，外說之以言，則天下之民，咸慕其行而隨從之，故謂之隨也。既見隨從，能長之以善，通其嘉禮，和之以義，幹之以正，則功成而有福。若无此四德，則有凶咎焉。」焦贛曰：「漢高帝與項籍，其明徵也。」**案**元，乾元，謂初。初從否上來，乾元之反自隨始，乾元反而交初，故元亨。三四之正，成既濟，則乾陽復息，故利貞无咎。傳云：「大亨貞。」則元爲乾元。又云：「剛來而下柔。」虞云：「否上之初。」案，否閉不通，陰消陽，陽反於初，否得通，故元亨。屯，剛柔始交，亦謂初爲元也。但屯初，始交之元。隨初，始反之元。澤中有雷，不必即在地之正中耳。是知歸妹元吉，坤元自泰五而還。隨自否來，乾元由否上而復。天地以一體相交，唯泰陽氣充滿地中時也。震雷出地，則地中即有伏陰，天地不交，唯否陰氣充滿地中時也；風行地上，則地中即有伏陽，但不必在地之極中耳。陰消內斂，故歸妹即於泰見之；陽消上升，故元之復不見於否。陰散則无所繫，故夬上決而揚；陽雖散而仍專，故剝上存碩果。陽可剝，而不可決也。

彖曰：隨，剛來而下柔，動而說，隨。大亨貞，无咎，而天下隨時，隨時之義大矣哉！**注**虞翻曰：「否乾上來之坤初，故剛來而下柔，動震，說兑也。」案，來謂息，消上息下也。**案**萬物隨陽以出，隨陽以入。陽出爲春夏，入爲秋冬，萬物隨之消長，故大亨貞，无咎，而天下隨時。堯舜帥天下以仁而民從之，桀紂率天下以暴而民從之，君之所爲，百性之所從也。❶故隨

❶「性」，依文義當作「姓」。

時之義大矣哉！「君子以嚮晦入宴息」是「隨時」。王肅本作「隨之」，非是。

象曰：澤中有雷，隨。君子以嚮晦入宴息。**注**荀九家曰：「兑澤，震雷。八月之時，雷藏於澤，則天下隨時之義也。」鄭康成曰：「晦，冥也。猶人君既夕之後，入於宴寢而止息。」見孔疏。案，侯果云：「坤爲昧。乾之上九來入坤初，嚮晦者也。」惠氏棟云：「巽爲入，艮爲止。案上反入初，陽息於陰也。互艮爲宮室。」

初九，官有渝，貞吉，出門交有功。**注**荀九家曰：「渝，變也。」**案**官有渝，謂四化應初，故貞吉。象曰：「從正吉也。」太宰之職，以八法治官府。四曰官常，官有渝，則非常也。國有大事，一官不能獨任，故四化應初，初亦出門交四而有功，此《周禮》官聯之所由立也。艮爲官，謂官府之事也。虞「百官以治」注云：「艮爲官。」案，艮爲門闕，官府之象，百官所居以治理政事者也。荀九家云：「震爲子，得土之位，故曰官。」惠氏棟伸之云：「官，官鬼也。震初庚子水，得否坤乙未土之位，水以土爲官。」案，《易》以爻象爲主，不當雜以官鬼之説。艮爲門，初應四，故出門交，謂在官在府也。初得正，四從之亦正，故交有功。同人，出門同人，又誰咎？言當自咎。同人初化乃有門象，同人者，舍己從人。動失位，故自咎。隨四本互艮，初出交四，四從初之正，四化初不化，故出門交有功。同人出門自化而往，隨初出門以己正人也。象曰：官有渝，從正吉也。出門交有功，不失也。**案**初得正，四化從初，故從正吉。初得正交四，故不失，謂不化也。

六二，係小子，失丈夫。**注**虞翻曰：「應在巽，巽爲繩，故稱係。」**案**二應五，五爲丈夫，四互艮，爲小子，二欲之五，爲四所係，不得之五，故係小子，失丈夫。象曰：係小子，弗兼與也。**案**二已係於四，則不得兼與五，故失丈夫。孔子曰：「無欲速，無見小利。欲速則不達，見小利則大事不成。」《呂覽·勸動》云：「利不可兩，忠不可兼。不去小利，則大利不得。不去小忠，則大忠不至。」

故小利，大利之殘也；❶小忠，大忠之賊也。」

六三，係丈夫，失小子，隨有求得，利居貞。**案**三之四，係五，故係丈夫。三之四，則艮象不見，故失小子。三四易位，成既濟，故隨有求得。居謂居三，居三失正，故利居貞。三不之四，則當化。象曰：係丈夫，志舍下也。**案**舍，捨也。下謂三。三志在升四，係五丈夫，故志舍下。

九四，隨有獲，貞凶。**案**獲，二。二之五，爲四所獲，非所宜得，故曰獲。不順五，而獲五之應，自正其位，故貞凶。薛氏傳均云：「初貞吉。」傳云：「從正吉。」此貞凶亦得是違正凶，謂違五也。有孚在道以明，何咎。**注**虞翻曰：「孚謂五。三已之正，四變應初，得位在離。」**案**在，察也。孚，五察應，而後之正，成離明，故有孚在道以明，所謂從正吉也。自正則凶，孚五從初而後之正，故何咎。象曰：隨有獲，其義凶也。有孚在道，明功也。**案**當隨人而反獲其不當獲，故其義凶。四之正順五應初，故明功，謂成既濟也。

九五，孚于嘉，吉。**案**嘉會足以合禮，二五正中，故孚于嘉吉。象曰：孚于嘉，吉，位正中也。

上六，拘係之，乃從維之，王用亨于西山。**注**虞翻曰：「應在艮，艮手爲拘，巽爲繩，兩係稱維。否乾爲王，謂五也。有觀象，故亨。兑爲西，艮爲山。」**案**此謂否上也，无位无民，衆陰不順，故拘維之。否互艮巽。九兩繫民，繫之有道，拘而係之，乃從而維之，非所以係之正，以迫之使去耳，故王者得用之以亨于西山，言人歸則神亨也。此言否上窮而反下，成隨。天下歸，興王之象也。否上窮，民不係，故拘而係之，否上反下，成兑艮，故亨于西山。《乾鑿度》以爲「譬猶文王拘民以禮，係民以義，仁恩所加，靡不隨從」。亦通。蓋據本卦

❶「也」，原作「之」，今據皇清經解續編本、崇文書局本改。

言也。象曰：拘係之，上窮也。案上，否上。

䷑巽下艮上

蠱，元亨，利涉大川。案蠱，惑也。惑乃有事。元謂二五也。二五易位，蠱乃治。象曰：「蠱，元亨，而天下治也。」體仁合禮，蠱所由治。《隨·彖傳》云：「大亨貞，无咎。而天下隨時。」故知彼謂元來成隨，此《彖傳》云：「蠱元亨，而天下治也。」是元亨在蠱之後。二五通，蠱乃治，故知元謂二五。二升五降，成坎。先甲三日，後甲三日。注鄭康成曰：「甲者，造作新令之日。甲前三日，取改過自新，故用辛也。甲後三日，取丁寧之義，故用丁也。」見孔疏。案，《禮記》「郊之用辛」。《書》「丁巳，用牲于郊」。漢郊用丁辛，放古爲之。《白虎通》云：「祭日用丁與辛者，何？先甲三日，辛也。後甲三日，丁也。皆可以接事昊天之日。」案：日用丁辛，取先甲後甲之義。《易》之本旨，不必謂祭祀也。案乾爲甲。先甲三日，謂泰初之上，上之初，成蠱。初既上升，則二三亦以次升，成否。三爻故三日。後甲三日，謂否上之初，初之上，成隨。上降則五四亦以次降，成泰。終則又始，天行也。

彖曰：蠱，剛上而柔下，巽而止，蠱。注虞翻曰：「泰初之上，故剛上。坤上之初，故柔下。上艮下巽，故巽而止，蠱也。」案巽爲風，風爲山止，氣鬱不行，故蠱。《吕覽》曰：「病之留，惡之生也，精氣鬱也。故水鬱則爲污，樹鬱則爲蠹，草鬱則爲蕢。國亦有鬱，主德不通，民欲不達，此國之鬱也。國鬱處久，則百惡並起，而萬災叢至矣。」《達鬱》文。《春秋傳》曰：「淫則生内熱惑蠱之疾。」内熱惑蠱，鬱使之也。「蠱元亨」，而天下治也。「利涉大川」，往有事也。案風爲山止，氣鬱不行。二五易位，鬱氣乃通，故元亨而天下治。二五易位，初上化，成既濟。往謂二動之爻而升居五。蠱則不知所事。二升居五，居上治下，蠱使之通，故往有事。「先甲三日，後甲三日。」終則有始，天行也。案有，又也。天行不息，故終則又始，謂乾陽升降不已也。先三、後三，皆謂乾。故曰天行。三爻故三日，與「七日來復」同。卦主六日七分，舉成數言，一爻主一日。

象曰：山下有風，蠱。君子以振民育德。注虞翻曰：「坤爲民。初上撫坤，故振民。」案振，奮也，止故振之；育，養也，鬱故養之。橈萬物者，莫疾乎風也。放勳曰：「勞之來之，匡之直之，輔之翼之，又從而振德之。」巽而止，所以成蠱。山下有風，所以振蠱。巽而止者，風在山中，不得行也。山下有風，則風行還至山上矣。象言其所以蠱，象言蠱之所以亨。艮爲手，雷出地奮，故振。山中生木，亦積小高大者也，故育。

初六，榦父之蠱，有子考无咎，厲終吉。注虞翻曰：「榦，正蠱事也。泰乾爲父，坤爲事，故榦父之蠱。父死大過稱考，故『有子考』。變而得正，故无咎，厲終吉也。」案「有子」謂初伏陽。經云「有子」，則不與「其子其妻」同例，與諸稱有者同例矣。蠱與隨通，震爲長子，長子繼世。凡旁通卦互相伏，合之，則一乾一坤，易位，又各成既濟。注家或言伏，或言旁通。言伏者，據位，位本有伏陰伏陽也；言旁通者，據卦六爻通也。卦象已明者，不取旁通，據已發者言也；卦象隱者，多及旁通，據未發者言也。卦成既濟，禮之一定，事之終也。爻不必盡以既濟言，或言其事之端，或言其事之中，不必盡言其終。其有明言終者，得位則成既濟之爻，失位則窮而成未濟之爻也。得位者，不必盡吉。失位者，不必盡凶。以一卦之大義爲吉凶之主焉。泰乾初之上，陰來之初失正，初伏陽仍發而成乾，故有子考无咎。象曰：「意承考也。」以子繼父，亦以乾承乾之象也，故厲。終發得正，故終吉。張氏惠言云：「復成乾。」象曰：榦父之蠱，意承考也。案泰乾初本得位，今初發仍成乾，故意承考，承泰初也。伏故曰意。

九二：榦母之蠱，不可貞。注虞翻曰：「應在五，泰坤爲母，故榦母之蠱。」案五失位，二以陽正之，故不可貞，言不可自化之正，二不化則升五，而五降二，所謂利涉大川者也。張氏惠言云：「謂當與五易位，不可自正。」象曰：榦母之蠱，得中道也。案以陽正陰，二升五降，皆得中正，得中道。

九三，榦父之蠱，小有悔，无大咎。案陽在上失位，三榦之，震起艮止，不能即正，故小有悔。震无咎者，存乎悔，故无大咎。上終化應三也。小謂畫，大謂爻。　象曰：榦父之蠱，❶終无咎也。案上終化應三，故終无咎。无大咎謂爲終无咎，則小有悔謂始矣，始故小，畫者，爻之始也。

六四，裕父之蠱，往見吝。注虞翻曰：「裕，不能争也。孔子曰：『父有争子，則身不陷於不義。』❷四陰體大過，本末弱，故裕父之蠱。變而失正，變謂之初。故往見吝。」案往謂動而正。初動則失見，故見吝。謂初失位，四不能正也。二陽失位，榦母之蠱，云不可貞，謂不可化之正，當以陽正陰，二五易位也。若四化爲陽，則亦能正初，與初易位，若二五之比矣。今四以陰裕陰，故往未得，未得正初也。二能正五，故得中道。易之通例，畫動之爻，乃相應，或易位，故《繫辭傳》云：「因而重之，爻在其中。」三畫之卦无應，故不動。重而爲六，則上下相應，動則成爻，故爻在中也。　象曰：裕父之蠱，往未得也。❸注虞翻曰：「往失位，故未得。」

六五，榦父之蠱，用譽。注虞翻曰：「譽謂二也。二五失位，變而得正。❹案，謂二五易位。故用譽。」象曰：榦父用譽，承以德也。案二五相通，所謂元亨而天下治者也。二升五降，以坤元承乾元，故承以德。虞例以乾爲道德，或以震爲道，但「一陰一陽之謂道」。坤，地道，厚德載物，亦有道德之稱。「和順於道德」謂一陰一陽也。此《易》之通例也，故不盡用虞説。

上九，不事王侯，注荀爽曰：「年老事終，不當其位，體艮爲止，故不事王侯。」虞翻曰：「泰乾爲王，應在三，震爲侯。」案，上止不動，不應三。　高

❶「蠱」，《周易》諸本作「蠱」。
❷「陷於」，原倒，今據皇清經解續編本、崇文書局本改。
❸「蠱往」，原倒，今據皇清經解續編本、崇文書局本改。
❹「得正」，原倒，今據《周易集解》改。

尚其事。注虞翻曰：「謂五已變，巽爲高，❶艮陽升在坤上，故高尚其事也。」案五已正位，上以陽居上，五高尚之也。❷堯稱則天，不屈潁陽之高；武盡美矣，終全孤竹之絜。鄭《表記》注云：「言臣致仕而去，不復事君也。君猶高尚其所爲之事，言尊大其功也。」案，尊致仕之臣，與尊隱逸之臣，其義一也。象曰：不事王侯，志可則也。案志謂上。伏陰未發，故志可則。王者尊賢，不屈其身，亦所以振民育德也。

周易姚氏學卷第六終

❶「爲高」，原倒，今據《周易集解》改。

❷「上五」，疑當作「五上」。

周易姚氏學卷第七

旌德姚配中撰

周易上經彖上傳象上傳

䷒ 兑下坤上

臨，元亨利貞，至于八月有凶。注 虞翻曰：「剛浸而長，乾來交坤，動則成乾，故元亨利貞。」案，元，乾元。以陽通陰，故元亨。息至三成泰，二五易位，六爻正，故利貞。鄭康成曰：「臨，大也。陽氣自此浸而長，而有四德，齊功於乾，盛之極也。人之情盛則奢淫，奢淫將亡，故戒以凶也。臨卦，斗建丑而用事，殷之正月也。當文王之時，紂爲无道，故於是卦爲殷家著興衰之戒，以見周改殷正之數云。臨自周二月用事，訖其七月，至八月而遯卦受之，此終而復始，王命然矣。」案，荀爽以兑爲八月。蓋八月消卦，受觀，臨反觀。八月卦兑位。又以文王之時，殷命未改，不當言周月也。但正朔三而改，自伏羲以來已然。《周易》首乾，故依天統，以遯爲八月，文王未嘗以爲周家之月也。注家推言周耳。且兑爲八月，亦夏正，非殷正。孔子周人，得云行夏之時，則文王殷人，亦得言天統之八月也。彖曰：「消不久。」則爲臨消成遯，明矣。且此八月猶十年三歲七日之類，當謂相去八月，不必定指秋八月。自臨至遯，七月。至八月而成否，所謂有凶。消不久者，謂成否也。

彖曰：臨，剛浸而長，説而順，剛中而應，大亨以正，天之道也。至于八月有凶，消不久也。注 虞翻曰：「剛謂二也。自下浸上，故浸而長也。説，兑也。順，坤。剛中，謂二也。四陰皆應之，故曰而應。大亨以正，謂三動成乾，天得正爲泰，天地交通，故亨以正，天之道也。」案，「乾道變化，各正性命」。謂成既濟也。消對長言。八月，臨消成遯，遯消成否，長則成泰，消則成否，其幾甚速，故不久也。

象曰：澤上有地，臨。君子以教思无窮，容保民无疆。**注**荀爽曰：「澤卑地高，高下相臨之象也。」**案**澤上有地，地畜澤，澤不妄行，生而不已，故教思无窮。坤含宏光大，德合无疆，澤虚以受，故容保民无疆。

初九，咸臨，貞吉。**注**虞翻曰：「咸，感也。得正應四，故貞吉也。」象曰：咸臨貞吉，志行正也。**案**志在應四，動不失正，故志行正。屯初同義。臨者，大也，陽息故感。

九二，咸臨，吉，无不利。**注**虞翻曰：「得中多譽，兼有四陰，體復初元，吉，故无不利。」**案**陽息之卦，二雖失位，息而未已，終升至五，故吉无不利。象曰：咸臨，吉，无不利，未順命也。**注**荀爽曰：「陽當居五，陰當順從，今尚在二，故曰『未順命也』。」案，陰陽各得，謂之命。

六三，甘臨，无攸利，既憂之，无咎。**注**虞翻曰：「兑爲口，坤爲土，土爰稼穡，作甘，兑口銜坤，故曰甘臨。失位乘陽，故无攸利。言三失位无應，故憂之。」**案**臨，大也。失位而以爲甘，故无所利。憂之則不甘，化之正矣，故无咎。管仲曰：「夫厚於味者，薄於德。沈於樂者，反於憂。壯而怠則失時，老而解則無名。」《呂覽·達鬱》文。象曰：甘臨，位不當也。既憂之，咎不長也。**注**虞翻曰：「動而成泰，故咎不長也。」案，爻云「无咎」，傳云「咎不長」，則是始有咎矣。始失位，甘之咎也。憂而之正，故咎不長。「宣十五年冬蝝生」，《公羊傳》云：「蝝生不書，此何以書？幸之也。幸之者何？猶曰受之云爾。受之云爾者何？上變古易常，應是而有天災，則宜於此焉變矣。」注云：「言宣公於此天災饑後，能受過變寤，明年復古行中，冬大有年，其功美過於無災，故君子深爲喜而僥倖之。」此「既憂之，咎不長」之謂也。《小畜》初九：「復自道，何其咎，吉。」則所謂功美過於無災矣。

六四，至臨，无咎。**案**陽息之卦，陽息則陰上升，下退而上，故至臨至四也。陰至四，雖非下中，亦得位，故无咎。象曰：至臨，无咎，位當也。

六五，知臨，大君之宜，吉。**注**荀爽曰：「五者，帝位。大君，謂二也。宜升上五位，吉，故大君之宜，吉。」案，宜者，宜升而未升也。《乾鑿度》云：「陽氣在內，中和之盛，應於盛位，浸大之化，行於萬民，❶故言宜處王位，施大化，爲大君矣，臣民欲被化之辭也。」鄭彼注云：「臨之九二，有中和美異之行，應於五位，故百姓欲其與上爲大君也。」義與荀同。又案，《乾鑿度》云：「初爲元士，二爲大夫，三爲三公，四爲諸侯，五爲天子，上爲宗廟。凡此六者，陰陽所以進退，君臣所以升降。」虞升降之例多出於此，今依用之。象曰：大君之宜，行中之謂也。**注**荀爽曰：「二者處中，行升居五，五亦處中，故曰行中之謂。」案，實未升五，故曰宜，曰之。謂三息則二升五。

上六，敦臨，吉，无咎。**注**荀爽曰：「上應於三，欲因三升二，過應於陽，敦厚之意。」**案**志在升二，本得位，故吉无咎。坤厚載物，故敦。象曰：敦臨之吉，志在內也。**注**荀九家曰：「志在升二也。陰以陽爲主，故志在內也。」

䷓ 坤下巽上

觀，盥而不薦，有孚顒若。**注**虞翻曰：「觀，反臨也。以五陽觀示坤民，故稱觀。盥，沃盥。薦，羞牲也。孚，信，謂五。顒顒，君德有威儀貌。」案，宗廟之祭，初獻灌；二獻殺牲，薦脯醢，薦醒；三獻薦朝事之豆籩；四獻薦熟；五獻薦饋食之豆籩；七獻薦加事之豆籩。**案**天地之道，貞觀者也。陽在五，利見大人。坤爲牛，互艮爲手，成既濟，體坎水離目，坤象不見，故觀盥而不薦。陰陽應，故有孚。禮有五經，莫重於祭，祭莫重於灌，故特言之。將灌先盥。《禮運》曰：「人藏其心，不可測度也。美惡皆在其中，不見其色也。欲一以窮之，舍禮何以哉？」是故，治人者舍禮，无以爲人法。觀人者舍禮，无以知人。故《禮器》

❶「化行」，原倒，今據皇清經解續編本、崇文書局本改。

曰：「觀其禮樂，而治亂可知。君子欲觀仁義之道，禮其本也。」鄭云：「坤爲地，爲衆。巽爲木，爲風。九五，天子之爻。互體有艮，艮爲鬼門，又爲宫闕，地上有木，而爲鬼門宫闕者，天子宫廟之象。」鄭蓋推明卦所以有盥薦之義，非指説宗廟爲觀。鄭又云：「諸侯貢士於天子，鄉大夫貢士於其君，必以禮賓之。唯主人盥而獻賓，賓盥而酢主人，設薦俎則弟子也。」此又因祭事之盥，推及反禮，皆以盥爲重。因爻有用賓于王，故以貢士説也。馬融云：「盥，進爵灌地以降神也。」謂盥而後灌，非訓盥爲灌。❶

彖曰：大觀在上，順而巽，中正以觀天下。注虞翻曰：「順，五也。中正謂五。」案五在上，君德足以爲民觀，故大觀在上。觀，盥而不薦，有孚顒若，下觀而化也。注虞翻曰：「巽爲進退，容止可觀，進退可度，則下觀其德而順其化。」觀天之神道，而四時不忒，聖人以神道設教，而天下服矣。注虞翻曰：「忒，差也。聖人謂乾，退藏於密，而齊於巽，以神明其德教，坤民順從而天下服矣。」案，《後漢書》方望説隗囂曰：「宜急立高廟，稱臣奉祠，所謂『神道設教』，求助人神者也。」彼以「神道設教」謂祭祀，義亦通。疑亦西漢經師之説。惠氏棟云：「《祭義》曰：『合鬼於神教之至也。』明命鬼神以爲黔首，則百衆以畏，萬民以服。」案陰陽消息，天之神道也。一消一息，而四時行，故四時不忒。通其變，使民不倦。神而化之，使民宜之。窮變通久，亦一消一息，聖人之神道也。

象曰：風行地上，觀。先王以省方、觀民、設教。注鄭衆曰：「從俗所爲，順民之教，故君子治人，不求變俗。」見史徵《口訣義》。案風行地上，无所不周。聖人之教，无所不被。省，視也。設，施陳也。方，方俗。民，民風。修其教，不易其俗。齊其政，不易其宜。此巡狩之禮所由取法也。

---

❶「灌」，原脱，今據皇清經解續編本、崇文書局本補。

初六，童觀，小人无咎，君子吝。**案**鄭康成曰：「童，稚也。」見《釋文》。虞翻曰：「艮爲童。陰，小人。陽，君子。陽伏陰下，故君子吝矣。」**案**陰消之卦，初不及五，上來之三，下體成艮，初止不動，故无咎。時當陰長，伏陽不能即發，故吝。象曰：初六童觀，小人道也。**案**明言初六，言其失位。得无咎者，消卦也。陰消陽，初不及五。

六二，闚觀，利女貞。**注**虞翻曰：「竊觀稱闚，艮爲宫室，坤爲闔户，小人而應五，故利女貞，利不淫視也。」**案**二在坤中，初三未正，離象伏，故闚。利初三之正，成離中女，故利女貞。知謂初三之正，不謂二得正爲「利女貞」者，以《易》之通例。言「利貞」者，皆謂不正者化之正。爻亦然，如明夷六五「利貞」，艮初六「利永貞」，鼎六五、損九二「利貞」是也。升上六「利于不息之貞」，則謂利五之正，不息之上，上六本得正也。故知此「利女貞」亦非謂本爻，合一卦而言，初三之正，離女正位乎内，則不闚觀。所謂家人「利女貞」者也。家人離女在内，三爻已正，而復云利貞女者，❶重戒之。象曰：闚觀，女貞，亦可醜也。**案**二爲五應，不能大有所爲，故亦可醜。孟子曰：「以順爲正者，妾婦之道也。」不云利者，在君子則无所利也。始而闚觀，即正亦如女，是以可醜。侯果云：「得位居中，上應於五，闚視朝美，不能大觀。處大觀之時，而爲闚觀，女正則利，君子則醜也。」

六三，觀我生，進退。**案**我，我三也。生，伏陽也。陽伏於三，動而欲出，故觀我生。時陰消未極，伏陽不能發，動而還止，故進退。象曰：觀我生，進退，未失道也。**案**三有伏陽，故未失道。

六四，觀國之光，利用賓于王。**注**虞翻曰：「坤爲國，王謂五陽。」**案**初三之正，離爲光，國之光謂賢也。《詩》曰：「彼其之子，邦家之光。」四爲諸侯，得正應初，乘三，故觀之，使伏陽發而成

❶「貞女」，疑倒。

既濟，以奉五，故利用賓于王。此諸侯貢士於天子之象也。《儀禮・鄉飲酒禮》疏引鄭《易》注云：「諸侯貢士於天子，鄉大夫貢士於其君。」云云。貢士於天子，即謂此。《漢書・五行志》引京房《易傳》云：「經稱觀其生，言大臣之義，當觀賢人，知其性行，推而貢之。」京於「觀其生」云然，義實本此。又《易傳》云：「諸侯臨世，反應元士，而奉九五。」是京謂四以初奉五也。天子之鄉大夫貢士于王，則《鄉大夫》職所云「三年大比」是也。諸侯之鄉大夫貢士于其君，鄭於《鄉飲酒禮》注引《鄉大夫》職以例，則與天子之鄉大夫同。《鄉飲酒禮》，其可考者也。諸侯貢士於天子亦三歲，《射義》云：「古者天子之制，諸侯貢士於天子，天子試之於射宮。」注云：「三歲而貢士。」舊説云：「大國三人，次國二人，小國一人。」《尚書大傳》云：「古者諸侯之於天子也，三年一貢士。大國舉三人，次國舉二人，小國舉一人。」是諸侯貢士，亦三歲。諸侯貢士，其賓賢之禮，雖不可考，以《鄉飲酒禮》推，當略如燕羣臣之禮，亦試之以射。象曰：觀國之光，尚賓也。**注**崔憬曰：「得位比尊，承於王者，職在搜揚國俊，賓薦王庭，故以進賢爲尚賓也。」案，尚，上也。謂賓于五。

九五，觀我生，君子无咎。**案**我，我五也。生謂陰已消至四，氣伏五下，其幾將萌，五能正其位，不使陰長，故君子无咎。謂既自正其位，使三初亦發之正，任四所貢賢能也。象曰：觀我生，觀民也。**注**虞翻曰：「坤爲民。」案，民爲邦本，觀我生，所以觀民也。古之欲明明德於天下者，先正其心，先誠其意。

上九，觀其生，君子无咎。**案**其，三，謂三伏陽。上本欲之三，三伏陽自發之正，上不得之三，故觀之。三發則上亦自化之正，故君子无咎。象曰：觀其生，志未平也。**注**虞翻曰：「坎爲志。」案，未成既濟，故志未平。

䷔ 震下離上

噬嗑，亨，利用獄。**注**虞翻曰：「坎爲獄，艮爲手，離爲明，四以不正而係於獄，上當之三，蔽四成豐，折獄致刑，故利用獄。」**案**亨謂三上易位。

象曰：「噬嗑而亨。」亨則成豐，故利用獄。象曰：「雷電，噬嗑。」謂成豐也。

彖曰：頤中有物，曰噬嗑。噬嗑而亨，剛柔分。**注**虞翻曰：「物謂四，頤中无物，則口不噬。故先舉頤中有物，曰噬嗑也。」**案**上三易位，故噬嗑而亨。三升上降，故剛柔分。噬嗑合禮，迭用柔剛，知剛柔而曲直可得矣。動而明，雷電合而章。**案**震動離明。動而明，則雷電交。震上離下成豐。故雷電合而章。章，明也。《說文》云：「雷，陰陽薄動也。」「電，陰陽激燿也。」《淮南子・墜形》云：「陰陽相薄爲雷，激揚爲電。」案，陰陽必動而激揚相薄，乃成電雷。故動而明，電雷並起，故合明无不照。聲有遠近，故先電而後雷，其實並起者也。柔得中而上行，雖不當位，利用獄也。**案**柔謂二。上三易位，下卦一體俱升。噬嗑成豐，唯三上兩爻不同，故成豐，但據三上言，其實雷電之合，一體升降也。二上行至五，失位，故雖不當位，利用獄，柔中勝剛復也。

象曰：雷電，噬嗑。先王以明罰敕法。**注**宋衷曰：「雷動而威，電動而明。二者合而其道章也。用刑之道，威明相兼。若威而不明，恐致淫濫。明而无威，不能伏物。故須雷電合而噬嗑備。」鄭康成曰：「敕猶理也。」見《釋文》。案，雷動而上，電明而下，故曰雷電。互坎，爲罰，爲法。

初九，屨校滅趾，无咎。**注**虞翻曰：「屨，貫。趾，足也。震爲足，坎爲校，初位得正，故无咎。」**案**初應在四，化而應四，則失位，震象不見，故屨校滅趾。屨校者，已蹈之愆，震應坎也。滅趾者，未至之災，初未化也。懲於法，則不化，故无咎。知「滅趾」非已麗之刑者，初本得位，化則滅趾，此法也。誡於法而不化，則不滅趾。《繫辭傳》所謂「小懲大誡」。小懲謂屨校，震遇坎也。大誡謂滅趾，初遇險而止不化，以滅趾爲誡，故得无咎。屨校非滅趾之刑，何校非滅耳之罪，皆所謂小也，可說之桎梏也。刖乃滅趾，刵乃滅耳，皆所謂大，一虧而不復全者也。一誡一不誡，故有凶、无咎之殊耳。象曰：屨校滅趾，不行也。**案**震起艮止，故不行，謂不化，故咎无也。

六二，噬膚滅鼻，无咎。**注**馬融曰：「柔脆肥美曰膚。」見《釋文》。案，五陰爲膚。虞翻曰：「噬，食也。艮爲鼻。」案，鄭《乾鑿度》注云：「艮爲山，山澤通氣，其於人體則鼻也。」《魏志·管輅傳》輅云：「艮爲鼻，此天中之山。」**注**二應在五，故噬膚，謂貪其禄位也。欲動應五，化而失位，艮象不見，故滅鼻。不化，故无咎。❶《太玄·闞》次五：「齧骨折齒，滿缶。」《測》曰：「齧骨折齒，大貪利也。」義本此。《漢書·董賢傳》哀帝册免丁明云：「朕惟噬膚之思未忍。」孟康曰：「《易》曰：『噬膚滅鼻。』噬，食也。膚，膏也。喻爵禄恩澤加之，不忍誅也。」是也。顔師古以孟爲非，謂自齧其肌膚，非是。「厥宗噬膚，往有慶」，豈亦自齧之謂乎？

象曰：噬膚滅鼻，乘剛也。**案**乘初。初至五，體屯象，初止不行，二牽於初，亦不化，故得无咎。

六三，噬腊肉，遇毒，小吝，无咎。**注**馬融曰：「晞於陽，而煬於火，曰腊肉。」見《釋文》。虞翻曰：「離日熯之爲腊，坎爲毒，與上易位，利用獄，成豐，故无咎也。」**案**上來之三，遇坎易位得正，故小吝，无咎。《周語》曰：「位高實疾僨，厚味實腊毒。」《韓詩外傳》云：「齊崔杼弑莊公。荆蒯芮使晉而反，其僕曰：『君之無道也，以夫子而死之，不亦難乎？』荆蒯芮曰：『吾聞之，食其食，死其事。吾既食亂君之食，又安得治君而死之。』遂驅車而入死其事。」此其噬肉遇毒者與？象曰：遇毒，位不當也。**案**上三俱失位，遇非其正，故三爲上之毒。

九四，噬乾胏，得金矢，利艱貞，吉。**注**馬融曰：「有骨謂之胏。」見《釋文》。陸績曰：「離爲矢，金矢，取其剛直也。」**案**四噬初也。四應初承五，五之正，離成乾，故得金矢。利之正，與二互坎，故利艱貞，吉。象曰：利艱貞，吉，未光也。**案**未成既濟，故未光。

六五，噬乾肉，得黄金，貞厲，无咎。**注**虞翻曰：「陰稱肉。位當離中，日烈，故乾肉也。乾，

❶「化故」，原倒，今據文意改。

黃金，故得黃金。貞，正；厲，危也。變而得正，故无咎。」案噬，二也。五應在二，自動之正，成乾，故噬乾肉，得黃金。**象曰：貞厲，无咎，得當也。**案化之正，成乾，故得當。

上九，何校滅耳，凶。注鄭康成曰：❶「坎爲耳。」王肅曰：「何，擔也。」見《釋文》。案謂三。三在坎，故何校。三失位，不化之正，則上之三以正之，上之三，滅坎耳，故何校滅耳。始何於校，終於滅耳，故凶。初二本得位，化乃有滅趾、滅鼻之象，故能誡而不化，俱得无咎。三上失位，勢在必化，故一則遇毒，一則滅耳，與初二殊也。《大畜》：「何天之衢。」鄭云：「艮爲手，手上肩也。」此何校亦取象艮何坎。**象曰：何校滅耳，聰不明也。**案坎爲聰，離爲明，坎與離連體，故聰明。上之三，滅坎耳，離象在下，坎聰不見，故聰不明。

䷕ 離下艮上

賁，亨，小利有攸往。案鄭康成曰：「賁，文飾也。離爲日，天文也。艮爲石，地文也。天文在下，地文在上，天地二文相飾，成賁者也。猶人君以剛柔仁義之道，飾成其德也。剛柔雜，仁義合，然後嘉會禮通。」虞翻曰：「泰上之乾二，乾二之坤上，柔來文剛，陰陽交，故亨也。小謂五。五失正，動得位，體離，以剛文柔，故小利有攸往。」

象曰：賁，亨。柔來而文剛，故亨。分剛上而文柔，故小利有攸往。案純陰純陽，无文可見，物相雜，則文著。來謂息內。泰上无陽，五伏陽不能發，二之上，剛上文柔，氣以類感，五亦發而之正，故曰分剛上而文柔。故小利有攸往。物得氣而生，外必有以養之而生乃遂。此五之所以必剛上文柔而始發。**天文也。**注虞翻曰：「艮爲星，離日坎月。」案，艮少陽，故爲星。《春秋説題辭》：「陽精爲日，日分爲星。」案天道陰陽，地道柔剛，以剛柔言地文也，以陰陽言則天文也。**分陰分陽，迭用柔剛，故易六位而成章。文明以**

❶「康成」，原倒，今據皇清經解續編本改。

止，人文也。注虞翻曰：「文明，離。止，艮也。」案人道仁義，自初至上，尊卑各異，各有其文也。君子思不出其位，爲人君止於仁，爲人臣止於敬，爲人子止於孝，爲人父止於慈，與國人交止於信。觀乎天文，以察時變。注虞翻曰：「日月星辰，爲天文也。」案六爻相雜，唯其時物。六畫，時也。六爻，時之變也。物相雜，故曰文。文不當而吉凶生焉。故觀天文以察時變。觀乎人文，以化成天下。注虞翻曰：「五上動，成既濟。」案，文有不當，則化而財之，使成既濟，故化成天下也。

象曰：山下有火，賁。君子以明庶政，无敢折獄。注虞翻曰：「離爲明，坤爲庶政，故明庶政。坎爲獄，三在獄得正，故无敢折獄。噬嗑四不正，故利用獄。」鄭康成曰：「折，斷也。」見《釋文》。案，《康誥》曰：「克明德，慎罰。」曾子曰：「如得其情，則哀矜而勿喜。」所謂无敢折獄也。

初九，賁其趾，舍車而徒。注虞翻曰：「應在震，震爲足。坎爲車。徒，步行也。位在下，故舍車而徒。」案初欲進之四，故賁其趾。賁趾者，足容在下之禮也。初之四，乘坎車，則失位，故舍車而徒。謂不之四，火動而上，故始欲之四。

象曰：舍車而徒，義弗乘也。案坎車，非初所宜乘。惠氏棟云：「禮，唯大夫不徒行。初爲士。《尚書大傳》曰：『古之命民能敬長憐孤，取舍好讓，舉事力者，命於其君，得命然後得乘飾車駢馬，未有命者，不得乘，乘者有罰。』」

六二，賁其須。案須，須五。五正乃應，故象曰：「與上興。」《春秋傳》曰：「寡君須矣。」張氏惠言云：「須，待也。五待之正。」姚氏鼐云：「須者，所俟也。趙宣子盛服將朝。《禮》曰：『揖私朝，煇如也，登車則有光矣。』此人臣之賁其須。至於賓容、會盟、祭祀，皆豫飭而須焉。」案，禮「先戒宿」即所謂須。二欲應五，五未正位，坎險在前，故須成既濟，則陰陽俱有應，三不據二，故與上興。象曰：賁其須，與上興也。案上謂五。興，起也。五之正，二乃應之，故與上興。應稱與也。

九三，賁如濡如，永貞吉。案三自賁也。在坎中，故濡如。濡如，賁貌。三得位，德潤身也。化則失位，上來陵之，故永貞吉，不可化也。惠氏棟云：「坎水自潤，故濡如。」案，《詩》「六轡如濡」，箋云：「如濡，言鮮澤也。」三得位，故濡如。象曰：永貞之吉，終莫之陵也。案上失位，艮爲陵，上陵下也。三得位，下始不得陵，三終不化，上終莫之陵，進禮退禮，誰得而陵之？

六四，賁如皤如，白馬翰如，匪寇婚媾。案四自賁也。皤如，賁貌。李鼎祚云：「皤亦白素之貌。」謂自飾以應初也。震爲馬，五動成巽，爲白，故白馬。翰如，白貌。《檀弓》：「殷人尚白，戎事乘翰。」鄭彼注云：「翰，白色馬也。」引此以證，蓋《禮》家說也。其注《易》訓翰爲幹者，用《易》家說也。坎爲寇，初疑四也。四得位，初疑爲寇，故舍車而徒，不應四，陰陽德正，終相應，故匪寇婚媾。象曰：六四當位，疑也。匪寇婚媾，終无尤也。案六四雖當位，而體坎，勢在可疑，故當位疑。皤如飾外，所以動初之疑也。《太玄·視》次六：「素車翠蓋，維視之害。」《測》曰：「素車翠蓋，徒好外也。」案，維視之害，亦謂視之可疑，《太玄》準賁以疑，即此意。初四終相應，故終无尤。

六五，賁于丘園，束帛戔戔，吝，終吉。注虞翻曰：「艮爲山，五半山，故稱丘。木果曰園。」案，山下有火，賁于丘園之象。《子夏傳》曰：五匹爲束，三玄二纁，象陰陽。見《釋文》。案，五匹十端，《周禮》謂之五兩。泰，天玄地黃。二之上，上之二，成賁。故賁于丘園，束帛戔戔也。馬融曰：「戔戔，委積貌。」見《釋文》。案，失位故吝，化之正，故終吉。象曰：六五之吉，有喜也。注虞翻曰：「五變之陽，故有喜。」案，觀乎人文，以化成天下。賢人者，國之文，化之本也。

上九，白賁，无咎。注虞翻曰：「五動成巽，在巽上，故曰白賁。變而得位，故无咎矣。」案白，素也。在賁之終，故曰白賁。《論語》曰：「禮後乎？」鄭《攷工》注云：「素，白采也。後布之爲其易污也。」惠氏棟云：「上者賁之成。《攷工記》曰：『畫繪之事，後素功。』《論語》曰：『繪事後素。』」象曰：白賁无咎，上得志也。注虞翻曰：「上之正得位，體既濟，故曰得志。」

䷖ 坤下艮上

剥，不利有攸往。注虞翻曰：「陰消乾也。」案不利有攸往，謂上。上失位而動，則陰從而之成坤。

象曰：剥，剥也，柔變剛也。不利有攸往，小人長也。案陽道不絶，故陰消陽，每一爻皆有剥義，剥落於此，復生於彼也。柔變剛，謂陰長消陽。陽極於上，此乾陽之九也。上剥盡爲坤，是爲化，七日來復，復生於下，是曰化生。剥上者，乾上之極，變之終也。故特曰：「柔變剛。」柔來則使剛變，變則化上，剥成坤。藏養坤中，七日來復，是爲化生，故終盡謂之化，始息謂之化。順而止之，觀象也。君子尚消息盈虛，天行也。注虞翻曰：「坤順艮止，謂五消觀成剥，故觀象也。案，五止之，不使消，則猶是觀。乾息爲盈，坤消爲虛，故君子尚消息盈虛，天行也。案，一消一息，十二卦而周一歲，故天行。則出入无疾，反復其道，易虧巽消艮，出震息兑，盈乾虛坤。」案，此《參同契》納甲之義。張氏惠言云：「易謂乾元。」

象曰：山附於地，剥。注陸績曰：「艮爲山，坤爲地。」案附，《説文》曰：「附婁，小山也。」陰長剥陽，上餘碩果，一陽僅存，坤地至五，艮不足稱山也，故附於地，剥使之然。六十四卦，唯此稱附，山不成山，所謂剥爛也。消息之義，卦難悉知，經傳明文，可言其略。消息出入，合而論之，消而未盡，謂之附，此是也。消盡從上反下，謂之入。「明入地中」是也。《明夷》上六云：「初登于天，後入于地。」則其入在上下之交，所謂天地際也。上體盡入，則下體畢升，而三在上矣。其實入者伏焉，六爻實即三爻也，入而未散，謂之有，尚有也，「地中有山」、「澤中有雷」、「澤中有火」是也。散則謂之滅，謂之无，「澤滅木」、「澤无水」是也。散而復聚謂之在，❶「雷在地中」、「天在山中」是也。此皆據其氣之聚者而言，非已成體，故曰在中。下卦者，上卦之中，初又其最中者也。故全卦之氣，聚於一爻，氣聚而復息，謂之生，「地中生木」是也。生而成體，謂之有，有於中也，「地中有水」是也。此有於中，❷則彼有於外，「澤上有地」是也。有於中而達諸外，謂之出，「明出地上」、「雷出地奮」是也。而其義之最顯著者，莫如家人。家人，「風自火出」，則當其未出，伏於下卦之下可知，其出必由下卦，亦可知矣。出者，對入之稱，非一出而即全卦俱出者也。其出有漸，以次而升，「澤上於地」、「澤上於天」、「雷上於天」是也。上於者，方上之稱，非驟上之謂。故《需》四曰：「需于血，出自穴。」方出也。上曰入于穴，則極而反矣。上於者，對入于之稱也。既升而上，則亦曰在，「火在天上」、「雷在天上」是也。在上者，對在中之稱也。在上則氣動者行，「風行天上」、「風行地上」、「風行水上」是也。天下雷行，則行而下者也。氣靜者亦謂之有，「山上有木」是也。動者動而靜亦曰有，「澤上有雷」、「澤上有風」，此既動而息，將退而未入之氣也。是故，陰陽消息，一出一入，天地交則泰，不交則否，三四者，天地之際，出入所由也。至若「雲雷屯」、「雷電噬嗑」、「雷風恒」、「風雷益」、「雷雨作解」、「雷電皆至，豐」，則舉兼並之氣而言。「天與水違行，訟」，「天與火，同人」，「上火下澤，睽」，則以其氣之同異言。「上天下澤，履」，則以其分之尊卑言。不以中外異，不以上下殊也。若「山下出泉」，則下卦乃由上卦而出。下卦成象，而上卦升。「坎水就下」也。水流出，則似上爲中，而下爲外矣。要知「山下出泉」，山之體非在泉上，泉之出，實由山中，則仍下爲中也。若八卦則自取其本義，不以消息言。其餘稱在上者，二。上有者，九。下有者，四。其義不出此數端。數有始、壯、究。卦有出入、上下、始中終。或本或末，或偏或全，據辭明義，大略可知。爲消爲息，未能細爲區別也。「天下有山」、「天下有風」皆消卦，不言中，言下有者，在天中者例不言中，以地中乃天之極中也。且天下无非天中，言下以見天氣之上升。

上以厚下安宅。

案陽極於上，故特言上。六十四卦，唯

❶ 「也散」，原倒，今據皇清經解續編本改。

❷ 「於中」，原倒，今據皇清經解續編本改。

此耳。坤爲厚，爲安，艮爲宅，坤體在下，故厚下。上九剥廬，其宅不安，窮上反下，艮宅居坤位，故安宅。魏文侯曰：「下不安者，上不可居也。」《新序·雜事篇》文。《吕覽·務大》云：「細之安，必待大。大之安，必待小。細大貴賤交相爲贊，然後皆得其所樂。」惠氏棟云：「君子德輿，民所載也。民安則君安。」

初六，剥牀以足，蔑貞，凶。**注**虞翻曰：「此卦坤變乾也。動初成巽，巽木爲牀，復震在下，爲足。案，姤、復通。故剥牀以足。蔑无，貞正也。失位无應，故蔑貞凶。震在陰下，象曰：『以滅下也。』」案，陰消之卦，不得之正，故无貞凶。所謂「履霜，堅冰至」也。陰消陽，陽上窮於剥，乃反復生於下。象曰：剥牀以足，以滅下也。**案**滅初陽，故以滅下。

六二，牀剥以辨，蔑貞凶。**注**鄭康成曰：「足上稱辨，❶謂近膝之下，屈則相近，申則相遠，故謂之辨。辨，分也。」案，《説文》：「釆，辨别也。象獸指爪分别也。」辨，疑釆之假借。**案**陰在二得正，陰消之卦，陰上長，消陽不正，居二，故无貞凶。剥牀，謂始消未成剥時。剥其當爻之陽耳，以足、以辨、以膚，則當爻之陽既剥，陰變成爻，氣上消不已矣。凡言剥牀，皆无德不能厚下者也。下不安則上危，故以足、以辨、以膚，終至剥廬，君子則厚下安宅。象曰：剥牀以辯，未有與也。**案**應稱與。陰消五，五陽未得之正，故未有與。《艮傳》云：「上下敵應，不相與也。」則相應爲與矣。《恒傳》云：「雷風相與。」謂陰陽應也。

六三，剥之无咎。**案**三應上，剥上也。上剥反三得位，由三之初，息而成復，故无咎。象曰：剥之无咎，失上下也。**案**剥上反三，故失上下也。張氏惠言云：「剥窮於上，乾魂先反三，失之於上，即反於下。」

六四，剥牀以膚，凶。**注**虞翻曰：「辨上稱膚，

❶「辨」，原作「辯」，今據經文及鄭注下文改。

以陰變陽，至四乾毀，故剥牀以膚。」**案**三四，交際之間。四由内達外，終必至上，故凶。傳曰：「剥，爛也。」潰爛者，自内達外。象曰：剥牀以膚，切近災也。**注**鄭康成曰：「切近，切急也。」見《釋文》。案，上反三，坎爲災。

六五，❶貫魚，以宫人寵，无不利。**案**魚，陰類。貫魚，象陰之以次升也。《淮南子》曰：「天之且風也，草木未動而鳥已翔矣。❷其且雨也，陰曀未集而魚已噞矣。以陰陽之氣相動也。」《泰族》文。剥，陽剥而下，陰進而上，象魚感雨澤之氣而升也。以者，法貫魚之象。以爲宫人承事君子之道，則寵无不利也。鄭《乾鑿度》注云：「陽衰之時，若能執柔順以奉承君子，若魚之序，然後能寵无不利也。」象曰：以宫人寵，終无尤也。**案**陰陽之道，亦男女戰。乾出震，故无尤。消息之道然也。

上九，碩果不食，君子得輿，小人剥廬。**案**碩，大也。艮爲果，乾陽聚於上，故碩果。食讀爲「日有食之」之食，陰食陽也。艮以之止，故不食。下五陽爲陰所消，唯上碩果，陰不能食，是以剥而復生。君子謂陽，得當作德。《釋文》云：「京、董作德。」案，虞云：「乾爲德。」則虞亦作德。坤爲輿，上以厚下安宅，故德輿。謂反之三，坤民載之也。上之三，則上體純陰，艮宅不見，故小人剥廬。《太玄·夷》次六：「夷于廬，其宅丘虚。」《測》曰：「夷于廬，厥德亡也。」小人无德，故剥廬也。象曰：君子得輿，民所載也。小人剥廬，終不可用也。**案**坤爲民，厚載物，故民所載，謂上之三，坤載之也。上降則陰長而終，陽剥而伏，故終不可用，此乾上之所以不可動也。

䷗ 震下坤上

復，亨。**注**鄭康成曰：「復，反也，還也。陰氣侵

---

❶「五」，原作「四」，今據皇清經解續編本、崇文書局本改。

❷「未動」，原倒，今據皇清經解續編本改。

陽，陽失其位，至此始還，反起於初，故謂之復。」見《左傳》疏。虞翻曰：「剛反交初，故亨。」出入无疾，朋來无咎。注虞翻曰：「謂出震成乾。案，復震。入巽成坤。案，姤巽。坎爲疾。十二消息，不見坎象，故出入无疾。」案，十二消息，无坎離。坎離者，乾坤之中氣，伏藏於中者也。案朋謂陽。陽息，故朋來无咎。息爲來也。反復其道，七日來復。注康成曰：❶「建戌之月，以陽氣既盡。建亥之月，純陰用事。至建子之月，陽氣始生。隔此純陰一卦，卦主六日七分，舉其成數言之，而云七日來復。」見《正義·序》。案，孔疏云：「《易緯稽覽圖》云：『卦氣起中孚。』故坎、離、震、兑，各主其一方，其餘六十卦，卦有六爻，爻別主一日，凡主三百六十日。餘有五日四分日之一者，每日分爲八十分，六十卦，卦別各得七分，是每卦得六日七分也。」疏蓋用鄭義，易通以一爻當一日，皆舉成數言也。陽自剥反復，起於初，其道謂陽道，所謂德之本也。卦氣之説，詳於《唐志》一行議，然於卦爻配合，究屬難明，兹故闕焉，以俟知者。利有攸往。注虞翻曰：「陽息臨成乾，小人道消，君子道長，故利有攸往矣。」

彖曰：復，亨。剛反動而以順行，是以出入无疾，朋來无咎。反復其道，七日來復，天行也。利有攸往，剛長也。案陽反於初，故剛反。所謂反復其道也。動震順坤，陽息推陰而上，故動而以順行，一消一息，天道周。陽復息初，故天行也。陽息成乾，初動之九，故剛長。復其見天地之心乎！注荀爽曰：「復者，冬至之卦，陽起初九，爲天地心，萬物所始，吉凶之先，故曰見天地之心矣。」案，元伏初下，天地之極中也。故見天地之心，陽始起未成爻畫者也，解在《贊元》。

❶「康」上，皇清經解續編本、崇文書局本有「鄭」字。又「成」，原重，今據皇清經解續編本、崇文書局本删一「成」字。

象曰：雷在地中，復。先王以至日閉關，商旅不行，后不省方。注宋衷曰：「自天子至公侯，不省四方之事，將以輔遂陽體，成致君道也。制之者，王者之事。奉之者，爲君之業也。故上言先王，而下言后。」案，先王以者，法此爲制。后不省方，所制典禮也。鄭康成曰：「資貨而行，曰商。旅，客也。」見《釋文》。虞翻曰：「至日，冬至之日。坤闔户，爲閉關。巽爲商旅，爲近利市三倍，姤巽伏初，故商旅不行，《姤·象》曰：『后以施命，誥四方。』今隱復下，故后不省方。」案，《白虎通·誅伐》云：「冬至所以休兵不舉事，閉關，商旅不行，何？此日陽氣微弱，王者承天理物，故率天下静，不復行役，扶助微氣，成萬物也。」

初九，❶不遠復，无祇悔，元吉。注鄭康成曰：❷「祇，病也。」見《釋文》。案，鄭蓋以祇爲疷之假借。案元已伏初，故不遠復。出入无疾，故无病悔。乾元伏初，發而成乾，故元吉。《太玄·周》次三：「出我入我，吉凶之魁。」《測》曰：「出我入我，不可不懼也。」義本此，所謂復小而辯於物。象曰：不遠之復，以修身也。案欲修其身者，先正其心。伏陽發，故修身。孟子曰：「所以考其善不善者，豈有他哉？於己取之而已矣。」

六二，休復，吉。案休，止也。陽發至二，則陰伏故休。陰休而陽復，故吉。二得正，伏二本位，不消陽。象曰：休復之吉，以下仁也。案下仁謂初。初元伏，故曰：「仁，善之長也。」二陰以初元息乾，故休。

六三，頻復，厲，无咎。注虞翻曰：「頻，蹙也。三失位，故頻復，厲。動而之正，故无咎。」案頻謂陰。三，陽位。陽復至三，陰不能伏，故頻蹙而退，體乾三故厲。陽至三得正，故无咎。復陽之生，與乾不同。乾則六畫既已成體，或言先，或言後，所謂息至二，息至三者，據位言耳。所謂陰者，虛位也。

---

❶「初九」，原倒，今據皇清經解續編本、崇文書局本改。

❷「康成」，原倒，今據皇清經解續編本改。

復則元始伏於初陰，氣尚盛，故多兼陰言，此其異也。

象曰：頻復之厲，義无咎也。案陽至三，得位，故義无咎。

六四，中行，獨復。案中行謂四降二。從二而伏。二四互卦。陽獨上升，故獨復。象曰：中行獨復，以從道也。案從二地道，從地道，所以奉天道也。

六五，敦復，无悔。案坤厚故敦。五，坤中，故敦復。陽息至四，與五接，五有伏陽，感而遂通，得位故无悔。象曰：敦復无悔，中以自考也。案考，稽也。伏陽在外，故中以自考。仁義禮知，非由外鑠。孔子曰：「君子之道四，丘未能一焉。」此聖人之自考也，所謂復以自知也。

上六，迷復，凶，有災眚。注虞翻曰：「坤冥爲迷。」鄭康成曰：「異自内生曰眚。自外曰祥。害物曰災。」見《釋文》。案元伏於中，陰周其外，此坤上凝陽之象也。陰迷而陽復，則戰矣，故凶。龍戰于野，其道窮也。此亦窮之災也。用行師，終有大敗，以其國君凶。注荀爽曰：「坤爲衆，故用行師，謂上行師，而距於初。陽息上升，必消羣陰，故終有大敗。國君謂初也，受命復道，當從下升。今上六行師，王誅必加，故以其國君凶。」案，坤爲國。元者，國之君也。陰當順陽，不順陽而欲以其國君，是不用君命者也，以君者叛君者也。至于十年，不克征。注虞翻曰：「坤爲十年。」案陰不能距陽，故至于十年不克征。十者，陰陽之合也。雖陰陽已合，陰終不能距陽，況在陽息之時乎？象曰：迷復之凶，反君道也。案陽爲君道，迷則背君，故凶。後順得常，何凶之有？

周易姚氏學卷第七終

周易姚氏學卷第八

旌德姚配中撰

周易上經彖上傳象上傳

䷘ 震下乾上

无妄，元亨利貞，其匪正有眚，❶不利有攸往。注虞翻曰：「遯上之初，剛來交初，體乾，故元亨。三四失位，故利貞也。案，利成既濟。匪正，謂上也。四已之正，上動成坎，故有眚。變而逆乘，天命不祐，故不利有攸往矣。」案，上窮失位，動則見滅於陰。

彖曰：无妄，剛自外來，而爲主於内，案外謂遯上，内謂初。陽爲陰主。動而健，剛中而應，大亨以正，天之命也。注虞翻曰：「動，震也。建、❷大亨，謂乾。剛中謂五，而應二。大亨以正，變四承五，乾爲天，故曰大亨以正，天之命也。」案成既濟，乾道變化，各正性命，故天之命，所謂至於命也。其匪正有眚，不利有攸往，无妄之往，何之矣？天命不祐，行矣哉！注虞翻曰：「祐，助也。行矣哉，言不可行也。」案无妄則不宜妄行。上匪正而動，是處无妄之時而妄者也，故曰无妄之往。之，之匪正者也。匪正而往，何所之也？此謂上不之三，而自妄動也。一陰一陽者，天之命。上失位妄行，故天命不祐。大有上化順乾，故自天祐之。

象曰：天下雷行，物與无妄。注虞翻曰：「與謂舉。妄，亡也。謂雷以動之，震爲反生，萬物

❶「眚」，原作「省」，今據皇清經解續編本、崇文書局本改。

❷「建」，據經文彖辭當作「健」。

出震，无妄者也。」荀九家曰：「天下雷行，陽氣普遍，无物不與，故曰物與也。物受之以生，无有災妄，故曰物與无妄也。」❶先王以茂對時育萬物。注虞翻曰：「乾盈爲茂，艮爲對時，體頤養象，萬物出震，故以茂對時育萬物。」案，時，天下雷行時也。《月令》：「季春布德行惠，孟夏命司徒循行縣鄙，命農勉作，毋休于都。」

初九，无妄，往吉。案初得正，故往吉，謂動之爻也。象曰：无妄之往，得志也。案初得正，四化應初，故得志。

六二，不耕穫，不菑畬，則利有攸往。注虞翻曰：「有益耕象，无坤田，故不耕。震爲禾稼，艮爲手，禾在手中，故稱穫。」鄭康成曰：「一歲曰菑，二歲曰新田，三歲曰畬。」見《詩·采芑》疏。案耕乃有穫，菑而後畬者，常也。六二中正有應，所謂不習无不利者，故不耕穫，不菑畬。謀道不謀食，禄在其中，故則利有攸往。所謂則，不疑其所行者也。往謂往應五。《呂覽》曰：「武王以甲子至殷郊，殷已先陳矣。人爲人之所欲，己爲人之所惡，先陳何益？適令武王不耕而穫。」《貴因》文。案，《坊記》云：「禮之先幣帛也，欲民之先事而後禄也。」引此以證。注云：「言必先種之，乃得穫。若先菑，乃得畬也。安有無事而取利者乎？」彼蓋謂必耕必菑，乃可往，然後有穫畬也。若不耕不菑，安有穫畬？是則凶矣。故彼畬下多一「凶」字。此云「則利有攸往」者，言果不耕而穫，不菑而畬，是乃不習无不利者。❷故則利有攸往，言不疑其所行也。若非是，則不利矣。《坊記》義與此可互明。不耕不菑，非不菑耕。所謂直内方外，自立有素也。豈待欲穫始耕乎？孔子曰：「丘之禱久矣。」學而優則仕，未聞以仕學。又案，《盤庚》云：「若農服田，力穡乃亦有秋。惰農自安，不昏作勞，不服田畝，越其罔有黍稷。」《呂覽·貴當》云：「有不先耕而成霸王者，古今無有。」《淮南·説林》云：「不能耕而欲黍粱，不能織而喜采裳，無事而求其功，難

❶「也」，原作「曰」，今據皇清經解續編本、崇文書局本改。

❷「无」，原作「元」，今據皇清經解續編本改。

矣。」《太玄·毅》次五：「不田而穀，毅於揀禄。」《測》曰：「田不田，而禄食不當也。」義皆與《坊記》同。 象曰：不耕穫，未富也。案不耕可穫，必不急於求穫，道在己也。利有攸往，實未往，故未富。言得之有道，不自妄求也。《太玄·失》次六：「滿其倉，蕪其田，食其實，不養其根。」《測》曰：「滿倉蕪田，不能脩本也。」義反此。

六三，无妄之災，或繫之牛，行人之得，邑人之災。注虞翻曰：「四動之正，坤爲牛，巽爲繩。」案四之正，成坤。上來之三，得坤牛，坤爲邑，邑人謂三伏陽，上之三，互坎，伏陽不能發，故邑人之災。《詩》曰：「中原有菽，庶民采之。螟蛉有子，蜾蠃負之。」有民而不能治，則能治者得之，此其所以災也。四化，三在坤中，則牛乃三自有之牛也。三伏陽未發，不能自有其有，故或繫之。司市凡得貨賄六畜者，各於其地，三日而舉之，或繫之牛，蓋邑人失之，而或繫之者矣。阮籍《通易論》云：「有國而不收其民，有衆而不脩其器，行人得之，不亦災乎？」

象曰：行人得牛，邑人災也。案邑人失牛，故災。

九四，可貞，无咎。注虞翻曰：「動則正，故可貞。承五應初，故无咎也。」象曰：可貞无咎，固有之也。案伏陰可發之正，故固有之。

九五，无妄之疾，勿藥，有喜。注虞翻曰：「謂四已之正，上動體坎，坎爲疾病，故曰无妄之疾也。巽爲木，艮爲石，故稱藥矣。坎爲多眚，藥不可試，故勿藥，有喜。」象曰：无妄之藥，不可試也。案動則失位，故不可。

上九，无妄，行有眚，无攸利。案上當之三，不之三而妄行，則伏陰發，陽窮不能反。 象曰：无妄之行，窮之災也。案陽窮於上，動則爲陰所消。

䷙ 乾下艮上

大畜，利貞，不家食，吉。利涉大川。注虞翻曰：「二五失位，故利貞。二五易位，成家人。

今體頤養象，故不家食吉，養賢也。」**案**天在山中，天氣下降，故大畜。《小畜》：「密雲不雨。」風行天上，故小畜。不家食，不但家食也。二五易位，成成坎，❶故利涉大川。利物榦事，君子畜德以及人也。故大畜，利貞，不家食，吉。利涉大川；畜之小，但懿文德而已，故密雲不雨也。惠氏棟云：「以艮畜乾，謂之大畜。」

象曰：大畜，剛健篤實，煇光日新。**注**虞翻曰：「剛健謂乾。篤實謂艮。二已之五，利涉大川，互體離坎，離爲日，故煇光日新也。」《釋文》云：「鄭以日新絶句。」案，虞注亦以日新絶句，《大有》「其德」連下讀，與此同。其德剛上而尚賢。**案**大壯初之上，故剛上。在上，故尚賢。《蠱》上「不事王侯，高尚其事」，致仕之賢也。「賁于丘園，束帛戔戔」，方聘之賢也。大畜，艮在乾上，傳曰：「養賢則已。」致之於朝者也。蜀才云：「此本大壯卦。」李鼎祚云：「剛自初升，爲主於外。剛陽居上，尊上賢也。」能止健，大正也。不家食，吉，養賢也。**注**虞翻曰：「健，乾；止，艮也。二五易位，故大正。」案，虞又云：「舊讀言能止健，誤也。」是虞作「健止」。惠氏棟云：「易氣從下生，故彖傳之例，先下而上。」鄭康成曰：「自九三至上九，有頤象居外，是『不家食，吉而養賢』。」見《表記》疏。案，《表記》云：「事君，大言入則望大利，小言入則望小利。」引「不家食，吉」以證。注云：「言君有大畜積，不與家食之而已。必有禄賢者。賢有大小，禄有多寡。」是鄭以不家食爲不但家食，指養賢者言，非指賢者之家食。象曰：「養賢也。」則不家食指養賢者明矣。利涉大川，應乎天也。**注**京房曰：「謂二變五，體坎，案，二之五，化五陰爲陽。故利涉大川。五，天位，故應乎天。」

象曰：天在山中，大畜。君子以多識前言往行，以畜其德。**案**天在山中，艮以畜乾，故多識。天降時雨，山川出雲，地秉陰竅於山川，

❶ 下「成」字，疑衍，皇清經解續編本作「一」。

山中之天，乃山所畜之德，興雲雨者也。是故山以天氣畜其德，而天在山中；君子以前言往行畜其德，而清明在躬，氣志如神。氣所由來，非始本卦，故曰前往。

初九，有厲，利已。案初應四，之四則失位乘剛，故有厲。已，止也。謂不之四。象曰：有厲，利已，不犯災也。注虞翻曰：「謂二變正，四體坎，故稱災也。」案，不之四，故不犯災。

九二，輿説輹。案二之五，坎爲車，多眚。巽爲繩，兑爲毀折，故輿説輹。象曰：輿説輹，中无尤也。案小畜，離目不正，故反目。大畜，二五之正，皆得位得中，故中无尤。

九三，良馬逐，利艱貞，曰閑輿衛，利有攸往。注虞翻曰：「乾爲良馬，震爲驚走，故稱逐也。謂二已變，三在坎中，故利艱貞。」案曰讀爲日。《釋文》云：「鄭人實反。」閑，闌也，防也。日閑輿衛，申誓禁也。兵易擾民，故閑之，乃利有攸往，謂得位，動之爻，防其化也。二之五時，離爲日，爲戈兵甲胄，❶故曰輿衛。《白虎通·封公侯》云：「司馬主兵，不言兵言馬者，馬陽物，乾之所爲，行兵用焉。不以傷害爲文，❷故言馬也。」良馬者，兵之善者也。古者師過境，必申戒令，故《聘禮》：「遇邦假道，誓于其竟。」注云：「勑告衆士，爲其犯禮暴掠也。」《禮》：「君行師從，卿行旅從。」輿衛者，從君卿之師。非有所征伐，故不曰行師。象曰：利有攸往，上合志也。案上化應三。

六四，童牛之牿，元吉。案牿，牛馬牢也。艮爲童，上陰未發成坤，故曰童牛。震爲木，艮爲木多節，牛止其中，故曰牿，閑之也。震爲動，防其動而失位，故止之。《禮》：祀天之牛，角繭栗繫於牢芻之三月。故童牛之牿，馨聞於天，天祐之，故元吉。天在山中，乾元之氣也。鄭云：「巽爲木，互體震，震爲牛之足，在艮體之中，艮爲手，持木

❶「戈」，原作「弋」，今據皇清經解續編本改。

❷「文」，《白虎通》作「度」。

以就足，是施梏。」又《答泠剛問》云：「牛无手，前足施牿。」鄭蓋以牿爲梏義，亦通。《吕覽・士容》云：「齊有善相狗者，其鄰狗不取鼠，以告相者，相者曰：『此良狗也，其志在獐麋豕鹿，不在鼠。欲其取鼠也，則桎之。』其鄰桎其後足，狗乃取鼠。」據此是古有桎狗之法，亦應有桎牛之法。桎後足謂之桎，則前足爲梏審矣。晁説之云：「鄭作角。」其亦未見《周禮》疏所引鄭注也。虞注謂以木楅其角，《説文》引作「僮牛之告」，義與虞同，皆畜養之義。陸云：「牿當爲角。」劉氏云：「牿之言角，其即觲且角之意與？」」象曰：六四元吉，有喜也。案天祐之，故有喜。

六五，豶豕之牙，吉。注鄭康成曰：「牙讀爲互。」見《釋文》。案，牙，互形之誤。《劉向傳》「宗族磐互」，注云：「互字或作牙。」亦形似之訛。案《周禮・牛人》：「凡祭祀，共其牛牲之互。」豶豕之互，亦謂祭也。二五易位，上之正，坎爲豕，易位得正，故吉。豶，幼豕也。牛用童牛，故豕用幼豕。畜之大，莫過於祭，所謂博碩肥腯者也。《牛人》注：司農云：「互謂楅衡之屬。」鄭云：「若今屠家縣肉格。」據先鄭義，則豶豕之互亦謂閑之；據鄭義，則謂祭時陳設也。義皆可通。惠氏士奇云：「童牛豶豕，幼小之名。❶《爾雅》：『豕子，豬。䝐，豶。幺，幼。』注云：『俗呼小豶豬爲䝐子。』」象曰：六五之吉，❷有慶也。注虞翻曰：「五變得正，案，二之五。故有慶也。」

上九，何天之衢，亨。注鄭康成曰：「艮爲手，手上肩也。乾爲首，首肩之閒，荷物處。乾爲天，艮爲徑路，天衢象也。人君在上，負荷天之大道。」見《崔駰傳》注及《文選》注。馬融曰：「四達謂之衢。」見《釋文》。象曰：何天之衢，道大行也。案在五上，五何之也。二之五，上化之正，陰陽通，故亨。賢者，道所在。養賢則道行矣。故道大行，謂成既濟也。賢得而民得，民得

❶「名」，原作「彳」，今據皇清經解續編本、崇文書局本改。
❷「五」，原作「四」，今據皇清經解續編本、崇文書局本改。

而天與之矣。

䷚ 震下艮上

頤，貞吉。注姚信曰：「以陽養陰。」案，《鄉射禮》記「亨于堂西北」，注云：「祖陽氣之所始也。陽氣主養，《易》曰：『天地養萬物，聖人養賢以及萬民。』」是鄭亦以此爲陽養陰也。上下二陽，包養四陰，互體坤，萬物致養，陽以陰養物也。所謂地道无成，❶而代有終。案三上易位，五之正，故貞吉。頤上下二陽，四陰在中。二五，上下之中。三四，互體之中。所謂中爻也。中爻皆陰象，天包地，陽極於外，盛陰在中之象。象曰「山下有雷」，則不取下爲上中之義，山下有雷，艮之下，震之上，三四之交，乃其最中，而陽所伏也。是故六畫之卦，以下爲中者，據其自地中至天上，以一方言之；六畫引爲渾圜，則初在中。《太玄·周》次二所謂「植中樞，周無隅」，元立於中爻，周其外也。頤以三四之交爲中，則據渾圜之體言之，反復不衰。三四之交，即元之所伏，天地之極中也。王肅《中孚》注云：「中孚之卦，外實內虛。」虞《小過》注云：「或說以卦象二陽在內，四陰在外。」宋衷云：「二陽在內，上下各陰，有似飛鳥舒翮之象。」據此是反復不衰之卦，漢魏諸儒亦以爲渾圜之象。故謂三四爲內也。頤上止下動，亦皆外所噬之物，在三四之交，乃爲中耳。觀頤，自求口實。注鄭康成曰：「頤，口車輔之名也。震動於下，艮止於上，口車動而上，因輔嚼物以養人，故謂之頤。頤，養也。觀頤，觀其養賢與不肖也。頤中有物，曰口實。自二至五，有二坤，坤載養物，而人所食之物皆存焉。觀其求可食之物，而貪廉之情可別也。」

彖曰：頤，貞吉，養正則吉也。注宋衷曰：「頤者，所由飲食自養也。君子割不正不食，況非其食乎？是故所養必得賢明，自求口實必得體宜，是謂養正也。」案，養正謂成既濟。觀頤，觀其所養也。自求口實，觀其自養也。天地養萬物，聖人養賢以及萬民。頤之時大矣哉！案天謂陽，地謂陰。天資始，地資

❶「无」，原作「元」，今據皇清經解續編本改。

生，天包乎地，物无不養。聖人則天因地，亦无所不養也。《素問·五運行大論》：「帝曰：『地之爲下，否乎？』歧伯曰：『地爲人之下，太虚之中者也。』帝曰：『馮乎？』歧伯曰：『大氣舉之也。』」

象曰：山下有雷，頤。君子以慎言語，節飲食。**注**劉表曰：「山止於上，雷動於下，頤之象也。」荀爽曰：「雷爲號令，今在山下閉藏，故慎言語。雷動於下，以陽食陰，艮以止之，故節飲食也。言出乎身，加乎民，故慎言語，所以養人也。飲食不節，殘賊羣生，故節飲食以養物。」案，《口訣義》引荀注云：「飲食失宜，患之所起。」

初九，舍爾靈龜，觀我朵頤，凶。**注**鄭康成曰：「朵，動也。」見《釋文》。案，李鼎祚云：「朵頤，動下垂之貌。」**案**舍，止也。龜，陰之老也，千歲而靈。《爾雅》：「一曰神龜，二曰靈龜。」初應四，四體艮止，互坤，故舍爾靈龜。我謂初，初體震動，故觀我朵頤。動化失位，故凶。謀及乃心，謀及卜筮，靈龜不用，朵頤是觀，貪求失正，无所稽疑，謂不欲四正應，而貪望其它也。象曰：觀我朵頤，亦不足貴也。**案**屯初以貴下賤，大得民，陽貴陰賤也。觀我朵頤，陽動而化，故亦不足貴。本足貴者也，動而失位，斯亦不足貴也矣。

六二，顛頤，拂經于丘頤，征凶。**注**王肅曰：「拂，違也。經，常也。」**案**顛，頂也，謂上，喻高也。二當應五，不應五而養於上，故拂經。高以下始，二之之上，由五失位，五艮中，故曰丘。于丘頤，言由五養之失正，故二之之上，言有漸也。上非二應，二征之上，故征凶。柳氏興宗云：「《書》稱『不有康食』，顛頤之謂。『拂其耉長』，拂經于丘頤之謂。」象曰：六二征凶，行失類也。**案**陰與陰爲類，言二當應五，不應五而之上，故行失類。

六三，拂頤，貞凶，十年勿用，无攸利。**注**虞翻曰：「坤爲十年。」**案**三失位，故拂頤。拂頤則凶至，凶至乃貞，故貞凶。所謂正乎凶也。方欲之正，而凶已至，尚何益乎？故十年勿用，无攸利，悖之甚，則挽之難也。十者，陰陽之合，既濟是也。十年勿用，言終勿用也。《吕覽》曰：「德義之緩，邪利之急，身以困窮，雖後悔之，尚將奚及？」《情欲》文。象曰：十年勿用，道大悖也。**案**道謂三，陽位養道也。拂頤大悖，故十年勿用。「小人之使爲國家，菑害並至，雖有善者，亦无如之何。」是以貞凶，由辯之不早辯也。

六四，顛頤，吉。**案**顛謂上，上之三，四得乘之，有應於初，故吉。虎視眈眈，其欲逐逐，无咎。**注**虞翻曰：「坤爲虎，離爲目。逐逐，心煩貌。」案，《説文》云：「視近而志遠。」**案**謂初也。初欲四「舍爾靈龜，觀我朶頤」，❶故眈眈、逐逐，喻貪暴也。上之三，成離，則初應四，故无咎。象曰：顛頤之吉，上施光也。**注**虞翻曰：「謂上已反三，成離，故上施光也。」案，上之三，五化之正，成既濟。

六五，拂經，居貞，吉。**注**虞翻曰：「失位，故拂經。」**案**二之拂經，實由於五，故五亦曰拂經。五與二爲應，五不應二而承上，是五先違常也。二以五違常，故亦應上。五之正，則二應之，故居貞吉。不可涉大川。**注**虞翻曰：「涉上成坎，乘陽无應，故不可涉大川矣。」案，五若之上，則上來之五，二終爲所有，故宜自正也。象曰：居貞之吉，順以從上也。**案**二違常由五，五正則二仍順五，故順以從上，五是以吉也。

上九，由頤，厲吉，利涉大川。**注**虞翻曰：「由，自從也。體剥居上，衆陰順承，故由頤。失位故厲。之五，得正成坎，坎爲大川，故利涉大川。」案，此與由豫同。由豫謂四之五，由頤謂上之五。爻於五言不利涉大川，不可之上，而上可之五者，上之五，得尊位。五之上，則自失其尊位，各有宜也。五之正，則上降三。上之五，則三化。象曰：由頤，厲吉，大有慶也。**注**虞翻曰：「變陽得位，案，謂

❶「頤」，原作「顛」，今據初九爻辭改。

之五。故大有慶。」

☱☴ 巽下兌上

大過，棟橈。注虞翻曰：「巽爲長木，稱棟。初上陰柔，本末弱，故棟橈也。」案《魯語》曰：「不厚，棟其不能任重。❶重莫如國，棟莫如德。」利有攸往，亨。注虞翻曰：「謂二也。失位无應，利變應五。」案二化，初四易位，成既濟，故亨。

象曰：大過，大者過也。注虞翻曰：「陽稱大。」案，四陽之卦，不但大過。四陰之卦，不但小過。獨此二卦稱過者，反復不衰之卦，皆渾圜之象。頤盛陰充滿，陽將從中生，故《太玄》準以養，養伏陽也。大過象陽極而陰伏，陽在中四爻，故以過言之。小過陰在外，據二五，故亦稱過。中孚則陰漸以斂，陽從中生矣。雖五陰五陽之卦，非渾圜不言過。棟橈，本末弱也。剛過而中，巽而說行，利有攸往，乃亨。大過之時大矣哉！案上下陰柔，故弱。中，中四爻也。反復不衰，以渾圜言，巽亦兑也，故巽而說行。二之正，初四易位，乃成既濟，陰陽通，故乃亨也。

象曰：澤滅木，大過。案滅，盡也。反復不衰，兑亦爲巽，故象棟。渾圜視之，上下皆兑，故澤滅木。君子以獨立不懼，遯世无悶。案獨立象棟，遯世象巽，盡伏也。《荀子》曰：「天下有中，敢直其身。先王有道，敢行其意。上不循於亂世之君，下不俗於亂世之民。仁之所在无貧窮，仁之所亡无富貴。天下知之，則欲與天下同苦之。天下不知之，則傀然獨立天地之間而不畏，是上勇也。」《性惡》文。

初六，藉用白茅，无咎。注虞翻曰：「位在下稱藉。巽柔白爲茅。」案藉於下不動，則失不見，故无咎。禮祭有茅，藉取其絜也。《漢書·淮陽憲王欽傳》，元帝諭憲王曰：「《易》『藉用白茅，无咎』。言臣子之道，改過自新，絜己以承上，然後免於咎也。」象

❶「棟其」，《國語》倒。

曰：藉用白茅，柔在下也。

九二，枯楊生稊，老夫得其女妻，❶无不利。注虞翻曰：「稊，稺也。楊葉未舒稱稊，巽爲楊，乾爲老，老楊故枯。兑爲雨澤，枯楊得澤復生稊。二體乾老，故稱老夫。女妻謂上兑，兑爲少女，故曰女妻。大過之家，過以相與，老夫得其女妻，故无不利。」象曰：老夫女妻，過以相與也。注虞翻曰：「謂二過初與五，五過上與二，獨大過之爻，得過其應，故過以相與也。」案，張氏惠言云：「初比二，而二使之過與五。上比五，而五使之過與二。」

九三，棟橈，凶。案巽爲木，爲直，應在兑，爲毁折，其木曲，故橈。兑上陰柔，不能輔陽，三化失位體困，輔之益橈，故凶。《漢書·叙傳》云：「大過之困，實橈實凶。」象曰：棟橈之凶，不可以有輔也。注虞翻曰：「本末弱，故橈。輔之益橈，故不可以有輔。陽以陰爲輔也。」案，《太玄·上》次七：「升于顛臺，或柱之材。」《測》曰：「升臺柱，輔弗堅也。」其義本此。

九四，棟隆，吉，有它吝。案惠氏棟曰：「初四易位，故吉。過應上則橈，故有它吝。」非應，稱它。象曰：棟隆之吉，不橈乎下也。案四之初，則初不弱，故不橈乎下。《太玄·毅》次六：「毅于棟柱，利安大主。」《測》曰：「毅于棟柱，國任疆也。」

九五，枯楊生華，老婦得其士夫，无咎无譽。案兑象反巽，故枯楊。震爲旉，五動失位，成震，故生華。兑爲女，乾爲老，故老婦謂五也。初爲元士，二之正，艮爲少男，故曰士夫。《詩》曰：「桃之夭夭，灼灼其華，之子于歸，宜其室家。」言婦人以年盛時行也。枯而生華，是狂生也。荀子曰：「危削滅亡之情，舉積此矣，而求安樂，是狂生者也。狂生者，不胥時而落。」《君道》文。五動失位，仍反其本，故无咎。无應於二，故无譽

❶「女妻」，原倒，今據皇清經解續編本、崇文書局本改。

也。老夫老婦，重昏嫁者。士夫女妻，初昏嫁者。虞以老婦謂初，玆不用二。老夫得女妻，謂二得上，則此老婦得士夫，宜謂五得初。《禮》：「宗子雖七十，無無主婦。」是老夫，得再娶。《白虎通・諫諍》云：「棄妻令可嫁，是婦出得再嫁。」象曰：枯楊生華，何可久也？老婦士夫，亦可醜也。注虞翻曰：「枯而生華，故不可久。」案，《太玄・上》次四「即上不貞，无根繁榮」本此。案五動失位，求非其偶，故亦可醜。

上六，過涉滅頂，❶凶，无咎。注虞翻曰：「兑爲水澤。頂，❷首也。乾爲頂，頂没兑水中，故滅頂，凶。得位，故无咎。」案，澤深至上，陽過於中，陰上窮不能反，❸莫如之何，尚何咎哉？惠氏士奇云：「《後漢書》趙温曰：『一爲過，再爲涉，三而弗改，滅其頂，凶。』當不得不涉之時，有不容復反之勢，又有不可復反之心，君子濡迹以救時，誰得而咎焉？步長六尺，以長爲深，則涉深六尺。過涉則水益深，故有滅頂之象。」案，《太玄・積》次八：「積義辰禍，維先之害。」《測》曰：「積善辰禍，非己辜也。」義本此。過涉滅頂，凶，非己過也。象曰：過涉之凶，不可咎也。案震无咎者，存乎悔。頂已滅矣，不可追咎，此亦不可如何者也。

䷜ 坎下坎上

習坎，有孚維心，亨，行有尚。注虞翻曰：「習，常也。孚，信，謂二五。水行往來，朝宗於海，不失其時，如月行天，故習坎，有孚也。坎爲心，乾二五旁行流坤，陰陽會合，故亨也。」案坎險之世，禮或不行，素位而行，心知禮意，則亦无於禮者之禮也。動也中矣，故維心亨。下坎失正，行之離上，成既濟，故行有尚。

象曰：習坎，重險也。注虞翻曰：「兩象也。天險地險，故曰重險也。」水流而不盈，行險而

❶ 「過」下，原衍「頂」字，今據皇清經解續編本、崇文書局本删。

❷ 「頂」，原脱，今據皇清經解續編本補。

❸ 「上」，皇清經解續編本無此字。

不失其信。**注**荀爽曰：「陽動陰中，故流。陽陷陰中，故不盈也。」案，陽動陰静。坎中陽，陽爲之主，故流。升則降而爲兩，❶陽使之也。離中陰，陰爲之主，故火雖動必有所麗，動而不離其處，陰制之也。若无所麗，則陽動而爲烟矣。坎者，陷也。陷則不流，精凝而成月。離者，麗也。麗則其動有常，精聚而爲日。月光向日而明，動於内也，雖陷而不終止，故坎獨稱習。陸績曰：「水性趨下，不盈溢崖岸也。月者，水精。月在天，滿則虧，不盈溢之義也。」虞翻曰：「水性有常，消息與月相應，故不失其信矣。」維心亨，乃以剛中也。行有尚，往有功也。**案**剛中謂二五。坎中陽，離中陰，皆伏焉者。行之離，成既濟，故有功。天險，不可升也。地險，山川丘陵也。王公設險以守其國，險之時用大矣哉！**注**虞翻曰：「謂五在位。五天從乾來，體屯難，故天險不可升也。坤爲地，乾二之坤，故地險。艮爲山，坎爲川，半山稱丘，丘下稱陵，故曰地險，山川丘陵也。王公大人，謂乾五。案，乾爲王，互震爲公。坤爲邦，乾二之坤，成坎險，震爲守，有屯難象，故王公設險以守其邦。」案，「守」，《掌固》注引作「固」，云：「國曰固，野曰險。」義同。

象曰：水洊至，習坎。君子以常德行習教事。**注**陸績曰：「洊，再也。水再至而益通流，不舍晝夜，重重習相隨以爲常，有似於習，故君子象之，以常習教事，如水不息也。」陸績《京氏易傳》注云：「坎水能深陷於物，處坎之險，不可不習，故曰習坎。」案，坎爲水。坎，陷也。習坎兼二義，水洊至，流行不息也。水陷於坎則止，洊至則雖陷而恒流動，是之謂水洊至。《習坎·象》曰：「習坎，重險也。水流而不盈，行險而不失其信。」亦以水險並言。水不陷則横行，有坎而水歸焉。自下生者，出於坎，井是也；自上下者，歸於坎，河海是也。故六十四卦，坎上獨加以習。

初六，習坎，入于坎窞，凶。**注**虞翻曰：「習，積也。位下故習。坎爲入，坎中小穴稱窞。上无

❶「兩」，據文義當作「雨」。

其應，初二失正，故曰失道凶也。」案，入于坎窞，不得之正。　象曰：習坎入坎，失道凶也。**案**入于坎窞，則不能行，故失道凶，不得之正也。君子常德行，習教事，習坎以濟坎者也。習坎入坎，則非所以濟坎，乃愈以入坎，以非賢爲賢，以非法爲法，入之愈深，出之益難矣。或説此講刑名，以法陷人者也。卒自離焉，故入坎。曾子曰：「出乎爾者，反乎爾者也。」

九二，坎有險，求小得。**注**虞翻曰：「據陰有實，故求小得。」**案**地險山川丘陵，二在艮山下，坎中有險，疑坎可出。陷於中，雖據陽，終不能出。二有伏陰，故求小得，謂不能升離五，得自化之正也。　象曰：求小得，未出中也。

案未能出坎，故但小得而已。

六三，來之坎坎，險且枕，入于坎窞，勿用。

案枕當作沈。《釋文》云：「古文作沈。」水性就下。三，上下之交，上卦之入由三，故來之坎坎。上坎來之下，與三並入坎窞，故來之坎坎，險且沈入于坎窞也。三當升離上，今入於初，故勿用。乾陽上出，故終日乾乾。坎水下降，故來之坎坎。所謂洊至也。離火炎上，故兩作。坎水就下，故洊至。作，起也；至，下也。三雖在艮山下，不既出坎，故亦曰險。　象曰：來之坎坎，終无功也。**案**上來之三，三之初，俱失位，如水益深，如火益熱，亦運而已矣。

六四，樽酒簋貳，用缶。**注**虞翻曰：「震主祭器，故有樽簋。坎爲酒。簋，黍稷器。三至五有頤口象。案，三當作二。震獻在中，故爲簋。巽爲木，震爲足，坎酒在上，樽酒之象。貳，副也。坤爲缶，禮有副樽，故貳用缶耳。」鄭康成曰：「六四上承九五，又互體在震上，天子大臣，以王命出會諸侯，主國尊於簋副，設玄酒而用缶也。」見《禮器》疏。案，《舍人》注云：「方曰簠，圓曰簋，盛黍稷稻粱器。」疏云：「外神用瓦簋，宗廟當用木。」《詩·權輿》疏云：「《考工記》：『旊人爲簋。』則簋，瓦器。」《易·損卦》注云：「離爲日，曰體圓。巽爲木，木器圓，簋象。」案：簋有瓦，有木。虞取震象，則亦以爲木器。唯虞據祭言，鄭以饗禮言。云「尊於簋」，則簋乃用以承尊者，如舟豐梡禁之類。爲承尊之器，非黍稷器矣。《禮器》：「五獻之尊，門外缶，門内壺。君尊瓦甒。」鄭彼注云：「五獻，子男之饗禮也。」引此以證。此注云「天子大臣」者，天子使於諸侯，皆使大夫，大夫視子男，禮亦宜五獻。又案，《燕禮》：「公尊瓦大，兩有豐。」注以瓦大爲「有虞氏之尊」。引《禮器》「君尊瓦甒」以證，則此樽，鄭當以爲泰尊，泰用瓦，或説尊酒即禮之側尊。簋貳即禮之兩敦。敦簋同類。故《特牲》兩敦後又變言簋，一樽二簋，故象曰：「剛柔際。」要之，易者，象也，觀象繫辭，不必以一時一代之禮拘也。納約自牖，終无咎。注虞翻曰：「坎爲内也。四陰小，故約。艮爲牖，坤爲户。艮，小光照户牖之象。得位承五，故无咎。」案，祭於室中，奠於牖下，四得位，神享之，故无咎，謂不之初也。象曰：樽酒簋貳，剛柔際也。案際，交際也。四上承五，薦鬼神，羞王公，故剛柔際。《釋文》本無貳字。

九五，坎不盈，祇既平，无咎。注虞翻曰：「盈，溢也。艮爲止，謂水流而不盈。坎爲平，得位正中，故无咎。」鄭康成曰：「祇當作坻，小丘也。」見《釋文》。案，《爾雅》：「小址曰坻，謂水中小丘可居者。」坎水艮山，陽陷陰中，故不言山，而言坻。五在艮上，故既平，謂不險也。象曰：坎不盈，中未光大也。注虞翻曰：「體屯五中，故未光大也。」案，坎雖不盈，終未出坎。

上六，係用徽纆，寘于叢棘，三歲不得，凶。注劉表曰：「三股爲徽，兩股爲纆，皆索名。」虞翻曰：「坎多心，故叢棘。」案，棘，赤心木。坎陽在中，堅多心，故爲棘。《元命苞》云：「人君槐棘樹，聽訟於其下，棘赤心有刺，言治人情者，原其心，不失赤實。」案此三所謂來之坎坎者也。上本得位，水性就下，降而之三，失位，故象曰：「上六失道。」三互艮手，之正成巽繩，故三係上，入于坎窞，重坎之下，故稱叢棘。上應在三，爲三所係，入于坎窞，不得復至上，故三歲不得，凶。象曰：上六失道，凶三歲也。注鄭康成曰：「上六乘陽，有邪惡之罪，故縛以徽纆，置於叢棘，而使公卿以下議之。其害人者，置之圜土。能復者，上罪三年而赦，中罪二年而赦，下罪一年而赦。不得者，不自思以得正道，終不能自改而出諸圜土者殺，故曰凶。」案，本得位，故言上六。降失位，故失道。

䷝ 離下離上

離，利貞，亨。**案**上卦失正，利貞之坎，與坎下易位，故利貞，亨。亨在利貞之後，故知與坎下易位，言利貞在亨也。畜牝牛，吉。**注**荀爽曰：「牛者，土也。生土於火離者，陰卦。牝者陰性，故曰畜牝牛吉矣。」案，離二五，坤之中氣。虞翻曰：「畜，養也。坤爲牝牛。」

象曰：離，麗也。**注**荀爽曰：「陰麗於陽，相附麗也。亦爲別離，以陰隔陽也。離者，火也，託於木，是其附麗也。煙燄飛升，炭灰降滯，是其別離也。」日月麗乎天，百穀草木麗乎土。

重明以麗乎正，乃化成天下。**注**虞翻曰：「兩象，故重明。正謂五陽。」案，五伏陽。**案**離爲日，坎爲月。月不自明，受日之明，上體離，有伏坎。坎伏於內，離明於外，此日光之被月者也。離既自明，又以明坎，是謂重明。坎下卦離明伏，則月合朔光盡向日象也。終與坎易位，成既濟，故乃化成天下。謂日月往來，一寒一暑。

柔麗乎中正，故亨。是以畜牝牛吉也。**案**上體離，與坎下易位，五降二得中正，成既濟，故亨。二，坤元之位，是以畜牝牛，吉也。

象曰：明兩作，離。大人以繼明照于四方。**注**鄭康成曰：「作，起也。」見《釋文》。虞翻曰：「兩謂日與月也。乾五之坤，成坎。坤二之乾，成離。離坎，日月之象。」案，上有伏坎，月得日而明者也。日往則月來，月往則日來，故兩作。離稱兩作，坎不云兩至者，水流不絕，故習坎。日月異體，故重明麗正。明於此者，麗於彼也。《藝文類聚》以「黃離元吉」及此列於儲宮，蓋以爲世子之象。**案**上伏坎月，受光日。月繼日之象，繼，續也。謂反復不衰。

初九，履錯然，敬之，无咎。**案**坎三來之坎，坎謂上來之三，水就下也。離四突如其來如，謂初之四，火炎上也。故履錯然。之四失位，仍退居初，故敬之无咎。荀子曰：「仁者，必敬人。凡人非賢，則案不肖也。人賢而不敬，則是禽獸也。人不肖而不敬，則是狎虎也。禽獸則亂，狎虎則危，災及其身矣。」《臣道》文。履者，禮也。《曲禮》曰：「毋不敬。」《董子・玉英》云：「春秋有經禮，有變禮。❶爲而安性平心者，經禮也。至有於性雖不安，於心雖不平，於道無以易之，此變禮也。」象曰：履錯之敬，以辟咎也。**案**反之初，故辟咎，不之四也。

六二，黄離，元吉。**注**鄭康成曰：「離，南方之卦。離爲火，土託位焉，土色黄，火之子，喻子有明德，能附麗於父之道。文王之子，發、旦是也。」見《文選》注。**案**元，坤元。坤元託位於二，中央土也。離，坤之中氣，故黄離元吉。象曰：黄離元吉，得中道也。**案**二得中正，故得中道也。

九三，日昃之離，**案**昃日在西方，時側也。三應在上，上失位，化則成豐，所謂日中則昃，月盈則食者也。火性炎上，九三之故，日昃之離，麗上也。不鼓缶而歌，則大耋之嗟，凶。**注**鄭康成曰：❷「《詩》：『坎其擊缶。』則樂器亦有缶。大耋，謂年踰七十也。」見《詩・宛丘》疏及《車鄰》疏。案，《説文》云：「缶，瓦器，秦人鼓之，以節謌。」**案**四化，三互震，爲鼓。坤土爲缶，震爲樂。成賁，文明以止。三不之上，則鼓缶而歌；四未化成震艮，故不鼓缶而歌。「今者不樂，逝者其耋」，故大耋之嗟。兑口故嗟，畫動之爻，陽老於九，故稱大耋。極則化而失位，故凶。曾子曰：「往而不可還者，親也。至而不可加者，年也。」《韓

❶ 「禮有」，原倒，今據《春秋繁露・玉英》改。
❷ 「成」，原脱，今依書例補。

詩外傳》云。 象曰：日昃之離，何可久也？**案**日昃，故何可久。

九四，突如其來如，焚如，死如，棄如。**案**突，突出也。其，其初。火性炎上，故突如其來如。初之四失位，爲四所焚，故焚如。四互兑澤，滅離火，故死如。初已去其本位，不能復反，故棄如。此初之所以不可不敬，必慎所履也。《白虎通》云：「子養父母何法？法夏養長木。」荀爽《對策》云：「離在地爲火，在天爲日。在天者，用其精。在地者，用其形。夏則火王，其精在天，温暖之氣，養生百木，是其孝也。冬時則廢，其形在地，酷烈之氣，焚燒山林，是其不孝也。」案，火有養長之義，故鄭以焚如爲殺其親之罪。《掌戮》注又引此以證。《匈奴傳》如淳注與鄭同。鄭《易》注唯以死如爲殺人之刑；棄如，流宥之刑。與《周禮》注及如淳説稍異。 象曰：突如其來如，无所容也。**案**初既去其本位，來之四，又无所附，爲四所棄，故无所容。

六五，出涕沱若，戚嗟若，吉。**注**虞翻曰：「坎爲心，兑爲口，故戚嗟若。動而得正，尊麗陽，故吉也。」**案**離爲目，伏坎出，故出涕，謂成既濟也。 象曰：六五之吉，離王公也。**案**王謂伏陽，四之正，震爲侯，位尊寵盛，故戚嗟而吉，所謂如臨深淵，如履薄冰者與。

上九，王用出征，有嘉折首，獲匪其醜，无咎。**案**王謂乾五，乾五出征坤，成離戈兵，故王用出征。互兑折，乾首，故有嘉折首。功成而反化，成既濟，故獲匪其醜，无咎也。 象曰：王用出征，以正邦也。**注**虞翻曰：「乾五出征坤，故正邦也。」案，乾二五之坤，坤之乾，成坎離，坎離上下交，各成既濟，以陽正陰，故以正邦也。劉向疏云：「言美誅首惡之人，而諸不順者，皆來從也。」

周易姚氏學卷第八終

周易姚氏學卷第九

旌德姚配中撰

周易下經彖下傳象下傳

䷞ 艮下兑上

咸，亨，利貞，取女吉。**注**鄭康成曰：「咸，感也。艮爲山，兑爲澤，山氣下，澤氣上，二氣通而相應，以生萬物，故曰咸也。其於人也，嘉會禮通，和順於義，榦事能正。三十之男，有此三德，以下二十之女，正而相親説，娶之則吉也。」**案**山澤通氣，氣通則初四易位，成既濟，故亨利貞。六爻正，故取女吉。上經首乾坤，天地也。天地之氣，以山澤通，以雷風薄，故下經首咸恒。《郊特牲》曰：「天地合，而後萬物興焉。夫昏禮，萬世之始也。」《荀子·大略》云：「《易》之咸，見夫婦，夫婦之道不可不正也，君臣父子之本也。咸，感也。以高下下，以男下女，柔上而剛下。聘士之義，親迎之道，重始也。」案，士之仕，猶女之嫁，故《易》多以昏冓爲喻。一與之齊，終身不改，始不可不慎也。漸之進也，女歸吉也。言進有漸，如女歸，待禮備而後行也。

彖曰：咸，感也。柔上而剛下，二氣感應以相與。**注**虞翻曰：「坤三之上，成女。乾上之三，成男。乾坤氣交以相與。」案，否，乾坤。鄭康成曰：「與，猶親也。」見《釋文》。止而説，男下女，是以亨，利貞，取女吉也。**注**王肅曰：「山澤以氣通，男女以禮感。男而下女，初昏之所以爲禮也。」**案**男女有別，然後父子親，父子親然後義生，義生然後禮作，禮作然後萬物安，故止而説。男子親迎，男先於女，剛柔之義也。天先乎地，君先乎臣，其義一也。天地感而萬物化生，聖人感人心而天下和平，觀其所感，而天地萬物之情可見矣。**注**荀爽曰：

「乾下感坤，故萬物化生於山澤。」陸績曰：「天地因山澤孔竅以通其氣，化生萬物也。」虞翻曰：「初四易位，成既濟，坎爲平，故聖人感人心而天下和平。此『保合太和，品物流形』也。」案，「利貞者，性情」，故情可見。

象曰：山上有澤，咸。君子以虚受人。**案**山澤通氣，互相感應，皆以虚受者也。荀子曰：「何以知道？曰心。心何以知？曰虚壹而静。」《解蔽》文。《太玄·增》次五：「澤庳其容，衆潤攸同。」《測》曰：「澤庳其容，謙虚大也。」本此。

初六，咸其拇。**注**鄭康成曰：「拇，足大指也。」見《釋文》。案，艮爲指，在下，故足指。**案**四感初，初動應四，故咸其拇。此所謂近取諸身者也。《呂覽》曰：「人之有形體四枝，其能使之也，爲其感而必知者也。感而不知，則形體四枝不使矣。人臣亦然，號令不感，則不得而使矣。」《圜道》文。又曰：「形不動則精不流，精不流則氣鬱。」《盡數》文。又曰：「國亦有鬱，主德不通，民欲不達，此國之鬱也。」《達鬱》文。象曰：咸其拇，志在外也。**注**虞翻曰：「失位遠應，之四得正，故志在外。」

六二，咸其腓，凶，居吉。**注**鄭康成曰：❶「腓，膊腸也。」案，虞《艮》六二注云：「巽長爲股，艮小爲腓。」《説文》云：「腓，脛腨也。腨，腓腸也。脛，胻也。」膝以下謂之胻。胻，小股也。**案**二與五，感動而失位，故凶。居二順五，故居吉，謂不化也。象曰：雖凶，居吉，順不害也。**案**二化失位，仍反之正，故雖凶，居吉。失位則害，之正順五，故順不害。咸，二氣相與，六爻皆動之卦也。

九三，咸其股，執其隨，往吝。**注**虞翻曰：「巽爲股，爲隨。艮爲手，故稱執。」**案**與上相感也。隨謂初二，陰從陽，故稱隨。此男下女之爻也，男已下女，女當正内，男當正外，三居陽位，而執柔順之道以從上，是亦從婦者也。往而失位，故

---

❶「成」，原脱，今據皇清經解續編本、崇文書局本補。

吝。象曰：咸其股，亦不處也。志在隨人，所執下也。案處，處於晝不動也。亦，亦初二。初志在之四，二動而失位，皆動而不處者也。三上相感，股動則行，故亦不處，執初二陰柔之道，故所執下。

九四，貞吉，悔亡。憧憧往來，朋從爾思。注虞翻曰：「憧憧，懷思慮也。」案貞吉悔亡，謂自化之正。憧憧謂不化。欲與初易位，易位則成既濟。六爻應，故朋從爾思。言皆欲之也。象曰：貞吉悔亡，未感害也。憧憧往來，未光大也。注虞翻曰：「未動之離，故未光大也。」案初四俱失位，相感爲感害，四化不與初感，故未感害，言自正也。初四易位，則成既濟，尚未易位，故未光大，言不自正，欲與初易位也。「情僞相感，而利害生。」未與初感，故未感害。自之正，正也；與初易位，亦正也，所謂同歸。或易位，或自正，是謂殊塗。欲自化，爲失正也。欲易位，亦爲失正也，所謂一致。一則欲化，一則欲易位，是謂百慮。

九五，咸其脢，无悔。注虞翻曰：「脢，夾脊肉也。謂四已變，坎爲脊，故咸其脢。」案，五在坎中，脊也。四之正，與上夾五，脢也。咸其脢，謂感上。象曰：「志末。」上爲末也。得正故无悔。象曰：咸其脢，志末也。案上爲末。《繫辭傳》云：「其初難知，其上易知，本末也。」《大過傳》云：「本末弱也。」本皆謂初，末皆謂上。

上六，咸其輔頰舌。注虞翻曰：「耳目之閒，稱輔頰。四變離爲目，坎爲耳，兑爲口舌，故咸其輔頰舌。」案，《説文》云：「輔，頰車也。❶頰，面旁也。」象曰：咸其輔頰舌，滕口説也。注虞翻曰：「媵，送也。案，《釋文》云：「滕，虞作媵。」孔疏云：「鄭作媵，送也。咸道極薄，徒送口舌言語相感而已，不復有志於其閒。」是鄭、虞並作媵，作滕字之誤。《表記》云：「口惠而實不至，怨菑及其身。」是故，君子

❶「頰」上，《説文解字》卷十四有「人」字。

與其有諸責也，寧有己怨。」不得之三，山澤通氣，故滕口説矣。」

䷟ 巽下震上

恒，亨，无咎，利貞，利有攸往。注鄭康成曰：「恒，久也。巽爲風，震爲雷，雷風相須而養物，猶長女承長男，夫婦同心而成家，久長之道也。夫婦以嘉會禮通，故无咎。其能和順幹事，所行而善矣。」案，窮則變，變則通，通則久，恒亨。以亨濟恒，謂二五易位，通在恒後也。二五失正易位，故亨无咎。利化成既濟，故利貞。窮變通久，終則又始，故利有攸往。

象曰：恒，久也。剛上而柔下，雷風相與，巽而動，剛柔皆應，❶恒。注蜀才曰：「此本泰卦。」案，虞云：「乾初之四，謂泰初也。」李鼎祚云：「六四降初，初九升四，是剛上而柔下也。」案雷動風行，六爻皆應，故相與，言並起也。恒，亨，无咎，利貞，久於其道也。案重言恒者，恒以亨，乃无咎，利之正也。得位爲道，恒亨利貞，故久於其道，通則久也。天地之道，恒久而不已也。案一陰一陽之謂道，陰陽往來，故恒久不已。利有攸往，終則有始也。注荀爽曰：「謂乾氣下終，❷始復升上居四也。坤氣上終，始復降下居初者也。」案，虞云：「泰乾坤爲天地，謂終則復始。」義與荀同。此與《蠱》「終則有始」同義。有，又也。謂否泰陰陽升降不已也。日月得天而能久照，四時變化而能久成，案二五易位，初四之正，成既濟，離日坎月，故日月得天而能久照。陰陽往來，一寒一暑，故四時變化而能久成也。聖人久於其道，而天下化成。觀其所恒，而天地萬物之情可見矣！注虞翻曰：「成既濟定，乾道變化，各正性命。」案一陰一陽之謂道，變則通，通則久，恒之所以貴亨利貞也。

❶「動剛」，原倒，今據皇清經解續編本、崇文書局本改。
❷「終」，皇清經解續編本、崇文書局本作「降」。

象曰：雷風恒，君子以立不易方。案宋衷曰：「雷以動之，風以散之，二者常相薄而爲萬物用，故君子象之，以立身守節，而不易道也。」案，方，道也。久於其道，故立不易方，所謂德之固、一德者也。

初六，浚恒，貞凶，无攸利。注虞翻曰：「浚，深也。初下稱浚，故曰浚恒。」案初失位，爲恒始，始失而求深，差以毫氂，謬以千里，一失而不可復挽，故貞凶，此亦正乎凶者也。尚何所利乎？荀子曰：「『涓涓泉水，不雝不塞。轂已破碎，乃大其輻。』事已敗矣，乃重太息。其云益乎？」《法行》文。象曰：浚恒之凶，始求深也。案始失而求深，故凶。是以君子慎始。

九二，悔亡。注虞翻曰：「失位，悔也。動而得正，處中多譽，案，二五易位。故悔亡。」象曰：九二悔亡，能久中也。案二中，升之五亦中，故能久中。

九三，不恒其德，或承之羞，貞吝。注鄭康成曰：「巽爲進退，不恒其德之象。」見《後漢書・馬廖傳》注。荀爽曰：「與初同象，欲據初隔二。與五爲兑，欲説之隔四。故不恒其德。」案三應在上，應上而不妄動，則恒其德。以陽居三，故曰其德。動而失位，求非其應，故不恒其德。承謂二。在下爲承。三動之他，則二陽據來其位，三不能反，故或承之羞，貞吝。象曰：不恒其德，无所容也。案動求非應，人不應之，退而自反，位又爲二所據，故无所容。

九四，田无禽。案四應在初，初浚深，四不能獲，故田无禽。四失位，不能禽初也。象曰：久非其位，安得禽也。案浚恒求深，初本不應四，四處非其位，當降之初，不之初而欲獲初，初亦不應，故曰久非其位，安得禽。此恒之所以貴通也。

六五，恒其德，注虞翻曰：「動正成乾。」案，謂自正。貞，婦人吉，夫子凶。注虞翻曰：「巽爲婦。震，乾之子，而爲巽夫，故曰夫子。」案五應二，以陰從陽，婦人從人，以順爲正，故「貞，婦人吉」。謂降二得正也。夫子，丈夫之稱，男位乎外，專行者也。今六五以陰從陽，震夫而從巽婦，无剛德而婦是從，故夫子凶。此謂不自正、不之二，居五而應二也，失位故凶。貞，《緇衣》引作「偵」。注云：「問正爲偵。」與《周禮》注以「貞丈人」爲「問於丈人」皆禮家説也。**象曰：婦人貞吉，從一而終也。夫子制義，從婦凶也。**案降二從五，故從一而終。《郊特牲》曰：「壹與之齊，終身不改。」不降二則當之正，是爲制義。五宜陽也，不之正而應二，故從婦凶。

上六，振恒，凶。注馬融曰：「振，動也。」見《釋文》。案恒，惟三上得位，不可化者，化則成未濟，六爻皆失正，故象曰：「大无功。」言其動而成未濟也。《公羊傳》：「葵丘之會，桓公震而矜之，叛者九國。震之者何？猶曰振振然。矜之者何？猶曰莫我若也。」**象曰：振恒在上，大无功也。**案初浚恒，四久非其位，皆不化。五夫子凶，則亦不化，五不之正，則二亦不化。此宜化者皆不化也。三不恒其德，則三化。上振恒，則亦化，成未濟，故大无功。基於始求深，終於振在上，以非爲是，終必以是爲非，是以君子慎始。《説文》引作「榰恒」，云：「柱砥。」案，柱砥當在下，今反在上，是倒寘也。亦未濟反既濟之象。

䷠ 艮下乾上

遯，亨，小利貞。注虞翻曰：「陰消姤二也。艮爲山，巽爲入，乾爲遠，遠山入藏，故遯。以陰消陽，避之乃通，故遯而通。案，陰消陽，陽退以避陰害。小，陰，謂二。得位浸長，以柔變剛，故小利貞。」案，小浸長，故利貞。利正居，二不消陽。

象曰：遯亨，遯而亨也。剛當位而應，❶與時行也。注虞翻曰：「剛謂五，而應二。」案陽遯待時乃發，故遯而亨。一消一息，四時成歲。君子或出或處，與時偕行也。**小利貞，浸而**

❶「也剛」，原倒，今據皇清經解續編本、崇文書局本改。

長也。遯之時義大矣哉！注荀爽曰：「陰稱小，浸而長，則將消陽，故利正居。二與五相應也。」案，自下浸上，故浸而長。臨剛浸長，故大亨以正。遯陰浸長，故小利貞。言浸長則消陽，正而後利者也。

象曰：天下有山，遯。君子以遠小人，不惡而嚴。案陰方浸長，惡則必被其害，故不惡而嚴。人而不仁，疾之已甚，亂也，不使不仁者加乎其身。

初六，遯尾，厲，勿用有攸往。注陸績曰：「陰氣已至二，而初在其後，故曰遯尾。避難當在前，而在後，故厲。往則與災難會，故勿用有攸往。」案，當當遯之時，處失正之位，失正而往之四，成坎災，故勿用有攸往。象曰：遯尾之厲，不往何災也？注虞翻曰：「之應成坎，爲災，在艮宜静，若不往於四，則无災也。」

六二，執之用黄牛之革，莫之勝説。注虞翻曰：「艮爲手，稱執。莫，无也。勝，能。説，解也。」案六爻唯二不言遯，則二乃不遯者，二不遯，固守其志，志在濟時，不使陰得消陽，所謂小利貞者也。執之，執不遯之志也。坤陰爲牛，二得中正，故執之用黄牛之革。止於二，不消陽，故莫之勝説。侯果云：「六二體艮履正，上應貴主，志在輔時，不隨物遯，獨守中直，堅如革束，執此之志，莫之勝説，則殷之父師，當此爻矣。」象曰：執用黄牛，固志也。案貞故固志，謂畫不動也。

九三，係遯，有疾厲，畜臣妾，吉。注虞翻曰：「厲，危也。巽繩爲係。四變，三體坎，坎爲疾，故有疾厲。遯，陰剥陽，三消成坤，與上易位，坤爲臣，兑爲妾，上來之三，據坤應兑，故畜臣妾吉也。」案，三與陰接，係不能遯，以不遯爲遯者也。宣十七年「十有一月壬午，公弟叔肹卒」，《穀梁傳》云：「其曰公弟叔肹，賢之也。其賢之何也？宣刺而非之也。❶非之則胡爲不去也？曰兄弟也，何去而之？

❶「刺」，《穀梁傳》作「弑」。

與之財，則曰我足矣。織屨而食，終身不食宣公之食，君子以是爲通恩也。以取貴乎《春秋》。」此所謂係遯也。《異義》「謹案」引此以證諸侯無去國之異，亦謂不能遯也。象曰：係遯之厲，有疾憊也。畜臣妾，吉，不可大事也。注鄭康成曰：「憊，困也。」見《釋文》。案，上遠於二，故肥。三係於二，故憊，不肥也。荀爽曰：「大事謂與五同任天下之政。潛遯之世，但可家居，畜養臣妾，不可治國之大事。」

九四，好遯，君子吉，小人否。案君子好遯，辟陰害陽，不爲陰消，遯之初得位，故吉。貪於禄位，則陽爲陰消，故否。言不能遯也。象曰：君子好遯，小人否也。案陰消至三，成否。則將及四，不遯故否也。

九五，嘉遯，貞吉。注虞翻曰：「乾爲嘉，剛當位應二，故貞吉。」案，惠氏棟云：「亨者，嘉之會。」然則此遯而亨者與？案子夏曰：「《詩》之於事也，昭昭乎若日月之光明，燎燎乎如星辰之錯行，上有堯舜之道，下有三王之義，雖居蓬户之中，彈琴以詠先王之風，有人亦樂之，無人亦樂之，亦可以發憤忘食矣。《詩》曰：『衡門之下，可以棲遲。泌之洋洋，可以樂飢。』」《韓詩外傳》文。此所謂嘉遯也。象曰：嘉遯貞吉，以正志也。案五得正不動，故正志。

上九，肥遯，无不利。注虞翻曰：「乾盈爲肥，二不及上，故肥遯，无不利。」案二不及上，上失位，遯而之正，故无不利。肥遯者，樂其道，无疾憊者也。《禮運》曰：「安之以樂，而不達於順，猶食而弗肥也。」肥遯則達於順。四體既正，膚革充盈，所謂大順者矣。《淮南子》曰：「子夏心戰而臞，得道而肥。」《原道》文。《精神篇》云：「子夏見曾子，一臞一肥。曾子問其故，曰：『出見富貴之樂，而欲之。入見先王之道，又説之。兩者心戰，故臞。先王之道勝，故肥。』」亦見《韓非子·喻老篇》。《韓詩外傳》説：「閔子騫内明於去就之義，是以有芻豢之色。」義並同肥。張衡《思玄賦》作「飛」，注引《淮南九師道訓》云：「遁而能飛，吉孰大焉。」案，飛喻无所拘係也。象曰：肥遯无不利，无所疑也。案失位當化，故无所疑。《荀子》曰：「志意脩則驕富貴矣，道義重則輕王公矣。」《脩身》文。

䷡乾下震上

大壯，利貞。注鄭康成曰：「壯，氣力浸强之名。」見《釋文》。案利貞謂五。陽息五則大者正，故利貞。

彖曰：大壯，大者壯也。剛以動，故壯。大壯利貞，大者正也。正大而天地之情可見矣！注荀爽曰：「乾剛震動，陽從下升，陽氣大動，故壯也。」案，一消一息，陰陽往來，故天地之情可見。

象曰：雷在天上，大壯，君子以非禮弗履。注陸績曰：「天尊雷卑，君子見卑乘尊，終必消除，故象以爲戒。」案非禮弗履，君子之壯也。《聘義》曰：「有行之謂有義，有義之謂勇敢，故所貴於勇敢者，貴其能以立義也。所貴於立義者，貴其有行也。所貴於有行者，貴其行禮也。故所貴於勇敢者，貴其敢行禮義也。」非禮弗履，則敢於行禮。《晏子·諫篇》云：「輕死以行禮，謂之勇。誅暴不避强，謂之力。故勇力之立也，以行其禮義也。」

初九，壯于趾，征凶，有孚。案初應四，震爲足在下，故壯于趾。征之四，則失位，故凶。陽息之卦，四雖失位，不能即化應初，故其孚窮。四之正而後有孚也。象曰：壯于趾，其孚窮也。

九二，貞吉。注虞翻曰：「變得正，故貞吉。」象曰：九二貞吉，以中也。案二陰由中發，故以中，謂二伏陰也。

九三，小人用壯，君子用罔，貞厲。注馬融曰：「罔，无也。」見《釋文》。案，《京氏傳》云：「壯不可極，極則敗。物不可極，極則反。」案壯不可極，三動而上，則失位，故君子用罔，以不進爲進也。

體乾三，故貞厲。《太玄・積》次二：「積不用而至于大用。」積不用即用罔之義。非禮弗履，君子之罔，君子之壯也。《太玄・務》次一：「始務無方，小人亦用罔。」《測》曰：「始務無方，非小人所理也。」言小人不能創始，故亦用罔，君子則用壯也。羝羊觸藩，羸其角。**注**荀爽曰：「三與五同功，爲兑，故曰羊。終始陽位，故曰羝。案，《説文》：「羝，牡羊。」藩謂四也。三欲觸四而危之，四反羸其角，角謂五也。」案，侯果云：「九四體震，爲竹葦，故稱藩也。」**案**觸，抵也。藩，籬落也。羸，纍也。《釋文》云：「鄭、虞作纍。」羝以言壯，羊以喻美。僖四年《左傳》「專之渝，攘公之羭」，杜注：「羭，美也。」疏云：「美善之字，皆從羊，故羭爲美。」藩非出入之所，觸藩以喻急於進，失其正路，而用壯者也。震爲大塗，不取象道路而云藩，故知失其正路。雖有美道，進不以禮，徒被拘纍耳。纍其角，傷於壯也。故君子用罔。《太玄・夷》次八：「夷其角，厲。」《測》曰：「夷其角，以威傷也。」義本此。象曰：小人用壯，君子罔也。

九四，貞吉，悔亡，藩決不羸，壯于大輿之輹。**案**❶貞吉悔亡，謂自之正，初應之。藩決不羸，謂陽息也。陽由四息至五，體夬，兑爲毁折，震象不見，故藩決不羸。四之正，坤爲大輿，五陽正則體坎，坎坤同體，故壯於大輿之輹，言安固也。藩決不羸，可以往矣，君子處之安，審之固，進以漸也。象曰：藩決不羸，尚往也。**注**虞翻曰：「謂上之五。」案，陽由四息至五。

六五，喪羊于易，无悔。**案**兑爲羊，陰在五失位，陽息五成乾，陰喪其羊，而陽得之，故喪羊于易。陽息得位，故无悔。象曰：喪羊于易，位不當也。**案**陰失位，故陽來據之。

上六，羝羊觸藩，不能退，不能遂，无攸利，

---

❶「案」，原作「注」，今據全書文例改。

艱則吉。**注**虞翻曰：「應在三，故羝羊觸藩。遂，進也。坎爲艱。」**案**三欲之上，爲四所羸，陽息之卦，三本得位，不能化之陰，故不能退。陽方至四，未息至上，氣未究，三不能進之九，故不能遂。是以无所利也。三四交際之閒，出入所由，故有是象。若雷已出地，四陽成晝，則氣通成既濟矣，故艱則吉。象曰：不能退，不能遂，不詳也。艱則吉，咎不長也。**案**詳，審也。不審時之可否，是以見拘，而進退不能也。陽息之時，終當升上成既濟，故咎不長。《詩》曰：「狼疐其尾，載跋其胡。公孫碩膚，德音不瑕。」

䷢ 坤下離上

晉，康侯用錫馬蕃庶，晝日三接。**注**鄭康成曰：「康，尊也，廣也。」見《釋文》。荀爽曰：「陰性安静，故曰康侯。虞云：「坤爲康。康，安也。」案，尊廣之，即所以安之。坤爲衆，故曰蕃庶矣。」虞翻曰：「離日在上，故晝日。三陰在下，故三接矣。」**案**陰進尊位，諸侯朝王之象也。諸侯朝王，王康之，故晉康侯。錫，賜也。錫馬，賜之車馬。蕃庶，重賜无數。《覲禮》，侯氏一日凡三接見天子，故晝日三接。《覲禮》：「天子賜侯氏以車服。路先設，西上，路下四，亞之。重賜無數，在車南。」所謂錫馬蕃庶也。天子負斧依，❶侯氏入奠圭，及取圭致命，王受之玉，降拜，擯者延之，升成拜，乃出。此一接也。三享侯氏，升致命，王撫玉。二接也。事畢，右肉袒，告聽事，王勞之。三接也。侯果以「三接」爲「三饗」、「三問」、「三勞」等，但問勞不必一日有三。惠氏棟讀「錫」爲「納錫」、「錫貢」之「錫」。但經云：「康侯用錫馬。」與「康周公，故以賜魯也」同義。彼謂賜魯，則此宜謂賜諸侯，賜之所以康之，不得謂諸侯錫王也。

象曰：晉，進也。明出地上，順而麗乎大明。**案**離日麗天，乾爲大明，天之明以日月著，五陽伏陰中，故特言大明，謂離中有伏陽也。日

❶「負」，皇清經解續編本作「設」，崇文書局本爲墨丁。

之升没，非出入地中，入地中出地上者，謂在地之明，非謂日也。日出則在地之明亦出，是謂明出地上；日入則在地之明亦入，是謂明入地中。在地之陽恒向日，故順而麗乎大明。日麗天，地上之明麗日。《傳》云：「日月麗乎天。」云：「日往月來，月往日來。」云：「日月貞明。」云：「懸象著明，莫大乎日月。」《易》於日月，不言出入，日亦斷无入地中之事。日月在天，據人言之，實往來，非出入。或謂爲出入者，不過以見則爲出，不見則爲入耳。非從地中出入也。明入地中，若非實入地中，《傳》斷不以假象疑人，謂月藏於坤；《傳》亦斷不指言入地，謂月食闇虚。闇虚者，地影，亦非地中。且明夷下體離，非坎也，謂爲日月食之象則可，謂明入地中之義盡於此，則未也。蓋氣之相感也，各以類應。地道剛柔，陰陽亦備，日之方升，則在地之陽亦隨日而出於地上，日之既没，則在地之陽還返入地。地氣卑，根於地，行不能遠，是以還入也。日之夕矣，氣歸於山，可得之目驗者，激燿爲電，此又明在地之最著顯者也。精不能聚，不能自明，必待日而後明，此之謂「明出地上，順而麗乎大明」。日者，天之明。地之明麗天之明，是以日一出而天下曉。日之烈氣恒燄。燄者，地氣也。地氣之出入，不可知，近取諸身，一呼一吸，非往而不還者。《淮南·覽冥》云：「夫陽燧取火於日，方諸取露於月，掌握之中，引類於太極之上，而水火可立致者，陰陽同氣相動也。」據此以言，陽燧尚能取火，日之氣反不能引地氣乎？則在地之陽，其應日也昭然矣。以取火之術驗之，在地之陽，聚於日光之内，天地二陽交相感，復以陽燧假日光而斂之，氣聚則火生矣。離者，麗也。氣有所麗，則火出。地之陽，所謂陰中之陽也。日南至而寒，日北至而暑。日有高下，地氣向日。日下則氣平而下陰薄於上，故寒。日高則氣直而上，故暑。寒暑不同，實由地氣，非日光異也。驗諸極南極北之地，氣候不同，多由此耳。蓋天地之間，无非水火。所謂陰陽者，即水火也。故十二消息不見坎離，伏於陰陽内也。《淮南·天文》云：「積陽之熱氣生火，火氣之精者爲日。積陰之寒氣爲水，水氣之精者爲月。」於《易》，坎者陷也，寒氣陷則聚而成水；離者麗也，熱氣麗則聚而成火。陽感陽，恒多旱。陰感陰，恒多水。陰陽相感，則四時和。日以動陽，月以動陰，日月往來，陰陽既濟而萬物生成矣。此既濟所以爲一經之終也。柔進而上行，是以康侯用錫馬蕃庶，晝日三接也。注虞翻曰：「觀四之五。」案，李鼎祚云：「九五降四，六四進五，是柔進而上行也。」

象曰：明出地上，晉。君子以自昭明德。案地上之明，隨日進，故曰晉。《説文》云：「晉，進也。日出萬物進。」引此以證。案，萬物進在地者也，日出萬物進，地氣隨天氣也。明由地出，故自昭明。《荀子》曰：「在天者，莫明於日月。在地者，莫明於水火。在人者，莫明於禮義。故日月不高則光暉不赫，水火不積則暉潤不博，禮義不加於國家則功名不白。故人之命在天，國之命在禮。」《天論》文。

初六，晉如摧如，貞吉，罔孚，裕无咎。注虞翻曰：「動得位，故貞吉。坤弱爲裕。」案初應在四，四互艮手，故摧。摧，排擠也。初欲之四，爲四所排，反而自正，故貞吉。自正无應，故罔孚。寬以容四，故裕无咎。此小人摧君子之象。象曰：「獨行正。」謂初獨之四，求正位，四不欲之初，故摧之。初反而自正，四亦不應，獨則无偶，故罔孚。一君子不足以勝小人也，故裕无咎，謂容之。若疾之甚，則受小人之害。象曰：「未受命。」命，君命。君子未爲君所任用，故小人得摧之，君子亦唯寬以容之耳。若三之衆允，則志得行矣。象曰：晉如摧如，獨行正也。裕无咎，未受命也。案初獨之四，四不之初，故獨行正，四是以摧之也。五之正，則命初四易位，五未之正，故未受命。陰陽得位，謂之命。

六二，晉如愁如，貞吉，受兹介福于其王母。注鄭康成曰：「愁，變色貌。」見《釋文》。案，愁，鄭子小反，蓋讀作愀。《説文》无愀字，愀从心秋，與愁正同，當即愁字。《説文》云：「愁，憂也。」蓋憂在心而形於貌，後遂用以爲凡變色之字耳，愀愁本一字。虞翻曰：「得位處中，故貞吉。介，大也。五已正。乾爲王，坤爲母。」案進如愀如，進而自斂其容，敬也。《玉藻》曰：「君子之容舒遲，見所尊者齊遬。」禮有五經，莫重於祭。賢者之祭也，必受其福，故受福于王母。《祭統》曰：「夫祭者，非物自外至者也，自中出，生於心者也。心怵而奉之以禮，是故唯賢者能盡祭之義。」此祭之愀如也。福，嘏福也。《少牢禮》曰：「皇尸命工祝，承致多福無疆于女孝孫。」二應五，五正位，二應之，故受福。王，所祭之主；母，所配也。《少牢禮》曰：「以其妃配。」象曰：受茲介福，以中正也。**案**二得位，敬由中發，故中正。《祭統》曰：「唯賢者能備，能備然後能祭。致其誠信與其忠敬，奉之以物，道之以禮，安之以樂，參之以時，明薦之而已矣，不求其爲。」此以中正之謂也。

六三，衆允，悔亡。**注**虞翻曰：「坤爲衆。允，信也。三失正，與上易位，則悔亡。故象曰：『上行也。』」**案**三欲之上，衆允謂无有摧之者。象曰：衆允之，志上行也。

九四，晉如鼫鼠，貞厲。**注**荀九家曰：「鼫鼠喻貪，謂四也。體離欲升，體坎欲降，五伎皆劣，四爻當之。」案，《說文》云：「能飛不能過屋，能緣不能窮木，能游不能渡谷，能穴不能揜身，能走不能先人。」**案**四互艮爲鼠，之正亦體艮成剥，故貞厲。《荀子》曰：「目不兩視而明，耳不兩聽而聰，螣蛇無足而飛，梧鼠五伎而窮。」《勸學》文。象曰：鼫鼠貞厲，位不當也。

六五，悔亡，失得勿恤，往吉，无不利。**注**馬融曰：「離爲矢。」見《釋文》。案《釋文》云：「失，孟、馬、鄭、虞本作矢。」虞翻曰：「勿，无。恤，憂也。」**案**悔亡，謂伏陽之正。矢喻直也。正直則得位，无憂恤，故往吉，无不利。謂可動之爻，化之正也。象曰：失得勿恤，往有慶也。**注**虞翻曰：「動之乾，乾爲慶也。」

上九，晉其角，維用伐邑，厲吉，无咎，貞吝。**注**虞翻曰：「五已變，之乾，爲首。位在首上，故稱角。坤爲邑。」**案**在晉之終，无所復進，故維用伐邑，言但可之三也。之三得位，故厲吉，无咎。自化之正，體冥豫，則明晦，故貞吝。離，戈兵，故稱伐。象曰：維用伐邑，道未光也。**注**荀爽曰：「陽雖在上，動入冥豫，故道未光也。」案，道未光，故未可自正，但用之三伐邑而已。

䷣ 離下坤上

明夷，利艱貞。**注**虞翻曰：「夷，傷也。五失位，變出成坎，爲艱，故利艱貞矣。」案，在地之明，春出在地上，其出入恒在上，不在地中，至冬入地中，火被水制，陽爲陰凝，故明傷也。

象曰：明入地中，明夷。内文明而外柔順，以蒙大難，文王以之。**注**荀爽曰：「明在地下，爲坤所蔽，大難之象。」虞翻曰：「以，用也。大難謂坤。」利艱貞，晦其明也。内難而能正其志，箕子以之。**注**虞翻曰：「箕子，紂諸父，故稱内難。五乾天位，今化爲坤，箕子之象。坤爲晦，箕子正之，出五成坎，體離重明麗正，故正其志。」

象曰：明入地中，明夷。君子以莅衆，用晦而明。**注**虞翻曰：「坤爲衆，爲晦。離爲明。」**案**明入地中，晦也。明出地上，明也。一入一出，故用晦而明也。

初九，明夷于飛，垂其翼。君子于行，三日不食。有攸往，主人有言。**注**荀爽曰：「火性炎上，離爲飛鳥，故曰于飛。爲坤所抑，故曰垂其翼。❶陽爲君子，不食者，不得食君禄也。陽未居五，陰暗在上，陽爲明德，恥食其禄，故君子于行，三日不食也。」荀九家曰：「四者初應，衆陰在上，爲主人也。」**案**明傷而飛，故垂其翼，不能飛也。翼以喻賢。翼垂，則賢人退。離三爻，故三日不食，言不應四也。于飛謂坤應在離，于行謂晝動。鳥之飛也以翼，賢臣者，君之翼也。《書》曰：「庶明厲翼。」又曰：「予欲左右有民，汝翼。」以臣

❶「垂其」，原誤倒，今據經文及《周易集解》卷七改。

爲羽翼也。明傷則賢人在下，故君子于行，三日不食。《説苑・尊賢》云：「夫朝無賢人，猶鴻鵠之無羽翼也。」《太玄・彊》次二：「鳳鳥于飛，修其羽。君子于辰，終莫之圉。」《測》曰：「鳳鳥于飛，君子得時也。」其義本此而反之。《衛風》：「考槃在澗，碩人之寬。」箋云：「有窮處成樂在於此澗者，形貌大人，而寬然有虚乏之色。」亦「于行」「不食」者也。攸，所也。有所往，去不善也。觀近臣以其所爲主，觀遠臣以其所主。去不善而之善，所主不可不辯也。故主人有言，謂初不可動而失位也。《詩》曰：「生芻一束，其人如玉。」箋云：「女行所舍，主人之餼雖薄，要就賢人，其德如玉然。」象曰：君子于行，義不食也。

注荀爽曰：「暗昧在上，有明德者，義不食禄也。」

六二，明夷，夷于左股，用拯馬壯，吉。**案**初之四，巽爲股，二應五，爲五股也。明傷二不得應五，故傷于左股。在震下，故稱左。股傷則不良於行，故用拯馬。拯，舉也。馬以代勞，亦可行也。馬謂三，拯三之五，二得應之，故吉。壯以言亟也。《呂覽》曰：「夫士亦有千里。」《知士》文。《太玄・割》次五：「割其股肱，喪其服馬。」《測》曰：「割其股肱，亡大臣也。」彼以股肱喻大臣，馬蓋喻任重强力之臣，義本此。象曰：六二之吉，順以則也。**案**三之五，二得位有應，故順以則。三之五，則二之四，明復出地矣。

九三，明夷于南狩，得其大首，不可疾貞。

注李鼎祚曰：「冬獵曰狩。三互體離坎，離南坎北，北主於冬，故曰南狩。」案，離，田漁，故南狩。荀九家曰：「自暗復明，當以漸次，不可卒正。」

案明夷于南狩，明傷而嚮明者也。三本得位，升之五，故得其大首，謂五乾位也。三升由四，故不可疾貞。象曰：南狩之志，乃大得也。

案三之五得尊位。

六四，入于左腹，獲明夷之心，于出門庭。

案震爲左，坤爲腹，坎爲心，艮爲門庭。晉離入坤，出成明夷，互震坎，三四交際之間，出入所由，故入于左腹，獲明夷之心，于出門庭。明夷之心，明傷之本也。國本于家，家本于身，身之脩本於心。不能正心，則身不脩，而家國天下從之矣。君子不出家而成教於國，一家仁，一國興仁；一人貪戾，一國作亂。左腹者，尊信臣也。觀其所尊信之臣，而君心可知。《吕覽》曰：「觀人主也，其朝多賢，左右多忠，此所謂吉主也。」《貴當》文。《詩》曰：「維此惠君，民人所瞻。秉心宣猶，考慎其相。維彼不順，自獨俾臧，自有肺腸，俾民卒狂。」象曰：入于左腹，獲心意也。

六五，箕子之明夷，利貞。**注**馬融曰：「箕子，紂之諸父。」**案**箕子之明，謂其欲立微子，帝乙不從，而立紂，故明傷。五發之正，故利貞。《左傳》昭二年疏云：「《易·繫辭》云『易之興也，其當殷之末世』云云，鄭注云：『據此言，以《易》是文王所作，斷可知矣。且史傳讖緯，皆言文王演《易》，謂爲其辭以演説之，《易經》必是文王作也。』但《易》之爻辭，有『箕子之明夷，利貞』。箕子明傷，乃在武王之世，文王不得言之。又云：『王用亨于岐山。』又云：『東鄰殺牛，不如西鄰之禴祭實受其福。』二者之意，皆斥文王。若是文王作經，無容自伐其德，故先代大儒鄭衆、賈逵等或以爲卦下之彖辭，文王所作；爻下之象辭，周公所作。」又《左傳序》疏云：「《易·下繫》云：『易之興，其當殷之末世，周之盛德，當文王與紂之事。』則謂《易》象爻彖之辭也。鄭氏據此文以爲《易》是文王所作，鄭衆、賈逵、虞翻、陸績之徒，以《易》有『箕子之明夷』、『東鄰殺牛』，皆以爲《易》之爻辭周公所作。」案，以爻辭爲周公作，其説絶無依據。孔穎達以爲不言周公，父統子業，如其説，又焉知非文王作爻辭未竟，而周公補之者？此皆肊測不足辯。鄭據傳文，至當不易，「王用亨于岐山」等文，不足難鄭，解在當爻。至若「箕子明夷」，當文王時，紂爲不道，箕子仁人，不見聽用，即是明傷，安在其武王時邪？明夷一卦，著殷所以必失天下之故，爲後世戒。登天入地，不覺言之切耳。文王當紂之世，不敢斥言紂之非，云「箕子之明夷，利貞」者，非但謂箕子之道不行於紂，謂箕子欲帝乙立微子爲明，帝乙不從而立紂，爲明傷也。所謂利貞者，即孟子「貴戚之卿」「易位」之義也。不得以傳有内難之言，遂以爻辭指武王時事也。《小畜》云「自我西郊」，其辭與岐山東西鄰相類，將因此而疑卦辭亦非文王作乎？《上繫》云：「聖人有以見天下之動。」虞注云：「重言聖人，謂文王。動謂六爻。」又：「作易者，其知盜乎？」注云：「謂文王。」又「易之興也」，注云：「謂文王書易。」六爻之辭，據虞諸注，亦以爻辭爲文王作，與鄭同。《左傳・序》疏謂虞翻同賈逵等者，誤也。蓋象爻辭，皆文王作，故孔子作《文言傳》以總釋之。文言者，文王之言也。《左傳》所謂「周公之德」謂《魯春秋》，「周之所以王」謂《周易》。周之興，本於文王也。《左傳・序》疏云：「見《春秋》知周公之德，見《易》象知周之所以王。文王制此典，即是身有聖德，聖不空生，必有天下。周室之王，文王之功，故觀其書，知周之所以得天下之由也。」**象曰：箕子之貞，明不可息也。**案五能自正，即成既濟。不自正，則三來據之矣。天下安危由於一人，殷之明傷，傷於帝乙不從箕子之言，五位之所關者重也。故一爻失位，卦曰明夷。若易位立微子，則箕子之明不傷，故曰箕子之貞。文王不忍殷之亡，故曰明不可息，言文不得已之思也。

上六，不明晦，初登于天，後入于地。注虞翻曰：「應在三，離滅坤下，故不明晦。晉時在上，麗乾，故登于天，照四國。今反在下，故後入于地，失其則。」案，應劭《杜鄴傳》注云：❶「初登于天者，初爲天子以善聞于天也。後入于地者，傷害賢仁，佞惡在朝，必以惡終入于地也。」杜鄴云：「日食，明陽爲陰所臨，坤卦乘離，明夷之象也。」是明夷爲日食之象。**象曰：初登于天，照四國也。後入于地，失則也。**案孟子曰：「三代之得天下也，以仁。其失天下也，以不仁。」

周易姚氏學卷第九終

❶「鄴傳」，原倒，今據皇清經解續編本改。

周易姚氏學卷第十

旌德姚配中撰❶

周易下經彖下傳象下傳

䷤ 離下巽上

家人，利女貞。**注**馬融曰：「家人以女爲奥主。」**案**家人唯上失位，之正成坎，所謂男正位乎外。離女在内，爻俱得正，云利女貞者，家人繼明夷之後，所謂傷於外者，必反其家。外所以傷，實自家始。國之本在家，家之本在身，不出家而成教於國，君子先有以自反也。故傳於上獨云：「反身之謂。」殷之亡，非天下亡之，所謂亂，非降自天，生自婦人者。周之興也，歷世有賢妃之助，殷夏之亡，皆以婦人。故特曰：「利女貞。」監夏殷以爲後世戒者也。《魏志·后妃傳》中郎棧潛上疏云：「在昔帝王之治天下，不惟外輔，亦由内助。治亂所由，盛衰從之，故西陵配黄，英娥降嬀，並以賢明，流芳上世。桀奔南巢，禍階末喜。紂以炮烙，怡悦妲己。是以聖哲慎立元妃，以統六宫。虔奉宗廟，陰教聿修。《易》曰：『家道正而天下定。』由内及外，先王之令典也。」

彖曰：家人，女正位乎内，男正位乎外；男女正，天地之大義也。**案**上化成既濟，中男中女，六爻俱正。家人有嚴君焉，父母之謂也。**注**荀爽曰：「離巽之中，有乾坤，故曰父母之謂也。」案，「乾坤相見乎離」。陰長成巽，與屯同義。**案**家人有嚴君，則家正矣。《孝經》曰：「孝莫大於嚴父。故親生之膝下，以養父母日嚴。聖人因嚴以教敬，因親以教愛。」父父，子子，兄兄，弟弟，夫夫，婦婦，而家道正，正家而天下定矣。**注**陸績曰：「聖人教先從家始，

❶「配」，原脱，今補。

家正則天下化之，修己以安百姓者也。」**案**成既濟，六爻正，故正家而天下定。夫婦，人倫之始，王化之端也。

象曰：風自火出，家人。**注**馬融曰：「木生火，火以木爲家，故曰家人。火生於木，得風而盛，猶夫婦之道，相須而成。」**案**木生火者，父子也。風自火出，母子也。火性炎上，附於木，而風出焉。《春秋傳》曰：「晉文公，姬出也。」《大戴記》曰：「鳳皇生而有仁義之意，虎狼生而有貪戾之心，兩者不等，各以其母。」《保傅》文。此家人所以利女貞也。君子以言有物，而行有恒。**案**風者，木之氣。木得火而風出，風出由內，故言有物。火有所附，明乃有常，故行有恒。《詩》曰：「天生烝民，有物有則。」

初九，閑有家，悔亡。**注**馬融曰：「閑，闌也，防也。」見《釋文》。**案**火炎上，化則失位，故閑之，防其變也。閑則家齊，故有家悔亡。象曰：閑有家，志未變也。**注**志謂畫未變之爻，故防之，而有家。若已動之爻，則氣已究，火性炎上，必至於化，不可閑矣。家人有嚴君，乃能防於始，若有所辟，則志變。志變，則家不可齊。

六二，无攸遂，在中饋，貞吉。**注**鄭康成曰：「二爲陰爻，得正於內。五陽爻也，得正於外。猶婦人自修正於內，丈夫修正於外。无攸遂，言婦人无敢自遂也。爻體離，又互體坎，火位在下，水在上，飪之象也。饋，酒食也。」見《後漢》楊震及王符傳注。案，《詩》：「無非無儀，唯酒食是議。」《大戴·本命》云：「婦人者，伏於人也。是故無專制之義，有三從之道，無所敢自遂也。故令不出閨門，事在饋食之間而已。」谷永云：「臣聞三代所以隕社稷、喪宗廟者，皆由婦人與羣惡。《易》曰：『在中餽，無攸遂。』言婦人不得與事也。」象曰：六二之吉，順以巽也。**注**荀九家曰：「謂二居貞，巽順於五，則吉矣。」案，此合全卦言。二陰故順，巽在外故以巽，內順外巽也。

九三，家人嗃嗃，悔厲吉；婦子嘻嘻，終吝。**注**鄭康成曰：「嗃嗃，苦熱之意。嘻嘻，驕佚喜笑之意。」見《釋文》。案家人嗃嗃，謂不化。離火應上，上威如，故三嗃嗃，喻嚴甚也。无應故悔厲，得位故吉。婦子嘻嘻，謂化也，巽爲婦，三化震爲子，相應，震笑言，故婦子嘻嘻。三上俱失位，故終吝。象曰：家人嗃嗃，未失也。婦子嘻嘻，失家節也。案惠氏棟曰：「得位故未失。動失正，故失家節。」

六四，富家，大吉。注虞翻曰：「得位應初，順五乘三，比據三陽，故曰富家，大吉。」象曰：富家大吉，順在位也。注虞翻曰：「謂順於五也。」案，順五得位。

九五，王假有家，勿恤，吉。注陸績曰：「假，大也。五得尊位，據四應二，以天下爲家，故曰王大有家。」案成既濟，六爻相應，故勿恤吉也。象曰：王假有家，交相愛也。案相應故交相愛，相愛故大有家。孟子曰：「樂民之樂者，民亦樂其樂。憂民之憂者，民亦憂其憂。」賈子曰：「禮，天子愛天下，諸侯愛境内，大夫愛官屬，士庶各愛其家。失愛不仁，過愛不義。故禮者，所以守尊卑之經、强弱之稱者也。」《禮篇》文。交相愛，亦愛之以禮而已。

上九，有孚，威如，終吉。案不孚而威，非也。故有孚威如，終吉。化之正，相應，故有孚。正則敬心生，故威如。居一卦之終，正則六爻俱正，故終吉也。象曰：威如之吉，反身之謂也。案化之正，以陰居陰，故反身之謂。《詩》曰：「弗躬弗親，庶民弗信。」《月令》曰：「以道教民，必躬親之。」孔子曰：「得之於身者，得之人。失之於身者，失之人。不出於門户而天下治者，其唯知反於己身者乎？」《吕覽・先己》文。

䷥ 兑下離上

睽，小事吉。注鄭康成曰：「睽，乖也。火欲上，澤欲下，猶人同居而異志也，故謂之睽。」虞翻曰：「小謂五陰，稱小得中應剛，故吉。」

彖曰：睽，火動而上，澤動而下，二女同居，其志不同行。注虞翻曰：「離火炎上，澤水潤下也。二女，離兑也，離上兑下。」説而麗乎明，柔進而上行，得中而應乎剛，是以小事吉。注虞翻曰：「説，兑；麗，離。明謂乾，柔謂五。應乾。❶ 五伏陽，非應二也，與鼎五同義也。」荀爽曰：「小事，臣事也。百官異體，四民殊業，故睽而不同。剛者，君也。柔得其中而應於君，故言小事吉也。」案山澤通氣，天在山中，天氣通於下，説而麗明。地氣出於澤，得日而麗，以上升於天，天之氣自升降，地之氣必麗乃得升，陰不專行，從陽乃行也。天地睽而其事同也，男女睽而其志通也，萬物睽而其事類也，睽之時用大矣哉！案初化成未濟，陰陽錯居，陰下有伏陽，陽下有伏陰，異而同者也。

象曰：上火下澤，睽。君子以同而異。注荀爽曰：「火性炎上，澤性潤下，故曰睽也。」案共成一卦，故同。火上澤下，故異。

初九，悔亡，喪馬勿逐，自復。注虞翻曰：「无應，悔也。四動得位，故悔亡。應在於坎，坎爲馬，四失位，之正入坤，坎象不見，故喪馬。四動震馬來，故勿逐自復也。」案，初之四，失位，故勿逐。四伏陰自發，之正應初，故自復。見惡人，无咎。案惡人謂四，初應在四，不得不見，故見惡人，无咎，離爲見。象曰：見惡人，以辟咎也。案禮在當見，不見則失禮，致惡人之害，故見惡人以辟咎。後漢陳實獨弔張讓父喪，黨人之誅，多所全宥，明於見惡人之義也。人而不仁，疾之已甚，亂也。

九二，遇主于巷，无咎。注虞翻曰：「二動，案，二五易位。體震，爲大塗，艮爲徑路，大塗而有徑路，故稱巷。」案二升五降，二五相遇，巷喻道也，得位故无咎。象曰：遇主于巷，未失道也。案升降各當，故未失道。

❶「應」上，《周易集解》卷八有「剛謂」二字。

六三，❶見輿曳，其牛掣，其人天且劓，无初有終。注虞翻曰：「離爲見，坎爲車，爲曳，故見輿曳。四動坤爲牛，牛角一低一仰，故稱掣。離上而坎下，其牛掣也。案，「掣」《説文》引作「觢」，掣蓋假借字。黥額爲天，割鼻爲劓。兑，刑人。故其人天且劓。」案，柳氏興宗云：「天謂天疾。」昭二十年《穀梁傳》云：「有天疾者，不得入乎宗廟。」《大戴・本命》云：「女有五不取。世有刑人不取，爲其棄於人世；有惡疾不取，爲其棄於天。」天且劓，則既棄於天，復棄於人者。《巧言》云：「既微且尰，爾勇伊何。」亦言天棄之也。案見，三見之也。其，其四也。輿，大器，重任也。輿曳必其牛不善，乃其牛則掣也。角以正爲善，掣則不善矣。任器者，不勝也。牛不善，必其人不善，乃其人則天且劓也。人如此而牛又掣，輿鮮有不曳者，失其所以御也。《詩》曰：「無棄爾輔，員于爾輻。屢顧爾僕，不輸爾載。終踰絶險。」見之而以爲戒，故无初有終。《周書》曰：「前車覆，後車戒。」《説苑・善説篇》文。《荀子》曰：「知不用愚者謀，前車已覆，後未知，更覺何時？」《成相》文。此蓋文王見紂所信任者，小大之臣，咸非吉士，欲其知所監而善厥終。所謂「殷監不遠，在夏后之世」者與？《太玄・更》次八：「駟馬跙跙，而更其御。」《測》曰：「駟馬跙跙，更御乃良也。」義本此。又《閨》次八：「輔其折，廬其缺，其人暉且偈。」其人暉偈，故能輔折廬缺。亦本此，而反之也。《韓非子・外儲説》云：「國者，君之車也。勢者，君之馬也。無術以御之，身雖勞，猶不免亂。有術以御之，身處佚樂之地，又致帝王之功也。」又《難勢》云：「以國位爲車，以勢爲馬，爲號令，爲轡，以刑罰爲鞭筴，使堯舜御之，則天下治。桀紂御之，則天下亂。則賢不肖相去遠矣。夫欲追速致遠，不知任王良；欲進利除害，不知任賢能：此則不知類之患也。夫堯舜，亦治民之王良也。」象曰：見輿曳，位不當也。无初有終，遇剛也。案三失位，與四互坎，見輿曳，恐其從四危之也。上來

❶「三」，原作「二」，今據《周易》改。

之三，三遇之，得以自正，故无初有終。

九四，睽孤，遇元夫，交孚，厲无咎。注虞翻曰：「震爲元夫，謂二已變動而應震，故遇元夫也。」案火上澤下，不相應，故睽孤。四之正相應，故交孚，厲无咎。四剛而不中，本有厲者。

象曰：交孚无咎，志行也。案相應，故志行。

六五，悔亡，厥宗噬膚，往何咎？注虞翻曰：「二動體噬嗑，故曰噬。」案悔亡，謂二五之正；厥宗噬膚，謂五之二。涣者，散也。散則廟以聚之。睽者，乖也。乖則宗以聯之。此睽而復合者也。噬膚謂二宜陰，五之二也。《坊記》曰：「因其酒肉，聚其宗族，以教民睦也。」在睽之卦，疑往而不合，故明言往何咎。厥宗噬膚，則疏者親，散者聚矣。此宗法之所由立也。《太玄·親》次八：「肺附乾餱，其榦已良，君子攸行。」義本此。《特牲禮》疏引《書傳》：「天子有事，諸侯皆侍。」宗室有事，族人皆侍終日。大宗已侍於賓奠，然後燕私。蓋自天子及士，祭畢皆有噬膚之事，所以親親也。睽言宗涣立廟，皆使之聚也。象曰：厥宗噬膚，往有慶也。案五往之二，則二來慶五。《詩》曰：「爾殽既將，莫遠具慶。」❶

上九，睽孤，見豕負塗，載鬼一車。注虞翻曰：「離爲見，坎爲豕，爲雨。四變時，坤爲土，土得雨爲泥塗。四動艮，爲背，豕背有泥，故見豕負塗矣。」案見，上見四也。共在上體，故上見之。豕喻躁，塗喻不絜。《詩》曰：「維此良人，作爲式穀。維彼不順，征以中垢。」躁動污穢，是匪人也，故載鬼一車。七八謂之神，九六謂之鬼。鬼，遊魂也。《荀子》曰：「惡之如鬼。」《王霸篇》文。三之上，爲四所隔，故三欲之上，先見四，幾從四而不之上，故无初。上欲之三，亦先見四，三四互坎，四爲惡人，疑三類四，故先亦張弧待三，因四疑三也。《太玄·疑》次七：「鬼魂疑。」《測》曰：「鬼魂之疑，誠不可信也。」載鬼一車，疑使之然，《太玄》義本此。先

❶「遠」，《毛詩》卷十三作「怨」。

張之弧，後説之弧，匪寇婚媾，往遇雨則吉。注虞翻曰：「坎爲弧，離爲矢，張弓之象也。匪，非。坎爲寇。之三歷坎，故匪寇。陰陽相應，故婚媾。三在坎下，故遇雨。與上易位，坎象不見，各得其正，故則吉也。」案疑三故先張之弧，以爲寇也。三上相應，故後説之弧。三上易位，坎離不見，故説弧。乖離之卦，彼此不孚，故每動疑生也。往與三遇，故遇雨。乖離之卦，應不相應，乖戾氣消，卒然而合，故皆言遇，如不期而遇者焉。象曰：遇雨之吉，羣疑亡也。案疑，上下相疑也。火亢於上，澤涸於下，上降遇雨，坎離復交，陰陽和，睽者合矣，故羣疑亡。

䷦ 艮下坎上

蹇，利西南，不利東北，案西兑，南離，西南坤也。水蹇於山，還反地上，之坤五成比，得地而流，故利西南。東震，北坎，東北艮也。之艮則仍是蹇，故不利東北。六十四卦相受，或以旁通，反復不衰之卦是也；或反復而又旁通，否泰是也；其餘皆反復相受，各以兩卦爲一偶。唯蹇既與解反，復又與睽旁通，《易》例至此一變，著殷周革易之由也。故六爻多往來迭見，與他卦不同。蹇六爻唯初失正，餘皆得位，其所以蹇，實於本卦无與，皆睽使之然也。西南即謂睽，睽離兑之卦也，殷紂乖離，周得有之，五據坤成比，建萬邦，親諸侯，周所以王也。東北即謂蹇，蹇卦全化則成睽，此紂所以失天下之由也。故爻多往來並稱，此失彼得，卦象交呈，故與他卦不同，他卦亦有旁通，不如此之著也。利見大人，貞吉。注虞翻曰：「離爲見，大人謂五，二得位應五，故利見大人。五當位正邦，故貞吉也。」案，初之正，成既濟。

象曰：蹇，難也，險在前也。見險而能止，知矣哉！蹇利西南，往得中也。不利東北，其道窮也。注虞翻曰：「離見，坎險，艮爲止。」荀爽曰：「西南謂坤，乾動往居坤五，故得中也。」案，坎五即乾居坤五成比者也。險在前，見險而止，止而往西南，故云利西南。利西南，在蹇後。惠氏棟云：「升二之五。」張氏惠言云：「乾五當使三之復二成睽。」非是。東北，艮也。艮在坎下，見險而止，故其道窮也。」利見大人，往有功也。當位貞吉，以正邦也。蹇之時用大矣哉！

注虞翻曰：「大人謂五，五多功，故往有功也。」荀爽曰：「謂五當尊位，羣陰順從，故能正邦。」

案，正邦謂成既濟。

象曰：山上有水，蹇。君子以反身修德。

注陸績曰：「水在山上，失流通之性，水本應山下，今在山上，終應反下，故曰反身。」見孔疏。

案坎水反下，則在地上，山之下，地之上，則蹇之初也。蹇初失正，故反身，謂成既濟也。睽六爻唯初得正，初化則成未濟。蹇唯初失正，初化即成既濟。此睽蹇之殊也。然睽初得正，其本正也。聖人處此，本正事舉，睽化成既濟。蹇初失正，本先撥也，本不正而順以往，斯成未濟矣。反身修德，慎在始也。商之天下，流風善政猶有存者，紂一失而莫挽。本於身，及於家，睽於天下，此爻所云「往蹇」者也。乖必有難。難者，乖爲之，於蹇得位之爻實无與。爻所云往蹇，皆謂睽，紂由蹇而成睽也。所云來，謂睽化，來之蹇初。終化成既濟，象周定殷亂也。

初六，往蹇，來譽。**案**睽化成蹇，蹇化成睽，一往一來，互相因也。往蹇謂成乖難，言睽也。來譽，自睽化來也。睽而復合，非失之過，即失之不及，然不害其爲合也。故雖失正，而來譽。

象曰：往蹇來譽，宜待也。**案**待，時也。《釋文》作「宜待時也」。時至則初自化，既濟成矣。

六二，王臣蹇蹇，匪躬之故。**案**王謂五，臣謂二，文之君臣，皆王臣也。文王蒙大難，蹇也；四臣從之，亦蹇；故王臣蹇蹇，二得正應五，文王蒙難，非文君臣之故，乃紂之乖睽也，故匪躬之故。象曰：王臣蹇蹇，終无尤也。**案**二五皆正，終能濟難，成既濟，故終无尤。

九三，往蹇，來反。**案**往，失位成睽難，故往蹇喻紂囚文王也。來反，由睽來反之正，喻文王反國也。象曰：往蹇來反，内喜之也。**案**反，來得位。陰得承陽，故内喜之，喻文王臣民也。

六四，往蹇，來連。**案**連，連及初也。四應在初，初亦之正，故來連。喻文王蒙難而歸，天下叛紂歸周也。象曰：往蹇來連，當位實也。案陽稱實，四當位，初化應之，故當位實。

九五，大蹇，朋來。案大蹇謂睽五，喻紂失道日甚也。朋來謂三分天下有其二。象曰：大蹇朋來，以中節也。案五居中處正，上下應之，故朋來以服事殷，不敢失臣節也。故曰以中節。諸侯歸周，臣於周也，謂之爲朋，不敢臣也，以服事殷，是爲中節。

上六，往蹇，來碩，吉，利見大人。注虞翻曰：「離爲見，大人謂五。」案碩，大也。往而遇難，來復自修，大其德也。反身修德，不敢尤人，故吉，利見大人。喻文之小心翼翼，事君終臣節也。象曰：往蹇來碩，志在内也。利見大人，以從貴也。案反身修德，初化之正，故志在内。紂雖不道，以服事殷，文王視之，猶聖主也。故利見大人，以從貴從君也。孟子曰：「王庶幾改之，予日望之。」文王之心亦猶是也。《詩序》：「采薇，遣戍役也。文王之時，西有昆夷之患，北有玁狁之難。以天子之命，命將率遣戍役，以守衛中國。」箋云：「天子，殷王也。西伯以殷王之命，命其屬爲將率。」《出車》「我出我車」箋云：「西伯以天子之命，出我戎車於牧之地。」《詩》諸所稱「天子」及「王」，與《易》「利見大人」皆尊王也。故孔子曰：「周之德，其可謂至德也已矣！」

䷧ 坎下震上

解，利西南，案西南謂坤，震動雨施，水流就下，流入坤中，水行地中，故利西南。无所往，其來復，吉。案謂五。震從下起，❶五先本居二，初動，二隨之升五，雷雨已作，无所復往，當仍反於下，故无所往，其來復，吉。謂來復之二，得中正也。此蓋喻紂政刑失所，當反之正，若猶是暴虐，將何往哉？有攸往，夙吉。注虞翻曰：「謂二也。夙，早也。」案坎降爲雨，二本自五來，今還升五，復其本位，故夙吉。此喻殷先澤猶存，反正，難斯解也。陰陽升降，往復不留，故雷雨

❶「震」，皇清經解續編本作「正」。

稱作，不分上下體者也。山上有水，即坎雲從山出入之象。不言雲者，繼睽之後，義取蹇難也。彼言水，以見當下。此言雨，已降者也。

彖曰：解，險以動，動而免乎險，解。解利西南，往得衆也。其來復吉，乃得中也。注虞翻曰：「險坎，動震。解二月，雷以動之，雨以潤之，物咸孚甲，萬物生震。震出險上，故免乎險也。」荀爽曰：「乾動之坤，而得衆。」案五非陰位，來之二，乃爲得中，故其來復吉，乃得中也。有攸往，夙吉，往有功也。注荀爽曰：「五位无陽，❶二陽又卑，往居之者則吉。據五解難，故有功也。」天地解而雷雨作，雷雨作而百果草木皆甲拆，解之時大矣哉！注荀爽曰：「乾坤交通，動而成解，坎下震上，故雷雨作也。案：冬陰凝閉，則雲雷屯。仲春之月，草木萌芽，雷以動之，雨以潤之，日以烜之，故甲拆也。」案，震爲反生，戴甲出土，是爲甲拆。鄭康成曰：「木實曰果。」見《文選注》。

象曰：雷雨作，解。君子以赦過宥罪。案《月令》：「仲春之月，始雨水，雷乃發聲。是月也，安萌芽，養幼少，存諸孤，命有司，省囹圄，去桎梏，無肆掠，止獄訟。」

初六，无咎。案失位，咎也。雷雨交作之卦，初非極下，上非極上，雷上雨下，同時同位者也。象曰：剛柔之際，義无咎也。案雷雨交作，初非定象，非失位者也。《泰》三：「无往不復，天地際也。」謂交際。否泰，反復也。此剛柔之際，亦謂雷雨一上一下，故義无咎。先言剛柔之際，明初非定位也。

九二，田獲三狐，得黄矢，貞吉。注虞翻曰：「二稱田，田獵也。坎爲弓，離爲黄矢，之正得中，故貞吉也。」案，之正謂升五。案坎爲狐。《未濟》：「小狐汔濟。」干寶云：「坎爲狐。」案，《説文》云：「狐，祆獸。鬼所乘。」坎，隱伏。故爲狐，茲依用之。三爻故三狐，謂三爻俱升也。象曰：九二貞吉，得

❶「陽」，《周易集解》卷八作「君」。

中道也。**注**虞翻曰：「動得正，故得中道。」

六三，負且乘，致寇至，貞吝。**注**虞翻曰：「二變時，艮爲背，❶坤爲車，三在坤上，故負且乘。」**案**坎爲寇，謂四也。三與坎連體，故致寇至。之正應上，見隔於四，故貞吝。雷雨作則難解，負且乘，徒致寇耳，此蓋喻殷之小人在位，不能解難也。象曰：負且乘，亦可醜也。自我致戎，又誰咎也？**注**虞翻曰：「以離兵伐三，故轉寇爲戎。艮手招盜，故誰咎也。」**案**乘者，君子之器。乘非，可醜也。負且乘，故亦可醜。又誰咎，言當自咎。

九四，解而拇，朋至斯孚。**注**陸績曰：「拇，足大指。」案，見《釋文》。案，震爲足，二化，四互艮爲指。**案**而，女也，謂四。四體離坎，欲上欲下，故解而拇，謂二上之五，四降居初也。二升五陽，與陽爲朋，故朋至。二升則四降，初得位有應，故朋至斯孚。象曰：解而拇，未當位也。

六五，君子維有解，吉，有孚于小人。**注**虞翻曰：「君子謂二，之五得正。小人謂五，陰爲小人，君子升位，則小人退在二，故有孚于小人。」案，屯五，屯膏雨以解之。陽在二，失位，升之五以解之。一張一弛，可與權者也。象曰：君子有解，小人退也。**注**虞翻曰：「二陽上之五，五陰小人退之二也。」案，君子有解，反之正，則小人自退。劉向云：「湯用伊尹，不仁者遠，而衆賢至，類相致也。」

上六，公用射隼于高墉之上，獲之，无不利。**注**虞翻曰：「上應在三，離爲隼。」**案**震，諸侯，故曰公。離矢坎弓，故用射。不言弓矢者，君子藏器於身也。二之五，巽爲高。四之初，艮爲城。上應在三，弓動矢發，三之正成既濟，則悖解矣。隼喻其悖也。《沔水》：「鴥彼飛隼，載飛載止。」箋云：「隼欲飛則飛，欲止則止，喻諸侯之自驕恣。」其取義與易同。高墉見者博，言去惡，明无所蔽也。《荀子·勸學》云：「吾嘗跂而望矣，不如登高之博見

❶「背」，原誤作「負」，今據《周易集解》卷八改。

也。」紂爲不道，崇、密助之，文不斥言紂，故爻多以去小人爲義。伐崇伐密，文王爲紂解悖耳。豈文有覬覦之心哉？西伯戡黎，祖伊奔告，以文爲紂解悖，而紂乃日甚，知天命之必歸周，故但責紂自絶，不言文也。象曰：公用射隼，以解悖也。案卦唯上六得位，故用射隼，成既濟，故解。

䷨ 兑下艮上

損，有孚，元吉，无咎，可貞，利有攸往。注鄭康成曰：「艮爲山，兑爲澤，互體坤，坤爲地，山在地上，澤在地下，澤以自損，增山之高也。猶諸侯損其國之富，以貢獻於天子，故謂之損矣。」案孚謂二五。元，乾坤之元也。損自泰來。二五易位，則元各正，故有孚，元吉，无咎也。可貞謂二，二正則上之五。二之五則上之三，故利有攸往，此文王修德遠害之卦也。損下益上，文自損以益紂。有孚元吉无咎，喻紂能信任之也。紂信任文，則君臣俱正，上下相應矣。曷之用？二簋可用亨。案曷，何也。二互震，之正亦體震，震爲簋，故二簋。苟有明信，沼谿澗沚之毛，可薦鬼神，可羞王公。二簋可用享，言不在多儀也。享，獻也。上下交孚，二簋可獻，所謂損先難而後易者，故文王不以事紂爲難，終盡臣節，望其感乎耳。

彖曰：損，損下益上，其道上行。注李鼎祚曰：「坤之上六，下處乾三；乾之九三，上升坤六，損下益上者也。陽德上行，故曰其道上行也。」損而「有孚，元吉，无咎，可貞，利有攸往，曷之用？二簋可用享」。二簋應有時，損剛益柔有時，損益盈虛，與時偕行。注虞翻曰：「時謂春秋祭祀。乾爲盈，坤爲虛。」案應，當也。二簋雖薄，用之當時，言合禮也。消則損剛益柔，息則損柔益剛，否泰反復，陰陽往來，終則又始者也。

象曰：山下有澤，損。君子以懲忿窒欲。案懲當作澂，清也。《釋文》云：「劉作澂，清也。鄭云：『澂猶清也。』」則鄭亦作澂。「蜀才作澄」，澄同澂。作懲，字之誤。古懲多作徵，與澂相近，故澂誤作徵，又轉作懲。窒，塞止也。泰乾爲忿，坤爲欲。虞云：「乾陽剛武，爲忿。坤陰吝嗇，爲欲。」三之上，乾成兑澤，故清忿。艮止坤上，故窒欲。此君子之用損也。

初九，已事遄往，无咎，酌損之。**案**已，以也。《釋文》云：「已本亦作以。」《説文》亦引作㠯，作已字之誤。事，職也。以事，以初之職事，喻文之事紂也。初得位，故以事遄往，以正往應四也，故无咎。酌，斟酌也。《周語》曰：「耆艾修之，而王斟酌焉。」酌損之，喻文益紂，欲其斟酌而用之也。故象曰：「尚合志。」象曰：已事遄往，尚合志也。**案**初四以正相應，與四合志也。

九二，利貞，征凶。**注**虞翻曰：「失位，當之正，故利貞。征，行也。」**案**利貞，謂自化，所謂可貞也。二未之正，之五則得位。二已之正，之五則失位。二陰不相應，故利貞，征凶。此喻文修德見囚於紂也。二本陽爻，之五則成益，不得有凶。此「利貞，征凶」連文，是已化之陰，復征之五，二陰不應，之五失位，故凶也。弗損益之。**案**陽化之陰，則自損。不化，故弗損。之五成益，故益之，益五也。此所謂利有攸往者也，蒙難而歸，獻地除荆，益上之心，文始終一也。象曰：九二利貞，中以爲志也。**案**自化之正，故中以爲志。

六三，三人行，則損一人。一人行，則得其友。**案**下三爻爲三人。初得位不升，故損一人。一人行謂三，三之上，則上之三相應，故得其友。氣求聲應，各以類從，小人用則君子退，君子用則羣君子進，喻殷之賢佞並立，將損賢臣，欲其專任賢臣，以進羣賢也。象曰：一人行，三則疑也。**案**言一人行則得友，若三則疑矣。賢佞不並也。劉向曰：「夫執狐疑之心者，來讒賊之口；持不斷之意者，開羣枉之門。讒邪進則衆賢退，羣枉盛則正士消。」本傳《封事》。陰陽相感以正，故《繫辭傳》引以證天地男女焉。

六四，損其疾，使遄有喜，无咎。**案**疾謂二。四應初，而隔於二，二其疾也。二之正，四得初應，故損其疾，使遄有喜。得位，故无咎。《詩》曰：

「君子如怒，亂庶遄沮。」《潛夫論》曰：「凡治病者，必先知脈之虛實，氣之所結，然後爲之方。故疾可愈，而壽可長也。爲國者，必先知民之所苦、禍之所起，然後設之以禁，則姦可塞，國可安矣。」《述赦》文。象曰：損其疾，亦可喜也。

六五，或益之十朋之龜，弗克違，元吉。案二益五也。二自正，則不益五。二不之正，則升之五，益五，故曰或。坤陰之老爲龜，直十朋也。《漢志》：「貝二枚爲一朋，有大貝、壯貝、幺貝、小貝。龜四品，元龜，直大貝十朋。公龜，直壯貝十朋。侯龜，直幺貝十朋。子龜，直小貝十朋。」其義即本於此。龜，北方之靈，信則至矣。龜以爲畜，人情不失，吉凶定焉。二以十朋之龜益五，文王三分有二以服事殷之象也。二升五降，皆得位，故弗克違，元吉。乾元，正君位也。文王益紂，紂能用文，不違文則殷道中興矣。象曰：六五元吉，自上祐也。案上謂五。二來益五，五不違二，而降居二，上下交孚，君之明，臣之福也，故自上祐。紂不用文，文雖益之，豈能元吉哉？文不能致君明聖，紂不祐文也。此憂患之所以獨深也，脩德遠害，克自主者，如此而已。

上九，弗損益之，无咎。貞吉，利有攸往，得臣无家。案弗損，謂不化。益之，謂益五。二自化，不之五，則上之五得位，故无咎，貞吉。二已之五，則上利往之三，成既濟，故利有攸往。陽在上，不事王侯。二升五爲君，上降三，五得臣之。二稱家，二已升五，故无家。王者无外，以天下爲家也。《漢書·五行志》谷永云：「《易》稱『得臣无家』，言王者臣天下，无私家也。」象曰：弗損益之，大得志也。案之五得位，故大得志。

䷩ 震下巽上

益，利有攸往，利涉大川。注鄭康成曰：「震爲雷，巽爲風，雷動風行，二者相成，猶人君出教令，臣奉而行之，故利有攸往。坎爲大川，故利涉大川也。」案二五相應，故利有攸往。三之上，涉坎成既濟，故涉大川。

象曰：益，損上益下，民説无疆。自上下下，其道大光。**注**宋衷曰：「明君之德，必須損己而利人，則下盡益矣。」見《口訣義》。鄭康成曰：「人君之道，以益下爲德。」虞翻曰：「坤爲无疆。」**案**損乾四、益坤初，故損上益下。其道益道，上之三成既濟，故大光。利有攸往，中正有慶。利涉大川，木道乃行。**注**虞翻曰：「中正謂五，而二應之，乾爲慶也。」**案**三上易位，震巽交，故木道乃行。不言風雷，言木道者，木東方，生氣也。雷以動之，萬物生。風以散之，萬物齊。故木道乃行，生物之道，利益物者也。益動而巽，日進无疆。天施地生，其益无方。凡益之道，與時偕行。**注**虞翻曰：「震上動爲離，案謂三。離爲日，巽爲進，坤爲疆，日與巽俱進，故日進无疆也。乾下之坤，震爲出生，萬物出震，故天施地生。陽在坤初，爲无方。」案，陽在坤初，伏而未著，故无方，謂乾元也。萬物資始資生，不見其益，而物无不益，不見不聞，體物而不遺者也。**案**生物之氣，不疾迅，故益。動而巽，遂物性也。出震齊巽，相見乎離，故與時偕行。

象曰：風雷益。君子以見善則遷，有過則改。**注**《子夏傳》曰：「雷以動之，風以散之，萬物皆益。」**案**雷動風行，三上失位，易位乃得正，故遷善改過，象風雷之疾也。

初九，利用爲大作，元吉，无咎。**注**虞翻曰：「大作，謂耕播，耒耨之利，蓋取諸此也。日中星鳥，敬授民時，故以耨播也。」侯果曰：「處利之始，❶居震之初，震爲稼穡，益之大者，莫大耕植，故初九之利，利爲大作。若能不厚勞於下民，不奪時於農畯，則大吉无咎矣。」**案**風行雷動，食爲民天，富庶之本也。故曰「大作」。天氣下降，初得位，故元吉无咎，乾元也。象曰：元吉，无咎，下不厚事也。**案**坤爲厚，乾來益坤，

❶「利」，《周易集解》卷八作「益」，義長。

故下不厚事。仲春之月，毋作大事，以妨農事。

六二，或益之十朋之龜，弗克違，永貞吉，王用亨于帝，吉。**案**損二益五，五亦益二，五之二得位，成益。不可化，故永貞吉。王謂益五，五君得二聖臣。元首明，股肱良，二五皆得位，故用亨于帝，吉。此文之望於殷王者也。象曰：或益之，自外來也。**案**損五之二，成益。五在外，故自外來。

六三，益之用凶事，无咎。❶有孚中行，告公用圭。**注**荀九家曰：「天子以尺二寸元圭事天，以九寸事地也。上公執桓圭九寸，諸侯執信圭九寸，諸伯執躬圭七寸，諸子執穀璧五寸，諸男執蒲璧五寸。五等諸侯，各執之以朝見天子也。」虞翻曰：「乾爲圭，乾之三，故告公用圭。」案，上之三。**案**凶事，征伐之事。兵凶戰危，在益用之疑於咎，故明言无咎。除暴救民，凶事即所以益之也。《荀子》曰：「仁者愛人，愛人故惡人之害之也。義者循理，循理故惡人之亂之也。兵者，所以禁暴除害也。故仁人之兵，所存者神，所過者化。」《議兵》文。三失位不臣，故五使上用凶事以益之，征不服也。上之三，離爲戈兵甲胄，師之象也。五使上來正三，三自化之正，孚五，故有孚。伏陽由中發，故中行誠服也。三服則上復命，故告，告王也。告於王曰：公用圭。公者，爵稱。言其已服用圭而來朝王也。此文王爲方伯，率叛國事殷之象。與震爲侯，故曰公。象曰：益用凶事，固有之也。**注**虞翻曰：「失位當變，故固有之。」案，伏陽當發。

六四，中行告公從，利用爲依遷國。**案**中行謂三也。四承五據三，三化從五，故四告於五。坤爲國，三之正，坤象不見，故遷國。成坎爲險，王公設險以守其國，故曰爲依，依於險也。遷國亦所以益之也。《盤庚》曰：「視民利用遷。」此蓋喻殷民化紂俗日久，難與爲善。文欲紂徙居

❶「无咎」，原脱，今據《周易》及案語「故明言无咎」補。

善地，所謂用亨于岐山也。乃殷不自從，而周從之，豈周之過哉？象曰：「益志。」文王小心事紂，紂有從之之志，故文益之。獻地除荆，亦其一也。有志而不能終，上九所以有立心勿恒之象與？ **象曰：告公從，以益志也。** 案志，遷國之志。文王率諸侯以輔紂，益紂志爲善，則從之者衆矣。文之爲殷興利也，豈有已乎？

九五，有孚惠心，勿問元吉，有孚惠我德。 注虞翻曰：「三上易位，已成既濟，故『有孚惠心，勿問元吉』。」案有孚惠心，入人深也。《吕覽》曰：「聖人南面而立，以愛利民爲心，號令未出，而天下皆延頸舉踵矣，則精通乎民也。」《精通》文。《書》曰：「故一人有事於四方，若卜筮罔不是孚。」此上之有以孚下也。我，我五。上孚下，則下亦孚上，故有孚惠我德。感德而歸，是惠德也。謂成既濟，衆爻皆順五也。 **象曰：有孚惠心，勿問之矣。惠我德，大得志也。** 案勿問之矣，言不必問，天下歸之，故大得志。告公用圭，告公從，亦不必問者也。

上九，莫益之，或擊之，立心勿恒，凶。 注虞翻曰：「莫，无也。艮爲手，故或擊之。上體巽爲進退，故勿恒。」案上不降三，則三不益上，所謂莫之與也。失位背五，故五來擊之。莫之與，則傷之者至矣。有孚惠德，天下與之；衆叛親離，故莫之與。蓋以喻殷也。上當之正，進退不果，故立心勿恒，凶。 **象曰：莫益之，偏辭也。或擊之，自外來也。** 注孟喜曰：「偏，周匝也。」見《釋文》。《釋文》云：「偏，孟作偏。」案虞云：「偏，周帀也。」則與孟同。衆皆不與，故曰「偏」。案五來擊之，故「自外來」。五非應，故曰「或」。上之「自外來」，與二異。二本在內，外來益之，是遠者亦益之。上本在外，外來擊之，是親近者亦擊之矣。此其所以「凶」也。

周易姚氏學卷第十終

周易姚氏學卷第十一

旌德姚配中撰

周易下經彖下傳象下傳

䷪ 乾下兑上

夬，揚于王庭，孚號有厲。注鄭康成曰：「夬，決也。陽氣浸長至於五，五，尊位也，而陰先之。是猶聖人積德説天下，以漸消去小人，至于受命爲天子，故謂之夬。揚，越也。五互體乾爲君，又居尊位，王庭之象也。陰爻越其上，小人乘君子，罪惡上聞於聖人之朝。故曰：『夬，揚于王庭。』」案「孚號」謂衆陽孚五，皆欲決上也。夬，書契號令之象。決上成乾，❶重剛故厲。告自邑，不利即戎，利有攸往。注虞翻曰：「陽息動復，剛長成夬。坤爲自邑。陽息陰消，君子道長，故『利有攸往』，剛長乃終。」案陽長決陰，陰從下升，故「告自邑」。陰不順陽，聞於王庭者，自其邑來告也。上窮反三，體離爲戎。陽息之卦，陰不得居三，窮无所入，故「不利即戎」。

彖曰：夬，決也，剛決柔也。健而説，決而和。注虞翻曰：「乾決坤也。健，乾。説，兑也。以乾陽獲陰之和，故決而和也。」揚于王庭，柔乘五剛也。孚號有厲，其危乃光也。案一陰揜陽，決之成乾，重剛，陽道光明，故其危乃光。告自邑，不利即戎，所尚乃窮也。案尚，上也。陰窮於上，反三成離，三陽位，不受，窮无所之，故窮也。利有攸往，剛長乃終也。注虞翻曰：「乾體大成，以決小人。終乾之剛，故乃以終也。」

❶「決」，皇清經解續編本作「夬」。

象曰：澤上於天，夬。君子以施禄及下，居德則忌。**注**陸績曰：「水氣上天，決降成雨，故曰『夬』。」虞翻曰：「陽極陰生，謂陽忌陰。」**案**不雨則旱，膏澤不下於民，澤上於天，夬而爲雨，故君子以施禄及下也。一陰在上，終足致悔，故居德則忌。言必決之盡也。《表記》曰：「君子不失足於人，不失色於人，不失口於人。」《甫刑》曰：「敬忌而罔有擇言在身。」注云：「忌之言戒也，言己外敬而心戒慎也。」

初九，壯于前趾，往不勝爲咎。**注**虞翻曰：「夬變大壯，大壯震爲趾，位在前，故壯于前趾。」**案**陽息大壯成夬，陰已至上，初不能及。往，往決陰也。陽息之卦，陽往決陰是也，不能勝陰，故爲咎。咎者不勝之所爲，非往之過也，故曰爲咎。《孫子》曰：「夫未戰而廟算勝者，得算多也；未戰而廟算不勝者，得算少也。」《計篇》文。又曰：「勝兵先勝而後求戰，敗兵先戰而後求勝。」《形篇》文。象曰：不勝而往，咎也。

九二，惕號，莫夜有戎，勿恤。**案**剛柔者，晝夜之象，陰已至上，故曰莫夜。惕號謂戒令。所謂忌也，掌固夜三鼜以號，戒挈壺氏，凡軍事縣壺以序聚欜，皆莫夜之號也。《大宗伯》「以恤禮哀寇亂」，號戒嚴，寇不能至，故有戎勿恤。陽息之卦，防陰長也。上反三，離爲戎。象曰：有戎勿恤，得中道也。**案**陽息之卦，不宜化之陰。二雖失位，得乾之中，故有戎勿恤。此又不以位之得失論也。

九三，壯于頄，有凶。**注**翟玄曰：「頄，面也。謂上處乾首之前，稱頄。頄，頰閒骨。三往壯上，故有凶。」案，上三正應相應，不決陰，則陰來之三，三動失位，故戒以有凶。君子夬夬，獨行遇雨。若濡有愠，无咎。**注**荀爽曰：「九三體乾，乾爲君子。三五同功，二爻俱欲決上，故曰『君子夬夬』也。『獨行』謂一爻獨上，與陰相應，爲陰所施，故遇雨也。雖爲陰所濡，能愠不説，得无咎也。」案，三應上，夬夬，言必欲決之，所謂忌也。《表記》曰：「君子莊敬日强，安肆日偷，君子不以一日使其躬儳焉，如不終日。」不使不仁者加乎其身，故「夬夬」。❶三獨應上，故「獨行遇雨」。兑爲雨澤，言小人亦以恩澤結人心也。易以溺人，君子慎之，故有愠无咎。所謂其危乃光也。　象曰：君子夬夬，終无咎也。

九四，臀无膚，其行次且。牽羊悔亡，聞言不信。**注**虞翻曰：「二四已變，坎爲臀。兑爲羊，巽爲繩。」**案**二四互坎，陰俱不見，故无膚。此言一陰一陽之謂道，陰亦不可廢也。陰之於陽，猶膚之於骨。乾純陽爲瘠，故无膚，謂陽剛過也。❷孤陽不生，故其行次且。次且，行不進也。牽羊，謂牽上，使居四得位，故悔亡。言不爲陽所決也。坎爲耳，未之正，故聞言不信。　象曰：其行次且，位不當也。聞言不信，聰不明也。

九五，莧陸夬夬，中行无咎。**案**莧陸，草名，《子夏傳》云：「莧陸，木根草莖，剛下柔上也。」馬、鄭云：「莧陸，一名商陸。」宋云：「莧，莧菜；陸，商陸。」喻陰也。陽息大壯，已決五成夬，又欲決上，故夬夬。《春秋傳》曰：「爲國家者，見惡如農夫之務去草焉，芟荑蕴崇之，絶其本根，勿使能殖。」《書》曰：「乃有不吉不迪，顛越不恭，暫遇姦宄，我乃劓殄滅之，無遺育，無俾異種于兹新邑。」五得中，以陽夬陰，夬之當，故中行无咎。　象曰：中行无咎，中未光也。**案**陽尚在五，❸決陰未盡，爲陰所揜，故中未光，但无咎而已。剛長至上，決陰使盡，則所謂「其危乃光」者也。

上六，无號，終有凶。**案**上不孚五，爲陽所決，決之使盡，陰氣散亡，故无號，終有凶。惕號勿恤，无號是以凶也。蓋喻殷當決小人，嚴其號令也。　象曰：无號之凶，終不可長也。**案**虞

❶「夬夬」，原作「夫夬」，今據爻辭及崇文書局本改。
❷「剛過」，皇清經解續編本倒文。
❸「尚」，皇清經解續編本作「上」。

翻曰：「陰道消滅，故不可長也。」

䷫巽下乾上

姤，女壯，勿用取女。**注**鄭康成曰：「姤，遇也。一陰承五陽，一女當五男，苟相遇耳，非禮之正，故謂之姤。女壯，如是壯健，似淫，故不可取。婦人以婉娩爲其德也。」

象曰：姤，遇也，柔遇剛也。勿用取女，不可與長也。天地相遇，品物咸章也。剛遇中正，天下大行也。姤之時義大矣哉。

注虞翻曰：「陰息剥陽，以柔變剛，故勿用取女，不可與長也。」荀爽曰：「謂乾成於巽而舍於離，坤出於離，與乾相遇，南方夏位，萬物章明也。」案荀九家云：「謂陽起子，運行至四月，六爻成乾。巽位在巳，故言『乾成於巽』。既成，轉舍於離，萬物皆盛大，坤從離出，與乾相遇。」**案**剛謂陽，中正謂陰，風行天下，故大行。坤出於離，一陰初生，即離象也。陰生天地之中，正位於二，陽正位於五，故剛遇中正。女壯言其消陽，中正言其成離，復見天地之心，謂陽在極中也。

象曰：天下有風，姤。后以施命誥四方。

注虞翻曰：「后，繼體之君。乾爲施，巽爲命，爲誥。」翟玄曰：「天下有風，風行无不周布，故以施命誥四方之民矣。」

初六，繫于金柅，貞吉。有攸往，見凶。羸豕孚蹢躅。**注**虞翻曰：「柅，謂二也。巽爲繩，故繫柅。乾爲金，巽木入金，柅之象也。王肅云：『柅，織績之物，婦人所用。』荀九家曰：『絲繫於柅，猶女繫於男，故以喻初宜繫二也。』案《説文》：『篗，收絲者也。杘，篗柄也，或从木尼聲。』然則柅即杘，絲繫於篗，篗制於柅。以陰消陽，往謂成坤。」**案**初繫於二，與二易位，得正居中，故「貞吉」。若居初而動，則失見，故「有攸往，見凶」。「往」謂動之爻，陰消至上，初變成六。「羸豕」謂陰息成離，陽伏爲坎，坎爲豕，巽爲進退，初陽伏於下，爲陰所羸，不能進而因伏也。象曰：繫于金柅，柔道牽也。**注**虞翻曰：「陰道柔，巽爲繩，牽於二也。」

九二，包有魚，无咎，不利賓。注虞翻曰：「巽爲白茅，在中稱包。《詩》曰：『白茅包之。』魚謂初陰，巽爲魚，乾稱賓。案《鄉飲酒》：「立賓以象天。」二據四應，故『不利賓』。」案姤陽包陰，故曰包。初之二，故「包有魚」。得位，故「无咎」。初之二，則不應四，故「不利賓」。此四之所以无魚也。謂之賓者，民爲他人所有，所謂虞賓周客者與？包同苞，苞苴也。《曲禮》「凡以弓劍苞苴簞笥問人者」，注云：「苞苴，裹魚肉者也，❶或以葦，或以茅。」《少儀》「苞苴」注云：「苞苴，謂其編束萑葦以裹魚肉也。」❷「包有魚」，喻下以實應得民心也。无魚斯遠民，遠民斯不爲之主，而稱之爲賓，喻殷之自遠其民也。

象曰：包有魚，義不及賓也。案初之二，得位，不應四，故義不及賓。

九三，臀无膚，其行次且，厲，无大咎。案此據陰未至二時言也。三互坎，伏陰未發，故「无膚，其行次且」。剛而不中，故「厲」。得位不爲陰所化，故「无大咎」。象曰：其行次且，行未牽也。案陰之生，必麗於陽，故柔道牽，初牽於二也。初牽於二，不及三，故行未牽。

九四，包无魚，起凶。案四不得初應，故包无魚，莫之與也。四本失位，自遠其民，民爲邦本，遠民凶所由起，莫之與則傷之者至矣。言陰不應而消陽也。象曰：无魚之凶，遠民也。案四遠初也，陰長消陽，絶之甚，則横行，若防川然。順而道之，陰亦能養物。天地相遇，乃以成既濟之功也。陰本順陽，遏之甚，則變陽，從内消也。民本順君，遠之甚，則叛君，從内潰也。《賈子》曰：「刑罰不可以慈民，簡泄不可以得士。故有不能求士之君，而無不可求之士；有不能治世之吏，而無不可治之民。」《大政》文。

九五，以杞包瓜，含章，有隕自天。注虞翻

❶「者也」，《禮記》鄭注無，皇清經解續編本無「者」字。

❷「萑」，《禮記》鄭注作「菅」。

曰：「隕，落也。巽爲杞。」案，場人祭祀，供其果蓏。《詩・信南山》：「疆場有瓜，是剥是菹，獻之皇祖。」以杞包瓜，祭之象也。心怵而奉之以禮，唯賢者能盡祭之義。所謂「含章，中正也」。致其誠信，與其忠敬，賢者之祭也。必受其福，故有隕自天。《詩》所謂「曾孫壽考，受天之祐」也。姤陰消陽，鬼神之象。陽窮上反下，復息於中，鬼神祐助其子孫之象也。所謂「志不舍命」。**案**陰已消至四，五互艮體巽，艮爲果蓏，故以杞包瓜。陰復消五，五消而伏，故含章。五乾元之位，陰消陽不能盡，是以伏而含也，故象曰「中正」也。陰消五成剥，碩果自上反，故「有隕自天」。象曰：九五含章，中正也。有隕自天，志不舍命也。**案**九五含章，言本陽位，陽消而伏，故含章也。據已消當復息，言已化於外，復息於中，外化而内息也。命謂太極，天地之中，元之所藏者也。陽窮上反下，還息於中，故志不舍命。此以窮上反下言。《淮南子》曰：「從外入者，無主於中，不止；從中出者，無應於外，不行。」《原道》文。陽之内萌而外反，亦猶是。

上九，姤其角，吝，无咎。**注**虞翻曰：「乾爲首，位在首上，故稱『角』。動而得正，故『无咎』。」

象曰：姤其角，上窮吝也。

䷬ 坤下兑上

萃，亨，王假有廟。**注**鄭康成曰：「萃，聚也。坤爲順，兑爲説，互有艮巽。巽爲木，艮爲闕，木在闕上，宫室之象也。」陸績曰：「假，大也。」**案**二五相應，故亨。王謂五，羣陰順之。積德厚，故大有廟。《大戴記》曰：「有天下者事七世。持手而食者，❶不得立宗廟。所以别積厚者流澤光，積薄者流澤卑也。」《禮三本》文。《荀子・禮論》注云：「持其手而食，謂農功食力也。」利見大人，亨，利貞。用大牲吉。利有攸往。**注**虞翻曰：「大人謂五，三四失位，利之正，變成離，離

❶「持」，原作「特」，今據皇清經解續編本改。「持手」，當本《荀子・禮論》、《大戴禮記・禮三本》作「待年」。

爲見，故『利見大人』。『亨，利貞』，聚以正也。坤爲牛，故曰『大牲』。」案之正成既濟，二用坤牛，往應五，所謂孚乃利用禴者。

彖曰：萃，聚也。順以説，剛中而應，故聚也。注荀爽曰：「謂五以剛居中，羣陰順而從之，故能聚衆也。」案天子之祭也，與天下樂之；諸侯之祭也，與境内樂之。《孝經》曰：「昔者周公郊祀后稷，以配天；宗祀文王於明堂，以配上帝。是以四海之内，各以其職來祭。夫聖人之德，又何以加於孝乎。」此所謂致孝享也。《潛夫論》曰：「否泰消息，陰陽不並，觀其所聚，而興衰之端可見也。」《本政》文。聚以正，故「利見大人」也。「用大牲吉，利有攸往」，順天命也。觀其所聚，而天地萬物之情可見矣。

案二順五，故順天命。《吕覽》曰：「賢者所聚，天地不壞，鬼神不害，人事不謀，此五常之本事也。」《求人》文。

象曰：澤上於地，萃。君子以除戎器，戒不虞。注荀爽曰：「澤者卑下，流潦歸之，萬物生焉，故謂之萃也。」鄭康成曰：「除，除去也。」見《釋文》。案，蜀才云：「除去戎器，修行文德也。」案《周語》曰：「先王燿德不觀兵。夫兵戢而時動，動則威，觀則玩，玩則不震。是故周文公之頌曰：『載戢干戈，載櫜弓矢；我求懿德，肆于時夏。允王保之。』」倒載干戈，包之以虎皮，除戎器也。井田之法，兵寓於農，戒不虞也。《説苑・指武》云：「司馬法曰：『國雖大，好戰必亡；天下雖安，忘戰必危。』《易》曰：『君子以除戎器，戒不虞。』夫兵不可玩，玩則無威；兵不可廢，廢則召寇。」

初六，有孚不終，乃亂乃萃。注虞翻曰：「孚，謂五也。初四易位，五坎中，故『有孚』。坤爲聚，故『乃亂乃萃』。失位不變，則相聚爲亂。故象曰：『其志亂也。』」案不與四易位，故不終，失位故亂。《詩》曰：「謀夫孔多，是用不集。」「如彼築室于道謀，是用不潰于成。」「乃亂乃萃」，「有孚」，所以不終，喻殷多小人也。

若號，一握爲笑，勿恤，往无咎。注虞翻曰：「巽爲號，案，號令。艮爲手。初動成震，震爲笑。」案若，順也，坤爲順，初之四，故「若號」。初之四，五互艮，初體震，故「一握爲笑」。初上孚五，孚可終矣。「一握爲笑」，言易也。《孟子》曰：「武丁朝諸侯有天下，猶運之掌。」《列子》曰：「天下可運於一握。」《湯問》文。初四易位，俱得正應，故「勿恤，往无咎」。象曰：乃亂乃萃，其志亂也。案艮止震動，忽動忽止，故志亂。

六二，引吉无咎。注虞翻曰：「應巽爲繩，艮爲手，故『引吉』。得正應五，故『无咎』。」案引，五引二也。二得中，未動之爻，故五引之，使應己。二不苟進，五下求賢也。孚乃利用禴。注馬融曰：「禴，殷春祭名。」見《釋文》。案鄭、虞皆以爲夏祭名，但文王作《易》，猶是殷世，不當以周之祭名爲說。《禘祫志》云：「周公制禮，乃改夏爲禴。」鄭既以爻辭文王作，則禴自是殷春祭名。云夏者，以周禮爲說耳，或字之誤也。案初四易位，震爲春，三之正，成既濟，故「孚乃利用禴」，謂二動之爻應五也。殷之臣民，散而不萃。言君當有以引之使萃，則能長保其位，故五云有位也。上下皆有嘉德，祭雖薄，神必享之，故「孚乃利用禴」。象曰：引吉无咎，中未變也。案未變之爻，故五引之。此與《家人》初九「志未變」義同。「未變」喻殷之賢臣无二心，可引之即孚者也。若已變成爻，則氣究將化，引之不孚矣。

六三，萃如嗟如，无攸利，往无咎，小吝。案三應在上，兑口故嗟。謂三陰聚於下，不應上，故萃嗟也。上所謂齎咨也。三失位，故「无所利」。「往」謂化之正，❶之正應上，得位，故「无咎」。雖失位，終化之正，故「小吝」。象曰：往无咎，上巽也。案上齎咨求應，三之正，故上巽順之。

❶「謂」，皇清經解續編本作「以」。

九四，大吉，无咎。案大謂陽，陽爻聚，故「大吉」。四失位，嫌於咎，故明言「无咎」。象曰「位不當」，以其失位嫌於咎，故既言「大吉」，而又言「无咎」也。澤上於地，由下而上。地有坎，而後澤出焉。澤聚於坎，實亦地中，非地上，故曰「上於」，不曰澤在地上。此四所以位不當而大吉者也。澤上於地，由地中生，亦原泉也。四，澤所從出，故大吉獨在四。象曰：大吉无咎，位不當也。注虞翻曰：「以陽居陰，故位不當。」

九五，萃有位，无咎，匪孚。元永貞，悔亡。注虞翻曰：「得位居中，故『有位无咎』。」案得衆故「萃有位」。《孟子》曰：「得乎丘民而爲天子。」匪，非也。謂失正者，亦化之正，孚五成既濟也。乾元得位不化，故「元永貞，悔亡」。感應之效，唯君最速。象曰：萃有位，志未光也。案未動之爻，云元云位，故知未動之爻。爲陰所揜，故未光，須引賢以助理也。

上六，齎咨，涕洟，无咎。注鄭康成曰：「齎咨，嗟歎之辭也。自目曰涕，自鼻曰洟。」見《釋文》。虞翻曰：「三之四，體離坎。艮爲鼻，涕流鼻目，故曰『涕洟』。」案上无應，位兑口，故「齎咨」。此亦既憂之咎不長者，文蓋望紂自悔，散可復萃也。象曰：齎咨涕洟，未安上也。注虞翻曰：「乘剛遠應，故未安上也。」案成既濟，則六爻安。桀紂之失天下，自以爲安故也。若涕洟自悔，則不安者安矣。

䷭巽下坤上

升，元亨。用見大人，勿恤。南征吉。注鄭康成曰：「升，上也。」案《釋文》云：「鄭作昇，升，假借字。」坤地巽木，木生地中，日長而上，故謂之『升』。升，進益之象也。」案，地中生木，春時也，乾元將出震，故「元亨」。虞翻曰：「謂二當之五，爲大人。離爲見，坎爲恤，二之五得正，故『用見大人勿恤』，有慶也。離，南方之卦，二之五成離，故『南征吉』。」

彖曰：柔以時升，案柔謂初。知者，地中生木，由下升上，下體唯初柔。巽，一索得女之卦，以初陰爲主，故知謂初。初先之四，象木之生，戴孚甲也。震爲反生，陽先下行，地中生木，陰先上出，義相因也。虞云：「柔謂五，升謂二。」似失之。如虞説，當云柔以剛升，剛以時升，不得云柔以時升也。「用見大人」、「南征吉」，乃謂二之五耳。巽而順，剛中而應，是以大亨。注荀爽曰：「謂二以剛居中，而來應五，故能大亨。上居尊位也。」用見大人，勿恤，有慶也。南征吉，志行也。注荀爽曰：「大人，天子，謂升居五。羣陰有主，无所復憂，而有慶也。」案二升五，上下應之，故志行。

象曰：地中生木，升。君子以順德，積小以高大。注荀爽曰：「地謂坤，木謂巽，地中生木，以微至著，升之象也。」案《荀子》曰：「積土成山，風雨興焉；積水成淵，蛟龍生焉；積善成德，而神明自得，聖心循焉。故不積蹞步，無以至千里；不積小流，無以成江海。」《勸學》文。

初六，允升，大吉。案允，信也。應在坤，土性信，謂信之而後升，所謂時升也。二升居五，初之四，得位，承五，故「大吉」。象曰：允升大吉，上合志也。案上謂五，二升五，初與之合志也。

九二，孚乃利用禴，无咎。案二應在五，五互震爲春，二之五得位，故「孚乃利用禴，无咎」。苟有明信，沼谿澗沚之毛，可薦於鬼神。此喻紂能改悔，孚其臣民，則二升居五，猶是殷之天下也。象曰：九二之孚，有喜也。案之五得正，故有喜。

九三，升虛邑。注荀爽曰：「坤稱邑也。五虛无君，利二上居之，故曰『升虛邑，无所疑也』。」案董子《立元神》云：「何謂本，天地人，萬物之本也。天生之，地養之，人成之。天生之以孝悌，地養之以衣食，人成之以禮樂，三者相爲手足，合以成體，不可一無也。無孝悌則亡其所以生，無衣食則亡其所以養，無禮樂則亡其所以成也。三者皆亡，則民如麋鹿，各從其欲，家自爲俗，父不能使子，君不能使臣，雖有城郭，名曰虛邑。」象曰：升虛邑，无所疑也。**注**虞翻曰：「上得中，故『无所疑』。」案，謂二之五。**案**虛邑可升，故无所疑。《孟子》曰：「不信仁賢，則國空虛。」此亦闃其无人者，蓋喻紂不自悔，則成虛邑，有德者將來居之。

六四，王用亨于岐山，吉，无咎。**注**鄭康成曰：「亨，獻也。」見《釋文》。荀爽曰：「巽升坤上，據三成艮。巽爲岐，艮爲山。王謂五也。」**案**此文王欲紂用其道也。王謂殷王。時殷播棄典刑，任用羣小，雖欲自悔，无所適從，故言「王用亨于岐山」，欲其用文王之道，以上格天心也。井三所謂「可用汲」者，即此意也。夫亡國之主，其所以終至滅亡者，不能自改耳。苟知悔悟，忠言是從，則其感激臣民，較崛起之君爲尤易。崛起之君，秖能得人歡心；悔悟之誠，且能令人感泣。民情不大可見乎？先澤猶存，人心易挽，使紂果能用文，烏睹殷商之季，不易爲中興之朝乎？此文之所切望於紂，而孔子稱爲至德者也。三分有二以服事殷，以服事殷，即欲殷有以撫之。此文王之憂患所以獨深也。不然，周則麾之不去，殷則招之不來，文豈不知而虛爲此服事哉！子曰：「至德其所以至者，蓋有在矣。」云「吉无咎」者，亦所謂「復自道，何其咎，吉」者也。四，諸侯之位，二升由四。象曰：王用亨于岐山，順事也。**案**坤爲順，二升居五，用仁道以升聞於天，故順事。行仁政而王，尚莫之能禦，況天下本其所有乎？此喻紂能自悔，挽天人之心甚易也。後世有以哀痛之詔，感發其臣民者矣。

六五，貞吉，升階。**注**虞翻曰：「二之五，故『貞吉』。巽爲高，坤爲土，故升階也。」案，此喻紂能用文，則中興易如升階然。象曰：貞吉，升階，大得志也。**注**荀爽曰：「陰正居中，爲陽作階，使升居五，己下降二，與陽相應，故吉而『得志』。」

上六，冥升，利于不息之貞。**注**荀爽曰：「坤性暗昧，今升在上，故曰『冥升』也。陰用事，爲消；陽用事，爲息。陰王在上，陽道不息，陰之所利，故曰『利于不息之貞』。」**案**上陰得位，一體俱陰，故「利于不息之貞」。繼世以有天下，天之所廢，必若桀紂者也。故益、伊尹、周公，不有天下。此喻紂稍能自改，亦可暫安，乃紂不用文，既自困且又困文，而文之道終不行，商之天下終莫挽。文王徒心惻耳，故受之以困、井。象曰：冥升在上，消不富也。**注**荀爽曰：「陰升失實，故『消不富也』。」

䷮ 坎下兑上

困，亨，貞大人吉，无咎。有言不信。**注**鄭康成曰：「坎爲月，互體離，離爲日。兑爲暗昧，日所入也。今上揜日月之明，猶君子處亂代，爲小人所不容，故謂之『困』也。君子雖困，居險能說，是以通而无咎。」虞翻曰：「貞大人吉，謂五也。在困无應，宜靜則无咎。故『貞大人吉，无咎』。」**案**處困之時，不見信於人，故有言不信。

象曰：困，剛揜也。險以説，困而不失其所亨，其唯君子乎？**注**荀爽曰：「謂二五爲陰所揜也。」案，鄭據卦，荀據畫，義互備。**案**困者德之辯。孔子曰：「達於道之謂達，窮於道之謂窮。故内省而不疚於道，臨難而不失其德。大寒既至，霜雪既降，吾是以知松柏之茂也。」《吕覽·慎人》文。貞大人吉，以剛中也。有言不信，尚口乃窮也。**注**荀爽曰：「謂五雖揜於陰，近无所據，遠无所應，體剛得中正，居王位，則『吉无咎』也。」**案**兑口在上，故尚口；澤无水，故窮。處困之時，非口舌所既辯也。❶

象曰：澤无水，困。君子以致命遂志。**案**水涸，故无水。襄二十五年《左傳》疏云：「兑爲澤，坎爲水，水在澤下，則澤中无水也。」案，孔説似失之。《易》例以下卦爲中，此以卦言，當云澤中有水，如地中

❶「既」，皇清經解續編本、崇文書局本作「能」。

有水，澤中有雷，澤中有火之比。不云澤中有水，或水在澤中，或澤下有水，而云澤无水者，下坎三爻皆失位，離伏於下，有水之形，无水之實，中乾者也，故曰「澤无水」。非水在澤下之謂。「致命」謂至於命化之正也。君子居易以俟命，素位而行，不願乎外，故「遂志」。此所以窮而通，「困而不失其所亨」者也。❶子貢曰：「古之得道者，窮亦樂，達亦樂，所樂非窮達也。道得於此，則窮達一也，爲寒暑風雨之序矣。」《吕覽·慎人》文。

初六，臀困于株木。入于幽谷，三歲不覿。

案坎爲臀。株木，根也。株木謂伏離，離爲科上槁，初陰失位，故「困」，火涸水也。荏苒柔木，君子樹之。困于株木，所樹傷也。温温恭人，如集于木，惴惴小心，如臨于谷，斯无困辱之患矣。株木喻惡也。坎爲隱伏，初最在下，離伏不見，故「入於幽谷」。離三爻，故「三歲」。火爲水滅，是以「不覿」也。象曰：入于幽谷。幽，不明也。**注**荀爽曰：「爲陰所揜，故不明也。」案，初陽爲陰揜。

九二，困于酒食，朱紱方來。**注**鄭康成曰：「文王將王，天子制用朱韍。」見《士冠禮》疏。韍同紱。《斯干》：「朱芾斯皇，家室君王。」箋云：「芾者，天子純朱，諸侯黄朱。」疏云：「芾從裳色，祭時服纁裳，故芾用朱赤。但芾所以明尊卑，雖同色而有差降。」《乾鑿度》以爲天子之朝朱芾，諸侯之朝赤芾，是朱芾天子制也。紱即韠，祭服謂之紱。李鼎祚云：「上九降二，乾爲大赤，朱紱之象也。朱紱，宗廟之服。」**案**坎水兑水，伏有離火，酒食之象。否坤爲紱。坤爲裳，紱裳類。否上之二，二之上，成困。乾上來之二，故「方來」。二，臣位也。上來之二，象殷之否，而天命歸周也。《乾鑿度》云：「紱者，所以别尊卑，彰有德也。」九五，文王爲紂三公，故言「困于赤紱」。至於九二，周將王，故言「朱紱方來」。利用享祀，征凶。无咎。**案**二雖失位，在廟中，全於子，全於臣，以尊居卑，故「利用享祀」。征謂之五，五

❶「者」，原誤重，今據皇清經解續編本、崇文書局本删。

已爲陽，不受二，故「征凶」。自化之正，故「无咎」。象曰：困于酒食，中有慶也。案二雖失位，陽方來二，二得朱紱，當升五爲君，故「中有慶」。

六三，困于石，據于蒺蔾。注虞翻曰：「二變正，三在艮山下，故『困于石』。坎爲蒺蔾。李鼎祚云：「坎爲叢棘，爲木多心，蒺蔾之象。」案《釋草》：「茨，蒺蔾。」郭云：「布地蔓生，細葉，子有三角，刺人。」二變艮手據坎，故據蒺蔾。」案石堅喻禮。三失位，故困于石，不克濟也。蒺蔾喻所據非人也。襄二十五年《左傳》云：「『困于石』，往不濟也。『據于蒺蔾』，所恃傷也。」《詩》曰：「瞻彼中林，侯薪侯蒸。」蒺蔾之謂也。箋云：「中林大木之處，而維薪蒸耳。喻朝廷宜有賢者，而但聚小人。」「謀之其臧，則具是違。謀之不臧，則具是依。」據蒺蔾之謂也。所謂非所困而困，非所據而據者，蓋喻以殷也。入于其宮，不見其妻，凶。注虞翻曰：「巽爲入，二動艮爲宮，兑爲妻，謂上无應也。三在陰下，離象毁壞，故『不見其妻，凶』也。」案「三在陰下」，疑當作「三陰在下」，或「陰」爲「艮」之訛。《孟子》曰：「不推恩無以保妻子。」象曰：據于蒺蔾，乘剛也。入于其宮，不見其妻，不祥也。案祥，善也。三失位，不爲天所祐，故不祥。所謂死期將至者也。

九四，來徐徐，困于金車，吝，有終。注虞翻曰：「徐徐，舒遲也。否乾爲金，坤爲車，易位得正，故『吝，有終』。」案來，四欲初來也。象曰「志在下」，初爲坎曳，不得即之四，故「徐徐，困于金車」。或説四爲諸侯，金車金路，謂四困金車也。象曰：來徐徐，志在下也。雖不當位，有與也。案初四陰陽應，故「有與」，言終易位也。

九五，劓刖，困于赤紱。注鄭康成曰：「劓刖當爲倪仉。」見《釋文》。案《釋文》云：「荀作臲卼，不安貌。」義與鄭同。案赤紱謂四，互離爲赤。喻文有聖德，終守臣節，天下歸之，而志愈不安，故「劓刖，困于赤紱」，爲諸侯所困也。諸侯歸文王，廉來惡之，文王不得遂其臣服之志，故「劓刖，困于赤紱」。象曰「志未得」，臣服之志未得也。若謂文不得爲天子，則三分有二，得志不難，正唯文欲終事殷，而天下多歸文，是以不安耳。乃徐有説，利用祭祀。**注**虞翻曰：「兑爲説。」**案**坎爲曳，故徐，二化應五，故「乃徐有説」。喻文王終以臣節終也。「利用祭祀」，謂二不化，象廟中祀神之象。五尊象神，二象君在廟中，故利用之義，二五並稱。象曰：劓刖，志未得也。**案**「朱紱方來」，天命歸周，否上降二，殷將失國之象也。文王以服事殷，欲仍使二之五，五化而降居二，以終臣節，乃天下歸之。陽得其位，不能化之陰，殷之天下莫可挽，故「志未得」。若謂文未得爲天子，困在諸侯，則五固天子之爻也。乃徐有説，以中直也。利用祭祀，受福也。**案**直，其正也。謂二陰由中發而應五，故以中直。天命所歸，不能終却，非周有覬覦之心也。「受福」，謂受五神福也。

上六，困于葛藟，于臲卼，曰動悔，有悔，征吉。**注**虞翻曰：「巽爲草莽，稱葛藟，謂三也。案陸璣《草木疏》：「藟，一名巨苽，似燕薁，亦延蔓生，葉艾白色，其子赤。」乘陽，故『動悔』，變而失正，故『有悔』。」**案**臲卼，不安貌。葛藟喻歸附文王者。三「據于蒺蔾」，紂用羣小也。上「困于葛藟」，天下歸文王，文王困也。《頍弁》：「蔦與女蘿，施于松上。」傳云：「喻諸公非自有尊，託王之尊。」義與此同。曰，詞也。動而見忌，故「動悔」，謂畫動之爻。變則化，故「有悔」，化之陽也。化之陽，可與三易位，故「征吉」。文王見忌於紂，特言曰者，戒辭也。孔子曰：「周之德，其可謂至德也已矣。」蓋於《易》見之。《易》之興也，當殷之末世，周之盛德，當文王與紂之事。懼以終始者也。象曰：困于葛藟，未當也。動悔有悔，吉行也。**注**虞翻曰：「謂三未變應上故也。」**案**上本得位，三未當，故上困。三分有二，以服事殷，明諸侯當奉殷，不當歸周也。

上已動，故「吉行」，吉在行也。此其文以服事殷，困而反國之象與？

䷯ 巽下坎上

井，改邑不改井。**注**虞翻曰：「泰初之五也。坤爲邑，乾初之五折坤，故『改邑』。」鄭康成曰：「井，法也。」見《釋文》。案，干寶云：「井，德之地也。所以養民性命，而清絜之主也。自震化行，至於五世，改殷紂比屋之亂，而不易成湯昭假之法度也。故曰『改邑不改井』。」**案**泰初之五，故「改邑」。初之五成井，剛得位，得中不化，故「不改井」。傳云：「改邑不改井，乃以剛中也。」是剛來改邑，得位不化，故「不改井」，皆謂五。虞云：「初爲舊井，四應甃之，故『不改井』。」與傳不合。无喪无得，往來井井。**注**荀爽曰：「此本泰卦，陽往居五，得坎爲井，陰來在下，亦爲井，故曰『往來井井』也。」**案**泰五不失位，則初不得之五，故「无喪无得」。以喻殷不失其養人之道，則周不得也。无喪則无得，所以往來者，彼喪其井，而此得其井也。彼失其井，井泥不食；此得其井，井洌寒泉食。故曰「往來井井」，言往來爲養民耳。汔至亦未繘井。**注**荀爽曰：「繘者，所以出水，通井道也。」虞翻曰：「巽繩爲繘。」**案**汔，水涸也。喻殷德衰也，初所謂井泥者也。至既汔而水復至也，喻文王服事殷也。三所謂井渫也，汔則无以養人，至則可用汲以養人。所謂可用汲，王明並受其福者也。紂能用文，井養不致窮也。乃汔固无以爲養，至亦未繘以養，文之道，終以不行於紂。象曰「未有功」，九三所謂「爲我心惻」者也。羸其瓶，凶。**注**虞翻曰：「羸，鉤羅也。艮爲手，巽爲繘，離爲瓶，手繘折其中，故『羸其瓶』。體兑毁缺，瓶缺漏，故『凶』矣。」**案**此喻紂非特不用文，且并棄其舊法也。《經解》曰：「發號施令而民説謂之和，上下相親謂之仁，民不求其所欲而得謂之信，除去天地之害謂之義。義與信，和與仁，霸王之器也。有治民之意而無其器，則不成。」有意无器尚不成，況羸其瓶乎？彖曰：

「是以凶也。」

彖曰：巽乎水而上水，井。井養而不窮也。注荀爽曰：「『巽乎水』謂陰下爲巽也，『而上水』謂陽上爲坎也。木入水出，井之象也。」虞翻曰：「兑口飲水，坎爲通。」鄭康成曰：「井以汲人，案，當作「井以養人」。水无空竭，猶君子以政教養天下，惠澤无窮也。」改邑不改井，乃以剛中也。汔至亦未繘井，未有功也。羸其瓶，是以凶也。

象曰：木上有水，井。君子以勞民勸相。案井養不窮，養之所以勞勸之也。坎爲勞卦，勞者勞之。

初六，井泥不食，舊井无禽。注干寶曰：「在井之下體，本土爻，故曰『泥』也。井而爲泥，❶則不可食，故曰『不食』。此託紂之穢政不可以養民也。舊井，謂殷之未喪師也。亦皆无水禽之穢，又況泥土乎！故曰『舊井无禽』矣。」案，泰坤爲土，來之井下，爲水所淫，故稱「泥」。舊井謂泰乾。泰初得位，今已易位，故曰「舊井」。井泥固不食，无禽則非泥矣。言可食也，喻殷之舊章也。泰五之初，成巽，爲魚，互離爲鼈蠏。初未之五，未有離巽，故「舊井无禽」。《魯語》「登川禽」注云：「川禽，鼈蜃之屬。」張衡《東京賦》云：「内阜川禽，外豐葭菼。」庖人禽獻，有鱐鱻之類。是鱗介亦得稱禽，明爲人所禽制也。教成之祭牲用魚，是魚亦可謂之牲。或說无禽謂无祀之者，故象曰「時舍」。《白虎通·五祀》云：「祭五祀，天子諸侯以牛，卿大夫以羊。一說井以豕，或曰井以魚。」象曰：井泥不食，下也。舊井无禽，時舍也。案既非舊井，則非其時，故舍。舍，止也。泰初之五，初下仍有伏陽。殷不用之，則爲舊井；周來修之，猶爲新井也。四所謂「井甃」者也。豈舊井之不可食與？

九二，井谷射鮒，甕敝漏。❷注虞翻曰：「巽爲

❶「爲」，皇清經解續編本作「有」。

❷「敝」，原作「敞」，今據皇清經解續編本、崇文書局本改。

鮒，小鮮也。離爲甕。甕瓶毁缺，羸其瓶，凶，故『甕敝漏』也。」**案**離矢坎弓，二應在五，故射鮒。《吕覽·知度》云：「射魚指天而欲發之當也。」《淮南·時則》云：「天子親往射魚。」《説苑·正諫》云：「魚固人所射也。」蓋古有射魚之法。《詩》曰：「魚躍于淵。」喻民樂也。井谷射鮒，苛其民矣。《太玄·法》次七：「密網離於淵，不利於鱗。」《測》曰：「密網離淵，苛法張也。」義本此。泉出通川爲谷，本以養魚，乃反射之，言虐甚也。虐其民甚，則民困潰，故「甕敝漏」。《荀子》曰：「王者富民，霸者富士，僅存之國富大夫，亡國富筐篋，實府庫。筐篋已富，府庫已實，而百姓貧，夫是之謂上溢而下漏。入不可以守，出不可以戰，則傾覆滅亡，可立而待也。」《王制》文。象曰：井谷射鮒，无與也。**案**失位无應，自賊其民，故「无與」。

九三，井渫不食，爲我心惻。**注**鄭康成曰：「謂已浚渫也，猶臣修正其身以事君。」見《文選注》。荀爽曰：「渫去穢濁，清絜之意也。三者得正，故曰『井渫』。不得據陰，喻不得用，故曰『不食』。道既不行，故『我心惻』。」案，此喻紂不用文王也。不用養人之道，將至危亡，故「心惻」也。可用汲，王明，並受其福。**注**荀爽曰：「謂五可用汲三，則王道明，天下並受其福。」京房曰：「言我道可汲而用也。」見《史記集解》。**案**王謂泰五，泰五失位，欲其之正成離坎，用文王之道以養天下也。象曰「求王明」，則王本不明，喻文王望紂也，故知謂泰五。若井五已體坎離，乃改邑之王也。泰五失位，故初得而改之。若泰五自正，天下猶是殷有也，誰得而改之？井之一卦，爲殷家著所以必至改邑之故，下卦多危辭。傳曰「求王明」，文王求殷王也。孟子所謂「予日望之」之義也。《史記·屈原傳》云：「人君無愚知賢不肖，莫不欲求忠以自爲，舉賢以自佐。然亡國破家相隨屬，而聖君治國，累世而不見者，其所謂忠者不忠，而其所謂賢者不賢也。《易》曰：『井渫不食，爲我心惻。可以汲，王明，並受其福。』王之不明，豈足福哉？」《潛夫論·釋難》云：「君子夙夜箴規，蹇蹇非懈者，憂君之危亡，哀民之亂離也。故君子推其仁義之心，愛君猶父母，愛民猶子弟。父母將臨顛隕之患，子弟將有陷溺之禍，豈能默乎哉！《易》曰：『王明，並受其福。』是以次室倚立而嘆嘯，楚女揭幡而激王，忠愛之情，固能已乎？」其義並以此經爲望之之象，皆本傳義也。象曰：井渫不食，行惻也。求王明，受福也。【案】文欲行道以救商政之失，道不行，故「心惻」。泰五之正，則二化成既濟，天下受其福，故求之。

六四，井甃，无咎。【注】虞翻曰：「以瓦甓壘井稱甃。」案，惠氏棟云：「初舊井无禽，變之正與四應，四來修初，故『无咎』也。」【案】喻殷棄其舊井而周修之也。象曰：井甃无咎，修井也。【注】虞翻曰：「修，治也。」

九五，井洌，寒泉食。【案】洌，水清也。坎爲寒泉，井已至五，水出在上，故食，喻養民有道也。象曰：寒泉之食，中正也。【案】五得中居正。

上六，井收勿幕，有孚，元吉。【注】虞翻曰：「幕，蓋也。『收』謂以轆轤繘收也。」【案】元，乾元，謂五。「有孚元吉」，謂成既濟。乾元不言於五，言於上者，以見六爻皆正，在上大成也。惠氏棟云：「既濟之功，至上而成。」象曰：元吉在上，大成也。【注】虞翻曰：「謂初二已變，成既濟定，故『大成也』。」干寶曰：「井以養生，政以養德。无覆水泉而不惠民，无蘊典禮而不興教。故曰『井收网幕』。案，勿，干作网，義同。网幕，則教信於民。民服教，則大化成也。」

周易姚氏學卷第十一終

周易姚氏學卷第十二

旌德姚配中撰

周易下經彖下傳象下傳

䷰ 離下兑上

革，巳日乃孚，元亨利貞，悔亡。**注**鄭康成曰：「革，改也。水火相息而更用事，猶王者受命，改正朔，易服色，故謂之『革』也。」虞翻曰：「遯上之初。『悔亡』，謂四也。四失正，動得位，故『悔亡』。離爲日，四動體離，故『巳日乃孚』。以成既濟，乾道變化，各正性命，保合太和，乃利貞，故『元亨利貞，悔亡』矣。」案：二五，乾坤之元。

彖曰：革，水火相息，二女同居，其志不相得，曰革。**注**虞翻曰：「息，長也。離爲火，兑爲水。《繫》曰：『潤之以風雨。』風巽雨兑也。四革之正，坎見，故獨於此稱水也。《釋文》云：「息，《説文》作熄。」案《説文》云：「熄，畜火也。」革四化體坎，互體離，並在一爻，故「相息」。此水火並居，乾坤以坎離戰，陰陽乾元入藏於中宮，所謂巳日也。二女，離兑。離火志上，兑水志下，故『其志不相得』。」巳日乃孚，革而信之。文明以説，大亨以正，❶革而當，其悔乃亡。天地革而四時成。湯武革命，順乎天而應乎人。革之時大矣哉。**注**虞翻曰：「文明謂離。説，兑也。大亨謂乾。四動成既濟定，故『大亨以正』。革而當位，故『悔乃亡』也。」**案**陰陽各得爲正命。四失位，化之正，故革命。陰陽相應，故順天應人也。「禮時爲大」，堯授舜，舜授禹，湯放桀，武王代紂，❷時也。四時迭運，五行代興，故時

❶「以」，原作「之」，今據皇清經解續編本、崇文書局本改。
❷「代」，皇清經解續編本、崇文書局本作「伐」。

大也。

象曰：澤中有火，革。【案】水火相息，成既濟，不相射，不相革者也。二女同居，其志不相得，乃革。水火偏，則无以相養，氣不和而爲災。既濟一陰一陽，坎互離，離亦互坎，此水火之相並處而不相離者也。陰陽交則氣和，而水火之形皆伏，所謂相息也。澤中有火，二氣相滅，不相交，故革。君子以治曆明時。【注】虞翻曰：「曆象謂日月星辰也。天地革而四時成，故『君子以治曆明時』也。」案，王者受命，必改正朔。治曆所以敬天，明時所以授民。《後漢志》賈逵論云：「《易》金火相革之卦，象曰：『君子以治曆明時。』又曰：『湯武革命，順乎天應乎人。』言聖人必曆象日月星辰。」董子《三代改制質文篇》云：「王者必受命而後王。王者必改正朔，易服色，制禮樂，一統於天下。」

初九，鞏用黃牛之革。【注】馬融曰：「鞏，固也。」見《釋文》。干寶曰：「在革之初，而无應據，未可以動，故曰『鞏用黃牛之革』。」案，離得坤中氣，坤爲黃牛。初得位，不可化，故固也。此不可革者也。

象曰：鞏用黃牛，不可以有爲也。【注】虞翻曰：「得位无應，動而必凶，故不可以有爲也。」

六二，巳日乃革之，征吉，无咎。【案】離爲巳日。革之，謂革四。陰伏離中，坤元也，革四之正，陰由二發，故「巳日乃革之」。二得位，動應五，故「征吉无咎」。象曰：巳日革之，行有嘉也。【案】革四承五，二動之爻，應五，成既濟，故「行有嘉也」。

九三，征凶，貞厲。革言三就，有孚。【案】三本得位，動失位，故「征凶」。居三得正，剛而不中，故「貞厲」。就，成也。革言謂革四，兑口爲言，所謂改命也。四化成既濟，六爻相應，火就燥炎上，故「革言三就」。有孚，謂四化，六爻俱應也。

象曰：革言三就，又何之矣。【注】虞翻曰：「四動成既濟定，故又何之矣。」

九四，悔亡，有孚，改命吉。【注】虞翻曰：「革而當，其悔乃亡。孚謂五也。」【案】四失位，故「改命吉」。改亂命，行治命也。象曰：改命之吉，信志也。**案**之正，陰陽應，故「信志」。

九五，大人虎變，未占有孚。**注**宋衷曰：「五以陽居中，故曰『大人』。兑爲白虎，九者變爻，案，爻由畫變，七變之九也。故曰『大人虎變』。」馬融曰：「虎變威德，折衝萬里。以喻舜舞干羽，而有苗自服；周公修文德，越裳獻雉。故曰『未占有孚』矣。」虞翻曰：「占，視也。離爲占。四未之正，五未在坎，故『未占有孚』也。」象曰：大人虎變，其文炳也。**注**虞翻曰：「動成離，故『其文炳也』。」案，五變成爻，四化順之五，在坎互離。

上六，君子豹變，小人革面，征凶，居貞吉。**注**陸績曰：「兑之陽爻稱虎，陰爻稱豹。豹類虎而小者，君子小於大人，故曰『豹變』。」虞翻曰：「陰稱小人也。面謂四，革爲離，以順承五。故『小人革面』。」**案**變，畫變之爻，八變之六也。小人謂民。上居卦終，與四同體，故四於上言之。乾爲首，四位在乾，故稱面。面，鄉也。四本陽爻，化而順五，故「革面」，言易鄉也。上本得位，征之三，則失位，故凶。與三「征凶」同義。不之三，故「居貞吉」。象曰：君子豹變，其文蔚也；小人革面，順以從君也。**注**虞翻曰：「乾，君，謂五也。四變順五。」干寶曰：「君子，大賢，次聖之人，謂若太公周召之徒也。豹，虎之屬。蔚，炳之次也。君聖臣賢，殷之頑民，皆改志從化，故曰『小人革面』。」案，據周爲説，革命之際，莫不皆然。

䷱ 巽下離上

鼎，元吉，亨。**注**鄭康成曰：「鼎，象也。卦有木火之用。互體乾兑。乾爲金，兑爲澤，澤鍾金而含水，爨以木火，鼎亨孰物之象。鼎亨孰以養人，猶聖君興仁義之道以教天下也，故謂之鼎矣。」**案**元謂五，伏陽，陰養之，乾坤之交也，故「元吉亨」。

象曰：鼎，象也。以木巽火，亨飪也。**注**荀爽曰：「巽入離下，中有乾象，木火在外，金在其内，鼎鑊亨餁之象也。」荀九家曰：「鼎言象者，卦也。木火互有乾兑，乾金兑澤，澤者水也。爨以木火，是鼎鑊亨餁之象。」案《士冠禮》注云：「煮於鑊曰亨，在鼎曰升，在俎曰載。」是鼎不亨，經傳亦无以鼎亨之事。此云亨餁，統謂釜鬵之屬，非指陳設之鼎。宣三年《左傳》王孫滿曰：「昔夏之方有德也，遠方圖物，貢金九牧，鑄鼎象物，百物而爲之備，使民知神姦。」《説文》云：「昔禹收九牧之金，❶鑄鼎荆山之下。」據此，是鼎之制始自禹。《史記·封禪書》方士稱黄帝有鼎，不足信。伏羲之易有卦象无卦名，卦名皆文王所加，故以亨餁之象名之爲「鼎」，舉重以概輕也。傳曰：「鼎，象也。以木巽火，亨餁也。」明卦爲亨餁之象，非陳設之鼎，且以見伏羲時未有鼎也。❷聖人亨以享上帝，而大亨以養聖賢。**注**虞翻曰：「初四易位，體大畜。震爲帝，在乾天上，故曰『上帝』。」**案**上言象，此言用。享上帝言「亨」，養聖賢言「大亨」者，神人之別也。孫先生云：「《郊特牲》：『郊血，大饗腥，三獻爓，一獻孰。至敬不饗味而貴氣臭也。』神貴臭，故但言亨，略亨之也；人享味，故大亨孰之也。」巽而耳目聰明。**注**虞翻曰：「謂三也。三在巽上，動成坎離，有兩坎兩離象，乃稱『聰明』。日月相推而明生焉，故『巽而耳目聰明』。」案，三化成未濟，六爻失正，在鼎之卦，以木巽火，坎水在中，馨香上達，坎升離降，成既濟，故「巽而耳目聰明」也。柔進而上行，得中而應乎剛，是以元亨。**注**虞翻曰：「柔謂五，得上中，應乾五剛，非謂應二剛，睽五同義也。」

象曰：木上有火，鼎。君子以正位凝命。**注**荀爽曰：「木火相因，金在其閒，調和五味，所以養人，鼎之象也。」鄭康成曰：「凝，成也。」見《釋文》。**案**成既濟，六爻正，故「正位凝命」。有所革，故有所凝。失則革之，正乃凝之。《春秋傳》曰：「在德不在鼎。」《荀子》曰：「凝士以禮，

❶「收」，原作「牧」，今據《説文解字》改。

❷「時」，皇清經解續編本作「氏」。

凝民以政。禮脩而士服，政平而民安。士服民安，夫是之謂大凝。以守則固，以征則强，令行禁止，王者之事畢矣。」《議兵》文。

初六，鼎顛趾，利出否。得妾以其子，无咎。

注鄭康成曰：「顛，踣也。趾，足也。无事曰趾，陳設曰足。爻體巽爲股，初爻在股之下，足之象也。」見《御覽》。虞翻曰：「初陰在下，故『否』。利出之四，故曰『利出』。兑爲妾，四變得正，案，初出之四，四來之初，俱得正。成震。震爲長子，繼世守宗廟而爲祭主。故『得妾以其子，无咎』也。」案殷失其養人之道，將革命，而莫能守其重器者，紂爲之也。紂之爲君，帝乙立之也。使帝乙立微子，則殷之天下，未可量也。文王蓋以此喻微子不得立，而殷道終衰與？《吕覽·當務》云：「紂母之生微子啟與中衍也，尚爲妾，已而爲妻，而生紂。紂之父母欲置微子啟以爲太子，太史據法而争之曰：『有妻之子，而不可置妾之子。』紂故爲後。」案，天子諸侯后夫人无子不出，得以姪娣媵妾之子爲其子。《左傳》：「王后無適，則擇立長。年鈞以德，德鈞以卜。」又衛莊姜無子，以厲嬀娣戴嬀之子爲己子。《儀禮·喪服》庶子爲父後，亦謂適无子，以庶子爲子也。鄭《同人》注云：「天子諸侯后夫人，无子不出。」亦此義也。鄭此注云：「嫁於天子，无子，不廢遠之。坤爲順，又爲子，母牛今在后妃之旁側，妾之例也。有順德，子必賢，賢而立以爲世子，又何咎也。」義同。鼎初失正，故顛。以陰承陽，故象曰「未悖」。无子不出，以其不悖也。故「利出否」言利出妾之子以爲子。否，閉也，卑下不得上通者。出讀爲出溺之出。出妾子立以爲嗣，故象曰「從貴」，子爲父後，與尊者爲一體也。

象曰：鼎顛趾，未悖也。利出否，以從貴也。

注荀爽曰：「以陰承陽，故『未悖也』。」虞翻曰：「出初之四，承乾五，故『以從貴也』。」案，成既濟，四承五。

九二，鼎有實。案二陰位，陽居之，故有實。以陽居陰，獨不以失位言。云「有實」者，鼎實在鼎中，非在鼎下，此據離中伏陽言。三化成坎，即離下伏坎，離爲大腹，坎水在中，乃鼎實也。非謂巽木，以木上有火言，則離火巽木皆在鼎下者也。以亨調五味言，則三化之正，坎在離中，離爲大腹，乾金兑口，皆在木火之上者也。故曰「鼎，象也」。我仇有疾，不我能即，吉。注虞翻曰：「二據四婦，故相與爲仇。謂三變時四體坎，坎爲疾，故『我仇有疾』。」案，二據四應，三化時，二升五，四降初，不及二，故「不我能即」。象曰：鼎有實，慎所之也。我仇有疾，終无尤也。案二之五，乃得位，故「慎所之」。成既濟，故「終无尤」。

九三，鼎耳革，其行塞，雉膏不食。方雨，虧悔，終吉。注虞翻曰：「動成兩坎，坎爲耳，鼎以耳行。案，《五行志》注師古曰：「鼎非舉耳不得行，故云以耳行。」離爲雉，坎爲膏，爲雨。」鄭康成曰：「雉膏，食之美者。」見《釋文》。案革謂化也，三本得位，不可化。化成兩坎，而皆在下，耳不可扛，故耳革行塞。動而失位，坎水不通，兑口不見，故「不食」。三化成坎，鼎實在中，此以下卦在上卦中言。三化坎，耳在下，此以未濟六爻倒置言。以木巽火，亨之象；鼎耳趾足，器之象；雉膏公餗，食之象，已見者也。但曰鼎實，則在中未見者也。喻美道不行也。《潛夫論》曰：「何以知人且病也，以其不嗜食也；何以知國之將亂也，以其不嗜賢也。」《思賢》文。陰陽終必相交，三五互坎，坎雨降，成既濟，故「方雨虧悔，終吉」。失位，悔也。水流不盈，成既濟，故「虧悔」。象曰：鼎耳革，失其義也。注虞翻曰：「耳革行塞，故『失其義也』。」

九四，鼎折足，覆公餗，其形渥，凶。注虞翻曰：「謂四變時，震爲足，足折入兑，故『鼎折足』。兑爲刑。」案，《荀子》注：「形與刑同。」鄭康成曰：「餗，美饌。鼎三足，三公象。案《前漢·五行志》《師丹傳》《彭宣傳》、《後漢·明帝紀》《劉愷傳》、荀悦《罷司空官論》，皆以鼎足象三公，蓋經師説盡然也。若三公傾覆王之美道，屋中刑之。」見《司烜》疏。案，「形渥」，《釋文》云：「鄭作『刑剭』。」《司烜氏》「邦若屋誅」注云：「屋讀如『其刑剭』之剭，剭誅謂所殺不於市，而以適甸師氏者也。」蓋屋中刑之，故謂之剭，作剭是也。《掌戮》云：「王之同族與有爵者，殺之于甸師氏。」故知屋中刑之。《漢書・敘傳》亦作剭。服虔云：「周禮有屋誅，誅大臣于屋下，不露也。」引此亦作剭，義與鄭同。師古以剭爲厚誅，則用九家義。案，九四失位，化之正。艮爲宫室，與兑連體，故刑剭。鄭又云：「震爲竹，竹萌曰筍。筍者餗之爲菜也。」《説文》云：「鬻鼎實，惟葦及蒲。」義與鄭同。荀九家曰：「鼎者三足一體，猶三公承天子也。三公謂調陰陽，鼎謂調五味。折足覆餗，猶三公不勝其任。」案四失位，折足覆餗，安得不凶？蓋喻殷之在位也。

象曰：覆公餗，信如何也。案言不勝任，必致折足覆餗，所謂鮮不及者也。《詩》曰：「是究是圖，亶其然乎。」《董子・精華》云：「以所任賢，謂之主尊國安；所任非其人，謂之主卑國危。萬世必然，無所疑也。其在《易》曰：『鼎折足，覆公餗。』夫鼎折足者，任非其人也；覆公餗者，國家傾也。是故任非其人，而國家不傾者，自古至今，未嘗聞也。」

六五，鼎黄耳，金鉉，利貞。注馬融曰：「鉉，扛鼎而舉之也。」見《釋文》。鄭康成曰：「金鉉，喻明道能舉君之官職也。」見《唐律疏議》注。案伏坎爲耳，離得坤中氣，故「黄耳」。發而成乾，爲金。坎一體俱發，離降在下，成既濟，鼎耳在上，以金鉉舉鼎，其行不塞，故「利貞」。**象曰：鼎黄耳，中以爲實也。**案陽伏五中，發而當位，故中以爲實。

上九，鼎玉鉉，大吉，无不利。注干寶曰：「玉又貴於金者。凡亨飪之事，自鑊升於鼎，載於俎，入於口。馨香上達，動而彌貴，故鼎之義，上爻愈吉也。鼎主亨飪，不失其和。金玉鉉之，不失其所。公卿賢仁，天王明聖之象也。」案五發成乾，爲玉，坎一體俱發，成既濟，故「大吉，无不利」。

象曰：玉鉉在上，剛柔節也。案發成乾，復成既濟，一陰一陽，發皆中節，故「剛柔節也」。

䷲ 震下震上

震，亨。震來虩虩，笑言啞啞。注鄭康成曰：

「震爲雷。雷，動物之氣也。雷之發聲，猶人君出政教以動國中之人也，故謂之震。人君有善聲教，則嘉會之禮通矣。」馬融曰：「虩虩，恐懼。啞啞，笑聲。」見《釋文》。**案**震雷出地，陰陽氣交，萬物達，故「亨」。萬物震驚，故「虩虩」。句萌達，鬱氣舒，故「啞啞」。春生之氣也。震驚百里，不喪匕鬯。**注**鄭康成曰：「雷發聲聞於百里，古者諸侯之象。《後漢》酈炎對問，問者曰：「古者聖人封建諸侯皆百里，取象於雷，何取也？」炎對曰：「《易》震爲雷，亦爲諸侯，雷震驚百里。」曰：「何以知之？」炎曰：「以其數知之。夫陽動爲九，其數三十六，陰静爲八，其數三十二，震一陽動二陰静，故曰百里。」問者稱善。諸侯之教令，能警戒其國。內則守其宗廟社稷，爲之祭主，不亡匕與鬯也。人君於祭之禮，匕牲體薦鬯而已，其餘不親爲也。升牢於俎，君匕之，臣載之。鬯，秬酒，芬芳條鬯，因名焉。」虞翻曰：「坎爲棘，震爲鬯。」

象曰：震，亨。震來虩虩，恐致福也。笑言啞啞，後有則也。震驚百里，驚遠而懼邇也。出可以守宗廟社稷，以爲祭主也。**注**虞翻曰：「震爲守，艮爲宗廟社稷，長子祭主，故『以爲祭主也』。」**案**震雷動物，發生以時，故「有則」。出，出疆之政，謂四。守宗廟社稷爲祭主，謂初也。《易》卦初爲元士，四爲諸侯。震侯已位四諸侯也，初則諸侯世子也。天下无生而貴者，故世子亦居士位。此與乾五天子，二爲世子同義。世子君之貳，君行則守。此云「出可以守宗廟社稷，以爲祭主」，則諸侯出疆，或缺一時之祭，世子主之矣。《御覽》引王肅云：「處則諸侯執其政，出則長子掌其祀。」

象曰：洊雷震，君子以恐懼修省。**案**驚遠懼邇，故「洊雷震」。《詩》曰：「畏天子之威，于時保之。」故「恐懼修省」也。

初九，震來虩虩，後笑言啞啞，吉。**注**虞翻曰：「得位，故『吉』也。」案，初爲震，始得正，故卦辭復發於初，以見恐懼修省，无在不宜然者也。象曰：震來虩虩，恐致福也。笑言啞啞，後有則也。**注**虞翻曰：「得正，故『有則也』。」

六二，震來厲，億喪貝，躋于九陵，勿逐，七日得。**注**鄭康成曰：「十萬曰億。」見《釋文》。案，六五「億无喪」，傳云：「大无喪。」大謂億也。虞翻曰：「厲，危也。乘剛故『厲』。三動離爲贏蚌，故稱『貝』。在艮山下，故稱『陵』。震爲足，足乘初九，故『躋于九陵』。」**案**雷已在上，則反動而下；雷未在上，則由下而上。二陰乘初陽，初陽動出激而爲雹，動成離貝，薄而成雷。二隨初升，不得在下，成離，故「震來厲，億喪貝，躋于九陵」。陰隨陽升也。雷終反下，故「勿逐」。陽反於初，陰亦隨陽反，故「七日得」也。九者陽之極，極則反。象曰：震來厲，乘剛也。

六三，震蘇蘇，震行无眚。**注**虞翻曰：「死而復生稱蘇。三死坤中，動出得正，震爲生，故『蘇蘇』。坎爲眚，三出得正，坎象不見，故『无眚』。《春秋傳》曰：『晉獲秦諜，六日而蘇也。』」案《淮南·時則》：「孟春蟄蟲始振蘇，仲春蟄蟲咸振蘇。」所謂「蘇蘇」也。動心忍性，生於憂患，恐懼修省，動而得正，故「震蘇蘇，震行无眚」。象曰：震蘇蘇，位不當也。**案**失位，故動之正。

九四，震遂泥。**注**虞翻曰：「坤土得雨爲泥，位在坎中，故『遂泥』也。」**案**遂，進也。本在坎中，進之五，亦體坎，陽爲陰揜，故象曰「未光」。此雲雷屯而未能即發者也。象曰：震遂泥，未光也。**注**虞翻曰：「在坎陰中，與屯五同義，故『未光也』。」

六五，震往來厲，億无喪，有事。**案**往謂五之二，來謂二之五，升降皆乘陽，故「往來厲」。陰終反二，四進之五，三發成既濟，故「億无喪」，言六爻皆得也。六爻皆得相應，故「有事」。動作云爲也。象曰：震往來厲，危行也。其事在中，大无喪也。**案**往來皆乘陽，故「危行」。成既濟，故「大无喪」。「在中」，謂四之五。

上六，震索索，視矍矍，征凶。**注**鄭康成曰：

「索索猶縮縮，足不正也。矍矍，目不正也。」見《釋文》。案，皆恐懼貌。虞翻曰：「欲之三，隔坎，故『震索索』。三已動，應在離，故『矍矍』者也。」**案**三本得位，不可之三，故「征凶」。震不于其躬，于其鄰，无咎。婚媾有言。**案**上本得位，故「不于其躬」。三五失位，當正，故「于其鄰」。因鄰而自震懼，故「无咎」。上應三，三失位，故「有言」，辯其正否也。既濟，日東月西爲鄰。象曰：震索索，中未得也。雖凶无咎，畏鄰戒也。**注**虞翻曰：「四未之五，故『中未得也』。」案，四未之五，失正，上與四同體震，故「索索」。**案**雖云征凶，而克无咎者，畏鄰而自戒，不征之三故也。

䷳ 艮下艮上

艮其背，不獲其身，行其庭，不見其人，无咎。**注**鄭康成曰：「艮之言很也。見《釋文》。艮爲山。山立峙各於其所，无相順之時。猶君在上，臣在下，恩敬不相與通，故謂之艮也。」虞翻曰：「艮爲多節，故稱『背』。震爲行人，艮爲庭，坎爲隱伏，故『行其庭，不見其人』。三得正，故『无咎』。」案，李鼎祚云：「艮爲門闕，今純艮，重其門闕。兩門之閒，庭中之象。」**案**互坎爲脊，上下皆止，故「艮其背」。兩相背，故「不獲其身」。敵應不相與，不必見者也，故「不見」「无咎」。

象曰：艮，止也。時止則止，時行則行，動靜不失其時，其道光明。**注**虞翻曰：「位窮於上，故『止也』。『時止』謂上陽窮止，故『止』。『時行』謂三體處震，爲行也。動謂三，靜謂上。艮止則止，震行則行，故不失時。五動成離，故『其道光明』。」案，三得位，可動之爻，上失位，不可動。當其可之謂時，艮止震動，故「不失其時」也。艮其止，止其所也。上下敵應，不相與也。是以不獲其身，行其庭，不見其人，无咎也。**注**虞翻曰：「謂兩象各止其所。艮其背，背也。兩象相背，故『不相與也』。」**案**以陽應陽，以陰應陰，故曰「敵應」。

象曰：兼山艮，君子以思不出其位。案兩象故「兼山」。山止，故艮止其所，故「君子以思不出其位」，不越其職也。不言「重」言「兼」者，重則爲一，上下氣通。兼山猶言兩山，各止其所也。以六位言，謂爲上下。以兩象言，則各爲一山。此又卦象之不分中外上下，而以並偶言者也。

初六，艮其趾，无咎，利永貞。注虞翻曰：「震爲趾，故『艮其趾』矣。失位變得正，故『无咎，永貞』也。」案震反成艮，故「艮其趾」。艮六爻皆近取諸身，各止其所者也。象曰：艮其趾，未失正也。注虞翻曰：「動而得正，故未失正也。」

六二，艮其腓，不拯其隨，其心不快。注馬融曰：「拯，舉也。」見《釋文》。虞翻曰：「巽長爲股，艮小爲腓。艮爲止，震爲動，故『不拯其隨』。坎爲心，故『其心不快』。」案隨謂初也。咸三陽動應上，故執其隨。艮二陰静不應五，故「艮其腓，不拯其隨」。坎爲心病，故「不快」。快，喜也。象曰：不拯其隨，未退聽也。注虞翻曰：「坎爲耳。」案初失位，溺坎下，當拯之使居四。艮止之卦，上下不應，故「不拯其隨」。「未退聽也」，言二與五相艮，不相下，未聽從五，故不拯初也。五之正，巽爲退。

九三，艮其限，列其脢，厲薰心。注虞翻曰：「限，腰帶處也。坎爲腰。脢，脊肉。艮爲背，坎爲脊，艮爲手。震起艮止，故『列其脢』。坎爲心。厲，危也。」馬融曰：「薰灼其心。」案，《内經》有君火相火之稱。初之正，體離在坎下，水中之火也，故「薰心」。虞以馬爲非，似失之。乾坤以日月戰，陰陽水火並居，水之中未嘗无火。列，分解也。艮限列脢，故「厲薰心」。《詩》云：「憂心如薰。」象曰：艮其限，危薰心也。

六四，艮其身，无咎。案四本得位，故「艮其身，无咎」。象曰「止諸躬」，言不願乎外也。象曰：艮其身，止諸躬也。

六五，艮其輔，言有序，悔亡。**注**虞翻曰：「三至上，體頤象，艮爲止，在坎車上，故『艮其輔』。」**案**感其輔，故送口説；止其輔，故「言有序」。失位化之正，故「悔亡」。《祭義》云：「壹舉足而不敢忘父母，壹出言而不敢忘父母。」此艮趾所以「利永貞」，艮輔所以「悔亡」也。　象曰：艮其輔，以中正也。**注**虞翻曰：「五動之中，案，當作「五動之正」。故云以正中也。」案，當作「以中正」。

上九，敦艮，吉。**案**上失位，化成坤，故「敦艮吉」。象曰「以厚終」，坤爲厚也。艮上失位，陽極而化，故上獨以動言。自初至五，皆云「艮其」。「艮其」者，止其也。上獨云「敦艮」，以坤厚其止也。化得位，坤至静，動而仍静，故「敦艮吉」。虞云：「坤爲厚。」　象曰：敦艮之吉，以厚終也。

䷴艮下巽上

漸，女歸吉，利貞。**注**虞翻曰：「否三之四。女謂四。歸，嫁也。坤三之四承五，進得位，❶往有功。反成歸妹，兑女歸吉。初上失位，故『利貞』。」案，女子外成，故三之四爲歸，自父母家歸夫家也。

象曰：漸，之進也。女歸吉也。進得位，往有功也。**注**虞翻曰：「三進四得位，陰陽體正，故『吉』也。四進承五，故『往有功』。」**案**女歸有漸，以言進不可驟也。昬禮，納采、問名、納吉、納徵、請期、親迎，凡六禮，是進有漸。昏禮用鴈，取其順陰陽往來，故爻多取象於鴻。君子進必利物，不失其正，故「利貞」，「往有功也」。　進以正，可以正邦也。其位剛，得中也。止而巽，動不窮也。**案**否坤爲邦，坤三失位，三之四則四之三，皆得正，故「進以正，可以正邦」。四來之三，互體之中，故「其位剛得中」。漸與歸妹旁通，又反歸妹，艮止震動，巽而不躁，❷故

❶「進」，皇清經解續編本作「正」。

❷「而不」，原倒，今據皇清經解續編本、崇文書局本改。

「動不窮也」。

象曰：山上有木，漸。君子以居賢德善俗。

案何休曰：「漸者，物事之端，先見之辭。」《公羊注》。艮爲山，東北之卦，成終成始。巽木生於山，積小高大，由微及著，故曰「漸」。《法言·學問》云：「或問『進』。曰：『水。』或曰：『爲其不舍晝夜與？』曰：『有是哉！滿而後漸者，其水乎？』或問『鴻漸』。曰：『非其往不往，非其居不居，漸猶水乎？』『請問木漸』。曰：『止於下而漸於上者，其木也哉！亦猶水而已矣。』」進以正得位，故「居賢德善俗」。《緇衣》曰：「有國者章善癉惡，以示民厚，則民情不貳。」晏子曰：「先王之立愛也，以勸善也；其立惡，以禁暴亂也。昔者三代之興也，利於國者愛之，害於國者惡之，故明所愛而賢良衆，明所惡而邪僻滅，是以天下治平，百姓和集。」《内篇·諫上》文。

初六，❶鴻漸于干，小子厲，有言，无咎。**注**虞翻曰：「鴻，大鴈也。漸，進也。小水從山流下稱干。艮爲山，爲小徑，坎水流下山，故『鴻漸于干』也。艮爲小子，初失位，故『厲』。變得正，故『有言无咎』。」案，《詩》「考槃在澗」，《韓詩》「澗」作「干」，云：「墝埆之處也。」《斯干》毛傳：「干，澗也。」**案**鴻當漸于中澤，漸于干，失其所也。《詩》曰：「鴻飛遵渚。」傳云：「鴻不宜循渚者也。」箋云：「喻周公失其所漸。」失位化之正，故「有言无咎」，辯之早也。象曰：小子之厲，義无咎也。**注**虞翻曰：「動而得正，故『義无咎也』。」

六二，鴻漸于磐，飲食衎衎，吉。**注**馬融曰：「山中石磐紆，故稱『磐』也。『衎衎』，饒衍也。」見孔疏及《釋文》。案，虞云：「艮爲山石，坎爲聚。」**案**衎，樂也。《詩》曰：「嘉賓式燕以衎。」二得正，有應，初上化，成既濟，故「鴻漸于磐，飲食衎衎，吉」。《詩》曰：「鴻雁于飛，集于中澤。」言得

❶「初六」，原倒，今據皇清經解續編本、崇文書局本改。

其所也。象曰：飲食衎衎，不素飽也。注虞翻曰：「素，空也。承三應五，故『不素飽』。」案《詩》曰：「彼君子兮，不素餐兮。」言有功乃食禄也。素飽則不安，貪而畏人，《詩》所謂「碩鼠」者矣。❶

九三，鴻漸于陸，夫征不復。注馬融曰：「山上高平曰陸。」見《釋文》。案，漸陸言得位。案離爲甲胄戈兵，故「征」。坎中男，離之夫也。三无應於上，動之歸妹，不復其本位，故「夫征不復」。象曰「離羣醜」，謂與出征者俱在外也。婦孕不育，凶。利禦寇。注虞翻曰：「孕，妊娠也。育，生也。巽爲婦，離爲孕，三動成坤，離毀失位，故『孕不育，凶』。禦，當也。巽爲高，艮爲山，離爲戈兵甲胄，坎爲寇。自上禦下，三動坤順，坎象不見。故『利用禦寇，順相保』。保，大也。」象曰：夫征不復，離羣醜也。案離，麗也。三動之歸妹，麗羣陽。婦孕不育，失其道也。利用禦寇，順相保也。注虞翻曰：「三動離毀，故『失其道』。三動坤順，坎象不見，故以『順相保也』。」

六四，鴻漸于木，或得其桷，无咎。注虞翻曰：「巽爲木。桷，椽也，方者謂之桷。巽爲長木，艮爲小木，坎爲脊，離爲麗。小木麗長木，象脊之形，椽桷象也，故『或得其桷』。得位順五，故『无咎』。」案，鴻，水鳥，不木止者。初失位，不應四，故四漸于木，失其應也。《詩》曰：「肅肅鴇羽，集于苞栩。」舍初承五，非正應，故曰「或」。象曰：或得其桷，順以巽也。注虞翻曰：「坤爲順，以巽順五。」

九五，鴻漸于陵，婦三歲不孕，終莫之勝，吉。注虞翻曰：「三動受上時，而四體半艮山，故稱『陵』。巽爲婦，離爲孕，三動離壞，故『婦三歲不孕』。莫，无。勝，陵也。得正居中，故『終莫之勝，吉』。上終變之三，成既濟定，故象曰：

❶「矣」，皇清經解續編本作「也」。

『得所願也。』」象曰：終莫之勝吉，得所願也。

上九，鴻漸于陸，其羽可用爲儀，吉。**注**虞翻曰：「陸謂三也。」案，三化，上之三。**案**其羽，鴻羽也。上已之三，故曰「其羽」。化而得位，故「可用爲儀吉」。鳥之飛以羽，君之翼以臣。《太玄·翕》次四：「翕其羽，利用舉。」《測》曰：「翕其羽，朋友助也。」次六：「黄心鴻翼，翕於天。」《測》曰：「黄心鴻翼，利得輔也。」班固《連珠》云：「鸞鳳養六翮以淩雲，帝王乘英雄以濟民。」引此以證，是皆以羽翼喻輔佐也。案，「其羽可用」，非但謂鳥以翼飛，其翼並可則效者也。上已之三，謝事之象。上化得位，其所詒也。以君言，上爲宗廟，「其羽」者，宗祖之舊章、老臣也。以臣言，上爲高上其事之爻，「其羽」者，老臣既退，其所薦之賢與爲國所立之法。是之謂「其羽可用爲儀」。《春秋》隱五年「考仲子之宫。初獻六羽」，何休注云：「婦人無武事，獨奏文樂。羽者，鴻羽也，所以象文德之風化疾也。」是古者文樂用鴻羽。象曰：其羽可用爲儀，吉，不可亂也。**注**虞翻曰：「六爻得位，成既濟定，故不可亂也。」

䷵ 兑下震上

歸妹，征凶，无攸利。**注**虞翻曰：「歸，嫁也。兑爲妹，泰三之四，坎月離日，俱歸妹象。陰陽之義配日月，則天地交而萬物通，故以嫁娶也。三之四，不當位，故『征凶』。四之三，失正无應，以柔乘剛，故『无攸利』也。」

象曰：歸妹，天地之大義也。**注**虞翻曰：「乾天坤地，三之四，天地交，以離日坎月戰陰陽，陰陽之義配日月，則萬物興，故『天地之大義』。乾主壬，坤主癸。日月會北。震爲玄黄，天地之雜。震東兑西，離南坎北。六十四卦，此象最備四時正卦，故『天地之大義也』。」案，乾壬坤癸，乾坤交，於正北戰，乾出震復，陽伏於中，此所謂陰凝陽，龍戰于野者也。陰凝陽，天地雜，故震爲玄黄。此乾元坤元之交也。故虞以復初爲乾元。以六位言，復初陽伏於下。以渾圜言，陽伏於中，陰凝於外，坎象也，所謂血卦也。乾坤一交，❶坎離並處，以震薄，以兑通，坎離震兑，三四兩爻，備陰陽消息之義，於此可得其大凡矣。三四交際之閒也。天地不交，而萬物不興。歸妹，人之終始也。**注**虞翻曰：「天地以坎離交陰陽，故天地不交，則萬物不興矣。」**案**女終於嫁，從一而終。歸妹，女之終也，夫婦人倫之始。《郊特牲》曰：「天地合而後萬物興焉。夫昏禮，萬世之始也。」説以動，所歸妹也。征凶，位不當也。无攸利，柔乘剛也。**注**虞翻曰：「説，兑。動，震也。謂震嫁兑，所歸必妹也。」

象曰：澤上有雷，歸妹。君子以永終知敝。**注**虞翻曰：「坤爲永終，兑爲毁折。」**案**劉向曰：「雷以二月出，其卦曰豫，言萬物隨雷出地，皆逸豫也。以八月入，其卦曰歸妹，言雷復歸入地，則孕毓根核，保藏蟄蟲，避盛陰之害。」見《漢書·五行志》。歸妹唯初上得正，化則成未濟。震陽入地，則地氣漸低，不能上與天接，天地不通，卦成未濟，故「永終知敝」。君子禮以坊德，刑以坊淫，命以坊欲，所以救敝者也。

初九，歸妹以娣，跛能履，征吉。**注**虞翻曰：「初无應，變成坎，坎爲曳，變爲陰，故『征吉』也。」**案**初爲二娣，化之陰之四，乃得位，故「征吉」。震嫁兑，以娣行，初化之陰，與二俱升也。《公羊》莊十九年傳云：「諸侯取一國，則二國往媵之，以姪娣從。姪者何？兄之子也。娣者何？弟也。諸侯一聘九女。諸侯不再娶。」案，「二國往媵之」，所謂左右媵也。嫡與左右媵各有姪娣，凡九人。士直以姪娣爲媵，但或姪或娣，不必俱備。《士昏禮》「女從者」注云：「謂姪娣也。」又「婦人徹于房中，媵御餕，姑酳之。雖無娣，媵先」，注云：「古者嫁女，必姪娣從之，謂之媵。」據此是士有姪娣爲媵也。❷《白虎通》云：「卿大夫一妻二妾何？尊賢重嗣也。不備姪娣何？北面之

❶「交」，皇清經解續編本、崇文書局本作「爻」。
❷「此」，原作「北」，今據皇清經解續編本、崇文書局本改。

臣卑，勢不足盡人骨肉之親。士一妻一妾何？下卿大夫禮也。」其云「不備姪娣」，亦謂不必俱備，與經「雖無弟，❶媵先」之言正合。其云「不足盡人骨肉之親」，謂若必姪娣俱備，是盡人骨肉之親也。其義與經合，與鄭亦不異。不備姪娣，非無姪娣也。秦氏蕙田據「不備姪娣」之言，因謂「女從者」爲婦人送者，以士不得有姪娣，非也。經云：「女則不得以婦人當之。」云「從者」，則與送者別。媵受主人服衽，良席，餕主人之餘。既寢，則侍於户外，呼則聞。此皆將承事君子者所宜爲，非婦人送者所宜爲也。故雖壻家之御，亦不侍于户外。以此例之，昭然明矣。且經云「女」，云「雖無娣，媵先」，則媵非娣即姪可知。倘非將承事君子，固宜以未嫁之女從婦至壻家爲諸事者乎？抑大不倫矣！若云婦人送者亦謂之媵，則經固云「雖無娣，媵先」，則此媵非婦人送者，其爲姪娣明矣。一妾一妾即媵妾，非必別買者也。

象曰：歸妹以娣，以恒也。跛能履，吉相承也。**注**虞翻曰：「動初承二，故『吉相承也』。」**案**夫婦之道，不可以不久。无子則出，嫉妒則出，則夫婦之道不恒。以娣者，所以絶嫉妒，廣嗣續，以恒夫婦之道也，故曰「以恒也」。《大戴·本命》云：「婦有七去。無子去，爲其絶世也。妒去，爲其亂家也。」《白虎通·嫁娶》云：「備姪娣從者，爲其必不相嫉妒也。一人有子，三人共之，若己生之，是姪娣所以絶嫉妒，廣嗣續也。一人有子，三人共之，則嫡雖無子，姪娣有子，亦不出矣。此所以必有姪娣之義。」故云「以恒也」。若嫡無子即出，復何須姪娣爲。初承二化則隨，二升居四故相承。娣承嫡，以承事君子者也。「跛」喻非正嫡，「能履」喻其能盡妾媵之禮，是以「吉」也。

九二，眇能視，利幽人之貞。**注**虞翻曰：「震上兑下，離目不正。」**案**幽人謂伏陰，未發之正，故「利幽人之貞」。士之與女，其出處當慎一也。

象曰：利幽人之貞，未變常也。**注**虞翻曰：「常，恒也。」案，伏陰未發之爻，故未變，是以利之正。若已發，則反其常矣。

❶「弟」，皇清經解續編本、崇文書局本同，《儀禮·士昏禮》作「娣」。

六三，歸妹以須，反歸以娣。**案**須，同嬃，姊也。《說文》：「賈侍中說：『楚人謂姊爲嬃。』」鄭云：「須，有才智之稱。天文有女須，屈原之姊名女須。」案，須蓋嬃之假借，又通胥。互離中女，兑之姊。兑少女，離之妹。女子自爲姊妹，故歸妹，得以姊也。「歸妹以須」，嫡也，謂二反歸。以娣媵也，謂初反歸。始以娣行者，娣之待年者也。隱二年，「伯姬歸于紀」。七年，「叔姬歸于紀」。何休云：「伯姬之媵也。至是乃歸者，待年父母國也。婦人八歲備數，十五從嫡，二十承事君子。」據此則女年未十五，雖備數，尚未從嫡而待年也，故反歸始以娣。象曰「未當」，言娣幼，姊先行也。二升之五，五下之二，二與五易位，初乃與四易位，三化成既濟，陰陽應，故反歸以娣。象曰：歸妹以須，未當也。**案**兑三失位，故未當也。

九四，歸妹愆期，遲歸有時。**注**虞翻曰：「愆，過也。坎月離日，爲期。坎爲曳，震爲行，曳故『遲』也。」**案**四互體離坎，本有期者也。四失位，坎離皆不正，故「愆期」，即謂待年者也。《穀梁》隱七年《集解》：「許叔重云：『姪娣年十五以上，能共事君子，可以往，二十而御。』」引此經以證，是以「愆期」爲待年。包氏世榮云：「非禮不行，三族不虞亦不行，皆爲愆期，當兼言之。」二五易位，初化之四，故「遲歸有時」，謂成既濟，日月正也。象曰：愆期之志，有待而行也。

六五，帝乙歸妹，其君之袂不如其娣之袂良。**注**虞翻曰：「震爲帝，兑爲口，乾爲衣，爲良。」**案**五尊位，陰居之，帝妹象也。君謂五，陰居尊位，小君象也。娣謂二，五失位當降，二當升居五，故「其君之袂不如其娣之袂良」。象曰「以貴行」，二陽貴，宜升五也。此喻嫡犯非禮，當廢黜，而娣得攝其事也。鄭同人二、鼎初注以后夫人無子不出，其犯六出則廢之遠之。《白虎通·嫁娶》云：「適夫人死後，更立夫人者，不敢以卑賤承宗廟。或曰：適死不復更立，明適無二，防篡煞也。祭宗廟攝而已。」據此是適死娣得攝祭事，則適廢亦當攝矣。

不斥言之，但云袂者，《士昏禮》「女出於母左，父西面戒之，必有正焉。若衣，若笄」。昏禮母施衿結帨曰：「勉之敬之，夙夜無違宮事。」庶母及門内，施鞶，申之以父母之命，視諸衿鞶。蓋女子從人衣衿託戒，言袂則人可知，猶《詩》之比興也。詩人刺宣姜云：「象服是宜。」閔莊姜云：「衣錦褧衣。」妾上僭，夫人失位，云：「緑衣黄裳。」皆是也。「不如其弟之袂良」，猶云德薄位尊，不稱其服也。此殆以五陰失位當降，言適犯非禮，尚當廢遠，況其非適乎？喻紂之嬖妲己也。殷禮王女下嫁无可考，周制則王姬車服下王后一等，使同姓諸侯主之。

月幾望，吉。注虞翻曰：「坎月離日，兑西震東，日月象對，故曰『幾望』。」案幾，近也。二五易位，成既濟，六爻正，故「吉」。月者小君之象，喻得正也。象曰：帝乙歸妹，不如其娣之袂良也。其位在中，以貴行也。

上六，女承筐无實，士刲羊无血，无攸利。注鄭康成曰：「宗廟之禮，主婦奉筐米。《士昏禮》：『婦入三月，而後祭行。』」見《特牲饋食禮》疏及《詩·葛屨》疏。案，上居卦終，妹已嫁，婦道成，故以祭言之。祭必三月者，三月一時天氣變，婦道可成。虞翻曰：「女謂應三，兑也。自下受上稱承。震爲筐。刲，刺也。震爲士，兑爲羊，離爲刀，故『士刲羊』。」案此以兩象言也。兑承震，故「女承筐」。初化與四易位，上體无陽，二陰不應，故「无實」。初化與四易位，坎象不見，故「无血」。无實无血，故无所利也。筐，竹无器。❶象曰：上六實，❷承虚筐也。

䷶ 離下震上

豐，亨，王假之，勿憂，宜日中。注鄭康成曰：「豐之言腆，充滿意也。」見《釋文》。虞翻曰：「陰陽交，故通。」姚信曰：「假，大也。四宜之五，得其盛位，謂之大。」案憂，憂游也。憂本憂游字，惪乃惪愁字，優則優伶字。此「勿憂」，當用本訓。當豐大之時，不可憂游，宜明政刑以照天下，遲則有悔。既憂

❶「无」，皇清經解續編本、崇文書局本無此字。
❷「六」下，皇清經解續編本、崇文書局本有「无」字。

之，則咎不長。斷未有以不必憂患教人者，窮大失居。紂不知憂患，而曰有命在天，殷之所以亡也。作《易》者有憂患，日昃不暇食，周之所以興也。四化成坤，陰性柔裕，故稱「憂」。四化則成明夷，不可化，宜升居五，故「勿憂」。「宜日中」，宜照天下也。及是時，明其政刑，則豐可長保。盤樂怠傲，是自求禍也。日中則昃，月盈則食，生於憂患，死於安樂，盛者衰所伏也，故以「勿憂」戒之，所謂過旬災者也。日中見斗，日中見沬，不能照天下，怠傲而失其居矣。可不戒哉！

彖曰：豐，大也。明以動，故豐。王假之，尚大也。勿憂，宜日中，宜照天下也。**案**四尚之五，故尚大。四宜升之五，成離，照天下，故「宜照天下也」。日中則昃，月盈則食，天地盈虛，與時消息，而況於人乎？況於鬼神乎？**注**鄭康成曰：「言皆有休已，无常盛也。」見《公羊疏》。**案**四五之正，成既濟。離日坎月，日月貞明。四未之五時，離日在兑下。西方日昃象離，三所謂日昃之離者也。四未之五，坎月爲兑口所食，故「月盈則食」，四化成明夷也。張衡《靈憲》云：「日者陽精之宗，月者陰精之宗，月光生於日之所照，魄生於日之所蔽。當日則光盈，就日則光盡也。當日之衝，是謂闇虚。月過則食。」案，月食必於望，故「盈則食」。陰陽消息以時，故與時消息。

象曰：雷電皆至，豐。君子以折獄致刑。**注**荀爽曰：「豐者陰據不正，奪陽之位而行以豐，故『折獄致刑』，以討除之也。」案，噬嗑動而明，故明罰敕法，豐明以動，故「折獄致刑」，審之明則斷之決也。兑爲折爲刑，坎爲獄也。

初九，遇其配主。**注**鄭康成曰：「嘉耦曰妃。」見《釋文》。《釋文》云：「鄭作妃。」案，「配」，《說文》云：「酒色也。」經傳多假作妃耦字。**案**五陰失正，暴主也。四當升五，爲天下君，初爲之應，故「遇其配主」。雖旬无咎，往有尚。**注**虞翻曰：「謂四失位，變成坤，應初。坤數十。」案，鄭《均人》注云：「《易》坤爲均，今書亦有作旬者。」案，十日爲旬，與均同義。案四化成明夷，有咎者也。化得正，應初，故「无咎」。雖暫无咎，過則明傷而災至矣。故曰「雖旬无咎」。言雖化亦得暫无咎，然過旬則災。唯不化而往居五，乃「有尚」也。所謂「勿憂，宜日中」也。象曰：雖旬无咎，過旬災也。案四不之五，化則互坎爲災，成明夷。日月明傷，所謂中則昃，盈則食者也。「過旬災」，故不可化而宜升五。

六二，豐其蔀，日中見斗。案雷電皆至，陰氣隨陽行，宣發於外，蔽陽明，故爻多暗昧之象。二應在五，五陽位，以陰居之，小人竊國柄，蔽君明，若夏商之季，羣小在朝也，故「豐其蔀」。陰蔽陽，日晦不明，故「見斗」。日喻君。斗喻諸侯，謂四也。斗非日中所宜見，諸侯非天下所宜歸。日不明而斗見，君不明而天下歸諸侯，此湯文之象也。《離》六二「黄離元吉」，陰伏於内，陽明於外。豐則明以動，雷電皆至，陰與陽並行，陽光爲陰所揜，故日无色，太陽暗而少陽見。震少陽也，爲諸侯。往得疑疾。有孚發若，吉。案往，二往應五也。二本得位，往應五，五爲陰所揜，昏暗於上，反疑疾二，故「往得疑疾」。若桀紂之囚湯文也。五雖蔽於陰，本有伏陽可發之正，二盡臣節，動以至誠，五若感悟，信之而不疑疾，則五發四化，亦成既濟，故「有孚發若，吉」。象曰「信以發志」，五正四化，日明而陰斂，小人退矣。《吕覽》曰：「戎人，生乎戎長乎戎而戎言；楚人，生乎楚長乎楚而楚言。今使楚人長乎戎，戎人長乎楚，則楚人戎言，戎人楚言矣。由是觀之，吾未知亡國之主，不可以爲賢主也。」《用衆》文。五不發之正，則四不化升居五，若桀紂不悟，終以滅亡也。象曰：有孚發若，信以發志也。案信，二自發之正。

九三，豐其沛，日中見沬。注虞翻曰：「沛，不明也。沬，小星也。」案，荀九家云：「大暗謂之沛。沬，斗杓後小星也。」案三應在上，豐其沛，謂暗至上也。沬，小星，諸侯之臣象也。折其右肱，无咎。案虞翻曰：「兑爲折，爲右，艮爲肱。」案震象反艮，右肱謂上也。上得位，爲五右肱，五之賢臣，所以佐五者也，若紂之臣，商容箕比之倫也，折之是自折其右肱也。君之卿佐，是謂股肱。芟夷股肱，獨任胸腹，有不亡者乎？故象曰「終不可用」。右肱者，得用者也。右肱折，人斯廢矣，尚何用哉！云「无咎」者，自取敗亡，无所歸咎，所謂又誰咎者也。折謂折上，居三失位。鄭云：「三，艮爻，艮爲手，互體爲巽，巽又爲進退，手而便於進退，右肱也。猶大臣用事於君，君能誅之，故『无咎』。」鄭蓋以右肱爲用事之臣，即蔽君者也，故折之无咎。象曰「終不可用」，亦言其蔽君明，爲罪重也。《五行志》及《王商傳》張匡對引此，皆以爲折去右肱之臣，乃免咎，義與鄭同。蓋舊説然也。　象曰：豐其沛，不可大事也。折其右肱，終不可用也。案大事已去，有賢臣尚或可挽，折其賢臣，誰與爲善哉？故終不可用。此喻紂之始於用佞，終於棄賢，不可救藥，亦終必亡而已矣。蓋至紂違比干之諫，廢商容，而文王望紂之心始絶矣。

九四，豐其蔀，日中見斗，遇其夷主，吉。案四升之五，坎爲平，六爻皆正，故「遇其夷主，吉」。夷，平也。易知有親則曰妃，易從有功則曰夷。《詩》曰：「彼徂矣岐，有夷之行。」天下歸周之象也。　象曰：豐其蔀，位不當也。日中見斗，幽不明也。遇其夷主，吉行也。案四升之五，成既濟，故「吉行」。五所謂「來章，有慶譽」者也。

六五，來章，有慶譽，吉。案四來之五，正陽位，上下應之成既濟，故「吉」。　象曰：六五之吉，有慶也。案六五失位，乘陽不吉。陽來正位，陰退居四，故「有慶也」。

上六，豐其屋，蔀其家。注虞翻曰：「蔀，蔽也。」干寶曰：「『豐其屋』，此蓋託紂之侈造璿宮玉臺也。『蔀其家』者，以託紂多傾宮之女也。」案上爲宗廟，震反艮爲宮室，五互體大過棟橈。

三上易位，艮宫室在下，皆失正。此據四未之五時，五暴恣益甚，无所不侈，无所不蔽也。豐屋蔀家，天不之禍，乃實以禍之。象曰：「天際祥也。」《春秋傳》曰：「楚王方侈，天或者欲逞其心以厚其毒，而降之罰，未可知也。」《詩》曰：「上帝耆之，憎其式廓。乃眷西顧，此維與宅。」箋云：「耆，老也。天須假此二國，養之至老，猶不變改，憎其所用爲惡者浸大也。乃眷然運視西顧，見文王之德，而與之居。」闚其户，闃其无人。三歲不覿，凶。**案**坤陰爲闔户，離目在下，故「窺其户」。上本得位，五折之，使與三易位，則離象毁，體噬嗑，惡積而罪大者也。賢臣退黜，小人在朝，故「闃其无人」。《淮南·泰族》引此云：「非無衆庶也，言無聖人以統理之也。」莊四年《公羊傳》「上無天子，下無方伯」注云：「有而無益於治曰無。」引此以證。僖三十一年《穀梁傳》「乃者亡乎人之辭也」，注引此，義並同。《太玄·竈》次七：「外大扢其中。君子至野，小人入室。」《測》曰：「外大扢，中無人也。」義本此。《詩》曰：「咨汝殷商，時無背無側。」上之三入坎，下失位，故「三歲不覿，凶」。此象昏昧者之顛倒賢否也。象曰：豐其屋，天際翔也。**注**孟喜曰：「天降下惡祥也。」案《釋文》云：「翔，鄭、王作祥。」據孟注，則孟已作祥。「降下惡祥」，蓋訓「際」爲降也。《太玄·盛》上九「極盛不救，禍降自天」，義本此。處豐之時，動須合禮，故豐亨，王大之。豐不合禮，是爲窮大，所謂豐屋也。天地盈虚，與時消息，故降祥也。《五行志》云：「異物生謂之眚，自外來謂之祥。」闚其户，闃其无人，自藏也。**注**鄭康成曰：「戕，傷也。」見《釋文》。案《釋文》云：「藏，衆家作戕。」折上之三，小人在位，是自戕也。

䷷ 艮下離上

旅，小亨，旅貞，吉。**注**虞翻曰：「小謂柔得位，貴而順剛，麗乎大明，故『旅小亨』。」案，柔麗乾五。**案**五陽當發之正，故「旅貞吉」。重言旅者，明五非陰位，居之如旅耳。陽可發之正五，所謂射雉一矢亡，言去之易也。王者无外，天下爲家，諸侯亦各有其國，无所謂旅。❶ 小謂臣民也。若天子諸侯而爲旅，則失國之象，所謂窮大失其居，无所容者，何「亨貞吉」之有？蓋以喻殷也。

彖曰：旅小亨，柔得中乎外，而順乎剛，止而麗乎明，是以小亨，旅貞吉也。旅之時義大矣哉。注荀爽曰：「謂陰升居五，與陽通者也。」案，山澤通氣，地氣之上，必麗天，氣乃升。睽説而麗乎明，柔進而上行，得中而應乎剛。此地氣出於澤，得日而麗以上，升於天者也。旅「止而麗乎明」，此地氣之出於山，麗日而升者也。

象曰：山上有火，旅。君子以明慎用荆，而不留獄。注侯果曰：「火在山上，其勢非長久，旅之象也。」虞翻曰：「離爲明，艮爲慎，兑爲刑，坎爲獄。」案，《説文》：「荆，罰辠也。从井从刀。《易》曰：『井，法也。』」此統言荆罰字。又：「型，鑄器之法也。」此儀型、型法字。經傳多通用荆。又：「刑，剄也。从刀开聲。」此致刑用刑字。旅明止故「慎」，旅故「不留」。

初六，旅瑣瑣，斯其所取災。注鄭康成曰：「瑣瑣，猶小小也。爻體艮。艮，小石，小小之象。」見《聘禮》疏。陸績曰：「履非其正，應離之始。離爲火，艮爲山，以應火災，焚自取也。」案，初旅非其位，伏陽終當發成離焚初。虞翻曰：「艮手爲取。」案孔子曰：「動行不知所務，止立不知所定；日選於民，不知所貴；從物而流，不知所歸。」《大戴·哀公問》文。其「旅瑣瑣」之謂乎？

象曰：旅瑣瑣，志窮災也。案初非陰位，陰窮陽生，成離火，故「志窮災」。

六二，旅即次，懷其資，得童僕貞。注荀九家曰：「即，就。次，舍也。資，財也。以陰居二，即就其舍，承陽有實，故「懷其資」。初者卑賤，二得履之，故「得童僕」。處和得位，故正。虞翻

❶「旅」，原作「旋」，今據皇清經解續編本、崇文書局本改。下一「旅」字同。

曰：「艮爲童僕。」象曰：得童僕貞，終无尤也。案二得正，故「終无尤」，謂不化也。

九三，旅焚其次，喪其童僕，貞厲。注虞翻曰：「離爲火，艮爲童僕。」案初發成離，艮象壞，故「旅焚其次，喪其童僕」。剛而不中，故「厲」。象曰：旅焚其次，亦以傷矣。以旅與下，其義喪也。案以，已也。已傷，言甚也。下謂初。三本得位，當自正，御下有法，乃既居三而欲之初，初陽發而焚之。與童僕雜居齊齒，則小人犯上，有童僕而不爲用矣。故「以旅與下，其義喪也」。

九四，旅于處，得其資斧，我心不快。注虞翻曰：「離爲齊斧。」《釋文》云：「資，子夏及衆家並作齊。」張晏曰：「齊，整也。」案，四互巽爲齊，作「齊」是也。案四欲之初，初陽自發，仍反於四，故「旅于處」。初化成離，四之正有應，故「得其資斧」。之正互坎爲心病，故「不快」。象曰：旅于處，未得位也。得其資斧，心未快也。案未得之初，以陽居陰，故「未得位」。「資斧」者，征伐之權也。得資斧而心未快，其文王爲西伯，專征伐而見讒之象與？《漢書·王莽傳》注：「應劭曰：『齊，利也。亡其利斧，言無以復斬斷也。』」《叙傳》注：「張晏曰：『齊斧，越斧也。以整齊天下也。』」是齊斧喻征伐。

六五，射雉，一矢亡，終以譽命。注虞翻曰：「離爲矢。五變體乾，矢動雉飛，離象不見，故『一矢亡』矣。」象曰：終以譽命，上逮也。案「一矢亡」，謂離全卦俱化成坎也。五發上亦之正，終及上，故「終以譽命」。一陰一陽，成既濟也。

上九，鳥焚其巢，旅人先笑後號咷，喪牛于易，凶。注虞翻曰：「離爲鳥，爲火；巽爲木，爲高。四失位變震，爲筐，巢之象也。今巢象不見，故『鳥焚其巢』。震爲笑，震在前，故『先笑』。應在巽，巽爲號咷，巽象在後，故『後號咷』。」案，阮籍《通易論》云：「同人先號，思其終也。旅上之笑，樂其窮也。是以失刑者嚴而不檢，喪德者高而不尊。」

案牛謂五，離得坤中氣，所畜牝牛也。五發成乾，牛爲乾所得，故「喪牛于易」。坎一體俱發，終必及上，故「凶」。象曰「終莫之聞」，言其不以五失位見奪爲戒，而急化之正，則凶必及之。

象曰：以旅在上，其義焚也。**注**虞翻曰：「離火焚巢，故『其義焚也』。」喪牛于易，終莫之聞也。**案**坎耳伏，故「終莫之聞」。言其不知戒懼，以至於亡也。牛，大牲，所以祭宗廟、郊天地者也。喪牛，則失其所以事鬼神者矣。蓋喻紂之淫戲自絶，不聽忠言也。祖伊奔告，責命於天，所謂「終莫之聞」也。《吕覽・禁塞》云：「若令桀紂知國亡身死，殄無後類，吾未知其厲爲無道之至於此也。」案《祭義》：「古者天子諸侯，必有養獸之官。及歲時齋戒沐浴而躬朝之，犧牷祭物，必於是取之，敬之至也。君召牛納而視之，擇其毛而卜之吉，然後養之。君皮弁素積，朔月月半，君巡牲，所以致力孝之至也。」牛喪，則孝敬何有乎？鼷鼠食郊牛角，牛死，《春秋》不一書，蓋深譏之。

周易姚氏學卷第十二終

周易姚氏學卷第十三

旌德姚配中撰

周易下經象下傳象下傳

䷸ 巽下巽上

巽，小亨，利有攸往，利見大人。注虞翻曰：「柔得位而順五剛，故『小亨』也。大人謂五。離目爲見。二失位，利正往應五。故『利有攸往，利見大人』矣」。案，二與初易位，初之二應五，故象曰「柔皆順乎剛」，初之二則二正。

象曰：重巽以申命，剛巽乎中正而志行，柔皆順乎剛，是以小亨。利有攸往，利見大人。注陸績曰：「巽爲命令。案，風雷者，天之號令。二得中，五得正，體兩巽，故『剛巽乎中正』也。皆據陰，故『志行』也。」案重故申，柔謂初四，四承五，初之二，應五。

象曰：隨風，巽。君子以申命行事。注荀爽曰：「巽爲號令，兩巽相隨，故『申命』也。法教百端，令行爲上，貴其必行，故曰『行事』也。」案風者氣也，故曰「隨」。兩象合也，號令相繼，故「申」。風行無所不周，故「行事」也。

初六，進退，利武人之貞。注虞翻曰：「巽爲進退。初失位，利之正。」案進，進之爻；退，謂化。失位，故「進退」。與二易位，成離，爲戈兵甲胄，故曰「武人」。疑者決之，故「利武人之貞」，謂剛斷也。象曰：進退，志疑也。利武人之貞，志治也。注荀爽曰：「風性動，進退欲承五，爲二所據，故志以疑也。」案初動之爻，欲之四承五，四已爲陰，初仍退而自化，故「志疑」。與二易位得正，故「志治」，謂成既濟也。九二，巽在牀下，謂之初。宋衷云：❶「巽爲木。二陽在上，初陰在下，故曰『巽在牀下』也。」

九二，巽在牀下，用史巫紛若，吉，无咎。**注**荀爽曰：「牀下，以喻近也。二者，軍帥。三者，號令。故言『牀下』。以明將之所專，不過軍中事也。史以書勳，巫以告廟。謂二以陽應陽，君所不臣，軍帥之象也。征伐既畢，書勳告廟。當變而順五則吉。故曰『用史巫紛若，吉，无咎』。」案，二之初，故「巽在牀下」。互兑爲史巫。二初易位，故「用史巫紛若，吉，无咎」。《白虎通》云：「天子遣將必於廟何？示不敢自專也。」案，古者出師必告廟，二受命，出師之象也。象曰：紛若之吉，得中也。**案**荀爽曰：「謂二以處中和，故能變。」案，初之二得中，二降之初，成離。初所謂「利武人之貞」者也。初二皆得位，故「吉，无咎」。

九三，頻巽，吝。**案**復三頻復，陰退而陽復，故「无咎」。巽三頻巽，陽動而失位，故「吝」。象曰：頻巽之吝，志窮也。**注**荀爽曰：「乘陽无據，爲陰所乘，號令不行，故『志窮也』。」化而失位，故「窮」。

六四，悔亡，田獲三品。**注**虞翻曰：「无應，悔也。欲二之初，已得應之，故『悔亡』。」翟元曰：「三品，下三爻也。」李鼎祚曰：「三品，一爲乾豆，二爲賓客，三爲充君之庖。上殺爲豆實，次殺供賓客，❷下殺充庖厨。」象曰：田獲三品，有功也。**案**初二易位成離，稱田。得位有應，故「有功」。

九五，貞吉，悔亡，无不利，无初有終。**注**虞翻曰：「得位處中，故『貞吉，悔亡，无不利』也。震巽相薄，雷風无形，當變之震矣。巽究爲躁卦，故『无初有終』矣。」先庚三日，後庚三日，吉。**案**庚，更也。「先庚三日」，謂下三爻，化成

❶「衷」，原作「哀」，今據皇清經解續編本、崇文書局本改。

❷「供」，皇清經解續編本作「爲」。

益也。「後庚三日」，謂上三爻，化成恒。雷風恒，相與益物，故吉。雷風相薄，亦終而復始者也。**象曰：九五之吉，位正中也。** 注 虞翻曰：「居中得正，故『吉』也。」案，五位正得中，風雷交，陰陽化，五主之，乾元之位也。

上九，巽在牀下，喪其資斧，貞凶。 案 巽爲齊，離戈兵爲斧。上失位當化，不得之初，成離，故「喪其齊斧」。上爲宗廟，閫内之政也。君不主其内政，而預於軍事，令於軍中，則將不威，令不行，至兵徒橈敗，乃始悔悟，則凶已至矣，故「貞凶」，言正於凶至時也。《孫子·謀攻》云：「君之所患於軍者三：不知軍之不可以進，而謂之進，不知軍之不可以退，而謂之退，是謂縻軍。不知三軍之事，而同三軍之政，則軍士惑矣。不知三軍之權，而同三軍之任，則軍士疑矣。軍士既惑且疑，則諸侯之難至矣。是謂亂軍引勝。」《白虎通·三軍》云：「大夫將兵出，不從中御者，欲盛其威，使士卒一意繫心也。故但聞將軍令，不聞君令，明進退在大夫也。」二之初得位，故吉，无咎。上不能之初，窮而失位，故貞凶。**象曰：巽在牀下，上窮也。喪其資斧，正乎凶也。** 案 失位故窮，志窮者頻巽，令无所措也。位窮者，巽在牀下，乖其令也。巽在牀下，上欲之初，二已之初，上窮而无所之，故「上窮也」。「正乎凶」，言无及。《吕覽》曰：「德義之緩，邪利之急，身以困窮，雖後悔之，尚將奚及。」《情欲》文。《詩》曰：「訊予不顧，顛倒思予。」箋云：「歌以告之，汝不顧念我言，至於破滅顛倒之急，乃思我之言。言其晚也。」亦「正乎凶」之謂也。

䷹ 兑下兑上

兑，亨，利貞。 案 山澤通氣，故「亨」。利之正，成既濟，故「利貞」。説則嘉會禮通，民忘其勞、忘其死，利民而不失其正也。

象曰：兑，説也。剛中而柔外，説以利貞，是以順乎天而應乎人。説以先民，民忘其勞；説以犯難，民忘其死。説之大，民勸矣哉。 注 虞翻曰：「剛中謂二五，柔外謂三上也。二、三、四利之正，故『説以利貞』也。」案，《緇衣》云：「上好仁，則下之爲仁爭先人。故長民者章志、貞教、尊仁，以子愛百姓，民致行己以説其上矣。」《詩》云：「有梏德行，四國順之。」

象曰：麗澤，兑，君子以朋友講習。**案**麗，相麗也，上爲雨澤，下爲藪澤。藪澤之氣，升爲雨澤，雨澤之降，歸於藪澤，故麗澤兑。兑爲口，上下相麗，故以朋友講習。合志同方，營道同術，並立則樂，相下不厭者也。

初九，和兑，吉。**注**虞翻曰：「得位，四變應己，故『和兑，吉』矣。」案，《賈子·道術》云：「剛柔得適，謂之和，反和爲乖。」象曰：「和兑之吉，行未疑也。」**案**虞翻曰：「四變應初，故『行未疑』也。」

九二，孚兑，吉，悔亡。**注**虞翻曰：「孚，謂五也。二動得位，應之，故『孚兑，吉，悔亡』矣。」象曰：「孚兑之吉，信志也。」**案**二化應五，皆得中正，故信志相説以正者也。

六三，來兑，凶。**案**三本失位，上來之三，亦失位，故「來兑，凶」，説不以道也。《賈子》曰：「知足以爲原泉，行足以爲表儀。問焉則應，求焉則得。入人之家，足以重人之家，❶入人之國，足以重人之國者，謂之師。柔色傴僂，唯諛之行，唯言之聽，以睚眦之閒事君者，廝役也。故與師爲國者帝，與廝役爲國者亡。」《官人》文。象曰：「來兑之凶，位不當也。」

九四，商兑，未寧，介疾有喜。**注**鄭康成曰：「商，隱度也。」見《釋文》。虞翻曰：「坎爲疾。」**案**四據三，上下相麗，不欲即化，而失位又當化，故商兑未安。成既濟，則六爻安矣。介，界也。四之正，在兩坎之閒，故介疾。得位，故有喜，謂成既濟定也。象曰：「九四之喜，有慶也。」

九五，孚于剥，有厲。**注**虞翻曰：「孚，謂五也。二四變，體剥象，故『孚于剥』。在坎未光，『有

❶「足以」，原倒，今據皇清經解續編本、崇文書局本改。

厲』也。」象曰：孚于剥，位正當也。**案**位正當，故但「有厲」而已。

上六，引兑。**案**上引三也。三失位，上引之使之正，應己。説以先民，説以犯難，有以引之也。民忘勞，民忘死，引之而民説矣。三互巽爲繩，四之正，艮爲手。象曰：上六引兑，未光也。**注**虞翻曰：「二四已變，而體屯，上三未爲離，故『未光也』。」案，三之正，則成離，謂既濟也。

䷺ 坎下巽上

涣，亨。王假有廟，利涉大川，利貞。**注**虞翻曰：「否四之二成坎震，案，互震。天地交，故『亨』也。」荀爽曰：「假，大也。」**案**王謂二，巽爲木，艮爲宫闕宗廟之象，故王大有廟。涣者，使之聚也。二體坎，爲大川，利涉，上乘巽，巽四五易位成離，受坎以成既濟。此卦例之特變者也。傳云：利涉大川，乘木有功，謂乘巽。六四：「涣其羣，元吉。」陰與陰爲羣，四之五，故涣其羣。傳云「光大」，謂成離。陰在離中，坤元也。坤元升五，以受坎中乾元，此爲爻例特變，四陰不得升陽位也。故爻辭云：「涣有丘，非夷所思。」言陰升陽位，非常也。王假有廟，王乃在中，在二下體之中也。五陽在上，先君之象，在廟之神主也。九五：「涣汗其大號，涣王居。」天王升遐之象也。天王升遐，嗣子在喪，故涣王居。四升攝之，所謂百官總己，以聽於冢宰者也。喪除嗣位，二乃升五，正位爲君，故傳云「王居无咎，正位也」。天王升遐，王居涣，天子嗣位，乃正王居。離降在下，以成既濟定。

彖曰：涣亨，剛來而不窮，柔得位乎外而上同。**案**剛來之二，世子之象也。互震爲長子，長子繼世，故「剛來而不窮」。柔謂四，上同謂四升五，攝君事。涣卦彖傳特與他卦不同，他卦有言「剛來」者，未有言「而不窮」者。云「而不窮」，則不窮係於剛來。言有嗣君也，非謂一陽來之下，又一陽來之下。他卦有言「柔得位乎外」，未有言「而上同」者。上同若周公攝政之比也。言上同，明其非君，但君所當爲之政，則盡爲之，與君同，故不言中，言升，言得尊位等。特言「上同」，著名分也。故傳於「王假有廟」又特申之云「王乃在中」也，言四攝五事，王在下中也。云「乃」者，喪畢而祭於祖廟也。鄭《王制》注云：「天子諸侯之喪畢，合先君之主於祖廟而祭之，謂之祫。」是也。三年喪畢，致新死者，則廟以次遷。

王假有廟，王乃在中也。利涉大川，乘木有功也。**案**二在廟中，全於臣，全於子，升五則出廟而正尊位矣。二涉坎乘巽，故乘木有功，嗣先王之位，資輔弼之臣也。《詩》曰：「淠彼涇舟，烝徒楫之。」陽子曰：❶「舍舟航而濟乎瀆者，末矣；舍五經而濟乎道者，末矣。」《吾子篇》文。竊謂舍帝王之道、聖賢之臣而濟乎天下者，未之有也。

象曰：風行水上，渙。先王以享于帝，立廟。**注**虞翻曰：「享，祭也。震爲帝、爲祭。艮爲廟。四之二，殺坤大牲。故以享帝立廟。」**案**散者使之聚，故享于帝立廟。《小記》曰：「王者禘其祖之所自出，以其祖配之，而立四廟。」廟制代增，至周而七。

初六，用拯馬壯，吉。**注**馬融曰：「拯，舉也。」見《釋文》。**案**馬謂二，初應四。艮爲手，二互震爲馬。初承二，故拯馬，拯二居五也。拯二居五，初之四，得位順五，故吉。

象曰：初六之吉，順也。

九二，渙奔其机，悔亡。**案**机謂巽，二在下，失位。當渙散之時，宜急升五，乘巽正位，散者使之聚，故「渙奔其机，悔亡」也。

象曰：渙奔其机，得願也。**案**升五得位，乘木有功，故得願。

六三，渙其躬，无悔。**案**渙其躬，謂去三之上，佐二濟難，不自有其躬也。之上得位，故「无悔」。

象曰：渙其躬，志在外也。**案**志在升上。

六四，渙其羣，元吉。**案**陰與陰爲羣，四乘三應初，羣也。渙其羣，謂四升五，攝君事。孔子曰：「君薨，百官總己以聽於冢宰。」元，坤元，升五，故「元吉」。《吕覽・召類》云：「《易》曰『渙其羣，元吉』。渙者，賢也；羣者，衆也；元者，吉之始也。渙

❶「陽」，據文義當作「楊」。

其羣元吉，其佐多賢也。」彼以渙爲賢，義別。渙有丘，匪夷所思。**注**虞翻曰：「位半艮山，故稱丘。匪，非也。」**案**有丘，謂四本得位者也。夷猶等也。《曲禮》曰：「在醜夷不爭。」四得位，陰不當升居五。今攝尊位，故非夷所思。象曰：渙其羣，元吉，光大也。**案**四之五成離，故「光大」。冢宰之位，非坤元不足以當之，所謂含宏光大也。

九五，渙汗其大號。渙王居，无咎。**注**鄭康成曰：「號，令也。」見《釋文》。**案**天子崩，變故之大者，故渙汗其大號，謂布誥天下也。五降之四，互坎爲汗，令出不還。二來升五，此《書》所謂「誓言嗣」者與？劉向上《封事》云：「《易》曰：『渙汗其大號。』言號令如渙出而不反者也。」案，彼以凡出令言，此專以命嗣言。命莫重於此，不可移易者，亦莫過於此也。《素問·陰陽別論》云：「陽加於陰謂之汗。」王崩，嗣王在服，故渙王居。在服，非曠位，故无咎。言服除，則正王位也。象曰：王居无咎，正位也。**案**二升五，正君位。不言渙者，據服除後言。明其已正君位，非渙也。

上九，渙其血去，逖出，无咎。**注**虞翻曰：「坎爲血，爲逖。逖，憂也。」案，《說文》：「惕，敬也，或从狄。」「逖，遠也。逷，古文。」此蓋假借字，義與小畜同。**案**五四易位，坎升離降，成既濟，則六爻正，故渙其血去，逖出，无咎。象曰：渙其血，遠害也。**案**遠凝陽之害。此謂四升居五，攝君事，與坤五同，舉一卦言也。坎爲血卦，升上成既濟。陰陽和，君臣正，故血去逖出。周公攝政，羣叔流言，況其下者乎？位高權重，猜忌所由生也。

䷻ 兌下坎上

節，亨。**注**虞翻曰：「泰三之五，天地交也。」案，節而合禮，故「亨」。不以禮節之，亦不可行也。**案**地中衆者，莫過於水。不節則澤中无水，變而爲困矣。故澤中有水，特名曰「節」，導其原、清其流，不可以多而費也。《賈子·道術》云：「費弗過適謂之節，反節爲靡。」苦節，不可貞。**注**虞翻曰：「謂上也，應在三。三變成離，火炎上作苦，位在火上，故『苦節』。雖得位乘陽，故『不可貞』。」案，法久弊生，弊則更張之。變則通，通則久，故「苦節不可貞」。上化成中孚，一説苦節謂當之者以爲苦也，苦之故不可貞。安之甘之，故亨吉。

彖曰：節亨，剛柔分而剛得中。**案**泰三之五，五之三，故剛柔分。三之五，得中。苦節不可貞，其道窮也。説以行險，當位以節，中正以通。天地節而四時成，節以制度，不傷財、不害民。**注**虞翻曰：「位極於上，乘陽，故窮也。」兑説坎險震爲行，故説以行險也。中正謂五，坎爲通也，泰乾天坤地。鄭康成曰：「空府藏則傷財，力役繁則害民。二者奢泰之所致。」見《後漢書·王符傳》注。

象曰：澤上有水，節。君子以制數度，議德行。**注**侯果曰：「澤上有水，以隄防爲節。」案，澤上有水，互震艮，震動艮止，故曰「節」。必云節者，震爲竹，艮多節。**案**水居澤上，澤能積水。陽止於陰，故爲節。節者，止其所止也。震起艮止，不失其時，則中節矣。數度，出納征役與凡財用之節；德行，官人之節也。用得其當，則財足。官得其人，則政理。制之、議之，貴其中節也。

初九，不出户庭，无咎。**注**李鼎祚曰：「初九，應四，四互艮。艮爲門闕。四居艮中，是爲户内庭之象也。」**案**初之四則失位，故不出户庭，无咎。謂不之四。象曰：不出户庭，知通塞也。**注**虞翻曰：「坎爲通。」**案**艮爲止，水止故塞。塞故初不之四，成既濟，則相應矣。

九二，不出門庭，凶。**注**虞翻曰：「變而之坤，艮爲門庭，二失位不變。出門應五，則凶。」象曰：不出門庭，凶。失時極也。**注**虞翻曰：「極，中也。未變之正，故『失時極』矣。」**案**當其可之謂時，二當化不化，故「失時極」。《吕覽》曰：「不知事者，時未至而逆之，時既往而慕之，當時而薄之。」《任地》文。

六三，不節若，則嗟若，无咎。**案**三在兑口，震爲聲，失位，當化不化，故「不節若，則嗟若」。節而失正，尚爲非禮，況不節而能免於嗟乎？自取之也，尚誰咎？ 象曰：不節之嗟，又誰咎也。**案**言无所歸咎。

六四，安節，亨。**注**虞翻曰：「得正承五，有應於初，故『安節亨』。」象曰：安節之亨，承上道也。**注**荀九家曰：「言四得正奉五，上通於君，故曰『承上道也』。」案，謂合禮。

九五，甘節，吉，往有尚。**案**謂泰三也。泰坤爲土，稼穡作甘，三之五得位，居中，故「甘節，吉，往有尚」。甘節者，得中和，皆中節者也。 象曰：甘節之吉，居位中也。

上六，苦節，貞凶，悔亡。**注**虞翻曰：「二三變，在兩離，火炎上作苦，故『苦節』。乘陽，故『貞凶』。得位，故『悔亡』。」**案**上居坎極，極則反。雖帝王之善政，極必生弊，弊則當革。通其變，使民不倦，弊法不可復行，故「貞凶」。象曰：「不可貞，謂當化也。」此相時制宜，不以位拘者，三代之法，所以不可復行於後世也。上得位而爲苦節。所謂琴瑟專一，以水濟水者也。上動成中孚，與民更始，故節之，後受以中孚。節，止也。中孚，信也。冬水歸於澤，陽入歸土，故卦氣起中孚。 象曰：苦節，貞凶，其道窮也。**注**荀爽曰：「乘陽於上，无應於下，故『其道窮也』。」**案**窮則變，變則化，成中孚。二三化成既濟，則上成苦節，故不成既濟，而成中孚。若初不出户庭，初得位，不化。二不出門，三不節若，二三失位，亦皆不化。四安節，五甘節，皆得位，亦不化。唯上苦節，不可貞。故雖得位，獨化成中孚。

䷼ 兑下巽上

中孚，豚魚吉。**案**中孚小過，反復不衰，亦渾圜之象。三四之交，天地之中也。陽起於中，土性信，故曰中孚。陽生陰中爲坎，坎爲豕，故稱豚；陰生離中，姤巽爲魚。中孚，十一月卦，當坎位。卦爲復，復與姤通，一消一息，出入中宫，无或失時，故「豚魚吉」。取象豚魚者，見陰陽之生，物无不驗，以喻君以中信及物若陰陽，則亦无不孚也。《詩・無羊》：「衆維魚矣。」傳云：「陰陽和，則魚衆多。」利涉大川，利貞。**注**虞翻曰：「坎爲大川。」**案**坎中互頤，離中互大過。坎初上化成中孚，陽發外也；離初上化成小過，陰發外也。坎離得中氣，乾坤二用，山澤所由出入，風雷所以宣布也。坎化中孚，故「利涉大川」。坎陽發，而雷以動之，艮以止之，澤以通其氣，風以宣其號，陰陽交而既濟成矣。故「利貞」。《呂覽・上德》云：「三苗不服，禹請攻之。舜曰：『以德可也。』行德三年，而三苗服。孔子聞之曰：『通乎德之情，則孟門、大行不爲險矣。』」

彖曰：中孚，柔在内而剛得中。説而巽，孚乃化邦也。豚魚吉，信及豚魚也。**注**王肅曰：「三四在内，二五得中，兑説而巽順，故孚也。」**案**終成既濟，故「化邦」。信及豚魚，不言而信也。《詩》曰：「魚在在藻，有頒其首。」一物之微，可以驗天下之大。信之所至，治亂一也。堯舜之民從仁，桀紂之民從暴。《淮南子》曰：「同言而民信，信在言前也；同令而民化，誠在令外也。動於上，不應於下，情與令殊也。」《繆稱》文。《荀子》曰：「瓠巴鼓瑟，而流魚出聽；伯牙鼓琴，而六馬仰秣。」《勸學》文。末技之妙，感物猶然，況信之所及者乎？利涉大川，乘木舟虚也。**注**鄭康成曰：「舟謂集板，如今自空大木爲之，曰虚。」見《詩・谷風》疏。王肅曰：「中孚之象，外實内虚，有似可乘虚木之舟也。」**案**《詩》曰：「汎汎楊舟，載沈載浮。」喻用賢也。《楊子》曰：「乘國者其如乘航乎，航安則人斯安矣。」《寡見》文。中孚以利貞，乃應乎天也。**案**成既濟，一陰一陽，乾道變化，各正性命，故「應乎天也」。《呂覽》曰：「天行不信，不能成歲。」《貴信》文。

象曰：澤上有風，中孚。君子以議獄緩死。**案**澤以恩被之，風以教化之，上下相孚，故曰「中乎」。議獄緩死，則不濫刑。刑不濫則當。《孟子》曰：「以逸道使民，雖勞不怨；以生道殺民，雖死不怨殺者。」

初九，虞吉，有它不燕。注荀爽曰：「虞，安也。初應於四，宜自安虞，无意於四，則吉，故曰『虞吉』也。四者承五，有它意，於四則不安，故曰『有它不燕』也。」案，初應在四，四承五，不應初。初宜自安，无意於四，則不生怨望之情，故安吉也。它謂非應初，雖不往應四，亦不宜有意於它。有意於它，是有它意於四也。它意猶云二心，失其正應，故「不燕」，謂「不乎」也。或説虞度也，度之則不妄動，故吉。象曰：初九虞吉，志未變也。注荀爽曰：「初位潛藏，未得變而應四也。」案，畫未變之爻，故志未變。畫動之爻，乃相應。

九二，鳴鶴在陰，其子和之，我有好爵，吾與爾靡之。注孟喜曰：「靡，共也。」見《釋文》。虞翻曰：「震爲善鳴，爵位也。」案震善鳴。鶴，善鳴之鳥。在陰，謂在陰位，山之北也。其子謂伏陰，二動則伏陰發，而下體亦成震，故「鳴鶴在陰，其子和之」也。二互震，伏陰發亦成震，陰陽俱在二，故「我有好爵，吾與爾靡之」。中孚者，聲相應，氣相求也。若出言不善，斯爲惡聲之鳥矣。上之翰音是也。《詩》曰：「爲梟爲鴟。」喻言之不善也。《賈子·君道》引此云：「士民之報也。」象曰：其子和之，中心願也。案二陰由中發，故「中心願」。《吕覽·貴信》云：「夫可與爲始，可與爲終，可與尊通，可與卑窮者，其唯信乎！」

六三，得敵，或鼓或罷，或泣或歌。注荀爽曰：「三四俱陰，故『得敵』也。」案皆謂三也。三之上，隔於四，故「得敵」；有應，故鼓而歌；失正，故罷而泣。震動爲鼓，艮止故罷。三之正，三上易位，離目坎水，故泣。震，笑言。兑爲口，故歌也。象曰：或鼓或罷，位不當也。案三失位，故位不當。位雖不當，有應，故鼓而歌。既乃悔悟，故罷而泣，泣則化之正矣。此亦中誠相感者也。

六四，月幾望，馬匹亡，无咎。注虞翻曰：「坎爲月，離爲日。」案既濟離日坎月，爲望。三四俱陰，稱匹。震爲馬，二化，三上易位，成既濟，震象不見，故「幾月望，馬匹亡」。四得位，故「无咎」。象曰：馬匹亡，絕類上也。案三四俱陰，稱類，所謂敵也。雖爲陰類，上下異體，故三絕四而上，與上易位，而四亡其馬匹也。

九五，有孚攣如，无咎。注虞翻曰：「孚，信也。巽繩艮手，故『攣』。二使化爲邦，得正應己，故『无咎』也。」象曰：有孚攣如，位正當也。

上九，翰音登于天，貞凶。注虞翻曰：「應在震，震爲音。翰，高也，巽爲高。」案，《小宛》：「宛彼鳴鳩，翰飛戾天。」傳：「翰，高；戾，至也。行小人之道，責高明之功，終不可得。」案在五上，故登于天。失位亢上，惡聲上聞也，故「貞凶」。言貞則已凶，巽上同義。《漢書·叙傳》注劉德云：「上九處非其位，亢極，故『何可長也』。位在上高，故曰『翰音』。」案，此喻紂腥聞在上也。象曰：翰音登于天，何可長也。案失位上窮，故不可長。己不正而人正之矣。

䷽ 艮下震上

小過，亨，利貞。可小事，不可大事。案陰爻過，故曰「小過」。亨謂四升之五，初化之正，成既濟，故「亨，利貞」。飛鳥遺之音，不宜上，宜下，大吉。注宋衷曰：「二陽在內，上下各陰，有似飛鳥舒翮之象，故曰『飛鳥』。震爲聲音，飛而且鳴，鳥去而音止，故曰『遺之音』也。」案離爲飛鳥，離中陰發。初上化成小過，則鳥飛。震音艮止，故「遺之音」。不宜上，謂上得位，不可化；宜下，謂初宜化之正。初正則四之五，成既濟，故「大吉」也。

彖曰：小過，小者過而亨也。過以利貞，與時行也。案當過而過，因時制宜，故「與時行也」。柔得中，是以「小事」吉也；剛失位而不中，是以「不可大事」也。有「飛鳥」

之象焉。飛鳥遺之音，不宜上，宜下，大吉，上逆而下順也。案上化失位，故逆。初之正得位，故順。上化則三降二，成未濟。初化則四之五，成既濟。

象曰：山上有雷，小過。君子以行過乎恭，喪過乎哀，用過乎儉。案《表記》曰：「與仁同功，其仁未可知也。與仁同過，然後其仁可知也。」

初六，飛鳥以凶。案離爲飛鳥。上化則四體離，上體俱失正，故飛鳥以凶。以，已也。凶已成，不可如何者也。上化四成離，火炎上，不與初易位。三降二，成未濟，故凶。象曰：飛鳥以凶，不可如何也。

六二，過其祖，遇其妣，不及其君，遇其臣，无咎。案二應五，五陽伏，故「過其祖」。妣謂上，❶母死稱妣。上爲宗廟，謂過五遇上也。此其爲人後者之象與？五伏陽不應二，二五俱陰不相應，二退而應四，故「不及其君，遇其臣」，此謂不及五遇四也。二本得位，在小過之卦，亦過以相與者，故或遇上，或遇四，皆得无咎也。象曰：不及其君，臣不可過也。案二之五，必歷四，故臣不可過。

九三，弗過防之，從或戕之，凶。注虞翻曰：「防，防四也。」案弗過，弗過四也。三應在上，爲四所隔，故「弗過」。四失位，將反初，故「防之」，防其戕害也。艮止故防，四隔三應，故「弗過」。三隔四應，故四戕三。四之初體明夷，夷者，傷也。四非三應，故從或。飛鳥翼折，故凶。所謂垂其翼者也。象曰：從或戕之，凶如何也。

九四，无咎，弗過遇之，往厲必戒，勿用永貞。注荀九家曰：「以陽居陰，行過乎恭。今雖失位，進則遇五，故『无咎』也。四體震動，位既不正，當動上居五，不復過五，故『弗過遇之』

❶「祖妣」，原倒，今據皇清經解續編本改。

矣。」案往謂之初，四欲之初，三防之。初發成離，爲甲冑戈兵。四不得之初，故「往厲必戒」。初已發成離，四化之正，則成明夷，故「勿用永貞」。言勿用自化之正，當升居五也。象曰：弗過遇之，位不當也。往厲必戒，終不可長也。案四失位當升，五失位當降，故遇初陽終發。四不之初，故「不可長」。

六五，密雲不雨，自我西郊。案雲，山澤氣也。艮山兑澤，五在兑口，雲方出穴，未成既濟，故「密雲不雨」。兑爲西，乾爲郊，五下有伏陽，故「自我西郊」。公弋取彼在穴。注虞翻曰：「弋，矰繳射也。坎爲弓彈，離爲鳥矢，艮爲手。」案震爲侯，故曰公，謂四也。弋，弋上也。四升之五，成離，弋上飛鳥也。取彼在穴，謂取初。初陽伏，故「在穴」。謂四升五，初發成既濟也。《司弓矢》「矰矢茀矢，用諸弋射」，注云：「結繳於矢謂之矰。矰，高也。茀矢象焉，茀之言刜也。二者皆可以弋飛鳥。」案，弋，謂弋飛鳥，取彼在穴，謂雛也。《詩》云：「既取我子。」在穴，故取。飛鳥，則過惡已成，故弋之。在穴喻惡始萌，絶之易也，故取。「肇允彼桃蟲，拚飛維鳥」，言始不絶，則終大也。此飛鳥以凶，所以不可如何也。「公弋取彼在穴」，既絶其大，復遏其細，上化成飛鳥，則弋之使反正。初未發，則取之使正，以成既濟者也。象曰：密雲不雨，已上也。案四升之五，成坎。雲下坎爲艮所止，故「不雨」。

上六，弗遇過之，飛鳥離之，凶，是謂災眚。案此謂成未濟也。上居亢位，已過五，不得遇五，故「弗遇過之」。謂不得遇五者，已過五故也。上已亢，化而失位，成離，故「飛鳥麗之，凶」。初所謂飛鳥以凶者也。上化成離，三降二爲坎，六爻失位，離火坎災，故「是謂災眚」。象曰：弗遇過之，已亢也。案上居亢位，過五而不遇五，故「已亢也」。

䷾ 離下坎上

既濟，亨小，利貞，初吉，終亂。注鄭康成曰：「既，已也，盡也。濟，度也。」見《釋文》。虞翻曰：「小，謂二也。柔得中，故『亨小』。六爻得位，各正性命，保合大和，故『利貞』矣。」**案**六爻已正，不可妄動，故「利貞」，言不可化。六爻皆正，故「初吉」。動則成未濟，故「終亂」。

彖曰：既濟亨，小者亨也。利貞，剛柔正而位當也。**注**荀爽曰：「天地既交，陽升陰降，故『小者亨也』。」案，虞云：「泰五之二。」**案**六爻當位，防其化，故復言「利貞」。初吉，柔得中也。終止則亂，其道窮也。**注**虞翻曰：「中謂二。」**案**六爻得正，周流不息，治不忘亂，則不亂。既濟而終止，以爲不亂，忘亂而亂生，故「終止則亂」。極則反，故「其道窮也」。

象曰：水在火上，既濟。君子以思患而豫防之。**注**陸績曰：「坎水潤下，離火炎上，二氣相交，爲既濟。」《易傳》注。荀爽曰：「六爻既正，必當復亂，故君子象之。思患而豫防之，治不忘亂也。」案，《荀子·仲尼篇》云：「智者之舉事也，滿則慮嗛，平則慮險，安則慮危，曲重其豫，猶恐及其禍，是以百舉而不陷也。」《大戴禮·察》云：「君子之道譬猶防與？夫禮之塞，亂之所從生也；猶防之塞，水之所從來也。凡人之知，能見已然，不能見將然。禮者，禁將然之前，而法者禁已然之後。」《周書·和寤》云：「緜緜不絶，蔓蔓若何。豪末不掇，將成斧柯。」此皆思患豫防之義也。《潛夫論·慎微》云：「文王小心翼翼，成王夙夜敬止。」思慎微眇，早防未萌，故能太平而傳子孫。

初九，曳其輪，濡其尾，无咎。**注**宋衷曰：「初在後，稱尾。得正有應，於義可以危而无咎矣。」**案**坎爲輪，爲曳。初應在四，坎水潤下，坎降則成未濟，故「曳其輪」，不使降也。尾謂初，在坎下，故「濡其尾」。得位有應，故「无咎」。象曰：曳其輪，義无咎也。**案**曳輪不降，濡尾不升，則不成未濟。

六二，婦喪其茀，勿逐，七日得。**注**虞翻曰：「離爲婦。」鄭康成曰：「茀，車蔽也。」見《釋文》。案，婦人乘車必有蔽。喪茀，喻失其所以蔽也。《巾車》：王后之五路，重翟、厭翟、安車皆有容蓋。鄭司農云：「容謂幨車，山東謂之裳幃。」容即茀。**案**坎爲車，坤爲裳，二化失位，故「婦喪其茀」。六爻爲六日，成既濟，二仍化之正，故「勿逐，七日得」。象曰：七日得，以中道也。案二得中正，坤元之位也。周而復始，故「七日得」。

九三，高宗伐鬼方，三年克之，小人勿用。注虞翻曰：「高宗，殷王武丁。鬼方，國名。」干寶曰：「離爲戈兵，故稱伐。坎北方，故稱鬼。」案，高宗伐鬼方，无可考。《竹書紀年》：「高宗三十二年，伐鬼方，次於荆。三十四年，王師克鬼方，氐羌來賓。」亦依《詩》《易》爲之耳。《蕩》篇「覃及鬼方」傳云：「鬼方，遠方也。」《後漢·西羌傳》云：「武丁征西戎鬼方，三年乃克，故其詩曰『自彼氐羌，莫敢不來王』。」其意與《竹書》同。以氐羌西戎，遂以鬼方爲西戎耳。《鮮卑傳》蔡邕議云：「湯伐鬼方，皆所未詳也。」案此謂坎離互易，成既濟也。坎下三爻，失位，離來正之，故「高宗伐鬼方」。三爻故三年，小人謂下坎失位爻也。離來正坎，成既濟。六爻正，故「小人勿用」。象曰：三年克之，憊也。注鄭康成曰：「憊，劣弱也。」見《釋文》。虞翻曰：「坎爲勞，故『憊』也。」案，《嚴助傳》淮南王安諫武帝云：「《易》曰『高宗伐鬼方，三年而克之』。鬼方，小蠻夷。高宗，殷之盛天子也。以盛天子伐小蠻夷，三年而後克，言用兵之不可不重也。」

六四，繻有衣袽，終日戒。注虞翻曰：「乾爲衣，故稱『繻』。袽，敗衣也。乾二之五，衣象裂壞，故『繻有衣袽』。離爲日，坎爲盜，在兩坎閒，故『終日戒』。」案「繻」同「襦」。射禮，君袒朱襦，大夫與士射則袒纁。襦，文飾之衣也。四互離爲文明，有，又也。又衣袽，不見其美也。《詩》所謂「衣錦尚褧」者也。《釋文》云：「繻，子夏作襦。」薛虞云：「古文作繻。」案，襦，即襦字。古文作繻，則襦今文也。《羅氏》：「蜡則作羅襦。」鄭司農云：「襦，讀爲繻。有衣袽之繻，是襦繻同也。」《弓人》：「厚其帤，則木堅。薄其帤，則需。」鄭司農云：「帤，讀爲『襦有衣絮』之絮。帤謂弓中裨。」疏云：「謂弓中裨者，造弓之法。」弓榦雖用整木，仍於榦上裨之，乃得調適也。案，《説文》云：「裨，接益也。」是裨爲加益之意，則衵在繻外明矣。《弓人》注「繻作襦，衵作絮，蓋今文也」。《釋文》「京作絮」，《説文》「繻，繒采色」，讀若此。又：「絮，絜緼也。一曰敝絮。《易》曰『需有衣絮』。」《太玄・迎》次四，「裳有衣襦」。《測》曰：「裳有衣襦，陰感陽也。」蓋本此而反之。**象曰：終日戒，有所疑也。**案疑故戒，謂懼化也。

九五，東鄰殺牛，不如西鄰之禴祭，實受其福。注鄭康成曰：「五體爲坎也，又互體爲離。離爲日，坎爲月，日出東方，東鄰象也。月出西方，西鄰象也。」見《坊記》疏。案，《坊記》云：「子曰：祭則用祭器，故君子不以菲廢禮，不以美没禮，故食禮主人親饋，則客祭，主人不親饋，則客不祭，故君子苟無禮，雖美不食焉。」引此以證。注云：「東鄰」謂紂國中也，「西鄰」謂文王國中也。既濟離下坎上，離爲牛，坎爲豕，西鄰禴祭則用豕。與言殺牛而凶，不如殺豕受福。奢而慢，不如儉而敬也。《春秋傳》曰「黍稷非馨，明德惟馨」矣。是鄭以東西鄰爲紂與文王。班固《遂志賦》云：「東鄰虐而殲仁兮，王合位乎三五。」其意亦以東鄰謂紂。竊謂此乃説者之意，非經之本旨也。時文王爲紂臣，不得指爲鄰。天命未改，不得先改祭。湯既克夏，尚用玄牝，❶豈文王未爲天子，遽改殷禮者乎？東鄰西鄰，自泛以喻有德无德者耳，故《坊記》引以證「不以菲廢禮，不以美没禮」之義。《郊祀志》杜鄴説王商云：「東鄰殺牛，不如西鄰之禴祭。❷言奉天之道，貴以誠質大得民心也。行穢祀豐，猶不蒙祐；德修薦薄，吉必大來。」是亦泛言其義，非專有所指也。豈文王自謂乎？孔穎達《左傳疏》及《八論》據此以爻辭爲周公作，非也。泰，天地交，春也。成既濟，陰陽應，故實受其福。牛謂坤，泰五降二，二升五，故「東鄰殺牛，不如西鄰之禴祭」。禴，殷春祭名。**象曰：東鄰殺牛，不如西鄰之時也。實受其福，吉大來也。**案天地氣交，春時也。二升之五，故「吉大來」。

上六，濡其首，厲。案坎爲下首，位極乘陽，反

❶「牝」，皇清經解續編本、崇文書局本作「牡」。

❷「禴」，原作「瀹」，今據皇清經解續編本改。下一「禴」字同。

成未濟，在兩坎下，故「濡其首，厲」。象曰：「濡其首，厲」，何可久也？注荀爽曰：「居上濡五，處高居盛，必當復危，故『何可久也』。」虞翻曰：「位極乘陽，故『何可久』。」案坎水潤下爲下首，故「濡其首」。此既濟之極，反成未濟，所謂「終亂」也。

䷿ 坎下離上

未濟，亨。小狐汔濟，濡其尾，无攸利。注虞翻曰：「柔得中，天地交，故『亨』。六爻皆錯，故稱未濟也。」干寶曰：「坎爲狐。」《說文》曰：「汔，涸也。」案，離火燥，故「汔」。注未濟，男之窮也。物不可窮也，故受之以未濟。窮則變，變則通，窮者不窮矣，故「未濟，亨」。尾謂初，初最在下，故曰「尾」。濡尾不進，不能成既濟。六爻失正，故无所利也。

象曰：未濟亨，柔得中也。小狐汔濟，未出中也。注荀爽曰：「柔上居五，與陽合同，故『亨』也。」案，虞云：「否二之五。」虞翻曰：「謂二未變，在坎中也。」案，二未升五，尚在坎中，故「未出中」。「濡其尾，无攸利」，不續終也。案爻皆失正，不能自成既濟，故不續終。《史記》春申君上秦昭王書云：「《易》曰『狐涉水，濡其尾』，此言始之易，終之難也。」雖不當位，剛柔應也。注荀爽曰：「雖剛柔相應，而不以正，由未能濟也。」

象曰：火在水上，未濟。君子以慎辯物居方。注侯果曰：「火性炎上，水性潤下，雖復同體，功不相成，所以未濟也。」案，陸績《易傳注》云：「離火炎上，坎水務下。二象不合，各殊陰陽。」案物，陰陽之物。方，道也。謂一陰一陽之道，六畫定位也。六畫失正，辯之在早。《荀子》曰：「君子居必擇鄉，游必就士，所以防邪僻而近中正也。」《勸學》文。《呂覽》曰：「使人大迷惑者，必物之相似者也。」《疑似》文。

初六，濡其尾，吝。案在坎下，故「濡其尾」。失位，故「吝」。象曰：濡其尾，亦不知極也。

案六爻失正，急當自化，濡尾不進，不知極之當反，終以不化，故曰「亦不知極也」。

九二，曳其輪，貞吉。注姚信曰：「坎爲曳，爲輪，兩陰夾陽，輪之象也。二應於五，而隔於四，止而據初，故『曳其輪』。處中而行，故曰『貞吉』也。」案坎水就下，二不得升五，故曳。坤元之位，中有伏陰，能自化之正，故「貞吉」也。能自之正，亦足以榦事未濟者，使之濟矣。象曰：「九二」，「貞吉」，中以行正也。案二得中，化之正，故「中以行正」。

六三，未濟，征凶，利涉大川。案離上坎下，三未能之上，動則失見，故「征凶」。利與四易位，成蠱。事亂者復理，故「利涉大川」。象曰：未濟，征凶，位不當也。

九四，貞吉，悔亡。震用伐鬼方，三年有賞于大國。注虞翻曰：「動正得位，故吉而悔亡矣。」案，此謂自化之正。案震，動也。坎，北方爲鬼。虞以坤爲鬼方。謂與初易位也。未濟六爻失正，坎離不交，非震奮不能有爲也。離爲兵戈，離來之坎，故「伐鬼方」。成既濟三爻，故「三年有賞于大國」。象曰：貞吉，悔亡，志行也。案化之正，故「志行」。

六五，貞吉，无悔。君子之光，有孚，吉。注虞翻曰：「之正則吉，故『貞吉，无悔』。動之乾，離爲光，故『君子之光』也。孚謂二。二變應己，得有之，故『有孚，吉』。」案《淮南子》曰：「積薄爲厚，積卑爲高，故君子日孳孳以成煇，小人日怏怏以至辱。」《繆稱》文。象曰：君子之光，其暉吉也。案離爲日，五陽發，故「其暉吉」。

上九，有孚于飲酒，无咎。濡其首，有孚失是。注虞翻曰：「六位失正，故『有孚失是』。若紂沈湎於酒，以失天下也。」案坎水爲酒，上三易位得正，故「有孚于飲酒，无咎」。《書》曰：「越庶國：飲惟祀，德將無醉。」又曰：「無若殷王受之迷亂，酗于酒德哉！」所謂有孚失是也。三上不易位，剛柔亦應。坎爲下首，三不之上，六爻失正，故「濡其首，有孚失是」。高宗伐鬼方，殷所以中興，後嗣王酣身，殷所以亡也。九四言「震用伐鬼方」，不言高宗，其猶望紂法高宗之行與？「濡首」「有孚」，喻殷俗上下同也。

象曰：飲酒濡首，亦不知節也。注虞翻曰：「節，止也。」案，《賈子·先醒》云：「懷王問於賈君曰：『人之謂知道者先生，何也？』對曰：『非爲先生也，爲先醒也。後世主不學道理，則嘿然惛於得失，不知治亂存亡之所由，忳忳然猶醉也。而賢主者，學問不倦，好道不厭，鋭然獨先達乎道理矣。故未治也，知所以治；未亂也，知所以亂；未安也，知所以安；未危也，知所以危。故昭然先寤於所以存亡矣，故曰『先醒』。辟猶俱醉而獨先醒也。」

周易姚氏學卷第十三終

周易姚氏學卷第十四

旌德姚配中撰

周易繫辭上傳

天尊地卑，乾坤定矣。注虞翻曰：「天貴故尊，地賤故卑。」案尊，貴；卑，賤也。太極生兩儀，清陽爲天，濁陰爲地。天地者，乾坤之象也。聖人作易，乾以效天，坤以法地。《乾鑿度》云：「易始于太極，太極分爲二，故生天地。」鄭注云：「輕清者上爲天，重濁者下爲地。」又云：「易者所以經天地，理人倫，而明王道。是故八卦以建，五氣以立，五常以之行。象法乾坤，順陰陽，以正君臣父子夫婦之義。」鄭注云：「天地陰陽，尚有尊卑先後之序，而況人道乎。」又云：「昔者聖人因陰陽，定消息，立乾坤，以統天地。」鄭注云：「夫乾坤者，法天地之象質。然則有天地，則有乾坤矣。」案，自此至「變化見矣」，皆指説天地自然之易，聖人則之，亦因其自然者也，故曰「是故剛柔相摩，八卦相盪，鼓之以雷霆」云云。未有易則天地即易，故成象成形變化見，既法以作易，則易即天地，故剛柔相摩，八卦相盪，而雷風日月之道可見也。**卑高以陳，貴賤位矣。**案以，已。陳，列。卑，下也。天地陳列之有高下，易貴賤之位也。此上統論陰陽之尊卑貴賤，以明卦爻所由有尊卑貴賤。**動静有常，剛柔斷矣。**案斷猶判也。著不息者天，著不動者地，故有常；陽剛恒動，陰柔恒静，故剛柔判。天地動静之有常，易剛柔之判也。乾坤定言分，貴賤位言位，剛柔斷則言其性之各不同也。**方以類聚，物以羣分，吉凶生矣。**注荀九家曰：「方，道也。」案太極者，一陰一陽之道也。陽道類聚而成乾，陰道類聚而成坤，乾坤生於太極，故以方言之。已成乾坤，名體已著，故以物言之，陽物陰物也。分陰分陽，陽陰既判，則各自爲羣，故物以羣分。乾坤二卦，各有失位之

爻，吉凶者，言乎其失得，文不當，而吉凶生矣。此上皆言太極生兩儀之奥，天地自然之易，聖人所取法者也。陽尊陰卑，道不同也。尊貴卑賤，勢不同也。同則合，不同則分，理之不可易者也。一動一静，天地之間，動之極而静者不能附，静之極而動者不終留。故其始也，一陰一陽，陰陽交，陰隨陽動；其繼也，陰日以凝，陽日以升，動者聚於動，静者聚於静，而動静分矣。動之聚而成天，静之聚而成地，地不静无以知天之動，天不動无以成地之静，地之常静，乃天之動實使之，此陽所以貴於陰，而陰陽不能不分者也。夫太極不可知，合天地而知之。太極所以爲太極不可知，以天地之陰陽往來生物成物知之。太極之道，无時不存，无物不在也。故曰：「易有太極。」《淮南子・天文》云：「清陽者薄靡而爲天，重濁者凝滯而爲地，清妙之合專易，重濁之凝竭難，故天先成而地後定。」《樂記》疏引鄭注云：「君臣尊卑之有貴賤，如山澤之有高卑也。動静雷風也，類聚羣分，謂水火也。」鄭蓋以此上謂八卦。所謂天地定位，山澤通氣，雷風相薄，水火不相射也。類聚羣分，即流溼就燥，離上坎下之義，義亦通。虞則專以乾坤言，唯據卦爻，不謂天地自然之易。**在天成象，在地成形，變化見矣。**案在，易在也。在天成象，故觀象於天。太極之象，易之象也。在地成形，❶故觀法於地。太極之形，易之形也。成象成形，皆易之變化，故變化見矣。此天地自然之易，聖人所則效者也。《樂記》疏引鄭注云：「象，日月星辰也。形，草木鳥獸也。」據鄭氏上注義，則此總言八卦，所謂八卦相錯。**是故剛柔相摩，八卦相盪。**注鄭康成曰：「摩，迫也。」見《樂記》疏。案，鄭《樂記》注云：「摩，猶迫也。盪，猶動也。」案盪當作蕩，《釋文》云：「盪，衆家作蕩。」動也。乾剛坤柔相摩而成八卦，八卦相蕩而成六十四，謂之卦者，天垂象，見吉凶，懸象著明，莫大乎日月，日月爲易，象陰陽，觀變於陰陽而立卦，取懸象之義。卦者，挂也。此下言聖人法天地之易而作易，易明而天地之道著，天下之理得矣。疏引《易緯》云：

❶「形」，原作「形」，今據皇清經解續編本、崇文書局本改。

「卦者，挂也。」言懸挂物象以示於人，故謂之卦。乾坤相並俱生故曰摩，八卦交錯故曰蕩。《乾鑿度》云：「乾坤相並俱生。」案，乾坤偶相索生六子，故摩。八卦互相往來，故蕩。謂重爲六十四也。虞云：「旋轉稱摩薄也，乾以二五摩坤，成震坎艮。坤以二五摩乾，成巽離兑。」虞以相摩亦據六畫言。

鼓之以雷霆，潤之以風雨，日月運行，一寒一暑。

注虞翻曰：「鼓，動。雷震霆艮，風巽雨兑也。日離坎月，寒乾暑坤也。運行往來，日月相推，而明生焉。寒暑相推，而歲成焉，故一寒一暑也。」案，寒暑亦謂坎離，乾起於坎，而終於離，坤起於離，而終於坎。虞據《消息》，故以乾坤言耳。《董子·五行之義》云：「火主暑，而水主寒，震反成艮，故艮爲霆。」京房云：「霆者雷之餘氣，挺生萬物也。」風亦言潤者，地氣上騰，凝則爲雨，散則爲風，小畜風行天上，所以密雲不雨也。鼓之以雷霆，震艮成頤、大過；潤之以風雨，巽兑成小過、中孚也。日月往來，運行不息，十二會而成一歲。冬至在坎，夏至在離，坎離，乾坤二用，故日月運行，一寒一暑，日月爲易，六十四卦，皆成既濟，故坎離獨主一歲之終始焉。坎離配戊己中宫也。**案**易道明，而天地之道顯，故不言卦名，而言日月風雨焉。

乾道成男，坤道成女。

注荀爽曰：「男謂乾，初適坤爲震，二適坤爲坎，三適坤爲艮，以成三男也。女謂坤，初適乾爲巽，二適乾爲離，三適乾爲兑，以成三女也。」**案**成男成女，天地之道，非人不顯也。《太玄》云：「善言天者以人事，善言人者以天地。」《玄告》文。《董子》曰：「天地之陰陽當男女，人之男女當陰陽。」《循天之道》文。

乾知大始。

注荀九家曰：「始謂乾稟元氣，萬物資始也。」**案**乾一靜專動直，大生焉，故知大始。乾陽剛明專，故知，謂元也。

坤作成物。

注荀爽曰：「物謂坤任育體，萬物資生。」**案**作當爲化。《釋文》云：「虞、姚作化。」坤⚋靜翕動闢，含萬物而化光，故化成物。

乾以易知，坤以簡能。

案易，平易。簡亦易也。《謚法》曰：「平易不疵，曰簡。」⚊⚋者，乾坤之易簡。乾一，一也；坤⚋，亦一也。爲物不貳，則生物不測，所以知大始，化成物也。易則易知，簡則易從，易知則有親，易從則有功。案乾以易知，乾之知也，易則易知，人易知之；坤以簡能，坤之能也，簡則易從，人亦能之。《周頌》曰：「岐有夷之行。」易知易從，天下歸之矣。有親則可久，有功則可大，可久則賢人之德，可大則賢人之業。案天行健不息，故可久；坤厚載物，故可大。周之興也，廣封懿親，以藩屏周室，有親可久也。秦二世而亡，无親故耳。禹稷躬稼，而有天下，有功可大也。賢人法乾坤者，與時偕行，自强不息，可久之德也；厚德載物，美中暢外，可大之業也。此以人事明乾坤之易簡也。易簡而天下之理得矣，天下之理得而成位乎其中矣。注荀爽曰：「陽位成於五，陰位成於二，五爲上中，二爲下中，故曰成位乎其中也。」案乾易坤簡，六十四卦皆乾坤也。爻效象像，天下之理盡矣。易者元也，乾元託位於五，坤元託位於二，易无體，故曰成位乎其中，不言易也。此第一篇，言太極生兩儀，天地有自然之易，聖人法天地而作易，而天地之道顯，易簡之法則也。繫辭篇數，諸家各不同，據《漢書·費直傳》，先稱繫辭十篇，後稱文言，則所謂十篇指繫辭，不謂十翼明矣。蓋上下各十篇也，十篇之舊已无可攷，兹依文分之。

聖人設卦觀象繫辭焉，而明吉凶。案「而明吉凶」，當作「而明吉凶悔吝」。《釋文》云：「虞本更有『悔吝』二字。」設卦謂伏羲，觀象繫辭，謂文王也。吉，實也，有實，善也；凶，空也，就空，亡也；悔，悔恨也；吝，恨惜也。伏羲作八卦，因而重之爲六十四，无九六爻之稱，故《下繫》云，爻在其中，爻之義在畫中，未發成爻也。至文王繫辭，乃有九六之爻。《淮南子》云：「伏羲爲之六十四變，周室增以六爻。」《參同契》云：「文王聖之宗，結體演爻辭。」《乾鑿度》以高宗伐鬼方爲文王挺以挍易，則九六之爻爲文王所增明矣。解在《贊元》及明夷。爻辭有言畫者，有言爻者，故觀象繫辭吉凶悔吝，其本在畫也，若剛柔相推，則由畫而變而化矣。剛柔相推，而生變化。案剛柔者，立本者也，謂畫。推，推究也，推剛畫之九，推九之柔，推柔畫之六，推六之剛，故相推，九六畫之變，由變而化，則陰陽易。是故吉凶者，失得之象也。案失得謂失位得位。象，卦象，即天下之象也。悔吝者，憂虞之象也。注干寶曰：「憂虞未之於得失，悔吝不入於吉凶。」變化者，進退之象也。注荀爽曰：「春夏爲變，秋冬爲化，息卦爲進，消卦爲退。」案，荀據陽爲義，虞注《易》以乾爲變，坤爲化，亦據陽説。案陽動而進，變七之九，陰動而退，變八之六，此陰陽之變，未離本體者也。變則化，陽化而退，化之陰，陰化而進，化之陽，陽變進化退，陰變退化進，以退爲進，以進爲退也。剛柔者，晝夜之象也。注荀爽曰：「剛謂乾，柔謂坤，乾爲晝，坤爲夜。」案，荀據卦爲義。案剛柔謂畫，陽爲晝，陰爲夜。六爻之動，三極之道也。案動謂變化，三極六畫，三才之極。六畫謂之才。才，始也。六爻之動謂之極，天地人之極也。鄭云：「三才也者，亦謂由才而極，非謂極爲才。」三才各一陰一陽，六爻之動準焉，故六爻之動，三極之道，陽極於九，陰極於六，六十四卦，極於既濟，天地人之極也。是故君子所居而安者，易之序也。案「序」當作「象」，《釋文》云：「虞本作象。」謂卦象也。君子无在非易，故所居而安者易之象，言其居而安，即易象之未動者也。所樂而玩者，爻之辭也。案「樂」當作「變」，《釋文》云：「虞本作變。」動也，玩習也。君子動即爻之辭，爻言變，故君子之動，亦如爻之變動也。此未發爲中，既發爲和，從容中道者也。是故君子居則觀其象而玩其辭。案君子，謂學易者也。象，卦象；辭，彖辭。彖者言乎象，[1]觀象玩辭，所謂以也。動則觀其變而玩其占。案變，爻占，爻辭也。謂之占者，占驗也，瞻也，有驗於事，可以瞻視者也。爻辭統謂之占，先事後事之師，孔子所謂百世可

[1]「者」，原重，今據皇清經解續編本、崇文書局本删一。

知者也。《後漢書·方術傳》云：「占也者，先王所以定吉凶，決嫌疑，幽贊於神明，遂知來物者也。」是以自天祐之，❶吉无不利。案引大有上九爻辭，以明君子觀象觀變，亦自天祐之，吉无不利，與從容中道者等也。《中庸》曰：「誠則明矣，明則誠矣。」彖者，言乎象者也。爻者，言乎變者也。案彖，卦辭；象，卦首六畫之象。爻，九六；變，畫之變。畫者，七八。爻由畫變，是爲九六。吉凶者，言乎其失得也；悔吝者，言乎其小疵也；无咎者，善補過也。注虞翻曰：「得正言吉，失位言凶。」馬融曰：「疵，瑕也。」見《釋文》。案咎，過也，善補過，故无咎，此皆所謂占也。是故列貴賤者存乎位，齊小大者存乎卦。案列，分列之也。存，察也。位，六位。齊，齊之也。以位之貴賤列貴賤，以卦之小大齊小大，此君子之觀象玩辭也。辯吉凶者存乎辭，憂悔吝者存乎介，震无咎者存乎悔。注虞翻曰：「辯，别也。」見《釋文》。介，纖也，介如石焉，斷可識矣，故存乎介，謂識小疵。震，動也，有不善未嘗不知，知之未嘗復行。无咎者，善補過，故存乎悔也。案辭斷吉凶，故存乎辭。介，操存之介也，謂辯之早。辯吉凶，憂悔吝，震无咎，君子之觀變玩占也。居動皆易，天祐之矣。是故卦有小大，辭有險易，辭也者，各指其所之。注京房曰：「險，惡也；易，善也。」見《釋文》。案卦有微顯陰陽，故有小大；辭有吉凶悔吝无咎之别，故有險易。其，卦爻之適也。❷卦爻殊義，辭各隨其義，指而發之以示人，故各指所之。此第二篇，言聖人設卦觀象繫辭，君子動静皆易，學易无大過者也。上篇言簡易，此篇言變易。

易與天地準，故能彌綸天地之道。注虞翻

❶「天祐」，原倒，今據皇清經解續編本、崇文書局本改。
❷「其」，原重，今據皇清經解續編本、崇文書局本删一。

曰：「準，同也。彌，大。綸，絡。謂易在天下，包綸萬物，以言乎天地之閒則備矣，故與天地準也。」案，易者，卦之元，无體无不體，故彌綸天地之道。仰以觀於天文，俯以察於地理，是故知幽明之故。**注**荀爽曰：「謂陰升之陽，則成天之文，陽降之陰，則成地之理。幽謂天上地下，不可得覩者也。謂否卦變成未濟也。明謂天地之間，萬物陳列，著於耳目者，謂泰卦變成既濟也。」案，純陰純陽，无文理可見，陰陽交而文理著，以用也。用易之道，以觀察也。幽，隱也。觀卦爻之文理，知易之幽明，以之觀天地之文理，知天地之幽明。觀，諦視也。察，覆也。既濟陰陽各居其位，内發於外，故明。未濟六爻失位，陰陽相揜，故幽。凡卦爻畫得位者，皆明；失位者，皆幽也。天地之幽明，亦猶是。有天地而易道著，有易而天地之道明，簡易變易，皆其不易者也。原始反終，是故知死生之説。**注**宋衷曰：「説，舍也。」見《釋文》。**案**反當作及。《釋文》云：「鄭、虞作及。」易之在物，自始及終，窮則變，變則化，此終而彼始，此死而彼生，陰陽消息，各有舍也。陽生於子，終於巳。陽究而變，自是陰生消陽，至十月，陽消爲陰，伏而藏，亥而陰極。十一月陽生，❶至四月陰化爲陽，一變一化，而死生之舍可知矣。精氣爲物，遊魂爲變，是故知鬼神之情狀，與天地相似，故不違。**注**鄭康成曰：「精氣，謂七八也。遊魂，謂九六也。」又曰：「遊魂謂之鬼，物終所歸。精氣謂之神，物生所信也。」見《樂記》疏。**案**氣不精，无以生物。精，静也。陰陽之神曰精氣。魂不遊，則未至於變。魂亦精氣，遊魂，精氣之動者也。《御覽》引《禮記外傳》云：「人之精氣曰魂。」《孝經援神契》云：「魂，芸也。芸芸，動也。」《白虎通・性情》云：「魂，猶伝伝也，行不休也。」陰陽之數，正於七八，故精氣爲物，卦畫也。九六者，陰陽之老，七八之變，故遊魂爲變，爻也。《是類謀》云：「精氣謂七八，遊魂

❶「月」，原作「目」，今據皇清經解續編本、崇文書局本改。

謂九六。」與鄭同。情謂精氣遊魂之情，狀謂爲物爲變之狀。精氣之情狀，卦也。遊魂之情狀，爻也。七八九六之布於四時，而生物成物者，天地之情狀。七八九六之消息盈虚，而成卦爻者，易之情狀也。故與天地相似而不違。四時非天地，天地之情狀。卦爻非鬼神，亦鬼神之情狀也。不言易而言鬼神者，天地之數五十五，所以成變化，行鬼神。神者精氣，元也，易也。鬼者遊魂，元之動也。合言鬼神，明陰陽之俱有屈信也。九六爲鬼，不專謂陰；七八爲神，不專謂陽。陰陽合而後萬物生，孤陰孤陽，不能生物也。天地之數，成變化，行鬼神，故以下至「无方无體」皆合鬼神而詳説之。鬼神者，所以行於七八九六之中，而爲卦爻之主者也。鄭云：「七八，木火之數；九六，金水之數。木火用事而物生，故曰精氣爲物；金水用事而物變，故曰遊魂爲變。」

知周乎萬物，而道濟天下，故不過。注荀爽曰：「二篇之策，萬有一千五百二十，當萬物之數。」鄭康成曰：「道當爲導。」見《釋文》。案知，鬼神之知，鬼神行於卦爻之中，别吉凶悔吝，故曰知。濟，成也，謂成既濟，一陰一陽，各得其正也。

旁行而不流。案周而復始，故旁行。旁，溥也。流，水行也。《孟子》曰：「從流下而忘反，謂之流。」不流者，謂鬼神溥行。周而復始，非流而不反，所謂周也。

樂天知命，故不憂。案重乾故樂天命，謂六畫一定之位。知命，謂失位者化成既濟。乾道變化，各正性命，故樂天知命。樂天固不憂，知命則雖陽化爲陰，亦知失位之當正命之必然也，其又何憂。

安土敦乎仁，故能愛。案重坤故安土。仁謂陽，《白虎通》曰：「陽性者仁。」《情性》文。坤厚故敦，失位者化之陽，故敦乎仁。仁者，愛也。陰性吝嗇，敦仁故能愛。愛，惠也。陽化之陰曰知命，曰不憂，陰化爲陽曰敦仁，曰能愛，可以知易之尊陽而抑陰矣。此又即乾坤以言鬼神，其餘卦之陰陽變化，亦皆然，陰陽明而人道得。

範圍天地之化而不過。注鄭康成曰：「範，法也。」見《釋文》。荀九家曰：「圍者，周也。」案天地之化，消息也。鬼神往來不窮，故範圍不過。曲成萬物而不遺。**注**荀爽曰：「謂二篇之策，曲成萬物，不遺微細也。」案，无物不成，故曰曲成。**案**視之而不見，聽之而不聞，體物而不可遺，謂鬼神也。通乎晝夜之道而知。**注**荀爽曰：「晝者謂乾，夜者坤也。通於乾坤之道，无所不知也。」案，陽皆乾，陰皆坤。**案**剛柔者，晝夜之象，❶晝夜以言時之往來也。知猶別也，卦有剛柔，鬼神行焉。知來藏往者也。故神无方而易无體。**注**干寶曰：「否泰盈虛者，神也；變而周流者，易也。言神之鼓萬物无常方，易之應變化无定體也。」**案**陽陰不測之謂神，妙萬物而爲言者也，故无方。不言鬼者，從可知也。易之爲道也，屢遷不可爲典要，故无體。无所不周，安有方體哉。亦唯鬼神以易爲方，易以鬼神爲體而已。无與元通。无方无體，元爲之方體也。此第三篇，言易準天地，道无不備无不體，所謂不易也。

一陰一陽之謂道。**案**此既濟太極之象也，陰陽者相兼而不可偏廢者也。《穀梁傳》曰：「獨陰不生，獨陽不生，獨天不生，三合然後生。」莊三年傳文。徐邈云：「古人稱負陰而抱陽，沖氣以爲和，然則傳所謂天，蓋名其沖和之功而神理所由也。會二氣之和，極發揮之美者，不可以剛柔滯其用，不得以陰陽分其名，故歸於冥極而謂之天。」案，傳所謂獨天不生者，謂陰陽本自和合，不能生物。《淮南子》所謂「一而不生」是也。蓋陰陽之生物，必陰自爲陰，陽自爲陽，而後二者合，物乃生焉。若本自和合，則不能生，此太極所以必分爲二，二乃復合也。《白虎通》曰：「陽之道極則陰道受，陰之道極則陽道受，明二陰二陽不能相繼也。」《三正》文。一陰一陽之謂道，太極元氣，含三而爲一者也。《淮南子》曰：「道曰規，始於一，一而不生，故分而爲陰陽，陰陽合和而萬物生。」《天文》文。然則陰陽未分曰太極，既分曰陰陽，和合曰和氣。和合之與未分，其實一

❶「晝」，原作「畫」，今據皇清經解續編本、崇文書局本改。

也，以先後殊其名耳。是知既濟者太極之象，溯其始曰太極，言其終曰既濟，太極和氣，所謂保合太和也。分爲陰陽，所謂因二以濟民行者也，是之謂一，是之謂道，非孤立之謂也。**繼之者善也，成之者性也。**案繼，續也。六十四卦相受，不外陰陽，而終成既濟，故繼之者善。性，陰陽之性。卦爻各成其陰陽，故成之者性。**仁者見之謂之仁，知者見之謂之知。百姓日用而不知，故君子之道鮮矣。**案仁、知，性也。性仁見仁，性知見知，卦有陰陽，成之者性也。君子則見仁見知，所謂繼之者善，見仁見知，則不見者見，无形者形矣。《太玄》云：「陽知陽而不知陰，陰知陰而不知陽，知陰知陽，知止知行，知晦知明者，其唯玄乎。」《玄攡》文。惠氏棟云：「見仁見知，賢知之過，日用不知，愚不肖之不及。一陰一陽，道之全也。」仁知合乃爲君子之道，故《大戴禮·誥志》云：「子曰：仁知合而天地成，天地成而庶物生。」**顯諸仁，藏諸用。**案顯，明也。《表記》曰：「仁者，天下之表也。易卦爻明以示人，人之表也。百姓日用而不知，故藏諸用。神以知來，知以藏往，不可以方體求也。」此謂元，元發爲卦爻，故顯。元用卦爻不可見，故藏。董子《雜合根》云：「天高其位而下其施，藏其神而見其光。」《荀子·天論》云：「列星隨旋，日月遞炤，四時代御，陰陽大化，風雨博施，萬物各得其和以生，各得其養以成，不見其事而見其功，夫是之謂神。皆知其所以成，莫知其无形，夫是之謂天。易之道，亦猶是矣。」王凱沖云：「萬物皆成，仁功著也。不見所爲，藏諸用也。」藏，鄭作臧，云善也。

鼓萬物而不與聖人同憂，盛德大業至矣哉。注荀爽曰：「盛德者天，大業者地也。」案鼓，動也。易无不在，故鼓萬物。憂，思慮也，聖人吉凶與民同患。易无思无爲，故不與聖人同憂。顯仁藏用而鼓萬物者，皆陰陽之德業也。**富有之謂大業，日新之謂盛德。**案《白虎通》曰：「地道安靜，而出財物。」《瑞贄》文。可大可久，德業之盛大以乾坤著也。惠氏棟以「富有之謂大業」至「陰陽不測之謂神」爲後師所訓，云上義已盡，故知此下四十六字後師所訓。案，惠説非也。孔子繫辭文相類者，不一而足，而義各有在，惠氏疑傳非止一端，於此一譏而已。戴氏震據《隋志》謂《説卦》三篇爲後師所訓，亦非。孫先生云：《論衡·正説》篇云逸《易》一篇，《隋志》言三篇，俱不足信。案，《説卦》之名，見於《孔子世家》，則司馬遷得見之，云宣帝時得之者，非矣。《始皇本紀》云：「秦燒書不去醫藥卜筮之書。」《漢書·儒林傳》云：「秦禁學，《易》爲筮卜之書，獨不禁，故傳授者不絶。」據此則《易》无逸篇明矣。

生生之謂易。案上生謂易，乾坤之元，太極是也。下生謂乾陽坤陰，生六十二卦者。乾坤生物，故曰生天地之大德也；易生乾坤，故生生之謂易。《列子》曰：「有生不生，有化者化，不生不能生生，不化者能化化。」《天瑞》文。《漢書·王莽傳》注，李奇曰：「易道生諸當生者，其意以上生謂易。」《乾鑿度》云：「視之不見，聽之不聞，循之不得，故曰易也，易无形畔。」鄭注引「易无體」以證。《淮南子·精神》云：「生生者未嘗死也，其所生則死矣，化物者未嘗化也，其所化則化矣。」注云「生生者道」，「化物者道也」，義與《列子》同，其説皆原於《易》。《乾鑿度》云：「夫有形生於无形，乾坤安從生，故曰有太易，有太初，有太始，有太素也。」

成象之謂乾，效法之謂坤。案生生之易，无方无體，既生乾坤，則有象法。成象，易成象也。成象爲乾，故之謂乾，易在象中矣。效，象也；法，則也。效法爲坤，故之謂坤，易在效法中矣。觀象察法，何在非易，幽明異號，純雜殊名，卦爻一易而已。易者，一也。

極數知來之謂占，通變之謂事，陰陽不測之謂神。案數，九六。六爻之動，三極之道，故「極數」，謂由畫推之變，陽極於九，陰極於六也。陰極則陽來，陽極則陰來，由變而化，故「知來」。極數知來爲占，占亦易也，故「之謂占」。「通」其「變」，使民不倦。事亦易也，故「之謂事」。神者无方，妙萬物者也，故「陰陽不測」。易无思无不思，无體无不體，无爲无不爲，不見不聞，无所不在，誰得而測之，是「之謂神」。夫易廣矣大矣，以言乎遠，則不禦；以言乎邇，則静而正；以言乎天地之間，則備矣。**注**虞翻曰：「禦，止。易廣大悉備，有天地人道焉。」**案**无在非易，故「廣大」也。周流於六十四卦，終而復始，❶无一息之停，一毫之間，故「遠」、「不禦」。藏於乾坤之中，爲卦爻之極，故「静而正」。備猶盡也。夫乾，其静也專，其動也直，是以大生焉。夫坤，其静也翕，其動也闢，是以廣生焉。**注**宋衷曰：「乾静不用事，則清静專一，含養萬物矣。動而用事，則直道而行，導出萬物矣。一專一直，動静有時，而物无夭瘁，是以大生也。翕猶閉也，坤静不用事，閉藏微伏，應育萬物矣。動而用事，則開闢羣蟄，敬導沈滯矣。一翕一闢，動静不失時，而物无災害，是以廣生也。」案，陽静則陰閉，陽動則陰闢，陰動静隨陽也。陽静專動直，⚊是也；陰静翕動闢，⚋是也，解在《釋數》。廣大配天地，變通配四時，陰陽之義配日月，易簡之善配至德。**案**陽⚊陰⚋，成六十四卦，與天地準，故配天地。爻畫變通，七八九六，往來不窮，故配四時。陰陽成既濟，離日坎月，一陰一陽，各得其宜，故陰陽之義配日月。乾易⚊也，坤簡⚋也，交成既濟，故曰善。至德，天地人之至，天道陰陽，地道剛柔，人道仁義也。子曰：「易其至矣乎。」夫易聖人之所以崇德而廣業也。**案**元者卦爻之主，无所不在，聖人之德也，故崇德。崇，高也，充也。卦爻者，元之發，聖人之業也，故廣業。知崇禮卑，崇效天，卑法地。**案**聖人集衆賢以自强，故知崇。卑以自牧，故禮卑。陽剛明，故知崇效天。《白虎通·情性》云：「智者，知也。獨見前聞，不惑於事，見微知著也。」此心之主，乾之元也。陰柔順，故禮卑法地，坤之元也。禮者履也，樂者敦和，率神而從天。禮者別宜，居鬼而從地。樂由天作，禮以地制。天

❶「終」，皇清經解續編本、崇文書局本作「周」。

地設位，而易行乎其中矣。**注**虞翻曰：「位謂六畫之位，乾坤各三爻，故天地設位。易出乾入坤，上下无常，周流六虚，故易行乎其中也。」**案**設，施陳也。天地分而易道行，乾坤定而易道著，乾坤法天地，卦之陰陽，莫非乾坤，而行乎其中者易也。易者元也。成性存存，道義之門。**案**成性，陰陽各成其性，謂乾坤也。存存，猶察察，著明也。乾坤成則陰陽著，故存存。道，一陰一陽，合和之氣也。義，六位陰陽之宜。道義者，乾元坤元之交通而成既濟者也。六爻各得其宜，故曰道義。乾坤易之門，易由乾坤而周六十四卦，成既濟，所謂行乎其中也，故曰道義之門。此第四篇，言易一陰一陽，无所不周，不見之見，不聞之聞，所謂周易也。

聖人有以見天下之賾，而擬諸其形容，象其物宜，是故謂之象。**注**虞翻曰：「謂庖犧也，賾謂初。」案，元伏於初，不見不聞，故曰賾。**案**賾，藏於中而未發動者。擬，度。形，見。容，貌也。未發故擬，誠中者形外，故可擬，謂度其形見之貌當如何也。見則有物，物，事驗也。宜，謂得則宜吉，失則宜凶之類，此吉凶之未嘗著者也。有物則可象，而因有象之名，故曰是故謂之象。卦之象，所以象萬物，所以象天下之賾之發見而爲事物者也。聖人有以見天下之動，而觀其會通，以行其典禮。繫辭焉，以斷其吉凶，是故謂之爻。❶**注**虞翻曰：「重言聖人，謂文王也。動謂六爻矣。」**案**動，發動；會，合也；通，往來也。動故可觀，以行者行於爻，指所之也。典禮行則得失彰，得失彰則吉凶著，故繫辭焉，以斷其吉凶。典禮吉凶，天下之動也，以行以斷，聖人效法焉而生爻，而爻之名以立，故曰是故謂之爻。爻者，效也。卦之陰陽，有形容物宜，所以象天下之形容物宜。六位者，陰陽之宜，即

❶「謂」，原作「誦」，今據皇清經解續編本、崇文書局本改。

物宜。六爻之動，即天下之動，其未發即天下之賾，陰陽之伏也。陰陽會合往來，成六十四卦，卦皆成既濟，一陰一陽，乃一定之位。典禮者，天下萬世之常法也。卦之必成既濟，動之必歸典禮也。得位則吉，失位則凶，合典禮則吉，背典禮則凶也。吉凶之斷，斷之以禮而已。《經解》曰：「隆禮由禮，謂之有方之士。不隆禮，不由禮，謂之無方之民。」言天下之至賾，而不可惡也。注荀爽曰：「亞，次也。」見《釋文》。案《釋文》云：「惡，於嫁反。荀作亞。馬、鄭烏各反，亞通。❶」案次，第也。不可次第者，至賾之發，周而復始，即无體之易也。感而遂通，何終何始。「惡」、「亞」通。《說文》：「惡，過也。」「亞，醜也，賈侍中說以爲次第也。」是亞即醜惡字，與訓次者實一字，從心者，乃過惡字。言天下之至動，而不可亂也。案言吉則吉，言凶則凶，禮之存亡，吉凶昭焉。故不可亂。擬之而後言，議之而後動，擬議以成其變化。案擬之，擬天下之賾，言謂卦辭。議之，議天下之動，動謂六爻。繫辭以盡言，故擬之而後言。繫辭焉而命之，動在其中矣，故議之而後動。擬議動賾以成卦爻之變化，卦爻明而天下之動賾見矣。「鳴鶴在陰，其子和之，我有好爵，吾與爾靡之。」案鶴喻君子。鳴，鳥聲，言心聲，鳴喻言也。陰，水之南，山之北也。陰者，蔭也。在陰，喻居室也。此下引諸卦爻辭，以明擬議，成變化，而天下之賾動俱見於卦爻也。中孚九二鳴鶴在陰云云，聖人所繫之辭。子曰云云，則天下之動賾，聖人所擬議，而繫辭之本旨也。六十四卦以此例諸。子曰：「君子居其室，出其言善，則千里之外應之，況其邇者乎？」案二之正，得位，爲君子。體兌口，之正，故出言善。互艮爲宮室，在艮內，故居其室。鶴鳴于九皋，聲聞于天，君子之言，應在千里，其子和之，以喻邇也。千里應之，邇可知矣。君子善言，非求聞達，好爵

❶「亞」，抱經堂叢書本《經典釋文》卷二作「並」。

爾靡，應在千里，故況其邇者乎？二化，五應之，在外卦，故千里之外，言遠也。居其室，出其言不善，則千里之外違之，況其邇者乎？案二若不化，則失正不善，五不應。二之正，則下體亦成震，故子和，失正則否，故況其邇者乎？此反以説焉。有善則有不善，舉一而它可推也。言出乎身，加乎民；行發乎邇，見乎遠。案善否由二，故出身發邇；好爵爾靡，故加民；五應之，故見遠。兼説行者，可言不可行，君子不言也。此又申説之，以明无不然也。言行，君子之樞機。樞機之發，榮辱之主也。注荀爽曰：「艮爲門，故曰樞。震爲動，故曰機。」鄭康成曰：「樞，户樞也。機，弩牙也。户樞之發，或明或闇，弩牙之發，或中或否，以譬言行之發，或榮或辱。」見《春秋》襄二十五年疏，案，言行，鄭《曲禮》注引作言語。案榮辱之來，由己，故曰主。《莊子》曰：「名者，實之賓也。」《逍遥遊》文。言行，君子之所以動天地也，可不慎乎？案君子之言行，天地之禍福應焉，非特千里外也，故不可不慎。善則應，應也；不善則違，亦應也。《荀子》曰：「凡姦聲感人，而逆氣應之，逆氣成象而亂生焉。正聲感人，而順氣應之，順氣成象而治生焉。唱和有應，善惡相象，故君子慎其所去就也。」《樂論》文。《淮南子·泰族》云：「寒暑燥溼，以類相從；聲響疾徐，以音相應也。故《易》曰『鳴鶴在陰，其子和之』。」《同人》，「先號咷而後笑」。子曰：「君子之道，或出或處，或默或語。」案號咷者，不同故也。君子之道，出處語默，不必盡同也。唯同心者道不同，乃有號咷，志士仁人之互相號咷者，非一二談也，而其道則皆是也。《漢書·王貢傳贊》引此云：「言其各得道之一節。」二人同心，其利斷金，同心之言，其臭如蘭。注虞翻曰：「乾爲金，以離斷金，故其利斷金。臭，氣也。蘭，香草。巽爲蘭。」虞又云：「二人謂夫婦。」案，班姬《女誡·和叔妹》引「二人同心」，蔡邕《正交論》以「斷金」謂友朋，義通。案此所謂後笑也，唯同心者有之。二人同心，其利斷金，❶故同心之言，其臭如蘭，言相感深也。利，銛也。「初六，藉用白茅，无咎。」子曰：「苟錯諸地而可矣。藉之用茅，何咎之有，慎之至也。注虞翻曰：「苟，或。錯，置也。頤坤爲地，今藉以茅，故无咎也。」案錯諸地而已可矣，藉以茅，復何咎，故慎之至。夫茅之爲物薄，而用可重也。注虞翻曰：「陰道柔賤，故薄也。香絜可貴，故可重也。」慎斯術也以往，其无所失矣。」注鄭康成曰：「術，道。」見《釋文》。案「无所失」，言俱宜也。《大戴記》曰：「天下，器也。今人之置器，置諸安處則安，置諸危處則危，而天下之情與器无以異，在天子所置爾。」《禮察》文。《管子》曰：「錯國於不傾之地。錯國於不傾之地者，授有德也。」《牧民》文。《荀子》曰：「國者，天下之大器也，不可不善爲擇所而後錯之。」《王霸》文。「勞謙君子，有終吉。」子曰：「勞而不伐，有功而不德，厚之至也。案不伐，不矜大。不德，不以爲己德。坤地艮山，故厚之至。語以其功下人者也。注虞翻曰：「五多功，下居三，故以其功下人者也。」案，陽當居五，今乃居三，是下人不自有其功也。語，言也。言三以其功下人，故曰勞謙。德言盛，禮言恭，謙也者，致恭以存其位者也。」注虞翻曰：「坎爲勞，故能恭。三得位，故以存其位者也。」案有德者必有言，故德言盛。有禮者敬人，故禮言恭。致之言至也，不懈於位曰恭，故致恭以存其位。「亢龍有悔。」子曰：「貴而无位，高而无民，賢人在下位而无輔，是以動而有悔也。」注虞翻曰：「天尊故貴以陽，居陰故无位，在上故高，无陰故无民也。」案賢人謂三，兩陽不相應，故无輔。「不出户庭，无咎。」子曰：「亂

❶「斷金」，原倒，今據皇清經解續編本、崇文書局本改。

之所生也，則言語以爲階。案户者人所出入，口者心之門户，言語所出入也。《鬼谷子·權篇》云：「故口者機關也，所以開閉情意也。」《晉語》云：「且夫口三五之門也。」節下體兑爲口舌，二化互坤，爲亂爲階，亂生由二，故言語以爲階。《説苑》曰：「口者，關也。舌者，機也。出言不當，駟馬不能追也。口者，關也。舌者，兵也。出言不當，反自傷也。」《説叢》文。君不密則失臣，臣不密則失身，幾事不密，則害成，是以君子慎密而不出也。」注鄭康成曰：「幾，微也。密，静也。言不慎於微，而以動作，則禍變必成。」見《公羊疏》。案君不密，則臣不敢言，故失臣。《穀梁傳》曰：「上泄則下闇，下闇則上聾，且闇且聾，无以相通。」文六年傳文，察邕疏引《易》同義。君子慎密不出，所謂户庭者，萬事之所由也。言行者榮辱之主，出言善否，千里應違。同心斷金，應可知矣。加以慎恭，无失存位，不慎不恭，亢則致悔，而要自言行階之，君子慎密所以謹樞機也。

子曰：「作易者，其知盗乎？《易》曰：『負且乘，致寇至。』案獨先發作《易》者，明作《易》者，先擬議賾動而有是意，乃觀象而繫此辭，所謂見天下之賾動發於此，以見上所釋皆然也。負也者，小人之事也。乘也者，君子之器也。注虞翻曰：「陰稱小人，坤爲事；君子謂五，器，坤也。坤爲大車。」案二化互艮爲背，故負。大夫以上乘四馬，庶人單馬木車。小人而乘君子之器，盗思奪之矣。上慢下暴，盗思伐之矣。案小人謂三，三失位，二化三乘坤車。盗謂四也，四互坎艮，故盗思奪之。四在坤上，奪坤車也。解自初至五，皆失正，故上慢下暴，上下皆坎，故暴慢也。四互離爲戈兵，故思伐之，國必自伐，然後人伐之，自取之也。慢藏誨盗，冶容誨淫。注鄭康成曰：「飾其容而見於外曰野。言妖野言儀，教誨淫泆也。」見《後漢書·崔駰傳》注及《釋文》。案《荀子·脩身》云：「容貌態度，進退趨行，由禮則雅，不由禮則夷，固僻違庸衆而野。」《賈子·道術》云：「容志審道謂之僩，反僩爲野。」《釋文》云：「冶，鄭、虞、陸、姚、王肅作野，蓋以其不合禮，故謂之野。冶，假借字。」虞翻曰：「坎水爲淫，坤爲藏。」案二化坤藏，則四來奪之，爻皆失正，故誨盜誨淫也。《易》曰：『負且乘，致寇至。』盜之招也。」案虞翻曰：「艮手招盜，故盜之招。」案二化艮手，與四連體，二化四來奪坤，以艮手招盜，故盜之招。《荀子》曰：「物類之起，必有所始，榮辱之來，必象其德。」《勸學》文。重言《易》曰，言作《易》者，擬議而繫此辭，招盜之象也。不密害成，負乘招盜，莫之與則傷之者至矣。此第五篇，言擬議成象爻，而引諸卦，以明既有易則簡易變易不易之道，發於象爻，天下之動賾見矣。

大衍之數五十，其用四十有九。注鄭康成曰：「衍，演也。天地之數五十有五，以五行氣通，凡五行減五，大衍又減一，故四十九也。」見《釋文》及孔疏。案，五者五行生數，別言之曰一二三四五，合言之則二者并一而數之，去一則亦一耳，五者并一二三四而數之，去一二三四則亦一也，❶故五行但減五。《月令》疏引鄭注云：「五行各氣并氣，并而減五。」案大，大數也。天地之數五十五，減其小數五，以象五行，用其大數五十以演卦，故曰大演之數五十。五十者，參天兩地，減五亦參天兩地，減一象太樞也。馬融云：❷「易有太極，北辰是也。北辰居中不動，其餘四十九，轉運而用也。」京房云：「其一不用者，天之生氣，將欲以虛來實。」案，其一不用，即元，京、馬義同。董遇以爲天地之數五十有五，其六以象六畫之數，故減之而用四十九，非也。減其六，則當即言四十九，不當言五十，而更減其一。洪範一五行，五行俱生於一，合之則五，故減五以象五行。五者五行之生數，中央數也。五行成數，皆以五合生數，則成數之中，俱各有五。《月令》疏引鄭注云：「天一生水於北，地二生火於南，天三生木於東，地

❶「也」，皇清經解續編本作「耳」。
❷「云」，皇清經解續編本作「曰」。

四生金於西，天五生土於中。陽无耦，陰无配，未得相成。地六成水於北，與天一并；天七成火於南，與地二并；地八成木於東，與天三并；天九成金於西，與地四并；地十成土於中，與天五并。」《漢書・五行志》云：「天以一生水，地以二生火，天以三生木，地以四生金，天以五生土，五位皆以五而合。」**分而爲二以象兩。****案**其一不用，象太極，其四十九則分爲二，以象兩儀也。**掛一以象三。****案**有天地則人生焉，故又掛一，分二象兩，天左地右，人生於寅，數奇陽也，當取左一策掛於右，象天施而地生成之也。**揲之以四以象四時。****案**揲，閱持也。謂取兩儀之策，各以四揲之。**歸奇於扐以象閏。****注**虞翻曰：「奇所掛一策，扐所揲之餘，不一則二，不三則四也。取奇以歸扐，扐并合掛左手之小指爲一扐，則以閏月定四時成歲，故歸奇於扐以象閏也。」案，一掛於右，并歸於左，天施地生，故一策取於左而掛於右。陰陽往來而成歲，歲之成成於天，故兩儀所揲之餘掛於左，并右手所掛之一策亦歸於左。**五歲再閏，故再扐而後掛。****注**京房曰：「再扐而後布掛。」見《釋文》。案《釋文》云：「掛，京作卦。」《説文》亦引作卦。虞翻曰：「謂已一扐，復分掛如初揲之，歸奇於扐，并掛左手次小指間爲再扐，則再閏也。又分扐揲之如初，而掛左手第三指間，成三變，則布卦之一爻。謂已二扐，又加一爲三，并重合前二扐爲五歲，故五歲再閏，再扐而後卦。」案，初歸奇於扐，象閏，爲一變；五歲再閏，又二扐，是爲二變；合初爲三變。布卦之一爻，言再扐而後卦，據五歲再閏後二扐言也。**天數五，地數五，五位相得，而各有合。****注**鄭康成曰：「天地之氣，各有五。五行之次，一曰水，天數也；二曰火，地數也；三曰木，天數也；四曰金，地數也；五曰土，天數也。此五者陰无匹，陽无耦，故又合之。地六爲天一匹也，天七爲地二耦也，地八爲天三匹也，天九爲地四耦也，地十爲天五匹也，二五陰陽各有合，然後氣相得，施化行也。」見《春秋疏》。案，此明大衍所以減五用五十之義。天數二十有五，地數三十，凡天地之數，五十有五，此所以成變化而行鬼神也。注虞翻曰：「一三五七九，故二十五也。二四六八十，故三十也。天二十五，地三十，故五十有五。」案，此明天地之數，實有五十五，減五故大衍五十。案成變化，謂七八九六；行鬼神，謂鬼神以變化行。神者精氣，以七八行；鬼者遊魂，以九六行。鬼神者，卦之主也。四時者，七八九六。天地之變化，四時成，則天地之道行。七八九六，鬼神之變化也。五十有五者，天地之數，鬼神亦天地之鬼神，天地以數成其變化，而行其鬼神，即易也。乾之策二百一十有六，坤之策百四十有四，凡三百有六十，當期之日。注荀爽曰：「陽爻之策三十有六，乾六爻皆陽，三六一百八十，六六三十六，合二百一十有六也。陰爻之策二十有四，坤六爻皆陰，二六一百二十，四六二十四，合一百四十有四也。」陸績曰：「日月十二交會，積三百五十四日有奇爲一會，今云三百六十日當期，則實十二月六日也，十二月爲一期，故云當期之日。」案，三百六十當期，舉十二月恒數。《堯典》三百有六旬有六日，兼閏數，乃二氣之數也。陽爻三十六，以四揲之得九，陰爻二十四，以四揲之得六，乾坤二卦，共得三百六十策，此老陽老陰之數也。少陽七，以四乘七，得二十八策。少陰八，以四乘八，得三十二策，亦二卦得三百六十策，此少陽少陰之數也。陽數所以九七，陰數所以六八，俱以四乘者，實數也。揲蓍之法，大衍四十九，其揲之以四者，本數也。所歸者餘數也，三變所歸之餘，共十三，則本數存三十六，以四揲之，適九，老陽也。三變所歸之餘，共二十五，則本數存二十四，以四揲之，適六，老陰也。若餘共二十一，則本數二十八，以四揲之，適七，少陽也。餘共十七，則本數三十二，以四揲之，適八，少陰也。此數所以用七八九六，其策數皆四揲之，實數也。或乃不求四揲之本數，而求之三變之餘，則所以七八九六之義，終不可曉，可謂不揣其本，而齊其末者矣。二篇之策，萬有一千五百二十，當萬物之數也。案二篇，謂上下經。策，謂三百八十四爻九六之策。是故四營而成易。注荀爽曰：「營者，謂七八九六也。」案《太玄》云：「極爲九營。」《太玄》自一至九爲九營，則七八九六爲四營可知。《太玄》義本此。陸績以分二掛一揲四歸奇爲四營。案，再扐後卦，不止於四，且云成易，自宜謂七八九六。下云十有八變成卦，則爻凡三變，非四營。案營，度也。七八九六，出於營度，故曰營。一經卦爻，皆七八九六，七八九六，所以行鬼神，故成易。十有八變而成卦。注荀爽曰：「二揲策掛左手一指間三指間，滿而成一爻，六爻，三六十八，故十有八卦而成卦也。」八卦而小成。案八卦爲小成，則六十四卦爲大成矣。小，謂陰陽初兆也。復小而辯於物，小謂陽初萌也。引而伸之，觸類而長之，天下之能事畢矣。注虞翻曰：「引，謂庖犧引伸三才，兼而兩之爲六畫。觸，動也，謂六畫以成六十四卦也。」案云伸云長，明其无間斷也。无所不包，故能事畢，聖人之道四，即「能事」也。顯道神德行。案顯道謂卦爻，神用卦爻者，卦爻顯道神德以行，觀卦爻而知神德，鬼神所以可知也。卦爻者陰陽，日月亦陰陽，天地之卦爻也。懸象著明，莫大乎日月，日月往來，相推成歲，天地之德行焉。此其明驗也。是故可與酬酢，可與祐神矣。案祐當作侑，《釋文》云：「荀作侑。」勸也，與陰陽九六相與也。陰陽往來，亦猶賓主，故可與酬酢。五月，律中蕤賓，謂陰萌而陽退，猶賓也。《周語》云：「蕤賓者，所以安靜神人，獻酬交酢。」神，易之神，猶祭之神也。尸以象神，祝主人侑之，侑尸所以侑神也。卦爻猶賓主祝尸之類，而神則祭之主也。獻酬酢侑而神交，往來消息而神行矣。子曰：「知變化之道者，其知神之所爲乎？」案變化所以行鬼神，故知變化之道，則知神之所爲。神者陰陽不測，變化見而所爲可知矣。此第六篇，言大衍成變化，行鬼神，畢天下之能事，廣大悉備也。

易有聖人之道四焉，以言者尚其辭。注虞翻

曰：「聖人之情見於辭，繫辭焉，以盡言也。」**案**易无形畔。其辭，易之發而爲辭者。以動者尚其變。**案**變，爻也。動則觀其變。以制器者尚其象。**注**荀爽曰：「結繩爲網罟，蓋取諸離，此類是也。」**案**象，卦象，見乃謂之象，形乃謂之器，制而用之謂之法。以卜筮者尚其占。**案**老陽爲蓍，蓍曰筮；老陰曰龜，❶龜曰卜。極數知來之謂占，卜筮決嫌疑，故尚其占。是故君子將有爲也，將有行也，問焉而以言。**注**虞翻曰：「凡應九筮之法，則筮之。案《周禮》，大卜以邦事作龜之八命，簭人掌三易以辯九簭之名。謂問於蓍龜，以言其吉凶，爻象動内，吉凶見外，蓍德圓神，卦德方智，故史擬神智，以斷吉凶也。」其受命也如嚮，无有遠近幽深，遂知來物，非天下之至精，其孰能與於此。**案**嚮通響，《釋文》云：「嚮又作響。」《漢書・藝文志》引此經，彼注云：「嚮與響同。」聲也。幽，隱。深，沈。遂，決也。來物，未來而當來者也。精，静也，微妙也。至精，謂元。《吕覽》曰：「其智彌觕者，其所同彌觕，其智彌精者，其所同彌精。夫精，五帝三王之所以成也。」《應同》文。參伍以變，錯綜其數。**案**參伍，十五也。參，三也，謂天地人。伍，五也，謂五行。不云三五，云參伍者，參其五也。參其五，則其爲五也三，故不云五而云伍，若卒之有伍也，參伍則十五矣。《淮南子・泰族》云：「昔者五帝三王之莅政施教，必用參五。何謂參五？仰取象于天，俯取度于地，中取法于人，此之謂參。制君臣之義，父子之親，夫婦之辯，長幼之序，朋友之際，此之謂五，此治之綱也。」七八爲彖，其數十五，九六爲爻，其數亦十五。《乾鑿度》曰：「陽動而進，陰動而退，故陽以七，陰以八，爲彖。易一陰一陽，合而爲十五，之謂道。陽變七之九，陰變八之六，亦合於十五，則彖變

❶「曰」，皇清經解續編本作「爲」。

之數若一。」象七八十五，變九六亦十五，故數若一。故曰：參伍以變，錯綜其數。十五者，五行之數也。一水，二火，三木，四金，五土，合爲十五。《禮運》曰：「播五行於四時，和而后月生也，是以三五而盈，三五而闕。」注云：「必三五者，播五行於四時也。一曰水，二曰火，三曰木，四曰金，五曰土，合爲十五之成數也。」日月爲易，一往一來，七八而盈，九六而闕，日月交而易道著矣。《參同契》云：「三日出爲爽，震庚受西方。八日兑受丁，上弦平如繩。十五乾體就，盛滿甲東方。蟾蜍與兔魄，日月氣雙明。蟾蜍視卦節，兔者吐生光。七八道已訖，屈折低下降。十六轉受統，巽辛見平明。艮直於丙南，下弦二十三。坤乙三十日，東北喪其朋。節盡相禪與，繼體復生明。壬癸配甲乙，乾坤括始終。七八數十五，九六亦相應。四者合三十，陽氣索滅藏。八卦布列曜，運移不失中。元精眇難視，推度效符証。」案，《參同契》以數言，故以七八爲前半月，九六爲後半月，取其皆十五也。若以象言，七少陽爲上弦，九老陽爲望，八少陰爲下弦，六老陰爲晦象。此易之所以用七八九六，不用其餘也。七八十五，九六十五，皆兼一至五之數，蓋五行生數，七八九六兼之，用七八九六，而五行之數俱在其中，即鄭氣并之義。十五者，又中央生成之數也。《漢志》云：「傳曰：『天有三辰，地有五行。』《易》曰：『參五以變，大極運三辰五星於上，而元氣轉三統五行於下，其於人，皇極統三德五事。』」案，《漢志》引傳，即引《易》，則以《易》之參五爲三辰五行矣。竊謂五者五行，法三辰而三之爲十五，而五行之數備，義與《乾鑿度》合，至數之屈信，解在《釋數》。錯，交錯。《列女傳》曰：「推而往，引而來者，綜也。」

通其變，遂成天地之文，極其數，遂定天下之象，非天地之至變，其孰能與於此？

【案】通其變，由畫之爻，陰陽交，故成天地之文；極其數，由變之化，極數知來，陰陽相推，而天下之象定焉。元者，變化之主，故曰至變。元者，易也。

易，无思也，无爲也，寂然不動，感而遂通天下之故，非天下之至神，其孰能與於此？

【注】虞翻曰：「天下何思何慮，同歸而殊塗，一致

而百慮，故无所爲，謂其静也專。案，乾元之藏。謂隱藏坤初，案，坤元藏乾元。幾息矣。專，故不動者也。感，動也。以陽變陰，通天下之故，謂發揮剛柔而生爻者也。至神，謂易隱初入微，知幾其神乎？」案易者，卦爻之樞極，是曰大極。視之不見，聽之不聞，循之不得，无形而有形生焉，无味而五味形焉，无聲而五聲鳴焉，无色而五色成焉，无象而四象營焉。是故聲不過五，而五聲之變不可勝聽也。味不過五，而五味之變不可勝嘗也。色不過五，而五色之變不可勝觀也。象不過四，而四象之變不可勝窮也。四象之變，循環无端，六十四卦，三百八十四爻，萬千五百二十策，還相爲根也。故易者天地之心，萬物之原，而卦爻之主極也。鼓鐘管籥，樂之器也；揖讓登降，禮之文也，非其所以爲禮樂者也。故曰：「禮云禮云，玉帛云乎哉？樂云樂云，鐘鼓云乎哉？」无本不立，无文不行，根於心而樂器從之，積於中而威儀發之，寂然不動而卦爻形之。舍鐘鼓而言樂，其爲樂不可得而聞也；舍玉帛而言禮，其爲禮不可得而見也；舍卦爻而言易，其爲易不可得而窮也。是故知其本，達其末，自誠明者，聖也；因其流，溯其原，自明誠者，學也。聖者能作，學者能述，作之謂神，述之謂明。求本而不達末，是巫之接神也，以爲神而已矣；知流而不溯原，是工之守器也，以爲器而已矣。《説文》云：「『无』，奇字『無』也。通於元者。王育説天屈西北爲无。」案，天屈西北，乃乾元之藏，所謂元也，寂然不動者也。老子云：「玄之又玄，衆妙之門。」其義本易，无通於元，故易凡有无字，皆作无。善則本其始，惡則絶其根也。

夫易，聖人之所以極深而研幾也。注荀爽曰：「謂伏羲畫卦，窮極易幽深，文王繫辭，研盡易幾微者也。」鄭康成曰：「研，喻思慮幾微也。」見《文選注》及《釋文》。

唯深也，故能通天下之志。唯幾也，故能成天下之務。注虞翻曰：「務，事也。」案卦象極深，天下之志通焉，所謂擬賾也。爻辭研幾，天下之務成焉，議動也。唯深可通，志極則能通；唯幾可成，務研則能成。唯易可以通志成務，卦爻著而易形矣。

唯神也，故不疾而速，不行而至。注虞翻曰：「神，謂易也。」案體物不遺者，易之神；物來而名，事至而應者，聖人之神也。子曰：「易有聖人之道四焉者，此之謂也。」案易之道，即聖人之道。此第七篇，言易道即聖人之道，所謂能事畢也。

天一，地二，天三，地四，天五，地六，天七，地八，天九，地十。注虞翻曰：「此則大衍之數，五十有五，蓍龜所從生，聖人以通神明之德，以類萬物之情。」案，自一至十之數，元之所爲。《洪範》一五行，五行具於一，五十有五，一而已。一者，元也。子曰：「夫易，何爲者也？」注虞翻曰：「問易何爲，取天地之數也。」案易者，元也。易之所謂易，即楊子之所謂玄。張衡《玄圖》云：「玄者，无形之類，自然之根，作於太始，莫之或先。」案，莫之或先，即天德不可爲首之義。《乾鑿度》云：「易一元以爲紀。」注云：「天地之元，萬物所紀。」故无與元通。《説文》云：「『无』，奇字『無』，通於元者。王育説天屈西北爲无。」案，陽生於子，滅於戌亥，純陰之月西北也。元屈伏於下，故屈西北爲无。无通於元，《太玄・玄攡》云：「天以不見爲玄，地以不形爲玄，人以心腹爲玄。天奥西北，鬱化精也。地奥黄泉，隱魄榮也。人奥思慮，含至精也。」奥西北即屈西北之義。《太玄》曰：「玄者，幽攡萬類而不見形者也。」《玄攡》文。易之謂也。又曰：「資陶虚无而生乎規。」上同。周之謂也。乾元與坤元交，而數生焉。數之變化，莫非元也，莫非易也，數周而易見矣。

夫易，開物成務，冒天下之道，如斯而已者也。注虞翻曰：「以陽闢坤，謂之開物。以陰翕乾，謂之成務。冒，觸也。觸類而長之，如此也。」案陽唱故開物，陰和故成務。易變而爲一，一變而爲七，七變而爲九，二變而爲八，八變而爲六，其消息於一歲之中者，皆自一至十之數，而元之用也。七八爲畫，九六爲爻，通天下之志，成天下之務，引伸觸類，能事畢矣。故曰「如斯而已者也」。易者，一也。一者數之原，萬之統也。大極函三爲一，分爲二，一陰一陽，陰陽交而數變。是故聖人以通天下之志，以定天下之業，以斷天下之疑。案以，以自一至十之數也。開物故通志，成務故定業，乾坤交成既濟，一陰一陽，得位居正，故志通業定。志通業定，則疑可得而斷也。《書》曰：「汝則有大疑，謀及乃心，謀及卿士，謀及庶人，謀及卜筮。」是故蓍之德，圓而神。注鄭康成曰：「蓍形圓，而可以立變化之數，故謂之神。」案蓍能成六十四卦，所成不可測，故圓而神。圓，天也。不測之謂神。《呂覽》曰：「精氣一上一下，圓周復雜，無所稽留，故曰天道圜。日夜一周，圜道也。月躔二十八宿，軫與角屬，圜道也。精行四時，一上一下，各與遇，圜道也。物動則萌，萌而生，生而長，長而大，大而成，成乃衰，衰乃殺，殺乃藏，圜道也。雲氣西行，云云然冬夏不輟，水泉東流，日夜不休，上不竭，下不滿，小爲大，重爲輕，圜道也。」《圜道》文。蓍之圓，亦若是矣。以一始，以一終，終而復始者也。圓圜同。《文選·西京賦》注引《字書》云：「圜，亦圓字也。」卦之德方以知。案卦方象地，已成卦，則吉凶有定，故方以知。吉凶定，而來事可知。崔憬云：「蓍之數七七四十九，象陽圓；卦之數八八六十四，象陰方。」六爻之義易以貢。案易不可見，六爻之義明，而易道著，故易以貢，謂簡易變易不易之道，以爻明也。《書》曰：「爾毋以釗冒貢于非幾。」聖人以此洗心，退藏於密，吉凶與民同患。案洗當作先。《釋文》云：「洗，京、荀、虞、董、張、蜀才作先。《石經》同。」案，《釋文》所稱石經，漢石經也。《漢書·百官公卿表》「先馬」，如淳曰：「先馬，前馬也。先或作洗。」是先洗義同，王、韓訓爲洗濯，非是。此，此蓍及卦爻也。聖人以此，故不自用，而先心退藏，謀及卜筮也，不自用而決諸卜筮者。《祭義》

曰：「昔者聖人建陰陽天地之情，立以爲易，❶易抱龜南面，天子衮冕北面，雖有明知之心，必進斷其志焉，示不敢專，以尊天也。」明知之心，先心也。謀及乃心，猶必謀及卜筮。不敢專，退藏於密也。有大事必決之以卜筮，所以重民命也，故「吉凶與民同患」。患，憂也。《白虎通·蓍龜》云：「聖人獨見先睹，必問蓍龜何？示不敢專也。」義與《祭義》同。神以知來，知以藏往，其孰能與於此哉？古之聰明睿知，神武而不殺者夫。案吉凶與民同患，謀及卜筮，聖人之顯諸仁也。知來藏往，聖人之藏諸用，百姓可由而不可知者也。蓍卦之神知，即聖人之神知也。聽於无聲曰聰，照臨四方曰明。睿，深明也，通也。知，无所不知也。《謚法》曰：「一人無名曰神，剛彊直理曰武。」殺，猶衰也。《釋文》云：「殺，馬、鄭、王肅所戒反。」是以明於天之道，而察於民之故，是興神物，以前民用，聖人以此齊戒，以神明其德夫。案故，事也。前，猶導也。禮祭有齊。《祭統》曰：「定之之謂齊。齊者，精明之至也。」此至誠之道也。禮必先戒，戒，警也，告也。戒在事先，此至誠之前知也。至誠之道，可以前知，故至誠如神，此之謂也。聖人舉事，如見大賓，如承大祭，故以喻焉。《韓詩外傳》云：「居處齊則色姝，食飲齊則氣珍，言語齊則信，聽思齊則成，志齊則盈，五者齊斯神居之。」《詩》曰：「既和且平，依我磬聲。」楊子《問神》云：「或問『神』。曰『心』。請聞之。曰：『潛天而天，潛地而地，天地，神明而不測者也。心之潛也，猶將測之，況於人乎？況於事倫乎？』」是故闔户謂之坤，闢户謂之乾，一闔一闢，謂之變。注虞翻曰：「闔，閉翕也。闢，開也。」案乾坤闔闢，陰陽之屈信也。陽静則陰闔，故闔户謂之坤。陽出則闢陰，故闢户謂之乾。一陰一陽，陰陽交而數變，故一闔一闢謂之變。卯爲春門，陽闢陰。西爲

❶「以爲」，原倒，今據皇清經解續編本改。

秋門，陰闔陽。解在《釋數》。往來不窮，謂之通。**注**荀爽曰：「謂一冬一夏，陰陽相變易也。十二消息，陰陽往來无窮已，故通也。」**案**自一至十之數，往來成歲，卦爻往來，亦即數也。見乃謂之象，形乃謂之器。**注**荀爽曰：「謂日月星辰，光見在天而成象也。萬物生長，在地成形，可以爲器用也。」**案**數无象不可見，故見乃謂之象，形乃謂之器。象器者，數之所形見也。求數之變通於形見，求易之變通於卦爻。卦爻明而易著，形見明而數顯矣。制而用之謂之法。**注**荀爽曰：「謂觀象於天，觀形於地，制而用之，可以爲法也。」利用出入，民咸用之，謂之神。**注**陸績曰：「聖人制器以周民用，用之不遺，故曰利用出入也。民皆用之，而不知所由來，故謂之神也。」**案**荀子曰：「萬物各得其和以生，各得其養以成，不見其事，而見其功，夫是之謂神。」《天論》文。此第八篇，言數冒天下之道，變易之所以然也。

是故易有太極，是生兩儀。**注**干寶曰：「發初言『是故』，綜衆篇之義也。」鄭康成曰：「極中之道，淳和未分之氣也。」見《文選》注。虞翻曰：「分爲天地，故生兩儀也。」案，馬云太極北辰，虞云太極太乙，其義似與鄭異而實同，北辰太乙，言其神之所栖，即《乾鑿度》所云「太乙行九宮」者是也。元也，大衍所減之一，爲四十九之主者也。鄭則言其用，即四十九是也，故崔憬云：「四十九數，合而未分，是象太極也。」今分爲二，以象兩儀矣。説蓋本鄭，分言之則有萬，合言之不過一，四十九，一之積數耳。一象太極，无所不包，而其神至精，四十九則太極流行之氣，无所不生者也，故曰衍。兩儀生四象。**注**虞翻曰：「四象，四時也。」**案**四象，謂七八九六，即四營布於四方，是曰四時。鄭《乾鑿度》注云：「易有四象，文王用之焉。布六於北方以象水，布八於東方以象木，布九於西方以象金，布七於南方以象火。如是備爲一爻，而正爲四營而成，由是故生四八、四九、四七、四六之數。」是布於四方則爲四時，指其營度而成則爲四營。由七八九六爲四時，故取其象，亦揲之以四，而七八九六遂有四營之稱，故鄭云云也。虞則據乾坤以坎離震兑爲義。四象生八卦，八卦定吉凶，吉凶生大業。案七八九六，陰陽之老少備，故生八卦，謂乾坤六子也。八卦生六十四卦，三百八十四爻，故定吉凶。吉凶著，則人知遷善改過，趨於吉，不蹈於凶，夫是之謂大業。失位則化成既濟是也。是故法象莫大乎天地，變通莫大乎四時。注荀爽曰：「四時相變，終而復始也。」案觀象於天，觀法於地，四時往來，一消一息，故莫大乎天地四時也。縣象著明，莫大乎日月。案日月往來，盈虚消息，日中則昃，月盈則食，縣象之最著明者也。崇高莫大乎富貴。案富貴，謂天子。崇，充也。富故充，貴故高。備物致用，立成器以爲天下利，莫大乎聖人。注虞翻曰：「神農、黄帝、堯、舜也。」探賾索隱，鉤深致遠，以定天下之吉凶，成天下之亹亹者，莫大乎蓍龜。注鄭康成曰：「凡天下之善惡，没没之衆事，皆能定之，言其廣大无不包也。亹亹，没没也。」見《公羊疏》及《釋文》。劉向曰：「蓍之言耆，龜之言久，龜千歲而靈，蓍百年而神，以其長久，故能辯吉凶也。」見《曲禮》疏。案「大」當作「善」。《釋文》云：「『莫善』本亦作『莫大』。」是《釋文》本作善。案，《漢書·藝文志》、《公羊》注、《白虎通》、《禮運》注皆引作善，作大者因上文而誤。賾藏於中，隱蔽於物，深沈也，遠遐也。是故天生神物，聖人則之。案神物謂蓍龜，聖人則之，興神物以前民用。天地變化，聖人效之。案在天成象，在地成形，變化見矣。聖人效之，仰觀俯察，效法天地。天垂象，見吉凶，聖人象之。注宋衷曰：「天垂陰陽之象，以見吉凶，謂日月薄食，五星亂行。聖人象之，亦著九六爻位得失示人，所以有吉凶之占也。」河出圖，洛出書，聖人則之。案此亦神物天地變之類，河圖洛書，未聞其詳。河圖洛書，衆家異説，莫可攷正。鄭氏以爲《春秋緯》云：「河以通乾，出天苞；洛以流坤，吐地符。河龍圖發，洛龜書成。河圖有九篇，洛書有六篇也。」鄭《洪範五行傳》注云：「禹治水得神龜負文於洛。」《淮南子・俶真》云：「洛出丹書，河出緑圖。」《漢書・五行志》云：「劉歆以爲虙羲氏繼天而王，受河圖，則而畫之，八卦是也。禹治洪水，賜洛書，法而陳之，洪範是也。」又云：「初一曰五行，至畏用六極，凡此六十五字，皆洛書本文。」《禮運》「河出馬圖」，鄭注云：「馬圖，龍馬負圖而出也。」疏云：「《中候握河紀》：『堯時受河圖，龍馬銜，赤文緑色。』又云：『伏羲氏有天下，龍馬負圖出於河，遂法之畫八卦。』」《尚書・洪範》「九疇」傳云：「天與禹洛出書，神龜負文而出，列於背，有數至於九，禹遂因而次第之，以成九類。」又《顧命》傳云：「河圖八卦，伏羲王天下，龍馬出河，遂則其文以畫八卦，謂之河圖。」《論語》「河不出圖」，孔注：「河圖，八卦是也。」諸説互有異同。劉歆以《洪範》「初一曰」云云，爲《洛書》本文。鄭以爲神龜負文於洛，《洛書》有六篇，則《洛書》之有文字明甚。若《河圖》則諸家並以爲八卦，不言有文字。而鄭君引《春秋》説，以《河圖》有九篇，則《河圖》亦有文字。陽數九，故《河圖》九篇；陰數六，故《洛書》六篇。《中候》謂「赤文緑色」，《淮南子》云「緑圖」，然則《河圖》其緑字之圖與？去古久遠，不得其詳，依文而言，《河圖》自應有圖，《洛書》自應有書，但不知其形狀文字何如耳。人之生也，尚或有文在手，何疑於圖書之出河洛哉？至諸家以《河圖》爲八卦，亦未必然。《下繫》云：「包羲氏之王天下也，於是始作八卦。」不言法河圖圖書之，則當别有效法耳。

易有四象，所以示也。繫辭焉，所以告也。案四象謂七八九六，畫爻之象也。辭謂彖爻之辭。**定之以吉凶，所以斷也。**注虞翻曰：「繫辭焉，以斷其吉凶，八卦定吉凶，以斷天下之疑也。」

《易》曰：「自天祐之，吉无不利。」子曰：「祐者，助也。天之所助者，順也。人之所助者，信也。『履信思乎順』，又以尚賢也。是以『自天祐之，吉无不利也』。」案就大有爻辭而釋之，以明學易无過也。天謂五伏陽，伏陽發，上化順之，故爲天所祐。人謂三，上之正，則三應之，故爲人所助。信，誠也。之正得位，故履信，順陽故思乎順。賢謂五伏陽，上化順五，故尚賢。學易如是，天祐之矣。此第九篇，言易本太極，聖人效法天地作易，以爲天下後世法，而人又當自求多福者也。

子曰：「書不盡言，言不盡意。」案書，著也。意，志意也。書者言之著，言者心之聲，志者氣之帥，心之所之也。口所欲言，書不能盡，意之所之，言不能盡也。然則聖人之意，其不可見乎？子曰：「聖人立象以盡意，設卦以盡情僞。」案言不盡意，故立象以盡之，象備故意盡也。情，實；僞，虛也。得位爲情，失位爲僞。《太玄》曰：「離乎情者，必著乎僞；離乎僞者，必著乎情。」《玄攡》文。故盡情僞。繫辭焉，以盡其言。案爻彖以情言，聖人之情見乎辭，故盡言。變而通之以盡利。注陸績曰：「變三百八十四爻，使相交通，以盡天下之利。」案變謂九六，通謂陰陽相往來，所謂化也。通其變，使民不倦，神而化之，使民宜之，故盡利。謂卦皆成既濟也。鼓之舞之以盡神。注荀爽曰：「鼓者，動也。舞者，行也。言陰陽消長，三百八十四爻，動行相反，其卦以盡易之神也。」虞翻曰：「神，易也。」案，鼓行其氣，舞動其容，神即陰陽不測之神。乾坤，其易之緼邪？注虞翻曰：「緼，藏也。易麗乾藏坤，故爲易之緼。」案，易緼於乾坤之中，所謂元也，一也，極也，解在《贊无》。乾坤成列，而易立乎其中矣。案列，分解也。謂乾坤成體，陰陽分也。乾坤易之緼，乾坤分，則易亦立乎其中。易者，元也，意也。乾坤者，象也。乾坤成列，易立乎其中，則象立而意盡矣。乾元託位於五，坎象也；坤元託位於二，離象也。日月爲易，坎離而已。《參同契》曰：「天地設位，而易行乎其中矣。天地者，乾坤之象也。故位者列陰陽，配合之位也。易謂坎離。坎中乾元，離中坤元。坎離者，乾坤二用。用九用六，乾坤之元。二用无爻位，周流行六虛。往來既不定，上下亦无常。幽潛淪匿，變化於中。包囊萬物，爲道紀綱。以无制有，器用者空。故推消息，坎離滅亡。」又曰：「坎戊月精，離己日光。

日月爲易，剛柔相當。土旺四季，羅絡始終。青赤黑白，各居一方。皆禀中央，戊己之功。」中宫，坤元也。乾元藏於坤元之中，坎離合居。

乾坤毁則无以見易，易不可見，則乾坤或幾乎息矣。案乾坤者，陰陽之宗，變化所從出入者也。易本无形，以乾坤見之。六十四卦，皆乾坤之陰陽，易之所用也。乾坤毁，則卦爻滅，將何以見易？易无方體，以卦爻見之，而不見者見，則易可見者也。故設卦爻以見易，若卦爻不可以見易，則卦爻亦復何爲乎？故曰：乾坤或幾乎息。以言易雖无形，而可以乾坤見之，故乾坤終不息，而易道著明，書之能盡言，象之能盡意，意在象中，觀象知意，易在乾坤中，觀坤乾知易也。毁，缺也。

是故形而上者謂之道，形而下者謂之器。案形而上下，易形而上下也。易形而上，在天成象，見乃謂之象。易形而下，在地成形，形乃謂之器。道，陰陽之道也。形上形下，言易可見，乾坤所以不息也。所謂周易也。

化而裁之謂之變。案化，陰陽變化也。裁，裁成物也。化裁者，陰陽之功業，易之變也。爻之九六謂之變，由前言之謂之化。陽者陰所化，陰者陽所化，元之發，亦謂之化，所謂化生化醇也。《素問·六微旨大論》岐伯曰：「夫物之生從於化，物之極由乎變，變化之相薄，成敗之所由也。」又《天元紀大論》云：「物生謂之化，物極謂之變，陰陽不測謂之神，神用无方謂之聖。夫變化之爲用也，在天爲元，在人爲道，在地爲化。」又《五常政大論》云：「氣始而生化，氣散而有形，氣布而蕃育，氣終而象變，其致一也。」溯其所由來，畫是也。由畫之爻，故化而裁之，謂之變，化在變之先也。由後言之，陽極則化之陰，陰極則化之陽，化在變之後，即所謂通也。

推而行之謂之通。注陽往則陰來，陰往則陽來，往來不窮，謂之通。化裁推行，易與聖人一也。

舉而錯之天下之民，❶謂之事業。

❶「錯」，皇清經解續編本作「措」。

注陸績曰：「變通盡利，觀象制器，舉而錯之於天下，民咸用之，以爲事業也。」案錯，置也。此則聖人之意盡而易見者也。是故夫象，聖人有以見天下之賾，而擬諸其形容，象其物宜，是故謂之象。注陸績曰：「此明立象盡意，設卦盡情僞之意也。」案，重説象爻者，明易可象可效，象之則謂之象，效之則謂之爻，故曰「是故夫象」。聖人有以見天下之動，而觀其會通，以行其典禮。繫辭焉，以斷其吉凶，是故謂之爻。案此明繫辭盡言之意也。極天下之賾者存乎卦，鼓天下之動者存乎辭。案此以下爲學易者發也。極，窮也。存，察也。鼓，動也。繫，❶所繫辭也。天下之動賾，聖人以象象之，以爻效之，察卦爻而動賾見矣。化而裁之存乎變，推而行之存乎通。案察乎易之所以變通，則亦可以化裁推行矣。神而明之，存乎其人。案陰陽不測者易之神，因易之神，而引伸之者，聖人之神也。神者，伸也，引伸而發明之。非聖人其孰能與於此，故察乎其人，察作易之人也。察之則學之，斯亦能神而明之矣。默而成之，不言而信，存乎德行。案立象盡意，默而成也。設卦盡情僞，不言而信也，作易者之德行然也。觀卦而知情僞，觀象而知意，觀繫辭而知聖人所擬議，而寓諸卦爻者聖人，知聖人亦其德行然也。《中庸》曰：「苟不固聰明聖知達天德者，其孰能知之。」故察乎德行，學易所以學爲聖也。《荀子》曰：「故學也者，固學止之也。惡乎止之？曰止諸至足。曷爲至足？曰聖也。」《解蔽》文。此第十篇，言聖人作易无不盡，學易无大過，所以學爲聖，非徒趨吉辟凶已也。有天地即有易，既作易而天地之道著，天下之理得，聖之所以爲聖者，求諸易而可知矣。故以總諸篇也。

周易姚氏學卷第十四終

❶「繫」，據上下文意，疑當作「辭」。

周易姚氏學卷第十五

旌德姚配中撰

周易繫辭下傳

八卦成列，象在其中矣。案象，易象也。象在卦中，可知而不可見者也。此言三畫未重之卦。「成列」謂方位，「象」謂天地雷風之屬，八卦成列，則象无不備。虞以象據納甲說。因而重之，爻在其中矣。案重爲六畫，則動而相應。爻也者，效天下之動也，故爻在其中，易之可效者也，變爲九六，則動内見外矣。三畫之卦不相應，重爲六畫乃動而相應，故爻在中。《乾鑿度》云：「物有始、有壯、有究，故三畫而成乾。乾坤相並俱生，物有陰陽，因而重之，故六畫而成卦。三畫已下爲地，四畫已上爲天，物感以動，類相應也。易氣從下生，動於地之下，則應

於天之下，動於地之中，則應於天之中，動於地之上，則應於天之上，初以四，二以五，三以上，此之謂應。陽動而進，陰動而退，故陽以七、陰以八爲彖。陽變七之九，陰變八之六。」據此是重爲六畫乃動而相應，動乃變成九六之爻。剛柔相推，變在其中矣。案剛柔謂畫，由陽推之九，由九推之陰，由陰推之六，由六推之陽，剛柔相推，九六在中，故變在其中，亦易之變也。繫辭焉而命之，動在其中矣。

注虞翻曰：「謂繫彖象九六之辭，故動在其中。鼓天下之動者，存乎辭者也。」案命，名也。《魯語》曰：「黄帝能成命百物。」八卦成列，因而重之，謂三畫重爲六畫，而八卦各六畫矣。以六畫之八卦，剛柔相推，而成六十四矣。皆謂伏羲也。《淮南子》所云「伏羲爲之六十四變」者也。伏羲之卦，有象无字，有畫无爻。既有卦則象可推，既有畫則爻可推，八卦相推，成六十四，相推之中，九六在焉。未嘗命名，其義未顯耳。不變則不化，既相推而成六十四，則化矣。化則變可知矣。如乾初化爲姤，乾姤之交，爻位在焉，雖无文字，義可知也。文王繫辭焉而命之，則統一卦而命以卦

之名，統一卦六畫而命以卦之義，「乾，元亨利貞」是也。觀畫之動而命之爲九六，觀九六之義而繫之以辭，「初九，潛龍勿用」之類是也。所謂繫辭焉而命之也。動即變化，繫辭或言變，或言化，或由畫以及化，故統謂之動。九六之爻，文王所命，故《淮南子》云：「周室增以六爻。」伏羲之時有爻變之義，而无其象與其稱也。文王命爲九六，則九六即其象，即其稱矣。先聖後聖，其揆一也。吉凶悔吝者，生乎動者也。**注**虞翻曰：「動謂爻也。爻者效天下之動。爻象動内，吉凶見外，吉凶生而悔吝著，故生乎動也。」剛柔者，立本者也。**案**剛柔，畫也。畫者爻之本，九六自畫變來者，所謂「六爻之動，三極之道也」。六畫爲三才，天地人之始也；六畫變爲爻，是爲三極，天地人之極也。觀變於陰陽而立卦，故曰立本。由畫之爻，由爻之化，皆謂之動，動以漸也。已成九六，則謂之變；陰陽已易，直名爲化，❶體已成也。變通者，趣時者也。**案**趣，趨也。變謂九六，通往來也。由變而通，一消一息，故趣時。一消一息，陰陽交而數變。七八九六，變通配四時。吉凶者，貞勝者也。**注**虞翻曰：「貞，正也。」**案**勝，克也。《荀子》曰：「孰知夫出死要節之所以養生也，孰知夫出費用之所以養財也，孰知夫恭敬辭讓之所以養安也，孰知夫禮義文理之所以養情也。故人苟生之爲見，若者必死；苟利之爲見，若者必害；苟怠惰偷懦之爲安，若者必危；苟情説之爲樂，若者必滅。故人一之於禮義，則兩得之矣；一之於情性，則兩喪之矣。」《禮論》文。故貞勝，六爻之動，貞則勝也。正則吉，不正則凶，不正獲吉亦弗勝，正而凶亦勝。天地之道，貞觀者也。**案**張氏惠言曰：「天尊地卑，天正位於五，地正位於二，中正以觀天下，故貞觀者也。」日月之道，貞明者也。**注**荀爽曰：「離爲日，日中之時，正當離位，然後明也。月者，坎也。坎正位衝離，衝十五日，月當日衝，正值坎位，亦

❶「直」，皇清經解續編本作「置」。

大圓明。」案，日月正當其位，即既濟，六爻俱正。天下之動，貞夫一者也。**注**虞翻曰：「一者謂乾元，萬物各資乾元，天一陽氣以生。」案，數始於一，終於一，一者造分天地，化成萬物者也。其爲物不貳，則其生物不測。夫乾，確然示人易矣。夫坤，隤然示人簡矣。**案**確，高至也。天尊故高，乾以易知，故示人易。《孟子》曰：「天之高也，星辰之遠也，苟求其故，千歲之日至，可坐而致也。」隤，下墜也。地卑故隤，坤以簡能，故示人簡。乾⚊坤⚋，是其易簡也。爻也者，效此者也。象也者，像此者也。**案**此，此乾坤易簡也。三百八十四爻，所以效此；六十四卦之象，所以象此，而易之易簡著矣。爻象動乎內，吉凶見乎外。**案**卦以下卦爲內，上卦爲外。爻以畫爲內，以九六爲外。易氣從下生，故下爲內，上爲外。爻由畫變，故畫爲內，九六爲外。先言爻而後言象者，爻自象來。九六者，畫之變也，動乎畫，而見乎爻，七八九六，皆元之用耳。由外溯內，故先爻後象。功業見乎變，聖人之情見乎辭。**注**荀爽曰：「陰陽相變，功業乃成也。」案，荀云相變，以化言也。**案**不變則功業不見。變則通，通則久，久於其道，而天下化成矣。爻象以情言，繫辭焉以盡其言，故情見乎辭也。天地之大德曰生，聖人之大寶曰位。**案**天始地生，乾坤合德，以生諸卦，大生廣生，故大德曰生。乾爲金玉，五，天子之位，聖人，乾元也，乾元託位於五，故大寶曰位。寶者，保也，《釋文》云：「孟作保。」重也。《書》曰：「無墜天之降寶命。」此下皆所謂功業也、情也。聖人作易，爲天下後世爲君者著治亂之本而告之，其功業至今存，其情雖至今可見也。何以守位？曰仁。**注**鄭康成曰：「持一不惑，曰守。」見《詩·鳧鷖》疏。**案**《孟子》曰：「爲天下得人者，謂之仁。天下不可以獨治，能爲天下得人者，乃能守位也。」何以聚人？曰財。理財正辭，禁民爲非，曰義。**注**陸績曰：「人非財不聚，故聖人觀象制器，備物盡利，以業萬民而聚之也，蓋取聚人之本矣。」荀爽曰：「尊卑貴賤，衣食有差，謂之理財。名實相應，萬事得正，謂之正辭。咸得其宜，故謂之義也。」案，此所謂元亨利貞也。天地之大德，元也。五者，聖人之大寶，乾元之位也。爲天下得人，則上下交而志通矣，守位曰仁，元之亨也。利物和義，故聚人曰財。貞者事之榦，正其本，萬事理，故理財正辭，禁民爲非，曰義，所謂成既濟，利之貞也。名正言順，謂之正辭。義者，宜也，謂成既濟，六爻正。易者，聖人所以治天下之道也。乾五，天位也。乾元，天子也。卦爻備而天下之象盡矣。是故以之治身，則身安；以之治國，則國治；以之治天下，則天下平矣。周之所以王，其在斯乎？此第一篇，自「八卦成列」至「動在其中」，言聖人作易；自「吉凶悔吝」至「貞夫一者也」，則皆即動而究言之；自「夫乾」至「見乎辭」，則又即動貞夫一而究言之；自「天地」至「曰義」，則功業與聖人之情也。此篇統論大義，以啟下諸篇。

古者庖犧氏之王天下也，案庖犧，通作包羲。《釋文》云：「包本又作庖。犧字又作羲。」包陰包陽，乾元之伏也。羲，氣也。《説文》云：「包象人裹妊，巳在中，象子未成形也。元气起於子，子，人所生也。男左行三十，女右行二十，俱立，於巳爲夫婦，裹妊於巳。巳爲子十月而生，男起巳至寅，女起巳至申，故男年始寅，女年始申也。」又云：「羲，气也。」包羲氏之王天下，謂其體元而出治也。孟喜、京房云：「伏，服也。戲，化也。」鄭云：「包，取也。鳥獸全具曰犧。」虞云：「炮啖犧牲。」《漢書·律歷志》作炮，云：「庖犧繼天而王，爲百王首。德始於木，故爲帝太昊。作罔罟以田漁，取犧牲，故天下號曰炮犧氏。」《白虎通》云：「謂之伏羲何？下伏而化之。」顧氏以爲取犧牲，以共庖厨。包，《説文》又引作虙。案，包羲之義，諸儒皆望文爲説，去古久遠，是以立説各殊也。仰則觀象於天，俯則觀法於地。案在天成象，天垂象，見吉凶，故觀象於天。在地成形，效法之謂坤，故觀法於地。仰，卬也。俯，頫也。觀鳥獸之文，注陸績曰：「鳥獸之文，謂朱鳥、白虎、蒼龍、玄武，四方二十八舍，經緯之文也。」案，《太玄·玄攡》云：「察龍虎之文，觀鳥龜之理。」義本此。

與地之宜。**注**荀九家曰：「謂四方四維，八卦之位，山澤高卑，五土之宜也。」案，《大司徒》以土會之法，辯五地之物生，一山林，二川澤，三丘陵，四墳衍，五原隰也。

近取諸身，遠取諸物。**案**《説卦》備焉。

於是始作八卦，以通神明之德，以類萬物之情。**注**荀爽曰：「乾坤爲天地，離坎爲日月，巽震爲風雷，艮兑爲山澤，此皆神明之德也。」**案**包羲體元出治，故始作八卦。元發爲卦也，神明之德，謂元也。八卦，諸所爲類萬物之情也。

作結繩而爲網罟，以佃以漁，蓋取諸離。**注**虞翻曰：「離爲目，巽爲繩，目之重者唯罟，故結繩爲罟。」馬融曰：「取獸曰佃，取魚曰漁。」見《釋文》。孔疏云：「諸儒以爲象卦制器，皆取卦之爻象之體。」《上繫》云：「以制器者尚其象。」

庖犧氏没，神農氏作。**案**神者，伸也。農，物生時也。包羲者體元出治，神農則引伸氣而生物也，故以繼包羲焉。《説文》云：「農从晨，早昧爽也。晨从辰，辰時也。」又云：「辰，震也。三月陽气動，雷電振，民農時也。物皆生。」

斲木爲耜，揉木爲耒，耒耨之利，以教天下，蓋取諸益。**注**京房曰：「耜，耒下耓也；耒，耜上句木也。」❶案，《攷工記》云：「耜廣五寸，二耜爲耦。」鄭注云：「古者耜一金，兩人併發之。」疏云：「金廣五寸，耒面謂之庛。庛亦當廣五寸。」《月令》疏云：「耒者以木爲之，長六尺六寸，底長尺有一寸，中央直者三尺有三寸，句者二尺有二寸。」**案**斲，斫也。揉，屈也。耨，芸芓也。益互坤田，巽震爲木。損兑爲毁折，損反成益，故斲木揉木。巽在上爲耒，震在下爲耜。耜者，耒首之金，必斲木而後以金合之，故斲木；耒，倨句磬折，故揉木也。

日中爲市，致天下之民，聚天下之貨，交易而退，各得其所，蓋取諸噬嗑。**注**虞翻曰：「離象正上，故稱日中；艮爲徑路，震爲足，又爲大塗，坎水艮山，羣珍所

❶「耒耜」，原倒，今據文意並參《經典釋文》卷二改。

出；震升坎降，交易而退。噬嗑，食也。市井交易，飲食之道，故取諸此。」案，古者日中而市，至周因其便而分爲三，《司市》云：「大市，日昃而市，百族爲主。朝市，朝時而市，商賈爲主。夕市，夕時而市，販夫販婦爲主。」神農氏没，黄帝堯舜氏作。**案**黄，中之色，坤之元也。帝者，諦也。乾元始於坎，坤元始於離，萬物皆相見，可審諦也。堯，高也。舜，充也。言氣盛也。氣始於子，出乎震，相見乎離，坤以養之，故物盛長矣。故以黄帝堯舜繼神農氏焉。言没作者，取陰陽出入之義也。虞云：「没，終也。作，起也。」通其變，使民不倦，神而化之，使民宜之。**注**虞翻曰：「變而通之以盡利，謂作舟楫、服牛乘馬之類，故使民不倦。」**案**神而化之，神明而變化之也。利用出入，民咸用之，故曰宜。易窮則變，變則通，通則久，是以自天祐之，吉无不利。**注**陸績曰：「庖犧作網罟，教民取禽獸以充民食。民衆獸少，其道窮，則神農教播殖以便之，此窮變之大要也。窮則變，變則通，與天地相終始，故可久。民得其用，故无所不利之也。」案，上言聖人制作，皆取諸易，故復就易言之。易窮則變，畫變之爻，變則通，九六之化也。《大戴·本命》云：「陰窮反陽，陽窮反陰。」又云：「陰以陽化，陽以陰變，一陰一陽，然後成道。」仲長統《昌言·損益》云：「作有利於時，制有便於物者，可爲也。事有乖於數，法有翫於時者，可改也。故行於古有其迹，用於今无其功者，不可不變，變而不如前而多所敗者，不可不復也。」黄帝堯舜，垂衣裳而天下治，蓋取諸乾坤。**注**鄭康成曰：「乾爲天，其色玄，坤爲地，其色黄。故玄以爲衣，黄以爲裳。」見《王制》疏及《豳風》疏。案，鄭又云：「其服皆上玄下纁，土託位南方，南方色赤，黄而兼赤，故爲纁也。」則鄭以黄裳爲纁裳矣。荀九家云：「衣取象乾，居上覆物；裳取象坤，在下含物也。」**案**法乾元坤元，不自用而用九六，故垂衣裳而天下治。既法其義，即取其象，以爲衣裳焉。《後漢書·輿服志》引作乾巛，云：「乾巛有文，故上衣玄下裳黄。」❶**刳木爲舟，剡木爲楫，舟楫之利，以濟不通，致遠以利天下，蓋取諸涣。****案**巽爲木爲風，坎爲水，木在水上，風以送之，乘木有功，舟楫之象也。刳，判也。剡，鋭利也。互震爲木，巽又爲木，二木相連，舟之象也。互艮爲手，爲木堅多節，與坎連體，楫之象也。**服牛乘馬，引重致遠，以利天下，蓋取諸隨。****注**虞翻曰：「否上之初也。否乾爲馬爲遠，坤爲牛爲重。坤初之上，爲引重；乾上之初，爲致遠。艮爲背，巽爲股，在馬上，故乘馬；巽爲繩，繩束縛物，在牛背上，故服牛。出否之隨，引重致遠，以利天下，故取諸隨。」案，虞據消息説。**案**震爲車，故服牛乘馬。艮止震動，艮以震行，故引重致遠。《晉語》云：「震，車也。」是震亦有車也。**重門擊柝，以待暴客，蓋取諸豫。****注**鄭康成曰：「豫坤下震上，九四體震，又互體有艮。艮爲門，震，日所出，亦爲門，重門象。案，震東方，萬物所出，《説文》云：「卯爲春門。」艮又爲手，手持二木以相敲，是爲擊柝。案，震爲木，爲鼓爲聲，艮爲小木。擊柝爲守備警戒也。四又互體坎，坎爲盜。案，荀九家云：「水暴長无常。」又以其卦爲豫，有守備，則不可自佚。」見《宫正》疏。案，艮以止之，守禦之義，故曰待。**斷木爲杵，掘地爲臼，臼杵之利，萬民以濟，蓋取諸小過。****案**艮爲小木，互兑爲毁折，故斷木。兑爲口臼之象，艮止於下，震動於上，震出巽入，舂之象也。**弦木爲弧，剡木爲矢，弧矢之利，以威天下，蓋取諸睽。****案**離爲弦，互坎爲木多心，爲弧。離爲矢，火動而上，澤動而下，發矢之象也。《白虎通》引《樂記》云：「土曰塤，竹曰管，皮曰鼓，匏曰笙，絲曰弦，石曰磬，金曰鐘，木曰柷敔。」「塤，坎音也。管，艮音也。鼓，震音也。弦，離音也。鐘，兑音也。柷敔，乾音也。」案，《白虎通》脱巽坤二音，高誘《淮南子・天文》注及《晉書・樂志》，俱以乾音石，坎音

❶「黄」，原脱，今據《後漢書》卷四十補。

革，艮音匏，震音竹，巽音木，離音絲，坤音土，兑音金，與《白虎通》互有異同，皆以離爲絲。《周禮》禁原蠶，蠶屬火。

上古穴居而野處，後世聖人易之以宫室，上棟下宇，以待風雨，蓋取諸大壯。

案大壯反遯，遯爲穴居野處，反成大壯，故易之以宫室。上諸所取，皆據本卦之象，以一卦言；以下皆云易之據兩卦言也。　震木在上，故上棟；乾在下，故下宇，宇屋簷象，乾之覆也。《詩》曰：「風雨攸除，君子攸芋。」《曲禮》疏云：「通而言之，則宫室通名。」故《爾雅》云：「宫謂之室，室謂之宫。」别而言之，論其四面穹隆，則曰宫；因其貯物充實，則曰室。室之言實也。

古之葬者，厚衣之以薪，葬之中野，不封不樹，喪期无數，後世聖人易之以棺槨，蓋取諸大過。

案大過與頤通。頤震爲木，艮象震反，爲木多節，故厚衣之以薪。互坤爲地，艮爲山，故葬之中野。　頤中四爻皆陰虚，故不封不樹。　无坎離日月象，故喪期无數。期謂從斬衰至緦麻，日月之期也。　受以大過，故易之以棺槨。　巽爲木，兑象反巽，内外皆木，棺槨之象也。　虞云：「穿上稱封。封，古窆字也。聚土爲樹。」是虞不以封爲聚土，不以樹爲樹木。《白虎通·崩薨》云：「棺之言完，所以藏尸，令完全也。槨之言廓，所以開廓辟土，令无迫棺也。」封樹者，所以爲識，故《檀弓》曰：「古也墓而不墳，今丘也，東西南北之人也，不可以不識也。於是封之，崇四尺。」《含文嘉》曰：「天子墳高三仞，樹以松；諸侯半之，樹以柏；大夫八尺，樹以欒；士四尺，樹以槐；庶人无墳，樹以楊柳。」案，墓而不墳，則始有棺槨時亦不聚土，則无棺槨時不封可知，故虞以封爲窆，以樹爲聚土。　劉向云：「棺槨之作，自黄帝始。」據此言也。　葬，❶劉向作「臧之」。

上古結繩而治，後世聖人易之以書契，百官以治，萬民以察，蓋取諸夬。

注鄭康成曰：「結繩者，事大大結其繩，事小小結其繩。　以書書木邊言其事，刻其木謂之書契，各持其一，後以相

❶「葬」下，皇清經解續編本、崇文書局本有「之」字，當是。

考合。」見孔疏及《釋文》、《書》疏。案夬反爲姤，姤巽爲繩，故結繩而治。兑爲附決，坤爲文，陽息至五，飛龍上治，故易之以書契，百官治而萬民察也。《漢書·藝文志》云：「夬揚於王庭，言其宣揚於王者朝廷，其用最大也。」是故易者，象也。象也者，像也。案周易言象，故易者象也。此解經之名易也。卦象所以像萬物，故象也者，像也。此解卦畫之稱象也。即十三「蓋取」，而易象之義可知矣，故曰「是故」。《管子》曰：「義也，名也，時也，似也，類也，比也，狀也，謂之象。」《七法》文。彖者，材也。案，材、才、哉通，始也，本也。卦首六畫未變曰材，由畫而變爲九六，則曰爻，彖説六畫，故曰材也。此解卦辭之稱彖也。《説文》云：「才，艸木之初也。」《論語》「無所取材」，鄭注云：「古字材哉同耳。」案，哉即才。《釋詁》云：「哉，始也。」虞云「彖説三才」，則虞本作才，不作材。畫者卦氣初兆，故曰材。《乾鑿度》云：「陽動而進，陰動而退，故陽以七、陰以八爲彖，陽變七之九，陰變八之六。」鄭注云：「彖者，爻之不變動者；九六，爻之變動者。一變而爲七，是今陽爻之象；七變而爲九，是今陽爻之變。八變而爲六，是今陰爻之變；二變而爲八，是今陰爻之象。」據此則卦首六畫，皆七八之象，變乃爲九六。九六之爻，象之變也，故謂之變。《繫辭》所以卦爻象爻俱分説之。陽畫一，一也；陰畫--，亦一也。陽生則陰分爲二，--即一之分，乃陰之一也。干寶坤初注云：「陽數奇，陰數偶，是以乾用一也，坤用二也。」干所云一二，謂畫也。畫皆一二，易説者以蓍无一二，又以一變七，二變八，因謂象爲七八，其實七八九六，皆一二之變，七八之變在九六之先，《周易》无七八，畫兼之耳。要知易之卦，非蓍得者也，象爻之義不明，乃强以一體謂之卦，六畫謂之爻，則六畫成卦之義不可通矣。今人筮卦，尚知七作單，九作重，獨不知易之畫與爻殊，畫乃一--，爻乃九六，何也？又案，《左傳》有艮之八，《國語》有泰之八，貞屯悔豫皆八之文。以此推之，古人蓍法寫七八九六，與易卦畫異也。方術之家由之而不能知，注經者讀之而不知求。自《左傳》得某之某，不明易義者爲之畫兩卦，而義遂由此晦矣。陽一君二民，陰二君一民，陽以陽畫爲主，故一君，陰以陰畫爲主，故二君，二即⚋也。爻也者，效天下之動者也。**案**爻者言變，故效天下之動。天下之動，可效而不可以畫拘者也。立象盡意，七八九六，互相流通也。此解九六之稱爻也。是故吉凶生而悔吝著也。**注**虞翻曰：「爻象動内，吉凶見外。吉凶悔吝，生乎動者也，故曰著。」案，此第二篇，言聖人制作取諸易，亦功業之見端，而易之象爻可推。

陽卦多陰，陰卦多陽，其故何也？**注**崔憬曰：「陽卦多陰，❶謂震坎艮，一陽而二陰；陰卦多陽，謂巽離兑，一陰而二陽者也。」陽卦奇，陰卦耦。**注**虞翻曰：「陽卦一陽故奇，陰卦一陰故耦。」案，陽卦奇，謂陽卦以奇爲主，奇，⚊也；陰卦耦，謂陰卦以耦爲主，耦，⚋也。其德行何也？**案**其，其奇耦。卦畫爲德，變爲九六爲行，謂動静也。君子之道，小人之道，奇耦之德行也。陽一君而二民，君子之道也。陰二君而一民，小人之道也。**案**陽卦以陽爲主，一君謂陽畫爲之君，二民謂陰畫爲之民。二即⚋。陰卦以陰爲主，二君謂陰畫爲之君，一民謂陽畫爲之民。陽剛君子，陰柔小人也。仲長統《昌言·損益》云：「易曰：『陽一君二民，君子之道也。陰二君一民，小人之道也。』然則寡者爲人上者也，衆者爲人下者也。」案，寡者爲人上，謂陽卦一陽，以陽爲君，陰卦一陰，以陰爲君也，則所謂二君，謂⚋爲之君，陰畫也，非謂陰卦以二陽爲君。《易》曰：「憧憧往來，朋從爾思。」**案**思者，心之君也。此承上而申説之。子曰：「天下何思何慮？天下同歸而殊塗，一致而百慮，天下何思何慮？**注**虞翻曰：「《易》无思也，既濟定，六位得正，故何思何慮。」案，咸四之初，初之四，成既濟，同歸於正，而或上或下，故殊塗。憧憧往來，或思升，或思降，其欲得位之心則一也，故一致而百慮。成既濟，陰陽各得，故何思何慮，

❶「卦多」，原倒，今據皇清經解續編本、崇文書局本乙正。

此所以「憧憧往來，朋從爾思」者也。《管子・形勢》云：「疑今者察之古，不知來者視諸往，萬事之生，異趣而同歸，古今一也。」《太史公自序》引此稱爲《易大傳》。**日往則月來，月往則日來，日月相推，而明生焉。** 注 虞翻曰：「謂初往之四，與三成離，故日往；與二成坎，故月來。案，初往之四，互離坎，日月合，此合朔之日月也。初變之四，與上成坎，故月往；四變之初，與三成離，故日來者也。案，初往之四成坎，四來之初成離，離氣上升，坎氣下降，月受日光而明，此望時之日月也。既濟兩體離坎，❶故明生也。**寒往則暑來，暑往則寒來，寒暑相推，而歲成焉。** 案 坎北方爲寒，離南方爲暑，初往之四，成坎，四來之初，成離，故寒往暑來。乾起坎終離，此由寒而暑者也。初之四，與五成離，與二成坎，故暑往寒來。坤起離終坎，此由暑而寒者也。寒往暑來，成既濟；暑往寒來，互未濟。陽生於子，陰生於午，坎離中宮，陰陽之所出入者也。陰陽一消一息，出離入坎，出坎入離，四時周而歲成矣。**往者屈也，來者信也，屈信相感而利生焉。** 案 已往者屈，方來者信，相感而萬物成，故利生也。**尺蠖之屈，以求信也。** 注 荀爽曰：「以喻陰陽之氣，屈以求信也。」案《春秋考異郵》云：「蟲之爲言屈申也。」《月令》以鱗鳳等狀中央四時之氣，故曰其蟲，言其屈申也。解在《月令》箋。案 尺蠖屈信，蟲也。屈，抑退也。氣欲信而不得，則抑退而屈，尺蠖之求信象焉。解在《釋數》。不屈則不能信，故曰「之屈，以求信」。**龍蛇之蟄，以存身也。** 注 虞翻曰：「潛，藏也。龍潛而蛇藏也。陰息初巽爲蛇，陽息初震爲龍，十月坤成，十一月復生，姤巽在下，龍蛇俱蟄。」案，龍蛇之蟄，屈曲於中，以喻陰陽伏藏之形也。西北陽伏，坤元藏乾元，陰陽并處。及其消長也，陰長則陽消，陽長則陰消，陽不蟄則剥，陰不蟄則決，故曰「之蟄，以存身」。**精義入神，以致用**

❶「兩體」，《周易集解》作「體兩」。

也。**注**姚信曰：「陽稱精，陰爲義，入在初也。陰陽在初，深不可測，故謂之神。變爲姤復，故曰致用也。」案，精，静也。義，宜也。陰陽各得其宜也。謂陽静專，陰静翕也。入，内也。入神，藏其神也。神，謂元也。解在《贊元》。利用安身，以崇德也。**案**用无不周，故利用。不下堂而天下治，故安身。謂元不自用也。過此以往，未之或知也。窮神知化，德之盛也。」**案**屈信往來，易之可知者，過此以往，謂无朕兆時也。未之或知，言无有能之知者。窮神，窮易之神，窮神則知之矣。化，謂往來屈信也。窮神知化，唯聖者能之，故曰德之盛。《中庸》曰：「唯天下至誠，爲能經綸天下之大經，立天下之大本，知天地之化育。」此第三篇，言陽卦多陰，陰卦多陽，陰陽合成既濟，一陰一陽，往來不息，而用之者元也，爲陰陽之主者也。

《易》曰：「困于石，據于蒺藜，入于其宫，不見其妻，凶。」子曰：「非所困而困焉，名必辱。**案**石非所宜困，三失位，以陰居陽，而見困，故名必辱。三應在上，而爲四所困，故非所困而名辱也。二化，四互艮爲石，石喻堅固。夫禮義也者，聖人所以藏身之固，而非所以困人者也。君子介于石，見幾而作，亦斷之以禮耳。是以君子行焉，小人困焉。壞法亂紀，烏得不困且辱哉？故禮義所以固君子，亦所以困小人。非所據而據焉，身必危。**注**虞翻曰：「謂據二，二失位，故非所據而據焉。」案襄二十五年《左傳》疏，劉炫云：「六三上承九四，四非三應，而三欲附之，附之不入，自取其困，不應爲此困而爲之，❶名必辱也。六三失位，而下乘九二，以柔乘剛，非安身之道，不應據而據之，身必危也。」**案**困于石，名已辱矣。而據蒺藜，不唯无濟，適以甚之也，故身必危。夫敗國、喪家、亡人，必先去其禮。雖有善者，且无如之何，況所據皆小人哉？禮愈亡而愈信任小

❶「此困」，皇清經解續編本、崇文書局本無此二字。

人，以喪國亡身者比比也。是故困于石者，知其必據于蒺藜；畔于禮者，未有不比之匪人者也。《韓詩外傳》云：「《易》曰『困于石』云云，此言困而不見據賢人也。昔者秦繆公困于殽，疾據五羖大夫蹇叔公孫支而小霸。晉文公困于驪氏，疾據咎犯趙衰介子推而遂爲君。越王句踐困于會稽，疾據范蠡大夫種而霸南國。齊桓公困于長勺，疾據管仲甯戚隰朋而匡天下。此皆困而疾據賢人者也。夫困而不知疾據賢人，而不亡者，未嘗有也。」既辱且危，死期將至，妻其可得見邪？」**案**離日坎月，爲期，三在坎互離，與上互大過，死象，故死期將至。化之正，成大過，則期至。之正而爲死者，不仁之當滅亡，亦禮之不可易者也。易曰：「公用射隼于高墉之上，獲之无不利。」子曰：「隼者，禽也。弓矢者，器也。射之者，人也。**注**虞翻曰：「離爲隼，故稱禽，言其行野，容如禽獸焉。離爲矢，坎爲弓，坤爲器。」君子藏器於身，待時而動，何不利之有？**案**藏器於身，

故曰公用射隼，不言弓矢也。時，時位，君子之高墉也。高墉則所見者博，隼无所匿，君子有時位，則所處者高，動无所壅，而道可行矣。《法言》曰：「修身以爲弓，矯思以爲矢，立義以爲的，奠而後發，必中矣。」《修身》文。此君子之器也。《中庸》曰：「雖有其德，苟无其位，亦不敢作禮樂焉。」此君子必待時也。器藏於身，得時即可以動，故曰公用射隼于高墉之上，言用之以射隼耳，弓矢所素備也。動而不括，是以出而有獲，語成器而動者也。」**案**括，閉也。弓動矢發，出而貫隼，故動而不括，出而有獲，其君用之，則安富尊榮，其子弟從之，則孝弟忠信，所獲豈不大哉？《荀子》曰：「羿者，天下之善射者也，无弓矢則无所見其巧。大儒者，善調一天下者也，无百里之地則无所見其功。」《儒效》文。道德者，君子之器，時者所以成君子之器者也，故語成器而動，言待時可以成吾器則動也。《荀子》曰：「君子能爲可貴，不能使人必貴己。能

爲可信，不能使人必信己。能爲可用，不能使人必用己。」《非十二子》文。子曰：「小人不耻不仁，不畏不義，不見利不勸，不威不懲。❶小懲而大誡，此小人之福也。**案** 耻，辱。畏，懼。勸，勉。懲，艾。耻則有所不爲，畏則有所不敢，不耻不畏，則无所不至矣。不勸則善，雖大而不爲。不懲則惡，无大而不作。无所忌憚，必致滅身，故小懲大誡，爲小人之福。誡，敕也。凡先舉易辭，後乃申説者，言聖人所繫之辭如此，而其所以擬議而繫此辭之旨，則如是云云也。先説其事，後乃以易證之者，以見萬類无窮，而无不可證之以易，愈以見易无不包也。有是意因立是象，有是象因繫是辭，有是辭即有是事，此引伸之義也。有是事先有是辭，則聖人有以探其本，知來藏往，而百世可知者也。《易》曰：『屨校滅趾，无咎。』此之謂也。**案** 噬嗑初本得位，變則將化，不可不懲，其所以有屨校之象者，亦不耻、不畏、不懲、不勸之所致，上无正應故也，是以離於法矣。離於法則畏懼生，懼滅趾而不行，不致滅趾，九不化之陰，故得无咎，此小懲大誡而爲福者也。晏平仲曰：「君恃勇力以伐盟主，若不濟，國之福也。」善不積不足以成名，惡不積不足以滅身。小人以小善爲无益而弗爲也，以小惡爲无傷而弗去也，故惡積而不可掩，罪大而不可解。」**注** 虞翻曰：「乾爲積善，坤爲積惡，小善謂復初，小惡謂姤初。」**案** 仲尼曰：「湯武非一善而王也，桀紂非一惡而亡也，三代之廢興也，在其所積。積善者多，雖有一惡，是爲過失，未足以亡。積惡者多，雖有一善，是爲誤中，未足以存。」《潛夫論·慎微》文。《易》曰：「何校滅耳，凶。」**案** 噬嗑三至五，坎耳失正，當滅者也。初滅趾而不知戒，必致由初至上，滅鼻、滅耳且滅頂，而身斯滅矣。象曰：「聰不明，言其不知

❶「威」，原作「勸」，今據皇清經解續編本、崇文書局本改。

戒，罔念聞也。」子曰：「危者安其位者也，亡者保其存者也，亂者有其治者也。案不知戒懼，則禍亂生，危者自以爲可長安其位者也，亡者自以爲可長保其存者也，亂者自以爲可長有其治者也，而不知乃其所以亡也。此即「其亡其亡」之義，言其所以亡，君子監焉，以自惕者也。《書》曰：「我不可不監于有夏，亦不可不監于有殷。」案，《禮運》「故明於順，然後能守危也」，鄭注云：「能守自危之道也，君子居安如危，小人居危如安。《易》曰：『危者安其位。』」疏云：「謂所以今日危亡者，正爲不知畏懼，偷安其位，故致危亡也。」谷永云：「夏商之將亡也，行道之人皆知之，晏然自以若天有日莫能危，是故惡日廣而不自知，大命傾而不悟。」《易》曰：「危者，有其安者也。亡者，保其存者也。」郭璞上疏云：「有道之君，未嘗不以危自持；亂世之主，未嘗不以安自居。故存而不忘亡者，三代之所以興也；亡而自以爲存者，三季之所以廢也。」義並與鄭同。崔憬云：「言有危之慮，則能安其位不失也。」非是。如其說，則下「安而不忘危」爲贅語矣。是故君子安而不忘危，存而不忘亡，治而不忘亂，是以身安而國家可保也。」案自以爲安則亡，故君子監焉以自惕，是以不亡，否泰相反，一存一亡，平陂往復，可不懼哉？《易》曰：「其亡其亡，繫于包桑。」

注荀爽曰：「存不忘亡也。桑者上玄下黄，乾坤相包以正，故不可亡也。」陸績曰：「自此以上，皆謂否陰滅陽之卦，五在否家，雖得中正，常自懼以危亡之事者也。」案其，其自以爲安者。其亡其亡，言其所以亡也。其所以亡，安其位故也，監於此，則兢兢業業，不忘危亡，身安而國家可保，故繫于包桑。劉向疏引「安不忘危」，下即云「王者必通三統，明天命，所授者博，非獨一姓也」。案，王者存二王之後，即監夏監殷之義。又云「孔子論《詩》至於『殷士膚敏，祼將于京』，喟然嘆曰，大哉天命，善不可不傳子孫，是以富貴無常，不如是則王公其何以戒慎，民萌何以勸勉。蓋傷微子之事周，而痛殷之亡也」。痛殷之亡，即所謂其亡也。谷永對義亦同。子曰：「德薄而位尊，知小而謀大，力小而任重，鮮不及矣。《易》曰：『鼎折足，覆公餗，其形渥，凶。』言不勝其任也。」注虞翻曰：「鮮，少也。及於刑矣。」案任，負也。鼎，宗廟之器。重任，尊位也。餗，八珍之食，大謀也。以德薄知力小者當之，鮮有能勝任而不折覆，以離於刑者。九四以陽居陰，處非其位，故不勝任。《潛夫論·貴忠》云：「德不稱其任，其禍必酷；能不稱其位，其殃必大。」子曰：「知幾，其神乎？案幾不可測，故知幾其神。孟子曰：「聖而不可知之謂神。」《淮南子》曰：「知人所不知謂之神。」《兵略》文。

君子上交不諂，下交不瀆，其知幾乎？案諂，諛也。知幾先見，故无諂瀆，事有一定，禮有固然，君子之无諂瀆，定於未交之先也。

幾者動之微，吉之先見者也。

君子見幾而作，不俟終日。《易》曰：『介于石，不終日，貞吉。』案幾者動之微，吉凶生乎動，君子知之，則吉固吉矣，凶亦吉也，故吉之先見。作，起也。豫二互艮爲石，介，操存之介也。天下之物，石最堅；天下之事，禮最固。操存以禮，无惑无虞，其能作而不俟終日者，此也。

介如石焉，寧用終日？斷可識矣。案操存以禮，堅莫如之，故如石也。斷，決斷也。觀其介，知其斷，故斷可識，艮時止則止，時行則行，是其斷也。《釋名》云：「山體曰石。石，格也。堅，捍格也。」

君子知微知彰，知柔知剛，萬夫之望。」注鄭康成曰：「知微謂幽暗，知彰謂明顯也。」見《文選·西征賦》注。案陰陽初兆謂之微，吉凶已著謂之彰。當剛而剛，當柔而柔，得位之陰陽也。其不當者，失位者也。知之則處之當矣，故萬夫之望，言望而法效之也。《詩》曰：「行歸于周，萬民所望。」

子曰：「顏氏之子，其殆庶幾乎？有不善未嘗不知，知之未嘗復行也。」《易》曰：「不遠復，无祇悔，元吉。」注虞翻曰：「幾者，神妙也。復以自知，謂顏回不遷怒，不貳過，克己復禮，天下歸仁。」

案知幾其神者，聖也。顔子步亦步，趨亦趨，故殆庶幾，无不善則无所復，知幾所以神也。有不善未嘗復行，故不遠復，庶幾者也。欲學易者自寡過始，孔子曰：「可以無大過矣。」天地絪緼，萬物化醇。案絪緼，壹壺也。言其周密相包裹也。絪緼，《説文》引作壹壺，蓋本字。絪緼，假借字也。《説文》云：「壹，專一也。壺，壹壺也。从壺，不得泄，凶也。壺，昆吾圜器也。」《淮南子·本經》云：「距日冬至四十六日，天含和而未降，地懷氣而未揚，陰陽儲與，呼吸浸潭，包裹風俗，斟酌萬物，旁薄衆宜，以相嘔咐，醞釀而成育羣生。」醇，不澆也。陰陽往來，周密无間，物得其和而生，故化醇。《管子》曰：「凡人之生，天出其精，地出其形，合此以爲人，和乃生。」《内業》文。《愼子》云：「天地之所以能長能久者，以其陽中有陰，下降極而生陽；陰中有陽，上升極而生陰。二氣交通，合爲太和。相因而爲氤，相昷而爲氲。以此施生化之功，變化之所以兆也。」男女搆精，萬物化生。案鄭康成曰：「搆，合也。男女以陰陽合其精氣。」見《草蟲》疏。案，彼作覯，義同。案有天地然後有男女，有男女然後有父子君臣。孔子曰：「天地不合，萬物不生，大昏萬世之嗣也。」《荀子》曰：「君臣、父子、兄弟、夫婦，始則終，終則始，與天地同理，與萬世同久，夫是之謂大本。」《王制》文。董子曰：「天地之陰陽當男女，人之男女當陰陽。」《易》曰：「三人行則損一人，一人行則得其友。」言致一也。案昏禮，主人不降送，壻降出，婦從，禮不參也。故三人行損一人，男行女隨，故致一，言致一人，所謂得友也。《白虎通》曰：「閨閫之内，衽席之上，朋友之道也。」《嫁娶》文。子曰：「君子安其身而後動，易其心而後語，定其交而後求。君子脩此三者，故全也。」案此得位既濟之象也。得位故安其身，坎爲險，得正，六爻相應，故易其心，定其交，六位皆正，无所不宜，故全也。危以動，則民不與也。

懼以語，則民不應也。无交而求，則民不與也。莫之與則傷之者至矣。《易》曰：「莫益之，或擊之，立心勿恒，凶。」**案**王粲曰：「身不安則殆，言不順則悖，交不審則惑，行不篤則危，四者存乎中，則憂患接乎外矣。憂患之接，必生於自私，而興於有欲。自私者不能成其私，有欲者不能濟其欲。」《安身論》文。益上失位无與，不降三，則三不與上，五艮來擊之。上居高位，不自降三，而欲三來應己，又不自化之正。順，五失位，乘陽，三隔五不應上。所謂危也，懼也，无交者也，皆无恒之所必致也。以斯而動，誰則與之？是以凶而傷之者。至上三易位，成既濟，則所謂君子也。此第四篇，所謂吉凶生、悔吝著也。

子曰：「乾坤，其易之門邪？」**注**荀爽曰：「陰陽相易，出於乾坤，故曰門。」**案**易，元也。乾坤，易之門。言其出入於乾坤，乾坤周而易周矣。

乾，陽物也。坤，陰物也。陰陽合德，而剛柔有體。**注**荀爽曰：「陽物天，陰物地也。」虞翻曰：「合德謂天地雜，保合太和，日月戰，乾剛以體天，坤柔以體地也。」案，精氣爲物，乾坤者，陰陽之精氣所爲也。已成形體，故謂之物，合德則太極含三爲一，合和之氣也。陰陽合德，是曰太極。陰陽成體，則曰剛柔。言乾坤之所以爲物者，以剛柔各有體也。陰陽合德不可名，名之以易而已。《荀子·禮論》云：「天地合而後萬物生，陰陽接而後變化起。」以體天地之撰，以通神明之德。**注**荀九家曰：「撰，數也。萬物形體，皆受天地之數也。隱藏謂之神，著見謂之明，陰陽交通乃謂之德。」案，「以體天地之撰」，謂剛柔爲卦畫，成卦體，卦所以體天地之撰者也。「以通神明之德」，謂發揮剛柔而生爻，由變而化，往來不窮，不可一端測，故以通神明之德也。

其稱名也，雜而不越。**注**荀九家曰：「陰陽，雜也。名謂卦名。陰陽雖錯，而卦象各有次序，不相踰越。」於稽其類，其衰世之意邪？**案**於，歎辭。類，謂以卦類萬物也。卦反復相受，故曰衰世之意，謂殷之末世，周以盛德繼之，一陰一陽，一盛一衰，易之義也。聖人懼衰之不已，故卦必反復，以見衰必有盛，窮則變，變則通，作《易》以救衰也。仲尼作《春秋》，亦此志也。《白虎通》曰：「文王所以演易何？商王紂不率仁義之道，失爲人法矣。己之調和陰陽尚微，故演易，使我卒至於太平日月之光明，則如易矣。」《五經》文。《荀子》曰：「以類行雜，以一行萬，始則終，終則始，若環之無端也，舍是而天下以衰矣。」《王制》文。

夫易彰往而察來，而微顯闡幽。案往者彰，則來者可察，不知今者視諸古，不知來者稽諸往也。微顯，謂顯明者探其微。闡幽，謂幽昧者發其覆。陽往則陰來，陰往則陽來，變之九六者，本諸畫，隱於畫者，發諸爻，睹本察末，探端知緒，所謂知遠之近，知風之自，知微之顯也。闡，開也。

開而當名辯物，正言斷辭，則備矣。注干寶曰：「辯物，類也。正言，言正義也。斷辭，斷吉凶也。」案易出入乾坤，成六十四卦，故開當名，各當其名也。

其稱名也小，其取類也大，其旨遠，其辭文，其言曲而中，其事肆而隱。注虞翻曰：「謂乾坤與六子俱名八卦而小成故小，觸類而長之故大。」案廣大悉備，有天地人道焉，故旨遠。百物不廢，物相雜，故曰文，亦天地人之文也。曲成萬物而不遺，言賾不可亞，言動不可亂，故曲而中。肆，極陳也。變通之謂事，百姓日用而不知，故肆而隱。《荀子》曰：「多言則文而類，終日擬其所以，言之千舉萬變，其統類一也，是聖人之知也。」《性惡》文。

因貳以濟民行，以明失得之報。注鄭康成曰：「貳，當爲弍。」見《釋文》。案《說文》云：「弍古文二。」❶虞翻曰：「二謂乾與坤也。」案濟謂成既濟，民行失中，作易以濟之，得位則報以吉，失位則報以凶，成既濟，乃无失也，故濟民行。此第五篇，言易出入乾坤，无所

❶「古」，原作「故」，據《說文解字》改。

不備，變易而不易者也。

易之興也，其於中古乎？作易者，其有憂患乎？注鄭康成曰：「文王爲中古，見虞翻注引。❶文王囚而演易。」見孔疏。案，《漢書·藝文志》「世歷三古」注，孟康曰：「伏羲爲上古，文王爲中古，孔子爲下古。」案文王增六爻，作卦爻之辭，故興於中古。作易謂繫卦爻之辭也。是故履，德之基也。案履者，禮也。踐而履之，故曰基。无禮則德不成，克己復禮，天下歸仁。此九卦者，文王之所以服事殷，而終其臣節者也。謙，德之柄也。注虞翻曰：「坤爲柄。柄，本也。」干寶曰：「柄所以持物，謙所以持禮者也。」復，德之本也。注虞翻曰：「復初乾之元，故德之本也。」案，❷元伏復初，確乎難拔，故曰本。恒，德之固也。注虞翻曰：「立不易方，守德之堅固。」案，恒，常也。恒厥德，始貞固，不恒則或承之羞。損，德之脩也。注鄭康成曰：「脩，治也。」見《釋文》。荀爽曰：「懲忿窒慾，所以脩德。」益，德之裕也。注荀爽曰：「見善則遷，有過則改之。德，優裕也。」困，德之辯也。注鄭康成曰：「辯，別也。遭困之時，君子固窮，小人窮則濫，德于是別也。」井，德之地也。注姚信曰：「井養而不窮，德居地也。」案，井爲德所居之地，勞民勸相，居德之地也。巽，德之制也。注虞翻曰：「巽風爲號令，❸所以制下，故曰德之制也。」履，和而至。案説而應乎乾，故和而至。謙，尊而光。注荀爽曰：「自上下下，其道大光也。」復，小而辯於物。注虞翻曰：「陽始見故小，乾陽物，坤陰物也。以乾居坤，故稱別物。」案，陰陽之

❶「虞翻」，原倒，今據《周易集解》卷十六改。
❷「案」，原作「察」，今據皇清經解續編本改。
❸「令」，原作「今」，今據皇清經解續編本、崇文書局本改。

物，辯之於早。恒，雜而不厭。注荀爽曰：❶「夫婦雖錯居，不厭之道也。」損，先難而後易。案損以成益，故先難後易。益，長裕而不設。注鄭康成曰：「設，大也。」《周禮·攷工記》曰：「中其莖，設其後。」見《桃氏》疏。鄭彼注云：「謂從中以卻稍大之，後大則於把易制。」案，不設，謂无所小大，故長裕。虞翻曰：「謂天施地生，其益无方，凡益之道，與時偕行，故不設也。」困，窮而通。井，居其所而遷。巽，稱而隱。案困而不失其所亨，故通。改邑故遷，不改井故居其所。萬物絜齊故稱，爲伏爲入故隱也。履以和行，謙以制禮，復以自知，恒以一德，注虞翻曰：「禮之用，和爲貴，故以和行也。」陰稱禮，謙三以一陽制五陰，萬民服，故以制禮也。有不善，未嘗不知，故自知也。恒德之固，立不易方，從一而終，故一德者也。」損以遠害，案滿則招損，自損故遠害。向子平所謂「貴不如賤，富不如貧」者，正謂此也。見本傳。申屠剛對策云：❷「損益之際，孔父攸嘆。持滿之戒，老氏所慎。蓋功冠天下者不安，威震人主者不全。」《淮南子》曰：「孔子讀易至損益，未嘗不憤然而歎曰：『益損者，其王者之事與，事或欲以利之，適足以害之，或欲害之，乃反以利之，利害之反，禍福之門户，不可不察也。』」《人間》文。益以興利，注荀爽曰：「天施地生，其益无方，故興利也。」困以寡怨，井以辯義，案困而不失其所亨，致命遂志，所以寡怨也。不怨天，不尤人，居易俟命，无入不自得，何怨之有。辯義謂改邑不改井，各有宜也。巽以行權。注荀九家曰：「巽象號令，又爲近利，人君政教，進退釋利而爲權也。《春秋傳》曰：『權者反於經，然後有善者也。』桓

❶「爽」，原作「夾」，今據皇清經解續編本、崇文書局本改。

❷「傳申」，原倒，今據皇清經解續編本、崇文書局本改。

十一年《公羊傳》文。此所以説九卦者，聖人履憂濟民之所急行也。故先陳其德，中言其性，後序其用，以詳之也。西伯勞謙，殷紂驕暴，臣子之禮有常，故創易道以輔濟君父者也。然其意義廣遠幽微，孔子指撮解此九卦之德，合三復之道，明西伯之於紂，不失上下。」案，此第六篇，舉九卦以明文王居動皆易，後之君子所宜察其德行者也。

易之爲書也，不可遠。**案**易廣大悉備，言尚辭，動尚變，制器尚象，卜筮尚占，舉而措之天下之民，謂之事業，故爲書不可遠也。書，著也。其爲道也屢遷。**注**虞翻曰：「遷，徙也。日月周流，上下无常，故屢遷也。」**案**一陰一陽之謂道，陰陽往來不窮，故屢遷。變動不居，周流六虚，上下无常，剛柔相易。**注**虞翻曰：「六虚，六位也。日月周流，終則復始。」**案**變動謂九六，六爻之動，由畫而變，而不居於六畫之位，故不居。六虚者，太極六爻一陰一陽之虚位也。終而復始，升降於六虚，所謂周也。陰陽上下，互相易位，故上下无常。剛柔相易，所謂易也。不可爲典要，唯變所適。**注**虞翻曰：「典，常。要，道也。上下无常，故不可爲典要。」**案**周易占變，故唯變所適。其出入以度，外内使知懼。**案**出入，謂屈信消長也。出入有恒，故以度。陰陽出入，即聖人之所以爲出入者，入謂之内，出謂之外，爻象動内，吉凶見外，故使知懼也。又明於憂患與故，无有師保，如臨父母。**注**虞翻曰：「神以知來，故明憂患；知以藏往，故知事故。作易者其有憂患乎？」干寶曰：「言易道戒懼，所以懼以終始，歸无咎也。雖无師保切磋之訓，其心敬戒常如父母之臨己者也。」案，《文王世子》云：「師也者，教之以事而喻諸德者也。保也者，慎其身以輔翼之而歸諸道者也。」初率其辭，而揆其方，既有典常，苟非其人，道不虚行。**注**馬融曰：「方，道也。」見《釋文》。**案**初，始。率，循。辭，彖爻辭也。揆，度。方，陰陽之道也。陰陽變易，故不可爲典要。卦氣之初，全體畢具，故率辭揆方，盡有典常也。其人謂聖人，仁見仁，知見知，百姓不知，唯聖人知之而不失其正，此所以必察乎其人，察乎德行者也。有聖人之一端，則可行聖人之一事，君子曰：「甘受和，白受采，忠信之人，可以學禮。」此第七篇，言易不可遠，非其人不能行也。

易之爲書也，原始要終，以爲質也。案終始，卦畫之終始也。原，本。要，約。質，體也。謂元發爲畫也。六爻相雜，唯其時物也。注虞翻曰：「陰陽錯居稱雜，時陽則陽，時陰則陰，故唯其時物，乾陽物，坤陰物。」案時謂一卦之氣，發爲六畫者，故六位時成。爻之陰陽由於畫，故唯其時物，唯六畫之陰陽，發爲六爻之陰陽也。畫自下上成，各以時變而爲爻，各隨其畫，若元則无方无體而不過不遺者也。《吕覽》曰：「愛惡循義，文武有常，聖人之元也。譬之若寒暑之序，時至而事生之，聖人不能爲時，而能以事適時。」《召類》文。以事適時，用九用六之謂也。其初難知，其上易知，本末也，初辭擬之，卒成之終。注干寶曰：「初擬議之，故難知。卒終成之，故易知。本末勢然也。」案，初上謂爻。若夫雜物撰德，辯是與非，則非其中爻不備。案雜物，謂陰陽也。撰德，天地之撰，神明之德也。中爻，二至五，中四爻也。謂之中爻者，五，上之中；二，下之中；三、四，互體之中。中四爻兼互體，故備也。噫！亦要存亡吉凶，則居可知矣。知者觀其彖辭，則思過半矣。注馬融曰：「噫，辭也。居，處也。彖辭，卦辭也。」案要，約也。所居而安者易之象，故居可知。彖者言乎象，君子居則觀其象而玩其辭，觀質可以知文，故思過半。二與四同功而異位，其善不同。二多譽，四多懼，近也。柔之爲道，不利遠者，其要无咎，其用柔中也。案二四皆陰，同互一卦，故同功。荀注《易》，凡互體，俱云同功，爲某。莊二十二年《左傳》疏云：「二至四，三至五，兩體交互，先儒謂之互體。」二中，四非中；二內，四外，故異位，善不同也。二得中，故多譽；四失中，故多懼。二應五，故近多譽；四非五應，反來應初，五又乘之，故遠而多懼也。无咎謂四，柔中謂二。三與五同功而異位，三多凶，五多功，貴賤之等也。其柔危，其剛勝邪。案三五俱陽，同互一卦，故同功。五中在外，三失中在內，故異位。五貴得中，故多功；三賤失中，故多凶。三五陽位，故柔危剛勝也。此上所謂「非中爻不備」文。易之爲書也，廣大備悉。注荀爽曰：「以陰易陽謂之廣，以陽易陰謂之大，易與天地準，故悉備也。」有天道焉，有人道焉，有地道焉，兼三才而兩之，故六，六者非它也，三才之道也。案道不可見，始萌謂之才，故三才之道，天地人始兆之道也，謂畫。道有變動，故曰爻，爻有等，故曰物。注陸績曰：「天道有晝夜日月之變，地道有剛柔燥濕之變，人道有行止動靜吉凶善惡之變，聖人設爻以效三者之變動，故謂之爻也。」案等，貴賤之等。物，陽陰之物也。物相雜，故曰文，文不當，故吉凶生焉。注虞翻曰：「乾陽物，坤陰物，純乾純坤之時，未有文章，陽物入坤，陰物入乾，更相雜成六十四卦，乃有文章，故曰文。」案不當謂陰陽失位。吉凶者，失得之象，故吉凶生。卦畫爲質，卦爻爲文，原始要終以爲質，謂畫之始終。六爻相雜，唯其時物，畫之變爲九六而成文章者，文依質立，質以文行，是曰時物。此第八篇，言卦爻文質相依，所謂剛柔立本，變通趣時，兼三才而廣大悉備矣。

易之興也，其當殷之末世，周之盛德邪，當文王與紂之事邪？注鄭康成曰：「據此言，以易是文王所作，斷可知矣。」見昭二年《左傳》疏。是故其辭危。案文王因而演易，有憂患故辭危。危者使平，易者使傾。案陰消陽長，陽極陰生，无平不陂，无往不復，六十四卦，旁通反復，孟子所謂「生於憂患而死於安樂」者也。其道甚大，百物不廢。案陰陽往來，无有窮已，廣大悉備者也。故其道甚大，百舉成數。廢，休也。《淮南子》曰：「輪轉而無廢。」《原道》文。懼以終始，其要无咎，此之謂易之道也。案作易者有憂患，故懼以終始，成既濟定，故其要无咎也。此第九篇，❶言文王作《易》，以總上諸聖人也。

夫乾，天下之至健也，德行恒易以知險。夫坤，天下之至順也，德行恒簡以知阻。案德行者，得乾坤之健順而行之，易簡而知險阻也，謂聖也。《文言傳》「君子行此四德」，謂得而行之也。天地之道，恒久不已，至健至順，純陰純陽，恒易簡而不險阻者，陰陽變化，皆自乾坤來，故知險阻。能説諸心，案得健順而行之，易簡而知險阻，故能説諸心，以之脩其身也。元伏復初，爲天地心，剛柔始交，出震交坎，而成屯矣。此言乾坤交，成諸卦，復姤爲陰陽之始，屯蒙爲諸卦之先，舉一端而全經可知也。能研諸侯之慮，注虞翻曰：「坎心爲慮。乾初之坤，初爲震，震爲諸侯。」案能研諸侯之慮，謂治國也。屯利建侯，所謂君子以經綸者也。定天下之吉凶，成天下之亹亹者。注荀爽曰：「亹亹，陰陽之微，可成可敗也。順時者成，逆時者敗。」案此謂平天下也。陰陽成六十四卦，故定天下之吉凶。陽陰皆起於初，自微及著，故成天下之亹亹者。《禮器》曰：「是故天時雨澤，君子達亹亹焉。」鄭彼注云：「君子愛物，見天雨澤，皆勉勉勸樂。」案，勉勉勸樂，樂物之生也。義同。是故變化云爲，案通變之謂事，故變化云爲。云，運也。吉事有祥。注虞翻曰：「祥，幾祥也。」吉之先見者也。謂復初元吉也。」象事知器，占事知

❶「篇」，原作「第」，今據本卷文例改。

來。案象事知器，象其事知其成也。見乃謂之象，形乃謂之器。占事未著，而待占者占之，而知其方來，故知來。《荀子》曰：「五寸之矩，盡天下之方也。」《不苟》文。天地設位，聖人成能。案天地設位，謂健順也。天行健，位乎上；地勢順，位乎下。❶聖人成能，謂德行成，而能説諸心以脩身，能研諸侯之慮以治國，能定吉凶成亹亹以平天下也。聖人與天地合德，法效天地，以成其能，引伸觸類，能事畢矣。《中庸》曰：「可以贊天地之化育，則可以與天地參矣。」人謀鬼謀，百姓與能。注鄭康成曰：「鬼謀，謂謀卜筮於廟門也。」見《士冠禮》疏。案謀及乃心，謀及卿士，謀及庶人，謀及卜筮，故人謀鬼謀。易則易知，簡則易從，故百姓與能。八卦以象告，爻彖以情言。案六十四卦，皆八卦之象，故八卦以象告。告，示也。爻言變，彖言象，聖人之情見乎辭，故爻彖以情言也。剛柔雜居，而吉凶可見矣。案謂畫也，剛柔交故雜居。爻者，變動不居。剛柔立本，得失已兆，故吉凶可見，所謂居可知也。變通以利言，吉凶以情遷。案變則通，變通盡利，故以利言。情謂一陰一陽，天地人之至也。得則吉，失則凶。先得後失，則始吉終凶。先失後得，則始凶終吉，故以情遷也。是以愛惡相攻，❷而吉凶生。案愛惡，謂情之得失也。得位相應，則交相愛，不則以得攻失，以失攻得，而吉凶生矣。攻，擊也。遠近相取，而悔吝生。案遠謂非應，近謂應也。遠取近，則應爲非應所取，不得之應。近取遠，則應係於非應，不欲之應，而悔吝生焉。情僞相感，而利害生。案情僞謂得失。以情感情，有利无害；以僞感僞，有害无利；以情感

❶「位」，原作「謂」，今據皇清經解續編本、崇文書局本改。

❷「以」，皇清經解續編本、崇文書局本作「故」。

僞，雖害亦利；以僞感情，雖利亦害。凡易之情，近而不相得，則凶，或害之，悔且吝。案凡易之情，謂得位者也。近謂應，相應之爻俱得位，而一化一不化，則不相得，故凶。應本相得，閒爻害之，則悔且吝。將叛者其辭慚，案本得位而欲化者，爲將叛。叛，倍也。慚，媿也。爻效人事，故辭亦如之。中心疑者其辭枝，案失位而變化无定者，爲疑。枝，猶擬也。《荀子》曰：「凡觀物有疑，中心不定，則外物不清。吾慮不清，則未可定然否也。」又曰：「心枝則无知，傾則不精，貳則疑惑。」并《解蔽》文。吉人之辭寡，躁人之辭多，案得位不動者爲吉人，失得妄動者爲躁人。寡，少也。多，重也。誣善之人其辭游，案陽爲善，陰居陽位，陽爲陰揜，爲誣善。游，猶浮也。《緇衣》曰：「大人不倡游言。」《書》曰：「而胥動以浮言，恐沈于衆。」失其守者其辭屈。案持一不惑曰守。陽静專，以陽居陰，爲失其守。屈，挫其志也。《孟子》曰：「威武不能屈。」此第十篇，言變易不易，皆其簡易，以總諸篇也。

周易姚氏學卷第十五終

周易姚氏學卷第十六

旌德姚配中撰

周易説卦傳

昔者聖人之作易也，幽贊於神明而生蓍，**注**鄭康成曰：「昔者聖人，謂伏羲、文王也。」見《書序》疏。荀爽曰：「幽，隱也。贊，見也。」干寶曰：「始爲天下生用蓍之法。」**案**幽，深。贊，佐也。幽贊，謂易不可見，聖人極深研幾以佐見之也。神明者，天地之神明，易之元也。生，猶造也。參天兩地而倚數，**注**馬融曰：「五位相合，以陰從陽。天得三合，謂一三與五也。地得兩合，謂二與四也。見孔疏。倚，依也。」見《釋文》。案，聖人以陰陽消息，有始壯究，而因爲之異其名。自一至十，奇以名陽，偶以名陰。一至五爲生數，六至十爲成數。成數者，生數之合也。生數三奇而二偶，故天得三合，一三五六八十合之三十三。地得兩合，二四七九合之二十二。陽大小數皆三，陰大小數皆二，故參天兩地而倚數，數依以立也。天地之數五十五，減五以象五行，以五十衍卦，故曰「大衍」，解在《上繫》。虞云：「分天象三才，以地兩之，立六畫之數。」似失之。上言生蓍，則此言大衍之數可知，非謂重卦。倚，鄭《周禮・媒氏》注作奇。觀變於陰陽而立卦，**案**數有陰陽之變，謂一變七，二變八也。觀數變之陰陽，因以立卦畫之陰陽也。上言數，故知此立卦謂卦畫，下乃言爻。虞云：「謂立天之道，曰陰與陽，乾剛坤柔，立本者。卦謂六爻。」似失之。下言生爻，此云立卦，謂卦畫不得豫言爻。天道陰陽，乃以陰陽分屬天，剛柔分屬地，以見六畫一陰一陽，陰陽剛柔互備耳。乾剛坤柔，乾陽物，坤陰物，隨義生稱耳，不得以陰陽專屬之天也。發揮於剛柔而生爻，**案**剛柔謂畫。發揮，發動也。發揮於剛柔之畫，以生九六之爻。又有數无象，故言生，不言立。上言卦畫，故知此是由剛柔之畫，生九六之爻。虞云：

「立地之道，曰柔與剛。變剛生柔爻，變柔生剛爻，以三爲六也。」似失之。道有變動，故曰爻。易爻皆九六，七變之九，剛之發揮。八變之六，柔之發揮。剛柔立本，畫動成爻也。**和順於道德而理於義，**案道，一陰一陽之道，太極也。德謂兩儀，各得太極之陰陽，故謂之德。陰陽分則各有定位，故曰義。理，分也。合太極、兩儀之道德，立六畫、陰陽一定之位，故和順於道德，而理於義。賈子曰：「物所道始謂之道，所得以生謂之德。德之有也，以道爲本。德生理，理立則有各適之謂義。義者，理也。」《道德説》文。上言卦畫及爻，故知此是定陰陽之位。虞云：「立人之道，曰仁與義。和順謂坤，道德謂乾。以乾通坤，謂之理義。」似失之。如其説，是坤與乾通，何謂立人之道？義不可曉。此謂蓍卦定位之所以然，不必以象泥也。**窮理盡性以至於命。**案理，陰陽之位。性，陰陽之性。性偏則不能當位。窮理盡性，而陰陽各得其分矣。故以至於命。命，陰陽一定之位。即分也。窮理，窮命之分。盡性，性之不盡者使之盡，以各如其分，則一陰一陽，六爻正而至於命矣。此卦所以成既濟，而既濟定也。上言陰陽有一定之位，故知此言陽陰必各當其位。所謂乾道變化，各正性命，復乎太極之體者也。蓋一陰一陽者，太極之體命也。所謂和順於道德，而理於義，陰陽之宜以太極定也。卦之性各有陰陽，化成既濟，則一陰一陽復太極之體情也。利貞者性情，性之發，各得其正，則盡性而至於命矣。《大戴·易本命》云：「萬物之性，各異類。」類異則性不盡，稟於木則仁，稟於金則義，猶乾性陽，而坤性陰也。成既濟，則至於命，性之偏者化矣。劉子云：「民受天地之中以生，所謂命也。是以有動作威儀之則，以定命也。」定命則至於命矣。賈子《道德説》云：「命，德之理也。」案，虞云：「以乾推坤，謂之窮理。以坤變乾，謂之盡性。性盡理窮，故至於命。巽爲命也。」似失之。

昔者聖人之作易也，將以順性命之理，是以立天之道曰陰與陽，立地之道曰柔與剛，立人之道曰仁與義。兼三才而兩之，故易六畫而成卦。案天地人，各有性有命。

天性陽，其得位不化者，命也；其失位必化之陰者，亦命；上陰位，當陰也。地性柔，其得位不化者，命也；其失位必化之剛者，亦命；初剛位，宜剛也。人性仁，威儀定命，則義。其命義者宜也，隨其位之陰陽而爲剛柔也。《吕覽》曰：「命也者，就之未得，去之未失。國士知其若此也，故以義爲決而安處之。」《知分》文。此承上性命而申説之，以明六畫所以以一陰一陽爲定位，卦所以必成既濟也。上言聖人造蓍定卦爻，此言聖人立六畫之旨，故重言昔者聖人之作易也。聖人將以順性命之理，故立天地人之道。各有性命，兼而兩之。六畫成卦，一陰一陽爲之定位也。

分陰分陽，迭用柔剛，故易六位而成章。 案以三才六位言，則初二地，三四人，五上天。總一卦言，明天道，則剛柔皆天之陰陽；明地道，則陰陽皆地之剛柔；明人道，則又各如其陰陽剛柔而爲仁義也。故泰内陽外陰，内君子外小人，合全卦言天人也。故曰：「分陰分陽，迭用柔剛。」明互相備也。迭，更也，互也。章，天地人之文也。物相雜，故曰文。六位成章，錯綜而成六十四，象像爻效。文不當，而吉凶生矣。《乾鑿度》云：「孔子曰：『易有六位三才，天地人道之分際也。天有陰陽，地有柔剛，人有仁義，法此三者，故生六位。六位之變，陽爻者，制於天也；陰爻者，繫於地也。天動而施曰仁，地静而理曰義，仁成而上，義成而下，上者專制，下者順從，正形於人，則道德立，而尊卑定矣。』」

天地定位，山澤通氣， 案天尊位上，地卑位下。天降時雨，山川出雲。天地之氣，以山澤通，所謂竅於山川者也。《咸·彖傳》陸績注云：「天地因山澤孔竅以通其氣，化生萬物也。」紀瞻對策云：「蓋聞陰陽升降，山澤通氣。」義同陸。**雷風相薄，水火不相射，** 注鄭康成曰：「薄，入也。」陸績曰：「射，厭也。」并見《釋文》。案薄，迫也。天地之氣，以雷風相迫入也。《淮南子·天文》云：「陰陽相薄，感而爲雷。」《文選·風賦》注引《物理志》云：「風陰陽擊發氣也。」水，火之牡；火，水妃也。故不相射。陰陽之氣，出入坎離，以坎離交也。《素問·天元紀大論》云：「水火者，陰陽之徵兆。」八卦相錯。數往者順，知來者逆，是故易逆數也。案相錯謂成六十四。逆，迎也。已往故數之順，自上而下。未來故數之逆，自下而上。易氣從下生迎而上，以下爻爲始，知來者也，故逆數也。

雷以動之，風以散之，雨以潤之，日以烜之，艮以止之，兑以説之，乾以君之，坤以藏之。注荀九家曰：「雷與風雨，變化不常。而日月相推，迭有往來，是以四卦以義言之。天地山澤，恒在者也，故直言名矣。」案萬物以陽出。仲春之月，陽始出地，激而爲雷，而萬物動，羣蟄起。氣以雷發，以風行，風行氣布，和而爲雨。雨自上下，故潤。澤自下上，故説。乾爲之君，號令皆發自乾元也。坤位中央，物皆麗焉。出於坤，藏於坤，萬物之母也。《樂記》曰：「地氣上齊，天氣下降，陰陽相摩，天地相蕩，鼓之以雷霆，奮之以風雨，動之以四時，煖之以日月，而百化興焉。」月令則其紀驗也。

帝出乎震，齊乎巽，相見乎離，致役乎坤，説言乎兑，戰乎乾，勞乎坎，成言乎艮。

案帝，乾元也。乾元藏於中宫，周乎八方，所在異名，而八卦稱焉。《齊書·王儉傳》：「太子問王儉曰：『《周易·乾卦》本施天位，而《説卦》云「帝出乎震」。震本非天，義豈相當？』儉曰：『乾健震動，天以運動爲德，故言「帝出震」。』太子曰：『天以運動爲德，君自體天居位，震雷爲象，豈體天所出？』儉曰：『主器者莫若長子，故受之以震。萬物出乎震，故亦帝所與焉。』」案，儉不知帝爲乾元，故言之多滯。夫元之所在異名，八卦何一非元乎？謂之帝者，言其氣之王出而乘時也。明乎此，而八卦可知矣。夫豈帝自爲帝，而卦自爲卦乎？《魏志》注引《管輅别傳》難劉邠云：「輅不解古之聖人何以處乾位於西北、坤位於西南。夫乾坤者，天地之象。然天地至大，爲神明君父，覆載萬物，生長撫育，何以安處二位，與六卦同列？」知八卦之皆元所爲，則无疑於乾坤之位矣。卦者，挂也，象也。

帝出乎震，則象成震，齊乎巽，則成巽，豈舍帝而别有卦哉？輅所云「乾坤者，易之祖宗，變化之根原」者，謂元也。此明堂之所由立。明堂法易八卦，王居周明堂，若帝之出乎震，而周八卦也，解在《月令》箋。十二月之所由紀，《晉書・天文志》：「董巴議云：『昔伏羲始造八卦，作三畫，以象二十四氣。黄帝因之，初作《調歷》。』」八風七十二候之所由驗也。《春秋考異郵》：「冬至十一月，陽之氣也。陽立於五，極於九，五九四十五日一變。以陰合陽，故八卦主八風，相距各四十五日。艮爲條風，震爲明庶風，巽爲清明風，離爲景風，坤爲涼風，兑爲閶闔風，乾爲不周風，坎爲廣莫風。」七十二候解在《月令》箋。

萬物出乎震，震，東方也。注虞翻曰：「出，生也。」案《説文》云：「出，進也。象屮木益滋，上出達也。」案變帝言萬物者，見乃謂之象，形乃謂之器。萬物者帝所爲也。此所云八卦，乃方位。帝之所在爲卦，因即以卦名其方，故復伸之云「震，東方也」。《白虎通・五行》云：「東方者，動方也，萬物始動生也。木在東方，木之言觸，陽氣動躍觸地而出也，時爲春。春之言偆。偆，動也。其色青，其音角。角者，躍也。陽氣動躍，其日甲乙。甲者，萬物孚甲也。乙者，物蕃屈有節欲出。」

齊乎巽，巽，東南也。齊也者，言萬物之絜齊也。案絜，猶清也。齊，整也。巽爲白，萬物茂長，故清整也。

離也者，明也，萬物皆相見，南方之卦也。注虞翻曰：「離爲日，爲火，故明。日出照物，以日相見。」案，《白虎通・五行》云：「南方之時，萬物莫不章明。」南之言任也，時爲夏。夏之言大也，其色赤，其音徵。徵，止也。陽度極也，其日丙丁。丙者，其物炳明。丁者，强也。

聖人南面而聽天下，嚮明而治，蓋取諸此也。注虞翻曰：「離，南方，故南面。乾五之坤，坎爲耳，離爲明，故以『聽天下，嚮明而治』也。」案聖人謂乾元託位於五，成坎。乾元伏於戌亥，藏於中宫成坎。坎北方，故南面聽察也。天下不能盡覩，而可盡聞，故曰「聽」。坎嚮離成既濟，六位正，故「嚮明而治」也。

坤也者，地也，萬物皆致養焉，故曰「致役乎坤」。

注鄭康成曰：「坤不言方者，所以言地之養物不專一也。」見孔疏。虞翻曰：「坤陰无陽，故道廣布，不主一方，含宏光大，養成萬物。」案，《白虎通·五行》云：「中央者土，土主吐含萬物。土之爲言吐也。土爲中宫，其日戊己。戊者，茂也。己者，抑屈起。其音宫。宫者，中也。土所以不名時者何？地，土之别名也，比於五行最尊，故不自居部職也。」又云：「土王四季居中央，不名時。」《乾鑿度》云：「陽始於亥，形於丑，乾位在西北，陽祖微據始也。陰始於巳，形於未，據正立位，故坤位在西南，陰之正也。」兑，正秋也，萬物之所説也，故曰「説言乎兑」。

注虞翻曰：「兑爲雨澤，故説。」案，《釋名》云：「秋，就也。」言萬物成就也。《白虎通》云：「秋位西方。西方者，陰始起，萬物禁止。金之爲言禁也。其色白，其音商。商者，强也。其日庚辛。」《説文》云：「庚，象秋時萬物庚庚有實也。辛，秋時萬物成而孰，金剛味辛。」戰乎乾，乾，西北之卦也，言陰陽相薄也。**案**西北戌亥，陽伏於下，屈而欲信，與坤薄。故坤上龍戰于野，西北陽氣全伏。故以乾爲西北之卦焉。卦，象也。之卦猶言之象。坎者，水也，正北方之卦也，勞卦也，萬物之所歸也，故曰「勞乎坎」。**注**虞翻曰：「歸，藏也。」案，水洊至習坎，故勞。《白虎通》云：「水位在北方。北方者，伏方也，陽氣在黄泉之下，任養萬物，萬物所幽藏也。時爲冬，冬之言終也。其音羽，羽之爲言舒，言萬物始孳。其日壬癸。」《釋名》云：「壬，妊也。陰陽交，物懷妊也。癸，揆也。揆度而生，乃出土也。」艮，東北之卦也，萬物之所成終而所成始也，故曰「成言乎艮」。**注**虞翻曰：「東北是甲癸之閒，故萬物之所成終而所成始者也。」**案**帝之所在異名，而萬物隨之，崔憬云：「帝者，天之王氣也。」以其周王天下，故謂之帝。而卦象成，故云之卦。而方位定，故云方。而卦體明，故云地也、水也。而卦義章，所説諸義皆是。互言之，而罔弗備矣。八卦方位之次。五行相生，而坎水之後，獨受以艮。土者，水之生，木必資於土也。木金各二者，方生之木，不能生火，水氣潤也；秋初之金，不能生水，火氣燥也。木盛極則燥，金盛極則潤，而水火生焉。以畫言，冬至陽生地中，故坎陽在中；至寅三陽將出地，故陽在上，所謂魚陟負冰，象陽之上也；正東震雷出地，萬物以生，物生先長其根，皆下行，故陽在下，所謂反生也；東南陽極陰伏，故陰在初；夏至陰從中生，故陰在中；正秋三陰，故陰在上；坤位中央，无所不在；西北爲乾，純陽之伏也。五行者氣之轉，八卦者氣之交，何一非帝，何一非元乎？

神也者，妙萬物而爲言者也。**案**不見不聞，无所不在，故妙萬物而謂之神，謂乾坤之元也。《潛夫論》曰：「是故道之爲物也，至神以妙。其爲功至强以大，天以之動，地以之静，日以之光，月以之明。四時五行，鬼神人民，億兆醜類，變異吉凶，何非氣然？」動萬物者，莫疾乎雷。橈萬物者，莫疾乎風。燥萬物者，莫熯乎火。説萬物者，莫説乎澤。潤萬物者，莫潤乎水。終萬物始萬物者，莫盛乎艮。**案**此言神之發見，所在異名也。疾，速也。燥、熯，皆乾也。澤，雨澤、藪澤也。地有藪澤，則物植蘗；天時雨澤，則物得所潤澤也。水曰潤下。艮爲山，位東北，萬物更代之所，故終始萬物。《白虎通》曰：「東方爲岱宗者何？言萬物相更代於東方也。南方爲霍山者何？霍之爲言護也，言太陽用事護養萬物也。西方爲華山者何？華之爲言穫也，言萬物成孰，❶可得穫也。北方爲恒山者何？恒者，常也，萬物伏藏於北方有常也。中央爲嵩高者何？嵩言其高大也。」《巡狩》文。故水火相逮，雷風不相悖，山澤通氣，然後能變化，既成萬物也。**注**虞翻曰：「乾道變化，各正性命。成既濟定，故既成萬物矣。」**案**此言乾元坤元相交而成物也。逮，與也。天地之氣，以坎離交，故相與；以雷風行，故不相悖。既，盡也。

乾，健也。**注**虞翻曰：「精剛自勝，動行不休，故

❶「孰」，皇清經解續編本、崇文書局本作「就」。

健也。」坤，順也。注虞翻曰：「純柔承天時行，故順。」案，地勢，地順天爲高下也。震，動也。注虞翻曰：「陽出動行。」案，雷者，動物之氣。巽，入也。注虞翻曰：「乾初入陰。」坎，陷也。注虞翻曰：「陽陷陰中。」離，麗也。注虞翻曰：「日麗乾剛。」艮，止也。注虞翻曰：「陽位在上，故止。」兑，説也。注虞翻曰：「震爲大笑，陽息震成兑，震言出口，故説。」案訓名卦之義。凡合其義者，即可以其卦名之，象其卦，即可以其義解之。

乾爲馬，案乾，健也。馬健行，故乾爲馬。《五行志》云：「馬任用而彊力。」鄭康成《五行傳》注云：「天行健，馬畜之疾行者也。」《周禮》：「天子馬六種，法六爻也。自乘至廄，二百一十六匹，法乾之策也。」《夏官》：「校人掌王馬之政。辨六馬之屬，種馬一物，戎馬一物，齊馬一物，道馬一物，田馬一物，駑馬一物。凡頒良馬而養乘之。三乘爲皁，三皁爲繫，六繫爲廄。」注云：「自乘至廄，共二百一十六匹。《易》乾爲馬，此應乾之筴也。」坤爲牛，案牛任重，土畜也。《五行傳》云：「思之不睿，是謂不聖。時則有牛旤。」鄭注云：「牛，畜之任重者也。」《大司徒》注云：「牛能任載，地類也。」《庖人》注云：「牛屬司徒，土也。」震爲龍，案龍所以象陽也，春分而出，秋分而潛，以雷動者也，故震爲龍。《春秋元命苞》云：「龍之爲言萌也，陰中之陽也。」《説文》云：「龍，鱗蟲之長，能幽能明，能細能巨，能短能長，春分而登天，秋分而潛淵。」

巽爲雞，注荀九家曰：「應八風也，風應節而變，變不失時，雞時至而鳴，與風相應也。」案雞，木畜。《説文》云：「雞，知時畜也。」《五行傳》：「貌之不恭，時則有雞旤。」案，貌屬木，故雞應之。《庖人》注云：「雞屬宗伯，木也。」疏云：「雞爲貌，雞又知時，故屬木。」《月令》「夏食菽與雞」，注云：「雞，木畜。」《賈子·胎教》云：「雞者，東方之牲也。」巽爲之者，象時氣也。《月令》：「春，其蟲鱗。」震爲龍，鱗也。鄭《月令》注云：「象物孚甲將解。」夏，其蟲羽。離爲雉，羽也。高誘云：「盛陽用事，鱗散而羽。」案，春，陽氣出地，甲散爲鱗。至夏，陽氣盛而上騰，故蟲羽。陽者，揚也，飛之象也。巽春夏之交，雞應時而鳴，象氣之信。雖能飛而不高飛，象陰之未萌而陽未極也。故巽爲之。

坎爲豕，案豕，彘也，水畜也。《五行傳》：「聽之不聰，時則有豕旤。」注云：「豕，畜之居閑衛而聽者，屬聽。」蓋聽屬水，故豕應之。《小宗伯》鄭司農注云：「司空主豕。」司空，水也。《月令》注云：「彘，水畜也。」《説文》云：「豕，彘也。」《方言》云：「豬，關東西或謂之豕。」案，《小雅》：「有豕白蹢，蒸涉波矣。」傳云：「將久雨，則豕進涉水波。」箋云：「豕之性能水。」是豕又應雨。

離爲雉，案離爲文明，亦爲離别。雉，鳥之文明而有别者。離爲之，則雉其火畜與？《説文》云：「雉有十四種。」案，雉，《書》謂之「華蟲」，周以飾冕服，以其文明也。《士相見禮》注云：「士贄用雉者，取其耿介，交有時，别有倫也。」又案，《書大傳》：「華蟲，黄也。」離爲雉而華蟲黄者，亦黄離元吉之義也。

艮爲狗，注荀九家曰：「艮止，主守禦也。」案，《説文》云：「孔子曰：『狗，叩也。叩气吠以守。』」《秋官・犬人》疏云：「《説卦》『艮爲狗』，卦在丑，艮爲止，以能吠守止人，則屬艮。以能言，則屬兑，兑爲言故也。」故《五行傳》云：「言之不從，則有犬禍。」此蓋鄭義。《史記・秦本紀》「以狗禦蠱」，正義云：「狗，陽畜也。」此取艮止之義。《五行傳》注云：「犬，畜之以口吠守者，屬言。」《庖人》注及《月令》注皆以爲金，并以其口吠，故屬之兑也。

兑爲羊。注鄭康成曰：「其畜好剛鹵。」見《羊人》疏。案，《賈子・胎教》云：「羊者，西方之牲也。」義本此。高誘《淮南子》注以爲土畜。《五行傳》云：「視之不明，時則有羊旤。」注云：「羊，畜之遠視者，屬視。」《月令》注及《庖人》注并以爲火畜，皆望文立義也。

乾爲首，坤爲腹，震爲足，巽爲股，坎爲耳，離爲目，艮爲手，兑爲口。案天者，陰陽之宗，萬物資始，故爲首。首者，一身之始，身之最尊者也。《説文》云：「天，顛也。」「頂，顛也。」故虞注以乾爲頂，即爲首之義也。坤厚載物，故爲腹，包含萬物，不嫌清濁也。《素問》曰：「腹者，至陰之所居。」《評熱炳論》文。震陽在下動行，故爲足。五行貌屬木，足所以動容貌也。《五行志》云：「木，東方也。於《易》，地上之木爲觀，其於五事威儀容貌亦可觀者也。」案，《五行傳》以貌屬木，義本此。脛本曰股。股，髀也。巽爲進退，一陰在下爲歧，象股之有偶也。内聽之謂聰，坎水内明，故爲耳目者，氣之清明者也。離火外照，坎伏其中，是爲童子。《五行傳》云：「聽之不聰，是謂不謀，厥罰恒寒。視之不明，是謂不悊，厥罰恒燠。」注云：「聽曰水，水主冬，冬氣藏，藏氣失，故恒寒也。視曰火，火主夏，夏氣長，長氣失，故恒燠也。」皆本此爲義。艮止，陽在上，象反震，故爲手。兑西方金，於五事爲言，口所以出辭氣也。《五行傳》注云：「言曰金，金主秋。」

乾，天也，故稱乎父。坤，地也，故稱乎母。震一索而得男，故謂之長男。巽一索而得女，故謂之長女。坎再索而得男，故謂之中男。離再索而得女，故謂之中女。艮三索而得男，故謂之少男。兑三索而得女，故謂之少女。**案**天主施，尊而不親；地主生，親而不尊。乾坤相通，而生六子，故稱父母。索，交索也。

乾爲天，爲圜，**注**宋衷曰：「乾動作不解，天亦轉運。動作轉運，非圜不能，故『爲圜』。」**案**積陽爲天，積陰爲地。天者，羣物之祖也。圜，周也。乾圜坤布，周流无竟者也。《説文》云：「圜，天體也。」《淮南子·天文》云：「道曰規，始於一。」規即圜義。爲君，爲父，**注**虞翻曰：「貴而嚴也。成三男，故爲父也。」**案**至尊之卦，以君臣言，則爲君；以父子言，則爲父。君者，臣之天；父者，子之天；夫者，妻之天也。爲玉，爲金，**案**乾陽天德，剛健純粹，故爲玉，爲金。鄭《玉府》注云：「玉，陽精之純者。」《白虎通·五行》云：「金者，堅剛難消。」《説文》云：「金，久薶不生衣，百鍊不輕，从革不違。」《白虎通》曰：「金者，精和之至也。玉者，德義之至也。」《攷黜》文。《禮統》曰：「天之爲言，鎮也，神也，陳也，珍也。施生爲本，運轉精神，功效陳列，其道可珍重也。」《爾雅釋文》引。爲寒，爲冰，**案**乾，西北伏積陰之地，故爲寒，爲冰。陽伏陰下，爲陰所薄而成冰也。劉向曰：「盛陽雨水，温煖而湯熱，陰氣脅之，不相入，則轉而爲雹。盛陰雨雪，凝滯而冰寒，陽氣薄之，不相入，則散而爲霰。故沸湯之在閉器，而湛於寒泉，則爲冰。及雪之消，亦冰解而散，此其驗也。」見《五行志》。乾位西北，陽伏於下，陰薄於外，猶沸湯之在閉器，湛於寒泉也。《大戴·曾子天圓》云：「陽氣勝，則散爲雨露。陰氣勝，則凝爲霜雪。陽之專氣爲雹，陰之專氣爲霰。霰雹者，一氣之化也。」注云：「《穀梁説》曰：『雹者，陰脅陽之象。霰者，陽脅陰之符也。』」鄭《月令》注云：「陽爲雨，陰氣脅之，凝爲雹。」義並同。爲大赤，注虞翻曰：「太陽爲赤。」案，《白虎通·三正》云：「赤者，盛陽之氣也。」《釋名》云：「赤，赫也，太陽之色。」乾純陽，故大赤。伏於地中，陰覆之，則黑而有赤色爲玄。爲良馬，案虞翻曰：「乾善，故良也。」案有德而行健，馬之良也。孔子曰：「驥不稱其力，稱其德也。」爲老馬，注荀九家曰：「言氣衰也，息至巳必當復消，故『爲老馬』也。」爲瘠馬，注荀爽曰：「多筋幹也。」王廙曰：「健之甚者，爲多骨也。」崔憬曰：「骨爲陽，肉爲陰。乾純陽，骨多，故『爲瘠馬』。」爲駁馬，案宋衷曰：「天有五行之色，故『爲駁馬』也。」案，駁馬，色不純。梅福云：「一色成體，謂之醇，❶白黑雜合之謂駁。」《詩·駉》篇疏云「樊光、孫炎於《爾雅》『騂白，駁』下引《易》『乾爲駁馬』」，孫炎爲鄭學，則鄭義當與宋同。騂，赤色。「騂白，駁」，謂赤白雜。疏引王廙云：「駁馬能食虎豹，取其至健也。」則字當作「駮」。《釋畜》云：「駮，如馬，倨牙，食虎豹。」❷《説文》同。从馬，交聲。爲木果。案木讀爲剛毅木訥之木，果如讀「由也果」之果，皆陽剛質直之性也。或説木果，木實，果剥而復生，陽伏地中似之。剥上碩果，正謂孤陽。艮爲果，陽極成孰將落之象也。

坤爲地，爲母，注虞翻曰：「柔道静。成三女，能

❶「醇」，皇清經解續編本作「純」。

❷「豹」，原作「貌」，今據皇清經解續編本改。

致養，故『爲母』。」案，《説文》云：「元氣初分，輕清陽爲天，重濁陰爲地。萬物所陳列也。」《白虎通・五行》云：「土尊，尊者配天。」又《天地》云：「地者，易也。言養萬物懷任，交易變化也。」**爲布**，**注**崔憬曰：「徧布萬物於致養，故『坤爲布』。」**案**布，施也，陳列也。天行健，故圜。地勢坤，故布。布帛、布泉，取義於此。《釋名》云：「布，布也。布列衆縷爲經，以緯橫成之也。又太古衣皮，女工之始始於是，施布其法，使民盡用之也。」《檀弓》注云：「古者謂錢爲泉布，所以通貨財。」《外府》注云：「布，泉也。布讀爲宣布之布，其藏曰泉，其行曰布。取名於水泉，其流行無不徧。」是布帛、布泉，皆取布施之義。《左傳》「奉之以玉帛」，杜注云：「坤爲布帛。」虞《泰・象傳》注云：「坤富稱財。」皆以布帛、布泉爲説也。❶董子云：「爲人臣者，法地之道，暴其形，出其情，以示人高下險易，堅耎剛柔，❷肥臞美惡，累可就財也。故其形宜不宜，可得而財也。爲人臣者，比地貴信，而悉見其情於主，主亦得而財之。」此亦爲布之義也。**爲釜，爲吝嗇，爲均**，**案**釜孰五味，土生五行，故「爲釜」。吝，惜也，貪也。嗇，積也，愛濇也。坤藏萬物，土爰稼穡，爲積聚，陰性貪，故吝嗇也。均，平徧也。无所不載，故均。「均」或作「旬」，十日爲旬，旬亦徧也。鄭《均人》注云：「《易》『坤爲均』，今書亦有作『旬』者。」《内則》注云：「《易・説卦》『坤爲均』，今亦或作『旬』。」《説文》云：「旬，徧也。十日爲旬。」**爲子母牛**，**注**荀九家曰：「土能生育，牛亦含養，故爲『子母牛』也。」案，坤純陰爲牝。《説文》云：「牝，畜母也。」**爲大輿，爲文**，**案**坤厚載物，故爲「大輿」。樂由天作，禮以地制。樂由中出，故静。禮自外作，故文。文者，地之理也。**爲衆**，**注**虞翻曰：「物三稱羣，陰爲民，三陰相隨，故『爲衆』也。」**案**坤者，含宏光大，萬物致養，故衆。**爲柄**，**案**柄，本也。管子曰：「地者，萬物之本原，

❶「説也」，原倒，今據皇清經解續編本改。

❷「耎」，原作「耍」，今據清武英殿聚珍版叢書本《春秋繁露》卷六改。

諸生之根菀也。」其於地也爲黑。注崔憬曰：「坤十月卦，極陰之色。」案，北方謂之黑。黑，《釋名》云：「晦也。」《説文》云：「火所熏之色。」然則坤藏於離，故黑與？

震爲雷，注虞翻曰：「太陽火，得水有聲，故『爲雷』也。」案陽氣欲信，激而成雷。謂之雷者，象其回轉也。《淮南子·天文》云：「陰陽相薄，感而爲雷，激而爲霆。」《論衡·雷虚》云：「雷者，太陽之激氣也。」《説文》云：「靁，陰陽薄動靁雨，生物者也。从雨，畾象回轉形。」爲龍，注虞翻曰：「駹，蒼色。震，東方。故『爲駹』。舊讀作龍，上已爲龍，非。」《釋文》云：「龍，虞、干作駹。」案，《周禮·犬人》「用駹可也」，注云：「故書『駹』作『龍』。」《巾車》注云：「故書『駹』作『龍』。」杜子春曰：「龍讀爲駹。」是龍、駹古通用。爲玄黄，注虞翻曰：「天玄地黄，震天地之雜物，故爲『玄黄』。」孔疏云：「震爲玄黄，取其相雜而成蒼色也。」爲旉，注干寶曰：「旉，花之通名，鋪爲花貌謂之藪。」案象春生之氣也。仲春之月，桃始華。華，旉也。《大過》「枯楊生華」，取震象也。《説文》云：「旉，布也。」《漢書·禮樂志》注云：「旉，古敷字。」是「旉」「敷」古同。華之爲旉，取其敷布也。《釋草》云：「華，荂也。荂，榮也。」《説文》云：「𠌶，艸木華也，或从艸从夸。」則𠌶本字，荂或體，旉假借字，専則形似之訛也。爲大塗，注王廙曰：「大塗，萬物所出。」見《御覽》。爲長子，注虞翻曰：「乾一索，故『爲長子』。」爲決躁，注崔憬曰：「取其剛動在下，故『爲決躁』也。」爲蒼筤竹，注荀九家曰：「蒼筤，青也。震陽在下，根長堅剛，陰爻在中，使外蒼筤也。」案，《釋文》云：「筤，或作琅，通。」蓋筤，狀其色之潤澤也。爲萑葦。注荀九家曰：「萑葦，蒹葭也。根莖叢生，蔓衍相連，有似雷行也。」案，《行葦》疏云：「葦之初生，其名爲葭，稍大爲蘆，長成乃名爲葦。」《草木疏》云：「薍或謂之荻，至秋堅成，則謂之萑。」其於馬也爲善鳴，爲馵足，注虞翻曰：「爲雷，故『善鳴』也。馬白後左足爲馵，震爲足，爲左，初陽白，故爲『馵足』。」案，《白虎通・三正》云：「十二月之時，萬物始牙而白。白者陰氣。」《乾鑿度》云：「陽生秀白之州。」鄭注云：「乾氣白。」蓋陽初萌，尚伏陰中，故白也。爲作足，案震動起，故作足。爲的顙。注虞翻曰：「的，白。顙，額也。」案，震爲反生，陽在初，故「的顙」。《説文》一引作「的」，云「明也」。一引作「馰」，云「馬白額也。一曰駿也」。《爾雅・釋畜》：「馰，顙白顛。」舍人本作「的」，古通。其於稼也爲反生。注宋衷曰：「陰在上，陽在下，故『爲反生』。謂枲豆之類，戴甲而生。」案稼者，種穀之總稱。種之曰稼，斂之曰穡。謂之稼者，有似嫁女，相生穡愛也，言愛惜而收斂之也。凡物皆反生，言稼舉枲多也。反生，猶倒生。反即倒。凡物生皆先長根，後乃戴甲而出，即人亦倒生，陽在下也。《淮南子・原道》云：「倒生挫傷。」注云：「草木首地而生，故曰『倒生』。」其究爲健，爲蕃鮮。案究，極也。陽由初息至三，成乾，故健。物極必反，震化成巽。天地變化，草木蕃。出震齊巽，萬物畢達，故蕃鮮。鮮，明也。出震齊巽，四月消息爲乾，故其究爲健，爲蕃鮮。

巽爲木，爲風，注宋衷曰：「陽動陰静，二陽動於上，一陰安静於下，有似於木也。」案，巽位東南，與震通。震發生之木，巽則極盛之木，得陽燥而生火者也。陸績曰：「風，土氣也。巽，坤之所生，故『爲風』。亦取静於本，而動於末也。」案《物理志》曰：「風，陰陽擊發氣也。」見《文選・風賦》注。陰陽之氣，以雷動，以風行。《吕覽》曰：「大聖至理之世，天地之氣，合而生風。」《音律》文。爲長女，注荀爽曰：「柔在初。」爲繩直，注翟元曰：「上二陽共正一陰，使不得邪僻，如繩之直。」案，《淮南子・時則》云：「繩之爲度也，直而不爭，修而不窮。」爲工，注荀爽曰：「以繩木，故『爲工』。」虞翻曰：「爲近利市三倍，故『爲工』。子夏曰：『工居肆。』」爲白，爲長，爲高，案陰在初，故「白」。《白虎通》曰：「白者陰氣。」《三正》文。爲風，爲繩直，故「長」。風行天上，柔以時升，故「高」也。爲進退，爲不果，注荀爽曰：「風行无常，故『進退』。風行或東或西，故『不果』。」案，巽初陰柔失正，故進退不果。震初陽剛，故決躁。決躁者，果也。孔子曰：「由也果。」爲臭，注虞翻曰：「臭，氣也。風至知氣，巽二入艮鼻，故爲『臭』。《繫》曰：『其臭如蘭。』」其於人也爲寡髮，注鄭康成曰：「宣髮，取四月靡草死，髮在人體，猶靡草在地。」見《車人》疏。案，《釋文》云：「寡本又作宣。」虞云：「爲白，故宣髮。」則虞亦作宣。鄭《車人》注云：「人頭髮皓落曰宣，巽爲宣髮。」案，《説文》云：「髮，根也。」巽初陰柔，故髮落。爲廣顙，案「廣」當作「黄」。《釋文》云：「鄭作黄。」震的顙，故巽黄顙。坤初之乾，地色黄。爲多白眼，注虞翻曰：「爲白，離目上向，則白眼見，故『多白眼』。」爲近利市三倍。案陰性貪，初陰故近利。乾坤交易，一陰得二陽，故市三倍，謂策數也。其究爲躁卦。案躁卦謂震。

坎爲水，注宋衷曰：「坎陽在中，内光明，有似於水。」案，《説文》云：「水，準也。」北方之行，象衆水並流，中有微陽之气也。爲溝瀆，爲隱伏，注虞翻曰：「以陽闢坤，水性流通，故『爲溝瀆』也。陽藏陰中，故『爲隱伏』也。」爲矯輮，爲弓輪，注宋衷曰：「曲者更直爲矯，直者更曲爲輮，水流有曲直，故『爲矯輮』。」虞翻曰：「可矯輮，故『爲弓輪』。坎爲月，月在於庚爲弓，在甲象輪。」其於人也爲加憂，爲心病，注虞翻曰：「兩陰夾心，爲多眚，故『加憂』。爲勞而加憂，故『心病』。」爲耳痛，爲血卦，爲赤，案耳勞多眚，故痛。痛，病也。《管子》曰：「水者地之血氣，如筋脈之流通者也。」《水地》文。陽陷陰中，陰凝陽，故爲「血卦」。《白虎通》曰：「十一月之時，陽氣始養根株，黄泉之下，萬物皆赤。赤者，盛陽之氣也。」《三正》文。坎十一月卦，故赤。其於馬也爲美脊，注宋衷曰：「陽在中央，馬脊之象也。」爲亟心，注崔憬曰：「取其内陽剛動，故『爲亟心』也。」案，坎水流疾，陽動於中。《説文》云：「亟，敏疾也。」爲下首，注荀爽曰：「水之流，首卑下也。」爲薄蹏，注荀九家曰：「薄蹏者在下，水又趨下，趨下則流散，流散則薄，故爲『薄蹏』也。」爲曳，注宋衷曰：「水摩地而行，故『曳』。」其於輿也爲多眚，爲通，爲月，爲盜，其於木也爲堅多心。注虞翻曰：「眚，敗也。坤爲大車，坎拆坤體，故爲車『多眚』也。水流瀆，故『通』。坤爲夜，以坎陽光坤，故『爲月』也。水流潛竊，故『爲盜』也。陽剛在中，故『堅多心』。棘，棗屬也。」

離爲火，爲日，爲電，注荀爽曰：「陽外光也。」鄭康成曰：「取火明也，久明似日，暫明似電也。」案《淮南子》曰：「天地之襲精爲陰陽，陰陽之專精爲四時，四時之散精爲萬物。積陽之熱氣生火，火氣之精者爲日。積陰之寒氣爲水，水氣之精者爲月。」《天文》文。又曰：「陰陽相薄爲雷，激揚爲電。」《墬形》文。❶爲中女，注荀爽曰：「柔在中也。」爲甲胄，爲戈兵，注虞翻曰：「外剛，故『爲甲』。乾爲首，巽繩貫甲，而在首上，故『爲胄』。胄，兜鍪也。乾爲金，離火斷乾，燥而鍊之，故『爲戈兵』也。」其於人也爲大腹，注虞翻曰：「象日常滿，如妊身婦，故『爲大腹』。」案坎伏離中，懷妊之象，故大腹。爲乾卦，注虞翻曰：「火日熯燥物，故『爲乾卦』。」案，「乾」，鄭云：「當爲幹。陽在外，能幹正也。」爲鼈，爲蟹，爲蠃，爲蚌，爲龜，注鄭康成曰：「皆骨在外。」見《梓人》疏。虞翻曰：「此五者，皆取外剛内柔也。」其於木也爲科上槁。注宋衷曰：「陰在内，則空中。木中空，則『上科槁』也。」案，《釋文》云：「槁，鄭作槀。」《説文》云：「槁，木枯也。稿，稈也。槁本字，稿假借字。」

艮爲山，注宋衷曰：「二陰在下，一陽在上。陰爲

❶「墬」，原作「墜」，今據《淮南子》改。

土，陽爲木，土積於下，木生其上，山之象也。」爲徑路，注虞翻曰：「艮爲山中徑路，震陽在初則爲大塗，艮陽小，故『爲徑路』。」案，震陽在初，萬物出震，故爲大塗。艮陽小，始萬物，故爲徑路。艮象反震也。爲小石，注陸績曰：「艮剛卦之小，故爲『小石』也。」案，《春秋説題辭》云：「《周易》艮爲山，爲小石，石陰中之陽，陽中之陰，陰精補陽，故山含石。」爲門闕，案成終成始，萬物所出入，故「爲門闕」。《爾雅》曰：「觀謂之闕。」《白虎通・五祀》云：「門以閉藏自固也。」《水經・穀水》注引《白虎通》云：「門必有闕者，所以飾門別尊卑也。」案，謂之闕者，《釋名》云：「闕，闕也，在門兩旁，中央闕然爲道也。」此言其形也。《穀水》注引穎容説云：❶「闕者，上有所失，下得書之於闕，所以求論譽於人，故謂之闕矣。」《爾雅》疏引《白虎通》云：「闕者何，闕疑也。」此言其義也。《周禮》謂之象魏。《太宰》注鄭司農云：「象魏，闕也。」高誘《淮南子》注云：「門闕高崇嵬嵬然，故曰嵬闕。」又云：「魏闕者，王者門外闕，所以懸教象之書於象魏也。巍巍高大，故曰魏闕。」蓋懸治象，則曰象。巍巍然，則曰魏。又謂之觀者，萬民觀焉也。爲果蓏，注宋衷曰：「木實謂之果，草實謂之蓏。桃李瓜瓞之屬，皆出山谷也。」案，艮，陽極，成孰之象，故「爲果蓏」。爲閽寺，注宋衷曰：「閽人主門，寺人主巷，艮爲止，此職皆掌禁止者也。」案，《周禮》：「閽人，掌守王之中門之禁。寺人，掌王之内人及女宫之戒令，相道其出入之事而糾之。」鄭注云：「閽人，司昏晨以啟閉者，寺之言侍也。」《釋文》云：「寺亦作閹。」爲指，注虞翻曰：「艮手多節，故『爲指』。」爲狗，注虞翻曰：「指屈伸制物，故『爲拘』。舊作『狗』。上已爲『狗』，字之誤。」爲鼠，注虞翻曰：「似狗而小，在坎穴中，故『爲鼠』。」案，《説文》云：「鼠，穴蟲之總名。」爲黔喙之屬，注馬融曰：「黔喙，肉食之獸，謂豺狼之屬。黔，黑也，陽玄在前也。」案，《説文》云：「喙，口也。」《釋文》云：「黔作黚，義亦通。」《説文》云：「黚淺黃黑也。」其

❶「穎」，原作「穎」，今據皇清經解續編本改。

於木也爲堅多節。注虞翻曰：「陽剛在外，故『多節』，松柏之屬。」

兑爲澤，注宋衷曰：「陰在上，令下溼，故『爲澤』也。」爲少女，爲巫，注虞翻曰：「坤三索位在末，故少也。乾爲神，兑爲通，與神通氣，女故爲巫。」案，乾坤以山澤通氣，兑爲口舌，以言事神。《説文》云：「巫，祝也，女能事無形，以舞降神者也。」又云：「覡，能齋肅事神明者也，在男曰覡，在女曰巫。」又云：「祝，祭主贊詞者，从示从人口，❶一曰从兑省，《易》曰兑爲口，爲巫。」爲口舌，案兑爲金，主言，舌所以出音聲別滋味也。《白虎通》云：「舌能知味，亦能出音聲。」《説文》云：「舌在口，所以言也，別味也。」亦通氣之義也。爲毀折，案毀，缺也。折，斷也。兑陰在上，故缺。正秋金能斷物，故折也。爲附決，注虞翻曰：「乾體圓，故『附決』也。」案，附，麗也。兑附於乾成夬，猶山附於地爲剥，故曰「附決」。其於地也爲剛鹵，注虞翻曰：「乾二陽在下，故剛。澤水潤下，故鹵。」案《説文》云：「鹵，西方鹹地也。東方謂之庌，西方謂之鹵。」爲妾，注虞翻曰：「三女少，位賤，故『爲妾』。」爲羊。注虞翻曰：「羔，女使，皆取位賤，故『爲羔』。舊讀以震駹爲龍，艮狗爲狗，兑羔爲羊，皆已見上。此爲再出，非孔子意也。震已爲長男，又言長子，謂以當繼世、守宗廟、主祭祀，故詳舉之。三女皆言長中少，明女子各當外成，故別見之。此其大例者也。」案，虞以「羔」爲女使，羔當即「稾」之假借。《秋官·司厲》云：「其奴男子入於罪隸，女子入於舂稾。」又《稾人》：「女稾每奄二人。」《説文》云：「男有辠曰奴，奴曰童，女曰妾。」又云：「妾，有辠女子，給事之得接於君者。」妾與女稾，皆有辠女子。兑爲少女，秋主刑也。

周易序卦傳

有天地，然後萬物生焉。盈天地之閒者，唯

❶「示」，原作「二」，今據皇清經解續編本改。

萬物，故受之以屯。屯者，盈也。【注】荀爽曰：「謂陽動在下，造生萬物於冥昧之中也。」屯者，物之始生也。【注】王肅曰：「屯，剛柔始交而難生，故爲物始生也。」見孔疏。物生必蒙，故受之以蒙。蒙者，蒙也，物之穉也。【注】鄭康成曰：「蒙，幼小之貌，齊人謂萌爲蒙也。」物穉不可不養也，【注】鄭康成曰：「言孩稚不養，則不長也。」故受之以需。需者，飲食之道也。【注】荀爽曰：「坎在乾上，中有離象，水火交和，故爲『飲食之道』也。」飲食必有訟，故受之以訟。【注】鄭康成曰：「訟，猶争也。言飲食之會恒多争也。」【案】豢豕爲酒，非以爲禍也。而獄訟益繁，故禮之初，始諸飲食。訟必有衆起，故受之以師。師者，衆也。【注】荀九家曰：「坤爲衆物，坎爲衆水，上下皆衆，故曰『師』也。凡制軍，萬有二千五百人爲軍，天子六軍，大國三軍，次國二軍，小國一軍。軍有將，皆命卿也。二千五百人爲師。師帥皆中大夫。五百人爲旅，旅帥下大夫也。」案《淮南子・兵略》云：「人有衣食之情，而物弗能足也。故羣居雜處，分不均，求不澹，則争。争則强脅弱，而勇侵怯。人無筋骨之强，爪牙之利，故割革而爲甲，鑠鐵而爲刃。貪昧饕餮之人，殘賊天下，萬人搔動。有聖人勃然而起，乃討强暴，平亂世，夷險除穢。❶兵之所由來者遠矣！」衆必有所比，故受之以比。比者，比也。【案】比猶親也。地得水而柔，水得地故流，故比也。比必有所畜，故受之以小畜。物畜然後有禮，故受之以履。【案】既庶則富之，既富則教之。履而泰，然後安，故受之以泰。泰者，通也。【注】姚信曰：「安上治民，莫過於禮。有禮然後泰，泰然後安也。」荀爽曰：「謂乾來下降，以陽通陰也。」物不可以終通，故受

❶「除」，原作「余」，今據皇清經解續編本、崇文書局本改。

之以否。案交通者，情也。不可通者，禮與分也。禮定而情通，情通而分定，分定然後上下安。物不可以終否，故受之以同人。與人同者，物必歸焉，故受之以大有。案同人親也，親則不否。大有衆也，親故有衆。有大者，不可以盈，故受之以謙。有大而能謙必豫，故受之以豫。豫必有隨，故受之以隨。以喜隨人者必有事，故受之以蠱。蠱者，事也。案庶民子來，則萬事舉。有事然後可大，故受之以臨。臨者，大也。注宋衷曰：「事立功成，可推而大也。」❶物大然後可觀，故受之以觀。注虞翻曰：「臨反成觀，二陽在上，故『可觀』也。」案，荀爽云：「陽稱大，謂一陽大升，故曰『大』也。」臨反成觀，故稱大觀。可觀而後有所合，故受之以噬嗑。嗑者，合也。注虞翻曰：「頤中有物食，故合也。」物不可以苟合而已，故受之以賁。賁者，飾也。致飾然後亨則盡矣，故受之以剥。剥者，剥也。注虞翻曰：「分剛上文柔，故飾。」荀爽曰：「極飾反素，文章敗，故爲剥也。」案亨，獻也，進也。《釋文》云：「亨，鄭許兩反。」著誠去僞，禮之經也。四暘交於中，而發作於外，君子動其本，然後致其飾。致飾於外，中美盡矣，白賁之所以无咎也。《詩》曰：「衣錦尚絅。」惡其文之著也。故君子之道，闇然而日章。小人之道，的然而日亡。案，《京氏傳》云：「上九積陽素尚，全身遠害，貴其正道。」然則致飾而進，非正道明矣，謂徒致其飾也。《荀子·勸學》云：「古之學者爲己，今之學者爲人。君子之學也，以美其身。小人之學也，以爲禽犢。」《説苑·反質》云：「孔子卦得賁，意不平。子張問孔子，曰：『賁非正色也，是以歎之。吾聞之，丹漆不文，白玉不雕，寶珠不飾，何也？質有餘者，不受飾也。』」義本此。物不可以終盡，剥窮上

❶「而大」，原倒，今據皇清經解續編本、崇文書局本改。

反下，故受之以復。**案**《淮南子》曰：「動而有益，則損隨之，故《易》曰：『剥之不可遂盡也，故受之以復。』積薄爲厚，積卑爲高，故君子日孳孳以成煇，小人日快快以至辱。」《繆稱》文。復則不妄矣，故受之以无妄。**案**知之未嘗復行，故不妄。有无妄然後可畜，故受之以大畜。**注**荀爽曰：「物不妄者，畜之大也。畜積不敗，故大畜。」案，「富與貴，是人之所欲也。不以其道得之，不處也」，所謂无妄。物畜然後可養，故受之以頤。頤者，養也。**注**虞翻曰：「天地養萬物，聖人養賢以及萬民。」不養則不可動，故受之以大過。**注**虞翻曰：「人頤不動則死，故受之以大過。」物不可以終過，故受之以坎。坎者，陷也。陷必有所麗，故受之以離。離者，麗也。**案**孔子曰：「陽三陰四，位之正也。故《易》卦六十四，分而爲上下，象陰陽也。夫陽道純而奇，故上篇三十，所以象陽也。陰道不純而偶，故下篇三十四，所以法陰也。乾坤者，陰陽之根本，萬物之祖宗也，爲上篇始者，尊之也。離爲日，坎爲月，日月之道，陰陽之經，所以終始萬物，故以坎離爲終。咸恒者，男女之始，夫婦之道也。人道之興，必由夫婦，所以奉承祖宗，爲天地主也，故爲下篇始者，貴之也。既濟未濟，爲最終者，所以明戒慎而存王道。」《乾鑿度》文。鄭注云：「夫物不可窮，理不可極，故王者亦常則天而行，與時消息，不可安而忘危，存而忘亡。未濟者，亦無窮極之謂者也。」鄭康成曰：「陽起於子，陰起於午，天數大分，以陽出離，以陰入坎，坎爲中男，離爲中女，太乙之行，出從中男，入從中女，因陰陽男女之偶，爲終始也。」見《後漢書・崔駰傳》注。王應麟以此爲康成《易》注。案崔駰《達旨》云：「易稱備物致用，可觀而後有所合，故能扶陽以出，順陰以入。」李賢注云「鄭注《乾鑿度》曰『陽起於子』」云云，則彼自引《乾鑿度》注以證陽出陰入，王應麟遂以此爲鄭「可觀而後有所合」注，誤也。《乾鑿度・太乙行九宮》鄭彼注云：「太乙者，北辰之神名也，居其所曰太乙，常行於八卦日辰之閒曰天乙，四正四維，以八卦神所居，亦名之曰宫。天乙下行，猶天子出巡狩，省方岳之事，每率則復太乙，下行八卦之宫，每四乃還於中央。中央者，北神之所居，故因謂之九宫。天數大分，以陽出以陰入，陽起於子，陰起於午，是以太乙下行九宫，從坎宫始，自此而從於坤宫。坤，母也。又自此而從震宫。震，長男也。又自此而從巽宫。巽，長女也。所行者半矣，還息於中央之宫，既又自此而從乾宫。乾，父也。自此而從兑宫。兑，少女也。又自此從於艮宫。艮，少男也。又自此從於離宫。離，中女也。行則周矣。上遊息於太乙天乙之宫，而反於紫宫，行從坎宫始，終於離宫，出從中男，入從中女，亦因陰陽男女之偶，爲終始。」案，鄭義與李賢所引正合，彼蓋約鄭義也。以陽出離，以陰入坎，當作以陽出坎，以陰入離，即荀《乾·彖傳》注，乾起於坎而終於離，坤起於離而終於坎之義也。

有天地然後有萬物，有萬物然後有男女，有男女然後有夫婦，有夫婦然後有父子，有父子然後有君臣，有君臣然後有上下，有上下然後禮義有所錯。注干寶曰：「錯，施也。此詳言人道，三綱六紀有自來也。人有男女陰陽之情，則自然有夫婦配合之道；有夫婦配合之道，則自然有剛柔尊卑之義；陰陽化生，血體相傳，則自然有父子之親；以父立君，以子資臣，則必有君臣之位，故有上下之序；有上下之序，則必禮以定其體，義以制其宜，明先王制作，蓋取之於情者也。上經始於乾坤，有生之本也；下經始於咸恒，人道之首也。易之興也，當殷之末世，有妲己之禍；當周之盛德，有三母之功。以言天不地不生，夫不婦不成，相須之至，王教之端。故《詩》以《關雎》爲國風之始，而《易》於咸恒備論禮義所由生也。」夫婦之道，不可以不久也，故受之以恒。恒者，久也。物不可以久居其所，故受之以遯。遯者，退也。物不可以終遯，故受之以大壯。物不可以終壯，故受之以晉。晉者，進也。案進當以漸，如日之升，壯則傷，其進鋭者其退速。進必有所傷，故受之以明夷。夷者，傷也。傷於外者必反其家，❶故受之以家人。家道窮必乖，故受之以睽。睽者，乖也。**案**國之本在家，故必反其家。家道窮謂父不父，子不子，兄不兄，弟不弟，夫不夫，婦不婦，並后匹嫡，而禍亂作矣。故家人有嚴君焉。父父子子，兄兄弟弟，夫夫婦婦，正家而天下定也。乖必有難，故受之以蹇。蹇者，難也。物不可以終難，故受之以解。解者，緩也。緩必有所失，故受之以損。損而不已必益，故受之以益。益而不已必決，故受之以夬。夬者，決也。決必有所遇，故受之以姤。姤者，遇也。**案**遷善，益也。改過則夬，剛長乃終，陽極則陰來，故決必有遇。物相遇而後聚，故受之以萃。萃者，聚也。聚而上者謂之升，故受之以升。升而不已必困，故受之以困。困乎上者必反下，故受之以井。井道不可不革，故受之以革。**案**善則馨聞於上，惡則腥聞於天，聚必升也。桀紂困，湯文亦困，升必困也。困德之辯，井德之地，困不失其所亨，反身修德，故受以井。井泥宜甃，故受以革。革物者莫若鼎，故受之以鼎。主器者莫若長子，故受之以震。震者，動也。物不可以終動，❷止之，故受之以艮，艮者，止也。物不可以終止，故受之以漸，漸者，進也。**案**張而不弛，文武弗能；弛而不張，文武弗爲。一張一弛，文武之道也。進必有所歸，故受之以歸妹。得其所歸者必大，故受之以豐。豐者，大也。窮大者必失其居，故受之以旅。旅而无所容，故受之以巽。巽

❶「其」，皇清經解續編本、崇文書局本作「於」。

❷「以終」，原作「終以」，今據皇清經解續編本、崇文書局本乙正。

者，入也。案巽爲進退，兩巽相隨，隨所處也，君子无入不自得。入而後說之，故受之以兑。兑者，說也。注虞翻曰：「兑爲講習，故『學而時習之，不亦說乎』。」說而後散之，故受之以涣。涣者，離也。物不可以終離，故受之以節。注虞翻曰：「風以散物，故離也。」案節，止也。風行水上，故離。水歸於澤，則止不離也。節而信之，故受之以中孚。案法制有常，故信不欺於物，物亦信焉，故中孚。有其信者必行之，故受之以小過。有過物者必濟，故受以之既濟，物不可窮也，故受之以未濟終焉。案窮則變，變則通，未濟思所以濟之，周而復始矣。

周易雜卦傳

乾剛坤柔，比樂師憂。注虞翻曰：「乾剛金堅故剛，坤陰和順故柔。比五得位，建萬國，故樂。師三失位，輿尸，故憂。」臨觀之義，或與或求。注荀爽曰：「臨者教思无窮，故爲與。觀者觀民設教，故求也。」屯見而不失其居，蒙雜而著。注虞翻曰：「陽出初震，故見。盤桓利居貞，故不失其居。蒙二陽在陰位，故雜。」案發蒙育德，故著也。震，起也。艮，止也。注虞翻曰：「震陽動行，故起。艮陽終止，故止。」損益，盛衰之始也。案損盛之始，益衰之始，亦平陂往復之義也。大畜，時也。无妄，災也。案山澤通氣，大雨時行，故時。天命不祐，故災也。萃聚而升，不來也。謙輕而豫，怠也。注虞翻曰：「坤衆在内，故聚。升五不來之二，故不來。謙三位賤，故輕。豫薦樂祖考，故怡。怡，或言怠也。」案《釋文》云：「怠，虞作怡。」案，怡與來爲韻，作怡是也。噬嗑，食也。賁，无色也。注虞翻曰：「頤中有物，故食。

賁離日在上，五動巽白，故无色也。」兑見而巽伏也。案兑陰見，巽陰伏也。隨，无故也。蠱，則飭也。案説而動隨，不必有事，故无故。蠱者，事也，故飭。振民育德，先甲後甲，皆飭也。《月令》曰：「田事既飭，先定準直，農乃不惑。」案《釋文》云：「飭，鄭作飾。」義通。《大戴・盛德》篇云：「德盛則脩法，德不盛則飾政，法政脩而德不衰，故曰王也。」剥，爛也。復，反也。案爛，熟也。柔變剛，故爛。陽反初，故反也。晉，晝也。明夷，誅也。井通而困相遇也。注虞翻曰：「誅，傷也。離日在上，故晝；明入地中，故誅。❶泰初之五爲坎，故通。困三遇四，故相遇。」咸，速也。恒，久也。涣，離也。節，止也。解，緩也。蹇，難也。注虞翻曰：「相感者不行而至，日月久照，四時久成，故久也。涣散，故離。節制數度，故止。震動出物，故緩。蹇險在前，故難。」睽，外也。家人，内也。否泰，反其類也。大壯則止，遯則退也。注虞翻曰：「離女在上，故外。家人女正位乎内，故内。否反成泰，泰反成否，故反其類。終日乾乾，反復之道，大壯止陽，陽故止。遯陰消陽，陽故退也。」大有，衆也。同人，親也。革，去故也。鼎，取新也。注虞翻曰：「五陽並應，故衆。夫婦同心，故親也。案，火炎上就燥，故親。革更去故，鼎亨飪，故取新也。」小過，過也。中孚，信也。豐多，故親寡旅也。案，《釋文》云：「豐多，故衆家以此絶句。荀本豐多故親絶句。」是諸家本俱无也字。注虞翻曰：「五以陰過陽，故過。信及豚魚，故信。豐大故多，旅无容，故親寡。六十四卦皆先言卦，乃道其指。至旅體離四，焚棄之行，又在旅家，故獨先言親寡，而後言旅。」離上而坎下也。小畜，寡也。履，不處也。案火就燥，炎上；水流溼，潤下。

❶「故」，原植下句「初」之下，今據皇清經解續編本改。

密雲不雨，故寡。履虎尾，故不處也。需，不進也。訟，不親也。**注**虞翻曰：「險在前，故不進；天水違行，故不親也。」大過，顛也。姤，遇也，柔遇剛也。漸，女歸，待男行也。**注**虞翻曰：「顛，殞也。頂滅澤中，故顛也。兑爲女，艮爲男，反成歸妹，巽成兑，故女歸。待艮成震乃行，故待男行也。」頤，養正也。既濟，定也。**注**虞翻曰：「既濟，六爻得位，定也。」歸妹，女之終也。未濟，男之窮也。**注**虞翻曰：「歸妹，人之終始，女終於嫁，從一而終，故女之終也。否艮爲男位。否五之二，六爻失正而來下陰。未濟主月晦，乾道消滅，故『男之窮也』。」夬，決也，剛決柔也。君子道長，小人道憂也。**注**虞翻曰：「以乾決坤，以剛決柔也。乾爲君子，坤爲小人，乾息故君子道長，坤體消故小人道憂。自大過至此八卦，不復兩兩對説。❶大過死象，兩體姤夬，故次以姤，而終以夬，言君子之決小人，故君子道長，小人道憂。」案，干寶云：「凡《易》既分爲六十四卦，以爲上下經，天人之事，各有始終，夫子又爲《序卦》，以明其所承受之義，又重爲《雜卦》，以易其次第，《雜卦》之末，又改其例，化而裁之存乎變，是故聖人之於天下也，同不是，異不非，百世以俟聖人而不惑，一以貫之矣。」

周易姚氏學卷第十六終

❶ 下「兩」字，皇清經解續編本作「卦」。

鳴謝

《儒藏》精華編惠蒙善助，共襄斯文；謹列如左，用伸謝忱。

本焕法師　壹佰萬元

智海企業集團董事長　馮建新先生　壹佰萬元

NE・TIGER時裝有限公司董事長　張志峰先生　壹佰萬元

張貞書女士　壹佰萬元

北京大學《儒藏》編纂與研究中心

本册审稿人　翟奎凤　張一南
本册責任編委　李暢然

圖書在版編目(CIP)數據

儒藏.精華編.一一册/北京大學《儒藏》編纂與研究中心編.—北京：北京大學出版社，2017.12
ISBN 978-7-301-11729-3

Ⅰ.①儒… Ⅱ.①北… Ⅲ.①儒家 Ⅳ.①B222

中國版本圖書館CIP數據核字（2017）第262547號

書　　名	儒藏（精華編一一） RUZANG
著作責任者	北京大學《儒藏》編纂與研究中心　編
責任編輯	王　應　吴冰妮
標準書號	ISBN 978-7-301-11729-3
出版發行	北京大學出版社
地　　址	北京市海淀區成府路205號　100871
網　　址	http://www.pup.cn　新浪微博:@北京大學出版社
電子信箱	dianjiwenhua@126.com
電　　話	郵購部62752015　發行部62750672　編輯部62756449
印 刷 者	北京中科印刷有限公司
經 銷 者	新華書店
	787毫米×1092毫米　16開本　68印張　1060千字
	2017年12月第1版　2017年12月第1次印刷
定　　價	1200.00元

ISBN 978-7-301-11729-3

9 787301 117293 >

定價：1200.00元